Sven Reichardt
Authentizität und Gemeinschaft

Linksalternatives Leben
in den siebziger
und frühen achtziger Jahren

Suhrkamp

Im Gedenken an
meinen Vater Karl-Heinz Reichardt
(21. 2. 1940-2. 1. 2010)

Bibliografische Information der Deutschen Nationalbibliothek
Die Deutsche Nationalbibliothek verzeichnet diese Publikation
in der Deutschen Nationalbibliografie; detaillierte bibliografische Daten
sind im Internet über http://dnb.d-nb.de abrufbar.

suhrkamp taschenbuch wissenschaft 2075
Erste Auflage 2014
© Suhrkamp Verlag Berlin 2014
Umschlag nach Entwürfen von
Willy Fleckhaus und Rolf Staudt
Druck: Druckhaus Nomos, Sinzheim
Printed in Germany
ISBN 978-3-518-29675-2

Inhalt

III. Körper und Seele

1. Einleitung

Der Durchschnitts-Stadtteilindianer wacht in der Wohngemeinschaft auf, kauft sich die Brötchen in der Stadtteilbäckerei um die Ecke, dazu sein Müsli aus [einem] makrobiotischen Tante-Emma-Laden, liest zum Frühstück *Pflasterstrand*, *Info-BUG*, *zitty*, geht – falls er nicht Zerowork-Anhänger ist – zur Arbeit in einem selbstorganisierten Kleinbetrieb oder in ein ›Alternativprojekt‹, alle fünf Tage hat er Aufsicht in einem Kinderladen, seine Ente läßt er in einer linken Autoreparaturwerkstatt zusammenflicken, abends sieht er sich »Casablanca« im off-Kino an, danach ist er in der Teestube, einer linken Kneipe oder im Musikschuppen zu finden, seine Bettlektüre stammt aus dem Buchladenkollektiv. Ärzte- und Rechtsanwaltskollektive, Beratungsstellen für Frauen, Frauen- und Männergruppen gibt es im Getto. Der gesamte Lebensbereich ist weitgehend abgedeckt. [...] Dabei ist die Kommunikation intensiv, verglichen mit der, die durchschnittliche Bundesbürger untereinander pflegen. [...] In West-Berlin und in Frankfurt gibt es Angehörige der Szene, die stolz darauf sind, seit zweieinhalb Jahren kein Wort mit einem von denen, die draußen sind, gewechselt zu haben.[1]

So also hat man sich das Leben im linksalternativen Milieu in den späten siebziger Jahren vorzustellen. In kritischer Auseinandersetzung mit dem Staat und der hergebrachten bürgerlichen Kultur wurden identitätsstiftende Praktiken der Selbstkonstitution eingeübt und in ritualisierten Akten kollektiv verfestigt. Wie im eingangs zitierten *Zeit*-Artikel von 1978 hieß es auch im *Kursbuch*, es habe sich bereits während der Mitte des Jahrzehnts in Frankfurt am Main eine linksalternative Subjektkultur herausgebildet, deren Praktiken in »einer Art Superwohngemeinschaft« vollzogen wurden: »Verteilt auf verschiedene Stadtteile und Häuser«, war der linksalternative »Intimitäten-Markt [...] eine sich verschlingende Informations-Szene«: »ja, da gibts Kommunikation, da gibts Kon-

---

1 Tilman Fichter, Siegward Lönnendönker, zitiert nach Wolf D. Narr, »Die Generation der Ausgeschlossenen«, in: *Die Zeit* (20.01.1978). Grundsätzlich wurde in den Zitaten die Schreibweise aus den Originalen beibehalten, um den Ton und das Selbstverständnis der jeweiligen Autoren zu veranschaulichen. Das gilt nicht nur für die Groß- und Kleinschreibung, sondern ebenso für orthographische und grammatikalische Eigenheiten. An Stellen, an denen dieses Vorgehen zu Missverständnissen hätte führen können, habe ich ein »[sic]« eingefügt, um deutlich zu machen, dass es sich um Fehler im Original handelt. Hervorhebungen sind, wenn nicht anders gekennzeichnet, Hervorhebungen im Original.

takte und Konflikte, denn da tun die Leute nichts anderes als dauernd reden, über sich und die anderen und ihre Beziehungen zu den anderen«.[2] Reinhard Mohr, ehemaliger Redakteur beim Frankfurter *Pflasterstrand*, ergänzt: »Die scene war der Kosmos, in den die 78er hineinwuchsen. Sie war sozialer Zusammenhang, befreites Territorium, Aktionsfeld und Rückzugsgebiet in einem.«[3]

Diese Selbstbeschreibungen decken sich nicht nur mit der bekannten Formulierung des damaligen Berliner Wissenschaftssenators Peter Glotz, der von den »zwei Kulturen« in der Bundesrepublik sprach und befürchtete, dass sich die linke »Subkultur« völlig von der Alltagskommunikation und Lebensweise in Deutschland abgekoppelt habe.[4] Sie entsprachen auch den Befunden des politischen Gegners zu jener Zeit. Das Berliner Landesamt für Verfassungsschutz hielt in einem internen Bericht des Jahres 1982 fest: »Nach dem Scheitern der sog. K-Gruppen und der terroristischen Roten Armee Fraktion (RAF) zeigte sich, daß die Alternativbewegung bemerkenswert stark entwickelt war und sich in unterschiedlicher Ausformung (Landkommunen, Handwerkskollektive, Buchverlage, Kneipen, Theatergruppen etc.) über die Bundesrepublik Deutschland einschließlich Berlin (West) ausgebreitet hatte.«[5] »Die[se] neue Jugendbewegung«, so fügte der linksalternative Psychotherapeut Jörg Bopp 1981 im *Kursbuch* hinzu, »ist nicht der Marsch einer antikapitalistischen Kaderpartei mit fester Organisation, genauem Programm und eindeutiger Strategie durch die bundesrepublikanische Landschaft.«[6]

Vier unterschiedliche politische Gruppierungen hatten sich in

2 Franziska Graf, »Lebensziel: Wohnen. Bericht über eine Wohngemeinschaft«, in: *Kursbuch* 37 (1974), S. 145-167, hier S. 153; Nils T. Lindquist, »Der Nachbar und das Allgemeine«, in: *Kursbuch* 39 (1975), S. 49-56, hier S. 49.

3 Reinhard Mohr, *Zaungäste. Die Generation, die nach der Revolte kam*, Frankfurt/M. ³1992, S. 52.

4 Peter Glotz (Interview), »Jeder fünfte denkt etwa so wie Mescalero«, in: *Der Spiegel* 41 (03.10.1977), S. 49-63. Zur Haltung und Rede von Glotz auf dem TUNIX-Kongress siehe Michael März, *Linker Protest nach dem Deutschen Herbst. Eine Geschichte des linken Spektrums im Schatten des »starken Staates«. 1977-1979*, Bielefeld 2012, S. 220-223, 232/233, 237/238.

5 Landesamt für Verfassungsschutz beim Berliner Innensenator, »Der ›Häuserkampf‹ in Berlin (West)«, in: BArch Koblenz, B 141, Nr. 401097, fol. 81.

6 Jörg Bopp, »Trauer-Power. Zur Jugendrevolte 1981«, in: *Kursbuch* 65 (1981), S. 151-168, hier S. 153.

der Folge der Studentenproteste herausgebildet. Erstens die meist maoistisch orientierten und um das Jahr 1970 entstandenen kommunistischen Gruppierungen. Ihren punktuellen Höchststand erreichten die sogenannten K-Gruppen während des Jahres 1977, als sie rund 20 000 Mitglieder in ihren Reihen verzeichnen konnten. Über den gesamten Zeitraum ihrer durchschnittlich zehn- bis fünfzehnjährigen Existenz hinweg, so schätzt man in der Forschung, wurden rund 100 000 Mitglieder von diesen Gruppierungen nach leninistischem Kaderprinzip sozialisiert. Dazu kam noch die im September 1968 gegründete und von der DDR finanzierte Deutsche Kommunistische Partei (DKP), die innerhalb von sechs Jahren auf einen Mitgliederstand von rund 40 000 Personen anwuchs und diesen bis in die späten achtziger Jahre halten konnte. Diese Gruppierungen waren in ihrem internen Organisationsaufbau ganz traditionell orientierte Kaderparteien, die untereinander heftig zerstritten waren. Mitte der siebziger Jahre konnte man schon zehn »proletarische Avantgarden« zählen, die jeweils vielerlei partikularistische Abspaltungen mit lokalen oder regionalen Inkubationszentren hervorgebracht hatten. Im Falle der DKP war das Politikverständnis traditionell-staatssozialistisch, im Falle der K-Gruppen marxistisch-leninistisch geprägt. In ihrem Auftreten gebärdeten sich diese hierarchisch aufgebauten Gruppen ebenso ernsthaft wie asketisch, sie argumentierten ebenso dogmatisch wie pedantisch.[7]

7 Die scheinbar großen Zahlen zu den K-Gruppen, die oft nicht länger als 15 Jahre existierten, berücksichtigen die sehr hohen Fluktuationsraten innerhalb der Organisation. Zahlenangaben nach: Andreas Kühn, *Stalins Enkel, Maos Söhne. Die Lebenswelt der K-Gruppen in der Bundesrepublik der 70er Jahre*, Frankfurt/M., New York 2005, S. 38; Jochen Staadt, »Der Versuch, sich an der Glatze aus dem Sumpf zu ziehen. Die K-Gruppen«, in: Gabriele Dietz u. a. (Hg.), *wild + zahm. Die siebziger Jahre*, Berlin 1997, S. 74-76, hier S. 76; Gerd Koenen, *Das rote Jahrzehnt. Unsere kleine deutsche Kulturrevolution 1967-1977*, Köln 2001, S. 270, 276, 281, 287/288, 298, 305, 308, 314, 422-424; Wolfgang Kraushaar, *Achtundsechzig. Eine Bilanz*, Berlin 2008, S. 188-194; Detlef Siegfried, *Time is on my side. Konsum und Politik in der westdeutschen Jugendkultur der 60er Jahre*, Göttingen 2006, S. 724, Fußnote 69; Gerd Langguth, *Protestbewegung. Entwicklung – Renaissance – Niedergang. Die Neue Linke seit 1968*, Köln 1983, S. 58; Silke Mende, »*Nicht rechts, nicht links, sondern vorn«. Eine Geschichte der Gründungsgrünen*, München 2011, S. 219. Für die DKP: Gerd Langguth, *Protestbewegung am Ende. Die Neue Linke als Vorhut der DKP*, Mainz 1971; Steffen Kailitz, *Politischer Extremismus in der Bundesrepublik Deutschland. Eine Einführung*, Wiesbaden 2004, S. 69; BArch Koblenz, B 106, Nr. 78075, Band 5: »Deutsche Kommunistische Partei, hier: rechtliche Wür-

Zweitens war eine terroristische Szene mit den Kernorganisationen RAF, Bewegung 2. Juni und Revolutionäre Zellen entstanden, deren Gesamtumfang inklusive ihrer Unterstützer – nach großzügiger Schätzung – auf nicht mehr als 1000 bis 2000 Personen zu beziffern ist. Aus Teilen der Studentenbewegung waren bereits gegen Ende der sechziger Jahre kleine militante Gruppen hervorgegangen, die in zunehmender Eigendynamik ihre politischen Ziele durch das Ziel der Selbsterhaltung ersetzten. Mit dem tödlichen Ende der Entführung von Hanns Martin Schleyer im Oktober 1977 war der Terrorismus an einem Scheitelpunkt angekommen, und auch wenn das Morden der RAF in den achtziger und frühen neunziger Jahren bis zu ihrer Selbstauflösung im Jahre 1998 weiterging: Der Terrorismus hatte schon in der zweiten Hälfte der siebziger Jahre nur dank der ausgeprägt antistaatlichen Einstellung innerhalb der Linken überhaupt noch Sympathien genossen. Die Strategie der »dritten Generation« der RAF, die mit Anschlägen auf NATO-Stützpunkte oder auf Institutionen aus dem Bereich der Kernenergie Sympathisanten aus den Neuen Sozialen Bewegungen zu finden suchte, schlug in den achtziger Jahren weitgehend fehl.[8]

Drittens blühten die gewerkschaftsnahen und die mit der SPD assoziierten Gruppen wie die Jusos, der Sozialdemokratische Hochschulbund oder der sozialistische Jugendverband der Falken nach dem Ende der Studentenrevolte auf. Insgesamt war die SPD seit der sozialliberalen Regierungszeit für Teile der Neuen Linken at-

digung«: Referentenentwurf an den Innenminister vom 08.06.1971 (für das Jahr 1970 wird die Mitgliederzahl auf 22000 bis 30000 geschätzt, mit insgesamt 663 DKP-Funktionären).

8 Zahlen zum Terrorismus: Klaus Weinhauer, »Zwischen ›Partisanenkampf‹ und ›Kommissar Computer‹: Polizei und Linksterrorismus in der Bundesrepublik bis Anfang der 1980er Jahre«, in: ders. u.a. (Hg.), *Terrorismus in der Bundesrepublik. Medien, Staat und Subkulturen in den 1970er Jahren*, Frankfurt/M., New York 2006, S.244-270, hier S.257; Andreas Elter, *Propaganda der Tat. Die RAF und die Medien*, Frankfurt/M. 2008, S.215. Vgl. in diesem Zusammenhang aus der umfangreichen Literatur hier nur folgende Titel: Gerd Koenen, *Vesper, Ensslin, Baader. Urszenen des deutschen Terrorismus*, Köln 2003; Kraushaar, *Achtundsechzig*, S.81-95; Wolfgang Kraushaar (Hg.), *Die RAF und die Herausforderung der Demokratie (1970-1998)*, Bd.1, Hamburg 2006, S.13-61; Friedhelm Neidhardt, »Über Zufall, Eigendynamik und die Institutionalisierbarkeit absurder Prozesse. Notizen am Beispiel einer terroristischen Gruppe«, in: Heine von Alemann, Hans P. Thurn (Hg.), *Soziologie in weltbürgerlicher Absicht. Festschrift für René König zum 75. Geburtstag*, Opladen 1981, S.243-257.

traktiv geworden. Debatten über einen erneuerten Marxismus und die Klassenanalyse des Kapitalismus bestimmten die Programmatik der Jusos, die die innerparteiliche Linie im Sinne einer antikapitalistischen Reformpolitik verändern und zugleich die »werktätigen Massen« gewinnen wollten. Sage und schreibe 700 000 Neumitglieder konnte die SPD zwischen 1964 und 1973 verzeichnen. Der enorme Zuwachs war vornehmlich den Neuzugängen aus der jungen Generation zu verdanken: So waren im Jahr 1972 75 Prozent der SPD-Neumitglieder unter 40 Jahre alt, fast 20 Prozent sogar unter 21 Jahre. Die Vertreter dieser sozialdemokratischen Gruppe beeinflussten die Geschicke der Bundesrepublik nachhaltig, wie nicht zuletzt das Beispiel des ehemaligen Juso-Bundesvorsitzenden und späteren Bundeskanzlers Gerhard Schröder, aber auch das von Heidemarie Wieczorek-Zeul, Karsten Voigt, Hans Eichel, Rudolf Scharping, Wolfgang Roth oder Klaus Uwe Benneter zeigen. Diese Gruppe wirkte innerhalb gesetzter Bahnen des politischen Systems, arbeitete in diesem Rahmen auf Reformen hin und baute vergleichsweise wenig alternative Institutionen auf.[9]

Viertens bildete sich ein eng mit Teilen der Neuen Sozialen Bewegungen verbundenes linksalternatives Milieu, dessen harter Kern am Ende der siebziger Jahre auf rund 300 000 bis 600 000 Aktivisten geschätzt und dessen Sympathisantenkreis von Meinungsforschungsinstituten auf 5,6 Millionen Personen beziffert wurde.[10] Allein der beträchtliche Umfang verweist auf den nicht

9 Zahlen zur Sozialdemokratie: Manfred Görtemaker, *Geschichte der Bundesrepublik Deutschland. Von der Gründung bis zur Gegenwart*, München 1999, S. 520; Koenen, *Das rote Jahrzehnt*, S. 203-205 (mit anderen Zahlen); »Student und Politik Sommer 1967. Ein Beitrag zur Frage nach der Ursache der Unruhe an den Universitäten (IfD-Umfrage vom Sommer 1967)«, S. 54/55, in: BArch Koblenz, Zsg 132, Nr. 1448 (II); »Dokumentation einer Studentenumfrage 1978. Kommentare und Kritik, Tabellen, technische Daten (IfD-Umfrage) [1978]«, Tabelle 23-25 im Tabellenteil, in: BArch Koblenz, Zsg 132, Nr. 2551; Lutz von Werder, »Bedeutung und Entwicklung der Kinderladenbewegung in der Bundesrepublik«, in: ders. (Hg.), *Was kommt nach den Kinderläden? Ergebnis-Protokolle*, Berlin 1977, S. 7-56, hier S. 31; Dietmar Süß, »Die Enkel auf den Barrikaden. Jungsozialisten in der SPD in den Siebzigerjahren«, in: *AfS* 44 (2004), S. 67-104; Manfred Kittel, *Marsch durch die Institutionen? Politik und Kultur in Frankfurt nach 1968*, München 2011, S. 59-75.

10 Zahlen zum Alternativmilieu: »Bundesministerium für Jugend, Familie und Gesundheit: Zur alternativen Kultur in der Bundesrepublik Deutschland«, in: *APuZ* B 39 (1981), S. 6/7; Joseph Huber, *Wer soll das alles ändern? Die Alternativen*

zu unterschätzenden Einfluss, den das linksalternative Milieu besonders in den späten siebziger und frühen achtziger Jahren auf die zeitgenössische Jugend ausübte. Auf die quantitative Verbreitung soll weiter unten genauer eingegangen werden. Hier mag der Verweis genügen, dass nach repräsentativen Umfragen aus dem Jahr 1981 30 Prozent der Jugendlichen zwischen 18 und 23 Jahren gewillt waren, eine »alternative Protestpartei« zu wählen.[11]

Das linksalternative Milieu verstand sich politisch als eine undogmatische Alternative zu der klassischen sozialdemokratischen Parteipolitik, zu terroristischen Aktivitäten und zu den kommunistischen Kadergruppen. Das sich in den späten sechziger Jahren entwickelnde und bis in die Mitte der achtziger Jahre bestehende linksalternative Milieu ist von den K-Gruppen oder den radikalgewerkschaftlichen Organisationen nicht genau abzugrenzen. Nicht wenige Protagonisten durchschritten im Laufe ihres Lebens das volle Programm der unterschiedlichen Varianten des Linksradikalismus.[12] Selbst innerhalb des linksalternativen Milieus wurde ein weites ideologisches Spektrum propagiert, welches von Anarchismus, Spontitum und Rätesozialismus über den Ökosozialismus bis

und die Alternativbewegung, Berlin 1980, S. 29/30; N. N., Lebensziele. Potentiale und Trends alternativen Verhaltens, Hamburg 1981, S. 42-44 (Repräsentativuntersuchung vom Marplan-Institut [Offenbach] im Auftrag des Stern); Lothar Kolenberger, Hanns-Albrecht Schwarz, Abschlußbericht des Projektes »Zum Problem einer ›Zweiten Kultur‹ in West-Berlin«, Berlin 1982, S. 17a (Teil A); der Bericht von Kolenberger und Schwarz ist im APO-Archiv Berlin verwahrt; SINUS-Institut im Auftrag des Bundesministeriums für Jugend, Familie und Gesundheit, Die verunsicherte Generation. Jugend und Wertewandel, Opladen 1983, S. 158.

11 Stern (21.05.1981), S. 202; Bopp, »Trauer-Power«, S. 152.

12 Man denke nur an die Politiker, die nach ihrer Tätigkeit für die kommunistischen Kaderorganisationen den Weg zu den Grünen fanden, wie beispielsweise Thomas Ebermann, Rainer Trampert, Krista Sager, Reinhard Bütikofer, Jürgen Trittin, Antje Vollmer, Georg Dick, Frank Herterich, Ralf Fücks oder Hans-Gerhart (»Joscha«) Schmierer. Auch in der SPD landeten einige ehemalige K-Grüppler, man denke beispielsweise an Ulla Schmidt. Vgl. als Einstieg hierzu: Ludger Volmer, Die Grünen. Von der Protestbewegung zur etablierten Partei. Eine Bilanz, München 2009, S. 29-35, 76-82. Kollektivbiographische Ansätze können solche Übergänge besser abbilden als Milieustudien. Vgl. (leider mit polemisch-denunziatorischem Überschwang): Gunnar Hinck, Wir waren wie Maschinen. Die bundesrepublikanische Linke der siebziger Jahre, Berlin 2012; Zolling, Peter, »Rote Umwege. Wie die kommunistischen APO-Erben das Proletariat suchten und im Establishment fanden«, in: Focus 36 (01.09.1997), S. 92-100 und 37 (08.09.1997), S. 80-88.

zum Feminismus und der diffusen Idee einer subkulturellen Gegengesellschaft reichte.[13]

In dieser Studie soll weniger nach biographischen Entwicklungszyklen, sondern vielmehr nach soziokulturellen Gemeinsamkeiten und kulturellen Verbindungen gefragt werden, die das Alternativmilieu in den siebziger und frühen achtziger Jahren über die ideologischen Differenzen hinweg zusammenhielten. Der Fokus wird nicht auf der Rekonstruktion der Ideen der Autonomen, Feministinnen oder Ökoaktivisten im engeren Sinne oder der »Ein-Punkt-Programme« innerhalb der einzelnen Neuen Sozialen Bewegungen liegen. Politik wird vielmehr von der Seite der soziokulturellen Lebenspraxis her untersucht. Es soll erörtert werden, inwieweit die Revolutionsvorstellungen der historischen Akteure mit der Lebenspraxis verbunden wurden. Ziel dieser Untersuchung ist es – jenseits der konkreten Protestziele, -häufigkeiten und -formen der Neuen Sozialen Bewegungen[14] –, die übergreifenden soziokulturellen Gemeinsamkeiten, das Verhaltensrepertoire und den Habitus der Protestierenden zu erkunden.

Was die politische Partizipation angeht, so beteiligten sich die Milieumitglieder vor allem an den Neuen Sozialen Bewegungen. Das linksalternative Milieu war ebenso ihr Nährboden, wie umgekehrt die Formierung des Milieus einen stabilisierenden Effekt auf die Neuen Sozialen Bewegungen hatte. Der Ausdruck »linksalternatives Milieu« indes bezeichnet dauerhaftere soziale Einbindungen und politkulturelle Regeln sozialer Interaktion. Er beschreibt die soziokulturellen Gemeinsamkeiten, die alltagsweltliche Lebensführung und Aushandlungsprozesse kollektiver Identität.[15] In

13 Roland Roth, Dieter Rucht, »Einleitung«, in: dies. (Hg.), *Die sozialen Bewegungen in Deutschland seit 1945. Ein Handbuch*, Frankfurt/M., New York 2008, S. 9-36, hier S. 32; Dieter Rucht, »Linksalternatives Milieu und Neue Soziale Bewegungen in der Bundesrepublik: Selbstverständnis und gesellschaftlicher Kontext«, in: Cordia Baumann u. a. (Hg.), *Linksalternative Milieus und Neue Soziale Bewegungen in den 1970er Jahren*, Heidelberg 2011, S. 35-60; Rolf Schwendter, *Theorie der Subkultur*, Köln, Berlin 1971.

14 Zur Protestgeschichte siehe den hervorragenden Überblick: Dieter Rucht (Hg.), *Protest in der Bundesrepublik. Strukturen und Entwicklungen*, Frankfurt/M., New York 2001 (dort die weiterführende Literatur).

15 Vgl. Rucht, »Linksalternatives Milieu«, S. 41; ders., »Das alternative Milieu in der Bundesrepublik. Ursprünge, Infrastruktur und Nachwirkungen«, in: Sven Reichardt, Detlef Siegfried (Hg.), *Das Alternative Milieu. Antibürgerlicher Lebens-*

den Blick rücken damit gemeinsame Muster der Lebensführung, der Wohn- und Arbeitsformen, Familienmodelle, Erziehungsmethoden und Fragen der Geschlechterverhältnisse, Körpersprache, Kleidungsstil und Konsummuster, Erkenntnis- und Bewusstseinsmodelle, Öffentlichkeitsvorstellungen, geteilte Rituale oder der Gebrauch von Symbolen und die damit verwobenen politischen Denk-, Wahrnehmungs- und Beurteilungsschemata. Diese Praxisfelder sollen in der vorliegenden Studie dargestellt, analysiert und historisch kontextualisiert werden – auch in Abgrenzung zu der 68er-Studentenbewegung und den K-Gruppen der siebziger Jahre.

Die Neuen Sozialen Bewegungen hingegen, wie etwa die Neue Frauenbewegung der siebziger Jahre oder die Friedensbewegung der frühen achtziger Jahre, waren politisch sehr viel weiter gefächert. So gab es nicht nur einen linksalternativen Flügel innerhalb der Frauenbewegung, sondern beispielsweise auch einen sozialdemokratischen, einen liberalen und einen konservativen. Das breiteste politische Spektrum deckte wohl die Friedensbewegung ab, die von der DKP bis zu den Kirchen und der CDU unterschiedlichste politische Gruppen ansprach. Insofern beinhaltet der Fokus auf das linksalternative Milieu nicht nur eine andere, kulturwissenschaftliche Fragerichtung, sondern beleuchtet auch nur Teile der Neuen Sozialen Bewegungen. Das alternative Milieu war mit den unterschiedlichsten Ausdeutungen linker Politik zwar keineswegs

stil und linke Politik in der Bundesrepublik Deutschland und Europa 1968-1983, Göttingen 2010, S. 61-86; Michael Vester, »Alternativbewegungen und neue soziale Milieus. Ihre soziale Zusammensetzung und ihr Zusammenhang mit dem Wandel der Sozialstruktur«, in: Reichardt/Siegfried (Hg.), Das Alternative Milieu. Antibürgerlicher Lebensstil und linke Politik in der Bundesrepublik Deutschland und Europa 1968-1983, Göttingen 2010, S. 27-60. Bei Karl-Werner Brand, Detlef Büsser und Dieter Rucht wurde die Alternativbewegung noch nicht als Oberbegriff, sondern (wie bei Joseph Huber) als eine spezielle Gruppe innerhalb der Neuen Sozialen Bewegungen begriffen, die »durch selbstorganisierte Formen des Arbeitens und Zusammenlebens gesellschaftliche Veränderungen unmittelbar praktisch« machen wollte (Brand, Karl-Werner u. a., Aufbruch in eine andere Gesellschaft. Neue soziale Bewegungen in der Bundesrepublik, Frankfurt/M., New York [2]1984, S. 155). Das ist eine Perspektive, die nicht zu überzeugen vermag, weil ebendies auch für Teile der Frauen-, Umwelt- und Friedensbewegung galt. Vgl. für diese Deutungen der achtziger und neunziger Jahre: Huber, Wer soll das alles ändern?, S. 7-28; Roland Schmidt, »Zur alternativen Kultur. Erscheinungsbild und Strukturen«, in: APuZ B 11 (1983), S. 41-54, hier S. 44-46; Brand u. a., Aufbruch, S. 75-241.

homogen, aber unter dem weiten Dach einer als links verstandenen Politik doch deutlich anders ausgerichtet als die Neuen Sozialen Bewegungen.[16]

Organisatorisch war dieses linksalternative Milieu ohne feste Strukturen, bewusst antiinstitutionell, gegen Partei und Staat eingestellt und basisdemokratisch aufgebaut. Zusammengehalten wurde es über Demonstrationen und Versammlungen, personale Netzwerke, Bewegungszeitschriften, regelmäßige Treffen, Kongresse und Plenen sowie eine oft lokale Infrastruktur von Kollektivprojekten, Kneipen und Wohngemeinschaften. Die Versuche zum Aufbau einer formellen Organisationsstruktur wirkten letztlich nicht nachhaltig in die Selbstorganisation des Milieus hinein; wichtiger war allemal der kommunikative Zusammenhang, der nicht zuletzt durch die breit rezipierte alternative Presse gestiftet wurde.[17] Neben den meist informellen Organisationsstrukturen

16 Mit linker Politik soll hier zunächst nur eine auf soziale, politische und kulturelle Gleichheit und Solidarität ausgerichtete Politik gemeint sein. Eine nähere Bestimmung der politischen Einstellungen innerhalb des linksalternativen Milieus folgt unten.

17 Vgl. Roth/Rucht, »Einleitung«, S. 25/26. Einer dieser Versuche war das Sozialistische Büro (SB) in Offenbach (mit diversen Regionalbüros und den Zeitungen *express* und *links*). Im Kern zog das im Februar 1969 gegründete SB als offenes Kommunikationszentrum vor allem Beschäftigte aus dem Bildungs- und Universitätsbereich an. 1974 waren dies rund 250 politische Gruppen, die sich an der Ausgestaltung der Publikationen beteiligten und Informationen über Treffen und Tagungen vermittelt bekamen. Das SB vermochte insbesondere in den Jahren 1972 und 1976 durch seine Netzwerkarbeit zwischen den unterschiedlichen undogmatischen linken Gruppen zu vermitteln und organisierte öffentlichkeitswirksame Kongresse mit bis zu 20 000 Teilnehmern (wie den Antirepressionskongress von 1976). Allerdings zeigte sich auch auf diesen Kongressen, wie unterschiedlich die politischen Zielsetzungen und Strategien waren und wie sie nur punktuell über Kampagnen und Einzelthemen – zum Beispiel in der Solidarität für die in den USA von der Todesstrafe bedrohte Angela Davis – zusammengeführt werden konnten. Letztlich war das SB eine gegen die dogmatischen K-Gruppen gerichtete und hauptsächlich von Intellektuellen betriebene Plattform, die die Selbstorganisation im beruflichen Zusammenhang hochhielt und gewerkschaftlich dachte, aber zu den herkömmlichen Gewerkschaftsorganisationen auf Distanz blieb. Vgl. zum SB: Gottfried Oy, »Selbstorganisation: Ein nicht eingelöstes Emanzipationsversprechen von 1968?«, in: *Forschungsjournal Neue Soziale Bewegungen* 21, 3 (2008), S. 79-86, hier S. 82-84; ders., »Spurensuche Neue Linke. Das Beispiel des Sozialistischen Büros und seiner Zeitschrift links«, in: *Utopie kreativ* 197 (2007), S. 252-261; ders., *Spurensuche Neue Linke. Das Beispiel*

bildeten sich im Milieu soziale und kulturelle Praktiken, ein bestimmter Lebensstil und entsprechende Selbstverständnisse aus. Von diesen Lebenspraxen und Alltagserfahrungen ausgehend, wird in der vorliegenden Studie die Politik bzw. das Politische des Milieus nachgezeichnet. Es geht also um die politischen Implikationen der alternativen Wege des Geldverdienens, der Freizeitgestaltung, der Formen des sozialen Umgangs und der Gemeinschaftsbildung.

Das linksalternative Milieu ist als »Zerfalls- und Entmischungsprodukt«[18] der zahlenmäßig viel kleineren Studentenproteste von 68 nur unzureichend beschrieben. Vielmehr verfestigte es sich erst während der siebziger Jahre über seine subjektiven Selbstbeschreibungen und den Lebenswandel und -stil seiner historischen Akteure. Ebendiese kulturelle Konstitution des Forschungsgegenstandes soll in der vorliegenden Studie herausgearbeitet werden, indem nach Selbstdarstellungen, Werthorizonten, soziokulturellen Umgangsformen und sozialen Prägungen dieses Milieus gefragt wird. Durch welche kulturellen und sozialen Ressourcen, durch welchen Lebensstil und welches Selbstbild fühlte man sich dem Alternativmilieu zugehörig? Welche soziokulturellen Gemeinsamkeiten konnte man beobachten und durch welche sozialen und kulturellen Praktiken unterstrichen die Akteure ihre politische Zugehörigkeit?

Kurzum: Die Denk-, Wahrnehmungs- und Erkenntnisweisen, die sozialen Umgangsregeln, Selbststilisierungen und der Lebensstil innerhalb des linksalternativen Milieus werden im Zusammenhang mit seinen (in-)formellen Institutionen, Netzwerken und sozioökonomischen Grundlagen analysiert. Die Szene als flexibles und veränderliches Gebilde wird als Gesinnungsgemeinschaft und Erfahrungsraum, als soziales Netzwerk mit informellen Aktions-

---

des Sozialistischen Büros und seiner Zeitschrift links. *Sozialistische Zeitung (1969 bis 1997)*, rls papers 〈http://www.rosalux.de/publication/23719/spurensuche-neue-linke-das-beispiel-des-sozialistischen-bueros-und-seiner-zeitschrift-links-sozial. html〉, letzter Zugriff am 27.02.2013; Walter Hollstein, Boris Penth, *Alternativ-Projekte. Beispiele gegen die Resignation*, Reinbek 1980, S. 391-401; Mende, »*Nicht rechts, nicht links*«, S. 172-196; Roland Roth, Oskar Negt, »Das Sozialistische Büro – ein Gespräch«, in: *links* 123 (Juni 1980), S. 12-15; »Who is who«, in: *Carlo Sponti* 7 (Oktober 1974), S. 3.

18 Karl-Heinz Stamm, *Alternative Öffentlichkeit. Die Erfahrungsproduktion neuer sozialer Bewegungen*, Frankfurt/M., New York 1988, S. 102. Vgl. Klaus Müschen, »*Lieber lebendig als normal!*« *Selbstorganisation, kollektive Lebensformen und alternative Ökonomie*, Bensheim 1982, S. 37; Rucht, »Linksalternatives Milieu«, S. 56.

und Deutungseliten, als Kommunikations- und Interaktionsraum, als Sphäre sozialer (Selbst-)Verortung sowie als emotionaler Kulturraum mit distinkten Codes, Verhaltensweisen, Wissensvorräten und Selbstführungstechniken rekonstruiert. In der Arbeit werden Ansätze der Praxeologie und Diskursanalyse miteinander kombiniert und verschränkt.[19]

Die breite und übergreifende Bestimmung des Alternativmilieus war den zeitgenössischen Akteuren nicht fremd, wenngleich diese freilich nicht nach den theoretischen Grundlagen ihrer Wahrnehmungen fragten. Dass die Alternativen das Milieu aber als einen *gemeinsamen* soziokulturellen Raum empfanden, zeigt sich schon in der Shell-Jugendstudie von 1981. Die Jugendlichen zwischen 17 und 24 Jahren betrachteten nämlich, so zeigt die Studie, die Gruppenstile »Umweltschützer«, »alternative Lebensweise«, »Kernkraftgegner«, »Hausbesetzer« und »Rock-gegen-Rechts-Gruppen« als eine einheitliche Gruppe.[20] In ähnlicher Weise hat der Stuttgarter Umweltsoziologe Michael Zwick in einer quantitativen »Überlappungsanalyse« auf das gemeinsame Protestpotential von Frauen-, Anti-AKW- und Friedensbewegung in einem »alternativen Protestmilieu« hingewiesen.[21] Auch Umfragen kamen zu dem Ergebnis, dass die Protestakteure Pazifismus, Umweltschutzorientierung und die Ablehnung der Atomenergie in hohem Maße miteinander verbanden.[22] Tatsächlich verzahnten sich auch, um nur ein Beispiel zu nennen, die Proteste gegen Atomkraftwerke oft mit der Umwelt- und Friedensbewegung. Die Atomkraft birgt sowohl in ziviler wie

19 Vgl. Sven Reichardt, »Praxeologische Geschichtswissenschaft. Eine Diskussionsanregung«, in: *Sozial. Geschichte* 22, 3 (2007), S. 43-65; Robert Schmidt, *Soziologie der Praktiken. Konzeptionelle Studien und empirische Analysen*, Berlin 2012, S. 28-50; Sebastian Haunss, *Identität in Bewegung. Prozesse kollektiver Identität in der Schwulenbewegung und bei den Autonomen*, Wiesbaden 2004, S. 79-83.

20 *Jugend '81. Lebensentwürfe, Alltagskulturen, Zukunftsbilder. Studie im Auftrag des Jugendwerks der Deutschen Shell, durchgeführt von Psydata, Institut für Marktanalysen. Sozial- und Mediaforschung*, Bd. 1, Hamburg 1981, S. 488, 493.

21 Michael M. Zwick, *Neue soziale Bewegungen als politische Subkultur: Zielsetzung, Anhängerschaft, Mobilisierung – eine empirische Analyse*, Frankfurt/M. 1990, S. 164-167, bes. S. 166.

22 »Pazifistische Strömungen in der Bundesrepublik. Eine empirische Studie über Zusammensetzung und Motivation einer Bewegung (IfD-Umfrage 1982)«, S. 6, in: BArch Koblenz, Zsg 132, Nr. 2806; »Pazifismus 1981. Strukturelle Hintergründe und Zusammenhänge eines Phänomens (IfD-Umfrage 1981)«, S. 16, in: BArch Koblenz, Zsg 132, Nr. 2778.

militärischer Nutzung ein Risikopotential für Mensch und Umwelt, so dass nicht wenige sich in mehreren der entsprechenden sozialen Bewegungen engagierten. Nicht durch Zufall schließlich bündelten sich viele Neue Soziale Bewegungen in den achtziger Jahren in der Partei Die Grünen.

Zum linksalternativen Milieu der siebziger und frühen achtziger Jahre zählten Millionen von Menschen, insbesondere aus der jungen Generation. Das führte zu längerfristigen Institutionalisierungen, etwa zu selbstverwalteten Projekten und Betrieben, die in veränderter Form noch heute existieren – von der Biolandwirtschaft und den Biogeschäften über die linksalternativen Buchläden bis zu den selbstverwalteten Druckereien. Die Selbstorganisation der Alternativen wirkte sich auf die Entwicklung basisdemokratischer Politik- und Verkehrsformen, auf die hohe Wertschätzung und die Verknüpfung von politischen und privaten Diskussionen, auf das Zurückdrängen traditioneller Autoritäten, auf die Pädagogisierung und Informalisierung alltäglicher Umgangsformen sowie auf die politische Kultur der Bundesrepublik aus und veränderte die Alltagskultur dauerhaft. Zwar kam es zu keiner »Revolutionierung« des Alltags, wie sie die Situationistische Internationale erträumt hatte, aber in vielen Bereichen wandelten sich die Verhaltensstandards: beispielsweise im alltäglichen Umgang der Geschlechter miteinander sowie in der Thematisierung und Praxis von Sexualität. Antiautoritäre Arbeits-, Erziehungs- und Wohnverhältnisse wurden eingerichtet. Das Milieu politisierte vormals private Bereiche und beeinflusste nicht zuletzt die öffentliche Meinung, die durch die Medien des Flugblattes, der alternativen Zeitung oder des freien Radiosenders mitgestaltet wurde. Die neue Wertschätzung für kleine und überschaubare Strukturen, zivilgesellschaftlich-basisdemokratische Organisationen und besonders das Umweltschutzbewusstsein haben die Gesellschaft der Bundesrepublik geprägt.

Reformen der Umwelt- und Energiepolitik, der Frauen- und Familienpolitik, Abbau überkommener Hierarchien und partizipative Formen der Stadtteil- und Wohnpolitik, die Reform des Bildungssystems, die Herausbildung neuer Formen politischer Partizipation, die ökologische Reform landwirtschaftlicher Produktionsweisen, eine qualitativ ausgerichtete Wachstumsorientierung, die Pluralisierung von Lebensweisen, Toleranz gegenüber nonkonformistischen Lebensstilen, die Erweiterung des Parteienspektrums und die Flexibilisierung von Arbeitsverhältnissen wurden nicht nur, aber eben auch vom linksalternativen Milieu angestoßen.[23]

Aus dem linksalternativen Habitus und der Lockerung formalisierter Sitten entstanden im 21. Jahrhundert auch Schrumpfformen. So wurde in diversen TV-Formaten die linke Forderung nach Selbstverwirklichung in eine kommerzialisierte und nahezu permanente mediale Selbstthematisierung und Selbstdarstellung transformiert. Nicht nur in den Trash-Talkshows, sondern auch in der Flut der flüchtigen Informationen im Internet ringen die User vor allem um Aufmerksamkeit und Unverwechselbarkeit – insofern steckte im linksalternativen Selbstentwurf auch eine dem Narzissmus und Egoismus nicht unähnliche Verfallsform der Sorge um sich selbst.[24]

Aufbau und Themen

Die vorliegende Untersuchung soll den Kosmos des linksalternativen Milieus beleuchten und beginnt dabei mit einer Darstellung des politischen Selbstverständnisses und der organisatorischen Praxis innerhalb des Milieus (Kapitel 2). Im Zentrum stehen hierbei die politischen Auseinandersetzungen mit und zur 68er-Bewegung und der K-Gruppen-Szene der siebziger Jahre. Neben den innerlinken Abgrenzungskämpfen nährte sich das politische Selbstverständnis auch aus performativen Protestpraxen, die in Kapitel 2 kursorisch dargestellt werden sollen. Schließlich erfolgte die Gemeinschaftsbildung durch eine Abgrenzung zur bundesrepublikanischen Gesellschaft, die als kalt, entfremdet, durchherrscht und ausbeuterisch bezeichnet wurde. Vor dem Hintergrund dieser Folie entwickelte sich das Bild der eigenen Gruppe als wärmender Gemeinschaft, welches im zweiten Abschnitt des zweiten Kapitels dargestellt wird. Das dritte Kapitel widmet sich der alternativen Presse, die das Milieu als kommunikative Korsettstange zusammenhielt und das für das linksalternative Selbstverständnis so wichtige Authentizitätsideal medial inszenierte. In den folgenden Kapiteln wird das Experimentieren mit neuen Arbeits- und Lebensformen im Wechselspiel

23 Ähnlich: Rucht, »Linksalternatives Milieu«, S. 58/59.

24 Günter Burkart (Hg.), *Die Ausweitung der Bekenntniskultur – neue Formen der Selbstthematisierung?*, Wiesbaden 2006; Hermann Bausinger, »Die heimliche Fortsetzung. Spuren von 1968 in der heutigen Alltagskultur«, in: *Berliner Blätter* 18 (1999), S. 6-19.

aus Idee und Praxis untersucht. Dabei interessieren zunächst die Arbeitsverhältnisse in den linken Projekten (Kapitel 4). Anschließend wird das experimentelle Leben in den Wohngemeinschaften, Landkommunen und besetzten Häusern dargestellt, wobei besonders auf die emotionale Vergemeinschaftung eingegangen wird (Kapitel 5). Das sechste Kapitel widmet sich dem Verhalten in den episodischen Vergemeinschaftungsräumen der Kneipen, Teestuben, Frauenläden und Veranstaltungszentren. Der inkorporierte Habitus und die körperliche Hexis des linksalternativen Menschen sind Gegenstand zweier Kapitel: Kapitel 7 setzt sich mit Kleidung, Partnerbeziehungen, Sexualität und Geschlechterbild auseinander, Kapitel 8 schildert die Theorie und Praxis der antiautoritären Erziehung in den Kinderläden. Das Ideal eines durch Selbsterfahrungsgruppen, Drogen und Spiritualität erweiterten Bewusstseins wird sodann in Kapitel 9 herausgearbeitet. Insgesamt gesehen steht im Zentrum der nachfolgenden Betrachtungen somit die lebensweltliche soziale Praxis des Milieus. Diese Praxisfelder werden anhand sozialräumlicher Fallbeispiele aus den Städten Berlin, Frankfurt am Main und Heidelberg empirisch unterfüttert und vertieft.

Die Untersuchungsschwerpunkte: Berlin, Frankfurt am Main, Heidelberg

Die eingekapselte Stadtinsel Westberlin kann zweifellos als Hochburg und Vorbild der linksalternativen Kultur bezeichnet werden.[25]

25 Vgl. *Westberliner Stattbuch 1. Ein alternativer Wegweiser*, Berlin 1978; *Stattbuch Berlin 3. Ein Wegweiser durch das andere Berlin*, Berlin 1984; Wolfgang Müller, *Subkultur Westberlin 1979-1989. Freizeit*, Hamburg 2013; Hartmut Sander, Ulrich Christians (Hg.), *Subkultur Berlin. Selbstdarstellung, Text-, Ton- Bilddokumente. Esoterik der Kommunen, Rocker, subversiven Gruppen*, Darmstadt 1969; Joseph Scheer, Jan Espert (Hg.), *»Deutschland, Deutschland, alles ist vorbei«. Alternatives Leben oder Anarchie? Die neue Jugendrevolte am Beispiel der Berliner »Scene«*, München 1982; »Außen GmbH und innen rot. Spiegel-Report über die West-Berliner Szene«, in: *Der Spiegel* 11 (12.03.1979), S. 57-70; Klaus-Jürgen Scherer, »Berlin (West): Hauptstadt der Szenen. Ein Portrait kultureller und anderer Revolten Anfang der achtziger Jahre«, in: Manfred Gailus u. a. (Hg.), *Pöbelexzesse und Volkstumulte in Berlin. Zur Sozialgeschichte der Straße 1830-1980*, Berlin 1984, S. 197-222; Belinda Davis, »The City as Theater of Protest. West Berlin and West Germany, 1962-1983«, in: Gyan Prakash, Kevin M. Kruse (Hg.), *The Spaces of the Modern City. Imaginaries, Politics, and Everyday Life*, Princeton 2008, S. 247-274; Dieter Claessens, Karen de Ahna, »Das Milieu der Westberliner ›scene‹ und die

Für Dieter Kunzelmann wurde das von der DDR umschlossene und dadurch in Politik, Verwaltung und Medienöffentlichkeit umso leidenschaftlicher antikommunistisch eingestellte Berlin zum »geradezu idealtypischen Provokantenparadies«.[26] Und in der Tat stellte sich für das Berliner Landesamt für Verfassungsschutz die »Alternativbewegung« der Mauerstadt als die »lebendigste und bedeutendste […] in der Bundesrepublik Deutschland und Westeuropa« dar.[27] Eine vertrauliche Umfrage des Marplan-Instituts zeigt die Sogwirkung auf, die Berlin gegen Ende der sechziger und Anfang der siebziger Jahre auf die Linke hatte. Die Studie stellt zunächst einmal fest, dass die Linke in den Großstädten besonders stark vertreten war. Zwischen 10 und 15 Prozent der großstädtischen Bevölkerung war politisch linksradikal eingestellt. Westberlin stach hierunter mit 23 Prozent noch einmal deutlich heraus. Eine Studie des Bundeskanzleramts, die lediglich für den internen Gebrauch der staatlichen Behörden erstellt worden war und ähnliche Ergebnisse zutage gefördert hatte, kommentierte der zuständige Referent Hans-Georg von Koester in einem Schreiben an den Bundeskanzler Kurt Georg Kiesinger vom Februar 1969 kurz und bündig mit den Worten: »Eine erhebliche Überrepräsentation!«[28]

›Bewegung 2. Juni‹«, in: Wanda von Baeyer-Katte u. a. (Hg.), *Gruppenprozesse*, Opladen 1982, S. 20-181; Olaf Leitner, *West-Berlin! Westberlin! Berlin (West)! Die Kultur – die Szene – die Politik. Erinnerungen an eine Teilstadt der 70er und 80er Jahre*, Berlin 2002; Ulf Mailänder, Ulrich Zander, *Das kleine Westberlin-Lexikon von »Autonomie« bis »Zapf«. Die alternative Szene der siebziger und achtziger Jahre*, Berlin 2003; Jürgen Miermeister, »Wo Europa am häßlichsten ist. Monologe aus einer besetzten Stadt. Westberlin«, in: Max T. Mehr (Hg.), *Drachen mit tausend Köpfen. Spaziergänge durch linkes und alternatives Milieu*, Darmstadt, Neuwied 1982, S. 8-36; Christopher Görlich, *Die 68er in Berlin. Schauplätze und Ereignisse*, Berlin 2002; Heinz Dieter Kittsteiner, »Unverzichtbare Episode. Berlin 1967«, in: *Zeitschrift für Ideengeschichte* 2, 4 (2008), S. 31-44; Kraushaar, *Achtundsechzig*, S. 65.

26 Dieter Kunzelmann, *Leisten Sie keinen Widerstand! Bilder aus meinem Leben*, Berlin 1998, S. 49.

27 Landesamt für Verfassungsschutz beim Berliner Innensenator, »Der ›Häuserkampf‹ in Berlin (West) [1982]«, in: BArch Koblenz, B 141, Nr. 401097, fol. 82.

28 Schreiben des Referats I/2 von Koester an den Bundeskanzler vom 03.02.1969, in: BArch Koblenz, B 136, Nr. 4273, fiche 6. Die Studie arbeitete mit projektiven Vorstellungen, so dass auch SPD- oder FDP-Wählern »linksextreme« Einstellungen zugeschrieben wurden. Der Referent fasst die Studie wie folgt zusammen: »Bei den politischen Zielen der Linken stehen die sozialen Aspekte mit einem

Zweifellos waren Berlin und Frankfurt am Main um 1968 Zentren des »antiautoritären« Flügels der Studentenbewegung, der sich erstens von der Arbeiterklasse als revolutionärem Subjekt, zweitens vom Sowjetkommunismus und drittens vom klassischen Organisations- und Parteimodell abwandte. Indem sie sich das Randgruppenkonzept Herbert Marcuses zu eigen machten, die Revolutionierung des Bewusstseins (vor dem des gesellschaftlichen Seins) propagierten und auf die Manipulation durch die kapitalistische Konsum- und Mediengesellschaft verwiesen, die »Befreiungsbewegungen« in der »Dritten Welt« wenigstens anfangs zum Vorbild erhoben und die Unmittelbarkeit des politischen Kampfes bzw. der Selbstbefreiung des Handelnden in spektakulären und »direkten« Aktionen betonten, schufen die Antiautoritären wichtige Grundlagen für die alternative Linke der siebziger Jahre.[29]

Seine Vorreiterrolle für die vielgestaltige Linke jenseits der SPD verlor Berlin auch in den siebziger und achtziger Jahren nicht. Zu Beginn der achtziger Jahre schätzte man den Umfang des linksalternativen Milieus in der Mauerstadt auf rund 100 000 Personen, wobei vor allem Kreuzberg und Schöneberg regionale Zentren innerhalb der in seine Viertel zerklüfteten Stadt bildeten. Fast die Hälfte der 1200 alternativen Projekte Berlins war in diesen beiden Stadtteilen angesiedelt.[30] Gerade Kreuzberg wurde in der

Anteil von 79 % im Vordergrund. Politische Vorbilder sind: Marx, Engels, Lenin (26 %), Schumacher, Reuter, alte SPD (17 %), Ostblock allgemein (2 %), Mao, Ho Tschih Minh, Castro (2 %!). Es ergeben sich folgende Gruppen: 12 % Moskautreue, 5 % Reformkommunisten (Vorbilder: CSSR, Jugoslawien, Rumänien [!]), 26 % nicht einstufbar. Die DDR wird nur von 1 % der Linken als Vorbild genannt, 48 % bezeichnen sie als nicht fortschrittlich. – Bei der psychologischen Struktur der Linken sind zwei vollkommen verschiedene Gruppierungen zu unterscheiden: Die ›faschistischen‹ Linken, die der Struktur der Rechten ähneln, und die ›Reform‹-Linken. Bei diesen steht ein starkes ›Ich‹, ausgezeichnet durch ein realistisches kritisches Bewußtsein, einem relativ schwachen ›Über-Ich‹ gegenüber. [...] Die Linken sind in den Großstädten stärker vertreten. Westberlin zeigt mit 23 % (Durchschnitt 7 %) eine erhebliche Überrepräsentation! Das gleiche gilt für Bundesbürger mit Abitur und Hochschulbildung, die zu 21 % Anhänger der Linken sind« (ebd.).

29 Vgl. Marion Grob, *Das Kleidungsverhalten jugendlicher Protestgruppen in Deutschland im 20. Jahrhundert*, Münster 1985, S. 190-199.

30 »Außen GmbH und innen rot. Spiegel-Report über die West-Berliner Szene«, in: *Der Spiegel* 11 (12. 03. 1979), S. 60; Kolenberger/Schwarz, *Abschlußbericht*. Dieter Ruchts Einwand (auf der unsicheren Quellengrundlage der *Stattbücher*), dass

Bundesrepublik schnell zum Mythos, galt als befreites, solidarisches und gemeinschaftliches »kleines gallisches Dorf«, in dem sich alternatives und gegenkulturelles Leben auf engstem Raum zusammendrängte.[31] Für linke junge Männer war Berlin besonders attraktiv, weil man hier den Wehr- und Zivildienst umgehen konnte und eine reichhaltige linke Infrastruktur vorfand. In Berlin versammelten sich erstens vergleichsweise viele, meist durch staatliche Förderprogramme getragene, sozialberufliche Projekte (Kinderläden, alternative Schulen, medizinische Gruppen, therapeutische Projekte), die zweitens von zahlreichen alternativen Kneipen, Kommunikationszentren und Kinos umgeben waren. Eine dritte Säule der Berliner »scene« war die Öffentlichkeitsarbeit in alternativen Medien und Zeitungen, wobei mit der *tageszeitung* (*taz*) das Sprachrohr des bundesrepublikanischen Alternativmilieus in Berlin ansässig wurde und den 1973 gegründeten Frankfurter *Informations-Dienst zur Verbreitung unterbliebener Nachrichten* (ID) als wichtigstes Alternativmedium ablöste. 1982 konnte man eine bunte Vielfalt von insgesamt 114 alternativen Blättern in der Mauerstadt zählen, für die siebziger und achtziger Jahre lassen sich 171 linke Berliner Zeitschriften nachweisen. Das war durchaus bemerkenswert für eine Stadt, die nicht einmal über ein eigenes überregional wirkendes Qualitätsblatt verfügte. Der *Tagesspiegel* strahlte nicht bundesweit aus, die *Welt* war damals noch in Hamburg angesiedelt, und lediglich die *Bild* hielt sich in der ehemals so einflussreichen Medienstadt Berlin. In den frühen achtziger Jahren formierte sich als vierte Säule des Alternativmilieus schließlich eine breite Hausbesetzerbewegung gegen die Sanierungspolitik des Senats. Die in der »Frontstadt« Berlin spätestens

Berlin keine höhere Projektdichte aufweise als Universitätsstädte mittlerer Größenordnung, ist nur beschränkt richtig. Kreuzberg und Schöneberg waren es, die weithin ausstrahlten, natürlich nicht das bürgerliche Steglitz oder das Nobelviertel Grunewald – die junge Metropole (»Groß-Berlin« gibt es erst seit 1920) war eben immer noch in ihre Stadtteile zerklüftet (Dieter Rucht u. a., *Soziale Bewegungen auf dem Weg zur Institutionalisierung. Zum Strukturwandel »alternativer« Gruppen in beiden Teilen Deutschlands*, Frankfurt/M., New York 1997, S. 59-84).

31 Barbara Lang, *Mythos Kreuzberg. Ethnographie eines Stadtteils (1961-1995)*, Frankfurt/M., New York 1998, S. 120-155. Dort findet sich auch die Formulierung »gallisches Dorf«, die ursprünglich aus *taz* (02.05.1987) stammt.

seit den Osterunruhen 1968 vorhandene Tendenz zur Radikalität der linksalternativen Szene wurde durch die autonomen Gruppen nochmals verstärkt.[32]

Das liberale, multikulturelle und bürgerliche Frankfurt am Main war einerseits von Unternehmen und Banken, andererseits von seiner Universität, der Tradition der Frankfurter Schule, den großen überregionalen Zeitungen und wichtigen Buchverlagen geprägt. Unter diesen Voraussetzungen entstand der Nährboden für eine besondere Mischung aus antiautoritärer Bewegung, Spontikultur, Hausbesetzerszene und Anti-AKW-Bewegung. Die Alternativ- und Spontikultur konnte sich sowohl an Unternehmern, Bankern und den europäischen Hauptquartieren der US-Streitkräfte reiben als auch einen kritischen Austausch mit der starken Frankfurter Sozialdemokratie, der Gewerkschaftsbewegung sowie dem neomarxistisch-maoistischen Kommunistischen Bund Westdeutschland (KBW) pflegen. Frankfurt am Main, Sitz des Bundesvorstandes des Sozialistischen Deutschen Studentenbundes (SDS), war neben Berlin zweifellos die zweite Hauptstadt der Alternativkultur.[33] Mit

32 Kolenberger/Schwarz, *Abschlußbericht*, S. 18a, 25, 33a, 38a; Arbeitsgruppe Alternativpresse, *Verzeichnis aller Alternativzeitungen*, Bonn ⁴1983, S. 2; Mailänder/Zander, *Das kleine Westberlin-Lexikon*, S. 310-313; Rucht u. a., *Soziale Bewegungen auf dem Weg zur Institutionalisierung*, S. 70, 72. Verschiedentlich wurde die Zahl der Mitglieder des Westberliner Alternativmilieus mit rund 100 000 Menschen wesentlich höher veranschlagt, was nach der bislang besten Analyse von Kolenberger und Schwarz jedoch zu hoch geschätzt sein dürfte (vgl. Mailänder/Zander, *Das kleine Westberlin-Lexikon*, S. 15). Der Anteil von zeitweilig bis zu 14 000 Männern, die dem Wehrdienst entgehen wollten, spielte freilich eine gewisse Rolle (Zahlenangabe nach: Knud Andresen u. a., »Unruhe in der Öffentlichkeit. Agit 883 zwischen Politik, Subkultur und Staat«, in: rotaprint 25 [Hg.], *agit 883. Revolte, Underground in Westberlin 1969-1972*, Hamburg, Berlin 2006, S. 17-44, hier S. 19).

33 Vgl. Kittel, *Marsch durch die Institutionen?*, bes. S. 33-36, 42-52, 59-75, 441-460; Roland Roth, »Frankfurt/M. Skizzen zu einer Bewegungsmetropole«, in: Frank-Olaf Brauerhoch (Hg.), *Frankfurt/M. Stadt, Soziologie und Kultur*, Frankfurt/M. 1991, S. 149-167; Gisela Wülfing, Richard Herding, »Goethe – aber nur die Faust. Doch unter dem Pflaster liegt die Kritische Theorie. Frankfurt«, in: Max T. Mehr (Hg.), *Drachen mit tausend Köpfen. Spaziergänge durch linkes und alternatives Milieu*, Darmstadt, Neuwied 1982, S. 37-51; Stephanie Horn, *Abschied vom Kollektiv. Der Frankfurter PflasterStrand*, Frankfurt/M. 1989, S. 11-19; Daniel Cohn-Bendit, *Der große Basar*, München 1975; Johannes Schütte, *Revolte und Verweigerung. Zur Politik und Sozialpsychologie der Spontibewegung*, Gießen 1980; Heipe Weiss,

dem ab 1976 erscheinenden *Pflasterstrand* war hier das wichtigste Sprachrohr der Spontiszene beheimatet, welches explizit dem breiten Spektrum der Alternativszene eine Plattform bieten wollte und von wichtigen Autoren der Szene wie Daniel Cohn-Bendit, Gerd Koenen, Reinhard Mohr, Thomas Schmid und später auch Matthias Horx redaktionell betreut und bearbeitet wurde. Die Frankfurter Alternativszene galt als besonders geschlossen. Matthias Horx, Daniel Cohn-Bendit und Stephanie Horn haben in diesem Zusammenhang von der »familiären Dichte« eines engmaschigen »Netz[es] von persönlichen Bekanntschaften« gesprochen.[34] In Ulrike Heiders lesenswertem Roman *Keine Ruhe nach dem Sturm* wird diese eng geknüpfte alternative Infrastruktur aus Kneipen, Naturkostläden, Werkstätten, Programmkinos und Buchläden plastisch nachvollziehbar. Allein in der Adressliste des *Pflasterstrandes* wurden 1000 alternative Projekte geführt.[35]

In der Forschung wurden Berlin und Frankfurt verschiedentlich als »Hochburgen der studentischen Bewegung«, als »Aussteiger-Gettos«, »Bewegungsmetropolen« oder als »Zentren der Revolte« bezeichnet.[36] Diese Charakterisierung teilten bereits die Zeitge-

Fuchstanz, Frankfurt/M. 1996; Ulrike Heider, *Keine Ruhe nach dem Sturm*, Hamburg 2001; Wolfgang Kraushaar, *Fischer in Frankfurt. Karriere eines Außenseiters*, Hamburg 2001; ders., »Die Frankfurter Sponti-Szene. Eine Subkultur als politische Versuchsanordnung«, in: *AfS* 44 (2004), S. 105-121; ders. (Hg.), *Frankfurter Schule und Studentenbewegung. Von der Flaschenpost zum Molotowcocktail 1946 bis 1995, 3 Teile*, Hamburg ²1998; Til Schulz, *Materialien zum Bürgerkampf und die Hausbesetzerbewegung der 70er Jahre im Frankfurter Westend*, Frankfurt 1999.

34 Matthias Horx, Daniel Cohn-Bendit, »Die Pflasterstrand-Story«, in: *Pflasterstrand* 1 (1990), S. 40; Horn, *Abschied*, S. 75.

35 Heider, *Keine Ruhe*; Horn, *Abschied*, S. 13-15; Anja Bertsch, *Wertewandel im Spiegel der linksalternativen Presse: Eine Fallstudie zur Frankfurter »scene«*, Magisterarbeit Konstanz 2006, S. 38/39.

36 Schmidt, »Zur alternativen Kultur«, S. 43; Stamm, *Alternative Öffentlichkeit*, S. 102; Peter Hocke, *Massenmedien und lokaler Protest. Eine empirische Fallstudie zu Medienselektivität in einer westdeutschen Bewegungshochburg*, Wiesbaden 2002, S. 19; Nadja Büteführ, *Zwischen Anspruch und Kommerz. Lokale Alternativpresse 1970-1993. Systematische Herleitung und empirische Überprüfung*, Münster, New York 1995, S. 125; Thomas Daum, *Die 2. Kultur. Alternativliteratur in der Bundesrepublik*, Mainz 1981, S. 56. Ähnliche Hochburgen nennt Laszlo Trankovits, in: »Alternative Szene – Gesellschaft in der Gesellschaft«, Teil 1, in: Dpa-Dokumentation/HG 2973 (Archiv- und Informationsmaterial) (08.07.1981), S. 9; Kittel, *Marsch durch die Institutionen?*, S. 3.

nossen, die, wie etwa im *Spiegel* des Jahres 1981, Frankfurt und Westberlin die »Zwillingshauptstädte der Bewegung« nannten.[37] In den Protesten der Jahre zwischen 1964 und 1974 waren die beiden Städte, so hat der Politologe Ruud Koopmans zeigen können, von herausragender Bedeutung.[38]

In der vorliegenden Arbeit wurde neben diesen beiden Protesthochburgen eine Hochschulstadt intensiver untersucht – gewissermaßen als typischer Nebenschauplatz der linksalternativen Kultur. Die Studierenden waren, wie im nächsten Abschnitt dargelegt werden soll, nicht das einzige, aber doch ein sehr wichtiges Rekrutierungsfeld für das Alternativmilieu.[39] Dadurch wurden nicht nur die großstädtischen Universitäten, sondern auch die vielfältigen mittleren Universitätsstädte zu Orten der Alternativkultur. Heidelberg mit seiner überlokal bekannten Studentenbewegung und der enorm vielfältigen linksalternativen Kultur repräsentiert stellvertretend eine Landschaft von Universitätsstädten mittlerer Größe wie etwa Freiburg, Marburg oder Göttingen, in denen es ebenfalls zur Ausbildung eines linksalternativen Milieus mit selbstverwalteten Institutionen kam. In Heidelberg war neben dem KBW um dessen Mitbegründer Joscha Schmierer auch die Spontibewegung präsent und erörterte eine ganze Reihe von Fragen zu unterschiedlichen Themen, angefangen von Hausbesetzungen über Sexismus bis zur Ökologie (z. B. in der Zeitschrift *Carlo Sponti*). Durch die Universitätsklinik und die Rehabilitationszentren bildete sich eine psychosoziale Szene mit dazugehörigen Drogen- und Selbsthilfegruppen heraus, die sich nicht allein in dem aus der Geschichte des Terrorismus bekannten Sozialistischen Patientenkollektiv, sondern auch in Institutionen wie der Free Clinic in der Brunnenstraße oder der Psychotherapeutischen Beratungsstelle (PBS) in der Bergheimer Straße niederschlugen. Dass Heidelberg Standort des Hauptquartiers der US-Armee in Europa und Sitz des Oberbefehls-

37 Jörg Mettke, »Verantwortlich: Milli Tanz & Anna Schie«, in: *Der Spiegel* 35 (23. 03. 1981), S. 45.

38 Ruud Koopmans, *Democracy from Below. New Social Movements and the Political System in West Germany*, Boulder 1995, S. 129.

39 Peter Hocke, »Protestieren nur Studenten? Ein Vergleich mittelgroßer Städte in der ›alten‹ Bundesrepublik«, in: Dieter Rucht (Hg.), *Protest in der Bundesrepublik. Strukturen und Entwicklungen*, Frankfurt/M., New York 2001, S. 211-239, hier vor allem das Schaubild auf S. 224.

habers der amerikanischen Streitkräfte in Deutschland war, hatte bereits das Demonstrationsverhalten der Heidelberger Studentenbewegung geprägt.[40]

Eine repräsentative Untersuchung über die politischen Einstellungen von Studenten aus dem Jahre 1980 bestätigt die Aussagekraft der Auswahl der Städte Berlin, Frankfurt am Main und Heidelberg. Sie ergab, dass 13,5 Prozent der Berliner Studenten der Alternativkultur zugerechnet werden können, in Frankfurt waren es sogar 20,1 Prozent. In beiden Städten lag das Niveau über dem bundesweiten Durchschnitt von 11,9 Prozent. Die Hochschulstadt Heidelberg lag mit 11,0 Prozent in etwa im Durchschnitt, wies aber einen doppelt so hohen Anteil an studentischer Alternativkultur auf wie etwa Bonn mit gerade einmal fünf Prozent.[41] Auch die AStA-Wahlen in der Mitte der siebziger Jahre zeigen auf, dass die undogmatische Linke in Gestalt der Sponti- und Basisgruppen in allen drei Städten deutlich auf dem Vormarsch war. So erlangte in Frankfurt im Dezember 1977 die Gruppierung Undogmatische Linke 11 von 22 Sitzen im Studentenparlament, während in Heidelberg das Wahlbündnis Linke Liste im Wintersemester 1975/76 25 Prozent der Sitze im Studentenparlament gewann. Auch in Berlin

40 Katja Nagel, *Die Provinz in Bewegung. Studentenunruhen in Heidelberg 1967-1973*, Heidelberg, Basel u.a. 2009; Dietrich Hildebrandt, *»... und die Studenten freuen sich«. Studentenbewegung in Heidelberg 1967-1973*, Heidelberg 1991; Burkhart Braunbehrens u.a., »Sozialistische Avantgarde und antiautoritärer Massenprotest. Studentenbewegung in Heidelberg«, in: Karin Buselmeier u.a. (Hg.), *Auch eine Geschichte der Universität Heidelberg*, Mannheim 1985, S. 411-488; *Stattbuch für Heidelberg/Mannheim. Ein Wegweiser durch die Rhein-Nackar Region*, Heidelberg 1982; Julian von Eckardt u.a. (Hg.), *Generalspaltung. Von der Studentenbewegung zu den Sekten und Zirkeln. Das vollständige Protokoll einer Debatte, exemplarisch geführt nach dem Heidelberger SDS*, Heidelberg 1972; Werner Pieper, *Highdelberg. Zur Kulturgeschichte der Genussmittel und psychoanalytischen Drogen einer berauschenden Stadt*, Löhrbach 2004; Dieter Spazier, Jörg Bopp, *Grenzübergänge. Psychotherapie als kollektive Praxis*, Frankfurt/M. 1975; Langguth, *Protestbewegung am Ende*, S. 129-133. Einen ersten, sehr knappen Überblick über die Heidelberger Szene vermittelt das erste Heft *schöner wohnen* (1975) des Wohngemeinschaftsarbeitskreises an der PBS (überliefert in: afas Duisburg, 80.III.52).

41 Christian Krause u.a., *Zwischen Revolution und Resignation. Alternativkultur, politische Grundströmungen und Hochschulaktivitäten in der Studentenschaft. Eine empirische Untersuchung über die politischen Einstellungen von Studenten*, Bonn 1980, S. 203. Vgl. auch *Jugend '81*, Bd. 1, S. 502.

gelang es den Basisgruppen im Sommersemester 1978, ihre Position zu stärken.[42]

Gleichwohl sind in diese Studie auch immer wieder Untersuchungen zu anderen Orten und Städten eingeflossen. Wenngleich die Schwerpunkte der archivarischen Arbeit auf Berlin, Frankfurt und Heidelberg liegen, bleiben die folgenden Überlegungen keineswegs auf diese Orte begrenzt, sondern berücksichtigen die gesamte linksalternative Landschaft der Bundesrepublik.

Bemerkungen
zur Transnationalität

Die wichtigen transnationalen und internationalen Dimensionen des linksalternativen Milieus, welche sich etwa in der Dritte-Welt-Bewegung der siebziger Jahre manifestierten,[43] werden in dieser Studie nicht in einem eigenen Kapitel behandelt. Dabei gehörten ihre Aktivsten in großen Teilen zweifellos zum linksalternativen Milieu. Beide verband der demonstrative Altruismus, welcher mit subsistenzorientierten Mäßigungs- und Verzichtsvorstellungen verknüpft war. Beide bedienten sich eines »Entfremdungsjargons« in Hinblick auf westliche Industriegesellschaften sowie einer moralischen Betroffenheitsrhetorik. Auch in der Betonung von Basispartizipation jenseits staatlicher Entwicklungspolitik, in der kulturpessimistischen Konsum- und Entwicklungsskepsis gegenüber Fortschrittsmodellen westlicher »Überflussgesellschaften« und in der Sorge um die Natur sowie schließlich in der Eurozentrismus-

---

42 Schütte, *Revolte*, S. 28/29.

43 Siehe dazu: Claudia Olejniczak, *Die Dritte-Welt-Bewegung in Deutschland. Konzeptionelle und organisatorische Strukturmerkmale einer neuen sozialen Bewegung*, Wiesbaden 1999; Claudia Olejniczak, »Dritte-Welt-Bewegung«, in: Roland Roth, Dieter Rucht (Hg.), *Die sozialen Bewegungen in Deutschland seit 1945. Ein Handbuch*, Frankfurt/M., New York 2008, S. 319-346; Werner Balsen, Karl Rössel, *Hoch die internationale Solidarität. Zur Geschichte der Dritte Welt-Bewegung in der Bundesrepublik*, Köln 1986; Christoph Kalter, *Die Entdeckung der Dritten Welt. Dekolonisierung und neue radikale Linke in Frankreich*, Frankfurt/M., New York u. a. 2011; Wilfried Mausbach, »Von der ›zweiten Front‹ in die friedliche Etappe? Internationale Solidaritätsbewegungen in der Bundesrepublik 1968-1983«, in: Sven Reichardt, Detlef Siegfried (Hg.), *Das Alternative Milieu. Antibürgerlicher Lebensstil und linke Politik in der Bundesrepublik Deutschland und Europa 1968-1983*, Göttingen 2010, S. 423-444.

kritik ergeben sich eine Reihe von Überschneidungsflächen mit der linksalternativen Kultur.

Dass die transnationalen Dimensionen nicht in einem gesonderten Kapitel thematisiert werden, hat im Wesentlichen die folgenden drei Gründe. Erstens tauchen Hinweise auf Vorbilder und Einflüsse, meist aus den USA, in den einzelnen Kapiteln auf und werden nicht in einem eigenen Abschnitt, sondern von Fall zu Fall behandelt. Über die gesamte Arbeit verstreut wird so das transnationale Profil des Alternativmilieus in seiner Breite angedeutet und in seinen unterschiedlichen Vernetzungsgraden sichtbar gemacht. Zweitens ist der Einfluss der USA und der entsprechenden Bewegungen – von der Bürgerrechtsbewegung über die Studenten- und die Frauenbewegung bis zur Hippiekultur – bereits mehrfach untersucht worden.[44] Neben solchen Transferforschungen beziehen sich die explizit vergleichenden Forschungen vor allem auf die Studentenbewegung: Deren transnationale Dimensionen sind in den letzten zehn Jahren umfassend herausgearbeitet worden.[45] Drittens:

44 Siehe nur Philipp Gassert, »Amerikanismus, Antiamerikanismus, Amerikanisierung. Neue Literatur zur Sozial-, Wirtschafts- und Kulturgeschichte des amerikanischen Einflusses auf Deutschland und Europa«, in: *AfS* 39 (1999), S. 531-561; Detlef Junker (Hg.), *Die USA und Deutschland im Zeitalter des Kalten Krieges 1945-1990. Ein Handbuch*, 2 Bde., Stuttgart, München 2001; Michael Schmidtke, *Der Aufbruch der jungen Intelligenz. Die 68er Jahre in der Bundesrepublik und den USA*, Frankfurt/M. 2003; Andreas Daum u. a. (Hg.), *America, the Vietnam War, and the World. Comparative and International Perspectives*, New York 2003; Deborah Cohen, Lessie J. Franzier (Hg.), *Gender and Sexuality in the Global 1968. Transformative Politics in the Cultural Imagination*, New York 2009; Kraushaar, *Achtundsechzig*, S. 9-41; Martin Klimke, *The Other Alliance. Student Protest in West Germany and the United States in the Global Sixties*, Princeton, Oxford 2009; Belinda Davis u. a. (Hg.), *Changing the World, Changing the Self. Political Protest and Collective Identities in West Germany and the U. S. in the 1960s and 1970s*, New York 2010; Jack Zipes, »Down with Heidi, Down with Struwwelpeter, Three Cheers for the Revolution: Towards a New Socialist Children's Literature in West Germany«, in: *Children's Literature* 5 (1976), S. 162-180; Stephen Milder, »Thinking Globally, Acting (Trans-)Locally. Petra Kelly and the Transnational Roots of West German Green Politics«, in: *CEH* 43 (2010), S. 301-326.

45 Die Literatur in diesem Bereich ist nahezu unüberschaubar geworden. Siehe nur: George Katsiaficas, *The Imagination of the New Left. A Global Analysis of 1968*, Boston 1987; Etienne François u. a. (Hg.), *1968 – ein europäisches Jahr?*, Leipzig 1997; Carole Fink u. a. (Hg.), *1968. The World Transformed*, Cambridge, New York 1998; Ingrid Gilcher-Holtey, *Die 68er Bewegung. Deutschland – Westeuropa – USA*, München 2001; Mark Kurlansky, *1968. The Year that Rocked the World*,

Kulturgeschichtliche Vergleiche oder Transferstudien zur linksalternativen Kultur sind im Unterschied zum breiten Strom der politologischen Forschungen über die Neuen Sozialen Bewegungen deutlich seltener. So findet man viele Hinweise auf die politische Verwobenheit der deutschen mit der US-amerikanischen, französischen, italienischen oder holländischen Frauenbewegung. Gemeinsame Kongresse und vielfältige Austauschbeziehungen pflegte man auch in der ganz Europa erfassenden Neuen Friedensbewegung. Die Indiani Metropolitani aus Italien, die sich als urbane Anarchisten einer ironischen Gegenkultur aus Untergrundjournalen, Graffiti und freien Radiosendern verstanden, stellten, neben den niederländischen Provos, insbesondere für die Frankfurter, aber auch für die Berliner Spontis eine wichtige Anregung dar. Die Hausbesetzer in Berlin pflegten enge Kontakte zu den Kraakern in Amsterdam, zu den Londoner Squattern oder den Züricher Jugendlichen, die sich für ein autonomes Jugendzentrum einsetzten. Die italienischen Autonomen wiederum wurden für die militante Hausbesetzerszene zu einer wichtigen Anregung. Für die alternativen Wohnformen schließlich war das dänische Modell des Freistaats Christiania in Kopenhagen einflussreich. Selbst die Umweltbewegung war keineswegs eine isolierte deutsche »Volksbewegung«. Deutsche Umweltschützer tauschten sich auf unterschiedlichsten Wegen mit US-amerikanischen und skandinavischen Aktivisten aus. So waren etwa die dänischen Anti-AKW-Initiativen weithin bekannt. Die Vorgänger der beispiellos erfolgreichen Partei Die Grünen hatten die regionalen Wahlerfolge der französischen ökologischen Bewegungen aufmerksam verfolgt, die diese Mitte der siebziger Jahre erringen konnten.[46]

New York 2005; Thomas Etzemüller, *1968 – ein Riss in der Geschichte? Gesellschaftlicher Umbruch und 68er-Bewegungen in Westdeutschland und Schweden*, Konstanz 2005; Gerd-Rainer Horn, *The Spirit of '68. Rebellion in Western Europe and North America, 1956-1976*, Oxford 2007; Cohen/Franzier (Hg.), *Gender and Sexuality*; Norbert Frei, *1968. Jugendrevolte und globaler Protest*, München 2008; Joachim Scharloth, Martin Klimke (Hg.), *1968 in Europe. A History of Protest and Activism, 1956-1977*, New York, London 2008; Angelika Ebbinghaus u. a. (Hg.), *1968 – ein Blick auf die Protestbewegung 40 Jahre danach aus globaler Perspektive*, Leipzig 2009; Philipp Gassert, Martin Klimke (Hg.), *1968. Memories and Legacies of a Global Revolt. Bulletin of the German Historical Institute*, Supplement 6, Washington 2009.
46 Vgl. nur Matthias Wissmann, Rudolf Hauck (Hg.), *Jugendprotest im demokra-*

Der Bereich der kulturellen Verhaltensweisen, des Soziallebens und Lebensstils ist empirisch wesentlich schwächer erforscht als die herkömmliche politische Geschichte. Da noch nicht einmal die Konturen des bundesrepublikanischen Alternativmilieus der siebziger und achtziger Jahre hinreichend bekannt sind, hätte ein ausgewachsener europäischer oder gar globaler Vergleich diese stark empirisch orientierte Studie deutlich überlastet. Eine ergiebige Betrachtung der transnationalen Verwobenheit des linksalternativen Milieus – von den Reisetouren über die internationalen Kongresse und Kooperationen bis zu der Frage nach dem Einfluss der Migranten auf das bundesdeutsche Milieu – erfordert sicher weitere transfergeschichtliche Untersuchungen.[47]

tischen Staat. Enquete-Kommission des Deutschen Bundestages, Stuttgart 1983, S. 29-33; Ilse Lenz (Hg.), *Die Neue Frauenbewegung in Deutschland. Abschied vom kleinen Unterschied. Eine Quellensammlung*, Wiesbaden 2008, bes. S. 21-44 (der Einleitungsaufsatz); Kristina Schulz, *Der lange Atem der Provokation. Die Frauenbewegung in der Bundesrepublik und in Frankreich 1968-1976*, Frankfurt/M. 2002; Benjamin Ziemann, »A Quantum of Solace? European Peace Movements During the Cold War and their Elective Affinities«, in: *AfS* 49 (2009), S. 351-389; Sven Reichardt, Detlef Siegfried (Hg.), *Das Alternative Milieu. Antibürgerlicher Lebensstil und linke Politik in der Bundesrepublik Deutschland und Europa 1968-1983*, Göttingen 2010, S. 89-145, 169-181, 244-264; Cohen/Frazier, (Hg.), *Gender and Sexuality*; Holger Nehring, *The Politics of Security. West European Protests Against Nuclear Weapons and the Cold War*, Oxford 2013; Hanno Balz, Jan-Henrik Friedrichs (Hg.), »*All we ever wanted …*« *Eine Kulturgeschichte europäischer Protestbewegungen der 1980er Jahre*, Berlin 2012, bes. S. 13-35, 37-53 (zu den Hausbesetzern), 73-89 (zu den italienischen Centri sociali); Timothy Brown, Lorena Anton (Hg.), *Between the Avant-Garde and the Everyday. Subversive Politics in Europe from 1957 to the Present*, New York, Oxford 2011; Mende, »*Nicht rechts, nicht links*«, S. 64-71; Cordia Baumann u. a. (Hg.), *Linksalternative Milieus und Neue Soziale Bewegungen in den 1970er Jahren*, Heidelberg 2011, S. 107-130, 133-159; Egeria Di Nallo, *Indiani di città*, Bologna 1977; Niek Pas, *Imaazje! De verbeelding van Provo (1965-1967)*, Amsterdam 2003; ders., »Die niederländische Provo-Bewegung und die Bundesrepublik Deutschland 1965-1967«, in: *Jahrbuch des Zentrums für Niederlande-Studien* 15 (2004), S. 163-178; Joachim Radkau, *Die Ära der Ökologie. Eine Weltgeschichte*, München 2011, hier bes. S. 124-487.

47 Vgl. Arthur Marwick, *The Sixties. Cultural Revolution in Britain, France, Italy, and the United States, c. 1958-c.1974*, Oxford 1998; Geoff Eley, *Forging Democracy. The History of the Left in Europe, 1850-2000*, Oxford 2000; Axel Schildt, Detlef Siegfried (Hg.), *Between Marx and Coca-Cola. Youth Cultures in Changing European Societies, 1960-1980*, New York, Oxford 2006; Karen Dubinsky u. a. (Hg.), *New World Coming. The Sixties and the Shaping of Global Consciousness*, Toronto 2009; Reichardt/Siegfried (Hg.), *Das Alternative Milieu*. Eine deutsch-deutsche

Zeitlich umfasst die Arbeit mehrere Entwicklungsphasen und positioniert sich in der Brückenphase zwischen Studentenbewegung, Neuen Sozialen Bewegungen und der Gründung der Grünen. Wie bereits ausgeführt, war die Neue Linke zwischen 1968 und 1985 zu vielgestaltig, um von einer linearen Entwicklung sprechen zu können. Nichtsdestotrotz soll, beginnend mit dem Ende der »utopischen Phase« (Klaus Müschen) der Studentenbewegung um 1969, eine »Entmischungs- und Fraktionierungsphase« genannte Periode zwischen Anfang und Mitte der siebziger Jahre in den Blick genommen werden, die dann von einer Stabilisierungs- und Konkretisierungsphase zwischen dem Ende der siebziger und Anfang der achtziger Jahre unterschieden wird. Die Auflösungsphase des linksalternativen Milieus beginnt in der Mitte der achtziger Jahre.[48]

Zwischen den doktrinären K-Gruppen und den verschiedensten Spielarten linksalternativer Politik, zeitgenössisch meist als »undogmatische Linke« bezeichnet, wurde ab 1970 der politische Graben immer tiefer. Ende der siebziger Jahre führte dies zu erbitterten Auseinandersetzungen über die unterschiedlichen Vorstellungen zur Verbindung von Alltag und Politik. Während die 68er-Studentenbewegung nicht unwesentlich von einer globalen Revolutionsperspektive getragen wurde, schliff sich diese Ausrichtung im zunehmend ausdifferenzierten und nicht selten ironisch argumentierenden Spektrum der undogmatischen Linken ab, ohne dass die internationalen Brücken dadurch vollständig abbrachen. In organisatorischer und kultureller Hinsicht differenzierten sich ab Mitte der siebziger Jahre lokale Formen alternativer Lebensorganisation weiter aus und stabilisierten und konkretisierten sich in selbstverwalteten Projekten. Eine stärkere Ausrichtung auf Projekte und Betriebe kennzeichnete – auch angesichts der ab Mitte der siebziger

Vergleichs- und Beziehungsgeschichte wäre für dieses Thema vor allem dann interessant, wenn die DDR im Mittelpunkt der Analyse stehen würde, denn der kulturgeschichtliche Einfluss aus dem Westen auf den Osten war sicherlich größer als umgekehrt (trotz der DKP und politischer Infiltrationsbemühungen). Siehe Michael Rauhut, Thomas Kochan (Hg.), *Bye, bye, Lübben City. Bluesfreaks, Tramps und Hippies in der DDR*, Berlin 2004; Michael Rauhut, *Beat in der Grauzone. DDR-Rock 1964-1972 – Politik und Alltag*, Berlin 1993; demnächst auch die Dissertation von Rebecca Menzel.

48 Müschen, *»Lieber lebendig als normal!«*, S. 36-39.

Jahre aufkommenden Jugendarbeitslosigkeit – das alternative Milieu. Die Zusammenarbeit der alternativen Projekte mit staatlichen Institutionen und Trägern, neue Rechtsformen und erste Institutionalisierungen zeichneten sich ab, wie etwa in der Organisation Netzwerk Selbsthilfe e. V. (gegründet 1978), bei der *taz* oder bei der Entstehung Bunter, Alternativer oder Grüner Wahllisten. Ende der siebziger Jahre stand das Alternativmilieu zweifellos in seiner Blütezeit. Allein die Neuen Sozialen Bewegungen zählten 1979 rund 1,8 Millionen Aktivisten – eine Ziffer, die der Mitgliederzahl sämtlicher Parteien der Bundesrepublik entsprach. Das Sinus-Institut für Markt- und Sozialforschung konnte in seiner Lebenswelt-Studie ein vorwiegend von jungen Leuten mit hoher formaler Bildung getragenes »Alternatives Milieu« im postmateriellen Wertebereich ausmachen, welches in seiner Grundorientierung auf das Thema Ökologie fokussiert war.[49]

Die zunehmende Diffusion der alternativen Werte in andere Milieus führte ab Mitte der achtziger Jahre zur Aufweichung und Ausdünnung des linksalternativen »Selbstverwirklichungsmilieus«.[50] Das Prinzip der autonomen Selbstorganisation und die Kernthemen wie Ökologie und Frauenemanzipation wurden sowohl von den Massenmedien als auch von der etablierten Politik aufgenommen. Während das Interesse für Politik unter den Jugendlichen nachließ und die Neuen Sozialen Bewegungen allmählich zerfielen, kam es über die Grünen ab 1979/80 zu einer stärkeren Institutionalisierung entsprechender Politikziele. Mit dem Verlust des fundamentalistischen Impetus seiner Kernthemen brach das Milieu auseinander und verlor an innerer Stabilität. Von der Mitte der achtziger Jahre bis zum Beginn der neunziger Jahre schrumpfte

49 Carsten Wippermann, *Die soziokulturelle Karriere des Themas »Ökologie«: Eine kurze Historie vor dem Hintergrund der Sinus-Lebensweltforschung*, ⟨http://www.sinus-institut.de/uploads/tx_mpdownloadcenter/karriere_oekologie.pdf⟩, letzter Zugriff am 27. 02. 2013.

50 Kai-Uwe Hellmann, *Systemtheorie und Neue Soziale Bewegungen. Identitätsprobleme in der Risikogesellschaft*, Opladen 1996, S. 149/150; Kathrin Fahlenbrach, *Protest-Inszenierungen. Visuelle Kommunikation und kollektive Identitäten in Protestbewegungen*, Wiesbaden 2002, S. 173; dies., »Protestinszenierungen: Die Studentenbewegung im Spannungsfeld von Kultur-Revolution und Medien-Evolution«, in: Martin Klimke, Joachim Scharloth (Hg.), *1968. Handbuch zur Kultur- und Mediengeschichte der Studentenbewegung*, Stuttgart, Weimar 2007, S. 11-21, hier S. 12.

die Zahl der Anhänger und Sympathisanten des linksalternativen Milieus auf deutlich weniger als die Hälfte: von rund vier Millionen auf gerade noch 1,4 Millionen Personen. Mitte der neunziger Jahre gab es nach Untersuchungen des Sinus-Instituts kein ökologisches Leitmilieu mehr.[51] Die emanzipatorischen Ideale des Alternativmilieus waren in andere gesellschaftliche Gruppen und unterschiedliche Milieus eingesickert und hatten sich dort verbreitet.[52]

In den achtziger Jahren entwickelten sich neue Lebensstile unter den Jugendlichen. In der Jugendkulturforschung wird betont, dass sich gegen Mitte der achtziger Jahre neue popkulturelle Jugendstile durchsetzten. Der bereits Ende der siebziger Jahre auftauchende Punk lehnte den linksalternativen Lebensstil explizit ab. Er verband mit den Grünen, Feministinnen, Ökologen, Pazifisten und linken Hippies nur Langeweile und »Gelaber«. Punk war deutlich gewalttätiger, maskuliner und seine Vertreter frönten harter und schneller Musik. Sinnverlust und Selbstzerstörung manifestierten sich in dieser Subkultur, die anders als die linke Alternativkultur keine sinnvolle Gegenpolitik anbieten mochte. Der Protest gegen Konventionalität und herkömmliche Ästhetik in Kleidung und Musik hatte zwar noch einige politische Implikationen, sie wurden jedoch nicht explizit ausbuchstabiert. Noch klarer war die Politikverdrossenheit bei den Neonkids der achtziger Jahre, seien es nun Anhänger von Hardcore, der Neuen Deutschen Welle, des New Wave oder die Popper.

Annette Humpe, Gründerin und Sängerin der Berliner Kultband Ideal, einer Gruppe, die die Jugendmusik der achtziger Jahre wesentlich mit bestimmt hatte, brachte dieses Gefühl in einem Interview für die *taz* auf den Punkt: Man lebe lieber in dem Bewusstsein, so Humpe, dass es »keine Alternativen [gibt], als mir immer noch welche zu erträumen. Bei den Neonbabies [einer der einflussreichsten Bands des deutschen Pop in den achtziger Jahren, Anmerkung des Verfassers] wollte ich mal ein Stück machen: Al-

---

51 Rucht, »Das alternative Milieu in der Bundesrepublik. Ursprünge, Infrastruktur und Nachwirkungen«; Wippermann, *Soziokulturelle Karriere*; Reinhard Mohr, »Hölle im Reihenhaus«, in: *Der Spiegel Spezial* 2 (07.08.2007); Edgar Wolfrum, *Die geglückte Demokratie. Geschichte der Bundesrepublik Deutschland von ihren Anfängen zur Gegenwart*, Stuttgart 2006, S. 404; Horn, *Abschied*, S. 11.

52 N. N., *Lebensziele*, S. 42/43; Vester, »Alternativbewegung und neue soziale Milieus«, S. 48, 58.

ternativ macht mich aggressiv. Das Wort ist für mich unheimlich ausgelaugt, ausgekaut und ausgelutscht, ich mag das nicht mehr hören, für mich ist das irgendwie eine halbe Lüge.« Ähnlich formulierte es der Sänger der Punkband Fehlfarben, Peter Hein, der das Verhalten seiner sich »fortschrittlich« und diskussionswütig gebenden Lehrer einfach nur »langweilig« fand. Er wolle nicht »jeden Scheiß ausdiskutieren«. Die Umgangsformen untereinander waren deutlich »kälter«, distanzierter und aggressiver geworden, als das noch für die Alternativkultur der siebziger Jahre gegolten hatte. Der 1981 veröffentliche Song *Eiszeit* der Gruppe Ideal brachte die fatalistische Grundstimmung einer Kommunikationsverweigerung angesichts von Massenarbeitslosigkeit, Umweltverschmutzung und Hochrüstung zum Ausdruck.[53] Die neuen Vorstellungswelten des Punk formten sich explizit gegen »Müsli, Öko, Henna, lange Haare, Räucherstäbchen, statt reiner Naturwolle, Klampfenmucke, Sesamkringeln und Mandelmus, statt Peace und Love«.[54]

Die linken Utopien hatten in dieser Jugendkultur abgedankt. Ironie, ein Gefühl des Sinnverlusts und nahezu fatalistische Ergebenheit angesichts der scheinbar übermächtigen Risiken der Hochmoderne wurden zu dominierenden Haltungen. Die Jugendlichen fragten nicht mehr, wie die Zukunft gestaltet werden sollte, sondern hinterfragten, ob es überhaupt noch eine Zukunft gäbe.[55] Der »Ära der großen Erwartungen« und der Aufbruchstimmung folgte ein neues Krisendenken, in dem die Angst den Fortschrittsglauben verdrängte.

Schließlich transformierte die Kommerzialisierung in den achtziger und neunziger Jahren das ursprünglich politische Projekt der Selbstverwirklichung in Hedonismus. Aus den zum Zwecke

53 Annette Humpe, in: *taz* (05.02.1981), S.5; Martin Büsser, *If the kids are united. Von Punk zu Hardcore und zurück*, Mainz 1998, S.145; Jürgen Teipel, *Verschwende deine Jugend. Ein Doku-Roman über den deutschen Punk und New Wave*, Frankfurt/M. 2001, S.13, 15-21, 22 (Zitat Hein), 29; Christa Mahrad, »Punks. Daten aus einer Großstadt«, in: *deutsche jugend* 8 (1981), S.360-364; Schildt/Siegfried, *Deutsche Kulturgeschichte*, S.363/364; Müller, *Subkultur*, S.30-33, 54-57, 62/63, 68-71, 97-104; Dieter Korczak, *Rückkehr in die Gemeinschaft. Kleine Netze: Berichte über Wohnsiedlungen*, Frankfurt/M. 1981, S.34; Benny Härlin, »Von Haus zu Haus – Berliner Bewegungsstudien«, in: *Kursbuch* 65 (1981), S.11-14.

54 Müller, *Subkultur*, S.79.

55 Elisabeth Noelle-Neumann, Edgar Piel (Hg.), *Allensbacher Jahrbuch der Demoskopie 1978-1983*, Bd. VIII, München, New York u.a. 1983, S.25.

der Gesellschaftsumwälzung eingeübten Techniken der Selbstveränderung wurden Formen des Eigenmanagements, die ihren
Gesellschaftsbezug und die revolutionäre Perspektive einer politischen Utopie verloren hatten. Aus der linken Innerlichkeit wurden
ebenso kommerzielle wie angepasste Selbstverbesserungs- und Leis-
tungstechniken. Das »Selbstverwirklichungsmilieu« der neunziger
Jahre, dem Bamberger Soziologen Gerhard Schulze zufolge insbesondere aus den unter 40-jährigen Großstädtern mit mittlerer und
höherer Bildung zusammengesetzt, umfasste rund 18 Prozent der
Gesamtbevölkerung. Erlebnisorientierung und Hedonismus kennzeichneten ihren Lebensstil. Präziser und empirisch besser belegt
als Schulze hat der Hannoveraner Politikwissenschaftler Michael
Vester das wohlstandsbasierte »postmoderne Milieu« geschildert,
dessen Wurzeln sich bis in die Spontigruppen der siebziger Jahre
zurückverfolgen lassen. Ihr Streben, so Vester, galt zwar noch der
»ganzheitlichen Selbstverwirklichung«, aber das Milieu hatte seine
gegenkulturelle Distinktionskraft eingebüßt. Zugleich entwickelten auch neokonservative und neoliberale Strömungen eine Werte-
welt jenseits von Pflicht, Arbeit und Leistung. Die Verbindung von
Selbstverwirklichung und »links sein« hatte sich gelockert oder gar
ganz aufgelöst.[56]

1.1 Umrisse des Milieus

Der Begriff des Milieus

Diese Untersuchung überführt die zeitgenössischen und politisch
aufgeladenen Selbstbeschreibungen wie »Underground«, »Scene«,
»Subkultur« oder »Gegenkultur« in den analytischen Begriff des
Milieus. Nach einer langen und facettenreichen Vorgeschichte in
der Folge der Industrialisierung mit prominenten Autoren wie Au-

56 Gerhard Schulze, *Die Erlebnisgesellschaft. Kultursoziologie der Gegenwart*,
Frankfurt/M., New York 1995, bes. S. 58-60, 153-157, 312-322; Michael Vester
u. a., *Soziale Milieus im gesellschaftlichen Strukturwandel. Zwischen Integration
und Ausgrenzung*, Frankfurt/M., S. 261-265, 341-346, 506-510 (Zitat S. 341). Vgl.
Ulrich Bröckling, *Das unternehmerische Selbst. Soziologie einer Subjektivierungsform*, Frankfurt/M. 2007; Luc Boltanski, Ève Chiapello, *Der neue Geist des Kapitalismus*, Konstanz 2003.

guste Comte, Hippolyte Taine und Émile Durkheim, dann über Max Scheler bis zu Aron Gurwitsch und M. Rainer Lepsius erlebte die soziologische und historiographische Erforschung von Milieus in den achtziger und den neunziger Jahren einen neuen Boom.[57] Der Begriff bettet das Denken und Deuten der Milieumitglieder in ihre Lebenswelt ein und fragt nach Tagesstrukturierung, nach Verhaltensmustern und Lebensrhythmen. Der Milieubegriff thematisiert sowohl die materielle Lage, die Berufsstruktur, die konfessionelle Ausrichtung oder den ethnischen Hintergrund der Mitglieder als auch ihre Sprache und Kommunikationsformen, ihre sozialen Beziehungsformen und Interaktionen. Es geht um die geteilten symbolischen Bedeutungen ihrer Handlungen, durch die die Akteure sich als »soziale Typen« untereinander erkennen und aufeinander beziehen. Milieus müssen daher nicht sozial oder gar konfessionell homogen sein, da die durch Prozesse von Ausschluss und Selektion entstandene und bekräftigte Kommunikation und soziale Nähe der Milieuangehörigen zueinander entscheidend ist, die ihnen Verhaltenssicherheit bot.

Milieus sind Verdichtungen lebensweltlicher Interaktionsbe-

---

57 Siehe unter der soziologischen Literatur (mit weiterführenden Literaturhinweisen) Jörg Rössel, *Plurale Sozialstrukturanalyse. Eine handlungstheoretische Rekonstruktion der Grundbegriffe der Sozialstrukturanalyse*, Wiesbaden 2005, S. 85-146; Vester u. a., *Soziale Milieus*, S. 27-37. Aus der älteren Literatur siehe Ronald Hitzler, Anee Honer, »Lebenswelt, Milieu, Situation. Terminologische Vorschläge zur theoretischen Verständigung«, in: *KZSS* 36 (1984), S. 56-74; Stefan Hradil, »Alte Begriffe und neue Strukturen. Die Milieu-, Subkultur und Lebensstilforschung der 80er Jahre«, in: ders. (Hg.), *Zwischen Bewußtsein und Sein. Die Vermittlung »objektiver« und »subjektiver« Lebensweisen*, Opladen 1992, S. 15-55; ders., *Sozialstrukturanalyse in einer fortgeschrittenen Gesellschaft. Von Klassen und Schichten zu Lage und Milieu*, Opladen 1987, S. 158-170; Vester u. a., *Soziale Milieus*. Aus geschichtswissenschaftlicher Perspektive: M. Rainer Lepsius, »Parteiensystem und Sozialstruktur: zum Problem der Demokratisierung der deutschen Gesellschaft«, in: Gerhard A. Ritter (Hg.), *Deutsche Parteien vor 1918*, Köln 1973, S. 56-80; Olaf Blaschke, Frank-Michael Kuhlemann, »Religion und Mentalität im Milieu«, in: dies. (Hg.), *Religion im Kaiserreich. Milieus, Mentalitäten, Krisen*, Gütersloh 1994, S. 1-30; Karl Rohe, *Wahlen und Wählertraditionen in Deutschland. Kulturelle Grundlagen deutscher Parteien und Parteiensysteme im 19. und 20. Jahrhundert*, Frankfurt/M. 1992, S. 19-29; Klaus Tenfelde, »Historische Milieus – Erblichkeit und Konkurrenz«, in: Manfred Hettling, Paul Nolte (Hg.), *Nation und Gesellschaft in Deutschland. Historische Essays*, München 1996, S. 247-268. Für die historiographische Begriffsdiskussion ist vor allem von Bedeutung, dass der Milieubegriff sich von seiner Kopplung an den Konfessionsbegriff abgelöst hat.

ziehungen, wobei jedes Milieu aus Mikromilieus besteht, die sich durch Face-to-Face-Kontakte einzelner Akteure bilden. Milieus zeichnen sich, so der Essener Politikwissenschaftler Karl Rohe in einer wegweisenden Definition, durch »eine bestimmte Lebensweise« aus: »Angehörige unterschiedlicher Milieus denken nicht nur anders und deuten nicht nur die Alltagswelt anders aus, sie leben tatsächlich anders. Ihr Tag ist anders strukturiert, und ihr Verhalten folgt einem anderen Rhythmus und anderen Mustern.«[58]

Während Mikromilieus an einen konkreten Raum (etwa in einem Stadtviertel wie Berlin-Kreuzberg) gebunden waren, kommt es hinsichtlich des übergreifenden alternativen Makromilieus auf die Vergleichbarkeit der jeweils räumlich gebundenen Mikromilieus an, die denen an anderen geographischen Orten strukturell ähnelten und zugleich medial miteinander verbunden und überformt wurden.

Der Milieubegriff nimmt Verhaltensregelmäßigkeiten, Handlungsmuster und soziale Beziehungen in diesen als Personennetzwerken organisierten sozialen Gemeinschaften in den Blick. Milieus sind gelebte »Deutungsgemeinschaften« mit eigenen Werthaltungen, Symbolen und Lebensweisen. Sie sind durch expressive Lebensstile charakterisiert, die Pierre Bourdieu als symbolische Lebensführung einer »repräsentierten sozialen Welt« mit feldspezifisch ausgehandelten Spielregeln beschrieben hat. Dabei kommt es zur Ausbildung »homologer« Beziehungen zwischen den kulturellen Wertmustern, Normen, Symbolen und kulturellen Praktiken eines Milieus und dem sozialen Standort seiner Mitglieder. Auch wenn Milieus durch Lebensstile und entsprechende Handlungsweisen gekennzeichnet sind, so sind sie damit jedoch keineswegs von sozialen Bindungen befreit. Nur wenige von ihnen waren oder sind sozial entkoppelt. In einer ebenso pluralen wie handlungstheoretisch ausgerichteten Analyse soll in dieser Arbeit die ökonomische Ressourcenausstattung der historischen Akteure im Zusammenhang mit ihren kulturellen Präferenzen und ihrer Einbindung in soziale Netzwerke untersucht werden. Im Falle des linksalternativen Milieus, das kann man an dieser Stelle bereits festhalten, handelte es sich nicht um ein klassen- oder schichtentbundenes Milieu. Es war vielmehr (von der elterlichen Herkunft seiner Mit-

---

58 Rohe, *Wahlen und Wählertraditionen*, S. 19.

glieder her gesehen) bürgerlich geprägt, seine Mitglieder wiesen ein sehr hohes Bildungskapital auf und entstammten überwiegend den jungen Altersgruppen.[59]

Umfang des Alternativmilieus

Am besten lässt sich der Umfang des Alternativmilieus auf der Basis von demoskopischen Einstellungsuntersuchungen ermitteln, von denen einige in unterschiedlicher Qualität und Tiefenschärfe vorliegen. Eine Infratest-Studie vom Januar 1979 schätzte den Anteil »alternativer« Jugendlicher auf 10 bis 15 Prozent.[60] Eine im Auftrag des Jugendwerkes der Deutschen Shell zwei Jahre später durchgeführte Studie bezifferte das Potential der Alternativkultur bei den Jugendlichen ebenfalls auf 10 Prozent, wobei der Prozentsatz unter Oberschülern und Studierenden einige Punkte höher lag. Mit etwas ungenaueren Kriterien arbeiteten zwei Umfragen, die von konservativer Seite in Auftrag gegeben wurden: Eine Umfrage des Allensbacher Instituts für Demoskopie vom August 1979 bezifferte den Anteil jugendlicher »Aussteiger« (17 bis 23 Jahre) auf 13 Prozent.[61] Eine repräsentative Emnid-Erhebung im Auftrag der Konrad-Adenauer-Stiftung aus dem Sommer 1979 wiederum ergab, dass sich 15 Prozent der Jugendlichen zwischen 14 und 21 Jahren zum Protestpotential zählten, gegen das bundesrepublikanische System eingestellt waren und sich selbst überwiegend als »extrem links« oder »links« einordneten.[62] Damit gab es in der Bundesre-

---

59 Zum Begriff der »Deutungsgemeinschaft«: Fahlenbrach, *Protest-Inszenierungen*, S. 88-95. Zum Lebensstilkonzept jetzt: Jörg Rössel, Gunnar Otto (Hg.), *Lebensstilforschung*, Wiesbaden 2011; Stefan Hradil, »Arbeit, Freizeit, Konsum: Von der Klassengesellschaft zu neuen Milieus?«, in: Thomas Raithel, Thomas Schlemmer (Hg.), *Die Rückkehr der Arbeitslosigkeit. Die Bundesrepublik Deutschland im europäischen Kontext 1973 bis 1989*, München 2009, S. 74-81; Rössel, *Plurale Sozialstrukturanalyse*, S. 341-348.

60 Infratest Wirtschaftsforschung, »Politischer Protest in der Bundesrepublik Deutschland«, Januar 1979; »Zwischen Revolution und Resignation«, Studie der Friedrich-Ebert-Stiftung, 1980. Beide zitiert nach Bundesministerium für Jugend, Familie und Gesundheit (Hg.), *Jugend in der Bundesrepublik heute – Aufbruch oder Verweigerung*, Bonn 1981, S. 6/7.

61 Kolenberger/Schwarz, *Abschlußbericht*, Teil A, S. 17a; Bundesministerium für Jugend, Familie und Gesundheit, »Zur alternativen Kultur in der Bundesrepublik Deutschland«, in: *APuZ* B 39 (1981), S. 11.

62 Stephanie Hansen, Hans-Joachim Veen, »Auf der Suche nach dem privaten

publik 1979 nach der Allensbacher Umfrage 700 000 und nach der Untersuchung von Emnid rund 1,3 Millionen linksalternative Jugendliche.

Eine 1980 im Auftrag des *Stern* erstellte Umfrage, die von dem zu jener Zeit in Offenbach angesiedelten Marplan-Institut durchgeführt wurde, wies in den Altersgruppen der 14- bis 54-Jährigen einen Anteil von 2,7 Millionen Alternativen aus. Weitere 3,4 Millionen zeigten sich »sehr aufgeschlossen für ›alternative‹ Anregungen oder Programme«.[63] Das Sinus-Institut verwies 1982 in einer im Auftrag des Bundesministeriums für Jugend, Familie und Gesundheit durchgeführten Studie darauf, dass zwischen 10 bis 15 Prozent der jungen Generation zwischen 15 und 30 Jahren zum »alternativen Potential« gerechnet werden konnten. Und für 1983 schätzte Michael Vester schließlich die Zahl der Alternativen, berechnet nach Wahlverhalten, Konsummustern und sozialem Habitus, auf »vielleicht vier Millionen«.[64]

Wenngleich alle diese Untersuchungen ihre Ergebnisse unter dem Begriff des »alternativen Jugendlichen« zusammenfassten, so lassen sie sich dennoch nicht umstandslos vergleichen. Zu unscharf waren die Definitionen dieses Begriffes, zu unterschiedlich die jeweiligen Messverfahren und Fragestellungen. Nichtsdestotrotz geben die Zahlen eine Ahnung davon, dass das linksalternative

Glück«, in: *Die Zeit* 37 (05. 09. 1980), S. 16; Kolenberger/Schwarz, *Abschlußbericht*, Teil A, S. 17a; Bundesministerium für Jugend, Familie und Gesundheit, »Zur alternativen Kultur in der Bundesrepublik Deutschland«, S. 11; Bundesministerium für Jugend, Familie und Gesundheit (Hg.), *Jugend in der Bundesrepublik heute – Aufbruch oder Verweigerung*, Bonn 1981, S. 4.

63 N. N., *Lebensziele*, S. 42/43 (Repräsentativuntersuchung vom Marplan-Institut [Offenbach] im Auftrag des *Stern*). Diese Ziffer entsprach einem Anteil von acht Prozent der Bevölkerung zwischen 14 und 54 Jahren. Vgl. auch Gunter Pratz, »Lebensziele – Potentiale und Trends alternativen Verhaltens«, in: *Bertelsmann-Briefe* 113 (1983), S. 14-35; Dieter Korczak, *Zur Einstellung und Lebenswelt von Alternativen*, München 1982, S. 47, in: Archiv Infratest Forschung, Nr. 10.

64 SINUS-Institut, *Die verunsicherte Generation. Jugend und Wertewandel*, Opladen, S. 17, 158; Michael Vester, »Von neuen Plebejern, Emanzipation und Massenstreiks. Thesen zur Klassen- und Schichtenstruktur und zu den Entwicklungspotentialen der neuen sozialen Bewegungen«, in: *Frankfurter Rundschau* 78 (05. 04. 1983), S. 14. Zu ebendieser Ziffer gelangte die Marplan-Studie für die Bevölkerungsgruppe zwischen 14 und 54 Jahren, die »sich ernsthafter mit dem natürlichen Leben auseinandersetzen und für entsprechende Produkte oder Programme aufgeschlossen sind« (N. N., *Lebensziele*, S. 43).

Milieu keineswegs eine kleine Randgruppe von »Spinnern« und »Aussteigern« war, sondern in den siebziger und frühen achtziger Jahren beachtliche Teile der Gesellschaft umfasste und unter den Jugendlichen populär war. Dabei waren es insbesondere junge Menschen mit höherem Bildungsgrad, aus denen sich die soziale Kerngruppe des linksalternativen Milieus rekrutierte.

Hohes Prestige der linksalternativen Kultur

In der gesamten Untersuchungszeit von den späten sechziger bis in die frühen achtziger Jahre genossen linke politische Einstellungen und linksalternative Lebensweisen durchgehend ein enorm hohes Prestige, vor allem unter den gebildeten Jugendlichen. So ergab eine Mitte 1969 veröffentlichte Umfrage unter Schülern, Abiturienten und Studenten, dass rund 30 Prozent der Befragten mit marxistischen oder kommunistischen Ideen sympathisierten, während 20 Prozent bereit waren, eine links von der SPD stehende Partei zu wählen. Die wenigen Aktivisten der Studentenbewegung wurden folglich von einer großen Welle der Sympathie getragen.[65] Gegen Ende der siebziger Jahre hatten sich die Verhältnisse nur scheinbar geändert. Eine 1980 vorgelegte Untersuchung, die von der Friedrich-Ebert-Stiftung in Auftrag gegeben worden war, um die politischen Einstellungen von Studenten zu untersuchen, ergab einerseits, dass nur 11,9 Prozent der Studenten der Alternativkultur zuzurechnen waren.[66] Gleichzeitig nahm aber fast ein Viertel der Studenten für sich selbst in Anspruch, alternative Lebensformen zu praktizieren. Ganze 86 Prozent tolerierten alternative Wertvorstellungen und nur fünf Prozent lehnten alternative Lebensformen grundsätzlich ab. In ihrer Selbsteinschätzung hatten sich somit doppelt so viele Personen ein »alternatives Leben« zugeschrieben, als die Forscher dies taten. Dies verweist darauf, dass alternative Lebensformen gerade unter den Studenten ein hohes kulturelles Prestige genossen.[67]

Ähnliche Ergebnisse gingen aus der Shell-Jugendstudie aus dem Jahr 1981 hervor. Die Untersuchung zu den Lebensentwürfen

---

65 Koenen, *Das rote Jahrzehnt*, S. 184.
66 Krause u. a., *Zwischen Revolution und Resignation*, S. 203. Dies entspräche im Wintersemester 1979/80 einer Zahl von 116 800 Studierenden.
67 Ebd., S. 194, 198.

und zur Alltagskultur Jugendlicher zeigt, dass für die Jugendlichen zwischen 18 und 24 Jahren die »alternativen Gruppen« auf dem zweiten Platz der favorisierten Gruppenstile rangierten. Sie fanden bei über 60 Prozent der Jugendlichen und Jungerwachsenen klare Zustimmung, was einer Zahl von 5,7 Millionen Jugendlichen entsprach. Dabei genoss die Alternativkultur auch außerhalb der Studentenschaft hohes Ansehen und weitgehende Akzeptanz. Höher eingeschätzt wurde lediglich der sehr verwandte Gruppenstil der »Umweltschützer«, der sich einer Zustimmung von über 80 Prozent erfreute. Das projektive Element in der Fragetechnik der Shell-Umfrage zeigt die unter den Jugendlichen hohen Zurechnungsloyalitäten zur Sprachetikette »alternative Gruppe« an. Die Umfrageforscher deuten dies so, dass dieser sprachliche Ausdruck zu einem »Kristallisationspunkt für Lebensstile und Ausdrucksformen« geworden war. Einer alternativen Lebensweise gingen nach dieser Studie rund 540 000 Jugendliche aktiv nach.[68]

Fast exakt dieselbe Zustimmung ergab die bereits erwähnte Marplan-Studie von 1980. 62 Prozent der 15- bis 24-jährigen Jugendlichen fühlten sich zu »alternativen Lebensweisen« hingezogen, und wiederum bekundeten 80 Prozent ihre Sympathie für die Gruppe der »Umweltschützer«. Auch die Kernkraftgegner wurden von mehr als der Hälfte der Jugendlichen akzeptiert (52 Prozent). Viele Jugendliche zog es, wie die Meinungsforscher schrieben, zu »alternativen Gesamtkonzepten«. Dass Unterstützung und Sympathie für die alternativen Gruppen freilich etwas anderes war, als sich selbst zu engagieren, zeigen die Reaktionen auf die Folgefrage des Instituts: Nur vier Prozent der Jugendlichen gaben an, dass das eigene Lebensprogramm als »alternatives Leben« bezeichnet werden könne.[69]

68 *Jugend '81. Lebensentwürfe, Alltagskulturen, Zukunftsbilder. Studie im Auftrag des Jugendwerks der Deutschen Shell*, durchgeführt von Psydata, Institut für Marktanalysen. Sozial- und Mediaforschung, 2 Bde., Hamburg 1981, Bd. 1, S. 16, 488/489, 495, 497; Kolenberger/Schwarz, *Abschlußbericht*, Teil A, S. 17a.

69 Pratz, »Lebensziele«, S. 22, 26, 25. Weitere 13 Prozent der 14- bis 17-Jährigen gaben an, alternativ zu leben sei »nachahmenswert«, während unter den 18- bis 24-Jährigen 10 Prozent dieser Auffassung waren. Weitere 41 Prozent der 14- bis 17-Jährigen fanden diese Idee immerhin »interessant« und »zum Nachdenken« anregend. 29 Prozent der 18- bis 24-Jährigen teilten diese Ansicht. Nur eine Minderheit der Jugendlichen meinte, dass das alternative Leben etwas für »Spinner« und »Gescheiterte« sei. Noch höhere Werte ergab die Frage nach der Akzeptanz

Schließlich ergab die Sinus-Studie von 1982, dass 42 Prozent der befragten Jugendlichen zwischen 15 und 30 Jahren Sympathie für diese Bewegung hatten und weitere 6,3 Prozent sich als Teil der Alternativbewegung fühlten. Von diesen wiederum gab nur rund ein Fünftel an, ein wirklich vollgültig alternatives Leben zu praktizieren. Darunter verstanden die Jugendlichen insbesondere eine umweltbewusste Lebensweise und eine gesunde Ernährung (34 bzw. 31 Prozent), aber auch Konsumverzicht (26 Prozent), das Leben in einer Wohngemeinschaft (17 Prozent) oder schlicht »anders zu leben als meine Eltern« (11 Prozent).[70]

Soziales und generatives Profil

Der alternative Gruppenstil, das zeigt die 1981 erstellte Shell-Studie zur deutschen Jugend, wurde von Kindern aus den Mittelschichten mit deutlich über 30 Prozent überrepräsentativ bevorzugt, während bei Kindern aus der Unterschicht die Zustimmung unterrepräsentiert bleibt.[71] Nach einer Erhebung der Friedrich-Ebert-Stiftung lag der Anteil alternativer Studierender aus traditionellen Mittelschichtelternhäusern bei 27,4 Prozent. Das war mehr als doppelt so hoch wie der damalige Prozentsatz in der allgemeinen Studentenschaft (13,3 Prozent). Keine andere Schicht war derart extrem überrepräsentiert. Die meisten der alternativen Studierenden (43,5 Prozent) kamen aus Beamten- und Angestelltenhaushalten.[72]

Hinsichtlich des Bildungsniveaus ergaben sich keine Überraschungen, weil das Alternativmilieu unter Hauptschülern eine unterdurchschnittliche, bei Realschülern eine durchschnittliche und unter Gymnasiasten eine deutlich überdurchschnittliche Zustimmung fand. 34 Prozent der Jugendlichen mit Abitur gaben in der Sinus-Studie von 1982 an, sich selbst als Teil der »Alternativbewegung« zu fühlen. Weitere 20 Prozent der Abiturienten hat-

des Mottos »Zurück zur Natur, zurück zu den eigentlichen inneren Werten«, die von 62 Prozent der Jugendlichen zwischen 14 und 17 Jahren positiv beantwortet und von 53 Prozent der 18- bis 24-Jährigen ebenso eingeschätzt wurde (ebd.).

70 SINUS-Institut, *Die verunsicherte Generation. Jugend und Wertewandel. Materialband 1 zur Sinus-Studie*, Stuttgart, Berlin u.a. 1985, S. 641, 643, 644; SINUS-Institut, *Die verunsicherte Generation*, Opladen, S. 44.

71 *Jugend '81*, Bd. 1, S. 494.

72 Krause u.a., *Zwischen Revolution und Resignation*, S. 214.

ten »Sympathie« für diese Bewegung. Linksalternative Proteststile überwogen also bei Personen mit Gymnasialabschluss, während im Gegensatz dazu die konventionelle Fankultur (Fußball, Motorrad, Diskothek/Musik) vor allem bei den Hauptschülern und Angehörigen der Unterschicht favorisiert wurde. Diesen Befund deuten die Jugendforscher der Shell-Studie mit leicht abschätzigem Unterton als Ausdruck der privilegierten und ausgedehnten Adoleszenzphase der Gymnasiasten »im industrie- und technologiefremden Milieu der pädagogischen Provinz«, während die Hauptschüler sich oftmals schon im Arbeitsleben befanden und insofern einen anderen sozialen Altersstatus hatten. Mit dem Ausbau der Universitäten verlängerte sich jedenfalls für viele Personen die Jugendphase. Dass sich innerhalb der pädagogischen Instanzen eine studentische, postadoleszente Eigenkultur etablierte, die wirtschaftliche Unmündigkeit und Identitätssuche miteinander verband, war weniger neu als die gesellschaftliche Resonanz, die diese stark anwachsende Gruppe Jugendlicher in der entstehenden nachindustriellen Wissensgesellschaft fand.

In geschlechtergeschichtlicher Hinsicht lassen sich kaum Differenzen zwischen Mädchen und Jungen ausmachen. Wenngleich junge Frauen und Mädchen dem Alternativmilieu etwas stärker zuneigten, war das Geschlechterverhältnis in der Alternativkultur so ausgewogen wie in keiner anderen Jugendkultur.[73]

Insgesamt, so kann nunmehr präzisiert werden, wurde das Alternativmilieu vornehmlich von gut gebildeten Jugendlichen mit Mittelschichthintergrund favorisiert, während die Kinder aus Großbürgertum und Arbeiterschaft eine geringe Rolle spielten.[74]

---

73 *Jugend '81*, Bd. 1, S. 100-103, 494, 494-496, 497/498, 501 (Zitat); SINUS-Institut, *Die verunsicherte Generation. Jugend und Wertewandel. Materialband 1 zur Sinus-Studie*, Stuttgart, S. 641. Vgl. dazu auch: Bundesministerium für Jugend, Familie und Gesundheit, »Zur alternativen Kultur in der Bundesrepublik Deutschland«, in: *APuZ* B 39 (1981), S. 3.

74 Vgl. auch Kolenberger/Schwarz, *Abschlußbericht*, Teil A, S. 9/10. In der Shell-Studie heißt es hierzu: »Unter Subkulturforschern ist die Frage strittig, ob die Vorliebe für Stile stärker durch das Herkunftsmilieu und dessen Einflüsse oder durch die biographische Perspektive bestimmt ist, die ein Jugendlicher für sich einnimmt. Das Ergebnis dieser Studie legt es nahe, die Bedeutung der biographischen Zukunftsperspektive zu unterstreichen. [...] Die Globalhypothese verdient jedoch ein Fragezeichen. Die soziale Klassenherkunft haben wir in dieser Studie nur durch ein wenig anspruchsvolles Kriterium – Berufsstatus und

Das Alternativmilieu speiste sich insbesondere aus der jungen Generation der unter Dreißigjährigen, deren neue Lebens- und Politikstile sich »oft in leidenschaftlichen Konflikten mit den Autoritäten der älteren Generation« entwickelten. »Die Jüngeren sahen«, so fasst Michael Vester zusammen, »dass mit dem allmählich ansteigenden Wohlstand auch die objektive Möglichkeit für erweiterte und autonomere Lebensperspektiven entstand, und rebellierten gegen den einschränkenden und autoritären Lebensstil und die Politik der Elterngeneration.« Tatsächlich wurde das Alternativmilieu der siebziger Jahre, wie die oben dargestellten Meinungsumfragen zeigen, von der Babyboom-Generation der fünfziger und frühen sechziger Jahre getragen, die als Mittelschichtkinder in zunehmendem Wohlstand und Massenkonsum aufwuchsen und nicht selten als Erste in der Familiengeschichte von den neuen Bildungschancen profitieren konnten. Im öffentlichen Diskurs wurde diese Generation nicht gerade freundlich mit dem Wort »Geburtenberg« bezeichnet, der die gesellschaftlichen Institutionen vor massive Anpassungsprobleme stelle.[75]

Die Erfahrungen vielfältiger familiärer Brüche durch Krieg und Vertreibung waren für diese Generation ebenso prägend wie der Wunsch nach der (im Familienkreis meist ausgesparten) politischen Auseinandersetzung. Michael »Bommi« Baumann, zeitwei-

Berufsqualifikation des Vaters – bestimmt« (*Jugend '81*, Bd. 1, S. 497). Widersprüchlich dazu die Passage ein paar Seiten später: »Die Orientierung auf die beiden Pole hin [gemeint sind die mit einer konservativen politischen Ausrichtung verbundene Fankultur und die politisch linke Alternativkultur, Anm. d. Verf.] ist *schichten- oder klassenabhängig*, Jugendliche, die konservative Stile favorisieren, leben häufiger unter den Bedingungen des Arbeitermilieus, engagierte *Proteststile haben eine hohe Affinität zur oberen Mittelschicht*. Die soziale Schichtenabhängigkeit gilt sowohl für die Herkunftsfamilien als auch für den Ausbildungs- und Berufsstatus« (ebd., S. 501).

75 Vester, »Alternativbewegungen und neue soziale Milieus«, S. 27-59, bes. S. 31, 47-49; Rainer Geißler, *Die Sozialstruktur Deutschlands. Die gesellschaftliche Entwicklung vor und nach der Vereinigung*, Wiesbaden ³2002, S. 53/54. Zum aktuellen Generationsbegriff siehe Bernd Weisbrod, »Generation und Generationalität in der Neueren Geschichte«, in: *APuZ* 8 (2005), S. 3-9; Dirk A. Moses, »The Forty-Fivers. A Generation Between Fascism and Democracy«, in: *German Politics and Society* 17 (1999), S. 94-126; Ulrike Jureit, Michael Wildt (Hg.), *Generationen. Zur Relevanz eines wissenschaftlichen Grundbegriffs*, Hamburg 2005. Vgl. auch die zutreffende Kritik Kraushaars an der Überstrapazierung des Generationsbegriffes für gerade einmal 10 000 SDS-Aktivisten: Kraushaar, *Achtundsechzig*, S. 58-62.

liger Mitbewohner der Berliner Kommune I und späterer Aktivist in der terroristischen Bewegung 2. Juni brachte dieses Gefühl auf den Punkt: »In der Regel hatten alle dieselben verknöcherten Eltern, völlig angepasst oder völlig entmoralisiert, ob sie nun Nazis waren oder nicht.« Die Gesellschaft des Mangels, der Repression und sozialen Unsicherheit, die das Leben der mittelständischen Elterngeneration der Linksalternativen bestimmt hatte, gehörte der Vergangenheit an. In der neuen Jugendkultur manifestierte sich dagegen eine Haltung des Aufbruchs, der Partizipation und Emanzipation, der politischen Veränderung der Gesellschaft und der Selbstentwürfe.[76]

Das Alternativmilieu repräsentiert von seinem Sozialprofil und der Zugehörigkeit zur jungen, in den fünfziger Jahren geborenen Generation her eine soziale Gruppe, die gewissermaßen die »Neue Bürgerlichkeit« der neunziger Jahre vorwegnahm. Es würde jedoch zu kurz greifen, das Alternativmilieu als Durchgangsstadium in einer Erfolgsgeschichte der Bundesrepublik zu verstehen, in der sich der traditionelle Bourgeois zum zeitgemäßen Citoyen wandelte. Die Zuschreibung einer solchen Befreiungsthese, in der die Protestgeneration wieder zum Bürgertum zurückkommt und dessen kulturelles Profil liberalisiert und modernisiert, soll in dieser Arbeit hinterfragt werden.[77]

Politische Einstellungen

Im Jahr 1978, so ergab eine Studie des Allensbacher Instituts, war der Nährboden für linke Vorstellungen und Lebensweisen unter den Studierenden besonders gut. Neun Prozent der Studenten ordneten sich in die Kategorie »weit links« ein, weitere 39 Prozent in die Kategorie »gemäßigt links«.[78] Dass »links« und »alternativ«

76 Hinck, *Wir waren wie Maschinen*, S. 50-103; Michael (»Bommi«) Baumann, *Rausch und Terror. Ein politischer Lebensbericht*, Berlin 2008, S. 40 (Zitat).

77 Jörg Magenau, »Alternative Wurzeln des Bürgerlichen«, in: *taz* (28. 03. 2006); Paul Nolte, »Das Comeback der Bürgerlichkeit (Interview)«, in: *Deutschlandradio Kultur* (27. 12. 2005) 〈http://www.dradio.de/dkultur/sendungen/kulturinterview/451770/〉, letzter Zugriff am 05. 03. 2013; Aribert Reimann, »Abschiedsbriefe der Bewegung. Linke Selbstreflexionen der siebziger Jahre«, in: Daniel Fulda u. a. (Hg.), *Demokratie im Schatten der Gewalt. Geschichten des Privaten im deutschen Nachkrieg*, Göttingen 2010, S. 262-285, hier S. 278/279.

78 »Dokumentation einer Studentenumfrage 1978. Kommentare und Kritik, Ta-

zusammenhingen, zeigt eine Untersuchung im Auftrag der Friedrich-Ebert-Stiftung. Zwei Jahre nach der Allensbach-Untersuchung bezeichneten sich 37,7 Prozent der Alternativen als »extrem links« und weitere 57,4 Prozent als »starke und gemäßigte Linke«. Nur 4,9 Prozent bekannten sich zur »linken oder rechten Mitte« und keiner der alternativen Studenten gab an, »konservativ« zu sein. Über ein Drittel der alternativen Studierenden sah sich entweder als Linkskommunist (11,9 Prozent), Anarchosozialist (13,2 Prozent) oder als Rätesozialist (11,8 Prozent).[79] Nach dem Wahlverhalten gefragt, tendierten 74,8 Prozent zu den Bunten und Alternativen Listen, während lediglich 5,6 Prozent der alternativen Studenten für die SPD votierten.[80]

Die Shell-Studie von 1981 zeigt weniger drastische, gleichwohl tendenziell ähnliche Befunde. Anhänger und Sympathisanten eines alternativen Gruppen- und Jugendstils waren zu 38 Prozent Wähler der Grünen, aber nur zu 7 Prozent CDU-Wähler. Zumeist sah man sich jedoch durch keine der Parteien vertreten.[81] Die Alternativen ordneten sich damit, wie die meisten der gebildeten Jugendlichen (Gymnasiasten, Studenten) in den siebziger Jahren, eher als links stehend ein.[82] Die Sinus-Studie, die über anderthalb Jahre den neuen Jugendprotest untersuchte und dazu in einer repräsentativen Befragung Einstellungsuntersuchungen durchführte, kam 1982 sogar zu dem Ergebnis, dass 82 Prozent der »alternativen Bewegung« mit den Grünen »sympathisierten«, während die SPD auf einen Wert von 45 Prozent und die CDU/CSU auf nur 29 Prozent kam.[83]

bellen, technische Daten (IfD-Umfrage)« [1978], S. 4, 6, in: BArch Koblenz, Zsg. 132, Nr. 2551. Vgl. auch Elisabeth Noelle-Neumannn, »Wie demokratisch sind unsere Studenten?«, in: *Frankfurter Allgemeine Zeitung* (02. 10. 1978); Fritz U. Fack, »Das universitäre Milieu und die Aggressionsneigung«, in: *Frankfurter Allgemeine Zeitung* (14. 12. 1978); »Was denken Studenten über Demokratie und Parteien?«, in: *Die Zeit* 43 (20. 10. 1978).

79 Krause u. a., *Zwischen Revolution und Resignation*, S. 205/206. Als Beispiele für »extrem links« wurden genannt: Maoisten, Linkskommunisten und Anarchosozialisten. Als Beispiele für »stark und gemäßigt links«: traditionelle Kommunisten, Rätesozialisten, Radikaldemokraten, Eurokommunisten, Linkssozialisten, Radikalliberale.

80 Ebd., S. 209.

81 *Jugend '81*, Bd. 1, S. 500.

82 Siegfried, *Time is on my side*, S. 448-452.

83 SINUS-Institut, *Die verunsicherte Generation*, Opladen, S. 45.

Aufgrund solcher Befunde ist die in dieser Studie gewählte Bezeichnung »Linksalternative« berechtigt und in gewisser Weise ein Pleonasmus. Doch bleibt festzuhalten, dass es weniger das Engagement in Parteien oder Verbänden war, in dem sich die politische Einstellung der Alternativen manifestierte, sondern vielmehr die Beteiligung an Demonstrationen, Plenen, Diskussionen und Projekten. Die meisten alternativen Studenten gaben bei der Untersuchung im Auftrag der Friedrich-Ebert-Stiftung an, ihr Politikverständnis durch »persönlich-individuelle Auflehnung« auszudrücken. Während 38,1 Prozent aus dem Milieu diesem unkonventionellen Politikverständnis folgten, waren es unter den Studenten allgemein nur 25,2 Prozent. Ihre politischen Anregungen hätten sie zu 63,1 Prozent in »nichtinstitutionalisierten politischen Diskussionen« erhalten (allgemein waren dies nur 38,1 Prozent).[84] Die Sinus-Studie bekräftigte diesen Befund und konnte feststellen, dass 82 Prozent der Linksalternativen die »Mitarbeit in Bürgerinitiativen und Selbsthilfegruppen« für wirkungsvoller hielten als die Teilnahme an Wahlen, welche auf 77 Prozent Zustimmung stieß. Die Linksalternativen waren damit keine grundsätzlichen Feinde der staatlichen Ordnung, wie dies bei den K-Gruppen der Fall war. Sie bevorzugten alternative Wege der politischen Einflussnahme außerhalb des etablierten Gefüges, lehnten hierbei jedoch zu 85 Prozent die Teilnahme an gewaltsamen Aktionen ab, da sie diese für wirkungslos hielten (nur 5 Prozent versprachen sich von Gewaltaktionen etwas). »Do-it-yourself-Politik« nannte die Sinus-Studie diesen linksalternativen Anspruch auf politische Expressivität, Basisorientierung und Autonomie.[85]

Im Alternativmilieu drückte sich eine Unzufriedenheit mit der herkömmlichen Politik aus, die auch allgemein vorhanden war, dort jedoch deutlich radikaler formuliert wurde. So bewerteten von 1975 bis 1981 zwischen 49 und 53 Prozent der bundesdeutschen Bevölkerung Bürgerinitiativen positiv. 1978 gaben sogar 43 Prozent an, sie seien zur Mitarbeit in Bürgerinitiativen bereit, während sich nur 15 Prozent in den Parteien für ihre Interessen stark machen wollten.[86]

---

84 Krause u. a., *Zwischen Revolution und Resignation*, S. 217/218.

85 SINUS-Institut, *Die verunsicherte Generation*, Opladen, S 19, 52-61.

86 Mende, *»Nicht rechts, nicht links«*, S. 43; Otfried Jarren, »Statt weniger Großer – viele Kleine? Funktionswandel der Presse«, in: Michael W. Thomas (Hg.), *Die lokale Betäubung oder der Bürger und seine Medien*, Berlin, Bonn 1981, S. 63-78,

Anders als in den K-Gruppen verstand man im linksalternativen Milieu unter »Politik« weniger die Entwicklung einer stringenten Theorie oder die Ausarbeitung von politischen Leitsätzen. Politische Einstellungen erarbeitete man vielmehr synkretistisch, und ebendieser politische Synkretismus wurde zur politikulturellen Norm.[87] Der Begriff des »Linksalternativen« beinhaltet insofern auch die Bedeutung einer Alternative zu klassischer linker Parteipolitik und avantgardistisch-sozialistischer Theoriearbeit bzw. programmatischer Eindeutigkeit. Statt präziser Begriffs- und Theoriearbeit favorisierte man eine kreative Kombination aus unterschiedlichen Theoriesträngen, wobei »ganzheitliche« Vorstellungen dominierten, die eine möglichst weitgefächerte und allumfassende Kombination aus Theorie und Emotion, aus Selbstbefreiung und gesellschaftlicher Revolution darstellen sollten. Zentrale Themen waren die Ablehnung der Wachstumsideologie und des Konsumfetischismus, der Ausbeutung der Natur sowie der Entfremdung des Menschen durch Bürokratie und Hochtechnologie. Der Gleichberechtigung der Geschlechter und der kollektiven wie individuellen Selbstverwirklichung und Entfaltung seelischer, schöpferischer und kreativer Energien sprach man große Bedeutung zu. Solche und ähnliche politische Forderungen verknüpfte man mit einem bestimmten Lebensstil, der unmittelbar mit der im Milieu allgegenwärtigen Staatskritik verbunden wurde. Diese Ausrichtung stand in anarchistischen Denktraditionen des 19. Jahrhunderts – gerade durch die antibürokratische Staatskritik, den Antikapitalismus und die Entfremdungskritik sowie durch die Forderung nach föderativer Herrschaftsfreiheit in selbstregulierten Gemeinschaften.[88]

hier S. 70. Zur Geschichte der Bürgerinitiativen siehe Bernd Guggenberger, Udo Kempf (Hg.), *Bürgerinitiativen und repräsentatives System*, Opladen 1978; Bernd Guggenberger, *Bürgerinitiativen in der Parteiendemokratie. Von der Ökologiebewegung zur Umweltpartei*, Berlin, Stuttgart u. a. 1980; Volker Hauff (Hg.), *Bürgerinitiativen in der Gesellschaft. Politische Dimensionen und Reaktionen*, Villingen-Schwenningen 1980; Hanspeter Knirsch, Friedhelm Nickolmann, *Die Chance der Bürgerinitiativen. Ein Handbuch*, Wuppertal 1976; Martin Müller, »Bürgerinitiativen in der politischen Willensbildung«, in: *APuZ* 11 (1983), S. 27-39; Joshua Zeitz, »Rejecting the Center: Radical Grassroots Politics in the 1970s – Secondwave Feminism as a Case Study«, in: *JCH* 43, 4 (2008), S. 673-688.

87 Zur Bedeutung des Synkretismus im Alternativmilieu siehe Schwendter, *Theorie der Subkultur*, S. 386.

88 Vgl. Rolf Cantzen, *Weniger Staat – mehr Gesellschaft. Freiheit – Ökologie – An-*

Die als autoritär, allgegenwärtig und kalt empfundene Staats-
maschinerie avancierte zum Inbegriff der »Repression« – ein Lieb-
lingsterminus des linksalternativen Milieus, der als Gegen- und
Kampfbegriff den Freiheits- und Selbstbestimmungsbedürfnissen
Gestalt verlieh: »Das Repressionsempfinden«, so der Zeithistoriker Michael März über die linksalternative »Opferkultur«, »wurde
nach außen getragen und selbstmitleidig zur Schau gestellt«.[89] Die
linksalternative Abwehrhaltung kombinierte Staatsverdrossenheit
einerseits mit dem Beschwören der Repressionsgefahr andererseits
– beides resultierte aus einer Überschätzung der als omnipräsent
wahrgenommenen Staatsmacht. Zwei Wahrnehmungsmuster
überlagerten sich also: Erstens die schroffe Ablehnung des als »le-
bensfeindlich« eingestuften repressiv-bürokratischen Staates und
zweitens die Enttäuschung der sehr hohen Erwartungen an den für
nahezu allzuständig erklärten Staat.[90]

Kulturelle Kohärenz

Im Jahre 1981 hieß es in einer Schrift der Deutschen Presse-Agentur
über die »klassischen Alternativen« in distanziertem Ton:

> Die bundesdeutschen Hochburgen der Alternativen sind die Universitäts-
> städte Berlin, Hamburg, Frankfurt, Göttingen und Freiburg. Sie sind or-
> ganisch aus der Sponti-Szene gewachsen. [...] Die Alternativen bilden das
> Sammelbecken für die Aussteiger und Ausgestoßenen, die Verweigerer und
> die Sensiblen, die mit ihrer familiären und sozialen Umwelt nicht mehr fer-
> tig werden oder sich mit ihr nicht länger arrangieren wollen. Bei den klassi-
> schen Alternativen spielen der akademische Einfluss sowie leichte Drogen
> wie Marihuana und Haschisch eine nicht zu unterschätzende Rolle. Viele
> ehemalige Anhänger der APO [Außerparlamentarischen Opposition] und
> der K-Gruppen haben sich den Alternativen angeschlossen. Die meisten
> leben in Wohngemeinschaften (viele in besetzten Häusern). Während ein

archismus, Frankfurt/M. 1987; Claus Offe, »Fessel und Bremse. Moralische und
institutionelle Aspekte ›intelligenter Selbstbeschränkung‹«, in: Axel Honneth
u. a. (Hg.), *Zwischenbetrachtungen. Im Prozeß der Aufklärung*, Frankfurt/M. 1989,
S. 739-774; Jürgen Habermas, »Ist der Herzschlag der Revolution zum Stillstand
gekommen?«, in: Forum für Philosophie Bad Homburg (Hg.), *Die Ideen von
1789*, Frankfurt/M. 1989, S. 7-36.

89 Zur Staatskritik sehr treffend März, *Linker Protest*, S. 66 (Zitat), 56-66.

90 Vgl. Mende, »*Nicht rechts, nicht links*«, S. 365-406; Wissmann/Hauck (Hg.), *Jugendprotest*, S. 46-48.

Teil von ihnen an alternativen Projekten arbeitet und verdient, beziehen andere Unterstützung nach BAföG (viele Scheinstudenten), Sozialhilfe oder aber ernähren sich durch Jobs. Nur ein kleiner Teil arbeitet in Betrieben; normale Arbeitsverhältnisse von Alternativen finden sich meist in sozialen und pädagogischen Berufen. Dabei sind viele ›gespalten‹ und in ihrer Freizeit ›alternativ‹, im Berufsalltag ›angepaßt‹.

Dieser »Definition« folgt eine schlichte Aufzählung der politischen Untergruppen der Alternativen, von Aussteigern in Landkommunen über die Ökologiebewegung, Kernkraftgegner, Hausbesetzer, Bürgerinitiativen, Bürgerrechtsbewegung, Friedensbewegung, Dritte-Welt-Initiativen, Frauenbewegung, Homosexuellenszene, Psychogruppen und spiritualistische Sekten bis hin zu den Stadtindianern.[91]

Der Sozialwissenschaftler Roland Schmidt sprach gar von einer »Organisationsstruktur des Chaos« mit unzähligen Wurzeln und behauptete, dass die Alternativkultur »kaum unter einen Begriff zu fassen« sei.[92] Auch der Soziologe Friedrich Tenbruck beschrieb die Protestbewegung der siebziger Jahre als »Knäuel immer neuer Gruppen und Figuren«, aus dem sich »Anarchisten und Chaoten, die Demonstranten und Berufsjugendlichen, die Dauerrevolutionäre, die Kader für den Marsch durch die Institutionen, die Propagandisten, und daneben dann die Kommunen, die Drogen- und Sektenzirkel, die Hippies und die Jesus-Leute« herauslösten.[93]

91 Trankovitz, »Alternative Szene«, S. 9.

92 Schmidt, »Zur alternativen Kultur«, S. 50/51. Vgl. auch: Hadayatullah Hübsch, *Alternative Öffentlichkeit. Freiräume der Information und Kommunikation*, Frankfurt/M. 1980, S. 6; Michael Bättig u. a., »Der Zusammenhang von Sprache und Erfahrung am Beispiel der Sprache in der Alternativ-Szene«, in: *Osnabrücker Beiträge zur Sprachtheorie* 16 (1980), S. 45-70, hier S. 46-52; Trankovitz, »Alternative Szene«, S. 7-20; Schmidt, »Zur alternativen Kultur«, S. 50; Kolenberger/ Schwarz, *Abschlußbericht*, Teil A, S. 2/3; Brand u. a., *Aufbruch*, S. 155, 173.

93 Friedrich H. Tenbruck, »Alltagsnormen und Lebensgefühle in der Bundesrepublik«, in: Richard Löwenthal, Hans-Peter Schwarz (Hg.), *Die zweite Republik. 25 Jahre Bundesrepublik Deutschland – eine Bilanz*, Stuttgart 1974, S. 289-310 (Zitat S. 304). Vgl. auch Klaus Schönhover, »Aufbruch in die sozialliberale Ära. Zur Bedeutung der 60er Jahre in der Geschichte der Bundesrepublik«, in: *GG* 25 (1999), S. 123-145, hier S. 142. Die Konsenssoziologen um Ludwig von Friedeburg, Friedrich H. Tenbruck, Helmut Schelsky und Talcott Parsons, die allesamt Anfang der sechziger Jahre keinen Jugendprotest, sondern vielmehr die Anpassung der Jugend prognostiziert hatten, waren angesichts der Entwicklungen blamiert (vgl. dazu Klaus Gerdes, Christian von Wolffersdorff-Ehlert, *Drogenscene. Suche nach*

Diese innere Vielgestaltigkeit des linksalternativen Milieus thematisierten nicht nur ihre Skeptiker, sondern auch die Milieumitglieder selbst. So meinte der Lyriker Paul-Gerhard (»Hadayatullah«) Hübsch Ende der siebziger Jahre, dass »jeder die scene [hat], die er sich macht«.[94] Als 1978 der aus der Spontibewegung heraus vorbereitete TUNIX-Kongress zusammentrat, versammelte sich eine bunte Vielfalt von »sub- und gegenkulturellen Projekte[n] und Strömungen«.[95]

Tatsächlich lässt sich das alternative Milieu mit seinen lokalen Netzwerken und pluralen Institutionen nicht hinreichend über die sozialen und politischen Zuordnungen bestimmen. Zwar kamen die Alternativen vornehmlich aus Mittelschichtfamilien, organisierten sich selbstverwaltend, basisorientiert und lokal und verstanden sich als links. Sie strebten einen hohen Bildungsgrad an, wohnten in städtischen Gebieten, protestierten häufig und engagierten sich als staatsskeptische Bürger für die Ziele der Neuen Sozialen Bewegungen in netzwerkartigen, oft lokal gebundenen und fluiden Organisationsstrukturen. Aber das Spektrum linker Auffassungen vom Anarchismus bis zum Kommunismus war doch weitgespannt, die organisatorische Einbindung diffus und die soziale Verortung keineswegs so eindeutig, dass man das Milieu allein über seine sozioökonomische Lage und politische Interessenartikulation definieren könnte.

Anders als in einem Teil der Literatur, die gerade die »Heterogenität« der Alternativkultur betont, wird in der vorliegenden Studie die Milieukultur als zusammenfassende Klammer in das Zentrum der Analyse gestellt. Die Alternativen erkannten sich nämlich wechselseitig als Angehörige desselben Milieus, sie fühlten sich durch »ideelle und praktische Teilhabe zugehörig«[96] und wurden dem Milieu von außen zugeordnet. Konstitutiv für das linksalternative Milieu waren also das Praktizieren einer spezifischen, gemeinsamen Lebensweise und das subjektive Gefühl von Zugehörigkeit.

Gegenwart. Ergebnisse teilnehmender Beobachtung in der jugendlichen Drogensubkultur, Stuttgart 1974, S. 52-60).

94 Hübsch, *Alternative Öffentlichkeit*, S. 6. Vgl. auch die Bestimmung bei Huber, *Wer soll das alles ändern?*, S. 28.

95 Büteführ, *Zwischen Anspruch und Kommerz*, S. 125, 133; Stamm, *Alternative Öffentlichkeit*, S. 104.

96 Huber, *Wer soll das alles ändern?*, S. 28.

Die Suche nach der Überwindung von »Entfremdung« in kommodifizierten, durchrationalisierten und verbürokratisierten Lebenswelten verband sich mit der Suche nach »echten Erfahrungen« und kommunikativer Unmittelbarkeit. Die entsprechende Lebenspraxis zeichnete sich durch folgende Denk-, Wahrnehmungs- und Beurteilungsweisen aus:

— »Politik in der ersten Person« und »Betroffenheit«: »Politik ist hier gleichbedeutend mit Selbstbestimmung, -entfaltung und Selbstorganisation als aktiver Prozeß der Veränderung der inneren und äußeren Bedingungen des Menschen.«[97] Intime Lebensbereiche und der Lebensalltag sollten politisiert und (halb-) öffentlich gemacht werden, wobei eine weitgehende Autonomie und Emanzipation von der kritisierten Gesellschaft erreicht werden sollte.

— »Wärme« der Vergemeinschaftung: Soziale Harmonie und solidarische Verkehrsformen, Kultur der Nähe, Bedeutung von Gefühl, Intuition und Emotion.

— Basisdemokratie und Antihierarchie: Offene und dezentrale Aktionsformen, Kritik an Parteiorganisationen.

— Bürokratie- und Technologieskepsis: Dezentralisation, Lokalität und kommunikative Unmittelbarkeit der Organisationsformen.

— Verbindung von Spontaneität und »neuer Unmittelbarkeit«: Eine Zeitvorstellung, die auf sofortige Verwirklichung der politischen Vorstellungen und Utopien setzte. Praxis und praktische Umsetzung besaßen den Vorrang vor theoretischer Analyse und einer auf die Zukunft gerichteten Erwartungshaltung.

— Ganzheitliches Leben, Ganzheitlichkeit: Allumspannende Projekte, die die Übergänge von Arbeit und Freizeit verschwimmen ließen, die zur Aufhebung der Trennung von Hand- und Kopfarbeit führten und ein Denken in ökologischen Zusammenhängen und Kreisläufen favorisierten.

— Unverfälschtheit, unverändertes Verhalten in unterschiedlichen Lebenssituationen.

97 Büteführ, *Zwischen Anspruch und Kommerz*, S. 132.

- Provokation und aggressiver Humor in der öffentlichen Kommunikation: Absetzung von Dogmatismus und Putschismus.
- Expressivität, Unkonventionalität und Kreativität (etwa in den Bereichen des Zusammenwohnens oder der Sexualität, auch im aggressiven und fordernden Sinn).

Politik war in der Alternativszene nicht etwas Abstraktes, von der eigenen Lebenswelt Abgekoppeltes, sondern wurde unmittelbar mit dem eigenen Habitus und Lebensstil verbunden. Hierin liegt ein wichtiger Unterschied zu den K-Gruppen, in denen der Lebensstil den politischen Zielen nicht zu-, sondern untergeordnet war. Intellektuelle Deutungshoheit und nicht Empfinden oder Erfahrungen war für die dogmatischen Kommunisten die entscheidende Währung in der politischen Auseinandersetzung.

»Die große Aufgabe des alternativen Menschen« hingegen war, »sich selbst zu finden«.[98] Gegenbilder spielten dabei eine zentrale Rolle. Die eigene Identität wurde vor der Negativfolie einer schematisierten »spießbürgerlichen« Gesellschaft entworfen, gegen deren Werte protestiert und rebelliert wurde. So wandten sich die Alternativen gegen die Arbeits- und Leistungsgesellschaft und deren Arbeitsteilung, gegen Wachstumsideologie und ökonomische Amoralität, gegen Staat und kalte Bürokratie, gegen Sicherheitsdenken und Treuediskurs, gegen Konventionalität, »kleinbürgerliches Spießertum« und »Normalität«, der man das Projekt der eigenen wie kollektiven »Selbstverwirklichung« entgegenhielt.[99] Entsprechend hieß es im Dezember 1977 in einem Vorläuferpapier zur Gründung der Berliner *taz*: »Wir wollen politische Initiativen gegen die Fabrikausbeutung, Leistungsideologie und Plastikkultur führen. Wir wollen unsere eigenen Lebenszusammenhänge aufbauen und vorantreiben, einen eigenen Lebensrhythmus finden.«[100]

98 Christoph Conti, *Abschied vom Bürgertum. Alternative Bewegungen in Deutschland von 1890 bis heute*, Reinbek 1984, S.183. Vgl. auch Peter Brückners Betonung von »Erfahrung«, »Alltäglichkeit« und »alternativen Lebensformen« als Kennzeichen der Alternativbewegung: Peter Brückner, »Thesen zur Diskussion der ›Alternativen‹«, in: Wolfgang Kraushaar (Hg.), *Autonomie oder Getto? Kontroversen über die Alternativbewegung*, Frankfurt/M. 1978, S.68-85, hier S.76-85.

99 Vgl. dazu die tabellarische Gegenüberstellung bei Schwendter, *Theorie der Subkultur*, S.194/195; Wissmann/Hauck (Hg.), *Jugendprotest*, S.26-46, 261-269, 296-303.

100 Zitiert nach Matthias Bröckers u.a. (Hg.), *Die taz. Das Buch. Aktuelle Ewig-*

Gegen Leistungsdruck, Mühe, Entbehrung und Disziplin brachte man die alternative Moral in Stellung, die indes schnell selbst ihre eigenen Zwänge hervorbrachte.

1.2 Zum Begriff der Authentizität

1981 fragte das Institut Infratest die Leser von Alternativzeitungen, woran diese sich orientierten. Die bei Weitem am häufigsten gewählte Antwort war »Nur an mir selbst«. Für sie entschieden sich 41 Prozent der Befragten. Auf dem zweiten Platz folgte mit einer Zustimmung von 17 Prozent, also einem Abstand von 24 Prozent, »An niemandem«.[101] Mit Blick auf die Maßstäbe des Milieus ein bezeichnendes Ergebnis: Im linkalternativen Milieu ging es um die Ausbildung eines »authentischen Selbst«,[102] welches durch bestimmte Kommunikations- und Körpertechniken konstituiert wurde und das Politikverständnis steuerte.

»Authentizität« war ein Selbstzuschreibungs- und ein Reflexionsbegriff der Linksalternativen. Gerade in der sich individualisierenden, postmodernen Gesellschaft der siebziger Jahre, die die Freisetzung aus alten Rollenmustern und neue Autonomien beinahe einforderte, bot das linksalternative Milieu mit seinen Selbsterfahrungsnormen und Selbstverwirklichungsgruppen die Möglichkeit, über sich selbst nachzudenken und sich einer selbst gewählten Identität zu versichern. Eine ganze Infrastruktur von Institutionen und Medien (Projektarbeiten, selbstverwaltete Betriebe, politische Treffen, Wohngemeinschaften und Kommunen, Kleidung, linke Kneipen und Kulturinstitutionen, Zeitungen und Bücher) ermöglichten die Selbstdarstellung und Identitätsfindung. Hier gab man seine politischen Bekenntnisse ab, arbeitete an Verhaltens- und Redeweisen, eignete sich eine spezifische Körperhaltung und einen entsprechenden Lebensstil an und studierte einen egalitären Habitus ein.

keitswerte aus zehn Jahren, Frankfurt/M. 1989, S. 705. Ganz ähnlich: Nelli Pirelli, Jürgen Belgrad, »Unsere Moral kann sich sehen lassen«, in: *Kursbuch* 60 (1980), S. 11-15, hier S. 11.

101 Korczak, *Zur Einstellung und Lebenswelt von Alternativen*, Tabellenteil, S. 49, in: Archiv Infratest Forschung, Nr. 10.

102 Brand u. a., *Aufbruch*, S. 157.

Nicht zufällig erinnert dies in einigen Facetten an die Vorliebe mancher Bürgerbohemiens des späten 19. und frühen 20. Jahrhunderts für das »Authentische«. Wenngleich sich deren Distanzierungen vom Industrialismus deutlich von denen in der Postmoderne unterschieden, griffen die Alternativen der siebziger Jahre die gezielte habituelle Negation der Bürgerlichkeit des 19. Jahrhunderts – von der schäbigen Unordnung der Wohnungen über die Verherrlichung krimineller Delinquenz – ebenso auf wie die politische Affinität zum utopischen Radikalismus und Anarchismus. Auch die netzwerkartigen Organisationsformen, die Treffpunkte in bestimmten Lokalen des großstädtischen Lebens sowie bestimmte Projekte einfachen Landlebens wie auf dem Monte Verità wurden in veränderter Gestalt wiederbelebt.[103] Die Werke und Bilder der Freidenker, Theosophen und Lebensreformer des 19. Jahrhunderts, die 1979 in einer Ausstellung in der Westberliner Akademie der Künste über eine Aussteigerkolonie der Jahrhundertwende am Monte Verità beim Lago Maggiore gezeigt wurden, führten die linksalternativen Besucher zu einer bezeichnenden Selbstreflexion. Die Mitglieder des selbstverwalteten Verlagskollektivs Merve bemerkten im typischen Modus ironischer Unmittelbarkeit: »Wir haben in dem, was da in Ascona geschah an Gesamtkunstwerk, Weltanschauung, Leitmotiv, alles auch schön alternativ, in ein schallendes Gelächter über uns selbst ausbrechen müssen«, heißt es in einem Privatbrief der Verlagsmitarbeiter an den französischen Philosophen Michel Foucault.[104] In ihrer zweiseitigen Ausstellungskritik wünschte sich die *taz* dementsprechend selbstreflexive »Spontis, Freaks, Ökos, Emanzen und Drogenszene« als Besucher der Ausstellung.[105]

---

103 Zur Boheme immer noch unübertroffen: Helmut Kreuzer, *Die Boheme. Analyse und Dokumentation der intellektuellen Subkultur vom 19. Jahrhundert bis in die Gegenwart*, Stuttgart, Weimar 2000 (Erstausgabe 1971). Zur Parallelisierung von Boheme und Alternativmilieu: Conti, *Abschied vom Bürgertum*, S. 7-11; Aribert Reimann, *Dieter Kunzelmann, Avantgardist, Protestler, Radikaler*, Göttingen 2009, S. 18/19; Tony Judt, *Postwar. A History of Europe Since 1945*, London 2005, S. 486; Otto Riewoldt, »Jugendkultur und Bohème«, in: Willi Bucher, Klaus Pohl (Hg.), *Schock und Schöpfung. Jugendästhetik im 20. Jahrhundert*, Darmstadt, Neuwied 1986, S. 38-42; Michael Schneider, »Von der alten Radikalität zur neuen Sensibilität«, in: *Kursbuch* 49 (1977), S. 174-187, hier S. 176.

104 Philipp Felsch, »Merves Lachen«, in: *Zeitschrift für Ideengeschichte* 2 (2008), S. 11-30, hier S. 26.

105 »Psychopathen aller Länder vereinigt Euch!«, in: *taz* (20.04.1979). Ein durch-

Die Selbstbeschreibungskategorie »authentischer Politik«[106] erhielt ihre Bedeutung nicht zuletzt dadurch, dass sich die Linksalternativen gegen die als künstlich dargestellte Außenwelt zur Wehr setzten. Authentisch zu sein war ein Distinktionsmerkmal, es unterstrich die eigene Besonderheit und setzte eine gegenkulturelle Identitätssuche in Gang. Die Kritik an den bürgerlichen Verblendungs- und Verschleierungsmedien, der konsumistischen Kulturindustrie und der kapitalistischen Produktionsweise lässt sich kulturwissenschaftlich auf die Kritik an der Entfremdung in der Moderne zurückführen. Authentisches Verhalten werde, so lautete die Argumentation, durch die Verdinglichung des Menschen und die bürokratisch eingehegte Konsumgesellschaft unmöglich gemacht: Der bürgerliche Kapitalismus erzeuge unweigerlich künstliches Verhalten und falsche Bedürfnisse.

Der Authentizitätsverweis fungierte im linksalternativen Spektrum als Abgrenzungsbegriff und zugleich als Selbstführungstechnik der Subjekte. Selbstbestimmung, Selbstverwirklichung, Autonomie oder Subjektivität im linksalternativen Milieu wurden vor dem Hintergrund einer nach Ansicht der Milieuangehörigen schematisierten, in Entfremdung erstarrten und moralisch erkalteten

gehendes Traditionsbewusstsein lässt sich im linksalternativen Milieu jedoch nicht feststellen. Eher könnte man, wie die Grünen-Politikerin Antje Vollmer, die über die Neuwerkbewegung promoviert hat, von der »Geschichtsvergessenheit« der Grünen im Hinblick auf die Lebensreformbewegung um 1900 sprechen (»Macht es selbst!«, Ulrich Linse im Gespräch mit Antje Vollmer, in: *Die Zeit-Geschichte*, Heft 2, 2013, S. 100-105, hier S. 101, 104).

106 Wolfgang Kraushaar, »Thesen zum Verhältnis von Alternativ- und Fluchtbewegung. Am Beispiel der frankfurter scene«, in: ders. (Hg.), *Autonomie oder Getto? Kontroversen über die Alternativbewegung*, Frankfurt/M. 1978, S. 8-67, hier S. 63; Müschen, *»Lieber lebendig als normal!«*, S. 37, 119; Karl-Michael Kuntz, »Spontis, Schlaffis und Chaoten. Psychologische und politische Perspektiven der neuen Jugendbewegung«, in: Stefan Aust, Sabine Rosenblatt (Hg.), *Hausbesetzer – wofür sie kämpfen, wie sie leben und wie sie leben wollen*, Hamburg 1981, S. 193-221, hier S. 216. Vgl. zum Begriff der Authentizität in diesem Zusammenhang auch: Eleonore Kalisch, »Aspekte einer Begriffs- und Problemgeschichte von Authentizität und Darstellung«, in: Erika Fischer-Lichte, Isabel Pflug (Hg.), *Inszenierung von Authentizität*, Tübingen, Basel 2000, S. 31-44; Susanne Knaller, Harro Müller (Hg.), *Authentizität. Diskussion eines ästhetischen Begriffs*, Paderborn 2006, S. 7-16; Alessandro Ferrara, *Reflective Authenticity. Rethinking the Project of Modernity*, London, New York 1998, S. 70-107; Christopher Lasch, *Das Zeitalter des Narzißmus*, München 1980.

Gesellschaft inszeniert. Selbstexploration, Selbstmodellierung und Selbstexpression bekamen im Zuge der Abgrenzung gegenüber den Rollenbildern des »Spießbürgertums«, des integrierten Anpasslers und des seelenlosen Kapitalismus eine herausragende Bedeutung. Dem sozialen Konformismus hielt man Spontaneität und Erlebnisintensität entgegen.

Dimensionen des Authentischen

Was Authentizität im philosophischen Sinn eigentlich ist, kann und soll in dieser Arbeit nicht umfassend behandelt werden. Von Interesse ist vielmehr, welches Verhalten und welche Verfahren den Effekt des »Authentischen« auslösten. Diese Authentifizierungstechniken bei einer Gruppe nachzuvollziehen, die die Möglichkeiten zum unvermittelten Austausch in der kapitalistischen Konsumwelt besonders skeptisch beurteilten, ist eine reizvolle Aufgabe.[107] Denn für die Personen außerhalb ihres eigenen Milieus verneinten die Linksalternativen die Chance zur Authentizität, zum »wirklichen Leben« seien die »Anderen« unfähig – zu sehr wurde die konventionelle Mehrheitsgesellschaft von der medialen Inszenierung und von dem sozialen Rollenspiel des Kapitalismus gesteuert.

Auch wenn diese Arbeit Authentizitätsvorstellungen und Akte des Authentisierens historisiert, so ist dennoch eine Konturierung des Begriffs nötig, der im Alltagsverständnis zunächst einmal Ehrlichkeit, Unverfälschtheit und Eigenständigkeit meint. Der Begriff thematisiert Konfigurationen des Selbst und weist über die Autonomie und Selbstbestimmung hinaus auf die weiter greifende und emphatische Ebene der Selbstverwirklichung.[108]

Authentizität bezeichnet zunächst, gemäß dem Ursprung aus dem griechischen Wort *authenticum*, einen Gewalthaber, der etwas mit eigener Hand und aus eigener Kraft vollbringt. In der latinisierten Form steht *authenticum* für eine Schrift oder Urkunde, die vom

---

107 Helmut Lethen, »Versionen des Authentischen: Sechs Gemeinplätze«, in: Hartmut Böhme, Klaus R. Scherpe (Hg.), *Literatur und Kulturwissenschaften. Positionen, Theorien. Modelle*, Reinbek 1996, S. 209.

108 Vgl. Ferrara, *Reflective Authenticity*, S. 5-10; Klaus M. Wetzel, *Autonomie und Authentizität. Untersuchungen zur Konstitution und Konfiguration von Subjektivität*, Frankfurt/M. 1985; Willem van Reijen, »Das authentische Selbst – eine Aufgabe«, in: *Jahrbuch der Psychoanalyse* 43 (2001), S. 187-206.

angegebenen Verfasser selbst stammt. In der Rechtswissenschaft ist diese Bedeutung noch aktuell, da die vom Gesetzgeber selbst im »Wortlaut« veröffentlichten Gesetzestexte authentisch genannt werden. Auch im Authentifizieren von Urkunden, Dokumenten oder Kunstgegenständen durch Rechtsanwälte, Notare, Historiker oder Kunstsachverständige ist sie erhalten geblieben. Authentizität und Authentifizierung heißt in diesem ersten Sinne nicht bloß passives Ausweisen, sondern auch einen aktiven Gestaltungsakt. Zweitens wurde in der Existenzphilosophie unter authentisch das »eigentliche«, freie und unabhängige Dasein jenseits des Einflusses der Gesellschaft oder der Abhängigkeit von sozialer Akzeptanz verstanden. Die Begriffe »Eigentlichkeit« und »Uneigentlichkeit« bei Martin Heidegger sowie *néant* und *mauvaise foi* bei Jean-Paul Sartre wurden in deren Nachfolge nicht nur auf menschliche Haltungen angewandt, sondern auch auf menschliche Produkte wie etwa das authentische Kunstwerk oder ein Ausstellungsstück bezogen. Subjekt- und Objektauthentizität wurden eng miteinander verknüpft.[109]

In der Frühen Neuzeit, so argumentiert der New Yorker Literaturkritiker Lionel Trilling in seiner klassischen Studie *Sincerity and Authenticity* aus dem Jahr 1972, wurde dem sozialen Wert der Authentizität mit der Entstehung des Selbst und der Öffnung reflexiver Innenräume zum gesellschaftlichen Durchbruch verholfen. Die neue Gattung der Autobiographie, das aufrichtige Tagebuch-Schreiben und der Wandel der Wohnarchitektur seien Zeugen dieser Entwicklung zu einer Aufwertung der Aufrichtigkeit. Mit der Aufklärung im 18. Jahrhundert (insbesondere durch die Schriften Jean-Jacques Rousseaus) entstand ein Begriff von Authentizität, der die Treue der Person zur eigenen inneren Natur und damit der Aufrichtigkeit sich selbst gegenüber thematisierte. Die Reflexion dieses

---

109 Kurt Röttgers, Reinhard Fabian, »Authentisch«, in: Joachim Ritter (Hg.), *Historisches Wörterbuch der Philosophie*, Bd. 1, Basel, Stuttgart 1971, S. 691/692; Klaus-Peter Koepping, »Authentizität als Selbstfindung durch den anderen: Ethnologie zwischen Engagement und Reflexion, zwischen Leben und Wissenschaft«, in: Hans P. Dürr (Hg.), *Authentizität und Betrug in der Ethnologie*, Frankfurt/M. 1987, S. 7-37; Thomas R. Flynn, »Authenticity«, in: Lawrence C. Becker, Charlotte B. Becker (Hg.), *Encyclopedia of Ethics*, Bd. 1, London 1992, S. 67-69; Bendix, *In Search of Authenticity. The Formation of Folklore Studies*, Madison 1997, S. 14-21; Achim Saupe, »Authentizität, Version 1.0«, in: *Docupedia-Zeitgeschichte* (11.02.2010) ⟨https://docupedia.de/zg/Authentizit.C3.A4?oldid=75505⟩, letzter Zugriff am 25.03.2013.

aufrichtigen Selbstverhältnisses verweist auf einen kulturellen Um-
gestaltungsprozess im Hinblick auf die Ethik des modernen Subjekts, der mit politischen Veränderungen der *actes authentiques de la
volonté générale* verbunden war und die individuelle Zustimmung
der Staatsbürger zum politischen Gemeinwesen meinte. Die Kultur
der Empfindsamkeit in der Frühromantik stellte dieses moderne
Selbst(-Bewusstsein) in besonders expressiver Form ins Zentrum.[110]

Die Aufwertung des Authentischen in den sechziger und siebziger Jahren des 20. Jahrhunderts bildete den unmittelbaren Hintergrund für Trillings Arbeit.[111] Seine polemische Schrift zum Moraljargon der Moderne liest sich dabei in Teilen wie ein Wiedergänger
von Helmuth Plessners Studie zu den *Grenzen der Gemeinschaft* aus
den zwanziger Jahren. Ähnlich wie Plessner rund 50 Jahre vor ihm
tritt Trilling für eine Kultur der Distanz und der zeremoniellen Höf-
lichkeit ein. Die Vorstellung eines unverstellten Selbst sei nur eine
Fiktion, denn menschliche Triebregungen ließen sich nur in der
vermeintlichen Künstlichkeit sozialer Figurationen, das Psychische
nur im Medium der symbolischen Ordnung ermessen. Individuen
müssen sich somit der sozialen Maskerade und der Rituale bedienen. Ähnlich hatte Erving Goffman schon 1959 in seinem Buch
The Presentation of Self in Everyday Life argumentiert, als er dafür
plädierte, die Trennung zwischen dem Authentischem und dem
kommunikativ produzierten Selbst aufzuheben. Der Moraljargon
der Authentizität jedenfalls – so endete Trillings scharfe Polemik –
habe nur Gewalt, Extremismus und Dogmatismus befördert. Sein
Bericht aus den siebziger Jahren liest sich mit dieser polemischen
Zuspitzung wie die Klage eines teilnehmenden Beobachters, der
selbst zu einem Teil des von ihm Beklagten geworden ist.[112]

110 Lionel Trilling, *Das Ende der Aufrichtigkeit*, München, Wien 1980; Wolfgang
Engler, *Lüge als Prinzip. Aufrichtigkeit im Kapitalismus*, Berlin 2009, S. 61-146;
Aleida Assmann, »Authenticity – The Signature of Western Exceptionalism?«,
in: Julia Straub (Hg.), *Paradoxes of Authenticity. Studies on a Critical Concept*,
Bielefeld 2012, S. 33-50; Thomas Noetzel, *Authentizität als politisches Problem.
Ein Beitrag zur Theoriegeschichte der Legitimation politischer Ordnung*, Berlin
1999.

111 Vgl. dazu Ferrara, *Reflective Authenticity*; Thomas Claviez, »Time, Alterity, Hybridity and ›Exemplary Universality‹: Some Remarks on Alessandro Ferrara's
Concept of ›Reflective Authenticity‹«, in: Julia Straub (Hg.), *Paradoxes of Authenticity. Studies on a Critical Concept*, Bielefeld 2012, S. 77-92.

112 Trilling, *Das Ende der Aufrichtigkeit*; Lethen, »Versionen des Authentischen«,

Die neue Suche nach unverfälschter Authentizität wurde in den sechziger und siebziger Jahren auch jenseits der Arbeit von Trilling zu einem zentralen Thema. In einem historischen Moment, als sich einerseits die anonyme Medien-, Informations- und Konsumgesellschaft auf breiter Basis durchsetzte, sich andererseits die scheinbar optionsoffene Postmoderne als kulturelles Leitmodell etablierte, begann eine neue Sinnsuche nach dem Eigentlichen. Das neuromantische Authentizitätspathos verkaufte sich vor diesem Hintergrund als eine gegenkulturelle, befreiende Reaktion auf die postmoderne Optionsvielfalt und auf die konsumorientierte Dienstleistungsgesellschaft, die im Zuge des ökonomischen Strukturwandels entstanden war.

Bereits Ende der siebziger Jahre geriet diese Entwicklung in die Kritik. Der Historiker Christopher Lasch entdeckte in der neuen Suche nach Selbsterfüllung, die sich im Boom von Fitness und Jogging, autogenem Training, Psychosekten oder New-Age-Spiritualismus manifestierte, die egoistische Selbstbezogenheit einer narzisstischen Selbstdarsteller-Gesellschaft. Etwa zeitgleich beschrieb der amerikanische Soziologe Richard Sennett die neue *Tyrannei der Intimität* als eine Art von Selbstoffenbarungszwang. In den neuen Selbstfindungstechniken drücke sich die Suche nach einem einheitlichen Identitätskern aus, der dem »flexiblen Menschen« aufgrund der Mobilitätsanforderungen postmoderner Arbeitsverhältnisse abhandengekommen sei. Tom Wolfe, der US-amerikanische Schriftsteller und Journalist, beschrieb diese inneren Krisen und die narzisstische Suche nach Selbsterneuerung im Jahr 1976 mit viel Spott und Witz als transformative Introspektionen des psychologisierenden »Let's talk about me«:

Mein Ehemann! meine Ehefrau! meine Homosexualität! meine Kommunikationsunfähigkeit, mein Selbsthass, meine Selbstzerstörung, feigen Befürchtungen, weinerlichen Schwächen, Urängste, meine vorzeitige Ejakulation, Impotenz, Frigidität, Steifheit, Unterwürfigkeit, Faulheit, mein Alkoholismus, meine großen Sünden, kleinen Sünden, abstoßenden Gewohnheiten, verdorbenen Psychen, gequälten Seelen.[113]

S. 218-222; Erving Goffman, *The Presentation of Self in Everyday Life*, New York 1959.

113 Im englischen Original lautet die Stelle: »My husband! my wife! my homosexuality! my inability to communicate, my self-hatred, self-destruction, craven fears, puling weaknesses, primordial horrors, premature ejaculation, impotence,

Selbstbeobachtung und Selbststudium waren Kennzeichen »dieser Erneuerung, Umgestaltung, Erhöhung, Aufpolierung« des Selbst.[114]

Der kanadische Sozialphilosoph Charles Taylor schließlich bezeichnete die sechziger Jahre als »Zeitalter der Authentizität«. Er meinte damit die Reaktion auf die Sinnlücke, die Unsicherheiten und Selbstzweifel, welche durch moderne Individualisierungsprozesse und Freisetzungen in der medialisierten Massengesellschaft hervorgerufen worden seien. In einer entzauberten, säkularen Welt mit stumpfen Regeln und langweiligen Routinen seien die wichtigsten Funktionssysteme entmoralisiert worden. Diese entfremdete Welt aus Spezialisten ohne Geist und Hedonisten ohne Herz sei durch den Bedeutungsrahmen der Authentizität mit neuem Sinn versehen worden. Die Suche nach einem kreativen und konstruktiven Nonkonformismus, nach sinnhafter Selbstbestimmung also, richte sich gegen die Konformitätserscheinungen.[115]

Wie eine Bierreklame aus den siebziger Jahren mit dem Slogan »Be yourself in the world today!« exemplarisch verdeutlicht, wurden Kreativität und Individualität – eigentlich als Gegenkonzept zum Verfall des Gesellschaftlichen angelegt – paradoxerweise selbst als Produktivitäts- und Konsumtionsressource genutzt; das Authentizitätsideal wurde durch die Konsumgesellschaft mit befeuert.

Vor diesem gesellschaftlichen Hintergrund entwickelten die Linksalternativen vier Bezugsfelder des Authentizitätsbegriffs. Erstens in der Betroffenenberichterstattung der alternativen Presse, in der Authentizität eine »politische Perspektive [meinte], die von der

frigidity, rigidity, subservience, laziness, alcoholism, major vices, minor vices, grim habits, twisted psyches, tortured souls« (Tom Wolfe, »The ›Me‹ Decade and the Third Great Awakening«, in: *New York Magazine* [23.08.1976], S.26-40 ⟨http://nymag.com/news/features/45938/⟩, letzter Zugriff am 05.03.2013).

114 Lasch, *Zeitalter*; Richard Sennett, *Verfall und Ende des öffentlichen Lebens. Die Tyrannei der Intimität*, Frankfurt/M. 1994.

115 Charles Taylor, *The Ethics of Authenticity*, Cambridge 1992; ders., *Ein säkulares Zeitalter*, Frankfurt/M. 2009. Zu Authentizität und Medialität: Wolfgang Funk u.a. (Hg.), *The Aesthetics of Authenticity. Medial Constructions of the Real*, Bielefeld 2012; Tanjev Schultz, »Alles inszeniert und nichts authentisch? Visuelle Kommunikation in den vielschichtigen Kontexten von Inszenierung und Authentizität«, in: Thomas Knieper, Marion G. Müller (Hg.), *Authentizität und Inszenierung von Bilderwelten*, Köln 2003, S.10-24; Erika Fischer-Lichte, Isabel Pflug (Hg.), *Inszenierung von Authentizität*, Tübingen, Basel 2000.

antiautoritären Revolte ihren Ausgang [nahm]: Das ist die Hinwendung nach ›unten‹, zu den je individuellen Erfahrungen der Menschen, zu den Erlebniswelten der Betroffenen, die aus der traditionellen Politikperspektive meist ausgegrenzt und von ihr abgespalten werden«.[116]

Zweitens wurde innerhalb des Milieus neben Autonomie und Selbstverwirklichung eine Art von unvermittelbarer und eigensinniger Sperrigkeit, eine vorgebliche Natürlichkeit und Ursprünglichkeit hoch geschätzt: Die mit Naturmetaphern operierende Authentizitätsversion der ökologisch orientierten Linksalternativen führt zu Vorläufern in der Romantik und zu nostalgischen Vorstellungen von ebenso empfindsamen wie ganzheitlichen Menschen zurück. Selbstbestimmung wurde in Teilen der Umwelt- und Anti-AKW-Bewegung, der Landkommunen und der Psycho- und Sensitivity-Bewegung als Ganzheitlichkeit verstanden. In Verweigerung modernen Rollenspiels setzten die Linksalternativen auf gleiches Verhalten in allen Lebenslagen, um ihre Unverfälschtheit zu dokumentieren.

Drittens war mit einem authentischen Leben die Aufhebung der Entfremdung in kapitalistischen Arbeitsverhältnissen gemeint, die in selbstverwalteten Alternativbetrieben erreicht werden sollte. Rotationsprinzip, flache Hierarchien und die »ganzheitliche« Zusammenführung von Hand- und Kopfarbeit sollte die moderne Form der Arbeitsteilung überwinden. Die Identifikation mit dem Inhalt der Arbeit und die Abschaffung oder wenigstens Reduktion der Lohnarbeit sollte neue Formen der Selbstverwirklichung schaffen. Autonomie, Freiraum und Selbstbestimmung in den besetzten Häusern, den Frauenzentren oder den Alternativbetrieben wurden als Möglichkeit zur Authentizität wahrgenommen.

Viertens legten die Mitglieder des linksalternativen Milieus großen Wert auf die unmittelbare personale Interaktion, die lebensweltliche Empathie und sozialräumliche Nähe, die unmittelbare Verbindung von Erkennen und Erleben. Dieser Wunsch nach Unmittelbarkeit sowie der möglichst weitgehende Verzicht auf gesellschaftliche Vermittlungsinstanzen manifestierten sich in der Basisdemokratie, in Vollversammlungen, offenen Plenen und direkten Aktionen. Die verdichtete, leibhaftige und kollektive An-

---

116 Stamm, *Alternative Öffentlichkeit*, S. 264.

wesenheitskommunikation wurde in dem Netzwerk aus Kneipen, Wohngemeinschaften, Arbeitsprojekten und pädagogischen, sozialen oder Selbstfindungsgruppen erfahren und zur gelebten Praxis. Der ehemalige ID-Redakteur und alternative Zeitgenosse Karl-Heinz Stamm formulierte diesen Sachverhalt so:

Hinsichtlich ihrer Kommunikationsvorstellungen ist die Alternativbewegung einem genuinen Verständnis unvermittelter, partizipatorischer face-to-face-Kommunikation verpflichtet. [...] Gegenüber der Zunahme massenmedialer Kommunikation, gegen indirekte medienvermittelte Kommunikation setzt sie personale Kommunikation und Interaktion.[117]

Die primäre Erfahrung in den unmittelbar und dezentral ausgerichteten Interaktionsnetzwerken wurde zum Ausdruck authentischer Nähe. Die Informalisierung und Emotionalisierung der Verhaltensweisen und der Abbau von konventionellen Distanzpraktiken und herkömmlichen Ritualen zeigten sich in Anspruch und Praxis einer »Verkumpelung der Gesellschaft«.[118] Die »Sehnsucht nach Sicherheit, Harmonie und Geborgenheit« der friedfertigen und ökologisch orientierten Linksalternativen, so das Ergebnis der Sinus-Studie von 1983, »wächst aus und mit der Angst vor apokalyptischen [...] Entwicklungen«.[119] Tatsächlich war der Sicherheitsbegriff in den siebziger Jahren, etwa im Hinblick auf die wahrgenommenen Bedrohungen durch den Terrorismus, die Umweltverschmutzung oder die Hochrüstung im Kalten Krieg, zu einem wichtigen »sozialkulturellen Orientierungshorizont« geworden.[120]

Gouvernementalität und Authentizität

Das Ziel dieser Studie ist nicht, die ebenso politisch-moralische wie emotionale Forderung und Instrumentalisierung von Authentizität durch die Linksalternativen als illusorische Selbsttäuschung zu-

117 Ebd., S. 131, 110.
118 Joachim Scharloth, *1968. Eine Kommunikationsgeschichte*, München 2011, S. 431. Siehe auch ebd., S. 421-435.
119 SINUS-Institut, *Die verunsicherte Generation*, Opladen, S. 42/43.
120 Eckart Conze, »Modernitätsskepsis und die Utopie der Sicherheit. NATO-Nachrüstung und die Friedensbewegung in der Geschichte der Bundesrepublik«, in: *Zeithistorische Forschungen/Studies in Contemporary History*, Onlineausgabe 7, 2 (2010), ⟨http://www.zeithistorische-forschungen.de/site/40209040/default.aspx⟩, letzter Zugriff am 30.04.2013.

rückzuweisen. Die Frage lautet vielmehr, wann und wozu der Begriff Authentizität von wem genutzt wurde. Entscheidend ist nicht, was Authentizität wirklich ist, sondern wer den Begriff in welchem strategischen Sinne verwendete.[121] Identitäten und Verhaltensweisen als authentisch zu erklären oder für authentisch zu halten ist in diesem Sinne eine politische Machtfrage.[122]

Diese Studie analysiert die institutionellen Arrangements, technischen Apparate, architektonischen Settings und alltäglichen Performanzen, die die Beschwörung der linksalternativen Authentizität und ihre »Werde-du-selbst«-Maxime ermöglichten. Es geht darum, Genealogien, Formen, Praktiken, Konstellationen und diskursive Aushandlungsprozesse des Zugriffs auf das Selbst zu identifizieren. Das Selbstverständnis der linksalternativen Subjekte, die sich als autonome Persönlichkeiten mit authentischem Ausdruck entwarfen, ihre Einzigartigkeit und Unvergleichbarkeit wurden paradoxerweise zur Voraussetzung ihrer sozialen Eingebundenheit im linksalternativen Milieu.[123] Die Semantiken und Praktiken der Befreiung des Selbst wurden zum zentralen Merkmal einer kollektiven und kommunikativen Sinnstiftung.

Im Folgenden werden die Wissenskomplexe und Praktiken rekonstruiert, »mit denen Individuen als Individuen typisiert und durch die sie angehalten werden, ihrer Individualisierungspflicht nachzukommen«.[124] Schon die Vorstellung, das Selbst sei ein innerer Raum, den es zu erkunden, auszugestalten und zu pflegen gelte, ist keineswegs selbstverständlich. Das linksalternative Milieu war in

---

121 Die Authentizitätsforderung wird dabei als ein Paradox begriffen, weil Authentizität im Grunde nicht kommunizierbar und reproduzierbar ist, hier aber als eine solche Ressource verstanden wurde. Vgl. Bendix, *In Search of Authenticity*, S. 6.

122 Vgl. Lethen, »Versionen des Authentischen«, S. 227/228; Bendix, *In Search of Authenticity*, S. 7. Anders als in Michael Vesters Arbeitsgruppe, die ebenfalls ein an Bourdieu ausgerichtetes Forschungsprojekt zur Verbindung von Lebensstilausprägung und Milieubindung in der Bundesrepublik vorgelegt hat, wird in dieser Untersuchung davon ausgegangen, dass die Bindung an das alternative Lebensstilmilieu durchaus politische Implikationen hatte (vgl. dazu Vester u. a., *Soziale Milieus*, S. 387).

123 Vgl. Ulrich Bröckling, »Regime des Selbst – Ein Forschungsprogramm«, in: Thorsten Bonacker, Andreas Reckwitz (Hg.), *Kulturen der Moderne. Soziologische Perspektiven der Gegenwart*, Frankfurt/M., New York 2007, S. 123-125, 132-134.

124 Bröckling, *Das unternehmerische Selbst*, S. 24.

diesem Sinne ein Subjektivierungsregime, in dem die Selbstmodellierung zur Lebenspolitik gemacht wurde. Zwar sieht das authentische Subjekt zuvorderst sich selbst und strebt nach einer Einheit mit sich. Zugleich aber war Authentizität hier ein Kollektivbegriff, der die Besonderheit des linksalternativen Milieus kennzeichnete.[125] Etwas authentisch zu nennen und von sich zu behaupten, man verhalte sich authentisch, war eine Machtstrategie, mit der man im linksalternativen Milieu gültige und legitime Verhaltensmuster auswies.

Die Subjekte erzeugten sich also performativ und waren bei ihrer praktischen Selbstschöpfung und Selbststeuerung in Ordnungen des Wissens eingebunden, in diesem Falle in die virulente Identitätspolitik der Postmoderne der siebziger Jahre. Individuell, kreativ, provokativ, einzigartig, unvergleichbar oder befreit zu sein – all dies wurde nicht nur zu einem Recht, sondern zur politischen Pflicht. Das Subjekt war hierbei weder Opfer noch Opponent von Machtinterventionen, weder lediglich willenloses Objekt von Einschreibungsprozessen noch vollkommen autonomer Akteur des eigenen Lebens. Programme des Regierens und Techniken des Sich-selbst-Regierens der Subjekte gingen ineinander über.

Analytisch lehnt sich diese Untersuchungsperspektive an den späten Foucault an, einen in der Szene viel diskutierten Lieblingsautor des linksalternativen Merve Verlages. Im Januar 1978 war er geladener Gast des TUNIX-Kongresses[126] – zu einer Zeit also, als

---

125 Vgl. zur Foucault'schen Perspektive: ebd., S. 31-35, 38-45; Bröckling, »Regime des Selbst«, S. 119-139; Sabine Maasen, *Genealogie der Unmoral. Zur Therapeutisierung sexueller Selbste*, Frankfurt/M. 1998; Sabine Maasen u. a. (Hg.), *Das beratene Selbst. Zur Genealogie der Therapeutisierung in den »langen« Siebzigern*, Bielefeld 2011; Engler, *Lüge als Prinzip*, S. 150.

126 Zu den politischen und lebensweltlichen Bindungen Foucaults in der Bundesrepublik der späten siebziger Jahre siehe Felsch, »Merves Lachen«, S. 21/22, 26-29; Klaus Birnstiel, »West-Berliner Wunderkammer. Das Archiv des Merve-Verlags kann erschlossen werden«, in: *Merkur* 65, 774 (2011), S. 374-377; Michael Fisch, *Werke und Freuden. Michel Foucault – eine Biographie*, Bielefeld 2011, S. 257-438 (deutlich schwächer als Felsch, da langatmig, mit vielen Wiederholungen gespickt und durch einfache Inhaltsangaben der Bücher Foucaults strukturiert); März, *Linker Protest*, S. 217. Als Quellen: Gesa Dane u. a. (Hg.), *Anschlüsse. Versuche nach Michel Foucault*, Tübingen 1985; Heidi die piepmaus [= Heidi Paris], »Die Brille von Foucault«, in: *taz* (22. 06. 1979); »›Wir blickten auch nicht durch‹. Gespräch von Mathias Bröckers mit Peter Gente«, in: *taz* (27. 01. 2007).

sich gerade der Subjektbegriff in seiner Theorie veränderte. Die Produktion von Subjektivität wurde nicht mehr schlechthin dem Diskurs oder der Macht zugeschrieben. Foucaults »kritische Hermeneutik des Selbst« suchte nun nach Praktiken, von denen ausgehend und über die hinausgehend sich die Subjekte artikulierten.[127] Es ging ihm nicht mehr vornehmlich um die Funktionsweisen der Diskurse, die auf das Subjekt einwirken, sondern um »Technologien des Selbst«: »Darunter sind gewußte und gewollte Praktiken zu verstehen, mit denen die Menschen nicht nur die Regeln ihres Verhaltens festlegen, sondern sich selber zu transformieren [...] suchen«. Hierbei bildeten sie, so Foucault, »gewisse ästhetische Werte« und »gewisse Stilkriterien« aus.[128]

Somit hat »[das] Wort Subjekt [...] einen zweifachen Sinn: vermittels Kontrolle und Abhängigkeit jemandem unterworfen sein und durch Bewußtsein und Selbsterkenntnis seiner eigenen Identität verhaftet sein«.[129] Dabei sei das, was das Individuum als sein »Selbst«, als seine Identität, wahrnehme, kein voluntaristischer Akt, sondern entstehe vor dem Hintergrund gesellschaftlicher Verhältnisse, kultureller Deutungsmuster und Wissensbestände. Um das Verhältnis von Subjektivierungsprozessen und Machtmechanismen zu klären, führte Foucault den Begriff der »Regierung« ein: »Jenseits einer exklusiven politischen Bedeutung verweist Regierung [...] auf zahlreiche und unterschiedliche Handlungsformen und Praxisfelder, die in vielfältiger Weise auf die Lenkung, Kontrolle, Leitung von Individuen und Kollektiven zielen und gleichermaßen Formen der Selbstführung wie Techniken der Fremdführung umfassen.«[130] Diese Selbstführung verstand Foucault als eine gouvernementale Technik: »Führung ist zugleich Tätigkeit des ›Anführens‹ anderer [...] und die Weise des Sich-Verhaltens in einem mehr oder weniger offenen Feld der Möglichkeiten«.[131] Macht entfaltet sich bei Foucault in einem Gestus der scheinbar befreienden Identitäts-

127 Maasen, *Genealogie*, S. III.
128 Michel Foucault, *Sexualität und Wahrheit*, Bd. 2, *Der Gebrauch der Lüste*, Frankfurt/M. 1989, S. 18.
129 Michel Foucault, »Das Subjekt und die Macht«, in: Hubert L. Dreyfus, Paul Rabinow, *Michel Foucault. Jenseits von Strukturalismus und Hermeneutik*, Weinheim ²1994, S. 241-261, hier S. 246/247.
130 Thomas Lemke u. a. (Hg.), *Gouvernementalität der Gegenwart*, Frankfurt/M. 2000, S. 10.
131 Foucault, »Das Subjekt und die Macht«, S. 255.

bildung. Sein in den späten siebziger Jahren eingeführter Begriff der Gouvernementalität analysiert eine Macht, »die sich auf dem Wege der Freisetzung ihrer Subjekte von Verboten und Beschränkungen als neue, moderne Form der Macht erst konstituiert und reproduziert«.[132] Eine Macht mithin, die aus Individuen Subjekte formt, sofern man »durch Bewußtsein und Selbsterkenntnis seiner eigenen Identität verhaftet« blieb.[133]

Mit seinem Ansatz der Gouvernementalität beschrieb Foucault den Neoliberalismus als ein diskursives Feld, das die Machtausübung rationalisiere, indem es Freiheit und Verantwortlichkeit in spezifischer Art und Weise zusammenbringe. Anders als bei der Disziplinarmacht könnten durch diese Technik, die Macht und Subjektivität miteinander verbinde, Energie und Eigenaktivität, Ambitionen und Autonomiestreben zur Regierung genutzt werden. Insgesamt entsteht durch die Übernahme dieser foucaultschen Perspektive ein Forschungsdesign mit dem man die Verflochtenheit zwischen Diskurs und Praxis, zwischen den Selbstbildern und den Praxen in der Milieukultur untersuchen kann.[134]

Mit diesem zeitgenössischen Ansatz eines linken Autors, der sich öffentlichkeitswirksam gegen repressive Machtpolitik engagierte,[135]

132 Christian Geulen, »Gouverneure, Gouvernementalität und Globalisierung. Zur Geschichte und Aktualität imperialer Gewalt«, in: Susanne Krasmann, Jürgen Martschukat (Hg.), *Rationalitäten der Gewalt. Staatliche Neuordnungen vom 19. bis zum 21. Jahrhundert*, Bielefeld 2007, S. 117-135, hier S. 119. Zur Gouvernementalitätsforschung siehe nur Nicholas Rose, *Inventing Our Selves*, Cambridge 1996; Thomas Lemke, *Eine Kritik der politischen Vernunft. Foucaults Analyse der modernen Gouvernementalität*, Hamburg 1997; Mitchell Dean, *Governmentality. Power and Rule in Modern Society*, London 1999; Ramon Reichert (Hg.), *Governmentality Studies. Analysen liberal-demokratischer Gesellschaft im Anschluß an Foucault*, Münster 2004.

133 Michel Foucault, »Warum ich die Macht untersuche«, in: Hubert L. Dreyfus, Paul Rabinow, *Michel Foucault. Jenseits von Strukturalismus und Hermeneutik*, Frankfurt/M. 1987, S. 246.

134 Zum praxeologischen Ansatz mit weiteren Literaturhinweisen siehe Reichardt, »Praxeologische Geschichtswissenschaft«; Andreas Reckwitz, »Grundelemente einer Theorie sozialer Praktiken. Eine sozialtheoretische Perspektive«, in: *Zeitschrift für Soziologie 32* (2003), S. 282-301.

135 Zur politischen Haltung Foucaults und zu seiner Wahrnehmung in der deutschen Linken vgl. nur Heidi die piepsmaus, »Die Brille von Foucault« (dort auch der Hinweis auf die Rezensionen seines Merve-Bändchens *Mikrophysik der Macht* in linken Zeitschriften wie *Autonomie, Politikon, Diskus* oder *Ulkus*

soll analysiert werden, wie sich die linksalternativen Akteure zu moralischen Subjekten formten und in welchem Zusammenhang die Elemente Freiheit und Zwang zueinander standen. Beide Elemente, so kann man mit Foucault sagen, schlossen sich nicht wechselseitig aus, sondern waren aufeinander bezogen. Der theoretische Ansatz bietet eine vermittelnde Alternative zwischen den vorherrschenden Deutungen der linksalternativen Kultur als tendenziell auflockernd, befreiend und liberalisierend oder als tendenziell totalitär, einschränkend und kontrollierend.[136]

Man hatte im linksalternativen Milieu nicht nur das Recht, selbstverwirklicht zu leben, sondern die Pflicht, über sich Rechenschaft abzulegen und diese Selbsterkenntnisse anderen mitzuteilen. Zum Bekenntnis zu einem alternativen Leben gehörte das Geständnis eigener (vermeintlicher) Mängel. Eine Selbstoffenbarung, die gegenüber dem Kollektiv abzulegen war. Die Selbsttherapeutisierung war als Projekt zur Befreiung des entfremdeten Individuums angelegt, entfaltete sodann in der Praxis des demokratischen Panoptismus eine normierende Wirkung und wurde zum Management des Selbst. Die frei gewählte Selbstthematisierungskultur bedeutete daher keineswegs nur »Freiheit von«, sondern auch »Zwang zu«. Der Zwang nämlich zur Konstruktion einer neuen Identität, die die Selbstverpflichtung enthielt, »authentisch« gegenüber sich selbst und den anderen Milieumitgliedern zu sein. Die Implikationen dieser Suche nach Authentizität – romantische, nostalgische, totalitäre oder illusorische –, sollen in den folgenden Kapiteln untersucht werden.

Molle); Dane u. a. (Hg.), *Anschlüsse*; »Wir fühlten uns als schmutzige Spezies (Interview mit Michel Foucault)«, in: *Der Spiegel* 52 (1977), S. 77/78; Felsch, »Merves Lachen«; Birnstiel, »West-Berliner Wunderkammer«; Fisch, *Werke und Freuden*, S. 257-438. Eine eigene Abhandlung zu diesem Thema ist in Vorbereitung.

136 In seinem Anfang der achtziger Jahre verfassten Text »Das Subjekt und die Macht« schreibt Foucault: »Macht und Freiheit stehen sich also nicht in einem Ausschließungskontext gegenüber (wo immer Macht ausgeübt wird, verschwindet die Freiheit), sondern innerhalb eines sehr viel komplexeren Spiels: in diesem Spiel erscheint die Freiheit sehr wohl als die Existenzbedingung von Macht […], aber sie erscheint auch als das, was sich nur einer Ausübung von Macht entgegenstellen kann. […] Statt von einem wesentlichen ›Antagonismus‹ sollte man besser von einem ›Agonismus‹ sprechen, von einem Verhältnis, das zugleich gegenseitige Anstachelung und Kampf ist« (ebd. S. 256).

1.3 Historischer Kontext

Der Zeitraum von den sechziger bis in die achtziger Jahre markiert eine Scharnierzeit der westlichen Staaten im Übergang vom klassischen zum postklassischen Industriezeitalter. Das linksalternative Milieu entwickelte sich vor dem Hintergrund eines sozioökonomischen Strukturwandels, einer zunehmend verflochtenen Weltwirtschaft und der Öffnung des Weltwährungssystems durch den Zusammenbruch des Bretton-Woods-Systems von 1973. Ölkrisen (1973 und 1979), neue Umweltgefährdungen und ökologische Gefahren durch technische Großanlagen sowie die damit verbundenen Grenzen des Fortschritts verdeutlichten und ergänzten die weltweite ökonomische Interdependenz: In den Prozess der fortschreitenden Technologisierung und Konsumorientierung der Gesellschaft mischten sich wachsende Unsicherheiten. Individualisierung, Deregulierung, Arbeitsmigration und Globalisierung von Wirtschaft und Gesellschaft veränderten auch kulturelle Orientierungsmuster. Mit dem Ausbau des Dienstleistungssektors ging nicht nur ein schrittweiser Niedergang des Industriesektors mit seinen Traditionsindustrien Bergbau, Stahl und Werft einher. Darüber hinaus waren nach den Arbeitsmarktstabilisierungen der fünfziger und frühen sechziger Jahre entstandardisierte und flexibilisierte Erwerbsbiographien auf dem Vormarsch, die manchen an die Verhältnisse im frühen 20. Jahrhundert oder im späten 19. Jahrhundert erinnerten. Nach den Einkommenszuwächsen und dem allgemeinen Aufstieg der Mittelschicht in der Nachkriegszeit griff nun, neben der Inflation, eine wachsende und sich verstetigende (Dauer-)Arbeitslosigkeit um sich. Mitte der siebziger Jahre wuchs die Jugendarbeitslosigkeit um ein Vielfaches an und ein Lehrstellenmangel zeichnete sich ab, so dass in der medialen Öffentlichkeit allmählich ein Krisenbewusstsein entstand, das sich zu einer weitverbreiteten Zukunftsangst steigerte. Kurzum: Die Zeit der standardisierten fordistischen Gesellschaft war zu Ende.[137]

137 Niall Ferguson, »Introduction: Crisis, What Crisis? The 1970s and the Shock of the Global«, in: ders. u. a. (Hg.), *The Shock of the Global. The 1970s in Perspective*, London 2010, S. 1-21; Anselm Doering-Manteuffel, Lutz Raphael, *Nach dem Boom. Perspektiven auf die Zeitgeschichte seit 1970*, Göttingen ²2010, bes. S. 50; Thomas Raithel u. a. (Hg.), *Auf dem Weg in eine neue Moderne? Die Bundesrepublik Deutschland in den siebziger und achtziger Jahren*, München

Die ökonomischen Veränderungen der Industriegesellschaft zogen gesellschaftliche Transformationsprozesse nach sich: die Zunahme von Bildung und Höherqualifizierung mit einem Aus- und Umbau der Bildungsinstitutionen vom Kindergarten bis zur Universität, ein durch den Wohlfahrtsstaat befördertes Sicherheitsdenken, die fortschreitende Verstädterung, die Medialisierung der Lebenswelt, die wachsende Bedeutung der Freizeit und die Durchsetzung der Konsumgesellschaft (nicht zuletzt im Bereich der Jugendkultur), der Wandel der Familienstrukturen und Geschlechtervorstellungen, der Ehe- und Partnerschaftsverhältnisse, das Aufkommen antiautoritärer Erziehungsvorstellungen sowie einer permissiven Sexualmoral. Dazu kamen der Gestaltwandel der Religion, die neue Suche nach dem Selbst mit einer Diversifizierung und Pluralisierung der Lebensstile und die Entstehung neuer Lebensstilmilieus. Schließlich das neue Umweltbewusstsein, welches zum Teil mit antitechnischen Einstellungen Hand in Hand ging.

Der Entfremdungsprozess vollzog sich nicht nur in der Arbeitswelt, sondern auch in Konsum und Kommunikation. Der bürgerliche Wertekosmos unterlag einer viel tiefer greifenden Veränderung,

2009, S. 7-14, 69-97; Charles Maier, »›Malaise‹. The Crisis of Capitalism in the 1970s«, in: Niall Ferguson u. a. (Hg.), *The Shock of the Global. The 1970s in Perspective*, London 2010, S. 25-48; Forum »The 1970s and 1980s as a Turning Point in European History?«, in: *JMEH* 9, 1 (2011), S. 8-26; Andreas Wirsching, »European Responses to the Crisis of the 1970s and 1980s. Introductory Remarks«, in: *JMEH* 9, 1 (2011), S. 167-169; Hans Maier, »Fortschrittsoptimismus oder Kulturpessimismus? Die Bundesrepublik Deutschland in den 70er und 80er Jahren«, in: *VfZ* 56, 1 (2008), S. 1-17; Konrad H. Jarausch (Hg.), *Das Ende der Zuversicht? Die siebziger Jahre als Geschichte*, Göttingen 2008, bes. S. 9-26; Themenheft des *Journal of Contemporary History* 43, 4 (2008), (siehe dort vor allem die Einleitung und die Literaturhinweise für die US-Geschichte von Stephen Tuck, S. 617-620); Gero Neugebauer, *Politische Milieus in Deutschland. Die Studie der Friedrich-Ebert-Stiftung*, Bonn 2007; Knud Andresen u. a. (Hg.), *Nach dem Strukturbruch? Kontinuität und Wandel von Arbeitswelten*, Bonn 2011, bes. S. 7-23, 345-365; Thomas Raithel, »Jugendarbeitslosigkeit in der Bundesrepublik Deutschland und in Frankreich in den 1970er und 1980er Jahren«, in: Thomas Raithel, Thomas Schlemmer (Hg.), *Die Rückkehr der Arbeitslosigkeit. Die Bundesrepublik Deutschland im europäischen Kontext 1973 bis 1989*, München 2009, S. 67-80, bes. S. 68/69, 73-79; »Wandel des Politischen. Die Bundesrepublik Deutschland während der 1980er Jahre«, in: *AfS* 52 (2012), passim; »Die siebziger Jahre. Gesellschaftliche Entwicklungen in Deutschland«, in: *AfS* 44 (2004), passim.

als dies mit dem herkömmlichen Erklärungsmodell des angeblich »postmateriellen Wertewandels« und einer scheinbaren »Entnormativierung« der Gesellschaft zu fassen ist.[138] Die Vertreter des postmodernen Denkens in den westlichen Ländern diskutierten neben dem Aufstieg »postmaterieller« Werte wie Selbstverwirklichung, Mitmenschlichkeit oder kommunikativer Verständigung auch die Selbstreferentialität der Massenmedien und die Virtualisierung der Lebenswelten. Die Abkehr vom utopischen Fortschrittsdenken korrespondierte nicht nur mit dem Verlust hergebrachter Gewissheiten, sondern auch mit einer gegenwartsorientierten Zeitstrukturierung.[139]

Erst die Betrachtung des wechselseitigen Zusammenhangs vom Umbruch kultureller Orientierungsmuster, der Durchsetzung der modernen Konsumgesellschaft und den gesellschaftlichen Veränderungen im Sozialverhalten zeigt, auf welchem Ressourcenfundament das linksalternative Milieu ruhte. Erst durch diese gesamtgesellschaftliche Betrachtung ist auch zu klären, inwieweit das linksalternative Milieu zu einem Wandel der Kultur in der bundesrepublikanischen Gesellschaft beigetragen hat oder ob sich hier eine allgemeine Entwicklung besonders dramatisierte, radikalisierte und politisierte. Viele der ehemaligen Aktivisten gehen vorschnell davon aus, dass sie es waren, die die Kultur und den Lebensstil der deutschen Gesellschaft nachhaltig und erstmals verändert hätten. So schrieb Ulrich Enzensberger, der Bruder von Hans Magnus Enzensberger und Mitbegründer der Kommune I, im Jahr 2004, stellvertretend für viele Interpretationen der »Veteranen-Literatur«, dass die »Erfolge der APO« in einer »kulturellen Trendwende« und einer »Veränderung der gesellschaftlichen Werte« zu sehen seien.[140]

Dagegen konstatierte 1998 der Berliner Soziologe Claus Offe, selbst ehemaliges SDS-Mitglied, dass die 68er etwas gefordert hatten, »was ohnehin passierte; sie stießen nur, was ohnehin fiel«.[141]

138 Zur Wertewandel-Diskussion siehe den Abschnitt weiter unten.

139 Vgl. François Hartog, *Régimes d'historicité. Présentisme et expériences du temps*, Paris 2003; Daniel T. Rodgers, *Age of Fracture*, Cambridge, Mass. 2011, S. 221-255.

140 Ulrich Enzensberger, *Die Jahre der Kommune I. Berlin 1967-1969*, Köln 2004, S. 358.

141 Claus Offe, »Vier Hypothesen über historische Folgen der Studentenbewegung«, in: *Leviathan* 26, 4 (1998), S. 550-556, hier S. 552. Vgl. ähnlich auch Heinz Bude, »Achtundsechzig«, in: Étinne François, Hagen Schulze (Hg.),

Noch zugespitzter und kritischer formulierte der ehemalige hessische Kultusminister Ludwig von Friedeburg die alternative Subkultur als freigegebenes Übungsfeld, auf dem neue »soziale Kontrollen gewährleistet« worden seien.[142] Der Kopenhagener Zeithistoriker Detlef Siegfried hat in einer monumentalen Studie zur Konsumkultur und Jugendgeschichte der sechziger und frühen siebziger Jahre herausgestellt, dass die 68er weniger als Protagonisten einer Liberalisierung oder Demokratisierung der bundesdeutschen Gesellschaft zu begreifen sind als vielmehr ein durch den vorgängigen sozialen und kulturellen Wandel geschaffenes, ja überhaupt erst ermöglichtes Phänomen. Die 68er rissen demnach bereits bröckelnde Mauern ein; die Gesellschaft befand sich längst in einem Prozess der Liberalisierung.[143]

Grundsätzlich ist dieses Wechselspiel zwischen dem Alternativmilieu einerseits und Gesellschaft andererseits in kulturwissenschaftlicher Perspektive auf drei Ebenen zu beleuchten: Erstens auf der Ebene der medialen Repräsentationen und der Wechselwirkung zwischen medialer Außenbeschreibung und den Selbstbildern im Milieu. Zweitens hinsichtlich der Verbindung zwischen den Selbsttechniken von Authentizität, Selbstverwirklichung, Erfahrung und Sensibilität im Alternativmilieu und der Individualisierung in der Gesellschaft insgesamt. Wie bettet sich das linksalternative Milieu in die allgemeine Ausbreitung öffentlicher und expressiver Thematisierungen des eigenen Selbst und entsprechend hedonistischer Lebensformen ein? Drittens ist die Ebene der sozialen Praxis von Interesse: Wie interagierten alternative Wertvorstellungen, Konsumverhalten und Milieubildung? Wie verhielten sich die alternativen Wohnformen zur gesellschaftlichen Veränderung der Familienverhältnisse? In welchem Zusammenhang standen die alltägliche Lebensgestaltung und das Arbeiten in Projekten mit der Umgestaltung der bundesrepublikanischen Arbeitsgesellschaft?

Deutsche Erinnerungsorte, Bd. 2, München ³2003, 122-134, hier S. 122/123; Werner Plumpe, »1968 und die deutschen Unternehmen. Zur Markierung eines Forschungsfeldes«, in: *Zeitschrift für Unternehmensgeschichte* 49, 1 (2004), S. 44-65, hier S. 47.

142 Zitiert nach Daum, *Die 2. Kultur*, S. 99.

143 Siegfried, *Time is on my side*; Christina von Hodenberg, Detlef Siegfried (Hg.), Wo »1968« liegt. Reform und Revolte in der Geschichte der Bundesrepublik, Göttingen 2006.

Die Alternativkultur stand in vielfältiger Verbindung zu einer sich ausweitenden, differenzierenden und wirkmächtigen Medienkultur, die ihr als Vergrößerungs-, Diffusions- und Homogenisierungssystem diente. Sowohl die Rückwirkung medialer Images auf Interaktionszusammenhänge innerhalb des Milieus als auch die mediale Ausrichtung des Milieus auf eine neue Form der »Dialogizität« wird in dieser Studie zu untersuchen sein. Inwieweit prägten mediale Beschreibungen die Selbst- bzw. Fremdbilder und Handlungsvollzüge im linksalternativen Milieu? Inwieweit beeinflusste die Medienkultur die Imageproduktion innerhalb dieses Milieus? Sowohl die boomhafte Expansion der alternativen Medien seit Mitte der siebziger Jahre als auch die großformatige Thematisierung linksalternativer Politik und Kultur in der Massenpresse und in Fernsehproduktionen seit den siebziger Jahren geben einen ersten Hinweis auf die Bedeutung medialer Einflüsse und die Bedeutung der Virtualisierung von Wirklichkeitswahrnehmungen. Dabei soll der linksalternative Medienrezipient als aktiver und reflexiver Akteur betrachtet werden, der das mediale Informationsangebot im Kontext des Milieus auf Grundlage seiner Erfahrungen und Wissensbestände situativ verarbeitete und umgestaltete. Insbesondere der Aufstieg der »alternativen Medien«, die paradoxerweise die Vermittlung von »Authentizität« für sich reklamierten, wird in einem gesonderten Kapitel ausführlich behandelt.[144]

Neben der medialen Beobachtung wird auch die Expertenbeobachtung durch die Institute für Meinungs- und Umfrageforschung in diese Arbeit einbezogen. Das ist schon in den obigen Ausführungen dieser Einleitung sichtbar geworden. Die Expansion und Etablierung demoskopischer Institute in der Bundesrepublik vollzog sich insbesondere in den siebziger Jahren (68 Neugründungen zwischen 1969 und 1979), wobei diese Entwicklung mit der Blütezeit

---

144 Allgemein zur Selbstreferentialität und strukturellen Kopplung des Mediensystems an Lebenswelt und Politik (ganz im Sinne Luhmanns) siehe Holger Nehring, »Debatten in der medialisierten Gesellschaft. Bundesdeutsche Massenmedien in den globalen Transformationsprozessen der siebziger und achtziger Jahre«, in: Thomas Raithel u. a. (Hg.), *Auf dem Weg in eine neue Moderne? Die Bundesrepublik Deutschland in den siebziger und achtziger Jahren*, München 2009, S. 45-65.

empirischer Sozialforschung an den Universitäten korrespondierte.[145] Beides hing wiederum eng mit einer steigenden Nachfrage nach Meinungsumfragen – auch und gerade in den Medien – zusammen. Die Wertewandelforschung hat durch die Erhebungen dieser Institute (vor allem in den Bereichen der Konsum- und Medienwirkungsforschung) einen Aufschwung erlebt und unser Bild vom Alternativmilieu ebenso mitgeprägt wie die Medienberichte. Die demoskopischen Analysen situierten das linksalternative Milieu innerhalb des allgemeinen Trends zu postmateriellen Einstellungen und Mentalitätswandlungen in der deutschen Bevölkerung. Die siebziger Jahre waren somit nicht nur eine Zeit der kulturellen Öffnung und Liberalisierung, sondern auch eine Phase der massiven gesellschaftlichen Beobachtung und Erfassung des kulturellen und sozialen Verhaltens der deutschen Bevölkerung. Der Einfluss und die Rückwirkungen der Demoskopie auf die Selbstbeobachtung und Konditionierung der Milieumitglieder wird dabei insgesamt noch zu wenig bedacht.[146]

Das Bildungssystem

Nicht nur die Beobachtungsinstanzen der Medien und Meinungsforschung, sondern auch der massive Ausbau des Bildungssystems prägte die Mitglieder des linksalternativen Milieus, die ganz überwiegend aus der Gruppe der hochqualifizierten Mittelschichtjugendlichen stammten. Sie waren die *jeunesse dorée* der Nachkriegsjahrzehnte und standen im Zentrum des Ausbaus des

145 Vgl. Simone Wack, »Die Branchenstruktur der Markt- und Meinungsforschung in der Bundesrepublik Deutschland von 1986 bis 1996. Eine deskriptive Analyse«, Berlin 1998, S. 3 (WZB discussion paper FS III 98-103); Berufsverband Deutscher Markt- und Sozialforscher, *Handbuch der Marktforschungsunternehmen 1986/87*, Düsseldorf 1986, S. 28-357.

146 Freilich wäre es eine eigene Arbeit wert, den Beitrag der modernen Umfrage-, Meinungs- und Konsumforschung für die Selbstsicht und die historiographische Sichtweise auf dieses Milieu eingehender zu untersuchen. Siehe dazu das Buch von Sarah Igo zur US-amerikanischen Geschichte des 20. Jahrhunderts: Sarah Igo, *The Averaged America, Surveys, Citizens, and the Making of Mass Politics*, Cambridge, London 2007. Vgl. auch Anja Kruke, *Demoskopie in der Bundesrepublik Deutschland. Meinungsforschung, Parteien und Medien 1949-1990*, Düsseldorf 2007; Nehring, »Debatten in der medialisierten Gesellschaft«, S. 58-60.

Bildungssystems. Diese Maßnahmen hatten einen starken Einfluss auf sie.[147]

Dabei war die Erweiterung und Verstärkung des Bildungswesens angesichts des wirtschaftlichen Wachstums bereits Mitte der sechziger Jahre ins Auge gefasst worden. Das Stichwort zur Diskussion gab 1964 der Pädagoge und Religionsphilosoph Georg Picht, der von der »deutschen Bildungskatastrophe« sprach. Die Bundesrepublik habe im Vergleich zu anderen Industriestaaten einen Nachholbedarf, weil der Anteil von Abiturienten an den einzelnen Jahrgängen zu niedrig sei, die Schulzeit zu kurz, die Klassen zu groß und die Schulgebäude und -räume zu dürftig ausgestattet seien. Bildungsreform bedeutete für Picht insofern eine Sozialtechnologie zur Effizienzsteigerung und Verbesserung der Wettbewerbsfähigkeit.

Die Zeitspanne von 1965 bis 1975 wurde tatsächlich zu einer Periode umfassender Veränderungen. Man wollte durch die Mobilisierung von Begabungsreserven nicht nur den Rückstand im wirtschaftlichen Wettbewerb mit anderen westlichen Ländern aufholen. Vielmehr ging es auch darum, Chancengleichheit, Schichtenmobilität und Bildungsgerechtigkeit zu fördern, was Ralf Dahrendorf 1965 auf die Formel »Bildung ist Bürgerrecht« brachte.[148]

In Brandts Regierungserklärung vom Oktober 1969 hieß es, dass das Bildungswesen, dass Wissenschaft und Forschung »an der Spitze der Reformen« stehen sollten: »Die Schule ist die Schule der Nation. [...] Die Bundesregierung wird sich von der Erkenntnis leiten lassen, daß der zentrale Auftrag des Grundgesetzes, allen Bürgern gleiche Chancen zu geben, nicht annähernd erfüllt wurde. Die Bildungsplanung muß entscheidend dazu beitragen, die soziale Demokratie zu verwirklichen.« Der Anteil von Arbeiterkindern unter den Schülern weiterführender Schulen und unter den Studierenden war nach dieser Maßgabe zu gering, das Bildungsgefälle zwischen Stadt und Land, zwischen Jungen und Mädchen,

---

147 Koenen, *Das rote Jahrzehnt*, S. 77.

148 Vgl. dazu insgesamt Alfons Kenkmann, »Von der bundesdeutschen ›Bildungsmisere‹ zur Bildungsreform in den 60er Jahren«, in: Axel Schildt u. a. (Hg.), *Dynamische Zeiten. Die 60er Jahre in den beiden deutschen Gesellschaften*, Hamburg 2000, S. 402-423; Reinhard Uhle, »Pädagogik der siebziger Jahre – zwischen wissenschaftsorientierter Bildung und repressionsarmer Erziehung«, in: Werner Faulstich (Hg.), *Die Kultur der siebziger Jahre*, München 2004, S. 49-56.

zwischen Süd- und Norddeutschland zu groß. In der Sozialfigur des katholischen Arbeitermädchens vom Lande bündelten sich die Bildungsbenachteiligungen.[149]

Diese Bewertungen bezogen ihren Impuls und ihre Brisanz daraus, dass die gesellschaftliche Stellung und der Status des Einzelnen immer stärker durch den Bildungsgrad bestimmt wurden. Die reformorientierte und auf die Partizipation möglichst vieler Menschen gerichtete Politik der Sozialdemokraten hatte hier – neben der Erweiterung des Wahlrechts, des Sozialstaats, der betrieblichen Mitbestimmung und den Reformen im Ehe-, Familien- und Strafrecht – eine ihrer wichtigsten Säulen gefunden. Mitbestimmungsrechte, Gerechtigkeit und Selbstverantwortung wurden auch auf Unterricht und Bildung bezogen.[150]

Auf der staatlichen Ebene wurden die verschiedenen Reformvorstellungen und -strategien im Deutschen Bildungsrat gebündelt, den Bund und Länder bereits im Juli 1965 gegründet hatten. Der 1970 vorgelegte »Strukturplan für das deutsche Bildungswesen« suchte alle Bereiche vom Kindergarten bis zur Hochschule zu erfassen. Die Übergänge zwischen den Schultypen sollten erleichtert werden und die »Orientierungsstufe« im fünften und sechsten Schuljahr dazu dienen, die schichtenspezifische Frühauslese abzumildern. Daneben wurde die Einführung von mindestens 40 integrierten Gesamtschulen als Bestandteil einer soziale Schranken überwindenden Schulreform erprobt. Auch die 1970 geschaffene Bund-Länder-Kommission für Bildungsplanung und Forschungsförderung sprach sich für die Gesamtschulen aus. Der 1973 von dieser Institution vorgelegte Bildungsgesamtplan wurde sowohl von der Bundesregierung als auch von den Länderregierungen verabschiedet.[151]

149 Willy Brandt, *Berliner Ausgabe*, Bd. 7, *Mehr Demokratie wagen. Innen- und Gesellschaftspolitik 1966-1974*, bearbeitet von Wolther von Kieseritzky, Bonn 2001, S. 221-223; Uhle, »Pädagogik«, S. 52.

150 Vgl. Sven Reichardt, »Große und Sozialliberale Koalition (1966-1974)«, in: Roland Roth, Dieter Rucht (Hg.), *Die sozialen Bewegungen in Deutschland seit 1945. Ein Handbuch*, Frankfurt/M., New York 2008, S. 71-91, hier S. 80-90; Jarausch (Hg.), *Ende der Zuversicht*, S. 103-156, 196-228; Uhle, »Pädagogik«, S. 60.

151 Vgl. Ludwig von Friedeburg, *Bildungsreform in Deutschland*, Frankfurt/M. 1989; Christoph Führ, Carl-Ludwig Furck, (Hg.), *Handbuch der deutschen Bildungsgeschichte*, Bd. VI, *1945 bis zur Gegenwart*, Erster Teilband: *Die Bundesrepublik Deutschland*, München 1998. Diese Reform war umstritten, da sie

Inhaltlich bezogen sich die Schulreformen auf die Erweiterung der Lehrcurricula, wie sie etwa in den Rahmen-Richtlinien in Hessen (1972) und Nordrhein-Westfalen (1973) zum Ausdruck kamen. Der Sozial- oder Gemeinschaftskundeunterricht sollte im Sinne einer partizipativen Politikführung Interesse und Verständnis für aktuelle Politik wecken und stärken. Diese Veränderungen gingen auf die 1972 von der Kultusministerkonferenz einstimmig beschlossene Oberstufenreform zurück, dank derer sich die Schüler entsprechend ihren Interessen, Neigungen und Fähigkeiten zwischen Grund- und Leistungskursen, den verschiedenen Wahlpflicht- und Wahlfächern entscheiden konnten.[152] Partizipation, politische Bildung und Liberalisierung waren wichtige Eckpfeiler der Bildungsreformen.

Bei den Reformen ging es auch um einen quantitativen Ausbau des Bildungssystems, der zugleich den unterschiedlichen Zugang zu Bildung je nach sozialer Herkunft und Schichtzugehörigkeit nivellieren sollte. Und tatsächlich wuchs die Zahl der Schülerinnen und Schüler, die weiterführende Schulen besuchten, kontinuierlich an, so dass die Hauptschule immer stärker zurückgedrängt wurde.[153] Gleichzeitig stiegen die Bildungsausgaben von Bund, Ländern und Gemeinden binnen fünf Jahren auf mehr als das Doppelte an – von 27,6 Milliarden Deutschen Mark (DM) 1970 auf 56,2 Milliarden DM 1975. Diese Zuwachsrate lag deutlich über der der gesamten öffentlichen Ausgaben. Bereits Mitte 1974 zeichnete sich indes ab, dass für die Reformvorhaben nicht genügend Geld vorhanden war. Projekte mussten zurückgestellt oder gestrichen werden. Der Deutsche Bildungsrat löste sich 1975 auf.[154]

Einen ähnlichen Ausbau wie die Schulen erfuhren die Uni-

nach Meinung der Befürworter (SPD, FDP und Gewerkschaften) die Chancengleichheit im Bildungsbereich fördere, während die Gegner die Einebnung natürlicher Begabungsunterschiede und eine Senkung des Bildungs- und Leistungsniveaus befürchteten.

152 Peter Borowsky, *Deutschland 1970-1976*, Hannover 1980, S. 91-101.

153 Der Schulbesuch von Schülerinnen und Schülern der siebten Klasse zeigt, dass das Bildungsniveau langfristig angehoben wurde: Betrug der Anteil der Gymnasiasten an den unter 13-Jährigen 1970 noch 20 Prozent, so war er 1990 auf 31 Prozent angestiegen; die Hochschulreife hatten 1970 11,4 Prozent eines Jahrgangs, 1990 waren es dann schon 33,8 Prozent (Andreas Rödder, *Die Bundesrepublik Deutschland 1969-1990*, München 2004, S. 23).

154 Borowsky, *Deutschland*, S. 89.

versitäten und sonstigen Hochschulen. Ab 1965 kam es zu einem starken Ausbau von Hochschulen, Professorenstellen und Studienplätzen. Die Studienanfängerquote stieg von knapp 5 Prozent zu Anfang der fünfziger Jahre auf 25 Prozent Anfang der achtziger Jahre.[155] Zudem wurde versucht, den weniger Vermögenden den Zugang zur Universität zu erleichtern. 1971 wurde das einheitliche BAföG eingeführt – damit konnten und können Studierende (und Auszubildende, ausgenommen solche im dualen System), sofern sie Bedürftigkeit nachweisen, staatlich gefördert werden.

Während in den frühen dreißiger Jahren nur 4,4 Prozent der Studenten Arbeiterkinder waren, konnte diese Quote Mitte der sechziger Jahre auf 6,4 Prozent und dann 1980 auf rund 15 Prozent erhöht werden. Später fiel sie wieder leicht ab. Das heißt, dass jedes zehnte Arbeiterkind ein Studium an einer Hochschule aufnahm, während es im gesamtgesellschaftlichen Durchschnitt jeder vierte, fast jeder dritte Heranwachsende war.[156] Entscheidend für den Hochschulzugang blieb nach wie vor der Bildungsgrad der Eltern. Dies änderte sich langfristig nur wenig. 1990 war jeder vierte Student ein Akademikerkind, während die übrigen drei Viertel vor allem sogenannte »Aufsteiger« aus der Mittelschicht waren. Insgesamt kam der Abbau geschlechtsspezifischer, regionaler und konfessioneller Ungleichheit stärker voran als der der schichtenspezifischen Unterschiede.[157]

155 Gab es 1965 rund 385 000 Studierende, waren es 1970 bereits 510 000 und 1975 circa 842 000. Zwischen 1969 und 1973 wurden 80 000 neue Studienplätze geschaffen (Peter Graf Kielmansegg, *Nach der Katastrophe. Eine Geschichte des geteilten Deutschland*, Berlin 2000, S. 409).

156 Kielmansegg, *Nach der Katastrophe*, S. 410/411; Koenen, *Das rote Jahrzehnt*, S. 76.

157 Rödder, *Bundesrepublik Deutschland*, S. 206. Vgl. Christoph Oehler, *Hochschulentwicklung in der Bundesrepublik Deutschland seit 1945*, Frankfurt/M. 1989. Es wäre jedoch zu kurz gegriffen, die wachsenden Studierendenzahlen und die sich wandelnden Herkunftsmilieus allein auf die staatlichen Reformprogramme zurückzuführen. Gleichermaßen dafür verantwortlich waren die geburtenstarken Jahrgänge, der Familienwandel, der wachsende ökonomische Wohlstand in den sechziger Jahren und die zunehmende soziale Sicherheit ab den fünfziger Jahren. Siehe hierzu Peter Drewek, »Zur Bedeutung der Familie im Strukturwandel des deutschen Bildungssystems in der zweiten Hälfte des 20. Jahrhunderts«, in: *Zeitschrift für pädagogische Historiographie* 13, 2 (2007), S. 78-84; Carola Groppe, »»Die Universität gehört uns‹. Veränderte Lehr-, Lern- und Handlungsformen an der Universität in der 68er-Bewegung«, in: Meike S.

Auf den Bildungsreformen und der allmählichen sozialen wie politischen Öffnung des Systems setzten die Studentenunruhen auf, indem sie die Partizipationsforderungen erweiterten, radikalisierten und dramatisierten. Der Ausbau der Hochschulen bedeutete nicht nur neue Chancen, sondern brachte auch neue Probleme mit sich. In den schnell wachsenden Massenuniversitäten wurden die Studienbedingungen immer schlechter: Es herrschte Raumnot, ein Mangel an studentischen Arbeitsplätzen und Lehrveranstaltungen. Prüfungssystem und Lehrpläne waren veraltet, Mitbestimmungsrechte nach wie vor gering und die Umgangsformen traditionell und überkommen. Überlieferte Herrschaftspositionen, Abhängigkeitsverhältnisse und autoritäre Strukturen hatten sich an den Universitäten konserviert. Erst im Zuge der Studentenproteste löste sich diese Erstarrung auf. Der Entzug der Handlungsautonomie der Professoren, eine radikale Politisierung der Lehre, Abschaffung von Prüfungen, kollektive Arbeitsformen und Demokratisierung der Universitäten durch die Erweiterung der Mitbestimmungsrechte in den Entscheidungsgremien wurden schnell zu Forderungen, die durch Basisgruppenarbeit, Seminarkritik, die Sprengung von Vorlesungen, Streiks sowie Teach-ins und Sit-ins durchgesetzt wurden. Gerade die Massenveranstaltungen mit mehreren tausend Teilnehmern vermittelten den studentischen Akteuren das Gefühl, Teil einer machtvollen Bewegung zu sein.[158]

Insgesamt entstand durch die Verlängerung der Ausbildung für eine immer größere Anzahl von Mittelschichtjugendlichen eine Phase der Postadoleszenz. Befreit vom engen Korsett des Erwerbslebens, öffneten sich biographische Freiräume bis in das dritte Lebensjahrzehnt, die die soziale Möglichkeit zum verstärkten politischen Engagement schufen. Bereits im heißen Sommer 1968, nach dem Attentat auf Rudi Dutschke, hatten 42 Prozent aller Studenten mindestens einmal an einer Demonstration teilgenommen, 34 Prozent waren anlässlich des Todes von Benno Ohnesorg auf die Straße gegangen und 20 Prozent verorteten sich als politisch links stehend. Die Mischung aus explosionsartig anwachsenden Studen-

Baader (Hg.), »*Seid realistisch, verlangt das Unmögliche*«. *Wie 1968 die Pädagogik bewegte*, Weinheim, Basel 2008, S. 121-140, hier S. 123/124.

158 Groppe, »»Die Universität gehört uns««, S. 126-135; Peter Mosler, *Was wir wollten, was wir wurden. Studentenrevolte – zehn Jahre danach*, Reinbek 1977, S. 14.

tenzahlen, alten Autoritätsstrukturen an der Universität, Kritik an politischen Vorgängen vom Vietnamkrieg bis zu den Notstandsgesetzen, ein allgemeiner Linksschwung in der Politik, eine verbreitete Skepsis an der Tragfähigkeit demokratischer Institutionen wie auch der Presse- und Demonstrationsfreiheit in der Bundesrepublik sowie der erstmals von dem US-amerikanischen Politologen Ronald Inglehart beschriebene Wertewandel bewirkten die Entstehung der Studentenbewegung.[159]

»Wertewandel«

Der Umschwung von materiellen zu postmateriellen Werten in den westlichen Industriegesellschaften bildete einen zentralen historischen Kontext für die Entwicklung des linksalternativen Milieus. Für die Bundesrepublik wurden die klassischen Forschungen Ingleharts von dem Speyerer Soziologen Helmut Klages, aber auch von dem Jugendforscher Thomas Gensicke oder dem Kölner Soziologen Heiner Meulemann vorangetrieben und deutlich präzisiert. Der grundlegende Wandel normativer Orientierungen und Lebensweisen setzte bereits in den sechziger Jahren ein und wurde von Inglehart in seinem Buch *Silent Revolution* von 1977 erstmals umfassend quantitativ analysiert und als Teil eines allgemeinen Wertewandels in den westlichen Gesellschaften gedeutet. Gemeint war die Verschiebung von traditionellen politischen, religiösen, moralischen und sozialen Normen wie Pflichterfüllung, Gehorsam, Ruhe, Fleiß, Leistung, Disziplin, Ordnung sowie auf ökonomischen Erfolg ausgerichtetes Statusbewusstsein hin zu den Werten Lebensqualität, Selbstentfaltung und Selbstverwirklichung. Ähnlich beschrieb Klages die Hauptrichtung des bundesrepublikanischen Wertewandels ab Mitte der sechziger Jahre als einen

159 »Student und Politik Sommer 1967. Ein Beitrag zur Frage nach der Ursache der Unruhe an den Universitäten« (IfD-Umfrage vom Sommer 1967), S. 12, 34, 41, 43, im Tabellenteil: Tabelle 18, Tabelle 24, Tabelle 35. Die Studie befindet sich in: BArch Koblenz, Zsg 132, Nr. 1448 (II); »Student und Politik Sommer 1967. Bilanz nach den Demonstrationen in Berlin (IfD-Umfrage) [September 1967]«, in: BArch Koblenz, Zsg 132, Nr. 1448 (I); Wilhelm Schwarzenauer, »Untersuchungen über die Studentenunruhen in Deutschland. Referat für die WAPOR-Sitzung am 4. September 1969«, S. 1 und Tabellenteil, in: BArch Koblenz, Zsg 132, Nr. 1624; »Student und Politik Sommer 1967. Bilanz nach den Demonstrationen in Berlin [September 1967]«, in: BArch Koblenz, Zsg 132, Nr. 1448.

Traditionsbruch, der sich in der Verschiebung »von Pflicht- und Akzeptanzwerten zu Selbstentfaltungswerten« ausdrücke. Werte wie Disziplin, Gehorsam, Leistungsbereitschaft, Fügsamkeit und Fleiß verloren an Bedeutung, während hedonistische, partizipatorische und emanzipatorische Vorstellungen Raum gewannen. Der zunehmende Bedarf an individualistischer Selbstentfaltung zeigte sich nach Ansicht Klages' besonders deutlich an den Erziehungswerten, wo die Wertgruppe »Gehorsam und Unterordnung« in den siebziger Jahren gegenüber der erheblich anwachsenden Wertgruppe »Selbstständigkeit und freier Wille« kräftig an Boden verlor. Die Durchsetzung der postmateriellen Werte in den siebziger Jahren konnte vor allem in den jungen Bevölkerungsgruppen der 15- bis 24-Jährigen beobachtet werden, die in der Wohlstandsphase der Bundesrepublik groß geworden waren und existenzielle Ängste nicht mehr am eigenen Leib erfahren mussten.[160]

Schon die Sinus-Studie von 1983 hatte die »schlichte Dichotomisierung« in die Gruppen materialistisch versus postmaterialistisch moniert. Klages erweiterte Ingleharts bipolare Einordnung zu einer differenzierteren Wertepalette und wies darauf hin, dass im Denken und Fühlen Einzelner durchaus auch gemischte Wertekombinationen vorkamen, die sich zudem im Laufe des Lebens verändern konnten. Daher unterschied er – wie später auch Gensicke – mehrere Wertetypen. Der Anteil der »ordnungsliebenden Konventionalisten« sank aber auch nach der Deutung von Klages, während die Gruppe der »nonkonformen Idealisten« und insbesondere die der »hedonistischen Materialisten« anwuchsen. Der Wandel von traditionellen hin zu Selbstentfaltungswerten drückte sich ebenfalls in der Säkularisierung der Gesellschaft aus, wie überhaupt sich die Bindungen an große Organisationen lösten. Gleichwohl verschwand der Einfluss von Kirche und Religion keineswegs

160 Ronald Inglehart, *The Silent Revolution. Changing Values and Political Styles Among Western Publics*, Princeton 1977; ders., *Changing Values and the Rise of Environmentalism*, Berlin 1982; ders., *Kultureller Umbruch*, Frankfurt/M. 1989; Helmut Klages, Peter Kmieciak (Hg.), *Wertewandel und gesellschaftlicher Wandel*, Frankfurt/M. 1979; Helmut Klages, *Traditionsbruch als Herausforderung: Perspektiven der Wertewandelsgesellschaft*, Frankfurt/M. 1993; ders., *Wertorientierungen im Wandel. Rückblick, Gegenwartsanalyse, Prognosen*, Frankfurt/M. 1985; ders., *Werte und Wandel*, Frankfurt/M. 1992; ders., »Werte und Wertewandel«, in: Bernhard Schäfers, Wolfgang Zapf (Hg.), *Handwörterbuch zur Gesellschaft Deutschlands*, Opladen 1998, S. 698-709.

endgültig, wie nicht nur die Verbindungen zur Friedensbewegung der frühen achtziger Jahre belegen. In den neunziger Jahren baute Gerhard Schulze die Wertewandelforschung aus und sprach von »Selbstverwirklichungsmilieus«, bei denen das kognitive, emotionale und physische Erleben nach den Dimensionen der Interessantheit, Faszination und Originalität bemessen werde. In dieser postmateriellen Erlebnisgesellschaft steht der Ich-verankerte Weltbezug im Vordergrund, die politischen Zielsetzungen haben sich in hedonistischen Orientierungen aufgelöst.[161]

Problematisch an der Wertewandeldiskussion bleibt – trotz vieler Differenzierungen des ursprünglich sehr schlichten Schemas materiell versus postmateriell – nicht nur der empirische Nachweis vieler Behauptungen. Die schematischen Kategorien der quantitativen Erhebungen und die nur oberflächliche Aussagekraft von Massenumfragen, das vereinfachende Erklärungsmuster der Be-

161 SINUS-Institut, *Die verunsicherte Generation*, Opladen, S. 16, 27-29; Thomas Gensicke, *Mentalitätsentwicklungen im Osten Deutschlands seit den 70er Jahren*, Speyer 1992; Thomas Gensicke, »Modernisierung, Mentalitätenentwicklung und Wertewandel in der DDR«, in: Hans Bertram u. a. (Hg.), *Sozialer und demographischer Wandel in den neuen Bundesländern*, Berlin 1995, S. 101-140; ders., »Werte und Wertewandel im Osten Deutschlands«, in: Helmut Klages (Hg.), *Werte und Wandel*, Frankfurt/M. 1992, S. 672-694; Gerhard Schulze, *Die Erlebnisgesellschaft. Kultursoziologie der Gegenwart*, Frankfurt/M., New York 1995. Vgl. zur kritischen Rezeption von Schulze: Harald Funke, »Erlebnisgesellschaft«, in: Georg Kneer u. a. (Hg.), *Soziologische Gesellschaftsbegriffe. Konzepte moderner Zeitdiagnose*, München 1997, S. 305-331. Als Forschungsliteratur zur Wertewandel-Diskussion hier zunächst nur: Heiner Meulemann, *Werte und Wertewandel: Zur Identität einer geteilten und wieder vereinten Nation*, Weinheim, München 1996; Stefan Hradil, *Soziale Ungleichheit in Deutschland*, Opladen ⁸2001, S. 423/424; Martin und Sylvia Greiffenhagen, »Wertewandel. Theoretische und politische Kontroversen«, in: dies. (Hg.), *Ein schwierig Vaterland. Zur politischen Kultur im vereinigten Deutschland*, München, Leipzig 1993, S. 156-173, hier S. 159-166; Andreas Rödder, »Vom Materialismus zum Postmaterialismus? Ronald Ingleharts Diagnosen des Wertewandels, ihre Grenzen und Perspektiven«, in: *Zeithistorische Forschungen* 3, 3 (2006), S. 480-485; Andreas Rödder, Wolfgang Elz (Hg.), *Alte Werte – Neue Werte. Schlaglichter des Wertewandels*, Göttingen 2008. Den Begriff »Entnormativierung« benutzt Andreas Rödder, »Moderne – Postmoderne – Zweite Moderne. Deutungskategorien für die Geschichte der Bundesrepublik in den siebziger und achtziger Jahren«, in: Thomas Raithel u. a. (Hg.), *Auf dem Weg in eine neue Moderne? Die Bundesrepublik Deutschland in den siebziger und achtziger Jahren*, München 2009, S. 181-201, hier S. 195.

dürfnispyramide nach Abraham Maslow, dem Begründer der Humanistischen Psychologie, sowie die schlichte Behauptung des Zusammenhangs zwischen Wohlstandssozialisation, Wissens- und Bildungszuwachs einerseits und postmateriellen Werten andererseits sind unzureichend. Ob der Wert der Selbstverwirklichung wirklich unter dem Oberbegriff »Postmaterialismus« subsumiert werden kann und damit von Konsummustern entkoppelt werden sollte, ist jedenfalls fraglich. Die Beobachtungen Ingleharts am Ende der siebziger Jahre vergleichen zudem eher Lebensalters- denn Generationseffekte. Auf historische Langzeituntersuchungen kann die quantifizierende Wertewandelforschung ohnehin nicht zurückgreifen.[162]

Konsumgesellschaft

Interessanterweise vollzog sich der Wertewandel vor dem Hintergrund einer sich seit den sechziger Jahren etablierenden Konsumgesellschaft. Die Pluralisierung und die Zunahme von Individualisierung, von einem Bewusstsein für Wahlfreiheiten, eigenständiger Biographieplanung und Gegenwartsorientierung war eng mit der entstehenden Konsum- und Freizeitgesellschaft verbunden – gerade bei den jungen und gebildeten Altersgruppen. Durch die Ausweitung des Konsums nahm die klassische Ungleichheit der Lebensformen zwischen Arbeitern und Angestellten – besonders in Hinblick auf Massenkonsumgüter wie Radio, Fotoapparat, Kühlschrank oder Fernseher – deutlich ab. Konsum- und Freizeitorientierung,

162 Vgl. zur kritischen Debatte um Inglehart und den Wertewandel: Max Haller, »Theory and Method in the Comparative Study of Values. Critique and Alternative to Inglehart«, in: *European Sociological Review* 18, 2 (2002), S. 139-158; Helmut Thome, »Wandel zu postmaterialistischen Werten? Theoretische und empirische Einwände gegen Ingleharts Theorie-Versuch«, in: *Soziale Welt* 36 (1985), S. 27-59; Helmut Thome, *Wertewandel in der Politik? Eine Auseinandersetzung mit Ingleharts Thesen zum Postmaterialismus*, Berlin 1985; Erich H. Witte, »Wertewandel in der Bundesrepublik Deutschland (West) zwischen 1973 und 1992. Alternative Interpretationen zum Inglehart-Index«, in: *Kölner Zeitschrift für Soziologie und Sozialpsychologie* 48 (1996), S. 534-541; Michael Neuner, *Ronald Ingleharts Theorie der »Stillen Revolution«. Ein Überblick über die These und die Diskussion*, Hohenheim 1990. Vergleichsweise unkritisch: Doering-Manteuffel/Raphael, *Boom*, S. 79-84; Rödder, »Vom Materialismus zum Postmaterialismus?«.

die neuen Freiheiten und Wahlmöglichkeiten des Wohlstandskonsums führten tendenziell zu Individualisierung und Auflockerung traditioneller Bindungen. Im Arbeitermilieu etwa verlor die herkömmliche proletarische Vereinskultur ihre Bindekraft; die Wohnquartiere wurden infolge erhöhter Mobilität durchmischt und beruflicher Aufstieg durch vermehrte Bildungschancen möglich.[163] Ebenso sorgten die Kommerzialisierungsprozesse für eine partielle Erosion tradierter bürgerlicher Deutungs- und Wertsysteme und zogen darüber hinaus ökologische Belastungen nach sich.[164]

Trotz eines allgemeinen Anstiegs des Konsums und sozialer Fahrstuhleffekte durch Lohnerhöhungen blieben die Positionsgüter nach wie vor privilegierten sozialen Gruppen vorbehalten.[165] Und auch die kulturellen Distinktionen im Konsumverhalten sorgten dafür, dass der »nivellierten Mittelstandsgesellschaft« Grenzen gesetzt waren. Mitte der siebziger Jahre war die sozialdemokratische Reformeuphorie mit ihren weit ausgreifenden wohlfahrtsstaatlichen Ambitionen angesichts zunehmender ökonomischer Schwierigkeiten verflogen. Entscheidende Faktoren dabei waren die Auswirkungen der Ölkrisen von 1973 und 1979, die steigende Arbeitslosigkeit (auch unter Akademikern), das Ende der hohen Lohnzuwächse sowie die beginnende Energie- und Umweltkrise. Der Niedergang abstrakter Utopien und eine umfassende Entideologisierung waren mit diesen Problematiken verknüpft und bildeten den Hintergrund für den Abbau alternativer Lebensformen.[166]

---

163 Vgl. Josef Mooser, »Abschied von der ›Proletarität‹. Sozialstruktur und Lage der Arbeiterschaft in der Bundesrepublik in historischer Perspektive«, in: Werner Conze, M. Rainer Lepsius (Hg.), *Sozialgeschichte der Bundesrepublik. Beiträge zum Kontinuitätsproblem*, Stuttgart 1983, S. 143-186; Josef Mooser, *Arbeiterleben in Deutschland 1900-1970. Klassenlagen, Kultur und Politik*, Frankfurt/M. 1984.

164 Vgl. Arne Andersen, *Der Traum vom guten Leben. Alltags- und Konsumgeschichte vom Wirtschaftswunder bis heute*, Frankfurt/M. 1997; Michael Wildt, *Am Beginn der »Konsumgesellschaft«. Mangelerfahrung, Lebenshaltung, Wohlstand in Westdeutschland in den fünfziger Jahren*, Hamburg 1994; Wolfgang König, *Geschichte der Konsumgesellschaft*, Stuttgart 2000; Nehring, »Debatten in der medialisierten Gesellschaft«, bes. S. 49-53.

165 Fred Hirsch, *Social Limits to Growth*, Cambridge, Mass. 1976.

166 Vgl. Raithel: »Jugendarbeitslosigkeit«, bes. S. 75; Eley, *Forging Democracy*, passim; Stamm, *Alternative Öffentlichkeit*, S. 101; Roland Münzel, *Entwicklung der Stadtzeitungen in der Bundesrepublik Deutschland, dargestellt am überregionalen Verbund der scene programm presse (spp)*, Facharbeit, Nürnberg 1981, S. 9/10.

1.4 Anmerkungen zu Forschung und Quellen

Anstatt die vornehmlich politologisch-soziologischen Forschungen zu den Neuen Sozialen Bewegungen, die mittlerweile vielfältigen historiographischen Studien zur Studentenbewegung von 1968 und die Darstellungen zum Terrorismus der siebziger Jahre an dieser Stelle Revue passieren zu lassen, begnügt sich diese kurze Betrachtung damit, zwei Interpretationsrichtungen zu benennen, die viele wissenschaftliche Studien angeleitet haben. Grundsätzlich sind Forschungen, so ist vorauszuschicken, die die kulturellen Entwicklungen der Linken aus einer Perspektive hermeneutischer Distanz rekonstruieren und dabei keine alten Rechnungen offen haben, immer noch selten. Nach wie vor dominieren in diesem Bereich entweder (auto-)biographische oder vornehmlich politologische Ansätze der Bewegungsforschung.

Eine erste Deutung des Erbes der 68er-Studentenbewegung legt nahe, dass es primär eine totalitäre und/oder gewaltbereite Linke war, die 1968 entstand und ihren Weg in den Terrorismus, in autoritäre Kaderparteien oder in der Verabsolutierung ihrer Ideen fand. Neben einflussreichen Zeitzeugenhistorikern wie Gerd Koenen griffen verschiedentlich auch jüngere Historiker diese Interpretation auf. In seinem Buch *Das rote Jahrzehnt* interpretiert Koenen die Jahre 1967/68 primär vor dem Hintergrund der Geschehnisse im Deutschen Herbst, während das zivilgesellschaftlich-politische Engagement und kulturelle Liberalisierungen zu Randerscheinungen werden.[167] In skurriler Übertreibung hat Götz Aly in seinem Buch *Unser Kampf* die Studentenbewegung mit der NS-Bewegung

---

167 Vgl. nur Koenen, *Das rote Jahrzehnt*; ders., *Vesper, Ensslin, Baader*; Wolfgang Kraushaar u. a. (Hg.), *Rudi Dutschke, Andreas Baader und die RAF*, Hamburg 2005; Wolfgang Kraushaar, *1968 als Mythos, Chiffre und Zäsur*, Hamburg 2000; ders., »1968 und die RAF. Ein umstrittenes Beziehungsgeflecht«, in: *vorgänge* 44, 171/172, 3/4 (2005), S. 208-220; ders., »Berliner Subkultur: Blues, Umherschweifende Haschrebellen, Tupamaros und Bewegung 2. Juni«, in: Martin Klimke, Joachim Scharloth (Hg.), *1968. Handbuch zur Kultur- und Mediengeschichte der Studentenbewegung*, Stuttgart, Weimar 2007, S. 261-275; ders., *Die Bombe im Jüdischen Gemeindehaus*, Hamburg 2005. Aus der Forschung der jüngeren Historiker: Simon Kießling, *Die antiautoritäre Revolte der 68er. Postindustrielle Konsumgesellschaft und säkulare Religionsgeschichte*, Köln 2006; Kühn, *Stalins Enkel*. Vgl. dazu: Albrecht von Lucke, *68 oder neues Biedermeier. Der Kampf um die Deutungsmacht*, Berlin 2008, S. 78.

vor 1933 verglichen und nach dem Motto »SDS gleich SA« behandelt. Die »formalen Ähnlichkeiten« zwischen den beiden selbsternannten Avantgarden entdeckt Aly in der Betonung des Kampfes und der Aktion, im Personenkult (etwa um Dutschke und Mao Zedong), in der illiberalen Intoleranz, in der Selbststilisierung, im Idealismus und der Gewaltverherrlichung. Nahezu im »Schnodderton« seiner Protagonisten, mit einer Mischung aus Hypermoral, hochfahrendem Wahrheitsanspruch und entschlossener Verengung des Blicks bescheinigt Aly beiden Bewegungen Antiamerikanismus und Antisemitismus. Von den kulturellen Veränderungen, von der Auflockerung der Alltagssitten, von Musik und Sexualität oder von antiautoritären Verhaltensformen ist in seiner provokanten Skandalisierung der 68er nichts zu lesen.[168]

Gegen solche Abrechnungsliteratur ehemaliger 68er hat der Freiburger Historiker Ulrich Herbert seine Deutung der »Fundamentalliberalisierung« (in Anlehnung an Habermas) der deutschen Gesellschaft in den sechziger Jahren gesetzt. Herbert zufolge bezeichnet »1968« zwar nicht den Beginn der gesellschaftlichen Demokratisierung der Bundesrepublik, die bereits ein Jahrzehnt früher eingesetzt hatte. Aber die späten sechziger Jahre markieren den Kulminationspunkt soziokultureller Wandlungen und grundlegender Liberalisierungen. So habe die 68er-Revolte zwar nicht die gesellschaftlichen Liberalisierungen angestoßen und eingeläutet, aber solche Tendenzen und Pluralisierungsprozesse unterstützt.[169] Ein ganzer Forschungszweig beschäftigt sich mit der Frage, ob der Gewinn an Freiheiten, der seit dem Ende der sechziger Jahre in Deutschland und in vielen westlichen Ländern zu beobachten war, von der Studentenbewegung ausgelöst oder nur beschleunigt wurde. Die einschneidenden sozialen Veränderungen und die Schaffung von Massenuniversitäten waren zweifellos wichtige Vorausset-

---

168 Götz Aly, *Unser Kampf. 1968 – ein irritierter Blick zurück*, Frankfurt/M. 2008. Vgl. auch für entsprechende feuilletonistische Deutungen Lucke, *68 oder neues Biedermeier*, S. 51-65.

169 Ulrich Herbert, »Liberalisierung als Lernprozeß. Die Bundesrepublik in der deutschen Geschichte – eine Skizze«, in: ders. (Hg.), *Wandlungsprozesse in Westdeutschland. Belastung, Integration, Liberalisierung 1945-1980*, Göttingen 2002, S. 7-49, hier S. 7; Hodenberg/Siegfried, *Wo 1968 liegt*; Axel Schildt u. a. (Hg.), *Dynamische Zeiten*. Habermas hat den Ausdruck bereits 1988 verwendet in: Jürgen Habermas, »Der Marsch durch die Institutionen hat auch die CDU erreicht«, in: *Frankfurter Rundschau* (11. 03. 1988).

zungen für den Übergang von der Arbeits- zur Freizeitgesellschaft, die erst in der jüngeren Forschung mit dem Aufstieg der Studentenbewegung verknüpft worden sind.

In diesen Zusammenhang gehören Studien zur Eingebundenheit der Neuen Sozialen Bewegungen in die Konsum- und Mediengeschichte der Bundesrepublik, die insbesondere von Detlef Siegfried und der Hamburger Medien- und Kommunikationsforscherin Kathrin Fahlenbrach vorangebracht wurden.[170] Materieller Reichtum und eine durchlässige Klassengesellschaft auf dem historischen Weg zu den Lebensstilmilieus der achtziger Jahre waren wichtige Begleiterscheinungen und Ergebnisse der *youth revolution*, wie der britische Historiker Arthur Marwick auf vergleichender Grundlage für Westeuropa herausgestellt hat. Die Politisierung der Jugend und die Entdeckung dieser Zielgruppe durch die Konsumgütermärkte fielen zeitlich zusammen und entfalteten eine wechselseitige Dynamik der Kulturrevolution im Zeichen von Befreiung und Eigenständigkeit.[171]

In der erst beginnenden geschichtswissenschaftlichen Behandlung des Alternativmilieus lässt sich in den vergangenen Jahren eine Verschiebung weg von rein politologischen Interpretationen, hin zur kulturwissenschaftlichen Untersuchung von Protestpraktiken, Lebensstilen und Habitusveränderungen beobachten. Je weniger die Zeitgenossen und ihre Selbstdeutungen die Forschung beeinflussen, umso stärker – so ist zu hoffen – werden Historisierung und Kontextualisierung des Themas. Dadurch verliert dieser Forschungsbereich einerseits seine politische Aufladung und ein Stück weit wohl auch seine Öffentlichkeitswirksamkeit, andererseits verlieren die alten ideologischen Grabenkämpfe endlich an Intensität.[172]

170 Siegfried, *Time is on my side*; Fahlenbrach, *Protest-Inszenierungen*; Klimke/Scharloth (Hg.), *1968. Handbuch zur Kultur- und Mediengeschichte der Studentenbewegung*; Plumpe, »1968 und die deutschen Unternehmen«, S. 56-59. Zu Siegfrieds Ansatz siehe auch die Kritik von Peter Birke, »Die Protestbewegungen und die ›kulturelle Revolution‹ der 1960er Jahre in der bundesdeutschen Historiographie: Montage und Virtualität«, in: *Sozial. Geschichte* 22, 2 (2007), S. 7-30.

171 Marwick, *The Sixties*.

172 Siehe etwa die Darstellungen in: Reichardt/Siegfried (Hg.), *Das Alternative Milieu*; Baumann u. a. (Hg.), *Linksalternative Milieus*; Mende, »*Nicht rechts, nicht links*«; Maasen u. a. (Hg.), *Das beratene Selbst*; März, *Linker Protest*; Scharloth,

Die Frage nach der Quellengrundlage dieser Arbeit stellt sich im Grunde weniger als die Frage nach der Forschungsliteratur. Die meisten Untersuchungen aus den siebziger und frühen achtziger Jahren können als Quellen und weniger als Geschichtsdarstellungen aufgefasst werden. Wie bereits erwähnt, stammt die wissenschaftliche Literatur zu großen Teilen von Teilnehmern, Aktivisten oder Sympathisanten der Studentenbewegung und des Alternativmilieus, die sich um eine selbstreflexive Soziologisierung oder Psychologisierung ihrer Erfahrungen bemühten. Daneben gibt es ein nahezu undurchdringliches Dickicht an Buchpublikationen, die subjektive Eindrücke und Erfahrungen in tagebuchähnlicher Darstellung oder Interviewform wiedergeben. Kaum zu überschauen und ubiquitär sind die Rechenschafts- und Erfahrungsberichte, Tagebücher oder Tatsachenromane. Der Erfahrungsaustausch gehörte schließlich zum Zentrum des linksalternativen Selbstverständnisses. Was der Frankfurter Soziologe Günter Burkart in einem Gespräch im Zusammenhang mit der Suche nach einer Wohngemeinschaft äußerte, traf den Kern des gesamten alternativen Lebens: »[I]ch habe halt meine Erfahrungen, das habe ich immer als Hauptargument. Das ist auch so ein Punkt, weil ich weiß, daß in der Scene Erfahrungen was Tolles sind.«[173]

In Hunderten von Büchern und unzähligen Artikeln überliefern uns die linksalternativen Autoren als involvierte Zeitzeugen und als historische Selbstdeuter die doppelte Hinterlassenschaft von Quellenzeugnis und historischer Interpretation. Dazu passt, dass bei fast allen, denen ich von dieser Arbeit berichtete und die sich in

---

1968. Einen Rückfall in alte Polemiken – trotz anderslautender Selbsteinschätzung – liefert die Darstellung des erst 1973 geborenen Journalisten Hinck, *Wir waren wie Maschinen.*

173 »Auf Zimmersuche in Wohngemeinschaften«, in: Johann A. Schülein (Hg.), *»... vor uns die Mühen der Ebenen«. Alltagsprobleme und Perspektiven von Wohngemeinschaften,* Gießen 1980, S. 215. Vgl. dazu etwa nur die Darstellungen von Peter Mosler, *Was wir wollten, was wir wurden. Studentenrevolte – zehn Jahre danach,* Reinbek 1977; Peter Schneider, *Rebellion und Wahn. Mein '68. Eine autobiographische Erzählung,* Köln 2008; Jochen Gester, Willi Hajek (Hg.), *1968 – und dann? Erfahrungen, Lernprozesse und Utopien von Bewegten der 68er Revolte,* Bremen 2002; Ute Kätzel (Hg.), *Die 68erinnen. Porträt einer rebellischen Frauengeneration,* Berlin 2002.

irgendeiner Art und Weise zur Untersuchungsgruppe zählten, eine unbändige Bereitschaft zum Oral-History-Interview bestand. Zwar entstanden im Rahmen einer von mir betreuten Ausstellung zur Konstanzer Alternativkultur 36 Video-Interviews, dieses Material wird jedoch lediglich als ergänzender Hinweis, nicht als tragende Säule der Arbeit verstanden. Als Methode ist Oral History bekanntlich nicht ohne Schwierigkeiten, gerade wenn man an der Rekonstruktion von Fakten, Stimmungen und Wahrnehmungen interessiert ist. Aufgrund von Gedächtnisüberlagerungen und medialen Aufarbeitungen kann derlei wegen des Abstands zu den Ereignissen nur mit erheblichen Verzerrungen reproduziert werden.[174] Pointiert hat dies der Schriftsteller und ehemalige Berliner SDS-Aktivist Peter Schneider in seinem Buch über die Studentenbewegung formuliert, welches auf einem Abgleich seiner Erinnerungen mit den damaligen Tagebucheintragungen basiert: »Wer seinen Erinnerungen traut, ist ein Tölpel. Niemand und nichts betrügt einen Menschen so wie seine eigene Erinnerung als ein skrupelloser Diener, der die früheren Taten und Gedanken des Ich-Helden nach den Vorgaben des Erinnernden korrigiert.«[175]

In vielen offenen Gesprächen mit Zeitzeugen, die mir wertvolle und wichtige Fragerichtungen für weiter gehende Recherchen eröffneten, habe ich weniger nach Antworten auf denn nach Anregungen für historische Problemstellungen gesucht. Stärker als auf mündlichem Erinnerungsmaterial gründet die vorliegende Arbeit auf den unzähligen gedruckten Interviews, Gesprächen oder Dis-

---

174 Vgl. Lutz Niethammer, *Lebenserfahrung und kollektives Gedächtnis. Die Praxis der »Oral History«*, Frankfurt/M. 1980; Lutz Niethammer, »Fragen – Antworten – Fragen. Methodische Erfahrungen und Erwägungen der Oral History«, in: ders., Alexander von Plato (Hg.), *»Wir kriegen jetzt andere Zeiten«. Auf der Suche nach der Erfahrung des Volkes in nachfaschistischen Ländern. Lebensgeschichte und Sozialkultur im Ruhrgebiet 1930 bis 1960*, Bd. 3, Bonn 1985, S. 392-446; Alexander von Plato, »Erfahrungsgeschichte – von der Etablierung der Oral History«, in: Gerd Jüttemann, Hans Thomae (Hg.), *Biographische Methoden in den Humanwissenschaften*, Weinheim 1998, S. 60-74; Alexander C. T. Geppert, »Forschungstechnik oder historische Disziplin? Methodische Probleme der Oral History«, in: *GWU* 45 (1994), S. 303-323; Robert Perks, Alistair Thomson (Hg.), *The Oral History Reader*, London 1998; Harald Welzer u. a., *Opa war kein Nazi. Nationalsozialismus und Holocaust im Familiengedächtnis*, Frankfurt/M. 2002; Sonderheft von *BIOS* 20 (2007).
175 Schneider, *Rebellion und Wahn*, S. 173.

kussionen in den Szenepublikationen der siebziger Jahre. Selbst privateste Details finden sich in diesen Zeitzeugnissen. Zudem konnte ich auf einige der in den soziologischen Studien der siebziger Jahre teilstandardisierten oder offenen Interviews zurückgreifen.[176]

In den unterschiedlichen »Archiven von unten« aus Berlin (APO-Archiv; Archiv für Alternativkultur), Hamburg (Archiv des Hamburger Instituts für Sozialforschung), Amsterdam (Internationaal Instituut voor Sociale Geschiedenis), Duisburg (Archiv für alternatives Schrifttum), Freiburg (Archiv Soziale Bewegungen) und Stuttgart (Bibliothek für Zeitgeschichte-Dokumentationsstelle) konnte eine wahre Flut an Publikationen der schreibwütigen Alternativszene eingesehen und um unveröffentlichte Materialien erweitert werden. Dass die Archivare der »Bewegungsarchive« fast immer aus der Scene selbst kommen, mag als weiterer Hinweis dafür gewertet werden, wie stark diese Akteursgruppe an einer Selbsthistorisierung interessiert ist. Neben den internen Berichten sammeln sie vor allem ein breites Spektrum von alternativen Zeitungen, Zeitschriften und sonstigen Periodika – 26 von ihnen

---

176 Siehe hier beispielsweise nur die zeitgenössischen WG-Interviews: Dieter Korczak, *Neue Formen des Zusammenlebens. Erfolge und Schwierigkeiten des Experiments »Wohngemeinschaft«*, Frankfurt/M. 1979, S. 52-100; Herrad Schenk, *Wir wohnen zusammen – nicht allein. Wohngemeinschaften heute*, Köln 1984; Paul Petersen (Hg.), *Wohngemeinschaft oder Großfamilie. Versuch einer neuen Lebensform*, Wuppertal 1972, S. 55-158; Steve B. Peinemann, *Wohngemeinschaft – Problem oder Lösung?*, Eschborn 1977, S. 40-53, 90-137, 168-177; Johannes Feil (Hg.), *Wohngruppe, Kommune, Großfamilie. Gegenmodelle zur Kleinfamilie*, Reinbek 1972, S. 45-115; Horn, *Abschied*, S. 62-69, 95-105, 107-114; Rudi H. G. Damme, *Zur Stabilität von politischen Wohngruppen. Ein Modell aktivierender Sozialforschung zur Theorie und Praxis des kollektiven Alltags*, Hannover 1977, S. 69-71, 76-84, 88-147; Grete Meyer-Ehlers u. a. (Bearb.) *Kollektive Wohnformen. Erfahrungen, Vorstellungen, Raumbedürfnisse in Wohngemeinschaften, Wohngruppen und Wohnverbänden*, Wiesbaden, Berlin 1973, S. 29-230; Schülein (Hg.), »... *vor uns die Mühen der Ebenen*«, S. 31-58, 211-226, 245-258. Zu den soziologischen Studien siehe etwa Gudrun Cyprian, *Sozialisation in Wohngemeinschaften. Eine empirische Untersuchung ihrer strukturellen Bedingungen*, Stuttgart 1978; Petra E. Dorsch, *Neue Medien im sublokalen Kommunikationsraum – Die sogenannte Alternativpresse im sozialen Umfeld*, München 1981 (Gutachten im Auftrag des Presse- und Informationsamtes der Bundesregierung. Eine Kopie der Schrift von Dorsch befindet sich im ASB Freiburg, Signatur: 11.0). Sehr sorgfältig geschrieben sind auch die Selbstportäts und Erinnerungen von Feministinnen in: Kätzel (Hg.), *Die 68erinnen*.

konnte ich sichten und auswerten.[177] Die meisten dieser Zeitschriften waren in einer der drei untersuchten Städte publiziert worden und werden im dritten Kapitel dieser Arbeit ausführlicher vorgestellt und historisch kontextualisiert. Daneben erwiesen sich mit dem Alternativmilieu verwobene Organe wie etwa das *Kursbuch* als ergiebige kulturpolitische Quellen aus der Debattenkultur der neulinken Gegenöffentlichkeit.[178] Zudem wurde die zeitgenössische Berichterstattung über das linksalternative Milieu in den seriösen Qualitätszeitungen von *Die Zeit* und *Frankfurter Rundschau* über *Der Spiegel* und *Süddeutsche Zeitung* bis zur *Frankfurter Allgemeinen Zeitung* (FAZ) und dem linksliberalen Jugendmagazin *twen* über den gesamten Untersuchungszeitraum berücksichtigt.

Systematisch und quantifizierend wurden die viel gelesenen alternativen *Stattbücher* ausgewertet, die sich als interessante Quelle entpuppten, wenn es darum ging, die weitgefächerten Aktivitäten alternativer Projekte auf Stadtebene zu rekonstruieren.[179] In ähnlicher Weise konnte ich von den statistischen Ergebnissen zweier von mir angeregter und betreuter Magisterarbeiten profitieren, die den Kontaktanzeigenmarkt in Frankfurt und Berlin anhand der Stadtmagazine *Pflasterstrand* und *zitty* für die späten siebziger und achtziger Jahre umfassend und in statistisch valider Form analysiert haben.[180]

Neben den Materialien aus den Bewegungsarchiven, den periodisch erscheinenden Alternativblättern und den in Buchform

177 Siehe dazu das Literaturverzeichnis dieser Arbeit.
178 Vgl. Vibeke R. Petersen, ›Kursbuch‹ 1965-1975. Social, Political and Literary Perspectives of West Germany, New York, Bern u. a. 1988; Henning Marmulla, »Das Kursbuch: Nationale Zeitschrift, internationale Kommunikation, transnationale Öffentlichkeit«, in: Martin Klimke, Joachim Scharloth (Hg.), 1968. Handbuch zur Kultur- und Mediengeschichte der Studentenbewegung, Stuttgart, Weimar 2007, S. 37-47; ders., Enzensbergers Kursbuch. Eine Zeitschrift um 68, Berlin 2011; Meike S. Baader, »Das Private ist politisch. Der Alltag der Geschlechter, die Lebensformen und die Kinderfrage«, in: dies. (Hg.), »Seid realistisch, verlangt das Unmögliche«. Wie 1968 die Pädagogik bewegte, Weinheim, Basel 2008, S. 153-172, hier S. 163; Schneider, Rebellion und Wahn, S. 195.
179 Hübsch, Alternative Öffentlichkeit, S. 76.
180 Anja Bertsch, Wertewandel im Spiegel der linksalternativen Presse: Eine Fallstudie zur Frankfurter »scene«, Magisterarbeit Konstanz 2006; Heike Kempe, Studien zur Alternativpresse in der Bundesrepublik in den siebziger Jahren. Dimensionen der Alternativkultur im Spiegel von Kontaktanzeigen in der Zitty 1977-1987, Magisterarbeit Konstanz 2006.

massenhaft vorliegenden Erinnerungen, Erfahrungsberichten und subjektiven Betrachtungen wurden auch staatliche Archivbestände eingesehen. Die Bestände des Bundesarchivs Koblenz und des Landesarchivs Berlin gestatten einen Blick von außen auf das Milieu und sind als Korrektiv für die Selbstsicht der Akteure unverzichtbar. Während die Bestände der Berliner Senatskanzlei vor allem einen Einblick in die städtische Hausbesetzerszene erlauben, sind die in Koblenz verwahrten Aktenüberlieferungen des Bundesinnen- und Bundesfamilienministeriums, des Bundeskanzler- und Bundeskriminalamtes, des Bundesministeriums der Justiz sowie der Bundesprüfstelle für jugendgefährdende Schriften und der Bundeszentrale für gesundheitliche Aufklärung unverzichtbar für die Rekonstruktion der linksalternativen Arbeits- und Wohnformen, ihrer Öffentlichkeitsstrukturen, Körperkonstruktionen und Freizeitformen.

Schließlich sollen die zeitgenössischen demoskopischen Erhebungen und die umfangreichen Markt- und Jugendforschungen erwähnt werden, die dieser Arbeit immer wieder einen *sense of proportions* verschafften. Als Historiker bedient man sich nur allzu gerne statistischer Daten oder Meinungsumfragen, sollte aber nicht leichtfertig glauben, dass »mit der detaillierten Aufzählung vom Verbrauch der einzelnen Dosenfrüchte und Milchprodukte« bereits eine »Sozialgeschichte des Konsums geschrieben [wäre], ebenso wie mit dem Nachbeten der Allensbacher Umfragen noch keine Mentalitätsgeschichte entsteht«.[181] Bei der folgenden Verwendung von Statistiken werden daher quellenkritische Fragen nach den Auftraggebern von Statistiken und Meinungsumfragen ebenso berücksichtigt wie die Fragen nach ihrem Verwendungs- und Wirkungszusammenhang. Nur in Verbindung mit anderen Quellengruppen von Selbstzeugnissen über Presseberichte bis hin zu staatlichen Überlieferungen, also nur in ihrer historischen Einbettung, kann diese Quellengruppe angemessen genutzt werden.[182]

181 Paul Erker, »Zeitgeschichte als Sozialgeschichte. Forschungsstand und Forschungsdefizite«, in: *GG* 19, 2 (1993), S. 202-238, hier S. 212.
182 Zur Geschichte der Demoskopie siehe die vorbildliche Studie von Igo, *The Averaged America*; Kruke, *Demoskopie in der Bundesrepublik Deutschland.*

I. Politik und Selbstreflexion

2. Politische Theorie und organisatorische Praxis

> They made the question of style itself a political issue.
> (Stuart Hall)

2.1 Authentizität und Autonomie

Bereits am 12. Mai 1967, als die Mitglieder der Kommune I aus dem Berliner SDS ausgeschlossen wurden, zeigte sich ein Bruch innerhalb der linken Bewegung, der im kommenden Jahrzehnt immer deutlicher zutage treten sollte. Der Berliner SDS-Vorsitzende Wolfgang Lefèvre hatte den Ausschluss der Kommunarden damit begründet, dass mittlerweile ein »theorieloser Aktivismus« in der anarchistisch ausgerichteten Kommune I zu beobachten sei. Dieser entbehre einer Basis für rationale Diskussionen. Der »individuelle Selbstverwirklichungswunsch« rangiere vor dem Politischen und Gesellschaftlichen – dies sei nichts weiter als »Realitätsflucht« und »falsche Unmittelbarkeit«.[1]

Der Anlass des Konfliktes war zum einen ein Flugblatt der Kommune I, welches die studentischen Vertreter als »Lahmärsche« und »Karrieremacher« verspottete. Die Kommunarden hatten es ohne Genehmigung mit dem Kürzel »SDS« unterschrieben. Weil der SDS zur selben Zeit mit dem Senat der Universität über seine finanzielle Förderungswürdigkeit verhandelte, traf ihn diese Verhöhnung besonders empfindlich. Zum anderen wirkte die berühmt-berüchtigte Äußerung von Dieter Kunzelmann vor der Springer-Presse konfliktauslösend: »Was geht mich denn Vietnam an – ich habe Orgasmusschwierigkeiten«.[2] Der häufig wiederhol-

---

1 Wolfgang Lefèvre, »Referat zur Begründung des Antrags auf Ausschluß der Kommune I aus dem Berliner SDS. Landesvollversammlung vom 12. Mai 1967«, in: BArch Koblenz, Zsg 153, Nr. 18, ohne fol. Auch Reimut Reiche beklagte 1967 die Identifizierung des SDS mit der »Horror-Kommune«, welche die mühevolle politische Arbeit vieler Gruppen des SDS an den Hochschulen auf längere Zeit blockiert oder zunichtegemacht habe (Bericht des Bundesamts für Verfassungsschutz vom Dezember 1967 »Die Entwicklung des SDS im Jahre 1967«, in: BArch Koblenz, B 141, Nr. 37807, fol. 32).

2 Tilman Fichter, Siegward Lönnendonker, *Kleine Geschichte des SDS. Der Sozialistische Deutsche Studentenbund von Helmut Schmidt bis Rudi Dutschke*, Bonn

te Spruch – der nach Ulrich Enzensbergers Darstellung nicht auf Kunzelmann, sondern auf Rainer Langhans zurückzuführen ist – wurde zu einer Art »Zauberformel« (Enzensberger) der hedonistischen Linken gegen die »Apparatschiks und Verbandsbürokraten« (Kunzelmann).[3]

Im Hinblick auf das Verhältnis zwischen Gesellschaftsveränderung und Veränderung des eigenen »Subjekts« setzten die Kommunarden auf ein »radikal subjektbezogenes Politikverständnis«. Die »alltäglichen Erfahrungen im Arbeits-, Wohn- und Freizeitbereich« wurden zum zentralen politischen Bezugspunkt einer »Revolutionierung des Alltags«.[4] Bernd Rabehl, der damals im Bundesvorstand des SDS tätig war und mit dem Lefèvre den Ausschlussantrag gegen die Kommune I abgesprochen hatte, formulierte viele Jahre später den Unterschied im Politikverständnis zwischen SDS und Kommune I, als er die »falsche Unmittelbarkeit« und den »exaltierten Individualismus« der Kommune-I-Politik kritisierte: Es habe die Gefahr bestanden, »daß das Kommuneexperiment letztlich die politische Zielsetzung verfehlen würde und primär Prozesse gruppendynamischer ›Selbstfindung‹ in Gang setzte. Dadurch wurden politische Ziele aufgegeben«.[5]

Viele Kommunarden hatten diesen Bruch mitvollzogen. Fritz Teufel versuchte am 24. Juli 1967 in einem Flugblatt anlässlich eines Strafprozesses wegen Landfriedensbruchs, das »reflektierte Theorie-

---

2008, S.158/159; Aribert Reimann, *Dieter Kunzelmann, Avantgardist, Protestler, Radikaler*, Göttingen, S.146-149; Dieter Claessens, Karen de Ahna, »Das Milieu der Westberliner ›scene‹ und die ›Bewegung 2. Juni‹«, in: Wanda von Baeyer-Katte u.a. (Hg.), *Gruppenprozesse*, Opladen 1982, S.20-181, hier S.101/102; Ulrich Enzensberger, *Die Jahre der Kommune I*, Berlin 1967-1969, Köln 2004, S.128/129; Heinrich Mehrmann, »Erobern Kommunen Deutschlands Betten? Mehr Sex mit Mao und Marx«, in: *pardon* 8 (August 1967), S.16-21, hier S.17, 19.

3 Enzensberger, *Die Jahre der Kommune I*, S.242 und 399 (Fußnote 353); Dieter Kunzelmann, *Leisten Sie keinen Widerstand! Bilder aus meinem Leben*, Berlin 1998, S.71. Siehe auch: Jürgen Miermeister, Jochen Staadt, *Provokationen. Die Studenten- und Jugendrevolte in ihren Flugblättern 1965-1971*, Darmstadt, Neuwied 1980, S.23-25.

4 Karl-Heinz Stamm, *Alternative Öffentlichkeit. Die Erfahrungsproduktion neuer sozialer Bewegungen*, Frankfurt/M., New York 1988, S.99; Mehrmann, »Erobern Kommunen Deutschlands Betten?«, S.20.

5 Bernd Rabehl, *Die Provokationselite. Aufbruch und Scheitern der subversiven Rebellion in den sechziger Jahren*, S.19/20 ⟨http://people.freenet.de/visionen/Provo2.htm⟩, letzter Zugriff am 15.09.2012.

Praxis-Verhältnis« des SDS durcheinanderzubringen.[6] 1968 erschien in der Zeitschrift *konkret* der Artikel eines Mitglieds der Berliner Linkeck-Kommune über den SDS. Der Autor beklagte sich darin über die »unheimlich frustrierenden« SDS-Sitzungen und kam zu dem Schluss: »Das ganze Fluidium in diesem Verein ist Scheiße.«[7] Die Mitglieder der Kommune I verfolgten dagegen das Ziel, die »Diskrepanz zwischen sozialistischer Theorie und bürgerlicher Existenz«[8] zu überwinden, und nahmen damit etwas vorweg, was sich in den siebziger Jahren (wenngleich weniger ambitioniert und gewissermaßen selbstverständlicher) innerhalb der linksalternativen Kultur als Wertschätzung für Unmittelbarkeit, lebensweltliche Erfahrung und Konkretion etablieren sollte.

Die Kommuneflugblätter unterschieden sich schon im Sprachstil von denen des SDS. Sie waren aggressiv, witzig, ironisch, ohne Floskeln und umgangssprachlich formuliert. Indem sie sich stilistisch von der bürokratischen Sprache der SDS-Pamphlete mit ihren schwierigen und verschachtelten Sätzen distanzierten, drückten sie eine politische Haltung aus, die jenseits erstarrter Organisations- und Denkformen lag. Dies markierte einen Bruch nicht nur im Lebensstil, sondern auch in den Politikvorstellungen innerhalb des linken Milieus: Bewusstseinsveränderung sollte keineswegs nur durch eine Umgestaltung der Arbeitsbedingungen, der Produktionsverhältnisse und der materiellen Basis erzielt werden. Das Unfertige, Spontane und Kreative trat an die Stelle von Theoriestudium und Planung, Mentalitätstrukturen an die Stelle von Produktionsformen.[9]

6 Flugblatt, datiert auf den 24.07.1967; wiederabgedruckt in: *Der Spiegel* (Juli 1967).

7 Wolfgang Röhl, »Anatomie einer Kommune«, in: *konkret* (21.10.1968), S.16-18, hier S.6.

8 Enzensberger, *Die Jahre der Kommune I*, S.229.

9 Siehe dazu Heide Berndt, »Kommune und Familie«, in: *Kursbuch* 17 (1969), S.129-145, hier S.129-132. Der Bruch zwischen Kunzelmann (Kommune I) und Lefèvre (Berliner SDS) war noch ein halbes Jahr zuvor, bevor sich die Kommune I überhaupt gegründet hatte, kaum zu erkennen. Kunzelmann schrieb im November 1966 im situationistischen Sinne: »Die Kommune ist nur dann fähig, systemsprengende Kraft nach außen zu initiieren, wenn innerhalb der Kommune effektiv die Individuen sich verändert haben, und diese können sich nur verändern, wenn sie jene machen. [...] Die vielbeschworene neue Qualität der Kommune ohne gemeinsame Praxis wird sich als solipsistischer Akt, Psychose

Was an der Auseinandersetzung zwischen der Kommune I und dem SDS exemplarisch deutlich wird, ist eine Neubestimmung des Marxismus, die für die nachfolgenden sozialen Bewegungen der siebziger und achtziger Jahre von höchster Bedeutung werden sollte. Es ging um die Entdeckung des »subjektiven Faktors« in der Revolutionstheorie, die eine Revolutionierung der Lebenswelten nach sich zog, die relative Autonomie des Bewusstseins betonte und dem politischen Aktionismus eine eigenständige Kraft jenseits ökonomischer Veränderungen einräumte. Niemand anders als Herbert Marcuse hatte dies in einer Diskussion am 10. Juli 1967 an der Freien Universität Berlin auf den Punkt gebracht: »Eine der Aufgaben ist es, den Menschentypus freizulegen, der die Revolution will, der die Revolution haben muß, weil er sonst zusammenbricht: das ist der subjektive Faktor, der heute mehr als subjektiver Faktor ist.«[10] Anders als mancher Linksalternative der späten siebziger Jahre meinte Marcuse damit allerdings nicht die »Reklame der Selbstverwirklichung« oder eine »private und persönliche Revolution«, die er nicht nur als individuellen Eskapismus, sondern auch als unpolitisch geißelte.[11]

Nach der Erschießung von Benno Ohnesorg im Juni 1967 (und

und elitärer Zirkel entpuppen« (Dieter Kunzelmann, »Notizen zur Gründung revolutionärer Kommunen in den Metropolen [1966]«, in: Albrecht Goeschel (Hg.), *Richtlinien und Anschläge. Materialien zur Kritik der repressiven Gesellschaft*, München 1968, S. 100-106, hier S. 100/101). Auch Rabehl gibt an, dass die im November 1966 gegründeten SDS-Arbeitskreise noch Subversive und SDSler miteinander vereint hätten (Rabehl, *Die Provokationselite*, S. 2). Die Theoretiker der 68er-Bewegung kritisierten jedoch diese Haltung, da sie überzeugt waren, dass es eben »kein richtiges Leben im Falschen« geben könne (Theodor W. Adorno, *Minima Moralia. Reflexionen aus dem beschädigten Leben*, [1951], in: ders. *Gesammelte Schriften*, Bd. 4, Frankfurt/M. 2003, S. 43). Erst müssten die Gesellschaftsstrukturen, Produktions- und Eigentumsverhältnisse geändert werden und dann könne man auch ein Leben führen, welches den wahren Bedürfnissen des Menschen entgegenkomme. Zur Organisations- und Theoriegeschichte des SDS siehe vor allem: Fichter/Lönnendonker, *Kleine Geschichte des SDS*, S. 111-208; Marion Grob, *Das Kleidungsverhalten jugendlicher Protestgruppen in Deutschland im 20. Jahrhundert*, Münster 1985, S. 181-217.

10 Herbert Marcuse, *Das Ende der Utopie. Vorträge und Diskussionen in Berlin 1967*, Frankfurt/M. 1980, S. 28/29. Anschließend an die Diskussion hatte Marcuse die Kommune I am Stuttgarter Platz besucht und daran erinnert, dass Befreiung und Promiskuität nicht identisch seien (Reimann, *Dieter Kunzelmann*, S. 173).

11 Herbert Marcuse, »Repressive Toleranz [1965]«, in: ders., *Schriften*, Bd. 8, Frankfurt/M. 1984, S. 136-166, hier S. 160.

dann nochmals verschärft nach dem Attentat auf Rudi Dutschke im April 1968) hatte sich die Studentenbewegung radikalisiert und in verschiedene Lager aufgeteilt. Treffend beschrieb der Schriftsteller Uwe Timm in einer Erzählung über seinen ehemaligen Freund Ohnesorg diese Fraktionierung der Studentenbewegung in »Traditionalisten«, »Antiautoritäre« und »Seminarmarxisten«. Während die »Seminarmarxisten« im Grunde nur nach kategorialen Bestimmungen in Marx' *Kapital* suchten, verfolgten die »Traditionalisten« eine »Drei-Säulen-Theorie«, nach der eine Weltrevolution nur im Verbund zwischen sozialistischen Ländern, den Befreiungsbewegungen in der Dritten Welt und der Arbeiterklasse in den Industrieländern zu bewerkstelligen sei. Die Strategie der in ihrem Auftreten oft biederen Personen, so Timm, sei ganz auf die politische Praxis ausgerichtet gewesen. Dagegen war für Timm die »Theorie der Antiautoritären in ihren Brechungen, in der Lustbetontheit, Verspieltheit zunächst weit anziehender. Sie hatte die Arbeiter als zutiefst kleinbürgerlich und besitzorientiert abgeschrieben und setzte auf Bewußtseins- und Bedürfnisveränderung«. Die Kommune I war dieser Deutung zufolge ein exemplarischer Selbstversuch der Antiautoritären.[12]

In dieser Subjektivierung des Revolutionsverständnisses lag ein Moment der Entgrenzung des Politischen, das auf die Privatsphäre übergriff und diese steuerte. Noch in der Friedensbewegung zu Beginn der achtziger Jahre wurde diese Ausweitung des Politischen trotz aller bis dahin gesammelten Erfahrungen mit den Problemen dieses Ansatzes hartnäckig verteidigt. So propagierte der Bremer Landesvorstand der Deutschen Friedensgesellschaft – Vereinigte KriegsdienstgegnerInnen e. V. (DFG-VK) 1983 das »Miteinanderdiskutieren im eigenen Lebensbereich und nicht nur in den für politische Aktivitäten vorgesehenen Zeitspannen«. Auf die Frage, ob

---

12 Uwe Timm, *Der Freund und der Fremde. Eine Erzählung*, Köln 2005, S. 157, 159. Ähnlich auch die Einschätzung von René Ahlberg, »Die politische Konzeption des Sozialistischen Deutschen Studentenbundes«, in: BArch Koblenz, B 141, Nr. 37808, fol. 6-63. Er spricht vom »beträchtlichen Meinungspluralismus« in der »dezentralisierten Organisationsstruktur« des SDS, in der sich zum einen eine »revolutionär-marxistische« und zum anderen eine »anarcho-kommunistische« Richtung entwickelt hätten, Erstere mit dem Ziel, eine »Diktatur des Proletariats« zu errrichten, Letztere mit Vorstellungen »direkter Rätedemokratie« (ebd., fol 59/60). Vgl. zudem Wolfgang Kraushaar, *Achtundsechzig. Eine Bilanz*, Berlin 2008, S. 185/186.

man sein Privatleben trotz der damit möglicherweise verbundenen sozialen Verluste politisieren solle, hieß die moralische Antwort: »Niemand sollte etwas gegen Freizeit, Erholung und Entspannung haben. Allerdings: Atombomben machen auch nicht vor der Privatsphäre halt!«[13]

Die »Entkopplung der verschiedenen Momente des antiautoritären Protests«[14] von den theorieorientierten Gruppen der Neuen Linken und ihre Erweiterung ins Privatleben werden in diesem Kapitel in den verschiedenen Etappen und Varianten nachgezeichnet. Die sich in der Folge der Studentenbewegung bildenden K-Gruppen und Theoriezirkel einerseits und die Spontis andererseits werden in ihrem wechselseitigen Verhältnis zueinander beschrieben. Im Zentrum stehen dabei das jeweilige Politikverständnis und die unterschiedlichen Auffassungen von Revolution, Emanzipation und Sozialismus. Es wird zu zeigen sein, inwieweit sich das linksalternative Milieu – von den hedonistisch-undogmatischen Gruppen bis zu den zentralen Achsen in der Frauen-, Ökologie- und Friedensbewegung – von Teilen der Studentenbewegung und dann vor allem von den K-Gruppen entfernt hatte. Die in der Einleitung genannten Untersuchungsdimensionen Authentizität, Vergemeinschaftung, Emotionalität, Ganzheitlichkeit, Expressivität und Natürlichkeit werden hierbei die Darstellung anleiten und an den herausgehobenen Beispielen Kommune I, Sponti- und Autonomenbewegung, feministische Frauenbewegung, Ökologie- und Anti-AKW-Bewegung sowie schließlich der Friedensbewegung und den Grünen ausgeführt.

2.1.1 Von den Situationisten zur Kommune I:
Zum antiautoritären Flügel der 68er-Studentenbewegung

In den fünfziger Jahren entstand in Frankreich die später prominent gewordene Gruppe der Situationisten, die eng mit der Person Guy Debords verbunden war. Die zentrale Überlegung dieser marxistisch orientierten Künstlergruppe bestand darin, Situationen zu

---

13 Susanne Schregel, *Der Atomkrieg vor der Wohnungstür. Eine Politikgeschichte der neuen Friedensbewegung in der Bundesrepublik, 1970-1985*, Frankfurt/M. 2011, S. 10/11. Vgl. auch ebd., S. 11-15.

14 Karl-Werner Brand u. a., *Aufbruch in eine andere Gesellschaft. Neue soziale Bewegungen in der Bundesrepublik*, Frankfurt/M., New York ²1984, S. 173.

konstruieren, die dadurch revolutionäre Energie freisetzen, dass sie von der Routine-Oberfläche des Alltagslebens befreit sind. Durch künstlerische Gestaltungen des Alltags sollte den Massen die Revolution in ihrer befreienden und lusterzeugenden Kraft vorgelebt werden: »Es wird Räume geben, die lebhaftere Träume erwachen lassen als jegliche Drogen.«[15] In dem von Debord verfassten und erstmals 1957 veröffentlichten Text »Rapport über die Konstruktion von Situationen« heißt es:

Wir meinen zunächst, daß die Welt verändert werden muß. Wir wollen die am weitesten emanzipierende Veränderung von der Gesellschaft und dem Leben, in die wir eingeschlossen sind. Wir wissen, daß es möglich ist, diese Veränderung durch geeignete Aktionen durchzusetzen. Es ist gerade unsere Angelegenheit, bestimmte Aktionsmittel anzuwenden und neue zu erfinden, die auf dem Gebiet der Kultur und der Lebensweise leichter zu erkennen sind, aber mit der Perspektive einer gegenseitigen Beeinflussung aller revolutionären Veränderungen angewandt werden.[16]

Der situationistische Slogan »Nimm deine Wünsche für Wirklichkeit« nahm den Widerspruch zwischen eigenen revolutionären Idealen und der unterdrückenden Realität zum Anlass, um durch Kunst und Phantasie den Alltag der entfremdeten Industriegesellschaft zum Tanzen zu bringen. Die Gruppe um Debord griff die mit dem bloßen Konsum und der Konsumwerbung verbundenen ideellen Glücksversprechen des Kapitalismus auf. Sie situierten ihre politische Kunst genau in der Lücke zwischen materieller Besserstellung durch den erhöhten Konsum und gleichzeitiger kultureller Entfremdung und Entleerung. Ihre politische Aufgabe sahen diese Künstler darin, im Alltag »umherzuschweifen« (*dérive*), um mit Straßentheater, der Störung der öffentlichen Ordnung, Besetzungen, Zweckentfremdungen oder Zerstörungen die Routinisierung und Belanglosigkeit des Konsumentenalltags zu durchbrechen. *détournement* lautete das zentrale Schlagwort. Gemeint war damit

---

15 George Robertson, »Die Lettristische Internationale«, in: *Nilpferd des höllischen Urwalds – Spuren in eine unbekannte Stadt – Situationisten Gruppe SPUR Kommune I. Ein Ausstellungsgeflecht des Werkbundarchivs Berlin zwischen Kreuzberg und Scheunenviertel (November 1991)*, S. 67-69, hier S. 69.

16 N. N., *Der Beginn einer Epoche. Texte der Situationisten*, Hamburg 1995, S. 28. Vgl. zudem N. N., *Situationistische Internationale 1958-1969. Gesammelte Ausgaben des Organs der Situationistischen Internationale*, 2 Bde., Hamburg 1976/77.

die subversive Umfunktionierung und Zweckentfremdung von Objekten, von Sprache und Gefühlen. Zumeist wurden Triviales, Schund und Abfälle aus der Populärkultur aufgegriffen und in einem künstlerischen Zusammenhang neu zusammengesetzt sowie mit neuer Bedeutung versehen. Daneben trat die Aufforderung, das Leben selbst zu gestalten und autonome demokratische Räte gegen eine Welt voller Arbeit und Technokratie, voller Waren und Hierarchien aufzubauen.[17]

Die erste deutsche Gruppe der Situationistischen Internationale wurde 1958 in München unter dem Namen SPUR gegründet. Bald darauf gaben deren Mitglieder – Hans Peter Zimmer, Helmut Sturm, Heimrad Prem, Lothar Fischer, Erwin Eisch – die erste Ausgabe der gleichnamigen Zeitschrift heraus. Darin plädierten sie dafür, die Verwirklichung des Kommunismus mit der Revolutionierung des Alltagslebens einzuläuten.[18] Die Situationisten sahen sich in der Tradition der Dadaisten, Surrealisten und Lettristen und glaubten an die revolutionäre Berufung des Künstlers, der seine Kunst im Alltagsleben einzusetzen habe. Zwischen 40 und 70 europäische Künstler schlossen sich der von 1957 bis 1972 existierenden Situationistischen Internationale an.

Dieter Kunzelmann stieß im Spätsommer 1960 zur deutschen SPUR-Gruppe, die bereits im Februar 1962 wieder aus der Situationistischen Internationale ausgeschlossen wurde. Kunzelmann gab daraufhin ab dem Dezember 1962 zusammen mit seinem Schwa-

17 Vgl. Guy Debord, *Die Gesellschaft des Spektakels*, Berlin 1996; N. N., *Der Beginn einer Epoche*; N. N., *Die wirkliche Spaltung in der Internationalen. Öffentliches Zirkular der Situationistischen Internationalen*, Paris 1972. Siehe zudem die Literatur über die Situationisten: Biene Baumeister, Zwi Negator, *Situationistische Revolutionstheorie. Eine Aneignung*, Stuttgart 2004; Thomas Hecken, *Gegenkultur und Avantgarde 1950-1970. Situationisten, Beatniks, 68er*, Tübingen 2006; Robert Ohrt, *Phantom Avantgarde. Eine Geschichte der Situationistischen Internationale und der modernen Kunst*, Hamburg 1990; Mia Lee, »Umherschweifen und Spektakel: Die situationistische Tradition«, in: Martin Klimke, Joachim Scharloth (Hg.), *1968. Handbuch zur Kultur- und Mediengeschichte der Studentenbewegung*, Stuttgart, Weimar 2007, S.101-106, hier S.102-104; Reimann, *Dieter Kunzelmann*, S.49-64; Anja Schwanhäußer, *Stilrevolte Underground. Die Alternativkultur als Agent der Postmoderne*, Berlin o. J. [2002], S.66-85.

18 Kunzelmann, *Leisten Sie keinen Widerstand!*, S.21-32; Enzensberger, *Die Jahre der Kommune I*, S.14/15. Vgl. Nina Zimmer, *SPUR und andere Künstlergruppen. Gemeinschaftsarbeit in der Kunst um 1960 zwischen Moskau und New York*, Berlin 2002; Reimann, *Dieter Kunzelmann*, S.64-91.

ger, dem Pädagogen Rudolf May (»Baldeney«), und dem luxemburgischen Soziologiestudenten Rodolphe Gasché die *Unverbindlichen Richtlinien* heraus, eine Art »Manifest, Poem, Proklamation, Agitation und Kunstwerk«, worin er in situationistischer Manier davon schreibt, es sei »erlaubt zu träumen und seine Träume zu verwirklichen«.[19]

Ein Jahr später gründeten sich in einigen deutschen Städten (München, Nürnberg, Stuttgart, Frankfurt, Westberlin) »Mikrozellen« der »Subversiven Aktion«, die sich ebenfalls in der Tradition der Situationisten verstanden. Neben Kunzelmann, Baldeney und Gasché schlossen sich auch die junge Wienerin Marion Steffel-Stergar, Frank Böckelmann, Rudi Dutschke sowie die Berliner Soziologiestudenten Herbert Nagel und Bernd Rabehl der Gruppe an.[20] Die Elemente von Aktion und Skandalisierung, durch die die Gesellschaft in einen »Mechanismus der Paralyse« gebracht werden sollte, waren durch die Beitritte gestärkt worden. Es ging den subversiven Aktivisten darum, ihre bürgerliche Existenz – Karriere, Familie, Integration und Sicherheit, Opportunismus und Machtbesessenheit – hinter sich zu lassen, um zu einer Sabotage der gesellschaftlichen Werte und Normen in der Lage zu sein.[21]

Schon hier schimmerten ansatzweise die zwei Richtungen durch, die sich dann in den siebziger Jahren gegenüberstehen sollten – die analytisch-kritische und die lebensnah-experimentelle Auffassung von linker Politik. Rabehl ordnete sich selbst (zusammen mit Dutschke) rückblickend in die erste Richtung ein. Von seinem ersten Treffen im Herbst 1963 mit Kunzelmann, Gasché und Steffel-Stergar in einem Berliner Nachtcafé am Kurfürstendamm berichtete er 1998: »Wir fühlten uns ganz als Kritiker [Kunzelmanns] und wollten diese Dekadenz des subversiven Denkens nicht an uns herankommen lassen. Wir lebten noch in den Raum-Zeit-Perspektiven, in der Begriffs- und Theoriesprache der Welt-

19 Frank Böckelmann, Herbert Nagel (Hg.), *Subversive Aktion. Der Sinn der Organisation ist ihr Scheitern*, Frankfurt/M. 2002, S. 97/98. Es erschienen nur die Ausgaben I und II. Siehe die Charakterisierung der *Unverbindlichen Richtlinien* bei Bernd Rabehl, »Nachtcafé«, in: Dieter Kunzelmann, *Leisten Sie keinen Widerstand! Bilder aus meinem Leben*, Berlin 1998, S. 38. Siehe dazu auch: Enzensberger, *Die Jahre der Kommune I*, S. 20. Vgl. auch Lee, »Umherschweifen«, S. 105.

20 Siegward Lönnendonker u.a., *Die antiautoritäre Revolte*, Wiesbaden 2002; Enzensberger, *Die Jahre der Kommune I*, S. 21-35; Rabehl, »Nachtcafé«, S. 38 ff.

21 Rabehl, *Provokationselite*, S. 2, 16/17.

und Revolutionsgeister, in Zitaten [...]«.[22] Insbesondere durch Kunzelmann flossen situationistische Vorstellungen zunächst in die von ihm im Herbst 1962 mitgegründete Subversive Aktion. Anfang 1965 suchte die Gruppe die Nähe zum Berliner SDS und gründete hierin die Gruppe Viva Maria. 1967 schließlich gehörte er zu den ersten Mitgliedern der berühmten Berliner Kommune I. Trotz der zahlreichen Wechsel der Organisationsformen ging es immer wieder um dasselbe: Die Kritik an der Kulturindustrie und der politische Aktionismus sollten zu einer grundlegenden Veränderung der Einstellungen und Verhaltensweisen führen und ein revolutionäres Potential entfalten.[23]

Die Köpfe der Viva-Maria-Gruppe trafen sich im Dezember 1965 und im Juni 1966 in einem Landhaus im bayerischen Kochel, das dem Vater des Münchner SDS-Mitglieds Lothar Menne gehörte. Dort dachten sie gemeinsam mit weiteren Subversiven, SDSlern und Studenten über die Möglichkeiten revolutionärer Praxis nach – mit dem Ziel, die Tatenlosigkeit der Diskussionszirkel endlich zu überwinden. In den einwöchigen Diskussionen rückten kollektive Wohnprojekte in den Mittelpunkt der Überlegungen, weil man sich von ihnen erhoffte, die Trennung von »Freizeitsozialismus« und »Privatexistenz« zu überbrücken und so zu einer »Totalisierung der Politik« (Klaus Hartung) beizutragen. Nach weiteren Diskussionen in Berlin trug man diese Überlegungen zu einer subversiven Selbstveränderung und neuen Protestpraxis im Herbst 1966 im Berliner Landesverband des SDS vor; Ende Dezember desselben Jahres wiederum entschlossen sich zwölf Personen, bei dem Wohnexperiment mitzuwirken.[24] Gemäß der Vorstellung Kunzelmanns, der treiben-

22 Rabehl, »Nachtcafé«, S. 40.

23 Reimann, *Dieter Kunzelmann*, S. 43-122; Alexander Holmig, »Die aktionistischen Wurzeln der Studentenbewegung: Subversive Aktion, Kommune I und die Neudefinition des Politischen«, in: Martin Klimke, Joachim Scharloth (Hg.), *1968. Handbuch zur Kultur- und Mediengeschichte der Studentenbewegung*, Stuttgart, Weimar 2007, S. 107-118, hier S. 107-118.

24 Teilnehmer in Kochel waren: Marion Stergar, Dagmar Seehuber, Lothar Menne, Inge Presser, Eike Hemmer, Rudi Dutschke, Gretel Klotz, Hans-Joachim Hameister, Horst Kurnitzky, Dieter Kunzelmann, mithin Mitglieder des Berliner SDS und der Gruppen Viva Maria bzw. Subversive Aktion. Siehe Reimann, *Dieter Kunzelmann*, S. 124-138; Holmig, »Die aktionistischen Wurzeln«, S. 108-110; Klaus Hartung, »Die Psychoanalyse der Küchenarbeit. Selbstbefreiung, Wohngemeinschaft und Kommune«, in: Eckhard Siepmann (Hg.), *Heiß und kalt. Die*

den Kraft hinter der Kommunegründung, sollte die »Zerstörung der Privatsphäre« in der Kommune in dem »eschatologischen Programm« einer »zärtlichen Kohorte« zusammenkommen, die »alle Möglichkeiten des Menschlichen« eröffne.[25]

Die Gründung der Kommune I war der Versuch, eine alternative Form des Wohnens und Arbeitens zu finden, die sich vom verhassten bürgerlichen Kleinfamilienleben und vom isolierten Leben in den Studentenbuden unterscheiden sollte.[26] Diese neue Lebenspraxis war insofern politisch, als sie der Theorieorientierung der Linken eine anarchistische Handlungsform entgegensetzte: »Die Kommune wollte die Diskrepanz zwischen sozialistischer Theorie und bürgerlicher Existenz überwinden.«[27] Das Bewusstsein für Utopien sollte durch entsprechende Erfahrungen und Erlebnisse aufgeschlossen werden, wobei die politische Revolution mit der Lebensstil-Revolution Hand in Hand ging. Revolutionäre Lebenserfahrungen sollten neue Erkenntnisse ermöglichen, innovative Aktionsformen hervorbringen und auf die umgebende Gesellschaft einen radikalisierenden Druck ausüben. Die Kommune I, so Ulrich Enzensberger, habe sich dabei durchaus am frühen Dutschke orientiert, nach dem die »Revolutionierung des Revolutionärs« die Voraussetzung einer grundlegenden gesellschaftlichen Veränderung war:

Wir wollten mit der Revolution bei uns selbst beginnen. Wir wollten uns selbst, das bürgerliche Individuum, revolutionieren, wir wollten nicht Apparatschiks werden, vertrottelte Seminarmarxisten im Ohrenbackensessel

Jahre 1945-69, Berlin 1986, S. 556-560, hier S. 559; Hille Breiteneicher u. a. (Hg.), *Kinderläden. Revolution der Erziehung oder Erziehung zur Revolution?*, Reinbek 1971, S. 24/25.

25 *Unverbindliche Richtlinien I*, in: Frank Böckelmann, Herbert Nagel (Hg.), *Subversive Aktion. Der Sinn der Organisation ist ihr Scheitern*, Frankfurt/M. 2002, S. 70-98, hier S. 90; Dieter Kunzelmann, »Notizen zur Gründung revolutionärer Kommunen in den Metropolen, November 1966«, in: *Kommune I. Quellen zur Kommuneforschung*, Berlin 1968, ohne Seitenzählung; sowie in: Albrecht Goeschel (Hg.), *Richtlinien und Anschläge. Materialien zur Kritik der repressiven Gesellschaft*, München 1968, S. 100-106, hier S. 101. Vgl. dazu den Brief von Rainer Langhans an Horst Mahler vom 08.03.1969, der als Faksimile abgedruckt ist in: Kunzelmann, *Leisten Sie keinen Widerstand!*, S. 111.

26 Zu den Diskussionen siehe Kunzelmann, *Leisten Sie keinen Widerstand!*, S. 45-49, 59/60. Siehe auch: Enzensberger, *Die Jahre der Kommune I*, S. 97.

27 Enzensberger, *Die Jahre der Kommune I*, S. 229.

mit Professorenbäuchlein, Ehefrau, Enkeln und Pantoffeln oder uns als vertrocknete Verbands- und Parteifunktionäre im ewigen Karussell der Lohn- und Diskussionsrunden im Kreise drehen.[28]

Im Februar 1967 begann mit der Kommune I ein Experiment, welches in der ersten Phase bereits im Oktober 1967 scheiterte, dann aber in veränderter Besetzung und an anderen Orten bis 1969 weitergeführt wurde.[29] Es galt, ein befreites Leben – keine hierarchischen Familienstrukturen, freie Sexualität, kollektives Eigentum – schon hier und jetzt umzusetzen, ohne erst lange auf eine sozialistische Revolution und die Vergesellschaftung der Produktionsmittel zu warten. Bald aber machte sich selbst bei den eingefleischtesten Kommunemitgliedern Ernüchterung breit. So lamentierte Rainer Langhans (er war Anfang April 1967 zu der Gruppe gestoßen) im Dezember 1967 in der *Bunten Kommune Illustrierten*:

Es gibt kein Kommuneumfeld, keine auf unsere Form des Zusammenlebens vorbereitende Subkultur. Aktionen mit uns werden für die Mitmacher immer nur aus dem Stand, aus ihrer privaten Vereinzelung unvermittelt gestartet. Die Folge: Wir sind tatsächlich Rädelsführer und unentbehrlich. Schon wegen unserer personellen Beständigkeit. Wir sind exotisch, Kadergruppe für politische Aktionen mit Happeninganstrich.[30]

Ein regelrecht »revolutionäres Protestmilieu« mit einem »Netz von Projekt- und Kollektivgruppen einer Kritischen Universität, von Basisgruppen, Kommunen, Kinderläden und Komitees« wollte sich einfach nicht entwickeln.[31] Letztlich waren es neben den zu hoch gesteckten Erwartungen auch die Gefängnisstrafen für die K-I-Mitglieder, der hohe Rauschgiftkonsum, zermürbende Dauerdiskussionen über jede Kleinigkeit in den Persönlichkeitsstrukturen

28 Ebd., S. 296. Vgl. dagegen die Kritik: Reimut Reiche, »Nachwort auf die K I«, in: *konkret* 14 (04. 11. 1968), S. 32-35.

29 Enzensberger, *Die Jahre der Kommune I*, S. 105, 221; Reimann, *Dieter Kunzelmann*, S. 138-178, 195-210; Rabehl, *Die Provokationselite*, S. 3; »Pack die Sahnetörtchen ein«, in: *Stern* 17 (23. 04. 1967), S. 20-22, hier S. 21/22; »Unrühmliches Ende«, in: *Die Zeit* 43 (27. 10. 1967), S. 2.

30 »Wir sind allein geblieben«, in: *Bunte Kommune Illustrierte* 1 (17./18. 02. 1968), ohne Seitenzählung. Die Broschüre findet sich in: IISG, Kommune I (Berlin) Collection (1965-1968), Map 2, ohne fol. Nach Enzensberger, *Die Jahre der Kommune I*, S. 297, wurde der Text bereits im Dezember 1967 geschrieben.

31 Enzensberger, *Die Jahre der Kommune I*, S. 165.

der Kommunarden und die Eifersuchtsszenen, die zum Scheitern des Experiments führten.[32]

Während der Kommunejahre von 1967 bis 1969 wurden vier Formen politischer Praxis erprobt, die zwischen ironischer Provokation und spielerischer Inszenierung angesiedelt waren. Alle vier Aktionsformen der »Spaßguerilla«[33] standen ganz im theoretisch vorgegebenen Sinne des Situationismus. Erstens sind die Straßen-Happenings zu nennen, wie das versuchte »Pudding-Attentat« auf den amerikanischen Vizepräsidenten Hubert Horatio Humphrey, Jr. am 5. April 1967 in Berlin oder die Inszenierung zum Staatsbegräbnis des ehemaligen Reichstagspräsidenten Paul Löbe am 9. August 1967 ebenfalls in Berlin. Die bunte und provokative Straßenkunst der Kommune I fand inmitten größerer politischer Demonstrationen statt. Die Kommunarden nutzten die Aufmerksamkeit seitens der Medien und der Szene. Die Form des politischen Happenings, derer sie sich bedienten, wurde zuerst von dem amerikanischen Maler Allan Kaprow 1958 in New York verwendet, um die sterilen und andächtigen Ausstellungsräume der Museen zum interaktiven Handlungsort umzufunktionieren.

Bald hatte dieser Stil den auratischen Museumsraum verlassen und wurde als »neue revolutionäre Kunstform« in Theatern, Galerien und öffentlichen Gebäuden eingesetzt. Der französische Theoretiker und Künstler Jean-Jacques Lebel bezeichnete die organisierten Schaubilder des Happenings, in denen es keine Trennung zwischen Künstler und Zuschauer geben sollte, als einen Versuch, »einen neuen Sinn für Revolution zu finden«, weil hier sowohl Verhaltens- und Denkweisen als auch gesellschaftliche Zwänge in schockartigen Bildern und Aufführungen zum Kunstthema wurden. Mitte der sechziger Jahre wurde der handlungsbasierte Ansatz des Happenings auch in der deutschen Kunstszene durch den Schriftsteller Jürgen Becker oder den Künstler Wolf Vostell aufgegriffen, wobei es nicht allein um die Aktivierung der Sinne des Publikums, sondern auch um die kritische Wahrnehmung des urbanen Raumes und der bürgerlichen Kultur ging. Von der niederländischen Provo-Bewe-

---

32 Kunzelmann, *Leisten Sie keinen Widerstand!*, S. 112; Rabehl, *Die Provokationselite*, S. 5-20; Reimann, *Dieter Kunzelmann*, S. 139-142.

33 Simon Teune, »Humor as a Guerrilla Tactic. The West German Student Movement's Mockery of the Establishment«, in: *International Review of Social History* 52 (2007), S. 115-132.

gung wurde das Happening dann als Verfremdungstechnik explizit in einen politischen Kontext gestellt. Diese Vorbilder machten sich die Mitglieder der Kommune I für ihre provokativen Gesten und spektakulären Aktionen zunutze.[34] So verkündete Rainer Langhans 1968: »Wir versuchen das in den Formen des Happenings, wo jeder mitmachen kann, weg von der sturen Marschformation.«[35] Phantasievolle Verkleidungen mit der Vertauschung der Geschlechterrollen, Umfunktionieren deutschen Liedgutes, eine Auflösung der Trennung von Privatsphäre und Öffentlichkeit sowie der Versuch, die Polizei der Lächerlichkeit preiszugeben, kennzeichneten die Polit-Happenings der Kommune I.[36] Vonseiten der traditionellen Linken brachte ihr das den Vorwurf ein, den »Grusel-Effekt« als »Ideologie-Ersatz« zu gebrauchen.[37]

Zweitens erwiesen sich die Kommunarden als Partisanen des Medienbetriebs, die durch Bluff, Humor, Imitation, Simulation und Provokation eine erstaunliche Fähigkeit zur »Düpierung einer bigotten Öffentlichkeit« entwickelten.[38] Mit »Nicht-Ereignissen« wie dem Pudding-Attentat gelang es ihnen ebenso, ein Spektakel zu veranstalten, wie mit dem *détournement* der ständigen Vorwürfe seitens der Boulevard- und Massenpresse. Das für die Presse inszenierte Bild der nackten Kommunarden, die mit dem Rücken zur Kamera gegen die Wand gelehnt waren, vereinigte Sexualität, Opferstatus und Unterdrückung, weil es die Kälte einer nachgestellten Verhaftungsszene vor kahler Wand mit der Wärme der Intimität nackter Körper kombinierte. Sexualität wurde als ausgestellte Konsumware kritisiert, wie gleichzeitig die authentische Intimität im Zeichen des Opferkultes beschworen wurde.[39]

34 Gisela Stelly, »Go-in, Love-in, Sit-in usw. Verschlungen sind die Wege des Happenings«, in: *Die Zeit* 44 (03.11.1967), S. 64; Martin Papenbrock, »Happening, Fluxus, Performance: Aktionskünste in den 1960er Jahren«, in: Martin Klimke, Joachim Scharloth (Hg.), *1968. Handbuch zur Kultur- und Mediengeschichte der Studentenbewegung*, Stuttgart, Weimar 2007, S. 137-149; Reimann, *Dieter Kunzelmann*, S. 135, 174/175; Teune, »Humor«, S. 121/122.

35 Rainer Langhans, Fritz Teufel (Hg.), *Klau mich. StPO der Kommune I*, Frankfurt/M. 1968, ohne Seitenangabe.

36 Grob, *Kleidungsverhalten*, S. 203.

37 Mehrmann, »Erobern Kommunen Deutschlands Betten?«, S. 18.

38 Gerd Koenen, *Das rote Jahrzehnt. Unsere kleine deutsche Kulturrevolution 1967-1977*, Köln 2001, S. 158.

39 Vgl. zur Geschichte dieses Bildes: Sven Reichardt, »Inszenierung und Authen-

Drittens verfassten die Mitglieder provozierende Flugblätter, wie etwa das vor allem von Dieter Kunzelmann geschriebene und allgemein bekannte Flugblatt Nr. 8, »Wann brennen die Berliner Kaufhäuser?«. Es war anlässlich des Brandes vom 21./22. Mai 1967 in dem Brüsseler Kaufhaus L'innovation, bei dem 322 Menschen starben, verfasst worden. In dem Kaufhaus war zu der Zeit eine Ausstellung von amerikanischen Konsumgütern zu sehen, und so stellte sich für die Kommune ein Bezug zum Vietnamkrieg her. Die Verblendung durch die Kulturindustrie solle durch Kaufhausbrände beseitigt werden, damit die Menschen endlich auf die Napalmbrände in Vietnam aufmerksam würden. Solcherlei Mitteilungen fielen durch die Kombination von Sprachwitz und gezielter Provokation auf. Ihre bissigen Fragen wirkten anstachelnd und ihre bittere Ironie evozierte moralische Empörung. Dabei bedienten sich die Kommunarden vier verschiedener Textgattungen: Erstens der investigativen, wenngleich fiktiven Reportage, zweitens des zynischen Jargons der Werbeslogans, drittens der Rhetorik des Unterstützer- und Bekennerschreibens und viertens einer Art lyrischer Collage.[40] Die regelmäßigen Provokationen und Beleidigungen von Staatsmännern führten immer wieder zu Ermittlungen gegen Mitglieder der Kommune I. So hieß es in einem Flugblatt vom 6. Oktober 1967, welches anlässlich einer Feier an der Freien Universität Berlin (FU) verteilt wurde, über den damaligen Bundespräsidenten Heinrich Lübke: »Lübke ist halt so blöd, wie er amtlich schaut.«[41]

Viertens sind schließlich aufsehenerregende Gerichtsverhandlungen zu nennen, die einige K-I-Angehörige – wie Fritz Teufel oder (direkter) Karl Heinz Pawla – nutzten, um die staatlichen Anforderungen an Respekt und hergebrachte Würde mit Ironie und Witz als Machtgesten und autoritäres Gehabe zu hinterfragen. Mit der Strategie der begrenzten Regelverletzung und des Ungehorsams sollten die autoritären Strukturen der Staatsinstitutionen

tizität. Zirkulation visueller Vorstellungen über den Typus des linksalternativen Körpers«, in: Habbo Knoch (Hg.), *Bürgersinn mit Weltgefühl. Politische Kultur und solidarischer Protest in den sechziger und siebziger Jahren*, Göttingen 2007, S. 223-250, bes. S. 227-235; Reimann, *Dieter Kunzelmann*, S. 169/170, 198.

40 Holmig, »Die aktionistischen Wurzeln«, S. 115/116; Reimann, *Dieter Kunzelmann*, S. 151; Teune, »Humor«, S. 123/124.

41 Ermittlungsverfahren gegen Mitglieder der sog. Kommune I (Dieter Kunzelmann u. a.) wegen Verunglimpfung des Bundespräs. und Beleidigung, in: BArch Koblenz, B 141, Nr. 25825, Fall 2/68.

sichtbar gemacht werden. Die Kommunarden bedienten sich dieser Instrumente wie Schauspieler auf einer Theaterbühne, wobei Aktion und Selbsterfahrung, alternative Identität und Provokation in dieser Politik des Protests ineinandergriffen und sich wechselseitig ergänzten. Verfahrensregeln vor Gericht wurden durch punktuelle Verweigerungen und Ironisierungen umgedeutet und infrage gestellt. Ironie und Respektlosigkeit der Angeklagten, Gelächter, Protest- und Buhrufe oder Beifall der Prozessbeobachter gehörten zum Repertoire des situationistischen *détournement*. Ob das Publikum Teufel zur Prozesseröffnung mit den Worten »Grüß dich, Fritz« empfing, dieser die richterliche Aufforderung zum Erheben mit dem bekannten Satz »Wenn's der Wahrheitsfindung dient« kommentierte oder aus dem Zuschauerraum bei einer Urteilsverkündung Knallkörper in Richtung Anklagebank geworfen wurden – immer wieder erkennt man dieselbe Strategie: Ehre und Autorität des Gerichts wurden einerseits zum Gegenstand einer entwaffnenden Karikierung von Machtritualen und gerieten andererseits zur eigenen Gesinnungsdemonstration. Gerade Fritz Teufel konnte hier sein performatives Talent entfalten. Als Psychiater während eines Gerichtsverfahrens ihre Einschätzungen des Flugblattes über den Warenhausbrand vortrugen, nahm Teufel dies zum Anlass, die anwesenden Psychiater zu fragen, ob sie sich auch mit dem pathologischen Zwang, Strafen zu verhängen, auskennen würden. Die Kommunarden popularisierten diese Prozessauftritte in Broschüren, die sie regelrecht vermarkteten.[42]

Während die Lust an Protest und Provokation eine Verbindungslinie zum SDS eröffnete, waren die Auffassungen über die Möglichkeiten einer sozialistischen Selbstbefreiung und der Schaf-

---

42 Die Gerichtsspektakel sind nachzulesen in: Langhans/Teufel (Hg.), *Klau mich*; Verfahren vor dem Schwurgericht Moabit/Berlin: Fritz Teufel, Rainer Langhans u. a., in: BArch Koblenz, B 141, Nr. 26023-26025 (hierin vor allem eine breite Dokumentation der Presseberichterstattung und die Anklageschriften bzw. Urteilsabschriften zu den Prozessen). Siehe dazu auch die Interpretation von Joachim Scharloth, »Ritualkritik und Rituale des Protests: Die Entdeckung des Performativen in der Studentenbewegung der 1960er Jahre«, in: Martin Klimke, Joachim Scharloth (Hg.), *1968. Handbuch zur Kultur- und Mediengeschichte der Studentenbewegung*, Stuttgart, Weimar 2007, S. 75-87, bes. S. 78-82; Joachim Scharloth, *1968. Eine Kommunikationsgeschichte*, München 2011, S. 73; Teune, »Humor«, S. 124; Marco Carini, *Fritz Teufel. Wenn's der Wahrheitsfindung dient*, Hamburg 2003, S. 68; Reimann, *Dieter Kunzelmann*, S. 145/146, 170-172.

fung von autonomen Freiräumen im radikalsozialistischen Lager umstritten. Ob also mit Happenings der Kapitalismus geschwächt werden kann, darüber stritt man bereits Ende der sechziger Jahre heftig. Dieser innerlinke Streit sollte, in anderen Formen und mit immer größerer Heftigkeit, die ganzen siebziger Jahre über anhalten.

2.1.2 Die Spontibewegung in der Kontroverse

Die Bezeichnung »Sponti« leitete sich im linken Verständnis von Spontaneisten ab und thematisierte das angemessene Verhältnis von Organisation und Spontaneität. Kampf- und Lebensformen waren nach Ansicht der Spontis unmittelbar miteinander zu verbinden. Theoriearbeit und Erfahrung sollten aufeinander bezogen werden. Gegen Dogmen und Parteidisziplin wurde ein ebenso voluntaristisches wie subjektivistisches Politikverständnis in Anschlag gebracht.[43] »Sponti« war zunächst ein Schimpfwort, wurde dann aber schon Mitte der siebziger Jahre zu einer positiven Umschreibung für einen primär über lebensweltliche Milieuzusammenhänge eingebundenen Linken, der misstrauisch gegenüber Institutionen, organisierten Gruppen und durchgeplanten Aktionen war. Stattdessen wurden Spontaneität, Selbstorganisation, Praxis und Autonomie zu den neuen Zauberworten.[44]

»Persönliche Betroffenheit wird zum Ausgangspunkt einer Veränderung«, schrieb der ehemalige Sponti Karl-Heinz Stamm, um

43 Wolfgang Kraushaar, »Die Frankfurter Sponti-Szene. Eine Subkultur als politische Versuchsanordnung«, in: *AfS* 44 (2004), S. 105-121, hier S. 111/112; Stamm, *Alternative Öffentlichkeit*, S. 106; Daniel Cohn-Bendit, *Der große Basar*, München 1975, S. 104. Der Heidelberger *Carlo Sponti* definierte »Sponti« wie folgt: »Sponti ist ein Schimpfwort für Spontaneisten. Spontis sind Leute, die sehr genau wissen, daß sie nur ein Leben haben, das ohnehin viel zu kurz ist. Deshalb haben sie es sehr eilig und warten nicht auf bessere Zeiten« (»Politische Gruppen an der UNI«, in: *Carlo Sponti* 2 [1974], S. 6).

44 Johannes Schütte, *Revolte und Verweigerung. Zur Politik und Sozialpsychologie der Spontibewegung*, Gießen 1980, S. 15-20, 24-29; Ulrike Heider, *Keine Ruhe nach dem Sturm*, Hamburg 2001, S. 88, 95; Silke Mende, *»Nicht rechts, nicht links, sondern vorn«. Eine Geschichte der Gründungsgrünen*, München 2011, S. 196-204; Reimar Oltmanns, »Deutschland übermorgen. Über Frankfurts Verweigererjugend«, in: Michael Haller (Hg.), *Aussteigen oder rebellieren. Jugendliche gegen Staat und Gesellschaft*, Hamburg 1981, S. 85-96, hier S. 89; Koenen, *Das rote Jahrzehnt*, S. 352.

die Verbindung von politischem Engagement und Selbstveränderung zum Ausdruck zu bringen. Im ersten *Kursbuch* von 1974 definierte der Philosoph Rudolf zur Lippe die Idee der Spontibewegung mit etwas anderem Akzent als aktiven Prozess der Selbstorganisation, der in eine Selbstbefreiung münde.[45] Alltagserfahrungen, Sinnlichkeit und Spontaneität – »subjektive Erfahrung« wie man damals sagte – rückten in den Mittelpunkt einer »ganzheitlichen Sichtweise des Individuums«.[46] Im »Kampf gegen die universelle Repression« suchten die Spontis nach »rätedemokratischen Modellen«, menschlicher Wärme und »alternativen Lebensformen« jenseits fest gefügter Institutionen und starrer Organisationsformen.[47]

Der Politikbegriff wurde auf alle Prozesse in Arbeit und Freizeit ausgeweitet. Der Zug ins Individuelle war stark ausgeprägt und die Arbeit an psychischer Selbstveränderung rückte in den Vordergrund.[48] »Wir haben keinen Bock, Revolution und Privatleben zu trennen«, tat man dementsprechend 1972 in einem Hamburger Underground-Blatt kund. Und weiter: »Jetzt gilt es, eine freie, kreative, phantasievolle Gegengesellschaft zu organisieren. Der Kampf für Freiheit, Gleichheit, Liebe, Sex beginnt hier und jetzt, sofort und ohne Einschränkung.«[49] Das Ziel der Spontis war in der Tat zunächst »nicht die Gewalt, nicht die paramilitärische Konfrontation mit dem Polizeiapparat«: »Vielmehr treffen happeningartige Proteste, künstlerische Clownerie und private Muße als Selbstfindung sein eigentliches Lebensgefühl.«[50] Hierfür war der Aufbau eines »Lebenszusammenhanges« unabdingbar: »Wir brauchen einen neuen Lebenszusammenhang, um Kraft zu haben, um die Trennung von Politik, Arbeit und Leben aufzuheben«, hieß es in einer Ausgabe des *Pflasterstrands* aus dem Jahr 1980.[51]

---

45 Rudolf zur Lippe, »Objektiver Faktor Subjektivität«, in: *Kursbuch* 35 (1974), S. 1-35.

46 Stamm, *Alternative Öffentlichkeit*, S. 107; Harald Glätzer, *Landkommunen in der BRD. Flucht oder konkrete Utopie?*, Bielefeld 1978, S. 149/150.

47 Schütte, *Revolte*, S. 92-94.

48 Stamm, *Alternative Öffentlichkeit*, S. 107.

49 Elda 1 (Juli 1972), zitiert nach Detlef Siegfried, *Time is on my side. Konsum und Politik in der westdeutschen Jugendkultur der 60er Jahre*, Göttingen 2006, S. 735.

50 Oltmanns, »Deutschland übermorgen«, S. 94.

51 *Pflasterstrand* 76 (22.03.-04.04.1980).

Die Frankfurter Spontis waren ein früher Ausdruck des linksalternativen Milieus, welches erst in den späten siebziger und frühen achtziger Jahren aufblühte. Während die Spontis bei Opel in Rüsselsheim nach dem Vorbild der militanten Fabrik- und Straßenkämpfe in Italien vorgingen, entwickelten sie innerhalb der Stadt Frankfurt ein nahezu geschlossenes Soziotop aus Wohngemeinschaften, kleinen alternativen Projekten und Initiativen. Ein Netz aus Druckereien und Buchläden, Kinderläden und diversen Dienstleistungsbetrieben, Secondhand- und Dritte-Welt-Läden schuf eine Alternativökonomie.[52]

Abseits der Hochburg Frankfurt breitete sich die Spontibewegung ab Mitte der siebziger Jahre unter anderem in Bremen, Göttingen, Freiburg, Marburg, Heidelberg, Hamburg und Berlin aus.[53] Überall kam es zum Aufbau einer eigenen, autonomen Infrastruktur, die von Kneipen, alternativen Zeitungen, handwerklichen Dienstleistungskooperativen bis zur Kommunen- und Kinderladenbewegung reichte. Die Spontiszene erlebte in den späten siebziger und frühen achtziger Jahren eine »wahre Projektgründungswelle«.[54]

Kurzfristig gab es bei den Spontis auch fester organisierte Gruppen wie den Revolutionären Kampf (RK) in Frankfurt (gegründet im September 1970). Der RK war eine Sammlungsbewegung aus alten SDS-Genossen und Vertretern der antiautoritären Studenten- und Schülerbewegung. Nach fast einjährigem Diskussionsprozess beschloss diese Gruppe, durchaus beeinflusst von der italienischen Bewegung Lotta Continua, in den Opel-Werken in Rüsselsheim Arbeit zu suchen. In Anlehnung an die Betriebsprojektgruppen des SDS unterteilte sich der RK in die A-Gruppen (»objektive Seite des Klassenkampfes« in Produktion und Arbeitsorganisation) und B-Gruppen (»subjektive Seite« mit Themen wie Wohnen, Familie,

52 Koenen, *Das rote Jahrzehnt*, S. 326-329, 352-357; Wolfgang Kraushaar, *Fischer in Frankfurt. Karriere eines Außenseiters*, Hamburg 2001, S. 24-75, 161-188; Mende, *»Nicht rechts, nicht links«*, S. 196-212.

53 Schütte, *Revolte*, S. 141/142; Brand u. a., *Aufbruch*, S. 70; März, *Linker Protest*, S. 227.

54 Brand u. a., *Aufbruch*, S. 163, 174, 177, 167; Nadja Büteführ, *Zwischen Anspruch und Kommerz. Lokale Alternativpresse 1970-1993. Systematische Herleitung und empirische Überprüfung*, Münster, New York 1995, S. 133; Stamm, *Alternative Öffentlichkeit*, S. 103.

Kinder, Erziehung). Die Frauen des RK wie Barbara Köster oder Karin Monte arbeiteten bei dem Versandhandel Neckermann. Personen wie der frühere SDS-Bundesvorsitzende Reimut Reiche, der ehemalige Frankfurter AStA-Aktivist und spätere *taz*-Chefredakteur Thomas Hartmann, die Jurastudenten Matthias Beltz, Christoph Hein und Klaus Trebes sowie Daniel Cohn-Bendit und Joschka Fischer hatten sich zum Ziel gesetzt, aus den »proletarischen Lebenszusammenhängen« im Betrieb heraus zu agitieren. Das Konzept scheiterte jedoch schnell, da die RK-Leute entweder wegen Aufmüpfigkeiten entlassen wurden oder die Arbeiter mit ihrer Propaganda nicht erreichten.[55]

Ende der siebziger Jahre kandidierten einige spontaneistisch-linke Gruppen (entgegen ihren Ursprungsideen) bei den Wahlen für die Studentenparlamente und gewannen nicht selten mit großem Erfolg.[56] Letztlich bestand die Infrastruktur der Spontis jedoch aus den kleinen, dezentralen Projekten und den vielen Kleinbetrieben, die ab Mitte der siebziger Jahre entstanden waren. Die wachsende Akademiker- und Jugendarbeitslosigkeit hatte die Idee der Selbsthilfeprojekte nochmals befördert.

Innerlinke Konfliktlagen

Peter Schneider beschrieb 1977 in einem Artikel in der *Frankfurter Rundschau* wie viele seiner Zeitgenossen die Aufspaltung der linken Szene in verfeindete Lager: einen neuen Dogmatismus, harte Wissenschaftlichkeit und Marxorthodoxie auf der einen Seite; die Beschwörung von Erfahrung und lustbetontem Leben im »Hier und Jetzt« auf der anderen Seite.[57] Es fand, so ergänzt der in der

55 Kraushaar, *Fischer in Frankfurt*, S. 50-52; Koenen, *Das rote Jahrzehnt*, S. 320-323; Kraushaar, *Achtundsechzig*, S. 219/220; Gunnar Hinck, *Wir waren wie Maschinen. Die bundesrepublikanische Linke der siebziger Jahre*, Berlin 2012, S 249-264; Mende, *»Nicht rechts, nicht links«*, S. 200; Grob, *Kleidungsverhalten*, S. 213/214.

56 Stamm nennt die Hochschulgruppen Was lange gärt, wird endlich Wut (Bremen), Gruppe unabhängiger Individual-Chaoten (Freiburg) und Spontifex Maximus (Marburg) als Beispiele (Stamm, *Alternative Öffentlichkeit*, S. 103).

57 Peter Schneider, »Nicht der Egoismus verfälscht das politische Engagement, sondern der Versuch, ihn zu verheimlichen«, in: *Frankfurter Rundschau* (25.06.1977), S. 3. Ähnlich: Stamm, *Alternative Öffentlichkeit*, S. 115/116; Thomas Demele, *Leben & Lernen in Landkommunen. Die Landkommune als alternatives Erziehungsmodell*, Herford 1979, S. 54/55.

Wohngemeinschaftsbewegung aktive Steve Peinemann, eine »Aufspaltung in Hedonismus und Dogmatismus« statt.[58] Es formierte sich eine Bewegung, die sich, wie Paul-Gerhard Hübsch es formulierte, »nicht mehr um Programme und Ideologien und Grundsatzdiskussionen scherte, sondern die Vision von neuen Menschen schon heute verwirklichen wollte«.[59] Ganz ähnlich begründete die Redaktion des *Carlo Sponti* 1973 das Erscheinen einer Spontizeitung in einer Hochburg des KBW: »Für den Anfang reicht doch als gemeinsamer Punkt das Unbehagen an ML'ern und Reformisten – und die erstrebte Einheit von politischer Praxis und persönlicher Emanzipation.«[60] Diese Einschätzung teilte selbst das Bundeskriminalamt, welches ebenfalls »geringere ideologische Ansprüche« in der zunehmend spontan und ungesteuert auftretenden »neuen Protestgeneration« der extremistischen Linken beobachtete. Die »subjektivistisch« orientierte Protestbewegung nehme ihren »Ausgang nicht [mehr] an den Hochschulen, wie die Bewegung Ende der 60iger Jahre«.[61]

Der Konflikt zwischen den Subjektivisten einerseits und den theorieorientierten Gruppen andererseits bildete sich vollends heraus, nachdem der SDS 1971 sein organisatorisches Ende gefunden hatte. Während die ab 1970 neu entstehenden K-Gruppen ihre Politik eng mit Theoriearbeit verbanden, konzentrierten sich die Spontaneisten auf praktische Betriebsarbeit und insbesondere auf eine Revolutionierung ihres Alltagslebens. Die privaten Refugien von den Wohngemeinschaften bis zu den Stadtteilen wurden zum Gegenstand der *low politics*.[62] Die subjektive Situation des Ein-

---

58 Steve B. Peinemann, *Wohngemeinschaft – Problem oder Lösung?*, Eschborn 1977, S. 20.

59 Hadayatullah Hübsch, *Keine Zeit für Trips. Autobiographischer Bericht*, Frankfurt/M. 1991, S. 35. Ähnlich: »Von Feen und Faunen«, in: *Pflasterstrand* 23a (09.–22. 02. 1978), S. 5. Dieser entschiedene Riss innerhalb der Linken um das Jahr 1976 herum wird auch von Koenen hervorgehoben (Koenen, *Das rote Jahrzehnt*, S. 442/443).

60 Unser Reporter Edi Torial, »›Sag mal, Carlo, warum bringst du so ein Info raus?‹«, in: *Carlo Sponti* 1 (1973), S. 1.

61 Kurzanalyse zu den »Hintergründen der Hausbesetzungen« von Stachelscheid an das Bundesinnenministerium vom 17. 03. 1981, in: BArch Koblenz, B 141, Nr. 401096, fol. 53, 60/61.

62 Carola Groppe, »›Die Universität gehört uns‹. Veränderte Lehr-, Lern- und Handlungsformen an der Universität in der 68er-Bewegung«, in: Meike S. Baa-

zelnen rückte in den Mittelpunkt der politischen Ambitionen, während die an Marx, Lenin oder Mao ausgerichteten Parteien und K-Gruppen sich vornehmlich auf eine politisch-programmatische Agitation in der Arbeiterschaft konzentrierten. Im Berliner Spontiblatt *Info-BUG* formulierten die Autoren eines Artikels den Unterschied 1978 kurz und bündig: »Die Spontibewegung hat sich als Alternativbewegung zu den K-Gruppen aufgefasst, als klar war, daß die K-Gruppen praktisch und theoretisch scheitern müssen. Die wesentlichen Kritikpunkte waren: Dogmatismus, elitärer Führungsanspruch, Parlamentarismus, Legalitätsfetischismus.«[63]

Ein individueller Erfahrungsbericht

Ein gewisser Doc Holiday aus Heidelberg definierte im Jahr 1977 das Lebens- und Politikgefühl der Spontis in charakteristischer Art und Weise im Stile eines politischen Alltagsberichts:

Seit über fünf Jahren bin ich jetzt in Heidelberg in der linken scene. [...] Als ich anfing, verstand ich mich als Marxist, heute ist mir das eigentlich ziemlich egal, ich weiß bloß, daß ich auf der richtigen Seite stehe (für das Leben ...). [...] ›Politik machen‹ hieß für mich Arschbacken zusammenkneifen und harte Politik ›vertreten‹, Positionen ausarbeiten und immer präsent sein, ein ›Vorbild‹ sein für die, die ›noch nicht so weit‹ sind und dabei immer schön bierernst. [...] Dann kam die Sponti-Idee auf und mit ihr die ersten alternativen Ansätze seit langem, mit ihr Luft und etwas mehr Leben; trotzdem hatte ich Angst. Mein sozialistischer Alltag, die Idee von der richtigen Organisierung studentischer Linker, die harte, wenn auch oft frustrierende Arbeit für die richtige Sache – was war damit? [...] Wo ich mich jahrelang mit meiner Verbissenheit verantwortlich fühlte, blieb plötzlich nur noch ein Wunsch: ›Ich will raus ... in den Bock, zur Freundin, zum Freund, ins Kino ...‹ Ich hatte die Autorität meiner politischen Arbeitsdisziplin in Frage gestellt. [...] Da erkannte ich, daß ich von diesen Gruppen auch ganz schön abhängig gewesen war und wohl noch bin: nämlich solche, die aktiv sind, nicht lahmarschig in der Ecke hängen und eben was auf die Beine stellen. [...] Irgendwie existiert in unserer Bewegung so ein stink-bürgerliches Belohnungssystem: wer andere Ziele und Strategien

der (Hg.), *»Seid realistisch, verlangt das Unmögliche«. Wie 1968 die Pädagogik bewegte*, Weinheim, Basel 2008, S. 121-140, hier S. 136.
63 *Info-BUG* 145 (28.02.1977), S. 16.

verfolgt, wer entfremdete Verhaltensweisen anprangert, anstatt voll in die Arbeit ›einzusteigen‹, wer da nicht so ganz reinpaßt in die jeweilige Idylle, der wird nicht nur kritisiert von den anderen (was natürlich ok ist), sondern irgendwo auch isoliert: plötzlich bleiben die freundlichen Blicke und die netten Worte aus. […] So wird durch das kaum wahrgenommene Spielchen mit der Anerkennung und Zuneigung eine Hierarchie geschaffen: lächelt er dich an, beachtet er oder sie dich, wirst du ernst genommen?? […] Jedenfalls find ich es überhaupt kein Wunder, daß dann plötzlich alles anfing, die diversen Emanzipanzi-Gruppen zu gründen – ich auch.

Sponti zu sein bedeutete, den Aufbruch zu einem »totalen Leben« zu wagen. Neben die zunehmende Personalisierung und Emotionalisierung der »politischen Arbeit« trat ein (durchaus körperlicher) Aktionismus und Radikalismus:

Jedenfalls glaube ich, daß diese Beziehungsfragen, das Psychische, das Persönliche deshalb getrennt von unserem Kampf um eine bessere Welt läuft (teilweise sogar als Alternative dazu!), daß das Flugblattverteilen und Routinearbeit mit uns selbst zu wenig zu tun hat. Da ist ein technischer Apparat, der sich von der politisch-sozialen Bewegung immer wieder absetzt. […] Haben wir denn mehr zu verlieren außer unserer Angst? Offensichtlich. Es scheint, als ob ein Teil unser [sic] menschlich-sozialen Bedürfnisse noch in dieser verrotteten Welt befriedigt werden könnte: in WGs, in Kleingruppen, Therapiegruppen, in Musik- und Theatergruppen, in Zweierbeziehungen (jedenfalls gibt's wieder ne ganze Menge plötzlich!). Der Widerstand ist also nicht das erste Bedürfnis.

Sodann konzipiert dieser Heidelberger Sponti das Bild von der kalten, repressiven Außenwelt und der wärmenden Innerlichkeit des eigenen Milieus, unter der er »das Leben« verstand:

Auf der einen Seite wird diese Welt immer bedrohlicher: Atomkraft und Bundesgrenzschutz, Panzer und totale Überwachung, Bespitzelung und Berufsverbote, Verfolgung Unschuldiger und Verleumdung Menschlicher, kein Geld, kein Beruf, keine Zukunft – kurz: RRRReprrrrrresssionn, wohin mann und frau sieht. Dies macht uns radikal und wütend, die Wut ist schon teilweise rausgekommen. Auf der anderen Seite steht das Individuum, der Mensch, die Frau, der Mann, das Kind – mit der Erfahrung, gerade durch diese kaputte Welt an der Artikulierung ihrer ureigensten Freuden gehindert zu werden. Wer also den UNSINN dieser miserablen Welt durchschaut hat, der wird sich auch nicht durch die bloße Hoffnung auf eine erfolgreiche Revolution davon abhalten lassen, jetzt und sofort schon das Leben zu fordern [...]. Wer glaubt, man könne jemanden von der Befriedigung seiner Bedürfnisse abhalten, indem er auf das kommende Paradies auf Erden vertröstet wird, der mag die verschiedenen K-Gruppen um ihre Aufnahmebedingung bitten. Wer kapiert hat, wie Leben aussehen kann, der wird's ausprobieren.

Diese Erfahrungen, so kommt unser Autor zum Schluss, gelte es politisch im »Kampf gegen die Verhältnisse« zu bündeln. Bezeichnenderweise bleibt offen, wie diese Transformation in politische Arbeit auszusehen hätte.[64] Letztlich korrespondieren bei dieser Sichtweise Aggression und Totalität mit inhaltlicher Diffusität, die nicht weit über ein Bekenntnis zum »Links-Sein« hinausreichte.

Trotz oder gerade wegen aller Totalität dieses Politikbegriffes blieb das Prinzip der Dezentralität für die Spontibewegung entscheidend. Der lokale Bezug inspirierte die Tätigkeit der Stadtteilbasisgruppen, der Hausbesetzerräte und der alternativen Projekte und spannte einen milieuartigen Formenreichtum auf, der weit von einer parteiartigen Gliederung entfernt war.[65]

Verständigungskongresse

Ähnlich wie unser Heidelberger Autor stritt man auch bei den Frankfurter »Emanzipationsseminaren« vom April 1973 und April 1974 über die Bedeutung von »unmittelbaren Erfahrungen« und deren vermeintlicher »Theorielosigkeit«: »Wenig Literaturbezug, wenig explizites Politisieren, wenig Theorie, wenig Abstraktion, dafür umso mehr persönliche Erfahrungsberichte« war der Vorwurf auf der einen Seite. Dagegen wurde eingewandt, dass eine alternative Lebenspraxis in den Kommunen notwendig sei, denn

---

64 Doc Holiday, »Da – lass Dich nicht verbittern«, in: *Carlo Sponti* 34/35 (Juni 1977), S. 4/5 (dort auch alle Zitate der vorangegangenen Absätze). Der Autor wäre kein Linksalternativer, wenn er seine halbwegs abstrakten Schlussgedanken nicht sogleich mit konkreten und gefühlsbetonten Beispielen garnieren würde: »Für uns hieße das zum Beispiel, zu ermöglichen, daß auf Vollversammlungen (wieder?) geliebt und im Bett (wieder?) diskutiert wird, Männer und Frauen gemeinsam sich streiten und lieben, wir uns gegenseitig zum Kampf und zur Liebe ermuntern, wir uns dabei unterstützen, den linken Bierernst genauso zu bekämpfen wie den Rückzug aufs kleine Glück.«

65 Kraushaar, »Die Frankfurter Sponti-Szene«, S. 105-121, S. 108-115; Klaus Müschen, »*Lieber lebendig als normal!*«. Selbstorganisation, kollektive Lebensformen und alternative Ökonomie, Bensheim 1982, S. 71/72.

nur »emanzipierte Genossen [können] langfristige und effektive politische Arbeit leisten […], ohne sich in Rituale, Dogmatismus, Hierarchien, Revisionismus etc. pp. zu flüchten«.[66]

Neben diesen Treffen avancierte der TUNIX-Kongress zu einem der Höhepunkte der Spontibewegung, auf dem sich vom 27. bis zum 29. Januar 1978 zwischen 20 000 und 30 000 Menschen verschiedenster politischer Ansätze in Westberlin zusammenfanden.[67] Allein an den Berliner Grenzkontrollstellen hatte die Polizei insgesamt 5100 Personen gezählt, die zum Kongress reisten.[68] »Für einige Tage«, so liest man in einer zeitgenössischen Publikation, »glich das Hauptgebäude der Technischen Universität Berlin (TU) einem Heerlager. Zwischen Infoständen, Matratzen- und Schlafsacklagern spielten Bands wie das ›Mobile Einsatzkommando‹ oder ›Teller Bunte Knete‹«.[69] Bei dem Riesenfest mit zahllosen Basaren,

66 Müschen, »*Lieber lebendig als normal!*«, S. 51; Rudi H. G. Damme, *Zur Stabilität von politischen Wohngruppen. Ein Modell aktivierender Sozialforschung zur Theorie und Praxis des kollektiven Alltags*, Hannover 1977, S. 15.

67 Michael März, *Linker Protest nach dem Deutschen Herbst. Eine Geschichte des linken Spektrums im Schatten des »starken Staates«. 1977-1979*, Bielefeld 2012, S. 203-244; Jens Gehret (Hg.), *Gegenkultur Heute. Die Alternativbewegung von Woodstock bis Tunix*, Amsterdam ²1979, S. 137-144; Schütte, *Revolte*, S. 24/25; Wolfgang Müller, *Subkultur Westberlin 1979-1989. Freizeit*, Hamburg 2013, S. 77-82; Dieter Korczak, *Rückkehr in die Gemeinschaft. Kleine Netze: Berichte über Wohnsiedlungen*, Frankfurt/M. 1981, S. 32, 55; Klaus Theweleit, »Alles muß man so machen, daß jeder, der es sieht, ausrufen kann, das kann ich auch«, in: *Die Republik* 18-26 (30.04.1978), S. 464-603, hier S. 574-590, 595-596; Brand u. a., *Aufbruch*, S. 174, 176/177, 187; Lothar Kolenberger, Hanns-Albrecht Schwarz, *Abschlußbericht des Projektes »Zum Problem einer ›Zweiten Kultur‹ in West-Berlin«*, Berlin 1982, Teil A, S. 49; Stamm, *Alternative Öffentlichkeit*, S. 139, Stephanie Horn, *Abschied vom Kollektiv. Der Frankfurter PflasterStrand*, Frankfurt/M. 1989, S. 39. Auch der Antirepressionskongress, den das Sozialistische Büro 1976 in Frankfurt organisierte, hatte eine gewisse koordinierende Wirkung (Stamm, *Alternative Öffentlichkeit*, S. 104). Der TUNIX-Kongress wurde durch das Vorbild des italienischen Kongresses der Indiani Metropolitani in Bologna (Sommer 1977) angeregt. Siehe zur italienischen Neuen Linken, die sich Mitte der siebziger Jahre und vor allem nach dem »historischen Kompromiss« von 1976 von der Kommunistischen Partei Italiens abspaltete: Dieter Hoffmann-Axthelm u. a., *Zwei Kulturen? Tunix, Mescalero und die Folgen*, Berlin 1978, S. 7-90.

68 Bericht der Landespolizei Westberlin vom 03.02.1978; zitiert nach März, *Linker Protest*, S. 220.

69 Joseph Scheer, Jan Espert (Hg.), *»Deutschland, Deutschland, alles ist vorbei«. Alternatives Leben oder Anarchie? Die neue Jugendrevolte am Beispiel der Berliner »Scene«*, München 1982, S. 19.

Musik-, Kabarett- und Theatergruppen, die die verschiedensten alternativen Lebensformen einer breiteren Öffentlichkeit bekannt machten, wurde sowohl dem reformistischen Weg durch die Institutionen als auch dem Terrorismus eine Absage erteilt. Der Koordinationsausschuss schrieb in seinem Aufruf:

> Wir flaggen unsere Traumschiffe mit den buntesten Fahnen und segeln in den Süden davon – zum Strand von Tunix [...]. Die Maulkörbe schmecken uns nicht mehr und auch nicht mehr die plastikverschnürte Wurst. Das Bier ist uns zu schal und auch die spießige Moral. Wir woll'n nicht mehr immer dieselbe Arbeit tun, immer die gleichen Gesichter zieh'n. Sie haben uns genug kommandiert, die Gedanken kontrolliert, die Ideen, die Wohnung, die Pässe, die Fresse poliert.

Von Landkommunen und Handwerkskollektiven über den Bau von Sonnenkollektoren bis hin zu undefiniert gehaltenen Basisgruppen, Männergruppen und »schwatzenden Schwulen« sollte eine »neue Sinnlichkeit« den bunten Zusammenschluss von Gruppierungen kennzeichnen, die im Grunde durch ihre Antihaltung gegen staatliche Repression, verwaltetes Leben, Betonburgen, kapitalistische Konsumorientierung und Medienmanipulation miteinander verbunden waren. Vor diesem Hintergrund bezeichneten die Organisatoren TUNIX als »Widerstandskongreß«, der von der »Hilflosigkeit des ewigen Reagierens zu neuen Formen des Agierens« führen sollte. Zur Kritik an staatlicher Repression, an der Zerstörung der Umwelt, an Kraftwerken, Asphalt-Beton-Wüsten, Neubauvierteln und Autobahnen gesellten sich kreative Projekte, in denen praktische Alternativen zu herkömmlichen Lebens- und Arbeitsformen entwickelt wurden.[70] Auch von einer »Aussteigerwelle« war im Zusammenhang mit TUNIX die Rede, die sich »weder von Verfassungsspitzeln noch von politischen Tabus« »einschüchtern« lassen wollte.[71] Auf dem Kongress selbst mischten sich Individualismus und Drang zur Kreativität mit Forderungen nach unmittelbarer politischer Praxis: »Wir wollen das MAXIMALE FÜR JEDEN! Jeder kann seine eigenen Parolen und Gedanken formu-

---

70 »Aufruf zur Reise nach Tunix«, nachgedruckt in: Theweleit, »Alles muß man so machen«, S. 574-579, und Hoffmann-Axthelm u. a., *Zwei Kulturen?*, S. 93; März, *Linker Protest*, S. 210-213, 218/219.

71 Brand u. a., *Aufbruch*, S. 177; Autorenkollektiv Quinn der Eskimo, Frankie Lee und Judas Priest, zitiert nach Brand u. a., *Aufbruch*, S. 176.

lieren, malen, singen und trotzdem – oder gerade deswegen – gemeinsam kämpfen. WIR WOLLEN ALLES UND WIR WOLLEN ES JETZT!!!«[72] Aus dieser »eindrucksvollsten Selbstdarstellung der Alternativkultur«[73] mit allerlei »Freaks, Freunden und Genossen« wurde die Initialzündung zur Annäherung von Sponti- und Alternativszene, die in einer Atmosphäre von Offenheit, Austausch und Miteinander aufeinandertrafen und zusammen mit Umweltaktivisten und Feministinnen Projekte ersannen. Neben vielen Diskussionsveranstaltungen, Musik, Kabarett und Theateraufführungen gingen aus dem Kongress drei wichtige Neugründungen hervor: Erstens die *taz*, zweitens das Netzwerk Selbsthilfe, welches alternative Projekte mit Geldmitteln förderte, die über Mitgliedsbeiträge beschafft wurden.[74] Drittens wurde das Umweltfestival vorbereitet, das Mitte Juni 1978 an der Berliner Deutschlandhalle am Eichkamp begann und sechs Wochen andauerte. Während des Festivals wurden neue Umwelttechnologien (mit bizarren Innovationen wie der ersten Solardusche) und ganzheitliche Lebensmodelle vorgestellt.[75]

Neben der Kritik an »Konsumterror« und am »Polizeistaat«, an Verfolgung und Unterdrückung im Zuge des heißen Herbstes 1977 ging es um den Aufbau selbstbestimmter, »sanfter« Lebensformen und die damit verknüpfte Praxis einer Selbstveränderung, die in ihrer Eigenschaft als »subjektiver Protest« politisch verstanden wurde.[76] Der Weg in die Gewalt, das war am Beispiel der RAF deutlich geworden, war keine Alternative mehr – »weder Staat noch RAF« lautete die Devise. Zugleich legte die Enttäuschung über die Erfolglosigkeit der theoretischen Arbeit des SDS und des marxistischen Dogmatismus nahe, einen ande-

72 »Aufruf zur Reise nach Tunix«, S. 578, und Hoffmann-Axthelm u. a., *Zwei Kulturen?*, S. 93.

73 Thomas Daum, *Die 2. Kultur. Alternativliteratur in der Bundesrepublik*, Mainz 1981, S. 120.

74 März, *Linker Protest*, S. 241-244; Netzwerk Selbsthilfe (Hg.), *Ein Jahr Netzwerk Selbsthilfe*, Berlin 1979; Selbsthilfe Netzwerk Hannover (Hg.), *Das Buch für Hannover vom Netzwerk*, Hannover 1982; Kurt Weichler, *Gegendruck. Lust und Frust der alternativen Presse*, Reinbek 1983, S. 12; Scheer/Espert (Hg.), *Deutschland*, S. 19.

75 Ulf Mailänder, Ulrich Zander, *Das kleine Westberlin-Lexikon von »Autonomie« bis »Zapf«. Die alternative Szene der siebziger und achtziger Jahre*, Berlin 2003, S. 16; Scheer/Espert (Hg.), *Deutschland*, S. 19.

76 Brand u. a., *Aufbruch*, S. 177; Müschen, *»Lieber lebendig als normal!«*, S. 27.

ren politischen Weg einzuschlagen.[77] Die subjektbezogene Politik sollte individuelle Veränderung und politisches Engagement miteinander verbinden. Im Grunde hatten die Alternativen nach dem Zusammenbruch der Studentenbewegung 1968/69 aufgehört, die soziale Revolution zu erwarten – stattdessen gingen sie daran, ihren persönlichen Lebensalltag zu »revolutionieren«: Es entstanden Bioläden und Taxikollektive, Einkaufskooperativen und Therapiegruppen, Kommunikationszentren und Alternativkneipen, Gemeinschaftspraxen von Ärzten und freie Schulen, selbstverwaltete Tagungshäuser und gemeinschaftlich betriebene Schrotbäckereien, Theaterprojekte, Clowngruppen und vieles andere mehr.[78]

Urs Jaeggi hat diese Konzeption, in Anlehnung an die zeitgenössische Sprache, als »Politik der ersten Person« bezeichnet: eine Politik, die spontaneistisch, unorganisiert, nicht durchkalkuliert und emotional war. Man folgte den subkulturellen Lustprinzipien und ging bei der Verbindung von Subjekt- und Gesellschaftsveränderung nicht primär planvoll-strategisch vor.[79] Diese »explizite Abkehr von orthodoxen linken Dogmen – und von jeglicher Art Stellvertreterpolitik« – sollte zum Erfolgsrezept für eine Verbreiterung der Linken werden. Man beschränkte sich nicht auf die Entwicklung utopischer Gesellschaftsentwürfe, sondern stellte das unmittelbar Machbare in den Vordergrund. Das elitäre Avantgardekonzept der K-Gruppen wurde damit ad acta gelegt.[80] Anleihen machten die undogmatischen Linken bei den italienischen Entwicklungen von der Movimento del '77 über die Indiani Metropolitani bis zur Autonomia. Sie übernahmen die Politik selbstbestimmter Freiräume und der Politisierung alltäglicher Bedürfnisse, ohne allerdings die

77 Reinhard Mohr, *Zaungäste. Die Generation, die nach der Revolte kam*, Frankfurt/M. ³1992, S. 34/35; März, *Linker Protest*, S. 205.

78 Christoph Conti, *Abschied vom Bürgertum. Alternative Bewegungen in Deutschland von 1890 bis heute*, Reinbek 1984, S. 169.

79 Urs Jaeggi, »Drinnen und draußen«, in: Jürgen Habermas (Hg.), *Stichworte zur »Geistigen Situation der Zeit«*, Bd. 2, *Politik und Kultur*, Frankfurt/M. 1979, S. 443-473, hier S. 469/470. Siehe ebenfalls Klaus Schroeder, Werner Süß, *Linke Kontinuität oder Bruch? Zur politischen Einschätzung der »Alternativbewegung«*, Berlin 1980, S. 39.

80 Schröder/Süß, *Linke Kontinuität oder Bruch*, S. 19 (Zitat), 32, 39, 11; Kolenberger/Schwarz, *Abschlußbericht*, Teil A, S. 28-33; Matthias Horx, *Aufstand im Schlaraffenland. Selbstbekenntnisse einer rebellischen Generation*, München, Wien 1989, S. 19.

stets präsente Militanz der außerparlamentarischen Linken Italiens zu kopieren. Der bewaffneten Gewalt hatten die deutschen Spontis abgeschworen, behielten sich allerdings ein diffuses Widerstandsrecht gegen das von ihnen als repressiv empfundene Vorgehen der Staatsorgane vor. Der Antirepressionskongress, der vom 22. bis zum 24. September 1977 in Bologna stattfand und fast 100 000 Personen anlockte, war für die TUNIX-Veranstaltung ein ebenso konkretes Vorbild wie die von den Autonomi (gemäß dem Doors-Song *When the Music's Over*) gebrüllte Formel »Vogliamo tutto e lo vogliamo ora!« (»Wir wollen alles, und wir wollen es jetzt!«).[81]

SDS und K-Gruppen

Der SDS-Theoretiker Hans-Jürgen Krahl hatte die subjektivistische Wendung linker Politik bereits Ende der sechziger Jahre als Missverständnis kritisiert: »Es handelt sich um Prozesse der privaten Aneignung von Politik, ohne Politisierung des Privaten.«[82] In den theorieorientierten Teilen der Studentenbewegung galt der ausgeprägte Individualismus und die »spontaneistische Ungeduld« als bloßer Narzissmus und »neuer Egoismus«, in denen die »Dialektik von der Veränderung des Selbst und der Veränderung der Gesellschaft auseinanderbricht« und ein »Subjektivismus ohne Revolutionstheorie« um sich greife.[83] Statt als Selbstverwirklichung und Politisierung des Alltags nahm man die neue Politikkonzeption als Entpolitisierung und Rückzug ins Private wahr. Die Theoretiker

81 Ronald Glomb, »Auf nach Tunix – collagierte Notizen zur Legitimationskrise des Staates«, in: Jens Gehret (Hg.), *Gegenkultur Heute. Die Alternativbewegung von Woodstock bis Tunix*, Amsterdam [2]1979, S. 137-144, hier S. 139; Ruth und Ati, »Kongreß in Bologna«, in: *Info-BUG* 176 (Oktober 1977); Egeria Di Nallo, *Indiani di città*, Bologna 1977; Claudia Salaris, Pablo Echaurren, *Controcultura in Italia 1967-1977*, Turin 1999; Pablo Echaurren, *La casa del desiderio '77. Indiani metropolitani e altri strani*, Manni 2005; März, *Linker Protest*, S. 208-210, 216.

82 Zitiert nach Oskar Negt, Alexander Kluge, *Geschichte und Eigensinn*, Frankfurt/M. 1981, S. 880.

83 Hubert Seipel, »Offene Feindschaften. Über die Jugendrebellion in Hannover, Bremen, Göttingen«, in: Michael Haller (Hg.), *Aussteigen oder rebellieren. Jugendliche gegen Staat und Gesellschaft*, Hamburg 1981, S. 71-84, hier S. 83; Stamm, *Alternative Öffentlichkeit*, S. 108/109. Zur Narzissmus-Diskussion siehe Thomas Ziehe, *Pubertät und Narzißmus – sind Jugendliche entpolitisiert?*, Köln 1975; Christopher Lasch, *Das Zeitalter des Narzißmus*, München 1980.

der Studentenbewegung, so der Schriftsteller Michael Schneider, verstanden es, »Politisches und Persönliches so säuberlich zu scheiden wie die Chemiker die edlen von den unedlen Metallen«. In ähnlicher Weise agitierten die K-Gruppen in den siebziger Jahren.[84]

Symptomatisch für die Auseinandersetzung von Teilen der 68er mit dem linksalternativen Milieu ist Wolfgang Kraushaars 1978 erschienene Aufsatzsammlung *Autonomie oder Getto?*. Kraushaar, seit dem Wintersemester 1968/69 informelles SDS-Mitglied, 1974/75 Vorsitzender des Frankfurter AStA und von 1976 bis 1978 Lektor beim ehemaligen SDS-Verlag Neue Kritik, erhob darin schwere Vorwürfe gegen die Alternativbewegung.[85]

In »sechs ketzerischen Thesen« wandte er sich gegen die Alternativbewegung. Diese erschöpfte sich seines Erachtens in einer individualistischen Politik, die nur der Organisation des eigenen Lebenszusammenhangs galt. Diese »Konkretionsebene«, so seine erste These, setze die »ökonomischen Antagonismen« und Widersprüche der Klassengesellschaft nicht außer Kraft: »Befreiung im emphatischen Sinne ist auch nicht um einen Zoll möglich, solange dieses System als totalitätskonstituierendes Realitätsprinzip andauert«. Das »Getto« verzichte mithin darauf, gesellschaftlich einzugreifen, und flüchte, so die zweite These, in eine alternative Gegenökonomie, die nichts anderes als »Selbstausbeutung« sei. Drittens sei zudem der Glaube naiv, bei den Alternativen gehe es um Selbstbefreiung. Tatsächlich seien hier »Autoritätsstrukturen zementiert« worden, die sich aus dem »Zwang einer eigenen Normsetzung« ergeben hätten. Der »Exklusivcharakter« der »subkulturell verbrämten Kleinstadtmafia« normiere Gestus, Sprache, Kleidung in umfassender Art und Weise und schließe diejenigen aus, die sich diesem unausgesprochenen Diktat nicht beugten. In ähnlicher Weise bestünde, viertens, ein »Zwang zur Unmittelbarkeit«, der zum Verlust der Politik geführt habe. Der »Aufstand der Sinne« werde gleichsam zum Selbstzweck, das emphatisch herbeizitierte Zauberwort der Erfahrung werde durch die Herauslösung aus dem kapitalistischen Gesamtzusammenhang zur »autistischen« Erfahrung einer »unmittelbarkeitsideologischen Sekte«:

84 Michael Schneider, »Von der alten Radikalität zur neuen Sensibilität«, in: *Kursbuch* 49 (1977), S. 174-187, hier S. 176, 182.

85 Zur Biographie von Kraushaar: Kraushaar, *Achtundsechzig*, S. 45-49.

Nur eine ständige Vergegenwärtigung der unter diesen Verhältnissen auf keinen Fall, wenn überhaupt zu beseitigenden Ambivalenz von Trieben und Bedürfnissen als libidinöser Basis politisch-emanzipatorischen Handelns, des durchaus systemkonformen Anteils an ihrer Hervorbringung, kann eine bewußtlose Affirmation oder aber die einfache Ignorierung des Bestehenden verhindern.

Wiederum also beklagt Kraushaar das Ignorieren der gesellschaftlichen Umstände, das auch im Zentrum seiner fünften These steht. Hier polemisiert er gegen die Fiktion einer »Politik in erster Person« und gegen den psychologischen Experimentalismus im Alternativmilieu: »Statt das System zu verändern«, so schreibt er,

begann man sich selbst zu ändern. Unter diesem Stichwort einer neuen Subjektivität rückten […] der eigene Körper, die Psyche, das Befinden, das Gefühl, die Bedürfnisse in den Blickpunkt und gingen nahezu bruchlos über in den magischen Glauben, daß nur die Riten der Desintegration vor einer Anpassung an die Normen des Systems dauerhaft bewahren können.

Man könne die revolutionäre Identität nicht in einem »Abtastvorgang« gewinnen, das seien biologistische und archaische Vorstellungen, die mit einer »wahnhafte[n] Überhöhung des Ichs« einhergingen. Sechstens schließlich konzentriere man sich nur noch auf die innere und äußere Natur: »Thema sind nicht mehr die politisch-ökonomischen Strukturen des Ausbeutungs- und Unterdrückungsverhältnisses«, sondern die »subjektive Erfahrung des jeweiligen Individuums«. Eine Erfahrung, so lautet sein Fazit, die »keiner theoretischen Analyse mehr zugänglich ist«.[86]

Die ausführlich zitierte Kritik Kraushaars vermittelt einen Eindruck von der tiefen Kluft zwischen der Gruppe von Alt-68ern einerseits und der Alternativbewegung der siebziger Jahre andererseits. Kraushaar verstand Politik in einem traditionell marxistischen Sinn, während die Grenze zwischen Kultur und Politik, zwi-

86 Wolfgang Kraushaar, »Thesen zum Verhältnis von Alternativ- und Fluchtbewegung. Am Beispiel der frankfurter scene«, in: ders. (Hg.), *Autonomie oder Getto? Kontroversen über die Alternativbewegung*, Frankfurt/M. 1978, S. 8-67 (Zitate in der Reihenfolge ihrer Nennung: S. 14, 15, 17, 22, 26, 27, 30, 29, 32, 33, 36, 40, 43, 45). Siehe dazu auch die Rezension im *Carlo Sponti*: »Alternativbewegung«, in: *Carlo Sponti* 44 (Oktober 1978), S. 10. Dort hieß es, dieses Buch habe »getroffen«.

schen Ästhetik und Politik in der Alternativbewegung aufgehoben wurde.[87]

Kraushaars Kritik am »subjektivistischen Habitus der Spontis«, am »Hochamt der persönlichen Erfahrungen« und der »dauernden [Beschäftigung] mit sich selbst und der Erfahrung« war innerhalb der Linken sowohl vor als auch nach ihm oftmals formuliert worden.[88] Bereits in der militant-anarchistischen Zeitschrift *Agit 883* vom November 1969 war die Kommune I als »Subkultur der Matratze« bezeichnet worden, die in den »Hip- und Popkapitalismus« integriert sei.[89] In der Kulturzeitschrift *Ästhetik & Kommunikation* kritisierte 1979 ein Autorenkollektiv in einem Beitrag die Hilflosigkeit der Alternativen, die die gesellschaftlichen Zusammenhänge weder erfassen oder erklären könnten. Theoriefeindlichkeit, politische Resignation und der Verzicht auf gesellschaftliche Veränderungen seien die Kennzeichen der Alternativbewegung, die sich bloß »außerinstitutionell« auf ihre Projekte zurückziehe, ohne die kapitalistische Produktionsweise zu kritisieren oder verändern zu wollen.[90] Zwei der Autoren dieses Artikels wiederholten 1981 im Abschlussbericht eines von der FU Berlin geförderten Projekts diese Einschätzung: »Die neuen sozialen Bewegungen sind mehr an Authentizität als an Analyse interessiert, das Geschehnis und das Erleben steht im Mittelpunkt, nicht seine Systematik und seine Reflexion, gefragt ist nicht der Beobachter, sondern der Teilnehmer.«[91]

Mit der Entstehung der K-Gruppen in den siebziger Jahren wurde dieser innerlinke Bruch mit der Alternativbewegung endgültig vollzogen. Die K-Gruppen forderten von ihren Mitgliedern die völlige Eingliederung in die Partei, den Verzicht auf Privatleben und Nebentätigkeiten ein. Die strikt hierarchische Struktur der Unter- und Einordnung des Einzelnen, dessen Kontakte mit anderen – Freunden außerhalb der Partei, Studienkollegen – schrittweise von den Gruppen unterbunden wurden, führte zu einem Grup-

---

87 Roland Schmidt, »Zur alternativen Kultur. Erscheinungsbild und Strukturen«, in: *APuZ* B 11 (1983), S. 51.

88 Felix Semmelroth, »Wozu diese dummen Fragen, Genossen?«, in: *Kursbuch* 55 (1979), S. 97-107, hier S. 98/99.

89 »Putschismus und die Matratze«, in: *Agit 883* 42 (27. 11. 1969), S. 6.

90 Monica Deutz u. a., »Alternativ oder konservativ? Zur jüngeren Geschichte der Alternativbewegung«, in: *Ästhetik & Kommunikation* 36 (1979), S. 29-45.

91 Kolenberger/Schwarz, *Abschlußbericht*, Teil A, S. 9.

penzwang mit erheblichem psychischem Druck auf das einzelne Mitglied. Sitzungen, in denen Mitglieder vor der lokalen Zelle, der Parteileitung oder extra angereisten Kommissaren Selbstkritik üben mussten, gehörten zum Repertoire, um mögliches Abweichlertum im Keim zu ersticken. Gerade die von den Spontis verabscheuten Sekundärtugenden wie Pünktlichkeit, Ordentlichkeit und Sauberkeit wurden hier besonders hoch geschätzt. Für die K-Gruppen war dieses Verhalten »proletarische Disziplin«. Sie hielten den »Gammler-Look« der langhaarigen antiautoritären Linken bestenfalls für kontraproduktiv, da er verhindere, von der Arbeiterklasse politisch ernst genommen zu werden.[92] So sollen Langhaarige von der KPD/ML-Leitung regelrecht aus der Partei aussortiert worden sein, »weil die Arbeiterklasse sie nicht mag«.[93]

Tatsächlich ging die Kritik jedoch weiter, und man betrachtete Auftreten und Lebensstil der Linksalternativen als »bourgeois« und kleinbürgerlich, als individuelle Flucht in eine introvertierte Subkultur. Im *Roten Morgen*, dem Zentralorgan der traditionalistischen KPD/ML, hieß es 1973 dementsprechend, dass »lange Haare, lange Koteletten und Vollbärte bei Männern, Miniröcke, Minibikinis und aufreizende Kleidung bei Frauen und überbetonte Mode wie Schlaghosen, extravagante Frisuren, ›Auftakelung‹ und ähnliches« nicht nur »Modetorheiten« seien. Es sei das Ziel der Bourgeoisie, also des Klassenfeindes, für »wachsenden Alkoholismus, sexuelle Exzesse, Rauschgiftsucht, Gammlertum, Hippyismus [sic], wachsende Brutalität und die Bildung von Rockerbanden« zu sorgen, um die Jugendlichen ruhig zu stellen und von ihrem revolutionären Auftrag abzulenken.[94] Auch in der *Kommunistischen Volkszeitung*, dem Zentralorgan des KBW, hieß es 1974 zwar abgemildert, aber ebenso kritisch: »Bist du ein Kommunist, der du lange Haare und

---

92 Andreas Kühn, *Stalins Enkel, Maos Söhne. Die Lebenswelt der K-Gruppen in der Bundesrepublik der 70er Jahre*, Frankfurt/M., New York 2005, S. 59/60; Koenen, *Das rote Jahrzehnt*, S. 257-315, 415-467.

93 Werner Olles, »Zur Rechten Gottes. Studentenbewegung, Rote Garden, Stadtguerilla – eine späte Abrechnung«, in: Claus-Martin Wolfschlag (Hg.), *Bye-bye '68 ... Renegaten der Linken, APO-Abweichler und allerlei Querdenker berichten*, Graz, Stuttgart 1998, S. 10-28, hier S. 14. Allerdings soll einschränkend vermerkt sein, dass viele Autoren dieses Bandes zur Neuen Rechten zu zählen sind.

94 »Lange Haare – nur eine Modetorheit?«, in: *Roter Morgen* 28 (21.07.1973), hier S. 6; zitiert nach Kühn, *Stalins Enkel*, S. 60.

Lumpen für progressiv hältst? Und für diesen Fortschritt den Textilkonzernen noch größeren Profit bringst?«[95] Für die Politik der lebensweltlichen Betroffenheit in der Friedensbewegung hatte der Kommunistische Bund (KB) nur Spott übrig, als er im Dezember 1981 eine Presseerklärung unter dem Titel »schafft zwei, drei, vier atomwaffenfreie Wohnungen« herausbrachte, die mit den Worten »In Küche, Bad und Klo – Atomraketen NO!!« endete.[96] Auch die KPD veröffentlichte zum Tode von Elvis Presley ihre These, dass die Musikindustrie »sexuelle Tabus [...] durchbrochen und Obszönität als Freiheit hingestellt« habe: Die »von der kapitalistischen Vergnügungsindustrie aufgebauten ›Idole‹ [der Artikel nennt unter anderem Jimi Hendrix und Janis Joplin, Anm. d. Verf.], die in jungen oder im besten Alter hemmungslose, geisteskranke und keiner nützlichen Tätigkeit mehr fähigen Kreaturen« seien, müssten als »Fäulniserscheinungen des Kapitalismus entlarvt werden«.[97] Das zielte zwar nicht direkt auf die hedonistische Linke, aber doch auf ihre Haltung, die man als im Grunde kapitalistisch durchwirkt zu enttarnen trachtete.

Dagegen inszenierten und praktizierten die K-Gruppen eine Ästhetik des Verzichts und revolutionärer Enthaltsamkeit bei Einhaltung strenger Regularien. Die autoritäre Binnenstruktur des »Demokratischen Zentralismus«, der Kandidatenstatus der Neulinge in diesen selbsternannten Eliten und »Hierarchisierungsgemeinschaften«, die Kleidungs- und Verhaltensnormen, die ständig geschürte Überwachungsangst und die dadurch entfaltete konspirative Faszination, das strenge Arbeitsethos sowie die asketische Selbstzucht, die in der Gruppendisziplin »entsagungsbereiter Kader« noch gesteigert wurde, verbanden sozialistische Theorie mit einem gänzlich anderen Lebensentwurf, der den abgehärmten Kämpfer der Revolution in den Vordergrund stellte.[98] Gerd Koenen, selbst ehemaliges KBW-Mitglied, hat dies zwar überspitzt, aber dennoch treffend als »puritanisch-kommunistische Lebensführung« bezeichnet;[99]

95 »Was ist ein Kommunist? Gedicht einer Genossin«, in: *Kommunistische Volkszeitung* 1 (09.01.1974), hier S.16; zitiert nach Kühn, *Stalins Enkel*, S.60.

96 Zitiert nach Schregel, *Atomkrieg*, S.313/314.

97 »Zum Tode von Elvis Presley«, in: *Rote Fahne* 34 (24.08.1977), hier S.11, zitiert nach Kühn, *Stalins Enkel*, S.206/207.

98 Dazu: Kühn, *Stalins Enkel*, S.39-99 (Zitate ebd., S.66, 76).

99 Koenen, *Das rote Jahrzehnt*, S.195, 475. Prosaischer sprach ein Linksalternati-

überspitzt deshalb, weil der selbstgesetzte Anspruch und die tatsächliche Lebensführung wohl nur selten zur Deckungsgleichheit gekommen sein dürften. Welche Spätwirkungen diese politische Sozialisation haben konnte, erkennt man daran, dass selbst ein derart selbstkritischer und kluger Geist wie Koenen noch im Jahr 2001 schrieb, dass die Spontis die Inkarnation des anpolitisierten Homo ludens gewesen seien, die sich zu »Erregungsgemeinschaften« zusammenschlossen: »Die Bewegung war alles, das Ziel würde sich schon finden: ›Ein anderes Leben‹ mit ›neuen emotionalen Beziehungen‹.«[100]

Die Gegenkritik der Spontis

»Wir haben keine Böcke auf Dogmas«,[101] hieß es bei den Berliner Spontis – überall in der Spontibewegung geißelte man den »hölzernen Dogmatismus« der »kopfpotenten, lustfeindlichen Theoriefetischisten« der K-Gruppen mit ihrem »theoretischen Gelabere«.[102] »Statt hammern und sicheln – jammern und picheln«, lautete Ende der siebziger Jahre ein populärer Spontispruch.[103] Man wollte »lieber so ganz konkret-praktische Sachen besprechen als so'n abstrakten Scheiß«, meinte eine feministische Spontifrau, während man im Berliner Blatt *Bambule* gegen die avantgardistische »Kahlschlagtaktik« und Freudlosigkeit der sich selbst proletarisierenden K-Gruppen wetterte: »Pop weg, Erotik weg, Hasch weg, Haare weg, Spaß weg«.[104] Die durch die Theoriebildung in Gang gesetzten

---

ver Anfang der siebziger Jahre vom »scheiß linken Puritanismus« (Klaus Gerdes, Christian von Wolffersdorff-Ehlert, *Drogenscene. Suche nach Gegenwart. Ergebnisse teilnehmender Beobachtung in der jugendlichen Drogensubkultur*, Stuttgart 1974, S. 187).

100 Koenen, *Das rote Jahrzehnt*, S. 355, 327.

101 Zitiert aus dem »Schwarzen Gockler« nach: Jörg R. Mettke, »Selbstbespiegelungen. Über die Gegenöffentlichkeit der alternativen Presse«, in: Michael Haller (Hg.), *Aussteigen oder rebellieren. Jugendliche gegen Staat und Gesellschaft*, Hamburg 1981, S. 156-178, hier S. 173; Jörg R. Mettke, »Verantwortlich: Milli Tanz & Anna Schie«, in: *Der Spiegel* 35 (23.03.1981), hier S. 53.

102 Franziska Becker, *Mein feministischer Alltag*, München 1984, S. 108; Scheer/Espert (Hg.), *Deutschland*, S. 18.

103 Heinz Dieter Kittsteiner, »Unverzichtbare Episode. Berlin 1967«, in: *Zeitschrift für Ideengeschichte* 2, 4 (2008), S. 31-44, hier S. 43.

104 Becker, *Mein feministischer Alltag*, S. 12; *Bambule* Nr. 2 (1973), S. 2.

»Deutungsmaschinen« wurden nur noch als »soziale Kontrolle« der Lebenswelt wahrgenommen, die Erlebnisse und Bedürfnisse reguliere oder gar verbiete.[105]

Die in den siebziger Jahren gegründeten K-Gruppen galten mit ihrer alltagsweltlichen Askese als spießig und bieder, lustfeindlich und dogmatisch.[106] Gegen die kadermäßige Bevormundung und die langatmigen Grundsatzdebatten setzten die Spontis ihre persönlichen Gefühle und Ängste, denen man, als Ausweis der Wahrhaftigkeit des eigenen Anliegens, »Ausdruck verleihen« wollte:[107] »Politisch ist«, so schrieb der Kultkarikaturist Chlodwig Poth 1983, »was von der eigenen Betroffenheit ausgeht.«[108] Lockere Gesellungsformen, Spaßorientierung und ein expressiver Habitus verbanden sich mit der Forderung nach innerer Demokratisierung, die gegen Organisationsfetisch und autoritäre Hierarchien in Szene gesetzt wurden. Gegen das feste Netz aus Absprachen, Terminen und der Unmenge von Protokollen, Resolutionen, Entwürfen und Arbeitsplänen, kurzum: gegen die bürokratischen Elemente im dichten Organisationsnetz der K-Gruppen, setzten die Spontis ihre unverbindliche Spontaneität.[109]

Konkretion bedeutete dabei die scheinbar nichtentfremdete Tä-

---

105 Jörg Bopp, »Trauer-Power. Zur Jugendrevolte 1981«, in: *Kursbuch* 65 (1981), S. 151-168, hier S. 155.

106 Etwa in: *schöner wohnen* 1 (1975), S. 18 (diese Broschüre findet sich in: afas Duisburg, 80.III.52); Bundesministerium für Jugend, Familie und Gesundheit (Hg.), *Jugend in der Bundesrepublik heute – Aufbruch oder Verweigerung*, Bonn 1981, S. 6; Vgl. zu den K-Gruppen: Kühn, *Stalins Enkel*; Frank D. Karl, *Die K-Gruppen. Entwicklung – Ideologie – Programme. KBW, KPD, KPD/ML*, Bonn 1976; N. N., *Wir warn der stärkste der Partein … Erfahrungsberichte aus der Welt der K-Gruppen*, Berlin 1977; Gerd Langguth, *Protestbewegung am Ende. Die Neue Linke als Vorhut der DKP*, Mainz 1971, S. 104-237; Jürgen Schröder, »Ideologischer Kampf vs. Regionale Hegemonie. Ein Beitrag zur Untersuchung der K-Gruppen. Berlin 1990« (Berliner Arbeitsheft und Berichte zur sozialwissenschaftlichen Forschung Nr. 40 vom September 1990 – Schriften des Zentralinstituts für sozialwissenschaftliche Forschung an der FU Berlin); Koenen, *Das rote Jahrzehnt*, S. 257-315, 415-467; Michael Steffen, *Geschichten vom Trüffelschwein. Politik und Organisation des Kommunistischen Bundes 1971-1991*, Berlin 2002 Mende, *»Nicht rechts, nicht links«*, S. 214-240.

107 Scheer/Espert (Hg.), *Deutschland*, S. 17.

108 Chlodwig Poth, *Mein progressiver Alltag*, Reinbek 1983, S. 17.

109 Koenen, *Das rote Jahrzehnt*, S. 137/138; Martin Reichert, »›Wir waren anders‹. Interview mit Jony Eisenberg«, in: *taz* (25. 01. 2008).

tigkeit in selbstverwalteten Projekten und alternativen Betrieben. Die Spontis machten die Selbstveränderung zum Ausgangspunkt des sozialistischen Projekts, wobei »Ganzheitlichkeit« als Kombination von Körper, Geist und Gefühl zu der maßgeblichen Wertvorstellung einer »neuen Politik [wurde], die aus dem Bauch heraus kommt«.[110] Das im Handeln gewonnene Wissen stand im Mittelpunkt dieser Konzeption, die den Erfahrungsbegriff und entsprechende Sozialisationspraxen in einen Gegensatz zum Begriff des theoretischen Wissens setzte.[111]

Die Spontibewegung erweiterte das politische Bewusstsein um die Elemente der Phantasie, Kreativität und Spontaneität, um mystisches Gedankengut, spiritualistische Ganzheitlichkeit, Natürlichkeit, Harmonie, Anlehnung und Entspannung. Gefühle, das »innere psychovegetative Gleichgewicht«, wurden als Modi sozialen Umgangs propagiert und damit als Gegenentwürfe zu den bürgerlichen Wertmaßstäben von Konkurrenzbereitschaft, Leistungsdenken, Ehrgeiz und Aggressivität in Stellung gebracht.[112]

Radikale Nachfolger: Die Autonomen der achtziger Jahre

Ein später Ausläufer der Spontibewegung waren die Autonomen. Ihre Selbstverständniserklärungen erinnerten an ihre Vorläufer. So hieß es in der Berliner *radikal*, mit einer Auflage von 3000 bis 6000 Exemplaren einem der wichtigsten Organe der Autonomenbewegung: »wir kämpfen für uns und führen keine stellvertreterkriege, alles läuft über eigene teilnahme, politik der ersten person. wir kämpfen nicht für ideologien [...], sondern für ein selbstbestimmtes leben in allen bereichen.«[113] Auch hier wurde persönliche

---

110 Zitat: Tilman Spengler, »Der Bauch der Avantgarde – Über den aufrechten Niedergang der Theorie«, in: *Kursbuch* 65 (1981), S. 179-188, hier S. 183. Vgl. Astrid Czubayko, *Die Sprache von Studenten- und Alternativbewegungen*, Aachen 1997, S. 187-192, 200-203, 212/213.

111 Bättig, »Zusammenhang von Sprache und Erfahrung«, S. 52/53; Kraushaar, *Achtundsechzig*, S. 125.

112 Hans-Peter Dürr u. a., *Die Rückkehr des Imaginären. Märchen, Magie, Mythos, Anfänge einer anderen Politik*, München 1981; Kolenberger/Schwarz, *Abschlußbericht*, Teil A, S. 54-56.

113 *radikal* 98 (September 1981), S. 4. Nahezu identisch: *radikal* 100 (Januar 1982), S. 13. Vgl. auch: »›Neue autonome Bewegung‹ formuliert theoretische Positionen«, S. 1-3, in: BArch Koblenz, B 106, Nr. 101996, Bd. 3, ohne fol.

Betroffenheit angesichts des Überwachungsstaats und staatlicher Repression, der ökologischen Katastrophen und ökonomischen Krisen zum Ausgangspunkt der Politik.[114] Der Hass auf das staatliche »Schweinesystem« aus »Beton, Bullen, Computer« sollte sich im dezentralisierten Kampf um »autonome Freiräume«, etwa in besetzten Häusern, entladen.[115]

Die Autonomen radikalisierten jedoch die militanten Tendenzen der Spontis ebenso wie die Ablehnung des Staates und die Abkehr von festen organisatorischen Strukturen. Es ist nicht möglich, ein zentrales politisches oder gesellschaftliches Projekt mit den Autonomen zu verbinden. Das Spektrum reichte vom Widerstand gegen Atomkraft, den Antifa-Initiativen, der Hausbesetzungs- und Stadtteilpolitik bis hin zum Internationalismus. Einzelne Projekte wie die Treffpunkte und »Zentren«, Zeitschriften wie die *radikal* oder die Frankfurter *Autonomie*, regelmäßige Treffen und Aktionen bildeten die Kristallisationspunkte einer Bewegung, die sich Mitte der siebziger Jahre in Norddeutschland als militanter Flügel der Anti-AKW-Bewegung zu formieren begann. In Absetzung von den damaligen Usurpationsversuchen des KB und dem gewaltfreien Protest der Bürgerinitiativen entstand der Nukleus der autonomen Bewegung. Öffentlich wahrgenommen wurden die Autonomen jedoch erst im Zuge der Welle von Hausbesetzungen ab 1980/81. Trotz ihrer Ausbreitung in den achtziger Jahren vernetzten sich die Autonomen weiterhin nur über anlassbezogene Plenen, lehnten formale Repräsentationsstrukturen ab, bauten regionale Projekte auf und pflegten basisdemokratische Organisationsformen. Die Autonomen waren – neben der Verzahnung durch Medien und lokale Versammlungszentren – in (musikalische) Subkulturen wie Punk und Hardcore eingebettet, zu denen auch ein eigener Kleidungs- und Verhaltensstil gehörte.[116]

114 *radikal* 88 (Februar 1981), S. 15.

115 Landesamt für Verfassungsschutz beim Berliner Innensenator, »Der ›Häuserkampf‹ in Berlin (West)«, in: BArch Koblenz, B 141, Nr. 401097, fol. 105/106.

116 Sebastian Haunss, *Identität in Bewegung. Prozesse kollektiver Identität in der Schwulenbewegung und bei den Autonomen*, Wiesbaden 2004, S. 107-121; Sebastian Haunss, »Antiimperialismus und Autonomie – Linksradikalismus seit der Studentenbewegung«, in: Roland Roth, Dieter Rucht (Hg.), *Die sozialen Bewegungen in Deutschland seit 1945. Ein Handbuch*, Frankfurt/M., New York 2008, S. 447-474, hier S. 451/452, 468-471. Vgl. auch Jan Schwarzmeier, *Die Autonomen zwischen Subkultur und sozialer Bewegung*, Norderstedt 1999. Die

Von Anfang an gab es enge Kontakte zwischen den Autonomen und der Hausbesetzerbewegung. Neben den Idealen der Ganzheitlichkeit und eines integrierten Lebensentwurfs in den besetzten Häusern waren Unabhängigkeit und Freiraum ihre zentralen Stichwörter.[117] Wiederum kam von marxistischer Seite der Vorwurf auf, dass diese Bewegung, gerade zu Beginn der achtziger Jahre, »theorielos, theoriefeindlich und ohne gesellschaftliche Vermittlungsperspektive« sei. Wiederum hieß es, dass die Bewegung »durch einen Kult des Unmittelbaren« gekennzeichnet sei und lediglich »destruktiv Gewalt ausübt«. Von den 68er-Linken wurde die Kommunikationsunfähigkeit und Infantilisierung der Graffiti-Kultur der Autonomen beklagt.[118] Umgekehrt wandten sich die Autonomen bewusst von den »68er[n] mit ihrer [bloß] theoretischen Durchdringung gesellschaftlicher Zusammenhänge« ab: »Die 68er Opas«, hieß es in der *radikal*, »haben immer noch nicht begriffen, daß wir nicht für die Öffentlichkeit kämpfen, sondern für uns. Und zwar nicht gegen einen ›Mißstand‹, sondern für ein selbstbestimmtes Leben in allen Bereichen. Autonomie aber subito!«[119] Gegen die Haltung des Belehrens und Aufklärens setzten die Hausbesetzer eine radikale Subjektivität und vertraten ihre eigene Sache: »für kultu-

von Thomas Schmid mitgegründete Zeitschrift *Autonomie* orientierte sich an Vorbildern des italienischen Linksradikalismus und gehörte anfangs eher in die Spontibewegung (Kraushaar, *Achtundsechzig*, S. 221).

117 Thomas Schultze, *Die Autonomen. Ursprünge, Entwicklung und Profil der Autonomen*, Hamburg 1997; Geronimo, *Feuer und Flamme. Zur Geschichte der Autonomen*, Berlin ⁶2002; Haunss, »Antiimperialismus und Autonomie«, S. 447-474; AG-Grauwacke (Hg.), *Autonome in Bewegung ... aus den ersten 23 Jahren*, Berlin 2003; *Autonomie-Kongreß*, Berlin 1995; Thomas Lecorte, *Wir tanzen bis zum Ende. Die Geschichte eines Autonomen*, Hamburg 1992; »Kurzanalyse zu den ›Hintergründen der Hausbesetzungen‹ von Stachelscheid an das Bundesinnenministerium vom 17.03.1981«, in: BArch Koblenz, B 141, Nr. 401096, fol. 57.

118 Wolfram Gekeler u. a., »›Wer nur auf Pflastersteine reagiert, darf sich nicht wundern, wenn – auch – Pflastersteine fliegen‹. Das politische Bewußtsein der neuen Jugendbewegung als Infragestellung der alten ›Neuen Linken‹«, in: Volkhard Brandes, Bernhard Schön (Hg.), *Wer sind die Instandbesetzer? Selbstzeugnisse, Dokumente, Analysen. Ein Lesebuch*, Bensheim 1981, S. 15-31, hier S. 15-19.

119 *radikal* 86 (Januar 1981), S. 11. Zur *radikal* siehe auch: Landesamt für Verfassungsschutz beim Berliner Innensenator, »Der ›Häuserkampf‹ in Berlin (West)«, in: BArch Koblenz, B 141, Nr. 401097, fol. 85.

relle Freiräume, profitfreie Begegnungsstätten, billigen Wohnraum, gegen Konsumzwänge und Unterdrückungen am Arbeitsplatz«. Vom Wohnen, Freizeitverhalten und Arbeiten in den besetzten Häusern versprachen sie sich »Authentizität und Originalität«.[120]

Deutlich aggressiver in den Auseinandersetzungen mit dem Staat und seinen Organen, aber auch in den zwischenmenschlichen Umgangsformen, waren die autonomen Hausbewohner jederzeit für Aktionen zu mobilisieren und lebten in einem Zustand permanenter Anspannung angesichts möglicher Räumungen. Zuweilen begegnet man einer hohen Bereitschaft zur Militanz in der autonomen Hausbesetzer- und Anti-AKW-Bewegung. Die Autonomen waren sowohl eine identitätsorientierte als auch projektzentrierte Erscheinung, die immer systemoppositionell auftrat. Mit ihrer Rigidität im Politischen wie im Privaten verstanden sie sich als Kämpfer für die Dekolonisierung ihrer Lebenswelt. Mit ihren informellen Netzwerken und der Ablehnung traditioneller institutioneller Formen, den geteilten Überzeugungen, der starken Solidarität und der Protestorientierung bildeten sie eine fluide soziale Bewegung, die sich einer subjektivistischen Politik und individuellen Selbstveränderung verschrieb. Hierin, ebenso wie in der grundsätzlichen Ablehnung der gesellschaftlichen Ordnungsprinzipien, waren die Einflüsse der Sponti- wie auch der Frauenbewegung unübersehbar.[121]

Durch das Formelement der Militanz, ausagiert in Straßenschlachten, Krawallen, Zaunkämpfen, Sabotageaktionen und Anschlägen, sollte die Radikalität und Unbedingtheit der systemoppositionellen Haltung unterstrichen werden. Die Militanz bildete gerade in den achtziger Jahren ein identifikatorisches Kernstück der revolutionären Selbststilisierung. Im Kampf wurde diese Haltung ausgedrückt und immer wieder neu befestigt. Militanz wurde zum Erlebnis der Freiheit – im Häuserkampf und in anderen Kämpfen mit der Polizei, bei den gezielten Sabotageaktionen an Strom-

---

120 Gekeler u. a., »Wer nur auf Pflastersteine reagiert«, S. 25-28.

121 Sebastian Haunss, Darcy K. Leach, »Between Networks, Subculture and Civil Society. Scenes as Mobilization- and Abeyance-Structures for Social Movements«, in: Derrik Purdue (Hg.), *Civil Societies and Social Movements. Potentials and Problems*, London 2007, S. 71-87, hier S. 71-87; dies., »Scenes and Social Movements«, in: Hank Johnston (Hg.), *Culture, Social Movements, and Protest*, Aldershot 2009, S. 255-276.

masten und anderen Anti-AKW-Protesten wie in Brokdorf, in den Auseinandersetzungen um die Frankfurter Startbahn West, bei Aktionen der Antifa- und Antirassismusgruppen oder bei den Zaunkämpfen am Bauplatz der Wiederaufbereitungsanlage im bayerischen Wackersdorf. Die theatralische Inszenierung des »schwarzen Blocks« ist »immer auch Inszenierung und Ritual, in dem sich die Einzelnen kollektiv als RebellInnen erschaffen«.[122] Eine Gruppe von Autonomen schrieb im September 1981 in der *radikal*: »Freiheit ist [...] der kurze Moment, in dem ein Pflasterstein die Hand verläßt, bis zum Moment, wo er auftrifft.« Militanz wurde als »Moment der Veränderung, der Grenzüberschreitung, der Bewegung« zunehmend zum Selbstzweck und zum Ausdruck des revolutionären Selbstverständnisses und Lebensgefühls.[123]

Sogar in der Militanz lässt sich somit ein Moment der Unmittelbarkeit und des subjektiv gewandten Erlebnisses nachweisen,

---

122 Haunss, »Antiimperialismus und Autonomie«, S. 452/453, 463-467 (Zitat S. 467); Dieter Rucht, »Anti-Atomkraftbewegung«, in: Roland Roth, Dieter Rucht (Hg.), *Die sozialen Bewegungen in Deutschland seit 1945. Ein Handbuch*, Frankfurt/M., New York 2008, S. 245-266, hier S. 263; Haunss, *Identität in Bewegung*, S. 121-126, 169-188. Nach dem anfänglichen Protest gegen Lärmbelästigung, Waldrodungen, die Beeinträchtigung der Lebensqualität der Anwohner sowie gegen die mangelnde Bürgerbeteiligung und die grundsätzlichere Kritik am Verkehrskonzept radikalisierte sich der Protest gegen die Startbahn West des Frankfurter Flughafens – von den juristischen Eingaben und Einsprüchen im Planfeststellungsverfahren am Ende der siebziger Jahre über Unterschriftensammlungen, Besetzungen im Hüttendorf und Demonstrationen bis hin zu gewaltsamen Auseinandersetzungen mit der Polizei. Die Höhepunkte markierten zum einen die Demonstration von 150 000 Menschen am 14. November 1981 in Wiesbaden und dann die Tötung zweier Polizisten am 2. November 1987 (zum sechsten Jahrestag der Hüttendorfräumung). Siehe Hartmut Johnsen, *Der Startbahn-West-Konflikt. Ein politisches Lehrstück? Zeitzeugen ziehen Bilanz*, Frankfurt/M. 1996; Freia Anders, »Die Evangelische Kirche in Hessen und Nassau im Konflikt um die Startbahn West«, in: Bernd Hey, Volkmar Wittmütz (Hg.), *1968 und die Kirchen*, Bielefeld 2008, S. 207-232. Eine gute Quellensammlung zum Startbahn-West-Konflikt aus der Sicht der Protestierenden inklusive einer Sammlung der Presseberichterstattung findet sich im BArch Koblenz, Zsg 1-466, Nr. 1-6. Zum steigenden Einfluss von DKP und Revolutionären Zellen auf die Vorgänge an der Startbahn West siehe »Positionen linksextremistischer Gruppen gegen den Bau der ›Startbahn West‹«, in: BArch Koblenz, B 106, Nr. 101997, Bd. 4, ohne fol.

123 *radikal* 98 (September 1981), S. 5.

was jedoch von der Vorstellung einer avantgardistischen Guerilla-Truppe, wie sie im Organisationsreferat von Dutschke und Krahl auf der Frankfurter SDS-Delegiertenkonferenz im September 1967 entwickelt wurde, deutlich zu unterscheiden ist:[124] Militärischer und bewaffneter Kampf spielten eine untergeordnete Rolle in der Militanz der Autonomen; Gewalt diente vielmehr der Selbstvergewisserung und Selbststilisierung gegen einen als repressiv wahrgenommenen Polizeistaat.

2.1.3 Selbstbestimmung und Subjektivität: Die Frauenbewegung

Der neue Feminismus der siebziger Jahre entstand aus der Kritik an der marxistischen Theorie der 68er, welche die »Frauenfrage« zum »bloßen Nebenwiderspruch« heruntergespielt hatte. Der Lebenssituation der Frauen entsprach diese Deutung jedoch keineswegs: »Vielen half der Marxismus als theoretisches Gedankengebäude wenig, wenn es galt, eine Brücke zu den Bemühungen um kleine Veränderungen in der Gesellschaft und im Alltag zu schlagen«.[125]

Theorie und alltägliche Lebenspraxis gingen im neuen Feminismus eine sehr enge Verbindung ein. Die Kritik an der geschlechtsspezifischen Rollenzuweisung in Arbeit und Privatbereich führte unweigerlich in eine kulturwissenschaftliche Thematisierung der Konstruktion von Geschlechterrollen. Um diese zu überwinden, wurden psychologische Bindungen an die jeweiligen Geschlechterrollen in der Gesellschaft hinterfragt. Der Erfahrungsbegriff avancierte zum zentralen Bezugspunkt innerhalb eines Theorierahmens der Kritik an männlicher Herrschaft in Politik, Wirtschaft, Familie und Kultur.

Diese theoretische Stoßrichtung korrespondierte mit der ganz konkreten Kritik an den »SDS-Mackern«, die nur zwischen »Betthase«, »Tipp-Frau« und »Kaffee-Kocherinnen« zu unterscheiden schienen, ohne die Frauen und ihre Anliegen wirklich ernst zu

---

124 Zum Organisationsreferat siehe Wolfgang Kraushaar, »Rudi Dutschke und der bewaffnete Kampf«, in: ders. u. a. (Hg.), *Rudi Dutschke, Andreas Baader und die RAF*, Hamburg 2005, S. 13-50.

125 Adelheid von Saldern, »Markt für Marx. Literaturbetrieb und Lesebewegungen in der Bundesrepublik in den Sechziger- und Siebzigerjahren«, in: *AfS* 44 (2004), S. 149-180, hier S. 176.

nehmen und politisch zu verarbeiten.[126] Der Frankfurter Weiberrat, welcher als Teil der antiautoritären Linken kurz nach seiner Gründung auf einer SDS-Delegiertenkonferenz im November 1968 in Hannover gegen die »bürgerlichen Schwänze« der »sozialistischen Eminenzen« wetterte, machte das ebenso klar, wie Helke Sanders Rede auf der vorangegangenen SDS-Delegiertenkonferenz in Frankfurt im September 1968. Im Namen des Berliner Aktionsrates zur Befreiung der Frauen (gegründet im Januar 1968) rief sie die Delegierten dazu auf, die »spezifische Problematik der Frauen« zu begreifen und damit die »Auseinandersetzung zwischen Antiautoritären und der KP-Fraktion« zu erweitern. Innerhalb der K-Gruppen war im Verlauf der siebziger Jahre, trotz gelegentlicher Zusammenarbeit bei einzelnen Protestaktionen, die Reserviertheit gegenüber den »Blaustrümpfen« mit ihrer »läppischen Egozentrik« und ihrer »bürgerlichen Individualisierung« des Klassenkampfes vorherrschend.[127]

Nachdem Sanders Aufforderung ungehört verhallt war, gründete sich der Frankfurter Weiberrat im Februar 1970 erneut, während sich der 1968 gegründete Berliner Aktionsrat zur Befreiung der Frauen zum Jahresende 1969 in eine Gruppe um Helke Sander (Brot & Rosen) und eine sozialistische Theoriegruppe um Frigga Haug spaltete. Im Dezember 1970 wurde Letztere in den stramm organisierten und DDR-treuen Sozialistischen Frauenbund Westberlin überführt.[128] Trotz solcherlei Fraktionierungen war die Rede

126 Hadayatullah Hübsch, *Alternative Öffentlichkeit. Freiräume der Information und Kommunikation*, Frankfurt/M. 1980, S. 115; Andrea Trumann, *Feministische Theorien. Frauenbewegung und weibliche Subjektbildung im Spätkapitalismus*, Stuttgart 2002, S. 14; Stefan Micheler, »Der Sexualitätsdiskurs in der Studierendenbewegung der 1960er Jahre«, in: *Zeitschrift für Sexualforschung* 13, 1 (2000), S. 1-39, hier S. 23; Dagmar Herzog, *Die Politisierung der Lust. Sexualität in der deutschen Geschichte des zwanzigsten Jahrhunderts*, München 2005, S. 282/283.

127 Koenen, *Das rote Jahrzehnt*, S. 239.

128 Rosemarie Nave-Herz, *Die Geschichte der Frauenbewegung in Deutschland*, Bonn 1988, S. 69; Sibylla Flügge, »1968 und die Frauen – ein Blick in die Beziehungskiste«, in: Margit Göttert, Karin Walser (Hg.), *Gender und soziale Praxis*, Königstein/Taunus 2002, S. 265-289, hier S. 269-275; Trumann, *Feministische Theorien*, S. 14; Heide Berndt, »Zu den politischen Motiven bei der Gründung erster antiautoritärer Kinderläden«, in: *Jahrbuch für Pädagogik*, Sonderheft (1995), S. 231-250, hier S. 241/242; Meike S. Baader, »Das Private ist politisch. Der Alltag der Geschlechter, die Lebensformen und die Kinderfrage«, in: dies. (Hg.), *»Seid realistisch, verlangt das Unmögliche«. Wie 1968 die Pädagogik be-*

Sanders eine Initialzündung, die Ulrike Meinhof in der *konkret* wie folgt kommentierte:

> Die Konsequenz aus Frankfurt kann nur sein, daß mehr Frauen über ihre Probleme nachdenken, sich organisieren, ihre Sache aufarbeiten und formulieren lernen und dabei von ihren Männern nichts anderes verlangen, als daß sie sie in dieser Sache in Ruhe lassen und ihre tomatenverkleckerten Hemden alleine waschen.[129]

In langen und kontrovers geführten Debatten kristallisierte sich, so die Feministin Sibylla Flügge, »die Erkenntnis heraus, dass Ausgangspunkt jeder Analyse der Situation von Frauen die persönliche Erfahrung der Frauen sein müsse«. Neue Erkenntnisse, Werte und Maßstäbe sollten im Hinblick auf sie entwickelt und Theorie und Alltag aufeinander bezogen werden. Das Private und die Alltagskultur standen dabei schnell im Fokus. So diskutierten die Frauen die Klassiker der feministischen Literatur – von Simone de Beauvoir (*Das andere Geschlecht*) über Betty Friedan (*Der Weiblichkeitswahn*) und Shulamith Firestone (*Frauenbefreiung und sexuelle Revolution*) bis zu Kate Millett (*Sexus und Herrschaft*), Germaine Greer (*Der weibliche Eunuch*) und Juliet Mitchell (*Psychoanalyse und Feminismus*) – in den Selbsterfahrungsgruppen, um die alltagspraktische Relevanz des Gelesenen zu überprüfen. Erfahrung und Erkenntnis wurden unmittelbar miteinander verwoben.

Der deutsche Feminismus wurde unzweifelhaft stark von seiner US-amerikanischen Schwesterbewegung angeregt, deren starken Psychologismus (der nicht zuletzt den Consciousness-raising-

wegte, Weinheim, Basel 2008, S. 153-172, hier S. 167; Micheler, »Sexualitätsdiskurs in der Studierendenbewegung«, S. 24; Eva-Maria Silies, »Ein, zwei, viele Bewegungen? Die Diversität der Neuen Frauenbewegung in den 1970er Jahren der Bundesrepublik«, in: Cordia Baumann u. a. (Hg.), *Linksalternative Milieus und Neue Soziale Bewegungen in den 1970er Jahren*, Heidelberg 2011, S. 87-106, hier S. 92. Die durchgehende Internationalität der Frauenbewegung wird bereits im Aktionsrat deutlich, der sich als »Schwesterngruppe« amerikanischer Frauengruppen betrachtete (Andreas Schneider, »*Nur keinen Amazonenstaat«. Antifeminismus, Krisendiagnosen und gesellschaftliche »Verunsicherung« in der Bundesrepublik der 1970er Jahre*, Magisterarbeit HU Berlin 2008, S. 45).

129 Wiederabdruck in: Ulrike Meinhof, »Die Frauen im SDS oder In eigener Sache«, in: dies. (Hg.), *Die Würde des Menschen ist antastbar. Aufsätze und Polemiken*, Berlin 1980, S. 149-152.

Gruppen geschuldet war) sie aufgriff.[130] In der Erweiterung und Veränderung der marxistischen Klassenanalysen wurde eine Patriarchatskritik formuliert, die die klassischen Forderungen nach Rechtsgleichheit und Gleichstellung auf der Arbeit um die Forderung nach einer Aufhebung der Trennung von Privatem und Öffentlichem ergänzte. »Das Private ist politisch« war ein Slogan der bundesrepublikanischen Frauenbewegung, der nicht zuletzt von der amerikanischen Bürgerrechtsbewegung geborgt wurde.[131] Auf diese Weise rückten die eigenen psychischen Strukturen, gesellschaftliche Frauenbilder, die symbolische Ordnung der Männlichkeit als Maßstab des Denkens und Normierens, die Machtverhältnisse zwischen den Geschlechtern und die körperliche Selbstbestimmung in den Raum des Politischen. Dementsprechend wurde dem emotionalen Erleben und subjektiven Verarbeitungsprozessen eine herausgehobene Bedeutung beigemessen. Der Aufbau emotionaler und physischer Nähe der Frauen zueinander und der damit verbundene Versuch, das Verhältnis zum eigenen Körper zu verbessern, spielte in den ab den siebziger Jahren entstehenden Frauenzentren eine wichtige Rolle. Gerade in den feministischen Selbsterfahrungsgruppen kritisierten die Frauen die konservative Mutterschaftsideologie und thematisierten zugleich, inwiefern sie untereinander konkurrierten und inwiefern sie ihr Selbstgefühl danach bemaßen, wer den wichtigeren und mächtigeren Mann »abbekommen« habe: »Man schläft gern mit berühmteren Genossen, weil man sich dadurch in der Hierarchie aufgewertet fühlt.«[132] Die solidarisierende Wirkung

---

130 Flügge, »1968 und die Frauen«, S. 275; Hanna Schissler, »Frauen und Neue Frauenbewegung«, in: Detlef Junker (Hg.), *Die USA und Deutschland im Zeitalter des Kalten Krieges 1945-1990. Ein Handbuch*, Bd. 2, Stuttgart, München 2001, S. 655-664, hier S. 656, 659-661. Vgl. auch Ursula Linnhoff, *Die Neue Frauenbewegung. USA – Europa seit 1968*, Köln 1974; Arthur Marwick, *The Sixties. Cultural Revolution in Britain, France, Italy, and the United States, c. 1958 - c.1974*, Oxford 1998, S. 679-724.

131 Ute Gerhard, »Frauenbewegung«, in: Roland Roth, Dieter Rucht (Hg.), *Die sozialen Bewegungen in Deutschland seit 1945. Ein Handbuch*, Frankfurt/M., New York 2008, S. 187-218, hier S. 201.

132 Äußerung von Karin Rasch, Anfang 1971; zitiert nach Flügge, »1968 und die Frauen«, S. 279. Ebenfalls zitiert in: Herzog, *Politisierung der Lust*, S. 285. Vgl. zudem Kristina Schulz, »Frauen in Bewegung. Mit der Neuen Linken über die Linke(n) hinaus«, in: Martin Klimke, Joachim Scharloth (Hg.), *1968. Handbuch zur Kultur- und Mediengeschichte der Studentenbewegung*, Stuttgart,

der Frauenbewegungsgruppen wurde einerseits durch eine expressive Protestkultur mit ebenso farbenfroh-musikalisch-kreativen wie provokativen Protestformen verstärkt. Andererseits wurden aus der feministischen Emanzipationsperspektive »Ärzte, Psychiater, Gesundheitsinspektoren, Priester, Eheberater, Polizisten, Beamt[e] und sanft[e] Reformer« zu verachtenswerten Gegnern des Feminismus erklärt: Die Frauen, so erklärte Greer in *Der weibliche Eunuch*, sollten damit aufhören, »ihre Besieger in gewalttätigen Auseinandersetzungen« zu lieben.[133]

Kampf gegen den Paragraphen 218

Die soeben beschriebene linksalternative Argumentation bildet nur einen Teil der Frauenbewegung ab, die durch zum Teil heftige interne Differenzen zwischen den erstens humanistisch-aufklärerischen und auf Gleichberechtigung zielenden Ansätzen, zweitens marxistischen und schließlich drittens radikalfeministischen Konzepten charakterisiert war.[134] Neben der autonom-feministischen gab es eine klassisch sozialdemokratische und eine liberale Frauenbewegung, die untereinander Kontroversen austrugen.[135]

Das Themenspektrum der feministischen Frauenbewegung umspannte vier große politische Bereiche: erstens eine rechtspolitische Kritik am Paragraphen 218 des Strafgesetzbuchs und am Ehe- und Scheidungsrecht (inklusive der Debatte zur häuslichen Gewalt); zweitens die ökonomische Kritik an der Benachteiligung und an dem geringeren Einkommen von Frauen, an ihrem Recht auf Berufsarbeit sowie Forderungen nach der Entlohnung von Hausarbeit; drittens kulturelle Fragen nach genuin weiblicher und mithin

Weimar 2007, S. 247-258, hier S. 255; Herzog, *Politisierung der Lust*, S. 277; Trumann, *Feministische Theorien*, S. 7.

133 Germaine Greer, *Der weibliche Eunuch. Aufruf zur Befreiung der Frau*, München 2000, S. 19-20, 327.

134 Dazu Rosemarie Nave-Herz u. a., »Die Ziele der Frauenbewegung. Eine Inhaltsanalyse der Emanzipations-Literatur von 1968 bis 1973«, in: *APuZ* B 50 (1975), S. 3-30, hier S. 12-15. Zur Kritik an dieser Einteilung siehe Hannelore Schröder, »Zum politischen und ökonomischen System des Patriarchalismus«, in: *APuZ* B 31 (1976), S. 17-41, hier S. 29-31. Vgl. auch die Einteilung von Ilse Lenz (Hg.), *Die Neue Frauenbewegung in Deutschland. Abschied vom kleinen Unterschied. Eine Quellensammlung*, Wiesbaden 2008, S. 31.

135 Vgl. Silies, »Ein, zwei, viele Bewegungen?«.

autonomer Sexualität, Psychologie, Literatur oder Kunst; viertens Fragen der politischen Körperkonstruktion und die Kritik an herkömmlicher Medizin, Gynäkologie, Schlankheitskult und Pornographie. Dieses Programm wurde von der Neuen Frauenbewegung in einer netzwerkartig aufgebauten Infrastruktur aus unabhängigen Projekten und Initiativen bearbeitet und in diversen Aktionen an die Öffentlichkeit gebracht.[136] Spezifisch waren dabei weniger die Forderungen der Radikalfeministinnen nach Gleichberechtigung auf dem Arbeitsmarkt oder vor dem Gesetz, sondern vielmehr ihre weitgehenden Forderungen nach der umfassenden Veränderung kultureller Deutungsmuster und Sprachformen sowie der Umgestaltung des Privatlebens, des Sexualverhaltens und der Emotionen.

Die vier genannten Bereiche lassen sich keinesfalls säuberlich voneinander trennen. Bereits der Kampf gegen den Paragraphen 218 implizierte eine Kritik an den Ärzten und dem medizinischen Versorgungssystem, an der Kirche und ihrem Wertekanon, an der Chemieindustrie, der Presse und den etablierten Parteien der Bundesrepublik. Anfang Juni 1971 bezichtigten sich 374 zum Teil prominente Frauen in der Zeitschrift *Stern*, abgetrieben zu haben. Diese von Alice Schwarzer initiierte Aktion hatte die in Deutschland bis dahin wenig bekannte französische Frauenbefreiungsbewegung Mouvement de libération des femmes zum Vorbild, die eine entsprechende Kampagne bereits im April 1971 gestartet hatte. 343 Französinnen, unter ihnen so namhafte Intellektuelle wie Simone de Beauvoir, Filmstars wie Catherine Deneuve und Jeanne Moreau oder Schriftstellerinnen wie Françoise Sagan und Anne Wiazemsky hatten im *Nouvel Observateur* bekannt, dass sie abgetrieben hätten. In der heißen Phase der Gesetzesnovellierung traten sie damit für legale Abtreibungen ein, demonstrierten gegen die repressive Gesetzgebung, politisierten einen Bereich der Intimität und gingen gegen das Beschweigen entsprechender Probleme und Nöte sowie gegen die Verunglimpfung der Frauen vor, die einen Schwangerschaftsabbruch hinter sich hatten. Am 18. April 1971, also einige Wochen vor Schwarzers Initiative, schrieb der *Stern*: »Das noch bestehende französische Abtreibungsgesetz aus dem Jahr 1923 ist ähnlich streng wie der umstrittene Paragraph 218 in der Bundesre-

---

136 Den besten, empirisch gesättigten Überblick über die Dokumente liefert: Lenz, *Neue Frauenbewegung*, S. 45-864.

publik und wesentlich strenger als die Gesetzgebung der skandinavischen Länder, der Schweiz und der Ostblockstaaten«.[137]

In den ersten Wochen nach der Publikation im *Stern* schlossen sich mehrere tausend Frauen der Forderung nach Abschaffung des Paragraphen 218 an. Auch Männer solidarisierten sich, wie etwa die 230 Ärzte und Professoren, die bekannten: »Ich war Komplize einer Abtreibung.« An vielen Orten bildeten sich nun Frauengruppen zur »Aktion 218«, die sich im März 1972 in Frankfurt am Main zum ersten Bundesfrauenkongress zusammenfanden. Rund 400 Teilnehmerinnen aus 35 Gruppen und mehr als 20 Städten fanden sich dort ein, um neben der Abtreibungsfrage das Selbstverständnis und die Organisationsform der Frauenbewegung zu debattieren.[138] Die Abtreibungsfrage wirkte insofern wie ein »Katalysator« (Dagmar Herzog) der Frauenbewegung, die sich dadurch von einer relativ kleinen linksfeministischen Gruppe zu einer großen bundesweiten Bewegung entwickelte: »In unzähligen politischen Aktionen – von Straßentheater über Demonstrationen bis hin zu öffentlichen ›Tribunalen‹ und spektakulär inszenierten Busfahrten zu Abtreibungskliniken in Holland – machten die Feministinnen die Gewaltsamkeit, die Angst und die gesundheitlichen Folgen, die mit illegalen Abtreibungen verbunden waren, publik.«[139] Obwohl dank der Pille die Zahl der jährlichen Abtreibungen zurückgegangen war, rückte das Thema immer stärker in den Fokus. Im Zentrum der Aufmerksamkeit standen die Kriminalisierung und Verachtung der Frauen durch die Gesellschaft. Unterstützende Veröffentlichungen im *Spiegel* oder in linken Magazinen wie der literarisch-satirischen Zeitschrift *pardon* verbreiterten den Protest für die ersatzlose Streichung des Paragraphen 218. Die nach dem Strafgesetzbuch vorgesehene rigorose Strafandrohung, so die Argumentation, leiste nicht das, was sie zu leisten beanspruche: die Rettung ungeborenen Lebens. Stattdessen bewirke sie nur, dass Abtreibungen illegal im Ausland vorgenommen werden, die im Falle einer nicht fachgerechten Behandlung ein Risiko für das Leben bedeuteten.[140] Zu

137 Lothar Wiedemann, »Ich habe abgetrieben«, in: *Stern* (18.04.1971), S.159. Vgl. Koenen, *Das rote Jahrzehnt*, S.234/235.
138 Nave-Herz, *Geschichte der Frauenbewegung*, S.69/70; Flügge, »1968 und die Frauen«, S.276; Gerhard, »Frauenbewegung«, S.202/203.
139 Herzog, *Politisierung der Lust*, S.273.
140 Dazu die Beispiele bei Herzog, *Politisierung der Lust*, S.275; Sabine Weißler,

den Protestaktionen gegen den Paragraphen 218 traten schnell auch gezielte Störaktionen auf Ärztekongressen.

Nach einem zweimaligen Mehrheitsvotum im Bundestag für die sogenannte Fristenregelung, die den Zeitraum für einen straffreien Schwangerschaftsabbruch festgelegt hatte, kam es zu der Aufhebung dieses Beschlusses durch das von der CDU/CSU-Fraktion angerufene Bundesverfassungsgericht (Urteil am 25. Februar 1975). Am 12. Februar 1976 nahm der Bundestag mit den Stimmen von SPD und FDP schließlich eine Neuregelung der gesetzlichen Vorschriften zur Abtreibung auf der Basis einer nicht nur ethischen und medizinischen, sondern auch sozialen Indikation an. Im Mai wurden dann die Strafvorschriften entsprechend neu gefasst. Nachdem bereits in Großbritannien und Skandinavien weitreichende Indikationslösungen eingeführt worden waren, hatte – neben den Forderungen und Protesten der bundesrepublikanischen Frauenbewegung – auch die DDR-Fristenregelung von 1972 die Reformbereitschaft der Bundesregierung beschleunigt. Meinungsumfragen zeigten zudem, wie überkommen die Rechtslage war. Laut einer Allensbach-Umfrage befürworteten im Juni 1973 80 Prozent der Bundesbürger eine Liberalisierung des Abtreibungsrechts. Gleichwohl blieb es auch nach der Gesetzesänderung vor allem in katholisch-ländlichen Regionen schwierig, einen Schwangerschaftsabbruch vornehmen zu lassen, da sich nur wenige Ärzte oder Krankenhäuser zur Feststellung einer Indikation und zum Eingriff bereitfanden. Wie und wo das vor dem Eingriff vorzunehmende Beratungsgespräch stattfand, verblieb in der Zuständigkeit der Bundesländer und wurde zum Teil recht restriktiv ausgelegt.[141]

»Sexy Sixties«, in: *CheSchahShit. Die sechziger Jahre zwischen Cocktail und Molotow*, Reinbek 1988, S. 138-147, hier S. 140; Beate Schappach, »Geballte Faust, Doppelaxt, rosa Winkel: Gruppenkonstituierende Symbole der Frauen-, Lesben- und Schwulenbewegung«, in: Cordia Baumann u. a. (Hg.), *Linksalternative Milieus und Neue Soziale Bewegungen in den 1970er Jahren*, Heidelberg 2011, S. 259-283, hier S. 265. Die Anzahl der Schwangerschaftsabbrüche schätzte das Bundesministerium für Arbeit und Sozialordnung für das Jahr 1973 auf rund 70 000 – mit steigender Tendenz für die Folgejahre bis in das Jahr 1978 mit 100 000 (»Ergänzende sozialpolitische Maßnahmen zur Reform des § 218, Bd. 1: Interner Referentenentwurf über ›Finanzielle Auswirkungen von ergänzenden sozialpolitischen Maßnahmen zur Reform des § 218 StGB‹ vom 18. 01. 1972«, S. 1 und 2, in: BArch Koblenz, B 106, Nr. 45115).

141 Vgl. Jürgen Gerhards u. a., *Zwischen Palaver und Diskurs. Strukturen öffentlicher*

Nachdem in einer ersten Phase von 1971 bis zur Mitte der siebziger Jahre die Proteste gegen den Paragraphen 218 ganz im Vordergrund der Agitation gestanden hatten, gewann danach die Dimension einer nach innen gerichteten Selbsterfahrung an Bedeutung, welche nach und nach durch den Aufbau einer feministischen Infrastruktur abgestützt wurde. In der Binnenstruktur der Frauenbewegung, die sich geschützte Frauenorte für die Kommunikation schuf, wurden in Gesprächen und Selbsterfahrungsgruppen Autonomie und sinnliche Dimensionen der Geschlechterfrage thematisiert. Eigene Kommunikationszentren, Frauenbuchläden mit entsprechenden Zeitschriften, Sachbüchern und Romanen, Wohngemeinschaften, Cafés und Frauenhäuser boten die Möglichkeit, Idee und Lebenspraxis zu verbinden. Im Protokoll des Frauenkongresses in Frankfurt von 1972 hieß es dazu:

Frauen organisieren sich separat, weil ihnen eines Tages auffällt, daß die Gesellschaft aktiv von Männern bestimmt wird, [...] wie sie gemeinsame Probleme haben, die im so genannten ›Privatbereich‹ besonders massiv auftreten, [...] weil sie so oft konkret unter dem Druck, auch der Gewaltanwendung von Männern stehen, [...] weil sie erkannt haben, daß sie als einzelne aufgeschmissen sind, und um ihre Lage zu verbessern, mit vielen Frauen, denen es genauso geht [...], zusammenarbeiten müssen.[142]

Meinungsbildung am Beispiel der deutschen Diskussion zur Abtreibung, Opladen 1998; Dieter Rucht, »Öffentlichkeit, Akteure und Deutungsmuster: Die Debatte über Abtreibungen in Deutschland und den USA«, in: Jürgen Gerhards (Hg.), *Die Vermessung kultureller Unterschiede. USA und Deutschland im Vergleich*, Opladen 2000, S. 165-187; Michael Schwartz, »Abtreibung und Wertewandel im doppelten Deutschland: Individualisierung und Strafrechtsreformen in der DDR und in der Bundesrepublik in den sechziger und siebziger Jahren«, in: Thomas Raithel u. a. (Hg.), *Auf dem Weg in eine neue Moderne? Die Bundesrepublik Deutschland in den siebziger und achtziger Jahren*, München 2009, S. 113-128, bes. S. 122, 124-126; »Mehrheit für Reform des Paragraphen 218. 80 Prozent befürworten Liberalisierung des Schwangerschaftsabbruchs«, in: *Frankfurter Allgemeine Zeitung* (06.06.1973); Peter Borowsky, *Deutschland 1970-1976*, Hannover 1980, S. 75-81. Vgl. als interessante Quelle zum Spektrum des Widerstands gegen die 1976 gefundene Lösung die Eingaben und Anfragen an das Bundesjustizministerium zum Paragraphen 218 in: BArch Koblenz, B 141, Nr. 63803.

142 Linnhoff, *Die Neue Frauenbewegung*, S. 66/67; Marie T. Knäpper, *Feminismus, Autonomie, Subjektivität. Tendenzen und Widersprüche in der neuen Frauenbewegung*, Bochum 1984, S. 120; Schissler, »Frauen«, S. 659/660.

Nur durch die separate Organisation ohne Männer, so das Kalkül, ließen sich Autonomie und Selbstbestimmung verwirklichen. Hiervon versprachen sich die bundesdeutschen Frauen, ähnlich den Vorstellungen ihrer Schwestern in den USA und Italien, eine Befreiung aus den Zwängen der Geschlechterrolle und eine neue Politik der »Subjektivität«.[143] Diese Politik enthielt eine Absage an die bestehenden Institutionen – seien es Vereine, Parteien oder Parlament – deren Vorgehen als »angepasste Gleichberechtigungspolitik« abgekanzelt wurde.[144] Mit der Betonung von autonomen, antihierarchisch-basisdemokratischen und antistaatlichen und -institutionellen Formen der Politik fügte sich ein Teil der Frauenbewegung in das linksalternative Milieu ein. Ingrid Schmidt-Harzbach, eine Vertreterin der Neuen Frauenbewegung, formulierte 1978 auf einer Berliner Frauenkonferenz diese linksalternative Politik: »Feminismus ist nicht nur eine politische Überzeugung. Es ist eine neue Lebensform, die wir Schritt für Schritt erkämpfen müssen.«[145]

Insgesamt manifestierte sich in diesen politischen Zielen der Wunsch nach einem selbstbestimmten, nach einem vermeintlich »authentischen« Leben – jenseits aller (männlichen) Regulierungen, sozioökonomischer Benachteiligungen und psychologischer Bevormundungen. Gegen die Selbstempfindung als Kolonisierte, Unterdrückte und Opfer der Männerherrschaft wurde so das bürgerlich-autonome Subjekt wieder aufgerichtet und mit feministischer Handlungsmächtigkeit ausgestattet.[146] Die meist aus dem Bürgertum stammenden Feministinnen waren auf der »Suche nach der authentisch weiblichen, innersten und ureigensten Identität«.[147] Die Hannoveraner Soziologin Barbara Duden, eine der wichtigsten Feministinnen bei der Frauenzeitschrift *Courage*, interpretierte die feministische Bewegung als »bewegte ›Subjektivierung‹« im Sinne Foucaults: »Die ›Selbstbestimmung‹ war die wohl wichtigste Forderung der Frauen damals, in Bezug auf den Schwangerschafts-

143 Vgl. Michaela Wunderle, *Politik der Subjektivität. Texte der italienischen Frauenbewegung*, Frankfurt/M. 1977; Ursula Krechel, *Selbsterfahrung und Fremdbestimmung. Bericht aus der Neuen Frauenbewegung*, Darmstadt, Neuwied 1975; Knäpper, *Feminismus*.

144 Gerhard, »Frauenbewegung«, S. 204.

145 Zitiert nach Nave-Herz, *Geschichte der Frauenbewegung*, S. 71.

146 Trumann, *Feministische Theorien*, S. 16, 21. Zur Selbstdarstellung von Frauen in der Opferrolle siehe ebd., S. 137-145.

147 Ebd., S. 58, 88 (Zitat).

abbruch, die Empfängnisverhütung, den Lebensplan, so vieles. Heute passt Selbstbestimmung [...] haarscharf in die Rationalität neoliberaler Sozial-Technologien, die die Menschen freisetzt und berechenbar macht«.[148]

Unter dem ständigen Druck der Autonomieproduktion und der Identitätsbildung wurde die Freiheitsforderung schnell zu einer Illusion. So befand eine Feministin 1979 recht zermürbt, dass nach der »autonomen und subjektiven [...] Bestimmung der Bedürfnisse aus sich selbst, von innen heraus [...] nach dem Häuten nichts mehr übrig« bleibt.[149] Authentisch zu sein bedeutete nicht nur Freiheit von gesellschaftlichen Zwängen und männlicher Herrschaft, sondern auch eine bestimmte Art, diese Autonomie zu verkörpern. Von Sprache über Gestus und Kleidung bis zum Habitus aus kreativer Flippigkeit und aggressiver Kritik repräsentierte die Feministin einen Subjekttypus, der aufmerksam gepflegt und immer wieder bekräftigt werden musste. In gewisser Weise ersetzte diese Selbstkontrolle die Organisationsdisziplin, die aufgrund der Skepsis gegenüber traditionellen Organisationsformen und ihren Machtmechanismen in der Frauenbewegung abgelehnt wurde.[150]

Der Identitäts- und Selbstinszenierungsdrang einer »bewegten Subjektivierung« manifestierte sich in den Protesten gegen den Paragraphen 218 immer wieder durch provokative und spektakuläre Aktions- und Demonstrationsformen. Diese wurden symbolischer Ausdruck eines ebenso intransigenten und wutgeladenen wie auch spielerisch-kreativen Selbstverständnisses. In den performativen Akten wurde Politik nicht nur symbolisiert, sondern auch begründet – sei es nun durch den Tomatenwurf der Germanistikstudentin Sigrid Rüger gegen Hans-Jürgen Krahl auf der SDS-Delegiertenkonferenz im September 1968, sei es durch die »Busen-Attacke« ge-

---

148 Zitiert nach Gisela Notz, »Courage – Wie es begann und was daraus wurde und was geblieben ist«, in: dies. (Hg.), *Als die Frauenbewegung noch Courage hatte. Die »Berliner Frauenzeitung Courage« und die autonomen Frauenbewegungen der 1970er und 1980er Jahre. Dokumentation einer Veranstaltung am 17. Juni 2006 in der Friedrich-Ebert-Stiftung Berlin*, Bonn 2007, S. 23-56, hier S. 51, 53. Vgl. Silja Samerski, *Die verrechnete Hoffnung. Von der selbstbestimmten Entscheidung durch genetische Beratung*, Münster 2002.

149 Angela aus einem Landeslesbenprojekt aus dem Jahr 1979; zitiert nach Trumann, *Feministische Theorie*, S. 125.

150 Zur Skepsis gegenüber traditionellen Organisationsformen: Nave-Herz u. a., »Ziele der Frauenbewegung«, S. 8.

gen den entsetzten Theodor W. Adorno in Frankfurt, sei es durch den mit Stinkbomben und Schweineschwänzen ausgedrückten Widerstand gegen den 1975 aufgeführten Film *Die Geschichte der O*, sei es durch Störungen gegen den Schönheitskult bei Misswahlen oder durch die farbig-bunten Frauenfeste zur Walpurgisnacht. Performanz und Politik hingen überall auf das engste zusammen.[151]

Wie in der Frauenbewegung, so ging es auch in der Schwulenbewegung darum, einen Begriff von der eigenen Situation zu bekommen. Die eigenen Erfahrungen sollten nicht einfach nur als individuelle Erlebnisse, sondern als gesellschaftlich strukturierte Wahrnehmungen und Erfahrungen gedeutet werden. Ab Mitte der siebziger Jahre bildeten die Schwulen ein ähnlich weitgespanntes und dezentrales Netz aus Gruppen, Kneipen, Zentren, Treffpunkten, Zeitschriften, Buchläden und Beratungsstellen aus wie die Frauenbewegung. Die Zahl der ersten fast ausschließlich großstädtischen Schwulengruppen, die zum Teil nach Vorführungen des Films *Nicht der Homosexuelle ist pervers, sondern die Situation, in der er lebt* (1971) Rosa von Praunheims entstanden, wuchsen bis zum Dezember 1980 auf immerhin 148 an. Der Selbsterfahrungscharakter wurde dabei, analog zur Frauenbewegung, mit dem langen Kampf gegen rechtliche Diskriminierung verbunden. Nach ersten Lockerungen in den Jahren 1969 und 1973 (vor allem durch die Herabsetzung des Schutzalters) wurde der Paragraph 175, der sexuelle Handlungen zwischen Männern unter Strafe stellte, letztlich erst nach der Wiedervereinigung im Jahr 1994 aus dem Strafgesetzbuch gestrichen. Die expressive Selbstverwirklichung rangierte in der Homosexuellenbewegung zunehmend vor gesellschaftstheoretischen Diskussionen, die als abgehoben vom Tisch gewischt wurden.[152]

151 »In der Schwebe«, in: *Stern* (29.12.1975), S. 49; Ute Kätzel (Hg.), *Die 68erinnen. Porträt einer rebellischen Frauengeneration*, Berlin 2002, S. 13/14; Barbara Schaeffer-Hegel, »›Sozialistische Eminenzen‹, ›Busen-Attacken‹ und ›Weiberrat‹ – geschlechterpolitische Impulse von 1968«, in: *Forschungsjournal Neue Soziale Bewegungen* 21, 3 (2008), S. 67-78, hier S. 70-72; Koenen, *Das rote Jahrzehnt*, S. 239.

152 Andreas Salmen, Albert Eckert, *20 Jahre bundesdeutsche Schwulenbewegung 1969-1989*, herausgegeben vom Bundesverband Homosexualität e. V., Köln 1989, S. 23-60; Christian Schäfer, *Widernatürliche Unzucht (§§ 175, 175a, 175b, 182 a.F. StGB). Reformdiskussion und Gesetzgebung seit 1945*, Berlin 2006; Haunss, *Identität in Bewegung*, S. 194-204; Jens Dobler, Harald Rimmele, »Schwulen-

Die Pille galt nicht wenigen Feministinnen als Symbol eines entfremdeten Körperzustandes, der nur den großen Pharmakonzernen nütze und zusammen mit der Gynäkologie zur Kontrolle der Frauenkörper diene. Gerade die Gynäkologie wurde als patriarchale Stütze interpretiert, die den Frauen von der ersten Periode über die Schwangerschaft bis zu Geburt und Menopause suggeriere, sie seien potentiell krank und gefährdet und bedürften ärztlicher Aufsicht.[153] Dagegen setzte ein Teil der Frauenbewegung romantisierende Bilder von Natürlichkeit und einem »authentischen Naturkern«, die von der Vorstellung einer ursprünglichen Frau ausgingen, welche hinter der Fassade männlicher Projektionen stehe und sich in den Selbsterfahrungsgruppen herausschälen sollte. Die Hexenmythologie aus der Frühen Neuzeit musste für solche Vorstellungen ebenso herhalten wie die griechischen Göttinnen auf der Insel Lesbos. Gegen instrumentelle Naturbeherrschung, die als männliches Projekt galt, setzte man eine Suche nach der ursprünglichen Lebensweise.[154] Dieses »Auf-den-Körper-Hören«, die Suche nach dem echten Kern und der Subjektivität wurde als Befreiung wahrgenommen, nicht jedoch in seiner selbstdizilinierenden Funktion.[155]

Dieses Bemühen um Autonomie mündete in die Debatte zur Mütterlichkeit und im »Müttermanifest« aus dem Umfeld der Grünen aus dem Jahr 1986/87. War der Frauenbewegung anfangs noch jede Idealisierung der Mütterlichkeit fremd, so entwickelte

---

bewegung«, in: Roland Roth, Dieter Rucht (Hg.), *Die sozialen Bewegungen in Deutschland seit 1945. Ein Handbuch*, Frankfurt/M., New York 2008, S. 541-556; Volkmar Sigusch, *Geschichte der Sexualwissenschaft*, Frankfurt/M., New York 2008, S. 409.

153 Trumann, *Feministische Theorie*, S. 88-91. In einem Flugblatt eines Berliner Frauenzentrums von 1974 hieß es dementsprechend: »Gynäkologen üben mit ihrem Wissen über unsere Unterleibsorgane Macht über uns aus. Das liegt zum Teil daran, daß wir Frauen zu wenig Möglichkeiten hatten, ›Einblick‹ in uns zu gewinnen. Selbstuntersuchung als Grundlage der Selbsthilfe heißt, sich regelmäßig mit einem Spiegel und einem Spekulum zu untersuchen« (Frauenforschungs-, -bildungs- und -informationszentrum [Hg.], *Zehn Jahre Frauenzentrum. Eine Dokumentation*, Berlin 1988, S. 24).

154 Trumann, *Feministische Theorie*, S. 93-107, 115 (Zitat). Weitere Belege bei Lenz, *Neue Frauenbewegung*, S. 123-128.

155 Trumann, *Feministische Theorie*, S. 115/116.

sich nun eine Mütterzentrumsbewegung, die sich gegen die »Tabuisierung und Ignoranz« der Mutterrolle durch die frühe Frauenbewegung richtete. Es entstand ein neuer »Weiblichkeitsmythos«, der Körpererlebnisse wie Mutterschaft, Schwangerschaft, Geburt oder Stillen als zentrale Bestandteile des Frauseins betonte.[156] Das Wohlbefinden, die Intensivierung sexueller und erotischer Empfindsamkeit oder die Schärfung der Sinne während der Schwangerschaft wurden zu ausschlaggebenden Merkmalen der Weiblichkeit stilisiert.[157] Zu gleicher Zeit wurde in der Friedensbewegung ein Gegensatz zwischen männlicher Aggressivität und weiblicher Friedfertigkeit beschworen. Der Kampf für den Frieden war aus dieser Sicht ein Kampf gegen die Männerherrschaft. Feministische Pazifistinnen wie Petra Kelly oder Eva Quistorp stellten den assoziativen Zusammenhang von männlicher Gewalt, phallischen Nuklearraketen und patriarchalischen Machtstrategien der US-Außenpolitik unter Ronald Reagan heraus. Die Frauen wurden in einem ebenso essentialistischen wie ganzheitlichen Diskurs als naturverbundene Wesen verstanden, die im Einklang mit der Natur und Liebe standen. Im Ökofeminismus thematisierte man im Zuge dessen den Zusammenhang zwischen der Ausbeutung der Natur und der Unterdrückung der Frau.[158]

Parallel zu der sogenannten »Mütterdiskussion«, die bereits in der zweiten Hälfte der siebziger Jahre begann, wurde gefordert, die Hausfrauenarbeit in der Familie als der Lohnarbeit gleichwertig und als einen alternativen Emanzipationsentwurf anzuerkennen.

156 Lenz, *Neue Frauenbewegung*, S. 621-646; Schaeffer-Hegel, »Sozialistische Eminenzen«, S. 71; Nave-Herz, *Geschichte der Frauenbewegung*, S. 89, 91; Silies, »Ein, zwei, viele Bewegungen?«, S. 99-101.

157 Zitate hierzu bei Trumann, *Feministische Theorie*, S. 109.

158 Kreis, Reinhild, »›Männer brauchen Raketen‹. Frauenfriedensbewegung und Geschlechterdimension«, in: Christoph Becker-Schaum u. a. (Hg.), *»Entrüstet Euch!« Nuklearkrise, Nato-Doppelbeschluss und Friedensbewegung*, Paderborn u. a. 2012, S. 294-308; Saskia Richter, *Die Aktivistin. Das Leben der Petra Kelly*, München 2010, S. 206-216; Silke Mende, Birgit Metzger, »Ökopax. Die Umweltbewegung als Erfahrungsraum der Friedensbewegung«, in: Christoph Becker-Schaum u. a. (Hg.), *»Entrüstet Euch!« Nuklearkrise, Nato-Doppelbeschluss und Friedensbewegung*, Paderborn u. a. 2012, S. 118-134, hier S. 124; Benjamin Ziemann, »The Code of Protest. Images of Peace in the West German Peace Movement, 1945-1990«, in: *Contemporary European History* 17 (2008), S. 237-261, S. 249/250; »Männer hört her, wir wollen keinen Krieg«, in: *Courage* 5 (1980), S. 4/5.

Die neue Konzentration auf die Familie war auch Ausdruck der Arbeitsmarktkrise und der ab Mitte der siebziger Jahre um sich greifenden Massenarbeitslosigkeit. Die Sozialhilfe für Mütter zu erhöhen und elternunabhängig zu machen wurde ebenso zum politischen Ziel wie die Forderung nach einer Bezahlung der Hausarbeit. Auch sollte die Unabhängigkeit der Mütter in Arbeit (mehr Betreuungseinrichtungen) und Recht (Scheidungsrecht und Unterhaltszahlungen) gestärkt werden. Dies bedeutete insgesamt gesehen eine Aufwertung des Rollenbildes der Mutter und Hausfrau, die einigen Feministinnen als neu-altes Vor- und Leitbild diente.[159]

Letztlich waren solche Forderungen innerhalb der Frauenbewegung jedoch immer heftig umstritten. Wie unterschiedlich die Normierungen durch die Frauenbewegung waren, zeigen etwa die Auseinandersetzungen zwischen Heterofrauen und Lesben, denen das Zusammenleben mit Männern als Verrat an der Frauenbewegung galt.[160]

Die vornehmlich US-amerikanischen Debatten zur Infragestellung der Kategorie »Geschlecht« schlugen in der bundesrepublikanischen Frauenbewegung im Grunde erst in den neunziger Jahren voll durch. Der universalistische Anspruch des Feminismus wurde zum einen als bloß auf weiße und westliche Formen reduzierter Emanzipationsanspruch kritisiert. Zum anderen wurde der Begriff »Geschlecht« durch Judith Butler zu einer provisorischen und fluktuierenden Einheit ausdifferenziert.[161] Die Vorstellung einer festen und geschlossenen weiblichen Identität geriet damit ernsthaft ins Wanken; bis in die achtziger Jahre aber blieb die Authentizitäts- und Identitätspolitik für die bundesrepublikanische Frauenbewegung bestimmend.

Im Laufe der achtziger und neunziger Jahre hatte die autonome Frauenbewegung durch einen schleichenden Prozess der Institutionalisierung, Professionalisierung und Pluralisierung ihren Cha-

---

159 Dorothee Pass-Weingartz, *Mütter an die Macht*, Reinbek 1989; Uta Gerhardt, Yvonne Schütze, (Hg.), *Frauensituation. Veränderungen in den letzten zwanzig Jahren*, Frankfurt/M. 1988, S. 9; Ute Frevert, *Frauen-Geschichte. Zwischen Bürgerlicher Verbesserung und Neuer Weiblichkeit*, Frankfurt/M. 1986, S. 282-284; Gerhard, »Frauenbewegung«, S. 206/207, 210; Flügge, »1968 und die Frauen«, S. 284, 286-288; Nave-Herz, *Geschichte der Frauenbewegung*, S. 89-91.

160 Gerhard, »Frauenbewegung«, S. 206.

161 Trumann, *Feministische Theorie*, S. 145-168; Gerhard, »Frauenbewegung«, S. 213; Lenz, *Neue Frauenbewegung*, S. 865-1144.

rakter als soziale Bewegung verloren.[162] Quotenregelung, Gleich-stellungsbeauftragte, Frauenbüros, staatliche Finanzierung von Frauenhäusern, von Gesundheitszentren und Tagungshäusern, akademischer Feminismus und der Kompromiss um den Paragraphen 218 waren Ausdruck von Teilerfolgen und Institutionalisierungsprozessen. Zugleich gab es Frauenmagazine und Frauenbuchreihen in den großen Verlagen, in Filmen gab es Karrierefrauen und es gab emanzipierte Frauen sowie die Feministinnen bei den Grünen. Einige Ziele und Leitbilder der Frauenbewegung hatten sich gesellschaftlich durchgesetzt. Die Doppelorientierung junger und zunehmend deutlich besser gebildeter Frauen und Mädchen auf Beruf und Familie wurde für die Frauen selbst wie auch in der Gesamtgesellschaft zur Normalität; dass 1959 noch 55 Prozent der Männer und 61 Prozent der Frauen ein Gesetz befürworteten, welches Müttern mit Kindern unter zehn Jahren die Berufsarbeit verbietet, war in den späten achtziger und frühen neunziger Jahren nahezu unvorstellbar geworden.[163] Betrug der Anteil der erwerbstätigen Frauen an der weiblichen Gesamtbevölkerung Deutschlands während der sechziger Jahre noch rund ein Drittel, war er 1974 bereits auf 50,6 Prozent und 1990 auf 58 Prozent angestiegen. Frauenförderung im Beruf, Gleichstellungsgesetze und die Bekämpfung der Diskriminierung von Frauen am Arbeitsplatz setzten in den achtziger Jahren ein und etablierten sich in den folgenden Jahrzehnten. Das kann beispielsweise an den kommunalen Gleichstellungsstellen beobachtet werden, von denen die ersten 1982 geschaffen wurden und deren Zahl bis Ende des Jahrzehnts auf 540 angewachsen war. Im Jahr 2002 gab es 1900, fast viermal so viele.[164] Es waren solche Prozesse, die der Frauenbewegung wie dem linksalternativen Milieu insgesamt Stabilität nahmen.

162 Dazu ausführlich: Lenz, *Neue Frauenbewegung*, S. 357-916.

163 *Jahrbuch der öffentlichen Meinung 1958-1964*, herausgegeben von Elisabeth Noelle und Erich P. Neumann, Allensbach 1965, S. 383; Trumann, *Feministische Theorie*, S. 130/131.

164 Andreas Wirsching, »Erwerbsbiographien und Privatheitsformen: Die Entstandardisierung von Lebensläufen«, in: Thomas Raithel u. a. (Hg.), *Auf dem Weg in eine neue Moderne? Die Bundesrepublik Deutschland in den siebziger und achtziger Jahren*, München 2009, S. 89; Axel Schildt, Detlef Siegfried, *Deutsche Kulturgeschichte. Die Bundesrepublik – 1945 bis zur Gegenwart*, München 2009, S. 383.

2.1.4 Ganzheitlichkeit und Natürlichkeit: Die Umwelt- und Anti-AKW-Bewegung

Mit der ökologischen Wende um das Jahr 1970 veränderten sich die Vorstellungen vom Mensch-Natur-Verhältnis grundlegend, die Umweltproblematik erfuhr ihre entscheidende Politisierung und wurde zum Gegenstand öffentlichkeitswirksamer Debatten.[165] Vom Mainstream eines konservativen Naturschutzes der fünfziger Jahre ausgehend, entstand ein von jungen, progressiven und nichtetablierten Aktivisten getragener Umweltschutz. Zum Maßstab ihres Denkens wurden Vorstellungen von den Kreisläufen und kybernetischen Rückkopplungen innerhalb des Ökosystems, die mit kapitalismuskritischen Vorstellungen über die Wachstumsgrenzen im ökologischen Gleichgewicht verknüpft wurden. Die ökologische Bewegung wendete sich vom »Schutz« der Natur ab und rückte stattdessen die umfassenden Wechselbeziehungen zwischen Umwelt, Arbeit, Produktion und Konsum ins Zentrum ihrer Überlegungen. Statt auf begrenzte Maßnahmen setzten die Akteure stärker auf umfassende Veränderungen, erweiterten ihre Themenpalette und verbanden den Umweltschutz mit einer umfassenden Gesellschaftskritik an der industriellen Moderne. Die neuen Umweltaktivisten machten die Gesellschaftsstrukturen in den Industrienationen für die ökologischen Probleme verantwortlich. Das ebenso global und ganzheitlich ausgerichtete wie komplex vernetzte Denken der Umweltschützer wurde mit Forderungen nach Dezentralisierung, dem Aufbau »sanfter« Technologien und einem weitgehenden Konsumverzicht verbunden. Die Umgangsformen, Verhandlungsmuster und Proteststile waren konflikthafter als noch bei den traditionellen Naturschützern.[166]

---

165 Patrick Kupper, »Die ›1970er Diagnose‹. Grundsätzliche Überlegungen zu einem Wendepunkt der Umweltgeschichte«, in: *AfS* 43 (2003), S. 325-348; ders., »Weltuntergangs-Vision aus dem Computer. Zur Geschichte der Studie ›Die Grenzen des Wachstums‹ von 1972«, in: Jens Hohensee, Frank Uekötter (Hg.), *Wird Kassandra heiser? Beiträge zu einer Geschichte der falschen Öko-Alarme*, Stuttgart 2003, S. 98-111; Kai Hünemörder, »Kassandra im modernen Gewand. Die umweltapokalyptischen Mahnrufe der frühen 70er Jahre«, in: Jens Hohensee, Frank Uekötter (Hg.), *Wird Kassandra heiser? Die Geschichte falscher Ökoalarme*, Stuttgart 2004, S. 78-97.

166 Ludwig Trepl, »Ökologie – eine grüne Leitwissenschaft? Über die Grenzen und Perspektiven einer modischen Disziplin«, in: *Kursbuch* 74 (1983), S. 6-27;

Ab 1969 schossen ökologisch orientierte Bürgerinitiativen wie Pilze aus dem Boden, die sich im Wesentlichen mit den Fragen von Umweltschutz, Verkehrspolitik und Kernenergie auseinandersetzten. Zunächst standen lokal geprägte Themen wie die Belästigung durch eine industrielle Anlage oder die Konflikte um eine geplante Straße in der Nachbarschaft im Vordergrund. Bald darauf rückte ein breiter ausgerichtetes ökologisches Denken ins Zentrum unterschiedlicher Partizipationsforderungen der egalitär aufgebauten Umweltschutzinitiativen, die meist aus 25- bis 40-jährigen, männlichen, gebildeten Aktivisten mit Mittelschichthintergrund bestanden.[167] Mitte der siebziger Jahre dürfte es rund 1500 bis 3000 rein ökologisch orientierte Bürgerinitiativen gegeben haben, die bis Ende der siebziger Jahre rund 115000 Aktivmitglieder auf sich vereinten. Im Laufe der achtziger Jahre hatte sich die Anzahl der Bürgerinitiativen schon verdoppelt. In Berlin, um ein Fallbeispiel zu nennen, gab es 1978 96 Umweltinitiativen, die sich im Jahr 1984 auf 130 Gruppen vermehrt hatten. Das Mobilisierungspotential dieser Gruppen, die mit Unterschriftenaktionen, Infoständen, Flugblättern, Demonstrationen, rechtlichen Eingaben und in Verhandlungen mit staatlichen Behörden Politik machten, war beträchtlich. Für ihre Veranstaltungen konnten die Bürgerinitiativen insgesamt

Dieter Rucht, Jochen Roose, »Von der Platzbesetzung zum Verhandlungstisch? Zum Wandel von Aktionen und Struktur der Ökologiebewegung«, in: Dieter Rucht (Hg.), *Protest in der Bundesrepublik. Strukturen und Entwicklungen*, Frankfurt/M., New York 2001, S.173-210, S.181/182; Karl-Werner Brand, »Umweltbewegung«, in: Roland Roth, Dieter Rucht (Hg.), *Die sozialen Bewegungen in Deutschland seit 1945. Ein Handbuch*, Frankfurt/M., New York 2008, S.219-244, S.231; Kupper, »Weltuntergangs-Vision aus dem Computer«, S.109; Jens I. Engels, »Verhaltensstile im Umweltprotest. Bausteine zu einer vergleichenden Untersuchung von Protestbewegungen«; in: *vorgänge* 42, 4 (2003), S.50-58, S.56; Carl Lankowski, »Soziale Bewegungen in den USA und in der Bundesrepublik: Die Friedenbewegung und die Umweltbewegung«, in: Detlef Junker (Hg.), *Die USA und Deutschland im Zeitalter des Kalten Krieges 1945-1990. Ein Handbuch*, Bd.2, Stuttgart, München 2001, S.644-664, S.649/650; Sandra Thieme, *Perspektiven ökologisch-nachhaltiger Entwicklung. Zur Aktualität utopischen Denkens*, Schkeuditz 2004, S.82.

167 Jens I. Engels, *Naturpolitik in der Bundesrepublik. Ideenwelt und politische Verhaltensstile in Naturschutz und Umweltbewegung 1950-1980*, Paderborn 2006, S.322/323, 327; Brand, »Umweltbewegung«, S.224; Jochen Roose, *Made by Öko-Institut. Wissenschaft in der bewegten Umwelt*, Freiburg 2002, S.66, ⟨http://www.oeko.de/oekodoc/82/2002-014-de.pdf⟩, letzter Zugriff am 11.03.2013.

bis zu 1,5 Millionen, für Unterschriftensammlungen sogar bis zu 10 Millionen Bundesbürger gewinnen. Gerade unter den Anhängern des Umweltschutzes genoss das Instrument der Bürgerinitiativen eine hohe Reputation. 1978 waren 49 Prozent der Sympathisanten des Umweltschutzes bereit, eine Bürgerinitiative finanziell oder mit einer Unterschrift zu unterstützen, wenn nicht sogar selbst mitzuarbeiten. 94 Prozent plädierten dafür, Bürgerinitiativen umfassendere Entscheidungskompetenzen zuzubilligen.[168]

Die Umweltbewegung war in der Gesamtbevölkerung hoch angesehen. Bereits 1977 hielten 80 Prozent aller Deutschen die Umweltbewegung für »gut« oder sogar »sehr gut«, und ein Jahr später betrachteten 76 Prozent der bundesdeutschen Bevölkerung den Umweltschutz als ein Anliegen, welches ihnen besonders wichtig war.[169] Das Potential derjenigen, »die sich ernsthafter mit dem natürlichen Leben auseinandersetzen und für entsprechende Produkte und Programme« eines »Zurück zur Natur« aufgeschlossen waren, bezifferte das Marplan-Institut 1981 allein unter den jüngeren Bundesbürgern auf vier Millionen Personen.[170]

Ab 1972 vernetzten sich viele Bürgerinitiativen in dem neu gegründeten Bundesverband Bürgerinitiativen Umweltschutz (BBU), einer Dachorganisation, die sich aus der evangelischen Kirche, Ministerialverwaltung und unterschiedlichen Bürgerinitiativen zusammensetzte. Dem Verband konnten sich Bürgeriniti-

168 Engels, *Naturpolitik*, S. 327; Brand, »Umweltbewegung«, S. 236; Jörg Türschmann, »Am Strand von TUNIX. Körperdiskurse, Pazifismus und Natursehnsucht in der Ökobewegung«. in: Werner Faulstich (Hg.), *Die Kultur der 70er Jahre*, München 2004, S. 37-48, hier S. 38 (mit leicht anderen Zahlen für die Bürgerinitiativen). Zur Akzeptanz der Bürgerinitiativen siehe »Das Meinungsklima gegenüber einer Umweltschutzpartei. Analyse der Stärke und Motive ihrer potentiellen Anhänger (IfD-Umfrage) [1978]«, S. 58/59, in: BArch Koblenz, Zsg 132, Nr. 2450. Zur positiven staatlichen Einschätzung der Bürgerinitiativen im Bereich Umweltschutz zwischen 1972 und 1978 siehe BArch Koblenz, B 106, Nr. 51165, Band 3-5.

169 »Das Meinungsklima gegenüber einer Umweltschutzpartei. Analyse der Stärke und Motive ihrer potentiellen Anhänger (IfD-Umfrage) [1978]«, S. 3, in: BArch Koblenz, Zsg 132, Nr. 2450. Damals vermutete die Mehrzahl der Befragten, dass eine mögliche Umweltschutzpartei eine Partei der Mitte wäre (ebd., S. 13/14). Vgl. auch Hünemörder, »Kassandra im modernen Gewand«, S. 83.

170 N. N., *Lebensziele. Potentiale und Trends alternativen Verhaltens*, Hamburg 1981, S. 43 (Repräsentativuntersuchung vom Marplan-Institut [Offenbach] im Auftrag des *Stern*).

ativen direkt oder über die regionalen Landesverbände des BBU anschließen. Schnell überflügelten innerhalb des BBU die neuen, radikaler auftretenden Bürgerinitiativen die kirchlichen Gruppen und älteren Vereine. Regionale Schwerpunkte lagen im südlichen und mittleren Westteil der Bundesrepublik. Entscheidungen wollte der BBU möglichst, wie für das linksalternative Milieu im Ganzen typisch, nach dem Konsensprinzip fällen. 1975 umfasste der BBU etwa 110, im Jahr 1980 bereits 250 Initiativen, wobei die zahlreichen Antikernkraftinitiativen seit 1976/77 das Geschehen im BBU dominierten. 1979 rief der BBU zu der bis dahin größten Antikernkraftdemonstration auf, die 100 000 Teilnehmer nach Bonn brachte. Einen weiteren Höhepunkt erlebte der BBU, als er 1980 die bundesweite Pressekampagne für die Besetzung des Bauplatzes am atomaren Endlager in Gorleben organisierte. In der Zeit von 1977 bis 1980 wurde der BBU zudem immer wieder mit der Frage nach seinem Verhältnis zur grün-alternativen Wahlbewegung konfrontiert, die dort erst kritisch gesehen, dann aber im Hinblick auf lokale und regionale Zusammenarbeit für wichtig erachtet wurde. Mitte der achtziger Jahre hatte der BBU – nicht zuletzt angesichts des Aufstiegs der grünen Partei – an Einfluss verloren. Die schnell wachsenden und immer professioneller auftretenden großen Verbände erlangten jedenfalls eine immer stärkere Bedeutung in der Umweltbewegung, während bei der Anti-Atomkraft-Bewegung informelle Initiativen und Gruppen eine größere Rolle behielten.[171]

Gerade im Umweltbereich entstanden größere Verbände wie der Bund für Umwelt- und Naturschutz Deutschland (BUND, gegründet 1975), Greenpeace Deutschland (gegründet 1980) oder Robin Wood (gegründet 1982). Allein der BUND umfasste Anfang der

171 Dieter Rucht, »Von der Bewegung zur Institution? Organisationsstrukturen der Ökologiebewegung«, in: Roland Roth, Dieter Rucht (Hg.), *Neue soziale Bewegungen in der Bundesrepublik Deutschland*, Frankfurt/M. 1991, S. 334-358; Rucht, Roose, »Von der Platzbesetzung«, S. 186-188, 190/191, 197-199; Engels, *Naturpolitik*, S. 333-338; Mende, »*Nicht rechts, nicht links*«, S. 53-60; Richter, *Die Aktivistin*; Rucht, »Anti-Atomkraftbewegung«, S. 259; Brand, »Umweltbewegung«, S. 225, 235/236; Lankowski, »Soziale Bewegungen«, S. 649/650; Manfred Kriener, »Lieber heute aktiv, als morgen radioaktiv. Die Ökologiebewegung verändert die Bundesrepublik«, in: Gabriele Dietz u. a. (Hg.), *wild + zahm. Die siebziger Jahre*, Berlin 1997, S. 146-153, hier S. 153; Schildt/Siegfried, *Deutsche Kulturgeschichte*, S. 369. Vgl. auch BArch Koblenz, B 106, Nr. 51164 (zu den Bürgerinitiativen in Sachen Umweltschutz während der frühen siebziger Jahre).

neunziger Jahre 2200 Ortsgruppen mit insgesamt 220 000 Mitgliedern. Im Zuge dessen zeichneten sich zunehmend Professionalisierungstendenzen in den Umweltverbänden ab.

Themen, Wissen und Weltsichten der ökologischen Bewegung

Viele Bürgerinitiativen radikalisierten im Laufe der siebziger Jahre ihre Kritik an technologischen Planungsprozessen und Großtechnologien. Das Wissen über ökologische Zusammenhänge gewann an Raum, der Begriff »Ökologie« avancierte zu einem Kampfbegriff und Synonym für linksalternative Wirtschafts- und Gesellschaftsvorstellungen zwischen Ökosozialismus und anarchistischen Positionen.[172] Das Spektrum der Themen reichte von Infrastrukturprojekten in Straßenbau, Industrieanlagen und Flughäfen über Müllentsorgung, sauren Regen, Waldsterben und den Klimaschutz bis zur Problematik von Manöverschäden und Landschaftsschutz. Die Risiken der Atomenergie standen früh auf der Agenda der Umweltschützer, die sich oft gemeinsam mit der Anti-AKW-Bewegung zu Protesten gegen Lagerung und Transport von nuklearen Abfällen und den Bau von Atomkraftwerken zusammenfanden.[173] Zu Beginn der achtziger Jahre wurden globale Umweltthemen wie saurer Regen und das Ozonloch immer wichtiger. Während der siebziger Jahre hatte sich der weltweite Bedarf an Energie und Ressourcen wie auch die Menge an Abfall verdreifacht. Probleme wie die Emission von Kohlendioxid und Fluorchlorkohlenwasserstoff (FCKW), der Treibhauseffekt, die Erderwärmung und der Klimawandel rückten ins Zentrum des Interesses.[174]

Wissen und alternative Bildung wurden zu einem zentralen Element der Umweltbewegungen, die ihrer Politik mit Gegenexpertisen in Genehmigungsverfahren, eigenständig erhobenen Abwasser- oder Luftproben, autonom organisiertem Fachwissen und Aufklärung der Bevölkerung einen entscheidenden Schub gaben.

---

172 Engels, *Naturpolitik*, S. 331; Brand, »Umweltbewegung«, S. 231.

173 Rucht, Roose, »Von der Platzbesetzung«, S. 185/186; Brand, »Umweltbewegung«, S. 227, 231; Roose, *Made by Öko-Institut*, S. 67.

174 John R. McNeill, »The Environment, Environmentalism, and International Society in the Long 1970s«, in: Niall Ferguson u. a. (Hg.), *The Shock of the Global. The 1970s in Perspective*, London 2010, S. 263-278, bes. 267; Thieme, *Perspektiven*, S. 87/88.

Die Umweltverschmutzung war – dank neuer Technologien – wissenschaftlich leichter nachzuweisen. Zudem wurden die Einwendungen, Rechtsauslegungen und Gegenexpertisen, die der BBU bei den staatlichen Behörden einbrachte, im Laufe der siebziger Jahre immer professioneller.[175] Aufgrund dieser Entwicklungen ging Ende 1977 aus dem BBU das deutschlandweit erste Öko-Institut in Freiburg hervor. Schnell stellte man dort feste Mitarbeiter ein und das Institut wurde zum ersten professionellen Thinktank der Umweltbewegung. Gründungsmitglieder waren unter anderem Bernhard Grzimek, Erhard Eppler, Frederic Vester, Carl Amery, Herbert Gruhl und Robert Jungk. Mit rund 100 fest angestellten Mitarbeitern in drei Standorten ist es mittlerweile das größte unabhängige ökologische Forschungsinstitut in Deutschland. Seine Gutachten sind heutzutage bei Kommunen, Landes- und Bundesregierung und sogar bei Unternehmen gefragt.[176]

Trotz konfrontativer Protestformen wurde ab den späten achtziger Jahren mehr und mehr der Dialog und die begrenzte Kooperationen mit der Wirtschaft gesucht. Selbst Greenpeace, eine auf öffentlichkeitswirksame Proteste ausgelegte Umweltorganisation, arbeitete nun mit Firmen zusammen, um grüne Technologien zu fördern. So brachte ein ostdeutsches Unternehmen mit Unterstützung der Organisation 1991/92 den ersten FCKW-freien Kühlschrank, genannt »Greenfreeze«, auf den Markt. In den siebziger Jahren wurden dagegen vornehmlich konfrontative, publikumswirksame Kampagnen verfolgt, um die Verhandlungsposition gegenüber Industrie und Staat zu stärken. Im Ganzen gesehen, institutionalisierte sich die Umweltbewegung ab den achtziger Jahren. Dieser Prozess reichte von der zunehmenden Bedeutung der großen Umweltverbände und ihren Beratungstätigkeiten über die Partei Die Grünen bis zur Einrichtung des Bundesumweltministeriums im Jahre 1986.[177] Gleichwohl hatte das von Hans-Dietrich

175 Zur Eingabepraxis des BBU zwischen 1977 und 1981 siehe BArch Koblenz, B 106, Nr. 66829, 89254, 89255; Engels, *Naturpolitik*, S. 330/331. Zu den Umwelttechnologien: McNeill, »The Environment«, S. 264/265.

176 Roose, *Made by Öko-Institut*, S. 33; Brand, »Umweltbewegung«, S. 235, 241; Engels, *Naturpolitik*, S. 335/336.

177 ⟨http://einestages.spiegel.de/s/tb/28045/oeko-revolution-aus-ostdeutschland-wie-foron-den-ersten-fckw-freien-kuehlschrank-der-welt-erfand.html⟩, letzter Zugriff am 10.08.2013; Hartwig Heine, Rüdiger Mautz, *Öffnung der Wagenburg? Antworten von Chemiemanagern auf ökologische Kritik*, Berlin 1995; Marion

Genscher geführte Bundesinnenministerium bereits in der ersten Hälfte der siebziger Jahre zahlreiche Umweltschutzmaßnahmen getroffen – vom Gesetz zum Schutz gegen Fluglärm und dem wichtigen Benzinbleigesetz (1971) über ein Abfallbeseitigungs- und DDT-Gesetz (1972) bis zum Bundes-Immissionsschutzgesetz und der Schaffung des Umweltbundesamtes im Jahr 1974.[178] Im Laufe der neunziger Jahre trat die Umweltbewegung in eine Phase der Etablierung ein, und die moralische Empörung wurde in Expertenvorlagen und in Gremienarbeit für nachhaltige Entwicklungen umgemünzt. Letztlich entkrampfte sich der Gegensatz zwischen Wirtschaft und Umweltschutz – pragmatische Umweltmanager kooperierten zunehmend mit Politik und Wirtschaft.[179]

Der ursprüngliche Aufbau der Umweltbewegung aus kleinen, autonomen Gruppen in einer möglichst hierarchiefreien Netzwerkorganisation korrespondierte mit den ideologischen Einstellungen der Aktivisten. Statt unter Aspekten der Lenkung, Dienstbarmachung und Beherrschung der Natur für Arbeitsprozesse und materiellen Fortschritt betrachtete die Ökologiebewegung das Umweltgeschehen nach dem Konzept des (Fließ-)Gleichgewichts. Begriffe wie »Gleichgewicht«, »Harmonie«, »Ausgeglichenheit« und »Stabilität« galten als Schlüssel für die Lösung ökologischer Probleme in der modernen Industriegesellschaft. Diese Naturinterpretation unterstützte die »Suche des Menschen nach Authentizität und Selbstverwirklichung«, wie die Bielefelder Soziologin Mechthild Oechsle als Kern der Ökologiebewegung herausgearbeitet hat.[180] Basisdemokratie und Enthierarchisierung, nichtentfremdete Arbeit, ein ökologisches, naturnahes, gesundes Leben, praktische Solidarität und Dezentralität wurden zu wichtigen Stichworten der ökologischen Lebenspraxis.

Die Ökologiebewegung der siebziger Jahre speiste sich aller-

Dreyer, »Die Kommunikationspolitik der chemischen Industrie im Wandel«, in: Karl-Werner Brand u. a. (Hg.), *Ökologische Kommunikation in Deutschland*, Opladen 1997, S. 240-267; Brand, »Umweltbewegung«, S. 239/240; Roose, *Made by Öko-Institut*, S. 65-67.

178 Frank Uekötter, *Am Ende der Gewissheiten. Die ökologische Frage im 21. Jahrhundert*, Frankfurt/M., New York 2011, S. 91-97.

179 Thieme, *Perspektiven*, S. 90/91.

180 Mechthild Oechsle, *Der ökologische Naturalismus. Zum Verhältnis von Natur und Gesellschaft im ökologischen Diskurs*, Frankfurt/M., New York 1988, S. 58; Trepl, »Ökologie«, S. 23-26. Vgl. auch Thieme, *Perspektiven*, S. 92/93.

dings aus vielen verschiedenen ideologischen Wurzeln, wobei das Spektrum bis hin zu animistischen und kosmologischen Formen reichte. Auch die Ablehnung moderner kapitalistischer Großtechnologie hatte von Robert Jungks verschwörungstheoretischem Buch *Der Atomstaat* bis zu Murray Bookchins Schriften viele Facetten, und es fällt nicht leicht, in ihr einen gemeinsamen Nenner zu finden. Fortschrittsskepsis und Hinterfragung von herkömmlichem Expertenwissen mischten sich mit ökonomischen Erwägungen über die mangelhafte Wirtschaftlichkeit der Atomenergie, die angesichts gewaltiger staatlicher Investitionsmittel, ungelöster Entsorgungsfragen und eines gegenüber den Prognosen der sechziger Jahren geringeren Energiebedarfs an Gewicht gewannen.[181]

Zukunftsangst und Zivilisationskritik, die Furcht vor der Übernutzung natürlicher Ressourcen, vor umweltgefährdenden Techniken und als apokalyptisch ausgemalten Unfällen der unkalkulierbaren Hochtechnologie vermischten sich zu verschiedensten Formen politischer Ökologie, die Machbarkeitsvorstellungen der industriellen Moderne hinterfragten. Die Umweltzerstörung wurde, da sie ein existenzielles Thema war, stark emotionalisiert. Zwei Drittel der Jugendlichen sagten 1982, sie fühlten sich davon »persönlich betroffen«.[182] Protest und Systemkritik wurden von der Umweltbewegung mit Modellen umweltfreundlicher, einfacher und naturnaher Lebensführung verbunden. Wahrscheinlich bestand der kleinste gemeinsame Nenner der Aktivisten darin, »ganzheitliche Konzepte« eines »integrierten Umweltschutzes« mit der Ablehnung der unbedingten Herrschaft über die Natur und einem naturgemäßen Verhalten im Alltag zu kombinieren. Die Vielfalt der Natur, ihre Komplexität und ihr Gleichgewicht gelte es zu erhalten, so

181 Vgl. nur Robert Jungk, *Der Atom-Staat. Vom Fortschritt in die Unmenschlichkeit*, München 1977. Zum Buch siehe nur die Besprechung durch Klaus Traube, »Thesen gegen Supertechnik«, in: *Der Spiegel* 53 (26.12.1977), S.104-107; Murray Bookchin, *Kommunismus und Selbstbestimmung. Spontaneität und Organisation*, Berlin 1974; dies., *Die Formen der Freiheit*, Telgte 1977. Zu Murray Bookchin siehe auch Rolf Goetz, *Von der Landkommune zur Dorfgemeinschaft – Ökologische Modelle zwischen Anarchie und Spiritualität*, Herford 1980, S.49-58; Klaus-Bernd Vollmar, *Alternative Selbstorganisation auf dem Lande*, Berlin 1976, S.128-134; Demele, *Leben & Lernen*, S.75.

182 SINUS-Institut im Auftrag des Bundesministeriums für Jugend, Familie und Gesundheit, *Die verunsicherte Generation. Jugend und Wertewandel*, Opladen 1983, S.38, 41/42, 46.

argumentierten die ökologischen Gruppen, wobei Dezentralität, sanfte Technologien und das Vorleben der eigenen Maßstäbe zu den ökologischen Grundprinzipien gesellschaftlicher Organisation gehörten.[183]

Immer wieder kam es in der Umweltbewegung zu apokalyptischen Vorstellungen von der vollkommenen Erschöpfung oder Überforderung der Natur, angefangen bei dem aufsehenerregenden *Silent Spring* von Rachel Carson (1962) über das allein in der englischen Taschenbuchausgabe drei Millionen Mal verkaufte Buch *The Population Bomb* des Biologen Paul Ehrlich (1968) bis zu der sehr einflussreichen, in 37 Sprachen übersetzten und über 12 Millionen Mal verkauften Meadows-Studie *The Limits to Growth* von 1972 (besser bekannt als Studie des Club of Rome). Die düstere Prognose der Studie von Kybernetikern aus dem Massachusetts Institute of Technology lautete, dass ein anhaltendes oder gar weiter steigendes Wirtschaftswachstum einen zunehmenden Ressourcenverbrauch, eine stark anwachsende Weltbevölkerung und letztlich einen Zusammenbruch des ökologischen Gleichgewichts nach sich ziehe. Sie wurde zu einem Zeitpunkt veröffentlicht, als Umweltgifte, Radioaktivität, die rasante Zunahme der Weltbevölkerung, die Angst vor der Endlichkeit natürlicher Energieressourcen, verheerende Öltankerunglücke (Torrey Canyon 1967, Amoco Cadiz 1978, Exxon Valdez 1989) und Chemieunfälle (Seveso 1976, Bhopal 1984, Basel 1986) in aller Munde waren. Sie nährten das Bewusstsein von der Anfälligkeit der modernen Technologie und ihrer Zerstörungskraft. Die Kritik an der Machbarkeitseuphorie und Planungsbegeisterung der sechziger Jahre wurde dadurch befeuert. In den linksalternativen Krisenszenarien wurde das allgemein verbreitete Grundgefühl der Bedrohung übersteigert und mit körperlich erfahrbaren »apokalyptischen Angstvisionen« vor einem Atomschlag, vor ökologischen Katastrophen (vom vergifteten Wasser bis zum versauerten Waldboden) oder einem möglichen Super-GAU in

---

183 Albrecht Weisker, »Powered by Emotion? Affektive Aspekte in der westdeutschen Kernenergiegeschichte zwischen Technikvertrauen und Apokalypseangst«, in: Franz-Josef Brüggemeier, Jens-Ivo Engels (Hg.), *Natur- und Umweltschutz nach 1945. Konzepte, Konflikte, Kompetenzen*, Frankfurt/M., New York 2005, S. 203-221, hier S. 203/204, 206-213; Glätzer, *Landkommunen*, S. 201, 206/207; Brand, »Umweltbewegung«, S. 227; Kriener, »Lieber heute aktiv, als morgen radioaktiv«, S. 146-153.

bundesdeutschen Atomkraftwerken verbunden. Das Gefühl der existenziellen Betroffenheit wurde zu einem fundamentalen politischen Argument.[184]

Die Anti-AKW-Bewegung

Von Anfang an gab es enge Kontakte zwischen der Anti-AKW-Bewegung und der Umweltschutzbewegung. Beide werden häufig in einem Atemzug genannt. Der Trend in Sachen Protest- und Teilnehmerzahlen verlief ähnlich und über die BBU hingen beide Bewegungen auch organisatorisch zusammen.[185] Für drei bis fünf Jahre während der siebziger Jahre beherrschte der Atomkonflikt die Debatten zur Ökologie und führte der Umweltbewegung neues Potential zu – nicht zuletzt aus linken studentischen Gruppierungen. Die ökologische Kritik wurde umfassender, kapitalismus-, konsum- und gesellschaftskritischer.

Den Durchbruch brachten der Anti-AKW-Bewegung die öffentliche Kritik und der Protest gegen das geplante Kernkraftwerk im südbadischen Wyhl in den Jahren zwischen 1973 und 1976. Mit der Besetzung des Baugeländes durch rund 28 000 Demonstranten im Februar 1975 erreichte diese Auseinandersetzung ihren Höhepunkt. Gegen den Schnellen Brüter in Kalkar protestierten 1977 60 000 Menschen, auf einer Kundgebung in Hannover, die den sogenannten Gorleben-Treck empfing, versammelten sich im März 1979 100 000 Kernkraftgegner. Zwischen 1977 und 1981 fand an

---

184 Dennis Meadows u. a., *Die Grenzen des Wachstums. Bericht des Club of Rome zur Lage der Menschheit*, Stuttgart 1972; Kai Hünemörder, *Die Frühgeschichte der globalen Umweltkrise und die Formierung der deutschen Umweltpolitik (1950-1973)*, Stuttgart 2004, S. 222-227; Hünemörder, »Kassandra im modernen Gewand«, S. 78-97; Kupper, »Weltuntergangs-Vision«, S. 98-111; Mende, *»Nicht rechts, nicht links«*, S. 292-321, 366-371, 407-445; Thieme, *Perspektiven*, S. 82-85, 88; Koenen, *Das rote Jahrzehnt*, S. 487; Andreas Wirsching, *Abschied vom Provisorium. Die Geschichte der Bundesrepublik Deutschland 1982-1990*, München 2006, S. 363; Sven Reichardt, »Große und Sozialliberale Koalition (1966-1974)«, in: Roland Roth, Dieter Rucht (Hg.), *Die sozialen Bewegungen in Deutschland seit 1945. Ein Handbuch*, Frankfurt/M., New York 2008, S. 71-91, S. 79/80, 89.

185 Rucht, »Anti-Atomkraftbewegung«, S. 246; Rucht, Roose, »Von der Platzbesetzung«, S. 184; »Das Meinungsklima gegenüber einer Umweltschutzpartei. Analyse der Stärke und Motive ihrer potentiellen Anhänger (IfD-Umfrage) [1978]«, S. 51-54, in: BArch Koblenz, Zsg 132, Nr. 2450.

verschiedensten Orten der Republik monatlich mindestens eine Veranstaltung mit 5000 bis 10 000 Personen statt. Insgesamt beteiligten sich 1977 schätzungsweise 150 000 und 1979 deutlich über 200 000 Menschen an Anti-Atomkraft-Demonstrationen. Die Atomkraft war ab Mitte der siebziger Jahre zum beherrschenden Thema der Umweltschutzbewegung geworden.[186]

Nach einem kurzen Abflauen Anfang der achtziger Jahre, als andere Themen wie Frieden und die Entstehung der Grünen die Tagesordnung dominierten, erhielt die Anti-AKW-Bewegung mit den außerparlamentarischen Protesten um die geplante Wiederaufbereitungsanlage bei Wackersdorf in Bayern und die Einrichtung des Zwischenlagers in der Nähe von Gorleben in Niedersachsen neuen Auftrieb. Vor allem in der Folge der Nuklearkatastrophe in Tschernobyl erreichte die Anti-AKW-Bewegung neue Dimensionen. 1986, im Jahr des Reaktorunglücks in der Ukraine, gingen auf über 100 Protestveranstaltungen insgesamt fast eine halbe Million Menschen auf die Straße.[187]

Die Atomkraftgegner kamen zum einen aus den ländlichen Orten in der Nähe der Standorte der Kernkraftwerke bzw. der End- und Zwischenlager. Dort engagierte sich die Mehrheit der lokalen Bevölkerung – nahezu unabhängig von sozialer Schicht und politischer Zugehörigkeit. Zum anderen rekrutierte sich die Anti-AKW-Bewegung aus den Studenten und linken Gruppen in den großen Städten. Auf unzählige lokale Initiativen verteilt, bildeten sie eine Netzwerkstruktur aus, die nur in begrenztem Maße mithilfe des BBU strukturiert werden konnte. Die im Verlauf der siebziger Jahre ein- bis zweimal pro Jahr an wechselnden Orten stattfinden-

186 Rucht, »Anti-Atomkraftbewegung«, S. 257, 249, 251; Mende, »*Nicht rechts, nicht links*«, S. 332 (mit zum Teil falschen Zahlenangaben). Vgl. weiterführend: Rainer Obst, *Wyhl – Analyse einer Bürgerbewegung gegen Kernkraftwerke. Informationsbericht des Instituts für marxistische Studien und Forschungen*, Frankfurt/M. 1976; Dieter Rucht, *Von Wyhl nach Gorleben. Bürger gegen Atomprogramm und nukleare Entsorgung*, München 1980.

187 Rucht, »Anti-Atomkraftbewegung«, S. 257, 249, 251; Thomas Dannenbaum, »›Atom-Staat‹ oder ›Unregierbarkeit‹? Wahrnehmungsmuster im westdeutschen Atomkonflikt der siebziger Jahre«, in: Franz-Josef Brüggemeier, Jens I. Engels, (Hg.), *Natur- und Umweltschutz nach 1945. Konzepte, Konflikte, Kompetenzen*, Frankfurt/M., New York 2005, S. 268-285, hier S. 268/269; Engels, *Naturpolitik*, S. 345/346 (mit teilweise überhöhten Zahlen); Schildt/Siegfried, *Deutsche Kulturgeschichte*, S. 369-371.

den Bundeskonferenzen dienten als Koordinationsorgane, ebenso wie die Zeitschriften *Atomexpress* oder *Atommüllzeitung*, die zu zentralen Medien für den Austausch wurden. Die jugendlichen, städtischen Protestierenden stammten aus unterschiedlichsten Zusammenhängen. Das Spektrum reichte von basisdemokratischen gegenkulturellen Organisationsformen über parteilich orientierte grün-alternative Gruppen bis hin zu den kleinen K-Gruppen, die die Kernkraftwerke als »kapitalistisches Joch« interpretierten und hofften, mit ihrer Klassenkampfrhetorik neue Mitglieder für sich mobilisieren zu können.[188]

Die Motivationen für den Protest waren dem breiten Sozialprofil und politischen Zugehörigkeiten entsprechend vielgestaltig. Neben der Kritik an der Großtechnologie im Allgemeinen, deren mögliche Risiken gerade im Falle der Atompolitik vielen Bundesbürgern zu hoch erschienen, traten Sorgen hinsichtlich einer möglichen Gefährdung von Gesundheit und Landwirtschaft durch radioaktive Emissionen auch im Normalbetrieb der Kernkraftwerke und Befürchtungen, materielle Einbußen im Tourismusgeschäft zu erleiden. Die Angst vor den potentiellen Schadensdimensionen, die Universalität der Betroffenheit, die Irreversibilität von Strahlenschäden und die ungeklärte Frage nach der Entsorgung des atomaren Mülls beschäftigten alle Gruppen der Anti-AKW-Bewegung gleichermaßen. Dazu kam eine Kritik an staatlichen Verfahrenspraktiken, da quasi über die Köpfe der Betroffenen hinweg und ohne bürgerschaftliche Mitwirkung Standorte bestimmt und Baupläne umgesetzt wurden. Vonseiten der jungen, städtischen AKW-Gegner wurde der Vorrang betriebswirtschaftlichen Profitstrebens gegenüber gemeinwohlorientierten Sicherheitsaspekten, mangelnde Transparenz bei der staatlichen Entscheidungsfindung, unzureichende parlamentarische Kontrollen sowie die enge Verflechtung zwischen wirtschaftlichen und staatlichen Interessen und die daraus folgende Undurchschaubarkeit der Preisbildung im Energiesektor und die mögliche militärische Nutzung scharf kritisiert. Neben den übermäßig wachsenden Kosten der Nukleartechnik verschärfte auch der durch Gegenexpertisen befeuerte Vertrauensverlust seitens der Bevölkerung in die Energieexperten den Pro-

---

188 Rucht, »Anti-Atomkraftbewegung«, S 259-261; Engels, *Naturpolitik*, S. 346, 361; Dannenbaum, »›Atom-Staat‹«, S. 269/270.

test.[189] Herausragende Personen, wie der ehemalige Atommanager Klaus Traube, der unter anderem für die Entwicklung und den Bau des Schnellen Brüters in Kalkar zuständig gewesen war, wurden zu Gegenexperten. Die Tatsache, dass Traube 1975 und 1976 auch noch vom Verfassungsschutz abgehört worden war, machte ihn zu einer Galionsfigur der Anti-AKW-Bewegung.[190]

Indem sich die AKW-Gegner in mühsame Verhandlungen mit staatlichen Behörden, Landesregierungen und Gerichten begaben, um Genehmigungsverfahren zu widersprechen, Klage einzureichen und einstweilige Verfügungen zu erstreiten, wurden Bundesregierung, staatliche Institutionen und bürokratische Amtsträger zu Zielscheiben des Protests. 67 Prozent des Anti-AKW-Protests richteten sich explizit gegen den Staat, während bei nur 28 Prozent der Demonstrationen und Proteste Wirtschaftsunternehmen das Hauptziel waren. In Wackersdorf wurde beispielsweise mit über 880 000 Verfahrenseinsprüchen und Verwaltungsgerichtsklagen ein Rekord aufgestellt. Die Kritik an der staatlichen Energiepolitik und an den Stellungnahmen der 1976 entstandenen Gesellschaft für Anlagen- und Reaktorsicherheit wurde von nahezu allen Umweltschützern geteilt. Daneben gingen die Umweltorganisationen aber auch kurzzeitige Kooperationen ein, indem sie an zahlreichen Anhörungen teilnahmen, Stellungnahmen zu neuen Gesetzesvorhaben formulierten oder sich auf Gemeinde- und Kreisebene an der Planung etwa von Müllverbrennungsanlagen beteiligten.[191] Insgesamt engagierten sich die Personen aus der Anti-Atomkraft-Bewegung meist auch in Fragen des allgemeinen Umweltschutzes und fast alle AKW-Gegner sympathisierten mit den Anliegen der Umweltbewegung.[192]

189 Rucht, »Anti-Atomkraftbewegung«, S. 257/258; Weisker, »Powered by Emotion?«, S. 204, 212-221. Zur staatlichen Überwachung kritischer Fernsehberichte und Publikation im Bereich der Kernenergie siehe die Schriftwechsel des Bundesministeriums des Innern mit den entsprechenden Sendeanstalten oder mit Verlagen: BArch Koblenz, B 106, Nr. 62791.

190 »Der Minister und die ›Wanze‹«, in: *Der Spiegel* 10 (28. 02. 1977), S. 19-29.

191 Brand, »Umweltbewegung«, S. 239; Rucht, Roose, »Von der Platzbesetzung«, S. 191; Rucht, »Anti-Atomkraftbewegung«, S. 253, 263/264. Zu den vielen Klagen und Einwendungen durch Umweltverbände zwischen 1971 und 1978 siehe auch den Bestand: BArch Koblenz, B 106, Nr. 52569-57573. Für die Jahre 1976 bis 1984 siehe BArch Koblenz, B 106, Nr. 89246-89252.

192 Engels, *Naturpolitik*, S. 348/349, 352-364 (am Beispiel von Wyhl); Rucht, »Anti-Atomkraftbewegung«, S. 247.

Insbesondere der bereits erwähnten Gruppe der Autonomen ist es zuzuschreiben, dass es in den Jahren zwischen 1985 und 1989 bei 14 Prozent aller Anti-AKW-Proteste zu Gewaltanwendungen kam, während dies in den Jahren davor (ab 1975) bei gerade einmal fünf Prozent der Fall gewesen war.[193] Selbst bei diesen gewalttätigen Protesten der AKW-Gegner findet man noch das Motiv der praxisorientierten Selbstbestimmung, welches schon bei den Spontis und Feministinnen von zentraler Bedeutung war. So hieß es beispielsweise in einem Bekennerschreiben nach einem Sabotageanschlag auf einen Strommast, dass der »Widerstand [...] Ausdruck unserer Lebensfreude« sei und man dadurch dem »Ziel, einem selbstbestimmten Leben ohne Ausbeutung, Entfremdung und Unterdrückung«, näher gekommen sei.[194] Der militante, illegale Widerstand wurde zu einer Selbsttechnik, mit der man sich seiner Unangepasstheit gegenüber dem staatlichen »System« vergewisserte. Man machte sein Anderssein glaubhaft und legte hierfür beweiskräftige Taten ab.[195]

Zugleich waren aber auch die staatlichen und polizeilichen Reaktionen auf die Anti-AKW-Bewegung seit 1977 deutlich schärfer geworden. Die K-Gruppen und später die Autonomen wurden pauschal zusammengefasst und zu einer Gefahr für die demokratische Ordnung erklärt. Intensive Vorfeldaufklärung mit moderner Überwachungstechnologie und Einsatzplanung, neue Bewaffnung mit Wasserwerfern und CS-Gas sowie martialische Großaufgebote mit Hubschraubereinsätzen trugen auch von staatlicher Seite zur Eskalation bei:

Bei den Großdemonstrationen des Jahres 1977 in Brokdorf (Februar), Grohnde (März) und Kalkar (September) hinterließen Aktionen wie tief fliegende Hubschrauber, überzogener Tränengaseinsatz oder die Durchsuchung gestoppter Züge mit vorgehaltenen Maschinenpistolen in den Au-

193 Rucht, Roose, »Von der Platzbesetzung«, S. 189.
194 »Wer keinen Mut zu träumen hat, hat keine Kraft zu kämpfen«, in: *Atomexpress* 40 (1984), S. 26/27. Zu den Anschlägen vgl. auch Thomas Balister, *Straßenprotest. Formen oppositioneller Politik in der Bundesrepublik Deutschland zwischen 1979 und 1989*, Münster 1996, S. 108-110.
195 Innovativ hierzu: Andreas Pettenkofer, *Radikaler Protest. Zur soziologischen Theorie politischer Bewegungen*, Frankfurt/M. 2009.

gen der meisten friedlichen Demonstranten martialische Bilder. Hier, so schien es ihnen, zeigte der ›Atom-Staat‹ sein wahres Gesicht.

Autobahnabschnitte wurden großräumig abgesperrt, es wurden massenweise Personenüberprüfungen vorgenommen. Allein im Vorfeld der Anti-AKW-Großdemonstration gegen den Schnellen Brüter in Kalkar vom September 1977 sollen es 125 000 gewesen sein.[196] Der Bauzaun geriet zur symbolträchtigen Kulisse des Konflikts. Gegen die überzogene Staatsgewalt wollte man – so lautete die Parole in der damaligen Guerilla-Sprache – »zwei, drei, viele Brokdorfs« setzen. Das Thema »Repression gegenüber Atomenergiegegnern« beschäftigte 1978 auch Mitgliederversammlungen so friedfertiger Institutionen der Umweltbewegung wie etwa des BBU. Erst im Laufe der achtziger Jahre setzte allmählich ein Lernprozess hin zu einer stärker bürgerorientierten Polizeiarbeit ein.[197]

Authentizität und Angst

Das Moment der Authentizität fehlte bei den Anti-AKW-Protesten nicht, wie die Aussage von Wolfgang Sternstein, Mitglied einer anarchistisch-sozialistischen Anti-AKW-Gruppe, verdeutlicht. Sternstein schrieb über die lokalen Protestierer in Wyhl im Jahre 1975, dass diese »naturverbundener, selbstständiger, bescheidener und wohl auch ein bißchen redlicher, mit einem Wort, weniger entfremdet als die Stadtbewohner« seien.[198] Wie bei der Umweltbewegung war auch für die Anti-Atomkraft-Bewegung das Ganzheitsdenken Ausdruck ihres Authentizitätsideals. Die Besinnung auf das ökologische Gleichgewicht und die ganzheitlichen Zusammenhänge führe die Gesellschaft wieder zurück in die Bahn einer vernünftigen Politik, hieß es 1976 auf einer Tagung des BBU zur »gegenwärtigen Krise« der Gesellschaft.[199] Es gelte, die Vielfalt der autonomen Regelsysteme der Ökologie zu bewahren und sich solidarisch mit der Um-, Mit- und Nachwelt zu zeigen – erst Ressourcenschonung und Kreislaufwirtschaft böten Freiheit und Selbst-

---

196 Barbara Lang, *Mythos Kreuzberg. Ethnographie eines Stadtteils (1961-1995)*, Frankfurt/M., New York 1998, S. 125.

197 Dannenbaum, »›Atom-Staat‹«, S. 276-285 (Zitat S. 282); Mende, *»Nicht rechts, nicht links«*, S. 333-335, 337/338 (Zitat S. 334).

198 Zitiert nach Engels, *Naturpolitik*, S. 373.

199 Zitiert nach ebd., S. 377.

entfaltungsmöglichkeiten. Hinter solch ökologischen Denkweisen stand, so der Historiker Jens Ivo Engels, »die Suche nach dem Nonkonformen, Authentischen jenseits der Mehrheitsgesellschaft mit ihren ›Zwängen‹«.[200] Technikkritik, Ganzheitlichkeitsideale, die Vorstellung einer möglichst unberührten Umwelt verschmolzen in der Atomkritik, die sich gleichermaßen gegen die atomare Energieversorgung und Aufrüstung richtete. Für Petra Kelly, die zur Anti-Atomkraft-Bewegung stieß, weil ihre Halbschwester im Alter von zehn Jahren an Krebs gestorben war, gehörte auch noch die Strahlenmedizin und Apparattechnik in diesen Zusammenhang.[201]

Die in den achtziger Jahren nahezu allgegenwärtige Zukunftsangst bezog sich auf das Zerstörungspotential von Kernenergie und Atomwaffen, auf die Grenzen des Wachstums, die Erschöpfung der natürlichen Ressourcen und die Risiken der hochmodernen Gesellschaft. Unter Schlagworten wie Waldsterben, Tschernobyl, Aids, dem Orwell'schen »Überwachungsstaat« und dem »atomaren Holocaust«, wie man damals sagte, nahm sie nahezu apokalyptische Züge an. Die Themen Gesundheitsgefährdung und Umweltzerstörung wurden in linksalternativen Organen wie der *taz* permanent in der Diskussion gehalten, wo prominente Autoren wie Holger Strohm, Robert Jungk oder Günther Anders publizierten.[202] Dabei wurde »Angst zur legitimen Grundlage politischen Handelns« gemacht: »Angst galt als besondere Form der Sensibilität – gerade für die gefühlige Betroffenheitsfraktion der Subjektivisten […]. Gerade die Friedensbewegung verdankte den massenhaften Zulauf, den sie in diesen Jahren erfuhr, der Triebkraft der Angst.«[203] Erst mit dem ganzheitlichen Einsatz von Vernunft und Emotionalität erhalte man, so lautete das zentrale Argument,

200 Ebd., S. 377/378.
201 Richter, *Die Aktivistin*, S. 83-105.
202 Jörg Magenau, *Die taz. Eine Zeitung als Lebensform*, München 2007, S. 124; Uekötter, *Am Ende der Gewissheiten*, S. 112-120. Zur erhitzten Debatte über das Waldsterben in den achtziger Jahren: Kenneth Anders, Frank Uekötter, »Viel Lärm ums stille Sterben. Die Debatte über das Waldsterben in Deutschland«, in: Jens Hohensee, Frank Uekötter (Hg.), *Wird Kassandra heiser? Beiträge zu einer Geschichte der falschen Öko-Alarme*, Stuttgart 2003, S. 112-138.
203 Magenau, *Die taz*, S. 125/126. Vgl. Judith Michel, »›Die Angst kann lehren, sich zu wehren‹. Der Angstdiskurs der westdeutschen Friedensbewegung in den 1980er Jahren«, in: *Tel Aviver Jahrbuch für deutsche Geschichte* 38 (2010), S. 246-269.

einen realitätsgerechten Bewertungsmaßstab. Affektive Betroffenheit wurde zur politischen Währung, Angst zu einem politischen Argument, zur »besonderen Qualität friedenspolitischen Handelns« und diente als persönlicher Selbstreinigungsprozess inmitten einer als stumpf und teilnahmslos wahrgenommenen Außenwelt.[204]

Auch außerhalb des linksalternativen Milieus stellten Skepsis und Sorgen, so zeigen Umfragen des Allensbacher Instituts, ein wichtiges Grundgefühl der bundesrepublikanischen Gesellschaft dar. Während 1969 noch 58 Prozent der Bundesbürger meinten, sie würden »in einer glücklichen Zeit« leben, waren es 1978 nur noch 44 und 1982 gar nur noch 32. Insbesondere unter den Jugendlichen war dieses Grundgefühl besonders verbreitet. Fast 50 Prozent von ihnen rechneten 1981 mit dem Ende aller Existenz durch einen Atomkrieg. Gleichzeitig hielten 76 Prozent der 15- bis 24-Jährigen Umweltzerstörung durch Technik und Chemie für sehr wahrscheinlich oder sogar sicher. Literatur, Unterhaltungsmusik und Filmkunst erzählten zahllose Geschichten biographischer Entfremdung und menschlichen Scheiterns, geistiger Leere und emotionaler Enttäuschung.[205]

204 Günter Schmid, »Zur Soziologie der Friedensbewegung und des Jugendprotestes«, in: *APuZ* B 24 (1982), S. 15-30, hier S. 29; Bopp, »Trauer-Power«, S. 159/160; Susanne Schregel, »Konjunktur der Angst. ›Politik der Subjektivität‹ und ›neue Friedensbewegung‹, 1979-1983«, in: Greiner, Bernd u. a. (Hg.), *Angst im Kalten Krieg. Studien zum Kalten Krieg*, Bd. 3, Hamburg 2009, S. 495-520, hier S. 500-508 (Zitat S. 501).

205 Elisabeth Noelle-Neumann, Edgar Piel (Hg.), *Allensbacher Jahrbuch der Demoskopie 1978-1983*, Bd. VIII, München u. a. 1983, S. 25; Annkatrin Gebauer, »Apokalyptik und Eschatologie. Zum Politikverständnis der GRÜNEN in ihrer Gründungsphase«, in: *AfS* 43 (2003), S. 405-420; Scheer/Espert (Hg.), *Deutschland*, S. 11; Wirsching, *Abschied vom Provisorium*, S. 429-432; »Probleme der achtziger Jahre (IfD-Umfrage vom November 1980)«, in: BArch Koblenz, Zsg 132, Nr. 2707. Schon in den siebziger Jahren zeichnete sich dieses Angstszenario ab, allerdings in wesentlich kleinerem Rahmen. Siehe dazu die folgende Allensbacher IfD-Studie: »Die Ängste der Deutschen. Dokumentation einer Umfrage für den Spiegel (31. März und 1. April 1974)«, in: BArch Koblenz, Zsg 132, Nr. 2038, Bd. II; Frank Biess, »Die Sensibilisierung des Subjekts. Angst und ›Neue Subjektivität‹ in den 1970er Jahren«, in: *Werkstatt Geschichte* 49 (2008), S. 51-71; Michel, »Die Angst kann lehren«, S. 262/263.

2.1.5 Die Friedensbewegung
und die Partei der Grünen

Angst und Zukunftsskepsis manifestierten sich nicht nur in vielen Umwelt- und Anti-AKW-Gruppen, sondern auch in der aufkommenden Friedensbewegung. Es passte durchaus ins Bild, wenn der BBU-Vorstandssprecher Jo Leinen (SPD) bereits 1978 urteilte: »Die ökologische Bewegung ist auch eine Friedensbewegung; denn Rüstung und Krieg sind die sinnlosesten Arten der Rohstoffvergeudung, Umweltverschmutzung, Naturzerstörung und Gesundheitsschädigung«.[206] Ähnlich formulierte es 1981 Petra Kelly: »Ökologie, das heißt für mich: gegen Ausbeutung von Menschen und Natur, im weiteren Sinne des Wortes Friedenspolitik.«[207] Seit Ende 1979 hatte sich zudem der Protest gegen die Kernkraft mit den Protesten der Friedensbewegung verbunden. Beide Bewegungen waren wie »siamesische Zwillinge« (Kelly) gegen die Atomkraft eingestellt und viele Protestteilnehmer und Aktivsten beteiligten sich an beiden, wie etwa Kelly, Jungk oder der evangelische Pfarrer und Publizist Jörg Zink. Unter dem zeitgenössischen Stichwort »Ökopax« wurden sowohl die Friedens- als auch die Umweltbewegung als »Überlebensbewegungen« bezeichnet und durch ihre Ausrichtung auf die »Befriedung von Mensch und Natur« miteinander verknüpft. Wie in der Umweltbewegung bildete sich mit dem Ausbau der Friedensforschung auch in der Friedensbewegung ein alternatives Fachwissen heraus. In der Folge der 1968 gegründeten Arbeitsgemeinschaft für Friedens- und Konfliktforschung verbreitete sich in den siebziger und achtziger Jahren ein regelrechtes Gegenexpertentum. Bereits im Oktober 1979 hatte der BBU gemeinsam mit der DFG-VK in Kassel einen Kongress mit dem programmatischen Titel »Ökologie- und Friedensbewegung« organisiert, auf dem die Politisierung der Umweltbewegung zum Ausdruck kam. Ohnehin hatte sich eine Erweiterung der Agenda in der politischen Umwelt- und Ökobewegung vollzogen. Bürger- und Menschrechte sowie Demokratie und Partizipationsansprüche

---

206 Engels, *Naturpolitik*, S. 328 (Zitat von Jo Leinen S. 336); Brand, »Umweltbewegung«, S. 225; Thieme, *Perspektiven*, S. 86. Zu Jo Leinen siehe auch Rucht, Roose, »Von der Platzbesetzung«, S. 202.
207 Zitiert nach Richter, *Aktivistin*, S. 144.

rückten ins Zentrum des Kampfs gegen die Umweltverschmutzung.[208]

Die letzte große Mobilisierungswelle in den frühen achtziger
Jahren ging allerdings auf ein außenpolitisches Ereignis zurück:
Am 12. Dezember 1979 hatten die Außen- und Verteidigungsmi-
nister der NATO in Brüssel den sogenannten Doppelbeschluss verabschiedet. Er sah Abrüstungsverhandlungen mit der Sowjetunion
vor und enthielt zugleich eine Drohung: Sollten die Verhandlungen keinen Erfolg haben, wollten die USA spätestens nach vier Jahren – also Ende 1983 – modernere atomare Mittelstreckenraketen
vom Typ Pershing II in Europa stationieren. Als deutlich wurde,
dass die 1981 an die Macht gekommene Reagan-Administration
eine »Politik der Stärke« verfolgte und die offensive Rüstungspoli-
tik den Rüstungskontroll- und Abrüstungsabsichten übergeordnet
wurde, formierte sich massiver Protest, der von der Kriegsrhetorik
der US-Politik immer wieder befeuert wurde.[209]

In Deutschland wie auch in anderen westlichen Ländern entstand die größte Friedensbewegung nach 1945, die ihre Vorläufer
aus den fünfziger und sechziger Jahren bald übertrumpfen sollte.
Die Konstituierungsphase der Neuen Friedensbewegung begann in
den Jahren ab 1975 und ging in den Jahren 1981 und 1982 in eine
Mobilisierungsphase über. Sodann folgte eine im Sommer 1983
einsetzende Dezentralisierungsphase. Die Öffnung der Umweltbe-

208 Petra Kelly, Jo Leinen (Hg.), *Prinzip Leben. Ökopax – die neue Kraft*, Berlin
    1982, bes. S. 5-69; Mende/Metzger, »Ökopax«, S. 122, 123 (Zitate), 126; Mari-
    anne Zepp, »Ratio der Angst. Die intellektuellen Grundlagen der Friedens-
    bewegung«, in: Christoph Becker-Schaum u. a. (Hg.), *»Entrüstet Euch!« Nu-
    klearkrise, Nato-Doppelbeschluss und Friedensbewegung*, Paderborn u. a. 2012,
    S. 135-150; Mende, *»Nicht rechts, nicht links«*, S. 339-352, 377 (Kelly-Zitat S. 341);
    Türschmann, »Am Strand von TUNIX«, S. 39/40; Michel, »Die Angst kann
    lehren«, S. 267.

209 Ulrike C. Wasmuht, »Von den Friedensbewegungen der 80er Jahre zum An-
    tikriegsprotest von 1991«, in: Roland Roth, Dieter Rucht (Hg.), *Neue soziale
    Bewegungen in der Bundesrepublik Deutschland*, Bonn ²1991, S. 131-137; Saskia
    Richter, »Der NATO-Doppelbeschluss und die Entstehung der Grünen zwi-
    schen 1979-1983«, in: Philipp Gassert, Hermann Wentker (Hg.), *Zweiter Kalter
    Krieg und Friedensbewegung. Der NATO-Doppelbeschluss in deutsch-deutscher und
    internationaler Perspektive*, Washington, D. C., München u. a. 2010, S. 229-246;
    Francis Gavin, »Wrestling with Parity: The Nuclear Revolution Revisited«, in:
    Niall Ferguson u. a. (Hg.), *The Shock of the Global. The 1970s in Perspective*, Lon-
    don 2010, S. 189-204; Lankowski, »Soziale Bewegungen«, S. 647.

wegung in Richtung Friedensbewegung war nur ein Kennzeichen einer sehr breiten Kooperationsbereitschaft, die von der christlichen Friedensbewegung bis hin zu den kommunistischen Organisationen reichte.[210]

Die erste große Friedensdemonstration fand anlässlich des 19. Deutschen Evangelischen Kirchentags (Motto: »Fürchte dich nicht«) am 20. Juni 1981 in Hamburg mit über 100 000 Teilnehmern statt. Am 10. Oktober 1981 beteiligten sich mehr als 250 000 Menschen an einer friedlichen Demonstration im Bonner Hofgarten, die von fast 700 verschiedenen Gruppen und Verbänden organisiert worden war. Der maßgeblich aus dem DKP-Umfeld heraus initiierte »Krefelder Appell« vom 16. November 1980 fand bis 1983 angeblich sogar rund vier Millionen Unterzeichner. Wiederum in Bonn versammelten sich am 10. Juni 1982 etwa eine halbe Million Menschen zu einer Großdemonstration. Ähnliche Proteste folgten 1983 in Hannover (im Rahmen des 20. Deutschen Evangelischen Kirchentags), in Bonn und in Hasselbach im Hunsrück. In der Aktionswoche gegen die Nachrüstung vom 16. bis 22. Oktober 1983 beteiligten sich etwa 1,3 Millionen Menschen in verschiedenen deutschen Großstädten an den Friedensdemonstrationen.[211]

Im Herbst 1981 errechnete selbst das konservative Allensbacher Institut, dass zwölf Prozent der deutschen Bevölkerung Pazifisten seien. Im Jahr 1983 sprachen sich 60 Prozent der Befragten (nach anderen Umfragen sogar 78 Prozent) gegen die Stationierung der Pershing-II-Raketen aus. Nach Angaben der Meinungsforschung

210 Christoph Becker-Schaum, »Die institutionelle Organisation der Friedensbewegung«, in: ders. u. a. (Hg.), *»Entrüstet Euch!« Nuklearkrise, Nato-Doppelbeschluss und Friedensbewegung*, Paderborn u. a. 2012, S. 151-168, hier S. 156-164; Alice H. Cooper, *Paradoxes of Peace. German Peace Movements since 1945*, Ann Arbor 1996, S. 117-210; Josef Janning u. a. (Hg.), *Friedensbewegungen. Entwicklung und Folgen in der Bundesrepublik Deutschland, Europa und den USA*, Köln 1987, S. 19-63.

211 Richter, *Aktivistin*, S. 145/146, 151-155; Rudolf van Hüllen, *Ideologie und Machtkampf bei den Grünen. Untersuchung zur programmatischen und innerorganisatorischen Entwicklung einer deutschen »Bewegungspartei«*, Bonn 1990, S. 378. Zum Einfluss der DDR und der Sowjetunion auf die westeuropäische Friedensbewegung siehe Holger Nehring, Benjamin Ziemann, »Führen alle Wege nach Moskau? Der NATO-Doppelbeschluss und die Friedensbewegung – eine Kritik«, in: *VfZ* 59, 1 (2011), S. 81-98 (mit Bezug auf die ältere Literatur von Jürgen Maruhn und Manfred Wilke oder Michael Ploetz und Hans-Peter Müller).

gehörten 1983 mehr als drei Millionen Menschen zu den Anhängern und Sympathisanten der Friedensbewegung. Auch in den Nachbarländern gab es Großdemonstrationen: Am 20. Oktober 1981 fand in Brüssel eine Demonstration mit 200 000 Menschen statt, am 21. November 1981 kamen in Amsterdam 400 000 Demonstranten zusammen und am 29. Oktober 1983 in Den Haag waren es 550 000.[212] Die Friedensbewegung war international vernetzt, hatte aber neben ihrer transnationalen und globalen Ausrichtung auch eine stark lokale und regionale Verwurzelung. Das Rückgrat der deutschen Friedensbewegung waren zweifellos die ca. 5000 lokalen »Friedensinitiativen« und »Friedensbüros«, die die Basis für den »Koordinationsausschuss« der Friedensbewegung bildeten. Immer wieder gerieten lokale Räume in den Blick: die örtlichen Militäranlagen, die »Atomwaffen gleich nebenan« wie auch die atomwaffenfreien Zonen vor Ort (die »Kleingärten des Friedens«). Transnationales und Lokales verschränkten sich in den multiskalaren Räumen der Friedensbewegung, die die emotionale Betroffenheit im unmittelbaren Lebensumfeld »nicht weit von Dir« thematisierte und dadurch ein ebenso entgrenztes wie globales Bedrohungsszenario an die Ebene des lokalen Lebensumfelds zurückband.[213]

Die deutsche Friedensbewegung, das zeigen vergleichende Studien, war weit stärker entwickelt als die in anderen westeuropäischen Staaten. Ein Grund für ihre Mobilisierungserfolge lag darin, dass sie an bestehende Strukturen und Erfahrungen der Umwelt-, Anti-AKW- und Frauenbewegung anknüpfen konnte. Wie bei den anderen sozialen Bewegungen der siebziger Jahre waren es auch hier überproportional viele junge und gebildete Menschen, die sich

212 »Pazifismus 1981. Strukturelle Hintergründe und Zusammenhänge eines Phänomens (IfD-Umfrage 1981)«, in: BArch Koblenz, Zsg 132, Nr. 2778 (diese im Oktober 1981 vorgelegte Studie im Auftrag der CDU/CSU-Fraktion meinte zu erkennen, dass die »Welle des Pazifismus« eigentlich schon vorbei sei – ein Hinweis darauf, Meinungsforschern keine Zukunftsprognosen zu überlassen); Noelle-Neumann/Piel (Hg.), *Allensbacher Jahrbuch*, Bd. VIII, S. 628-646; Becker-Schaum, »Die institutionelle Organisation der Friedensbewegung«, S. 151/152; Schregel, *Atomkrieg*, S. 73, 71, 228.

213 Schregel, *Atomkrieg*, passim, bes. aber S. 78-136, 267-328; Becker-Schaum, »Die institutionelle Organisation der Friedensbewegung«, S. 151-153. Zitate: »Geheim, und trotzdem leicht zu erkennen. Atomwaffen gleich nebenan«, in: *taz* (18. 06. 1981); Schregel, *Atomkrieg*, S. 267, 108.

aktiv einbrachten. Zugleich konnten die Friedensaktivisten auf die Sympathie der Bevölkerungsmehrheit zählen. Neben der schieren Massenmobilisation beeindruckte angesichts der militanten Aktionen von Teilen der Anti-AKW- und der Hausbesetzerbewegung gerade die Gewaltfreiheit der Proteste der Friedensbewegung, die mit Demonstrationen und Märschen, Menschenketten, humanitärer Hilfe und Informationsarbeit operierte. Die friedlichen Formen des passiven Widerstands und zivilen Ungehorsams boten nur wenige Angriffsflächen für konservative Kritik. Bei ihren Mobilisationserfolgen half der Friedensbewegung der gesellschaftliche Wertewandel, der die Ablehnung von Autorität, Gewalt und militärischen Werten wie Unterordnung und Disziplin verstärkte.[214]

Das »Menschliche« als authentischer Ausdruck

Die innovativen Aktionsformen der Menschenketten, Blockaden und Schweigekreise konvergierten mit dem Selbstverständnis der Friedensbewegung. So sollte mit den teilweise riesigen Menschenketten (beispielsweise den mehr als 200 000 Menschen am 22. Oktober 1983 auf den 108 Kilometern zwischen der europäischen Kommandozentrale der US-Streitkräfte in Stuttgart und dem Raketendepot in den Wiley-Barracks in Neu-Ulm) das gemeinsame öffentliche Einstehen für Frieden und Abrüstung symbolisiert werden. Das »Menschliche« wurde gegen den »unmenschlichen Krieg« ebenso pathetisch in Szene gesetzt, wie Gemeinsamkeit und Verbundenheit sinnfällig wurden. Ein ähnliches Pathos beanspruchten

214 Andreas Buro, »Friedensbewegung«, in: Roland Roth, Dieter Rucht (Hg.), *Die sozialen Bewegungen in Deutschland seit 1945. Ein Handbuch*, Frankfurt/M., New York 2008, S. 267-292, S. 274, 281-283; Mende/Metzger, »Ökopax«, S. 123; Benjamin Ziemann, »A Quantum of Solace? European Peace Movements During the Cold War and their Elective Affinities«, in: *AfS* 49 (2009), S. 361-372; Lawrence S. Wittner, *Toward Nuclear Abolition. A History of the World Nuclear Disarmament Movement, 1971 to the Present*, Stanford 2003, S. 130-202; Ulrike C. Wasmuht, *Friedensbewegungen der 80er Jahre. Zur Analyse ihrer strukturellen und aktuellen Entstehungsbedingungen in der Bundesrepublik Deutschland und den Vereinigten Staaten von Amerika nach 1945. Ein Vergleich*, Gießen 1987, S. 130; Michael Haller, »Aussteigen oder rebellieren. Über die Doppelbödigkeit der Jugendrevolte«, in: ders. (Hg.), *Aussteigen oder rebellieren. Jugendliche gegen Staat und Gesellschaft*, Hamburg 1981, S. 7-22, S. 15; Schildt/Siegfried, *Deutsche Kulturgeschichte*, S. 371/372.

die Sitzblockaden, bei denen sich zerbrechliche Körper schweren und bedrohlich wirkenden Armeefahrzeugen entgegenstellten. Die fast schon magische Kraft des verletzlichen, nackten und schwachen menschlichen Körpers gewann in dieser Form des zivilen Ungehorsams ikonographische Qualitäten. Die Schweigekreise und Mahnwachen, bei denen die sich an den Händen fassenden Teilnehmer sich zu einem nach innen gerichteten Kreis zusammenfanden und in schweigendem Gedenken verharrten, hatte ähnliche Symbolkraft: Sie drückten Innerlichkeit und Betroffenheit aus, was an öffentlichen Orten wie Einkaufsstraßen auf die Betrachter einen sehr starken Eindruck machte. Die Appelle zur moralischen Umkehr kontrastierten hier besonders effektiv mit dem geschäftigen Treiben der vergnügungssüchtigen Einkäufer. Die Die-ins schließlich verfolgten das Ziel, die Schrecken eines Nuklearangriffs zu versinnbildlichen, indem sich die Teilnehmer der Aktion »wie tot« auf den Boden legten. Auch hier sollte den Passanten und Zuschauern die »Apokalypsestumpfheit« (Günther Anders) vor Augen geführt werden. Dramatisierung, Emotionalisierung und Viktimisierung kennzeichneten die Selbstinszenierung der Friedensbewegung.[215] Teilweise schloss diese Körperpolitik, die das Ausgeliefertsein geschickt ins Werk setzte, an christliche Traditionen, etwa an das religiös motivierte Fasten an.[216] Das war auch schon den Zeitgenossen aufgefallen, wie im *Pflasterstrand* von 1981 nachzulesen ist, in dem sich die Spontiautoren über »das laute ›Halt im Namen der Menschlichkeit‹« der »lieben Christen« aus der Friedensbewegung lustig machten.[217]

Ein subjektiver Erlebnisbericht in einer kleinen Duisburger Zeitschrift von 1982 stellte das bekennende Ich öffentlich aus:

Ein Abend wie viele: ich hörte sachliche Aussagen und Einschätzungen über nüchterne amerikanische Berechnungen und Theorien über einen auf

---

215 Siehe dazu Tim Warnecke, »Aktionsformen und Politikverständnis der Friedensbewegung. Radikaler Humanismus und die Pathosformel des Menschlichen«, in: Sven Reichardt, Detlef Siegfried (Hg.), *Das Alternative Milieu. Antibürgerlicher Lebensstil und linke Politik in der Bundesrepublik Deutschland und Europa 1968-1983*, Göttingen 2010, S. 445-472; Schregel, *Atomkrieg*, S. 226-266; Ziemann, »The Code of Protest«, S. 257/258.

216 Schregel, *Atomkrieg*, S. 254-266.

217 Paul Planet, Matthias Horx, »Nachrichten vom Großen Ende, Teil II«, in: *Pflasterstrand* 106 (1981), S. 18-23, hier S. 23.

Europa begrenzten Atomkrieg. Sätze, Theorien, die ich schon oft gehört habe, mit denen ich oft argumentierte. Aber heute: wie ein immer enger werdender Ring legt sich die Angst um mich; kriecht Schrecken und lähmende Angst an mir hoch, als diese Worte mir bewußt wurden. Es gelingt mir nicht wie sonst, die aufsteigende Angst zu übergehen und zu verdrängen; sie nimmt mich vollkommen ein! Tränen![218]

Ganz ähnlich liest sich der Text einer Abrüstungsinitiative in Vlotho aus dem Jahr 1980, der die permanente Gefahr eines Atomkriegs beschwor, um dann mit den Worten zu enden: »Bitte, tue auch Du etwas dafür, daß wir überleben!!! Hilfe, wir haben Angst!!!«[219] Erleben, Bekenntnis und Selbsterkenntnis verschmolzen in der normativen Aufwertung des politischen Gewissens. Angst wurde zum Mittel der Politik, wie bereits Günther Anders formulierte: »Habe keine Angst vor der Angst, habe Mut zur Angst. Auch den Mut, Angst zu machen. Ängstige deinen Nachbarn wie dich selbst.«[220] Die in den Publikationen der Friedensbewegung immer wieder drastisch ausgemalten Szenarien von Atomkriegen mit erbarmungsloser Zerstörungskraft, der kein Bunker und Zivilschutz Einhalt gebieten könne, gehören in diesen Zusammenhang einer emotionalisierten Betroffenheitspolitik, die das Gefühl der Angst zu einem realitätsgerechten Mittel der Gefahreneinschätzung aufwertete. »Wir bekennen uns zu unserer Angst«, hieß das Credo der Friedensbewegung.[221]

Durch ihre pathetisch auf die »Menschlichkeit« ausgerichtete Angstpolitik konnte die Friedensbewegung eine breite Koalition schmieden. 1983 glaubten schließlich rund 60 Prozent der Jugendlichen zwischen 15 und 30 Jahren, »daß die Politik der Supermächte ›den Weltfrieden bedroht‹, und etwa 35 Prozent fühlen sich davon auch persönlich betroffen«.[222] Die Überlebensangst war die verbin-

---

218 Zitiert nach Schregel, »Konjunktur der Angst«, S. 513.

219 Zitiert nach Schregel, *Atomkrieg*, S. 68.

220 Zitiert nach Wasmuht, »Von den Friedensbewegungen«, S. 133.

221 Schregel, *Atomkrieg*, S. 137-225; Ernst Tugendhat, »Und wenn die ganze Welt sowjetisch würde?‹ Die Argumente der Befürworter und der Gegner der Nachrüstung – ein fiktives Gespräch«, in: *Der Spiegel* 47 (21.11.1983), S. 80-95, hier S. 90. Vgl. auch Michel, »Die Angst kann lehren«, S. 246-269. Das Zitat stammt von Werner Lutz von der »Aktion Sühnezeichen Friedensdienste« aus dem Oktober 1981, zitiert nach Michel, »Die Angst kann lehren«, S. 266.

222 SINUS-Institut, *Die verunsicherte Generation*, Opladen, S. 39. Vgl. mit anderen Zahlen auch: Mende, »*Nicht rechts, nicht links*«, S. 378/379.

dende Klammer. Sie einte ein breites politisches Spektrum, von den Christen (häufig Protestanten) und CDU-Anhängern über die Neuen Linken und Grünen bis zu den Sozialdemokraten und traditionellen Kommunisten. Der auf der Bundesebene gebildete Koordinationsausschuss der Friedensbewegung, der sowohl Jugendverbände und -organisationen aller politischen Couleur wie auch ökologische, feministische und christliche Gruppen umfasste, machte das ebenso deutlich wie der Kongress Ökologie und Frieden im Oktober 1979 in Kassel, auf dem beide Bewegungen gemeinsam mit subjektivitätszentrierten und erfahrungsorientierten Politikansätzen gegen die »weltweite Politik der Selbstvernichtung der Menschheit« auftraten.[223] Im emotional-moralisch gesteuerten Politikverständnis der »Betroffenheit jedes einzelnen« und dem weitgreifenden Angstdiskurs vor dem »atomaren Holocaust«, »atomaren Inferno« und vielfachen »Overkill«, vor der »Expertokratie« und einem möglichen technischen »Versehen« wird der Bezug zum Habitus der Neuen Sozialen Bewegungen der siebziger Jahre deutlich. Angst als inneres Erleben wurde als »Authentizität signalisierendes Gefühl« vorgestellt, welches tiefere Einsichten, realistische Einschätzungen und ganzheitliche Erkenntnisse erlaube.[224] Mit dem öffentlichen Bekenntnis zur Angst wurde eine Praxis der Selbstthematisierung geschaffen, die als Subjektivierungstechnik, so die Historikerin Susanne Schregel, »den Menschen als Individuell-Einzelnen, als unmittelbar subjektive, körperliche, empfindende und wahrnehmende Instanz« politisch inszenierte und aufwertete und zugleich zu einer »entgrenzten Politisierung« führte.[225]

---

223 Thomas Leif, *Die strategische (Ohn-)Macht der Friedensbewegung. Kommunikations- und Entscheidungsstrukturen in den achtziger Jahren*, Opladen 1990, S. 29 ff.; Schregel, *Atomkrieg*, S. 58/59, 61/62; Schmid, »Zur Soziologie der Friedensbewegung«, S. 16; »Friedensbewegung«, S. 15-17, in: BArch Koblenz, B 106, Nr. 113186, Bd. 10. Vgl. »Pazifistische Strömungen in der Bundesrepublik. Eine empirische Studie über Zusammensetzung und Motivation einer Bewegung (IfD-Umfrage 1982)«, in: BArch Koblenz, Zsg 132, Nr. 2806.

224 Schregel, »Konjunktur der Angst«, S. 500-508 (Zitat S. 508); Schregel, *Atomkrieg*, S. 43-77; Michel, »Die Angst kann lehren«, S. 250-255, 257.

225 Schregel, »Konjunktur der Angst«, S. 511-519 (Zitat S. 519); Schregel, *Atomkrieg*, S. 31 (zweites Zitat).

Schließlich waren es die Grünen, die es dank Galionsfiguren wie Petra Kelly oder Lukas Beckmann verstanden, die Strömungen der Friedensbewegung am stärksten zu integrieren. Mit ihren maximalistischen Forderungen nach einseitiger Abrüstung, der Herauslösung Deutschlands aus der NATO und der Auflösung der Militärblöcke positionierten sich die Grünen im Zentrum der Friedensbewegung.[226] Dabei war das Spektrum innerhalb der Partei anfangs fast noch so staunenswert breit wie die Friedensbewegung selbst – es reichte vom bürgerlich-liberalen und wertkonservativen Lager in Baden-Württemberg bis hin zu kommunistischen Gruppierungen, wie etwa der ökosozialistischen Gruppe Z in Norddeutschland um die ehemaligen KB-Mitglieder Rainer Trampert, Thomas Ebermann und Jürgen Reents (auch Jürgen Trittin und Angelika Beer waren dort aktiv) oder den ehemaligen Mitgliedern des KBW und seinen Nebenorganisationen (etwa Krista Sager, Ralf Fücks oder Reinhard Bütikofer). Bei den Grünen fanden die verschiedenen sozialen Bewegungen, vor allem die zu dieser Zeit starke Friedens-, Anti-AKW-, Umwelt- und Frauenbewegung, ein gemeinsames Dach. Auf dem Karlsruher Gründungskongress der Grünen im Januar 1980 ließen sich unter den rund 1000 Delegierten schon allein im linken Spektrum drei Richtungen ausmachen: Die marxistisch-leninistisch orientierten Bunten Listen, die kulturrevolutionär-antiautoritär ausgerichteten Alternativen Listen und die umweltpolitisch orientierten Grünen Listen. Dazu kamen noch, wie die Tübinger Historikerin Silke Mende in ihrer überzeugenden Ideengeschichte der Gründungsgrünen herausgearbeitet hat, die konservativen Bewahrer um den rechtsautoritären Verzichtsapostel und Umweltschützer Herbert Gruhl, die ökologischen Gemeinschaftsdenker vom Schlage des zu diesem Zeitpunkt bereits 75-jährigen Nationalpazifisten August Haußleiter und schließlich die antiautoritären Anthroposophen des Achberger Kreises am Bodensee.[227] Dass die recht allgemein formulierten Kernpunkte – ökologisch, sozial, basisdemokratisch

---

226 Richter, »Der NATO-Doppelbeschluss«, S. 229-246; Christoph Becker-Schaum u. a. (Hg.), *»Entrüstet Euch!« Nuklearkrise, Nato-Doppelbeschluss und Friedensbewegung*, Paderborn u. a. 2012.

227 Mende, *»Nicht rechts, nicht links«*, S. 72-167.

und gewaltfrei – genügend Zusammenhalt stifteten, mutet wie ein kleines Wunder an.

Letztlich waren es verschiedene Faktoren, die diese Kohäsionskraft erzeugten. Erstens wurden alte Links-rechts-Schemata durch die von beiden Seiten vorgetragene Kritik an der umweltgefährdenden industriellen Wachstums- und Konsumorientierung überwölbt. Umwelt und Ökologie waren keine traditionell linken Themen und hinterfragten herkömmliche linke Wachstums-, Produktions- und Fortschrittsideen. Man nahm auch Abstand von der klassischen linken Kapitalismuskritik und der üblichen Klassenanalyse mit der Arbeiterschaft als revolutionärem Subjekt. Mit Themen wie der Umweltzerstörung, dem Raubbau durch den Industriekapitalismus und der Verblendungskraft des Konsumismus konnte man nichtsdestotrotz linke Anknüpfungspunkte finden, nicht zuletzt bei der Frankfurter Schule. Neue Koalitionen wurden auch durch die breite und lagerübergreifende Kritik am Staat mit seinen bürokratischen Strukturen und den etablierten Formen der repräsentativen Demokratie möglich. Schließlich waren sich die Grünen in ihrer Fortschrittsskepsis – bis hin zu apokalyptischen Untergangsängsten – über einzelne Gruppierungen und Strömungen hinweg einig. Zweitens erzeugte die Enttäuschung der K-Gruppen über die Wirkungslosigkeit ihrer Politik eine noch bis zur Mitte der siebziger Jahre nicht vorhandene Kompromissbereitschaft, die zu ihrer Annäherung an Feministinnen, Ökologen und undogmatische Linke beitrug. Anfängliche Versuche, die Neuen Sozialen Bewegungen konspirativ zu steuern, scheiterten in der Regel. Letztlich änderten und öffneten sich vor allem die Kaderkommunisten. Drittens erzeugten charismatische Persönlichkeiten wie Petra Kelly, Rudolf Bahro, Rudi Dutschke oder Carl Amery eine Integrationskraft jenseits programmatischer Unterschiede. Viertens erklären die schnellen Wahlerfolge die Tatsache, dass die Grünen ihre Findungsphase überstanden. Schon bei den Europawahlen 1979 erreichten sie mit 3,2 Prozent einen Achtungserfolg und bei den Wahlen desselben Jahres in Bremen zogen sie sogar in die Bürgerschaft ein. Sodann kamen die erfolgreichen Landtagswahlen in Berlin (1981), Hamburg, Hessen und Niedersachsen (jeweils 1982) mit Ergebnissen über fünf, in Hessen mit sogar acht Prozent. Es gelang mithin, die Breite der Partei zu einer ihrer Stärken zu formen.[228]

228 Ebd., S. 209, 231-445; Richter, *Aktivistin*, S. 177-185, 236-285, 289-321, 353-377; März, *Linker Protest*, S. 386; Gertrud Schrüfer, *Die Grünen im Deutschen Bun-

Mit dem erstmaligen Einzug in den Bundestag im Jahr 1983 begannen die Grünen ihre Stellung im Parteiensystem zu festigen. Umweltschutz und die Kritik an der hoch technologisierten Industriegesellschaft (zum Teil mit antikapitalistischer Spitze) standen im Vordergrund ihrer Politik. Die moderne Überflussgesellschaft mit ihrem Konsumismus und Expansionszwang erzeuge ebenso Umweltzerstörung wie wirtschaftliche und soziale Ungleichheit. Industrialisierung, Militarisierung und Nuklearisierung, Technologisierung und Verbürokratisierung verschmolzen zu einem Syndrom. Die Forderung nach einer Demokratisierung gesellschaftlicher Verhältnisse und »erstarrter Machtapparate« ging mit dem Appell zu wirtschaftlicher Selbstverwaltung und Entflechtung von Konzernstrukturen einher. Utilitaristischer Zweckrationalität hielten die Grünen unterschiedlichste Modelle von Ganzheitlichkeit entgegen. Zum festen Bestandteil gehörte eine von Apokalypseszenarien mitbestimmte Politik, die die ökologische Gefahrenlage beständig dramatisierte und auf einen möglichen Kollaps durch die industrialisierte Naturausbeutung hinwies. Den beschworenen Gefahren einer möglichen »Selbstausrottung« der Menschheit durch einen Umweltkollaps oder den atomaren Overkill begegne-

destag. *Anspruch und Wirklichkeit*, Nürnberg 1985, S. 15/16; Brand, »Umweltbewegung«, S. 234; Gottfried Küenzlen, »New Age und Grüne Bewegung«, in: Matthias Pilger, Steffen Rink (Hg.), *Zwischen den Zeiten. Das New Age in der Diskussion*, Marburg 1989, S. 244-259, S. 244/245; Hinck, *Wir waren wie Maschinen*, S. 350. Vgl. insgesamt zur Partei der Grünen: Joachim Raschke, *Die Grünen. Was sie wurden, was sie sind*, Köln 1993; Markus Klein, Jürgen Falter, *Der lange Weg der Grünen. Eine Partei zwischen Protest und Regierung*, München 2003; Johannes Schwarz, *Geschichte, Ideologie und Programmatik der Grünen*, München 1999. Aus der Sicht von ehemaligen Weggefährten: Hubert Kleinert, *Vom Protest zur Regierungspartei. Die Geschichte der Grünen*, Frankfurt/M. 1992; Jutta Ditfurth, *Das waren die Grünen. Abschied von einer Hoffnung*, München 2000. Interessante Einzeluntersuchungen sind: Gebauer, »Apokalyptik«; Klaus Dräger, Werner Hülsberg, *Aus für Grün. Die grüne Orientierungskrise zwischen Anpassung und Systemopposition*, Frankfurt/M. 1986; Andrea Ludwig, *Neue oder deutsche Linke? Nation und Nationalismus im Denken von Linken und Grünen*, Opladen 1995; Josef Schmid, *Parlament und Bewegung. Baden-Württembergs Grüne und die Anti-AKW-Bewegung seit Tschernobyl*, Hannover 1990; Josef Boyer, Till Kössler (Bearb.), *Handbuch zur Statistik der Parlamente und Parteien in den westlichen Besatzungszonen und in der Bundesrepublik Deutschland*, Teilband IV, *SPD, KPD und kleinere Parteien des linken Spektrums sowie Die Grünen. Mitgliedschaft und Sozialstruktur 1945-1990*, Düsseldorf 2005, S. 943-990.

ten die grünen »Betroffenheitspolitiker« (Claudia Roth) mit vergleichsweise kleinen Lösungsmodellen: Authentizität und Moral, die Dynamik von Basisbewegungen gegen das Establishment, Bewusstseinsveränderung durch wissenschaftliche Aufklärung, Gefühl und Subjektivismus und schließlich alternative Technologien, neue Einfachheit, Einschränkung und eine Tugend der Bescheidenheit. Die Grünen verstanden sich als eine pazifistische, ökologische, feministische und nicht zuletzt ganzheitliche Bewegung, die die Vernetzung und Abhängigkeit der Gesellschaft mit und von zyklischen Prozessen der Natur betonte. Sie engagierten sich für eine gewaltfreie und nachhaltige Politik, die für ein ökologisch verträgliches, dezentrales und geschlechtergerechtes Wirtschafts- und Gesellschaftssystem eintrat. Die Erbschaft der rätedemokratischen Vorstellungen des linksalternativen Milieus schlug sich anfänglich in den Organisationsstrukturen der Grünen nieder, die mit den Prinzipien der Basisdemokratie, der zweijährlichen Ämterrotation, der ehrenamtlichen Wahrnehmung von Parteiposten, der Transparenz und Sitzungsöffentlichkeit und dem imperativen Mandat entsprechende Traditionen fortführten.[229]

Wie bei der Friedensbewegung bestimmte die Angst vor der Apokalypse das Grundgefühl nicht nur einiger grüner Politiker, sondern auch der grünen Wählerbasis. 76 Prozent ihrer jugendlichen Anhänger glaubten an den durch einen Atomkrieg ausgelösten Untergang der Welt. 52 Prozent gingen davon aus, dass Technik und Chemie die Umwelt mit Bestimmtheit zerstören würden. Bei den

229 Mende, »*Nicht rechts, nicht links*«, S. 289-445, 461-467, bes. S. 366-371; dies., »›Die Alternative zu den herkömmlichen Parteien‹. Parlamentarismuskritik und Demokratiekonzepte der Gründungsgrünen in den siebziger und frühen achtziger Jahren«, in: Thomas Bedorf u. a. (Hg.), *Die Zukunft der Demokratie. L'avenir de la démocratie*, Berlin 2009, S. 28-50, hier S. 37, 41; Gebauer, »Apokalyptik«, S. 411-417; Schregel, *Atomkrieg*, S. 76/77; Hünemörder, »Kassandra im modernen Gewand«, S. 78-97; Joachim Radkau, *Die Ära der Ökologie. Eine Weltgeschichte*, München 2011, S. 266-269; Götz Warnke, *Die grüne Ideologie. Heile-Welt-Mythen, Gesellschaftsutopien und Naturromantik als Ausdruck einer angstbestimmten Politik*, Berlin 1998; Jürgen Lott, »Schöpfungstheologie, ›weibliche‹ Spiritualität und Naturmystik. Religiöse Strömungen bei den Grünen«, in: Gunter Hesse, Hans-Hermann Wiebe (Hg.), *Die Grünen und die Religion*, Frankfurt/M. 1988, S. 186-190; Kraushaar, *Achtundsechzig*, S. 141-149, bes. S. 149; Richter, *Aktivistin*, S. 191/192. Das Zitat von Claudia Roth bei: Richter, *Aktivistin*, S. 277.

Anhängern der Union und SPD lagen die entsprechenden Ziffern zum Teil um mehr als 40 Prozentpunkte niedriger.[230] Wenngleich diese Haltung durch grüne Utopien und Hoffnungen abgemildert wurde, war das Gefühl der Bedrohung, des Ausgeliefertseins und der Entfremdung doch so stark, wie es in dem Programmentwurf der Bremer Grünen Liste von 1979 zum Ausdruck kam:

> Wir stellen fest, daß wir zunehmend verwaltet und manipuliert werden, daß wir zu Rädchen in einem Getriebe geworden sind. [...] Bislang wird in unserer Industriegesellschaft so gewirtschaftet, produziert und konsumiert, als ob man Natur, Umwelt und soziale Beziehungen unbegrenzt belasten könne. Es zählen nur noch wirtschaftliches Wachstum (gemessen an Geld) und Rentabilität. [...] Annehmlichkeiten, die uns der technische Fortschritt brachte, werden zunehmend teurer. Sie werden schon heute bezahlt mit Arbeitshetze, psychischer Belastung und Gesundheitsverschleiß am Arbeitsplatz [...] Apparate, Maschinen und totale Planung verstellen den Weg, unser Leben selbst zu gestalten.[231]

Der Wählerstamm der Grünen, der zwischen 1980 und 1982 von Emnid auf fünf bis sechs Prozent beziffert wurde, war ausgesprochen jung. Besonders 18- bis 30-jährige Mittel- und Oberschichtler aus Angestellten- oder Beamtenhaushalten mit mittlerem und höherem Bildungsabschluss wählten die Partei. In ihrer Selbsteinschätzung ordneten sich die durchweg politisch sehr aktiven und in den Neuen Sozialen Bewegungen engagierten Wähler der Grünen links von der SPD ein. Einig waren sie sich nicht nur in ihrem Einsatz für Frieden, Frauenrechte und Umweltschutz, sondern auch in der Ablehnung der etablierten staatlichen Institutionen. Insofern entsprachen sie weitgehend dem in der Einleitung skizzierten soziologischen Profil des linksalternativen Milieus. Ähnlich ausgerichtet war die junge, hochgebildete Mitgliederschaft der Grünen, die sich über ihre Kernanliegen Ökologie, Friedenspolitik, Feminismus, Bürgerrechts- und Partizipationsforderungen zusammenfand und an Selbstentfaltungswerten orientierte.[232] Der Trierer Po-

---

230 Zitiert nach Richter, *Aktivistin*, S. 270. Vgl. ausführlicher dazu Mende, »*Nicht rechts, nicht links*«, S. 374-406; van Hüllen, *Ideologie und Machtkampf bei den Grünen*, S. 378/379.

231 Programmentwurf der Bremer Grünen Liste vom Februar 1979, zitiert nach Mende, »*Nicht rechts, nicht links*«, S. 367. Vgl. weiterhin auch ebd., S. 382-405.

232 Jörg Harenberg, »Sicherer Platz links von der SPD? Die Wähler der Grünen

litologe Hans-Joachim Veen hat die Partei aufgrund ihrer sozialen Zusammensetzung, lebensweltlichen Verankerung und wertemäßigen Ausrichtung schon Ende der achtziger Jahre als Milieupartei bezeichnet, die sich aus dem linksalternativen Milieu speiste und dieses stabilisierte.[233]

Mit der Partei der Grünen befanden sich Teile der Neuen Sozialen Bewegungen auf dem Weg zur Institutionalisierung. Im Zuge ihres Erfolgs und insbesondere mit der allgemeinen Durchsetzung ihrer Ziele sank die Milieubindung. So stieg etwa die Unterstützung der bundesrepublikanischen Bevölkerung für die Umweltbewegung von 7,8 Prozent im Jahr 1982 auf 17,3 Prozent im Jahr 1989; auch die Zustimmung für die Friedensbewegung erhöhte sich von 15,8 Prozent (1982) auf 23,2 Prozent (1989).[234] Aufgrund dieser Entwicklung büßte das linksalternative Milieu an politischer Kohäsion ein und wurde als kritische Instanz zunehmend entbehrlicher.

2.2 Gemeinschaft und Wärme

Die Wärmemetapher steht für eine kommunikative Strategie der Vergemeinschaftung. Mit dem Ausdruck der Wärme kennzeichneten die Linksalternativen eine Öffnung, das Aufbrechen der verschwiegenen Gesellschaft durch eine Gemeinschaft Gleichgesinnter. Diese Strategie der Selbstbeschreibung hatte eine linke politische Tradition, denn bereits der marxistische Philosoph Ernst Bloch hatte in den dreißiger Jahren wegweisend die Notwendigkeit beschrieben,

in der Demoskopie«, in: Jörg R. Mettke (Hg.), *Die Grünen. Regierungspartei von morgen?*, Hamburg 1982, S. 36-50, S. 38/39, 46; Helmut Fogt, Pavel Uttitz, »Die Wähler der Grünen 1980-1983. Systemkritischer neuer Mittelstand«, in: *Zeitschrift für Parlamentsfragen* 15 (1984), S. 210-226; *Handbuch zur Statistik der Parlamente und Parteien in den westlichen Besatzungszonen und in der Bundesrepublik Deutschland*, Teilband IV, *SPD, KPD und kleinere Parteien des linken Spektrums sowie Die Grünen*, S. 947-990; Mende, »Nicht rechts, nicht links«, S. 60-64; Richter, *Aktivistin*, S. 219.

233 Hans-Joachim Veen, »Die Grünen als Milieupartei«, in: Hans Maier u. a. (Hg.), *Politik, Philosophie, Praxis. Festschrift für Wilhelm Hennis*, Stuttgart 1988, S. 454-476; ders., Jürgen Hoffmann, *Die Grünen zu Beginn der neunziger Jahre. Profil und Defizite einer fast etablierten Partei*, Bonn 1992, S. 93-98.

234 Eckart Conze, *Die Suche nach Sicherheit. Eine Geschichte der Bundesrepublik Deutschland von 1949 bis in die Gegenwart*, München 2009, S. 669.

den »Kältestrom« der ökonomisch-materialistischen Kapitalismus-analyse mit dem »Wärmestrom« des Klassenkampfes zu verbinden:

Es gibt zwei Arten, sich stoffgemäß zu verhalten. Die eine ist kühl und entzaubernd, die andere voller Vertrauen. Die eine zerreisst den Schein der Dinge, die andere ergibt sich aus dem wirklichen Gang der Dinge und ist gewiss, dass er gut zu werden verspricht. Beide Haltungen sind gleich wichtig, sind in jedem echten Marxisten, wechselwirkend, vereinigt.[235]

Bloch hatte die Linke der Zwischenkriegszeit dafür kritisiert, dass sie ihre nüchternen, rational-distanzierten und somit »kalten« Analysen nicht mit den Elementen des »Wärmestroms« (damit meinte er vor allem Hoffnung und Mut) verknüpft hatte. Dadurch sei das Feld wärmender Vergemeinschaftung fatalerweise für die NS-Bewegung frei geworden.[236]

Blochs Gedankengang wurde in den späten sechziger und siebziger Jahren vielfach wiederaufgenommen. Der Theoretiker der Alternativbewegung und Subkultur, Rolf Schwendter, bezog sich 1976 in einem »offenen Brief« auf Bloch und forderte:

Dringend benötigen die politischen Aktivisten jenes Maß an Träumen, an Kreativität, an Herzlichkeit und Gemeinsamkeit, das den ›Wärmestrom‹ (Bloch) in ihnen bewahrt, sie nicht zu Technokraten werden läßt. Dringend benötigen die Träumer der neuen Spiritualität und der alternativen Lebensformen jenes politisch-ökonomische Augenmaß, das ihnen hilft, ihre Träume auf Dauer zu bauen.[237]

---

235 Ernst Bloch, *Logos der Materie. Eine Logik im Werden. Aus dem Nachlaß 1923-1949*, Frankfurt/M. 2000, S. 170. Vgl. ders., *Das Materialismusproblem, seine Geschichte und Substanz*, Frankfurt/M. 1985, S. 372, 374; ders., *Experimentum Mundi. Frage, Kategorien des Hervorbringens, Praxis*, Frankfurt/M. 1985, S. 141. Auch der 68er Oskar Negt spricht von »Kälte- und Wärmeströmen einer Gesellschaft«, allerdings ohne die relevante Literatur zu sichten. Er verweist lediglich auf Wilhelm Hauffs Märchen »Das kalte Herz« von 1826 (Oskar Negt, *Kältestrom*, Göttingen 1994, S. 4).

236 Ernst Bloch, *Erbschaft dieser Zeit*, Frankfurt/M. ²1992, S. 65/66; ders., *Philosophische Aufsätze zur objektiven Phantasie*, Frankfurt/M. 1985, S. 77.

237 Offener Brief Schwendters an die Teilnehmer des Pfingsttreffens »Alternative Lebensformen« in der Evangelischen Akademie Hofgeismar; zitiert nach Lothar Kolenberger, Hanns-Albrecht Schwarz, *Abschlußbericht des Projekts: Zum Problem einer »Zweiten Kultur« in West-Berlin*, Teil A, Berlin 1982, S. 47 (Berlin-Forschung, Förderprogramm der FU Berlin für junge Wissenschaftler). Die Studie findet sich im Berliner APO-Archiv (ohne Signatur).

Schwendter war mit diesen Verweisen keineswegs allein. Immer wieder nahm die radikale Linke der siebziger Jahre Blochs Metapher für sich in Anspruch. Michael Schneider etwa berief sich ein Jahr später auf Blochs »Wärmestrom«, um die starre und einseitige »Gefühlsstruktur« der K-Gruppen mit ihrem einseitigen und »abgekühlten« Bezug auf politökonomische Doktrinen zu kritisieren – dagegen gelte es die »sinnlich-emotionalen Bedürfnisse« wiederzuentdecken.[238] Jörg Bopp wiederum entdeckte in Herbert Marcuse denjenigen marxistischen Theoretiker, der die »nüchternen und kühlen Begriffe« der politischen Ökonomie mit »missionarische[m] Pathos« verband, der es verstand, die »analytische Kälte« »affektiv ungemein« aufzuladen.[239] Auf die Wärmemetapher bezog sich auch die Grünenpolitikerin Eva Quistorp, die quasi das gesamte Spektrum der Neuen Sozialen Bewegungen von der Studenten- und Frauenbewegung bis zur Anti-AKW-Bewegung durchlaufen hatte, als sie 1988 schrieb: »Dem Wärmestrom in der Geschichte folgend wurde ich zur Gegnerin der kalten Technokratien, der seelenlosen Krankenhäuser und Altenheime, des Geschwindigkeitsrausches und der Verwüstung der Erde und der Menschen durch Profitinteressen multinationaler Konzerne und Machtinteressen staatlicher oder anderer Bürokratien.«[240] Neben der Welt der Administration, deren Systemlogik auch und gerade in den sechziger Jahren auf rational-nüchterner Planung beruht hatte, gab es ausgesprochen wärmende Jugendkulturen, als deren Teil man die Alternativbewegung ansah. Auf der politischen Linken gerann die Wärme- und Kältemetapher zu einem Leitbegriff, der einen Bedeutungszusammenhang aufspannte und semantische Verweisungsstrukturen ausbildete, die das linksalternative Politikverständnis markierten.

238 Schneider, »Von der alten Radikalität«.

239 Jörg Bopp, »Geliebt und doch gehaßt. Über den Umgang der Studentenbewegung mit Theorie«, in: *Kursbuch* 78 (1984), S. 121-142, hier S. 126.

240 Eva-Maria Quistorp, »Unterwegs mit Marias Lobgesang«, in: Gunter Hesse, Hanns-Hermann Wiebe (Hg.), *Die Grünen und die Religion*, Frankfurt/M. 1988, S. 43-78, hier S. 58.

Einige Bemerkungen zur Geschichte
der Kälte- und Wärmemetapher

Dem Symbollexikon von Jean Chevalier und Alain Gheerbrant zufolge wird Wärme im physischen Sinne seit Plutarch mit Sonne und Licht assoziiert. Carl Gustav Jung hat sie folgenreich mit der Liebe zur Intuition, der Libido und dem organischen Leben in Verbindung gebracht. Im fernöstlichen Buddhismus wird sie mit Atmung, Befruchtung und Geistesaktivität verknüpft. Im Yoga meint Wärme (*tapas*) das innere Feuer und die geistige Flamme.[241] Der Temperaturbegriff verweist insofern, in den Worten Michel Foucaults, auf etwas »Intensives« und »Überladenes«.[242]

Dabei bezeichnet der Ausdruck »Wärme«, den Erkenntnissen der ab am 19. Jahrhundert entwickelten Thermodynamik zufolge, das Verhalten, die Bewegungen und Verteilungstendenzen von Molekülen. Die 1865 von dem preußischen Physiker Rudolf Clausius aufgestellte Theorie zur Entropie erfuhr in der sich industrialisierenden Arbeits- und Leistungsgesellschaft des späten 19. und frühen 20. Jahrhunderts eine ungeahnte Konjunktur und Popularität. Wärme als Bewegung und Austausch wurde zu einer vielgestaltigen »Projektionsfläche für Ängste und Sehnsüchte« von der Rast- bis zur Machtlosigkeit.[243] Die Worte »warm« oder »kalt« auf Gesellschaften anzuwenden und diese Bewertungen dann als politisches Kampfmittel einzusetzen, hatte sich in der Geschichte des politischen Denkens in Deutschland etwa zeitgleich, nämlich in der Rhetorik des Vormärz, etabliert. So nannte Ferdinand Freiligrath das Alte Reich wegen seiner restaurativen Starre einen »Eispalast« und Hölderlin charakterisierte es als »eiskalte Zone«.[244] Vor allem die kapitalistische Welt des 19. Jahrhunderts hat die Stimmen derer erstarken lassen, die die gesellschaftliche Idylle zerstört sahen und

241 Jean Chevalier, Alain Gheerbrant, *Dictionnaire des symboles*, Paris 1982, siehe besonders den Eintrag zu *chaleur*, S. 202/203.

242 Michel Foucault, *Sexualität und Wahrheit*, Bd. 1, *Der Wille zum Wissen*, Frankfurt/M. 1983, S. 8 (Foucault nennt die Sexualität einen »heißen« Begriff).

243 Elizabeth R. Neswald, *Thermodynamik als kultureller Kampfplatz. Zur Faszinationsgeschichte der Entropie 1850–1915*, Freiburg, Berlin 2006, bes. S. 425–433 (Zitat S. 13).

244 Helmut Lethen, »Lob der Kälte. Ein Motiv der historischen Avantgarden«, in: Dietmar Kamper, Willem van Reijen (Hg.), *Die unvollendete Vernunft. Moderne versus Postmoderne*, Frankfurt/M. 1987, S. 282–324, hier S. 297.

entweder aus konservativer Sicht über die »Erkaltung der Seele« (Adam Müller) klagten oder wie Marx die »eiskalten Wasser egoistischer Berechnung« als notwendigen Schritt zum gesellschaftlichen Fortschritt priesen.[245]

Auch der Ausdruck »Wärme« war seit der Romantik und spätestens mit Ferdinand Tönnies' Buch *Gemeinschaft und Gesellschaft* von 1887 politisch aufgeladen. Die Gemeinschaft wurde mit qualifizierenden Adjektiven wie »zärtlich«, »behütend«, aber auch mit den Substantiven »Bejahung«, »Liebe«, »Eintracht« und »Verständnis« assoziiert. In der Folge wurde bis in die zwanziger Jahre hinein die Wärme sozialer Verhältnisse – positiv wie negativ – als ein mit der Gemeinschaft verbundenes Gefühl verstanden. Für Götz Aly war sogar die NS-Diktatur mit ihrer Volksgemeinschaftsidee, manchen Vorstellungen aus den dreißiger Jahren nicht unähnlich, ein »Regime der sozialen Wärme, […] eine Art Wohlfühl-Diktatur«. Dagegen bemühte der amerikanische Publizist Walter Lippmann bereits 1947 in einer Artikelserie für die *New York Herald Tribune* den von dem US-Finanzier Bernard Baruch geprägten Begriff des »Kalten Krieges«, um die fünfziger Jahre auf den Begriff zu bringen.[246]

Die vielgestaltige Geschichte dieser politischen Rhetorik aufgreifend, hat der ehemalige 68er Helmut Lethen in seinem Buch *Verhaltenslehren der Kälte* gezeigt, wie in der Weimarer Republik auf der politischen linken wie auch rechten Seite die Metapher der Kälte benutzt wurde, um Rationalisierungs-, Entfremdungs- und Säkularisierungsprozesse in der Moderne zu beschreiben. Das bedingungslose Lob der Moderne drückte sich in einem Lob der

---

245 Karl Marx, »Manifest der Kommunistischen Partei [1848]«, in: *Marx-Engels-Werke* [MEW], Bd. 4, Berlin 1972, S. 459-493, hier S. 464/465, Winfried Gebhardt, »›Warme Gemeinschaft‹ und ›kalte Gesellschaft‹. Zur Kontinuität einer deutschen Denkfigur«, in: Günter Meuter, Henrique R. Otten (Hg.), *Der Aufstand gegen den Bürger. Antibürgerliches Denken im 20. Jahrhundert*, Würzburg 1999, S. 165-184, hier S. 167/168. An Marx' Formulierung schließt auch Oskar Negt an, der auf die »soziale Kälte« eines vom Geld bestimmten Kapitalismus verweist und dagegen den Wärmestrom sozialer Empathie beschwört (Negt, *Kältestrom*, S. 9/10, 13, 16, 19).

246 Lars Clausen, Carsten Schlüter-Knauer (Hg.), *Hundert Jahre »Gemeinschaft und Gesellschaft«. Ferdinand Tönnies in der internationalen Diskussion*, Opladen 1991; Götz Aly, »Die Wohlfühl-Diktatur«, in: *Der Spiegel* 10 (07. 03. 2005), S. 56; Walter Lippmann, *The Cold War. A Study in US Foreign Policy*, New York, London 1947.

Kälte aus. Der Kältekult wurde mit analytischer Präzision, Heroik der Sachlichkeit und klarem Denken verknüpft und hob sich vom Gewissenskult des 19. Jahrhunderts ab.[247] Im Anschluss an diese Deutung lässt sich die linksalternative Wärme der siebziger Jahre sowohl als Kritik an der kalten Modernisierung der technologisierten Gesellschaft als auch als Kritik an den kalten Rationalität der kommunistischen Linken interpretieren. Inwiefern die linksalternative Jugendkultur der siebziger Jahre, die Solidarität, Gefühl, Öffnung und Entblößung prämierte, als eine warme und wärmende Gemeinschaft repräsentiert wurde, soll im Folgenden skizziert werden. Der Praxis- und Tatbezug, persönliche Selbstverwirklichung, die emotionale Nähe zueinander, die Opferrhetorik und die Aufhebung von Entfremdung werden als zentrale Merkmale dieser politischen Semantik dargestellt.

2.2.1 Kältebeschreibungen

Immer wieder haben die Alternativen sich selbst gegen die Kälte der verwalteten Welt und die »gefrorene Rationalität des Systems« in Szene gesetzt und auf »Menschlichkeit und Sensibilität«, »Gefühle und eigene Betroffenheit« gesetzt, um mit ihrem Vergemeinschaftungsmodus »gegen Kälte, gegen den unpersönlichen Perfektionismus der modernen Industriegesellschaft« sowie später auch gegen die »Geste cooler Abgebrühtheit« in der Jugendkultur der späten achtziger Jahre anzugehen.[248] Im Essener *Kaktus*, der ökologisch und basisdemokratisch ausgerichtet war, hieß es: »Wenn unsere Lebensbedingungen durch Beton, Staatsgewalt und Computer erstickt werden, dann wehren wir uns. Wir wollen nicht zu programmierbaren Menschen gemacht werden, um als Freß-, Arbeits- und Schlafmaschinen dahinzuvegetieren«.[249] Beton-Architektur und die Universitäten als Massenausbildungsstätten

---

247 Helmut Lethen, *Verhaltenslehren der Kälte. Lebensversuche zwischen den Kriegen*, Frankfurt/M. 1994.

248 Klaus-Jürgen Scherer, »Berlin (West): Hauptstadt der Szenen. Ein Portrait kultureller und anderer Revolten Anfang der achtziger Jahre«, in: Manfred Gailus u. a., *Pöbelexzesse und Volkstumulte in Berlin. Zur Sozialgeschichte der Straße (1830-1980)*, Berlin 1984, S. 197-221 (Zitate S. 201 und 218); Stamm, *Alternative Öffentlichkeit*, S. 272 (Zitate).

249 Zitiert nach Mettke, »Selbstbespiegelungen«, S. 161.

mit »seelenlose[n], kommunikationshemmende[n] und uniform ausgestattete[n] Seminarräumen« galten als Ausweis »äußerer« wie auch »menschlicher Kälte«.[250] Auch die Linken Jürgen Bacia und Klaus-Jürgen Scherer erklärten im Jahr 1981 aus Berliner Binnenperspektive: »Ausgehend von den subjektiven Erfahrungen und Bedürfnissen, abgestoßen von der allseitigen Kälte, Verlogenheit und Ziellosigkeit, erfolgt zunehmend die Abkehr. [...] Man weiß, daß man nicht so leben will: Im Plastik-Faschismus, in der Anonymität und Isolation.«[251] Gegen den »sinnlosen Konsum« brachten die beiden einen bescheidenen und ökologischen Lebensstil in Stellung. Die Linksalternativen lehnten, so belegen diese Zitate, nicht nur die kapitalistischen Eigentumsverhältnisse ab, sondern veränderten, in einer vagen Mischung aus kulturkritischer, anarchistischer, lebensphilosophischer und existenzialistischer Haltung, ihre gesamte Einstellung zum Lebensalltag.

Die Beschwörung des »kalten Stroms«[252] erinnert an die von Helmut Lethen beschriebene Maskenhaftigkeit der zwanziger Jahre. Die Emotionalität der Linksalternativen in den siebziger Jahren kontrastiert auffällig mit der »kalten persona« der Zwischenkriegszeit. Während man in der Neuen Sachlichkeit die Menschen als »Bewegungsmaschinen« und die »Charaktere als Masken« wahrnahm, wurden Subjektivität und Innerlichkeit zu den entscheidenden Schlagworten des Alternativmilieus der siebziger Jahre. Wurden in den zwanziger Jahren die Menschen von den Augen des Anderen überwacht, ging es in den siebziger Jahren um Reue und Geständnis; die gefühlte Sanktion der zwanziger Jahre war die soziale Angst, die der siebziger Jahre die Gewissensangst, so dass das gute Gewissen im letzten Fall dem angemessenen Verhalten im ersten Fall entsprach.[253]

250 Ulrike Bauer u. a., »Zur Idee und Realität von Wohngemeinschaftsberatung. Das Wohngemeinschaftszentrum in Frankfurt«, in: Johann A. Schülein (Hg.), »... vor uns die Mühen der Ebenen«. Alltagsprobleme und Perspektiven von Wohngemeinschaften, Gießen 1980, S. 271-284, hier S. 272, 280.

251 Jürgen Bacia, Klaus-Jürgen Scherer, Paßt bloß auf! Was will die neue Jugendbewegung?, Berlin 1981, S. 20.

252 Thomas Schmid, »Stämme und Stammtisch oder Bescheidener Vorschlag, die alternativen Institutionen wieder abzuschaffen«, in: Wolfgang Kraushaar (Hg.), Autonomie oder Getto? Kontroversen über die Alternativbewegung, Frankfurt/M. 1978, S. 86-94, hier S. 91.

253 Lethen, Verhaltenslehren, S. 29 (Zitat).

Die Klage über die »Kälte und Anonymität sozialer Beziehungen« beinhaltete eine Kritik an der Bürokratisierung und Technokratisierung der Lebenswelten, welche von den modernen »Kältemaschinen« (Verwaltung, Technik, staatliche Repression) kolonisiert worden seien. Die Medialisierung und Durchdringung der zwischenmenschlichen Kontakte durch die Waren- und Konsumwelten normierten das Sozialverhalten. Expressivität, Kreativität und Freiheit verödeten dadurch – immer aus dem Blickwinkel der Alternativen –, wurden begrenzt und ihrer Individualität beraubt. Die Massenmedien und elektronische Kommunikationsmittel empfand man im Vergleich zur Unmittelbarkeit der interpersonalen Kommunikation als entfremdend. Natürlichkeit wurde zum diffusen Standardargument gegen eine technisierte Welt, die von den Atomkraftwerken bis zum »Dosenfraß« reichte.[254]

Die Klage gegen die tote und eiskalte »Maschinengesellschaft« bestimmte, wie Silke Mende zeigen konnte, die Denkfiguren und Kommunikationsweise der Gründungsgrünen, die gegen die »Staatsmaschine« und die »Parteienapparate« ebenso wetterten, wie sie den Ausstieg aus der »Megamaschine« der modernen Industriegesellschaft forderten. Monopol und Verfilzung, Entfremdung und Anonymisierung wurden nicht nur mit den Apparaten der »Staatsmaschine«, sondern mit der technokratischen Expertokratie einer fortschritts- und wachstumsgläubigen Industriegesellschaft assoziiert.[255]

Daneben beklagte man immer wieder die »Kälte des Profits« – etwa in einem Nachruf im Bonner *De Schnüss* über ein eingegangenes alternatives Plüsch-Café in der Stadt. Ein *Spiegel*-Reporter kommentierte diesen Artikel mit den Worten: »als sei die Erträglichkeit von Ausbeutung eine Frage der Temperatur«.[256] Offenbar war sie das. Denn die Kältemetaphern der Linksalternativen bezogen sich immer wieder auf die Energie- und Wachstumskrisen,

254 Brand u.a., *Aufbruch*, S.154, 183 (Zitat auf beiden Seiten).

255 Mende, »*Nicht rechts, nicht links*«, S.289-405, bes. S.359-371 (Zitate S.369, 360, 362). Zu dem von den Züricher Hausbesetzern beschworenen »Packeis« siehe Dieter Rucht, »Linksalternatives Milieu und Neue Soziale Bewegungen in der Bundesrepublik: Selbstverständnis und gesellschaftlicher Kontext«, in: Cordia Baumann u.a. (Hg.), *Linksalternative Milieus und Neue Soziale Bewegungen in den 1970er Jahren*, Heidelberg 2011, S.45-48.

256 Jörg R. Mettke, »Verantwortlich: Milli Tanz & Anna Schie«, in: *Der Spiegel* 35 (23.03.1981), S.50; Mettke, »Selbstbespiegelungen«, S.167.

auf die Angst vor Arbeitslosigkeit und auf die Industrialisierung, die zur Erkaltung zwischenmenschlicher Beziehungen, zu isolierendem Individualismus in den Städten und ökologischen Katastrophen führe.[257] Diese Entwicklungen der siebziger Jahre waren die sozioökonomischen Voraussetzungen für die linksalternative Vergemeinschaftung der Wärme. Sie befeuerten Teile der sozialen Bewegungen, wie umgekehrt der ökonomische Wohlstand der sechziger Jahre das Aufkommen postmaterieller Einstellungen erst ermöglicht hatte.[258] In diesem Sinne sah auch Rolf Schwendter einen engen Zusammenhang zwischen der Entstehung alternativer Bewegungen und einer »langfristigen wirtschaftlichen Krise«.[259]

Tatsächlich zeigen zeitgenössische Gesprächsinterviews, dass sich die Ängste nicht nur im Bereich von Arbeit, Arbeitslosigkeit und sozialer Fürsorge konkretisierten, sondern auch in der Angst vor Umweltbelastungen, Gesundheitsschädigungen und den Folgen der Großtechnik. Die »apokalyptischen Angstvisionen« waren mit Händen zu greifen – sei es vor dem Atomschlag, vor der ökologischen Katastrophe oder vor dem Super-GAU in den Atomkraftwerken.[260] Lebensqualität wurde mit ökologischen Fragen und Gesundheitsrisiken der Hochmoderne verbunden. Das Gefühl des Ausgeliefertseins, der Hilflosigkeit gegenüber bürokratischen Apparaten, der Großtechnologie und der Anonymität einer modernen Maschinenwelt bestimmte den Grundton des linksalternativen Milieus. Gegen die Kälte von Reglementierung und Standardisierung der Arbeits- und Lebenszeiten, die sterile Konsumorientierung, die befürchtete Seelenlosigkeit, Antriebslosigkeit, Fremdbestimmung und Selbstaufgabe wollten die Linksalternativen ihre eigene Wärme setzen.[261]

257 Petra E. Dorsch, *Neue Medien im sublokalen Kommunikationsraum – Die sogenannte Alternativpresse im sozialen Umfeld*, München 1981, S. 202.

258 Andreas Rödder, *Die Bundesrepublik Deutschland 1969-1990*, München 2004, S. 50.

259 Rolf Schwendter, »Welche Überlebenschancen hat die Alternativbewegung?«, in: *Bertelsmann Briefe* 111/112 (1983), S. 46-53, hier S. 50.

260 Noelle-Neumann/Piel (Hg.), *Allensbacher Jahrbuch*, Bd. VIII, S. 164, 436, 451, 494, 514, 524. Vgl. Biess, »Die Sensibilisierung des Subjekts«; Ellwein, *Krisen und Reformen*, S. 146-148; Koenen, *Das rote Jahrzehnt*, S. 487; Gebauer, »Apokalyptik«.

261 Walter Hollstein, »Autonome Lebensformen. Über die transbürgerliche Perspektive der Jugendbewegung«, in: Michael Haller (Hg.), *Aussteigen oder rebellieren. Jugendliche gegen Staat und Gesellschaft*, Hamburg 1981, S. 197-216, hier S. 203; Gekeler u. a., »Wer nur auf Pflastersteine reagiert«, S. 25.

2.2.2 Selbstbeschreibungen der »Wärme«

Die linksalternative Kultur zeichnete sich im Laufe der siebziger Jahre durch eine Innerlichkeit aus, die vor allem eine Wende ins Emotionale, Erfahrbare und Konkrete war. Der Publizist und Kulturdezernent Hermann Glaser sprach sogar vom »Neopietismus der siebziger Jahre«: Man wollte sich, so Glaser über die neue Innerlichkeit der siebziger Jahre, »im Wärmestrom der Gefühle und Emotionen, auch Aggressionen« bewegen. »Innerlichkeit war Fluchtort für die neu-alte romantische Sehnsucht nach heiler Welt [...]. Die neuen Signalworte hießen Natur, Nähe, Geborgenheit, Gefühl, Glück, Spiel, Festlichkeit, Phantasie, musisch, sensibel, still, einfach«.[262] Glasers Analyse deckt sich mit vielen Selbstbeschreibungen aus der linksalternativen Szene, die feststellten: »Die Reise geht nach innen.« Die Forderungen nach Bewusstseinsveränderung richteten sich nunmehr immer häufiger auf einen »Wunsch nach mehr Gefühl, Liebe, Glück und Einsicht«.[263]

Diese Wärmevorstellungen entwickelten sich oft vor dem Hintergrund von Konflikten mit den Kälteagenturen des Staates, der Wirtschaft und der Polizei. »Wärme und Solidarität« gehörten ebenso zusammen wie »das Erlebnis der Gemeinsamkeit und [das] des Vertrauens«. Die »persönlichen Gefühle, Wünsche, Ängste« wurden nicht zuletzt durch staatliche Sanktionsandrohungen erzeugt. In den emotionalisierten Gesprächen untereinander aber »fühlte sich jeder in der Gruppe geborgen und sicher«, wie es in einer Heidelberger Broschüre über die Auseinandersetzungen eines selbstverwalteten Projektes mit dem Staat hieß.[264] Formulierungen, wie man sie etwa in einem Artikel in einer Ausgabe der *Courage* von 1980 findet, waren in der Frauenbewegung Legion: »Frauen haben

---

262 Hermann Glaser, *Deutsche Kultur. Ein historischer Überblick von 1945 bis zur Gegenwart*, Bonn ²2000, S. 370/371. Zur neuen Innerlichkeit in der Literatur vgl. Andrew Plowman, *The Radical Subject. Social Change and the Self in Recent German Autobiography*, Bern u. a. 1998; Michael Schneider, *Den Kopf verkehrt aufgesetzt oder Die melancholische Linke. Aspekte des Kulturzerfalls in den siebziger Jahren*, Neuwied 1981, S. 65-79.

263 Hübsch, *Alternative Öffentlichkeit*, S. 46.

264 *... immer noch: FREE CLINIC. Zweite Dokumentation zur aktuellen Lage der Free Clinic. Situations- und Stimmungsberichte aus einem Alternativprojekt*, Heidelberg 1976, S. 12/13 (die Broschüre befindet sich in: BfZ-Doku, D 8151).

ihr Gefühl offensiv gewandt als Waffe gegen zunehmend bedrohlichere Krisen- und Kriegsstimmung.«[265]

Bis in die unmittelbare Alltagspraxis des Wohnens reichte das Denken im Gegensatz von Wärme und Kälte. Der in der Landkommune Lutter wohnende Tischler und Architekt Uwe Kurzbein sinnierte, dass die »Sehnsucht nach einem Nest, nach Geborgenheit, nach Wärme, nach Nähe« ein »sehr wichtiges Motiv« seines Entschlusses zum Kommuneleben gewesen sei: »Wir können in diesem Kommuneschoß angstfrei lieben und leben, nach dem Lustprinzip arbeiten, alles ganzheitlich natürlich, politisch ganz vorne, an der revolutionären Speerspitze, frei, ungebunden, in der Liebe schwelgend.«[266] Auch in Berliner und Frankfurter Veröffentlichungen liest man Ähnliches. So hieß es in einer Szenepublikation der Berliner Spontis über die Wohngemeinschaften:

Es war eine Flucht aus der von ihnen [den Spontis, Anm. d. Verf.] empfundenen Kälte und Wüste der modernen Industriegesellschaft, der Anonymität des verwalteten Staates, der Massenuniversität und der Konsumgesellschaft – getragen von einer Aussteigermentalität, die genährt war von Utopien einer schönen, heilen Welt und einer warmen Gemeinschaft, in der Liebe und Gefühle dominieren sollten: ›Wir wollen unsere glückseligen Inseln in Kreuzberg aufbauen.‹

In Kreuzberg oder Schöneberg »wuchsen wie zarte grüne Pflänzchen im bedrückenden Betongrau Kinderbuchläden, Cafés und Off-Kinos«. Bei den Spontis bemängelte man die emotionslose Kälte der Kaderkommunisten und trat für »Weichheit und Wärme« ein. Die »Wärme und Geborgenheit« der alternativen Insel Kreuzberg mit ihrer dichten Infrastruktur an linken Kneipen, besetzten Häusern und alternativen Projekten hob man insbesondere vor dem Hintergrund des Molochs Berlin, der Entfremdung und Vereinzelung in den großstädtischen Betonburgen hervor.[267] Matthias

---

265 Detel Aurand, »Anstiftung der Frauen zum Frieden«, in: *Courage* 5, 4 (1980), S. 9.
266 Uwe Kurzbein, »Die Plackerei. Nachdenken über Heilung in der Gemeinschaft«, in: Kollektiv KommuneBuch (Hg.), *Das KommuneBuch. Alltag zwischen Widerstand, Anpassung und gelebter Utopie*, Göttingen 1996, S. 256-274, hier S. 259 (Zitat), 263/264, 267, 271.
267 Lang, *Mythos Kreuzberg*, S. 143-145; Scheer/Espert (Hg.), *Deutschland*, S. 18/19; Schütte, *Revolte*, S. 51, 92.

Horx meinte, in den städtischen Wohngemeinschaften habe man ein »Gefühl von Wärme und ›Gruppendichte‹« bekommen. Erst Anfang der achtziger Jahre sei diese Vorstellung in eine Krise geraten. Seine in der *Zeit* publizierten Überlegungen überschrieb er bezeichnenderweise mit dem Titel »Die abgekühlte Gemeinschaft«.[268]

In zeitgenössischen Interviews mit Wohngemeinschaftsmitgliedern und Landkommunarden sprachen diese immer wieder über »'ne bestimmte Wärme«, »zwischenmenschliche Wärme«, »zärtlich-warme Wochenenden«, »Gefühlswärme« oder einfach gemütliche »Nestwärme«, die sich im Grunde in körperlichen Kontakten konkretisierte.[269] In Gedichten hielt eine WG-Bewohnerin fest: »Wir streicheln unsere Hände / ohne zu wissen, wen [sic] sie eigentlich sind / Tinas Arme? Anjas Streicheln? Fritz's Bart? / Heriberts Füße? Kuscheln, Wärme, Wühlen […] Eure Wärme gibt mir das Gefühl / von großer Geborgenheit«.[270] Auch in der Kinderladen-Literatur wird gerne das Motiv der »aktiven, positiven Zuwendung und Wärme« als Kennzeichen der antiautoritären Erziehung bemüht.[271] »Linke Nestwärme« sei »nach Jahren entfremdeter Kontakte« wieder möglich.[272]

Letztlich kann dies als Prozess zu einer nach innen gekehrten, körperlich erfahrbaren Sinnlichkeit und als emphatischer Gefühlsausdruck verstanden werden. Von Nähe, Körperlichkeit und Emotion versprach man sich eine heilende Kraft gegen die Kälte anonymisierter und erstarrter Verhältnisse. An die Stelle »frostiger Distanz«[273] trat die fast schon zwanghafte Suche nach dem

268 Matthias Horx, »Die abgekühlte Gemeinschaft. Alternativbewegung in der Krise: Was aus den sozialen Experimenten geworden ist«, in: *Die Zeit* 17 (27.04.1984), S. 21.

269 Peinemann, *Wohngemeinschaft*, S. 127; 149; Franziska Graf, »Lebensziel: Wohnen. Bericht über eine Wohngemeinschaft«, in: *Kursbuch* 37 (1974), S. 145-167, S. 146; Johann A. Schülein (Hg.): *»… vor uns die Mühen der Ebenen«. Alltagsprobleme und Perspektiven von Wohngemeinschaften*, Gießen 1980, S. 32, 57; Johann A. Schülein, »Beziehungsprobleme«, in: ders. (Hg.), *»… vor uns die Mühen der Ebenen«. Alltagsprobleme und Perspektiven von Wohngemeinschaften*, Gießen 1980, S. 145-168, hier S. 153, 266; »Ein Platz im Warmen«, in: *taz* (18.03.1981), S. 9; Demele, *Leben & Lernen*, S. 85.

270 Schülein (Hg.), *»… vor uns die Mühen der Ebenen«*, S. 46.

271 Zitiert nach Thomas Schroedter, *Antiautoritäre Pädagogik. Zur Geschichte und Wiederaneignung eines verfemten Begriffs*, Stuttgart 2007, S. 149/150.

272 »Kinderladen Hamburg I (Altona)«, in: *vorgänge* 9, 5 (1970), S. 170.

273 Schneider, *Den Kopf verkehrt aufgesetzt*, S. 38.

»wärmenden Zusammenhalt«.[274] Über den persönlich gehaltenen Kleinanzeigenmarkt im *Pflasterstrand* hieß es 1983 dementsprechend: »Draußen ist es kalt – bei uns ist es warm. Die Behörde will alle Vor- und Nachnamen wissen – bei uns bist Du Miki. [...] Aus Liebe zueinander machen wir uns klein, wir rücken zusammen, gleichen uns an.«[275]

Dabei verschwand der gedankliche Zusammenhang von wärmender Solidarität nach innen und militantem Kampf nach außen nicht. 1972 hieß es in dem Berliner Szeneblatt *Hundert Blumen*: »leben heißt wärme – und wir kämpfen, weil man uns in kälte einhüllen will und viele sich schon in dieser kältehülle befinden«.[276] In der ersten Ausgabe schrieb das Redaktionskollektiv dieser Zeitschrift, dass die zu jenem Zeitpunkt eingestellten Berliner Alternativblätter *Hochschulkampf*, *Agit 883* und *Fizz* sich allesamt zu weit radikalisiert hätten und militanten Agitationsformen zugestrebt seien. Gegen das »Problem« dieses »emotionalen Klimas« wolle man mit *Hundert Blumen* vorgehen: »es muß uns gelingen, eine liebevolle Atmosphäre zu schaffen [...]. Die Leute sind alle so frustriert, so alleine, daß sie danach drängen, Gruppen zu finden in denen sie geliebt werden, in denen sie anerkannt werden«.[277] In der *Traumstadt*, einem Produkt der Berliner Spontipresse, welches von einem neunköpfigen Kollektiv in unregelmäßigen Abständen mit einer Auflage von 2500 Exemplaren für je zwei Mark vertrieben wurde und lustbetonter Ausdruck eines »Lebens- und Zeitgefühls« einer »Nonsens-Kultur« war, hieß es bezeichnenderweise, man habe »Sehnsucht nach Solidarität, Wärme und Zärtlichkeit«.[278] Von der »Zärtlichkeit der Menschen« sprach in wolkig-unbestimmter Gefühligkeit auch das Karlsruher Anarchistenblatt *Der Schwarze Gockler*.[279]

Reinhard Mohr ordnet die Post-68er-Generation der Linksalternativen im »Wärmestrom der Ganzheitsträume« nach Tiefe, Eigentlichkeit und Sinn ein. Kaum überraschend ist, dass eine

---

274 Schmid, »Stämme und Stammtisch«, S. 91.

275 Thomas Schmid, o. T., in: *Pflasterstrand* 158 (1983), hintere Umschlagseite.

276 »Release«, in: *Hundert Blumen* 3 (1972), S. 8.

277 »Das Hundert-Blumen-Kollektiv«, in: *Hundert Blumen* 1 (1972), S. 2/3, hier S. 3.

278 Zitiert nach Mettke, »Selbstbespiegelungen«, S. 156/157, 165/166; ders., »Verantwortlich: Milli Tanz & Anna Schie«, in: *Der Spiegel* 35 (23.03.1981), S. 47.

279 Zitiert nach Mettke, »Selbstbespiegelungen«, S. 167.

Berliner Männergruppe Mitte der siebziger Jahre in einer Selbstbeschreibung immer wieder die »unerschöpfliche weibliche Potenz zu Wärme, Zuwendungsnähe und Offenheit«, den »warmen Schoß« bewunderte und zugleich die männliche »Gefühlskälte« durch »zunehmende emotionale Wärme« zu überwinden trachtete.[280] Paul-Gerhard Hübsch sprach anerkennend von den linken Buchläden: Wie die ganze linke Infrastruktur, so seien auch sie Teil der »Warmnestszene«, der »Kuschelwärme« und »Nestwärme kleiner Netze«.[281]

Selbst in den Kleinanzeigen der alternativen Presse offenbart sich immer wieder ein Selbstbild, in dem Wärme eine große Rolle spielt, wie in der folgenden Anzeige aus dem linksalternativen Münchner Stadtmagazin *Blatt* des Jahres 1973:

Für zu gründende WG liebe Mädchen gesucht. Gewünscht: Interesse an Sozialpolitik, humanistischer Psychologie (Selbsterfahrung, Encounter, Psychologie, Psychologie des Seins) und das Bedürfnis, in einer Gruppe Freude zu erleben, bzw. sie wiederzugewinnen. Menschliche Wärme und das Bestreben nach Ehrlichkeit und Offenheit wären vielleicht mitzubringen.[282]

Peter Moslers im Jahr 1977 erschienenes »subjektives Buch« über die »exemplarisch Unbekannten« der Revolte«,[283] die er mittels Interviews zu rekonstruieren versuchte, kommt in seinen biographischen Abhandlungen immer wieder auf die Wärmemetapher zu sprechen, die die Zeitgenossen umtrieb. So bezeichnete er die Berliner Kommunen, ausgehend von Bernd Kramers Linkeck-Kommune, als »Wärmehallen«. In den Nürnberger Kinderläden wiederum entdeckte Mosler bei der Schilderung des Lebenslaufs eines 27-jährigen Orientalistik-Studenten eine Sehnsucht nach »spontaner Wärme« und ein »solidarisches Klima politisch-persönlicher Wärme«. Jakob, ein Student aus Tübingen, suchte ebenfalls, so Mosler, das »Klima persönlicher Wärme« und fand die »Atmosphäre

280 »Die Unscheinbarkeit der kleinen Schritte – eine Berliner Männergruppe«, in: Walter Hollstein, Boris Penth, *Alternativ-Projekte. Beispiele gegen die Resignation*, Reinbek 1980, S. 371, 380, 375, 378. Ähnlich ebd., S. 373, 375. Ebenso: Helmut Rödner, *Männergruppen. Versuche der Veränderung der traditionellen Männerrolle. Ursachen, Wege, Schwierigkeiten*, Berlin 1976, S. 38.

281 Hübsch, *Alternative Öffentlichkeit*, S. 13, 46, 55, 116, 123.

282 Franz-Maria Sonner (Hg.), *Werktätiger sucht üppige Partnerin. Die Szene der 70er Jahre in ihren Kleinanzeigen*, München 2005, S. 10.

283 Peter Mosler, *Was wir wollten, was wir wurden. Studentenrevolte – zehn Jahre danach*, Reinbek 1977, S. 2.

einer Zärtlichkeit« in den dortigen Wohngemeinschaften. Oliver und Angelika aus einer SDS-Basisgruppe in Berlin-Spandau träumten von »warme[n] lebendige[n] Hühnchen«, während Hübsch die städtischen Kommunen als »zärtliche, warme Höhlen« voller »Sanftheit, Liebe [und] Vertrauen« darstellte, und sie in Gegensatz zu der »frostige[n] Kälte von Objektivität und Politik« rückte.[284] Charakteristisch ist Moslers Beteuerung, dass seine biographischen Aufzeichnungen über die 68er-Bewegung in Berlin, Frankfurt, Tübingen und Köln »Authentizität« verbürgten, indem »sie das Klima [!] der Rebellion in den Städten beschreiben«.[285]

2.2.3 Innerlinke Emotionen:
Erfahrungshunger gegen kalte Theorie

Michael Rutschkys 1980 erschienener Text *Erfahrungshunger* über die siebziger Jahre schildert diese Zeit als eine des »warmen Nebels«,[286] in der Leistungsdruck, Mühe, Entbehrung, Selbstbeschränkung und Aufschub als Requisiten aus dem Arsenal des bürgerlichen Wohlverhaltens empfunden wurden. Entspanntheit, Lebensfreude, Spontaneität, Ungezwungenheit, Genuss traten an ihre Stelle. Man sehnte sich nach unmittelbaren, oft körperlichen Erfahrungen und intensiv Erlebtem. Man setzte sich, so Rutschky, von der »Utopie der Allgemeinbegriffe« und der »erstarrte[n] Gesellschaft« der sechziger Jahre ab, die sich durch »eine besondere Kälte« ausgezeichnet hatten.[287]

284 Die Zitate in der Reihenfolge ihrer Nennung in: Mosler, *Was wir wollten*, S. 39, 50, 63, 85, 112/113.
285 Ebd., S. 8/9.
286 Michael Rutschky, *Erfahrungshunger. Ein Essay über die siebziger Jahre*, Köln 1980, S. 112: »Die siebziger Jahre sind eine Zeit des Nebels, nicht eines kalten, eher eines warmen. [...] Denn in den siebziger Jahren ging es uns weniger darum, die Wahrheit zu sagen und den Irrtum zu vermeiden, eher ging es uns darum, die Wahrheit zu berühren, die sich im Nebel zu verliehen drohte.« Zu Rutschky: Florian Wolfrum, »Michael Rutschky«, in: Thomas Kraft (Hg.), *Lexikon der deutschsprachigen Gegenwartsliteratur seit 1945*, München 2003, S. 1071/1072; Aribert Reimann, »Abschiedsbriefe der Bewegung. Linke Selbstreflexionen der siebziger Jahre«, in: Daniel Fulda u. a. (Hg.), *Demokratie im Schatten der Gewalt. Geschichten des Privaten im deutschen Nachkrieg*, Göttingen 2010, S. 271-273.
287 Rutschky, *Erfahrungshunger*, S. 38, 69. Vgl. jetzt auch das Themenheft »Droge Theorie« der *Zeitschrift für Ideengeschichte* 4, VI (2012).

Die Wärmemetapher markierte die Konfliktlinie zwischen den theorieorientierten K-Gruppen und der hedonistisch-undogmatischen Linken. So urteilte Klaus Schloesser, Redakteur eines Berliner Theorieorgans:

Und was haben wir heute? Diese künstliche Produktion von Stallwärme, von Nestwärme, der Subjektivitätstrip in den Seminaren. Da ist in der Tat für Theorie kein Platz mehr, da geht es um die Selbstverständigung und Gruppendynamik. Damit werden die theoretischen Zusammenhänge beziehungslos, es gibt keine Einsatzpunkte mehr.[288]

Umgekehrt schrieb Peter Mosler 1977 über das Referat von Wolfgang Lefèvre am 12. Mai 1967, welches den Ausschluss der Kommune I aus dem SDS begründete, es sei eine Rede »voll frostiger Kälte von Objektivität und Politik« gewesen.[289] Dagegen habe es sich bei der Kommune I um den Versuch gehandelt, einen anderen Alltag zu führen, geprägt durch »Sanftheit, Liebe, Vertrauen«. In die Kommune gehe man »wie in eine zärtliche, warme Höhle«.[290]

Wenn der Philosoph Ulrich Steinvorth in seiner im November 1980 publizierten Rezension des Rutschky-Buchs in der FAZ kritisch-distanzierend vom Ende jedweder Begrifflichkeit sprach, so war dies nur im Vergleich mit dem marxistischen Vokabular der 68er-Bewegung zutreffend. Steinvorth sah bereits eine neue, eine sinnliche 78er-Generation entstehen: »Weil Rutschkys Generation keinen Sinn anerkennt, ›hungert‹ sie nach Erfahrung, in der ihr ein Sinn aufgehen kann, der durch keinen Begriff verdorben ist.«[291] Diesen Hunger nach Erfahrungen benannte Joschka Fischer 1977

---

288 Hildegard Brenner u. a., »Dissens. Ein Gespräch anläßlich des Endes von ›Alternative‹«, in: *alternative* 25, 45/46 (1982), S. 186-196, hier S. 187. Der Text findet sich in: IISG, ID-Periodika Collection, Box 1, Map 3.

289 Mosler, *Was wir wollten*, S. 113.

290 Ebd., S. 112.

291 Ulrich Steinvorth, »Sinnlichkeit statt Sinn«, in: *Frankfurter Allgemeine Zeitung* (18. 11. 1980). Zum Engagement des Essayisten und Schriftstellers Rutschky passt seine Beteiligung an der 1977 von den Ethnologiestudenten Walter Keller und Nikolaus Wyss in Zürich gegründeten Zeitschrift *Der Alltag*, deren Erscheinen 1997 eingestellt wurde. Vgl. Walter Keller, Nikolaus Wyss, »Vorwort«, in: dies. (Hg.), *Reisen ins tägliche Leben*, Zürich 1982, S. 8; Manuel Mattweber, 〈www.kulturwissenschaft.at/rezensionen/rezension_inhalt_deralltag.htm〉, letzter Zugriff am 27. 03. 2013; IISG, ID-Periodika Collection, Box 1, Map 6 (»Der Alltag«, ZO 41 567).

treffend: »Uns treibt nicht mehr der Hunger nach Essen, uns treibt Hunger nach Freiheit, Liebe, Zärtlichkeit, nach anderen Arbeits- und Verkehrsformen. Und dieser Hunger ist auf Dauer durch noch so kluge Reden und Analysen nicht aufschiebbar.«[292] Hierin ist die doppelte Absetzung vom »Theoriefetischismus« und von der bürgerlichen Gesellschaft ablesbar, auf die auch Rutschky setzte. Die konstitutive Rolle der Sinne für die gesellschaftliche Orientierung wurde in der Aufwertung des Erfahrungsbegriffs ausgedrückt.

Rutschky wandte sich aber nicht nur von den 68ern ab, sondern auch von den gesellschaftlichen Institutionen, die »ein Klima der Kälte« ausstrahlten, welches »mühevoll« von der »psychischen Innenwelt« getrennt werde. In der linksalternativen Szene war man auf der Suche nach einem

Lebenszusammenhang, in dem [man] sich persönlich erklären, in dem [man] seine Biographie erzählen und interpretieren soll und will [...]. Die feindselige Außenwelt unterwirft denjenigen, der aus der Innenwelt heraustritt, ihren Handlungsschemata, ihren irreversiblen Bestimmungen und Begrenzungen. [...] Daraus entsteht eine neue Utopie [...], eine Utopie der Unbestimmtheit, des Vagierens, der Strukturlosigkeit und Entgrenzung.[293]

Die »Suchbewegung« und »Sehnsucht« des Individuums wollte der »Unwirklichkeit des Lebens in den siebziger Jahren«, der »verwalteten Welt«, wie man damals sagte, entkommen.[294] Dabei gelangte man nur zum Durchwurschteln, zur »ziellosen Bewegtheit« und einem »Lebens- und Erfahrungshunger« in einem »Panorama der Desorientierung«.[295] Durch den Rückzug in die Innerlichkeit erschien die äußere Welt unwirklich, lakonisch, in Distanz, in einem Nebel schematisiert.[296]

Verbunden mit dem Vergemeinschaftungsmodus der Wärme war eine Neigung zur Konkretion und zur Hochschätzung alltäglicher Erfahrung und persönlicher Interaktion, die den abstrakten Theoriegebäuden der sechziger Jahre entgegengehalten wurde.

292 Zitiert nach Winfried Hammann, »Die Alternativkultur. Ende der Alternativen?«, in: Willi Bucher, Klaus Pohl (Hg.), *Schock und Schöpfung. Jugendästhetik im 20. Jahrhundert*, Darmstadt, Neuwied u. a. 1986, S. 189-197, hier S. 193.
293 Rutschky, *Erfahrungshunger*, S. 51/52.
294 Ebd., S. 57, 114.
295 Ebd., S. 53, 73.
296 Ebd., S. 114.

Konkretion bedeutete immer auch, die emotionale Relevanz eines Themas für das eigene Leben aufzudecken. Ganzheitlichkeit als Kombination von Körper, Geist und Seele (Gefühl) war eine maßgebliche Wertvorstellung.[297]

2.2.4 Historische Schuld und Opfergestus

Bereits Freuds Schrift *Das Unbehagen in der Kultur* (1930) und dann besonders die klassischen ethnologischen Studien von Ruth Benedict und Margaret Mead haben die von Fremdzwängen bestimmte, kalte »Schamkultur« von einer warmen, von Gewissensnöten regulierten »Schuldkultur« unterschieden.[298] »›Schamkulturen‹ wurden von der Anthropologie Kulturen genannt, in denen sich die Menschen konform nur verhalten in bezug auf Zwänge, die von der sozialen Umwelt auferlegt werden. In diesen Gesellschaften spielt die Selbstachtung eine zentrale Rolle, Würde ist ihr Schlüsselwort«.[299]

Die Unterscheidung hilft, die Absetzung der Linksalternativen von hergebrachter Würde und Ehre und ihre Umpolung in eine »warme« Schuldkultur genauer zu fassen: Die Angst der bürgerlichen Kultur der fünfziger Jahre war keine Gewissensangst, sondern die Angst vor sozialer Isolation. Gutes Benehmen, Anstand und Konventionen galten in der Schamkultur mehr als ein reines Gewissen. Die Linksalternativen kennzeichnete dagegen ihr Ausbrechen aus sozialen Rollen und eine von Innerlichkeit und Läuterung bestimmte Haltung. Diese hing (zuweilen sehr diffus) mit Schuldgefühlen zusammen. Die Linksalternativen lebten von der Redlichkeit und Ernsthaftigkeit ihrer Läuterung, die innerhalb des Milieus anerkannt wurde.[300] Dieses Element bestimmte ihren Gefühlshaushalt in hohem Maße und machte sie im Vergleich zu den amerikanischen Hippies ein gutes Stück ernster und dunkler.

Es ging in der Situation eines kulturellen Umbruchs darum,

297 Vgl. Czubayko, *Sprache*, S. 187-192, 200-203, 212/213.

298 Sigmund Freud, »Das Unbehagen in der Kultur«, in: ders., *Studienausgabe*, Bd. IX, Frankfurt/M. ⁵1989, S. 191-270. Zur Schamkultur: Sighard Neckel, *Status und Scham. Zur symbolischen Reproduktion sozialer Ungleichheit*, Frankfurt/M., New York 1991, bes. S. 235-251.

299 Lethen, *Verhaltenslehren*, S. 32. Vgl. zum problematischen empirischen Gehalt dieser ethnologischen Grundlagenwerke: Werner Petermann, *Die Geschichte der Ethnologie*, Wuppertal 2004, S. 700-720.

300 Neckel, *Status und Scham*, S. 41-58.

»Selbstverwirklichung, Selbstbestimmung […] in der Wahrnehmung, in der Sinnlichkeit, im Körper, zur Not in Schrecken und Schmerz« zu finden.[301] Eben hier sah Rutschky eine Möglichkeit, Erfahrungen zu machen – plötzlich, unerwartet und schockhaft, indem man den Strom des Alltags durch außergewöhnliche Erlebnisse durchbricht.[302] Letztlich ging es um eine nach innen gekehrte Erweiterung des Intellekts durch körperlich erfahrbare Sinnlichkeit. Von der Reise auf dem Weg von rationaler Diskussion zum emphatischen Gefühlsausdruck versprach man sich eine heilende Kraft – bis in die terroristische Szene der RAF, die diese Empfindsamkeit in Form von Hass nach außen kehrte. Emotion und Erfahrung rangierten vor Theoriebildung.[303]

Gerade im linksalternativen Milieu finden sich immer wieder Bezüge auf die Zeit des Nationalsozialismus, die sich aus dieser emotionalen Lage erklären und die Identität der Milieumitglieder als Opfer des modernen Staates bekräftigen sollten. Beispielsweise lautete 1979 der Titel einer der Ausgaben des *Umweltmagazins* (Nachfolger des wichtigen Bewegungs- und Ökomagazins *bbu-aktuell*) »Gestern Gaskammern, morgen Atomstaat«. Der damalige Ministerpräsident von Schleswig-Holstein Gerhard Stoltenberg habe, so die Worte eines ergrünten Ex-KB-Kaders, »in einer Nacht- und Nebelaktion« das »KZ Brokdorf« errichtet. Die feministische Theologin und Pazifisten Dorothee Sölle wiederum bezeichnete die in der Mutlanger Heide stationierten Pershing-II-Raketen als »fliegende Verbrennungsöfen«. Die Vergangenheit wurde vor allem durch die Vorstellung von der Massenvernichtung wachgehalten. Wie bei der Ermordung der Juden drohe jetzt sogar die Auslöschung der gesamten Menschheit durch den »faschistischen« »Atomstaat«. Entsprechend dieser ebenso anklagenden wie apoka-

---

301 Rutschky, *Erfahrungshunger*, S. 263.

302 Ebd., S. 253/254.

303 Vgl. Friedhelm Neidhardt, »Über Zufall, Eigendynamik und Institutionalisierbarkeit absurder Prozesse. Notizen am Beispiel einer terroristischen Gruppe«, in: Heine von Alemann, Hans P. Thurn (Hg.), *Soziologie in weltbürgerlicher Absicht. Festschrift für René König zum 75. Geburtstag*, Opladen 1981, S. 243-257. Rutschky parallelisiert diese Situation mit dem Radikalnationalismus der zwanziger Jahre (namentlich mit Ernst Jünger): »Der deutsche Nationalismus ist leer, er hat keinen Sinn; dieser Sinn wird durch Sinnlichkeit substituiert: wie Schrecken und Schmerz sie manifestieren« (Rutschky, *Erfahrungshunger*, S. 176). Vgl. weiterhin ebd., S. 230.

lyptischen Argumentationsfigur tauchte auch in der Friedensbewegung immer wieder die Redewendung vom »atomaren Holocaust« und »nuklearen Auschwitz« auf. Die Darstellung von hilflosen und passiven Kriegsopfern – auch und gerade von Kindern – gehörte zum festen Repertoire pazifistischer Posterbilder.[304] Auf Transparenten konnte man den Slogan »Pershing macht frei« lesen, die Zustimmung des Bundestags zur Stationierung der Raketen wurde als »Ermächtigungsgesetz« denunziert, amerikanische Militärlager als KZs bezeichnet. Dazu passte, dass ehemalige KZ-Häftlinge in ihren alten Häftlingsuniformen vor der Mutlanger Basis demonstrierten.[305]

Wichtiger als die in den achtziger Jahren auch außerhalb des linksalternativen Milieus übliche moralische Referenz auf den Holocaust war, dass die Aktivisten ihre eigene Lage mit der der Juden im Nationalsozialismus parallelisierten. So verglich der *Atomexpress* vom Mai 1977 die Opfer eines AKW-Unfalls explizit mit den Verfolgten der NS-Zeit. Am Tor des Bauplatzes von Grohnde, auf dem ein neues Kernkraftwerk entstehen sollte, wurde eine Stahlplatte aufgestellt, auf der mit großen Lettern »Neu-Auschwitz« geschrieben stand.[306] Die Identifikation mit den Opfern der NS-Zeit fand sich nicht nur in Zweigen der Umweltschutz- oder Friedensbewegung. Auch im alternativen Psychiatriekonzept des Heidelberger Sozialistischen Patientenkollektivs (SPK) war dieser Bezug nahezu ubiquitär, denn, so die SPKler im Jahr 1972: »Historisch befinden wir uns in der Übergangsphase zwischen Nazi-KZ und Arbeitsla-

---

304 Andreas Pettenkofer, »Erwartung der Katastrophe, Erinnerung als Katastrophe. Die apokalyptische Kosmologie der westdeutschen Umweltbewegung und die Besonderheit des deutschen Risikodiskurses«, in: Lars Clausen u. a. (Hg.), *Entsetzliche soziale Prozesse*, Münster 2003, S. 185-204, hier S. 198; Volker Nick u. a., *Mutlangen 1983-1987. Die Stationierung der Pershing II und die Kampagne Ziviler Ungehorsam bis zur Abrüstung*, Mutlangen, Tübingen 1993, S. 6; Mende, *»Nicht rechts, nicht links«*, S. 379/380; Ziemann, »The Code of Protest«, S. 252-254; Michel, »Die Angst kann lehren«, S. 257-260.

305 Warnecke, »Aktionsformen«, S. 463, 466/467. Vgl. auch Thomas Raithel, »Neue Technologien: Produktionsprozesse und Diskurse«, in: ders. u. a. (Hg.), *Auf dem Weg in eine neue Moderne? Die Bundesrepublik Deutschland in den siebziger und achtziger Jahren*, München 2009, S 31-44, hier S 41.

306 Pettenkofer, »Erwartung der Katastrophe, Erinnerung als Katastrophe«, S. 198. Vgl. auch die Darstellung Jürgen Pontos im *Info-BUG* 168 (08.08.1977), S. 1-4.

ger à la große Koalition«.[307] Die Erziehungsheime für Jugendliche wurden im Rahmen der Heimkampagne plakativ als »faschistoide Anpassungslager« mit den nationalsozialistischen Konzentrationslagern gleichgesetzt.[308] In der Homosexuellenbewegung appellierte eine Initiative Mitte der siebziger Jahre an die Schwulen, einen rosa Winkel (also das Markierungszeichen der Schwulen in den nationalsozialistischen Konzentrationslagern) öffentlich zu tragen, um aus der Unsichtbarkeit in die Öffentlichkeit herauszutreten. Mit explizitem Bezug auf die KZ-Häftlinge forderte ein Flugblatt der 1971 gegründeten Homosexuellen Aktion Westberlin: »Macht Euer Schwulsein öffentlich! Tragt den rosa Winkel!« Homophobie wurde hier wie auch in anderen Teilen der Schwulenbewegung als Ausdruck »faschistischer Herrschaft« gedeutet.[309] In der Hausbesetzerbewegung war die Klage über die »faschistoide[n] Methoden« der Polizei Legion, und die Politik des Berliner Innensenators Heinrich Lummer (CDU) wurde als Weg zur »Endlösung« tituliert. Ständig hörte man die Klage über den »Betonfaschismus« der »menschenfeindlichen Stadtplanung«.[310] Eine Frankfurter Häuserräumung wurde gar mit der Räumung eines Gettos verglichen.[311] Wie sehr

307 »Sozialistisches Patientenkollektiv [SPK]: Zur Dialektik von Krankheit und Revolution«, in: Hans-Peter Gente (Hg.), *Marxismus, Psychoanalyse, Sexpol 2. Aktuelle Diskussion*, Frankfurt/M. o. J., S. 311-341, hier S. 333.

308 Sven Steinacker, »›… daß die Arbeitsbedingungen im Interesse aller verändert werden müssen!!!‹ Alternative Pädagogik und linke Politik in der Sozialen Arbeit der sechziger und siebziger Jahre«, in: Sven Reichardt, Detlef Siegfried (Hg.), *Das Alternative Milieu. Antibürgerlicher Lebensstil und linke Politik in der Bundesrepublik Deutschland und Europa 1968-1983*, Göttingen 2010, S. 353-372.

309 Haunss, *Identität in Bewegung*, S. 197; Schappach, »Geballte Faust«, S. 273-276 (dort auch die Zitate).

310 Ermittlungsausschuß im Mehringhof (Hg.), *abgeräumt? 8 Häuser geräumt... Klaus-Jürgen Rattay tot*, Berlin 1981, S. 71, 92, 94, 26 (»Sieg Heil, Heinrich«). Diese Bezüge finden sich dort ständig, ebenso wie in: Ermittlungsausschuß Mehringhof (Hg.), *Dokumentation Dezember Berlin 1980*, Berlin 1981, ⟨http://squat.net/archiv/berlin/12.12.80/frames.html⟩, letzter Zugriff am 27.03.2013; Kurzanalyse zu den »Hintergründen der Hausbesetzungen« von Stachelscheid an das Bundesinnenministerium vom 17.03.1981, in: BArch Koblenz, B 141, Nr. 401096, fol. 55.

311 Jürgen Roth, »Aufruf des Untersuchungsausschusses. Foltert die Polizei?«, in: *Häuserratszeitung* 9 (1974), S. 5 (archiviert in: IISG, ID-Textarchiv 0106/8-6531). Vgl. auch Anonym, »Rechtsfreie Räume«, in: Stefan Aust, Sabine Rosenbladt (Hg.), *Hausbesetzer – wofür sie kämpfen, wie sie leben und wie sie leben wollen*, Hamburg 1981, S. 127-192, hier S. 160-162.

sich die Linksalternativen mit den Juden verglichen und parallelisierten zeigt die Geschichte von Paul-Gerhard Hübsch, der, als er wegen seiner langen Haare im bürgerlichen Café Laumer in Frankfurt am Main nicht bedient wurde, meinte, »daß man uns hier behandelt, wie in den dreißiger Jahren die Juden«.[312] Schon die 68er hatten sich als »langhaarige Ersatzjuden« bezeichnet.[313]

Dieser demonstrative Opferkult diente sowohl der Selbststilisierung als auch der Dämonisierung der Bundesrepublik. Während die Opfer-Vergessenheit der Eltern beklagt wurde, sollte ihre Schuld gewissermaßen durch eine psychologische Übertragung abgemildert werden, in der die Rolle der Juden empathisch übernommen wurde.

Opfer staatlicher Repression?
Das Beispiel des Radikalenerlasses

Der überzogene historische Vergleich macht sichtbar, wie weit die Ablehnung des »Polizeistaates« tatsächlich ging. Der Frankfurter Sponti Matthias Beltz verdeutlicht die damalige Legitimationsstrategie, wenn er schreibt: »Wir alle wußten nicht genau, ob wir wieder in eine faschistoide Gesellschaft hineinschlittern.«[314] Innerhalb der Linken war das »Seufzen und Wehklagen über die Ohnmacht des einzelnen gegenüber dem Staat« weit verbreitet, wie Michael Schneider feststellte.[315] Angesichts der computertechnischen Möglichkeiten mutmaßte Hans Magnus Enzensberger in Erinnerung an die staatlichen Rasterfahndungen gegen den Terrorismus: »Es ist sicher, daß die Bevölkerung Westdeutschlands heute einem Grad von Überwachung unterliegt, der historisch präzedenzlos ist; die Gestapo konnte von technischen Mitteln dieser Reichweite nur träumen.«[316]

312 Hübsch, *Keine Zeit für Trips*, S. 56.
313 Gerhard Kade, »Langhaarige Ersatzjuden«, in: *Darmstädter Studentenzeitung* (Mai 1968), zitiert nach Michael Schmidtke, *Der Aufbruch der jungen Intelligenz. Die 68er Jahre in der Bundesrepublik und den USA*, Frankfurt/M. 2003, S. 149.
314 Matthias Beltz, »Unsere Toten. Ein Requiem«, in: Matthias Horx (Hg.), *Aufstand im Schlaraffenland. Selbsterkenntnisse einer rebellischen Generation*, München, Wien 1989, S. 58-65, hier S. 59.
315 Schneider, *Den Kopf verkehrt aufgesetzt*, zitiert nach März, *Linker Protest*, S. 28.
316 Hans Magnus Enzensberger, »Der Sonnenstaat des Doktor Herold«, in: *Der Spiegel* 25 (18.06.1979), S. 68-78, hier S. 73.

Das starke Empfinden von staatlicher Repression ist ein konstantes Phänomen im gesamten Zeitraum, den diese Arbeit untersucht, angefangen von den späten sechziger bis in die frühen achtziger Jahre. Beginnend mit der Kritik an den knüppelnden Polizisten und dem Tod von Benno Ohnesorg bis hin zur Gewaltkulisse am Bauzaun der Atomkraftwerke und Wiederaufbereitungsanlagen zog sich eine Wahrnehmung vom (Polizei-)Staat durch, der in erster Linie gewaltsam gegen die eigene Bewegung vorging. Von der Kritik an den »Berufsverboten«, über den Protest gegen die überzogene »Terroristenjagd« und »Isolationshaft« der RAF-Mitglieder bis hin zum Hass der Häuserkämpfer auf die brutalen »Bullenschweine« – immer wieder wurde der Staat zum Feindbild und Gegner. Neben der Kritik am »Atomstaat« hatte sich auch die Frauenbewegung gegen die patriachialisch-repressive Gesetzgebung engagiert und die Friedensbewegung wetterte gegen kriegstreibende Staaten. Seien es große Kongresse wie der vom Sozialistischen Büro (SB) organisierte Antirepressionskongress 1976 in Frankfurt, das ebenfalls vom SB initiierte 3. Internationale Russell-Tribunal im April 1978 in Frankfurt-Harheim und im Januar 1979 in Köln-Mülheim, seien es Initiativen zur Freilassung politischer Gefangener, seien es die Mobilisierungen gegen die »Berufsverbote«, den Paragraphen 129a (Bildung einer terroristischen Vereinigung) oder gegen das Gesetz zur Verbreitung von Schriften zur Befürwortung von Gewalttaten: Immer wieder erschien der Staat den Linken als eine durchweg repressive Agentur.[317] Tatsächliche Schlechterstellungen und Benachteiligungen, wie sie der von den Ministerpräsidenten der Bundesländer am 28. Januar 1972 beschlossene Radikalenerlass vorsah, zeigen, wie realitätstüchtig bzw. maßlos das Selbstbild einer Minderheit war, die sich ständig verfolgt wähnte.

Dem Beschluss zufolge mussten sich Bund und Länder an den Verfassungsschutz wenden, wenn sie jemanden neu einstellen und verbeamten wollten (in einigen Fällen geschah dies auch für Leute, die bereits im öffentlichen Dienst tätig waren). Im Vorfeld sollte geprüft werden, ob der Bewerber »in verfassungsfeindliche Aktivitäten verwickelt« war. Dabei wurde unter anderem gefragt, ob und

---

317 Dazu jetzt hervorragend: März, *Linker Protest*, passim; Mende, »*Nicht rechts, nicht links*«, S. 322-330, 333-339; Zur Debatte um den Staatsschutz von den fünfziger bis in die siebziger Jahre: Dominik Rigoll, *Staatsschutz in Westdeutschland. Von der Entnazifizierung zur Extremistenabwehr*, Göttingen 2013, passim.

inwieweit Kontakte in die DDR, zur DKP oder zu kommunistischen Gruppen bestanden und ob sich der Anwärter in ideologischer Nähe zu radikalen Organisationen befand. Nach intensiven Debatten zwischen den politischen Lagern, den Ländern und insbesondere zwischen den Landesinnenministerien waren sukzessive Richtlinien erlassen worden, und ab Mitte 1973 wurde der Verfassungsschutz in den meisten Ländern im Rahmen der sogenannten Regelanfrage eingeschaltet, um den politischen Hintergrund eines angehenden Beamten zu durchleuchten. Verdächtige konnten durch den Beschluss, zum Teil über Jahre hinweg, vom Verfassungsschutz beobachtet werden. Am 6. Februar 1975 hatte das Bundesverwaltungsgericht den Verfassungsrang der Treuepflicht eines Beamten unterstrichen und vom Parteienprivileg getrennt. Am 22. Mai 1975 bekräftigte das Bundesverfassungsgericht schließlich die schon vorab vorgetragene Auffassung, dass die Eignung des Bewerbers nicht allein von der bloßen Mitgliedschaft in radikalen Organisationen, sondern von seiner persönlichen Einstellung abhänge. Am 19. Mai 1976 wurden durch das Bundeskabinett nach einer Initiative des damaligen Innenministers Werner Maihofer und der Entschließung entsprechender Grundsätze durch den Bundestag einzelne Richtlinien zum Radikalenerlass zum Vorteil der Bewerber gelockert. Nach diversen Urteilen der Verwaltungsgerichtshöfe stellten Bund und Länder ab dem April 1979 die Regelanfrage beim Verfassungsschutz ein und setzten schließlich auch den Erlass selbst außer Kraft. Zu einer formellen Aufhebung des Beschlusses kam es zuerst 1985 im Saarland unter Oskar Lafontaine; weitere Länder schlossen sich diesem Vorgehen im Laufe der neunziger Jahre an.[318] Die Überprüfungspraxis hatte seit dem Ende der siebziger Jahre selbst in der CDU an Unterstützung verloren und Bevölkerungsumfragen ergaben, dass sich die Befürworter des Beschlusses in der Defensive befanden.[319]

Gegen den Radikalenerlass fand sich eine breite Front von Kritikern zusammen. Bayern und Baden-Württemberg galten als die Länder mit einer unnachgiebigen Praxis und so formierte sich Mitte der siebziger Jahre selbst im beschaulichen Konstanz, einer badischen Stadt, in der erst 1966 eine Universität mit nur wenigen Studenten gegründet wurde, Widerstand. In Presse, Rundfunk und

318 Ausführlich: Rigoll, *Staatsschutz*, S. 335-456.
319 Ebd., S. 449-456; »Kein Klima für Wechsel und Wende«, in: *Der Spiegel* 42 (16.10.1978), S. 36-46.

Fernsehen wurden dort Fälle wie der von Ulrich Kypke diskutiert, dem 1974 die Verlängerung einer Stelle als wissenschaftliche Hilfskraft versagt wurde, weil er Mitglied des Marxistischen Studentenbundes Spartakus war und auf Einladung des Freien Deutschen Gewerkschaftsbundes eine Informationsreise in die DDR gemacht hatte. Auch Regine Emminghaus-Husserl, als Hilfskraft an der Universität Konstanz angestellt, sollte sich zum Besuch einer öffentlichen Veranstaltung der DKP im Jahre 1971 äußern.[320] Wissenschaftler und Hochschulpolitiker wie der Universitätsrektor Frieder Naschold, Politiker wie Ludwig von Friedeburg, Schriftsteller wie Martin Walser sowie Gewerkschaftler und Betriebsräte – bis hinunter zum Kreisfrauenausschuss des Deutschen Gewerkschaftsbundes (DGB) und dem SPD-Ortsverein in Konstanz – zeigten ihre Verbundenheit.[321] Die örtlichen Studenten gründeten eigens das Konstanzer Komitee gegen die Berufsverbote, organisierten Informationsveranstaltungen und Demonstrationen, initiierten Presseerklärungen und legten Unterschriftenlisten aus. Am 20. Juni 1974 boykottierten rund 1800 Studenten den Vorlesungsbetrieb und riefen zu einem Aktionstag auf. Vorlesungen und Seminare fielen aus, am Eingangsbereich der Universität wurden Plakate aufgehängt. In der Eingangshalle ahmten Studenten mit improvisierten Verhören die Praktiken der Anhörungskommission nach.[322]

In Heidelberg, einer Hochburg des KBW, sah sich der Oberbürgermeister Reinhold Zundel in der »leidigen Frage der Beschäftigung von Extremisten« nicht einmal an die Parteitagsbeschlüsse seiner eigenen Partei, der SPD, gebunden. Laut Zundel verhindere »bei Kenntnis einer Mitgliedschaft im KBW allein diese Tatsache die Beschäftigung im öffentlichen Dienst zwingend«.[323] Der »lie-

---

320 *Frankfurter Allgemeine Zeitung* (21.06.1974); *Frankfurter Rundschau* (11.06. 1974);Konstanzer Komitee gegen die Berufsverbote, *Dokumentation: Berufsverbote in Konstanz*, S. 21; *Asta Info* 33 (Oktober 1974), S. 1. Beide in: Universitätsarchiv Konstanz, Unterlagen des AStA der Universität Konstanz.

321 *Südkurier* (22.06.1974); Konstanzer Komitee gegen die Berufsverbote, *Dokumentation Berufsverbote in Konstanz*, S. 34/35; *Asta Info* 29 (Mai 1974), S. 9. Beide in: Universitätsarchiv Konstanz, Unterlagen des AStA der Universität Konstanz; Rigoll, *Staatsschutz*, S. 361-363.

322 Konstanzer Komitee gegen die Berufsverbote, *Dokumentation Berufsverbote in Konstanz*, S. 23.

323 Schreiben des Oberbürgermeisters der Stadt Heidelberg, Zundel, an die Mitglieder des Parteivorstandes und des Parteipräsidiums der SPD vom 08.01.1979,

be Genosse Zundel« indes wurde vom SPD-Bundesjustizminister Hans-Jochen Vogel, der auf der Regelung einer Einzelfallprüfung bestand, zurückgepfiffen.[324] Wie in Konstanz und Heidelberg gründeten sich in vielen deutschen Städten, insbesondere an den Universitätsstandorten, Bürgerinitiativen und Komitees, die teils von der DKP gelenkt, teils unabhängig von ihr entstanden waren, um Toleranz gegenüber kommunistischen Einstellungen zu signalisieren. Oftmals fanden sie große öffentliche Resonanz.[325]

Eine von dem Lehrer und Mitglied der Gewerkschaft Erziehung und Wissenschaft (GEW) Horst Bethge sowie von Erich Roßmann zusammengestellte Dokumentation zeigte die breite Solidarität von Abgeordneten, Gewerkschaftsgliederungen, Hochschul-ASten, Professoren, Lehrern und Jusos mit einer im März 1973 lancierten Kampagne gegen die »Berufsverbote«. Im Mai desselben Jahres hatten rund 1400 Protestierende an einem Kongress in Hamburg

in: BArch Koblenz, B 141, Nr. 68122, ohne fol. Vgl. auch die Broschüre: Reinhold Zundel, »Die Verfassung weist uns den Weg. Kriterien zur Beschäftigung von Extremisten im öffentlichen Dienst«, Rede in Heidelberg anlässlich einer Jubilarehrung bei der Gewerkschaft Öffentliche Dienste, Transport und Verkehr (ÖTV) am 26.11.1978. Die Broschüre ist enthalten in BArch Koblenz, B 141, Nr. 68122, ohne fol.

324 Schreiben des Bundesjustizministers an Zundel vom 14.02.1979, in: BArch Koblenz, B 141, Nr. 68122, ohne fol. Im Jahr 1981 trat Zundel aus der SPD aus, weil er sich weigerte, Strafbefehle gegen Hausbesetzer zurückzunehmen (vgl. Katja Nagel, *Die Provinz in Bewegung. Studentenunruhen in Heidelberg 1967-1973*, Heidelberg, Basel u. a. 2009, S. 383/384).

325 Rigoll, *Staatsschutz*, S. 374-396, bes. S. 384; Alexandra Jaeger, »Der Hamburger Beamtenernennungsausschuss. Ein Gremium zwischen Sachorientierung und Politisierung zur Zeit des ›Radikalenerlasses‹ 1972-1982«, in: *Westfälische Forschungen* 61 (2011), S. 405-418; Johann Paul, »Reaktionen der Kölner Studentenschaft auf den Radikalenerlass«, in: *Geschichte in Köln. Zeitschrift für Stadt- und Regionalgeschichte* 57 (2010), S. 163-187; Dominik Rigoll, »›Was täten Sie, wenn quer durch Paris eine Mauer wäre?‹ Der Radikalenbeschluss von 1972 und der Streit um die westdeutschen Berufsverbote. Deutsch-deutsch-französische Verflechtungen«, in: Heiner Timmermann (Hg.), *Historische Erinnerung im Wandel. Neue Forschungen zur deutschen Zeitgeschichte unter besonderer Berücksichtigung der DDR-Forschung*, Berlin 2007, S. 603-623; ders., »›Herr Mitterrand versteht das nicht‹. ›Rechtsstaat‹ und ›deutscher Sonderweg‹ in den deutsch-französischen Auseinandersetzungen um den Radikalenbeschluss 1975/76«, in: Detlef Schulze u. a. (Hg.), *Rechtsstaat statt Revolution, Verrechtlichung statt Demokratie? Transdisziplinäre Analysen zum deutschen und spanischen Weg in die Moderne. Die juristischen Konsequenzen*, Münster 2010, S. 812-822.

teilgenommen, zu dem neben den Vertretern linksradikaler Organisationen (von DKP und Spartakus bis zu Vertretern der Vierten Internationale) auch Gewerkschafter, der Jungsozialisten-Vorsitzende Wolfgang Roth, der Jungdemokraten-Chef Friedrich Neunhöffer und der Hamburger FDP-Bürgerschaftsabgeordnete Gerhard Weber erschienen waren. Zwar hatte auch hier, wie in nicht wenigen lokalen Initiativen und Komitees gegen die Berufsverbote, die DKP eine starke Stellung, die Mobilisierungserfolge lassen sich aber nicht allein auf die Anstrengungen seitens der SED oder anderer staatlicher Stellen der DDR zurückführen.[326]

Die SPD war tief gespalten. In der sozialliberalen Koalition unter Willy Brandt hatte man den Radikalenerlass mit zu verantworten. Schon im April 1973 revidierte jedoch ein Beschluss vom Parteitag in Hannover, dem eine lange Diskussion in den Ortsvereinen und SPD-Bezirken vorausgegangen war, diese Haltung und sprach sich gegen den Erlass aus. Vor allem Linksradikale wüteten gegen den Erlass, der als »Terror der Herrschenden« empfunden wurde. Der »Prozeß der Faschisierung in der BRD [ist] bereits weit fortgeschritten«, liest man in einer Broschüre über die »Berufsverbote«. Der »neue Faschismus« habe nicht einmal mehr eine Massenbasis nötig, sondern komme »von oben« und setze sein Gewaltmonopol mit »hoch entwickelter Technologie« durch: »Es geht also darum, den Polizeistaat als ›Normalzustand‹ zu verkaufen«.[327] Neben Ge-

---

326 Horst Bethge, Erich Roßmann (Hg.), *Der Kampf gegen das Berufsverbot. Dokumentation der Fälle und des Widerstands*, Köln 1973, S. 25-190; *Die Welt* (14.05.1973); Dieter Stäcker, »Dutschke-Flugblatt gefiel der DKP nicht«, in: *Frankfurter Rundschau* (14.05.1973); Rigoll, *Staatsschutz*, S. 374-396.

327 Rigoll, *Staatsschutz*, S. 371-374; Michael Meissner, Frans Tooten (Hg.), *Staatsschutz und Berufsverbote in der BRD*, Hamburg ²1979, hier S. 91-93 (Zitate); Bethge/Roßmann (Hg.), *Der Kampf gegen das Berufsverbot*, S. 15. Zur Reaktion im Ausland siehe nur: »Dokumentation zur Rechtsstaatlichkeit in der Bundesrepublik Deutschland – Die Diskussion um die Zugangsvoraussetzungen zum Öffentlichen Dienst in der Bundesrepublik Deutschland«, in: BArch Koblenz, B 141, Nr. 93705, fol. 46/47, 54, 57, 60, 77-87, 109 (Artikel von Wolfgang Wagner in der *Baltimore Sun*); BArch Koblenz, B 141, Nr. 93706, fol. 149; Bethge/Roßmann (Hg.), *Der Kampf gegen das Berufsverbot*, S. 95-104, 131-133, 147/148, 155/156, 161/162, 178-185. Auch *Der Spiegel* und *Die Zeit* kritisierten immer wieder Einzelfälle, die unter den Radikalenerlass fielen, ohne allerdings die agitierenden Untertöne (siehe etwa: »Geringeres Maß«, in: *Der Spiegel* 26 [28.06.1982]; Hans Schueler, »Gegen die Freiheit«, in: *Die Zeit* [24.08.1984]).

werkschaftlern und Zeitungsredakteuren engagierten sich nicht wenige Intellektuelle und Professoren. So nannte etwa der Schriftsteller Günter Grass den Erlass in einer Rede im Oktober 1977 in Mailand nicht nur »unnütz«, »überflüssig« und »sinnlos«, sondern glaubte, dass dadurch die »ganze junge Generation [...] in Opportunismus eingeübt« werde. In einem Schreiben der GEW an den Bundeskanzler vom 31. Januar 1972 hieß es, dass der Radikalenerlass als eine »Charta zur Disziplinierung« ausgelegt werden könne, die dem »Duckmäusertum Vorschub leisten kann«.[328]

Die Kritik war auch im Ausland, speziell im skandinavischen Raum, deutlich vernehmbar. In Nordamerika und Westeuropa, besonders in den Niederlanden, Dänemark, Schweden und Frankreich, bildeten sich insgesamt 17 zum Teil sehr öffentlichkeitswirksame Komitees gegen die Berufsverbote.[329]

Wie sah jenseits des öffentlichen Diskurses die praktische Anwendung des Radikalenerlasses aus? Schon gegen die Aktivisten

328 Rede von Günter Grass am 28.10.1977 im Circolo De Amicis in Mailand, in: BArch Koblenz, B 141, Nr. 96762, fol. 4-14, hier fol. 9/10; Schreiben der GEW an den Bundeskanzler Willy Brandt vom 31.01.1972, in: BArch Koblenz, B 141, Nr. 51669, fol. 115/116. Zur GEW siehe auch das »GEW-Diskusssionspapier« in Berlin-Kreuzberg von 1976, in: *Info-BUG* 99 (22.03.1976), S.3. Vgl. weiterhin: »Erklärung hessischer Professoren und Dozenten« vom Juni 1975, in: BArch Koblenz, B 141, Nr. 68116, ohne fol. (hierin wird auch auf die »Konstanzer Erklärung« der Baden-Württembergischen Professoren Bezug genommen); Schreiben des Bundesvorstands des DGB an den Justizminister Hans-Jochen Vogel vom 10.08.1977, in: BArch Koblenz, B 141, Nr. 68119, ohne fol. (inklusive der Broschüre »Abwehr von Verfassungsfeinden im öffentlichen Dienst aus der Sicht des Deutschen Gewerkschaftsbundes«); Havo Matthiesen, »Draußen vor der Tür. Die vom Extremisten-Beschluß Betroffenen – Eine Dokumentation«, in: *Die Zeit* (09.03.1973); Hans Schueler, »Heillose Unklarheit«, in: *Die Zeit* (09.03.1973); Matthias Naß, »Es geht um die Gesinnung«, in: *Die Zeit* (21.09.1984); »Praxis nach Bundesländern und Parteien verschieden«, in: *taz* (28.01.1985); Bethge/Roßmann (Hg.), *Der Kampf gegen das Berufsverbot*. Siehe auch die Pressesammlung in: BArch Koblenz, B 141, Nr. 51669, fol. 104-113, 121/122, 133; BArch Koblenz, B 141, Nr. 427829, fol. 6-10. Während der DGB mit seinem Beschluss auf dem ordentlichen Bundeskongress vom Mai 1975 von der scharfen Linie abgegangen war und nur noch vor einer »pauschale[n] Hexenjagd« warnte, blieb die ÖTV noch im Juni 1976 deutlich kritischer gegenüber dem Radikalenerlass eingestellt (BArch, B 141, Nr. 93705, fol. 75/76).

329 Gerard Braunthal, *Politische Loyalität und Öffentlicher Dienst. Der »Radikalenerlaß« von 1972 und die Folgen*, Berlin 1992, S. 96; Rigoll, *Staatsschutz*, S. 393-395, und die Literatur in Fußnote 327.

der Studentenbewegung gegen Ende der sechziger Jahre hatte es eine Prozesswelle gegeben. Allein in Berlin sollen rund 1900 Ermittlungsverfahren gegen APO-Aktivisten aufgenommen worden sein.[330] Im Zuge des Radikalenerlasses wurden nun allein in der Zeit von 1973 bis Sommer 1975 430 000 Personen vom Verfassungsschutz überprüft, in 5678 Fällen lagen dem Amt Erkenntnisse vor. Aber nur 328 Bewerber wurden abgewiesen. Drei Jahre später sollen rund 1,3 Millionen Personen überprüft worden sein – in 15 000 Fällen lagen Erkenntnisse vor, die zu knapp 1000 Ablehnungen führten. Insgesamt soll bis zur Aufhebung des Erlasses Anfang der neunziger Jahre rund 2000 Personen der Eintritt in den öffentlichen Dienst verwehrt worden sein.[331] Die Bewerber um eine Stelle als Bundesbeamte waren im Vergleich zu ihren Kollegen in den Ländern kaum betroffen. Die Bundesländer wiederum legten den Erlass unterschiedlich restriktiv aus, so dass während der

330 Koenen, *Das rote Jahrzehnt*, S. 172. Vgl. auch Freia Anders, Ingrid Gilcher-Holtey (Hg.), *Herausforderungen des staatlichen Gewaltmonopols. Recht und politisch motivierte Gewalt am Ende des 20. Jahrhunderts*, Frankfurt/M., New York 2006.

331 Rigoll, *Staatsschutz*, S. 444; Dominik Rigoll, »Versuch, Herbert vom Kopf auf die Füße zu stellen. Die These von der ›Fundamentalliberalisierung‹ der Bundesrepublik und die westdeutschen Berufsverbote«, in: Kora Bambach u. a. (Hg.), *Strömungen. Politische Bilder, Texte und Bewegungen. Neuntes DoktorandInnen-Seminar der Rosa-Luxemburg-Stiftung*, Berlin 2007, S. 125-136, hier S. 131; Braunthal, *Politische Loyalität*, S. 9, 117/118 (er nennt 3,5 Millionen Meldungen und 2250 Ablehnungen, vermutlich, verglichen mit den Zahlenwerken in den Quellen und Dokumenten des Bundesarchivs Koblenz, zu hohe Zahlen); Hinck, *Wir waren wie Maschinen*, S. 283/284; Bethge/Roßmann (Hg.), *Der Kampf gegen das Berufsverbot*, S. 16/17; »Ständige Konferenz der Innenminister der Länder am 28. 04. 1972 in Mainz«, in: BArch Koblenz, B 141, Nr. 68116; »Drucksache 7/5300 des Deutschen Bundestages (7. Wahlperiode)« vom 03. 06. 1976, S. 12, in: BArch Koblenz, B 141, Nr. 68118, ohne fol.; »Dokumentation zur Rechtsstaatlichkeit in der Bundesrepublik Deutschland – Die Diskussion um die Zugangsvoraussetzungen zum Öffentlichen Dienst in der Bundesrepublik Deutschland«, in: BArch, B 141, Nr. 93705, fol. 36-87; »Schreiben des Abteilungsleiters IV an den Bundesjustizminister« vom 15. 06. 1978 und »Schreiben des Referenten Büchel an den Bundesjustizminister« vom 06. 07. 1978, in: BArch Koblenz, B 141, Nr. 68119, ohne fol.; Friedrich K. Fromme, »Güdes Vorgriff auf die Freiheit«, in: *Frankfurter Allgemeine Zeitung* (15. 07. 1977); »Die Regelanfrage bleibt«, in: *Frankfurter Rundschau* (26. 07. 1985); »Saarland – Asyl für linke Lehrer?«, in: *Der Spiegel* 27 (01. 07. 1985), S. 80-84. Insgesamt siehe BArch Koblenz, B 141, Nr. 68116-68122, 51 669-51670, 93 705-93707, 427 829, 427 830, 68 224, 93 825, 96 760-96763.

Jahre 1976 und 1977 in Hessen beispielsweise 36 Bewerber wegen mangelnder Verfassungstreue nicht eingestellt wurden und Baden-Württemberg mit 58 Fällen die Statistik anführte.[332] Umgekehrt sollen nach den Erkenntnissen des Bundesamtes für Verfassungsschutz trotz des Radikalenerlasses von 1972 bis 1988 zwischen 1307 und 2454 linke »Verfassungsfeinde« im öffentlichen Dienst tätig gewesen sein.[333]

Dass es zu staatlichen Repressionen und Benachteiligungen von Linksradikalen kam, ist vor diesem Hintergrund nicht von der Hand zu weisen. Neben dienstrechtlichen Konsequenzen löste die »Gesinnungsschnüffelei« vor allem im linksalternativen Milieu Staatsverdruss, Einschüchterungseffekte, Angst und zum Teil auch Überanpassung aus. Der Verfassungsschutz wurde massiv ausgebaut und modernisiert, der im Grunde obsolete Treueeid der Beamten erlebte eine neue Blüte, viele Lehrer fanden nach einer Ablehnung auch in Privatschulen keine Anstellung mehr, Kommunisten wurden als »Verfassungsfeinde« tituliert.[334]

Gleichwohl zeigte sich, dass der hochgestimmte Erregungsdiskurs der Linken in keinem realistischen Verhältnis zu den tatsächlichen Schlechterstellungen stand. Allein der Ausdruck des »Berufsverbotes« dramatisierte eine Entwicklung, die gerade einmal ein paar Jahre dauerte und in erster Linie das angehende Länderbeamtentum betraf. Auf Bundesbeamte wurde der Radikalenerlass so gut wie nie angewandt. Überdies wurde nur eine sehr geringe Anzahl von Beamten tatsächlich entlassen. Ende der siebziger Jahre war der Erlass so gut wie abgeschafft, da diese Maßnahme innerhalb der SPD immer umstritten war und letztlich nicht akzeptiert wurde. Wenn der sozialistische Publizist Diethelm Damm die Regelanfrage beim Verfassungsschutz im Sinne einer Opferkontinuität als »politischen Arierausweis des Verfassungsschutzes« bezeichnete,

332 14. Manuskriptseite im Entwurf zur Antwort der Bundesregierung auf eine Große Anfrage der CDU/CSU-Fraktion des Deutschen Bundestages (8. Wahlperiode) betreffs Einstellungsvoraussetzungen für die Beschäftigten im öffentlichen Dienst vom 17.11.1978 (Drucksache 8/2305), in: BArch Koblenz, B 141, Nr. 68122, ohne fol.; gleiche Zahlen in: BArch Koblenz, B 141, Nr. 96762, fol. 188. Vgl. für die achtziger und neunziger Jahre: »Die Regelanfrage bleibt«, in: *Frankfurter Rundschau* (26.07.1985); Braunthal, *Politische Loyalität*, S. 149-170, 219-225.
333 Rigoll, *Staatsschutz*, S. 440.
334 Ebd., S. 351, 365-367.

dann wirkt dieser Vergleich mit der rassistischen Verfolgung des Judentums im Nationalsozialismus angesichts schneller Lockerungen, geringer Fallzahlen und beschränkter Geltung anmaßend und schamlos.[335]

Betroffenheit als Erkenntnismodus

Die heroische Selbstbeschreibung als Opfer kann als ein Mittel verstanden werden, sich von der bundesrepublikanischen Schamkultur der fünfziger Jahre abzugrenzen, um Schuld überhaupt erst zu thematisieren. Die Akteure setzten sich von der vermeintlich autoritären Gesellschaft und der durch die Schamkultur geprägten Elterngeneration ab. Das Leiden an den Eltern und an deren emotional verhärteten Umgangsformen wurde durch eine Haltung der emotionalen Öffnung und der Innerlichkeit konterkariert. Den als stumpf und empfindungsunfähig dargestellten Alten und Konservativen begegnete man mit Wut und Verletzlichkeit. Die Eltern, die man als kalt, rigide und autoritär empfand, wurden zu den neuen »Faschisten«, so dass sich die symbolische Übernahme des Opferstatus durch die Linksalternativen gegen deren Schuldverdrängungen richtete.[336] Dennoch drückte der »Betroffenheitskult« keineswegs nur eine Mangel- und Opfererfahrung aus, sondern umfasste auch einen moralischen Rigorismus, der im Zeichen von Gegenwehr und existenzieller Bedrohung vollkommen enthemmt sein konnte.[337]

Die inszenierte Haltung des »Sich-Stellens« ging Hand in Hand mit der Aufarbeitung der NS-Vergangenheit. Die politische Ge-

---

335 Zitiert nach ebd., S. 378.

336 Aleida Assmann, »Die Unfähigkeit zu Trauern im Spiegel der Generationen«, in: *psychosozial* 31, 4, 114 (2008), S. 99-108; dies., »Hilflose Despoten. Väter in der deutschen Gegenwartsliteratur«, in: Dieter Thomae (Hg.), *Vaterlos. Geschichte und Gegenwart einer fixen Idee*, Frankfurt/M. 2009, S. 198-214; Andreas Kraft, »Dialog und Delegation in der Vaterliteratur der 68er«, in: Miriam Gebhard, Clemens Wischermann (Hg.), *Familiensozialisation seit 1933 – Verhandlungen über Kontinuität*, Stuttgart 2007, S. 119-131; Mark Weißhaupt, »Generationale Gattungen – Widerstände der Biographie«, in: Andreas Kraft, Mark Weißhaupt (Hg.), *Generationen: Erfahrung – Erzählung – Identität*, Konstanz 2009, S. 271-296.

337 Vgl. Cora Stephan, *Der Betroffenheitskult. Eine politische Sittengeschichte*, Hamburg 1994; Mende, »*Nicht rechts, nicht links«*, S. 463, 466/467.

genwart als »faschistische Herrschaft« zu interpretieren, erlaubte, den Hass auf das Establishment und die politischen Gegner beinahe ohne Grenzen auszuagieren. So verglich beispielsweise Alice Schwarzer die Schriften ihrer Kontrahentin Esther Vilar in einem TV-Gespräch im Februar 1975 mit Julius Streichers *Stürmer* und bezeichnete ihre politische Gegnerin als »faschistoid«. Vilar, die auch noch Tochter deutsch-jüdischer Emigranten war, habe, so Schwarzer weiter, in ihren Texten die Frauen so erniedrigt, wie dies mit den Juden im Dritten Reich geschehen sei. Diese nahezu grenzenlose Dramatisierung sollte die Vergangenheit aktualisieren, trug aber durch den dreisten Vergleich in erster Linie zur Banalisierung des Holocaust bei.[338]

Zugleich – und das war die Paradoxie – erregten sich die Linksalternativen über die Bagatellisierung des Nationalsozialismus, wie sie von einer Reihe konservativer Politiker und Intellektueller im Rahmen der »Tendenzwende« vorangetrieben wurde. Da die Bundesrepublik eine feste historische Verankerung benötige, so lautete deren Credo, müsse man die deutsche Vergangenheit entkriminalisieren und Raum für einen neuen Patriotismus schaffen. Diesen Versuchen traten die Linksalternativen entschieden entgegen.[339]

Zur Schuldkultur gehörte nicht nur die Identifikation mit den Opfern, sondern auch die Auseinandersetzung mit den eigenen Gewaltphantasien und dem Hass. Als Erbe des Nationalsozialismus wurde ein »faschistischer« Aggressions-Unterordnungs-Komplex diagnostiziert, dessen Ursachen die Linksalternativen in den kleinbürgerlichen Sozialisationsmustern auszumachen wähnten. Ständig war die Frage präsent, ob man selbst zum brutalen Sadisten und KZ-Wärter in der NS-Zeit getaugt hätte. Ulrike Meinhof beispielsweise kam bei einer solchen Selbstbefragung zu dem Urteil, nie über die »Sozialisation als Faschist hinausgekommen zu sein«.[340]

338 Siehe ⟨http://www.youtube.com/watch?v=99r46HbiJEw; http://www.youtube.com/watch?v=2sXzxvns5jY&NR=1⟩, letzter Zugriff am 12.03.2013.

339 Edgar Wolfrum, »Die beiden Deutschland«, in: Volkhard Knigge, Norbert Frei (Hg.), *Verbrechen erinnern. Die Auseinandersetzung mit Holocaust und Völkermord*, München 2002, S. 133-149, hier S. 139/140. Letztlich bedurfte es der populären TV-Serie *Holocaust*, die im Januar 1979 ausgestrahlt wurde, um diesen Versuchen ein Ende zu setzen. Demoskopische Umfragen zeigen, dass 65 Prozent der Zuschauer erschüttert waren, 45 Prozent sich schämten und 81 Prozent nach der Sendung miteinander über den Holocaust diskutierten.

340 Vgl. Biess, »Sensibilisierung des Subjekts«, S. 57-62; Meinhof zitiert nach Gerd

2.3 Zwischenfazit

In diesem Kapitel habe ich dargelegt, wie die Linksalternativen die theoretischen Auseinandersetzungen um den richtigen Weg zur revolutionären Veränderung der Gesellschaft mit einem emotionalen Anliegen verknüpften: der Suche nach Gemeinschaftsbildung in einer als kalt und erstarrt wahrgenommenen Außenwelt. Gegenüber der klassischen marxistischen Position wies die linksalternative Politikkonzeption Verschiebungen auf vier Ebenen auf: Erstens bildete der Bereich der Produktion nicht länger das Gravitationszentrum der Gesellschaftsanalyse. Auf die klassische Arbeits- und Berufswelt wurde vor allem mittels der Praxis der selbstverwalteten Betriebe und Kommunen in der Alternativökonomie verwiesen. In der Theoriearbeit spielten neue Deutungsmuster jenseits oder am Rande der Produktionssphäre eine wichtigere Rolle, als dies noch im klassischen Marxismus denkbar war.[341] Zweitens wurde der Grundantagonismus zwischen Kapital und Arbeit, der das marxistische Verständnis der modernen Gesellschaft gekennzeichnet hatte, durch Auseinandersetzungen jenseits der Klassenlinie ersetzt. Die Anliegen der Frauenbewegung waren auf klassenübergreifende Interessen ausgerichtet. Ähnliches galt für die Ökologie- und Anti-Atomkraft-Bewegung: Sie thematisierten Lebens- und Überlebensinteressen sowie »ganzheitliche« Denkmodelle, die wenig mit den Interessenkonflikten zwischen Arbeitern und Kapitalisten zu tun hatten. Drittens ersetzte man die Marx'sche Ideologiekritik, die eine Aufklärung über die eigenen sozialen Voraussetzungen impli-

---

Koenen, *Vesper, Ensslin, Baader. Urszenen des deutschen Terrorismus*, Köln 2003, S. 315.

341 Zwar war die 68er-Bewegung in eine postfordistische Produktionsstruktur eingelassen, vor allem aber mit der sich durchsetzenden postmodernen Lebenshaltung verbunden. Zum Zusammenhang mit dem Postfordismus siehe Peter Birke, »Die Protestbewegungen und die ›kulturelle Revolution‹ der 1960er Jahre in der bundesdeutschen Historiographie: Montage und Virtualität«, in: *Sozial. Geschichte* 22, 2 (2007), S. 7-30; Gottfried Oy, »Selbstorganisation: Ein nicht eingelöstes Emanzipationsversprechen von 1968?«, in: *Forschungsjournal Neue Soziale Bewegungen* 21, 3 (2008), S. 79-86, hier S. 80. Auch in der Frauenbewegung spielte die Benachteiligung auf dem Arbeitsmarkt und in den Leichtlohngruppen eine wichtige Rolle, allerdings wurden die zentralen Motivationsschübe im linksalternativen Sektor der Frauenbewegung aus der Kritik am Paragraphen 218 und an der Rollendifferenzierung in der Familie erzielt.

zierte, durch eine eigentümlich mit dem Begriff der Authentizität operierende Kritik am fortschrittlich-technokratischen Modernisierungsoptimismus. Viertens wurde die Idee sozialer Gleichheit und Gerechtigkeit durch Forderungen nach Individualität, Innerlichkeit und ästhetischen Ausdrucksformen ergänzt. Überlegungen zu radikaler Pluralität und Selbstverwirklichung stellten die Idee universeller Gleichheit infrage.[342]

Am ehesten knüpften die Linksalternativen noch an die Entfremdungstheorie der Marx'schen Frühschriften an. Dies war eine Orientierung, die sich bereits in der Neuen Linken der frühen sechziger Jahre beobachten ließ. So stellte die französische Nouvelle Gauche mit ihrem Programm der »Autogestion« Kreativität, Selbstbestimmung und den Abbau von Machtstrukturen, weniger hingegen Besitz- und Eigentumsverhältnisse ins Zentrum ihrer Überlegungen. Aus der britischen New Left stammte die Idee, offene und partizipative Gestaltungsräume der *democratic self-activity* zu entwickeln, die man als Keime für eine zukünftige sozialistische Gesellschaft ansah. Auch die amerikanischen Students for a Democratic Society bezogen sich auf die Konzepte *participatory democracy* und Direkte Aktion.[343] Insgesamt war also die Denkbewegung der Linksalternativen in einen breiten, internationalen Umbruch im marxistischen Denken eingebunden.

Gegen die konformistische Unterdrückung der menschlichen Natur durch kapitalistisches Nützlichkeitsdenken setzten die Linksalternativen auf die »wirkliche Aneignung des menschlichen Wesens durch und für den Menschen« (Marx). Die verfügbare Freizeit als das »wahre Maß des Reichtums« (Marx) jenseits der gesellschaftlich notwendigen Arbeit war ein wichtiger Anknüpfungspunkt.[344] Im linksalternativen Milieu vermischte sich insgesamt

342 Zur Argumentation dieses Absatzes siehe Hauke Brunkhorst, »Marxismus und Alternativbewegungen«, in: *Neue Rundschau* 1 (1981), S. 100-115.

343 Ingrid Gilcher-Holtey, »Mai 68 in Frankreich«, in: dies. (Hg.), *1968. Vom Ereignis zum Gegenstand der Geschichtswissenschaft*, Göttingen 1998, S. 11-34; Ingrid Gilcher-Holtey, »*Die Phantasie an die Macht*«. *Mai 68 in Frankreich*, Frankfurt/M. 1995; Richard Flacks, »Die philosophischen und politischen Ursprünge der amerikanischen New Left«, in: Ingrid Gilcher-Holtey (Hg.), *1968. Vom Ereignis zum Gegenstand der Geschichtswissenschaft*, Göttingen 1998, S. 151-167; Oy, »Selbstorganisation«, S. 80/81; Mende, »*Nicht rechts, nicht links*«, S. 170.

344 Karl Marx, Friedrich Engels, »Die deutsche Ideologie [1845/46]«, in: MEW,

aber marxistisches und anarchistisches Gedankengut mit kulturkritischen Überlegungen, lebensphilosophischen Anschauungen und existenzialistischen Ansätzen. Insgesamt waren die Vorstellungen auf die Ausgestaltung einer konkreten Lebenswelt in einer »Gegengesellschaft« ausgerichtet.[345] Der Hallenser Soziologe Joseph Huber hat dies die Politik der »Graswurzelrevolution« genannt: »In der Alternativbewegung wird nicht nur *mittels* der Projekte Politik betrieben, sondern vor allem *in* ihnen oder *zusammen mit* ihnen.«[346] Der Umweltaktivist Wolfgang Sternstein plädierte dafür, die Gesellschaft nicht von oben her, sondern »von unten, von der gesellschaftlichen Basis«, zu verändern: »Wie Graswurzeln ein dichtes Geflecht im Boden, so sollen auch die alternativen Wohn-, Arbeits- und Lebensgemeinschaften ein dichtes gesellschaftliches Geflecht ohne Über- und Unterordnung bilden.«[347]

Markierten die Befreiung des Subjekts und die Infragestellung der Autoritäts- und Gehorsamsverhältnisse schon die Revolutionsperspektive der Kommune I, so wurde dieser Ansatz bei den Spontis weiterentwickelt. Auch im linksalternativen Feminismus waren Theorie und Alltagspraxis eng miteinander verknüpft; der Erfahrungsbegriff avancierte zum zentralen Bezugspunkt der Kritik an männlicher Herrschaft in Politik, Wirtschaft, Familie und Kultur. Weibliche Selbstbestimmung ließ sich diesen Überlegungen zufolge nur durch eine autonome Infrastruktur jenseits der Männerwelt erreichen. Bei der (Wieder-)Entdeckung weiblicher Autonomie

Bd. 3, Berlin 1978, S. 9-530; Karl Marx, »Ökonomische Manuskripte [1857/1858]«, in: MEW, Bd. 42, Berlin 1983, S. 3-768; Joachim Israel, *Der Begriff Entfremdung. Zur Verdinglichung des Menschen in der bürokratischen Gesellschaft*, Reinbek 1985; Rahel Jaeggi, *Entfremdung. Zur Aktualität eines sozialphilosophischen Problems*, Frankfurt/M., New York 2005, hier bes. S. 236-254; Herbert Marcuse, *Der eindimensionale Mensch. Studien zur Ideologie der fortgeschrittenen Industriegesellschaft*, Darmstadt, Neuwied 1967; Jürgen Habermas, *Strukturwandel der Öffentlichkeit. Untersuchungen zu einer Kategorie der bürgerlichen Gesellschaft*, Neuwied, Berlin 1962; ders., *Theorie des kommunikativen Handelns*, 2 Bde., Frankfurt/M. 1981.

345 Walter Hollstein, »Die Alternativbewegung. Fakten der Vergangenheit – Möglichkeiten für die Gegenwart«, in: *Forschungsjournal Neue Soziale Bewegungen* 11, 1 (1998), S. 154-164, hier S. 160.

346 Joseph Huber, *Wer soll das alles ändern? Die Alternativen und die Alternativbewegung*, Berlin 1980, S. 57.

347 Zitiert nach Mende, »Die Alternative«, S. 38.

setzte ein Teil der Frauenbewegung auf romantisierende Bilder eines »authentischen Naturkerns« der ursprünglichen, harmonisch-ganzheitlichen und friedliebenden Frau. Auch die Umweltbewegung pflegte ganzheitliche Vorstellungen eines harmonischen Ausgleichs mit der Natur. Basisdemokratie und Enthierarchisierung, nichtentfremdete Arbeit, ein naturnahes, gesundes Leben und praktische Solidarität wurden zu zentralen Stichworten der ökologischen Lebenspraxis. Gegen Zukunftsangst und Zivilisationskritik, Ressourcenausbeutung, umweltgefährdende Techniken und riskante Hochtechnologie, gegen modern-industrielle Machbarkeitsvorstellungen also, wurden Modelle umweltfreundlicher, einfacher und naturnaher Lebensführung entworfen. »Ganzheitliche Konzepte« eines »integrierten Umweltschutzes« operierten mit der Ablehnung der unbedingten Herrschaft über die Natur. Es galt, die Vielfalt der Natur, ihre Komplexität und ihr Gleichgewicht zu erhalten, wobei Dezentralität und sanfte Technologien zu den ökologischen Grundprinzipien gesellschaftlicher Organisation gehörten.

Während bereits in der Umweltbewegung apokalyptische Vorstellungen grassierten, wurden diese innerhalb der Anti-AKW- und der Friedensbewegung zu zentralen Argumentationsfiguren. Erst mit dem gemeinsamen Einsatz von Vernunft und Emotionalität erhalte man, so lautete das zentrale Argument, einen realitätsgerechten Bewertungsmaßstab. Angst wurde zur Maxime und besonderen Qualität des eigenen Handelns angesichts der potentiell zerstörerischen Folgen moderner Technik. In den Aktionsformen der Friedensbewegung wurde zudem die fast schon magische Kraft des zerbrechlichen Menschen in Szene gesetzt. Erleben, Bekenntnis und Selbsterkenntnis verschmolzen in einer ebenso normativen wie pathetischen Aufwertung des Menschlichen.

Das einende Band einer linksalternativen Politik der Autonomie, Selbstbestimmung, Subjektivität, Natürlichkeit und Ganzheitlichkeit, welches hier mit dem Begriff der Authentizität umschrieben wurde, erhielt seine Gefühlsbasis durch die als »warm« verstandene Selbstwahrnehmung und in Abgrenzung zu einer als entfremdet, technokratisch, machtgeladen und erstarrt empfundenen Außenwelt. Die Linksalternativen inszenierten sich als Opfer der »eiskalten« Verhältnisse – nicht ohne problematische Verweise auf die NS-Vergangenheit zu bemühen. Emotionale Betroffenheit und körperlich erfahrene Sinnlichkeit avancierten zum Modus der Selbstverwirklichung angesichts einer als leblos und geschichtsvergessen befundenen Elterngeneration.

3. Eine imaginäre Gemeinschaft: Die Alternativpresse

Der Guerilla der 70er Jahre ist der Medienguerilla.
(Jan Herman und Carl Weissner)

3.1 Entwicklungsetappen, Definition und Umfang

Die etablierten Medien waren für die protestierenden 68er-Studenten nichts anderes als Manipulationsinstrumente. Im Zentrum ihrer Kritik stand der Springer-Konzern, dessen »Flaggschiff«, der *Bild*-Zeitung, sie vorwarfen, die Bevölkerung systematisch zu entrechten und zu verdummen. Der von den studentischen Aktivisten und dem *Spiegel* kolportierte Marktanteil des Springer-Konzerns von über 40 Prozent bei Presseerzeugnissen beruhte zwar auf überhöhten Berechnungen,[1] aber dessen Medienmacht war tatsächlich so stark, dass es zur Einsetzung einer parlamentarischen Untersuchungskommission kam und der Bundestag Mitte 1969 ein Gesetz zur Fusionskontrolle im Mediensektor verabschiedete. Bereits im Sommer 1968 hatte Springer seinen Konzern erheblich verkleinert und ein Drittel der von ihm vertriebenen Zeitschriften veräußert,

1 Norbert Frei, »Die Presse«, in: Wolfgang Benz (Hg.), *Die Geschichte der Bundesrepublik Deutschland*, Bd. 4, *Kultur*, Frankfurt/M. 1989, S. 370-416, hier S. 400. Vgl. dazu: »Stimmen verstummt«, in: *Der Spiegel* 40 (25. 09. 1967), S. 36-57 (die entsprechende Statistik auf S. 38, in der der Marktanteil der Springer-Zeitungen mit 40,7 Prozent angegeben wird). Vgl. auch: Wilhelm Backhaus, »›Ich kann Milliarden machen‹. Ein Psychogramm Axel Springers«, in: *Der Spiegel* 1 (01. 01. 1968), S. 24-36; Hans D. Müller, »›Ich werde Deutschland wiedervereinigen, ob Sie es glauben oder nicht‹«, in: *Der Spiegel* 2 (08. 01. 1968), S. 62-70. Zur Wahrnehmung Springers in der Studentenbewegung: Wolfgang Kraushaar, »1968 und Massenmedien«, in: *AfS* 41 (2000), S. 317-347, hier S. 324-325, 327-331. Auf S. 329 erwähnt Wolfgang Kraushaar einen Springer-Anteil von 33 Prozent am Pressemarkt und bezieht sich auf das Sachverständigengremium der Bundestagskommission. Axel Springer habe auf diesen Bericht hin, so Kraushaar, fünf Zeitungen verkauft. Gleichlautend auch Kathrin Fahlenbrach, *Protest-Inszenierungen. Visuelle Kommunikation und kollektive Identitäten in Protestbewegungen*, Wiesbaden 2002, S. 189, Anm. 297; Gerd Koenen, Andres Veiel, *1968. Bildspur eines Jahres*, Köln o. J. [2008], S. 126.

so dass das Unternehmen fortan nur noch auf einen Marktanteil von 13,3 Prozent kam. Trotz dieser Diversifizierung im Mediensektor behielt die Springer-Presse vor allem in Westberlin eine »monopolartige Stellung« (Kraushaar). Die Studentenbewegung hatte aber insofern mit ihrer Kritik recht, als sich im Bereich der Printmedien zu jener Zeit massive Konzentrationsprozesse vollzogen, da sich die vier größten Zeitschriftenkonzerne – Bauer, Springer, Burda sowie Gruner und Jahr/Bertelsmann – 1968 56,7 Prozent des Zeitschriftenmarktes teilten, nur zwei Jahre später waren es bereits 70 Prozent und 1975 immer noch 69,2 Prozent.[2]

Mit der 1967 initiierten Kampagne »Enteignet Springer«,[3] dem Kampf gegen die »Bewußtseins-Industrie« und der Springer-Blockade nach dem Anschlag auf Rudi Dutschke Ostern 1968 erreichte die Medienkritik der Studentenbewegung ihren Höhepunkt. Man kämpfte, mit Adornos und Horkheimers 1947 vorgelegter Deutung der *Dialektik der Aufklärung* im intellektuellen Gepäck, gegen den »Verblendungszusammenhang« der »Kulturindustrie«, die durch »Medienkonformismus« zur Systemstabilisierung beitrage. Die auf bloßen Konsum ausgerichtete Medienrezeption mache Kultur zu einer Ware wie andere. Das Bewusstsein der Rezipienten werde manipuliert, industrialisiert, die »Vorstellungskraft und Spontaneität des Kulturkonsumenten« verkümmere.[4] Neben den Vätern der Frankfurter Schule spielten Jürgen Habermas' *Strukturwandel der Öffentlichkeit* (1962), Hans Magnus Enzensbergers knappe Überlegungen zur »Bewußtseins-Industrie« (1962) sowie Oskar Negts und

2 Nach Koenen/Veiel, *1968*, S. 126, hielt die Springer-Presse in Westberlin einen Marktanteil von 70 Prozent. Siehe zudem Frei, »Presse«, S. 400; Konrad Dussel, »Vom Radio- zum Fernsehzeitalter. Medienumbrüche in sozialgeschichtlicher Perspektive«, in: Axel Schildt u. a. (Hg.), *Dynamische Zeiten. Die 60er Jahre in den beiden deutschen Gesellschaften*, Hamburg 2000, S. 678; Kraushaar, »1968 und Massenmedien«, S. 329. Zu den Konzentrationsprozessen auf dem Jugendzeitschriftenmarkt in den späten sechziger Jahren siehe Detelf Siegfried, *Time is on my side. Konsum und Politik in der westdeutschen Jugendkultur der 60er Jahre*, Göttingen 2006, S. 314-318.

3 Ulrike M. Meinhof, »Enteignet Springer«, in: *konkret* 9 (September 1967), S. 2/3; Peter Schneider, »BILD macht dumm«, in: *konkret* 3 (März 1968), S. 15-17; »Enteignet Springer!‹ Oder: Die Sehnsucht nach dem staatlichen Meinungsmonopol«, in: *Welt am Sonntag* 39 (24. 09. 1967), S. 6.

4 Max Horkheimer, Theodor W. Adorno, *Dialektik der Aufklärung. Philosophische Fragmente*, Frankfurt/M. 1985, S. 113. Vgl. auch ebd. den Abschnitt »Kulturindustrie. Aufklärung als Massenbetrug«, S. 141-191.

Alexander Kluges *Öffentlichkeit und Erfahrung* (1972) eine bedeutende Rolle für die Analyse des »repressiven Mediengebrauchs«, der einen von Spezialisten in Gang gesetzten Entpolitisierungsprozess mit dem Ergebnis passiver, isolierter und immobilisierter Konsumenten nach sich ziehe.[5] Insbesondere Herbert Marcuses Schrift *Der eindimensionale Mensch*, die 1967 in deutscher Sprache erschien, radikalisierte diese Interpretation und beeinflusste die studentische Kritik an Massenkonsum und Warenfetischismus: »Die Menschen erkennen sich in ihren Waren wieder; sie finden ihre Seele in ihrem Auto, ihrem HiFi-Empfänger, ihrem Küchengerät«, hieß es dort ebenso einfach wie einprägsam.[6] Die Professionalisierung und die Spezialisierung der Presse wurden als Teil dieses Prozesses gewertet. Meinungsmanipulation, Monopolbildung, Werbemacht und staatliche Zensur waren aus der Sicht der Studenten Teil eines einzigen Syndroms.

Die Massenmedien hatten aber ab 1967/68 ganz anderes bewirkt. Denn sie hatten zur Multiplikation und Vergrößerung der Studentenbewegung beigetragen und deren Akteure zu weiteren Aktionen motiviert. Die zum Teil polemisch übertreibenden, zum Teil sachlichen Berichte nahmen eine derart zentrale Stellung in den Nachrichten ein, dass allein die schiere Masse an Berichten die Protestierenden selbstbewusster machte und anstachelte. Die 1968 eingeübte Opposition gegen das »Establishment« war ein »gigantisches Medienereignis«, wobei »Erfahrung und Illusion, kulturelle Praxis und symbolische Repräsentation« ineinander übergingen.[7]

5 Jürgen Habermas, *Strukturwandel der Öffentlichkeit. Untersuchungen zu einer Kategorie der bürgerlichen Gesellschaft*, Neuwied, Berlin 1962; Hans Magnus Enzensberger, »Bewußtseins-Industrie«, in: ders., *Einzelheiten I*, Frankfurt/M. 1962, S. 7-15; ders., »Baukasten zur einer Theorie der Medien«, in: *Kursbuch* 20 (1970), S. 159-186; Oskar Negt, Alexander Kluge, *Öffentlichkeit und Erfahrung. Zur Organisationsanalyse von bürgerlicher und proletarischer Öffentlichkeit*, Frankfurt/M. 1972. Vgl. zur Rezeption dieser Thesen der Frankfurter Schule in der Studentenbewegung: Kraushaar, »1968 und Massenmedien«, S. 321/322, 334/335; Meike Vogel, *Unruhe im Fernsehen. Protestbewegung und öffentlich-rechtliche Berichterstattung in den 1960er Jahren*, Göttingen 2010, S. 77-132.

6 Herbert Marcuse, *Der eindimensionale Mensch. Studien zur Ideologie der fortgeschrittenen Industriegesellschaft*, Darmstadt, Neuwied 1985, S. 27, 29; ders., »Befreiung von der Überflussgesellschaft«, in: *Kursbuch* 16 (1969), S. 185-198. Vgl. zu Marcuse: John Bokina (Hg.), *Marcuse. From the New Left to the Next Left*, Lawrence 1994.

7 Jakob Tanner, »›The Times They Are A-Changin‹. Zur subkulturellen Dynamik

Die »emotionale Ereignisöffentlichkeit« der Demonstrationen und Protestkundgebungen der Sit-ins und Teach-ins verdrahtete sich mit der »massenmedialen Dramatisierung« durch Presseberichte, Rundfunkbeiträge und TV-Bilder. Ohne die Publizität, mediale Vergrößerung und unfreiwillige Mobilisierung seitens der entwickelten bundesrepublikanischen Mediengesellschaft wäre die 68er-Bewegung nicht möglich gewesen.[8]

Einige ehemalige Protestteilnehmer haben genau beschrieben, wie sich die Darstellung der Protagonisten in Fernsehen und Presse auf die soziale Bewegungen auswirkte. Gerd Koenen deutet den

der 68er Bewegungen«, in: Ingrid Gilcher-Holtey (Hg.), *1968 – Vom Ereignis zum Gegenstand der Geschichtswissenschaft*, Göttingen 1998, S. 207-223, hier S. 212.

8 Kraushaar, »1968 und Massenmedien«, S. 317-347; Bernd Weisbrod, »Öffentlichkeit als politischer Prozeß. Dimensionen der politischen Medialisierung in der Geschichte der Bundesrepublik«, in: ders. (Hg.), *Die Politik der Öffentlichkeit – Die Öffentlichkeit der Politik. Politische Medialisierung in der Geschichte der Bundesrepublik*, Göttingen 2003, S. 11-25, hier S. 25; Martin Klimke, »Sit-in, Teach-in, Go-in: Zur transnationalen Zirkulation kultureller Praktiken in den 1960er Jahren«, in: Martin Klimke, Joachim Scharloth (Hg.), *1968. Handbuch zur Kultur- und Mediengeschichte der Studentenbewegung*, Stuttgart, Weimar 2007, S. 119-133; Dominik Lachenmeier, »Die Achtundsechziger-Bewegung zwischen etablierter und alternativer Öffentlichkeit«, in: Martin Klimke, Joachim Scharloth (Hg.), *1968. Handbuch zur Kultur- und Mediengeschichte der Studentenbewegung*, Stuttgart, Weimar 2007, S. 61-72; Carola Groppe, »›Die Universität gehört uns‹. Veränderte Lehr-, Lern- und Handlungsformen an der Universität in der 68er-Bewegung, in: Meike S. Baader (Hg.), *»Seid realistisch, verlangt das Unmögliche«. Wie 1968 die Pädagogik bewegte*, Weinheim, Basel 2008, S. 121-140. Vgl. zudem für die USA und die Gestaltungsmacht von *New York Times* und Columbia Broadcasting Service (CBS) für die US-amerikanische New Left: Todd Gitlin, *The Whole World is Watching. Mass Media in the Making and Unmaking of the New Left*, Berkeley, London 2003 (die Erstauflage erschien 1980); Robert Giles, Robert W. Snyder (Hg.), *1968. Year of Media Decision*, New Brunswick 1999. Für die Bundesrepublik vgl.: Fachbereiche Dokumentation und Archive des Hessischen Rundfunks, des Süddeutschen Rundfunks und des Südwestfunks (Hg.), *Studentenbewegung – Außerparlamentarische Opposition (APO) 1966-1970. Bild- und Tonverzeichnisse der ARD-Archive*, 4 Bde., Frankfurt/M. 1987; Michael Schmidtke, »›1968‹ und die Massenmedien – Momente europäischer Öffentlichkeit«, in: Jörg Requate, Martin Schulze-Wessel (Hg.), *Europäische Öffentlichkeit. Transnationale Kommunikation seit dem 18. Jahrhundert*, Frankfurt/M. 2002, S. 273-294; Peter Hocke, *Massenmedien und lokaler Protest. Eine empirische Fallstudie zu Medienselektivität in einer westdeutschen Bewegungshochburg*, Wiesbaden 2002; Bernd Sösemann, »Die 68er Bewegung und die Massenmedien«, in: Jürgen Wilke (Hg.), *Mediengeschichte der Bundesrepublik Deutschland*, Köln, Weimar u. a. 1999, S. 672-697.

Einfluss der Medien als fundamentalen Verstärkereffekt, der der 68er-Bewegung erst ihren Glauben an sich selbst verschafft habe:

Alle ihre Selbstinszenierungen und ›Provokationen‹ lebten von den medialen Reaktionen und einem sensationslüsternen Interesse der Öffentlichkeit. Die morgendliche Presselese der KOMMUNE I (wie nach Theaterpremieren) fand ihre gesteigerte Fortsetzung in den Massenaktionen der späten Siebziger, die erst abends im Fernsehen zur eigentlichen Realität wurden.[9]

Insofern war die 68er-Bewegung »in ihrer öffentlichen Wirkung selbst längst ein Medien-Phänomen geworden«: »So befehdet zu werden, in dieser Weise täglich Schlagzeilen zu machen, verlieh ein Gefühl von Macht« und stärkte die »narzisstische Selbstinszenierung«.[10] Auch der ehemalige Kommune-I-Bewohner Michael (»Bommi«) Baumann stützte in einer Publikation aus dem Jahr 1977 diese Interpretation: »Man interessierte sich auch sehr für die Presse. Man hat gleich ausgerechnet, wie wird speziell die Berliner Presse auf die Aktion reagieren, wie werden sie die Sache auslegen, und danach wurde die Strategie bestimmt.«[11] Reinhard Mohr fügte für die späten siebziger Jahre hinzu:

Die Montagszeitungen brachten schließlich die Schilderungen jener Kampfszenen, die man selbst verpasst hatte. Die packenden Reportagen vom ›Kampf um Brokdorf‹ schienen häufig authentischer als die eigenen Erlebnisse, die direkte Aktion erwies sich als mediale, vermittelte Aktion. Die Unterscheidung von Ereignis und Berichterstattung war nicht mehr eindeutig.[12]

Paul-Gerhard Hübsch wiederum beobachtete 1980, dass die Identität der Alternativszene zunehmend durch »Berichte und Bespre-

---

9 Gerd Koenen, *Das rote Jahrzehnt. Unsere kleine deutsche Kulturrevolution 1967-1977*, Köln 2001, S. 472; Karl-Dietrich Bracher, »Politik und Zeitgeist. Tendenzen der siebziger Jahre«, in: Karl-Dietrich Bracher u. a., *Republik im Wandel 1969-1975. Die Ära Brandt*, Stuttgart 1986, S. 296. Vgl. Sösemann, »Die 68er Bewegung«, S. 688-692. Ähnlich wie Koenen argumentiert auch der ehemalige 68er Peter Schneider (Peter Schneider, *Rebellion und Wahn. Mein ʼ68. Eine autobiographische Erzählung*, Köln 2008, S. 211).

10 Koenen, *Das rote Jahrzehnt*, S. 36/37.

11 Michael Baumann, *Wie alles anfing*, Frankfurt/M. 1977, S. 22.

12 Reinhard Mohr, *Zaungäste. Die Generation, die nach der Revolte kam*, Frankfurt/M. ³1992, S. 30. Zur »Authentizität« des Fernsehens siehe Fahlenbrach, *Protest-Inszenierungen*, S. 142/143, 181.

chungen in bürgerlichen Medien« »genährt« wurde.[13] Todd Gitlin, Anfang der sechziger Jahre Vorsitzender der US-amerikanischen Organisation Students for a Democratic Society, Autor in Underground-Blättern und Doktorand in Berkeley, begann Mitte der siebziger Jahre sogar die Arbeit an einer ganzen Monographie, um zu untersuchen, inwieweit die protestierenden Studenten und die Medien miteinander verwoben und voneinander abhängig waren. Als Titel für sein Buch wählte er einen Demonstrationsruf, den die Studenten im August 1968 in Chicago skandierten, als die Polizei eine Demonstration auflöste: »The whole world is watching«, die ganze Welt sieht zu.[14]

Wirklichkeit und mediale Reproduktion tauschten zum Teil ihre Rollen: »Typische« Demonstrationen wurden zu medialen Veranstaltungen, Protestformen wiederum in den Medien kreiert und expressive Protestsymbole dort herausgestellt. Mediale Inszenierungen griffen wirkmächtig in lebensweltliche Zusammenhänge ein. Paradoxerweise war es gerade, so die Kommunikationswissenschaftlerin Kathrin Fahlenbrach, »die von den Studenten massiv kritisierte Umorientierung der Massenmedien auf Visualität und die damit einhergehende Radikalisierung der Ereignisorientierung, die ihnen zu einer massenwirksamen Aufmerksamkeit [verhalf]«.[15] Die bereits Mitte der sechziger Jahre aus den USA übernommenen aktionistischen Demonstrationsstile des Sit-in, Teach-in und Go-in, das Happening und Straßentheater, auffällige Kleidung und Frisuren, Symbole und Embleme, expressive Gestik, Mimik und Körpersprache oder die Bedeutung von Musik und Protestrufen – all die performativen Protestrituale lieferten einprägsame Medienbilder, die wiederum auf die visuellen Codes der Protestöffentlichkeit selbst zurückwirkten und mobilisierend auf die weitere Entwicklung der Demonstrationen Einfluss nahmen. Straßen- und Medienöffentlichkeit verzahnten sich immer stärker.[16]

13 Hadayatullah Hübsch, *Alternative Öffentlichkeit. Freiräume der Information und Kommunikation*, Frankfurt/M. 1980, S. 54/55.
14 Gitlin, *The Whole World is Watching*, S. XIV (Zitat), 214-216.
15 Fahlenbrach, *Protest-Inszenierungen*, S. 165-236, bes. S. 167, 176 (Zitat), 190-202.
16 Vgl. Klimke, »Sit-in, Teach-in, Go-in«, S. 119-133; Kathrin Fahlenbrach, »Protestinszenierungen: Die Studentenbewegung im Spannungsfeld von Kultur-Revolution und Medien-Evolution«, in: Martin Klimke, Joachim Scharloth (Hg.), *1968. Handbuch zur Kultur- und Mediengeschichte der Studentenbewegung*, Stuttgart, Weimar 2007, S. 11-21; Joachim Scharloth, »Ritualkritik und Rituale

Die Studentenbewegung wurde nicht nur durch die kritische Resonanz im Fernsehen und in Boulevardblättern wie *Bild*, Berliner *Morgenpost* oder *B. Z.* bekannt. Diese vergrößerten zwar mit ihren reißerischen Überschriften und Kommentaren die Studentenbewegung und heizten die Stimmung mit Formulierungen wie »randalierender Mob«, »gelbgesichtige Mao-Jünger«, »rote SA-Kohorten« oder »schmuddeliger Anarchistenhaufen« an.[17] Aber auch die Bildgeschichten des *Stern*, die moderaten Artikel im *Spiegel* und in der *Zeit* sowie einige TV- und Radio-Sendungen, wesentlich differenzierter in Tonlage und Interpretation, führten dazu, dass einige Anführer der Studentenbewegung nahezu zu Pop-Ikonen stilisiert wurden. Die Faszination der Journalisten für alternative Lebensstile und unkonventionelle Protestformen war trotz politischer Kritik kaum zu übersehen.[18]

Wolfgang Kraushaar unterscheidet drei Lager in den Medien: Das erste war das der »aggressiven Angreifer« von *Bild* und *B. Z.* bis zum *Rheinischen Merkur*. Das zweite bildeten die »kritischen Verteidiger«. Die linksliberalen Zeitungen von *Spiegel*, *Stern* und *Süddeutscher Zeitung* bis zu *pardon* und *twen* waren durch einen »reformerischen Tenor« gekennzeichnet und begriffen sich als Teil der »Aufbruchszeit«, wobei sie sich von jedweder Gewalt in der Studentenbewegung distanzierten. Schließlich identifiziert er die Gruppe der »bedingungslosen Unterstützer«. Zu ihr gehörten linke Zeitungen wie *konkret* oder der *Berliner Extra-Dienst*, aber auch kommunistische Postillen wie die bereits 1953 gegründete *Deutsche*

des Protests: Die Entdeckung des Performativen in der Studentenbewegung der 1960er Jahre«, in: Martin Klimke, Joachim Scharloth (Hg.), *1968. Handbuch zur Kultur- und Mediengeschichte der Studentenbewegung*, Stuttgart, Weimar 2007, S. 75-87; Dorothee Liehr, »Ereignisinszenierung im Medienformat: Proteststrategien und Öffentlichkeit – eine Typologie«, in: Martin Klimke, Joachim Scharloth (Hg.), *1968. Handbuch zur Kultur- und Mediengeschichte der Studentenbewegung*, Stuttgart, Weimar 2007, S. 23-36; Martin Papenbrock, »Happening, Fluxus, Performance: Aktionskünste in den 1960er Jahren«, in: Martin Klimke, Joachim Scharloth (Hg.), *1968. Handbuch zur Kultur- und Mediengeschichte der Studentenbewegung*, Stuttgart, Weimar 2007, S. 137-149; Lachenmeier, »Die Achtundsechziger-Bewegung«, S. 66.

17 Koenen, *Das rote Jahrzehnt*, S. 38.

18 Vgl. Christina von Hodenberg, »Mass Media and the Generation of Conflict. West Germany's Long Sixties and the Formationen of a Critical Public Sphere«, in: *Contemporary European History* 15 (2006), S. 386-394; Kraushaar, »1968 und Massenmedien«, S. 333.

Volkszeitung.[19] Kraushaars Analyse wird durch eine gänzlich anders gelagerte Analyse vom Allensbacher Institut gestützt. Nach der Erschießung Ohnesorgs hatte man dort das Bild analysiert, welches die deutsche Presse von diesem Vorfall vermittelte. Die Meinungsforscher stellten fest, dass 64 Prozent der Berichterstattung im Ton gänzlich neutral waren, während 15 Prozent der Artikel mit Polemiken gegen die Studierenden aufwarteten. Besonders deutlich propagandistisch gefärbt waren die Artikel der Springer-Presse. 83 Prozent von ihnen berichteten in polemisierender Art und Weise, während dies nur für 6 Prozent der Inhalte aller anderen Zeitungsartikel galt.[20]

Schon die Neuen Sozialen Bewegungen der siebziger Jahre hatten die Techniken der Medienarbeit und des *agenda setting* verfeinert. In den achtziger Jahren verfolgten Umweltschutzorganisationen wie Greenpeace oder Robin Wood ihre Kampagnenarbeit bereits zusammen mit der Massenpresse und setzten Fernsehsender ganz gezielt ein. Aktion und Massenmedien waren, wie auch bei der Friedensbewegung, symbiotisch miteinander verbunden. Dabei war die Technik, politische Ereignisse und Aktionen auf mediale Aufmerksamkeit zuzuschneiden, heftig umstritten. Die symbolische Aktion galt als nicht »authentisch« oder »tatsächlich«, da es ihr als reinem Medienereignis an Unabhängigkeit und Spontaneität mangele. Man werde, so die Kritik, zunehmend von der medialen Rahmung und Beurteilung, von Technik und Produktionsbedingungen, von Perspektive und Darstellung der Medien abhängig. Die Wirklichkeitskonstruktion der Medienerzeugnisse überdecke den alltäglichen Weltaneignungsprozess.[21] Während einerseits die

---

19 Kraushaar, »1968 und Massenmedien«, S. 331-333.

20 »Die Studentendemonstration beim Schah-Besuch in Berlin in der deutschen Tagespresse«, S. 5/6, in: BArch Koblenz, Zsg 132, Nr. 1454. Die Stichprobenziehung wurde in den Tagen vom 3. bis zum 10. Juni 1967 vorgenommen.

21 Vgl. dazu die frühe Selbstreflexion: Martin Stankowski, »Tatsachen für die Medien«, in: Arbeitsgruppe Alternativpresse, *Verzeichnis aller Alternativzeitungen*, Bonn ⁴1983, ohne Seitenzählung. Stankowski war Redakteur des *Kölner Volksblatts*. Vgl. zur Medialisierung einer dadurch »virtuellen Politik«: Weisbrod, »Öffentlichkeit als politischer Prozeß«, S. 15-18; Liehr, »Ereignisinszenierung«, S. 24-34; Karl-Heinz Stamm, *Alternative Öffentlichkeit. Die Erfahrungsproduktion neuer sozialer Bewegungen*, Frankfurt/M., New York 1988, S. 133, 261-263; Tanjev Schultz, »Alles inszeniert und nichts authentisch? Visuelle Kommunikation in den vielschichtigen Kontexten von Inszenierung und Authentizität«, in: Thomas

Akteure ihre Aktionen immer passgenauer auf die Inszenierung in den Medien ausrichteten, wandelte sich andererseits die Berichterstattung über die Proteste deutlich in Richtung Entdramatisierung und Nüchternheit, so dass die anfangs stark mobilisierende Wirkung teilweise verpufft sein dürfte.[22]

Die intellektuelle Kritik an den Massenmedien führte zum Konzept einer »Gegenöffentlichkeit« (Negt/Kluge), dem zufolge »unterdrückte Nachrichten« zu publizieren seien und unmittelbar in den Aktions- und Lebenszusammenhang ihres Milieus eingebettet sein sollten: »[Man muß] Erfahrungen, Lebenszusammenhänge, geschichtliche Gegenwart [...] in einen öffentlichen Diskussionszusammenhang bringen, den die formale Öffentlichkeit hintertreibt«.[23] Unter Gegenöffentlichkeit verstand man eine Öffnung der Demokratie und eine zunächst insbesondere auf die lokale Ebene bezogene Meinungsvielfalt, eine aktionistische und emanzipative Strategie der Selbstmobilisierung sowie eine Aufhebung des Sender-Empfänger-Modells durch die kollektiv und in Selbstorganisation hergestellten Alternativmedien.

Anfänge und Absichten der Alternativzeitungen

Während der Studentenunruhen 1967/68 waren Flugblätter und Demonstrationen die wichtigsten Protestmittel. Durch die Ausschreitungen im April 1968 und die Kritik an der *Bild*-Zeitung wurden sie verstärkt in die Bahnen einer Gegenöffentlichkeit gelenkt. Der umfassende Aufbau eines eigenen, alternativen medialen Netzwerks begann allerdings erst nach 1968. Zwar spielten

Knieper, Marion G. Müller (Hg.), *Authentizität und Inszenierung von Bilderwelten*, Köln 2003, S. 10-24, hier S. 18.

22 Subtil dargestellt am Freiburger Beispiel über die Medienselektivität der *Süddeutschen Zeitung*, der *Frankfurter Rundschau* und der regionalen *Badischen Zeitung*: Hocke, *Massenmedien und lokaler Protest*, bes. S. 205-264, 277-288. Dort auch die weiterführende umfangreiche Literatur zur Verbindung von Medien und Protesten, die am Wissenschaftszentrum Berlin für Sozialforschung in der inzwischen beendeten Arbeitsgruppe von Friedhelm Neidhardt durch Dieter Rucht, Ruud Koopmans, Barbara Pfetsch, Christiane Eilders und andere vorgelegt wurde.

23 Negt, Kluge, *Öffentlichkeit und Erfahrung*, S. 151. Vgl. dazu Wolfgang Beywl, »Die Alternativpresse – ein Modell für Gegenöffentlichkeit und seine Grenzen«, in: *APuZ* B 45 (1982), S. 18-21; Kurt Weichler, *Die anderen Medien. Theorie und Praxis alternativer Kommunikation*, Berlin 1987, S. 26-31.

konkret, die sozialistischen Kleinverlage und Broschüren, Flugblätter und Raubdrucke, Plakattexte und Wandsprüche schon für die Studentenbewegung eine eminente Rolle,[24] aber erst Mitte der siebziger Jahre etablierte sich eine autonome alternative Öffentlichkeit.

Die frühen, stärker politisch (meist militant anarchistisch oder maoistisch) ausgerichteten Zeitschriften und Zeitungen wie *Fizz*,

24 Jürgen Miermeister, Jochen Staadt, *Provokationen. Die Studenten- und Jugendrevolte in ihren Flugblättern 1965-1971*, Darmstadt, Neuwied 1980; Siegfried, *Time is on my side*, S. 308, 529-540; Stamm, *Alternative Öffentlichkeit*, S. 25-27, 40-47; Albrecht G. von Olenhusen, »›Aufklärung durch Aktion‹. Kollektiv-Verlage und Raubdrucke«, in: Monika Estermann, Edgar Lersch (Hg.), *Buch, Buchhandel und Rundfunk. 1968 und die Folgen*, Wiesbaden 2003, S. 196-212; Thomas Daum, *Die 2. Kultur. Alternativliteratur in der Bundesrepublik*, Mainz 1981, S. 47-53, 116; Benno Käsmayr, *Die sogenannte Alternativpresse. Ein Beispiel für Gegenöffentlichkeit in der BRD und im deutschsprachigen Ausland seit 1968*, Augsburg 1974, S. 13-19; Roland Münzel, *Entwicklung der Stadtzeitungen in der Bundesrepublik Deutschland, dargestellt am überregionalen Verbund der scene programm presse (spp)*, Facharbeit Nürnberg 1981, S. 7-9; Karl-Werner Brand u. a., *Aufbruch in eine andere Gesellschaft. Neue soziale Bewegungen in der Bundesrepublik*, Frankfurt/M., New York ²1984, S. 170; Sösemann, »Die 68er Bewegung«, S. 673-675; Siegfried, *Time is on my side*, S. 544. Zeitschriften wie das *Oberbaumblatt* aus Berlin (verlegt im regulär eingetragenen Berliner Verlag Oberbaumpresse mit einer Auflage von 30 000 Exemplaren im Juli 1968) beeinflussten jedoch schon die 68er-Bewegung. Die Kleinverlage waren bereits für die 68er von eminenter Bedeutung, wie etwa der Argument-Verlag (gegr. 1960), Trikont (gegr. 1967), Peter-Paul Zahl Verlag (gegr. 1968), Ça ira Presse (gegr. 1966), Neue Kritik (gegr. 1960) oder der SDS-Verlag Edition Voltaire, der 1967 von Gudrun Ensslin und Bernward Vesper gegründet wurde. Auch nach 1968 gründeten sich noch rasch an Einfluss gewinnende Verlage, wie etwa der März-Verlag (gegr. 1969) und der von Karl Dietrich Wolff gegründete Verlag Roter Stern (1970). Auch wichtige Buchreihen erschienen nun, wie die »Prokla« (ab 1971) oder »links« (ab 1969). Siehe dazu und zu den Buchverlagen in den siebziger Jahren: Stephan Füssel (Hg.), *Die Politisierung des Buchmarkts. 1968 als Branchenereignis*, Wiesbaden 2007 (mit Detailstudien zum Voltaire-Verlag, der Marburger Buchhandlung Roter Stern, der Frankfurter Buchmesse sowie dem Autorenbeirat des Luchterhand Verlags); Adelheid von Saldern, »Markt für Marx. Literaturbetrieb und Lesebewegungen in der Bundesrepublik in den Sechziger- und Siebzigerjahren«, in: *AfS* 44 (2004), S. 149-180; Monika Estermann, Edgar Lersch (Hg.), *Buch, Buchhandel und Rundfunk. 1968 und die Folgen*, Wiesbaden 2003; Daum, *Die 2. Kultur*, S. 58-69; Ingrid Gilcher-Holtey, *Die 68er Bewegung. Deutschland – Westeuropa – USA*, München 2001, S. 13-17; Hübsch, *Alternative Öffentlichkeit*, S. 42-96; Benno Käsmayr, »Der MaroVerlag – Ein Drahtseil-Akt des Machbaren«, in: *Berliner Blätter. Ethnographische und ethnologische Beiträge* (15. 10. 1997), S. 64-68; Jürgen Kipp, »Die ›Zwerge Gutenbergs‹ – Retrospektive der Mainzer Minipressen-Messe«, in: *Berliner Blätter. Ethnographische und ethnologische Beiträge* (15. 10. 1997), S. 69-72.

Agit 883, *Extra-Dienst*, *Rote Presse Korrespondenz*, *Neue Kritik*, *ça ira*
oder *Der lange Marsch* verloren spätestens gegen Ende der siebziger
Jahre an Einfluss. Ab der Mitte des Jahrzehnts wurden immer mehr
kleine alternative Zeitungen und Zeitschriften gegründet, die insbesondere der Sichtbarmachung, Stabilisierung und Mobilisierung
nach innen dienen sollten und das Potential zur subkulturellen
Bündelung, Synchronisation und Homogenisierung des alternativen Milieus hatten.[25] Dabei ging es darum, die Kluft zwischen Erfahrung bzw. Anwesenheits- und massenmedialer Kommunikation
durch die Vermittlung »authentischer Ausdruckmöglichkeiten«
zu verkleinern oder gar aufzuheben, wobei der Grad wechselseitigen Wissens zwischen Medium und Rezipient verbessert werden
sollte. Zudem wollte man »unterdrückte« Nachrichten öffentlich
machen.[26] Die meist lokal ausgerichteten Volksblätter bzw. Stadt-
blätter und -zeitungen sollten die Anhänger politisch mobilisieren
und zugleich Organ lokaler Initiativen sein. Der Kommunikations-
wissenschaftler Franz Ronneberger bezeichnete die Entwicklung
einer alternativen Öffentlichkeit später aus systemtheoretischer
Perspektive als »Selbstregulierungsfähigkeit des Pressewesens«,[27]

25 Beywl, »Die Alternativpresse«, S. 22-24; Stamm, *Alternative Öffentlichkeit*, S. 42-
47; Gottfried Oy, »Lebenswelt Gegenöffentlichkeit. Medienkritik und Alltag
sozialer Bewegungen«, in: Bernd Hüttner (Hg.), *Verzeichnis der Alternativmedien
2006/2007*, Neu-Ulm 2006, S. 39-49, hier S. 40; Hübsch, *Alternative Öffentlich-
keit*, S. 39; Tanner, »The Times They Are A-Changin«, S. 213; Nadja Büteführ,
*Zwischen Anspruch und Kommerz. Lokale Alternativpresse 1970-1993. Systematische
Herleitung und empirische Überprüfung*, Münster, New York 1995, S. 138; Jörg R.
Mettke, »Selbstbespiegelungen. Über die Gegenöffentlichkeit der alternativen
Presse«, in: Michael Haller (Hg.), *Aussteigen oder rebellieren. Jugendliche gegen
Staat und Gesellschaft*, Hamburg 1981, S. 156-178, hier S. 165.

26 Büteführ, *Zwischen Anspruch und Kommerz*, S. 45; Stankowski, »Tatsachen für
die Medien«; Claus Eurich, »Gegen- oder Komplementär-Medien? Zu Gegenstand, Funktion und Ursache ›Alternativer‹ Kommunikation«, in: Otfried Jarren
(Hg.), *Stadtteilzeitung und lokale Kommunikation*, München, New York u. a.
1980, S. 13-37, hier S. 14.

27 Zitiert nach Büteführ, *Zwischen Anspruch und Kommerz*, S. 144. Zur Person Ron-
nebergers vgl. Wolfgang Duchkowitsch, *Die Spirale des Schweigens. Zum Um-
gang mit der nationalsozialistischen Zeitungswissenschaft*, Münster 2004. Weitere
Medien des Alternativmilieus wie die »freien Radios« oder die Theatergruppen
werden hier aus Platzgründen ausgespart. Sie sind aufgrund ihres geringeren
Verbreitungsgrades vermutlich nicht so prägend gewesen (vgl. Oy, »Lebenswelt
Gegenöffentlichkeit«, S. 42). Zu den Medien Radio und Video siehe Weichler,
Die anderen Medien, S. 246-347; Eurich, »Gegen- oder Komplementär-Medien«,

das zugleich eine demokratisch-partizipative Erweiterung erfuhr.[28]

Die alternativen Medien wirkten wie ein »Schwarzes Brett«[29] vermittelnd und koordinierend auf die Etablierung und Stabilisierung des Milieus ein. Die Informationen – Adressen, Termine, Szeneveranstaltungen – machten die Infrastruktur sichtbar, die dem Alternativmilieu seine innere Stabilität verlieh. In der ersten Ausgabe des *Pflasterstrands* hieß es dementsprechend: »Alternative Projekte, Zentren, Werkstätten, Läden, Gesundheitsgruppen können nur existieren, wenn sie in einer öffentlichen Struktur eingebettet sind.«[30]

Einige der Alternativblätter waren nicht mehr als zusammengeheftete Flugblätter. Wie diese in Zeiten der entstehenden Druck- und Kopierläden zu jedermanns Stimme wurden, so hieß es auch im Editorial der Berliner *Instand-Besetzer-Post*:[31]

Kommste in die Kneipe rein, schwappt dir die Flut von Flugblättern entgegen. Die Wände mit Plakaten und Wandzeitungen bepflastert. Kleine Blättchen, meist lieblos unübersichtlich gemacht, schwirren durch die Gegend. Was für 'ne Energie geht bei diesem Treiben drauf! Rennen die Leute ständig alle selbst los, ihre Infos loszuwerden. Und erreichen kaum wen, weil's alles zuviel ist. Wenn du von so'ner Sause nach Hause kommst und alle die Blätter sammeln würdest, hättste glatt 'ne Zeitung zusammen, mindestens 20 Blatt die Woche.

Eine Infratest-Leserumfrage aus dem Jahr 1982 unter den Rezipienten der im größten alternativen Anzeigenverbund scene programm presse (spp) zusammengefaßten Alternativmedien zeigt, dass das Lesen von Zeitschriften (und Büchern) im Alternativmilieu an erster Stelle und damit vor dem Fernsehen rangierte, welches wegen seiner »passiven Magie« eher abgelehnt wurde.[32] Diese gedruckten

S. 22-25; Klaus Müschen, »*Lieber lebendig als normal!« Selbstorganisation, kollektive Lebensformen und alternative Ökonomie*, Bensheim 1982, S. 127.

28 Eurich, »Gegen- oder Komplementär-Medien«, S. 27-32.

29 Mettke, »Selbstbespiegelungen«, S. 163.

30 »Wir wollen eine 14tägige Zeitung machen«, in: *Pflasterstrand* 0 (1976), S. 2. Vgl. Mettke, »Selbstbespiegelungen«, S. 163.

31 Zitiert nach Mettke, »Selbstbespiegelungen«, S. 159.

32 Dieter Korczak, *Zur Einstellung und Lebenswelt von Alternativen*, München 1982, S. 28, 99, 103, in: Archiv Infratest Forschung, Nr. 10; Petra E. Dorsch, *Neue Me-*

Erzeugnisse entstanden mitten im allgemeinen Publizistikboom der leseversessenen bundesdeutschen Gesellschaft.

Die Alternativmedien lassen sich aber nicht nur als eine subversive Strategie gegen die etablierten Massenmedien verstehen, sondern entfalteten ihrerseits als Konsumprodukte eine gouvernementale Macht, insofern sie Normierungen und Bestimmungen dessen vornahmen, was als alternativ zu gelten hatte. Diese Selbstregierung hat Paul-Gerhard Hübsch in seinem autobiographischen Bericht über die Kommune I treffend beschrieben: »Jede Bewegung sollte natürlich sein, in Selbstkontrolle geschehen, und jeder hatte so seine Tricks auf Lager, mit denen er sein Selbstbewußtsein innerhalb der Gruppe zu festigen hatte«.[33] »Sei ganz du selbst« wurde zu einem Imperativ und zu einer Leitvorstellung, die im Zeichen von Natürlichkeit, Kreativität, Anderssein, Eigensinnigkeit und Ausgelassenheit stand. Konventionalität war langweilig und ebenso verpönt wie Konsumismus und Besitzdenken. Dass Normierung im

dien im sublokalen Kommunikationsraum – Die sogenannte Alternativpresse im sozialen Umfeld, München 1981, S. 81. (= Gutachten im Auftrag des Presse- und Informationsamtes der Bundesregierung, eine Kopie dieser Studie befindet sich im ASB Freiburg, Signatur 11.0); »Meinst du nicht, jetzt ist Zeit, um Schluß zu machen mit dem Fernsehen«, in: Info-BUG 1016 (17.04.1978), S. 12. Die vergleichsweise geringe Bedeutung des Fernsehens gilt ohnehin für gebildete Schichten, war aber gerade für staatskritisch eingestellte Gruppen typisch (Harald Glätzer, Landkommunen in der BRD. Flucht oder konkrete Utopie?, Bielefeld 1978, S. 167; Siegfried, Time is on my side, S. 281). Der Fernsehkonsum korrelierte jedoch nicht mit dem Alter, denn 1980 gaben um die 80 Prozent der 14- bis 24-Jährigen an, das Fernsehmedium zu nutzen, während Zeitungen auf Werte um die 50 Prozent kamen (Gunter Pratz, »Lebensziele – Potentiale und Trends alternativen Verhaltens«, in: Bertelsmann-Briefe 113 [1983], S. 14-35, hier S. 28). Der Anzeigenverbund spp wurde im Spätsommer 1978 auf Initiative der Berliner Stadtillustrierten zitty und des Göttinger Hiero Itzo gegründet, umfasste zwölf Stadtmagazine mit einer Druckauflage von 141000 Exemplaren und geschätzten 330000 Lesern. Im April 1980 spaltete sich der Medienverbund AIDA vom spp ab, weil die zitty die erfolgreiche spp in eine eigenständige Gesellschaftsform überführte. Anfang 1983 waren bei spp und AIDA 34 Stadtmagazine angeschlossen. Zur spp: IISG, ID-Textarchiv, 0066/1-714; Kurt Weichler, Gegendruck. Lust und Frust der alternativen Presse, Reinbek 1983, S. 168-171; Mast, Aufbruch ins Paradies?, S. 71; Münzel, Entwicklung der Stadtzeitungen, S. 16-18, 23/24 (Münzel war Gesellschafter der spp und Mitarbeiter der Nürnberger Stadtzeitung Plärrer); Beywl, »Die Alternativpresse«, S. 30/31; Weichler, Die anderen Medien, S. 90, 216.

33 Hadayatullah Hübsch, Keine Zeit für Trips. Autobiographischer Bericht, Frankfurt/M. 1991, S. 64.

Zeichen der Freiheit möglich war, zeigt die Gruppenkonformität: »Wer sich der Forderung nach ›Spontaneität‹, ›Lustbetontheit‹ und ›direkter Aktion‹ nicht so unterwirft, wie subkulturelle Konventionen und Etikette es vorsehen, wird verstoßen«, meinte Joseph Huber, einer der Mitgründer des alternativen Netzwerks Selbsthilfe, Ende der siebziger Jahre.[34]

Diese Normierung bestand in der »Herstellung von Authentizität«,[35] wie Bernd Hüttner, ein Archivar alternativer Schriften, die Hauptfunktion der Blätter auf den Punkt brachte. Der Prozess vollzog sich ohne Machtzentrum als eine Art dezentrale Selbstregierung der Zeitungsmitarbeiter, die selbst aus dem alternativen Milieu kamen. Die Versuche großer Konzerne, in den alternativen Zeitungsmarkt einzudringen, sind von der *Hamburger Piste* und der *Berliner Illustrierten* (beide Springer) bis zum 1986 eingeführten *Tempo* (Jahreszeiten) letztlich alle gescheitert. Rainer Belting von der *zitty* kommentierte dies so: »Das hat es in der Geschichte der BRD noch nicht gegeben, daß eine ›Zielgruppe‹ sich ein eigenes Massenmedium schuf statt sich von Konzernstrategen vermarkten zu lassen.«[36]

Maxime der vielen Alternativblätter war das Prinzip »Organisation durch Kommunikation«. Umgekehrt materialisierte sich das Bedürfnis nach Kommunikation, Austausch und Selbstverständigung in den Publikationen der Alternativszene. Neben Büchern und Flugschriften wurden die mehr oder minder regelmäßig erscheinenden Periodika zu den zentralen Kommunikationsorganen der linksalternativen Szene. Die lokalen Alternativblätter waren oftmals »Kristallisationspunkte, um die sich die sozialen Arbeits- und Lebenszusammenhänge strukturierten«.[37] Das Netz aus Bürgerinitiativen, Umweltschutz- und Anti-AKW-Initiativen, Buchläden und Wohngemeinschaften, Cafés und Kneipen, Kommunikationszentren und alternativen Bildungsstätten wurde durch

34 Joseph Huber, *Wer soll das alles ändern? Die Alternativen und die Alternativbewegung*, Berlin 1980, S. 80.

35 Bernd Hüttner, »Alternative Medien sind tot, es leben die alternativen Medien. Zur Definition, Entwicklung und Zukunft alternativer Medien«, in: ders. (Hg.), *Verzeichnis der Alternativmedien 2006/2007*, Neu-Ulm 2006, S. 13-22, hier S. 13.

36 Zitiert nach Wolfgang Hippe, »Eine Zeitung ist keine Dose Erbsen oder: Gegenöffentlichkeit zu Markte tragen«, in: Axel Diederich u. a. (Hg.), *Verzeichnis der Alternativ-Presse*, Berlin 1986, S. 8-13, hier S. 11.

37 Stamm, *Alternative Öffentlichkeit*, S. 140. Vgl. ebd., S. 128-134.

die Zeitschriften kommunikativ miteinander verbunden. Die Suche nach internen »Infos« wurde schnell zu einem der wichtigsten Merkmale des Milieus. Die dezentral organisierten Alternativzeitungen wurden zum Ort der politischen Selbstverständigung und kulturellen Identitätsstiftung.[38] Linke Debatten und Kontroversen wurden hier nicht nur abgebildet, sondern initiiert. Das demonstrative Lesen bestimmter Blätter avancierte zu einem politischen Symbol. Ob man in der alternativen Kneipe die *taz, radikal, konkret* oder *Courage* las, war ein politisches Bekenntnis. »Bestimmte Zeitschriften zu abonnieren«, schreibt der Soziologe und ehemalige Redakteur der Zeitschrift *links* Gottfried Oy, »wird zum Ausdruck der Zugehörigkeit zur Bewegung.«[39]

Definition der Alternativpresse[40]

Idealtypisch lässt sich anhand von vier Merkmalen bestimmen, was eine alternative Publikation ausmachte. Erstens ging es schlichtweg darum, »unterdrückte Nachrichten« aus der partikularen Welt des Alternativmilieus zu veröffentlichen. In der »falschen Berichterstattung« der »bürgerlichen Presse« sah man sich nicht repräsentiert. Die Linksalternativen wollten Fakten, Einschätzungen und

---

38 Beywl, »Die Alternativpresse«, S. 26/27; Stamm, *Alternative Öffentlichkeit*, S. 128/129, 135, 140; Münzel, *Entwicklung der Stadtzeitungen*, S. 11; Oy, »Lebenswelt Gegenöffentlichkeit«, S. 41.

39 Oy, »Lebenswelt Gegenöffentlichkeit«, S. 41.

40 Der Begriff »Alternativpresse« wurde – laut *Päng* – von der Züricher Zeitung *Hocha* in Europa eingeführt (»Untergrundpresse«, in: *Päng* 5 [1972], S. 10). Zu den folgenden vier Charakteristika der Alternativpresse: Büteführ, *Zwischen Anspruch und Kommerz*, S. 13/14, 137-143, 146-150, 153-172; Eurich, »Gegen- oder Komplementär-Medien«, S. 26/27; Christina Holtz-Bacha, »Alternative Presse«, in: Jürgen Wilke (Hg.), *Mediengeschichte der Bundesrepublik Deutschland*, Köln, Weimar u. a. 1999, S. 330-349; Weichler, *Die anderen Medien*, S. 151/152; Weichler, *Gegendruck*, S. 39-42, 45-48, 65/66, 70-75; Stamm, *Alternative Öffentlichkeit*, S. 110-113, 131-133, 144/145; Beywl, »Die Alternativpresse«, S. 25; Schwanhäußer, *Stilrevolte Underground*, S. 14 (Fußnote 14), 15; Käsmayr, *Die sogenannte Alternativpresse*, S. 21, 55-57; Otfried Jarren, »Statt weniger Großer – viele Kleine? Funktionswandel der Presse«, in: Michael W. Thomas (Hg.), *Die lokale Betäubung oder der Bürger und seine Medien*, Berlin, Bonn 1981, S. 63-78, hier S. 68-70; Dorsch, *Neue Medien*, S. 55; Walter Gerlach, »Druck gegen den Frust. Balanceakt zwischen Pleitegeier und Chance zur Selbstorganisation«, in: *pardon* (August 1977), S. 38-40; Lachenmeier, »Achtundsechziger-Bewegung«, S. 61, 68-70.

Richtigstellungen publik machen, die in der »bürgerlichen Presse« verschwiegen wurden. Alternativzeitungen waren »Bewegungsmedien«. Sie vermieden es, sich in den Dienst von Parteien oder formellen Organisationen zu stellen und lehnten die Anbindung an etablierte Institutionen, Betriebe, Vereine, Verbände oder Kirchen ab. Sie verorteten sich im Umfeld der Neuen Sozialen Bewegungen und wollten explizit Kommunikation und politische Aktion durch entsprechende Berichterstattungen miteinander verknüpfen. Über die Aktionen, Demonstrationen und Initiativen aus dem Milieu wurde breit berichtet, aber auch über kulturelle Veranstaltungen und Freizeitmöglichkeiten für die Milieumitglieder.

Zweitens sollte ein wechselseitiger Kommunikationsprozess zwischen Redakteuren und Lesern in Gang kommen. Dieses Bemühen um Austausch mit der Leserschaft stand im Kontext eines Strebens nach Partizipation, aber auch nach authentischer Selbstverwirklichung der Szene. Eingriffe in die zugesandten Artikel waren verpönt und die Leser konnten am Innenleben der Redaktionen durch Berichte über das Alltagsleben in der Redaktion teilhaben. Laienjournalismus und Betroffenenberichterstattung nach dem Leserzeitungsprinzip waren oft noch wichtiger als die anwaltschaftlichen Artikel, die sich für Randgruppen oder Minderheiten stark machten. Der Anspruch auf Aufhebung von unilinearen Kommunikationsprozessen und die Mobilisation der Leserschaft repräsentierten zentrale Bestimmungsmerkmale alternativer Öffentlichkeit. Die lokale Verankerung der Redakteure in der Zielgruppe wie auch die entsprechend dezentral-regionale Distribution der Blätter sicherten ihre Einbindung in das Alternativmilieu.

Drittens bemühte man sich, die internen Arbeits- und Entscheidungsprozesse transparent, basisdemokratisch und ohne formelle hierarchische Strukturen zu gestalten. Die Redaktionsräume sollten jedem jederzeit zugänglich sein. Entscheidungen sollten nicht durch Abstimmungen, sondern im gemeinschaftlichen Konsensprinzip gefunden werden. So schrieb zum Beispiel eine Redakteurin der *Courage* über die sich häufig bis Mitternacht hinziehenden Redaktionssitzungen: »Kollektivität heißt: eine Entscheidung über das Projekt Courage muß von allen mitgetragen werden können.« Eine andere Redakteurin bekannte über die oft konflikthaften Sitzungen: »Inzwischen ist mir klar geworden, daß Kollektivität nicht zwangsläufig Gleichheit aller ist, sondern es für jede von uns eine Anstrengung bedeutet, ihre eigene Individualität zum Ausdruck zu bringen.« Bevor ein eingesandter Artikel veröffentlicht wurde, mussten ihn alle Frauen des Kollektivs prüfen oder er wurde laut im Redaktionskreis vorgelesen. Anschließend diskutierte man so lange, bis alle mit dem Abdruck einverstanden waren.[41] Wegen des autoritären Führungsstils von Alice Schwarzer und der mangelnden Mitbestimmung der Redakteurinnen wurde die Zugehörigkeit der 1977 gegründeten *Emma* zum linksalternativen Milieu immer wieder infrage gestellt. Gegen die Zeitschrift wurde sogar zum »Informationsboykott« aufgerufen.[42] In der Berliner »linksradikalen Kneipenzeitung« *Agit 883* haute man in den Redaktionsbesprechungen auch mal mit der Faust auf den Tisch: »Immer wieder gab es Streitereien um einzelne Artikel in der Redaktion, Brüllen, Schreien.«[43] Aber auch hier galt das Prinzip einer auf Konsensfindung ausgerichteten Arbeitsstruktur, die sich immer als extrem zeitaufwändig und mühselig erwies. Die Schnelllebigkeit und der Produktionsdruck eines Tageszeitungsprojekts führten die-

---

41 »In eigener Sache. Hiermit ging's los«, in: *Courage* (Februar 1978), (hier die Stellungnahmen von Monika und Traude); Gisela Notz, »Courage – Wie es begann und was daraus wurde und was geblieben ist«, in: dies. (Hg.), *Als die Frauenbewegung noch Courage hatte. Die »Berliner Frauenzeitung Courage« und die autonomen Frauenbewegungen der 1970er und 1980er Jahre. Dokumentation einer Veranstaltung am 17. Juni 2006 in der Friedrich-Ebert-Stiftung, Berlin*, Bonn 2007, S. 23-56, hier S. 28, 40; Christel Zelinski, »Frauen schreiben für Frauen«, in: Kurt Weichler, *Gegendruck. Lust und Frust der alternativen Presse*, Reinbek 1983, S. 191-198, hier S. 192; Gisela Notz, »Alternative Zeitungen und Zeitschriften der Neuen Frauenbewegungen. Entstehungsgeschichte(n) – Beispiele – politische Konzepte«, in: Bernd Hüttner (Hg.), *Verzeichnis der Alternativmedien 2006/2007*, Neu-Ulm 2006, S. 64-79, hier S. 69/70.

42 Im Wortlaut: »Offene Worte an Alice Schwarzer«, in: *Frankfurter Rundschau* (27. 03. 1980); Im Wortlaut: »Fetzereien«, in: *Frankfurter Rundschau* (02. 04. 1980); »Kampf um Emma«, in: *Der Spiegel* (29. 11. 1976), S. 219-221; »Querulanten – oder ist die ›Emma‹-Chefin zu herrisch«, in: *Die Welt* 76 (29. 03. 1980), S. 3. Ähnliche Auseinandersetzungen gab es um Klaus Wagenbach und seinen »patriarchalisch[] [geführten] Betrieb«, der sich »Fragen der inneren Demokratisierung widersetzt« und angeblich »jegliche Mitbestimmung« abgewehrt habe (ID 161 [20. 01. 1977]; ID 170 [26. 03. 1977], beide nachgedruckt in: ID-Archiv im Internationalen Institut für Sozialgeschichte (Hg.), *Projekt Gedächtnis. ID-Artikel zum Thema Gegenöffentlichkeit 1973-1981*, Amsterdam o. J., S. 28-30).

43 Peter Mosler, *Was wir wollten, was wir wurden. Studentenrevolte – zehn Jahre danach*, Reinbek 1977, S. 23, 22.

se Prinzipien insbesondere bei der *taz* ad absurdum.[44] So waren es ausgerechnet die kollektiv-egalitären Entscheidungsstrukturen, die immer wieder zu Konflikten führten.

Neben dem Konsensprinzip sollte das Rotationsprinzip der Entstehung von informellen Hierarchien entgegenwirken und größere Transparenz erzeugen. Kopf- und Handarbeit bzw. die Tätigkeiten als Redakteur und Drucker/Setzer sollten möglichst intensiv und gleichberechtigt miteinander verflochten werden. Unterschiedliche Ressorts wurden nicht getrennt, feste Arbeitsteilungen und Angestelltenverhältnisse gab es nicht, und jeder sollte das machen, was ihm oder ihr am meisten »Spaß« machte. De facto ergaben sich durch die unklare Kompetenzverteilung jedoch »nicht selten zerstörerische und lähmende personale Konfliktsituationen«.[45] Der »Entfremdung« kapitalistischer Arbeitsformen wollte man entgehen, indem Arbeit und Freizeit zusammengebracht wurden, nicht selten dienten Privatwohnungen als »Redaktionsräume«. Dies sowie die Aufhebung der Trennung zwischen Hand- und Kopfarbeit entsprach wiederum der alternativen Maxime einer »ganzheitlichen Arbeitsgestaltung«.[46]

Viertens richtete man die Arbeit nicht am kommerziellen Erfolg, sondern nach dem Kostendeckungsprinzip aus. Dieser Grundsatz manifestierte sich auch in der Maxime, keine oder nur wenige ausgewählte Anzeigen abzudrucken, um finanzielle Abhängigkeiten zu vermeiden. Das »Lustprinzip« sollte dem verpönten kapitalistischen Leistungsprinzip vorgelagert sein; Kreativität, Spontaneität und Improvisation in der laienhaften Gestaltung sollten daher einerseits Kosten sparen, waren aber andererseits zugleich Ausdruck des Selbstverständnisses. Meist wurden die Zeitschriften daher auch nicht an Kiosken über entsprechende kommerzielle Kanäle vertrieben, sondern per Post versandt, durch Handverkäufer in sogenannten Szenekneipen abgesetzt, in linken Buchläden ausgelegt

44 Jörg Magenau, *Die taz. Eine Zeitung als Lebensform*, München 2007, S. 23/24, 159, 202-210.

45 Notz, »Courage – Wie es begann und was daraus wurde und was geblieben ist«, S. 50. Das egalitäre Prinzip galt auch für militant-anarchistische Blätter wie die *Agit 883* (dazu: Knud Andresen u. a., »Unruhe in der Öffentlichkeit. Agit 883 zwischen Politik, Subkultur und Staat«, in: rotaprint 25 [Hg.], *agit 883. Revolte, Underground in Westberlin 1969-1972*, Hamburg, Berlin 2006, S. 17-44, hier S. 30).

46 Notz, »Courage – Wie es begann und was daraus wurde und was geblieben ist«, S. 38.

sowie auf entsprechenden Veranstaltungen und Büchertischen an Universitäten angeboten.[47]

Umfang und quantitative Entwicklung

1980 gab es in der Bundesrepublik rund 390 linksalternative Zeitschriften, deren monatliche Gesamtauflage ca. 1,6 Millionen Exemplare betrug. Ihr Marktanteil lag damit bei etwa acht Prozent.[48] Von Mitte der siebziger bis zur Mitte der achtziger Jahre vermehrte sich die Anzahl der Alternativblätter rasant. 1986 gab es zweieinhalbmal so viele alternative Zeitungsprojekte wie 1979.[49] Zugleich stieg die Gesamtauflage bis 1988 auf etwa zwei Millionen Exemplare an, die sich mittlerweile auf 700 Titel verteilten.[50] Damit lag der Gründungsboom im alternativen Zeitungsbereich mit den Jahren 1977 und 1978 ganz im allgemeinen Trend auf dem Pressesektor, welcher gegen Ende der siebziger Jahre Spitzenergebnisse bei der Anzahl der Neugründungen verzeichnete. Verantwortlich dafür war in erster Linie eine Welle neuer zielgruppenorientierter und spezialisierter Zeitschriften. Der Markt in diesem Sektor boomte. Die Tageszeitungsverlage erzielten in den Jahren 1978 und 1979 ihre besten Erträge – eine Entwicklung, die zweifellos mit der Ausweitung der individuellen Freizeit und dem wachsenden Medienkonsum in der »Freizeitgesellschaft« zusammenhing.[51] Anfang der achtziger Jahre gab es, um einige Vergleichsbeispiele heranzuziehen, 850 verschiedene Publikumszeitschriften – von *Stern* bis *Hörzu* – mit einer Gesamtauflage von 84,6 Millionen Exemplaren. 410 verschiedene

47 Hübsch, *Alternative Öffentlichkeit*, S. 71-74.

48 ArbeitsGruppe AlternativPresse (Hg.), *Riesengroßes Verzeichnis aller Alternativzeitungen*, Bonn 1981, S. 2; Mettke, »Selbstbespiegelungen«, S. 159/160; Jarren, »Funktionswandel der Presse«, S. 64; Stamm, *Alternative Öffentlichkeit*, S. 142; Weichler, *Gegendruck*, S. 32; Pratz, »Lebensziele«, S. 33 (Pratz spricht allerdings von 700 verschiedenen Titeln der Alternativpresse).

49 Hermann Rösch-Sondermann, *Bibliographie der lokalen Alternativpresse. Vom Volksblatt zum Stadtmagazin*, München, New York u. a. 1988, S. 54.

50 Büteführ, *Zwischen Anspruch und Kommerz*, S. 14.

51 Jarren, »Funktionswandel der Presse«, S. 63-66; Dorsch, *Neue Medien*, S. 79; Marlis Buchmann, Manuel Eisner, »Freizeit als Element des Lebensstils und Mittel kultureller Distinktion, 1900-1996«, in: Claudia Honegger u. a. (Hg.), *Grenzenlose Gesellschaft?*, Frankfurt/M. 1999, S. 590-608, S. 595/596; Weichler, *Die anderen Medien*, S. 165, 221.

Tageszeitungen erreichten eine Auflage von 25,9 Millionen und die 654 unterschiedlichen Anzeigenblätter wurden 30 Millionen Mal gedruckt.[52] Die erfolgreichen Frauenzeitschriften *Emma* und (anfangs) *Courage* fügten sich in einen ebenfalls boomenden Frauenpressemarkt ein. Mit der Druckauflage von zusammen gerade einmal 240 000 Exemplaren kamen sie jedoch nur auf 0,5 Prozent des Frauenzeitschriftenmarktes, dessen monatliche Gesamtauflage – mit Blättern wie *Brigitte* oder *Freundin* – 65 Millionen Exemplare betrug.[53]

Anfang der neunziger Jahre hatte sich der Pressesektor stark verändert: Die meisten Alternativzeitungen erschienen nicht mehr oder hatten durch Kommerzialisierungsprozesse ihren Ursprungscharakter verloren. Die kleinen Alternativblätter, die noch 1980 mit einer durchschnittlichen Auflage von 200 Exemplaren pro Ausgabe gedruckt wurden und die man in der Regel für einen Preis von 50 Pfennig bis 2 DM kaufen konnte,[54] waren fast alle verschwunden. Die Großstadtmagazine hatten sich von den Ursprungsidealen gelöst und sich zu erfolgreichen, auflagenstarken Lifestylemagazinen entwickelt. 1993 gab es dementsprechend nur noch 183 der (vormals) alternativen Blätter, die es auf eine monatliche Gesamtauflage von insgesamt 4,5 Millionen Exemplaren brachten.[55] Der Wandel von ursprünglich alternativen Stadtmagazinen wie dem Nürnberger *Plärrer* oder der Berliner *zitty* ist stellvertretend für diesen Trend. Besonders erfolgreich schwamm das von dem Verlegertrio Trixi Berg sowie Ed und Werner Marcinowski aufgelegte

---

52 Weichler, *Gegendruck*, S. 38.

53 »Von vorn bis hinten«, in: *Der Spiegel* 11 (14. 03. 1983), S. 68/69; Zelinski, »Frauen schreiben für Frauen«, S. 197/198.

54 »Alternativpresse 1980. Facts + Daten«, in: ArbeitsGruppe AlternativPresse (Hg.), *Riesengroßes Verzeichnis aller Alternativzeitungen*, Bonn 1981, S. 63. Vgl. auch die Zahlen bei Weichler, *Die anderen Medien*, S. 163/164. Laut Weichler (*Gegendruck*, S. 32) bewegten sich 70 Prozent der Alternativblätter zu Anfang der achtziger Jahre in Auflagenhöhen zwischen 500 und 3000 Exemplaren.

55 Büteführ, *Zwischen Anspruch und Kommerz*, S. 231-233, 471 (Zahlenangabe). Offenbar entstanden in den neunziger Jahren aber erneut Alternativmedien, obwohl allerorten von deren Krise und Ablösung durch das Internet die Rede ist. Jedenfalls weist Bernd Hüttner für 2006 455 bzw. 452 verschiedene Zeitschriften und Zeitungen aus dem alternativen Pressesektor nach: Bernd Hüttner (Hg.), *Verzeichnis der Alternativmedien 2006/2007*, Neu-Ulm 2006, S. 136, 191. Über die Auflagenhöhe sagt Hüttner leider nichts.

Stadtmagazin *Prinz* auf dieser Lifestyle-Welle. Ab 1986 war es zuerst im Ruhrgebiet, dann nacheinander in Hamburg, Düsseldorf, München, Frankfurt, Köln, Berlin, Bremen, Hannover und Stuttgart als Hochglanz-Lifestylemagazin für junge Städter zu beziehen. *Prinz* war ein Trendsettermagazin nach dem Vorbild des Österreichischen *Wiener*, welches mit vielen bunten Bildern, Konsumtipps und Unterhaltungsartikeln populär wurde. Später machten sich die Stadtillustrierten *Tango* und *Tempo* dieses Konzept zu eigen. Heike Thieme, Mitherausgeberin des *Tango*, formulierte klar: »Wir wollen Trendsetter sein für die Jugend, und wir sind Trendsetter. Wenn wir einen Laden hochpuschen, dann brummt der Laden. Wenn wir irgendwelche Sonnenbrillen als poppig und toll einführen würden, dann würden die Leute Sonnenbrillen tragen.«[56]

Jahr	Anzahl der verzeichneten Titel	Gesamt-Auflagenhöhe pro Monat
1976	52	---
1977	60	---
1978	202	---
1979	235	---
1980	391	---
1981	439	1,6 Millionen
1982	460	1,58 Millionen
1983	458	---
1986	587	---
1988	700	2 Millionen
1993	183	4,5 Millionen

Tabelle 1: In unterschiedlichen Verzeichnissen erfasste Zeitungen und Zeitschriften des Alternativmilieus.[57]

56 Zitiert nach Hippe, »Eine Zeitung ist keine Dose Erbsen«, S. 10; »›In Latzhosen und auf Stöckelschuhen‹. Markterfolg und Gegen-Öffentlichkeit der Stadtmagazine«, in: *Der Spiegel* 42 (14.10.1985), S. 88, 91. Heike Thieme war vorher Anzeigenverkaufsleiter bei der kommerziellen Frauenzeitschrift *Petra*. Beim *Tempo* arbeiteten etwa Matthias Horx (ehemals *Pflasterstrand*) und Tom Schimmeck (ehemals *taz*) mit.

57 Rösch-Sondermann, *Bibliographie*, S. 54. Von Rösch-Sondermann wurden verschiedene Verzeichnisse für die einzelnen Jahrgänge herangezogen, die jeweils eine unterschiedlich hohe Erfassungsquote der linksalternativen Presseszene

Die Krise der Alternativmedien hing jedoch nicht nur mit der Kommerzialisierung und dem Verlust an politischer Systemkritik zusammen, sondern hatte viele Ursachen, die sich in fünf Komplexe zusammenfassen lassen. Erstens ging mit dem Auftreten der Grünen eine Zentralisierung der Alternativbewegung einher, so dass viele dezentrale alternative Gruppen und Bürgerinitiativen unter einem Dach zusammenfanden. Die etablierten Medien schenkten der Partei verstärkt Aufmerksamkeit und grüne Politiker nutzten ihrerseits zunehmend die bürgerliche Massenpresse, nicht zuletzt weil sie dort ungleich mehr Leser erreichten. Auch die Bürgerinitiativen wandten sich immer stärker den Massenmedien zu. Zudem gründeten sich grüne Parteizeitungen als Konkurrenz zur Alternativpresse.

Zweitens vollzog sich mit der Gründung der bundesweiten Tageszeitung *taz* eine weitere Zentralisierung – nunmehr auf dem alternativen Pressesektor selbst. Vielen lokalen und regionalen Konkurrenten machte das tägliche Erscheinen der *taz* das Leben schwerer, als es die wöchentliche Ausgabe des ID getan hatte. Die letzten verbliebenen Alternativblätter erhielten schließlich ab den späten neunziger Jahren zusätzliche Konkurrenz durch das Internet, das den Trend zur Entregionalisierung der alternativen Medien noch einmal verstärkte.[59] Beispielhaft sind die Prozesse, die sich im

hatten, so dass die Zahlen nur mit Einschränkungen untereinander verglichen werden können. Büteführ, *Zwischen Anspruch und Kommerz*, S. 14, 204, 471; Weichler, *Die anderen Medien*, S. 161/162. Leicht abweichende Zahlen bei Dorsch, *Neue Medien*, S. 57; Weichler, *Gegendruck*, S. 31. Fehlerhafte Angaben bei Brand u. a., *Aufbruch*, S. 171; Hüttner, »Alternative Medien sind tot«, S. 14 (über das Jahr 1977).

58 Zur Krise der Alternativpresse siehe Büteführ, *Zwischen Anspruch und Kommerz*, S. 212-217; Mettke, »Selbstbespiegelungen«, S. 176; Beywl, »Die Alternativpresse«, S. 28-31; Stamm, *Alternative Öffentlichkeit*, S. 243-250; Hippe, »Eine Zeitung ist keine Dose Erbsen«, S. 8-13; Weichler, *Die anderen Medien*, S. 181-188; ders., *Gegendruck*, S. 46-51, 115, 199-212; Stephanie Horn, *Abschied vom Kollektiv. Der Frankfurter PflasterStrand*, Frankfurt/M. 1989, S. 43-49; Notz, »Courage – Wie es begann und was daraus wurde und was geblieben ist«, S. 40-49; Hüttner, »Alternative Medien sind tot«, S. 17-21; Michael O. R. Kröher, »Gegenöffentlichkeit«, in: *Transatlantik* 8 (1983), S. 55-59, hier S. 56/57; »Die Wiederkehr des Immergleichen«, in: *Network-Medien-Magazin* 2 (April 1982), S. 26/27 und 46/47.

59 Hüttner, »Alternative Medien sind tot«, S. 18, 21.

Bereich der Frauenbewegung durch die Gründung der *Emma* und der *Courage* vollzogen. Während zwischen 1970 und 1980 insgesamt 383 unterschiedliche feministische Zeitungen gezählt werden konnten, gab es Anfang der achtziger Jahre nur noch 40 alternative Frauenzeitschriften, die in vielen Fällen aus den vielfältigen autonomen Frauenprojekten heraus entstanden. Die Diversität des Zeitungsmarktes war zu Beginn der achtziger Jahre überflüssig geworden, denn die meisten der von der Frauenbewegung vorgebrachten Themen fanden sich nun in der *Emma* oder in der *Courage*. Erstere erreichte eine Auflage von 130 000 Exemplaren, während Letztere es zu ihrer Hochzeit in den späten siebziger Jahren auf immerhin 70 000 Exemplare brachte.[60]

Drittens berichteten nun auch die bürgerlichen Massenmedien von *Stern* und *Spiegel* bis zu *Zeit* und *Quick* über Themen, über die vorher ausschließlich in alternativen Presseerzeugnissen berichtet worden war. Ökologische Fragen wie das Waldsterben, Fragen der Frauenemanzipation und der Frauenhäuser, Gefahren der Atomenergie, Folgen der Großtechnologie und die Ausbeutung der Dritten Welt wurden mittlerweile auch hier diskutiert; die typisch linksalternative Betroffenenberichterstattung wurde ebenfalls übernommen. Diese Entwicklung war auch einem Generationswechsel unter den Journalisten zu verdanken, da nun die jungen »45er« in die etablierten Pressebüros und Redaktionsstuben einzogen (1975 war fast die Hälfte der Herausgeber und Reporter in den Print-

60 Kristina Schulz, *Der lange Atem der Provokation. Die Frauenbewegung in der Bundesrepublik und in Frankreich 1968-1976*, Frankfurt/M., New York 2002, S. 215; Notz, »Courage – Wie es begann und was daraus wurde und was geblieben ist«, S. 28, 30, 35, 49; Ursula Nienhaus, »Wie die Frauenbewegung zu Courage kam. Eine Chronologie«, in: Gisela Notz (Hg.), *Als die Frauenbewegung noch Courage hatte. Die »Berliner Frauenzeitung Courage« und die autonomen Frauenbewegungen der 1970er und 1980er Jahre. Dokumentation einer Veranstaltung am 17. Juni 2006 in der Friedrich-Ebert-Stiftung, Berlin*, Bonn 2007, S. 7-22, hier S. 14, 19; Notz, »Alternative Zeitungen«, S. 67/68, 71; Zelinski, »Frauen schreiben für Frauen«, S. 191-198; Jörg R. Mettke, »Verantwortlich: Milli Tanz & Anna Schie«, in: *Der Spiegel* 35 (23.03.1981), S. 45; Hübsch, *Alternative Öffentlichkeit*, S. 115-119; Dieter Korczak, *Rückkehr in die Gemeinschaft. Kleine Netze: Berichte über Wohnsiedlungen*, Frankfurt/M. 1981, S. 31. Nach Dorsch (*Neue Medien*, S. 53) waren *Courage* und *Emma* bereits in die »Beletage« der etablierten Presse aufgestiegen. Eine Analyse vom Marplan-Institut ergab für 1981 jedoch nur eine Gesamtauflage (*Emma* und *Courage* zusammengenommen) von 150 000 Exemplaren (Pratz, »Lebensziele«, S. 33).

medien unter 37 Jahre alt), die sich explizit einer kritischen Berichterstattung verschrieben hatten.[61] Insofern hatte der Erfolg alternativer Themen und Formen der eigenen Presse gewissermaßen
das Wasser abgegraben. Selbst der alternative Kleinanzeigenmarkt
bekam durch lokal gebundene, kommerzielle Anzeigenblätter Konkurrenz. Dieser Funktionsverlust machte den alternativen Blättern
schwer zu schaffen.

Viertens waren interne konzeptionelle Probleme wie der Frust
und die Klagen über die »Selbstausbeutung« ab Ende der siebziger
Jahre zu verzeichnen. Die Freizeit-Redakteure schrieben, setzten
und gestalteten nicht nur jede Ausgabe, sondern druckten, legten,
falteten, schnitten und versandten die Zeitung oftmals selbst. Um
die Trennung von Hand- und Kopfarbeit aufzuheben, Transparenz zu schaffen und Hierarchisierungen durch Spezialwissen zu
vermeiden, sollte jeder alles machen: von der Herstellung über
Distribution und Administration bis zur Redakteursarbeit. Doch
die hohe Arbeitsintensität, die geringe Entlohnung und die in
vielen Fällen langwierige Entscheidungsfindung führten zu einer
hohen Mitarbeiterrotation und -fluktuation, die die Kontinuität an Erfahrungswissen und Fachkompetenz gefährdeten. Die
demokratische Egalität der Mitarbeiter verursachte zudem hohe
Entscheidungskosten innerhalb der Kollektive, die angesichts des
chronischen Geldmangels nicht zu tragen waren. Letztlich kam es
daher entweder zur Aufgabe oder zu Professionalisierung, Arbeitsteilung und Routine.

Fünftens gingen Professionalisierung und Kommerzialisierung
im Pressesektor Hand in Hand mit entsprechenden Entwicklungen
im Bereich der übrigen Alternativprojekte. Man denke etwa an die
Gründung der international agierenden Umweltschutzorganisation
Greenpeace Deutschland, die über ausgeklügelte Medienstrategien
und Werbeträger verfügte. Bei Stadtmagazinen war ein analoger
Prozess zu beobachten, wobei Machart und Ausrichtung immer
mehr von Marktpotentialen bestimmt wurden. Die Produktion
der verbliebenen Zeitungen wie auch die Aktionsformen der Ba-

---

61 Dazu ausführlich: Christina von Hodenberg, *Konsens und Krise. Eine Geschichte
der Medienöffentlichkeit in Westdeutschland, 1945-1973*, Göttingen 2006; Hodenberg, »Mass Media«, S. 367-395 (Zahlangabe auf S. 389). Zu den »45ern«: Dirk A.
Moses, »The Forty-Fivers. A Generation Between Fascism and Democracy«, in:
German Politics and Society 17 (1999), S. 94-126.

sisgruppen und Organisationen richteten sich immer stärker an den Möglichkeiten der medialen Vermarktung aus. Symbolische Inszenierungen und Berichterstattung fügten sich zunehmend in die Logik medienbezogener Informationsproduktion und verloren so an linksalternativem Profil.

3.2 Typen der Alternativpresse

Nadja Büteführ hat (anschließend an Rolf Schwendters bereits 1977 vorgelegte Kategorisierung) überzeugend drei Typen der alternativen Presse voneinander unterschieden. Erstens sind hier die Blätter im Umkreis der Bürgerinitiativen zu nennen. Zu Beginn, also Anfang der siebziger Jahre, waren dies die themen- und stadtteilbezogenen »Initiativzeitungen«, die den Schwerpunkt auf Themen wie Wohn- und Arbeitsviertel, Sanierung, Mieten oder soziale Einrichtungen legten. Die häufig ehrenamtlich betriebenen Blätter, die meist unregelmäßig publiziert wurden, dienten der Selbstverständigung der Mitglieder der Initiativgruppen, vor allem aber trugen sie deren Anliegen an die Öffentlichkeit. Gegen Mitte der siebziger Jahre kamen die »Volksblätter« in diesem Sektor hinzu. Diese waren ebenfalls Forumsmedien von mehreren Bürgerinitiativen und machten sich zum Anwalt der Alltagsprobleme der »kleinen Leute«. Diese Blätter erschienen für gewöhnlich in Universitätsstädten, waren aber einem eher traditionalistischen Politikverständnis verpflichtet und sollten sich dem Anspruch nach an alle Leser im Verbreitungsgebiet richten. Die Spannbreite der Themen war deutlich größer als bei den Initiativzeitungen, aber man verstand sich generell als »links« und nahm eine Perspektive »von unten« ein.[62]

Von besonderem Interesse sind zwei weitere Typen. Zum einen die bis zur Studentenbewegung zurückreichenden Scene-Blätter oder Underground-Zeitungen, zum anderen die ab Mitte der

---

62 Büteführ, *Zwischen Anspruch und Kommerz*, S. 180-187; Weichler, *Die anderen Medien*, S. 206-211; Hüttner, »Alternative Medien sind tot«, S. 15. Vgl. Jarren, »Funktionswandel der Presse«, S. 68-73; Eurich, »Gegen- oder Komplementär-Medien«, S. 16-27; Otfried Jarren, *Stadtteilzeitung und politische Kommunikation*, München 1980; Stamm, *Alternative Öffentlichkeit*, S. 141; Weichler, *Gegendruck*, S. 34. Zu Schwendters Typisierung siehe Daum, *Die 2. Kultur*, S. 118/119.

siebziger Jahre entstehenden Stadtmagazine. Diese einer urbanen Subkultur verpflichteten Alternativzeitungen hatten die »Binnen-kommunikation der Szene« zum Zweck. Sie waren Selbstverständigungsorgane, die linksalternative Projekte kommunikativ verbanden, ohne wie die Initiativzeitungen bloßes Produkt von und für Bürgerinitiativen zu sein. Hier stand »nicht die reine Nachricht im Mittelpunkt der Berichterstattung, sondern der subjektiv gehaltene Meinungsbeitrag, die persönliche politische Einschätzung, die die Diskussion anregt«. Problemaktuell, individuell und in thematisch breiter Palette wurde in subjektiv gehaltenem, gefühlsbetontem Jargon über Konfliktstoffe aus dem zwischenmenschlichen Bereich, über staatliche Gewalt und über die alternative Infrastruktur berichtet.[63] Der Publizist Karl-Heinz Stamm urteilt in seiner Studie zur alternativen Öffentlichkeit: »Mit dem Ablösungsprozeß der Szene von der ›hohen‹ Politik rücken dann auch die traditionellen Themen wie Polizei, Staat, Repression usw. zugunsten einer verstärkten Auseinandersetzung mit Kultur und Kunst in den Hintergrund der Berichterstattung.«[64]

Sceneblätter

In Berlin zählte die von Bernd Kramer beeinflusste Anarcho-Zeitung *linkeck* (1967-1969) aus der »Potskommune« in der Potsdamer Straße in dieses Genre der Untergrundblätter, wobei sich diese Zeitung bereits 1968 spaltete und ein anderer Teil der ehemaligen Wohngemeinschaft die Anarcho-Zeitschrift *Charlie Kaputt* (1968/69) herausgab.[65] Ebenfalls ästhetisch an Dadaismus und

63 Büteführ, *Zwischen Anspruch und Kommerz*, S. 188-191 (Zitat S. 188, 190); Schwanhäußer, *Stilrevolte Underground*; Hübsch, *Alternative Öffentlichkeit*, S. 99; Weichler, *Die anderen Medien*, S. 211-213; Hüttner, »Alternative Medien sind tot«, S. 15.
64 Stamm, *Alternative Öffentlichkeit*, S. 141.
65 Die Produzenten von *linkeck* zogen in die Bülowstraße in Schöneberg um. Zur Geschichte von *linkeck* siehe Wolfgang Röhl, »Anatomie einer Kommune«, in: *konkret* 13 (21.10.1968), S. 16-18; IISG, ID-Periodika, Collection, Box 6, Map 57; Walter Hollstein, *Der Untergrund*, Neuwied, Berlin 1969, S. 119; Stamm, *Alternative Öffentlichkeit*, S. 44; Hübsch, *Alternative Öffentlichkeit*, S. 57, 104; Rudi H. G. Damme, *Zur Stabilität von politischen Wohngruppen. Ein Modell aktivierender Sozialforschung zur Theorie und Praxis des kollektiven Alltags*, Hannover 1977, S. 8; Andresen u. a., »Unruhe«, S. 19. »Wenn es ein Rechteck gibt, muß es auch ein Linkeck geben«, so soll Bernd Kramer in einer Eckkneipe mit seinen

Underground orientiert waren die Zeitschrift *Hundert Blumen* sowie die von einem neunköpfigen Kollektiv gedruckte *Traumstadt* (1978-1980).[66] Das von Basisgruppen gestaltete Spontiwochenblatt *Info-BUG* (1974-1978) schließlich fungierte als wichtiges Koordinationsblatt für undogmatische linke Gruppen, Stadtteilinitiativen und offene Jugendarbeit. Neben den Veranstaltungshinweisen fand man in der chaotisch redigierten Blatt-Sammlung vor allem Artikel über staatliche Repression, die Anti-AKW-Bewegung und Hausbesetzerszene, über die Militanz der Linken und die Solidarität für politische Häftlinge. Von Beginn an waren dies wichtige Themen dieser Zeitung, die anfangs mit einer Auflage von 1000, später von 3000 Exemplaren erschien. In der ersten Phase fand sich die Redaktion beim öffentlichen Mittwochsplenum zusammen. Das politische Spektrum reichte hier von »der linken Sozialdemokratie über die Rätekommunisten bis zu anarchistischen Standpunkten«. Für die Frauenbewegung war die aus einem Frauenzentrum in der Kreuzberger Hornstraße heraus entstandene *Courage* (1976-1984) identitätsbildend, welche im Laufe ihres Bestehens insgesamt 70 bis 80 feste Mitarbeiterinnen beschäftigte. Die autonome, links-feministische Zeitung fand in der Berliner Bleibtreustraße 48 eine erste Redaktionsadresse, und schnell wurde das von jungen, zum Teil erwerbslosen Akademikerinnen mit wenigen finanziellen Mitteln erstellte Blatt zum »Sprachrohr der Frauenbewegung«.[67] Ab 1978/79

WG-Mitbewohnern den Blatttitel erfunden haben, wie Peter Mosler schildert (Mosler, *Was wir wollten*, S. 36).

66 Schwanhäußer, *Stilrevolte Underground*, S. 15, 17, 21, 89, 92; Käsmayr, *Die sogenannte Alternativpresse*, S. 39; Mettke, »Selbstbespiegelungen«, S. 156. Die oft in Vergessenheit geratene *Traumstadt*, Produkt der Spontan-Presse, wurde von einem neunköpfigen Kollektiv in unregelmäßigen Abständen in 2500 Exemplaren für zwei DM vertrieben und war Ausdruck eines »Lebens- und Zeitgefühls«, lustbetonter Ausdruck der »Nonsens-Kultur«. Impressum: »Wann's die nächste Traumstadt gibt? / Legt Euch erst einmal zurück!! / Schließt die Augen zu / und fallt erquickt in tiefe Ruh. / Laßt eine Woche erst vergehn, / dann 2, dann 3, dann 6, dann 10. / Erscheint Euch dann in Eurem Traum / ein neues Heft, so war's nur Schaum. / So bleibt ein wenig länger liegen, / laßt Monate vorbei noch fliegen, / und macht ihr dann die Augen auf, / gibt's Traumstadt 8 zum Verkauf« (zitiert nach Mettke, »Selbstbespiegelungen«, S. 156/157, 165; ders., »Verantwortlich: Milli Tanz & Anna Schie«, in: *Der Spiegel* 35 [23. 03. 1981], S. 45).

67 »Zur 50. Info-Ausgabe«, in: *Info-BUG* 50 (24. 03. 1975), S. 2 (Zitat); »Finanzlage«, in: *Info-BUG* 51 (01. 04. 1975), S. 2; Ulf Mailänder, Ulrich Zander, *Das kleine Westberlin-Lexikon von »Autonomie« bis »Zapf«. Die alternative Szene der siebziger*

schließlich war mit der *taz* auch die Paradezeitung der alternativen Linken in Berlin ansässig. Damit sind freilich nur ein paar der Zeitschriften aus dem linksalternativen Spektrum genannt, denn Berlin hatte gerade in den späten siebziger Jahren einen reichen Markt an Alternativzeitungen zu bieten. Im Jahr 1982 zählte man hier 114 verschiedene Alternativblätter, die allerdings schon im Folgejahr auf etwa die Hälfte zusammengeschrumpft waren.[68] Gleichwohl zeigen diese Zahlen, dass dem Urteil des Medienwissenschaftlers Kurt Weichler aus dem Jahr 1983 zuzustimmen ist: »Nirgendwo schillert die alternative Presselandschaft in solch bunten Farben und nirgendwo ist sie so zahlreich vertreten wie in der Mauerstadt Berlin.«[69]

Der hochvolatile Markt der Alternativzeitungen erhielt in Frankfurt 1976 mit dem *Pflasterstrand*, der als »Spiegel der undogmatischen Linken«, »Zentralorgan der mit den Stadtindianern liierten Betonfreaks«, als »Kitt für Szenesprünge« und »Sprachrohr der Bewegung« galt, an Kontinuität und Stabilität.[70] Von Daniel Cohn-Bendit mit einer Auflage von 2000 Exemplaren gegründet, wurde der *Pflasterstrand* mit Szene-Kulturtipps, mit Berichterstattungen über Gerichtsprozesse und mit seinem ausführlichen Adressenverzeichnis nicht nur zu einem schwarzen Brett der Alternativszene und zum Konkurrenzblatt für das traditionslinke Frankfurter Or-

---

und achtziger Jahre, Berlin 2003, S. 125-127; Notz, »Courage – Wie es begann und was daraus wurde und was geblieben ist«, S. 23, 27, 49; Christina Thürmer-Rohr, »Die Courage war Sprachrohr der Frauenbewegung«, in: Gisela Notz (Hg.), *Als die Frauenbewegung noch Courage hatte. Die »Berliner Frauenzeitung Courage« und die autonomen Frauenbewegungen der 1970er und 1980er Jahre. Dokumentation einer Veranstaltung am 17. Juni 2006 in der Friedrich-Ebert-Stiftung, Berlin*, Bonn 2007, S. 57-61 (Zitat); Notz, »Alternative Zeitungen«, S. 68; Sibylle Plogstedt, »Arme, liebe Courage«, in: *Vorwärts* (29. 06. 2006); Dorle Gelbhaar, »Frauenzeitschrift Courage. Was von acht wilden Jahren blieb«, in: *Vorwärts* (29. 06. 2006).

68 Arbeitsgruppe Alternativpresse, *Verzeichnis aller Alternativzeitungen*, Bonn ⁴1983, S. 2. Vgl. auch die Auflistung in: Arbeitsgruppe Westberliner Stattbuch (Hg.), *Stattbuch 2. Ein alternativer Wegweiser durch Berlin*, Berlin 1980 (danach gab es 1979 in Berlin 121 verschiedene Alternativblätter).

69 Weichler, *Gegendruck*, S. 35. Vgl. auch Siegfried, *Time is on my side*, S. 544. Dies gilt bis heute, denn auch im Jahr 2006 waren 22,6 Prozent aller bundesrepublikanischen Alternativmedien in Berlin angesiedelt (Hüttner [Hg.], *Verzeichnis der Alternativmedien*, S. 191).

70 Horn, *Abschied*, S. 8; Bütefür, *Zwischen Anspruch und Kommerz*, S. 189; Hübsch, *Alternative Öffentlichkeit*, S. 30; Stamm, *Alternative Öffentlichkeit*, S. 103, 140.

gan *andere zeitung*. Der *Pflasterstrand* wurde zu einem der zentralen Diskussionsforen des Milieus – als »fröhlich-anarchisierendes Sponti-Kampfblatt«, in dem die Situation der Linken, Sexualitäts- und Geschlechterverhältnisse, Alternativprojekte, der bewaffnete Kampf der RAF und die Verhältnisse in den Gefängnissen wie auch die Auseinandersetzung zwischen »Realos« und »Fundis« bei den Grünen besprochen wurden.[71] Die Auflage stieg von 5000 im Jahr 1977 über 8500 Exemplare im Jahr 1980 auf 10 000 im Jahr 1981, so dass 1982 eine feste Redaktion eingerichtet werden konnte. Die Blattmacher wollten, wie es im *Pflasterstrand* hieß, nicht mehr »lediglich sammeln und drucken, was die große Familie uns rüberschiebt«. Als Mischung aus Szeneblatt, Stadt- und Politmagazin erreichte der *Pflasterstrand* schließlich 1986 eine Auflage von 21 000 Exemplaren.[72]

In Heidelberg existierte mit dem 1973 gegründeten *Carlo Sponti* für fünf Jahre ebenfalls ein Szeneblatt der Spontibewegung, welches sich explizit vom lokal dominanten KBW absetzte und die in der Stadt stark vertretene Antipsychiatrie- und Psycho-Szene ebenso widerspiegelte wie die Frauenbewegung. Die *Heidelberger*

71 Horn, *Abschied*, S. 21-53, 107-114; Klaus Ronneberger, »Metropolitane Urbanität. Der Pflasterstrand als Medium einer in die städtische Elite aufsteigenden Subkultur«, in: Heinz Schilling (Hg.), *Urbane Zeiten. Lebensstilentwürfe und Kulturwandel in einer Stadtregion*, Frankfurt/M. 1990, S. 15-44; Norbert Seitz, »Als Papiertiger des Zeitgeistes gestrandet. Nachruf auf den Pflasterstrand«, in: *Die neue Gesellschaft/Frankfurter Hefte* 37 (1990), S. 875-877, (Zitat S. 875); Michael Sontheimer, »Zu gut, um reich zu sein. Ein Blatt gegen die Tabus der linken und alternativen Szene«, in: *Die Zeit* 1 (06.01.1984), S. 19; Matthias Horx, Daniel Cohn-Bendit, »Die Pflasterstrand-Story«, in: *Pflasterstrand* 1 (1990), S. 38; Reinhard Mohr, »PflasterStrand: Einstieg in ein ›Metropolen-Szenario‹. Eine Skizze zur Lage«, in: Axel Diederich u. a. (Hg.), *Verzeichnis der Alternativ-Presse*, Berlin 1986, S. 14-20; Matthias Horx, »Alte Utopie und neue Wut. Frankfurter Szenen«, in: *Kursbuch* 65 (1981), S. 91-105; Hübsch, *Alternative Öffentlichkeit*, S. 103/104; IISG, ID-Periodika Collections, Box 5, Map 43; IISG, ID-Textarchiv, 0126/1-7141; Anja Bertsch, *Wertewandel im Spiegel der linksalternativen Presse: Eine Fallstudie zur Frankfurter »scene«*, Magisterarbeit Konstanz 2006, S. 39-42; »›In Latzhosen und auf Stöckelschuhen‹. Markterfolg und Gegen-Öffentlichkeit der Stadtmagazine«, in: *Der Spiegel* 42 (14.10.1985), S. 91.

72 *Pflasterstrand* 120 (1981), S. 46; »In eigener Sache«, in: *Pflasterstrand* 180 (1984), S. 2; Horn, *Abschied*, S. 46; Mettke, »Selbstbespiegelungen«, S. 159; ders., »Verantwortlich: Milli Tanz & Anna Schie«, in: *Der Spiegel* 35 (23.03.1981), S. 45; Silke Mende, *»Nicht rechts, nicht links, sondern vorn«. Eine Geschichte der Gründungsgrünen*, München 2011, S. 199.

Rundschau (1974-1989) war dagegen eher ein Informations-, Veranstaltungs- und Inserentenblatt der Szene, auf das Bürgerinitiativen und Umweltbewegung größeren Einfluss ausübten.

Auch das Münchner *Blatt* (1973-1984), eine der ältesten Alternativzeitungen der Bundesrepublik, ist von besonderem Interesse. 1977 wurde es bereits mit einer Auflage von 12 500 Exemplaren vertrieben, zu Beginn der achtziger Jahre waren es 15 000. Wie das *Kölner Volksblatt* (gegründet 1973/74) gehörte es zu den Vorreitern der Betroffenenberichterstattung; die beiden wurden weit über den Münchner bzw. Kölner Raum hinaus wahrgenommen. In den Stadtzeitungen schrieb man zunächst über städtische Bürgerinitiativen und Stadtsanierungsmaßnahmen oder Umweltprobleme – und sie informierten (insbesondere das *Blatt*) über kulturelle Veranstaltungen aus dem Alternativmilieu. Zudem wurde kritisch über den Staat, Anwaltsgesetze oder Berufsverbote berichtet. Das *Blatt* wurde ab Mitte der siebziger Jahre aufgrund seiner Kampagnen (gegen die Berufsverbote, gegen Wohnungsnot, für ökologische Belange und für Päderastie) zu einer der am häufigsten beschlagnahmten Zeitungen überhaupt, weil seine Artikel unter die Straftatbestände Jugendgefährdung, Anstiftung zur Brandstiftung, öffentliche Billigung von Straftaten, öffentliche Aufforderung zur Begehung von Straftaten, Befürwortung von Gewalt oder Verunglimpfung des Staates fielen.[73]

73 IISG, ID-Periodika Collections, Box 2, Map 15; »79. Blatt beschlagnahmt«, in: *Blatt* 80 (1976), S. 4; »2 Jahre und 3 Monate Gefängnis für Peter Schult«, in: *Blatt* 79 (1976), S. 10/11; »… nicht in den großen Käfig stecken. Zum Thema Päderastie«, in: *Blatt* 79 (1976), S. 12-14; »Peter Schult – aus der Haft entlassen«, in: *Blatt* 86 (1977), S. 4/5; Klaus Pokatzky »Hinterwäldler und Plärrer«, in: *Die Zeit* (27. 08. 1983); Gerlach, »Druck gegen den Frust«, S. 39/40; Claudia Mast, *Aufbruch ins Paradies? Die Alternativbewegung und ihre Fragen an die Gesellschaft*, Zürich 1980, S. 67-72; Büteführ, *Zwischen Anspruch und Kommerz*, S. 207; Stamm, *Alternative Öffentlichkeit*, S. 141/142, 178/179; »Alternativpresse. Es muß etwas passieren«, in: ArbeitsGruppe AlternativPresse (Hg.), *Riesengroßes Verzeichnis aller Alternativzeitungen*, Bonn 1981, S. 82; »›In Latzhosen und auf Stöckelschuhen‹. Markterfolg und Gegen-Öffentlichkeit der Stadtmagazine«, in: *Der Spiegel* 42 (14. 10. 1985), S. 85; ID-Archiv im Internationalen Institut für Sozialgeschichte (Hg.), *Projekt Gedächtnis. ID-Artikel zum Thema Gegenöffentlichkeit 1973-1981*, Amsterdam o. J., S. 78/79; ⟨http://einestages.spiegel.de/static/topicalbumbackground/3745/1/eins_gegen_alle.html⟩, letzter Zugriff am 12. 03. 2013; Franz-Maria Sonner (Hg.), *Werktätiger sucht üppige Partnerin. Die Szene der 70er Jahre in ihren Kleinanzeigen*, München 2005. In Bayern kam es 1981 auch zu einer

Zwar entstanden viele Alternativblätter in den Groß- und Hochschulstädten,[74] aber auch in Kleinstädten und auf dem Land gab es eine stattliche Anzahl von Alternativblättern. So etwa, um nur ein Beispiel zu geben, die ab 1970 in der Landkommune Kucha von dem erst 19-jährigen Gymnasiasten Raymond Martin herausgebrachte Alternativzeitung *Päng*. In der unregelmäßig erscheinenden Zeitschrift, welche mit 3000 Exemplaren ihre höchste Auflage erreichte, befasste man sich unter anderem mit alternativen Lebensformen, Musik, Esoterik und dem eigenen Kommuneleben.[75]

Stadtmagazine

Die dritte Kategorie der alternativen Presseerzeugnisse stellten die Stadtmagazine oder Stadtillustrierten dar, die vor allem gegen Ende der siebziger Jahre in den Großstädten gegründet wurden. Sie waren gewissermaßen eine Mischung aus den gesammelten Informationsblättern der Bürgerinitiativen und dem Szeneblatt, wobei sie sich an ein großes Publikum wandten. Der Politikteil war schmaler, Kultur und Informationen nahmen mehr Raum ein als bei den Szeneblättern. Der Veranstaltungskalender mit den örtlichen Ereignissen und Aktivitäten stand im Zentrum und war substanzieller Kern dieser Magazine, wobei sich die Ankündigung alternativer Kleinkunst mit Hinweisen auf linke Off-Kultur oder Rockmusik, mit asiatischen Weisheiten und amerikanischer Freakphilosophie mischte. Ein umfangreicher Kleinanzeigenteil wurde durch Rezensionen und Berichte zu Filmen, politischen Veranstaltungen, Konzerten, Büchern und Ausstellungen ergänzt. Adressenlisten von Szenekneipen, Restaurants, Theater, Kinos, Galerien etc. gehörten ebenfalls ins Programm. Die Stadtmagazine zeichneten sich durch

---

wenig plausiblen Beschlagnahmung des alternativen Nürnberger Stadtmagazins *Plärrer* (siehe »Presseerklärung vom August 1981 zu einer Beschlagnahme des Plärrer«, in: IISG, ID-Periodika Collections, Box 4, Map 33).

74 Vgl. Weichler, *Gegendruck*, S. 36; Hüttner (Hg.), *Verzeichnis der Alternativmedien*, S. 191 (die »Medienstädte« für die Alternativpresse sind hiernach auch im Jahr 2006: Berlin [die führende Position mit weitem Abstand], Hamburg, Frankfurt, München, Köln, Bonn und Stuttgart).

75 Die Schreibweise variiert: *Päng, pängg* oder *pänggg* usw. Peter Brügge (Pseudonym von Ernst Hess), »Wir wollen, daß man sich an uns gewöhnt«, in: *Der Spiegel* 33 (09. 08. 1971), S. 36-49, hier S. 40-42; Schwanhäußer, *Stilrevolte Underground*, S. 21; Daum, *Die 2. Kultur*, S. 104/105.

ein »starkes Interesse an einer aktiven Freizeitgestaltung« aus und spiegelten und beförderten insofern den freizeitorientierten Lebensstil der linksalternativen Kultur.[76] In einer Leserumfrage, die 1982 von Infratest im Auftrag der spp durchgeführt wurde, zeigte sich, dass die Leser der alternativen Stadtmagazine tatsächlich häufiger ins Kino gingen, öfter Rock-, Jazz- oder New-Wave-Konzerte besuchten und mehr Zeit in Kneipen verbrachten, als das bei der bundesrepublikanischen Gesamtbevölkerung üblich war.[77] In den hier ausgewählten Fallstudien fällt für Berlin das 1977 gegründete Stadtmagazin *zitty* (weniger hingegen der 1972 gegründete *tip*[78]) in diese Kategorie. In Frankfurt erfüllte der *Pflasterstrand* diese Funktion durch seinen ausführlichen Kleinanzeigenteil und Veranstaltungskalender. In Heidelberg waren Kleinanzeigen vor allem in der *Heidelberger Rundschau* zu finden, während sie im *Carlo Sponti* erst sehr spät und recht kümmerlich vorkamen.

Im Verlauf der frühen achtziger Jahre ging der Anteil der zielgruppen- und themenorientierten Alternativpresse zurück, während gerade die Stadtmagazine mit ihrem umfangreichen Veranstaltungsteil zum auflagenstärksten Erfolgsmedium wurden. 1982 entfielen 750 000 Exemplare im alternativen Pressemarkt (Gesamtauflage: 1,58 Millionen) auf die Stadtmagazine, 1988 stellten diese schon 1,7 Millionen Exemplare bei einer Gesamtauflage von zwei Millionen im alternativen Pressesektor.[79] Im Zuge dieser Entwicklung entfernten sich, wie Nadja Bütefür detailliert nachgewiesen hat, die erfolgreichen Stadtmagazine immer weiter vom alternativen Ursprungsprogramm. Kommerzialisierung, Professionalisierung und

---

76 Bütefür, *Zwischen Anspruch und Kommerz*, S. 191-198; Weichler, *Die anderen Medien*, S. 213-215; Weichler, *Gegendruck*, S. 90, 92; Hüttler, »Alternative Medien sind tot«, S. 15, 17; »›In Latzhosen und auf Stöckelschuhen‹. Markterfolg und Gegen-Öffentlichkeit der Stadtmagazine«, in: *Der Spiegel* 42 (14. 10. 1985), S. 82-91.

77 Korczak, *Einstellung und Lebenswelt*, S. 24, 26, in: Archiv Infratest Forschung, Nr. 10; Dorsch, *Neue Medien*, S. 81.

78 Vgl. dazu die Selbstdarstellung von Klaus Stemmler, »tip. Deutschlands größte Stadtzeitschrift«, in: Günter Bentele, Otfried Jarren (Hg.), *Medienstadt Berlin*, Berlin 1988, S. 211-213; Kröher, »Gegenöffentlichkeit«, S. 58/59.

79 Bütefür, *Zwischen Anspruch und Kommerz*, S. 14; Weichler, *Die anderen Medien*, S. 161; Holtz-Bacha, »Alternative Presse«, S. 340; Beywl, »Die Alternativpresse«, S. 30. Die dpa-Dokumentation (HG 2974) vom 14. Juli 1981 spricht von lediglich 290 Publikationen (»Alternative Szene – Gesellschaft in der Gesellschaft«, Teil II, S. 11).

Institutionalisierung schlugen sich im äußeren Erscheinungsbild, in der Heftstruktur, der inhaltlichen Gestaltung und Schwerpunktsetzung wie auch in den Arbeitsstrukturen der Redaktionen nieder. Die Zeitungsmacher gewannen ein anderes Selbstverständnis und der alternative Gründungsanspruch wich einer pragmatischen, an kaufkräftiger Nachfrage orientierten Machart.[80] Bereits zu Anfang der achtziger Jahre stammten 75 Prozent der Einnahmen der Stadtmagazine aus Anzeigen.[81] Diese Veränderung kann nicht bloß als eine naturwüchsig mit dem Alter der Zeitschriften einhergehende Professionalisierung verstanden werden. Die Stadtmagazine folgten auch, wie Kurt Weichler gezeigt hat, den veränderten sozialen und kommunikativen Bedürfnissen in der Gesellschaft.[82] Der neue Konsument aus der sozialen Mittelschicht liebte nun ein schöneres und luxuriöseres Ambiente. Die 20- bis 30-jährigen Stadtillustriertenleser waren deutlich konsumorientierter geworden, jedoch zugleich immer noch umweltbewusst und traditionellem Rollenverhalten der Geschlechter gegenüber kritisch eingestellt.[83]

Die *zitty* ist für diese Veränderung aus Kommerzialisierung, Professionalisierung und Wandel in der inhaltlichen Berichterstattung ein gutes Beispiel: 1977 startete man mit einer Auflage von 6000 Exemplaren, 1978 setzte das Magazin schon 14 000 Exemplare von jeder Ausgabe ab. 1985 lag die Auflage bei rund 55 000 Exemplaren, ein Jahr später bei über 60 000 Heften. Zur Erwirtschaftung von Profiten hatte die Redaktion eine pragmatische Einstellung, weil das Projekt von Beginn an überlebensfähig gestaltet und die Gesellschafter und Angestellten auskömmlich bezahlt werden sollten. Tatsächlich erhielten die festen Mitarbeiter im Sommer 1981 mit einem monatlichen Nettoverdienst von knapp 2000 DM mehr als das Doppelte des mageren *taz*-Einheitslohns (1979: 800 DM). Auch die Arbeitsrotation mussten die professionalisierten Mitarbeiter nicht

---

80 Büteführ, *Zwischen Anspruch und Kommerz*, bes. S. 320-427. Vgl. auch Brigitte Osterchrist, *Von der Alternativzeitschrift zum Kulturmagazin. Eine empirische Untersuchung zur Entwicklung alternativer Stadtmagazine*, Dissertation München 1994. Erwähnung findet diese Entwicklung auch in Brand u. a., *Aufbruch*, S. 171/172; Hüttner, »Alternative Medien sind tot«, S. 15, 17.

81 Beywl, »Die Alternativpresse«, S. 31.

82 Weichler, *Die anderen Medien*, S. 89-100.

83 Korczak, *Einstellung und Lebenswelt*, S. 3/4, 11, 24-27, 48/49, 51, in: Archiv Infratest Forschung, Nr. 10; Hippe, »Eine Zeitung ist keine Dose Erbsen«, S. 10.

über sich ergehen lassen. Dass bei der *zitty* etwa 30 Prozent der Seiten mit Anzeigen gefüllt wurden, war zu Beginn der achtziger Jahre in der Alternativpresse sehr ungewöhnlich. Nichtsdestotrotz verortete sich auch die *zitty* in ihren Anfangsjahren im Alternativmilieu und gehörte bis Mitte der achtziger Jahre in diesen Bereich. Angefangen von der Heftgestaltung und der Ausrichtung auf die Off-Kultur über die Berichterstattung zu Hausbesetzungen, Razzien, Demonstrationen und Umweltverschmutzungen bis hin zur selbstverwalteten und basisorientierten Betriebsstruktur der gleichberechtigten Gründungsgesellschafter, die ohne Verleger auskamen – all dies rechtfertigt diese Zuordnung.[84] In der ersten Ausgabe schrieben die zwölf Redakteure, die »keinem Verleger gehören«, noch lapidar, man mache »eine Stadtillustrierte, die über das informiert, was an anderen Stellen mal zu kurz, mal zu lang kommt. Und die über das berichtet, was überhaupt nicht kommt«.[85] Wenig später konnte man nachlesen:

Schwerpunkte sind im kommunalpolitischen Bereich die Bürger-Initiativen. Für die sind wir ein Forum und hoffentlich keine Hofberichterstatter. Wir kümmern uns um Umweltprobleme nah und fern, um Neonazis, um die rechte Rechtsprechung, um die desolate Wohnungssituation in Berlin und um die feinen Herrschaften, denen wir diese zu verdanken haben. Wer und was sich immer als ›alternativ‹ versteht, findet einiges in der ›Zitty‹. Daß sich unter der abgedroschenen Bezeichnung ›alternativ‹ mitunter etwas anderes verstehen als andere, was soll's. Ein ausführliches Berlin-Programm: Adressen, Service, Anregungen zur lustvoll-kritischen Freizeitgestaltung [...], [machen] den ›Zitty‹-Standard [aus]. Plus Artikel über

---

84 Manfred Hobsch, »Zitty. Zeitschrift ohne Verleger, Verlag ohne Chef«, in: Günter Bentele, Otfried Jarren, *Medienstadt Berlin*, Berlin 1988, S. 203-211, hier S. 204-206; Martin Schwarz, *20 Jahre Zitty. Zum Strukturwandel der Gegenöffentlichkeit anhand eines Stadtmagazins*, Magisterarbeit FU Berlin 1998; Walter Hollstein, Boris Penth, *Alternativ-Projekte. Beispiele gegen die Resignation*, Reinbek 1980, S. 191-199; Heike Kempe, *Studien zur Alternativpresse in der Bundesrepublik in den siebziger Jahren. Dimensionen der Alternativkultur im Spiegel von Kontaktanzeigen in der Zitty 1977-1987*, Magisterarbeit Konstanz 2006, S. 65-72; Dorsch, *Neue Medien*, S. 115-119; Büteführ, *Zwischen Anspruch und Kommerz*, S. 206, 471/472; »In Latzhosen und auf Stöckelschuhen‹. Markterfolg und Gegen-Öffentlichkeit der Stadtmagazine«, in: *Der Spiegel* 42 (14. 10. 1985), S. 88; Mettke, »Verantwortlich: Milli Tanz & Anna Schie«, in: *Der Spiegel* 35 (23. 03. 1981), S. 56. Zum *taz*-Lohn: Magenau, *Die taz*, S. 49; Weichler, *Die anderen Medien*, S. 236-238.

85 »Dies und Das«, in: *zitty* 1 (25. 03.-07. 04. 1977), S. 6.

Datenschutz, Medien(-politik) und immer wieder die Verarscherei von
›denen da oben‹ gegenüber ›uns da unten‹. Frage: Ist das ›alternativ‹? Jein.
Wir machen nichts anderes, als man eigentlich von der Presse erwartet.[86]

Ihren Anspruch, über die Veranstaltungen innerhalb des Alternativmilieus umfassend zu informieren, hat die Zeitung bis in die
späten achtziger Jahre erfüllt. Einem großen Verlagshaus blieb die
zitty Verlag GmbH, die sich für »alle die Bewegungen und Richtungen und Strömungen [interessierte], die von unten kamen«, bis
in die neunziger Jahre fern. Seit 1999 gehört die *zitty* jedoch dem
Holtzbrinck-Konzern. Schon vorher hatten große Teile der politischen Berichterstattung Beiträgen zu Konsum, Lebensstil, Sport
und Wirtschaft Platz gemacht. Ab den späten achtziger Jahren begriff sich die *zitty* als reine Serviceagentur zur möglichst umfassenden Informationsvermittlung in einer hedonistischen Freizeitgesellschaft. Sie folgte damit Leserbefragungen, die ergeben hatten,
dass 80 Prozent die Zeitung nur noch wegen ihres Tagesprogramm-
teils kauften.[87]

3.3 Koordination und Redaktionen

Die alternative Selbstbeobachtung führte schon früh dazu, dass
Sammelverzeichnisse über die lokalen Blätter erstellt wurden, um
die wechselseitige Kooperation untereinander zu fördern.[88] Nach-

---

86 *zitty* 23 (1980), zitiert nach Jarren, »Funktionswandel der Presse«, S. 76; Büteführ,
   Zwischen Anspruch und Kommerz, S. 198. Ähnliche Aussagen finden sich auch in:
   Hollstein/Penth, *Alternativ-Projekte*, S. 197; Dorsch, *Neue Medien*, S. 116.

87 Hobsch, »Zitty«, S. 206-208; Schwarz, *20 Jahre Zitty*, S. 102-106; Zitat: Hollstein/
   Penth, *Alternativ-Projekte*, S. 196. Vgl. auch »Interna zum zitty-Konflikt«, in:
   Info-BUG 1013 (20. 03. 1978), S. 11.

88 »Warum gerade die?«, in: ArbeitsGruppe AlternativPresse (Hg.), *Riesengroßes
   Verzeichnis aller Alternativzeitungen*, Bonn 1981, S. 3. Ebenda heißt es: »Wir haben keinen dogmatischen Begriff davon, was Alternativpresse ist. So manche der
   439 mit Adresse aufgeführten Zeitungen dieser Liste wird dem Leser, der Lese-
   rin einen kleinen entsetzten Aufschrei entlocken: ›Es ist unmöglich, daß dieses
   Vierfarb-Glamour-Werbewichsheftchen als Alternativzeitung bezeichnet wird‹
   (Kommentar zum Hiero Itzo aus Göttingen, inzwischen wieder ein kleines Al-
   ternativblättchen). Wir glauben, je näher man am Ort des Erscheinens dran ist,
   desto kritischer beurteilt man die Wirklichkeit des Mediums. Wir übernehmen
   jedenfalls keinerlei Gewähr für die ›Alternativität‹ der aufgeführten Zeitungen.
   D. h. nicht, daß wir kritiklos alles, was sich zur Alternativpresse zählt, in das

dem der lockere Dachverband alternativer Zeitschriften unter dem Namen Partisanenpresse schnell wieder aufgelöst worden war,[89] gab es ab Beginn der achtziger Jahre die von Bonner Studenten und Sozialwissenschaftlern gebildete Arbeitsgruppe Alternativpresse, die über fünf Jahre hinweg mehrfach das *Riesengroße Verzeichnis aller Alternativzeitungen* herausgab. Es erschien erstmals 1980 in Kooperation mit dem ID und verzeichnete 391 Alternativblätter nach Herkunft und Themenzuschnitt. 1981 umfasste das Verzeichnis detaillierte Adressangaben von 439 Zeitungen, 1982 waren es dann schon 529 Adressen.[90] Das »sensationell aufgearbeitete Verzeichnis«[91] wurde in der Tat von Ausgabe zu Ausgabe professioneller und differenzierter, so dass man besser nach Regionen und Orten suchen konnte und verschiedene Typen von Alternativzeitungen unterscheidbar wurden. Im September 1980 organisierte die Gruppe ein Treffen mit Abgesandten von 60 Alternativzeitungen mit 150 Teilnehmern (»Die andere Bundespressekonferenz«). Die Bonner Organisation gab Tipps zur Herstellung einer eigenen Zeitung, betreute wissenschaftliche Arbeiten zum Thema Gegenöffentlichkeit, eröffnete ein Archiv, veranstaltete Seminare an Volkshochschulen und mischte sich öffentlich in die Medienkritik ein.[92] 1983 wurden die jeweils aktuellen Adressen auf Anfrage kostenpflichtig versandt. Aufgrund

Verzeichnis hineinnehmen. Daß z.B. der sozialdemokratische ›Vorwärts‹ oder die ›UZ‹ der DKP, aber auch die Zeitungen der ›Grünen‹ und ›Bunten Listen‹ in unserem Verzeichnis fehlen, liegt daran, daß wir einige grobe Ausgrenzungskriterien benutzen.« Im Folgenden wurde dann ein Gegensatz zur »bürgerlichen Presse« aufgemacht, die ökonomisch vom Anzeigengeschäft bestimmt werde und politisch von Parteien oder Verbänden abhängig sei. Bei dieser Definition blieb es auch in den nachfolgenden Verzeichnissen.

89 Hübsch, *Alternative Öffentlichkeit*, S. 60.

90 ArbeitsGruppe AlternativPresse, Informations-Dienst zur Verbreitung unterbliebener Nachrichten (Hg.), *Das riesengroße Verzeichnis aller Alternativzeitungen*, Frankfurt/M. 1980; ArbeitsGruppe AlternativPresse (Hg.), *Riesengroßes Verzeichnis aller Alternativzeitungen*, Bonn 1981, S. 3; Arbeitsgruppe Alternativpresse (Hg.), *Riesengroßes Verzeichnis aller Alternativzeitungen*, Bonn ³1982, S. 2; Arbeitsgruppe Alternativpresse, *Verzeichnis aller Alternativzeitungen*, Bonn ⁴1983. Zur Arbeitsgruppe Alternativpresse siehe Weichler, *Die anderen Medien*, S. 156-160.

91 Arbeitsgruppe Alternativpresse (Hg.), *Riesengroßes Verzeichnis aller Alternativzeitungen*, ³1982, S. 2.

92 »Arbeitsgruppe Alternativpresse (AgAp)«, in: Arbeitsgruppe Alternativpresse (Hg.), *Riesengroßes Verzeichnis aller Alternativzeitungen*, Bonn ³1982, S. 37; Dorsch, *Neue Medien*, S. 53; Weichler, *Gegendruck*, S. 43/44.

etlicher Missgeschicke während des Produktionsprozesses führte das Verzeichnis nur noch 350 Adressen und war zugleich das letzte seiner Art. 1984 löste sich die Arbeitsgruppe auf.[93]

Schon seit Mitte der siebziger Jahre fanden diverse Treffen von Mitarbeitern unterschiedlicher Alternativzeitungen auf regionaler und überregionaler Ebene statt. Mal konstituierten sich Arbeitskreise, wie im März 1978 der Arbeitskreis Juristische Repression, zu dem die Redakteure von fünf bis sieben Alternativzeitungen aus dem Stuttgarter Raum zusammenkamen, um sich über mögliche Verhaltensweisen gegenüber staatlichen und polizeilichen Behörden auszutauschen. Ziel war es, sich wechselseitig juristische Kompetenzen zu vermitteln. Man wollte sich Mut angesichts der »Einschüchterungen« durch die Behörden machen und die Angst vor Gerichtsprozessen mildern. Auch Arbeitskreise für regionale Zusammenarbeit wurden ins Leben gerufen, um technische Kooperationen (Sammelaufträge an ein und dieselbe Druckerei etwa) zu verabreden oder den möglichen Austausch von Artikeln zu besprechen. Selbst die Frage, »warum es in alternativen Redaktionsstuben so unaufgeräumt und durcheinander aussieht«, diskutierte man in Briefen.[94] Wechselseitige Unterstützung bei staatlichen Zensurmaßnahmen, die Einrichtung eines gemeinsamen Solidaritätsfonds, Zusammenarbeit bei Kampagnen, gegenseitiges Nachdruckrecht, gemeinsamer Einkauf von Umweltschutzpapier oder der Austausch von Adressen und Abonnements standen ebenso auf der Agenda wie die Kontaktpflege und der Erfahrungsaustausch unter den Redakteuren und Zeitungsmachern.[95]

Auf regionalen und überregionalen Alternativpressetreffen bereitete man die Vernetzungen vor. So gab es nach dem vom ID, *Kölner Volksblatt* und Aachener *Klenkes* im Juli 1976 organisierten Treffen der Alternativzeitungen in Aachen drei weitere Zusammenkünfte dieser Art in Kassel, Hannover und Frankfurt. Zu dem Treffen in Frankfurt erschienen im April 1977 bereits 200 Journa-

---

93 »Zuvor ein Wort oder auch zwei oder drei«, in: Arbeitsgruppe Alternativpresse (Hg.), *Verzeichnis aller Alternativzeitungen*, Bonn ⁴1983, ohne Seitenzählung; Weichler, *Die anderen Medien*, S. 159.

94 IISG, ID-Textarchiv, 0066/1-714.

95 Weichler, *Die anderen Medien*, S. 203-206; Münzel, *Entwicklung der Stadtzeitungen*, S. 15/16; Weichler, *Gegendruck*, S. 43.

listen von 45 unterschiedlichen Zeitungsinitiativen.[96] Insbesondere die Frankfurter Zeitungen wie der ID und der *Pflasterstrand* taten sich bei der Vorbereitung hervor. Arbeitsgruppen zu Rechtsfragen und Technik, zu Solidaritätsfonds, zu einem gemeinsamen Archiv, zum Selbstverständnis der Alternativpresse und zur Zusammenarbeit mit Mitarbeitern der etablierten Medien wurden gebildet. Gleichwohl entstanden Kohärenz und Abstimmung in diesem informellen linken Medienverbund keineswegs allein durch Anwesenheitskommunikation. Nicht immer nämlich waren die Treffen so erfolgreich wie im April 1977 in Frankfurt. Nur ein Jahr zuvor hatten ID und *Pflasterstrand* darüber geklagt, dass sich nur »recht wenige Teilnehmer« zu einer geplanten Diskussionsrunde mit Fete und gemeinsamem Essen gemeldet hatten, wie es in einem Schreiben der Organisatoren hieß.[97] Zwar folgte dem erfolgreichen Treffen in Frankfurt ein ähnlich gut besuchtes in Berlin, aber bereits zur Münchner Zusammenkunft 1978 kamen nur noch 100 Teilnehmer. Die *radikal* klagte über die »schon tausendmal geführten Diskussionen vom Nullpunkt«, über »Verantwortungslosigkeit« und die schlechte Vorbereitung der Teilnehmer.[98] Wechselseitige Vorwürfe, Streitereien und Richtungskämpfe darum, wer die Interessen des Alternativmilieus am »authentischsten« vertrete, waren ebenso an der Tagesordnung wie die hohe Fluktuation der Teilnehmer innerhalb der Gruppen.[99]

Der interpersonale Erfahrungsaustausch und die überregionale Koordination reichten mithin nicht aus und wurden vor allem durch mediale Vernetzung ergänzt. Der ID (der aus den städtischen Häuserkämpfen hervorgegangen war) hatte für viele Alternativzei-

---

96 Otmar Kühn, Peter Marchal, »›Von der Basis für die Basis. Alternativzeitungen und ihre Macher‹ – Skript zu einer Radiosendung im SWF II«, S. 21, in: IISG, ID-Textarchiv, 0127/1-7141; »Treffen der Alternativzeitungen«, in: *radikal* 20 (11.05.1977); Weichler, *Die anderen Medien*, S. 203; Weichler, *Gegendruck*, S. 42/43; Beywl, »Die Alternativpresse«, S. 25; Stamm, *Alternative Öffentlichkeit*, S. 129; Müschen, *»Lieber lebendig als normal!«*, S. 122.

97 Zwei Rundbriefe des ID vom April 1976, in: IISG, ID-Textarchiv 0066/1 714.

98 »Außer Spesen nichts gewesen«, in: *radikal* 41 (09.06.-22.06.1978), S. 13. Nach dem Münchner Treffen folgten gleichwohl noch weitere bundesweite Treffen in Braunschweig (Oktober 1978), Freiburg (April 1979), Oldenburg (November 1979), Berlin (April 1980) und Bonn (September 1980). Siehe dazu Weichler, *Die anderen Medien*, S. 203.

99 Weichler, *Gegendruck*, S. 42/43.

tungen »eine Art Agenturfunktion über überregionale, nationale und internationale Themen und wird oft als Protomutter der Alternativpresse bezeichnet. Der Betroffene gilt alles, der Redakteur wenig«.[100] In expliziter Abgrenzung vom »linken Revolutionsjournalismus« der K-Gruppen wurde hier nach dem Vorbild der französischen L'Agence de presse Libération und dem italienischen Il Manifesto eine politische Zeitung geschaffen, die die Themen des Häuserkampfs und der Anti-AKW-Bewegung aufgriff, Berichte über Polizeieinsätze, Gerichtsprozesse und Gefängnisse brachte und zuweilen auch subkulturelle Themen wie den Drogenkonsum aufnahm.[101] Im Februar 1981 stellte der sich selbst als »einzig linke Nachrichtenagentur« verstehende ID (der 1977 immerhin 6000 Abonnenten verzeichnen konnte) sein Erscheinen nach siebeneinhalbjähriger Tätigkeit und 370 Ausgaben ein.[102] Hauptursache hierfür war die Gründung der taz. Diese stellte eine Konkurrenz dar, der der ID nicht mehr gewachsen war. Im Juni 1980 konnten nur noch 2300 Exemplare verkauft werden. Zudem hatte sich der Kontakt zu den sozialen Bewegungen zunehmend verflüchtigt – die Bremer Anti-Bundeswehr-Demonstration am 6. Mai 1980 hatte der ID ebenso verschlafen wie die Hausbesetzerbewegung in Berlin, Freiburg und anderswo. Damit hatte offenkundig die »Basis« die Redakteure verlassen, wohl auch weil die sozialen Bewegungen in Frankfurt bundesweit nicht mehr führend waren.[103] Zugleich hatte

100 Büteführ, *Zwischen Anspruch und Kommerz*, S. 206/207, Stamm, *Alternative Öffentlichkeit*, S. 72; Müschen, *»Lieber lebendig als normal!«*, S. 121. Ausführlich zum ID: Stamm, *Alternative Öffentlichkeit*, S. 71-98.

101 Richard Herding, »Hör mir bloß auf mit der Betroffenheit. Rück- und Aussichten vom ›Projekt Alltag‹«, in: Axel Diederich u. a. (Hg.), *Verzeichnis der Alternativ-Presse*, Berlin 1986, S. 21-30, hier S. 24/25; Holger Nehring, »Debatten in der medialisierten Gesellschaft. Bundesdeutsche Massenmedien in den globalen Transformationsprozessen der siebziger und achtziger Jahre«, in: Thomas Raithel u. a. (Hg.), *Auf dem Weg in eine neue Moderne? Die Bundesrepublik Deutschland in den siebziger und achtziger Jahren*, München 2009, S. 45-65, hier S. 58.

102 »Alternativpresse. Es muß etwas passieren«, S. 82; Broschüre »ID-Archiv im IISG. Wir ziehen um« (S. 2), in: IISG 0127/3-7141; Gerlach, »Druck gegen den Frust«, S. 40; »Der Informationsdienst: Zentrum für alternative Medien (ID) im Gespräch vorgestellt von Daniel Cohn-Bendit«, in: *medium* 13, 11 (November 1983), S. 7-9.

103 Vgl. IISG, ID-Periodika Collection, Box 2, Map 16; »Heuchelei und alternativer Nicht-Journalismus. ID und taz im Gespräch«, in: *taz* (06. 06. 1980), S. 11; Stamm, *Alternative Öffentlichkeit*, S. 94.

sich die Orientierung an einem klassischen Politikverständnis – der ID berichtete vor allem über Themen wie staatliche Repression, Gefängnisse, Ökologie und AKW-Bewegung, Jugendhäuser und Internationalismus – überlebt. Kulturelle Themen wie Sexualität, Wohngemeinschaftsprobleme oder Moralität des Handelns wurden kaum berücksichtigt.[104]

Die *taz* hatte als bundesweit erhältliche alternative Tageszeitung den ID in seiner Bedeutung als »Identifikationsobjekt in der alternativen Öffentlichkeit« und »unangefochtener Gigant unter den Alternativblättern« verdrängt.[105] Betrieben wurde das »mit Abstand größte Medienprojekt der Alternativbewegung« von Redakteuren,[106] die ihr Handwerk zwar nicht professionell, aber doch wesentlich besser beherrschten als viele andere Alternativredakteure. Seit einer vorbereitenden Gesprächsrunde in den Räumen des sozialistischen Anwaltskollektivs im Sommer 1976 in Berlin, in der die Anwesenden, frustriert von den Zentralorganen der K-Gruppen, eine mediale Organisierung der undogmatischen Gruppen besprachen, war das Projekt einer linken Tageszeitung zum ständigen Gesprächsthema geworden. Auf dem fünften Treffen der Alternativzeitungen im Oktober 1977 in Berlin folgte ein »Aufruf zur Gründung einer überregionalen Tageszeitung« und im Zusammenhang mit der Nachrichtensperre im Deutschen Herbst gewann das Projekt an Fahrt, bis dann auf dem Berliner TUNIX-Kongress im Januar 1978 der Trägerverein Freunde der alternativen Tageszeitung ins Leben gerufen wurde. Prominente Fürsprecher wie der Schriftsteller Carl Amery, der Psychologe Peter Brückner, der Ostberliner Schriftsteller Klaus Schlesinger, Otto Schily, Rudi Dutschke und Daniel Cohn-Bendit konnten gewonnen werden. In

104 Stamm, *Alternative Öffentlichkeit*, S. 77.
105 Vgl. zur *taz*: Magenau, *Die taz*; Oliver Tolmein, Detlev zum Winkel, *tazsachen. Krallen zeigen – Pfötchen geben*, Hamburg 1989; Wolfgang Flieger, *Die »TAZ«. Vom Alternativblatt zur linken Tageszeitung*, München 1992; IISG, ID-Textarchiv, 0066/1-714-2 (»Tageszeitungsdiskussion im ID, 1978-79«); Hübsch, *Alternative Öffentlichkeit*, S. 99-103 (Zitat S. 100); Weichler, *Die anderen Medien*, S. 234-241; Weichler, *Gegendruck*, S. 175-190 (Zitat S. 178); Büteführ, *Zwischen Anspruch und Kommerz*, S. 206/207. Auch das Konkurrenzunternehmen *Die Neue*, welche vom eher traditionellen Flügel der undogmatischen und gewerkschaftlich orientierten Linken gemacht wurde, musste ihr Erscheinen bereits Ende Oktober 1982 einstellen (Brand u. a., *Aufbruch*, S. 171).
106 Weichler, *Die anderen Medien*, S. 235.

25 Städten bildeten sich *taz*-Inis, wie sich die Initiativen zur Gründung der alternativen Tageszeitung nannten. Am 27. September 1978 erschien in Frankfurt die erste Nullnummer und bald darauf weitere Nullnummern. Der letztlich aus finanziellen Gründen gewählte Standort Berlin war in dem dezentral angelegten Alternativmilieu heftig umstritten, und erst im Dezember 1979 hatte man sich in einem nationalen Plenum in einer Kampfabstimmung festlegen können. Als selbstverwaltetes Projekt ohne feste Ressortabteilungen verzichtete die *taz* auf Herausgeber und Chefredakteure. In den morgendlichen Redaktionskonferenzen wurden die Artikel diskutiert, wobei die oft langwierigen basisdemokratischen Entscheidungsprozesse Frustrationen hervorriefen und sich in der Praxis meist in eine Abstimmungsmaschinerie verwandelten.[107]

Die Idee der »Betroffenenberichterstattung« wurde damit ein Stück weit zurückgenommen, wenngleich der Abdruck von Leserbriefen als »Spiegelbild der politischen Zustände und der Gefühlslagen im linksalternativen Milieu« anfangs eine große Rolle spielte. Denn ein »Zentralorgan« der Alternativen wollte die *taz* sicher nicht sein. Explizit distanzierte man sich von den Verlautbarungsorganen der kommunistischen Kadergruppen. Kein Linienblatt mit glasklarer Theorievorgabe, sondern ein offenes Forum mit journalistischen Experimenten, Querdenkern und explizit subjektiv gefärbten Gegeninformationen wollten die Blattmacher formen.[108] De facto wurde die *taz* zum wichtigsten Sprachrohr der Alternativbewegung, wobei sie die Handlungsfähigkeit der Umwelt- und Anti-AKW-Bewegung ebenso stärkte wie auch – trotz aller Konflikte – die Berliner Hausbesetzerbewegung. Die *taz*-Redakteure beabsichtigten, »keine Zeitung zum Selbstzweck [zu machen], sondern eine, die eingreift in soziale Prozesse, interveniert«.[109]

---

107 Weichler, *Gegendruck*, S. 179-182, 185-188; Magenau, *Die taz*, S. 16-30, 33, 37-48; Müschen, *»Lieber lebendig als normal!«*, S. 122-124. Die Versuche des Ministeriums für Staatssicherheit (MfS) in der DDR, die *taz* zu unterwandern und zu instrumentalisieren, blieben sehr schwach. Letztlich waren die anarchische Entscheidungsfindungsstruktur und die ideologische Offenheit der *taz* dem MfS und seinen Inoffiziellen Mitarbeitern suspekt (siehe Wolfgang Gast, »Im Blick der ratlosen Spitzel«, in: *metataz* [09./10.01.2010], S. 18).

108 Magenau, *Die taz*, S. 30, 34, 66/67.

109 Selbstaussage der *taz*, zitiert nach Dorsch, *Neue Medien*, S. 112, 114; IISG, Archiv »die tageszeitung«, Map 1-14 (die hierin enthaltene Korrespondenz an die

Dieser Anspruch auf eine überregionale Vormachtstellung zog Kritik vonseiten der Alternativen nach sich, die eine Wiedergabe der Basisdiskurse gefährdet sahen. Während die exponierte Meinung und Urteilsfreudigkeit in den häufig flott geschriebenen *taz*-Artikeln auf ein zwiegespaltenes Urteil stießen, wurde die Thematisierungsfunktion der *taz* hoch geschätzt. 1979 mit einer Auflage von gerade einmal 7000 Vorausabonnements gestartet, steigerte sich der Absatz bereits ein Jahr nach der Gründung auf 20800 Exemplare (14200 davon setzte man über Abos ab). Im Sommer 1981 brachte es die *taz* auf eine Auflage von 35000 und im November jenes Jahres auf 40000 Exemplare, wobei 20000 davon an Abonnenten gingen. Bis heute bildet der Abonnentenstamm das Rückgrat der finanziell chronisch kränkelnden Zeitung. Fast parallel zur Auflage stieg auch die Zahl der Beschäftigten an. Waren es im Januar 1979 gerade einmal 20 Mitarbeiter, so kamen bis zum April 30 hinzu und am Jahresende waren es bereits über 90. Anfänglich sollte die Berichterstattung noch dezentral durch Redaktionen in verschiedenen Städten erfolgen, aber Berlin wurde schnell zum Schwerpunkt der redaktionellen Arbeiten. Freilich gab es auch noch 1981 regionale Redaktionen (Bochum, Bremen, Frankfurt, Hannover, Kiel, Köln, Stuttgart), aber deren Arbeit beschränkte sich auf die jeweilige lokale Beilage (Berlin, Hamburg, Ruhrgebiet).[110] Durch diese Zentralisierungs- und Professionalisierungstendenzen verlor die Alternativpresse einen Teil ihrer Besonderheit, zumal sich spätestens ab den achtziger Jahren, wie oben beschrieben, Themen und Berichterstattungsmodus auch in den etablieren Medien geändert hatten.

Verleger und Redaktionen

Wenngleich nur wenig über die Macher der alternativen Medien bekannt ist, kann eines als sicher gelten: Die Do-it-yourself-Selbstermächtigung und das Ausprobieren der Medienkompetenz waren

---

Redaktion und die Leserzuschriften aus den Anfangsjahren der *taz* bis 1983 sind eine bislang noch ungenutzte Quelle).

110 Tolmein/zum Winkel, *tazsachen*, S. 21, 34, 47; Dorsch, *Neue Medien*, S. 112-114; Stamm, *Alternative Öffentlichkeit*, S. 250-255; Weichler, *Gegendruck*, S. 175-190; Magenau, *Die taz*, S. 16-56.

zweifellos Ausdruck von Selbstverwirklichung und politischen Ambitionen. Benno Käsmayr, Mitbegründer des Maro-Verlags, erhob erstmals im Frühsommer 1974 durch eine schriftliche Umfrage Sozialdaten von 130 Personen aus der linksalternativen Presse- und Verlegerszene. Angesichts der Tatsache, dass sich dort etwa 13 000 Personen engagierten,[111] ist dies eine sehr bescheidene empirische Grundlage. Dennoch: In Käsmayrs Studie zeigte sich, dass 70 Prozent der Verleger und Zeitungsmacher aus der Oberschicht oder der oberen Mittelschicht stammten und zu 90 Prozent nicht mehr im Elternhaus wohnten. Auch über das Bildungsniveau geben die Ergebnisse Auskunft: 10 Prozent Volksschüler, 22 Prozent hatten die mittlere Reife, 40 Prozent der Verleger waren Gymnasiasten. Weitere 28 Prozent studierten oder hatten ein Studium abgeschlossen. Leider liefert die Umfrage kein Altersprofil. Als Brotberuf gaben die meisten (35 Prozent) freiberufliche Tätigkeiten wie Schriftsteller oder Künstler an. Der »Beruf« des Studenten war mit 20 Prozent vertreten, 15 Prozent waren als Lehrer tätig, während alle anderen Berufsangaben wegen der kleinen Fallzahl vernachlässigenswert sind.[112] Die Verleger der linksalternativen Presse kamen also aus höheren und bildungsnäheren Schichten als die Leser und stellten insofern eine leicht herausgehobene soziale Gruppe innerhalb des Milieus dar.[113] Rainer Bieling, promovierter Philosoph und ehemaliger Chefredakteur der *zitty*, ergänzte 1983 in einem Interview, dass die alternativen Zeitungsmacher »jung, sehr jung z. T., dynamisch, kritisch, nie objektiv, aber immer irgendwo mit dem Versuch aufrichtig [gewesen seien] und also auch den Mut zu Nestbeschmutzung« hatten.[114] Kurt Weichler gibt das Durchschnittsalter der al-

---

111 Weichler, *Die anderen Medien*, S. 42.

112 Käsmayr, *Die sogenannte Alternativpresse*, S. 44-46.

113 Die vier Redakteure der *Heidelberger Rundschau* beispielsweise (Zeitpunkt: Juni 1977) hatten sich in einer Bürgerinitiative gegen die Zerstörung der Heidelberger Altstadt durch Sanierungspläne der Stadtverwaltung engagiert und waren von hier aus zur Gründung der *Heidelberger Rundschau* gekommen. Diese Redakteure waren allesamt Akademiker, in zwei Fällen mit Anstellungen an der Universität. Mehrheitlich arbeiteten in der Zeitung gelernte Journalisten (IISG, ID-Textarchiv, 0127/1-7141: Kühn/Marchal, »›Von der Basis für die Basis‹. Alternativzeitungen und ihre Macher‹ – Skript zu einer Radiosendung im SWF II«, S. 5, 12).

114 Zitat nach Weichler, *Gegendruck*, S. 116.

ternativen Journalisten (allerdings ohne Belegstellen anzuführen) mit 27 Jahren an.[115]

In Käsmayrs Erhebung nannten die linksalternativen Verleger sowohl hedonistische (»weil es Spaß macht«) als auch politische Beweggründe für ihre Tätigkeit, mit der sie »Selbstverwirklichung« und die Möglichkeit verbanden, aus der sozialen Isolation herauszukommen (»neue Leute kennenlernen«). Ein gewisser Narzissmus ist in den Antworten nicht zu verkennen und wird zum Teil explizit gemacht: »mein Exhibitionismus«, »weil ich meine Texte bekannt machen will«. Insgesamt waren drei Motive maßgebend: erstens die Möglichkeit zu Agitation und politischer Arbeit, zweitens die Nichtanpassung bzw. ein Scheitern im kommerziellen Sektor und drittens das Ausleben, die Freude und die zum Teil narzisstische Selbstverwirklichung der Verleger.[116] Eine im Sommer 1981 von der Medienwissenschaftlerin Petra Dorsch durchgeführte schriftliche Befragung von Mitarbeitern aus 78 Redaktionen des alternativen Zeitungsmarkts ergab noch andere Motive. Selbstverwirklichung als »politisches Ziel« gaben nur Mitarbeiter aus 24 Redaktionen an, während sich die Mitarbeiter aus 43 Redaktionen als Gegengewicht zur lokalen Presse verstanden und 41 die »Unterstützung der Kommunikation der Szene« als Motiv nannten. Auf die ähnlich gelagerte Frage nach dem Motiv der Zeitungsgründung antworteten die Mitarbeiter aus 30 Redaktionen mit »Gegenöffentlichkeit« oder »Öffentlichkeit für ein bestimmtes Thema, das sonst nicht behandelt wird«. »Spaß, Lust oder Interesse« war hingegen nur für fünf Redaktionen das Motiv.[117] Diese Angaben könnten vor dem Hintergrund der etwas verqueren Fragestellung nach der Selbstverwirklichung als »politischem Ziel« auch als Resultat eines tiefen Misstrauens gegenüber der Autorin zu verstehen sein, die die Umfrage im Auftrag des Presse- und Informationsamtes der Bundesregierung durchführte und explizit von Briefen berichtet, in denen die »freiheitlich, demokratischen Kontrollmechanismen« kritisiert

---

115 Ebd., S. 117.

116 Käsmayr, *Die sogenannte Alternativpresse*, S. 46-48. Vgl. auch Weichler, *Gegendruck*, S. 114/115.

117 Dorsch, *Neue Medien*, S. 86, 103, 105. Es handelte sich um vornehmlich ab 1978 gegründete Alternativzeitungen mit zumeist kleiner Auflage bis zu 5000 Exemplaren. Mit 33 Fällen waren hierbei die Stadtmagazine am stärksten vertreten (ebd., S. 89, 91).

wurden.[118] Gleichwohl schreibt Dorsch in ihrer Synopse, dass das Zeitungsmachen in der Alternativszene »in« gewesen sei und zuweilen einer »selbstinitiierten Sozialtherapie« glich.[119]

Weitere aufschlussreiche Eindrücke geben die 50 Interviews, die Dorsch im Sommer 1981 mit 16- bis 30-jährigen Redakteuren führte. Die meisten waren über Freunde und Bekannte zu einer Alternativzeitung gekommen. Nur selten fanden sich »selbstinitiative« Personen, die den Kontakt von sich aus aufgebaut hatten und politische Gründe für ihr Engagement anführten. Kaum einer verfügte über journalistische Erfahrungen, fast alle arbeiteten sich durch Learning by Doing ein. Dabei, so Dorsch, wurden »zunächst unmerklich die Schreiber von den Nichtschreibern aussortiert«. Da es keine geregelte Ausbildung oder systematisches Training gab, wurden die weniger Talentierten nicht zum Weitermachen ermuntert. Politische Interessen und Enttäuschungen bei der politischen Arbeit in herkömmlichen Institutionen (Schule, Parteien, Verbände) waren ein ebenso wichtiges Motiv wie die Chance, die eigenen politischen Meinungen zur Diskussion stellen zu können. Viele Redakteure wollten etwas erreichen, sowohl politisch als auch für sich selbst: Das David-und-Goliath-Spiel mit der jeweiligen Stadtverwaltung war für viele reizvoll. Zudem waren »Sozialkontakte« auch hier wieder ein Motiv: »Die Redaktion ist der Freundeskreis. Selbst wenn gearbeitet werden muß, rangiert die Arbeit primär unter Freizeitbeschäftigung [...]. Manche Redaktionen fühlen sich als Freizeitgestalter mißbraucht. Mitarbeiter kommen nur zum gemeinsamen Kneipenbesuch oder zur Kaffeestunde in die Redaktion.« Für eine dritte Gruppe war die Arbeit in erster Linie eine Gelegenheit, ihre technischen Fähigkeiten zu verbessern und Erfahrungen bei der politischen oder journalistischen Arbeit zu sammeln.[120]

Die alternativen Zeitungen waren eingebettet in die ab Mitte

118 Dorsch, *Neue Medien*, S. 86, 90. Für diese von der Autorin selbst vorgelegte Deutung spricht auch die geringe Rücklaufquote auf die schriftliche Umfrage von lediglich 22,5 Prozent (ebd., S. 86). Auch bei ihren Besuchen in den Redaktionen stieß sie auf Misstrauen: »Es ist ein bekanntes Problem, daß die Alternativpresse, auch wenn sie in ihren Inhalten nach außen hin offen erscheint, für Außenstehende nicht ohne weiteres offen ist. Ohne einschlägige Verbindungen gelingt der Zugang eher nicht« (ebd., S. 109).

119 Ebd., S. 187/188.

120 Ebd., S. 194-216 (Zitate S. 197 und 201).

der siebziger Jahre entstehenden autonomen Arbeitskollektive. In diesen alternativen Kleinbetrieben, die meist dem Dienstleitungssektor zuzurechnen waren, wurde mit neuen Arbeitsformen experimentiert und vielfach das Verhältnis zwischen Arbeit und Freizeit improvisierend ausbalanciert. In der Regel konnten sich diese Betriebe jedoch nicht selbst über Wasser halten und waren bis in die frühen achtziger Jahre »fast völlig von öffentlichen Mitteln« abhängig.[121] Nur etwa ein Viertel der in diesen Betrieben Beschäftigten konnte von dieser Tätigkeit – meist mehr schlecht als recht – leben. Die wenigen hauptberuflichen Journalisten (man schätzt etwa 250, die meist bei den auflagenstärkeren Stadtmagazinen beschäftigt waren) verdienten 1982 monatlich zwischen 1000 und 2000 DM brutto.[122] Der chronische Rentabilitätsmangel wurde durch staatliche Zuschüsse oder elterliche Zuwendungen, der chronische Geldmangel hingegen durch Konsumverzicht ausgeglichen.[123] Erst Mitte der achtziger Jahre hatte sich diese Situation in den alternativen Betrieben gebessert.[124]

Auch die alternativen Medien kämpften anfänglich mit finanziellen und logistischen Problemen, mit denen alle Alternativprojekte zu tun hatten. Eine Umfrage aus dem Jahr 1979 ergab, dass kaum ausreichende Räumlichkeiten zur Verfügung standen und die Ausrüstung mit Telefonen, Schreibmaschinen und Archiven entsprechend dürftig war. Zufriedenstellende Druckereien konnten oft ebenso wenig gefunden werden wie zuverlässige Handverkäufer oder kompetente Mitarbeiter für Artikel, Zeichnungen oder Karikaturen.[125] Der Vertrieb wurde entweder über Abonnements, über den Verkauf in alternativen Buchläden oder durch Handverkauf in Kneipen und auf der Straße abgewickelt. Die Kioske und

---

121 Huber, *Wer soll das alles ändern?*, S. 112. Zur dualen Ökonomie: ebd., S. 33-55.

122 Ebd., S. 45; Weichler, *Gegendruck*, S. 117.

123 Vgl. Huber, *Wer soll das alles ändern?*, S. 30-56; Dorsch, *Neue Medien*, S. 198; Notz, »Alternative Zeitungen«, S. 71; Notz, »Courage – Wie es begann und was daraus wurde und was geblieben ist«, S. 40-44 (zur Situation bei der feministischen *Courage*).

124 Vgl. dazu den Abschnitt über die alternativen Projekte in dieser Arbeit.

125 Dorsch, *Neue Medien*, S. 77, 98. Elf Prozent der Zeitungen wurden 1980/81 in eigenen Druckereien hergestellt, der überwiegende Teil im Offsetdruck. Aufwändigere Satzverfahren benutzten knapp 32 Prozent der Zeitungen (ebd., S. 79). Bei einer Begehung der Redaktionsräume von 15 Zeitungen machte die Autorin 1981 ähnliche Beobachtungen (ebd., S. 188).

Buchläden außerhalb des Milieus spielten zunächst eine untergeordnete Rolle.[126] Dabei waren die Finanzen nicht selten so prekär, dass die Redakteure eigenes Geld in den Betrieb steckten und auf Spenden sowie Hilfen von Netzwerken (etwa das Netzwerk Selbsthilfe oder Frauen gehen zu Frauen) angewiesen waren. Nicht einmal die Hälfte der festen Redakteure konnte von ihrer Tätigkeit leben. Freie Mitarbeiter (meist ohne Bezahlung) spielten zudem eine außergewöhnlich große Rolle in den vielfach unterbesetzten Redaktionen.[127] Bei ihrem Besuch von 15 Redaktionen alternativer Zeitungen hörte Dorsch immer wieder das Stichwort der »Selbstausbeutung«, in dem – so die Autorin harsch – »sowohl Selbstmitleid als auch die Anklage gegen einen imaginären Ausbeuter mitschwingen«.[128]

Die Prinzipien einer Ökonomie zwischen freizeitorientiertem Engagement, politischer Sinnstiftung und Berufstätigkeit führten bei den Zeitungen dazu, dass unklare Verfahrenswege und Kompetenzabgrenzungen die internen Redaktionsarbeiten behinderten. Regelmäßig stritt man sich über das politische Verhältnis zu den Neuen Sozialen Bewegungen und darüber, wie kritisch die Bewegungen »begleitet« werden sollten.[129] Zu den inhaltlichen Differenzen traten oft persönliche Animositäten sowie interne Konflikte aufgrund unterschiedlicher Arbeitsbelastung, Unzuverlässigkeit oder Schlampereien.[130] Letztlich ist Dorschs Beobachtung vermutlich recht treffend: »Ein ›harter Kern‹ trägt in der Regel die ganze Last der Verantwortung und damit die Hauptlast der Arbeit. Die alternative journalistische Arbeit ist eine soziale Emulsion aus Pflicht und Lust, aus Gleichzeitigkeit von Freizeit und Knochenarbeit, aus gruppendynamischen Problemen und Redaktionszwängen«.[131] Da viele Redakteure kaum über fachliche Erfahrungen verfügten, waren die Probleme mannigfaltig und reichten von Schreibangst bis zu Streitereien darüber, wie die Artikel aufzumachen seien. Um den »harten Kern« der Experten scharten sich somit sehr häufig wech-

126 Ebd., S. 97/98.
127 Ebd., S. 99-102; Notz, »Courage – Wie es begann und was daraus wurde und was geblieben ist«, S. 41/42, 44.
128 Dorsch, *Neue Medien*, S. 188.
129 »Alternativpresse. Es muß etwas passieren«, S. 82.
130 Dorsch, *Neue Medien*, S. 78; Weichler, *Gegendruck*, S. 50.
131 Dorsch, *Neue Medien*, S. 189.

selnde freie Mitarbeiter, die sich nicht selten zu wenig eingebunden fühlten. Die – auch aufgrund der kaum definierten Arbeitssituation – ungleiche Arbeitsmotivation rief auf beiden Seiten Enttäuschung hervor.[132]

Im *Kölner Volksblatt* beispielsweise kam es im Jahr 1981 zu Auseinandersetzungen über die Arbeits- und Kommunikationsstrukturen, und die Redakteure fragten sich, ob ihre Zeitung ein Hausblatt der Initiativenbewegung sein solle oder eine professionelle und kommerziell gestaltete oppositionelle Zeitung. Zu Beginn der achtziger Jahre kam die Zeitung auf eine Auflage von rund 8000 Exemplaren, vier Redakteure waren fest angestellt und 20 bis 23 freie Mitarbeiter teilbeschäftigt. Dennoch wollte man das Konzept überdenken: Die Erlöse waren zu gering und angesichts neu gegründeter Bürgerinitiativen meinte man, eine Erweiterung des »politischen Grundverständnisses« und des »begrenzten Horizonts« sei nötig. »Antiparlamentarismus, Selbstorganisation, Betroffenheit« bzw. »Berichterstattung ›der‹ und nicht über die Betroffenen« reichten als »Programm« des Blattes nicht mehr aus.[133] Auseinandersetzungen wie diese fügten sich in die ständigen »Grundsatzdiskussionen« ein, die alle Alternativblätter – die sich nahezu andauernd über ihre eigenen Tätigkeiten selbstreflexiv Rechenschaft ablegten – prägten. Die Klage über die Selbstzerfleischung in der Alternativszene folgte daher derjenigen über die ökonomische Selbstausbeutung auf dem Fuße. »Hinterfragen« war das Lieblingswort der Redakteure, da es galt, die politischen Voraussetzungen und Ambitionen jeweils auf neue Art zu erkunden.[134]

132 Ebd., S. 208-210.

133 »Kölner VolksBlatt«, in: ArbeitsGruppe AlternativPresse (Hg.), *Riesengroßes Verzeichnis aller Alternativzeitungen*, Bonn 1981, S. 66-68; Jarren, »Funktionswandel der Presse«, S. 72; Klaus Pokatzky, »Hinterwäldler und Plärrer«, in: *Die Zeit* (27.08.1983);. Vgl. »Gottseidank ist die Oma tot«, in: *taz* (22.10.1982), S. 3 (dieser Artikel findet sich auch in: IISG, ID-Periodika, Collections, Box 6, Map 55, ohne fol.); Stamm, *Alternative Öffentlichkeit*, S. 180/181.

134 »Kölner VolksBlatt«, S. 66-68; Wolfgang Beywl, »Gegenöffentlichkeit. Tabu und/oder Utopie«, in: ArbeitsGruppe AlternativPresse (Hg.), *Riesengroßes Verzeichnis aller Alternativzeitungen*, Bonn 1981, S. 69-73, hier S. 69-71; Dorsch, *Neue Medien*, S. 209/210; Joachim Scharloth, *1968. Eine Kommunikationsgeschichte*, München 2011, S. 56.

3.4 Die Leser

In der 1982 von Infratest durchgeführten Leserumfrage zeigte sich zunächst wenig Überraschendes: 85 Prozent der Befragten waren zwischen 14 und 30 Jahren alt und über ein Drittel waren Studierende, die damit die größte Gruppe stellten. Insgesamt war die alternative Leserschaft eine »Mittelschichtbewegung« – mit bedeutenden Anteilen von Angestellten, Beamten und Freiberuflern. Der Arbeiteranteil betrug gerade einmal vier Prozent.[135] Anders als es ein hartnäckiges Klischee will, waren die meisten studentischen Leser nicht für Sozialwissenschaften, Pädagogik oder Sozialarbeit eingeschrieben. Ebenso viele waren angehende Ingenieurwissenschaftler und Mediziner. Immerhin fünf Prozent hatten sich sogar für Rechtswissenschaften entschieden.[136] Als einkommensstark kann die Leserschaft – unter der sich auch acht Prozent Arbeitslose befanden – sicherlich nicht bezeichnet werden. Zwei Drittel verfügten zwar über ein eigenes Einkommen, aber das durchschnittliche monatliche Nettoeinkommen war niedrig. Ein Drittel verdiente bis zu 600 DM, über die Hälfte der Befragten bezogen bis zu 1000 DM monatlich. 2000 DM monatlich war die Nettoeinkommensobergrenze für drei Viertel der Befragten. Diese Einkommensschwäche erklärte sich vor allem aus dem jungen Alter der Leser, denn die über 30-jährigen Leser verdienten zu 54 Prozent über 2000 DM monatlich.[137]

135 Korczak, *Einstellung und Lebenswelt*, S. 3, 12, in: Archiv Infratest Forschung, Nr. 10. »Leserbefragung des spp-Verlages (Bericht vom 18. 11. 1982)«, S. 1, in: Archiv Infratest Forschung, Nr. 17. Untersucht wurden Alternativzeitungen aus Berlin, Düsseldorf, Köln, Frankfurt, Würzburg, Nürnberg/Erlangen/Fürth, München und dem Ruhrgebiet. Detaillierte Berichte liegen über *zitty* (Berlin), *Plärrer* (Nürnberg), *Münchner Stadtzeitung* (München) und das *Guckloch* (Ruhrgebiet) vor. Die untersuchten Alternativblätter erreichten eine verkaufte Gesamtauflage von 118 794 Exemplaren pro Monat, die Rücklaufquote betrug somit 3,28 Prozent. Die Ergebnisse der Leserumfrage veröffentlichten die Alternativzeitungen. Siehe etwa die Bonner Zeitung *De Schnüss* im September 1982 (*De Schnüss* 5 [September 1982], S. 14-17). Dieser Artikel findet sich in: IISG, ID-Textarchiv, 0066/1-714, Mappe L-Z, Untermappe L, ohne fol.

136 Korczak, *Einstellung und Lebenswelt*, S. 16, in: Archiv Infratest Forschung, Nr. 10. Nach Weichler (*Die anderen Medien*, S. 90) befanden sich auch im Sommer 1984 28 Prozent Studierende unter der Leserschaft.

137 Korczak, *Einstellung und Lebenswelt*, S. 11, 14, in: Archiv Infratest Forschung, Nr. 10; »Leserbefragung des spp-Verlages (Bericht vom 18. 11. 1982)«, S. 5, in:

Die Leser waren – wie zu erwarten war – extrem jung. 20 Prozent waren jünger als 20 Jahre, weitere 40 Prozent waren jünger als 25 Jahre und nochmals weitere 25 Prozent waren zwischen 25 und 30 Jahren alt. Insgesamt hatten also 85 Prozent der Leser das 30. Lebensjahr noch nicht erreicht. Nur 7 Prozent der Alternativen waren verheiratet – im Vergleich zur gleichaltrigen Gesamtbevölkerung eine deutlich unterdurchschnittliche Quote. Gut ein Drittel wohnte als Single allein in einer Wohnung, weitere 25 Prozent noch bei den Eltern, während 11 Prozent in einer Wohngemeinschaft lebten.[138] Die jungen Leser zeichneten sich mithin durch eine frühe Eigenständigkeit aus. Es vermag ebenfalls kaum zu überraschen, dass die linksalternative Leserschaft vornehmlich aus gebildeten Personen bestand. 68 Prozent hatten Abitur oder sogar einen Hochschulabschluss, lediglich 8 Prozent hatten nur einen Volksschulabschluss vorzuweisen. Lässt man die jüngeren Altersgruppen beiseite, so zeigt sich (in der Gruppe der 26- bis 30-Jährigen) sogar eine Quote von 71 Prozent mit Abitur oder Hochschulabschluss. Selbst unter den Arbeitern, die die Alternativblätter lasen, hatte jeder fünfte Abitur bzw. einen Hochschulabschluss.[139] In gewisser Weise überraschend ist hingegen, dass zwei Drittel der Leserschaft männlichen Geschlechts war. In den Altersgruppen zwischen 26 und 55 Jahren stieg der Anteil der männlichen Leser sogar auf drei Viertel. Die Leser aus der Arbeiterschaft waren fast durchgängig Männer (87 Prozent). Lediglich unter den Schülern erreichten die weiblichen Leser einen Anteil von 40 Prozent.[140]

Archiv Infratest Forschung, Nr. 17. Im Jahr 1988 hatte sich dieser Umstand verändert und die Leserschaft lag gerade in den höheren Einkommensgruppen ab 2500 DM Haushaltsnettoeinkommen über dem Bevölkerungsdurchschnitt (Infratest Kommunikationsforschung, *Die Leser der Scene Programm Presse*, München 1988, ohne Seitenzählung, in: Archiv Infratest Forschung).

138 Korczak, *Einstellung und Lebenswelt*, S. 11, 20, 22, in: Archiv Infratest Forschung, Nr. 10; »Leserbefragung des spp-Verlages (Bericht vom 18. 11. 1982)«, S. 2, in: Archiv Infratest Forschung, Nr. 17. Weichler, *Die anderen Medien*, zeigt, dass auch im Sommer 1984 74 Prozent der Leser unter 30 Jahre alt waren.

139 Korczak, *Einstellung und Lebenswelt*, S. 12, Tabellenteil ebd., S. 7/8, in: Archiv Infratest Forschung, Nr. 10; »Leserbefragung des spp-Verlages (Bericht vom 18. 11. 1982)«, S. 5, in: Archiv Infratest Forschung, Nr. 17. Im Sommer 1984 hatten nach Weichler (*Die anderen Medien*, S. 90) ebenfalls 69 Prozent der Leser Abitur.

140 Korczak, *Einstellung und Lebenswelt*, S. 11, 13; Tabellenteil ebd. S. 3/4, in: Archiv Infratest Forschung, Nr. 10. Ähnliche Auswertung der spp für den Sommer 1984 nach Weichler, *Die anderen Medien*, S. 90 (67 Prozent männliche Leser).

Diese männliche Dominanz zählt zu den Strukturmerkmalen der Leser der Alternativpresse. Als Infratest im Jahr 1988 nämlich nochmals eine Leserumfrage für die spp durchführte und hierbei die Leserschaft von zehn großen Stadtillustrierten untersuchte, konstatierte sie einen Anteil von 62 Prozent Männern. Dieser Männeranteil erhöhte sich wiederum gerade in der Kernlesergruppe der 20- bis 29-Jährigen, Ledigen und überdurchschnittlich Gebildeten. Während die zehn alternativen Stadtillustrierten durch ihre Verbreitung und Auflagenziffern 10,9 Prozent aller Männer innerhalb ihres Verbreitungsgebiets erreichten, stieg die Reichweite unter den 20- bis 29-jährigen Männern auf 25,4 Prozent an, unter den 20- bis 29-jährigen Männern mit Abitur oder Universitätsabschluss sogar auf 31 Prozent. Die überdurchschnittlich gebildeten jungen Männer mit gutem Einkommen, konsumfreudigem und kommunikativem Verhalten sowie ausgeprägtem kulturellen Interesse zählten 1988 zur Kernleserschaft der Alternativmagazine.[141] Damit waren die alternativen Stadtmagazine im Mainstream einer hedonistischen und leistungsfähigen Leserschaft angekommen. Die *scouts* des modernen Lebensstils, nämlich die Leser des konsumkulturellen Jugendmagazins *twen*, wiesen bereits Ende der sechziger Jahre dieses Profil auf.[142]

In sozialer Hinsicht blieb die Leserschaft insgesamt recht stabil und durch klare Merkmale gekennzeichnet. Dies bestätigt auch eine repräsentative Leserbefragung, die die *taz* 1993 in Auftrag gab, um mehr über die Leser ihrer eigenen Zeitung zu erfahren. Erneut waren zwei Drittel der Leserschaft zwischen 20 und 39 Jahren alt, 85 Prozent der Leser hatten Abitur oder einen höheren Abschluss und wohnten vor allem in den Großstädten. Die *taz*-Leser lehnten Konventionen und die Massenkultur ab, gingen lieber ins freie Theater und schauten sich Kleinkunst an; Geld und Macht sah man weniger als Statussymbol denn als Mittel zur Selbstverwirklichung. Nach wie vor waren zwei Drittel der Abonnenten Männer, die die Funktion der *taz* als Medium der Gegenöffentlichkeit schätzten (73

---

141 Infratest Kommunikationsforschung, *Scene Programm Presse*. Von Infratest wurden hierfür Interviews in 1798 Haushalten durchgeführt. Vgl. auch zur *zitty* (ebenfalls 62 Prozent männliche Leser): Hobsch, »Zitty«, S. 209.

142 Zur *twen* siehe BArch Koblenz, Zsg 132, Nr. 1428, 1621, 1629 (»Allensbacher IfD-Leserumfragen und Imageuntersuchungen zur *twen*« für die Jahre 1967 und 1969); Siegfried, *Time is on my side*, S. 293/294.

Prozent gaben an, sie würden »über Ereignisse, die [von anderen Medien] verschwiegen werden«, informiert); daneben schätzten die Leser auch die Hintergrundinformationen in der Zeitung. Die wissenschaftliche Auswertung der Umfrage kommt zu dem Schluss, dass die *taz*-Lektüre eine Form symbolischer Politik war:

> Vor diesem Hintergrund erscheint die ›taz‹ als ein Spiegel, in den die Szene blickt und sich dabei selbst als Szene erkennt. Dabei ist offensichtlich unerheblich, ob ›die Szene‹ real in der Zeitung abgebildet wird. Wichtiger ist wohl das Gefühl, das durch das Lesen der ›taz‹ vermittelt wird: Damit gehört man zur Szene und erkennt dies eben durch die Lektüre der ›tageszeitung‹.

Was für die *taz*-Leser galt, dass sie in politischer Hinsicht radikaldemokratisch ausgerichtet waren und viele von ihnen bei Wahlen für die Grünen stimmten, galt schon für die Leser der anderen Alternativblätter zehn Jahre zuvor.[143] Hinsichtlich der politischen Einstellung fühlten sich bereits im Jahr 1982 64 Prozent der studentischen Leserschaft der Alternativblätter durch Grüne oder Alternative Listen vertreten. Allerdings ließen sich die exakten politischen Präferenzen selten präzise bestimmen. Die Selbstbezeichnungen waren über ein weites Spektrum, von »Linker« (14 Prozent) und »Hedonist« (10 Prozent) über »Sponti« (3 Prozent) und »Anarchist« (6 Prozent), »Grüner« (5 Prozent) und »Punk« (2 Prozent) bis zu »Freak« (5 Prozent), »Spiritualist« (3 Prozent) und »Intellektueller« (11 Prozent), verteilt. Angesichts dieser Vielfalt überrascht es nicht, dass nur 10 Prozent der Leserschaft politisch organisiert waren. Trotz der Diversität der politischen Selbstbeschreibung und auch des politischen Engagements ließen sich jedoch klare Parteipräferenzen ausmachen: Über die Hälfte der Befragten gab an, Bunte oder Grüne Listen zu wählen, während sich nur 2 Prozent für kommunistische Parteien entscheiden würden. Als zentrale politische Ziele nannten die Leser Abrüstung (60 Prozent), Erforschung alternativer Energien (42 Prozent) und das Verbot von Atomkraftwerken (36 Prozent).[144]

143 Bernd Blöbaum, Petra Werner, »Geliebt, gelobt, gekündigt? Die ›taz‹ und ihr Publikum. Ergebnisse einer LeserInnen-Befragung«, in: Claudia Mast (Hg.), *Markt – Macht – Medien. Publizistik zwischen gesellschaftlicher Verantwortung und ökonomischen Zielen*, Konstanz 1996, S. 337-349 (Zitat S. 344).

144 Korczak, *Einstellung und Lebenswelt*, S. 18, 34, 35, 38, 42, Tabellenanhang ebd.,

Zu dieser politischen Ausrichtung gesellte sich ein Lebensstil, der im Wesentlichen um die Bereiche Musik und Bildung kreiste. Zum häufigen Besuch von Rock-, Jazz- und New-Wave-Konzerten passte, dass nur 16 Prozent der Befragten keine Musikanlage besaßen. Drei Viertel lasen häufig Bücher, ein Viertel besuchte oft Volkshochschulkurse, jeder Zweite bildete sich in seiner Freizeit weiter. Neben Büchern wurden auch Tageszeitungen konsumiert. Ein Drittel der Leserschaft las regelmäßig den *Spiegel*, während gerade einmal 4 Prozent die *twen* und 7 Prozent die *konkret* regelmäßig aufschlugen. Insgesamt nahmen 77 Prozent in mehr oder weniger festen Abständen eine alternative Stadtzeitung bzw. ein alternatives Stadtmagazin in die Hand.[145] Interessant ist die Nutzung eines weiteren Mediums, die sich deutlich von der Gesamtbevölkerung unterschied: Nur ein Viertel der Leserschaft alternativer Stadtmagazine gab bei einer weiteren Umfrage für die spp im Sommer 1984 an, täglich fernzusehen – von der Gesamtbevölkerung waren es an einem durchschnittlichen Werktag hingegen mehr als drei Viertel (77 Prozent).[146]

Dass Konsumbereitschaft, Mobilität und kulturelle Interessen im Laufe der Zeit stetig zunahmen, zeigt die oben erwähnte Infratest-Umfrage aus dem Jahr 1988. Der Anteil der Kinogänger unter der Leserschaft lag mit 53 Prozent mehr als zweieinhalbmal höher als in der allgemeinen Bevölkerung (20 Prozent). Ähnlich verhielt es sich mit Theater- und Konzertbesuchen (47 zu 21 Prozent) sowie Kneipen- und Discoabenden (77 zu 37 Prozent). Bildung und Musik standen nach wie vor im Zentrum der Freizeitinteressen: 62 Prozent der Leser gaben an, mehrmals in der Woche Bücher zu lesen (Bevölkerung: 39 Prozent) und 70 Prozent hörten mehr als einmal in der Woche Platten und/oder Musikkassetten (Bevölkerung: 42 Prozent).[147] Das umfangreiche Medienwissen der Alter-

S. 87/88, in: Archiv Infratest Forschung, Nr. 10. Ähnlich die Zahlen für 1984 bei Weichler, *Die anderen Medien*, S. 96/97.

145 Korczak, *Einstellung und Lebenswelt*, S. 24, 29, Tabellenteil ebd., S. 35, 39, 99, 103, 109, in: Archiv Infratest Forschung, Nr. 10; »Leserbefragung des spp-Verlages (Bericht vom 18.11.1982)«, S. 16, in: Archiv Infratest Forschung, Nr. 17. Zur ungleich größeren Bedeutung von *twen*, *konkret* und *pardon* am Ende der sechziger und zu Beginn der siebziger Jahre siehe Siegfried, *Time is on my side*, S. 281-318, 521-540.

146 Weichler, *Die anderen Medien*, S. 94.

147 Infratest Kommunikationsforschung, *Scene Programm Presse*.

nativen stand offenbar in enger Beziehung zur Selbsterfahrung als Milieumitglied, da vornehmlich linke Bücher, alternative Zeitungen und Szenemusik konsumiert wurden. Mithilfe dieser Medien konnten Identitätsentwürfe und politische Einstellungen der Wir-Gruppe ausgebildet und geschärft werden; visuell-auditive und semantische Standardisierungen konnten vorgenommen werden. Je stärker die Medienforschung auch im alternativen Sektor um sich griff, umso zielgruppengerechter dürfte die symbolische Modellierung kollektiver Identitätsmuster gewesen sein.

Ein weiteres wichtiges Merkmal der alternativen Leser war ihr umweltbewusstes Verhalten. 1982 stimmten zwar »nur« 18 Prozent der Leser der Forderung zu, dass man versuchen sollte, umweltverträgliche Produkte zu kaufen (Gesamtbevölkerung: 10 Prozent) und »nur« ein Viertel zählte zur makrobiologisch-vegetarischen Müsli-Esser-Fraktion (Gesamtbevölkerung: 5 Prozent). Aber bereits jeder zweite Leser verzichtete nach Möglichkeit auf chemische Medikamente und griff stattdessen auf Naturheilprodukte zurück (Gesamtbevölkerung: 18 Prozent). 42 Prozent vermieden Kleidung mit Kunstfasern (Gesamtbevölkerung: 16 Prozent).[148]

Macher und Leser der Alternativzeitungen standen sich sozialstrukturell und kulturell nah, wenngleich die Redakteure (entgegen ihrer Selbstwahrnehmung) oft noch höheren und bildungsnäheren sozialen Schichten entstammten. Angesichts der Dominanz der neuen Mittelschichten stellte die alternative Öffentlichkeit in sozialer Hinsicht eine Variante bürgerlicher Öffentlichkeit dar und stand in der Tradition bürgerlicher Kommunikationsmodi. Selbstbestimmung, Lebensgenuss und Selbstverwirklichung bildeten das Zentrum einer expressiv-nachtraditionellen und postindustriellen bürgerlichen Lebensweise – ein Lebens- und Konsumstil mithin, der neue postmaterielle Werte propagierte. Hierin bildete sich der »Paradigmenwechsel von der Arbeits- zur Kommunikationsgesellschaft« (Habermas) ab, in dessen Zuge (Selbst-)Verständigungsprozesse höher geachtet wurden als Gehalt und Einkommen.[149] Als Gruppe konstituierten und verstanden sich Leser und Zeitungs-

---

148 Korczak, *Einstellung und Lebenswelt*, S. 48/49, 51, Tabellenanhang, S. 79-86, in: Archiv Infratest Forschung, Nr. 10.

149 Habermas wird zitiert nach Stamm, *Alternative Öffentlichkeit*, S. 283. Vgl. Michael Vester u. a., *Soziale Milieus im gesellschaftlichen Strukturwandel. Zwischen Integration und Ausgrenzung*, Frankfurt/M. 2001, S. 331-335, 341-346, 509/510.

macher durch ihre kommunikative Vernetzung. Kommunikation ersetzte formelle organisatorische Verbindungen.

Die Alternativzeitungen spielten für die Struktur und das Selbstverständnis des Milieus eine bedeutende Rolle, da sie die Vorstellung einer Gemeinschaft und eines Milieuzusammenhangs imaginierten. Die alternativen Zeitungen und Zeitschriften waren (wie auch das linke Verlagswesen und ihre Bücher sowie die weniger verbreiteten freien Radios[150] und Videogruppen[151]) Stützpfeiler und Korsettstangen eines kommunikativ geprägten Alternativmilieus. Die alternativen Zeitungen waren grundlegend für das Milieu, erzeugten eine vorgestellte Gemeinschaft. Sie beschworen Erfahrungszusammenhänge, beeinflussten die Sprache der Leser, vermittelten Symbole, gestalteten den Geschmack und transportierten Moralvorstellungen und Normen, bildeten eine gemeinsame Sprache und Artikulationsweise aus, steckten Interessenfelder ab, stärkten die kommunikative Kompetenz. Dabei waren die ab Beginn der siebziger Jahre gegründeten alternativen Zeitungen Ausdruck des zentralen Bemühens um Authentizität, welches durch die Entprivatisierung von Alltagsthemen, die subjektiv gehaltene »Betroffenenberichterstattung«, die Aufwertung unmittelbarer Erfahrungen und die Anlehnung an die Neuen Sozialen Bewegungen gekennzeichnet war. Dass hierfür bestimmte Techniken entwickelt und verwandt wurden, soll im Folgenden dargestellt werden.

150 Vgl. Christoph Busch, Freundeskreis Freie Radios Münster (Hg.), *Was Sie schon immer über Freie Radios wissen wollten, aber nie zu fragen wagten!*, Münster 1981; Andreas Suttner, *»Beton brennt«. Hausbesetzer und Selbstverwaltung im Berlin, Wien und Zürich der 80er*, Wien, Berlin 2011, S. 201. Zur Vorbildfunktion des in Bologna sendenden freien Radios »Alice«: Luciano Capelli, *Alice ist der Teufel. Praxis einer subversiven Kommunikation Radio Alice (Bologna)*, Berlin 1977.

151 Dazu demnächst mit Schwerpunkt auf der Schweiz die Dissertation von Dominique Rudin (Humboldt-Universität zu Berlin). Vgl. auch Suttner, *»Beton brennt«*, S. 201-203; ID-Archiv im Internationalen Institut für Sozialgeschichte (Hg.), *Verzeichnis der alternativMedien. Ausgabe 1991/92. Zeitschriften/Zeitungen – Radioinitiativen – Videogruppen – Mailboxen. Mit einem redaktionellen Teil zum Thema Gegenöffentlichkeit*, Amsterdam 1991.

3.5 Stil, Sprache und Ästhetik

Immer wieder taucht in der Beschreibung der alternativen Medien ein Stichwort auf: Durch die »authentische Berichterstattung« (Sibylle Plogstedt) und das Gebot, »möglichst authentisch zu sprechen und zu schreiben« (Barbara Duden),[152] durch den »authentischen Journalismus«,[153] die »authentische Öffentlichkeit«[154] und »authentische Kommunikation«[155] sollten die »eigentlichen Bedürfnisse« und die »wirklichen Erfahrungen«[156] der linksalternativen Leser in den Mittelpunkt des Bewusstseins rücken. Kommunikative Partizipation und Vernetzung der Milieumitglieder wurde unter ebendiesem Motto möglich. Nadja Bütefür schreibt in diesem Zusammenhang von der »identitätsstiftenden Norm der Erfahrungsproduktion«, die in der Betroffenenberichterstattung und in der »Fetischisierung der Komponente ›Unmittelbarkeit‹« zum Ausdruck kam, während Karl-Heinz Stamm über die »subjekttriefenden Erlebnis- und Erfahrungsberichte« schrieb: »Gegenöffentlichkeit ist [...] mehr als die Veröffentlichung linker Informationen und Nachrichten, mehr als die Produktion von Gegeninformationen, sie ist das gelebte Experiment, [...] [das] den Entwurf eines alternativen Lebens im Hier und Heute realisiert.« Zugleich berge diese abgegrenzte und abgeschottete Öffentlichkeit die Tendenz zur »Überidentifikation« in sich, die »zu Fesseln emanzipativen Verhaltens« werden könnten.[157] Die freiberufliche Soziologin Christa

---

152 Zitiert nach Notz, »Courage – Wie es begann und was daraus wurde und was geblieben ist«, S. 39.

153 Brand u. a., *Aufbruch*, S. 170. »Produktion von Erfahrung« und »authentische Erfahrungen« nennt Karl-Heinz Stamm das Prinzip, um das Paradoxon in diesen Formulierungen zu sehen (Stamm, *Alternative Öffentlichkeit*, S. 75).

154 Fahlenbrach, *Protest-Inszenierungen*, S. 177/178.

155 Gottfried Oy, »Selbstorganisation: Ein nicht eingelöstes Emanzipationsversprechen von 1968?«, in: *Forschungsjournal Neue Soziale Bewegungen* 21, 3 (2008), S. 79-86, hier S. 82.

156 Oy, »Lebenswelt Gegenöffentlichkeit«, S. 44. Ähnlich Fahlenbrach, *Protest-Inszenierungen*, S. 178.

157 Bütefür, *Zwischen Anspruch und Kommerz*, S. 142; Stamm, *Alternative Öffentlichkeit*, S. 113, 110, 117. Vgl. auch ebd., S. 81-84. Gleichwohl glaubt Stamm, dass die Alternativpresse in ihrer ersten Phase eine »prozeßhafte, authentische Produktionsöffentlichkeit konstituiert hat«, die erst später zur »Pseudo-Wirklichkeit« als »ideologischem Versatzstück« geworden sei. Letztlich ist das nur eine Wiederholung der bereits von den Akteuren geäußerten Kommerzialisie-

Wichterich reflektierte 2006 darüber, wie die *Courage* in den siebziger Jahren ihr Feminismusverständnis beeinflusst hatte. Dabei verwies sie vor allem darauf, wie wichtig es ihr war, in der Zeitschrift einen »Spiegel der Bewegung« vor sich zu wähnen, der »gleichzeitig ein Forum für Beteiligung und Diskussionen« bot. Gegen die spezialisierte, kommerzielle und journalistisch professionelle »Expertokratie« sah sie gerade in der *Courage* das »Erfahrungswissen« aufgewertet. Ebendieser Authentizitätsanspruch war es, der das Beeinflussungspotential dieser wie auch aller anderen alternativen Publikationen ausmachte.[158]

Das Ziel der alternativen Presse bestand darin, die »unverfälschten Interessen der Betroffenen« zu Wort kommen zu lassen.[159] Da diese sich auch dort, wie in allen Medien, der Eigenlogik medialer Grammatiken beugen mussten, geht es im Folgenden nicht um die Frage, ob dieser Anspruch nach Unmittelbarkeit verwirklicht werden konnte. Vielmehr sollen die Techniken der »Erfahrungsproduktion« untersucht werden.[160] Wie also wurde ein »Betroffener« in dieser Presse definiert, mit welchen Verfahren wurde Authentizität im Alternativmilieu hergestellt? Wodurch erscheint der Artikelschreiber dem Leser als echt und unverfälscht? Wie wurde der Eindruck erzielt, man stelle in diesen Texten die »authentischen Erlebnis- und Erfahrungszusammenhänge der neuen sozialen Bewegungen«[161] her? Wie wurden die »Bedürfnisse nach Identitätsbildung und Rückversicherung in einem kulturellen Zusammenhang« beschrieben?[162]

Techniken und Präsentationsmuster der medialen Authentizitätsproduktion sind für sich genommen noch kein für die Alternativpresse spezifisches Phänomen. Viele Medienerzeugnisse ha-

rungskritik, der zufolge die Erfahrung zum »Fetisch« geworden sei (Stamm, *Alternative Öffentlichkeit*, S. 125).

158 Christa Wichterich, »Die Courage hat mein Feminismusverständnis eindeutig beeinflusst«, in: Gisela Notz (Hg.), *Als die Frauenbewegung noch Courage hatte. Die »Berliner Frauenzeitung Courage« und die autonomen Frauenbewegungen der 1970er und 1980er Jahre. Dokumentation einer Veranstaltung am 17. Juni 2006 in der Friedrich-Ebert-Stiftung, Berlin*, Bonn 2007, S. 62-67, hier S. 62, 64/65.

159 Beywl, »Die Alternativpresse«, S. 26.

160 Stamm, *Alternative Öffentlichkeit*, S. 110.

161 Ebd., S. 277.

162 Wolfgang Beywl, Hartmut Brombach, »Kritische Anmerkungen zur Theorie der Alternativpresse«, in: *Publizistik* 27, 4 (1982), S. 551-569, hier S. 561.

ben sich auf das Aufspüren vermeintlich innerer Befindlichkeiten spezialisiert – sei es im Absuchen des Mienenspiels durch Nahaufnahmen, durch schnelle Gegenschnitte von Sprecher und Antwortendem, durch die Aufhebung der Grenze zwischen Privatem und Öffentlichem im Paparazzi-Prinzip oder durch das Stilisieren und Beschwören des »wahren und echten Lebens« in TV-Shows über vermeintlich authentische Alltagsmenschen.[163] In der Alternativpresse bezeichnet Authentizität jedoch kein bloß individuelles, sondern ein kollektives und politisches Prinzip. Authentisch zu sein wurde in Absetzung von der »etablierten« Gesellschaft verstanden und diente keinem ökonomischen Zweck, sondern dem der politischen Selbstbestimmung. Die Sehnsucht nach authentischer Selbstoffenbarung betrachtete man nicht als Produkt der Medientechnik. Vielmehr begriff man umgekehrt die alternativen Medien als Organ und Ausdruck dieser Selbstverwirklichungswünsche. Damit einher ging eine massive Unterschätzung der gouvernementalen Kraft und der medialen Eigenlogiken in der alternativen Presse.

Aufrufe und Selbstdarstellungen

Zunächst einmal wurde die mediale Authentizitäts- und Erfahrungsproduktion in den Alternativblättern durch Aufrufe beglaubigt, in denen die Redaktionen ihre Leser aufforderten, Berichte und Artikel einzusenden, die dann unverändert abgedruckt werden sollten. Dadurch erschienen die Alternativblätter als reine Serviceagenturen im Dienste ihrer Leser. Typisch hierfür war etwa ein Aufruf in der *Info-BUG* vom Januar 1975:

damit es nicht in vergessenheit gerät!!! es gibt nicht das info bug, den dicken arsch, der all wöchentlich hoch oben vom sz ein von irgendwoher bestimmtes info ausscheißt. so einfach wollen wir uns das mal nicht machen. das info lebt von euren informationen, von den beiträgen arbeitender gruppen oder einzelner, von unseren erfahrungen und fragen, unseren ängsten und wünschen, es ist (oder besser sollte sein) eine zeitung von uns für uns. wir, die redaktion, bestimmen nicht, was reinkommt. wir richten uns in erster linie nach dem, was hier mit der post eintrudelt. wenn zu wenig kommt, suchen wir aus anderen zeitungen artikel, die uns wichtig erscheinen. also, es liegt weniger an der info redaktion, wie das info inhaltlich aussieht, als

---

163 Schultz, »Alles inszeniert«, S. 14.

an allen undogmatischen genoss(inn)en und selbstorganisierten gruppen, kurz an dir und mir. schicken wir berichte über unsere arbeit und unsere aktionen. nicht erst dann, wenn's irgendwo brennslich [sic] wird und nach solidarität gerufen wird, die meisten dann gar nicht wissen, worum's eigentlich geht. wie sollen wir solidarisch handeln, wenn wir inhaltlich nicht bescheid wissen? machen wir das info zum spiegel unserer aktivitäten!!!!!!!!!!!![164]

So offen die Tonlage war – man hatte klare Vorstellungen davon, wer mit »wir« und »uns« gemeint war: Links, undogmatisch, selbstorganisiert, solidarisch sollte das Zielpublikum sein. Die kollektive Identität entstand durch solcherlei vorgeblich dialogische Kommunikation und erschuf eine vorgestellte Gemeinschaft. Die Wir-Form war dabei subjektives Bekenntnis, welches die verschiedenen Strömungen der Neuen Sozialen Bewegungen kurzerhand zusammenband. Dieser Stil stand zweifellos in der Tradition der Flugblatt-Öffentlichkeit der Studentenbewegung, in der das kollektive »Wir« zur Standardformel der direkten Anrede gehörte.[165]

Mit derartigen Aufrufen zur Mitarbeit wurden stets bestimmte Zwecke verfolgt: Man wollte einen gemeinsamen Diskurs schaffen und festlegen, was ein Linksalternativer ist und sein soll. Sogar im *Blatt*, das zu einem Großteil aus Kleinanzeigen und Veranstaltungshinweisen bestand, hieß es in der ersten Ausgabe vom Juli 1973:

BLATT steht nicht über den Dingen, sondern drin. Das heißt auch, daß wir weniger von der Redaktion aus Berichte über etwas machen, sondern vielmehr Leute, Gruppen, Aktivitäten sich selbst darstellen lassen wollen. BLATT stellt sich als Publikationsforum für alle nützlichen Aktivitäten zur Verfügung. Politische Gruppen, Filme-, Theater und Musikmacher, Arbeiter, Studenten, Schüler sind eingeladen, für BLATT zu schreiben [...]. Wir nennen diese Beiträge Selbstbeschreibung (in diesem BLATT Selbstbeschreibungen vom SSHK [gemeint ist das Soziale Selbsthilfekomitee, Anm. d. Verf.] und von der Homosexuellen Aktion München). BLATT geht's nicht um perfektionierten Journalismus und gepflegten Stil. Bei uns wird eher so geschrieben, wie auch gesprochen wird.[166]

Das Spektrum dieser gouvernementalen Selbstbestimmung reichte

164 »Anmerkungen zu unserer Redaktionsarbeit«, in: *Info-BUG* 2, 39 (06.01.1975), S. 10. Der Text findet sich auch in: IISG, ID-Periodika Collection, Box 2, Map 15.
165 Astrid Czubayko, *Die Sprache von Studenten- und Alternativbewegungen*, Aachen 1997, S. 92.
166 »Blatt über Blatt«, in: *Blatt* 1 (06.07.-19.07.1973), S. 2.

bis zu klar politisch ausgerichteten Zeitschriften wie der militant-anarchistischen *Agit 883*, deren Redaktion ebenfalls so tat, als würde sie keine eigenständige politische Position vertreten, und erklärte, das Blatt sei bloßer Vermittler: »Jeder« könne schließlich zu den öffentlichen Redaktionssitzungen kommen und man lebe von den Zusendungen. »Genossen schickt«, hieß es, die Redaktion sammle lediglich und drucke dann ab. Man begriff sich als eine »Plattform« für die »an der Basis arbeitenden Genossen«.[167]

So liberal und offen sich solche Ankündigungen auch gaben, sie legten die Basis für eine diskursive Grundierung linksalternativer Identität, die aus nützlichen, politischen, künstlerisch-kreativen Menschen bestehen sollte, die durch laienhaftes und »mündliches« Schreiben »sich selbst« darzustellen hätten. Dass das linksalternative »Selbst« imaginär erzeugt und konstituiert wurde, unterschlägt die mediale »Spiegelung« dessen, was »da draußen« vor sich geht. Der Anspruch, unmittelbare Erfahrung »unzensiert und authentisch« wiederzugeben, das Unverbildete und Unverstellte, das Direkte und Alltägliche zu publizieren, machte die Wirkung solcher Artikel aus.[168] Gerade durch die Behauptung, die Unilinearität massenmedialer Kommunikation aufgehoben zu haben und gewissermaßen dialogisch und »unmittelbar« mit den Lesern in Kontakt zu treten, beeinflussten die »Selbstdarstellungen« der alternativen Gruppen umso stärker die Vorstellung dessen, was denn das und der Alternative »tatsächlich« sei. Das Eingeständnis eines Eingriffs in die wechselseitige Kommunikation wird schlichtweg übergangen.

Die Selbstdarstellungen der Redaktionen, die sich als reine Serviceagenturen mit Nachrichten- und Informationsvermittlungsfunktion vorstellten, verschwiegen die zentrale Funktion ihrer Kommunikation in schwach institutionalisierten Milieus: die *Konstitution* von kollektiver Identität und kulturellen Sinnstrukturen, die Produktion und Herausbildung kollektiver Erfahrungen, die Kanonisierung oder Verfestigung von Selbstbildern. Die Selbstdar-

---

167 Zitate aus *Agit 883* vom Februar 1969 nach Gottfried Oy, »Jede neue Nummer ist ein Abenteuer. (Gegen-) Öffentlichkeitskonzepte der ›auflagenstärksten und billigsten APO-Zeitung‹ Berlins«, in: rotaprint 25 (Hg.), *agit 883. Revolte, Underground in Westberlin 1969-1972*, Hamburg, Berlin 2006, S. 47-58, hier S. 51/52. Peter Mosler nennt die *Agit 883*, nicht ohne Witz, schlichtweg eine »linksradikale Kneipenzeitung« (Mosler, *Was wir wollten*, S. 22).

168 Stamm, *Alternative Öffentlichkeit*, S. 76 (Zitate).

stellungen wurden zu Nachrichten mit gouvernementaler Kraft. Insofern greift es zu kurz, den Medien eine reine Organisations- und Vernetzungsfunktion zuzubilligen und sie als eine Plattform für »horizontale Kommunikation« innerhalb des linksalternativen Milieus darzustellen, wie Karl-Heinz Stamm es tut. Dies gilt schon deswegen, weil die Informationsvermittlung dem reinen Zufallsprinzip überlassen blieb. Denn wer sich als »Betroffener« bemüßigt fühlte, einen Zeitungsartikel zu schreiben, konnte weder vorhergesehen noch geplant noch kontrolliert werden. Und natürlich musste – mit zunehmendem Erfolg der Zeitung – aus den eingegangenen Texten ausgewählt werden, wie es etwa beim ID oder der *taz* üblich war.[169]

Wie sich schon in den Aufrufen aus der *Info-BUG* und dem *Blatt* erkennen lässt, war das Beschwören des »*Community-haften* der Lesergemeinde« eine zentrale Authentizitätstechnik.[170] Nicht wenige Redakteure verstanden sich, wie ein Redaktionsmitglied des *Kölner Volksblatts* 1981 schrieb, als Macher einer »linke[n] Heimatzeitung«.[171] In der *taz* wurden die Artikel daher anfangs auch nur mit dem Vornamen des Autors unterzeichnet – man sah sich zweifellos als Mitglied einer »familiär erscheinenden Gruppe«. Der Tonfall der Beiträge zeugte zudem davon, dass hier Unfertiges und Improvisiertes veröffentlicht wurde, so als sei es nur ein mündlicher Diskussionsbeitrag zum gemeinsamen Palaver.[172] Die alternativen Blätter präsentierten sich unkonventionell und reflektierten in expressiver Gestaltung vor allem über sich selbst. Dieses »Selbstvergewisserungs- und manchmal auch eitle Selbstbetrachtungsritual«[173] gehörte zum Kernverständnis der Alternativszene, die eben zu-

---

169 Ebd., S. 129, 132, 78, 77, 85, 90; Magenau, *Die taz*, S. 64. Vgl. Mettke, »Verantwortlich: Milli Tanz & Karl Schie«, in: *Der Spiegel* 35 (23.03.1981), S. 56.

170 Schwanhäußer, *Stilrevolte Underground*, S. 17.

171 »Kölner VolksBlatt«, S. 68.

172 Magenau, *Die taz*, S. 22/23.

173 »Wir wollen eine 14-tägige Zeitung machen«, S. 2. Der *Pflasterstrand* ist in gewisser Weise die Zeitung geworden, die Josef Wintjes geplant hatte (siehe Schwanhäußer, *Stilrevolte Underground*, S. 20). Zu Wintjes siehe Daum, *Die 2. Kultur*, passim; Hübsch, *Alternative Öffentlichkeit*, S. 44, 56/57, 82-85, 92/93. Zum Anspruch des *Pflasterstrands* siehe auch Horx, »Alte Utopie und neue Wut«, S. 93. Er meinte dort, dass der *Pflasterstand* statt Taktik und Parteirichtlinien der »unmittelbaren Kreativität« Ausdruck verleihen und eine »emotionale Ästhetik« ausdrücken wollte.

nächst an sich selbst arbeitete und das »wir selbst« zum Dauerthema machte. So stellte man in der Berichterstattung alternative Arbeits- und Lebenszusammenhänge in den Mittelpunkt, von den alternativen Projekten und Zentren bis zu Landkommunen und Produktionskollektiven.[174] Sogenannte Scene-Zeitungen wie der *Pflasterstrand* vertraten den Anspruch, die Mitglieder des linksalternativen Milieus kommunikativ miteinander zu verbinden und hierbei für ein weites Spektrum zuständig zu sein, das, wie es im *Pflasterstrand* selbst formuliert wurde, »von den Makrobioten bis zur revolutionären Zelle reicht«.[175]

Die Gemeinschaft wurde dabei durch die Beteiligung des Publikums am Innenleben der Redaktion gestärkt – die Redakteure unterstrichen das Familiengefühl, indem sie die Leser nur zu gerne an ihren Problemen teilhaben ließen. In einer Ausgabe des *Atomexpress* erfuhren die Leser beispielsweise, dass »diesmal Ortrud, Otti, Renate, Christine, Kirsten, Wolfgang und noch elf weitere (›Erich hat Urlaub‹) mitgewirkt haben«. Es sei ein Beitrag »in eigener Sache« geplant gewesen, doch »das hat nicht mehr geklappt, weil alle Sonntagnacht zu müde waren. Wir machen es aber für die nächste Nummer.«[176] Dieser Blick in das Verborgene und Diskrete stellte eine imaginierte Nähe und Intimität her, die milieukonstituierend und gemeinschaftsstiftend wirkte.

Betroffenenberichterstattung

Die Authentizität in der Alternativpresse wurde besonders mit dem Hinweis auf die Betroffenenberichterstattung beglaubigt, welche die »Basisbindung« der Presse veranschaulichen sollte. »Laßt die Betroffenen sprechen«, hieß es in einem Flugblatt des ID von 1973: »Gebt den Aktiven das Wort, nicht den Journalisten.«[177] »Be-

174 Stamm, *Alternative Öffentlichkeit*, S. 136. Nicht selten stellten die Alternativzeitungen selbst alternative Projekte dar, wie oben geschildert (siehe dazu Daum, *Die 2. Kultur*, S. 119).

175 »Wir wollen eine 14-tägige Zeitung machen«, S. 2.

176 Zitiert nach Mettke, »Selbstbespiegelungen«, S. 174; ders., »Verantwortlich: Milli Tanz & Anna Schie«, in: *Der Spiegel* 35 (23.03.1981), S. 53.

177 Zitiert nach Beywl, »Die Alternativpresse«, S. 25. Vgl. das Gespräch der Redakteure von *Pflasterstrand*, *Kölner Volksblatt*, *Stadt-Revue Köln* und *Network* in: »Die Wiederkehr des Immergleichen«, in: *Network-Medien-Magazin* 2 (April 1982), S. 26/27 und 46/47; Müschen, *»Lieber lebendig als normal!«*, S. 120.

troffene sprechen, schreiben, photographieren, malen, singen und spielen für Betroffene; anstelle der üblichen Sender-Empfänger-Entfremdung treten die Rezipienten mittels des Mediums miteinander in Kontakt«, konnte man 1978 im Berliner *Stattbuch* lesen.[178] Hinter den egalitären und basisdemokratischen Verlautbarungen verbarg sich im Grunde die Aufforderung, jeden Empfänger zum Sender zu machen. Das bedeutete nicht weniger als die Abschaffung des professionellen Journalismus.[179] Zudem seien die Berichte der Betroffenen – dies war bei spezialisierten Journalisten offenbar anders – »widerborstig« und blieben »im Halse stecken«: Sie trügen »ihre Realität und ihre Widersprüche« mit sich, wie der ID in einem Werbezettel meinte.[180] Erst die Berichte »von unten« durch die »Betroffenen« sicherten den ständigen Gebrauch des »Wir« und »Uns«, die Identitätsbeschwörung zwischen Redaktion und Lesern, ab. So wurde die einfache Verbindung von Sender und Empfänger dialogisch erweitert: Von der Basis für die Basis lautete die Devise. Die zugesandten Artikel sollten möglichst unredigiert abgedruckt werden.[181] Der Betroffenenbericht war, wie Stamm schreibt, in der Tat »der Idealtypus alternativer Berichterstattung«.[182]

Man wandte sich bewusst gegen die »leblosen Resolutionen und Presseerklärungen« der K-Gruppen, die mit ihrer Agitation in der Tradition des Aufklärungsdenkens, aber auch eines propagandis-

---

178 *Westberliner Stattbuch 1. Ein alternativer Wegweiser*, Berlin 1978, S. 165.
179 Magenau, *Die taz*. S. 62/63, 68/69.
180 IISG, ID-Periodika Collection, Box 2, Map 16, ohne fol.
181 Weichler, *Gegendruck*, S. 74, 94.
182 Stamm, *Alternative Öffentlichkeit*, S. 145. Vgl. auch ebd., S. 71, und Oy, »Lebenswelt Gegenöffentlichkeit«, S. 44. In der brieflichen Korrespondenz der Entstehungsphase seines Buches schrieb der ehemalige ID-Redakteur Karl-Heinz (»Karli«) Stamm an einen gewissen »Richard« (Brief vom 18. 04. 1986) im Zusammenhang mit seiner Deutung der Alternativpresse und der Betroffenenberichterstattung: »Diese Schreibkultur aber müssen wir in die Hand nehmen und pflegen, oder aber, da müssen wie auch immer geartete institutionalisierte Zwischenglieder her, die diese privaten Erfahrungen der Individuen transformieren. Hinzu kommt, wie es der Oskar [Negt] einmal formuliert hat, daß die Erfahrungen oftmals blockiert sind und daß der Einzelne nicht in der Lage ist, die Knotenpunkte seiner Erfahrung selbst zu erkennen. Damit aber ist der linke Profijournalismus legitimiert, braucht ja nicht schlecht sein« (IISG, ID-Textarchiv, 0126/3-7141, ohne fol.). Auch Weichler sieht in der »Betroffenenberichterstattung« sowohl einen »Ausgangspunkt« als auch einen »wichtigen Programmpunkt« der Alternativpresse (Weichler, *Gegendruck*, S. 72/73).

tischen Aus- und Abgrenzungsdiskurses standen, der individuelle Emanzipationsprozesse als Privatsache hinter den Parteistrategien verschwinden ließ. »Lebendige Erfahrungen«, »Träume und Lernprozesse«, so Stamm, würden durch die K-Gruppen-Propaganda ebenso abgeschnitten wie »der Bezug zur subjektiven und kollektiven Entstehungsgeschichte von Widerstand und zur eigenen Alltäglichkeit«.[183]

Neben der Emotionalität sollte die Direktheit Authentizität erzeugen. Amateurjournalisten, die bei den Ereignissen »mittendrin« und »dabei« waren, wurden zu gesuchten Schreibern, die ihre eigenen »Erfahrungen« wiedergeben sollten. Hier lag der Unterschied zur herkömmlichen Presse, in der die Illusion von Unmittelbarkeit durchaus auch ein gesuchtes Stilmittel war: Die »Betroffenen« wurden nicht interviewt, sondern griffen selbst zur Feder, und sollten so in einen »Prozeß der Aneignung der eigenen Erfahrung« eintreten. Gerade die unreflektierten Schilderungen von Trauer, Wut und Enttäuschung wurden zum Ausdruck der »noch nicht verbildeten, ureigensten, authentischen Bedürfnisse, Interessen und Wünsche« erklärt.[184] Paul-Gerhard Hübsch lobte daher, dass »die subjektive Äußerung des Betroffenen, der konkret von seinen Bedürfnissen spricht, sie formuliert, und das eben in einer Sprache, die sich (dadurch auch) von den Fertig-Produkten der kommerziellen Presse« abhebe, sich durch seine »Frische«, »Originalität« und »Echtheit« auszeichne.[185] Der Sinn, den Opfern ihre eigene Stimme zu geben, lag politisch gesehen darin, die Bedeutung von *empowerment* statt Verantwortungsübernahme, Basisnähe statt Avantgardeprinzip vorzuführen.

Doch bei aller vermeintlichen Nähe zwischen Leser-Schreibern und Redaktion zeigte ein Besuch von Petra Dorsch bei 15 Redaktionen der Alternativpresse im Sommer 1981, dass die meisten Redakteure nur ein sehr vages Bild von ihren Lesern hatten und dass bei den von einigen Zeitungen angebotenen »öffentlichen Redaktionskonferenzen« so gut wie nie unbekannte Gesichter auftauchten. Und wenn doch einmal jemand Neues auftauchte, wurde er keineswegs überschwänglich willkommen geheißen. In der Stadtzeitung *De Schnüss* konnte man nachlesen:

183 Stamm, *Alternative Öffentlichkeit*, S. 75. Ähnlich ebd., S. 145/146, 260, 269.
184 Ebd., S. 145/146. Vgl. ebd., S. 178/179; Weichler, *Gegendruck*, S. 113.
185 Hübsch, *Alternative Öffentlichkeit*, S. 26.

Offenheit gegenüber neuen Leuten? Pustekuchen! Das bekommen vor allem diejenigen zu spüren, die zur Schnüss kommen, um hier mal reinzuschnuppern, um mitzumachen oder einfach mal zu gucken. Manchmal sitzt da während des Plenums jemand und versucht einen Durchblick zu kriegen. Geradezu sensationell ist es schon, wenn er/sie mal nach dem Namen gefragt wird.

Das genaueste Bild von ihren Lesern, so gaben die Redakteure an, hätten sie über die in ihren Zeitungen geschalteten Kleinanzeigen bekommen. Mit der etablierten Presse, so die Autorin, teile man »offensichtlich die Ferne zum Leser, was den Alternativen nicht sonderlich behagt. Wie sie die Ferne zum Leser verringern könnten, wissen sie nicht so recht«. In 50 Gesprächsinterviews bestätigte sich dieses Bild: »Die meisten scheinen überhaupt keine Vorstellung von ihren Lesern zu haben. Wenn sie nicht Freunde und Bekannte hätten, von denen sie wissen, daß diese die Zeitung lesen, dann würden sie sich fragen, ob überhaupt jemand die Zeitung liest«.[186] Franz Brüseke und Hans-Martin Grosse-Oetringhaus, Mitarbeiter der Münsteraner Alternativzeitung *Knipperdolling*, fragten dementsprechend im Jahr 1981: »Alternativzeitungen wollen ›Zeitungen von Betroffenen für Betroffene‹ sein. Wer aber ist betroffen? Oder besser gefragt: Wer fühlt sich betroffen? Und wovon?«[187] Auch Hübsch bekannte 1980, dass viele Zeitschriftenmacher im Grunde »vor sich hin ›wurschtelten‹« und die Zeitschriften »womöglich nur von einigen, wenigen Aktivisten aufrechterhalten werden«.[188] 1982 bekannten die Redakteure von so einschlägigen Zeitschriften wie dem *Pflasterstrand*, dem *Kölner Volksblatt* und der *Stadt-Revue* in einem nachgedruckten Gespräch: »Viele Alternativmedien haben die veränderten Bedürfnisse ihrer Leser gar nicht mitbekommen.«[189] Erst Anfang der achtziger Jahre lancierte man (meist amateurhafte) Leserumfragen, die aber nicht viel einbrachten, da die Leserschaft die Fragebögen nicht beantwortete.[190] Kurt Weichler folgert daher

---

186 Dorsch, *Neue Medien*, S.191/192, 206. Zur Bonner Stadtzeitung *De Schnüss*: ArbeitsGruppe AlternativPresse, Informations-Dienst zur Verbreitung unterbliebener Nachrichten (Hg.), *Das riesengroße Verzeichnis*, S.69; Weichler, *Gegendruck*, S.51, 74; Horn, *Abschied*, S.22.
187 Zitiert nach Weichler, *Die anderen Medien*, S.82.Vgl. auch Weichler, *Gegendruck*, S.74.
188 Hübsch, *Alternative Öffentlichkeit*, S.53.
189 »Die Wiederkehr des Immergleichen«, S.27.
190 Weichler, *Die anderen Medien*, S.82-103.

in seiner Studie zu den Alternativmedien: »Das Bekenntnis zum Betroffenheitsjournalismus ist bei vielen Medienarbeitern nur ein halbherziges, das sofort ins Wanken gerät, wenn Beiträge aus dem Publikum gewissen Grundanforderungen der Kommunikatoren nicht genügen.«[191]

Selbst unter den ehemaligen Mitarbeitern des ID machte sich nach der Einstellung der Zeitung im Jahr 1981 Nüchternheit in Bezug auf die hochgelobte Betroffenenberichterstattung breit:

Sie [die Zeitung ID, Anm. d. Verf.] hat auch ihre eigenen Spielregeln von Selbstzensur und Propagandalügen hervorgebracht, ihre Tabuzonen sorgfältig errichtet und abgeschottet. Man denke daran, wie Betroffene über politische Prozesse berichten, über Zustände in besetzten Häusern, über Preise in alternativen Betrieben: da flimmert's schwarz-weiß über die Mattscheibe, die nur eines verheißt: klare Feindbilder. Versuchen im letzten Jahr des ID, einem kritischen Umgang mit Betroffenentexten Platz zu schaffen, war freilich kein begeistertes Echo beschieden.[192]

Der permanente Betroffenheitsjournalismus beschwor die »Wiederkehr des Immergleichen« und reproduzierte letztlich nur noch schablonenhaft vorgetragene Klischees, die zunehmend als stereotyp abgetan wurden und ermüdende Wirkungen auf die Redakteure hatten. Die »Bauchschreibe« der Laien aus diversen »Basisinitiativen« ersetzte eben keine Sachkunde und das »Unfertige muß nicht das Bewegende sein«,[193] kritisierten drei Redakteure des ID im Jahr der Redaktionsschließung. Über »Plattitüden« hinaus, so eine *Pflasterstrand*-Redakteurin 1982, könne keiner der »Betroffenen« »Erfahrungen sinnfällig machen«. Daher gestand sie: »Ich kann dies Wort [Betroffener, Anm. d. Verf.] nicht mehr hören.«[194]

Die »dienende Funktion« der Presse gegenüber ihrer Klientel und die Idee, »authentische Lebensinteressen« durch Betroffenenberichterstattung oder »Tonband-Journalismus« hervorbringen zu

---

191 Ebd., S. 101. Ähnlich auch Weichler, *Gegendruck*, S. 73.

192 ID und »No Future« [Juni 1981], in: IISG, ID-Periodika Collections, Box 2, Map 16, ohne fol. Vgl. Weichler, *Gegendruck*, S. 205.

193 »Alternativpresse. Es muß etwas passieren«, S. 83; Beywl, »Die Alternativpresse«, S. 27, 30. Zum Einfluss des ID auf die *taz*: siehe Magenau, *Die taz*, S. 68/69.

194 »Die Wiederkehr des Immergleichen«, S. 27.

können,[195] verlor in der praktischen Arbeit an Faszination und Plausibilität. Angesichts einer unerwünschten Selbstregierung der betroffenen Laienschreiber wurde die verpönte Einmischung der Redakteure doch zugleich wieder eingefordert. Die Illusion einer ungefilterten und dadurch »wahren« Berichterstattung wurde in dem Moment als Selbsttäuschung offenbar, als sich die Massenmedien den vormals »exklusiv« alternativen Themen öffneten und das Feindbild »bürgerliche Medien« dadurch an Schreckwirkung verloren hatte.

Die Selbstkritik des ID schlug sich bei der Gründung der *taz* bereits insofern nieder, als man nun auch im Alternativmilieu eine begrenzte Professionalisierung der Redaktionsarbeit ins Auge fasste. Gleichwohl wurde auch hier das Konzept der »Betroffenenberichterstattung« beibehalten. In einem *taz*-Werbeblatt, welches im Juni 1979 an Jugendzentren versandt wurde, hieß es, dass »Leute wir ihr« zu Wort kommen sollten:

[d]urch Artikel, die von uns, d. h. der Berliner ›Zentralredaktion‹ oder den TAZ-Initiativen der verschiedenen Städte[196] gemacht werden und natürlich durch euch selbst, den Betroffenen. Die TAZ soll unsere und eure Tageszeitung sein, wo sich jeder von uns wiederfinden kann. [...] Das bedeutet für euch, daß ihr die TAZ über alles das informiert, was ihr für wichtig haltet.[197]

Gerade wegen dieses Anspruchs kam es immer wieder zu Protesten gegen die *taz*, von Leuten aus der Scene, deren Artikel nicht abgedruckt wurden oder die sich nicht richtig verstanden fühlten. Am deutlichsten kam dies in den während der achtziger Jahre regelmäßig stattfindenden Redaktionsbesetzungen durch Angehörige der Berliner Hausbesetzerszene oder Feministinnen zum Ausdruck. Immer wieder lautete die Klage der Initiativgruppen, dass die *taz*

195 Zitate nach Beywl, »Die Alternativpresse«, S. 27/28. Vgl. ähnlich: Weichler, *Gegendruck*, S. 94.

196 Die Einrichtung von Außenredaktionen wurde im Januar 1979 für Hamburg, Hannover, Köln, Frankfurt und Stuttgart und, mit Vorbehalten, für München beschlossen. Daneben gab es viele Initiativen. So wurde etwa die Stuttgarter Redaktion durch Initiativen aus Freiburg, Heidelberg, Karlsruhe, Konstanz, Lörrach und Tübingen unterstützt (Schreiben der Berliner *taz*-Redaktion vom 07.02.1979, in: IISG, ID-Periodika, Collection, Box 6, Map 52, ohne fol.).

197 »Wir warten nicht auf bessere Zeitungen«, tageszeitung-Informationsblatt [Juni 1979], in: IISG, ID-Periodika, Collections, Box 6, Map 52, ohne fol. Vgl. dazu auch Magenau, *Die taz*, S. 68/69.

ihren Basisanspruch und die linksemanzipativen Ideale aufgegeben hätte.[198] Insgesamt begrenzten die schleichenden Ansätze zur Professionalisierung ab den achtziger Jahren zunehmend das Authentizitätsideal der Alternativpresse.

Die Kleinanzeigen

Die Klein- und Kontaktanzeige, so Karl-Heinz Stamm in seiner Dissertationsschrift zur alternativen Öffentlichkeit, galt als »beliebtester und unterhaltsamster Kommunikationsmodus der Szene«.[199] »Für mich sind das Lebenszeichen, ein Barometer, was so vor sich geht, wie die Leute leben. Ich les' die unheimlich gerne«, bekannte ein Zeitgenosse 1978 im *Pflasterstrand*.[200] Über die Kleinanzeigen, so ein anderer Zeitgenosse, lerne man »ein neues als zärtlich apostrophiertes Verhalten«.[201] Tatsächlich wurde hier nicht nur die Gegenkultur abgebildet, sondern ein Gegenmarkt, eine »linke Infrastruktur«[202] errichtet, die vernetzend in die Welt der konkreten Interaktion zurückwirkte. Dass dies ausgerechnet in der Markt- und Tauschsituation der Kleinanzeigen erreicht wurde, widersprach zwar der Ideologie der Konsumkritik, wurde aber durch die nur schwach geldorientierte Verhaltensweise der Inserenten abgefedert. Viele Dinge wurden gebraucht und zum kleinen Preis veräußert oder zum Verschenken und Tauschen angeboten – auf den bis Mitte der siebziger Jahre durcheinandergewürfelten Kleinanzeigenseiten fand sich die Annonce zur Partnersuche gleich neben der zur Kleingruppentherapie, die WG-Annonce neben der zur Suche nach einem alten Fahrrad. Die Katalogisierung, mithin Hierarchisierung der Anzeigen in verschiedene Rubriken, begann erst mit dem massenhaften Aufschwung des Genres und der Kommerzialisierung der Stadtillustrierten Anfang der achtziger Jahre. In den Anzeigen ging es keineswegs nur um materielle Tauschgeschäf-

198 Siehe dazu: Magenau, *Die taz*, S. 55/56, 72-77, 78-97, 101/102.

199 Stamm, *Alternative Öffentlichkeit*, S. 132.

200 »50 Jahre Pflasterstrand. Fragmente von und über uns«, in: *Pflasterstrand 50* (1978), S. 12-16, hier S. 15.

201 Hübsch, *Alternative Öffentlichkeit*, S. 22.

202 Thomas-Dietrich Lehmann, »Erscheint donnerstags mit Kleinanzeigen. Auf den Spuren einer linken Infrastruktur«, in: rotaprint 25 (Hg.), *agit 883. Revolte, Underground in Westberlin 1969-1972*, Hamburg/Berlin 2006, S. 61-70, hier S. 63. Vgl. Kröher, »Gegenöffentlichkeit«, S. 55.

te – Strafgefangene suchten mit ihrer Hilfe ebenso Kontakte »nach draußen«, wie WGs einen neuen Mitbewohner, Frustrierte nach Partnerinnen suchten oder Reiselustige nach Begleitern.

Der Kleinanzeigenteil war publizitätsorientierte Nabelschau wie voyeuristisches Vergnügen. Er imaginierte durch seine Feedback-Effekte eine linksalternative Gemeinschaft und sorgte für eine Art Selbstverständigungsprozess.[203] Als »ausgesprochen lebendig, manchmal witzig und lebenslustig, oft ironisch oder auch zornig« bezeichnet ein Autor den Kleinanzeigenmarkt in der *Agit 883* und bringt damit den Eindruck auf den Punkt, den dieses Genre bei seinen Lesern hinterließ.[204]

75 Prozent der Leser der Alternativpresse gaben 1981 an, die Stadtmagazine wegen des Veranstaltungskalenders und Kleinanzeigenmarktes zu kaufen, 31 Prozent erwarben die Zeitungen allein wegen der Kleinanzeigen, während die politischen Beiträge nur für 40 Prozent der Kaufgrund war. »Kleinanzeigen haben unter anderem die Funktion, über symbolische Gesten das Unbehagen am Zwiespalt zwischen Körper und Seele, Bewußtsein und Handlung, Theorie und Praxis, Emotion und Ratio, das für das Selbstverständnis der Alternativbewegung bedeutsam ist, zu überbrücken«,[205] kommentierte der Autor der Infratest-Umfrage diesen Umstand.

Veranstaltungskalender und Annoncenteil imaginierten zweifellos den »Wärmestrom der Ganzheitsträume« nach Tiefe, Eigentlichkeit und Sinn.[206] »Ohne die Sperrmüll-, Gerümpel- und Kontaktanzeigen sind die Stadt-›Illus‹ nicht denkbar. Ohne Zweifel bedienen sie in Inhalt und Aufmachung eine Klientel, die von etablierten Zeitungen vernachlässigt wird«, schreibt der Medienwis-

---

203 Vgl. Ulrich Greiner, »Jäger des verlorenen Schatzes. In den Kontaktanzeigen der Stadtmagazine zeigen sich Frust und Lust einer Generation«, in: *Die Zeit* 8 (15.02.1985), S. 61; Stamm, *Alternative Öffentlichkeit*, S. 113.

204 Lehmann, »Erscheint donnerstags«, S. 63.

205 Korczak, *Einstellung und Lebenswelt*, S. 29-30, Tabellenanhang S. 43, in: Archiv Infratest Forschung, Nr. 10.

206 Mohr, *Zaungäste*, S. 40, 42. In der dritten Ausgabe der *taz* (02.12.1978, S. 4) hieß es in einer Annonce über den Anzeigenverbund der scene programm presse zu den alternativen Stadtzeitungen: »Was zitty in Berlin – ist der Oxmox in Hamburg, das KursBuch in Bremen, der Überblick in Düsseldorf, die Stadt Revue in Köln, das kulturmagazin in Wuppertal, der Hiero Itzo in Göttingen, die az in Frankfurt, der plärrer in Nürnberg, die pupille in Würzburg, die ri in Regensburg, das Stuttgarter Kulturblatt in Stuttgart, das Blatt in München.«

senschaftler Otfried Jarren.[207] Die Kleinanzeigen waren ein Spiegel der kollektiven Sehnsucht nach Kitsch, Ausdruck von Larmoyanz und »wichtige Großfamilien-Nachrichten«, die die Leser mit einer gehörigen Portion Voyeurismus gelesen haben dürften.[208] Sie waren Ausdruck des alternativen Anspruchs auf Unmittelbarkeit. Wie selbstverständlich duzte man sich und sprach sich mit dem Vornamen an: »Hallo, liebe Leute! Wir suchen eine alternative Gruppe mit Kindern, die auf dem Land (lebt) und noch Leute braucht. Wir sind drei, Andreas, 25, Petra, 24, und Sunny, 3 Jahre alt, Klein-Murkel ist unterwegs«.[209] Trotz der lakonischen Kürze dieser Annonce im *Kleinanzeiger* erhält man ein Bild von diesem alternativen Kuschel-Trio, das einen gewissermaßen vom ersten Augenblick an niederduzt. Das »Du«, das sich in der Folge der Studentenbewegung zuerst unter den Studenten und linken Intellektuellen durchgesetzt hatte, war mittlerweile zum selbstverständlichen Solidaritäts- und Zusammengehörigkeitssignal der linken Scene geworden. Es war ein sowohl politischer wie generationsbedingter Marker der Vergemeinschaftung.[210]

Der typisch linksalternative Anspruch auf horizontale Kommunikation manifestierte sich auch in den oft ironischen Kommentaren des »säzzers« (*taz*) bzw. »Composers« (*Pflasterstrand*). Die Kommentare der »säzzer« waren ein Markenzeichen der *taz*. Eingeführt hatte sie Georg Schmitz. Als »Gefühlsinstanz« symbolisierten sie die »Macht der Handarbeiter gegenüber den Kopfmenschen, der Technik gegenüber der Redaktion«.[211] Wie die Kleinanzeigen wirkten sie wie eine Vermittlungsinstanz zwischen oben und unten.[212]

207 Jarren, »Funktionswandel der Presse«, S. 76.
208 Vgl. Mettke, »Verantwortlich: Milli Tanz & Anna Schie«, in: *Der Spiegel* 35 (23. 03. 1981), S. 52, 59. Ähnlich Magenau, *Die taz*, S. 103. In der Infratest-Umfrage von 1981 gaben 31 Prozent der Leser an, die Alternativpresse wegen der Kleinanzeigen zu kaufen (Korczak, *Einstellung und Lebenswelt*, S. 30, in: Archiv Infratest Forschung, Nr. 10).
209 Zitiert nach Mettke, »Selbstbespiegelungen«, S. 169/170, sowie ebd., S. 174.
210 Vgl. Hermann Bausinger, »Die heimliche Fortsetzung. Spuren von 1968 in der heutigen Alltagskultur«, in: *Berliner Blätter* 18 (1999), S. 8-10. Vgl. auch Hübsch, *Alternative Öffentlichkeit*, S. 30.
211 Magenau, *Die taz*, S. 64.
212 Stamm, *Alternative Öffentlichkeit*, S. 84 (von Neutralität kann freilich nur mit viel Naivität und Blauäugigkeit die Rede sein); Hübsch, *Alternative Öffentlichkeit*, S. 24.

Selbst die kommerziellen Anzeigen in den alternativen Stadtillustrierten, auf die freilich nach Kräften verzichtet wurde,[213] imaginierten das Milieu, wie eine Analyse der *zitty* zeigt. Jede dritte Anzeige im Jahr 1980 warb für eine Kneipe. 15 Prozent galten der Bekleidung der »Sceneasten«, aber nur 11 Prozent warben für Auto und Motorrad. Weitere 5 Prozent sollten akustische und touristische Bedürfnisse wecken.[214] Ähnlich verhielt es sich bei der *Agit 883*: Auch hier entfiel ein Drittel der kommerziellen Anzeigen auf linke Kneipen.[215] Der Alternative frönte also, folgt man diesem Werbebild, festgelegten Konsumgewohnheiten. Oder anders gelesen: Er sollte bestimmten Konsummustern folgen.

Aggressionen und Ausgrenzung

Macht kaputt, was euch kaputt macht war nicht nur der berühmte Titel und Refrain eines Songs der Band Ton Steine Scherben, sondern auch der Slogan der radikalen *Agit 883*.[216] Der Ton in den Alternativblättern schwankte zwischen spielerisch-humorvollen Bemerkungen und einer aggressiven Rhetorik, in der die Verachtung für den Staat und die Außenstehenden deutlich wurde. Saloppe, freche und aggressive Tonlagen gingen ineinander über und gerne schrieb man in alternativen Stadtmagazinen Sätze wie: »Tz – tz, Herr Stadtrat! Womöglich müssen wir Ihnen bald wieder eine reinsemmeln?«[217] In den Erlebnisberichten wurden primär Wut und Ärger ausgedrückt, ob nun gegen die »Bulleneinsätze«, das

---

213 So legte etwa das *Kölner Volksblatt* fest, dass höchstens zehn Prozent der Herstellungskosten durch Anzeigeneinnahmen einzuwerben seien. Auch bei der *Courage* lag der Werbeanteil bei zehn Prozent und bei der *taz* betrug der Anteil der Werbeeinnahmen selbst 1982 sogar nur vier Prozent (Weichler, *Gegendruck*, S. 67, 178, 212; Zelinski, »Frauen schreiben für Frauen«, S. 193). Vgl. auch Horn, *Abschied*, S. 49, 55.

214 Mettke, »Verantwortlich: Milli Tanz & Anna Schie«, in: *Der Spiegel* 35 (23.03.1981), S. 56.

215 Lehmann, »Erscheint donnerstags«, S. 65.

216 Zitiert nach Käsmayr, *Die sogenannte Alternativpresse*, S. 22.

217 Volker Präkelt, »›Ein Arschloch ist ein Arschloch‹ oder Eine Exkursion zu den Stilblüten in der Bleiwüste oder Neue Sprache – Neuer Sinn?«, in: Kurt Weichler, *Gegendruck. Lust und Frust der alternativen Presse*, Reinbek 1983, S. 100-111, hier S. 107.

»Absahnertum« der Hausbesitzer, das »Mackergehabe« der Männer, die »Beamtenschweine« oder die »Volksverarschung« durch die Massenmedien. Immer wieder wurden die Aussagen reproduziert, dass dieser oder jener Angeklagte unschuldig sei, der Staatsanwalt und Richter »Schweine« seien und das Ganze demzufolge ein »Schweinesystem«.[218] In der *Agit 883* bezeichnete man Polizisten regelmäßig als *pigs*: »Pig ist Pig … und Pig muß putt«, hieß es im Mai 1970 in dieser zeitweise dem Terrorismus nahestehenden Postille.[219] Der Hass richtete sich in erster Linie gegen Staat und Kapitalismus. Dies findet sich etwa im Konzept der Stadtguerilla mit den Anleitungen zum Bombenbasteln und zu »handfesten Kampfmethoden« oder in der Kritik an der »faschistischen« Repression in den Gefängnissen und Gesetzeserlassen unter Kanzler Helmut Schmidt. In der *Info-BUG* gab es eine ständige Rubrik, in der Neuigkeiten aus den Justizvollzugsanstalten gemeldet wurden. Insbesondere die Haftbedingungen der RAF-Mitglieder, die Unterstützung der Gefangenen und der Verlauf der Prozesse fanden große Aufmerksamkeit.[220] Die *radikal* machte Formen staatlicher Repression in fast jeder Ausgabe zum Hauptthema. In der Frauenbewegung kam die Aggression in radikalster Form in Valerie Solanas' *Manifest zur Vernichtung der Männer* zum Ausdruck.

Das Empfinden der Alternativen, permanent staatlichen Repressionen und anderen Einschränkungen ausgesetzt zu sein, transportierten alle Alternativblätter und -zeitschriften gleichermaßen. Eine Befragung der Leser des *Kölner Volksblatts* im Jahr 1978 zeigt deutlich, dass eine Berichterstattung über »Polizei und Repression« an der Spitze der favorisierten Themenbereiche rangierte.[221] Ganz eindeutig gehörte »Repression« – neben Ökologie, Frieden, alter-

218 Präkelt, »Ein Arschloch ist ein Arschloch«, S. 108, 110; Weichler, *Gegendruck*, S. 205.

219 *Agit 883* 61 (22.05.1970), S. 6.

220 *Info-BUG* 146 (04.03.1977), S. 4; Käsmayr, *Die sogenannte Alternativpresse*, S. 23; Stamm, *Alternative Öffentlichkeit*, S. 86-88; *Agit 883* 13 (18.05.1969), S. 1. Bezeichnend ist ein Artikel im *Info-BUG* 141 (31.01.1977, S. 2b), in dem der Autor bereits fürchtete, »daß viele info-leser und leserinnen den nachfolgenden artikel anlesen bzw. überlesen werden. ›schon wieder knast‹ wird es in zahlreichen köpfen bzw. munde heißen«.

221 Weichler, *Die anderen Medien*, S. 63. Abdruck der Liste bei Weichler, *Gegendruck*, S. 89.

nativem Leben, Frauen und Internationalismus – zu den Themenschwerpunkten der alternativen Medien.[222]

Es war der Gestus des Ausgegrenztseins und die Stilisierung der eigenen Ausgrenzung, auf die sich die Veröffentlichungen der »unterbliebenen« oder »unterdrückten« Nachrichten bzw. »unterschlagenen Informationen« bezogen. Das galt für die Frauenbewegung ebenso wie für die Umwelt-, Anti-AKW- oder Hausbesetzerbewegung, die sich von jeweils anderen Standpunkten aus in ihrer freien Entfaltung gehindert sahen. Im Editorial der Nullnummer der *Courage* vom Juni 1976 hieß es schlicht: »Wir wollen über aktuelle Ereignisse informieren, Mißstände aufdecken und anprangern, einzelne Frauen und Gruppen von Frauen zu Wort kommen lassen, über ihre Erfahrungen und Initiativen berichten«.[223] Im September desselben Jahres hieß es unter der Rubrik »In eigener Sache« mit Bezug auf die Figur der Mutter Courage aus dem berühmten Stück von Bertolt Brecht:

Courage lernt aus den bitteren Erfahrungen, die sie mit so vielen Männern ihrer Zeit, mit deren Haß auf selbständige Frauen machen muß. […] Sie, die Betrogene, Bestohlene, Geschlagene, Vergewaltigte, setzt sich allerdings nicht mit denselben Mitteln zu Wehr […]. Courage, die selbständig handelnde Frau […]. Dafür mag ›COURAGE‹ stehen. Nicht für mehr und nicht weniger.[224]

Auch bei den ökologischen Bürgerinitiativen war der antistaatliche Gestus nicht zu übersehen. In einer Ausgabe der Zeitschrift *bbu aktuell* aus dem Jahre 1979, dem Organ des einflussreichen Bundesverbandes Bürgerinitiativen Umweltschutz, hieß es:

Im Kampf gegen Atomkraftwerke zeichnet sich erstmals die Möglichkeit ab, in einem gemeinsamen – wenn auch verspäteten – Widerstand eine zukünftige Katastrophe, ein neuartiges Holocaust, abzuwenden. […] Das eine ist nicht zu bewältigen, weil es Vergangenheit ist, das andere ist heute zu bewältigen, damit des nicht Zukunft wird.

Im Rückgriff auf den Holocaust wollte man die eigene moralische Unantastbarkeit ebenso stilisieren wie die Opferrolle gegenüber dem mächtigen Staat und der Atomindustrie. Auf gleicher

222 Weichler, *Die anderen Medien*, S. 67/68; Horn, *Abschied*, S. 23-27.
223 »In eigener Sache«, in: *Courage* 0 (Juni 1976), S. 2.
224 Ebd.

Linie lagen Deutungen der Umweltbewegung als »Befreiungsbewegung« gegen die »Geheimpolitik« des Staates oder die Selbstbezeichnung des BBU als »Gegenparlament« gegen die »Macht großer Kapitalgruppen«.[225] Dabei zielten viele Forderungen der Umweltinitiativen auf staatliche Regelungen – von der Festsetzung bestimmter zulässiger Grenzwerte, dem Ausbau des öffentlichen Nahverkehrs und der Einschränkung des Autoverkehrs über Umweltschutzprogramme, Verhinderung vom AKW-Neubauten durch Genehmigungsbehörden bis zu steuerpolitischen Maßnahmen im Bereich der Energiekosten.[226]

Kapitalismus und Konsumismus, bürokratische Mechanismen, Schablonendenken und Normierungsverfahren wurden einer zum Teil ätzenden Kritik unterzogen.[227] Stärker noch jedoch waren der Staat und seine Organe Zielscheibe der kritischen Berichterstattung – und das nicht nur in den Blättern *Agit 883*, *radikal* oder der *Info-BUG*, die zum Teil tatsächlich massiv vom Staat überwacht und verfolgt wurden. Hier waren die staatlichen Reaktionen oft überzogen und teilweise drakonisch. Die Polizeibehörden ermittelten gegen die Alternativblätter aufgrund von Verstößen gegen das Pressegesetz, Anleitung und Aufforderung zur Billigung von Straftaten oder wegen Beleidigung der Staatsorgane. So wurden beispielsweise insgesamt 18 Ausgaben der *Agit 883* zum Anlass für staatsanwaltschaftliche Ermittlungen. Im Zusammenhang mit diesen Verfahren kam es zu Hausdurchsuchungen, Beschlagnahmungen und Festnahmen. Die Prozesse endeten allerdings nicht selten mit Freisprüchen oder kleineren Geldstrafen oder wurden gleich ganz eingestellt.[228] Im turbulenten Jahr 1977 wurden die Redaktionsräume der *Info-BUG* mehrfach durchsucht – gegen einige Mitarbeiter wurden sogar Haftbefehle ausgestellt. Ihre Gefühle beschrieben die

225 Diese Zitate und weitere Belege bei Jens I. Engels, *Naturpolitik in der Bundesrepublik. Ideenwelt und politische Verhaltensstile in Naturschutz und Umweltbewegung 1950-1980*, Paderborn 2006, S. 393-399, hier S. 396, 395, 337.

226 Siehe hierzu: Engels, *Naturpolitik*, S. 332-344.

227 Schwanhäußer, *Stilrevolte Underground*, S. 89.

228 Freia Anders, »Agit 883 im Fokus der Strafjustiz«, in: rotaprint 25 (Hg.), *agit 883. Revolte, Underground in Westberlin 1969-1972*, Hamburg, Berlin 2006, S. 241-253; Andresen u. a., »Unruhe«, S. 40-43. Vgl. auch Freia Anders, »Die radikal und das Strafrecht«, in: dies., Ingrid Gilcher-Holtey (Hg.), *Herausforderungen des staatlichen Gewaltmonopols. Recht und politisch motivierte Gewalt am Ende des 20. Jahrhunderts*, Frankfurt/M., New York 2006, S. 221-257.

Heftautoren als eine Mischung aus Zorn und Wut einerseits, Niedergeschlagenheit, Angst und Hilflosigkeit andererseits. Nach der Entführung der Lufthansa-Maschine Landshut durch Terroristen der Volksfront zur Befreiung Palästinas hieß es: »OK, Angst ist da, OK die Identifikation mit den Flugzeugentführern ist nicht da, der Terror des Staates ist da, offen wie nie zuvor.« Bereits eine Woche zuvor hatte man in demselben Blatt seiner Überzeugung Ausdruck verliehen, »in dieser Gesellschaft nicht leben zu können«.[229]

In den anarchistisch ausgerichteten Organen der autonomen Hausbesetzerszene und der Anti-AKW-Bewegung war ein harter, militanter Ton gegen die »Bullen« oder das »Schweinesystem« gang und gäbe.[230] Die Staatsverdrossenheit war in diesen Szenen am stärksten ausgeprägt, die Kämpfe mit der Polizei gehörten zum Alltagsgeschäft. Aber auch in den friedlicheren Teilen der Alternativkultur wie etwa in der Zeitschrift *Blatt* betonte man den Bruch mit Staat und Mehrheitsgesellschaft: »Die warten nicht, bis wir sie reizen; die reizen wir, weil es uns gibt.«[231] Auch die *taz* hat eine ellenlange Prozess-Chronik vorzuweisen. Nicht weniger als 250 Verfahren wurden bis zum Ende der achtziger Jahre aus unterschiedlichsten Gründen gegen sie angestrengt. Die Macht der exekutiven Gewalt und der »regierenden Kackvögel« wurde hier nicht nur abstrakt beschrieben und verhöhnt, sondern auch konkret erlebt. Seit ihrer Gründung wurde die Zeitung vom Verfassungsschutz observiert und immer wieder erhielt die Redaktion Besuch von der Kriminalpolizei, vom BKA oder dem Staatsschutz. 1988/89 wurde öffentlich, dass die persönlichen Daten von Redakteuren gespeichert, Post geöffnet, Spitzel eingeschleust und Dossiers beim Verfassungsschutz angelegt worden waren. Die »Sachakte taz« umfasste mehr als 50 Ordner, bis die Beobachtung im Mai 1988 endlich eingestellt wurde. Insbesondere in der ersten Hälfte der achtziger Jahre erhoffte man sich hier Erkenntnisse über das militante Umfeld der RAF, der AKW-Gegner und der Hausbesetzer.[232]

Der Abdruck von RAF-Schreiben, von Stellungnahmen zum Terrorismus oder von Michael Baumanns autobiographischem Be-

229 *Info-BUG* 178 (24.10.1977), S.4; *Info-BUG* 177 (07.10.1977), S.1.
230 Beispiele bei Mettke, »Selbstbespiegelungen«, S.160-164.
231 Zitiert nach ebd., S.164. Vgl. auch »Gesucht wird: ›Carlo Sponti‹ – Terrorist«, in: *Blatt* 72 (1976), S.13.
232 Magenau, *Die taz*, S.149-156.

richt *Wie alles anfing* führten immer wieder zu Durchsuchungen, Beschlagnahmungen oder Verhaftungen gemäß der 1976 eingeführten Paragraphen 88a (Verbreitung von Schriften, die die Befürwortung von Gewalttaten enthalten) und 129a (Bildung einer terroristischen Vereinigung). Auch die Paragraphen 140a (Belohnung und Billigung von Straftaten) und 130a des Strafgesetzbuches, welcher das Werben für terroristische Vereinigungen unter Strafe stellte, kamen häufiger zur Anwendung. Allein auf der Grundlage des Paragraphen 88a waren in den ersten drei Jahren nach seiner Einführung 103 Ermittlungsverfahren eingeleitet worden. Allerdings kam es nur zu fünf Verurteilungen.[233] Nachdem etwa die *Info-BUG* Stellungnahmen der sogenannten »Undogmatischen Linken« für und gegen die Erschießung von Jürgen Ponto, Siegfried Buback und Hanns Martin Schleyer publiziert und eine von ihnen mit der Forderung »Schafft viele Bubacks« kommentiert hatte, kam es zu Prozessen, die in vier Fällen mit Freiheitsstrafen bis zu einem Jahr endeten. Acht Monate nach Inkrafttreten des 14. Strafrechtsänderungsgesetzes, das unter anderem die Einfügung der Paragraphen 88a und 130a ins Strafgesetzbuch vorsah, wurden in acht Städten linke Buchläden und Vertriebe durchsucht. Der Verband des linken Buchhandels (VLB) reagierte schnell mit gemeinsamen Aktionstagen und forderte die Herausgabe der beschlagnahmten »grauen Literatur«. Die Stuttgarter Zeitung *s'Blättle* berichtete 1982 über die Beschlagnahmung einer Oldenburger Schwesterzeitung und druckte in derselben Ausgabe auch noch die Hungerstreikerklärung der inhaftierten RAF-Mitglieder ab, woraufhin die Polizei Redaktionsräume, Druckerei und die Wohngemeinschaften der Redakteure durchsuchte, Abo- und Verkaufsstellenkartei, Druckmaschine wie auch die Mitgliederkartei eines regionalen Netzwerks beschlagnahmte. Ähnliches widerfuhr dem Berliner AGIT-Druck-Kollektiv im Oktober 1977, welches für die linke Szene – von der Roten Hilfe über den KB bis hin zum örtlichen Frauenzentrum – tätig war. Konkreter Grund der polizeilichen Durchsuchungen war das bloße Drucken der Aufrufe terroristischer Vereinigungen (Bewegung 2. Juni und der Revolutionären Zellen) für die *Info-BUG*.

233 Gunnar Hinck, *Wir waren wie Maschinen. Die bundesrepublikanische Linke der siebziger Jahre*, Berlin 2012, S. 278/279. Der juristisch problematische Paragraph 129a, der bereits vor einer Straftat angewendet werden konnte (geistige Vorbereitung), wurde 1981 wieder abgeschafft.

Auch bei der *taz*, die im August 1982 zwei Dokumente der RAF veröffentlichte, rückte die Polizei in die Verlagsräume und die Wohnung des verantwortlichen Redakteurs Max Thomas Mehr ein, um nach dem vollständigen Text der Erklärungen zu suchen. Ende der siebziger Jahre, so zeigt eine Durchsicht der Berichterstattung im ID, kam es innerhalb von drei Jahren zu insgesamt 50 dokumentierten Fällen polizeilichen Eingreifens bei alternativen Zeitungen und Zeitschriften.[234]

Selbst die betont undogmatische Alternativzeitung *Blatt* wurde von der Polizei verfolgt – und sei es nur, wie im April 1976, wegen einer Comiczeichnung, in der nach Ansicht eines Richters zu sehen ist, wie ein Molotowcocktail geworfen wird. Knapp ein Jahr darauf durchsuchten Polizisten die Redaktion und beschlagnahmten ein Brokdorf-Plakat mit der Aufschrift »Deutsche Polizisten sind Terroristen«. Immer wieder wurden Ausgaben beschlagnahmt und die verantwortlichen Redakteure bestraft. Sympathiebekundungen für Straftaten oder deren Billigung sowie Beleidigung und Verunglimpfung des Staates waren die Hauptvorwürfe. In den ersten fünf Jahren seiner Existenz wurde gegen das *Blatt* durchschnittlich alle drei Monate ein Verfahren eingeleitet. Immer wieder mussten die Mitarbeiter der chronisch unterfinanzierten Zeitschrift zusammenlegen, um die verhängten Strafen abzuzahlen. Zielscheibe der *Blatt*-Kritik waren in der Tat oft Staat und Polizei – der Redakteur Anatol Gardner nannte den Ministerpräsidenten Alfons Goppel schon mal einen »senilen bayrischen Weißwurstpräsidenten«. 1980 verfügte die CSU-geführte Stadtverwaltung in München sogar, dass

---

234 *Info-BUG* 152 (18.04.1977), S.16; *Info-BUG* 177 (17.10.1977), S.1; Weichler, *Gegendruck*, S.54-59; Ralf Hilgenstock, »Justiz und Gegenöffentlichkeit«, in: *medium* 13, 11 (November 1983), S.4, 6; Magenau, *Die taz*, S.138-158; ID 201 (29.10.1977), ID 202 (05.11.1977), ID 203 (12.11.1977), ID 269 (17.02.1979), ID 333 (09.05.1980), alle nachgedruckt in: ID-Archiv im Internationalen Institut für Sozialgeschichte (Hg.), *Projekt Gedächtnis. ID-Artikel zum Thema Gegenöffentlichkeit 1973-1981*, Amsterdam o. J., S.80-86; Uwe Sonnenberg, »Der Verband des linken Buchhandels (VLB) in den 1970er Jahren: Ein Netzwerk innerhalb der Netzwerke«, in: Cordia Baumann u.a. (Hg.), *Linksalternative Milieus und Neue Soziale Bewegungen in den 1970er Jahren*, Heidelberg 2011, S.161-188, hier S.183/184; Mailänder/Zander, *Das kleine Westberlin-Lexikon*, S.10. Siehe zu den staatlichen Aktivitäten gegen linke Zeitungen und Buchhandlungen auch (mit sehr vielen Beispielen): ID-Archiv (Hg.), *Projekt Gedächtnis*, S.46-80.

die Zeitung nicht mehr in den öffentlichen Bibliotheken ausliegen dürfe.[235]

Die *Heidelberger Rundschau* wiederum veröffentlichte das Bild eines Kriminalpolizeibeamten, der in Zivil an einer Demonstration teilnahm, und musste sich anschließend vor einem Oberlandesgericht verantworten.[236] Der *Lahn-Dill-Bote* wurde wegen gemeinschaftlicher Beleidigung der Bundeswehr zu einer Strafe von 800 DM verurteilt, die Erlanger Zeitung *Was leßt* wurde aufgrund der Veröffentlichung der Hungerstreikerklärung der inhaftierten RAF-Mitglieder wegen Werbung für eine terroristische Vereinigung bestraft und dem Nürnberger *Plärrer* war wegen der Veröffentlichung von Anklageschriften wegen Landfriedensbruchs oder Politikerbeleidigung der Prozess gemacht worden. In einem Interview bemerkte der *Plärrer*-Redakteur Hans-Peter Buschheuer: »Freuen tut es uns schon […], daß manche Leute in den oberen Etagen Angst bekommen.« Diese durch Provokation und Ohnmachtserfahrung gekennzeichnete Selbstbestimmung hatte der bekannte US-amerikanische Aktivist Jerry Rubin bereits 1970 treffend umschrieben: »Nur im Übertreten der Vorschriften erkennen wir, wer wir sind.«[237]

Laienjournalismus, Betroffenenberichterstattung, das Bemühen um Aufhebung der Distanz zwischen Leser und Zeitungsmacher – all diese Techniken waren eng verbunden mit der Überzeugung, man werde unterdrückt. Dabei schuf der Opferstatus eine Möglichkeit zur Authentizitätsproduktion. Beschlagnahmungen und staatliche Strafen beglaubigten gewissermaßen den Ruf als gegenkulturelles Blatt und die Ernsthaftigkeit und Unerschrockenheit der linksalternativen Publikationen. Sie wurden innerhalb des Milieus wie Auszeichnungen geführt. Der Rückzug in das Alternativmilieu wurde zudem als Folge der Konfrontationen mit dem Staat

---

235 Weichler, *Gegendruck*, S. 60; Jarren, »Funktionswandel der Presse«, S. 72; Gerlach, »Druck gegen den Frust«, S. 39-40; ID 129 (12.06.1976) und ID 174 (22.04.1977), nachgedruckt in: ID-Archiv (Hg.), *Projekt Gedächtnis*, S. 78/79; ⟨http://einestages.spiegel.de/static/topicalbumbackground/3745/1/eins_gegen_alle.html⟩, letzter Zugriff am 25.03.2013.

236 Artikel »Repression«, »Wer richtet der Richter?« und »Wat dem enen sin Uhl, is dem annern sin Nachtgall«, in: ArbeitsGruppe AlternativPresse (Hg.), *Riesengroßes Verzeichnis aller Alternativzeitungen*, Bonn 1981, S. 74/75, 78/79; Weichler, *Gegendruck*, S. 96 (Interviewtext); Pokatzky, »Hinterwäldler und Plärrer«, S. 84.

237 Jerry Rubin, *Do it! Scenarios für die Revolution*, Reinbek 1971, S. 102.

ausgegeben. Polizeiliche Kontrolle, Kriminalisierung, Angst vor Überwachung und gewaltsame Auseinandersetzungen einerseits, Identitätssuche und Selbstverständnisdebatten andererseits gingen Hand in Hand.

Das Spielerische und Kreative

Das Spielerische gehörte von Beginn an zum Selbstverständnis der Alternativpresse und prägte die Darstellungsformen. Der ständige Drang zur originellen, witzigen oder abseitigen Formulierung, das Arrangement der collagierten Textstücke und Bilder wurde vom Prinzip des Spaßes und einer stilisierten Witzigkeit bestimmt, die wiederum mit den Protestformen korrespondieren sollte, denn auch die Aktionen waren von Happening und visuell-spielerischen Elementen durchzogen: »Hearings wurden zu Kostümfesten, Pressekonferenzen wurden veralbert, Demonstrationen zum Theater.«[238]

Die Macher der Zeitschrift *Päng* beispielsweise gaben jeder Ausgabe ein neues Cover, verwendeten unterschiedliche Heftformate und änderten sogar den Titel: Mal schrieb man ihn mit großem P, mal klein, mal mit drei Gs. Dass sich keine Gestaltungstradition erkennen lässt und das Layout ständig wechselte, sollte die »Subversivität des Unsteten« und die spontane Kreativität der Zeitungsmacher dokumentieren.[239] Die Flüchtigkeit wurde zum Programm der Zeitschrift – angezeigt im lautmalerischen Titel, dessen comicsprachlicher Ausdruck für ein Schussgeräusch Aggressivität und Plötzlichkeit vereinte.[240]

Farbgestaltung, Papiermaterial oder Layout wechselten in avan-

238 Käsmayr, *Die sogenannte Alternativpresse*, S. 22. Vgl. Dorothea Kraus, »Straßentheater als politische Protestform«, in: Martin Klimke, Joachim Scharloth (Hg.), *1968. Handbuch zur Kultur- und Mediengeschichte der Studentenbewegung*, Stuttgart, Weimar 2007, S. 89-100, bes. S. 96-99; Ingrid Gilcher-Holtey u. a. (Hg.), *Politisches Theater nach 1968. Regie, Dramatik und Organisation*, Frankfurt/M., New York 2006. Darin wird deutlich, dass das Straßentheater der 68er gerade durch die statische Pose, den dokumentarischen Charakter und typisierende Darstellungen gekennzeichnet war. Anfangs verzichteten die Darsteller auf Requisite, Kostüme und spielerisch-inszenatorische Mittel. Wiederholung, Aufzählung, Parallelismus, Parodie und Wortspiel standen im Vordergrund des Agitationstheaters.

239 Schwanhäußer, *Stilrevolte Underground*, S. 36/37.

240 *Päng* 5, 1973.

cierten Alternativblättern zuweilen von Ausgabe zu Ausgabe. Das Layout vieler Publikationen wirkte, als hätte man einfach drauflosgeschrieben; passend war da der öfter zu findende Hinweis, man bringe zu Papier, »was einem gerade einfällt«. Die Blattmacher wollten das Aufgeben jedweder Kontrolle, die Unentschlossenheit und ein Sich-Gehenlassen versinnbildlichen, welches sich von der Sterilität professionell gestalteter Magazine abzusetzen trachtete.[241]

Wandlung und Ungebundenheit waren hierbei, darauf weist die Ethnologin Anja Schwanhäußer hin, vom amerikanischen Underground vorgegeben.[242] Schon der Herausgeber Raymond Martin hatte seine Zeitschrift *Päng* selbstbewusst als »*die* deutsche Untergrund-Zeitung überhaupt« bezeichnet: »Alles mit der Hand geschrieben, reichlich illustriert, viele schöne Fotos. Ohne politischen Anspruch, aber voller ehrlicher Aussagen; praxisbezogen, versponnen, radikal.«[243] Die amerikanische Underground-Presse der sogenannten Beatgeneration der sechziger Jahre hatte insgesamt eine Vorbildfunktion für die deutsche Szene, denn in den USA fand sich bereits ein Jahrzehnt zuvor eine Fülle solcher Zeitungen und Zeitschriften. Schon 1967 schloss sich eine ganze Reihe von ihnen im Underground Press Syndicate und im Liberation News Service informell zusammen (dazu gehörten Blätter wie *Village Voice, East Village Other, San Francisco Oracle, Los Angeles Free Press* oder *Evergreen Review*). 1969 betrug ihre Gesamtauflage 2,5 Millionen Exemplare, 1976 beschäftigten sie insgesamt 5900 Personen. Neue Produktions- und Distributionsmethoden abseits des etablierten Verlagswesens kennzeichneten diese gegenkulturelle Praxis. Aus den USA stammte die Idee, vor allem über die Ereignisse innerhalb der Bewegung zu berichten, praktische Hinweise zu geben, die Grundzüge einer Alternativgesellschaft zu diskutieren und sich auf lokaler und regionaler Ebene zu solidarisieren. Ein Amalgam aus psychedelischen Drogen, lasziver Sexualität, Beatmusik und exzentrischen Umgangsformen in Sprache und Lebensstil bestimmten Identität und Selbstverständnis des Underground.[244]

241 Schwanhäußer, *Stilrevolte Underground*, S. 39, 49; Weichler, *Gegendruck*, S. 122.
242 Schwanhäußer, *Stilrevolte Underground*, S. 37.
243 Martin Raymond, *Verlagsprospekt*, o. J.; zitiert nach Daum, *Die 2. Kultur*, S. 104.
244 Hollstein, *Untergrund*; ders., *Die Gegengesellschaft. Alternative Lebensformen*, Bonn 1979, S. 66-79; Käsmayr, *Die sogenannte Alternativpresse*, S. 8-12; Daum, *Die 2. Kultur*, S. 70-77; Weichler, *Gegendruck*, S. 117.

Die deutsche Alternativpresse übernahm inhaltliche Impulse ebenso wie das künstlerische Konzept in Sachen Layout und Aufmachung. Ganze Text- und Bildseiten wurden nachgedruckt, die amerikanischen Comiczeichner Robert Crumb, Gilbert Shelton, Dave Sheridan oder Fred Schrier erfreuten sich höchster Beliebtheit, und ihre Figuren tauchten unzählige Male in der deutschen Alternativpresse auf.

Die Vorliebe für Comics ist ein bezeichnendes Beispiel für die spielerische Ästhetik der alternativen Zeitschriften.[245] Ambitioniert waren hierbei die Macher der *Päng*. Der UPN-Volksverlag des Initiators Raymond Martin unterhielt zugleich die deutsche *Comic-Fabrik No. 1 dieses Kontinents* (*U-Comix*).[246] Der Ex-Gammler Bernd »Brummbär«, der 1968 vor dem Wehrdienst nach London getürmt war und später nach Berlin kam, etablierte sich als Post-Zeichner, Comic-Fachmann des Märzverlags und Herausgeber der Reihe »Brumm Comix« beim Melzer Verlag.[247] Die Comics von Szenestars wie Chlodwig Poth oder Gerhard Seyfried, der seine Karriere als Setzer beim *Blatt* begann, von Burkhard Fritsche, der vornehmlich für das Münsteraner *Stadtblatt* zeichnete, wie auch von Harald Juch, *taz*-Cartoonist, Hausbesetzer und ausgebildeter Tiefdruckretuscheur, wurden immer wieder nachgedruckt – meist ohne dass die Zeichner Geld dafür bekamen.[248]

Zunächst zeigte sich in den Comics die Vorliebe für das Visuelle, mit der sich die Alternativblätter von der kargen Ästhetik der mit Text überfrachteten Theoriebücher oder von den Bleiwüsten der asketisch gestalteten Zentralorgane der K-Gruppen absetzten. Anstatt dem Lesepublikum einen quasi eisernen Lesewillen abzuverlangen, wurden Comicfiguren in nahezu jeden Artikel eingebaut. Sie waren anschaulicher Ausdruck einer um Szeneausdrücke erweiterten lustvollen Schriftsprache. Zudem spielten die angeb-

245 Schwanhäußer, *Stilrevolte Underground*, S. 78-81; Käsmayr, *Die sogenannte Alternativpresse*, S. 28/29, 32.

246 Helmut Jorga, »Comix in der Gegenkultur. Szene: U.S.A. und B.R.D«, in: Jens Gehret (Hg.), *Gegenkultur heute. Die Alternativbewegung von Woodstock bis Tunix*, Amsterdam ²1979, S. 26-31, hier S. 31.

247 Hübsch, *Alternative Öffentlichkeit*, S. 58, 94; Hübsch, *Keine Zeit für Trips*, S. 38, 40.

248 Weichler, *Gegendruck*, S. 130-137; Kröher, »Gegenöffentlichkeit«, S. 55; ⟨http://einestages.spiegel.de/static/topicalbumbackground/3745/1/eins_gegen_alle.html⟩, letzter Zugriff am 25.03.2013.

lich bewusstseinserweiternden Drogen in der LSD-getränkten Welt der Robert-Crumb-Comics oder den ständig nach Dope fahndenden und gegenüber der Obrigkeit stets respektlosen Freak Brothers von Gilbert Shelton eine ganz zentrale Rolle. Comics sollten der sinnfällige Ausdruck von Jugendlichkeit und kindlicher Ungebundenheit sein, von Farbenfreude und Phantasie. Dabei gingen die sexuellen Phantasien bis ins Pornographische und zeugten von einem reaktionären Frauenbild. Häufiger wurden die weiblichen Figuren mit riesigen Brüsten gezeichnet oder man malte ihnen eine überdimensionierte Vagina zwischen die Schenkel. Während Frauen in der maskulinen Zeichner-Gesellschaft nicht selten sexualisiert imaginiert wurden, spielte dies bei den männlichen Comichelden eine keineswegs fehlende, aber eben deutlich weniger dominante Rolle.[249]

Neben den Nachdrucken oder Nachzeichnungen der Freak-Figuren eines Shelton oder Crumb finden sich auffällig oft Science-Fiction-Comics, die Utopien oder Schreckensszenarien imaginierten und damit sowohl die Phantasie als auch die auf die Zukunft gerichteten Ängste visualisierten. Zudem waren die Comics Ausdrucksform für Provokationen. Durch Entlarvungen und Übersteigerungen enthielt das Lächerlichmachen der Spießer, Polizisten oder Kapitalisten immer auch eine aggressive Note, die dann durch die ironischen Selbstdarstellungen der Milieumitglieder abgefangen wurden.

Die alltägliche Erfahrung

Schließlich gehörte der Bezug auf Alltagsthemen in der linksalternativen Presse, der ausdrücklich formulierte Anspruch auf »Wiederaneignung von Lebensgelände«, der zuvor in den theoretischen Schriften der Situationisten formuliert worden war, zu den Techniken der Authentizitätsproduktion.[250] Entgegen der »Blut- und

---

249 Weichler, *Gegendruck*, S. 120/121; Thomas Kramer, »Asterix und die Freak Brothers, Comic-Unterwelten als Teile alternativer Kultur«, in: *Berliner Blätter. Ethnographische und ethnologische Beiträge* 15 (Oktober 1997), S. 23-26. Vgl. dazu auch die Sprachführung in afra: »Vom Bumsen und Wichsen [1973]«, in: Günther Emig u. a. (Hg.), *Die Alternativpresse. Kontroversen, Polemiken, Dokumente*, Ellwangen 1980, S. 56-62.

250 Stamm, *Alternative Öffentlichkeit*, S. 146.

Sexjournaille« sollten nicht Prominenz, außergewöhnliche Dramatik, Sensation, Skandal oder verrückte Kuriosität, sondern der unscheinbare Alltag, das Naheliegende und Vertraute thematisiert werden.[251] Man hat die Laienjournalisten daher auch als »Experten des Alltags« bezeichnet.[252] Benno Käsmayr etwa formulierte bei der Gründung seiner literarischen Alternativzeitschrift explizit den Anspruch, das »Private« sichtbar zu machen.[253] In den Frauenzeitschriften standen ohnehin alltägliche Probleme in Familienleben und Kinderbetreuung, in Sexualität und Beziehung im Mittelpunkt.[254] Dieser Ausrichtung lag ein subjektbezogenes Politikverständnis zugrunde, nach dem das Alltägliche in umfassender Weise auf das Politische bezogen werden sollte. Auch lokale politische Vorgänge wurden regelmäßig als symptomatische Ereignisse in größere Politikkontexte, in den »Gesamtzusammenhang«, gestellt. Immer wieder rückten Wertevorstellungen wie Leistungsbereitschaft, Ordnung, Autorität, Sauberkeit, Sparsamkeit, Pünktlichkeit, Disziplin, Gehorsam oder Fleiß als Regulatoren bürgerlichen Alltagshandelns in den Fokus der Kritik. In verallgemeinernder Perspektive wurde somit eine Lebensweise als authentisch vorgestellt, in der die Subjekte sich in ihren Gefühlen und Wünschen umfassend zu hinterfragen hatten und einer antibürgerlichen Bürgerlichkeit frönten.[255] Die Hinwendung des Politischen auf Emotionalität, Erfahrung und Konkretion rückte das individuelle Verhalten in einen selbstreflexiven Kontext: Die alternativen Öffentlichkeiten »reflektieren, idealtypisch formuliert, die ureigensten, authentischen Lebens- und Alltagserfahrungen der Individuen, ihre Alltagsinteressen, die damit zum Gegenstand einer allgemeinen Erörterung werden«.[256] Die ganze Lebensweise, jedwedes Alltagshandeln konnte somit zum Gegenstand kritischer Reflexion werden. Thematisch waren die Politikfelder allerdings weniger originell, als ihre Protagonisten vorgaben. So schreibt Karl-Heinz Stamm, es gelte »bislang ausgegrenzte Bereiche kommunikativ aufzuschließen«, und führt dann auf:

251 Weichler, *Gegendruck*, S. 93, 113.
252 Ebd., S. 112.
253 Hübsch, *Alternative Öffentlichkeit*, S. 26.
254 Zelinski, »Frauen schreiben für Frauen«, S. 192.
255 Stamm, *Alternative Öffentlichkeit*, S. 149-153.
256 Ebd., S. 273.

Familiale Interaktionsprozesse, Liebesbeziehungen, Kindererziehung, schulische und berufliche Bildung, das Verhältnis zu Alten und Kranken, zu Behinderten und Ausgestoßenen, all diese Bereiche und Konfliktzonen werden zum Schauplatz der Verbindung von Alltag und Politik. Die hier eruierten Bedürfnisse und Interessen werden umstandslos veröffentlicht.[257]

Sprache der Alternativblätter

Als 1981 das Erscheinen des ID eingestellt wurde, äußerten sich drei ehemalige Mitarbeiter über die »wahnsinnig betroffene‹ Neuromantik« in der Sprache und die »echt tollen‹ Scene-Erfahrungen« in der Alternativpresse. Zwar sei die Sprachführung »notwendig, sogar witzig, schön«, wenn es darum gehe, Erfahrungen aus dem Alternativmilieu selbst zu berichten. Allerdings nehme dieser Slang überhand. Es zeige sich ein »verrottende[s] Handwerkszeug«, wenn Ausdrücke wie »ist heavy« an jeder Stelle und bei jeder Gelegenheit angebracht würden.[258] Insgesamt sollte man sich in die »Schreibe‹ einfühlen« können, so dass die Lieblingsvokabeln »sich einbringen«, »an sich heranlassen« und »nicht zumachen« hießen.[259] So gehörte die Absicht, eine »möglichst authentische Sprache« zu pflegen, zu den Grundprinzipien der Alternativblätter. Interviews wurden nicht aufgearbeitet, sondern einfach vom Tonband abgeschrieben, ohne Dialektfärbungen und die »ähs« der mündlichen Rede herauszustreichen – jedwedes Redigieren wurde mit Manipulation gleichgesetzt.[260] Die Szene bekannte sich in ihrem sprachlichen Ausdruck, wie ein Zeitgenosse schrieb, »zum ›Halbfertigen‹, zur ›Spontaneität‹ im Gegensatz zum ›Ausgearbeiteten‹, zum ›Fundstück‹«.[261] »Aus- und einflippen«, »abchecken«, »herumfreaken« oder auf etwas »abfahren« gehörten zu den Lieblingsausdrücken der Sponti-

257 Ebd., S. 284.
258 »Alternativpresse. Es muß etwas passieren«, S. 83.
259 Beywl, »Gegenöffentlichkeit«, S. 69-71; Mettke, »Selbstbespiegelungen«, S. 166; ders., »Verantwortlich: Milli Tanz & Anna Schie«, in: Der Spiegel 35 (23.03.1981), S. 47.
260 Weichler, Die anderen Medien, S. 210; Helmut Hartwig, »Kompost und Kritik – Zur Ästhetik der Alternativszene«, in: Berliner Blätter. Ethnographische und ethnologische Beiträge 15 (Oktober 1997), S. 19.
261 Hübsch, Alternative Öffentlichkeit, S. 26. Vgl. Weichler, Gegendruck, S. 113.

zeitungen.[262] Körperlichkeit, Empfindung und Konkretion gingen in dieser Sprache der Alternativen eine Verbindung ein; komplizierte Satzbaumuster waren eine Ausnahme.[263] Einfachheit, Originalität, Witzigkeit und Selbstverhöhnung sowie Sensibilität und Empathie sollten so verbürgt werden, auch und gerade in Abgrenzung von der distanzierten und schablonenhaften Sprache der K-Gruppen, deren Bemühungen um theoretische Stringenz sich oft in verschachtelten Sätzen ausdrückten.[264] Während man umgangssprachliche Formen und die informalisierte Sprache aus der Zeit des hedonistischen Flügels der Studentenbewegung weiterführte, distanzierte man sich zugleich von denjenigen linksintellektuellen 68ern, welche ihre Distinktionsgewinne aus der Verwendung einer vermeintlichen Wissenschaftssprache und der gehäuften Verwendung von Fremdwörtern aus dem Bereich des (Neo-)Marxismus und der Sozialwissenschaften, insbesondere der Kritischen Theorie und der Psychologie, gezogen hatten.[265]

Mit ihrer Fülle an übertreibenden Ausdrücken (viele Superlative, häufiger Gebrauch von »stark«, »echt«, »unheimlich« etc.), ihrer Tendenz zur Gefühlsbetonung (»ich bin gut drauf«, »ich bring das echt nicht«, »gutes Feeling«, »das törnt mich an«), der Angleichung von Schriftsprache und gesprochenem Wort (»Schowi«, »Konnäktschens«) sowie der Ungenauigkeit, Vagheit und Verschwommenheit im Ausdruck (»irgendwie«, »irgendwo«) zeigte die Sprache in den Alternativblättern den Vorrang von Gefühl und Konkretion gegenüber begrifflich präziser Theoriesprache.[266] Die Sprache war

262 »Zur Kritik der Sponti-Sprache«, in: *Pflasterstrand* 10 (18.05.-31.05.1976), S. 36/37.
263 Czubayko, *Die Sprache von Studenten*, S. 109, 111; vgl. auch ebd., S. 187-192, 200-203, 212 f.; Hinck, *Wir waren wie Maschinen*, S. 329-331.
264 Hübsch, *Alternative Öffentlichkeit*, S. 28-30.
265 Joachim Scharloth, »Die Sprache der Revolte: Linke Wörter und avantgardistische Kommunikationsstile«, in: Martin Klimke, Joachim Scharloth (Hg.), *1968. Handbuch zur Kultur- und Mediengeschichte der Studentenbewegung*, Stuttgart, Weimar 2007, S. 223-234, hier S. 224-228, 232/233; Scharloth, *1968*, S. 269-347.
266 Herbert Stubenrauch, »›Scheiße, irgendwie blick ich da halt nicht mehr durch‹. Eine philologische Miniatur über die Sprache der Sponti-Linken«, in: *päd.-extra* 3 (15.03.1978), S. 44-47, hier S. 45, 47; Michael Bättig u. a., »Der Zusammenhang von Sprache und Erfahrung am Beispiel der Sprache in der Alternativ-Scene«, in: *Osnabrücker Beiträge zur Sprachtheorie* 16 (1980), S. 45-70, hier S. 58/59, 65-68; Walter Hollstein, »Autonome Lebensformen. Über die

insgesamt gesehen informell, emotional, strotzte vor Subjektivierungen in den Aussagen und blieb semantisch äußerst vage. Linguistisch betrachtet war sie von Elisionen, Assimilationen und Vulgarismen, von ostentativer Informalität und Vagheit erzeugenden Abtönungspartikeln und Heckenausdrücken geprägt.[267]

Der lässigen Mündlichkeit entsprechend, um nur ein Beispiel zu geben, schrieb etwa der Düsseldorfer Buchhändler Michael Rittendorf in der Einleitung zu der von ihm gestalteten Zeitschrift *Miri's MOTZ ZOOF*: »Nun haltet ihr den MOTZ-ZOOF 4/70 in den Krallen. [...] Törnt schön weiter, Gevatterinnen und Gevattern! Die Szene routiert [sic] schon ganz schön mächtig.«[268] Im *Pflasterstrand* von 1979 klärte man die Leser über die Feinheiten des neuen Sprachgebrauchs auf:

[E]ine der wichtigsten Hilfen der alternativen Sprache [...] [sind] die Vorbildungen. Zum Beispiel die Vorsilbe ›ab‹. Man kann sie beinahe vor jedes Wort setzten, wo sie im bürgerlich-deutschen Sprachgebrauch nicht vorkommt: z. B. ab-liegen; [...] ab-hängen [...]; ab-schnarchen [...]; ab-schlappern [...]; ab-tanzen [...]; ab-fliegen [...]. Mit Vorsilben wie ›an‹, ›aus‹ und ›um‹ kann man dasselbe Spielchen treiben.[269]

Die Übernahme englischer Wörter (*happiness, freak, punk*), die Verwendung von Ausdrücken aus der Comicsprache (»zack«, »würg«, »rumms«) und neuen Wortzusammensetzungen (»Beziehungskiste«, »Sockenschuß«), kreative Verschiebung von Wortbedeutungen (»durchziehen«, »Bulle«, »Körnerfresser«), bildhafte Ironie (»Gremienfreak«), Dramatisierungen und vielerlei Abkürzungen schufen eine sowohl identitätsverweisende als auch -stiftende Sprache, eine »Linguistik der Anspielung«, die auf gemeinsame Erfahrungen Bezug nahm, ohne diese wirklich auszudeuten und auszubuchstabieren.[270] Dieser Code wurde – neben Gestik, Kleidung und Mimik – zu einem Kommunikationsmittel, das die Innenwelt des

---

transbürgerliche Perspektive der Jugendbewegung«, in: Michael Haller (Hg.), *Aussteigen oder rebellieren. Jugendliche gegen Staat und Gesellschaft*, Hamburg 1981, S. 197-216, 210.

267 Scharloth, *1968*, S. 327-346.

268 Zitiert nach Käsmayr, *Die sogenannte Alternativpresse*, S. 42.

269 *Pflasterstrand* 68 (1979), S. 34. Ebenfalls bei Hübsch, *Alternative Öffentlichkeit*, S. 31/32.

270 Bättig u. a., »Zusammenhang von Sprache und Erfahrung«, S. 53-58.

Milieus von der bürgerlichen Außenwelt kommunikativ abgrenzen konnte.[271]

Die Anpassung der Schriftsprache an das gesprochene Wort war insofern typisch, als eine Distanzierung von der Linearität der Schriftführung deutlich werden sollte. Statt ihre Texte in schnurgeraden Linien von links nach rechts zu formatieren, bevorzugten die Alternativjournale zufälligere Gestaltungsformen. So schrieben die Autoren in Kreisformen, über Kopf oder um die Ecken herum und entzogen sich mit dem Handgeschriebenen einer linearen Logik und einfacher Nützlichkeit. In dieser Art sinnlicher Schriftführung sollte ein spontaner, gefühlsbetonter und unsteter Lebensstil ausgedrückt werden. Die Schrift sollte zu einer polysinnlichen Erfahrung werden und von Linearität, Rationalität und Distanzierung zugunsten einer »auditiven Wahrnehmung« (Marshall McLuhan) Abstand nehmen. Gemeint war die Gleichzeitigkeit von visueller und inhaltlicher Sinneserfahrung, also eine Art simultane Sinneserfahrung wie in der Musik oder im gesprochenen Wort, wo Ton und Inhalt zugleich auf den Rezipienten einwirken.[272]

Mit dem Sprachstil wurde Zugehörigkeit, Vertrautheit und Solidarität im Alternativmilieu markiert, was sich bereits im Duzen des Lesers manifestierte: »Wir duzen zum Beispiel den Leser, das ist ganz selbstverständlich. [...] Es ist eine Verbindung da zwischen dem Leser und uns«, meinte einer der Macher des *Blatts* im Juni 1977 in einer Radiosendung.[273] Selbstkritischer ist die folgende Passage, die 1976 im *Pflasterstrand* stand: »die direkte anrede des lesers soll den schein von unmittelbarkeit aufrechterhalten.« Tatsächlich wurde mit dem »Du« kein konkreter Partner angesprochen, sondern ein anonymes Gegenüber. Mit etwas süßlichen und teenagerhaften Formulierungen wie »dem lieben bruno einen ganz lieben

---

271 Stubenrauch, »»Scheiße, irgendwie blick ich da halt nicht mehr durch««, S. 44; Bättig u. a., »Zusammenhang von Sprache und Erfahrung«, S. 45.

272 Schwanhäußer, *Stilrevolte Underground*, S. 45, 51, 52; Marshall McLuhan, »Gewissensbisse der Wahrnehmung«, in: Utz Riese (Hg.), *Falsche Dokumente. Postmoderne Texte aus den USA*, Leipzig 1993, S. 102-109, hier S. 105; ders., *Understanding Media. Die magischen Kanäle*, Dresden, Basel 1995, S. 16/17, 21, 134.

273 Kühn/Marchal, »»Von der Basis für die Basis. Alternativzeitungen und ihre Macher‹ – Skript zu einer Radiosendung im SWF II«, S. 12, in: IISG, ID-Textarchiv, 0127/1-7141. Vgl. Weichler, *Gegendruck*, S. 176. Zur Durchsetzung des »Duzens« unter den Studierenden der siebziger Jahre siehe Scharloth, *1968*, S. 173-180.

gruß vom claus, gell?« wurde, wie es im *Pflasterstrand* weiter hieß, »einträchtig familie gespielt«.[274]

Ästhetik der Alternativblätter

Die Zeitschriften des linksalternativen Milieus waren auch in ästhetischer Hinsicht Ausdruck und Teil des linksalternativen Lebensstils. Die Gestaltung forderte durch ihren Stil die Gesellschaft ebenso heraus, wie sie den Milieumitgliedern Identifikationsangebote machte. Beides war auf das Engste miteinander verwoben.[275] Insgesamt lassen sich drei für die Ästhetik der Alternativblätter spezifische Elemente ausmachen.[276] Erstens bediente sich die Alternativkultur sehr häufig populärkultureller Artefakte und Bilder (vornehmlich Werbeanzeigen oder Modebilder), um diese in subversiver Absicht in einer Collage-Ästhetik umzufunktionieren, die mit Wahrnehmungsgewohnheiten brach. Für das chaotische Layout setzte man die Technik der *bricolage* ein, bei der die ausgeschnittenen populärkulturellen Bilder aus ihrer ursprünglich affirmativen Position herausgelöst wurden und durch die neue Kontextualisierung einen völlig anderen Sinn erhielten. Man eignete sich somit den »Müll« der Populärkultur an, um einen eigenen Stil zu kreieren, der in seiner assoziationsreichen Gestaltung Verwirrung stiften und linear-logische Formen hinterfragen sollte. Eingeschliffene Wahrnehmungsweisen und Darstellungskonventionen, herkömmliche Formulierungen, leblose Oberflächen und Sinnzusammenhänge sollten durch die fragmentierte Ausdrucksform der Collage durcheinandergebracht, dekonstruiert, dynamisiert und

274 »Zur Kritik der Sponti-Sprache«, in: *Pflasterstrand* 10 (18.05.-31.05.1976), S.37.
275 Schwanhäußer, *Stilrevolte Underground*, S.26. Die konsequente Kleinschreibung, wie sie etwa *Info-BUG* und der ID (bis Mitte 1975) praktizierten, sollte ebenso ein Abrücken von Hierarchien und Konventionen zum Ausdruck bringen.
276 Dazu insgesamt Schwanhäußer, *Stilrevolte Underground*. Im Ganzen war diese Ästhetik sehr stark vom amerikanischen Underground inspiriert (Andy Warhol, William S. Burroughs, Harold Nose), aber auch durch das Theater von Judith und Julian Beck oder die US-amerikanische Musik (Fugs, Velvet Underground). Dazu Siegfried, *Time is on my side*, S.549-560; Schwanhäußer, *Stilrevolte Underground*, S.13; Hollstein, *Gegengesellschaft*, S.66-74; Käsmayr, *Die sogenannte Alternativpresse*, S.8-12.

mit persönlichen Erfahrungen angereichert werden.[277] Es war das Programm der Akteure, die glatte Oberfläche des Konsumismus durch Aneignung zu verändern und zu revolutionieren, wobei dieser Prozess selbst nicht immer durchdacht war. Das Motto der Antikultur lautete eher: »Macht alles: Häßlicher, zahlreicher, weniger haltbar, wertloser, wegwerfbarer, billiger, bunter, plastischer, schöner, größer, traditionsloser, unnatürlicher, dicker, länger, breiter, schneller, grüner.«[278]

Zweitens: Das einfache fotomechanische Offsetdruckverfahren und die Kopiertechnik stellten eine grundlegende Änderung im Druckgewerbe dar, dank deren nun jedermann eine Zeitung günstig und mit einfachen Mitteln selbst produzieren konnte: Die Maschinen reduzierten die Kosten für Druck und Satz gegenüber den alten Linotypes um etwa ein Drittel. Zudem erlaubte der Offsetdruck eine offenere Gestaltung – die graphisch-ornamentale und zeichnerische Ausstattung der Blätter mit Cartoons und Comics wurde erst durch diese Technik möglich. Etwa 80 Prozent der Alternativblätter nutzten dieses Verfahren.[279] Viele sahen wie ein »veröffentlichtes Poesiealbum« aus: einerseits intensiv gestaltet, andererseits mit einfachsten handwerklichen Mitteln und kindlichen Zeichnungen operierend. Beides zusammen erzeugte den Eindruck von Intimität und Spontaneität, eine »Ästhetik der Unmittelbarkeit und Spontaneität«, die von jedem verstanden und selbst hergestellt werden konnte.[280] Der absichtliche Dilettantismus in der Gestaltung, das einfache Verfahren der Collagetechnik – sie sollten jedermann zum Künstler machen. Die Alternativblätter fanden sich damit in der Tradition der Situationisten und ihres »ABC des Konsumenten, der aufhören möchte, einer zu sein«.[281] Die selbst-

277 Schwanhäußer, *Stilrevolte Underground*, S. 55, 57, 59, 63, 96.
278 Peter O. Chotjewitz, *Vom Leben und Lernen*, Darmstadt 1969, S. 8/9.
279 Daum, *Die 2. Kultur*, S. 27; Münzel, *Entwicklung der Stadtzeitungen*, S. 12/13; Weichler, *Gegendruck*, S. 29, 129; Günther Emig u. a. (Hg.), *Die Alternativpresse. Kontroversen, Polemiken, Dokumente*, Ellwangen 1980, S. 21; Oy, »Lebenswelt Gegenöffentlichkeit«, S. 41.
280 Hartwig, »Kompost und Kritik«, S. 15/16; Daum, *Die 2. Kultur*, S. 44; Schwanhäußer, *Stilrevolte Underground*, S. 79.
281 Raoul Veineigem, »Détournement«, in: *Nilpferd des höllischen Urwalds – Spuren in eine unbekannte Stadt – Situationisten Gruppe SPUR Kommune I. Ein Ausstellungsgeflecht des Werkbundarchivs Berlin zwischen Kreuzberg und Scheunenviertel*, November 1991, S. 80.

gemalten Bilder und zuweilen ungelenken Comiczeichnungen sollten durch ihre nachlässige Bearbeitung alles Glatte, Standardisierte und Stromlinienförmige verlieren. Die vielen Tippfehler, das Zusammengestöpselte: Sie machten die Zeitungen zu einem leicht handhabbaren Gut. Spontan, offen, ehrlich: »Man beanspruchte für sich, ein zwar hässliches, dafür aber ehrlicheres Bild der Gesellschaft zu entwerfen«.[282]

Drittens folgten die Alternativblätter chaotisch-unordentlichen Gestaltungsprinzipien und hatten ein »mit Absicht verwirrendes« Layout, welches die Aufforderung enthielt, »die bestehende gesellschaftliche Ordnung […] als Ganzes auf den Kopf« zu stellen.[283] Unordnung bedeutete auch, auf feste Rubriken zu verzichten, den Leserbrief neben den recherchierten Artikel abzudrucken und gleich daneben noch eine Kleinanzeige zu platzieren.[284] Das »karnevalistische Weltempfinden« war gegen eine »beschränkte Ernsthaftigkeit«, gegen die »Vorstellung von der Notwendigkeit« gerichtet. Durch die »Karnevalisierung des Bewußtseins« sollten »neue Möglichkeiten« entstehen, formulierten die Macher der Zeitschrift *Päng*. Anja Schwanhäußer hat diese Elemente treffend als einen »semiotischen Guerillakrieg« bezeichnet.[285]

3.6 Zwischenfazit

Betroffenheitsjournalismus, die Verbreitung unterdrückter oder unterbliebener Nachrichten, nichthierarchische Arbeitsverhältnisse, offener Zugang zur Redaktion, selbstorganisierter Druck der Zeitschriften sowie parteipolitische und ökonomische Unabhängigkeit sollten die Authentizität der Alternativpresse verbürgen. Aus der ursprünglichen Revolte gegen die »bürgerlichen Massenmedien« wurde eine Revolte mit den alternativen Medien. Was Jerry Rubin für die amerikanischen Verhältnisse feststellte, galt auch für das linksalternative Milieu der Bundesrepublik ab Mitte der

---

282 Schwanhäußer, *Stilrevolte Underground*, S. 81-83 (Zitat S. 83).

283 Daum, *Die 2. Kultur*, S. 44; Schwanhäußer, *Stilrevolte Underground*, S. 43.

284 Hübsch, *Alternative Öffentlichkeit*, S. 26, 28.

285 *Päng* 1 (1970), S. 1; Schwanhäußer, *Stilrevolte Underground*, S. 63.

siebziger Jahre: »Die Underground-Presse ist das Herz der neuen Gemeinschaft.«[286]

Die linksalternative Presse entwarf ein Bild vom Empfinden, den Werten, Normen und Idealen der Alternativen; die Spontan-Presse zeichnete ein Bild von Sehnsucht nach Solidarität, Wärme und Kreativität in den Artikeln und im umfangreichen Serviceteil der Kleinanzeigen, welche vom Publikum wie Großfamilien-Anzeigen gelesen wurden. Die Alternativblätter dienten all denen als Sprachrohre, die sich auf einer euphorischen Sinnsuche befanden, die sich aus der Staatsverdrossenheit und Ablehnung einer verwalteten, einer »kalten« Außenwelt speiste. Mit den in den Artikeln vermittelten Wünschen, Empfindungen und Symbolen, durch ihre Sprachformen und die ästhetische Aufbereitung ihrer Beiträge verfolgten die Autoren den Zweck, sich der Gemeinschaftlichkeit und Authentizität zu vergewissern.

Die sozialen Hintergründe und politischen Erfahrungshorizonte der Leser und Zeitungsmacher waren einander so ähnlich, dass diese die Sprachformen, die Lebensführung und politischen Praktiken des Alternativmilieus kannten. Gleichwohl verstanden sich die Redakteure nicht als bloße »Serviceagentur«, sondern beabsichtigten, folgt man ihrer Selbsteinschätzung, ihren eigenen Interessen nachzugehen. Sozialprofil und Wünsche ihrer Leser kannten sie meist überhaupt nicht, Leserumfragen wurden erst spät und auch nur begrenzt eingesetzt.

Die Alternativmedien kultivierten den Anspruch auf Vermittlung »unmittelbarer Erfahrungen«, der sich jedoch durch einen undifferenzierten Erfahrungsbegriff auszeichnete. Es entstand ein »Mythos des Primats von der authentischen Erfahrungs- und Erlebnisproduktion, hinter der andere, mittelbare Erfahrungen nur mehr als minderwertig, zweitklassig erscheinen«.[287] Die Blattmacher bedienten sich bestimmter Authentifizierungstechniken, um Unmittelbarkeit und Gemeinschaft zu suggerieren. Authentisch zu sein bedeutete dabei, Betroffenheit, Befindlichkeit, Emotion und alltagsweltliche Nähe in Sprache und Inhalt anzuzeigen. Die Verwobenheit von Alltäglichkeit mit Politik wurde beschworen,

286 Zitiert nach Helmut Loeven, »Thesen zur Alternativpresse« [Juli 1972], in: Günther Emig u. a. (Hg.), *Die Alternativpresse. Kontroversen, Polemiken, Dokumente*, Ellwangen 1980, hier S. 64.
287 Stamm, *Alternative Öffentlichkeit*, S. 266.

die spielerische Kreativität galt als Ausweis von Lebendigkeit und Echtheit. Dabei waren der Anspruch auf Unmittelbarkeit und die Darstellung eines überschaubaren Lebensraums politische Aussagen. Sie waren gegen die Abstraktheit einer zunehmend komplexen Gesellschaft und gegen die verwaltete Welt gerichtet.

Die Alternativblätter waren zweifellos »Selbstverständigungsorgane«,[288] aber die »authentische« Betroffenenberichterstattung, die von Oskar Negt bereits früh als »Unmittelbarkeitsfetischismus« kritisiert wurde, war meist nicht mehr als eine Verschleierung der tatsächlichen Verhältnisse. Die Alternativpresse »unterstützt[e] ihre Leser auch dabei, Wahrnehmungsmuster zu entwickeln, die die Realitätsbewältigung des Einzelnen kommunizierbar machen«.[289] Interessant dabei ist weniger, dass Zeitungen im Allgemeinen Images entwerfen und Identitäten stützen, sondern die Weigerung der alternativen Blattmacher, diese Organisationsmacht ihrer eigenen Medien, diesen Mechanismus der spezifischen Realitätserzeugung anzuerkennen. Die Eigenlogik medialer Repräsentationen galt selbstredend auch für die Alternativpresse. Gerade durch die Verhüllung dieser Funktion aber, durch die vermeintliche Aufhebung des Unterschieds zwischen medialer Kommunikation und Anwesenheitskommunikation, schufen die alternativen Medien eine immense gouvernementale Macht: Unter dem Vorzeichen scheinbarer Unmittelbarkeit bestimmte die alternative Medienkultur Wahrnehmungsmodi, Wissen und Denkweisen im Alternativmilieu. »Nutze dein eigenes Potential« wurde zur Maxime der alternativen Medienpolitik. Es war »weniger die Unterwerfung als vielmehr die Entfaltung des Subjektseins«, die zum »Ziel der Macht und ihrer Techniken, Taktiken und Regulierungen« wurde.[290] Den medialen Selbstbeschreibungen kam eine realitätsstiftende Kraft im Hinblick auf konkrete Interaktionszusammenhänge zu. Alternative Medien präformierten darüber hinaus konkrete Selbst- bzw. Fremdbilder wie auch Handlungsvollzüge der lesebegeisterten und gebildeten Alternativen. Die Selbstinszenierung der Alternativöffentlichkeit

288 Weichler, *Gegendruck*, S. 89.
289 Beywl, »Gegenöffentlichkeit«, S. 70. Das Negt-Zitat bei: Weichler, *Gegendruck*, S. 73.
290 Jürgen Martschukat, »Feste Banden lose schnüren. ›Gouvernementalität‹ als analytische Perspektive auf Geschichte«, in: *Zeithistorische Forschungen/Studies in Contemporary History* 3 (2006), S. 277-283, hier S. 280.

als Medium der Dialogizität kennzeichnete ihre gouvernementale Macht. Zu ihrem Ende kam diese alternative Medienpolitik und Subjektproduktion schließlich durch die Übernahme dieser Subjektbildungstechniken in der etablierten Massenpresse.

II. Lebensräume

4. Arbeitsstrukturen:
Die Alternativökonomie des »Projekts«

> Die neuen Unternehmensberater [...] hatten
> sich während ihrer Ausbildungsjahre oft überaus
> aktiv am Gärungsprozess der 68er Bewegung
> beteiligt. [...] Niemand warb besser [...] für
> Offenheit, Optimismus und Zuversicht.
> (Luc Boltanski und Ève Chiapello)

4.1 Problemhorizont,
Umfang und Branchenstruktur

Sich in Projekten zu organisieren bedeutete für die Alternativen
ein Abrücken von den etablierten Institutionen der Gesellschaft
und eine Kritik am Kapitalismus. Die linke Szene reagierte auf das
Scheitern vorgängiger Politikkonzepte wie des »Marschs durch die
Institutionen«, des »bewaffneten Widerstands« oder des Versuchs
des Aufbaus kommunistischer Kaderparteien mit dem Gegenentwurf des selbstverwalteten Alternativprojektes. Der Sammel-
begriff »Projekt« betonte dabei, wie der Soziologe Ulrich Bröckling schreibt, den sozialen Experimentcharakter eines kollektiven
Selbstversuchs, welcher »ohne die ordnende Hand eines Souveräns
oder eines polizeywissenschaftlichen Sozialingenieurs« auszukommen trachtete:

Die Alternativprojekte verstanden sich als Labors in Sachen Selbstorganisation, was basisdemokratische, konsensorientierte Entscheidungsverfahren
ebenso einschloss wie einheitliche Entlohnung, Kollektiveigentum an den
Produktionsmitteln und das Aufweichen der Trennungen zwischen Hand-
und Kopfarbeit, Erwerbstätigkeit und Freizeit, Privatem und Politischem.
Experimentierfelder waren sie nicht zuletzt in Sachen Selbstmotivation.
Weil Geld, Prestige und Befehlsgewalt als Antriebskräfte ausfielen bzw.
abgelehnt wurden und kein Vorgesetzter die Arbeitsdisziplin überwachte,
mussten intrinsische Anreize an ihre Stelle treten. Das gemeinsame Ziel, im
und durch das Projekt sowohl die Gesellschaft wie sich selbst zu ändern, die
Identifikation mit der Gruppe und der alternativen Gegenkultur und vor
allem das Fehlen formaler Subordinationsverhältnisse sollten, so das Cre-

do der Protagonisten, jene Mischung aus Enthusiasmus und Realitätssinn freisetzen, auf welche die Projekte angewiesen waren.

Zwar waren viele dieser Alternativprojekte der siebziger Jahre ökonomisch gescheitert, aber in einer Hinsicht waren sie ihrer Zeit durchaus voraus: in der alternativen Kunst der Selbstregierung. Sie versuchten,

> eine Balance zwischen individuellen Bedürfnissen, politischen Zielen und ökonomischen Notwendigkeiten [zu] postuliere[n] [und] diese Balance stets von Neuem auszutarieren, [sie] antizipierte[n] [insofern] die Autonomisierungs-, Responsibilisierungs- und Nachhaltigkeitsprogramme, die spätestens seit den 1990er Jahren in alle Poren der Gesellschaft vorgedrungen sind.[1]

Die antikapitalistischen Sozialexperimente erwiesen sich, so Bröckling, gewissermaßen wider Willen als »Schulen unternehmerischer Tugenden«.[2] Die ursprünglich linksalternative Selbstorganisation als zentrale unternehmerische Tugend des deregulierten Postfordismus mit seinen flachen Hierarchien, der kollektiven Selbstorganisation in temporären Teams, dem flexiblen Arbeiten und autonomen Selbstmanagement verliert in dieser Perspektive ihre »Unschuld«, büßt an freiheitlicher Kraft und kritischer Substanz ein.[3]

1 Ulrich Bröckling, »Projektwelten. Anatomie einer Vergesellschaftungsform«, in: *Leviathan* 33, 3 (2005), S. 364-383, hier S. 370/371. Ebenfalls in ders., *Das unternehmerische Selbst. Soziologie einer Subjektivierungsform*, Frankfurt/M. 2007, S. 258.

2 Bröckling, »Projektwelten«, S. 371. Ähnlich argumentieren Luc Boltanski, Ève Chiapello, *Der neue Geist des Kapitalismus*, Konstanz 2003, S. 147 ff.; Johann A. Schülein (Hg.), »... vor uns die Mühen der Ebenen«. Alltagsprobleme und Perspektiven von Wohngemeinschaften, Gießen 1980, S. 258; Bröckling, Das unternehmerische Selbst; Arndt Neumann, *Kleine geile Firmen. Alternativprojekte zwischen Revolte und Management*, Hamburg 2008. Schwächer konzeptionalisiert, aber in gleicher Richtung: Stephan Malinowski, Alexander Sedlmaier, »›1968‹ als Katalysator der Konsumgesellschaft. Performative Regelverstöße, kommerzielle Adaptionen und gegenseitige Durchdringung«, in: *Geschichte und Gesellschaft* 32 (2006), S. 238-267. Überzeugender wird der Wirtschaftswandel der neunziger Jahre unter Rückgriff auf amerikanische Einflüsse erklärt: Werner Sedlmaier, »1968 und die deutschen Unternehmen. Zur Markierung eines Forschungsfeldes«, in: *Zeitschrift für Unternehmensgeschichte* 49, 1 (2004), S. 45-66, hier vor allem S. 62; Christian Kleinschmidt, »Das ›1968‹ der Manager. Fremdwahrnehmung und Selbstreflexion einer sozialen Elite in den 1960er Jahren«, in: Jan-Otmar Hesse u. a. (Hg.): *Kulturalismus, Neue Institutionenökonomie oder Theorienvielfalt. Eine Zwischenbilanz der Unternehmensgeschichte*, Essen 2002, S. 19-29.

3 Vgl. Gottfried Oy, »Selbstorganisation: Ein nicht eingelöstes Emanzipationsver-

Tatsächlich schrieb Joseph Huber bereits 1980, »Selbstverwaltung« heiße, »unternehmerisch denken und handeln [zu] lernen«. So müssten »Prinzipien eines kollektiven Managements bejaht werden« und »eigenverantwortliche Plan-, Kosten- und Kalkulationsstelle[n] im Gesamtrahmen des Betriebs« aufgebaut werden.[4] Matthias Horx, als ehemaliger *Pflasterstrand*-Redakteur ein Kind der Gegenkultur der siebziger Jahre, beschritt in den achtziger und neunziger Jahren in der Tat den Weg in die neoliberale Managementkultur. 1993 gründete er zusammen mit Peter Wippermann in Hamburg eine Unternehmensberatung, zu deren Kunden unter anderem die Konzerne Unilever, Beiersdorf und Philip Morris gehören. Immer wieder plädierte Horx hierbei für eine größere Selbstständigkeit in den Betrieben, da Autonomie, Eigenverantwortung, basisnahe Verantwortungsstrukturen und die Selbstständigkeit der Beschäftigten die effektivste Form der Unternehmensführung seien.[5]

Gleichwohl geht die tatsächliche Arbeitspraxis der Alternativprojekte nicht in der Erfolgsgeschichte postmodernen unternehmerischen Handelns auf. Die meisten Unternehmungen scheiterten letztendlich aufgrund von Finanzschwierigkeiten, Absatzproblemen, internen Konflikten, mangelhafter Arbeitseinstellung, geringer Entlohnung, hoher Fluktuation und nachlassendem Engagement schon nach einigen Jahren. Es war keineswegs die Effizienz, die die Besonderheit und Innovationsfähigkeit der Alternativbetriebe ausmachte. Nichtsdestotrotz spielten Eigenaktivität, Engagement und intrinsische Motivation, das bereitwillige Opfern von Freizeit, das unablässige Schmieden personaler Netzwerke, die Ausbildung kommunikativer, affektiver und sozialer Kompetenzen wie auch das Einüben flexibler Arbeitsstrukturen eine wichtige Rolle.[6]

sprechen von 1968?«, in: *Forschungsjournal Neue Soziale Bewegungen* 21, 3 (2008), S. 82-84, hier S. 85.

4 Joseph Huber, *Wer soll das alles ändern? Die Alternativen und die Alternativbewegung*, Berlin 1980, S. 127/128.

5 Zur Biographie von Matthias Horx siehe Neumann, *Kleine geile Firmen*, S. 61-72.

6 Boltanski, Chiapello, *Der neue Geist des Kapitalismus*, S. 156, 158 f., 163; Bröckling, *Das unternehmerische Selbst*, S. 260-266; Frank Heider u. a., *Fast wie im wirklichen Leben: Strukturanalyse selbstverwaltender Betriebe in Hessen*, Gießen 1988, S. 30; Kreutz u. a., *Alternative Projekte zwischen Fortschritt und Anpassung*, Nürnberg 1989, S. 94, 102.

Aus den sterilen Seminardiskussionen der Studentenbewegung entstanden im Laufe der siebziger Jahre zunehmend konkrete Arbeitsprojekte und Betriebe, in denen die Aktivisten ihre Vorstellungen von einer selbstbestimmten und gemeinschaftlichen Kultur umsetzten. »Selbstverwaltung« bezeichnete den Wunsch, die lang besprochenen Ansätze auszuprobieren und mit der Emanzipation in der Praxis zu beginnen. Der TUNIX-Kongress in Berlin war sichtbarer Auftakt dieser Phase. Aus der Praxis einer »Subjektivität selbstverantwortlichen individuellen und gemeinschaftsorientierten Handelns« bildete sich in den späten siebziger und in den achtziger Jahren ein breites Interesse an einer »alternativen Ökonomie«.[7] Vom »Großen Ratschlag« zur alternativen Ökonomie, den das Sozialistische Büro im Herbst 1978 organisierte, um die Suche nach alternativen Wirtschaftsformen zu reflektieren, bis hin zu den Publikationen der 1970 gegründeten und konfessionell gebundenen Arbeitsgemeinschaft Sozialpolitischer Arbeitskreise (AG SPAK) und den damit verbundenen Publikationen Rolf Schwendters spannte sich ein weiter Bogen intellektueller Selbstbeschau.[8]

Die Größenordnung der alternativen Ökonomie ist dabei schwierig einzuschätzen. Die empirischen Studien tragen zum Teil aufgrund geringer Fallzahlen, unklarer Auswahlkriterien oder eines sehr engen regionalen Bezugs nicht immer zur Klarheit bei.[9] Huber schätzte 1980 die Gesamtheit aller selbstorganisierten Projekte

---

7 Zitat von Gerd Vonderach (1980), nach: Frank Heider: »Selbstverwaltete Betriebe in Deutschland«, in: Roland Roth Dieter Rucht (Hg.), *Die sozialen Bewegungen in Deutschland seit 1945. Ein Handbuch*, Frankfurt/M., New York 2008, S. 515. Vgl. ebd., S. 515/516, 520/521.

8 Arbeitsgemeinschaft sozialpolitischer Arbeitskreise (Hg.), *Zur Alternativen Ökonomie I*, Berlin, München ³1977; Arbeitsgemeinschaft sozialpolitischer Arbeitskreise (Hg.), *Zur Alternativen Ökonomie II*, Berlin 1977; Arbeitsgemeinschaft sozialpolitischer Arbeitskreise (Hg.), *Zur Alternativen Ökonomie III*, Berlin 1978; Silke Mende, *»Nicht rechts, nicht links, sondern vorn«. Eine Geschichte der Gründungsgrünen*, München 2011, S. 187; Rolf Schwendter (Hg.), *Die Mühen der Berge. Grundlegungen zur alternativen Ökonomie*, Teil 1, München 1986; ders. (Hg.), *Die Mühen der Ebenen. Grundlegungen zur alternativen Ökonomie*, Teil 2, München 1986.

9 Heider u.a., *Fast wie im wirklichen Leben*, S.15-27; Heider, »Selbstverwaltete Betriebe«, S.517.

sowie autonomen Arbeitskollektive und Kleinbetriebe der Bundesrepublik auf etwa 11 500, die von etwa 80 000 Personen betrieben wurden.[10] Sechs Jahre später sollen in rund 18 000 Projekten bereits 200 000 Menschen tätig gewesen sein.[11] Diese Zahlen markieren in gewisser Weise den harten Kern des Alternativmilieus, der von den Sympathisanten und Mitläufern abgegrenzt werden kann, welche sich zwar mit dem Alternativmilieu solidarisierten, deren Engagement jedoch nicht darüber hinausging, Veranstaltungen zu besuchen, Produkte aus den Alternativbetrieben zu kaufen, gelegentlich Unterschriftenlisten zu unterzeichnen, mal bei einem Betrieb auszuhelfen oder bei einem Projekt einzuspringen.

Der Kern des alternativen Milieus betätigte sich in den Arbeitskollektiven, die von der Kfz-, Fahrrad- und Elektrowerkstatt über die Tischlerei-, Taxi-, Transport- und Entrümpelungskollektive bis zu ökologisch orientierten Lebensmittelläden, Druckereien, Buchläden, Kneipen und Cafés sowie Kinderläden, Stadtteilarbeitsgruppen oder Jugendzentrumsprojekten reichten. Solidarische Kooperation und Selbstverwirklichung standen in diesen Arbeitsformen im Mittelpunkt. Nach Hubers grober Schätzung dominierten 1980 die Dienstleistungstätigkeiten. Sie machten 70 Prozent der alternativen Ökonomie aus. Nur 18 Prozent der Projektarbeiten fielen in das Feld genuin politischer Tätigkeit und lediglich 12 Prozent in den Produktionssektor.[12]

Für einzelne Städte und Regionen liegen mittlerweile detaillierte und valide Untersuchungen vor, die weitere und präzisere Auskünfte über die Struktur der alternativen Betriebe geben können. So wurden etwa 1982 1200 Projekte aus der Berliner Alternativszene analysiert. Hinsichtlich der Frage, in welchen Feldern die dort gegründeten Projektbetriebe tätig waren, decken sich die Ergebnisse der Studie mit denen von Hubers Untersuchung für die gesamte

---

10 Huber, *Wer soll das alles ändern?*, S. 29/30. Insgesamt, so Huber, sollen sich sogar 300 000 bis 400 000 Menschen im weiteren Umfeld dieser Projekte engagiert haben.

11 Wolfgang Walz, »Für Alternativökonomie«, in: *Badische Zeitung* (13. 02. 1986); Klaus Gretschmann, *Wirtschaft im Schatten von Macht und Staat. Grenzen und Möglichkeiten einer Alternativökonomie*, Frankfurt/M. 1983. Zu den schwankenden Einschätzungen siehe Heider u. a., *Fast wie im wirklichen Leben*, S. 15. Wesentlich niedriger sind die unbelegten Zahlen bei Neumann, *Kleine geile Firmen*, S. 7 (4000 Projekte mit 24 000 Beschäftigten in der Mitte der achtziger Jahre).

12 Huber, *Wer soll das alles ändern?*, S. 28.

Bundesrepublik. Speziell der Anteil der Unternehmungen, die sich dem Dienstleistungssektor zurechnen lassen, ist nahezu identisch (71,3 Prozent) mit dem in Hubers Schätzung.[13] Dominierend waren hierbei die sozialberuflichen Dienste, beispielsweise Kinderläden, Schulen, medizinische Gruppen oder therapeutische Projekte (30,4 Prozent). Es folgten, zweitens, Projekte im Bereich Freizeit und Infrastruktur; Kneipen etwa, Kommunikationszentren oder Kinos (12,3 Prozent). Medien und Zeitungen bildeten die dritte Großgruppe innerhalb des Dienstleistungssektors (11,7 Prozent).

Im Vergleich zum Rest der Republik hatte Berlin offenkundig eine starke »sozialtherapeutische Funktion für die ›lost generation‹«: Bundesweit brachte es der sozialberufliche Sektor nämlich nur auf 22 Prozent. Auch war die Stadt insgesamt etwas politischer als die übrige westdeutsche Alternativszene – 22,7 Prozent der Berliner Alternativprojekte hatten einen explizit politischen Charakter oder einen unmittelbaren politischen Bezug (Bürger- und Stadtteilinitiativen etwa), während in der gesamten Republik 18 Prozent in diesen Bereich fielen. Die Produktion hatte in Berlin freilich ein deutlich geringeres Gewicht (6 Prozent gegenüber 12 Prozent bundesweit), weil der Bereich der landwirtschaftlichen und handwerklichen Produktion, meist in den Landkommunen angesiedelt, hier keine Rolle spielte.[14]

Ein Drittel aller Berliner Alternativbetriebe war in Kreuzberg ansässig, fast 15 Prozent entfielen auf Schöneberg[15] – beinahe die

13 Grundlage für die Untersuchung war eine Auswertung von: Arbeitsgruppe Westberliner Stattbuch (Hg.), *Stattbuch 2. Ein alternativer Wegweiser durch Berlin*, Berlin 1980.

14 Lothar Kolenberger, Hanns-Albrecht Schwarz, *Abschlußbericht des Projekts: Zum Problem einer »Zweiten Kultur« in West-Berlin* (Berlin-Forschung, Förderprogramm der FU Berlin für junge Wissenschaftler), 1982, Teil A, S. 33a, in: APO-Archiv (ohne Signatur), (Zitat S. 31); Huber, *Wer soll das alles ändern?*, S. 28. Thomas-Dietrich Lehmann fand in den 200 gewerblichen Anzeigen in der *Agit 883* (1969-1972) ein Drittel Annoncen von Kneipen und Restaurants, 62 Annoncen aus dem Bereich Buch, Druck und Verlagswesen, weitere 10 von Kinos und Theatern sowie 26 Annoncen, die für verschiedene Szenetreffpunkte und politische Initiativen warben. Weitere 17 entfielen auf den Bereich der Arbeit und 18 auf den Bereich Konsum (Thomas-Dietrich Lehmann, »Erscheint donnerstags mit Kleinanzeigen. Auf den Spuren einer linken Infrastruktur«, in: rotaprint 25 [Hg.], *agit 883. Revolte, Underground in Westberlin 1969-1972*, Hamburg, Berlin 2006, S. 61-70, hier S. 65/66).

15 Kolenberger/Schwarz, *Abschlußbericht*, Teil A, S. 38a.

Hälfte aller Berliner Alternativbetriebe also war in diesen beiden Stadtteilen beheimatet. Diese dichte Konzentration spricht für die Bedeutung der unmittelbaren und interpersonalen Beziehungsnetzwerke sowie der alltagsweltlichen Eingebundenheit der alternativen Projektwelten. In Reinickendorf oder Spandau war es viel schwieriger, derlei Projekte überhaupt erst einmal aufzubauen, weil es an entsprechenden Solidarbeziehungen in der Nachbarschaft fehlte. Zugleich waren Kreuzberg und Schöneberg aber auch die beiden Bezirke mit der höchsten Arbeitslosenquote – fast 43 Prozent aller Berliner Arbeitslosen wohnten hier. Vor allem im ehemaligen Arbeiterbezirk Kreuzberg fand sich eine Mischung aus sozial Schwachen, Gastarbeitern und Studenten zusammen, die die günstigen Wohnmöglichkeiten in dem zum Sanierungsgebiet erklärten Viertel nutzten. Der an Ostberlin grenzende Randbezirk hatte seit dem Mauerbau massiv an Bedeutung für Handel und Produktion verloren – die verlassenen Gewerberäume boten nun billige und in ihrer Größe nahezu ideale Räumlichkeiten für die Verwirklichung alternativer Projekte.[16]

Neben den Erhebungen zur Mauerstadt gibt es Studien zum Bundesland Hessen mit der Metropole Frankfurt, in denen während der Jahre 1986 und 1987 244 selbstverwaltete Betriebe untersucht wurden – allein 73 davon befanden sich in Frankfurt. Tatsächlich vereinten die Städte Kassel, Marburg, Darmstadt, Gießen und Frankfurt 62 Prozent aller selbstverwalteter Betriebe aus ganz Hessen. Die Forscher begründen diesen Befund mit dem »Vorhandensein eines akademischen Umfeldes«, welches die »Ansiedlung von selbstverwalteten Betrieben« begünstige. Wie in Berlin war auch hier die Mehrzahl der Betriebe im Dienstleistungssektor angesiedelt (50 Prozent), das verarbeitende Gewerbe kam auf 13 Prozent, während Handwerk und Landwirtschaft zusammengenommen gerade einmal 6,9 Prozent ausmachten. Die größten Gruppen unter den 122 Betrieben im Dienstleistungssektor stellten das Gaststättengewerbe (31 Betriebe), der Bereich Kulturproduktion und Medien inklusive Kinos, Kulturveranstalter oder Theatergruppen (26 Betriebe) sowie die Buch- und Zeitschriftenverlage (19 Betriebe). Auch Unterricht, Bildung und Gesundheit bildeten kleine Untergruppen innerhalb des Dienstleistungsgewerbes. Daneben ist der

16 Ebd., S. 38-40.

Einzelhandel als Teil des tertiären Sektors erwähnenswert (58 Betriebe), wobei hier der Buchhandel (20 Betriebe) und die Naturkostläden und Weinhandlungen (16 Betriebe) dominierten.[17]

Die erste Gründungswelle der hessischen Alternativbetriebe fand in den Jahren 1976 bis 1980 statt, in den folgenden fünf Jahren wurden dann nochmals mehr Betriebe neu gegründet. Die Neugründungen standen fast alle im Zusammenhang mit den aktuellen Diskussionen innerhalb der Neuen Frauenbewegung, der Ökologiediskussion und den Auseinandersetzungen im Gesundheits- und Pflegebereich.[18]

Eine Studie zu den Großräumen Hannover und Nürnberg kam ebenfalls zu ähnlichen Branchenverteilungen. In einer Längsschnittuntersuchung zu Anfang und Mitte der achtziger Jahre wurden 83 alternative Projekte und 12 Initiativen erfasst. Wiederum zeigte sich, dass die Alternativbetriebe vornehmlich ab Mitte der siebziger Jahre gegründet worden waren und zu knapp der Hälfte im Dienstleistungssektor tätig waren, während Land- und Forstwirtschaft mit 5,3 bzw. 3,3 Prozent (Stichjahre 1982 und 1985) vernachlässigt werden können. Das verarbeitende Gewerbe kam auf einen Anteil von rund 15 Prozent.[19]

Eine breitflächige Untersuchung über die gesamte großstädtische Alternativszene aus dem Jahr 1981 ergab wiederum einen Anteil von 42 Prozent für den Dienstleistungssektor, während hier immerhin 57,5 Prozent der Alternativprojekte der politischen Arbeit zugeordnet werden konnten. Bestätigt und nochmals radikalisiert wird der Befund über die Produktionsferne alternativer Projekte durch die Ergebnisse einer Infratest-Umfrage. Diese ergab, dass lediglich ein Anteil von 0,5 Prozent den Bereichen der land-

17 Heider u. a., *Fast wie im wirklichen Leben*, S. 47-52, 54 (Zitat S. 55).
18 Ebd., S. 59-62.
19 Gerhard Fröhlich, »Alternative e. V. Projekte und Bewegungen in den 1970er und 1980er Jahren«, in: Ulrike Kammerhofer-Aggermann (Hg.), *Ehrenamt und Leidenschaft. Vereine als gesellschaftliche Faktoren*, Salzburg 2002, S. 233-244; Georgia Tornow, »Alternativbetriebe: Totgesagte leben länger«, in: *taz* (09.01.1987); Heider u. a., *Fast wie im wirklichen Leben*, S. 51; Kreutz u. a., *Alternative Projekte*, S. 67. Die Erhebungsmethoden für eine Studie zu 514 selbstverwalteten Betrieben in Nordrhein-Westfalen aus dem Jahr 1988 scheint hingegen problematisch; sie wird hier nicht weiter berücksichtigt (Udo Schramm, »Selbstverwaltete Betriebe in NRW – eine Bestandsaufnahme«, in: *Forschungsjournal Neue Soziale Bewegungen* 2, 1 [1989], S. 29-33).

wirtschaftlichen Produktion und dem verarbeitenden Gewerbe entstammte.[20]

Freiburg, dessen Alternativprojekte 1985 in einer Studie des Soziologischen Instituts der städtischen Universität analysiert wurden, kam auf 87 Alternativbetriebe mit insgesamt 3250 Beschäftigten. Die Entstehung der ersten alternativen Projekte lässt sich ziemlich genau auf das Jahr 1968 datieren; 30 Prozent der bis 1985 erfolgten Existenzgründungen fielen in den zehnjährigen Zeitraum bis 1978. Zwischen 1979 und 1984 war jedoch die Hauptgründungsphase: 70 Prozent der Projekte wurden in dieser Zeitspanne ins Leben gerufen. In der Freiburger Alternativökonomie dominierten Buchhandlungen und Verlage (20 Prozent), gefolgt von Naturkost- und Fahrzeughandel mit 17,9 Prozent. In ähnlicher Größenordnung bewegten sich Schreinereien und Druckereien (16,8 Prozent), Architektur- und Anwaltspraxen (15,8 Prozent) sowie Bildungseinrichtungen und Frauenhäuser (14,7 Prozent). Mit deutlichem Abstand folgten Reparatur und Entrümpelung (7,4 Prozent), Gaststätten und Cafés (4,2 Prozent) sowie Transport- und Umzugsunternehmen (3,2 Prozent).[21]

Kurzum: Die angebliche Handwerksorientierung der linksalternativen Szene ist eine Legende, die vor allem durch viele Artikel des *Spiegels* erzeugt worden war.[22] Dieses neoromantische Bild wurde auch von grünen Spitzenpolitikern wie Petra Kelly entworfen, skizzierte diese doch eine Wirtschaftsform, die mit der Realität alternativen Wirtschaftens fast nichts zu tun hatte: »Wir setzen uns […] ein, für die Errichtung von handwerklichen, dezentralisierten Modellbetrieben, die die sanfte Technik voranbringen können, die dauerhafte, reparaturfähige Güter herstellen können, und wir tre-

---

20 Dieter Korczak, *Zur Einstellung und Lebenswelt von Alternativen*, München 1982, S. 53, in: Archiv Infratest Forschung, Nr. 10. Ähnlich auch die Ergebnisse für das Saarland: Werner Becker, »Zur Struktur der Alternativökonomie im Saarland – Ergebnisse einer Regionalstudie«, in: *Forschungsjournal Neue Soziale Bewegungen* 2, 1 (1989), S. 21-33, hier S. 25/26.

21 »Ohne Idealismus kaum Chancen zum Überleben«, in: *Freiburger Zeitung* 299 (28./29.12.1985).

22 Vgl. zum Bild des *Spiegels* von den Alternativen: Sven Reichardt, »Inszenierung und Authentizität. Zirkulation visueller Vorstellungen über den Typus des linksalternativen Körpers«, in: Habbo Knoch (Hg.), *Bürgersinn mit Weltgefühl. Politische Kultur und solidarischer Protest in den sechziger und siebziger Jahren*, Göttingen 2007, S. 223-250, hier S. 235-246.

ten ein für ›qualitatives Wachstum‹ und eine ökologisch angepasste Kreislaufwirtschaft«.[23]

Tatsächlich hatten die Alternativbetriebe ihren Schwerpunkt im Dienstleistungssektor. Damit lagen sie mitten im Trend einer sich etablierenden Dienstleistungsgesellschaft. Der Übergang von der Produktions- zur Dienstleistungsgesellschaft zeichnete sich in der Bundesrepublik zwar schon seit dem Ende der fünfziger Jahre ab, aber erst im Laufe der sechziger und siebziger Jahre gewannen die Dienstleistungen in den Bereichen Bildungswesen, Wohnungsbau, Gesundheitswesen, Freizeiteinrichtungen, öffentlicher Nahverkehr und kulturelle Angebote an Raum. Ein echter intersektoraler Wandel fand erst im Zuge der Deindustrialisierungswellen von 1973 bis 1975 und von 1979 bis 1983 statt. Die Zahl der Angestellten im Dienstleistungsbereich (staatlich wie privat) wuchs, und im Zuge dessen stiegen auch die Bildungsanforderungen auf dem Arbeitsmarkt.[24] Die Alternativökonomie war somit keineswegs rückschrittlich oder neoromantisch. Die hochgebildeten Beschäftigten der Alternativökonomie waren dem zeitgenössischen Trend zur Wissensgesellschaft sogar voraus und nahmen Entwicklungen der achtziger und neunziger Jahre vorweg. Erst zu dieser Zeit gewannen etwa die Medien eine ausgeprägte wirtschaftliche Bedeutung, die sie aber in der Alternativökonomie bereits in den siebziger Jahren hatten. Der Wandel der Arbeitsstrukturen in Richtung Selbstverantwortlichkeit, der den Kapitalismus der neunziger Jahre mitprägen sollte, hatte bereits in der Alternativökonomie der siebziger Jahre einen festen Platz.

23 Interview mit Petra Kelly von 1979, zitiert nach Saskia Richter, *Die Aktivistin. Das Leben der Petra Kelly*, München 2010, S. 110.

24 Gerald Ambrosius, »Sektoraler Wandel und internationale Verflechtung: Die bundesdeutsche Wirtschaft im Übergang zu einem neuen Strukturmuster«, in: Thomas Raithel u. a. (Hg.), *Auf dem Weg in eine neue Moderne? Die Bundesrepublik Deutschland in den siebziger und achtziger Jahren*, München 2009, S. 17-30; Stefan Hradil, »Arbeit, Freizeit, Konsum: Von der Klassengesellschaft zu neuen Milieus?«, in: Thomas Raithel, Thomas Schlemmer (Hg.), *Die Rückkehr der Arbeitslosigkeit. Die Bundesrepublik Deutschland im europäischen Kontext 1973 bis 1989*, München 2009, S. 69-82, hier S. 70. Vgl. dazu auch Konrad H. Jarausch (Hg.), *Das Ende der Zuversicht? Die siebziger Jahre als Geschichte*, Göttingen 2008.

4.2 Sozialprofil und Motivationen

Zweifellos waren in den alternativen Betrieben vornehmlich junge und gut gebildete Menschen beschäftigt.[25] Eine Studie über die Alternativbetriebe in Hessen zeigt, wie homogen die Sozialstruktur und das politische Profil der Beschäftigten waren, deren Durchschnittsalter gerade einmal bei 35 Jahren lag. Zu drei Vierteln hatten die in den Alternativbetrieben Tätigen Abitur, wobei etwa die Hälfte einen Universitätsabschluss besaß. Andere Studien von Anfang und Mitte der achtziger Jahre kamen zu ähnlichen Ergebnissen: Das Durchschnittsalter betrug überall 25 bis 35 Jahre, die Quote der Abiturienten lag bei 70 Prozent, die der Hochschulabsolventen bei 40 Prozent. Über die Hälfte der Mitglieder alternativer Arbeitskollektive berichteten, über den Freundes- und Bekanntenkreis zu dem jeweiligen Betrieb gefunden zu haben. Das Sozialprofil der Unternehmen wurde dadurch weiter homogenisiert und die Einheitlichkeit in der politischen Sozialisation sowie in den politischen Aktivitäten nochmals erhöht.[26] Über 70 Prozent der hessischen Alternativbetriebe etwa hatten neue Mitarbeiter aus dem Freundeskreis der Angestellten rekrutiert – »dabei handelt es sich in der Regel um Personen aus derselben politischen und sozialen Subkultur«, heißt es in der entsprechenden Studie. Nur jeweils zehn Prozent fanden neue Kollektivmitglieder über das Arbeitsamt oder durch Anzeigen in der Presse.[27] Die selbstverwalteten Betriebe waren somit insgesamt ein Mittelschichtphänomen von Gebildeten aus dem grün-alternativen politischen Spektrum, die mit der Alternativökonomie die bundesrepublikanische Entwicklung zur Wissensgesellschaft teilweise vorwegnahmen.[28]

Zu den Aussteigern mit hoher Bildung gesellte sich die kleinere

25 Wolfgang Beywl u. a., *Alternative Betriebe in Nordrhein-Westfalen*, Düsseldorf 1984, S. 69; Heider u. a., *Fast wie im richtigen Leben*, S. 66, 82-84; Volker Teichert (Hg.), *Alternativen zur Erwerbsarbeit? Entwicklungstendenzen informeller und alternativer Ökonomie*, Opladen 1988.

26 Heider u. a., *Fast wie im wirklichen Leben*, S. 64/65; Becker, »Struktur der Alternativökonomie«, S. 26.

27 Heider u. a., *Fast wie im wirklichen Leben*, S. 88.

28 Ebd., S. 44, 55, 61, 82; Heider, »Selbstverwaltete Betriebe«, S. 517, 521; Klaus Müschen, *»Lieber lebendig als normal!« Selbstorganisation, kollektive Lebensformen und alternative Ökonomie*, Bensheim 1982, S. 69; Kreutz u. a., *Alternative Projekte*, S. 137/138, 140.

Gruppe von »Herausgefallenen« kleinbürgerlicher Herkunft, die oft vom Lande oder aus Kleinstädten kamen. Angehörige der 68er-Generation, ausgebildete Lehrer und Rechtsanwälte etwa, die bis dahin keine feste Arbeit gefunden hatten, wurden durch die Alternativökonomie der siebziger und achtziger Jahre wieder in den Arbeitsmarkt integriert. Auch Lehrlinge, Schüler und Studenten, die noch keine Berufsausbildung hatten oder ihre Ausbildung abgebrochen hatten, fanden hier ebenso Beschäftigung, wie Oppositionelle, die durch den Radikalenerlass mit dem Gesetz in Konflikt geraten waren (ehemalige Angehörige der DKP, der K-Gruppen oder straffällig gewordene AKW-Gegner).[29]

Es ist auffällig, dass mit steigender Arbeitslosigkeit ab dem Ende der siebziger Jahre die Anzahl alternativer Betriebe stark zunahm. Insbesondere Anfang der achtziger Jahre wuchs die Zahl der Menschen ohne Arbeit rasant an und erreichte im Jahr 1984 bereits die Marke von 2,3 Millionen – von dieser Entwicklung überproportional betroffen waren neben Frauen und Jugendlichen mit Migrationshintergrund eben auch Akademiker.[30]

Gerade Jugendliche fürchteten sich vor der Arbeitslosigkeit, wie eine Sinus-Studie von 1983 zeigt. Ganze 74 Prozent der befragten Jugendlichen gaben an, Arbeitslosigkeit sei für sie das dringendste Problem. Tatsächlich ließen sich unter den jungen Arbeitslosen, im Vergleich zu der restlichen jugendlichen Bevölkerung, deutlich höhere Sympathiewerte für die »alternative Bewegung« feststellen:

---

29 Huber, *Wer soll das alles ändern?*, S. 75-77; Müschen, *»Lieber lebendig als normal!«*, S. 68; Thomas Raithel, »Jugendarbeitslosigkeit in der Bundesrepublik Deutschland und in Frankreich in den 1970er und 1980er Jahren«, in: Thomas Raithel, Thomas Schlemmer (Hg.), *Die Rückkehr der Arbeitslosigkeit. Die Bundesrepublik Deutschland im europäischen Kontext 1973 bis 1989*, München 2009, S. 67-80, hier S. 76-79. Sehr ähnlich ist die Beschreibung des Sozialprofils bei Peter Brückner, »Zur soziologischen Struktur der Alternativszene und Subkultur«, in: Netzwerk Selbsthilfe (Hg.), *Ein Jahr Netzwerk Selbsthilfe*, Berlin 1979, S. 84-86, hier S. 84/85. Den hohen Studenten- und Beamtenanteil (Lehrer) bestätigt auch die Infratest-Umfrage von 1981 (Dieter Korczak, *Einstellung und Lebenswelt*, München 1982, S. 55, in: Archiv Infratest Forschung, Nr. 10). Auch staatliche Repressionen wie der Radikalenerlass mochten für einige den Weg in die alternative Ökonomie geebnet haben, die diese als (Teil-)Ausstieg aus der Gesellschaft empfanden (Kolenberger/Schwarz, *Abschlußbericht*, Teil A, S. 56-58).

30 Heider, »Selbstverwaltete Betriebe«, S. 516; Raithel, »Jugendarbeitslosigkeit«, S. 68/69, 78.

Die Daten zeigen, daß junge Arbeitslose [...] sehr viel mehr als die Vergleichsgruppe der Nicht-Arbeitslosen bereit sind, sich zu Ideen und Lebensformen der alternativen Bewegung zu bekennen und sie zu praktizieren.[31]

Eine Untersuchung von 137 Alternativbetrieben im Raum Ostwestfalen-Lippe stellte einen unmittelbaren Zusammenhang her und hob hervor, dass die Alternativökonomie auf die Verknappung des Arbeitsplatzangebotes im herkömmlichen Arbeitsmarkt und auf die zunehmende Sinnentleerung der abhängigen Lohnarbeit reagierte.[32] Eine andere Studie über 656 alternative Projekte in Nordrhein-Westfalen stimmte dieser Beurteilung in nahezu identischer Art und Weise zu, als dort behauptet wurde, die alternativen Betriebe lieferten eine Antwort auf die Sinnkrise der Arbeit und auf die Massenarbeitslosigkeit, die innerhalb der Gruppen der Jugendlichen, Hochschulabgänger und Frauen besonders virulent war.[33] Der in der Alternativökonomie zum Ausdruck kommende Trend zur Selbstständigkeit kann mithin als Reaktion auf die strukturelle Arbeitslosigkeit und die erschwerten Karrierewege verstanden werden. Insbesondere für Mitglieder pädagogischer Berufe – gelernte Erzieher, Sozial- oder Diplompädagogen und Sozialwissenschaftler – stellte das Engagement im alternativen Sektor offenkundig einen Ausweg aus der ab Ende der siebziger Jahre einsetzenden Akademikerarbeitslosigkeit dar. Allerdings liegen hierüber keine repräsentativen Einstellungsuntersuchungen vor, so dass kausale Verbindungen lediglich Plausibilität beanspruchen dürfen.

Aus der 1985 durchgeführten Untersuchung der Freiburger Alternativbetriebe wissen wir immerhin, dass 46 Prozent der Befragten die Frage, ob drohende Arbeitslosigkeit ein Motiv für ihr Engagement war, mit »Ja« beantwortet haben. Tatsächlich beschäftigten zwei Drittel der selbstverwalteten Betriebe ehemals Arbeitslose (58 von 87).[34] In Hessen waren 28 Prozent der Beschäftigten in den Al-

31 SINUS-Institut im Auftrag des Bundesministeriums für Jugend, Familie und Gesundheit, *Die verunsicherte Generation. Jugend und Wertewandel*, Opladen 1983, S. 17, 99-137, 157-159 (Zitat S. 158).

32 Johannes Berger u. a., *Informeller Sektor und Alternative Ökonomie. Forschungsbericht der Pilotstudie*, Bielefeld 1984, S. 9.

33 Beywl u. a., *Alternative Betriebe*.

34 »Ohne Idealismus kaum Chancen zum Überleben«; Huber, *Wer soll das alles ändern?*, S. 74-80; Kolenberger/Schwarz, *Abschlußbericht*, Teil A, S. 37, 41-43; Müschen, *»Lieber lebendig als normal!«*, S. 55, 66, 109.

ternativbetrieben vor dem Eintritt in den selbstverwalteten Betrieb arbeitslos gewesen, während die allgemeine Arbeitslosenquote 1986 in Hessen bei 6,8 Prozent lag. Ganze 78,6 Prozent der Gründer von Alternativbetrieben gaben im selben Jahr an, dass die Suche nach einem Arbeitsplatz ein »wichtiger Gesichtspunkt« für die Eröffnung des selbstverwalteten Projekts gewesen sei. 1979 hatten nur 30 Prozent der Befragten diese Antwort zu Protokoll gegeben.[35] Das Problem zunehmender Arbeitslosigkeit ab Mitte der siebziger und vor allem in den achtziger Jahren war insofern ein wichtiger Faktor für die Suche nach einer Beschäftigung im linksalternativen Sektor.[36]

Neben drohende oder befürchtete Arbeitslosigkeit traten freilich gesellschaftspolitische Motive. In Freiburg gab beispielsweise über die Hälfte der alternativen Projektgründer ihre Unzufriedenheit mit der Gesellschaft als Grund für ihr Engagement an (53,8 Prozent). Im sozialen Bereich reichte das Spektrum von der Kritik am traditionellen Umgang mit Kindern, Jugendlichen und Gefangenen bis zur Behandlung psychisch Kranker in den staatlichen Institutionen.[37]

Ein wichtiges Motiv für das Mitwirken in den alternativen Betrieben lag in der Tat weniger darin, hier Karriere zu machen oder möglichst gut zu verdienen. Im Zentrum standen vielmehr die »postmateriellen« Werte der Alternativen: Ein Mehr an Selbstentfaltung, Arbeitszufriedenheit, sozialen Kontakten und gemeinschaftlicher Kommunikation spielte eine maßgebliche Rolle.[38] Auf die Frage, warum man in einem selbstverwalteten Betrieb arbeiten wolle, antworteten 1986 fast 60 Prozent der Beschäftigten, dass sie die Vorteile der Selbstverwaltung und das gemeinsame hierarchielose Arbeiten schätzten. Als weitere Vorteile wurden die individuelle Selbstbestimmung (35 Prozent) und der größere persönliche Spielraum (39,7 Prozent) genannt.[39] Progressive Momente seien, so der Landkommunarde und Berufsschullehrer Klaus Müschen, »Gebrauchswertorientierung, kooperative Produktion und Synthetisierung der menschlichen Produktivkräfte (Kopf- und

<hr />

35 Heider u. a., *Fast wie im wirklichen Leben*, S. 54, 45, 55, 66/67.
36 Beywl u. a., *Alternative Betriebe*, S. 32-34.
37 »Ohne Idealismus kaum Chancen zum Überleben«.
38 Gretschmann, *Wirtschaft*; Walz, »Für Alternativökonomie«; Becker, »Struktur der Alternativökonomie«, S. 23.
39 Heider u. a., *Fast wie im wirklichen Leben*, S. 147.

Handarbeit)«.[40] Tatsächlich gaben nur 3,8 Prozent der Gründer von selbstverwalteten Betrieben in Hessen als Gründungsziel an, »viel Geld verdienen zu wollen«, während gut 30 Prozent die »Gesellschaft verändern, emanzipieren, neue Inhalte vermitteln, missionieren« wollten. Zuweilen war dieses Ziel auch mit der Idee verbunden, eine Marktlücke zu schließen und ein innovatives, neues Produkt auf den Markt bringen zu können. Daneben spielte die Idee, zur Vernetzung der linken Szene beizutragen, eine sehr wichtige Rolle.[41]

Für viele Frauen waren die selbstverwalteten Betriebe und die autonomen Einrichtungen der Frauenbewegung, in denen man zunächst noch unentgeltlich,[42] bald aber auch bezahlt mitarbeiten konnte, eine Chance, geschlechtsspezifische Arbeitsteilung zu überwinden und Arbeitsverhältnissen zu entkommen, in denen Frauen untergeordnete Positionen einnahmen. Mitte der achtziger Jahre soll es nach der Schätzung des Historikers Andreas Wirsching bundesweit etwa 1000 solcher Projekte gegeben haben, die Zahl der Beschäftigten in den Frauenbetrieben wird von der Publizistin und dem ehemaligen SDS-Mitglied Sibylle Plogstedt auf rund 10 000 beziffert.[43] Gesicherte Zahlen liegen für die Berliner Verhältnisse zur Mitte der neunziger Jahre vor. Danach stellten die selbstverwalteten Frauenbetriebe 700 Arbeitsplätze zur Verfügung.[44] Gerade von diesen Frauenbetrieben versprachen sich die Mitarbeiterinnen die Überwindung geschlechtsspezifischer Benachteiligungen, die auch in gemischtgeschlechtlichen linksalternativen Betrieben vorkamen. Zwar verdienten Frauen in den selbstverwalteten Betrieben (wo sie rund 40 Prozent der Belegschaft ausmachten) nicht schlechter als ihre männlichen Kollegen, aber auch hier kam es zu unterschiedlichen Rollenverteilungen. Zudem blieb die Anzahl von Beschäftigten mit Kindern niedrig und die betriebliche Kinderbetreuung war schlecht ausgebaut.[45]

40 Müschen, »Lieber lebendig als normal!«, S. 113.
41 Heider u. a., Fast wie im wirklichen Leben, S. 76, 79/80.
42 So arbeiteten in den hessischen Frauenbetrieben anfänglich bis zu 80 Prozent der Beteiligten unentgeltlich und erst nach und nach ließen sich feste, oft staatlich finanzierte Posten einrichten (Heider u. a., Fast wie im wirklichen Leben, S. 73).
43 Andreas Wirsching, Abschied vom Provisorium. Die Geschichte der Bundesrepublik Deutschland 1982-1990, München 2006, S. 459; Sybille Plogstedt, Frauenbetriebe. Vom Kollektiv zur Einzelunternehmerin, Königstein/Taunus 2006, S. 36, 220.
44 Plogstedt, Frauenbetriebe, S. 37.
45 Heider u. a., Fast wie im wirklichen Leben, S. 92-117, bes. S. 96, 100/101, 104;

Die meisten Frauenbetriebe waren als Projekte der Frauenbewegung entstanden und konzentrierten sich auf einzelne Bereiche der Frauenpolitik. Von ehrenamtlichem feministischem Engagement getragen, dienten sie als Anlauf- und Informationsstellen, in denen Frauen ihre politischen Ideen und Ziele verwirklichen und eine eigene Frauenöffentlichkeit schaffen wollten. Die Professionalisierung begann erst Anfang der achtziger Jahre, wobei bezahlte Arbeitsplätze und politisches Engagement Hand in Hand gingen. Die notwendigen Gelder stammten vorwiegend aus öffentlichen Zuschüssen.[46]

Nicht nur in den Frauenbetrieben, sondern in der gesamten Alternativökonomie war die Möglichkeit zur Selbstverwirklichung und zur Umsetzung linker Gesellschaftsvorstellungen maßgeblich für das Engagement. Gegen Bürokratisierung, Abhängigkeit von Großinstitutionen und Anonymität stellte man die Eigenständigkeit und Mitgestaltung im Betrieb. Die Mitarbeiter schätzten die Möglichkeiten zur Selbstentfaltung ebenso wie das Gemeinschaftserlebnis in einem hierarchiearm geführten Betrieb. Die enge Vernetzung der selbstverwalteten Betriebe mit dem linksalternativen Milieu und die politischen Verpflichtungen ihrer Mitglieder ließen im Laufe der achtziger Jahre zwar etwas nach, aber der Zusammenhang blieb insgesamt unübersehbar.[47]

4.3 Scheitern: Wirtschaftliche und soziale Probleme

Während man ursprünglich aus politischen oder moralischen Gründen als unbezahlte Kraft in den Alternativprojekten mitwirkte, wurde aus dieser Beschäftigung allmählich, je länger das Engagement anhielt, Erwerbsarbeit.[48] Mit dieser Ökonomisierung der Projektarbeit traten wirtschaftliche Probleme wie mangelnde

Claudia Fischer, *Alternatives Leben. Auf der Suche nach einer Welt von morgen. Eine Chance, nicht nur für »Aussteiger«*, München 1980, S.17; Robert Jungk, *Alternatives Leben*, Baden-Baden 1980, S.74-76; Müschen, *»Lieber lebendig als normal!«*, S.70/71.

46 Heider u.a., *Fast wie im wirklichen Leben*, S.106/107.

47 Vgl. auch Jungk, *Alternatives Leben*, S.187/188.

48 Heider, *»Selbstverwaltete Betriebe«*, S.523; Plogstedt, *Frauenbetriebe*, S.68-79, 128-133.

Rentabilität, chronischer Finanzmangel, unregelmäßige und geringe Bezahlung zutage; die hohe Fluktuation unter den Beschäftigten, unklare Organisation und ineffiziente Produktionsabläufe wurden zum betriebswirtschaftlichen Problem.[49] Standardisierte Effektivitätskontrollen wie Stundenzettel oder Nachkalkulationen waren oft verpönt und wurden« gerade in den Dienstleistungsbetrieben durch die gemeinsame Diskussion über die Arbeitsleistungen ersetzt.[50] Doch die wechselseitige soziale Kontrolle griff ebendort schlecht, wo Leistungsansprüche tabuisiert wurden. Es gab nun einmal immer welche, die wenig taten, und einige, die viel leisteten, ohne dass unmittelbar und direkt über die ungleichen Arbeitsbelastungen gesprochen werden konnte.[51]

Auch die soziale Absicherung (Sozial-, Renten- und Krankenversicherung) sowie die Überstundenregelungen und -zuschläge waren in Alternativbetrieben mangelhaft geregelt. In Hessen war zum Beispiel nur gut die Hälfte der selbstverwalteten Betriebe in der Kranken-, Sozial- und Rentenversicherung angemeldet; damit lagen diese weit hinter den herkömmlichen Betrieben zurück. Nur in 166 der 244 untersuchten Betriebe gab es einen bezahlten Jahresurlaub und gut 40 Prozent von ihnen verlangten von ihren Mitarbeitern Überstunden, die in 71 Prozent der Fälle nicht bezahlt wurden.[52]

Oftmals beklagten sich die Zeitgenossen über die extrem zeitintensiven Arbeitsstrukturen in den linksalternativen Betrieben – »tierisch ranzuklotzen« wurde als Teil der »Selbstausbeutung« wahrgenommen.[53] Die *radikal* berichtete sarkastisch von einem »alternativen 16-Stunden-Tag«[54] und ein Mitarbeiter der taz-Redaktion berichtete: »Ich habe noch nie so viel geschafft in zwei Wochen. 40 Stunden in der Woche sind ein Klacks dagegen, eher

49 Walz, »Für Alternativökonomie«; Heider u. a., *Fast wie im wirklichen Leben*, S. 90.

50 Heider u. a., *Fast wie im wirklichen Leben*, S. 125.

51 Siehe dazu Plogstedt, *Frauenbetriebe*, S. 121-125.

52 Kurt Weichler, *Die anderen Medien. Theorie und Praxis alternativer Kommunikation*, Berlin 1987, S. 191/192; Heider u. a., *Fast wie im wirklichen Leben*, S. 134, 140. Ähnlich waren die Verhältnisse in 67 selbstverwalteten Betrieben des Saarlandes: Becker, »Struktur der Alternativökonomie«, S. 22.

53 Vgl. etwa Plogstedt, *Frauenbetriebe*, S. 68-71.

54 Ernesto delle Situazzione, Nix Trabajo, »Arbeit ist Verrat am Proletariat«, in: *radikal* 78 (1980), S. 12.

das Doppelte kommt hin, aber auch das sagt noch nichts über unsere nervliche Anstrengung aus, die Hektik, der Stress.«[55] In den Erfahrungsberichten der Mitarbeiter liest man immer wieder über nervenaufreibende Selbstausbeutung, Wichtigtuerei einzelner Mitarbeiter und ungleiche Arbeitsbelastung. Der ehemalige *taz*-Chefredakteur Thomas Hartmann etwa schrieb in einem internen Papier über die alternativen Produktionsbedingungen bei der Zeitung: »In Wirklichkeit ist das Innenleben in der *taz* unmenschlicher, nervenaufreibender und stressiger als in manchem normalen Büro; die *taz* als Opfer auf dem Altar alternativer Prinzipien.« »Informelle Machtzentren«, »Unzufriedenheit und Gehässigkeit« sowie eine »Kultur der höfischen Intrige« hatten andere *taz*-Mitarbeiter beobachtet.[56]

Nervenstärke, Improvisationstalent, Durchsetzungskraft und Belastbarkeit waren hier ebenso geboten wie Eigenverantwortung.[57] Vor allem das Organisationstalent unter chaotischen Bedingungen, die Konfliktfähigkeit und die Eigenmotivation waren wichtige Elemente unternehmerischen Handelns, die in der Alternativökonomie und den linken Politgruppen intensiv eingeübt werden konnten.[58] Frustrationstoleranz und die Fähigkeit, individuelle Bedürfnisse zugunsten der »Sache« oder, moderner gesprochen, zugunsten betrieblicher Bedürfnisse aufzuschieben, gehörten zu den Anforderungen an die Beschäftigten. Der unmittelbare Zusammenhang von Arbeit und Privatsphäre sowie die eingeschränkten Möglichkeiten zum Rückzug bargen ein nicht geringes Konfliktpotential. Das Privatleben wurde mit Angelegenheiten der Betriebsarbeit stark belastet.[59]

Jüngst hat der Historiker Arndt Neumann die Selbsteinschätzungen für bare Münze genommen und davon gesprochen, dass die Linksalternativen bereit gewesen wären, 50 bis 60 Stunden in

55 Zitiert nach Neumann, *Kleine geile Firmen*, S. 49. Es geht um das Jahr 1980, also die Zeit kurz nach der *taz*-Gründung.
56 Zitiert nach Jörg Magenau, *Die taz. Eine Zeitung als Lebensform*, München 2007, S. 133/134, 203. Vgl. zu den Arbeitsbedingungen und der Finanzlage der *taz* auch ebd., S. 201-218.
57 Magenau, *Die taz*, S. 205.
58 Matthias Horx, »My Generation«, in: *Zeit-Magazin* 16 (15.04.1988), S. 62.
59 Heider, »Selbstverwaltete Betriebe«, S. 525; Heider u. a., *Fast wie im wirklichen Leben*, S. 34/35.

der Woche zu arbeiten.[60] Allerdings zeigen empirische Untersuchungen, dass diese Selbstwahrnehmung nur begrenzt den Tatsachen entsprach. In 244 untersuchten hessischen Betrieben betrug die wöchentliche Arbeitszeit in der naturgemäß arbeitsintensiveren Gründungsphase 41,1 Stunden, später gar nur 38 Stunden pro Woche.[61] Aus den selbstverwalteten Betrieben in den Regionen um Hannover und Nürnberg erfahren wir, dass zwar in rund 40 Prozent der Betriebe länger als 40 Stunden die Woche gearbeitet wurde, genauere Zahlen über das Ausmaß der Mehrarbeit sind allerdings nicht verfügbar.[62] Die Arbeitszeit scheint jedenfalls in etwa im Bereich des Normalarbeitstages gelegen zu haben, so dass unsichere Beschäftigung, ungesicherte Bezahlung und die Verschmelzung von Freizeit und Arbeit zu dieser Selbstwahrnehmung mehr beigetragen haben dürften als die tatsächliche Arbeitszeit.[63]

Weniger die Arbeitszeit, sondern vielmehr die unsichere Finanzierung, schlechte Entlohnung und die unzureichende Zahlungsmoral der linken Kunden waren es, die zur Thematisierung der »Selbstausbeutung« führten.[64] Ohne staatliche Hilfen hätten die

60 Neumann, *Kleine geile Firmen*, S. 77.

61 Heider u. a., *Fast wie im wirklichen Leben*, S. 71, 139.

62 Kreutz u. a., *Alternative Projekte*, S. 93. Ähnlich der Befund für das Saarland, wo offenbar gerade in den noch jungen gewerblichen Betrieben am meisten gearbeitet wurde: Becker, »Zur Struktur der Alternativökonomie«, S. 23.

63 Heider u. a., *Fast wie im wirklichen Leben*, S. 73. Tatsächlich lebte nur in 12 der 244 untersuchten Alternativbetriebe Hessens die gesamte Belegschaft auch privat zusammen. In weiteren 89 Betrieben waren es Teile der Belegschaft (Heider u. a., *Fast wie im wirklichen Leben*, S. 155).

64 »Außen GmbH und innen rot. Spiegel-Report über die West-Berliner Szene«, in: *Der Spiegel* 11 (1979), S. 67. Ein Beispiel für die prekäre Finanzlage ist der Fall einer alternativen Kfz-Werkstatt in Frankfurt. Familiarität des kommunikativen Umgangs wurde hier mit nachsichtiger Zahlungsmoral, Auftragsarbeit mit der Erwartung eines Freundschaftsdienstes gekoppelt. So klagte ein Mechaniker des Betriebes 1979 im *Pflasterstrand* öffentlich über die Zahlungsmoral und Einstellung seiner Kunden: »Die Bremsleitung bricht, weil total vergammelt, kommt hinterher der Spruch: ›Des war aber vorher noch ganz, das bezahl ich net‹. Oder der allerbeste Spruch ist oft: ›Ich denk, ihr seid alternativ, warum ist es dann so teuer?‹ Ja. Ihr Großmäuler, dann machts doch selber. Warum kommt ihr denn in die Werkstatt? Seid doch zu faul, euch die Finger dreckig zu machen und außerdem gibt's doch uns Idioten, und da wir alle so alternativ sind, regeln wir das dann auch alternativ nach dem Motto ›Bezahlt wird nicht‹. Da heißt es dann: ›Ja, ich hab die Kohle nicht dabei, ich bring se die Woche. Oder ich überweis es euch‹. Das wars dann oft. Weg sind se, die Genossen. Kein Name,

Arbeitsverhältnisse meist noch düsterer ausgesehen. Im Jahr 1980 finanzierten zwar 40 Prozent der Projektmitarbeiter ihr Projekt aus eigenständig erwirtschafteten Erlösen, aber ganze 60 Prozent waren auf staatliche oder familiäre Subventionen angewiesen. Lediglich 20 Prozent der Projektmitarbeiter bezogen ein (Teil-)Einkommen aus ihrer Tätigkeit.[65] In Freiburg hatten 1985 von 1000 untersuchten Personen 39 Prozent regelmäßige Einnahmen und Entlohnungen, weitere 42 Prozent wurden nur unregelmäßig bezahlt und 19 Prozent der Mitarbeiter wirkten ganz ohne Bezahlung an den Projekten mit. Von denen, die bezahlt wurden, kam weit über die Hälfte (57,5 Prozent) nicht über einen monatlichen Bruttoverdienst von 1200 DM hinaus.[66] In Hessen war die Situation nicht viel besser: 1986 betrug der Durchschnittsverdienst gerade einmal 1253 DM netto, wobei 46 Prozent der Betriebe einen Einheitslohn an ihre Beschäftigten auszahlten. Nur ganze 33 von 244 Betrieben nahmen den branchenüblichen Tarif überhaupt als Orientierungsmarke für ihre Entlohnung wahr.[67] Das Prinzip des Einheitslohns blieb innerhalb der Alternativbetriebe immer ein umstrittenes Thema. Die oben erwähnte Studie über Alternativbetriebe im Raum Ostwestfalen-Lippe stellte fest, dass gerade der Gleichheitsanspruch zu fatalen Konsequenzen führte, weil er die faktischen Unterschiede bezüglich Qualifikation, Übernahme von Verantwortung und Belastbarkeit verdeckte und es daher zu latenten Problemen innerhalb der sozialen Strukturen der Betriebe kam.[68]

Zu den prekären Lohnverhältnissen kamen langwierige und ner-

keine Adresse, keine Telephonnummer, nix« (»Freak-Auto«, in: *Pflasterstrand* 51 [07.-20.04.1979], S. 11).

65 Huber, *Wer soll das alles ändern?*, S. 44; Kolenberger/Schwarz, *Abschlußbericht*, Teil A, S. 36; Karl-Werner Brand u. a., *Aufbruch in eine andere Gesellschaft. Neue soziale Bewegungen in der Bundesrepublik*, Frankfurt/M., New York ²1984, S. 187; Weichler, *Die anderen Medien*, S. 189; Gottfried Oy, »Lebenswelt Gegenöffentlichkeit. Medienkritik und Alltag sozialer Bewegungen«, in: Bernd Hüttner (Hg.), *Verzeichnis der Alternativmedien 2006/2007*, Neu-Ulm 2006, S. 39-49, hier S. 47.

66 »Ohne Idealismus kaum Chancen zum Überleben«.

67 Heider u. a., *Fast wie im wirklichen Leben*, S. 136, 139. Vgl. auch Plogstedt, *Frauenbetriebe*, S. 68-71; Becker, »Zur Struktur der Alternativökonomie«, S. 23/24 (zum Saarland).

68 Johannes Berger, *Informeller Sektor und Alternative Ökonomie. Forschungsbericht der Pilotstudie*, Bielefeld 1984, S. 118.

venraubende Entscheidungsprozesse. Die schier endlosen Selbstverständigungsdebatten und das »Selbstverwaltungspalaver«, die zu Konsensentscheidungen führen sollten, stellten eine ernsthafte Schwierigkeit dar. Mehrheitsbeschlüsse, so die Devise, unterdrückten Minderheiten und wurden daher abgelehnt. Zu einer Resolution kam es nur durch das »Ausdiskutieren« eines Problems. Tatsächlich meinten 46 Prozent der in den selbstverwalteten Betrieben Hessens Beschäftigten, dass die langwierigen Entscheidungsprozesse zu den entscheidenden Nachteilen ihrer Betriebe gehörten. Bei etwa 62 Prozent der Betriebe wurde eine kollektive Entscheidungsfindung in Plenen praktiziert. Die Entscheidungen wurden bei der überwältigenden Mehrheit (86,9 Prozent) nach dem Konsensprinzip gefällt, was im Konfliktfall freilich zu langatmigen und umständlichen Prozeduren führte. In der Praxis kam eine Einigung letztlich oft durch schlichte Zermürbung der Akteure zustande: »Wenn du nicht mehr konntest, warst du eben nicht mehr anderer Meinung. Und damit war der Konsensbeschluß da«, berichtet zum Beispiel Brigitte Seigel, Mitarbeiterin in einem selbstverwalteten Frauenbetrieb.[69]

Mehrfach hatten die Beschäftigten die Herausbildung von informellen Hierarchien genau beobachtet. Konsensprinzip und die Existenz von einflussreicheren Persönlichkeiten (qua Kompetenz, Erfahrung, Betriebszugehörigkeit, Engagement oder Dominanz) schlossen sich in der betrieblichen Praxis keinesfalls gegenseitig aus.[70] Tatsächlich waren in vielen Betrieben informelle Hierarchien entstanden. Die Studie über die Alternativbetriebe um Hannover und Nürnberg aus dem Jahr 1989 zeigte, dass schon 1985 nur noch 18 Prozent der Alternativbetriebe Arbeitsplatzrotation praktizierten oder auf feste Verantwortungsbereiche verzichteten. Sie kam zu dem Schluss: »Abbau von Spezialisierung und Rotation der Aufgaben erweisen sich auch im Rahmen von Alternativen Projekten als weitgehend undurchführbar.«[71] Gleiches vermeldeten die Forscher über die Alternativbetriebe Hessens, bei denen nur in rund 28 Prozent der Fälle eine Arbeitsplatzrotation üblich gewesen war.[72] Das

---

69 Zitiert nach Plogstedt, *Frauenbetriebe*, S. 67.
70 Heider u. a., *Fast wie im wirklichen Leben*, S. 147, 149-152. Vgl. auch Plogstedt, *Frauenbetriebe*, S. 89-96.
71 Kreutz, *Alternative Projekte*, S. 102/103.
72 Heider u. a., *Fast wie im wirklichen Leben*, S. 148.

Prinzip der Gleichheit konnte längerfristig weder in der Form der Arbeitsplatzrotation noch in Form des Einheitslohns durchgehalten werden.

Neben diesen betriebsinternen Problemen standen die Alternativbetriebe auch nach außen hin in dem Ruf, wenig gewissenhaft, eher schludrig, unzuverlässig, unpünktlich oder zu teuer zu arbeiten. Insgesamt galten sie als nicht besonders professionell, weil die interne Betriebsorganisation in dem Ruf stand, zu chaotisch zu sein, und die betriebsspezifische Qualifikation der Mitarbeiter als unzureichend angesehen wurde. Und tatsächlich hatten unter den Gründern, etwa der Alternativbetriebe Hessens, 40 Prozent keine einschlägige Ausbildung und versuchten sich im Learning by Doing. Trotz des Dilettantismus blieben die Szenekunden aus politischer Solidarität und aus Sympathie den Betrieben treu. Außerhalb des linksalternativen Milieus jedoch wären diese Betriebe aufgrund mangelnder Wirtschaftlichkeit, Verschwendung von Ressourcen und zu geringen Eigenkapitals nicht konkurrenzfähig gewesen.[73]

4.4 Finanzierungen

Die meisten alternativen Betriebe lavierten fast permanent hart an der Konkursgrenze. Viele Gründungsratgeber beschäftigten sich daher besonders intensiv mit Finanzierungsmöglichkeiten. Beispielsweise widmeten die Autoren des Berliner Leitfadens *Unter Geiern* ein Drittel des Buchs den Tipps und Tricks zur Suche von Finanziers. Unter der Überschrift »Woher die Knete nehmen« sammelten sie Hinweise, die von der Auflistung etwaiger Geldgeber wie der Stiftung Deutsche Klassenlotterie Berlin oder der Aktion Sorgenkind bis hin zu Tipps für die Beantragung von Stellen im Rahmen der staatlichen Arbeitsbeschaffungsmaßnahmen reichten. Ausgerechnet auf die »Staatsknete« wiesen die staatskritischen Alternativen ihre finanzschwache Klientel hin – von der staatlichen Eigenkapitalhilfe über das Berlinförderungsgesetz bis hin zu europäischen Finanzierungsprogrammen.[74]

73 Ebd., S. 31, 33, 65, 69. Das Zitat von Joseph Huber (1979), findet sich in ebd., S. 31.

74 Arbeitsgruppe Unter Geiern (Hg.), *Unter Geiern. Ein Leitfaden für die Arbeit in den selbstverwalteten Betrieben und Projekten*, Berlin ³1983, S. 98-149; Barbara

Das Gründungskapital der selbstverwalteten Betriebe war generell bescheiden. In Hessen betrug es bei 244 untersuchten Betrieben durchschnittlich 8350 DM. Das Geld stammte zur Hälfte aus eigenen Ersparnissen und Erbschaften der Projektgründer, zu 30 Prozent wurden Freunde und Verwandte angepumpt; nur 15 Prozent konnte über Bankkredite finanziert werden.[75] Im Saarland hatten 35 Prozent der Betriebe gerade einmal 2000 DM oder noch weniger als Startkapital zur Verfügung. Auch hier wurden die Gelder zu 43 Prozent aus eigenen Mitteln und zu weiteren 22 Prozent aus dem Freundes- und Bekanntenkreis beschafft.[76] Gerade im Dienstleistungsbereich hingen die alternativen Betriebe zur Hälfte am staatlichen Tropf. Vereinzelt waren die Abhängigkeiten von der ungeliebten »Staatsknete« noch höher. So lag der Anteil öffentlicher Zuschüsse an den Gesamtfinanzen in den selbstverwalteten Betrieben Hessens in der Branche Bildung und Unterricht bei 65,9 Prozent, in den »Sozialen Betrieben« bei 67,8 Prozent und im Bereich Gesundheit sogar bei 92,4 Prozent. Allerdings ist hierbei zu bedenken, dass auch die herkömmlichen sozialfürsorgerischen Betriebe oder Theater stark an staatliche Zuschüsse gebunden sind.[77]

Die Unterfinanzierung der alternativen Betriebe, die permanent auf staatliche Zuschüsse angewiesen waren, konnte nur teilweise durch Modelle der Selbstfinanzierung abgemildert werden. Die AG SPAK bot Struktur- und Finanzierungshilfen für selbstorganisierte

Sutter, »›Selbstveränderung und Sozialveränderung‹. Von der Selbsthilfegruppe und ihren Verheißungen zum Bürgerschaftlichen Engagement und seinen Zumutungen«, in: Sabine Maasen u. a. (Hg.), *Das beratene Selbst. Zur Genealogie der Therapeutisierung in den »langen« Siebzigern*, Bielefeld 2011, S. 293-312, hier S. 301. Siehe auch: Inge Kramer, Norbert Ney (Hg.), *Wie führe ich eine alternative Firma*, Hamburg o. J. (im Grunde ein nicht ganz narzissmusfreies Selbstdarstellungsbüchlein der kleinen Firma Pan-Foto des Fotografen Günter Zint). Zu Zint siehe Anja Rüter-Natorp, *Günter Zint. Fotograf der sozialen Bewegungen in der Bundesrepublik von den 60er Jahren bis heute*, Magisterarbeit Universität Lüneburg 2006. Zur »Staatsknete-Debatte« siehe Peter Grottian, »Steuergelder für Alternativprojekte? Vor einem mutmaßlich grundsätzlich gesellschaftlichen Konflikt«, in: ders., Wilfried Nelles (Hg.), *Großstadt und neue soziale Bewegungen*, Basel 1983, S. 283-297.

75 Heider u. a., *Fast wie im wirklichen Leben*, S. 73, 74/75. Vgl. dazu Jürgen Daviter u. a., *Selbstverwaltungswirtschaft – gegen Wirtschaft und Recht?*, Bielefeld 1987, S. 64 ff.

76 Becker, »Zur Struktur der Alternativökonomie«, S. 25, 27.

77 Heider u. a., *Fast wie im wirklichen Leben*, S. 131/132.

Initiativen und Selbsthilfegruppen. Im Sommer 1971 waren dort bereits 71 Gruppen in 45 Orten aktiv. Das Handeln der AG SPAK war dabei an den Prinzipien Selbstbestimmung, Selbstorganisation und Selbsthilfe, Stärkung von Betroffenen, *empowerment*, Dezentralität und Autonomie ausgerichtet.[78] Wie wichtig und notwendig solche Initiativen waren, zeigt auch das am 23. November 1978 im Auditorium maximum der TU von Joseph Huber, dem Rechtsanwalt Jens A. Brückner und dem Architekten Klaus A. Werner gegründete Netzwerk Selbsthilfe e. V. Schon ein Jahr nach seiner Gründung konnte man 3606 zahlende Mitglieder vorweisen, die jeweils einen monatlichen Beitrag von etwa 14 DM entrichteten; die dank dieser Mitgliedsbeiträge für die Unterstützung von Alternativprojekten verfügbare Summe betrug 1979 exakt 51 109 DM. Daneben gingen umfangreichere Spenden, Darlehen und Bürgschaften ein, so dass das Netzwerk Selbsthilfe allein im ersten Jahr seiner Existenz immerhin über 435 000 DM verfügen konnte. Langfristig zog dies eine Überprüfung durch das Bundesaufsichtsamt für das Kreditwesen nach sich, welches das Einlagengeschäft des nicht konzessionierten »Kreditinstitutes« bemängelte.[79]

Mit dem Netzwerk Selbsthilfe war ein dringend notwendiges alternatives Finanzierungs- und Förderungssystem für linksalternative Projekte ins Leben gerufen worden. Ziel war es zunächst, Arbeitslosen und den vom Radikalenerlass Betroffenen eine finanzielle Hilfe zur Selbsthilfe, ein Startkapital für ein alternatives Unternehmen oder eine Überbrückungshilfe zu geben. Durch

---

78 AG SPAK (Hg.), *Zur Alternativen Ökonomie I*, Berlin, München ³1977; AG SPAK (Hg.), *Zur Alternativen Ökonomie II*, Berlin 1977; AG SPAK (Hg.), *Zur Alternativen Ökonomie III*, Berlin 1978; Sven Steinacker, »… daß die Arbeitsbedingungen im Interesse aller verändert werden müssen!!!‹ Alternative Pädagogik und linke Politik in der Sozialen Arbeit der sechziger und siebziger Jahre«, in: Sven Reichardt, Detlef Siegfried (Hg.), *Das Alternative Milieu. Antibürgerlicher Lebensstil und linke Politik in der Bundesrepublik Deutschland und Europa 1968-1983*, Göttingen 2010, S. 353-372. Der Begriff *empowerment* wurde vor allem in der US-amerikanischen Bürgerrechtsbewegung entwickelt und wollte die Selbstwahrnehmung und das Gefühl der Ohnmacht sowie die Selbstvorwürfe der Schwachen »therapieren« nach der simplen Rechnung: Je mächtiger man sich fühlt, desto weniger Probleme wird man haben und verursachen. Siehe dazu Bröckling, *Das unternehmerische Selbst*, S. 180-214.

79 Netzwerk Selbsthilfe (Hg.), *Ein Jahr Netzwerk Selbsthilfe*, S. 122; Hanne Tügel, »Ein Netz für grüne Groschen«, in: *Die Zeit* (29.07.1983), S. 21; »Alternatives Netz«, in: *Der Spiegel* 46 (13.11.1978), S. 70-74.

die Förderung sollten Anreize für die Verbreitung modellhafter Lebens- und Arbeitsformen auf der Basis »demokratischer Selbstverwaltung« geschaffen werden. Als Kriterien für eine Förderung galten fünf weitere Merkmale: Erstens sollten die sozialen Hilfen für diejenigen Gruppen geleistet werden, die vom Sozialstaat nicht gefördert wurden; zweitens durften die Projekte nicht auf individuellen Profit ausgerichtet sein; drittens war eine Kooperation mit gleichgerichteten Projekten wichtig und viertens sollten die Projekte personelle Kontinuität zusichern können, wobei sich (fünftens) das Projekt langfristig selbst tragen sollte.[80]

Das Netzwerk als Solidaritätsfonds für selbsthilfeorientierte Projekte blieb sowohl mit der Gewährung von Zuschüssen und Darlehen als auch hinsichtlich seiner Mitwirkenden vor allem auf die Berliner Alternativszene bezogen. Das zeigte sich schon daran, dass von den erwähnten 3606 Mitgliedern 2154 in Westberlin ansässig waren.[81] Rund 60 Westberliner Projekte schlossen sich bis 1979 dem Netzwerk Selbsthilfe an. An ihren Laden- und Lokaltüren prangte der grüne Aufkleber mit dem rasenden Sparschwein und bedeutete den Kunden, dass hier ein kleiner Teil des Gewinns in einen gemeinsamen Fonds floss. Mit den Geldern aus dem Netzwerk Selbsthilfe wurden sowohl die Personalkosten für das zweite Berliner Frauenhaus im proletarischen Wedding bestritten (1500 »Netzwerk-Mark«) als auch eine Anschubfinanzierung der *taz* ermöglicht. Die Redaktion bestritt aus diesem Topf den Erwerb ihres ersten Computers. 1979 half man Vorläufern der Berliner Kabarett Anstalt sowie der ufaFabrik in Berlin-Tempelhof aus ihren Anfangsschwierigkeiten. Auch der als wichtiger Verhandlungspartner zwischen den Berliner Hausbesetzern und dem Senat auftretende treuhänderische Sanierungsträger Netzbau GmbH (später Stattbau GmbH) wurde vom Netzwerk Selbsthilfe mit gegründet.[82] 1991 gab

80 Fröhlich, »Alternative e.V. Projekte«, S. 236/237; Müschen, *»Lieber lebendig als normal!«*, S. 129/130; »Alternatives Netz«, in: *Der Spiegel* 46 (13. 11. 1978), S. 70-74, hier S. 74; ⟨http://www.netzwerk-selbsthilfe.de/netzwerk/30_jahre_netzwerk/⟩, letzter Zugriff am 25. 03. 2013; Brand u. a., *Aufbruch*, S. 184/185; Kolenberger/Schwarz, *Abschlußbericht*, Teil A, S. 76 (Fußnote 27).

81 Netzwerk Selbsthilfe (Hg.), *Ein Jahr Netzwerk Selbsthilfe*, S. 117. Vgl. auch Walter Hollstein, Boris Penth, *Alternativ-Projekte. Beispiele gegen die Resignation*, Reinbek 1980, S. 402-423.

82 »Außen GmbH und innen rot. Spiegel-Report über die West-Berliner Szene«, in: *Der Spiegel* 11 (12. 03. 1979), S. 57-70, hier S. 69; »Alternatives Netz«, in: *Der*

es 30 regionale Netzwerke, die jährlich eine Million DM vergeben konnten. Der Schwerpunkt der Arbeit lag, trotz dieser Erweiterungen, weiterhin in Berlin.[83]

Neben dem Netzwerk Selbsthilfe bildeten sich auch kleinere, lokale Zusammenschlüsse heraus, wie die STATTwerke in Berlin (gegründet 1981), die für zusätzliche Beratungs- und Finanzierungsangebote zur Risikominimierung der Alternativbetriebe sorgten. In den neunziger Jahren kamen die »Tauschringe« als Stärkung lokaler Ökonomien hinzu, die weit in den konventionellen handwerklichen und gewerblichen Bereich hineinwirkten.[84] 1984 gründete sich in Frankfurt am Main der Verein Freunde und Förderer der Ökobank e. V., der im Mai 1988 die Geschäfte als Genossenschaftsbank aufnahm. Die Initiatoren rekrutierten sich aus Aktivisten der Nachrüstungsdebatte und der Umweltbewegung. Ziel der Ökobank war die Bereitstellung von Finanzmitteln für ökologische Projekte und Betriebe, die von traditionellen Banken nicht unterstützt wurden. In der Selbstdarstellung des *Ökobank Check-Heftes Nr. 1* stellte sich die Bank vor:

Die Ökobank ist angetreten, einen anderen Umgang mit dem Geld zu versuchen. Die Idee wurde geboren in der Friedensbewegung, in den politischen Initiativen und Projekten der 60er Jahre. Deshalb steht unter anderem in unseren Richtlinien: kein Geld in die Rüstung, kein Geld in den Apartheidstaat, kein Geld in die Atomwirtschaft. Mehr Geld in die Forschung, Entwicklung und Anwendung umweltfreundlicher Produkte und Produktionsprozesse oder mehr Geld in Betriebe, die neue Formen der Zusammenarbeit und der gesellschaftlichen Verantwortung erproben.

Durch den Kauf von »Fonds-Sparbriefen« konnte man selbst bestimmen, wohin das Geld fließen sollte: »in Frauenprojekte etwa oder in selbstverwaltete Betriebe [...] oder Krabbelstuben und Kinderläden«.[85] Mit der Gründung der Ökobank waren Visionen

Spiegel 46 (13. 11. 1978), S. 70-74; 〈http://www.netzwerk-selbsthilfe.de/netzwerk/30_jahre_netzwerk/〉, letzter Zugriff am 25. 03. 2013; »Ein Basisdemokrat in Kreuzberg«, in: *Frankfurter Allgemeine Zeitung* 144 (25. 06. 1983).

83 Jürgen Sosna, »Netzwerk-Selbsthilfe. Eine Idee koordinierender Projektarbeit verändert sich«, in: Roland Roth, Dieter Rucht (Hg.), *Neue soziale Bewegungen in der Bundesrepublik Deutschland.* Bonn ²1991, S. 298-318.

84 Tügel, »Ein Netz für Grüne Groschen«; Heider, »Selbstverwaltete Betriebe«, S. 516.

85 »Das Ökobank Check-Heft Nr. 1«, in: ASB Freiburg, Nr. 2.4.6: »Ökobank«, ohne fol.

von einem »alternativen Wirtschaftskreislauf« verbunden, dem mit dieser Bank die notwendige finanzielle Starthilfe zugeführt werden sollte. »Laßt uns den Banken unser Geld wegnehmen. Und laßt es uns jetzt tun«, hieß es programmatisch im Aufruf des Vereins Freunde und Förderer der Ökobank.[86] Im Jahre 2000 hatte die Ökobank ein Bilanzvolumen von 380 Millionen DM und 24000 Mitglieder, geriet jedoch wegen Missmanagements und Kreditrisiken in eine Schieflage. Anfang 2003 wurde sie von der anthroposophisch orientierten GLS Gemeinschaftsbank eG übernommen.[87]

4.5 Langfristige Erfolge

Ein hoher Aktivitätspegel, ein Netzwerk mit vielen Knotenpunkten und Verbindungen, das sich fortwährend veränderte und erweiterte, eine flexible Projektplanung, intrinsische Motivation und soziale Kompetenzen machten einige Alternativbetriebe in den achtziger und neunziger Jahren zu erfolgreichen kleinen und mittleren Unternehmen. In Sachen unternehmerischer Innovationen, Schaffung von Arbeitsplätzen und finanzieller Entlastung sozialstaatlicher Aufgaben konnten die Selbsthilfeprojekte langfristig einige, wenngleich bescheidene Erfolge verbuchen.[88]

Zwei Studien vom Ende der achtziger Jahre konnten die unternehmerische Solidität einiger Alternativbetriebe aufzeigen. Die Längsschnittstudie über die Großräume Hannover und Nürnberg zeigte, dass sich die Alternativbetriebe im Laufe der achtziger Jahre konsolidierten, stabilisierten und professionalisierten, wenngleich nicht ohne Anpassungen, die teilweise von ihren Idealen wegführten.[89] Auch aus der 1986 in Hessen durchgeführten Erhebung wird deutlich, dass die noch existierenden Betriebe mittlerweile effizient

---

86 Der Aufruf findet sich in: ASB Freiburg, Nr. 2.4.6: »Ökobank«, ohne fol.

87 Siehe insgesamt zur Ökobank: Arno Huber, Rolf Schwendter, *Die Ökobank. Wirtschaftsunternehmen oder Glaubensgemeinschaft?*, München 1988; »Bankleitzahl 50 090 100«, in: *taz* (02. 05. 1988), S. 3; »Die öko-Banker sitzen schon in den Startlöchern«, in: *taz* (02. 01. 1988), S. 10; Heider, »Selbstverwaltete Betriebe«, S. 516; ASB Freiburg, Nr. 2.4.6: »Ökobank«.

88 Brand u. a., *Aufbruch*, S. 189.

89 Kreutz, *Alternative Projekte*, S. 51, 58, 83-88, 140-155 (Befragungsergebnisse finden sich ebd., S. 150). Vgl. auch die Beobachtungen bei Plogstedt, *Frauenbetriebe*, S. 172-176.

arbeiteten.[90] Die auf Lerneffekte hin befragten Mitarbeiter gaben vor allem an, neue soziale Fähigkeiten erworben und Durchhaltewillen bzw. eine höhere Frustrationstoleranz erlernt zu haben.[91] Arbeitszufriedenheit und soziale Effizienzkriterien wie Bürgernähe, Beteiligung und Mitentscheidung von Betriebsmitgliedern veranlassten den Kölner Ökonomen Klaus Gretschmann dazu, die Alternativökonomie als förderungswürdig anzupreisen, weil gerade in diesem Wirtschaftssektor eine Fülle von Anregungen zur Bewältigung der Wirtschafts- und Beschäftigungskrise stecke.[92]

Langfristig setzten sich oft Umweltschutzprojekte durch, die ihre Leistungen in den siebziger Jahren gerne auf Ausstellungen präsentierten. So fand etwa in Hannover 1979 die Aktionswoche »Sanfte Energie – menschlicher Leben« statt. Hier konnte man selbstgebackenes Brot, originelle Fahrradmodelle, biologisch angebautes Gemüse, Recyclingpapier und andere typisch ökologische Konsumgüter erwerben. Zwischen 1976 und 1978 organisierte der baden-württembergische Landesverband des BUND drei Sonnenenergie- und Solarausstellungen, auch Sonnentage genannt. Aus ihnen ging später die Ökomesse in Freiburg hervor. Es handelte sich um eine Mischung aus Informationen zu bestimmten Technologien und Beratungsdienst zum Energiesparen und zur Nutzung von Sonnenenergie – eine Leistungsschau alternativer Technik gewissermaßen, auf der 1978 das europaweit erste Solarauto ausgestellt wurde. Der Adressatenkreis der im Jahr 1978 mit 20 000 Interessierten gut besuchten Veranstaltung war sehr weit und gab den oft mittelständischen Betrieben die Möglichkeit, über ihre unmittelbare Umgebung hinaus bekannt zu werden.[93] Auch an herausragenden Einzelbeispielen mangelte es nicht, wie dem Ende 1977 aus dem BBU und den Protesten gegen das geplante Atomkraftwerk Wyhl hervorgegangenen und deutschlandweit ersten

---

90 Heider u. a., *Fast wie im wirklichen Leben*; Gretschmann, *Wirtschaft*; Heide Platen, »In Hessen ist die Selbstverwaltung hocheffizient«, in: *taz* (17. 03. 1988); Tornow, »Alternativbetriebe«.

91 Kreutz, *Alternative Projekte*, S. 51, 58, 83-88, 140-155 (Befragungsergebnisse finden sich ebd., S. 150). Vgl. auch die Beobachtungen bei Plogstedt, *Frauenbetriebe*, S. 172-176.

92 Zitiert nach Walz, »Für Alternativökonomie«.

93 Jens I. Engels, *Naturpolitik in der Bundesrepublik. Ideenwelt und politische Verhaltensstile in Naturschutz und Umweltbewegung 1950-1980*, Paderborn 2006, S. 383.

Öko-Institut in Freiburg. Während das Institut anfänglich als Verein von Öko-Freaks wahrgenommen wurde, entwickelte es sich im Laufe der achtziger Jahre zu einem internationalen, professionell arbeitenden und innovativen Institut. Es wurde zum ersten professionellen Thinktank der Umweltbewegung. Heutzutage ist es das größte unabhängige ökologische Forschungsinstitut in Deutschland mit rund 100 fest angestellten Mitarbeitern an drei Standorten in Deutschland, dessen Expertisen von Kommunen, Landes- und Bundesregierung und sogar von Unternehmen gefragt sind.[94]

4.6 Zwischenfazit

Die Landschaft linksalternativer Projektbetriebe bestand aus einer Vielfalt meist kleinerer Unternehmen mit informeller und selbstbestimmter Arbeitsorganisation. Die Tätigkeitsfelder dieser Betriebe bezogen sich oft auf den kulturellen und sozialen Bereich und zeichneten sich durch eine Wertschätzung für Autonomie, Selbsttätigkeit und Selbstverwaltung aus. Sie waren Institutionen, in denen die »alternative Kunst der Selbstregierung« praktiziert wurde. Der Anspruch auf Aufhebung »entfremdeter Arbeitsbedingungen« wurde in ein ganzheitliches Konzept eingebettet, in dem rotierende Aufgabenverteilungen, die Verbindung von Kopf- und Handarbeiten sowie von Freizeit und Arbeit eine zentrale Rolle spielten. Die Aufhebung der Trennung von Produktions- und Reproduktionssphäre wurde mit der einfachen Formel »gemeinsam arbeiten, gemeinsam leben« umschrieben. Der Spezialisierung in den professionalisierten Berufsausbildungen sollte mit vielfältigen, schöpferischen und frei gewählten Arbeitsformen ein Gegengewicht entgegengesetzt werden. Gegen die angebliche Anonymität und Entfremdung der modernen Arbeitsgesellschaft wurden mithin ganzheitliche Arbeitsformen in Szene gesetzt.[95]

Der Wunsch nach Überschaubarkeit und der Erlebnisaspekt gingen oft mit der Vorstellung solidarischer Arbeitszusammenhänge

---

94 Jochen Roose, *Made by Öko-Institut. Wissenschaft in der bewegten Umwelt*, Freiburg 2002, S. 33, 46–60, 68–86, ⟨http://www.oeko.de/oekodoc/82/2002-014-de. pdf⟩, letzter Zugriff am 25.03.2013; »Wir können uns eine Meinung leisten«, in: *Der Spiegel* 24 (09.06.1986).

95 Zitat: Bröckling, *Das unternehmerische Selbst*, S. 259.

innerhalb einer »moralischen Ökonomie« einher. Unterschiedliche Entlohnungen und Kontrollapparate galt es daher zu vermeiden. Stattdessen zielten die stark bedürfnisbezogenen Arbeitszusammenhänge nicht nur auf eine Entfaltung der Persönlichkeit und Individualität, sondern auch auf Solidarität und Gemeinschaftlichkeit. Teamwork galt als Prinzip für die betrieblichen Entscheidungen, die kollektiv gefällt wurden und im Konsensprinzip ohne Kampfabstimmungen erzielt werden sollten.

Eine weitreichende Selbstbestimmung der Arbeitszeit und das Ableisten des Arbeitspensums ohne Druck, ohne Chef und ohne Profitorientierung zählten, um pointiert zusammenzufassen, ebenso zu den zentralen Merkmalen der Alternativökonomie, wie die Kritik am Privateigentum von Produktionsmitteln. Der Betrieb sollte möglichst allen gehören, kein Mitarbeiter sollte exklusives Zugriffsrecht auf das Betriebsvermögen haben. Insgesamt galt es, durch die oben geschilderten Instrumente, die Ausbildung von Hierarchien zu verhindern.[96]

Waren diese Ansprüche nach Kollektiveigentum, Hierarchiefreiheit und Solidarität »meist gescheitert«, wie die Sozialwissenschaftler Karl-Werner Brand, Detlef Büsser und Dieter Rucht 1983 urteilten?[97] Oder mauserten sich die selbstverwalteten Betriebe, wie Ulrich Bröckling meint, »zu innovativen Unternehmen«? Glückte ihnen dieser Schritt tatsächlich »umso leichter, desto mehr sie die Gemeinschaftsverpflichtungen, Kommunikationskompetenzen und Selbstverpflichtungsstrategien ihrer Projektvergangenheit nutzbar machen konnten«?[98] Paradoxerweise trifft beides auf die

---

96 Zu den genannten Definitionsmerkmalen selbstverwalteter Alternativbetriebe: Heider, »Selbstverwaltete Betriebe«, S. 521/522; Kreutz u. a., *Alternative Projekte*, S. 16/17, 31-38; Sybille Plogstedt, *Frauenbetriebe. Vom Kollektiv zur Einzelunternehmerin*, Königstein/Taunus 2006, S. 17-22; Frank Heider u. a., *Fast wie im wirklichen Leben. Strukturanalyse selbstverwalteter Betriebe in Hessen*, Gießen 1988, S. 14, 29, 37; Harald Glätzer, *Landkommunen in der BRD. Flucht oder konkrete Utopie?*, Bielefeld 1978, S. 11. Vgl. auch das umfangreiche Werk von Rolf Schwendter (Hg.), *Die Mühen der Berge. Grundlegungen zur alternativen Ökonomie*, Teil 1, München 1986; Rolf Schwendter (Hg.), *Die Mühen der Ebenen. Grundlegungen zur alternativen Ökonomie*, Teil 2, München 1986. Ohne wirklichen Definitionsversuch bleibt Huber, *Wer soll das alles ändern?*, Berlin 1980, S. 27/28.

97 Brand u. a., *Aufbruch*, S. 169.

98 Bröckling, *Das unternehmerische Selbst*, S. 259.

rund 200 000 meist jungen und gut gebildeten Beschäftigten in der Alternativökonomie der späten siebziger und achtziger Jahre zu.

Die alternative Projektarbeit mit der Abschaffung von Stechuhren, der eigenverantwortlichen Einteilung der Arbeitszeit, den flachen Gruppenhierarchien, der Selbstorganisation der Arbeitsabläufe oder dem Freiraum für Spontaneität steigerte »über diese Freiheiten die Intensität der Belastung potentiell ins Unendliche. Eine Belastung freilich, die bei den Projektarbeitern nicht selten als ›hausgemachte‹, als ›eigene Schuld‹, als Resultat der ›gesteigerten Verantwortung‹ oder auch als ›anstrengendes, aber cooles Gemeinschaftserlebnis‹ akzeptiert und verstanden« wurde.[99] Diese Einschätzung des Journalisten Felix Klopotek ist einerseits einleuchtend, andererseits angesichts der tatsächlich geleisteten Arbeitsstunden in den Alternativbetrieben aber auch überzeichnet. Letztlich bringt Klopotek jedoch auf den Punkt, warum einige Mitarbeiter den unsicher geführten, lohnschwachen und hinsichtlich der Sozialleistungen äußerst dürftigen selbstverwalteten Alternativbetrieben dennoch treu blieben.

Trotz der hohen Bedeutung von Teamarbeit, Eigenaktivität und Engagement, Projektorientierung, unternehmerischem Denken, flexiblen Arbeitsstrukturen und flachen Hierarchien waren die Alternativbetriebe keine Pilotprojekte der New Economy. Denn die unterfinanzierten Projekte waren alles andere als effizient und professionell geleitet, die Entscheidungsstrukturen waren nerven- und zeitraubend, der Einheitslohn dämpfte das Leistungsdenken und vielen Mitarbeitern mangelte es an besonderem Einsatzwillen.[100]

Gemeinschaftsgefühl und Arbeitsleistung waren auf das Engste miteinander verwoben, was sich auch darin niederschlug, dass der Anteil der Betriebe, die im Dienstleistungsbereich tätig waren, sehr hoch war (mindestens die Hälfte der Unternehmen kann dem tertiären Sektor zugerechnet werden). Gerade die Funktion der Betriebe als Vergemeinschaftungsorte, in denen die Hoffnung darauf,

---

99 Klopotek, Felix: »Projekt«, in: Ulrich Bröckling u. a. (Hg.), *Glossar der Gegenwart*, Frankfurt/M. 2004, S. 216-221, hier S. 217.

100 Vgl. dagegen Boltanski, Chiapello, *Der neue Geist des Kapitalismus*, S. 156, 158/159, 163, 252; Heider, »Selbstverwaltete Betriebe«, S. 525; Rainer Kreuzer, »Wahlverwandte«, in: *brand eins* 10 (2000), S. 53-58.

verstanden und aufgefangen zu werden angesiedelt war, ist kaum zu überschätzen und ihre identitätsstiftende Kraft kaum zu übersehen.[101]

---

101 Plogstedt, *Frauenbetriebe*, S. 107.

5. Idee und Praxis alternativen Wohnens

> Die Wohnung als Schutz ist eine Ausweitung des
> Wärmehaushaltsmechanismus unseres Körpers –
> eine Kollektivhaut, ein Gemeinschaftskleid.
> (Marshall McLuhan)

5.1 Städtische Kommunen und Wohngemeinschaften

5.1.1 Die Kritik an der Kleinfamilie und der gesellschaftliche Familienwandel

Beim Sonntagsbraten war es mit der Familienharmonie vorbei, erinnern sich viele Linksalternative. In Redeschlachten über den Vietnamkrieg, die NS-Vergangenheit oder einfach nur unterschiedliche Erziehungsvorstellungen waren Streit und Auseinandersetzungen vorprogrammiert. Die Auseinandersetzungen mit den Eltern und die familiären Konflikte waren die ersten Anlässe, die zu einer schematisierten Sicht auf den »Unterdrückungszusammenhang« der Kleinfamilie führten. So schrieb Steve Peinemann, einer der Mitbegründer des 1972 in Hamburg ins Leben gerufenen Vereins Humanes Wohnen e. V. (HuWo), 1977 über die »Repressionsverhältnisse« in der Kleinfamilie:

Der von der gesellschaftlichen Unterdrückung unmittelbar am Arbeitsplatz geplagte Vater soll in der Familie Entspannung finden, kann es nicht, gibt seinen Unwillen an seine ›Untergebenen‹ weiter. Mutter muß zu Vater aufsehen (die Frau sei dem Manne untertan) und läßt sich von den Kindern verrückt machen. Die Kinder stehen ständig unter Druck und haben nur noch den Wunsch, bald groß zu werden und so wie Vater und Mutter, damit sie es allen mal zeigen und sich für erlittene Demütigungen revanchieren können […]. Gesellschaftliche Unterdrückung wird in die Familie hineingetragen und dort durch Kindererziehung weitergegeben. So entstehen Untertanen.[1]

Kürzer noch fasste sich 1972 der Psychologe und Sexualwissenschaftler Helmut Kentler: »»Die Familie erzieht autoritätsgewohnte

1 Steve B. Peinemann, *Wohngemeinschaft – Problem oder Lösung?*, Eschborn 1977, S. 7.

Untertanen‹ – auf diese einfach Formel läßt sich die Kritik an der Familie bringen.«[2] Dem stimmten auch Feministinnen zu, die in der bürgerlichen Familie eine der Klassenstruktur entsprechende Unterdrückungsinstitution sahen, in der die Frauen die Rolle des Proletariats übernahmen.[3] Im Heidelberger WG-Blatt *schöner wohnen* hieß es 1975 schließlich einfach, man habe »die Schnauze von der Kleinfamilie voll« und wolle die »Unterdrückungsstruktur in der Kleinfamilie (d. h. Vater unterdrückt Mutter, die Kinder werden von beiden tyrannisiert) abschaffen, einengende Zweierbeziehungen vermeiden« sowie die »Kinder nicht zu Untertanen« erziehen.[4]

Mit den Familienstudien aus der Frankfurter Schule und Wilhelm Reichs Schriften im intellektuellen Gepäck, die allesamt einen engen Zusammenhang zwischen kleinfamiliärer Sozialisation in den Mittelschichten und dem Aufstieg des Nationalsozialismus hergestellt hatten,[5] wurde die »autoritäre Struktur« und das »Versagen der Kleinfamilien« scharf attackiert.[6] Die Alternativen kritisierten an der Kleinfamilie erstens ihre Isolation von der gesellschaftlichen Außenwelt und ihre zu hohen internen Intimitätserwartungen, zweitens die Entfaltung autoritär-hierarchischer Binnenstrukturen durch kontrollierende Erziehungsprinzipien und geschlechterbezogene Rollenverteilungen, drittens die Hochschätzung des Privatbesitzes

2 Helmut Kentler, »Die Wohngruppe als gesellschaftliche Institution«, in: Johannes Feil (Hg.), *Wohngruppe, Kommune, Großfamilie. Gegenmodelle zur Kleinfamilie*, Reinbek 1972, S. 7-19, hier S. 8.

3 Gerd Koenen, *Das rote Jahrzehnt. Unsere kleine deutsche Kulturrevolution 1967-1977*, Köln 2001, S. 125/126.

4 »Wohngemeinschaft = antikapitalistische Lebensform?«, in: *schöner wohnen* 1 (1975), S. 7 (die Broschüre findet sich in: afas Duisburg, 80.III.52).

5 Siehe nur Erich Fromm u. a., *Studien über Autorität und Familie*, Paris 1936; Theodor W. Adorno, *Studien zum autoritären Charakter*, Frankfurt/M. 1973; Wilhelm Reich, *Die sexuelle Revolution. Zur charakterlichen Selbststeuerung des Menschen*, Frankfurt/M. 1969; Wilhelm Reich, *Die Massenpsychologie des Faschismus*, Köln 1971.

6 Heide Berndt, »Kommune und Familie«, in: *Kursbuch* 17 (1969), S. 129-145, hier S. 136-138; »Grossfamilie, Kleinfamilie, WG, Kommune. Entwicklungsgeschichtliches zur WG«, in: *WG-KOOP Papier* 1 (November/Dezember 1974), S. 4-6 (diese Broschüre findet sich in: afas Duisburg, 90.IV.3.2.1); Uwe Wesel, *Die verspielte Revolution. 1968 und die Folgen*, München 2002, S. 155; Klaus Müschen, »*Lieber lebendig als normal!« Selbstorganisation, kollektive Lebensformen und alternative Ökonomie*, Bensheim 1982, S. 46.

als Herrschaftsmittel und viertens die Unterdrückung des Sexualtriebes sowohl der kindlichen Lust als auch der der Erwachsenen durch monogame Beziehungen. Die bürgerliche Kleinfamilie war somit eine »auf Besitz beruhende und von der Öffentlichkeit abgeschirmte Intimsphäre des privaten Haushalts, in welchem der Haushaltsvorstand als Patriarch über sein Eigentum verfügt [...] [und] die mit dem Eigentum verbundenen Macht- und Herrschaftsverhältnisse« ausübt.[7] Sogar der Gießener Haushaltswissenschaftlerin Rosemarie von Schweitzer erschien 1972 Folgendes selbstverständlich: »Es ist keine Frage, die Kernfamilie bringt eine Fülle von Problemen« mit sich, während sich in den Kommunen »die sensibelsten, an unserem Gesellschaftssystem leidenden, von der Enge und Gefühlskälte der ›Normal-Familie‹ getroffenen jungen Menschen« zusammenfinden.[8] In den als Gegenmodell zur kritisierten Kleinfamilie entworfenen Wohngemeinschaften sollte dem Anspruch nach die Trennung von privat und öffentlich ebenso aufgehoben werden wie Herrschafts- und Dominanzverhältnisse, Privatbesitz, isolierte und exklusive Zweierbeziehungen, geschlechtsspezifische Arbeitsteilungen und die Abhängigkeit und Fixierung der Kinder auf ihre Eltern. Man wollte sich hier – nicht ohne narzisstischen Überschuss – neu erschaffen und selbst verwirklichen.

Bei 50 Gesprächsinterviews, die Petra Dorsch im Sommer 1981 mit 16- bis 30-jährigen alternativen Zeitungsmachern führte, zeigte sich, dass die Hälfte von ihnen ein schlechtes Verhältnis zu den Eltern hatte:

Der Kontakt zu den Eltern ist entweder abgebrochen oder aber wird notdürftig aufrechterhalten. Beklagt wird von den Jugendlichen etwa, daß die

7 Vgl. dazu die nachgedruckten Aufsätze von Gerti Blankenburg, Eberhard Wesche und Rosmarie von Schweitzer in: *humanes wohnen, material* 1 (November 1973), S. 1-16, in: HIS-A, Broschüren, Box »Alternativprojekte, Gegenökonomie« (Zitat S. 7); Johann A. Schülein (Hg.), *Kommunen und Wohngemeinschaften. Der Familie entkommen? Eine Textsammlung*, Gießen 1978, S. 106-114; Willi Köhler, »Die Ehe ist tot. Wohin treibt die Familie?«, in: *pardon* 5 (Mai 1969), S. 22-24; Rosemarie von Schweitzer, »Die Wohngruppe als Alternative zur Lebensform der Kleinfamilie«, in: *Hauswirtschaft und Wissenschaft* 20, 6 (1972), S. 270-275, hier S. 270. Siehe auch Ulrike Bauer u. a., »Zur Idee und Realität von Wohngemeinschaftsberatung. Das Wohngemeinschaftszentrum in Frankfurt«, in: Johann A. Schülein (Hg.), *»... vor uns die Mühen der Ebenen«. Alltagsprobleme und Perspektiven von Wohngemeinschaften*, Gießen 1980, S. 271-284, hier S. 272.

8 von Schweitzer, »Die Wohngruppe als Alternative«, S. 275.

Eltern die Zuwendungsbereitschaft des Kindes ablehnen sowie das völlige Unverständnis gegenüber der Arbeit bei einer Alternativzeitung, die Unmöglichkeit über politische Probleme zu sprechen. Die Entfremdung zwischen diesen Elternhäusern und den Jugendlichen scheint unüberbrückbar.[9]

Diese Erfahrung teilten die meisten WG-Bewohner. Die Familienforscherin Gudrun Cyprian stellte 1974 in einer Untersuchung fest, dass viele Mitglieder versucht hätten, »sich ganz von ihrer Vergangenheit zu lösen«. Man wollte die familiären Prägungen hinter sich lassen, und so hatte man »den Kontakt zur elterlichen Familie abgebrochen«. Die WG-Bewohner sprachen »von dem Leben, das sie früher führten, nur in abfälliger Weise«.[10] Lediglich 21 Prozent von ihnen gaben an, häufig Kontakt zu Eltern, Geschwistern und anderen Verwandten zu haben, die meisten pflegten lediglich sporadischen Kontakt zu ihren Herkunftsfamilien. Gerade einmal 2,9 Prozent bejahten die Aussage, dass die Meinungen oder Ratschläge ihrer Familie für sie wichtig seien.[11] Die Verwandten »versinnbildli-

9 Petra E. Dorsch, *Neue Medien im sublokalen Kommunikationsraum – Die sogenannte Alternativpresse im sozialen Umfeld*, München 1981, S. 198. Vgl. auch die Bemerkungen zu einem problematischen Verhältnis der Eltern zu den Wohngemeinschaften bei Norbert Klugmann, »Selten allein. Szenen einer WG«, in: *Kursbuch* 54 (1978), S. 163-173, hier S. 163.

10 Gudrun Cyprian, *Sozialisation in Wohngemeinschaften. Eine empirische Untersuchung ihrer strukturellen Bedingungen*, Stuttgart 1978, S. 120/121. Dieser Befund scheint gerade auf die linksalternativen WG-Bewohner zuzutreffen, da die Shell-Studie von 1981 ergab, dass nur zehn Prozent der Jugendlichen keinen Kontakt zu ihren Eltern hatten (*Jugend ,81. Lebensentwürfe, Alltagskulturen, Zukunftsbilder. Studie im Auftrag des Jugendwerks der Deutschen Shell, durchgeführt von Psydata, Institut für Marktanalysen. Sozial- und Mediaforschung*, Bd. 1, Hamburg 1981, S. 343).

11 Cyprian, *Sozialisation*, S. 142, 153. Zu den spannungsreichen Beziehungen der Kommune-I-Mitglieder zu ihren Eltern siehe die Post zwischen ihnen und ihren Eltern, in: HIS-A, Bestand »Sozialistisches Anwaltskollektiv« (SAK), 130, Nr. 3, Abschnitt 1: Verwandtschaft. So erhielt etwa Gertrud Hemmer am 12. Juni 1967 von ihrem Vater einen geharnischten Brief, in dem sie »schärfstens verwarnt« wurde, sofort die K I zu verlassen und weiterzustudieren. Dieter Kunzelmann musste am 18. April 1967 einen abrechnenden Brief von seinem Vater Otto Kunzelmann lesen, der ihm jedwede finanzielle Unterstützung entzog. Oftmals machten sich die Eltern aber auch einfach nur Sorgen und wollten von den Kommunarden Aufklärung bzw. Richtigstellung der Presseberichterstattung. Vgl. auch Heinrich Mehrmann, »Erobern Kommunen Deutschlands Betten? Mehr Sex mit Mao und Marx«, in: *pardon* 8 (August 1967), S. 16-21, hier S. 21;

chen das traditionelle Wertsystem, das die Wohngemeinschaftsmitglieder ablehnen, sie erscheinen als Verfechter einer Lebensform, deren Zurückweisung die Kinder mit dem Experiment ›Wohnkollektiv‹ unübersehbar demonstrieren«.[12] Elterlicher Besuch in der Wohngemeinschaft wurde als derart unangenehm empfunden, dass er die WGler gegenüber den Mitbewohnern verlegen machte.[13] Gerade der antibürgerliche Einschlag der Einrichtungen, Ordnungsmaßstäbe und Sauberkeitsvorstellungen riefen immer wieder elterliche Skepsis hervor, die sich auch auf die offenen Geschlechterverhältnisse, die verminderten Möglichkeiten zur Privatheit und die hohen und weitgreifenden Kommunikationsbedürfnisse bezog.[14] Der WG-Bewohner Joachim Krausse beschreibt eine solche Situation anschaulich:

Da standen Vati und Mutti in ihren Popelinmänteln mit Seidenschal und Hut in dieser Gemeinschaftswohnung schillernder Existenzen. Sie wagten sich nicht auf die Polster des lädierten grünen Plüschsofas aus den Gründerjahren zu setzen, auf dem man so schön kuscheln konnte. [...] Weit davon entfernt Platz zu nehmen auf den Sitzmöbeln, [...] standen sie in der Mitte des knapp 40 m² großen und etwa 3,60 m hohen Raumes und tasteten mit Blicken das Zimmer mit allen Sachen darin, die Wände, Decken und Lampen, eins nach dem anderen ab und setzten daraus und aus den Befürchtungen, die sie schon mitgebracht hatten, ein Bild meiner Existenz zusammen, das nichts Gutes erwarten ließ. [...] Von den drei Türen des Zimmers ging eine auf den Flur. Die dritte Tür war eine große Flügeltür, die weit geöffnet ins kleine Nachbarzimmer führte. Das gehörte Hanna. ›Sie leben also zusammen‹. So oder so ähnlich mußte es Vati und Mutti durch den Kopf gegangen sein: ›Sie leben also wie ein Paar zusammen ohne Trauschein, ohne unseren Segen, ohne irgend jemand um Erlaubnis gefragt zu haben. Sie leben einfach zusammen.‹ Und noch beängstigender schien ihnen wohl, daß wir nicht den Eindruck machten, unseren Lebensstil mit seinen Provisorien so schnell aufgeben zu wollen. [...] Vati und Mutti hat-

Aribert Reimann, *Dieter Kunzelmann, Avantgardist, Protestler, Radikaler*, Göttingen 2009, S. 169.

12 Cyprian, *Sozialisation*, S. 142.

13 Ebd., S. 144; Herrad Schenk, *Wir wohnen zusammen – nicht allein. Wohngemeinschaften heute*, Köln 1984, S. 213.

14 Johann A. Schülein (Hg.), »... *vor uns die Mühen der Ebenen«. Alltagsprobleme und Perspektiven von Wohngemeinschaften*, Gießen 1980, S. 57, 155-159; Gudrun Danzmann, »Über die Wohngemeinschaften meiner Töchter 1971-1979«, in: Johann A. Schülein (Hg.), »... *vor uns die Mühen der Ebenen«. Alltagsprobleme und Perspektiven von Wohngemeinschaften*, Gießen 1980, S. 227-243.

ten an diesem Tag einsehen müssen, daß ich meine eigenen Wege ging, Wege, die woanders hinführten, als sie sich vorgestellt hatten.[15]

Die Wohngemeinschaften waren, wie Matthias Horx schrieb, so etwas wie ein »Familienersatz«. Sie waren ein Versuch,

all die Liebe und Aufmerksamkeit zu ergattern, die man im Elternhaus entweder nicht *richtig* oder gar nicht bekam. Da lauert jeder ständig darauf, daß die anderen sich um ihn kümmern, ihn wahr- und ernst nehmen. Wohngemeinschaften sind nichts anderes als die Kuschelinstitute einer Softie-Generation, die immer gegen ihre Väter und Mütter gekämpft hat, aber ständig unbewußt auf der Suche nach den *wahren* Vätern, Müttern, Tanten und Onkeln ist.[16]

Das ist sicherlich eine polemisch zugespitzte Interpretation, die jedoch insofern Plausibilität beanspruchen kann, als sie einen Zusammenhang zwischen krisenhaften Familienverhältnissen und der Motivation herstellt, in eine Wohngemeinschaft zu ziehen. Von einem zwar dramatischen, tendenziell aber keineswegs atypischen Zerwürfnis mit dem Elternhaus berichtete etwa eine 20-jährige lesbische Frau:

Es war für mich immer ein unheimlicher Konflikt zu Hause zwischen der Welt meiner Eltern und meiner Welt in der Frauenbewegung, meist mit vier, fünf Jahre älteren Frauen [...]. Das hat mir imponiert. Ich wollte schon mit 16, 17 ausziehen und wie die leben. Ich habe die Tage gezählt, bis ich 18 wurde. Der Anlaß war dann meine Freundin Gudrun, alles hat sich unheimlich zugespitzt, und ich bin mit Polizei und Trara von zu Hause weg. Gudrun war einmal bei mir, und sie haben sie rausgeschmissen, und mein Vater hat mich leicht bedroht und zu Hause festgehalten. Da bin ich total ausgeklinkt und Gudrun hat die Polizei geholt. Am nächsten Tag bin ich halt ausgezogen.[17]

---

15 Joachim Krausse, »Werte aus dem Berliner Zimmer«, in: Deutscher Werkbund (Hg.), *Schock und Schöpfung. Jugendästhetik im 20. Jahrhundert*, Darmstadt 1986, S. 238-248, hier S. 246/247.

16 Matthias Horx, »Die abgekühlte Gemeinschaft. Alternativbewegung in der Krise: Was aus den sozialen Experimenten geworden ist«, in: *Die Zeit* 17 (27.04.1984), S. 21.

17 Schenk, *Wir leben zusammen*, S. 73/74. Vgl. auch die Geschichte der 16-jährigen Gaby und ihr Schreiben an die K I vom 26.10.1967, in: HIS-A, SAK 130, Nr. 1 Korrespondenz der Kommune I (1967-1968), »allgemein«, ohne fol.

Dieser drastischen Schilderung zum Trotz vollzogen Frauen offenbar seltener den kompletten Bruch mit den Eltern – sie pflegten zwei- bis dreimal häufiger Kontakt als ihre männlichen Mitbewohner.[18] Konflikte mochten bei den Frauen öfter dadurch entstehen, dass die Eltern Angst davor hatten, ihre Töchter könnten schädlichen sexuellen Einflüssen ausgesetzt sein. So berichtet die WG-Bewohnerin Kristine Kretschmer von einem »Tobsuchtsanfall« ihres Vaters auf ihre Ankündigung, in eine Wohngemeinschaft ziehen zu wollen. Er beschimpfte seine Tochter deswegen schlichtweg als »Hure«.[19]

Die linksalternative Szene reagierte besonders intensiv auf die ab den sechziger Jahren einsetzende allgemeine Entwicklung, dass Jugendliche immer früher aus der elterlichen Wohnung auszogen und nach neuer Selbstständigkeit und Unabhängigkeit strebten.[20] Gerade die ganz frühen »Nestflüchter« suchten die Wohngemeinschaften als Auffangbecken und Übergangslösungen auf dem Weg in die Selbstständigkeit.[21] Überhaupt wurde in der Institution der Wohngemeinschaft ein Wandel in den Familienstrukturen deutlich, der sich im Laufe der sechziger und siebziger Jahre auf gesamtgesellschaftlicher Ebene vollzog. Ehe und Kleinfamilie galten nämlich bereits 1973 keineswegs mehr als selbstverständliche und beste Form des Zusammenlebens. Nur noch 41 Prozent der Bevölkerung erachteten sie als Ideal, während 27 Prozent für eine Partnerschaft ohne Trauschein votierten und bereits 17 Prozent angaben, in einer Wohngemeinschaft leben zu wollen. Die Großfamilie hatte dagegen mit 4 Prozent ebenso wenig eine Chance wie das Singledasein, welches 7 Prozent der bundesrepublikanischen Bevölkerung bevor-

18 Cyprian, *Sozialisation*, S. 146.
19 Kristine Kretschmer, »Wohnen mit beschränkter Hoffnung. Zehn Jahre Wohngemeinschaft«, in: *Bauwelt* 22 (1984), hier S. 906.
20 Detlef Siegfried, *Time is on my side. Konsum und Politik in der westdeutschen Jugendkultur der 60er Jahre*, Göttingen 2006, S. 646. Zur Gegentendenz der neuen »Nesthocker« siehe Rosemarie Nave-Herz, *Familie heute. Wandel der Familienstrukturen und Folgen für die Erziehun*, Darmstadt ³2007, S. 79.
21 Margret Tränkle, »Von Kommune und WG«, in: Willi Bucher, Klaus Pohl (Hg.), *Schock und Schöpfung. Jugendästhetik im 20. Jahrhundert*, Darmstadt u. a. 1986, S. 201-208, hier S. 202; Schenk, *Wir wohnen zusammen*, S. 62/63, 73; Christian Marx, Fred Viebahn, »Das Mädchen, das auszog, das Leben zu lernen, ohne um Erlaubnis zu fragen«, in: *twen* 11 (November 1969), S. 68-74.

zugten.[22] In den siebziger Jahren war somit der Trend zur Individualisierung noch nicht in seinem ganzen Ausmaß zu erkennen, aber schon eine Entwicklung hin zur Lockerung traditioneller Rollen und Verhaltensmuster und zum Abschied von der Großfamilie.

Dazu traten erhebliche Spannungen innerhalb der klassischen Familien: Die zeitgenössische Familiensoziologie schätzte nur gut die Hälfte der Familien am Ende der sechziger Jahre als »stabil oder sehr stabil« ein. Neben dem Nachlassen der verhaltensregulierenden sozialen Kontrolle von außen und der in einer Wohlstandsgesellschaft schwindenden Bedeutung der Familie als traditioneller ökonomischer Absicherungsgemeinschaft waren es auch die gewachsenen postmateriellen Bedürfnisse nach individueller Selbstverwirklichung, die dazu führten, dass die festen Bindungen der Kleinfamilie hinterfragt wurden.[23]

Zugleich hatte sich die Kleinfamilie seit den fünfziger Jahren aus ihrer Isolation gelöst und an Integrationskraft eingebüßt. Die »postmoderne Familie«, so der Siegener Soziologe Trutz von Trotha, war eine »offene Familie«, die ihre Privatheit abgestreift und sich über den Familienkreis hinaus gegenüber selbstgewählten Kontakten geöffnet hatte. Man suchte also nicht nur in der linksalternativen Szene nach einer höheren Erlebnisqualität in der zwischenmenschlichen Kommunikation. Die Kontakte zu den Nachbarn wurden zahlreicher, Bekannte und Freunde spielten eine größere Rolle und die Mitgliedschaft in den Vereinen breitete sich aus. Immer mehr Menschen gaben als »engsten Vertrauten« jemanden außerhalb der Familie an. Als bevorzugter Gesprächspartner fungierten im Jahre 1953 bei 28 Prozent der Befragten nicht Familienmitglieder, sondern »jemand, mit dem ich gleiche Interessen habe«. 1979 gaben dies schon 41 Prozent der Befragten als Antwort an – diese Antwort war zugleich die häufigste Erwiderung. Einladungen bei Freunden und Bekannten folgten 1953 nur 31 Prozent, Ende der siebziger Jah-

22 von Schweitzer, »Die Wohngruppe als Alternative«, S. 270-275. Nachgedruckt in: *humanes wohnen, material* 1 (November 1973), S. 8, in: HIS-A, Broschüren, Box »Alternativprojekte, Gegenökonomie«.
23 Johann A. Schülein, »Konstitution und Dynamik ›offener‹ Primärgruppen. Zur Situation von Wohngemeinschaften«, in: Friedhelm Neidhardt (Hg.), *Gruppensoziologie. Perspektiven und Materialien*, Opladen 1983, S. 391-419, hier S. 395; Richard M. Emge, *Soziologie des Familienhaushalts*, Paderborn u. a. ²1981, S. 130-140.

re hingegen schon 64 Prozent, mithin mehr als doppelt so viele. Generell war man in den siebziger Jahren unternehmungslustiger als in den fünfziger und sechziger Jahren. Im Jahr 1976 vertrauten die Deutschen ihren Mitmenschen so stark wie nie zuvor in der Geschichte der Bundesrepublik.[24]

Zwar war die klassische Kleinfamilie in der Bundesrepublik stabiler als in vielen anderen europäischen Ländern – ihre Blütezeit erlebte sie von Mitte der fünfziger bis zur Mitte der sechziger Jahre –, aber spätestens ab den siebziger Jahren wurde auch hierzulande die traditionelle patriarchalische Familienorganisation zunehmend durch plurale, egalitärere und stärker kommunikativ ausgerichtete Systeme ersetzt. Die klassische monogame und lebenslange Kleinfamilie mit dem Vater als Ernährer und Autoritätsperson, der Mutter als Hausfrau und emotionalem Mittelpunkt und klaren Sozialisationsvorstellungen für die ein bis zwei Kinder wurde durch eine rasant ansteigende Zahl nichtehelicher Lebensgemeinschaften, kinderloser Partnerschaften, Doppelkarriere-Ehen und Fernbeziehungen, durch gleichgeschlechtliche Partnerschaften, durch Patchworkfamilien und »Ein-Eltern-Familien« ergänzt, welche durch die ab Mitte der sechziger Jahre beständig zunehmenden Scheidungen entstanden waren.[25] In Belgien, Frankreich und den

24 Trutz von Trotha, »Zum Wandel der Familie«, in: *KZSS* 42 (1990), S. 452-473, hier S. 453; Elisabeth Noelle-Neumann, Edgar Piel (Hg.), *Allensbacher Jahrbuch der Demoskopie 1978-1983*, Bd. VIII, München u. a. 1983, S. 80; Elisabeth Noelle-Neumann (Hg.), *1976: Allensbacher Jahrbuch der Demoskopie 1974-1975*, Bd. VI, Wien u. a. 1976, S. 18; Rüdiger Peuckert, *Familienformen im sozialen Wandel*, Wiesbaden [7]2008, S. 30/31.

25 Peuckert, *Familienformen im sozialen Wandel*, S. 16-31; Nave-Herz, *Familie heute*, S. 14, 18/19, 27, 119; von Trotha, »Wandel«, S. 453/454; Andreas Wirsching, »Erwerbsbiographien und Privatheitsformen: Die Entstandardisierung von Lebensläufen«, in: Thomas Raithel u. a. (Hg.), *Auf dem Weg in eine neue Moderne? Die Bundesrepublik Deutschland in den siebziger und achtziger Jahren*, München 2009, S. 83-97, hier S. 90; Edgar Wolfrum, *Die geglückte Demokratie. Geschichte der Bundesrepublik Deutschland von ihren Anfängen bis zur Gegenwart*, Stuttgart 2006, S. 245; Bundesminister für Jugend, Familie und Gesundheit (Hg.), *Zweiter Familienbericht. Familien und Sozialisation – Leistungen und Leistungsgrenzen der Familie hinsichtlich des Erziehungs- und Bildungsprozesses der jungen Generation*, 2 Teile, Bonn 1975. Dass die Wohnzufriedenheit und die Interaktionen in der Kleinfamilie nicht kleiner waren als in den Wohngemeinschaften, zeigt die interessante Studie von Klaus Eichner, »Wohnformen und Wohnzufriedenheit. Eine empirische Untersuchung«, in: *Soziale Welt* 27 (1976), S. 323-342, hier bes. S. 332.

Niederlanden etwa verdreifachte sich die Scheidungsrate zwischen 1970 und 1985, in Dänemark und Norwegen verdoppelte sie sich. Auch in Deutschland stiegen die Scheidungsziffern zwischen 1960 und Mitte der achtziger Jahre auf mehr als das Doppelte an. Während beispielsweise 1970 77 000 Ehen geschieden wurden, waren es fünf Jahre später schon rund 100 000. Gleichzeitig lässt sich in den Jahren zwischen 1964 und 1985 ein besonders starker Rückgang der Eheschließungen beobachten. Danach schwächte sich dieser Trend deutlich ab, hielt aber weiter an. Zeitgleich erhöhte sich die Zahl der »wilden Ehen« und der Alleinstehenden drastisch – Letztere etwa in Großbritannien zwischen 1960 und 1980 von 12 auf 22 Prozent. Ähnliche Zahlen liegen für die Bundesrepublik vor, wo die nichtehelichen Lebensgemeinschaften in der ersten Hälfte der achtziger Jahre um satte 40 Prozent zunahmen. Der Anteil der Einpersonenhaushalte wuchs kontinuierlich an und erreichte im Jahr 2005 sogar ganze 37 Prozent.[26]

Die Veränderung der Familienformen betraf (zunächst) vor allem Personen aus höheren Bildungsschichten, die überall in Europa zu den Vorreitern der Pluralisierung und Deinstitutionalisierung bürgerlicher Familienmuster gehörten. Das Zusammenleben ohne Trauschein, der Wandel der Geschlechterrollen in der Familie, der Verzicht oder die zeitliche Verschiebung klassischer Elternaufgaben, die Begrenzung von Liebe und Partnerschaft auf einen Lebensabschnitt – all dies war hier am stärksten akzeptiert.[27] Die bundesrepublikanischen Wohngemeinschaften waren vor diesem Hintergrund weniger Initiator denn Ausdruck viel weiter greifender Entwicklungen.

---

26 von Trotha, »Wandel«, S. 454, 456; Peuckert, *Familienformen im sozialen Wandel*, S. 22/23, 33-35; Nave-Herz, *Familie heute*, S. 27, 119; Emge, *Soziologie des Familienhaushaltes*, S. 135-140; Eric Hobsbawm, *Das Zeitalter der Extreme. Weltgeschichte im 20. Jahrhundert*, München ³1998, S. 403/404; Mark Mazower, *Der dunkle Kontinent. Europa im 20. Jahrhundert*, Frankfurt/M. 2002, S. 502; Wirsching, »Erwerbsbiographien und Privatheitsformen«, S. 88. Für die sechziger Jahre siehe Ute Frevert, »Umbruch der Geschlechterverhältnisse?«, in: Axel Schildt u. a. (Hg.), *Dynamische Zeiten*, Hamburg 2000, S. 642-660, hier S. 652.

27 Peuckert, *Familienformen im sozialen Wandel*, S. 25, 28/29; Hans-Ulrich Wehler, *Deutsche Gesellschaftsgeschichte*, Bd. 5, *Bundesrepublik und DDR 1949-1990*, München 2008, S. 184.

5.1.2 Umfang und Lage

Es ist nicht exakt zu ermitteln, wie viele Wohngemeinschaften es bis in die siebziger Jahren gab, da diese damals in den Meldeämtern noch nicht gesondert ausgewiesen wurden. In der Haushaltszählung des Statistischen Bundesamtes wurden sie den Mehrpersonenhaushalten zugerechnet.[28] Schätzungen in der historischen und soziologischen Literatur gehen mehrheitlich davon aus, dass es 1966 bundesweit gerade einmal 100, 1968/69 etwa 1000 und im Jahr 1971 ungefähr 2000 Wohngemeinschaften gab. Der rasante Anstieg erfolgte offenbar erst Mitte der siebziger Jahre, denn 1974 soll es bereits 10 000 und vier Jahre darauf 20 000 bis 30 000 Wohngemeinschaften mit rund 100 000 Bewohnern gegeben haben. Für das Jahr 1980 gehen verschiedene Autoren von 30 000 bis 40 000 Wohngemeinschaften mit insgesamt 150 000 bis 400 000 Bewohnern aus.[29] Diese Schätzungen werden in der Forschungsliteratur

28 Als Wohngemeinschaft wird hier zunächst noch ganz technisch ein gemeinsamer Haushalt von mindestens drei Erwachsenen bezeichnet, die nicht miteinander verwandt sind und freiwillig zusammenwohnen. Siehe zu dieser Definition: Peuckert, *Familienformen im sozialen Wandel*, S. 83; Cyprian, *Sozialisation*, S. 20; Erika Spiegel, *Neue Haushaltstypen. Entstehungsbedingungen, Lebenssituation, Wohn- und Standortverhältnisse*, Frankfurt/M. 1986, S. 38, 133/134; Dieter Korczak, *Neue Formen des Zusammenlebens. Erfolge und Schwierigkeiten des Experiments »Wohngemeinschaft«*, Frankfurt/M. 1979, S. 34. Avancierter dagegen die Definition bei Schülein, »Konstitution und Dynamik«, S. 407 (gemeinsamer Wohnraum, gemeinsame Lebensführung, intensiver sozialer Kontakt).

29 Zahlenangaben nach Rudi H. G. Damme, *Zur Stabilität von politischen Wohngruppen. Ein Modell aktivierender Sozialforschung zur Theorie und Praxis des kollektiven Alltags*, Hannover 1977, S. 13/14; Spiegel, *Neue Haushaltstypen*, S. 132/133; Korczak, *Neue Formen*, S. 101; Schenk, *Wir wohnen zusammen*, S. 267; Detlef Siegfried, »›Einstürzende Neubauten‹. Wohngemeinschaften, Jugendzentren und private Präferenzen kommunistischer ›Kader‹ als Formen jugendlicher Subkultur«, in: *AfS* 44 (2004), S. 39-66, hier S. 51; Siegfried, *Time is on my side*, S. 654; Christoph Conti, *Abschied vom Bürgertum. Alternative Bewegungen in Deutschland von 1890 bis heute*, Reinbek 1984, S. 167; Wesel, *Die verspielte Revolution*, S. 155; Karl-Werner Brand u. a., *Aufbruch in eine andere Gesellschaft. Neue soziale Bewegungen in der Bundesrepublik*, Frankfurt/M., New York ²1984, S. 159; Müschen, *»Lieber lebendig als normal!«*, S. 44, 49; Peuckert, *Familienformen im sozialen Wandel*, S. 83. Zeitgenössisch: *humanes wohnen, wohngruppen plattform 74*, S. 11, in: HIS-A, Broschüren, Box »Alternativprojekte, Gegenökonomie«; Klugmann, »Selten allein«, S. 163. Völlig abseits liegen die Zahlen bei: Annegret Altevogt, Terje Neraal, »Wohngemeinschaften – woran können sie scheitern?«,

nie belegt und schreiben sich offenbar nur durch wechselseitige Bezugnahme untereinander fort. Jedenfalls liegen die Ziffern weit unter den zeitgenössischen Berechnungen des Deutschen Studentenwerkes, die schon 1973 30 000 rein studentische Wohngemeinschaften mit 150 000 Bewohnern und 1976 bereits 100 000 Wohngemeinschaften mit insgesamt 450 000 Bewohnern auswiesen. Im Bundesdurchschnitt sollen Mitte der siebziger Jahre 18 Prozent der Studenten diese Wohnform gewählt haben. Dies führte den Potsdamer Historiker Manfred Görtemaker zu einer von seinen Kollegen abweichenden Schätzung: Für das Jahr 1977 gibt er die Zahl von 600 000 Wohngemeinschaftsmitgliedern an.[30]

Allerdings sind die Zahlen des Studentenwerks ebenso mit großer Vorsicht zu behandeln, da in diese auch Haushalte einflossen, in denen zwei Personen gemeinsam in einer Wohnung lebten. Diese Zweipersonenhaushalte stellen die Hälfte aller vom Studentenwerk gezählten Wohngemeinschaften, so dass sich für 1976 (zieht man die Zweipersonenhaushalte ab) eine Zahl von rund 350 000 studentischen WG-Bewohnern ergibt.[31] Schließlich ergab die Shell-Studie von 1981, dass 5 Prozent aller Jugendlichen zwischen 15 und 24 Jahren (und 13 Prozent der Studierenden) in einer Wohngemeinschaft lebten – das entsprach einer Anzahl von 480 000 Personen.[32] Genauer wird man diese Zahl nicht mehr ermitteln können. Sicher ist aber etwas anderes, durchaus Bemerkenswertes, nämlich dass der so schnelle Anstieg dieser Wohnform und die Vervielfachung

in: Johann A. Schülein (Hg.), »… *vor uns die Mühen der Ebenen«. Alltagsprobleme und Perspektiven von Wohngemeinschaften*, Gießen 1980, S. 259; Angelika Vogel, »Familie«, in: Wolfgang Benz (Hg.), *Die Bundesrepublik Deutschland*, Bd. 2, *Gesellschaft*, Frankfurt/M. 1983, S. 98-126, hier S. 116.

30 Rüdiger Pohl, Karl-Heinrich Voss, »Wohngemeinschaften in Braunschweig. Empirische Untersuchungen in Wohngemeinschaften«, in: Rüdiger Pohl u. a. (Hg.), *Mittlere Wohndauer: 18 Monate. Berichte, Daten und Meinungen über Wohngemeinschaften in der Stadt*, Hannover 1978, S. 45-173, hier S. 64; Manfred Görtemaker, *Geschichte der Bundesrepublik Deutschland. Von der Gründung bis zur Gegenwart*, München 1999, S. 642. Vgl. auch Schülein, »Konstitution und Dynamik«, S. 398.

31 Pohl/Voss, »Wohngemeinschaften«, S. 150, 167-170; Cyprian, *Sozialisation*, S. 20; Johann A. Schülein, »Einige Bemerkungen zur Entwicklung der Wohngemeinschaftsbewegung«, in: ders. (Hg.), »… *vor uns die Mühen der Ebenen«. Alltagsprobleme und Perspektiven von Wohngemeinschaften*, Gießen 1980, S. 13-30, hier S. 14.

32 *Jugend '81*, Bd. 1, S. 69, 327 (eigene Berechnung der Prozentangabe).

der Zahl der Bewohner von wenigen tausend auf Hunderttausende innerhalb nur eines knappen Jahrzehnts stattfand.

Der Aufstieg dieser neuen Wohnform während der siebziger Jahre hing unmittelbar mit gesellschaftlichen Wandlungsprozessen zusammen. Zum einen mit der Expansion des Bildungssystems und der rasant wachsenden Anzahl der Studenten, die zugleich nicht mehr in den Studentenwohnheimen unterkamen und in zunehmendem Maße die mäßig renovierten Wohnungen in den vernachlässigten Altbauten der Innenstädte nutzten. Zum anderen drückte sich in dieser Wohnform ein allgemeiner Familien- und Wertewandel aus, weil hierin sowohl die gestiegene Bedeutung von Peergroups und der Austausch mit Gleichaltrigen als auch das Bedürfnis nach Unabhängigkeit, Selbstbestimmung und Selbstverwirklichung zum Ausdruck kamen.[33] Insgesamt waren vor allem innerhalb des linksalternativen Milieus die Wohngemeinschaften Lebensexperimente, die, wie in diesem Abschnitt gezeigt wird, sowohl identitätsbildend als auch normgenerierend wirkten. Insbesondere unter den Linksalternativen galt noch Ende der siebziger Jahre: »Jeder, der ein bißchen politisch konsequent ist, der wohnt in einer Wohngemeinschaft.«[34]

Dass sich diese Wohngemeinschaften in den Stadtzentren entwickeln konnten, hatte damit zu tun, dass in vielen Großstädten ab den sechziger Jahren in den Außenbezirken große Trabantensiedlungen entstanden. Nach den Konzepten der technokratischen Stadtplanungsphilosophie sollten die Altbauwohnungen in den Innenstädten der verkehrsgerechten »City« Platz machen. Die angestrebte Stadtsanierung sah vor, dass Bürogebäude für Banken und Versicherungen sowie Park- oder Warenhäuser in den Stadtkernen entstehen sollten. Dies schuf vorübergehend billige Mietmöglichkeiten in den innenstädtischen Altbauten und somit eine Gelegenheitsstruktur für WGs, die die großzügigen, aber stark renovierungsbedürftigen Wohnungen anmieten konnten. In Berlin waren es in erster Linie die ehemals proletarischen Wohnquartiere und Sanierungsgebiete in Kreuzberg, Schöneberg, Neukölln und Moa-

---

33 Spiegel, *Neue Haushaltstypen*, S. 134-136, 163-167; Rüdiger Pohl, »Frust und Freude eines WG-lers«, in: Johann A. Schülein (Hg.), »... *vor uns die Mühen der Ebenen*«. *Alltagsprobleme und Perspektiven von Wohngemeinschaften*, Gießen 1980, S. 59-64, hier S. 59.

34 Damme, *Stabilität*, S. 131, 138.

bit, in denen sich immer mehr Wohngemeinschaften zusammenfanden. In Frankfurt formierte sich bereits in den frühen siebziger
Jahren eine Hausbesetzerbewegung im ehemals großbürgerlichen
Westend mit seinen geräumigen Altbauwohnungen. Während es
1969 nur 20 Kommunen in der Mainmetropole gab, sollen dort
gegen Ende der siebziger Jahre schon 12 000 Menschen in Wohngemeinschaften gelebt haben. Nicht nur in Berlin und Frankfurt
richteten sich die WGs in den Stadtzentren ein. 77 Prozent der
Mannheimer, 75 Prozent der Bielefelder und 85 Prozent der Braunschweiger WGs waren (bezogen auf das Stichjahr 1978) in den innerstädtischen Altbaugebieten angesiedelt.[35]

In der Bundesrepublik waren diese Vorgänge offenbar stärker
ausgeprägt als in den westlichen und südlichen Ländern Europas,
wo weniger Miet- als Eigentumswohnungen gebaut worden waren und somit die Gelegenheitsstrukturen für die dort ebenso nach
Unabhängigkeit strebende Studentenschaft schlechter waren. Tendenziell ähnlich und sogar noch weiter verbreitet dürfte die Wohn-
gemeinschaftskultur in den nordeuropäischen Ländern gewesen
sein, die auch mit spektakulären Experimenten wie dem alternativen Viertel Christiania in Kopenhagen oder der Wohnstraßen-
Bewegung in Holland auf sich aufmerksam machten. In Dänemark
zählte man 1971 700 und 1974 bereits 12 000 bis 15 000 Wohngemeinschaften. In Österreich entwickelte sich ebenfalls eine Wohngemeinschaftsszene, die Anfang der achtziger Jahre etwa 20 Prozent

35 Vgl. Christian Marx, Fred Viebahn, »Politgammler, Haschrebellen und eine ver-
lorene Tochter«, in: *twen* 12 (Dezember 1969), S. 55-63, hier S. 59; Georg Wagner-
Kyora, »›Das Zweckmäßige ist fast immer auch schön‹ – Stadtplanung, Wohnkultur und Lebensstile in der Bundesrepublik der sechziger Jahre«, in: Matthias
Frese u. a. (Hg.), *Demokratisierung und gesellschaftlicher Aufbruch. Die sechziger
Jahre als Wendezeit der Bundesrepublik*, Paderborn u. a. 2003, S. 615-645; Reinhard
Landwehr, »Innenstadtnahe Altbaugebiete. Das materielle Substrat einer studen-
tischen Alternativkultur«, in: *Angewandte Sozialforschung* 8, 1/2 (1980), S. 33-63,
hier S. 38, 41, 43/44, 49, 54, 58; Tilman Harlander, »Wohnen und Stadtentwick-
lung in der Bundesrepublik«, in: Ingeborg Flagge (Hg.), *Geschichte des Wohnens*,
Bd. 5, *1945 bis heute. Aufbau, Neubau, Umbau*, Stuttgart 1999, S. 233-417, hier
S. 287-325, 332-346; Spiegel, *Neue Haushaltstypen*, S. 45; Pohl/Voss, »Wohngemeinschaften«, S. 95, 118, 157; Müschen, »*Lieber lebendig als normal!*«, S. 56. Zu
Frankfurt am Main siehe Bauer u. a., »Zur Idee und Realität«, S. 279; Michael
Andritzky, »Balance zwischen Heim und Welt. Wohnweise und Lebensstile von
1945 bis heute«, in: Ingeborg Flagge (Hg.), *Geschichte des Wohnens*, Bd. 5, *1945
bis heute. Aufbau, Neubau, Umbau*, Stuttgart 1999, S. 615-686, hier S. 642/643.

der Studierenden und damit 5000 Wohngemeinschaften mit rund 25 000 WG-Bewohnern umfasste.[36]

5.1.3 Sozialprofil

Die empirischen Untersuchungen zum Sozialprofil der Wohngemeinschaften sind bislang nie systematisch zusammengetragen worden. Obwohl alle Befunde sehr ähnliche Ergebnisse zeigen, sollen diese hier nacheinander dargestellt werden. Dadurch ergeben sich zwar Nachteile in der Darstellung, doch soll das bislang nicht bekannte, hohe Dokumentationsniveau vorgeführt werden.[37] Beginnen wir mit einer bereits im Sommer 1971 in Berlin durchgeführten Untersuchung über 120 Personen in 20 unterschiedlichen Wohngemeinschaften. Sie zeigte, dass 69 Prozent der Bewohner zwischen 21 und 30 Jahre alt waren und 55 Prozent von ihnen studierten. Weitere 29 Prozent waren in Erziehungs-, Lehr- und Sozialberufen tätig, während somit gerade einmal 16 Prozent aus Berufen außerhalb dieser zentralen Tätigkeitsfelder kamen. Das Geschlechterverhältnis war in diesen frühen Berliner WGs mit 54 Prozent männlichen und 46 Prozent weiblichen Wohngemeinschaftsmitgliedern nahezu ausgewogen.[38]

1973 versandte der Verein HuWo ein Rundschreiben an etwa 300 Hamburger Wohngemeinschaften, um das Sozialprofil der städtischen WG-Bewohner zu erheben. 84 Wohngemeinschaften

36 Monika Grau, Heiner Gringmuth, *Christiania. Elendsviertel. Soziales Experiment und Selbstorganisation Nicht-Angepaßter?*, Werdorf 1976, S. 26; Ernst Haider, *Wohngemeinschaften in Österreich. Daten und Tendenzen einer »gegenkulturellen« Institution*, Frankfurt/ M. 1984, bes. S. 271-285 (Zusammenfassung). Die Arbeit von Haider ist eine der wenigen empirisch abgesicherten Arbeiten zur Wohngemeinschaftsbewegung außerhalb Deutschlands. Vgl. zu Haider auch den Zeitungsartikel von Amalia Rausch, »Leben im Team«, in: *Die Presse* (15./16. 05. 1982). Daneben existieren einige Arbeiten zu Dänemark (vgl. zur weiterführenden Literatur Haider, *Wohngemeinschaften in Österreich*, S. 46-51).

37 Die Untersuchung von Kubitz-Ebner zu Würzburg aus dem Jahre 1975 basiert auf einer Untersuchung von gerade einmal fünf Wohngemeinschaften und wird daher im Folgenden ebenso wenig berücksichtigt wie Eichners wenig aussagekräftige Studie zu 16 Hamburger Wohngemeinschaften aus dem Jahre 1976 (Eichner, »Wohnformen und Wohnzufriedenheit«, S. 323-342).

38 Grete Meyer-Ehlers u. a. (Bearb.), *Kollektive Wohnformen. Erfahrungen, Vorstellungen, Raumbedürfnisse in Wohngemeinschaften, Wohngruppen und Wohnverbänden*, Wiesbaden, Berlin 1973, S. 28, 31.

sandten den Fragebogen zurück. 320 der 543 erfassten Personen waren Studenten, was einem Anteil von 59 Prozent entsprach. Weitere 34 Personen waren Schüler (6 Prozent) und 67 übten bürgerliche Berufe wie Arzt, Lehrer und Jurist aus (12 Prozent). 81 Personen arbeiteten in kaufmännischen oder nichtakademischen pädagogischen und medizinischen Berufen, während lediglich 19 Personen (3,5 Prozent) Arbeiter, Handwerker oder Lehrlinge waren. Das Durchschnittsalter der WG-Mitglieder lag bei 25 Jahren, wobei anders als in Berlin zwei Drittel der Bewohner Männer und ein Drittel Frauen waren.[39]

Von April bis Juni 1974 wurde sodann durch Gudrun Cyprian eine sozialwissenschaftliche Untersuchung von 86 Wohngemeinschaften mit insgesamt 414 Bewohnern in diversen Regionen in und um Berlin, München, Köln, Stuttgart und Kassel-Göttingen durchgeführt.[40] Wiederum ergaben sich ähnliche Befunde wie ein Jahr zuvor in Hamburg: 56 Prozent der WG-Bewohner waren männlich, die meisten waren zwischen 20 und 30 Jahre alt (79 Prozent). Etwas weniger als zwei Drittel waren ledig (62 Prozent) und etwa ebenso viele hatten Abitur oder einen höheren Abschluss (64 Prozent), wobei über die Hälfte der Wohngemeinschaftsmitglieder studierte (56 Prozent). Weitere 11 Prozent waren in Sozial- und Erziehungsberufen tätig. Der Anteil der Arbeiter war wiederum

---

39 Peinemann, *Wohngemeinschaft*, S. 36/37; »Wohngemeinschaft – und dann?«, in: *Carlo Sponti* 10 (1975), S. 2; Harald Glätzer, *Landkommunen in der BRD. Flucht oder konkrete Utopie?*, Bielefeld 1978, S. 38/39.

40 Insgesamt wurden 500 Wohngemeinschaften im Schneeballsystem angeschrieben, 129 davon sagten ihre Mitwirkung zu; unter diesen wurden wiederum 52 Wohngemeinschaften mit Kindern und 34 ohne Kinder ausgewählt. Cyprian vermutet, dass vor allem politisch aktive Wohngemeinschaften bei der Teilnahme zurückhaltender waren. Neben standardisierten schriftlichen Fragebögen (Einzelfragebögen und Gruppenfragebögen) wurden teilstandardisierte Gruppeninterviews mit zusätzlichen Beobachtungsdaten erstellt (Cyprian, *Sozialisation*, S. 18, 20-23). Schwerpunkt der Erhebung waren Städte; nur vier Prozent der untersuchten Wohngemeinschaften lagen »ziemlich abgelegen von der nächsten Siedlung« (ebd., S. 118). Zur Skepsis der alternativen Scene gegenüber Cyprians von der Deutschen Forschungsgemeinschaft finanziertem Projekt siehe den Beitrag einer gewissen Ute in: *Carlo Sponti* 18/19 (1976), S. 12 (»man weiß nie, wo solche Auswertungen einmal landen [...]. [Deshalb] finde ich es auch richtig, die Beantwortung solcher Fragebögen zu verweigern, solange man nicht weiß, welches Interesse dahinter steht«).

verschwindend gering.[41] Der Umstand, dass vor allem Studenten diese Wohnform wählten, führte freilich dazu, dass die Wohngemeinschaften sich fast ausschließlich im Einzugsbereich von Universitäten ansiedelten: »Mindestens neun von zehn Gruppen leben in einer Universitätsstadt oder in ihrer unmittelbaren Nähe [...], im universitären Milieu finden sich die meisten ihrer Interessenten und Sympathisanten«, stellte Gudrun Cyprian in ihrer Auswertung fest.[42]

Im Jahr 1975 schließlich führte eine Münchner WG-Kooperative eine Untersuchung in 62 städtischen Wohngemeinschaften mit insgesamt 341 WG-Bewohnern durch. Das durchschnittliche Alter lag wiederum zwischen 20 und 28 Jahren und 59 Prozent der Bewohner waren Männer. Der Anteil der Studenten war jedoch auf 51 Prozent gefallen, während weitere 15 Prozent bereits ausgebildete Akademiker waren. Kaufmännischen und nichtakademischen sozialpädagogischen oder medizinischen Berufen gingen rund 18 Prozent nach. Immerhin 8 Prozent der Bewohner zählten zur Arbeiterschaft und weitere 7 Prozent waren Schüler.[43]

Zwei Untersuchungen von jeweils rund 100 Braunschweiger Wohngemeinschaften mit rund 500 Bewohnern, die in den Jahren 1976 und 1977 durchgeführt wurden, zeigen, dass daraus noch kein Trend zur sozialen Erweiterung abgeleitet werden kann: Hier waren 75 Prozent (1976) bzw. 69 Prozent (1977) der befragten WG-Bewohner Studenten. Das durchschnittliche Alter lag in den beiden Untersuchungsjahren knapp unter 24 Jahre und der Anteil der Frauen in den Braunschweiger Wohngemeinschaften betrug jeweils um die 44 Prozent.[44] Die ausführliche Untersuchung für Braunschweig ergab zudem, dass die dortigen 250 Wohngemeinschaften vor allem unter den Studenten der geisteswissenschaftlichen und insbesondere der pädagogischen Studienrichtungen beliebt waren. Die Bewohner waren meist Mittelschichtkinder aus den Haushalten von Angestellten, Akademikern oder Selbstständigen (86 Prozent).[45]

41 Cyprian, *Sozialisation*, S. 4, 18-20, 193-199.
42 Ebd., S. 118.
43 »Aus einem Erhebungsbogen zur Wohnsituation Münchner WG's«, in: *WG-KO-OP Papier* 3 (März/April 1975), S. 22/23, in: afas Duisburg, 90.IV.3.2.1.
44 Pohl/Voss, »Wohngemeinschaften«, S. 47, 74-76, 85/86, 122, 147.
45 Ebd., S. S. 55, 87, 97, 124, 156.

Insgesamt gesehen rekrutierten sich die Wohngemeinschaften aus einer homogenen Population, die durch ihr Alter zwischen 20 und 30 Jahren, Herkunft aus den oberen Mittelschichten, eine fast durchgehend akademische Ausbildung und (sofern das Studium bereits abgeschlossen war) einen hohen Prozentsatz an freiberuflichen oder sozial-erzieherischen Berufen charakterisiert war. Die Wohngemeinschaft war somit eine juvenile Lebensform, die besonders Mittelschichtkinder im Studium mit linker politischer Einstellung anzog, die hier die Lebensphase vor der festen Partnerschaft bzw. der Berufstätigkeit verbrachten. Gleich und gleich probierte sich aus und versuchte, den Horizont ausgerechnet zusammen mit Menschen im selben Alter, mit ähnlichen Überzeugungen und aus derselben sozialen Schicht zu erweitern. Eine stark ausgeprägte »selbstselektive Tendenz« kennzeichnete die Wohngemeinschaften. Die meisten hatten zudem ein »Unbehagen an den etablierten Institutionen und am Wertesystem der [bundesrepublikanischen] Gesellschaft«, und so verband die meisten WG-Bewohner »ihre emanzipatorische Gesinnung auf vielen gesellschaftspolitischen Gebieten (Kindererziehung, Geschlechterbeziehung, Konsum- und Karriereorientierung, Wertschätzung von […] Eigentum und Leistung)«.[46]

Für die siebziger und frühen achtziger Jahre schließlich verfügen wir über einige repräsentative Daten, aus denen hervorgeht, dass mehr und mehr Studenten in Wohngemeinschaften lebten und die WG zu einer immer beliebteren Wohnform wurde. Im Wintersemester 1973/74 sollen nach einer Untersuchung des Infratest-Instituts bereits 12 Prozent der Studenten in Wohngemeinschaften gewohnt haben. Doppelt so viele, exakt 24 Prozent der Studierenden, bezeichneten die Wohngemeinschaft als ihre bevorzugte Wohnform. Gleichzeitig wohnte immer noch ein Viertel bei den Eltern, was nur 5 Prozent dieser Studierenden wirklich begrüßte.[47] 1982 wohnten bereits 18 Prozent aller Studierenden in einer Wohngemeinschaft (insgesamt taten dies nur 5 Prozent aller Jugendlichen zwischen 15 und 24 Jahren). Ende der siebziger und Anfang der

46 Cyprian, *Sozialisation*, S.133, 132 (Zitate); Spiegel, *Neue Haushaltstypen*, S.39-41, 163/164, 166; Korczak, *Neue Formen*, S.104/105; Schülein, »Konstitution und Dynamik«, S.414.

47 Zitiert nach *WG-KOOP Papier* 1 (November/Dezember 1974), S.27, in: afas Duisburg 90.IV.3.2.1.

achtziger Jahre wünschte sich bereits ein knappes Drittel aller Studenten, in einer Wohngemeinschaft zu wohnen. Die Shell-Studie von 1981 zeigt zudem auf, dass nichteheliche Formen des Zusammenwohnens unter nicht erwerbstätigen postadoleszenten Jugendlichen und Jungerwachsenen üblicher geworden waren. Man zog im Allgemeinen früher aus der elterlichen Wohnung aus.[48]

Auch in den frühen achtziger Jahren waren es nach wie vor insbesondere Studenten zwischen 20 und 30 Jahren, die diese Wohnform bevorzugten, bevor sie ins Berufsleben einstiegen und endgültig sesshaft wurden.[49] Zwar lässt sich dies nicht eindeutig belegen, aber eine Rolle mag gespielt haben, dass die Studenten die Intimität der Wohngemeinschaften auch als Gegenprinzip zur zunehmenden Anonymität an den Massenuniversitäten und zur isolierten wissenschaftlichen Arbeit begriffen.[50]

Im linksalternativen Jugendmilieu galten die Wohngemeinschaften jedenfalls als Ausweis eines politischen Lebensstils und waren dementsprechend noch beliebter als unter den Studierenden im Allgemeinen. In einer Wohngemeinschaft zu leben, bedeutete auch, »irgendwie politisch« und links zu sein.[51] Eine Studie vom Allensbach-Institut aus dem Jahr 1984 belegt, dass der bei Weitem höchste Anteil der in Wohngemeinschaften lebenden 16- bis 25-jährigen Westdeutschen unter den »Linksradikalen« zu finden war. 18 Prozent der solchermaßen politisch eingestellten Jugendlichen lebten in einer Wohngemeinschaft, während dies nur auf

48 *Jugend '81*, S. 102, 104/105, 502 (Zitat S. 328); Tränkle, »Von Kommune und WG«, S. 201; Siegfried, »Einstürzende Neubauten«, S. 51/52; ders., *Time is on my side*, S. 649/650, 654; Spiegel, *Neue Haushaltstypen*, S. 133. Die Imagination war offenbar auch schon zehn Jahre zuvor größer als die gelebte Praxis, denn eine Allensbacher IfD-Umfrage vom April 1969 zeigt, dass bereits zu jenem Zeitpunkt ein Viertel der 16- bis 34-jährigen Westdeutschen erklärte, sich einer Wohngemeinschaft »anschließen« oder »vielleicht anschließen« zu wollen.

49 Spiegel, *Neue Haushaltstypen*, S. 136, 138/139, 144, 150-155, 163/164, 166. Zu festen Zweierbeziehungen und zur Heirat herrschte ein eher zwiespältiges, zu Letzterem ein eindeutig kritisch bis ablehnendes Verhältnis vor (ebd., S. 152-154).

50 Peter Brückner, »Großfamilie, Wohngemeinschaft, Kommune [1973]«, in: Johann A. Schülein (Hg.), *Kommunen und Wohngemeinschaften. Der Familie entkommen? Eine Textsammlung*, Gießen 1978, S. 174-196, hier S. 192; Pohl, »Frust und Freude«, S. 59.

51 Hans Jessen, »Wohngemeinschaft aus der Langzeitperspektive«, in: Johann A. Schülein (Hg.), »*... vor uns die Mühen der Ebenen*«. *Alltagsprobleme und Perspektiven von Wohngemeinschaften*, Gießen 1980, S. 65-78, hier S. 65.

durchschnittlich 4 Prozent der Gleichaltrigen anderer politischer Couleur zutraf. Unter den 21- bis 25-jährigen »Linksradikalen« verfügten sogar 45 Prozent über persönliche Erfahrungen in Wohngemeinschaften.[52] Ähnlich bereits die Zahlen für 1981: Laut der Shell-Studie wohnten 13 Prozent der Linksalternativen im Alter zwischen 21 und 24 Jahren in einer Wohngemeinschaft, während dieser Anteil unter allen Jugendlichen dieser Altersgruppe nur bei 2 Prozent lag.[53] Eine Infratest-Umfrage von 1981 wiederum ergab, dass zwei Drittel der alternativ eingestellten WG-Bewohner mit ihrer Situation zufrieden waren und gerne in ihrer Wohngemeinschaft bleiben wollten.[54]

Diese Befunde können – dank einer 1982 durchgeführten Umfrage unter Lesern von Alternativzeitungen – weiter differenziert werden. Der Autor der Umfrage stellte fest: »Überwogen noch vor vier bzw. fünf Jahren eindeutig die Studenten in den Wohngemeinschaften – in der Regel waren zwei Drittel Studenten –, so sind jetzt nur noch 45 Prozent aller Wohngemeinschaftsmitglieder Studenten«.[55] Das Sozialprofil hatte sich insofern erweitert, als nunmehr bereits ganze 20 Prozent der WG-Bewohner Angestellte waren. Fast 10 Prozent der WG-Bewohner waren mittlerweile Arbeitslose und gut 7 Prozent Schüler.[56] Wenngleich der Schwerpunkt damit weiterhin in den bürgerlichen Schichten lag, war die anfänglich hohe soziale Homogenität doch ein Stück weit aufgeweicht. Diese Entwicklung zeigte sich dann auch in der Hausbesetzerbewegung der frühen achtziger Jahre, die in Sachen Sozialprofil bereits deutlich heterogener war als die Wohngemeinschaften in den siebziger Jahren.

---

52 Siegfried, *Time is on my side*, S. 654.
53 *Jugend '81*, S. 502. Vgl. dazu Siegfried, »Einstürzende Neubauten«, S. 52; ders., *Time is on my side*, S. 646.
54 Dieter Korczak, *Zur Einstellung und Lebenswelt von Alternativen*, München 1982, S. 23, in: Archiv Infratest Forschung, Nr. 10. Diese hohe Zufriedenheit mit der eigenen Wohnsituation wurde nur noch von den verheirateten Alternativen in den Wohngemeinschaften übertroffen.
55 Korczak, *Zur Einstellung und Lebenswelt*, S. 21/22, Tabellenteil S. 19, in: Archiv Infratest Forschung, Nr. 10.
56 Ebd., S. 21, in: Archiv Infratest Forschung, Nr. 10; Korczak, *Neue Formen*, S. 106; Müschen, »*Lieber lebendig als normal!*«, S. 55.

5.1.4 Motivationen zum Einzug in eine Wohngemeinschaft

Man könnte vermuten, dass in vielen Fällen bestehende Freundschaften und enge emotionale Beziehungen zu Gleichaltrigen in eine Wohngemeinschaft umgewandelt wurden. Diese Vorstellung trügt allerdings, denn im Allgemeinen kannten sich die künftigen Wohngemeinschaftsbewohner eher flüchtig. Es gehörte zum politischen Selbstverständnis und zur postulierten Toleranz, mit jedem eine WG gründen zu können. Jeder könne, so eine Frankfurter Wohngemeinschaftsbewohnerin, »sich dann so weit verändern [...] oder die anderen ihn dazu bringen [...], sich so weit zu verändern, daß ein Konsensus herstellbar ist«.[57] 1974 gaben immerhin 40 Prozent der befragten WG-Mitglieder an, sich vor dem Zusammenschluss in keiner Weise auf die neue Lebensform mit neuen Menschen vorbereitet zu haben. Weitere 50 Prozent begnügten sich mit ein paar Gesprächen vorab. Insofern scheinen folgende Bemerkungen über die Gründung einer Wohngemeinschaft 1971 in Frankfurt typisch: Die Bewohner stellten sich »irgendwie« und »mehr zufällig« ein – »ich kannte sie [...] nur flüchtig, nur über eine Person vermittelt«, so eine der WG-Gründerinnen.[58] Es war oftmals ein eher diffuser Konsens, der zur Gründung von oder zum Einzug in Wohngemeinschaften führte. Nicht selten befeuerte die Unzufriedenheit mit der bisherigen Wohnsituation (schlechte Wohnverhältnisse, finanzielle Überforderung, Kündigung der Wohnung etc.) die Initiative, in eine Wohngemeinschaft einzuziehen.

Ab den späten siebziger Jahren wurde es immer üblicher, über eine Annonce in einer der alternativen Stadtzeitungen oder durch entsprechende Aushänge am schwarzen Brett der Universitäten nach einem Wohngemeinschaftsplatz zu suchen. Dabei schwankte das Spektrum der Selbstbezeichnungen zwischen expliziten Milieu-

---

57 Franziska Graf, »Lebensziel: Wohnen. Bericht über eine Wohngemeinschaft«, in: *Kursbuch* 37 (1974), S. 145-167, hier S. 153.

58 Schülein, »Konstitution und Dynamik«, S. 399; Cyprian, *Sozialisation*, S. 24/25, 131/132; Tränkle, »Von Kommune und WG«, S. 203; Spiegel, *Neue Haushaltstypen*, S. 146; Graf, »Lebensziel«, S. 145. Ähnlich: »Aus einem Erhebungsbogen zur Wohnsituation Münchner WG's«, in: *WG-KOOP Papier* 3 (März/April 1975), S. 22, in: afas Duisburg 90.IV.3.2.1. Vgl. auch Pohl/Voss, »Wohngemeinschaften«, S. 98, die für Braunschweig angeben, dass 77 Prozent über Freunde zu ihren WGs fanden, während 23 Prozent über eine Wohnungssuche vermittelt wurden.

markern, Bemühungen um selbstironische Originalität und ganz und gar schlichten Annoncen (»Typ, 23, sucht Zimmer in netter WG«).[59] Bei der Auswahl neuer Mitbewohner spielten Alter, Geschlecht (um die WGs gemischt zu halten), Selbstständigkeit und vorgängige WG-Erfahrungen eine Rolle, zuweilen auch politische Ansichten. In erster Linie aber war die »Sympathie« ausschlaggebend, ohne dass die Akteure genauer zu sagen wussten, worauf sich dieser habituelle Gleichklang im Einzelnen gründete.[60]

Wenngleich Wünsche und Bedürfnisse beim Einzug offenbar nicht eindeutig formuliert waren,[61] barg das Leben in einer Wohngemeinschaft nach den Vorstellungen der Bewohner eine Fülle von Vorteilen und Entwicklungschancen. Eine 1974 durchgeführte Befragung von 415 WG-Mitgliedern ergab zunächst, dass die WGler sich vom Gruppenleben vor allem eine individuelle Weiterentwicklung versprachen. Durch den Austausch könne man zudem persönliche Probleme besser lösen, in der Gruppe finde man Rückhalt und Sicherheit, Hilfe und Solidarität – das waren typische Aussagen. In diesen Vorstellungen war freilich auch ein Stück weit Ablehnung der bürgerlichen Kleinfamilie enthalten, in der die WG-Bewohner die Gefahr der Isolation zu erkennen meinten. Kritisch beäugt wurden die hohe Abhängigkeit und Gebundenheit der Familienmitglieder und die sozioökonomischen Ungleichheiten in der Familie, ebenso die begrenzten Kontakte »nach außen«, zu Gleichaltrigen. Die Wohngemeinschaften boten dagegen die Möglichkeit, freiwillig eingegangene Sozialbeziehungen zu erweitern, individuelle Lasten der Haushaltsführung zu minimieren und neue, flexiblere Formen des Zusammenlebens jenseits traditioneller Rollen- und Geschlechtermuster zu erproben. Politische Motive, die Möglichkeit zur Veränderung der Paarbeziehung sowie die Vorteile der gemeinsamen Kindererziehung waren dagegen untergeordnete Beweggründe.[62]

59 Schülein, »Konstitution und Dynamik«, S. 417, Fußnote 10. Vgl. Schülein (Hg.), »... vor uns die Mühen der Ebenen«, S. 207, 220.
60 Graf, »Lebensziel«, S. 156; Schülein (Hg.), »... vor uns die Mühen der Ebenen«, S. 207-226.
61 Altevogt/Neraal, »Wohngemeinschaften«, S. 260.
62 Cyprian, Sozialisation, S. 1/2, 25-27; Spiegel, Neue Haushaltstypen, S. 141, 145-147, 164; Korczak, Neue Formen, S. 102, 104; Müschen, »Lieber lebendig als normal!«, S. 57.

Soziale Einbindung und Persönlichkeitsentwicklung waren den Umfrageergebnissen zufolge als Motive für das WG-Leben wesentlich wichtiger als finanzielles Kalkül, die Möglichkeit zur Arbeitsteilung oder die großzügigen Räumlichkeiten in den Altbauwohnungen. »Die erwarteten wirtschaftlichen und organisatorischen Vorteile haben [...] wenig Gewicht, werden als ›Minimaldefinition‹ einer Gemeinschaft als nicht ausreichend beurteilt«, so eine zeitgenössische Studie.[63] Angesichts des niedrigen, schwankenden und unsicheren Einkommens allerdings waren finanzielle Beweggründe wohl doch wichtiger, als sich viele der postmateriell eingestellten WG-Bewohner eingestehen mochten. Viele lebten schließlich noch von Ausbildungsbeihilfen, elterlichen Zuschüssen, Arbeitslosengeld oder verdienten sich durch Jobben etwas dazu.[64]

Gleichwohl war der Wunsch nach Gemeinschaftlichkeit und Erweiterung der Erfahrungen beim Einzug in eine Wohngemeinschaft zentral. Treffend sind die Motive in einer 1986 publizierten soziologischen Studie zusammengefasst, die auf Interviews mit Wohngemeinschaftsangehörigen basierte: »Erfahrungen mit anderen Menschen zu machen, neue Verhaltensweisen zu lernen, sich im Austausch mit anderen weiterzuentwickeln, gehörte zu den am häufigsten genannten Gründen für den Eintritt in eine Wohngemeinschaft.«[65] Im Grunde handelte es sich um eine doppelte Motivation: Kollektive Einbindung durch Hilfsbereitschaft, Kommunikation und Anteilnahme, Vertrauen, emotionale Geborgenheit und wechselseitiges Verstehen auf der einen Seite, individuelles Sich-selbst-»Weiterentwickeln« und die Möglichkeit, sich unkompliziert auch einmal zurückziehen zu können auf der andere Seite. Dies bestätigt auch eine Befragung von 1979: Am stärksten war das Bedürfnis nach zwischenmenschlichem Kontakt, gefolgt

---

63 Cyprian, *Sozialisation*, S. 26; Peinemann, *Wohngemeinschaft*, S. 37; Conti, *Abschied vom Bürgertum*, S. 167; Spiegel, *Neue Haushaltstypen*, S. 142; Graf, »Lebensziel«, S. 158. Vgl. dagegen Tränkle, »Von Kommune und WG«, S. 202.

64 Spiegel, *Neue Haushaltstypen*, S. 137-143; Pohl/Voss, »Wohngemeinschaften«, S. 88, 132; »Aus einem Erhebungsbogen zur Wohnsituation Münchner WG's«, in: *WG-KOOP Papier* 3 (März/April 1975), S. 23, in: afas Duisburg 90.IV.3.2.1.; Müschen, »*Lieber lebendig als normal!*«, S. 50, 55.

65 Spiegel, *Neue Haushaltstypen*, S. 165. Ähnlich auch Pohl/Voss, »Wohngemeinschaften«, S. 132; Peinemann, *Wohngemeinschaft*, S. 159; Schülein, »Konstitution und Dynamik«, S. 413.

vom Ziel der persönlichen Weiterentwicklung und Selbstverwirklichung; erst an dritter Stelle rangierte die Möglichkeit zu ökonomischer Besserstellung. Andere Motive wie Ausweitung des Rollen- und Verhaltensrepertoires, kooperative Kindererziehung oder Erweiterung sexueller Erfahrungen rangierten weit dahinter.[66]

Veränderten sich die Ursprungs- und Anfangserwartungen der WG-Bewohner durch das Leben in einer Wohngemeinschaft? Und wenn ja, wie? Tatsächlich hielten 1974 gerade einmal 17 Prozent der WG-Bewohner an ihren ursprünglichen Erwartungen fest, während ein Drittel nur von kleineren Korrekturen im Vergleich zu der Zeit vor ihrem Einzug sprach. Ein knappes Drittel schließlich konzedierte, dass sich die Erwartungen durch das Zusammenleben »deutlich verändert« hätten. Entweder nahmen die WG-Bewohner die Anfangserwartungen als unrealistisch hoch oder als zu anspruchslos wahr. Die Erwartungen wurden, je länger man in einer WG wohnte, umso stärker nach unten korrigiert. 17 Prozent schließlich hielten an den Erwartungen fest, meinten jedoch, diese nicht in der jetzigen Wohngemeinschaft erfüllen zu können. Wenig veränderten sich die Wünsche nach günstigeren Erziehungsbedingungen und Veränderungen der Geschlechterrollen, was ab Mitte der siebziger Jahre zur Gründung von Frauenwohngemeinschaften beitrug.[67]

In den meisten Wohngemeinschaften kam es, nach einer oft euphorischen Anfangsphase, fast zwangsläufig zu Normalisierungen – der Reiz des Neuen nutzte sich ab, die Alltagszwänge traten in den Vordergrund, der Anfangsschwung verebbte und die zunächst als Marotten wahrgenommenen Verhaltensweisen der anderen Mitbewohner wurden zu nervtötenden Eigenschaften. Die anfängliche Nähe in der intensiv erlebten Gruppe musste in praktikable Lösungen in Sachen Sauberkeitsstandards und alltäglichem Umgang miteinander umgemünzt werden. Die Mischung aus Verbindlichkeit und Unverbindlichkeit, aus intimem Gemeinschaftsleben und individuellen Wegen führte dazu, dass allzu hohe Anfangserwar-

---

66 Korczak, *Neue Formen*, S. 103/104; Klugmann, »Selten allein«, S. 163/164; Meyer-Ehlers u. a. (Bearb.), *Kollektive Wohnformen*, S. 188, 192-198.

67 Cyprian, *Sozialisation*, S. 28-30. Vgl. dazu auch Johann A. Schülein, »Beziehungsprobleme«, in: ders. (Hg.), »*... vor uns die Mühen der Ebenen«. Alltagsprobleme und Perspektiven von Wohngemeinschaften*, Gießen 1980, S. 145-168, hier S. 147.

tungen im Laufe der Zeit zurückgeschraubt wurden. Aufgrund der diffusen Ausgangsbedingungen waren solche Erwartungsenttäuschungen nicht selten.[68]

Was blieb, war der Wunsch nach Geborgenheit und Gruppensolidarität. Eine Untersuchung von zwölf Tübinger Wohngemeinschaften zeigt den grundlegenden Wunsch nach Zugewinn von Wohnfreiheit und Gemeinschaftlichkeit: »Ich wollte nicht alleine wohnen – es ist nicht schön, wenn man alleine essen muß – es macht Spaß, zusammen zu kochen – es ist immer jemand da, wenn man heimkommt – so bekommt man am schnellsten Kontakt.«[69] Reinhard Mohr ergänzt diese Interviewschilderung:

Vor allem die Wohngemeinschaft war der Zufluchtsort vor der Enge des Elternhauses und der tristen Perspektive spießiger Zweisamkeit, sozialer Stützpunkt für die Eroberung neuer (Lebens-)Welten und Quelle einer ›zweiten‹, politischen Sozialisation. Sie verhieß billiges Wohnen und alternative Lebensformen. […] Denn schon das Hochbett, Teetisch und Plüschsessel gaben eine Ahnung, wie aufregend gemütlich sie [die WG-Heimat, Anm. d. Verf.] sein konnte.[70]

Tatsächlich blieb der Wunsch nach intensiven Kommunikationsbeziehungen und emotionaler Sicherheit in der Gruppe als Erwartung an das WG-Leben auch noch lange nach dem Ersteinzug am stärksten – 54 Prozent der von Gudrun Cyprian befragten WG-Personen gaben dieses Ziel an. Die Vorteile für die individuelle Entwicklung (48 Prozent), das Erlernen kollektiver Verhaltensweisen (39 Prozent) und ein gemeinsamer Tätigkeitsbereich (36 Prozent) waren die nachfolgend genannten Motive.[71]

»So viel Kommunikation haben, daß man nicht immer in eine Kneipe gehen muß«, »sich mit Leuten unterhalten« und »klönen«, »Öffnung und Vertrauen, ohne sich ständig rückversichern zu müssen«, »große Nähe« oder »Gefühl der Geborgenheit« waren typische Antworten der WG-Bewohner – ob nun beim Ersteinzug oder nach vielen WG-Jahren. Daneben schätzten die WGler die »Kontrolle und Korrektur des eigenen Verhaltens«, die »Entwicklung

68 Zur »Normalisierung« siehe Schülein, »Konstitution und Dynamik«, S. 402-405.
69 Tränkle, »Von Kommune und WG«, S. 203.
70 Reinhard Mohr, *Zaungäste. Die Generation, die nach der Revolte kam*, Frankfurt/M. ³1992, S. 51.
71 Cyprian, *Sozialisation*, S. 31. Vgl. auch ebd., S. 38.

einer eigenen Persönlichkeitsstruktur«, ein »solidarisches Problembewußtsein« oder »gestärktes Selbstbewußtsein«. So und ähnlich drückten die Interviewten überall ihren doppelten Wunsch nach Freizügigkeit einerseits und emotionaler Eingebundenheit andererseits aus.[72]

5.1.5 Typen von Wohngemeinschaften

»Die« Wohngemeinschaft hat es nicht gegeben, vielmehr entstanden viele verschiedene Formen, die sich unter anderem nach politischem Anspruch oder Gruppengröße unterscheiden lassen. Zwischen den großen Landkommunen mit makrobiotischer Lebensführung, einer kommunistischen Kaderkommune, der bekannten Berliner Kommune I und einer pragmatischen Studentenwohngemeinschaft der achtziger Jahre bestanden erhebliche Differenzen, die in der folgenden Typologie wenigstens ansatzweise veranschaulicht werden sollen.

Nichtsdestotrotz stellten sie alle Versuche dar, neue Formen der Wohn- und Lebensführung zu finden, die auf einige Grunddaten zurückgeführt werden können. Auf die relative soziale und altersmäßige Homogenität der Wohngemeinschaften wurde bereits einleitend hingewiesen. Darüber hinaus war die durchschnittliche Größe einer Wohngemeinschaft (nimmt man die Landkommunen einmal aus) durch die bevorzugten Altbauwohnungen weitgehend vorgegeben. Die »Normwohnung« hatte vier bis fünf Zimmer, war 90 bis 130 Quadratmeter groß und befand sich in einem mäßig bis durchschnittlich renovierten Altbau in der Innenstadt. In der zweiten Hälfte der siebziger Jahre residierten bereits 90 Prozent der städtischen Wohngemeinschaften in solchen Altbauwohnungen.[73] Wohngemeinschaften waren in der Regel größer als die durchschnittliche bundesdeutsche Familie und umfassten fünf bis sechs

---

72 Ebd., S. 32/33; Spiegel, *Neue Haushaltstypen*, S. 146/147.
73 Ebd., S. 44/45, 157, 166/167, 255; Pohl/Voss, »Wohngemeinschaften«, S. 83/84, 96, 118/119, 126, 163; Meyer-Ehlers u. a. (Bearb.), *Kollektive Wohnformen*, S. 54–61; Landwehr, »Innenstadtnahe Altbaugebiete«, S. 44. Vgl. auch Siegfried, *Time is on my side*, S. 653; Kentler, »Wohngruppe«, S. 12/13. Auch in München waren es 52 von 62 Wohngemeinschaften (»Aus einem Erhebungsbogen zur Wohnsituation Münchner WG's«, in: *WG-KOOP Papier* 3 [März/April 1975], S. 23, in: afas Duisburg, 90.IV.3.2.1).

Personen, nur selten erweiterten sie sich auf 15 bis 20 Personen. Die Gruppengröße beeinflusste freilich Ausmaß und Art der Interaktion und Kommunikation, von der Arbeitsteilung und der Autoritätsstruktur bis zur internen Fraktionsbildung. Die Zuweisung von Positionen war insgesamt jedoch weit weniger festgelegt als in der Kleinfamilie. Gesellschaftlich zugeschriebene Beziehungen verloren an Bedeutung und der freiwillige Entschluss zur Zugehörigkeit sowie die vergleichsweise leichtere Aufkündbarkeit eröffneten neue Rollenspiele, Verhaltensmuster, Präferenzhierarchien, größere Flexibilität, Komplexität, Offenheit und interne Positionsdifferenzierungen. Die Abgrenzung von der Kleinfamilie und deren vermeintlicher »Spießigkeit« bildete eine Grundkonstante der Erwartungen an ein gemeinschaftliches WG-Leben.[74]

Auch die mediale Beobachtung und Imagezuweisung, gesellschaftliche Vorurteile und die oft benachteiligende Behandlung durch Vermieter, Nachbarn, Behörden und Meldeämter bis hin zur staatlichen Überwachung schufen einen Rahmen, in dem sich die Wohngemeinschaften in den siebziger Jahren verorten mussten. Hausdurchsuchungen, Beschlagnahmungen und Festnahmen kamen zuweilen auch vor. So äußerten sich die Bewohner einer der durchsuchten Heidelberger Wohngemeinschaften, die im Zusammenhang mit Ermittlungen gegen das Sozialistische Patientenkollektiv vorgenommen worden waren, in einer typischen Flugblatterklärung über die »Polizeiüberfälle«, »polizeistaatlichen Terrormethoden« oder schlicht über »Bullenüberfälle«. Polizeieinsätze erzeugten oft eine starke Solidarität und Mobilisierung innerhalb des Milieus.[75]

74 Cyprian, *Sozialisation*, S. 5-8, 19; Pohl/Voss, »Wohngemeinschaften«, S. 83, 90, 126; »Aus einem Erhebungsbogen zur Wohnsituation Münchner WG's«, in: *WG-KOOP Papier* 3 (März/April 1975), S. 22, in: afas Duisburg, 90.IV.3.2.1.; Meyer-Ehlers u. a. (Bearb.), *Kollektive Wohnformen*, S. 26; Schülein, »Konstitution und Dynamik«, S. 409.

75 Heidelberger Flugblatt vom 07.07.1973 der Bewohner der betroffenen Wohnungen (»Polizeiterror in Heidelberg«), nachdem zwei Hundertschaften der Polizei und 90 Kripobeamte mehrere Wohnungen in der Sandgasse, Grabengasse, Plöck und Kapellenweg, die Psychotherapeutische Beratungsstelle und einen Kindergarten in der Plöck durchsucht hatten. Das Flugblatt befindet sich in: BfZ-Doku, Heidelberg 19804. Zur Wahrnehmung der Durchsuchungen von Wohngemeinschaften innerhalb des Alternativmilieus siehe auch Glätzer, *Landkommunen*, S. 36.

Die teilweise schroffen Ablehnungen von außen zeigen, dass die Wohngemeinschaften keineswegs selbstverständlich waren. »Wohngemeinschaft ist immer noch Bürgerschreck«, hieß es 1973 in der *Zeit*. Laut einer Repräsentativbefragung des Marplan-Instituts glaubten 1973 89,4 Prozent der Bevölkerung, dass die Leute in einer Wohngemeinschaft nicht glücklicher lebten. Nur 4 Prozent konnten sich vorstellen, selbst in eine Wohngemeinschaft einzuziehen.[76] Tatsächlich verdeutlicht die zum Teil verzweifelte Wohnungssuche, wie schwierig die Gründung einer WG war und mit wie vielen Vorurteilen man konfrontiert wurde.[77]

Die Hassbriefe, die die Bewohner der Berliner Kommune I erhielten, waren in Diktion und Intensität sicherlich außergewöhnlich, zeigen aber an, wie weit die emotionale Ablehnung von linken Kommunen reichen konnte. Über Dieter Kunzelmann schrieb »eine Berlinerin«, er solle im »Schwabenländle« bleiben und Berlin mit seiner Anwesenheit verschonen. Ohnehin wäre es am besten, er studiere gleich in der DDR, um mal das Arbeiten zu lernen: »Ihr ganzes Aussehen zeigt Ihre ganze Dummheit!«[78] Das war noch harmlos formuliert im Vergleich zu den folgenden Briefen, die Ende 1967 bei der Kommune I eintrafen. Auf einer Postkarte hieß es über Fritz Teufel, er solle in die DDR oder nach Peking gehen: »Dort würde man Ihnen auch rasch die richtigen Höllenflötentöne beibringen und die Fidelcastrohaare aus [der] Satansvisage einzeln ausrupfen.« Deutlicher wurde ein weiterer anonymer Schreiber:

Schläger-Teufel, schade daß Du Mistvieh nicht schon krepiert bist. Du Hurensohn wirst eines Tages elend verrecken und verfaulen. [...] Hätte Dich selbst gern zum Krüppel geschlagen. Bleibe in Deinem Kaff und hau ab aus

76 Gerhard Krug, »Was mein ist, soll mein bleiben. Wie Wohngemeinschaften heute leben und funktionieren«, in: *Die Zeit* 3 (12.01.1973), hier S. 48; Korczak, *Neue Formen*, S. 118/119 (hier die Zahlen des Marplan-Instituts). Vgl. Cyprian, *Sozialisation*, S. 8-16; Detlef Hammann, »Warum scheitern Wohngemeinschaften?«, in: *Montagsnotizen, Zeitung Hamburger Wohngemeinschaften* 4, 25 (August 1977), S. 14-16, in: afas Duisburg, 90.IV.3.3.8.; »Kommunen in Deutschland«, in: *konkret* 12 (07.10.1968), S. 20-25.

77 Vgl. »wohngemeinschaft... nein danke!?! wohnungskampf von oben – die liquidierung unserer lebensform«, in: *Pflasterstrand* 56 (16.06.-29.06.1979), S. 16-18.

78 Schreiben »einer Berlinerin« an die K I, ohne Datum, in: HIS-A, SAK 130, Nr. 1, Korrespondenz der Kommune I (1967-1968), »allgemein«, ohne fol. Vgl. ähnlich: Anonymes Schreiben vom 15.08.1967 an K I, in: HIS-A, SAK 130, Nr. 1, Korrespondenz der Kommune I (1967-1968), »allgemein«, ohne fol.

Berlin. Lasse Dir mal die Haare schneiden und nimm die Kommune-Brille ab, damit Du wenigstens halbwegs wie ein menschenähnliches Gebilde aussiehst. Dich sollen sie von der Uni jagen wie einen reudigen [sic] Hund.

Nach dem Attentat auf Dutschke schrieb in ähnlicher Diktion ein mit R. K. zeichnender Autor: »So mein lieber Teufel, Dutschke haben wir beseitigt und jetzt sind Sie an der Reihe. Sehen Sie sich vor, denn mit solchen Strolchen wie Sie sind, werden wir immer fertig.«[79] Solcherlei Hassschreiben galten freilich vor allem dem sozialistischen Engagement der Kommunarden auf Demonstrationen oder Happenings. Der Einfluss der medial stets präsenten Berliner Kommune I auf die allgemeine öffentliche Wahrnehmung des Wohngemeinschaftsexperiments war indes so immens, dass die Gleichsetzung von Wohngemeinschaft mit Sozialismus oder Anarchismus nicht wenigen WG-Suchenden auch noch in den siebziger Jahren begegnet war.[80] Erst zu Beginn der achtziger Jahre hatte die Bevölkerung sich an den neuen Haushaltstypus gewöhnt, und die Vermieter ließen immer häufiger Wohngemeinschaften gerade in ihre schlecht renovierten, großen Altbauwohnungen in durchschnittlicher Lage einziehen. Oft verlangten sie von ihnen allerdings einen höheren Preis. Konkurrenz durch entsprechend große Familienhaushalte gab es ohnehin immer seltener. Doch obwohl sich die Wohngemeinschaften gesellschaftlich sukzessive etablierten, berichteten bei einer Befragung Anfang der achtziger Jahre immer noch viele WG-Gründer von Suchzeiten bis zu anderthalb Jahren.[81]

79 Zwei anonyme Schreiben, ohne Datum, in: HIS-A, SAK 130, Nr. 3, Abschnitt 2, ohne fol.; R.K an K I vom 12.4.1968, in: HIS-A, SAK 130, Nr. 3, Abschnitt 2, ohne fol. Weitere ähnliche Schreiben, auch an die Eltern Teufels in Ludwigsburg, in: HIS-A, SAK 130, Nr. 3, Abschnitt 2.

80 Schülein, »Konstitution und Dynamik«, S. 396/397; Horst Rieck, »Zwangsfamilie oder Terror der offenen Tür? Von den Schwierigkeiten, Fehlern und Möglichkeiten der Großfamilie«, in: twen 4 (1971) (Nachdruck in Schülein [Hg.], Kommunen, S. 151). Vgl. auch: Die Leute von der Kommune I (HR, Fernsehdokumentation, 1985, Regie: Georg Hafner).

81 Spiegel, Neue Haushaltstypen, S. 159/160; Landwehr, »Innenstadtnahe Altbaugebiete«, S. 44/45; Kartin Zapf, »Haushaltsstrukturen und Wohnverhältnisse«, in: Ingeborg Flagge (Hg.), Geschichte des Wohnens, Bd. 5, 1945 bis heute. Aufbau, Neubau, Umbau, Stuttgart 1999, S. 563-614, hier S. 601; Koenen, Das rote Jahrzehnt, S. 238; Schülein, »Beziehungsprobleme«, S. 163; Glätzer, Landkommunen, S. 41.

Anfangs dominierten noch weitgehend utopische Vorstellungen in den bis 1972 nur vereinzelt existierenden »Wohnkommunen«. Allein die Bezeichnung weckte Assoziationen an revolutionäre Organisationsformen – etwa an die Pariser Kommune, aber auch an chinesische Volkskommunen.[82] Dieter Kunzelmann gab in seiner Autobiographie von 1998 an, durch die Schriften der Frühsozialisten Charles Fourier, Robert Owen und vor allem von den amerikanischen Kommuneexperimenten aus dem 19. Jahrhundert inspiriert worden zu sein, während sich Dutschke eher an Louis-Auguste Blanquis Konzepten der Stadtverwaltung in der Pariser Kommune orientiert hatte.[83] In vielen zeitgenössischen Publikationen über Sinn und Zweck von Wohngemeinschaften ist der Blick auf die als vorbildlich erachteten US-amerikanischen Verhältnisse zu finden.[84] Die Boheme wird dagegen weder bei Kunzelmann noch in der späteren Literatur der alternativen Szene erwähnt. In einer der ganz wenigen Referenzen grenzen sich die Autoren bezeichnenderweise vom scheinbar so naheliegenden bürgerlich-antibürgerlichen

82 Ulrich Enzensberger, *Die Jahre der Kommune I. Berlin 1967-1969*, Köln 2004, S. 77; Brand u.a., *Aufbruch*, S. 158/159; Karl-Ludwig Schibel, »Kommunebewegung«, in: Roland Roth, Dieter Rucht (Hg.), *Die sozialen Bewegungen in Deutschland seit 1945. Ein Handbuch*, Frankfurt/M., New York 2008, S. 527-540, hier S. 531/532; Damme, *Stabilität*, S. 5/6; Wolfgang Kraushaar, *Achtundsechzig. Eine Bilanz*, Berlin 2008, S. 123.

83 Dieter Kunzelmann, *Leisten Sie keinen Widerstand! Bilder aus meinem Leben*, Berlin 1998, S. 48; Reimann, *Dieter Kunzelmann*, S. 128. Siehe dazu Susanne Akemeier u.a., *Utopie in der Hängematte. 10 Jahre Erfahrung der Landkommunen Twin Oaks und East Wind*, Bochum 1981.

84 Siehe nur Korczak, *Neue Formen*, S. 38; Peinemann, *Wohngemeinschaft*, S. 13/14, 27; Johannes Feil, »Familie ohne Alternative?«, in: ders. (Hg.), *Wohngruppe, Kommune, Großfamilie. Gegenmodelle zur Kleinfamilie*, Reinbek 1972, S. 20-37, hier S. 21-23; Berndt, »Kommune und Familie«, S. 134; Glätzer, *Landkommunen*, S. 53, 56; *humanes wohnen, wohngruppen plattform 74*, S. 3/4, in: HIS-A, Broschüren, Box »Alternativprojekte, Gegenökonomie«. Bezeichnend ist, dass die deutschen Vorläufer für die Kommunegedanken der 68er offenbar kaum eine Rolle spielten. Nicht einmal die ökologische Künstlerkolonie Monte Verità oder die Worpsweder Künstlergemeinschaft finden sich in Kunzelmanns Überlegungen (Kunzelmann, *Leisten Sie keinen Widerstand!*, S. 48. Vgl. dazu: Conti, *Abschied vom Bürgertum*, S. 74-86, 115-133). Zuweilen wird auf sowjetische Vorbilder aus den zwanziger Jahren verwiesen, wie etwa von Reimut Reiche, »Nachwort auf die K I«, in: *konkret* 14 (04.11.1968), S. 32-35, hier S. 32; Damme, *Stabilität*, S. 6.

Vorbild ab. Der kultivierte Rhythmus der Distanzierung, der die Boheme ausgezeichnet habe, die »Sucht nach spektakulären Effekten« fehle der linken Szene, hieß es dort: »Hier wurde nicht kunstvoll drapiert wie in der Boheme, sondern sachlich, strategisch usw. diskutiert.«[85]

Zwar gab es schon während der sechziger Jahre einige Wohngemeinschaften, aber selbst in Berlin, wo sich der SDS-Landesverband Anfang 1967 noch in Wohnkommunen umorganisieren wollte, existierte letztlich doch nur eine überschaubare Anzahl von höchstens einigen Dutzend Kommunen.[86] Auch in anderen Städten gab es nur wenige Wohnexperimente, in Hamburg etwa die Kreativ-Kommune Ablaßgesellschaft, in Köln die von Wilhelm Reich inspirierte Horla-Kommune, in Nürnberg die Kinderkommune bzw. Kommune 13. Hinzu kamen einige Wohnprojekte in Bamberg, Darmstadt und Stuttgart.[87]

Die politisch ambitionierten Frühformen verbanden sich oft mit politisch-künstlerischen Ansprüchen. Nicht selten spielten si-

---

85 Richard Meng, Wolfgang Thiel, »Schöner Wohnen? Über die Gestaltung der Räume in Wohngemeinschaften«, in: Johann A. Schülein (Hg.), »... *vor uns die Mühen der Ebenen«. Alltagsprobleme und Perspektiven von Wohngemeinschaften*, Gießen 1980, S. 169-206, hier S. 191.

86 Enzensberger, *Die Jahre der Kommune I*, S. 313; Peter Knorr, »3 sind geplatzt, 3 leben weiter. Bei Kommunarden in Berlin und Hamburg«, in: *pardon* 5 (Mai 1969), S. 26-40; Klaus Hartung, »Die Psychoanalyse der Küchenarbeit. Selbstbefreiung, Wohngemeinschaft und Kommune«, in: Eckhard Siepmann (Hg.), *Heiß und kalt. Die Jahre 1945-69*, Berlin 1986, S. 556-560, hier S. 557. Klaus Hartung schreibt über seine ab 1964 existierende WG: »Wir waren da alle politisch aktiv, es gab auch schon Diskussionen um den Abwasch, eingeschlossen die Psychoanalyse der Küchenarbeit. Auch kam es vor, daß die Freundin des einen am Morgen aus dem Zimmer des anderen nebenan trat, was es dann manchmal schwierig machte, die Reihenfolge der Badezimmerbenutzung am Morgen festzulegen« (Hartung, »Psychoanalyse der Küchenarbeit«, S. 557). Vgl. auch Siegfried, *Time is on my side*, S. 288.

87 Zur Horla-Kommune: Korczak, *Neue Formen*, S. 108; Michael (»Bommi«) Baumann, *Rausch und Terror. Ein politischer Lebensbericht*, Berlin 2008, S. 60; Rolf U. Kaiser, *Fabrikbewohner. Protokoll einer Kommune und 23 Trips*, Düsseldorf 1970. Zur Nürnberger und Bamberger Kommune: Bernd Rabehl, *Die Provokationselite. Aufbruch und Scheitern der subversiven Rebellion in den sechziger Jahren*, S. 6, 10; ⟨http://people.freenet.de/visionen/Provo2.htm⟩, letzter Zugriff am 15.09.2012; Michael Schmidtke, *Der Aufbruch der jungen Intelligenz. Die 68er Jahre in der Bundesrepublik und den USA*, Frankfurt/M. 2003, S. 166/167; Müschen, *»Lieber lebendig als normal!«*, S. 43.

tuationistische Ideen oder ein psychologischer Experimentalismus mit dem Anspruch auf Aufhebung der »herrschenden Sexualunterdrückung« eine Rolle.[88] Bereits 1964 hatten fünf Künstler die Kerntruppe der Ablaßgesellschaft gegründet, die sich bis Ende der sechziger Jahre auf 18 Personen erweiterte und zwei Wohnungen in Hamburg bezog. In gemeinsamen Theateraufführungen sollte die Trennung von Publikum und Bühne mobilisierend überwunden werden – ähnlich wie dies auch mit den Happening-Aktionen der Kommune I beabsichtigt war. Zudem produzierten die Kommunarden eine Underground-Zeitung und unterhielten ein eigenes Fotostudio. Experimente mit einem gemeinsamen Schlafsaal und einer gemeinsamen Kasse wurden hier allerdings nur zurückhaltend durchgeführt.[89]

Der sozialistische und revolutionäre Anspruch der Kommunen schlug sich schnell in Büchern und Broschüren nieder, in denen die Mitglieder über ihr kollektives Zusammenleben, die Politisierung des Alltags- und Privatlebens, die Experimente in antiautoritärer Kindererziehung, über ihre Versuche in Sachen offener Sexualität und Auflösung von Zweierverhältnissen, die Angleichung der Geschlechterrollen oder über die Praxis kollektiven Eigentums berichteten. Es gehörte zu ihrem Selbstverständnis, diese neuen Formen des privaten Lebens als politischen und revolutionären Akt zu begreifen, der entsprechend breit kommuniziert und umfassend verbreitet werden sollte. Die Kommune wollte die »Befriedigung der eigenen individuellen Bedürfnisse [...] mit dem politischen Kampf gegen die Quellen ihrer Unterdrückung« verbinden und verstand sich als Projekt der »Revolutionierung des bürgerlichen Individuums«.[90] Insgesamt sah man die Kommunen, so Helmut Kentler, als eine Vorwegnahme der sozialistischen Gesellschaft an, denn

---

88 Hartung, »Psychoanalyse der Küchenarbeit«, S. 557.

89 HIS-A, Box »Ablaßgesellschaft« 1968-1969; Knorr, »3 sind geplatzt, 3 leben weiter«, S. 35, 40; Mascha Rabben, *Begegnung mit Niemand. Die Geschichte eines Weges nach Poona*, Berlin 1981; Enzensberger, *Die Jahre der Kommune I*, S. 316, 345.

90 Kommune 2, *Versuch der Revolutionierung des bürgerlichen Individuums. Kollektives Leben mit politischer Arbeit verbinden*, Köln 1971, S. 9. Vgl. auch Damme, *Stabilität*, S. 7.

auf lange Sicht könnten die Wohngruppen, wenn sie an Zahl beträchtlich zunehmen, zu einer grundlegenden Änderung unserer Gesellschaftsordnung führen, weil die Gewöhnung zahlreicher Menschen an herrschaftsfreie Kommunikation, Kooperation und Reflexion auch im öffentlichen Leben antiautoritäre Prozesse in Gang setzt, die sich letztlich demokratisierend auswirken müssen.[91]

Maßgeblich formuliert wurde der Zusammenhang vom Privat-Persönlichen und Politischen aber von der Berliner Kommune 2, deren Bewohner eine Aufhebung der Entfremdung ohne eine Änderung der Produktionsverhältnisse für unmöglich hielten. Die Wohnkollektive sollten daher mit der Produktionssphäre organisatorisch verbunden werden. In Buchform dokumentierten die Mitglieder 1969 ihr Experiment:

Die Kommune [...] nimmt programmatisch den Anspruch einer sozialistischen Gesellschaft vorweg [...]. In der Faszination der Kommune vereinigen sich die existentielle Verweigerung gegenüber frustrierenden Studien- und Berufsbedingungen mit dem Ekel an der kapitalistischen Konsumwelt, das Gefühl unsäglicher Isolierung, vor dem die bürgerliche Familie keinen Schutz mehr bot, mit der Hoffnung auf psychische Befreiung [...]. [Das Kommuneleben soll] die Befriedigung der eigenen individuellen Bedürfnisse verbinden mit dem politischen Kampf gegen die Quellen der Unterdrückung.[92]

Um die revolutionäre Praxis einzulösen, sollten Liebeshemmungen, Autoritätsbeziehungen und einengende Zweier- bzw. Eheverhältnisse ebenso aufgehoben werden wie lustfeindliche Erziehung und entfremdende Arbeitsteilung.

Im August 1967 waren sieben Erwachsene zwischen 20 und 31 Jahren sowie zwei Kinder in eine Siebeneinhalbzimmerwohnung in Berlin-Charlottenburg gezogen. Sie richteten eine gemeinsame Kasse ein und wollten sich durch Druck und Verkauf von Broschüren finanzieren. Konsum, Hausarbeiten und vor allem die Kindererziehung regelte man zusammen und antiautoritär. Einige Mitglieder engagierten sich maßgeblich in der Kinderladenbewegung. In einer Gruppenanalyse wurden reihum die psychischen

---

91 Helmut Kentler, »Kommt die Gruppenehe?«, in: *Neues Forum* 186/187 (1969), S. 427-429, hier S. 429.
92 Kommune 2, *Versuch*, S. 107, 13, 9. Vgl. Knorr, »3 sind geplatzt, 3 leben weiter«, S. 30, 33.

Probleme der Bewohner diskutiert und analysiert.[93] Ihr Scheitern führte die Kommune in erster Linie auf die vergebliche Suche nach einer gemeinsamen politischen Praxis zurück. Nach dem Attentat auf Dutschke sah sich die Kommune außerstande, die Gruppenanalyse weiterhin intensiv fortzuführen, schleppte sich dann noch eine Zeit lang hin, bis sie sich schließlich im Sommer 1968 auflöste.

Die Berliner Wielandkommune um Michael (»Bommi«) Baumann und Georg von Rauch forderte anfangs Ähnliches wie die Kommune 2. In einem längeren Artikel in dem Anarchoblatt *Agit 883* plädierten die Kommunarden für die »Emanzipation der Frau gegenüber dem Mann [...], die Emanzipation der Kinder gegenüber dem Erwachsenen, [um] [...] die Spaltung der Individuen in privat und öffentlich [zu] überwinden«. »Antizipatorisch« wollten die Mitglieder »in den Beziehungen untereinander schon Möglichkeiten vorwegnehmen: die Kindererziehung und das Verhältnis zwischen den Geschlechtern verändern, Familienstrukturen aufheben«. Die Kritik an der herkömmlichen Kindererziehung, an den »verstümmelnden und unterdrückenden« Geschlechterrollen und die sogenannte Befreiung des autoritären Charakters standen im Vordergrund.[94]

Über die weitgehende Angleichung und Nivellierung der Geschlechterrollen hieß es in der Selbstdarstellung der Kommune 2, dass diese »im Haushalt, in der Kleidung und Aussehen und damit zusammenhängend in einer Form freierer Bewegung« zum Ausdruck kommen solle. Vom Baden, Tanzen, Kochen, Haarewaschen, Kämmen und Autofahren bis zum zärtlichen Umgang miteinander wurde dem Leser eine möglichst lange Liste von zu verändernden Aktivitäten dargeboten, um den umfassenden und mithin revolutionären Anspruch des Experiments zu verdeutlichen.[95] Die Kommune war somit eine Lebensgemeinschaft von Sozialisten mit

---

93 Im März 1968 änderte die Kommune die therapeutische Praxis, da nun eine bestimmte Person der Gruppe von der Person, die ihre Probleme bearbeiten wollte, als Analytiker ausgesucht wurde. Die anderen Kommunarden hielten sich zurück und am Ende wurde die Analyse gemeinsam besprochen.

94 »Kritik an den Leuten, die mit den Worten Maos Mao bekämpfen«, in: *Agit 883* 35 (09.10.1969), S. 2. Vgl. Kommune 2, in: Willi Bucher, Klaus Pohl (Hg.), *Schock und Schöpfung. Jugendästhetik im 20. Jahrhundert*, Darmstadt u. a. 1986, S. 209; Reimann, *Kunzelmann*, S. 208.

95 Kommune 2, *Versuch*, S. 66.

revolutionärem Anspruch, in der möglichst alle persönlichen Verhältnisse mit der politischen Betätigung verzahnt wurden.

Der permanente Verweis auf psychische Probleme Einzelner wie auch auf Gruppenkonflikte, die in diesen Schriften zum Ausdruck kamen, trug den Charakter einer gewissen »Selbstentblößung«, die manchem SDS-Genossen schnell peinlich wurde. So kann man in dem 1969 vorgelegten Selbstbericht der Kommune 2 seitenlang über Analität und die ödipalen Probleme der Kommunarden nachlesen. Der Alltag wurde regelrecht psychologisiert und affektiv überladen:

Unser fortschreitendes Wissen von den theoretischen Zusammenhängen und den psychischen Konflikten der einzelnen wendeten wir ständig im Alltag an: [...] keiner konnte vorzeitig vom Tisch aufstehen, etwas lauter die Tür zumachen oder ein Kind ungeduldig ansprechen, ohne daß die anderen dahinter tief liegende Erwartungen, Abwehrhaltungen, Widerstände oder ähnliches gesehen hätten.[96]

Die Leiden und Schwierigkeiten öffentlich zu artikulieren, gehörte zum Kern eines Prozesses kollektiver Selbstveränderung, den die Kommunarden als den Prozess der Revolutionierung des Selbst verstanden.[97] So heißt es denn auch im Vorwort des 1971 im renommierten Verlag Kiepenheuer & Witsch wiederabgedruckten Berichts: »Die Kommune wird grundsätzlich als eine positive Möglichkeit erkannt, eine freiere menschliche Beziehung ohne Schuld- und Angstgefühle und damit eine größere Kommunikationsfähigkeit zu entwickeln.«[98]

Im Spiel mit den bürgerlichen Medien profilierte sich vor allem die Berliner Kommune I, die mit der Politik des provokativen Spektakels von Anfang an eine offensive Medienpolitik betrieb und zum Teil sogar hohe Geldbeträge für Interviews verlangen konnte. Bekanntlich prangte ab Mitte 1967 im Wohnungsflur die Inschrift »Erst blechen, dann sprechen«, als sich Pressevertreter die Klinke in die Hand gaben. Rainer Langhans gab später zu Protokoll, dass die Kommunarden den »Fernsehleuten« vor ihren Aktionen gezielt Tipps gegeben hatten: »Je mehr Aufmerksamkeit, desto besser: Das Spiel des Spaßes, der Körper, der Aktionen, der Regeldurch-

96 Ebd., S. 270.
97 Hartung, »Psychoanalyse der Küchenarbeit«, S. 558/559.
98 Kommune 2, *Versuch*, S. 5.

brechungen, Happenings auf dem Kudamm, die Go-ins, Fritzens Freilassung« – alles musste medial aufbereitet und vergrößert werden. Auch andere Kommunen, wie etwa die Kreuzberger Linkeck-Kommune, folgten diesem Beispiel.[99]

Erst durch die starke Präsenz in den Medien fand die Kommune ihre breitenwirksame Resonanz, und die Bewohner wurden zu Leitfiguren eines neuen Lebensstils. Immer wieder setzten sie ihre expressiven Lebensformen in Szene, nicht ohne narzisstischen Überschwang. Vor Journalisten und laufenden Kameras beschmissen sie sich gegenseitig mit Kaviar und Artischocken, predigten »freie Liebe auf der gemeinsamen Bude«, riefen zu Ladendiebstählen auf, ließen sich nackt fotografieren oder priesen den Drogenkonsum an. Habitus und Politik, die Befreiung von emotionalen und sexuellen Vorgaben und Konventionen wurden zum Politikum.[100] Mit der mediengerechten Skandalisierung und Selbstinszenierung wollten die »publicitysüchtigen Kommunarden«[101] nach situationistischem Vorbild die gesellschaftlichen Verhältnisse zum Tanzen bringen. Autoritätsstrukturen sollten infrage gestellt werden, der Staat und seine Repräsentanten lächerlich gemacht, TV und Presse »veräppelt« und diese zugleich zum Multiplikator der eigenen Anliegen gemacht werden.[102] Zunächst stabilisierte sich durch die übertrie-

99 Peter Brügge (Pseudonym von Ernst Hess), »›Lieber Fritz! Wem soll das nützen?‹ Peter Brügge in der Berliner Kommune I«, in: *Der Spiegel* 21 (24.07.1967), S. 37-39, hier S. 39; »Rainer Langhans über das Fernsehen in der Kommune I«, in: Bern Müllender, Achim Nöllenheidt (Hg.), *Am Fuß der blauen Berge. Die Flimmerkiste in den 60er Jahren*, Essen 1994, S. 242/243; Mehrmann, »Erobern Kommunen Deutschlands Betten?«, S. 17; Wolfgang Röhl, »Anatomie einer Kommune«, in: *konkret* 13 (21.10.1968), S. 16-18, hier S. 16; Koenen, *Das rote Jahrzehnt*, S. 153. Vgl. auch den Brief von Fritz Teufel an books und film company, 08./09.12.1967, in: HIS-A, Bestand SAK, 130, Nr. 1 Korrespondenz der Kommune I (1967-1968), »allgemein«, ohne fol.

100 Gerhard Krug, »Was mein ist, soll mein bleiben. Wie Wohngemeinschaften heute leben und funktionieren«, in: *Die Zeit* 3 (12.01.1973), S. 48; »Pack die Sahnetörtchen ein«, in: *Stern* (23.04.1967), S. 21/22; »Die Schaumschläger vom Kurfürstendamm«, in: *Stern* (18.04.1967), S. 18-24; Kathrin Fahlenbrach, *Protest-Inszenierungen. Visuelle Kommunikation und kollektive Identitäten in Protestbewegungen*, Wiesbaden 2002, S. 211-223.

101 Feil, »Familie«, S. 27. Ähnlich das Urteil von Schülein, »Konstitution und Dynamik«, S. 396; Wolfgang Kraushaar, »1968 und Massenmedien«, in: *AfS* 41 (2000), S. 317-347, hier S. 341/342.

102 Zur Reaktion der Medien auf die Kommune I siehe die von der Kommune I

bene, teilweise nahezu hysterische Kritik der Boulevardmedien der innere Zusammenhang der zerstrittenen Kommune I. Darüber hinaus griff die liberale Presse aus *Spiegel* und *Zeit* die Medienpolitik aus Provokation, Satire und Ironie wohlwollend auf, würdigte die ebenso humorvolle wie symbolträchtige Kritik an überkommenem Autoritätsgehabe und unterstützte dadurch breitenwirksam die kritische Aufdeckung von versteckten Machtstrukturen.[103]

Die mit dem »Attentat« auf den amerikanischen Vizepräsidenten Hubert H. Humphrey gefundene Demonstrationsform des Happenings und die Provokationspolitik in den Flugblättern und bei den ironisierten Auftritten vor Gericht wirkten auch auf das Selbstverständnis der Gruppe zurück und einte sie. Allmorgendlich lasen die Kommunarden beim ausführlichen Frühstück die Zeitungsberichte über ihre Aktivitäten durch und legten innerhalb eines Jahres mit Schere und Klebstoff meterlange Ordnerreihen mit Presseausschnitten an.[104] Mit der medialen Aufmerksamkeit überwanden die Mitglieder die erste Phase der internen Gruppendiskussionen, die sie zumeist als Qual und ständige Wiederholung des Immergleichen wahrgenommen hatten.

Michael Baumann beschrieb die einheitsstiftende Rolle der

selbst angelegte Presseausschnittsammlung in IISG, Kommune I (Collection), Map 3-62; Kraushaar, »1968 und Massenmedien«, S. 341/342; Fahlenbrach, *Protest-Inszenierungen*, S. 214-223; Kathrin Fahlenbrach, »Protestinszenierungen: Die Studentenbewegung im Spannungsfeld von Kultur-Revolution und Medien-Evolution«, in: Martin Klimke, Joachim Scharloth (Hg.), *1968. Handbuch zur Kultur- und Mediengeschichte der Studentenbewegung*, Stuttgart, Weimar 2007, S. 11-21, hier S. 16-20.

103 Marco Carini, *Fritz Teufel. Wenn's der Wahrheitsfindung dient*, Hamburg 2003, S. 44; Simon Teune, »Humor as a Guerrilla Tactic. The West German Student Movement's Mockery of the Establishment«, in: *International Review of Social History* 52 (2007), S. 115-132, hier S. 126; Reimann, *Dieter Kunzelmann*, S. 156. Zur Liberalisierung der Presse in den sechziger Jahren siehe die schöne Studie von Christina von Hodenberg, *Konsens und Krise. Eine Geschichte der Medienöffentlichkeit in Westdeutschland, 1945-1973*, Göttingen 2006.

104 IISG, Kommune I (Collection), Map 3-62. Zum Auftreten der Kommune-I-Mitglieder vor Gericht siehe Rainer Langhans, Fritz Teufel (Hg.), *Klau mich. StPO der Kommune I*, Frankfurt/M. 1968; Joachim Scharloth, »Ritualkritik und Rituale des Protests: Die Entdeckung des Performativen in der Studentenbewegung der 1960er Jahre«, in: Martin Klimke, Joachim Scharloth (Hg.), *1968. Handbuch zur Kultur- und Mediengeschichte der Studentenbewegung*, Stuttgart, Weimar 2007, S. 75-87, hier S. 78-82.

Happenings in seiner typisch lockeren Diktion bereits 1975: »Schön war es immer, wenn du Aktionen geplant hast, da war es immer richtig toll, war immer 'ne große Freude im Haus. Da waren immer Späßchen drin, war immer lustig, immer ein Lacher drin. Da wurde richtig dran gebastelt, damit die Sachen den richtigen Stellenwert kriegen und der richtige Symbolgehalt bei rauskommt.«[105] Auch die neunköpfige Kommune 99 im Berliner Bezirk Steglitz, in der sich weibliche Mitglieder und Kinder um die Schriftstellerin und DDR-Emigrantin Ute Erb in einer Vierzimmerwohnung versammelt hatten, war ein Beispiel dafür, wie konstitutiv spektakuläre Aktionen für diese frühen Kommunen waren.[106]

Während also die Außenwahrnehmung und der mediale Erfolg die frühen Kommunen zusammenschweißten, pflegte man im Inneren größtmögliche Spontaneität und Ungezwungenheit. Steuerung durch formale Regeln hätte dem selbstgesteckten Freiwilligkeits- und Initiativprinzip widersprochen. Die Kommunarden sahen in Arbeitsplänen primär Sanktionierung, Vorschrift, Zwang und Anpassung.[107] Auch flossen alle Einkünfte in die gemeinsame WG-Kasse, um den Konsum im »Kollektiv [zu] organisieren«. Der Einzelne sollte »von dem Druck entlastet [werden], individuell für sich [...] arbeiten zu müssen«. In der Kommune I wurden die Kosten anfangs durch Mittel von Hans Magnus Enzensberger und sonstige familiäre sowie staatliche Unterstützungen, dann durch den Verkauf von selbstgedruckten Broschüren und schließlich durch die Medienhonorare gedeckt.[108]

Ebenso wurde damit experimentiert, die individuellen durch kollektive Schlafräume zu ersetzen, um dem »bürgerlichen« Bedürfnis nach Privatheit und Intimität entgegenzuwirken.[109] Der ge-

---

105 Rabehl, *Provokationselite*, S. 5-20, bes. S. 12-16; Michael (»Bommi«) Baumann, *Wie alles anfing*, Frankfurt/M. 1977, hier zitiert nach dem auszugsweisen Nachdruck bei Schülein (Hg.), *Kommunen*, S. 59.

106 »Vereinigt euch«, in: *Der Spiegel* 24 (09.06.1969), S. 85; »Kommunen in Deutschland«, in: *konkret* 12 (07.10.1968), S. 25; Knorr, »3 sind geplatzt, 3 leben weiter«, S. 34/35.

107 Cyprian, *Sozialisation*, S. 114.

108 Kommune [II], in: Bucher, Pohl, *Schock und Schöpfung*, S. 209; Rabehl, *Provokationselite*, S. 4/5, 7. Auch die Hamburger Ablaßgesellschaft führte eine gemeinsame Kasse: »Auszüge aus der Chronik der Ablaßgesellschaft«, in: HIS-A, Box »Ablaßgesellschaft« 1968-1969, ohne fol. Vgl. Korczak, *Neue Formen*, S. 108.

109 Kentler, »Wohngruppe«, S. 13.

meinsame Schlafraum der Kommune I in einer ehemaligen Fabrik in der Stephanstraße war sicher das bekannteste Beispiel solcher Versuche, formlose Matratzenlager zu Symbolen der Nähe, Lust und Kommunikationsbereitschaft umzufunktionieren. Zuweilen wurden diese Experimente in den Folgejahren wiederholt, wobei es aber eher geschwisterliche Verhältnisse denn sexuelle Handlungen waren, die die Vorgänge in den Schlafzimmern ausmachten.[110]

In den ersten Monaten ihres Bestehens existierte die Kommune I im Stadtteil Friedenau noch dreigeteilt in den leer stehenden Wohnungen der Schriftsteller Uwe Johnson und Hans Magnus Enzensberger, ehe sich am 1. Mai 1967 eine gemeinsame Wohnung am Stuttgarter Platz fand. Am 1. August 1968 bezog man dann ein geräumigeres Domizil in einem verlassenen Fabrikgebäude in der Stephanstraße 60 in Berlin-Moabit.[111] Gleich zu Beginn versuchten die Kommunarden, ihre Ansprüche auf möglichst hierarchiefreie Gemeinschaftlichkeit und Aufhebung der Isolation umzusetzen. Dieter Kunzelmann, im internen Kreis zweifellos die »herausragende Autorität« und »graue Eminenz« der Kommune I,[112] schreibt in seiner Autobiographie:

In den ersten Monaten unserer dreigeteilten Kommunardenexistenz trafen wir uns jeweils in einer Wohnung und führten die berüchtigten ›Psychodiskussionen‹, bei denen es um nichts anderes ging, als sich kennenzulernen. Jeder und jede erzählte über ihre oder seine Biographie, über Pläne und Probleme. Es ging zunächst darum, sich der unterschiedlichen Lebensgeschichte bewußt zu werden […]. Natürlich kamen auch Probleme der einzelnen Kommunemitglieder zur Sprache und Widersprüche […]. Nach meiner Erinnerung erfolgte das auf solidarische Weise, auf keinen Fall in diffamierender Form. Ausdrücklich galt es als unzulässig, zynische Kom-

---

110 Joachim Scharloth, *1968. Eine Kommunikationsgeschichte*, München 2011, S. 317-320; Schülein (Hg.), »... *vor uns die Mühen der Ebenen*«, S. 45-48.

111 Zur Anfangsbesetzung gehörten: Hans-Joachim Hameister, Dorothea Ridder, Volker Gebbert, Dagrun Enzensberger, Tanaquil Enzensberger und Ulrich Enzensberger, Dieter Kunzelmann, Dagmar Seehuber, Fritz Teufel und Detlef Michel. Nach Ulrich Enzensberger und Bernd Rabehl fand der Einzug am 19. Februar 1967 statt (Enzensberger, *Die Jahre der Kommune I*, S. 105, 221; Rabehl, *Provokationselite*, S. 4) und nach Kunzelmann bereits am 1./2. Januar 1967 (Kunzelmann, *Leisten Sie keinen Widerstand!*, S, 60). Vgl. auch »Kommunen in Deutschland«, in: *konkret* 12 (07.10.1968), S. 20-25; Reimann, *Dieter Kunzelmann*, S. 138, 149, 195.

112 Rabehl, *Provokationselite*, S. 7, 16.

mentare abzugeben, wenn jemand seine Seele an solchen Diskussionsabenden offen auf den Tisch legte.[113]

Politisches Engagement und Veränderung des Alltagslebens gehörten für Kunzelmann zusammen, wobei »das Wagnis eines anderen Lebens« immer im Vordergrund stand. Man wollte, so Kunzelmann weiter, die »eigene Energie [...] in den Prozeß der in vielen Bereichen als notwendig angesehenen Veränderungen« einbringen.[114]

Bei den Besprechungen über intime persönliche Niederlagen und Verletzungen in den Sitzungen der Berliner Kommune I wurden Eheprobleme ebenso kollektiv durchgesprochen wie Privatbriefe der Eltern – später wurden diese dann sogar an die Presse weitergereicht.[115] Der überbordende Anspruch an die Kommunemitglieder, als eine Art alltagsweltlicher Avantgarde der Revolution, entlud sich in einem Diskussionsverhalten, das offenbar nur Kunzelmann als »solidarisch« erinnert. Jeder versuchte sich als Analytiker und interpretierte ständig sich selbst und die anderen. In der *Bunten Kommune Illustrierte* vom 17./18. Februar 1968 schrieb Rainer Langhans über die Kommune I:

Ich bin dann psychisch fast zusammengebrochen in den ersten Tagen, weil ich auf eine Situation traf, die auf mich nur als Zwang wirken konnte. Die Diskussionen waren damals inquisitorisch und vergewaltigend. Es ging um Lebensgeschichten, damit man weiß, wer der gegenüber ist. Sie wurden erbarmungslos rausgequetscht und kritisiert. Es ging auch um alltägliche Verhaltensweisen.[116]

113 Kunzelmann, *Leisten Sie keinen Widerstand!*, S. 62.

114 Ebd., S. 103.

115 Peter Brügge (Pseudonym von Ernst Hess), »›Lieber Fritz! Wem soll das nützen?‹ Peter Brügge in der Berliner Kommune I«, in: *Der Spiegel* 21 (24.07.1967), S. 39; Rabehl, *Provokationselite*, S. 4; Dagmar Herzog, *Politisierung der Lust. Sexualität in der deutschen Geschichte des zwanzigsten Jahrhunderts*, München 2005, S. 197.

116 Rainer Langhans, »Kommune packt aus«, in: *Bunte Kommune Illustrierte* 1 (17./18.02.1968), ohne Seitenzählung. Die Broschüre findet sich in: IISG, Kommune I (Berlin) Collection (1965-1968), Map 2, ohne fol. Rainer Langhans wird durch die Fotos im Artikel als Autor ausgewiesen. Zur Person Rainer Langhans siehe den kritischen Artikel von Joachim Soyka, »Die wunderbare Wandlung des Rainer Langhans«, in: Johann A. Schülein (Hg.), *Kommunen und Wohngemeinschaften. Der Familie entkommen? Eine Textsammlung*, Gießen 1978, S. 65-73. Zur Kommune I vgl. auch die beiden Broschüren »Kommune I. Gesammelte Werke gegen uns« vom September 1967 und »Kommune I. Quellen zur Kommuneforschung« vom Mai 1968. Beide Broschüren finden sich in: IISG-Ar-

Auch Michael Baumann meinte, dass die »Psychodiskussionen« in der Kommune I teilweise einen »sadomasochistischen Charakter« angenommen hätten.[117] Detlef Michel, erst am 6. März 1967 in die Kommune I eingezogen, flüchtete bereits am 24. März wieder zu seiner Mutter nach Braunschweig.[118] Die in den berühmten roten und gelben Schnellheftern niedergelegten Protokolle der Kommunesitzungen aus den Anfangsmonaten geben sowohl die chaotischen Zustände, Spannungen und persönlichen Konflikte als auch das Steckenbleiben in immer denselben Diskussionen detailliert wieder.[119]

Der Psychoanalytiker und Sozialphilosoph Horst-Eberhard Richter hat den Anspruch der Kommunen treffend zusammengefasst, als er sie eine »repräsentative Mikrogesellschaft unter politischem Aspekt« nannte, »innerhalb [derer] man Demokratisierung, Abbau von Abhängigkeiten, Bewältigung von Minderheitenproblemen, Aufdeckung von Konflikthintergründen usw. einzuüben versucht [...]. Man kann sich als Gruppe politisch schulen, um in Institutionen politische Agitation zu betreiben«.[120] In der Praxis führte dieser Anspruch zu Dauerreflexionen mit Totalisierungstendenzen, wo jede Geste politisch interpretiert wurde und die Reflexionsgemeinschaft bis in intimste Lebensbereiche vordrang.[121]

chiv, Kommune I (Berlin) Collection (1965-1968), Map 1 und 2. Die Broschüre ist auch überliefert in BArch Koblenz, Zsg 153, Nr. 18, ohne fol. Daneben siehe auch die Selbstdarstellung: Langhans/Teufel (Hg.), *Klau mich*. Jüngst zudem: Rainer Langhans, *Ich bin's – Die ersten 68 Jahre. Autobiographie*, München 2008.

117 Baumann, *Wie alles anfing*, hier zitiert nach dem auszugsweisen Nachdruck bei Schülein (Hg.), *Kommunen*, S. 59.

118 Rabehl, *Provokationselite*, S. 4, 6, 10, 13/14; Reimann, *Dieter Kunzelmann*, S. 141. Auch Dagmar Seehuber und Dagrun Enzensberger verließen die Kommune bereits Mitte 1967 (Reimann, *Dieter Kunzelmann*, S. 160).

119 Rabehl, *Provokationselite*, S. 5-20, der reichlich aus den WG-Protokollen zitiert. Dagegen die Interpretation von Alexander Holmig, »Die aktionistischen Wurzeln der Studentenbewegung: Subversive Aktion, Kommune I und die Neudefinition des Politischen«, in: Martin Klimke, Joachim Scharloth (Hg.), *1968. Handbuch zur Kultur- und Mediengeschichte der Studentenbewegung*, Stuttgart, Weimar 2007, S. 107-118, hier S. 110/111, der meint, mit der Aktion war immer beabsichtigt gewesen, die persönlichen Probleme zu lösen. Vgl. auch Reimann, *Dieter Kunzelmann*, S. 139-142.

120 Horst E. Richter, *Die Gruppe. Hoffnung auf einen neuen Weg, sich selbst und andere zu befreien. Psychoanalyse in Kooperation mit Gruppeninitiativen*, Hamburg 1972, S. 35.

121 Schülein, »Einige Bemerkungen«, S. 28; von Schweitzer, »Die Wohngruppe als Alternative«, S. 273/274.

Als Wohngemeinschaftsform büßte die ambitionierte Kommune mit ihren hochgesteckten Ansprüchen bereits Mitte der siebziger Jahre an Bedeutung ein. Die zerknirschten Selbstberichte der ersten Kommunarden hatten zu einer Distanzierung beigetragen. In den Altbauten der Innenstädte entwickelte sich eine Wohngemeinschaftsszene, die immer weniger mit dem politischen Postulat von der »Zerstörung der Privatsphäre« (Kunzelmann) zu tun hatte und die antiautoritären und egalitären Strukturierungsversuche wesentlich undogmatischer und pragmatischer auslegte. Alte Kritiker aus der Studentenbewegung veranlasste dies schon Mitte der siebziger Jahre dazu, die »Verbürgerlichung« der Wohngemeinschaften zu beklagen.[122] Aber es nützte nichts: Die alten Stichworte »antiautoritäre Kindererziehung«, »befreite Sexualität« oder »gemeinsame politische Arbeit« hatten an Zugkraft verloren. Die Hoffnung, gesellschaftliche Probleme und Widersprüche durch die neue Lebensform überwinden zu können, war nachhaltig enttäuscht worden.[123] Angesichts dieses Utopieverlustes zogen sich die Wohngemeinschaften auch stärker aus der medialen Öffentlichkeit zurück, wie ein *Zeit*-Redakteur bereits im Januar 1973 frustriert festhielt: »Die Wohngemeinschaften von heute scheuen geradezu die Publizität, das Spiel mit der Öffentlichkeit ist ausgespielt.«[124]

In der ersten Hälfte der siebziger Jahre begann somit eine zweite Phase, in der zwar intensive Kommunikation, emotionale Einbindung, Persönlichkeitsentwicklung in der Gruppe und Veränderung des Rollendenkens und -handelns nach wie vor hoch geschätzt wurden, aber keine politische Ideologie oder revolutionären Ansprüche mit diesem Vorhaben verbunden wurden. Schon 1974

122 Peinemann, *Wohngemeinschaft*, S. 22; Glätzer, *Landkommunen*, S. 40/41; Krug, »Was mein ist, soll mein bleiben«, S. 48; Spiegel, *Neue Haushaltstypen*, S. 133; Koenen, *Das rote Jahrzehnt*, S. 237. Das Zitat bei Dieter Kunzelmann, »Notizen zur Gründung revolutionärer Kommunen in den Metropolen, November 1966«, in: Kommune I. Quellen zur Kommuneforschung. [Berlin] 1968, ohne Seitenzählung; sowie in: Albrecht Goeschel (Hg.), *Richtlinien und Anschläge. Materialien zur Kritik der repressiven Gesellschaft*, München 1968, S. 100-106, hier S. 101.

123 Peinemann, *Wohngemeinschaft*, S. 23; Cyprian, *Sozialisation*, S. 99; Schülein, »Einige Bemerkungen«, S. 19-21. Vgl. dagegen noch das Schaubild zu den Zielen des WG-Lebens bei Damme, *Stabilität*, S. 53.

124 Krug, »Was mein ist, soll mein bleiben«, S. 48. Ähnlich die Beobachtung: Spiegel, *Neue Haushaltstypen*, S. 38, 133; Damme, *Stabilität*, S. 55.

lehnte jede zweite Wohngemeinschaft eine gesellschaftspolitische Zielsetzung grundsätzlich ab und wollte mit dem Wohnexperiment auch keinen expliziten Beitrag zur Veränderung der Gesamtgesellschaft leisten.[125]

Gleichwohl waren die WG-Bewohner deswegen nicht vollkommen unpolitisch. In demselben Jahr gehörte immerhin knapp die Hälfte von ihnen einem Verein, Verband, einer Partei oder einer anderen Organisation an, wobei dies in über 70 Prozent der Fälle ein politisches Engagement war. Sie waren damit deutlich stärker politisiert als ihre Altersgenossen, die nicht in einer Wohngemeinschaften lebten.[126] Auch hinsichtlich der Erwartungen an das Gemeinschaftsleben waren die meisten WGs der siebziger und frühen achtziger Jahre vom pragmatischen »Kühlschrankverhältnis« reiner Zweckwohngemeinschaften weit entfernt. Erst ab Ende der achtziger und in den neunziger Jahren etablierte sich das kurzzeitige Zusammenleben als lediglich kostengünstiges Durchgangsstadium zum Einpersonenhaushalt oder zur Familiengründung.[127]

Wohnkollektive

Wohnkollektive bildeten sich als durch gemeinsame Arbeitszusammenhänge konstituierte Wohnformen: »Dort wird weniger der Emotions- als der Arbeitsaspekt betont, allerdings in deutlicher Abgrenzung von den Begriffen ›Gruppe‹ und ›Team‹. [...] Ein Kollektiv muß Arbeitseinheit und kann Lebens- und Wohneinheit sein.«[128] Diese Wohngemeinschaftsform kam in den Städten nicht selten vor. Ein Drittel der 86 von Gudrun Cyprian 1974 untersuchten Wohngemeinschaften waren Wohnkollektive.[129] Durch den »gemeinsamen Produktionszusammenhang« hoffte man, zu intensiveren und »neuen Verkehrsformen« untereinander zu gelangen.[130]

125 Cyprian, *Sozialisation*, S. 9, 95.

126 Ebd., S. 138/139, 153. Gleichwohl war dieses starke politische Engagement auch durch den hohen Bildungsstand der WG-Bewohner begründet.

127 Zu den Zweckwohngemeinschaften siehe Schenk, *Wir wohnen zusammen*, S. 219-265; Horx, »Die abgekühlte Gemeinschaft«, S. 22; Zapf, »Haushaltsstrukturen«, S. 601.

128 Peinemann, *Wohngemeinschaft*, S. 6.

129 Cyprian, *Sozialisation*, S. 74, 95-97; Schülein (Hg.), »... *vor uns die Mühen der Ebenen*«, S. 246.

130 Graf, »Lebensziel«, S. 166.

Ein solcher »Produktionszusammenhang« bezog sich zumeist auf alternative Projekte – das Spektrum reichte vom Aufbau eines Kinderladens über Projekte in der Sozialarbeit, Druckereibetriebe, die Herausgabe von Büchern oder Zeitschriften, den Verkauf von Handarbeiten und Kunstgewerbeprodukten in einem gemeinsam geführten Geschäft bis hin zu Fuhrbetrieben oder Musikbands.[131] Wohnkollektive waren ein »Teil der Alternativbewegung«, stifteten Kommunikation und erfüllten eine gegenkulturelle Funktion, indem sie Zeitungen herausbrachten, Kneipen unterhielten, Bio-Supermärkte betrieben oder politisch aktiv waren.[132]

Anders als in den Landkommunen, die im nächsten Kapitel ausführlich beschrieben werden, verfolgte man die zeitaufwändigen Projekte meist nebenberuflich. Nur bei sechs der von Cyprian untersuchten Wohnkollektive waren die materielle Versorgung der Einzelpersonen und der Bestand der ganzen Gruppe von der gemeinsamen Arbeit abhängig. Nur 8 Prozent der Mitglieder bezogen ihr Einkommen überwiegend oder sogar ausschließlich aus der gemeinsamen Arbeit des Kollektivs. Die meisten WG-Bewohner gingen einem eigenen Beruf nach (44 Prozent) oder waren zumindest unregelmäßig anderweitig tätig (14 Prozent). 24 Prozent wurden von den Eltern finanziert und 32 Prozent profitierten von Ausbildungsbeihilfen oder Stipendien.[133]

Die Produktion von alternativen Zeitungen und Zeitschriften wurde in einer Frühform bereits vom 1967 gegründeten Berliner Linkeck-Kollektiv versucht, welches das anarchistisch orientierte und oft pornographisch aufgemachte Blatt *linkeck* herausgab. Anfangs vier Kommunarden, zwischen 23 und 28 Jahren alt, versuchten, Arbeitsprozess und persönliche Beziehungen miteinander zu verbinden und nach dem Prinzip größtmöglicher Gleichheit auszurichten. Nach den »frustrierenden« Erfahrungen im als autoritär empfundenen SDS, dessen »Fluidum« die Kommunemitglieder schlicht »scheiße« fanden, beabsichtigten sie in ihrer WG-Zeitung »unsere privaten Dinge öffentlich zu diskutieren, [...] ob sie nun die Politik oder die Sexualität betreffen«. Die erste Kommune

131 Meyer-Ehlers u. a. (Bearb.), *Kollektive Wohnformen*, S. 135-140; Cyprian, *Sozialisation*, S. 33/34, 74; Kentler, »Wohngruppe«, S. 12.

132 Schülein (Hg.), »*... vor uns die Mühen der Ebenen*«, S. 245-258 (Zitat S. 247).

133 Cyprian, *Sozialisation*, S. 74; vgl. für die Braunschweiger Verhältnisse: Pohl/ Voss, »Wohngemeinschaften«, S. 88.

des Linkeck-Kollektivs scheiterte nach gerade einmal vier Monaten und auch der zweite Anlauf, dieses Mal mit acht Personen in der Bülowstraße, bestand nicht länger als anderthalb Jahre.[134] Nach insgesamt zwei Jahren und nur neun Blattnummern hatte sich die Kommune aufgrund politischer wie finanzieller Streitigkeiten entzweit. Versuche sexueller Befreiung (auch die Errichtung von gemeinsamen Schlafräumen) waren nicht von Erfolg gekrönt. Wechselseitige Beschuldigungen über Ausbeutung und finanziellen Betrug überlagerten sich schließlich mit politischen Differenzen. Aggressionen und heftige Auseinandersetzungen gehörten zum Alltagsleben. Dauerdiskussionen von fünf bis sechs Stunden um einen Artikel in der Kommunezeitschrift waren unter den »angetörnten« Kommunarden keine Seltenheit. Vor allem hatte aber kaum ein Linkeck-Bewohner Lust, sich um die Herstellung des Blattes an der wohngemeinschaftseigenen Druckmaschine, um den Vertrieb und den Verkauf zu kümmern.[135] Nicht wenige alternative Blätter, vom Provinzblättchen *Traum-A-Land* (gegr. 1978) im Örtchen Sachsenflur im Tal der Tauber bis zu dem bunten Münchner *Blatt*, hatten ihren Ursprungskern in einer studentischen Wohngemeinschaft; das gilt übrigens auch für die *konkret*.[136]

Daneben gab es auch einige städtische Musikkommunen wie

---

134 Röhl, »Anatomie einer Kommune«, S. 16-18 (Zitate S. 17 und 18); Horst Tomayer u. a., »Nicht angetörnt. Über Potskommune, Linkeck und ihre Zeitungen«, in: Hartmut Sander, Ulrich Christians (Hg.), *Subkultur Berlin. Selbstdarstellung, Text-, Ton-Bilddokumente. Esoterik der Kommunen, Rocker, subversiven Gruppen*, Darmstadt 1969, S. 66-73, hier S. 66-73; Knorr, »3 sind geplatzt, 3 leben weiter«, S. 26-30; *konkret* 13 (21. 10. 1968), S. 16 ff.; Siegfried, *Time is on my side*, S. 648.

135 IISG, ID-Periodika, Collections, Box 6, Map 57; Knorr, »3 sind geplatzt, 3 leben weiter«, S. 26-28; Röhl, »Anatomie einer Kommune«, S. 17. Der *linkeck*-Mitarbeiter Thomas Knauf gestaltete später auch die *Agit 883*, die nach den ersten Ziffern der Telefonnummer der herausgebenden Redaktions-Wohngemeinschaft in der Uhlandstraße 52 benannt war (Knud Andresen u. a., »Unruhe in der Öffentlichkeit. Agit 883 zwischen Politik, Subkultur und Staat«, in: rotaprint 25 [Hg.], *agit 883. Revolte, Underground in Westberlin 1969-1972*, Hamburg, Berlin 2006, S. 17-44, hier S. 28/29).

136 Klaus Pokatzky, »Hinterwäldler und Plärrer«, in: *Die Zeit* (27. 08. 1983); Walter Gerlach, »Druck gegen den Frust. Balanceakt zwischen Pleitegeier und Chance zur Selbstorganisation«, in: *pardon* (August 1977), S. 38-40; Siegfried, *Time is on my side*, S. 296. Zur *konkret*-WG-Gruppe gehörten nach Siegfried Klaus Rainer Röhl, Peter Rühmkorf und Peggy Parnass.

die Duisburger Bröselmaschine und die Agentur für Alles um Peter Bursch, die sich in der Alltagskunst der Integration von Wohnen und Arbeiten versuchten.[137] Nicht selten wurden, wie bei der Agentur für Alles, auch Schallplatten- und Teestuben als finanzieller Rückhalt und Einkommensquelle solcher Wohngemeinschaften eingerichtet. Diese sollten dann als Anlaufstelle und Kommunikationszentrum für politische Gruppen fungieren.[138] Gudrun Cyprian konnte für ihr Sample feststellen, dass die Zufriedenheit in solchen Wohnkollektiven und die Interaktionsdichte deutlich ausgeprägter waren als in »normalen« Wohngemeinschaften: »Je enger die berufliche Verbundenheit, umso positiver wird das Klima der Gruppe beurteilt.« Wohnkollektive banden ihre Mitglieder intensiver und dauerhafter aneinander, allerdings stand bei einer möglichen Trennung auch viel auf dem Spiel, weil nicht allein die Wohnzusammenhänge, sondern auch Einkommen und Beruf gefährdet waren.[139]

Kommunistische Kaderkommunen

Schon der Westberliner SDS hatte 1967 beabsichtigt, Wohnkommunen einzurichten, die jeweils unterschiedliche politische Felder »effizienter« bearbeiten sollten. Nach dem Scheitern der Kommune 2 im Sommer 1968 war dieses Projekt zunächst ohne größere Breitenwirkung geblieben.[140] Eine Erhebung von 1978 zeigt jedoch, dass die Idee insbesondere in den kommunistischen Gruppen auf späten Widerhall stieß. Zum Zeitpunkt der Erhebung lebten immerhin 16 Prozent der Berufstätigen und 46 Prozent der Studierenden unter den jungen DKP-Mitgliedern in einer Wohngemeinschaft.[141]

137 N. N., *Traue keinem über 30. Ein Streifzug durch die Duisburger Jugendszene seit '68. Begleitband zur Ausstellung im Kultur- und Stadthistorischen Museum der Stadt Duisburg (2. Mai bis 1. August 1993)*, Duisburg 1993; Sven Reichardt, »Inszenierung und Authentizität. Zirkulation visueller Vorstellungen über den Typus des linksalternativen Körpers«, in: Habbo Knoch (Hg.), *Bürgersinn mit Weltgefühl. Politische Kultur und solidarischer Protest in den sechziger und siebziger Jahren*, Göttingen 2007, S. 225-250; Siegfried, *Time is on my side*, S. 648/649.

138 Peinemann, *Wohngemeinschaft*, S. 118-121.

139 Cyprian, *Sozialisation*, S. 75; Kentler, »Wohngruppe«, S. 12; Horx, »Die abgekühlte Gemeinschaft«, S. 22. Ähnlich: *humanes wohnen, material* 1 (November 1973), S. 15, in: HIS-A, Broschüren, Box »Alternativprojekte, Gegenökonomie«.

140 Siehe Siegfried, *Time is on my side*, S. 647/648.

141 Koenen, *Das rote Jahrzehnt*, S. 272; Siegfried, *Time is on my side*, S. 654.

Dass die kommunistischen Kaderkommunen einen besonderen Typus der linken Wohngemeinschaft darstellten, erkennt man bereits daran, dass die traditionelle Zweierbeziehung mit Eheschließung von der Parteileitung als Beziehungsform favorisiert wurde – das Zusammenleben mit »nichtorganisierten« Lebenspartnern wurde hingegen als »kleinbürgerlich« gebrandmarkt.[142] In den Wohngemeinschaften der K-Gruppen sollte das regellose Leben der undogmatischen Linken überwunden werden: »Eine KBW-lastige WG ißt oft lieber fade Suppe, als sich bei den Spontis gegenüber Salz zu holen (und umgekehrt)«, befand ein Kenner der WG-Szene im Jahr 1980.[143] Die K-Gruppen, so berichtete ein Kölner Linksalternativer 1976, kritisierten die Landkommunen und alternativen Wohngemeinschaften oft recht harsch:

Da wurde von einigen Leuten, die so … K-Gruppen-Hinziehung haben, dann total blockiert und gesagt: Ja, aufs Land zurückziehen, das ist so Liebe [sic], Freude, Eierkuchen, und da läuft sowieso nix politisch, schlagt euch das aus dem Kopf. Und da hat es ziemlich harte Auseinandersetzungen gegeben, ne. […] Politische Arbeit: JA. Aber auf keinen Fall dogmatisch und auf keinen Fall organisationsbedingt, ne. […] Für mich ist das Hauptmerkmal eben darauf gerichtet, dat ich was mache. Und nicht, daß ich was rede und dann dat doch nicht mache.[144]

Für die kommunistischen Gruppen war die Wohngemeinschaft in erster Linie die »Keimzelle der politischen Arbeit«, die Raum für entsprechenden »Erfahrungsaustausch« bot und eine »emotionale Basis« für politische Tätigkeiten bilden sollte; politische und par-

142 N. N., *Wir warn die stärkste der Partein … Erfahrungsberichte aus der Welt der K-Gruppen*, Berlin 1977, S. 11, 25-27, 29; Andreas Kühn, *Stalins Enkel, Maos Söhne. Die Lebenswelt der K-Gruppen in der Bundesrepublik der 70er Jahre*, Frankfurt/M., New York 2005, S. 83; Gunnar Hinck, *Wir waren wie Maschinen. Die bundesrepublikanische Linke der siebziger Jahre*, Berlin 2012, S. 172-203; Wesel, *Die verspielte Revolution*, S. 156; Aribert Reimann, »Abschiedsbriefe der Bewegung. Linke Selbstreflexionen der siebziger Jahre«, in: Daniel Fulda u. a. (Hg.), *Demokratie im Schatten der Gewalt. Geschichten des Privaten im deutschen Nachkrieg*, Göttingen 2010, S. 262-285, hier S. 274.
143 Schülein, »Beziehungsprobleme«, S. 161.
144 Peinemann, *Wohngemeinschaft*, S. 117, 121/122 (Interview mit HK am 14. 11. 1976). Vgl. auch das Schreiben vom Hamburger SDS-Aktivisten Reinhold Oberlechner an K I vom 22. 10. 1967, in: HIS-A, SAK 130, Nr. 2, Abschnitt I, ohne fol.

teipolitische Arbeit und Schulung standen im Zentrum.[145] Kommunikation war in den Kaderkommunen vor diesem Hintergrund »nicht interessierter Austausch von Erfahrungen, sondern ein nicht an Personen, ein an Positionen, Entscheidungen, Machtverhältnissen orientiertes Verhalten«.[146]

Der Tagesablauf und das Leben in diesen »roten Klöstern«[147] war stärker formalisiert und geregelt als in den meisten sonstigen Wohngemeinschaften; die Offenheit und Transparenz war dagegen geringer.[148] Der Alltag blieb der Politik untergeordnet und es kam vor, dass schon während des Frühstücks Genossen ernsthaft getadelt wurden, die »seit geraumer Zeit kein Theoriepapier mehr vorgelegt« hatten.[149] Über eine Bonner Wohngemeinschaft, in der 1971/72 Mitglieder des Kommunistischen Studentenverbands und des KBW zusammenlebten, erfährt man, dass dort jede Woche drei Abende reserviert waren – einer für Diskussionen zu den Sozialisationserfahrungen der Bewohner, ein Abend zur *Kapital*-Lektüre und ein dritter für die Organisation der Wohngemeinschaft.[150] In seinem Roman *Der schöne Vogel Phönix* hat der Schriftsteller Jochen Schimmang den Tagesablauf einer kommunistischen Kommune in Berlin skizziert:

Ein Zimmer war frei geworden. Wir würden wie bisher jeden Tag für die Organisation arbeiten. Jeder hat seinen eigenen Terminen nachzugehen. Wir würden uns bemühen, täglich zu kochen. Wir würden uns bemühen, die Wohnung sauberzuhalten. Wenn es zeitlich möglich war, konnten wir gerne ein Bier zusammen trinken gehen […]. Es war also eine Behausung mehr als eine Wohnung, und das Zimmer, das ich bezog, hatte über all

145 Cyprian, *Sozialisation*, S. 34. Vgl. auch ebd., S. 75/76; Koenen, *Das rote Jahrzehnt*, S. 237/238.

146 Jessen, »Wohngemeinschaft«, S. 66.

147 Peter Brückner, »Nachruf auf die Kommunebewegung«, in: Diethard Kerbs (Hg.), *Die hedonistische Linke. Beiträge zur Subkultur-Debatte*, Neuwied 1970, S. 124-142, hier S. 124; Brückner, »Großfamilie«, S. 191, 196. Brückners Formulierung wurde immer wieder zitiert, beispielsweise in Schülein, »Einige Bemerkungen«, S. 16; Glätzer, *Landkommunen*, S. 26; Müschen, *»Lieber lebendig als normal!«*, S. 45; Haider, *Wohngemeinschaften in Österreich*, S. 35; Damme, *Stabilität*, S. 11; Peter Schneider, *Rebellion und Wahn. Mein '68. Eine autobiographische Erzählung*, Köln 2008, S. 124.

148 Cyprian, *Sozialisation*, S. 115/116, 162.

149 Jessen, »Wohngemeinschaft«, S. 69.

150 Schenk, *Wir wohnen zusammen*, S. 225.

die Zeit, sieht man von seiner Unaufgeräumtheit ab, mehr vom Charakter einer Klosterzelle als von einem bewohnten Zimmer. Das war ganz in Ordnung so, denn von hier aus nahm ich den zweiten Teil meiner Karriere innerhalb der Organisation in Angriff.[151]

Die strenge Haltung des Verzichts und der konspirative, sektiererische und avantgardistische Zug der K-Kommunen manifestierten sich im Sozialverhalten ebenso wie in der Ästhetik der Wohnungseinrichtungen. Durch ihr »proletarisches Spitzendeckchen-Ambiente« mit »kleinen Stalin-Büsten« und »meterlangen Reihen der blauen Bände von Marx und Engels in der Vitrine« wirkten die Kaderwohngemeinschaften oftmals wie eine Adaptation des kleinbürgerlichen Geschmacks unter linksradikalen Vorzeichen.[152] Statt schulterlanger Lockenpracht waren die Haare streichholzkurz geschnitten, statt Lederjacke und Jeans wurden Blazer und graue Bügelfaltenhose getragen – das nämlich war die Kleidung des Proletariats, dem man sich anzupassen trachtete, um die eigene Agitationsarbeit zu erleichtern.[153] Auch Konsumgewohnheiten und auditive Stile wurden an vermeintlich proletarischen Lebensgewohnheiten ausgerichtet. Der »Fall« des Kaufs einer teuren Handcreme durch eine Bewohnerin einer Münchner Kaderkommune oder die Anschaffung einer schönen Bluse durch eine andere etwa galt als ein zu überwindendes bürgerliches Relikt; das Hören der Rolling Stones wurde als »romantischer Hedonismus« kritisiert. Der Alltag hatte karg, heldenhaft und proletarisch zu sein.[154]

Als Verfehlung wurde bereits angesehen, wenn die Mitglieder länger im Urlaub blieben, als zuvor vereinbart worden war. Zog man das Treffen mit seiner Freundin dem mit der Parteigruppe vor, so wurde dies nicht als »momentane Schwäche« ausgelegt, sondern als ein grundsätzliches politisches Statement gewertet.[155] Wech-

151 Jochen Schimmang, *Der schöne Vogel Phönix. Erinnerungen eines Dreißigjährigen*, Frankfurt/M. 1979, S. 172/173.

152 Zitat: Koenen, *Das rote Jahrzehnt*, S. 196; Kühn, *Stalins Enkel*, S. 79/80; Schülein, »Konstitution und Dynamik«, S. 397.

153 Jochen Staat, »Der Versuch, sich an der Glatze aus dem Sumpf zu ziehen. Die K-Gruppen«, in: Gabriele Dietz u. a. (Hg.), *Wild und zahm. Die siebziger Jahre*, Berlin 1997, S. 74-76, hier S. 74.

154 Rieck, »Zwangsfamilie oder Terror der offenen Tür?« (Nachdruck in Schülein (Hg.), *Kommunen*, S. 154-156); Siegfried, »Einstürzende Neubauten«, S. 59, 64, Schülein, »Einige Bemerkungen«, S. 16.

155 Siegfried, »Einstürzende Neubauten«, S. 63.

selseitige Kontrolle, Einschränkung privater Spielräume und die Angst vor Denunziationen bei den Parteileitungen prägten in nicht unerheblichem Maße das vergleichsweise asketische Alltagsleben und förderten destruktive Verhaltensweisen. Mehrmalige politische Fehltritte konnten zum Ausschluss aus der Wohngemeinschaft und aus der Partei führen. So hielt ein gewisser Reinhold über seinen Mitbewohner in einem Schulungsprotokoll fest: »Peter muß kritisiert werden, da er auf zwei Schulungssitzungen fehlte, stattdessen in die Kneipe ging und besoffen zurückkam.« Bald darauf zog Peter aus.[156] Einerseits nahmen die K-Gruppen-Mitglieder den strengen Dirigismus als Zeichen ihrer eigenen Avantgardeposition stolz an, andererseits verständigte man sich, wie Gerd Koenen schreibt, »augenzwinkernd auf der Ebene der Doppelmoral«, um nicht wie in einer »Polizeikaserne« leben zu müssen.[157] Letztlich entstand in den vermeintlich avantgardistischen Kaderorganisationen eine, wie der Kölner Historiker Aribert Reimann urteilte, »Rückkehr zur bigotten Welt« der fünfziger Jahre, in der Wünsche nach liberalen Lebensweisen entweder als »Nebenwidersprüche« abgetan oder verschwiegen wurden.[158]

Frauenwohngemeinschaften

Dass neue Formen kollektiver Kindererziehung insbesondere von Frauen thematisiert wurden, belegt, dass auch in den Wohngemeinschaften noch eine traditionelle Rollenverteilung vorherrschte. Dem Prinzip nach sollten durch das kollektive WG-Leben zwar individuelle Besitzansprüche auf die Kinder aufgelöst, den Eltern mehr Freiheiten und Berufschancen ermöglicht und dem Kind »mehr Möglichkeiten zur Einschätzung erwachsenen Verhaltens« geboten werden.[159] Doch ließen sich die Ansprüche nicht so umsetzen, wie dies gerade die politisch engagierten Frauen erwartet

156 Staat, »Der Versuch«, S. 74.
157 N. N., *Wir warn die stärkste der Partein* ..., S. 83/84; Koenen, *Das rote Jahrzehnt*, S. 289; Siegfried, »Einstürzende Neubauten«, S. 60; Schülein, »Konstitution und Dynamik«, S. 415/416.
158 Reimann, »Abschiedsbriefe der Bewegung«, S. 276.
159 Peinemann, *Wohngemeinschaft*, S. 9. Auch die Kinderläden- und Kinderhäuserbewegung entstand vornehmlich im Kreis der Frauenbewegung, wie ich in einem späteren Kapitel zeigen werde.

hatten. Eine Situation, die wohl aus traditionell eingeschliffenen Rollenmustern und möglicherweise auch aus »Ängsten vor [dem] Karriereverlust bei den Männern« hervorging, wie 1975 in einer WG-Zeitung vermutet wurde.[160]

Ab Mitte der siebziger Jahre entstanden als Folge der für viele Frauen unbefriedigenden Situation in den gemischten WGs immer mehr Frauenwohngemeinschaften.[161] Jenseits von »gegenseitigen Besitzansprüchen«, »Konkurrenzgefühlen« und Eifersucht wollten die Bewohnerinnen die gesellschaftlichen Geschlechterkonstruktionen analysieren, kritisieren und praktische Lösungsmöglichkeiten voranbringen.[162] 1976 erschien in der *Courage* eine Ausgabe zu Frauenwohngemeinschaften, in der es hieß, man habe »von den Männern genug« und die gemischten Wohngemeinschaften seien »in jedem Falle [nicht] des Rätsels Lösung«.[163] Im ersten Artikel wurde eine Frauenwohngemeinschaft vorgestellt, in der Frauen lebten, die »schlechte Erfahrungen mit einem ›normalen‹ Familienleben« oder in gemischten Wohngemeinschaften gemacht hatten. Vier Frauen und drei schulpflichtige Kinder waren zusammen in eine Berliner Altbauwohnung gezogen und berichteten davon, »endlich privat das politische Programm« verwirklichen zu können: »die gesellschaftliche Versorgung der Kinder«. Anstatt Isolation zu erleben und permanente Aufmerksamkeit und Zuwendung für das eigene Kind aufbringen zu müssen, könne man nun ohne Schuldgefühle seiner Arbeit und anderen Interessen nachgehen. Sowohl die Sorge, dass sich das Kind zu sehr nach der leiblichen Mutter sehne, als

---

160 »Frauenbewegung und Wohngemeinschaftsbewegung«, in: *WG-KOOP Papier* 3 (März/April 1975), S. 6, in: afas Duisburg, 90.IV.3.2.1.

161 Dorothea Schemme, »Ergebnisse einer Untersuchung«, in: *Courage* 3 (15.11.1976), S. 10; »Frauenbewegung und Wohngemeinschaftsbewegung«, in: *WG-KOOP Papier* 3 (März/April 1975), S. 5/6, in: afas Duisburg, 90.IV.3.2.1. Am bekanntesten dürfte Brot & Rosen und die Weiberkommune um Lisa Wegen gewesen sein. Vgl. dazu *humanes wohnen, wohngruppen plattform* 74, S. 11, in: HIS-A, Broschüren, Box »Alternativprojekte, Gegenökonomie«.

162 Bettina Fitzner, »Zum Beispiel Frauen-WG«, in: Johann A. Schülein (Hg.), *»... vor uns die Mühen der Ebenen«. Alltagsprobleme und Perspektiven von Wohngemeinschaften*, Gießen 1980, S. 121-132, hier S. 121.

163 »Nicht mehr Tag und Nacht ›Mutter‹ sein«, in: *Courage* 3 (15.11.1976), S. 3. Vgl. »2 Frauen berichten von ihren WG-Erfahrungen«, in: *WG-KOOP Papier* 3 (März/April 1975), S. 24/25, in: afas Duisburg 90.IV.3.2.1; Spiegel, *Neue Haushaltstypen*, S. 149; Kentler, »Wohngruppe«, S. 11; Schenk, *Wir wohnen zusammen*, S. 78, 101.

auch die »Zwänge« der Mutterrolle seien schnell abgebaut worden. Als Problem bleibe jedoch, so berichteten die Frauen, dass die Kinder mit anderen Familien und daher mit der Frage konfrontiert seien, wo denn die Väter seien. Zudem sei es wegen der Kinder notwendig, innerhalb der Wohngemeinschaft Verantwortung füreinander zu übernehmen. Probleme mit Sauberkeitsstandards und der Aufteilung der Hausarbeiten gebe es hingegen keine: »Bei uns ist es nicht so, daß der Vater fernsieht und die Mutter wäscht ab, der Vater auf dem Fußballplatz ist und die Mutter kocht. Wenn, dann sehen alle fern und niemand wäscht ab!«, so eine der Frauen. Vor allem die emotionale und intellektuelle Unterstützung, der Abbau von Rollenverhalten, die Schärfung des Blicks für den Sexismus und für die »versteckten Unterdrückungsmechanismen« in der Gesellschaft begriffen die Frauen als Vorteile.[164]

Ähnliches gaben auch drei berufstätige, kinderlose Frauen zu Protokoll: »Die Frauen sind nicht nur zusammengezogen, weil es wirtschaftlicher und bequemer ist, ›sondern weil da noch der Wunsch nach Kommunikation, nach einem menschlichen Sektor jenseits der Entfremdung, die man täglich im Beruf erfährt, besteht.« Gerade die Erfahrung, von Männern nicht ständig argwöhnisch beobachtet zu werden und mit ihnen Rollenkonflikte austragen zu müssen, wurde als Vorteil geschätzt: »Ich habe den Eindruck, daß wir durch den Rückhalt, den wir hier haben, gestärkter sind, männlichen Anwürfen zu begegnen. Zumindest im Beruf bin ich durch die Frauenwohngemeinschaft stärker, ob und wie ich es in der privaten Beziehung durchstehe, das ist eine andere Frage.«[165]

Die Wünsche nach ehrlicher Kommunikation, emotionaler Nähe, wechselseitigem Erfahrungsaustausch und gerechter Arbeitsaufteilung markieren zwar keinen grundsätzlichen Unterschied zur durchschnittlichen Wohngemeinschaft. Zentrales Anliegen war gleichwohl die Konzentration auf die Probleme geschlechtsspezifischer Rollenmuster und die Benachteiligungen von Frauen im Arbeits- und Privatleben. Bereits bei der Wohnungssuche für

---

164 »Nicht mehr Tag und Nacht ›Mutter‹ sein«, S. 3-7.
165 Barbara Duden, Irmela von der Lüne, »Keine Entwicklungshilfe für die Männer«, in: *Courage* 3 (15.11.1976), S. 8/9. Vgl. ähnlich: »Frauenwohngemeinschaft. erfahrungen – überlegungen«, in: *WG-KOOP Papier* 3 (März/April 1975), S. 7-10, in: afas Duisburg, 90.IV.3.2.1.

ihre Frauen-WG mussten sich viele Frauen mit Schwierigkeiten auseinandersetzen, weil die Vermieter oftmals die Gründung eines Bordells oder den Nachzug von weiteren, männlichen Wohngemeinschaftsmitgliedern befürchteten: »Manchmal werden wir behandelt, als wollten wir einen Minipuff einrichten«, schrieb eine Frau über ihre Erfahrungen Ende 1974.[166]

Eine im Juni 1975 durchgeführte Untersuchung, an der 93 Frauen aus 44 verschiedenen Frauenwohngemeinschaften teilnahmen, zeigt sozialstrukturell zunächst nur wenige Besonderheiten. Das Durchschnittsalter der Frauen betrug 25 Jahre; 90 von 93 Frauen waren unverheiratet. Über die Hälfte hatte Abitur, ein Drittel ein abgeschlossenes Hochschulstudium. Daneben fanden sich vier Lehrlinge, vier Fachschülerinnen und fünf Arbeiterinnen. Die Mehrheit stammte der familiären Herkunft nach aus den mittleren und oberen Gesellschaftsschichten.[167] Bemerkenswert sind hingegen die sexuelle Orientierung und das politische Engagement dieser Frauen. 37 von 93 bezeichneten sich als lesbisch, weitere 25 als bisexuell. Männerbesuche in den Frauenwohngemeinschaften wurden vor allem von den lesbischen Frauen als störend empfunden, wobei sich diese jedoch meist nicht gegenüber den heterosexuellen Frauen durchsetzen konnten – in nur 10 der 44 Wohngemeinschaften wohnten ausschließlich lesbische Frauen.

Frauenwohngemeinschaften waren im Allgemeinen politisch ambitionierter als die durchschnittliche studentische Wohngemeinschaft. Alltag und Politik fanden hier unmittelbar zusammen und wurden stärker als in vielen studentischen WGs in gemeinsamer politischer Arbeit aufgenommen.[168] So waren 75 Prozent der Frauen in der autonomen Frauenbewegung aktiv, davon nur 25 Prozent in politischen Gruppen zusammen mit Männern. Diskussionen, in denen sowohl Privatleben als auch politisches Engagement eine Rolle spielten, waren an der Tagesordnung: »In fast allen Gruppen wurde über das Zusammenleben gesprochen, über Beziehungsprobleme der Einzelnen, Ausbildung, Arbeit, über die Frauenbewegung, andere politische und sonstige Themen«, stellte die Untersuchung fest. Die interviewten Frauen gaben oft an, dass gerade eine Frauenwohngemeinschaft neue Freiheiten und viele

---

166 Fitzner, »Zum Beispiel Frauen-WG«, S. 123.
167 Schemme, »Ergebnisse einer Untersuchung«, S. 10.
168 Vgl. auch Fitzner, »Zum Beispiel Frauen-WG«, S. 127/128.

Gemeinsamkeiten eröffne. »Uns verbinden ähnliche Erfahrungen von Unterdrückung, deshalb können wir auf gleicher Ebene miteinander reden«, sagte eine Frau. »Ich entwickle unter Frauen mehr Selbstgefühl, werde weniger in eine Mutterrolle gedrängt«, meinte eine andere. Man könne sich »unbefangener bewegen, ohne körperlich begutachtet zu werden«, so eine dritte Frau. Insgesamt finden sich häufig Aussagen des Inhalts, dass die Frauen mehr »aus sich herauskommen« konnten, »lebendiger« geworden seien oder auch »aggressiver« sein konnten, ohne dadurch an Sympathien zu verlieren.[169]

Das Alltagsleben in den Frauenwohngemeinschaften (im Durchschnitt teilten sich drei bis vier Personen eine Wohnung) gestaltete sich jedoch in vielerlei Hinsicht völlig unauffällig. Ein Haushaltsplan regelte, wer wann für welche Hausarbeiten zuständig war, und 75 der 93 Frauen legten lediglich das Haushaltsgeld zusammen und führten ansonsten getrennte Kassen; Letzteres traf vor allem für Frauen aus bürgerlichen Gruppen zu. Viele Frauen klagten, dass zu wenig gemeinsam unternommen würde, und die durchschnittliche Verweildauer in den Frauenwohngemeinschaften lag mit neun bis zehn Monaten sogar noch leicht unter dem allgemeinen Durchschnitt. Die meisten Frauen gründeten nach ihrem Auszug Singlehaushalte – durchaus atypisch, wenn man die Mitglieder durchschnittlicher Wohngemeinschaften betrachtet. Die Forscherin schloss aus diesem Befund, dass anfängliche Illusionen in vielen Fällen enttäuscht und zuweilen die Kritik an der Frauenbewegung durch die Wohngemeinschaftserfahrung gestärkt worden sei. Zugleich komme in diesem Schritt aber auch eine neu gewonnene Selbstständigkeit zum Ausdruck.[170] Eine analoge Erklärung findet sich in einer WG-Zeitung, wo eine ähnliche Entwicklung von der Frauenwohngemeinschaft zum Alleinwohnen beobachtet wurde: »Bei Frauen läuft das dann oft so, denke ich, daß sie [...] das bürgerliche Freiheitsideal für sich entdecken: nicht

---

169 Schemme, »Ergebnisse einer Untersuchung«, S. 10. Ähnlich: »Frauenwohngemeinschaft«, in: *Carlo Sponti* 10 (1975), S. 4; »Frauenwohngemeinschaft. erfahrungen – überlegungen«, S. 7-10. Vgl. Kretschmer, »Wohnen mit beschränkter Hoffnung«, S. 906-911, und auch die Erfahrungsberichte einer Frauenwohngemeinschaft mit vier lesbischen Frauen bei Schenk, *Wir wohnen zusammen*, S. 70-102.

170 Schemme, »Ergebnisse einer Untersuchung«, S. 10/11.

mehr von Leuten abhängig sein, sein Leben alleine meistern, sich über Arbeit definieren etc.«[171]

Wohngemeinschaften von Randgruppen

Einige studentische Wohngemeinschaften verfolgten einen sozialpädagogischen Anspruch und nahmen (verstärkt ab Mitte der siebziger Jahre) jugendliche Ex-Strafgefangene, ehemalige Suchtkranke, psychisch oder körperlich Behinderte, junge Obdachlose oder deviante Jugendliche in ihren Wohnungen auf. Nicht nur innerhalb der linksalternativen Szene erachtete man diese Wohnform als bessere Rehabilitationsmöglichkeit gegenüber der Erziehung in Anstalten und Heimen. In den kleinen Wohngemeinschaften konnte auf den unterschiedlichen Grad an Selbstständigkeit der einzelnen Mitbewohner eingegangen werden; die Betroffenen sollten hier nicht hospitalisiert, sondern motiviert werden. Ob in Köln, Dortmund, Bielefeld oder Minden: Die therapeutischen Wohngemeinschaften erwiesen sich als innovative Zwischenform aus Hilfestellung und Förderung der Selbstständigkeit. Hin und wieder lebten die Betreuer ebenfalls in den WGs, manchmal reichte es aber aus, wenn ein sozialer Dienst mit regelmäßigen Sprechzeiten erreichbar war.[172]

Bereits Anfang der siebziger Jahre fragten in manchen Städten Jugendämter und Vertreter anderer Behörden bei Wohngemeinschaften an, »ob sie für gewisse Zeit Jugendliche oder hilfsbedürftige Erwachsene aufnehmen könnten«.[173] Damit etablierten sich Wohngemeinschaften als »Experimentierfeld für bessere Sozialbetreuung als im Heim«. Die therapeutischen Wohngemeinschaften, wie auch die Alten- und Behindertenwohngemeinschaften der achtziger und neunziger Jahre, waren insofern eine Konsequenz aus der Erfahrung, dass gegenseitige Hilfe und überschaubare wechselseitige Kontrolle hier besser funktionierten als in den anonymen Heimen und Großorganisationen. Anders als die Anstalten boten Wohngemeinschaften ein natürlicheres Umfeld für die Resozialisation und Therapie. In Kleingruppen zwischen vier und acht Per-

---

171 »Frauenwohngemeinschaft. erfahrungen – überlegungen«, S. 9. Vgl. auch Schenk, *Wir wohnen zusammen*, S. 75.

172 Glätzer, *Landkommunen*, S. 36-38; Zapf, »Haushaltsstrukturen«, S. 601.

173 Cyprian, *Sozialisation*, S. 135.

sonen wohnten straffällig gewordene und/oder drogenabhängige Jugendliche mit einem oder zwei Pädagogen zusammen, welche wiederum vom Jugendamt kontrolliert wurden. Auf disziplinarische Befugnisse und autoritäre Handlungsweisen der pädagogischen Berater wurde weitgehend verzichtet. Stattdessen setzten die Betreuer auf die halböffentliche Selbsterziehung im Kollektiv der Jugendlichen.[174]

Anfangs nahmen die Wohngemeinschaften noch sehr unbedarft Sozialfälle auf, wie 1974 eine Münchener Wohngemeinschaft einiger Sozialpädagogik-Studenten, die zwei Fixer auf Entzug und einen Psychotiker bei sich wohnen ließen. Die Betreuungsarbeit lief jedoch so schlecht, dass nach internen Auseinandersetzungen schließlich ausgerechnet die drei Sozialfälle eine eigene Wohngemeinschaft gründen wollten.[175] Eine WG in Konstanz lieferte folgende Argumente für ihre Resozialisierungsabsichten:

Unsere Überlegung war, daß der persönliche Kontakt, den wir mit Jugendlichen haben, nur auf der Straße oder in der Kneipe nicht ausreicht, um ihnen irgendwie ein bißchen Hilfestellung zu geben in ihrem normalen Trott. [...] Jugendliche aus dem Knast und vier Betreuer: das waren ein Lehrling, ein Buchdrucker, ein Student und ein Handwerksmeister. Und dann haben wir versucht zusammen zu leben [sic] und das gab am Anfang viele Schwierigkeiten durch verschiedene Erwartungen, was da laufen könnte. [...] Wenn's dir schlecht geht, dann päppeln sie dich eventuell ein bißchen hoch oder pushen dich auch schon mal an oder stoßen dich an, wenn du nicht vorwärtskommst und irgendwo stagnierst.[176]

174 Manfred Liebel u. a. (Hg.), *Jugendwohnkollektive. Alternativen zur Fürsorgeerziehung*, München 1972 (dort auch viele weiterführende Literaturangaben); Regina Berg (Hg.), *Jugendwohngemeinschaften. Eine Standortbestimmung*, München 1987; Annemarie Sigmund u. a., »Der Aufbau einer Außenwohngruppe. Probleme und Lösungsansätze«, in: *Sozialpädagogik* 6 (1978), S. 305-311; Rieck, »Zwangsfamilie oder Terror der offenen Tür?«; Florian Schwinn, »Wohngruppe Nummer Vier. Wie ehemalige ›Fürsorgekinder‹ ihr Leben organisierten«, in: Johann A. Schülein (Hg.), »... *vor uns die Mühen der Ebenen*«. *Alltagsprobleme und Perspektiven von Wohngemeinschaften*, Gießen 1978, S. 133-144, hier S. 83; Tränkle, »Von Kommune und WG«, S. 201; Cyprian, *Sozialisation*, S. 1, 5; Feil, »Familie«, S. 37; Korczak, *Neue Formen*, S. 35; Schülein, »Konstitution und Dynamik«, S. 398, 415.

175 »WG Dolomitenstr.«, in: *WG-KOOP Papier* 1 (November/Dezember 1974), S. 7 (diese Broschüre findet sich in: afas Duisburg, 90.IV.3.2.1).

176 Günter Scheding, »So leben sie. Wohngemeinschaftsformen«, in afas Duisburg, 90.IV.3.0. Weitere Fälle in Schenk, *Wir wohnen zusammen*, S. 225.

Daneben gab es auch Wohngemeinschaften sogenannter Trebegänger, in denen Lehrlinge, junge Gelegenheitsarbeiter, entlaufene Fürsorgezöglinge oder Schulschwänzer – oft gemeinsam mit einigen Studenten – zusammenkamen. Als »Trebegänger« bezeichnete man Außenseiter, die sich mit Gelegenheitsjobs, Raubdrucken, Diebstahl und Drogendealen durchschlugen.[177] Gerade dort, wo die Wohngemeinschaften mit sozialpädagogischen Alternativprojekten und selbstverwalteten Betrieben verschaltet waren, bot sich eine Aufnahme von jungen Arbeits- und Obdachlosen an.[178]

Anfangs waren die Studenten bei dem Aufbau solcher Wohngemeinschaften von Marcuses Randgruppentheorie inspiriert, der zufolge eine Revolution dann entstehen könne, wenn erst einmal die subproletarischen Randschichten mobilisiert worden seien. Die Außenseiter hatten einerseits Unterdrückung und Stigmatisierung erdulden müssen, andererseits hatte sich in ihnen die nötige Wut aufgestaut, um größere gesellschaftliche Veränderungen anstoßen zu können. Da sie noch nicht in den »unmenschlichen Apparat« integriert waren, besaßen sie die für den Widerstand notwendige Energie. Tatsächlich waren die Bewohner solcher WGs meist nicht älter als 20 Jahre, standen in permanenter Auseinandersetzung mit den Bezirksämtern und suchten Unterstützung in der linken Szene.[179]

1969 wurde aus den Kreisen der APO die sogenannte Heimkampagne initiiert, mit der die repressiven Bedingungen in Kinder- und Jugendheimen in Westdeutschland verändert werden sollten. Schwerpunkte waren Berlin und Frankfurt. Einer der spektakulärsten »Erfolge« des Engagements war die Flucht von angeblich rund 70 Jugendlichen aus dem Heim Staffelberg im hessischen Biedenkopf. Einige von ihnen kehrten in ihre Heimatorte zurück, andere zogen nach Frankfurt, wo sie sich in studentischen Wohngemeinschaften verstecken konnten. Unter den Aktivisten, die auf-

177 Liebel u. a., *Jugendwohnkollektive*, S. 192-199; Enzensberger, *Die Jahre der Kommune I*, S. 313; Schülein, *Kommune*, S. 83; Koenen, *Das rote Jahrzehnt*, S. 193/194.
178 SINUS-Institut im Auftrag des Bundesministeriums für Jugend, Familie und Gesundheit: *Die verunsicherte Generation. Jugend und Wertewandel*, Opladen 1983, S. 159.
179 »Kampf um ein Jugendwohnkollektiv in Kreuzberg«, in: *Info-BUG* (17. 03. 1974), S. 12 und 15; N. N., *Berliner Kinderläden. Antiautoritäre Erziehung und sozialistischer Kampf*, Köln 1970, S. 40.

sässige Jugendliche für »revolutionäre« Politikformen zu begeistern versuchten, war auch Andreas Baader. Der damals 17-jährige Peter-Jürgen Boock, der später maßgeblich an der Schleyer-Entführung zur Befreiung von inhaftierten RAF-Mitgliedern beteiligt war, gelangte durch die Kampagne in linksradikale Kreise. Bis zu seiner Flucht 1969 war er in einem geschlossenen Erziehungsheim im nordhessischen Rengshausen bei Kassel untergebracht. Anschließend nahmen Baader und Ensslin ihn in ihre Wohngemeinschaft in Frankfurt auf.[180] Die linken Genossen imaginierten die Heimzöglinge als »politisierte und militante Subproletarier«, aus denen sie künftige Revolutionäre machen wollten. Letztlich verschwand jedoch oftmals das Geld aus den Haushaltskassen und die Jugendlichen zogen von WG zu WG, bis der endgültige Rausschmiss folgte, die Jugendlichen ins Heim zurückkehrten, in der Drogenszene versanken oder ins Gefängnis einfuhren.[181]

Trotz solcher Vorkommnisse erwiesen sich die therapeutischen Wohngemeinschaften im Großen und Ganzen, sofern sie die sehr schwierige Anfangsphase überwinden konnten, als erfolgreiche Ergänzung und Alternative zur Heimerziehung. Sie erlangten nach anfänglichem Widerstand das wachsende Interesse und die Anerkennung der Sozialbürokratie. Die therapeutischen Wohngemeinschaften zeigten einen nachhaltig erfolgreichen Weg aus der zeitgenössischen Krise der isolierenden und autoritären Fürsorgeerziehung auf. Anders als in der immerwährenden Kontrolle, den sterilen Fluren, festgelegten Tagesabläufen und den Prügel- und Strafsystemen der Heime konnten in Wohngemeinschaften Verantwortung und Selbstständigkeit eingeübt werden. Ende der siebziger Jahre bestanden mehr als 200 solcher Wohngruppen mit unterschiedlicher Trägerschaft, die die herkömmliche Heimerziehung ergänzten.[182]

180 Peters, *Tödlicher Irrtum*, S. 126, 128/130; Wesel, *Die verspielte Revolution*, S. 157/158 (mit falscher Zuordnung Boocks zu den Heimzöglingen in Staffelberg bei Marburg).

181 Matthias Horx, »Alte Utopie und neue Wut. Frankfurter Szenen«, in: *Kursbuch* 65 (1981), S. 91-105, hier S. 95; Klaus Gerdes, Christian von Wolffersdorff-Ehlert, *Drogenscene. Suche nach Gegenwart. Ergebnisse teilnehmender Beobachtung in der jugendlichen Drogensubkultur*, Stuttgart 1974, S. 50. Zur Heimkampagne: Peter Brosch, *Heimterror und Gegenwehr*, Frankfurt/M. 1971; N. N., *Gefesselte Jugend – Fürsorgeerziehung im Kapitalismus*, Frankfurt/M. 1972.

182 Liebel u. a., *Jugendwohnkollektive*, S. 7-14, 16-19; Schwinn, »Wohngruppe«,

5.1.6 Zusammenschlüsse und Koordination – eine Wohngemeinschaftsbewegung?

Eine den USA oder den skandinavischen Ländern vergleichbare Kommune- oder Wohngemeinschaftsbewegung gab es, anders als dies Karl-Heinz Stamm suggeriert, in der Bundesrepublik nicht.[183] Kam es dennoch zu Zusammenschlüssen von mehreren Wohngemeinschaften, so beruhten diese primär auf privaten Kontakten und persönlichen Bekanntschaften, ohne dass daraus eine fest gefügte Organisationsstruktur entstanden wäre. Gudrun Cyprian formulierte dies in ihrer 1974 durchgeführten Studie wie folgt: »Die Verbindungen zwischen den einzelnen Wohngemeinschaften sind erstaunlich schwach entwickelt: Jede zweite Gruppe unterhält keine oder nur sporadische Kontakte zu anderen Gruppen«.[184] Dementsprechend bildete sich in der Bundesrepublik kein nationales Organisationsnetzwerk für den Aufbau von Wohngemeinschaften aus. In der Regel waren die Zusammenschlüsse regional begrenzt. Im Mittelpunkt standen der Austausch von Informationen über finanzielle Regelungen, Organisation der Arbeitsteilung, die Integration politischer Arbeit in das Gruppenleben und die Stärkung des Selbstbewusstseins.[185]

Bereits im Frühjahr 1972 erkannte der Verein HuWo die hohen Fluktuationsraten in den einzelnen Wohngemeinschaften als Problem und machte diese zum Gegenstand der Organisationsarbeit. Er beabsichtigte, den Informationsaustausch zwischen Wohngemeinschaftsmitgliedern in Sachen »Selbsthilfe gegen Polizeiterror«

S. 134; Erich Kiehn, *Sozialpädagogische Jugendwohngemeinschaften*, Freiburg 1982, S. 18.

183 Karl-Heinz Stamm, *Alternative Öffentlichkeit. Die Erfahrungsproduktion neuer sozialer Bewegungen*, Frankfurt/M., New York 1988, S. 118. Zur Situation in Dänemark siehe etwa Johannes Feil (Hg.), *Wohngruppe, Kommune, Großfamilie. Gegenmodelle zur Kleinfamilie*, Reinbek 1972, S. 23-25, 38-135; »Neue Lebensformen in Dänemark«, in: *WG-KOOP Papier* 2 (Januar/Februar 1975), S. 12-15, diese Broschüre findet sich in: afas Duisburg, 90.IV 3.2.1; »Freistaat Christiania«, in: Reader zu Wohnutopien, S. 18-17 (die Broschüre findet sich in: ASB Freiburg, Bro 2.0.1.4.).

184 Cyprian, *Sozialisation*, S. 150-152, 179 (Zitat S. 153).

185 Ebd., S. 151; Kentler, »Wohngruppe«, S. 19; Feil, »Familie«, S. 26; Müschen, *»Lieber lebendig als normal!«*, S. 52/53, 59.

zu organisieren und zu vermitteln.[186] Ins Leben gerufen wurde der Verein zunächst aber vornehmlich, um zur Gründung von neuen Wohngemeinschaften anzuregen. Zugleich beschäftigte man sich damit, Kriterien für die Definition einer Wohngemeinschaft zu bestimmen, wobei der politische Anspruch darin bestand, mit dem Aufbau von Wohngemeinschaften die Gesellschaft verändern zu können.

Anfangs trafen sich etwa 60 Personen in den Räumen der Evangelischen Studentengemeinde (ESG) Hamburgs, sammelten Material zum Thema Wohngemeinschaften und gründeten aus diesem Kreis ab dem Sommer 1972 neue Wohngemeinschaften. Die Fluktuation bei den wöchentlichen Treffen war jedoch sehr hoch, da diejenigen, die eine WG-Bleibe gefunden hatten, den Diskussionsgruppen und Informationsveranstaltungen danach oft fernblieben. Gleichwohl wuchs die Mitgliederzahl des Vereins an, so dass er ab dem Herbst 1973 monatlich themengebundene Veranstaltungen anbieten konnte und die Teilnehmer auf mehrere Gruppen verteilt wurden. Der Verein zog in ein neues Gebäude um und unterstützte einige Sozialarbeiter, die in der Gefahr standen, ihren Arbeitsplatz zu verlieren. Zudem engagierte sich HuWo in der Medienarbeit, half bei bürokratischen Problemen der Wohngemeinschaften und beteiligte sich an Hausbesetzungen. Im Herbst 1973 schloss sich HuWo dem Sozialistischen Büro in Offenbach an.[187] Ab 1973 gab der linksalternative Verein zudem die hektographierte Schrift *Humanes Wohnen e. V.* heraus, die ab November desselben Jahres als monatliche WG-Zeitung unter dem Titel *Montagsnotizen* erschien.[188] Beide Blätter sollten die Kommunikation zwischen den Wohngemeinschaften in der Republik verbessern: Man diskutierte hier unter anderem die gemeinsamen Probleme wie rechtliche Dif-

---

186 »Wohngemeinschaft – und dann?«. Ähnlich Peinemann, *Wohngemeinschaft*, S. 138.

187 Peinemann, *Wohngemeinschaft*, S. 30-34, 141, 147-148; *humanes wohnen, wohngruppen plattform 74*, S. 17-19, in: HIS-A, Broschüren, Box »Alternativprojekte, Gegenökonomie«.

188 Diese Broschüren finden sich in: afas Duisburg, 90.IV.3.3:8 (Ordner Wohngemeinschaften/Kommunen); HIS-A, Broschüren, Box »Alternativprojekte, Gegenökonomie«. Erwähnung auch in: Peinemann, *Wohngemeinschaft*, S. 35; Benno Käsmayr, *Die sogenannte Alternativpresse. Ein Beispiel für Gegenöffentlichkeit in der BRD und im deutschsprachigen Ausland seit 1968*, Augsburg 1974, S. 42/43.

ferenzen mit den Vermietern, Schwierigkeiten in der Kindererziehung oder Eifersucht in WG-Beziehungen.

Nach dem Vorbild des Vereins HuWo formierte sich 1973 in Köln, ebenfalls durch Treffen in der ESG angeregt, eine Initiative zur Vernetzung und Gründung von Wohngemeinschaften. Auch sie nannte sich Humanes Wohnen. Man habe »ziemlich viel [Materialien] von Humanes Wohnen Hamburg gekriegt«, sagte ein Kölner Aktivist im November 1976.[189] In Hannover entstand eine ähnliche Gruppierung, die sich zunächst in der ESG zusammenfand und das *INFO für die hannoverischen Wohngemeinschaften* herausgab.[190] In Frankfurt gründete sich im Oktober 1976 das Wohngruppenzentrum, welches ab dem April 1978 vom universitären Studentenwerk finanziell gefördert wurde. Ziel war die psychologische und rechtliche Beratung von Wohngemeinschaften; später wurden auch Garantien gegenüber Vermietern gegeben, die um die regelmäßigen Mietüberweisungen seitens der WG-Bewohner bangten.[191]

Auch in Heidelberg folgte man dem Hamburger Beispiel. 1972 organisierte dort die Psychotherapeutische Beratungsstelle einen Arbeitskreis für Wohngemeinschaften. Zu Beginn hatte man die Absicht, eine therapeutisch orientierte Wohngemeinschaft aus Patienten und Therapeuten einzurichten. Als dieser Versuch mangels Interesse und aufgrund zu hoher Fluktuation möglicher Interessenten scheiterte, unternahm man Anfang 1974 einen neuen Anlauf. Dieses Mal ging es allerdings darum, Kontakte und den Erfahrungsaustausch zwischen Wohngemeinschaften zu unterstützen sowie Beratung und Hilfestellung zu geben. Den recht schwammigen Zielsetzungen entsprechend, entfaltete sich offenbar keine feste Kooperationsstruktur:

Bisher hatten wir im Arbeitskreis die Schwierigkeit, daß durch starke Fluktuation die Kontakte zwischen den Leuten über den Arbeitskreis hinaus nur schwer aufrechtzuerhalten und auszudehnen waren. Zur Zeit versuchen wir, konkrete Probleme, die in den WGs aufgetreten sind, zu besprechen. Diese Probleme sollen nach Möglichkeit theoretisch aufgearbeitet

---

189 Peinemann, *Wohngemeinschaft*, S. 59, 112-122 (Zitat S. 113). Vgl. Korczak, *Neue Formen*, S. 107.

190 Das *INFO für die hannoverischen Wohngemeinschaften* findet sich in: afas Duisburg, 90.IV.3.3.3. Vgl. auch Peinemann, *Wohngemeinschaft*, S. 59.

191 Bauer u. a., »Zur Idee und Realität«, S. 273-279; »wohngemeinschaft ... nein danke!?!«, S. 17.

werden. Außerdem überlegen wir, wie der Erfahrungsaustausch zwischen den WGs systematisiert werden könnte (z. B. WG-Zeitung, Koordination der Haus- und Wohnungssuche, Lektüre, gemeinsame Unternehmungen).

Auf verschiedenen alternativen Festen versuchte man, den Arbeitskreis bekannter zu machen und neue Interessenten zu gewinnen.[192] 1975 erschien dann die erste Ausgabe der Zeitschrift unter dem Titel *schöner wohnen*. Das Blatt sollte bei WG-Gründungen und der Zusammenarbeit von Wohngemeinschaften helfen. Gemeinsam zu produzieren und zu konsumieren, sich zu solidarisieren und »aus der Isolation auszubrechen« waren die erklärten Ziele. Großeinkäufe, vornehmlich von Bioprodukten bei den Landkommunen, psychologische Beratung, Vermittlung von WG-Plätzen, ein Renovierungsdienst, der Austausch von Fahrrädern, Kleinbussen oder Schreibmaschinen sowie die Organisation von gemeinsamen Urlaubsfahrten waren die konkreten Anliegen des Arbeitskreises, der hierfür eine Kartei der Heidelberger WG-Bewohner und einen regelmäßigen Treffpunkt einrichten wollte. Alle Bemühungen und Ideen entpuppten sich jedoch als wenig mobilisierend und der Arbeitskreis blieb letztlich auf eine Handvoll Aktivisten begrenzt.[193]

Nicht selten wirkten kirchliche Organisationen vernetzend in die Wohngemeinschaftslandschaft hinein. Die ESGs, die Evangelische Akademie Loccum oder die Arbeitsgemeinschaft katholischer Hochschulgruppen luden in regelmäßigen Abständen zu Tagungen ein, auf denen die Zukunft des alternativen Wohnens besprochen wurde. Ähnliches galt für Veranstaltungen an Volkshochschulen, Universitäten und anderen Bildungsstätten. In Berlin gründete sich im Jahre 1970 das Martinswerk – ein gemeinnütziger Verein zur Wohnraumbeschaffung in der Mauerstadt –, welches aus einer Gruppe evangelischer Studenten an der TU hervorging. Das Martinswerk, in dessen Vorstand Pfarrer und Hochschullehrer waren,

192 »Wohngemeinschafts-Arbeitskreis der PBS«, in: *Carlo Sponti* 10 (1975), S. 2; »Alles über den Wohngemeinschaftsarbeitskreis«, in: *schöner wohnen* 1 (1975), S. 22-24 (diese Broschüre findet sich in: afas Duisburg, 80.III.52); »Zum Wohngemeinschaften AK in der PBS«, in: *Carlo Sponti* 18/19 (1976), S. 10. Zur PBS des Studentenwerks der Universität Heidelberg siehe Dieter Spazier, Jörg Bopp, *Grenzübergänge. Psychotherapie als kollektive Praxis*, Frankfurt/M. 1975.

193 »WG'ler, Kommunarden und andere people« sowie »Alles über den Wohngemeinschaftsarbeitskreis«, in: *schöner wohnen* 1 (1975), S. 3-6, 22-24 (die Broschüre findet sich in: afas Duisburg, 80.III.52).

mietete Großwohnungen an, die sie dann Wohngemeinschaften zur Verfügung stellte.[194] Nach diesem Modell kaufte oder mietete das Martinswerk ab 1972 auch in anderen Städten (unter anderem in Braunschweig, Hamburg, Tübingen, Hannover und Karlsruhe) Häuser, um diese an Wohngemeinschaften zu vermitteln. Der Erfahrungsaustausch der WGler, Rechtsberatung und die Bildung von Sozialfonds fanden ebenfalls statt. Professionell waren all diese Organisationen nie: Die genossenschaftlichen und basisdemokratischen Initiativen lebten vor allem vom ehrenamtlichen Engagement.[195] Das Würzburger WG- und Stadtmagazin *Pupille*, das in einer Auflage von 6000 Exemplaren pro Ausgabe erschien, war wohl das beste Beispiel für eine erfolgreiche Unterstützung durch die katholischen Hochschulgruppen und den örtlichen (geschäftsführenden) Pfarrer.[196]

Neben diesen kirchlichen Initiativen entwickelten sich die sogenannten Wohngemeinschaftskooperativen (WG-KOOP), die 1975 bereits in 15 Städten existierten[197] und damit die Landschaft der unterschiedlichen Wohngemeinschaftsinitiativen stark prägten.[198] Ab dem Juni 1974 verfügten die WG-KOOP über eine Zentrale in München, die eine Kartei mit Selbstdarstellungen und Adressen

194 ⟨http://www.martinswerk-berlin.de/selbstdarstellung.htm⟩, letzter Zugriff am 25.03.2013; Damme, *Stabilität*, S.15.

195 Korczak, *Neue Formen*, S.107/108; WG-KOOP *Papier* 1 (November/Dezember 1974), S.21, 23, in: afas Duisburg, 90.IV.3.2.1; Glätzer, *Landkommunen*, S.43; Pohl/Voss, »Wohngemeinschaften«, S.53/54. Gerade in Braunschweig war das Martinswerk sehr aktiv, wie in Pohl/Voss, »Wohngemeinschaften«, ebenso nachzulesen ist wie in Schülein, »*... vor uns die Mühen der Ebenen«*, S.11, 59-64, 245-258.

196 *WG-KOOP Papier* 1 (November/Dezember 1974), S.22, in: afas Duisburg, 90.IV.3.2.1.

197 Dies waren: Cuxhaven, Bremen, Essen, Hannover, Köln, Münster, Duisburg, Göttingen, Wiesbaden, Tübingen, Frankfurt, Nürnberg, Erlangen, Würzburg und München. Daneben gab es die anderen, bereits genannten Initiativen in Hamburg, Hannover, Köln von HuWo. Zudem regionale Initiativen in: Handorf, Münster, Berlin, Wiesbaden, Mainz und Bad Ditzenbach. 1975 zählten die WG-KOOP insgesamt 25 unterschiedliche WG-Initiativen in den Städten der Bundesrepublik – mit ihren eigenen 15 städtischen Gruppen dominierten die WG-KOOPs somit diese Szene.

198 *WG-KOOP Papier* 3 (März/April 1975), S.20, in: afas Duisburg, 90.IV.3.2.1. Vgl. auch die Aufstellung der WG-Kooperativen in: Scheding, »So leben sie«; Schülein (Hg.), »*... vor uns die Mühen der Ebenen«*, S.245.

von Wohngemeinschaften, Interessenten an Plätzen in WGs und Produktionskollektiven aufbaute. Im Dezember 1974 verzeichnete man schon 350 Karteikarten von Wohngemeinschaften. Daneben bot man juristische Beratung an und unterhielt eine Unterstützergruppe in Sachen Sozialhilfe. Diverse Arbeitsgruppen beschäftigten sich mit Themen rund um die Wohngemeinschaften – von Gruppenprozessen, Selbsterfahrung und Sensitivitätstraining über Erziehung und Emanzipation bis hin zur Resozialisierung. Ein weiteres Arbeitsfeld bildeten die Produktionsgemeinschaften, von Landkommunen über Handwerkskollektive bis zu Autowerkstätten und Möbeltransporten, deren Produkte und Dienstleistungen an andere WGs und Außenstehende vermittelt werden sollten. Ein zusätzlicher Schwerpunkt war die politische Öffentlichkeitsarbeit, etwa in WG-Zeitungen, Bezirksausschüssen oder bei Stadtteilarbeiten.[199]

Ob HuWo aus Hamburg, WG-KOOP aus München, kirchliche Initiativen, die Berliner Wohngemeinschaftsinitiativen oder der Kommunearbeitskreis in Tübingen: Die Hochphase der Wohngemeinschaftsbewegung lag zweifellos in der Mitte der siebziger Jahre. Kontaktstellen, überregionale Treffen und WG-Zeitungen formierten sich zu einer Art Informationsnetzwerk, und 1975 entstand sogar die parteipolitische Initiative Wählt alternative Kommunen, die jedoch sehr schnell wieder verschwand.[200]

Das wohl wichtigste überregionale Treffen fand im März 1975 auf der Burg Rothenfels in der Nähe von Würzburg statt.[201] Wiederum aus kirchlichen Kreisen angestoßen, in diesem Falle von der Arbeitsgemeinschaft Katholischer Hochschulgemeinden, trafen sich 120 Aktivisten aus den städtischen Wohngemeinschaftsinitiativen der ganzen Republik. An sieben Tagen lernten sich die Teil-

---

199 *WG-KOOP Papier* Nr. 1 (November/Dezember 1974), S. 15-20, in: afas Duisburg 90.IV.3.2.1; *WG-KOOP Papier* 3 (März/April 1975), S. 2, 26-28, 36, in: afas Duisburg, 90.IV.3.2.1.

200 Schülein, »... *vor uns die Mühen der Ebenen*«, S. 255; Glätzer, *Landkommunen*, S. 43/44.

201 Auf der Burg Rothenfels hatte bereits der katholische Religionsphilosoph Romano Guardini gewirkt und diese Burg in den zwanziger und dreißiger Jahren zum Zentrum einer ebenso unmittelbarkeitsorientierten wie volkstümlichen katholischen Jugendbewegung gemacht (vgl. Karl Baier, *Meditation und Moderne. Zur Genese eines Kernbereichs moderner Spiritualität in der Wechselwirkung zwischen Westeuropa, Nordamerika und Asien*, Bd. 2, Würzburg 2009, S. 738-788).

nehmer bei Fest und Diskussion kennen, machten sich Gedanken über die Zielsetzungen des Wohngemeinschaftslebens und über weiter reichende Vernetzung. Neben den üblichen Arbeitsgruppen, die bei dem Treffen spontan zusammenfanden (Selbsterfahrung, politische Arbeit, Kindererziehung, Partnerbeziehung, Landkommunen und Produktionskommunen, Sexualität, aber auch Religion/Kirche und soziales Engagement), wurde über die Möglichkeit nachgedacht, überregionale Seminare und Publikationen ins Leben zu rufen. Die Veranstalter konnten mit Rolf Schwendter und Peter Brückner wichtige Galionsfiguren als Referenten gewinnen, denen in der Wohngemeinschaftsszene viel Beachtung zuteilwurde. Mit Seitenblick auf die Arbeiten der Frankfurter Schule und die von Friedrich Engels verwies Schwendter in seinem Referat zunächst auf »Fremdbestimmung«, »Arbeitshetze, Konkurrenz und Vereinzelung« als gesellschaftliche Ursachen für die Gründung von Wohngemeinschaften. Durch verlängerte Ausbildungszeiten, höhere Lebensstandards, mehr verfügbare Freizeit, postmaterielle Einstellungen sowie leer stehende Altbauten in den Innenstädten habe diese Wohnform Verbreitung finden können. In den Wohngemeinschaften sei sowohl eine »psychische Stabilisierung« als auch eine Senkung der Lebenshaltungskosten möglich geworden, welche nicht nur zur »Wiederherstellung der Arbeitskraft«, sondern auch für politische Arbeit eingesetzt werden könne. An dieser Stelle konstatierte Schwendter eine Spaltung der Wohngemeinschaftsbewegung: Auf der einen Seite gab es die auf Gemeinschaftlichkeit und Pragmatismus ausgerichteten Wohngemeinschaften, auf der anderen Seite die politisch engagierten Gruppen. Diese Spaltung gelte es »schöpferisch« durch netzwerkartig aufgebaute und »herrschaftsarme« WG-Kooperativen zu überwinden. Tatsächlich war es für einen solchen Aufruf jedoch bereits zu spät. Die inneren Zerwürfnisse in der Wohngemeinschaftsbewegung wurden bei dem Treffen in Rothenfels deutlich sichtbar: »Christen und Anarchos ernten ironische Zwischenrufe« hieß es etwa in einem internen Tagungsbericht. Die Bewegung schwankte zwischen den Extremen »losgelöst[e] Theorie (ewige Schwafler) und [...] blinde Praxis«, berichteten die *WG-KOOP-Papiere*. Angesichts der Spaltung in Happening-Hedonisten und Theoretiker konnten keine gemeinsamen Ziele formuliert werden. Die einzige Einigung, die die Tagungsteilnehmer erzielten, war, sich von der Arbeitsgemeinschaft

Katholischer Hochschulgemeinden abzukoppeln, welche ihrerseits angeboten hatte, die überregionale Vernetzung zu übernehmen und eine Infozeitung zu finanzieren. Auch die von der Kirche eingeladenen TV-Sender wurden von der Vollversammlung aufgrund schlechter Erfahrungen mit der Presse wieder ausgeladen. Anstatt »letztlich von der Bischofskonferenz ferngesteuert zu werden«, wollten die Teilnehmer weitere Tagungen in eigener Regie und ohne Unterstützung durch die Kirche veranstalten. Das nachfolgende Bundestreffen, welches für den Juni 1976 im Raum Wiesbaden/Mainz angesetzt wurde, blieb indessen ohne größere Resonanz.[202]

Insgesamt zählten die Vorfinanzierung für neue Wohngemeinschaften und die Verhandlungen mit Vermietern und Maklern zu den unmittelbaren Aufgaben der meisten Gruppen aus der Wohngemeinschaftsbewegung. Die Kooperationsbemühungen mittels Infoblättern und Wohnungsvermittlungsdiensten schufen ein locker geknüpftes und meist regional begrenztes Solidarnetz. Von diesen Zusammenschlüssen versprachen sich die Aktivisten meist eine gesellschaftsverändernde Wirkung, die die »herrschende Vereinzelung, aufgezwungene Spießigkeit, das ›traditionelle‹ Bewußtsein« kritisieren und neue, solidarische und kollektive Lebensformen bekannt machen sollten.[203] Anstatt durch eine vorformulierte Theorie sollte sich also aus der WG-Praxis selbst eine neue linke Politik entwickeln.

Im Januar 1977 existierten in Westberlin, Bonn, Braunschweig, Bremen, Duisburg, Hamburg, Hannover, Heidelberg, Herford, Kiel, Köln, Münster, Ober-Olm, Stuttgart und Tübingen aktive Organisationen, die sich um den Zusammenschluss der örtlichen

---

202 Rolf Schwendters Diskussionsthesen der AG Politische Arbeit vom 04.03.1975, in: afas Duisburg, 90.IV.3.0; Scheding, »So leben sie«. Zur Arbeitsgemeinschaft Katholischer Hochschulgemeinden und dem Rothenfelser Treffen: *WG-KO-OP Papier* 1 (November/Dezember 1974), S. 21/22, 24-26, in: afas Duisburg, 90.IV.3.2.1.; »Bericht aus Rothenfels«, in: *WG-KOOP Papier* 3 (März/April 1975), S. 19/20, in: afas Duisburg, 90.IV.3.2.1.; Müschen, *»Lieber lebendig als normal!«*, S. 53. Frühere bundesweite Treffen fanden anlässlich der Frankfurter Emanzipationsseminare 1973 und 1974 sowie im August 1974 in Mainz statt, dieses Mal selbstverwaltet und organisiert von der Freizeit Alternative für Kommunen. Es entfaltete jedoch bei Weitem nicht die Breitenwirkung des Treffens in Rothenfels (»Informationen über Alternativen«, in: *schöner wohnen* 1 [1975], S. 25, die Broschüre findet sich in: afas Duisburg 80.III.52); Damme, *Stabilität*, S. 15.

203 Vgl. Peinemann, *Wohngemeinschaft*, S. 61, 64-73 (Zitat S. 67).

Wohngemeinschaften wie auch um überregionale Zusammenarbeit mit ähnlichen Organisationen bemühten.[204] Im Laufe der frühen achtziger Jahre war jedoch die Luft aus diesen nicht besonders erfolgreichen Initiativen endgültig raus, zumal mit der Hausbesetzerbewegung eine neue erfolgreiche Strategie um sich griff. Was durch eine Befragung von Hamburger Wohngemeinschaften im Juli 1983 ermittelt wurde, war durchaus typisch:

> Von der guten oder schlechten Erreichbarkeit anderer Wohngemeinschaften war [...] nicht die Rede. Auch die, die weitere Wohngemeinschaften im gleichen Haus hatten, unterhielten zu diesen nicht mehr und nicht weniger Kontakte als zu anderen Mietern auch. Allenfalls kannte man sich ›flüchtig‹. [...] Wenn es noch so etwas wie eine wohngemeinschaftstypische Subkultur gibt, so lebt sie offenbar weniger aus der unmittelbaren Verbindung mit anderen Wohngemeinschaften als, allgemeiner, aus einer Vertrautheit der ›Typen‹, die man auf der Straße sieht, dem Charakter der Kneipen, in denen man sich trifft, den Programmen der Kinos, die man besucht, dem Angebot der Geschäfte, in denen man einkauft.[205]

5.1.7 Gemeinschaftlichkeit und Intimität

Die wichtigste Funktion der Wohngemeinschaft war stets, ein »Wir-Gefühl« auszubilden, »Wärme« und »emotionale Unterstützung«, Sicherheit und Geborgenheit, Gemeinsamkeit und Gemeinschaft, Offenheit und Selbstverständigung zu stiften.[206] »Im Vordergrund stehen eindeutig«, so stellt Gudrun Cyprian in ihrer Studie zusammenfassend fest, »die individuellen Bedürfnisse nach Kommunikation, Kontakt, emotionaler Sicherheit und ›Persönlichkeitsentfaltung‹.«[207] Dass die einzelnen Wohngemeinschaften jeweils einen Verbund darstellten, ließ sich schon an der einfachen Beobachtung erkennen, dass deren Telefonnummern nicht nach Namen, sondern mit Kollektivbezeichnungen wie »WG Elbestraße«, »die Würzburger« oder »die Knobelsdorfer: lange klin-

---

204 Ebd., S. 188-190.
205 Spiegel, *Neue Haushaltstypen*, S. 161.
206 Korczak, *Neue Formen*, S. 34; Peinemann, *Wohngemeinschaft*, S. 7; Cyprian, *Sozialisation*, S. 97, 160; Spiegel, *Neue Haushaltstypen*, S. 246; Rieck, »Zwangsfamilie oder Terror der offenen Tür?«; Schülein, »*... vor uns die Mühen der Ebenen*«, S. 34/35.
207 Cyprian, *Sozialisation*, S. 176.

geln lassen!« notiert wurden.[208] Manche Wohngemeinschaften gaben sich in den siebziger Jahren Eigennamen – von »Kraut und Rüben« über »Treibgut« bis zu »Stilistisches Durcheinander« –, wobei immer öfter das Erscheinungsbild der WG und weniger eine politische Ausrichtung die Namensgebung inspirierte. Gemeinschaftlichkeit, Solidarität und Zuwendung wurde als natürliche und selbstbestimmte Form des Lebens verstanden. Gemeinsames Musizieren, Feiern und Spielen unterstrichen den Verbundcharakter und überwogen gegenüber der herkömmlichen Freizeitbeschäftigung des Fernsehens.[209]

Mitte der siebziger Jahre empfanden die meisten Bewohner ihre WG-Situation nicht als einengend. Im Gegenteil: Viele hegten einen starken Kommunikations- und Interaktionswunsch und beurteilten die Rückzugsmöglichkeiten eher als zu groß als zu gering. Sie wünschten sich spontane Zusammenkünfte und ungezwungene Gemeinschaftserlebnisse. In manchen Wohngemeinschaften der siebziger Jahre behalf man sich mit verschiedenen Therapieformen, Massagen, Entspannungs- und Meditationsübungen, um Nähe, Kommunikationsdichte und eine möglichst unverstellte Konfliktaustragung zu ermöglichen. Tatsächlich war die Zufriedenheit mit dem WG-Klima umso größer, je mehr Zeit mit der Gruppe verbracht wurde.[210]

Fast zwei Drittel der von Gudrun Cyprian befragten WG-Bewohner hielten sich mindestens sechs Stunden (Schlafzeiten nicht mitgerechnet) in den Wohngemeinschaftsräumen auf – die durchschnittliche Anwesenheitsdauer betrug exakt 7,2 Stunden; sonntags sogar durchschnittlich 10,1 Stunden. Zwei Drittel der WGler verbrachten rund drei Stunden am Tag mit ihren Mitbewohnern. Eine Untersuchung von Wohngemeinschaften in Braunschweig kam zu einem ganz ähnlichen Ergebnis.[211]

208 Mohr, *Zaungäste*, S. 53; Cyprian, *Sozialisation*, S. 121.
209 Tränkle, »Von Kommune und WG«, S. 204, 208; Cyprian, *Sozialisation*, S. 90; Kentler, »Wohngruppe«, S. 14; Krug, »Was mein ist, soll mein bleiben«, S. 48; Korczak, *Neue Formen*, S. 111; *humanes wohnen, material 1* (November 1973), S. 2/3, in: HIS-A, Broschüren, Box »Alternativprojekte, Gegenökonomie«.
210 Schülein, »Konstitution und Dynamik«, S. 410; Schülein, »… vor uns die Mühen der Ebenen«, S. 49-52; Cyprian, *Sozialisation*, S. 46.
211 Cyprian, *Sozialisation*, S. 43/44, Dietmar Rumpf, Karl-Friedrich Voss, »Alltag in der Wohngemeinschaft«, in: Rüdiger Pohl u. a., *Mittlere Wohndauer: 18*

Die Mitbewohner nahmen jedoch nicht den zentralen Platz im Freizeitleben der WG-Mitglieder ein. Nur wenige Wohngemeinschaften richteten es so ein, dass sie regelmäßig die Abende, die Wochenenden oder auch den Urlaub miteinander verlebten. Vielmehr verbrachte man seine Freizeit vornehmlich mit seinem Partner, den Freunden oder Bekannten. Weniger als die Hälfte seiner Freizeit verbrachte man durchschnittlich zusammen mit seinen Mitbewohnern.[212] Mit diesen trafen sich die WGler spontan und eher zufällig, wie 1973 ein WG-Bewohner in einem Interview berichtete: »Vieles ist ja in solcher Wohngemeinschaft den Zufällen überlassen, weil man sich doch nicht so abspricht im Sinne von ›Wann kommst Du nach Hause?‹ Man trifft sich, und wenn man Lust hat, setzt man sich zusammen, dann spielen wir oder unterhalten uns.«[213]

1974 verfügten 75 Prozent der Wohngemeinschaften über mindestens einen Raum für jeden WG-Bewohner: »Das persönliche Zimmer ist unverletzlich«, deklamierte ein 25-jähriger WG-Bewohner. 89 Prozent hatten neben den Individualräumen zusätzlich Gemeinschaftsräume eingerichtet – zumeist war dies die »Wohnküche«.[214] Die von den Medien und der Presse stilisierten gemeinsamen Schlafräume der Kommune I waren insofern eine absolute Ausnahme. Die immer wieder zitierte Passage aus dem Schelmenroman *Die Glücklichen* von Peter-Paul Zahl, wonach in den Wohngemeinschaften die Toilettentüren ausgehängt worden seien, um die »bürgerliche« Privatsphäre abzuschaffen,[215] gehört eher in das Reich der Legenden, als dass sie etwas über die realen

Monate. Berichte, Daten und Meinungen über Wohngemeinschaften in der Stadt, Hannover 1978, S. 187.

212 Cyprian, *Sozialisation*, S. 89-92, 98; Spiegel, *Neue Haushaltstypen*, S. 149; Rumpf/Voss, »Alltag«, S. 189/190.

213 Meyer-Ehlers u. a. (Bearb.), *Kollektive Wohnformen*, S. 133.

214 Ebd., S. 45, 129; Pohl, »Frust und Freude«, S. 62 (Zitat); Tränkle, »Von Kommune und WG«, S. 201-203; Spiegel, *Neue Haushaltstypen*, S. 157; Kentler, »Wohngruppe«, S. 13; Helmut Kentler, »Wie weit geht die freie Liebe?«, in: *pardon* 5 (Mai 1969), S. 42/43.

215 Peter-Paul Zahl, *Die Glücklichen. Ein Schelmenroman*, Reinbek 1986, S. 138 [Erstausgabe beim Rotbuch-Verlag 1979]. Vgl. zur Wiederverwendung der Geschichte: Conti, *Abschied vom Bürgertum*, S. 177; Herzog, *Politisierung der Lust*, S. 197 (bei der Berliner Kommune I); Tränkle, »Von Kommune und WG«, S. 203; Marianne Schmidt, »Wer keinmal mit derselben pennt«, in: *Frankfurter Allgemeine Zeitung* 83 (09. 04. 2008), S. 40.

Lebensverhältnisse in den WGs aussagt. Wenn überhaupt, dann fehlten vielleicht die Schlüssel an den Toilettentüren. Es war zwar üblich, die Türen der Individualräume offen zu lassen – wenn man aber ungestört bleiben wollte, wurde dies durchaus signalisiert. Nach anfänglichen Kurzzeitexperimenten mit Gemeinschaftsschlafsälen wie in der Kommune I oder Diskussionen um ausgehängte Zimmertüren wie in der Berliner Linkeck-Kommune waren die individuellen Rückzugsgebiete in den siebziger Jahren weitgehend akzeptiert.[216] Nur wenn die Bewohner gerade selbst nicht anwesend waren, galt das Betreten und Nutzen des freien Raumes als Selbstverständlichkeit.[217]

Nacktheit war hingegen in den Wohngemeinschaften relativ problemlos. 1974 gaben zwei Drittel der von Cyprian befragten WG-Bewohner an, sie hätten keine Hemmungen, sich vor den anderen nackt zu zeigen.[218] 1977 berichtete Steve Peinemann über seine Hamburger Wohngemeinschaftserfahrung: »Man kann auch in einer fremden Wohngemeinschaft als Gast mal eben nackt durch die Küche flitzen oder ins Badezimmer gehen, um sich die Zähne zu putzen, selbst wenn dort gerade jemand unter der Dusche steht.«[219]

5.1.8 Finanzierung und Besitzverhältnisse in Wohngemeinschaften

Wohngemeinschaften boten grundsätzliche wirtschaftlich-organisatorische Vorteile, indem sie die Lebenshaltungskosten für den Einzelnen senkten, mehr Raum boten, die Haushaltsführung erleichterten und die Anschaffung größerer Einrichtungs- und Haushaltsgegenstände (vom Automobil bis zum Fernsehgerät) ermöglichten.[220] Die Regelung der Finanzen wurde dabei recht un-

---

216 Röhl, »Anatomie einer Kommune«, S. 18; Knorr, »3 sind geplatzt, 3 leben weiter«, S. 28; Damme, *Stabilität*, S. 91, 125.

217 Meyer-Ehlers u. a. (Bearb.), *Kollektive Wohnformen*, S. 140-154; Cyprian, *Sozialisation*, S. 46, 78; Korczak, *Neue Formen*, S. 111; Schenk, *Wir wohnen zusammen*, S. 52; Graf, »Lebensziel«, S. 162-164; Rieck, »Zwangsfamilie oder Terror der offenen Tür?«; Meng/Thiel, »Schöner Wohnen?«, S. 169, 195.

218 Cyprian, *Sozialisation*, S. 78.

219 Conti, *Abschied vom Bürgertum*, S. 177. Ähnlich Peinemann, *Wohngemeinschaft*, S. 85.

220 Cyprian, *Sozialisation*, S. 36, 81. Aus der gemeinsamen Kasse (ebd., S. 83) wur-

terschiedlich gehandhabt – von der reinen Einzelwirtschaft bis hin zu einer gemeinsamen Kasse. Am häufigsten war die Abmachung, einen Teil der Einkünfte in eine Haushaltskasse einzubezahlen, aus der dann bestimmte kollektive Kosten wie Miete, Nebenkosten und Haushaltsführung (Nahrungsmittel, Reinigungs- und Toilettenartikel, Genussmittel, Zeitung etc.) bestritten wurden. Die individuellen Finanzbeiträge richteten sich entweder nach der jeweils bewohnten Quadratmeterzahl (das galt insbesondere für die Mietzahlungen), nach der Inanspruchnahme bzw. der Höhe des alltäglichen Verbrauchs oder anteilig nach der Höhe des jeweiligen Einkommens.[221] Gudrun Cyprian hat festgestellt, dass immerhin 8 der 54 von ihr untersuchten Wohngemeinschaften nur eine einzige, gemeinsam verwaltete Kasse eingerichtet hatten, wobei die Bewohner in diesen Fällen oft anspruchsvollere Bezeichnungen wie »Kommune« oder auch »Lebensgemeinschaft« für sich gewählt hatten. Nur bei zwei von diesen Wohngemeinschaften wurden die Finanzen ausschließlich individualistisch geregelt. Viele Gruppen praktizierten insofern, das bestätigten auch andere Untersuchungen, einen begrenzten Einkommensausgleich (etwa bei der Anschaffung größerer Einrichtungsgegenstände wie der Waschmaschine oder der Stromrechnung). Die anderen Kosten wurden hingegen individuell ausgerechnet.[222]

Dementsprechend betrachteten die Bewohner vor allem die Einrichtungsgegenstände in den gemeinsamen Wohnbereichen wie in den Gemeinschaftsräumen oder den Küchen als kollektives

den etwa finanziert: Waschmaschinen (85 Prozent), Geschirrspüler (42 Prozent), ein Fernsehapparat (92 Prozent), Stereoanlage (92 Prozent), Auto (94 Prozent). Zum Auto siehe auch Pohl/Voss, »Wohngemeinschaften«, S. 88; Graf, »Lebensziel«, S. 164.

221 Pohl/Voss, »Wohngemeinschaften«, S. 98/99, 128/129, 164/165; Cyprian, *Sozialisation*, S. 80-83; Korczak, *Neue Formen*, S. 109; Spiegel, *Neue Haushaltstypen*, S. 141/142; Meyer-Ehlers u. a. (Bearb.), *Kollektive Wohnformen*, S. 178-184, 187; Kentler, »Wohngruppe«, S. 17/18; Feil, »Familie«, S. 35.

222 Cyprian, *Sozialisation*, S. 81/82, 98; Spiegel, *Neue Haushaltstypen*, S. 141/142; Müschen, »*Lieber lebendig als normal!*«, S. 57/58; Pohl/Voss, »Wohngemeinschaften«, S. 99/100; Meyer-Ehlers u. a. (Bearb.), *Kollektive Wohnformen*, S. 178; Graf, »Lebensziel«, S. 146/147; Brückner, »Großfamilie«, S. 186; Meike S. Baader, »Das Private ist politisch. Der Alltag der Geschlechter, die Lebensformen und die Kinderfrage«, in: dies. (Hg.), »*Seid realistisch, verlangt das Unmögliche*«. *Wie 1968 die Pädagogik bewegte*, Weinheim, Basel 2008, S. 153-172, hier S. 164.

Eigentum und nutzten diese gemeinsam, während die Einrichtungen der Individualräume im jeweiligen Privatbesitz verblieben. Der Tausch und wechselseitige Verleih von Gebrauchsgegenständen, insbesondere der Bücher, war an der Tagesordnung. Insgesamt gab es, egal welche Regelungen gefunden wurden, in der Frage der Finanzierung und gemeinsamen Nutzung kaum Probleme innerhalb der Wohngemeinschaften. Das gemeinsame Eigentum, so Cyprian, erzeugte sogar ein »ausgeprägtes ›Wir-Gefühl‹ und Gruppenbewußtsein«.[223] Das Ideal der Besitzlosigkeit wurde »oft fetischisiert«.[224]

5.1.9 Aufgabenverteilung bei den Alltagsarbeiten

Wie bereits an den Finanzen deutlich wurde, waren nicht alle Bereiche des Wohngemeinschaftslebens kollektiviert. So mussten 1974 in 83 Prozent der WGs die Mitglieder selbst für ihre materielle Sicherung Sorge tragen. In den restlichen 17 Prozent der Fälle wurden einige Bewohner (zumindest zeitweise) von anderen finanziell unterstützt, um ihren Lebensunterhalt oder ihren Anteil an der Miete bestreiten zu können.[225] Auch die Arbeiten in der Wohnung folgten nicht immer strikten Plänen. Für das Putzen der Individualräume war beispielsweise in der Regel keine Arbeitsteilung vorgesehen. Lediglich die Instand- und Sauberhaltung von Küche und Bad sowie Reparaturen wurden untereinander abgesprochen.[226]

Insgesamt wurden drei Grundformen der Arbeitsteilung praktiziert. Entweder wurden den Mitgliedern spezielle Bereiche zugewiesen oder man wechselte sich regelmäßig bei den Aufgaben ab oder aber man erledigte gemeinsam, was anfiel, ohne dass die Zuständigkeiten genauer festgelegt gewesen wären. Die ungeregelte Arbeitsteilung entsprach am meisten dem linksalternativen Ideal

---

223 Cyprian, *Sozialisation*, S. 86. So auch Kentler, »Wohngruppe«, S. 17/18; Feil, »Familie«, S. 34/35; Pohl/Voss, »Wohngemeinschaften«, S. 130; Graf, »Lebensziel«, S. 164. Dagegen spricht Schülein, »Konstitution und Dynamik«, S. 406, der von konflikthaften Auszügen aus einer WG und den damit einhergehenden Streitereien um den Besitz an Einrichtungsgegenständen berichtet. Zu den Büchern: Meng/Thiel, »Schöner Wohnen?«, S. 182.

224 Peinemann, *Wohngemeinschaft*, S. 8.

225 Cyprian, *Sozialisation*, S. 101.

226 Meyer-Ehlers u. a. (Bearb.), *Kollektive Wohnformen*, S. 172; Cyprian, *Sozialisation*, S. 101.

ungezwungener Spontaneität, wie eine WG-Bewohnerin betonte: »Jeder Versuch, eine Strukturierung in die Organisationsfragen zu bringen, wurde abgeschmettert als überflüssig und lächerlich und – kleinbürgerlich, das war's.« Solche hochfliegenden Ansprüche scheiterten schnell, so dass Planung und Zuweisung von Verantwortlichkeiten rasch wieder an Bedeutung gewannen. In 85 Prozent der von Cyprian untersuchten WGs wurde immerhin festgelegt, wer wann was einkaufen oder putzen musste – Putzplan oder die drehbare Pappscheibe der »Spüluhr« setzten sich durch.[227]

Trotz dieser Regelungen war die Arbeitsbelastung immer noch unterschiedlich verteilt. 30 Prozent sprachen sogar von großen Unterschieden und die Mehrheit äußerte ihre Unzufriedenheit mit diesem Zustand.[228] Helmut Kentler, damals selbst WG-Bewohner, gibt in einem Bericht von 1972 aus reichlich traditionell-männlicher Sicht ein Beispiel dafür, wie diese Ungleichheiten entstanden:

Die Frauen neigen dazu, als erste vom Tisch aufzuspringen, wenn Essen nachgeholt werden muß, sie sehen herumliegenden Dreck eher als Männer, sie können mit kleinen Kindern besser umgehen – die Männer drücken sich gern wenigstens vor der ›unmännlichsten‹ Hausarbeit, sie lassen sich vielleicht zum Abtrocknen herab, überlassen aber das Spülen den Frauen.[229]

Einfache Küchen- und Putzarbeiten wurden meist im Rotationsprinzip erledigt, da kaum einer sie gerne machte, aber jeder dazu in der Lage war. Diese von allen WG-Bewohnern als geringwertig eingeschätzten Arbeiten waren regelmäßig Anlass für Konflikte über die Ordnungs- und Sauberkeitsstandards, wobei die Differenzen vielmals zu Lasten der Frauen gingen, die diese Aufgaben häufiger übernahmen. Reparatur- und Instandhaltungsarbeiten wurden dagegen oft von männlichen WG-Bewohnern ausgeführt, die angaben, diese Tätigkeiten gerne zu erfüllen und sich damit besser

227 Graf, »Lebensziel«, S. 147 (Zitat); Cyprian, *Sozialisation*, S. 101, 112/113; Schenk, *Wir leben zusammen*, S. 19, 40, 72; Kentler, »Wohngruppe«, S. 14; Korczak, *Neue Formen*, S. 110; Rainer Weber, »Was ist aus den Kommunen geworden?«, in: *Stern* 5 (03.02.1977) (Nachdruck in Schülein [Hg.], *Kommunen*, S. 159-161); Schülein, »Konstitution und Dynamik«, S. 410; Pohl/Voss, »Wohngemeinschaften«, S. 100/101 (mit etwas geringeren Zahlen für Braunschweig); Schülein, »... *vor uns die Mühen der Ebenen*«, S. 39; Müschen, »*Lieber lebendig als normal!*«, S. 58.
228 Cyprian, *Sozialisation*, S. 103.
229 Kentler, »Wohngruppe«, S. 11.

auszukennen.[230] Cyprian kommt in ihrer Studie zu dem Schluss, »daß es auch in Wohngemeinschaften nicht immer gelungen ist, die traditionelle gesellschaftliche und innerfamiliäre Arbeitsteilung zwischen den Geschlechtern abzubauen«.[231]

Die Verwaltung der gemeinsamen Finanzen wurde aus organisatorischen Gründen in der Mehrzahl der Fälle einem oder wenigen Mitgliedern überlassen, ohne dass dabei eines der Geschlechter überrepräsentiert gewesen wäre. Allerdings gab niemand an, diese Aufgaben gerne zu übernehmen. Wegen des bürokratischen Aufwandes und der Probleme mit säumigen Mitbewohnern zählten sie zu den unbeliebtesten Tätigkeiten.[232]

Die Arbeitsteilung innerhalb der Wohngemeinschaften – von der Haushaltsführung bis zur Kindererziehung – hatte also in nicht unbeträchtlichen Teilen eine traditionelle Ausrichtung und unterschied sich nur wenig von der Rollenverteilung in herkömmlichen Familien, in denen bis in unsere Tage die Hausarbeit (insbesondere nach der Geburt des ersten Kindes) zu fast drei Vierteln von Frauen übernommen wird.[233] Am konventionellsten erwiesen sich die Wohngemeinschaften, in denen ausschließlich Paare zusammenlebten. Insgesamt beinhalteten die Paarbeziehungen offenbar eine Tendenz zur geschlechtsspezifischen Arbeitsteilung; erst wenn mehrere partnerlose Mitglieder mit in der Wohngemeinschaft waren, brach diese Rollenverteilung etwas stärker auf. Für gewöhnlich etablierten sich traditionelle Verhältnisse in einem Zeitraum von einem bis drei Jahren nach der Gründung einer Wohngemeinschaft: Anfangs waren die Aufgaben noch weniger ungleich verteilt. Auch in länger bestehenden WGs war die Situation ausgeglichener.[234] Die

---

230 Cyprian, *Sozialisation*, S. 102. Aus einer Frauenwohngemeinschaft hieß es: »Unser Verhältnis zur Technik war ein weiblich-einfühlsames. Wenn ein Wasserhahn tropfte, stellten wir eine Schüssel unter und hofften, er werde sich ob dieser Fürsorge wieder beruhigen.« Die Versuche, selbst zu reparieren, mündeten darin, Männer zu Hilfe zu holen (Kretschmer, »Wohnen mit beschränkter Hoffnung«, S. 908).

231 Cyprian, *Sozialisation*, S. 101-109 (Zitat S. 104). Vgl. auch Korczak, *Neue Formen*, S. 110.

232 Cyprian, *Sozialisation*, S. 102, 106.

233 Ebd., S. 69-71, 97; Meyer-Ehlers u. a. (Bearb.), *Kollektive Wohnformen*, S. 175/176; Baader, »Das Private ist politisch«, S. 170.

234 Cyprian, *Sozialisation*, S. 107/108. Vgl. auch Schenk, *Wir wohnen zusammen*, S. 68.

Frauen litten unter der Ungleichverteilung stärker – zur faktisch höheren Belastung gesellte sich zudem die Enttäuschung vorgängiger Emanzipationserwartungen.[235] Gleichwohl war die Veränderung der geschlechterbezogenen Rollenbilder und Aufgabenverteilungen in den Wohngemeinschaften weiter fortgeschritten als in der bundesrepublikanischen Gesamtgesellschaft der siebziger und achtziger Jahre. Noch 1983 waren es zu 90 Prozent Frauen, die die Wäsche wuschen. Auch das Kochen (88 Prozent) und Geschirrspülen (71 Prozent) waren Tätigkeiten, die vorwiegend von Frauen übernommen wurden.[236]

5.1.10 Probleme

Trotz aller wärmenden Phantasien, die mit dem freien Zusammenleben in einer Wohngemeinschaft verbunden waren, war der Alltag doch von Problemen und Konflikten geprägt und entsprach keineswegs den hochgesteckten, vielleicht zu hoch gesteckten Erwartungen. Im Folgenden sollen nur die größten Problembereiche genannt werden.

Fluktuation

Weil die Wohngemeinschaft als Alternativmodell zur »Zwangsgemeinschaft« der Kleinfamilie verstanden wurde, nahmen sich die WGler schneller die Freiheit, bei Konflikten oder Veränderungen einfach wieder auszuziehen. Zwar war im Vorhinein nicht ausgemacht, wie lange jemand in einer WG bleiben würde, nichtsdestotrotz mag es überraschen, dass die durchschnittliche Verweildauer 1973 und 1974 gerade einmal 15 Monate betrug. In den Jahren 1976 und 1977 konnte man für Braunschweig eine mittlere Wohndauer von 18 Monaten feststellen.[237] Gudrun Cyprian stellte in ihrer Ana-

235 Cyprian, *Sozialisation*, S. 109.
236 Axel Schildt, Detlef Siegfried, *Deutsche Kulturgeschichte. Die Bundesrepublik – 1945 bis zur Gegenwart*, München 2009, S. 380.
237 Pohl/Voss, »Wohngemeinschaften«, S. 92, 111-114, 124/125, 135, 141-144, 162; Rüdiger Pohl u. a., *Mittlere Wohndauer: 18 Monate. Berichte, Daten und Meinungen über Wohngemeinschaften in der Stadt*, Hannover 1978, S. 2; Korczak, *Neue Formen*, S. 116; Peinemann, *Wohngemeinschaft*, S. 37; Glätzer, *Landkommunen*, S. 39; Schülein, »Konstitution und Dynamik«, S. 406, 408, 414; Müschen, »*Lie-*

lyse ebenfalls eine »hohe Mitgliederfluktuation« fest: »Tatsächlich findet man in kaum einer Gruppe nach mehr als einjähriger Dauer noch alle ursprünglichen Gründungsmitglieder.«[238] Eine im Sommer 1971 durchgeführte Befragung unter 20 Berliner Wohngemeinschaften mit insgesamt 120 Bewohnern kam zu dem Ergebnis, dass 95 Prozent der WG-Mitglieder nicht länger als 18 Monate in ihrer Gruppe lebten. Nur in sehr wenigen Fällen bestanden die Wohngemeinschaften über längere Zeit. In vielen Fällen waren diese dauerhaften WGs von älteren Personen gegründet worden.[239]

Trotz dieser hohen Fluktuationsraten wurde die Trennungsproblematik weitgehend tabuisiert.[240] In den späten sechziger und frühen siebziger Jahren waren die Gemeinschaftsphantasien oft so stark, dass es zu einem Auszug erst nach quälenden Psychoreflexionen, persönlichen Querelen um die Form der Haushaltsführung oder infolge von nicht mehr zu überbrückenden Antipathien und uneingestandenen Eifersuchtsdramen kam. Wie oben gezeigt, wurde vor allem in den frühen Kommunen besonders intensiv über die Probleme geredet. Der politische Anspruch des Zusammenseins war hier deutlich ausgeprägt und durch einen Auszug wäre er umso stärker infrage gestellt worden.[241] In den eher an pragmatischen Motiven ausgerichteten Wohngemeinschaften der achtziger Jahre begnügte man sich hingegen mit einer problemfreien Abschiedsfete, es sei denn, der Trennung gingen Fraktionierungen voraus, an denen dann letztlich die ganze Wohngemeinschaft zerbrach.[242]

ber lebendig als normal!«, S. 55. Vgl. Conti, *Abschied vom Bürgertum*, S. 167; Spiegel, *Neue Haushaltstypen*, S. 143/144; »Aus einem Erhebungsbogen zur Wohnsituation Münchner WG's«, in: *WG-KOOP Papier* 3 (März/April 1975), S. 22, in: afas Duisburg, 90.IV.3.2.1.

238 Cyprian, *Sozialisation*, S. 124.

239 Meyer-Ehlers u. a. (Bearb.), *Kollektive Wohnformen*, S. 41, 43-49, 53; Schülein, »Konstitution und Dynamik«, S. 406/407.

240 Schülein, »Konstitution und Dynamik«, S. 405; Pohl/Voss, »Wohngemeinschaften«, S. 143/144.

241 Siehe etwa Hartmut Sander, Ulrich Christians (Hg.), *Subkultur Berlin. Selbstdarstellung, Text-, Ton-Bilddokumente. Esoterik der Kommunen, Rocker, subversiven Gruppen*, Darmstadt 1969, S. 66-73; Massimo Perinelli, »Lust, Gewalt, Befreiung. Sexualitätsdiskurse«, in: rotaprint 25 (Hg.), *agit 883. Revolte, Underground in Westberlin 1969-1972*, Hamburg, Berlin 2006, S. 85-98, hier S. 93.

242 Schülein, »Konstitution und Dynamik«, S. 406.

Cyprian deutete die hohen Fluktuationsraten positiv, da dies ihrer Meinung nach zum Selbstverständnis der zumeist studentischen Wohngemeinschaften gehörte. Verpflichtungen sollten schließlich jederzeit wieder lösbar sein, Veränderbarkeit wurde zu einem Wert an sich und sollte nicht (wie in der Familie) durch die Gemeinschaft gehemmt werden:

Nicht die Stabilität und Kontinuität der Gruppe, sondern die bestmögliche Erfüllung der Bedürfnisse des einzelnen ist Ziel und Erfolgskriterium [...]. Der Auszugswunsch eines Mitglieds zwingt die restliche Gruppe zur kritischen Auseinandersetzung mit dem Gruppengeschehen, kann rechtzeitig auf Schwächen und Versäumnisse aufmerksam machen, der Eintritt neuer Mitglieder wirkt oft belebend und anregend.

Die Dauerhaftigkeit der Familienkonstellation wurde insofern durch individuelle Freiheiten und die Chance zur vermehrten Selbstreflexion innerhalb der Gruppe ersetzt. Fluktuationsrate und emotionale Spannungen innerhalb der Wohngemeinschaften standen Cyprians Deutung zufolge in keinem ursächlichen Zusammenhang, zumal sich die WGs ohnehin aus Studenten rekrutierten, die durch den Wechsel ihrer Ausbildungsstätten und durch die vergleichsweise instabilen Partnerschaften eine allgemein hohe Mobilität aufwiesen. Einem Auszug musste also nicht unbedingt ein Konflikt vorausgegangen sein – er konnte schlicht mit einem Uniwechsel oder dem Studienabschluss zusammenhängen. Gestützt wird Cyprians These außerdem durch die Tatsache, dass 76 Prozent der von ihr Befragten angaben, sie würden einfach in eine andere Wohngemeinschaft wechseln, sollte sich ihre WG auflösen. Nur für vergleichsweise wenige kamen andere Wohnformen (mit dem Partner zusammenziehen, alleine wohnen oder zurück zu Familie oder Verwandten ziehen) als Möglichkeit in Betracht. Die 120 im Sommer 1971 befragten Berliner WG-Bewohner standen der Fluktuation zwar im Grunde negativ gegenüber, meinten aber auch positive Aspekte zu erkennen: »Wenn einer auszieht, der stört, dann ist es gut. Wenn einer gehen muß, der sehr konsolidierend gewirkt hat, dann ist es schlecht«, umschrieb einer der Interviewten die Ambivalenz der neuen Freiheiten im freiwilligen Zusammenschluss. Ähnlich interpretierte Helmut Kentler die Fluktuation als Möglichkeit zur »Regeneration« der Gruppen, da diese durch die Wechsel an Ideen und an »emotionaler und intellektueller Gespanntheit« hinzugewinnen würden.[243]

Wenngleich derlei Deutung keineswegs falsch ist, so zeigt sich doch, dass die Akteure die hohe Fluktuation, die häufigen Umstrukturierungen und letztlich auch die WG-Auflösungen im Allgemeinen eher als Problem denn als Chance zur Neubelebung wahrnahmen.[244] Schließlich bedeutete ein Auszug auch, dass die betreffende Person sich in der Situation und dem Umfeld nicht mehr wohlfühlte (aus den verschiedensten Gründen freilich). Entsprechend sahen die Wohngemeinschaftsmitglieder nach einem Auszug den Zusammenhang der Wohngemeinschaft geschwächt, ihre Erwartungen enttäuscht und den Wunsch nach innerer Kohäsion gescheitert. Latente Widersprüche und unauflösbare Konflikte konnten, nicht selten in dramatischer Form, aufbrechen und die Gemeinschaft infrage stellen.[245] So schrieb Ulrich Enzensberger über den Erwartungsüberschuss in der Kommune I, dass die Umgangsformen bereits im Juli 1967, also etwa ein halbes Jahr nach Gründung der legendären Kommune, »ungemütlich« wurden: »Wir reizten uns manchmal bis aufs Blut, gerade weil auf körperlichen Auseinandersetzungen ein Tabu lag.«[246] Oft waren die Wohngemeinschaften »Durchlauferhitzer« und soziale Experimentierfelder »für ein paar Jahre intensiver Gruppendynamik«, wie der ehemalige WG-Bewohner Matthias Horx 1984 meinte: »Danach haben die meisten ihrer Protagonisten ›die Schnauze voll‹. Die wenigsten finden eine über Jahre stabile Gemeinschaft, einige ziehen weiter von Gruppe zu Gruppe.«[247]

---

243 Cyprian, *Sozialisation*, S. 16, 20, 37, 73, 117, 124-128, 172, 174, 176, 198 (Zitate S. 124, 126 und 128); Meyer-Ehlers u. a. (Bearb.), *Kollektive Wohnformen*, S. 47; Graf, »Lebensziel«, S. 156; Kentler, »Wohngruppe«, S. 10. Kentler (ebd., S. 13) weist jedoch auch auf den »übertriebenen Kollektivismus« als Ursache für die hohen Fluktuationsraten hin. Vgl. mit ähnlicher Deutung: Spiegel, *Neue Haushaltstypen*, S. 42; Pohl/Voss, »Wohngemeinschaften«, S. 125, 143/144.

244 Vgl. Meyer-Ehlers u. a. (Bearb.), *Kollektive Wohnformen*, S. 43-49.

245 Vgl. Krug, »Was mein ist, soll mein bleiben«, S. 400.

246 Enzensberger, *Die Jahre der Kommune I,* S. 188.

247 Horx, »Die abgekühlte Gemeinschaft«, S. 21.

Ob nun hochgesteckte emotionale Erwartungen zu anschließender Enttäuschung führten, ob es sich um Eifersüchteleien, Konflikte über Abwasch, Sauberkeitsstandards oder Ernährungsgewohnheiten handelte, ob es das endlose Psychologisieren oder eine zwanghaft hergestellte Gemeinschaftseinbindung war, ob es um unterschiedliche Maßstäbe bei der Erziehung der WG-Kinder ging oder ob es sich um chaotische Gruppendiskussionen mit enormem Konsensdruck handelte: von intensiven Auseinandersetzungen liest man in den Erfahrungsberichten ständig. 90 Prozent der Bewohner der von Cyprian untersuchten Wohngemeinschaften gaben zu, dass es in ihren Gruppen ernsthafte Spannungen gegeben hatte.[248] Der sexuelle Appetit des einen Mitbewohners barg ebenso Konfliktpotential wie die Zurückgezogenheit des anderen, die übertriebene Kommunikationsfreude und Aufdringlichkeit eines Dritten oder die mangelnde Reinlichkeit eines Vierten.[249] Gleiches galt für unterschiedliche Ordnungs- und Sauberkeitsvorstellungen, Sympathieunterschiede oder das »Futternapfthema« – da, wo der eine nobel beim Feinkostladen einkaufte, der Zweite sich mit billiger Aldi-Kost zufriedengab und der Dritte ökologische Waren bevorzugte.[250] Große Themen waren auch die geschlechtsspezifische Arbeitsteilung in Sachen WG-Organisation und das Geschlechterverhältnis; kritisiert wurden herkömmliche Geschlechterrollen und »paschaspielende Männergruppen«.[251]

248 Cyprian, *Sozialisation*, S. 166; Schenk, *Wir leben zusammen*, S. 17-265; Peinemann, *Wohngemeinschaft*, S. 148-153, 166; Cyprian, *Sozialisation*, S. 175; Schülein, »Konstitution und Dynamik«, S. 409/410; Schülein, »Beziehungsprobleme«, S. 147-155; Paul Petersen (Hg.), *Wohngemeinschaft oder Großfamilie. Versuch einer neuen Lebensform*, Wuppertal 1972, passim.

249 Vgl. die plastischen Erfahrungsberichte von WG-Bewohnern in Schenk, *Wir wohnen zusammen*, etwa S. 28, 37, 40, 46, 54, 65-67, 186-190, 195-201, 234, 240, 244; Klugmann, »Selten allein«, S. 164.

250 Hammann, »Warum scheitern Wohngemeinschaften?«, S. 14/15. Vgl. ähnlich Schülein, »Konstitution und Dynamik«, S. 410/411.

251 Peinemann, *Wohngemeinschaft*, S. 7 (Zitat); Meyer-Ehlers u. a. (Bearb.), *Kollektive Wohnformen*, S. 30/31, 44, 174-177; Cyprian, *Sozialisation*, S. 64-71, 89, 94, 101-112, 161, 166; Graf, »Lebensziel«, S. 147. Für die Beschreibung einer aufgrund unterschiedlicher Ordnungsvorstellungen eskalierenden WG-Diskussion siehe Klugmann, »Selten allein«, S. 168-170. Weniger dramatisch die Erzählungen von WG-Bewohnern in Schenk, *Wir wohnen zusammen*, S. 17-265; Graf,

Problematisch war auch die Rolle von Paaren, die sich in der Wahrnehmung der Mitbewohner oft zu sehr vom Wohngemeinschaftsleben abkapselten und persönliche Probleme exklusiv untereinander besprachen. Sie bildeten ein »fremdes Element« und eine Art »Staat im Staate«, wie der damalige WG-Bewohner und Wiener Soziologe Johann August Schülein befand. Dabei waren Paare in Wohngemeinschaften keine Seltenheit – Cyprian stellte 1974 fest, dass es in 50 der 54 von ihr erfassten Wohngemeinschaften Paarbeziehungen gab; auch in 40 von den insgesamt 62 1975 untersuchten Münchener Wohngemeinschaften gab es Paarbeziehungen.[252]

Cyprian hat versucht, diese Konfliktpotentiale durch quantitative Verfahren zu unterscheiden:

In Wohngemeinschaften treten alle Arten von Problemen auf, die meistgenannten sind emotionale Spannungen zwischen einzelnen Mitgliedern (44 Prozent), Einstellungs- und Verhaltensunterschiede und spezifische Probleme von Paaren und Einzelpersonen (jeweils 26 Prozent), Streit um Fragen der Organisation und Arbeitsteilung (22 Prozent), sexuelle Konflikte und Belastungen durch äußere Einflüsse wie räumliche Enge, finanzielle oder berufliche Schwierigkeiten (jeweils 19 Prozent), Fragen der Kindererziehung (17 Prozent) und Konkurrenz- und Autoritätsprobleme (13 Prozent).[253]

Die Möglichkeit, dass die hochgesteckten Emanzipationserwartungen grandios scheitern, wurde bereits von den Zeitgenossen karikiert. Beispielhaft sei hier die Satire über die komplizierten Verhältnisse innerhalb einer Wohngemeinschaft angeführt, die der Lyriker Harry Oberländer 1973 für die Frankfurter Studentenzeitung *diskus* verfasste:

Die Bildung einer Wohngemeinschaft, beziehungsweise einer Kommune, stößt unter den gegenwärtigen Bedingungen auf erhebliche Schwierigkei-

---

»Lebensziel«, S. 148-151. Vgl. ähnlich auch Schülein, »Konstitution und Dynamik«, S. 411; ders., »Einige Bemerkungen«, S. 24/25.

252 Cyprian, *Sozialisation*, S. 65-69, 88; »Aus einem Erhebungsbogen zur Wohnsituation Münchner WG's«, in: *WG-KOOP Papier* 3 (März/April 1975), S. 22, in: afas Duisburg, 90.IV.3.2.1.; Schülein, »Beziehungsprobleme«, S. 153. Vgl. Spiegel, *Neue Haushaltstypen*, S. 148; Schülein, »... vor uns die Mühen der Ebenen«, S. 44, 52-54.

253 Cyprian, *Sozialisation*, S. 166. Vgl. auch die Quantifizierung (auf geringerer Datenbasis) bei: Meyer-Ehlers u. a. (Bearb.), *Kollektive Wohnformen*, S. 200.

ten, die so ohne weiteres nicht wegzudiskutieren sind. Zum Beispiel kann sich Harald nicht zu Irmgard verhalten, während Jutta überhaupt andere Interessen hat. Helga meint, daß Frank sie unter Leistungsdruck setzt, was er seinerseits als völlig abwegig bezeichnet, dafür hat er zu Jochen überhaupt keine Beziehung. Karin hat gegenüber Hans einen dicken Vaterkomplex, der, wie Frank meint, so schnell nicht abzubauen ist. Dagegen treten Michael und Tamara nur als Paar in Erscheinung, was Renate, Klaus und Günter nicht nachvollziehen können. Thomas soll wiederum sehr introvertiert sein und mit seinen Schwierigkeiten, sich nach außen zu wenden, stellt er für Petra, aber auch für Helmut, immerhin ein Problem dar, obwohl Herbert als Alternative überhaupt nicht in Betracht kommt, weil er ein übler Zwangscharakter ist. Melissa ist sowieso für eine Frauenwohnung und Stefan zieht erstmal ein halbes Jahr allein, um sich von den Wohnungsdiskussionen zu erholen. Es wird am Schluß wohl darauf hinaus laufen, daß Guntram, Heidi, Irene und Peter zusammenziehen, obwohl sich das Verhältnis zwischen Irene und Peter wahnsinnig konkurrent verhält, wofür es nach Heidis Meinung gar keinen Grund gibt. Der Hausbesitzer hingegen ist ein Typ, der viel Geld verdient und sagt, daß er mit seiner Frau in glücklicher Ehe lebt.[254]

Die vielfältigen Beziehungen in den Wohngemeinschaften waren eine Projektionsfläche für allerlei Übertragungen: Wer wem etwas sagen durfte, wer wie auf Konflikte reagierte oder wer wen warum mehr oder weniger mochte – all das waren Quellen steter psychosozialer Dynamiken, die öffentlich und permanent »durchdiskutiert« wurden.[255] Gerade die hohen Erwartungen bezüglich Harmonie und Nähe führten immer wieder zu Konflikten. Tatsächlich lassen sich auch die gänzlich ironiefrei gemeinten WG-Berichte nachlesen, wie in dem Eintrag in ein kollektives WG-Tagebuch vom Oktober 1976:

Eine komische Atmosphäre ist es hier im Moment. Ich fühl mich selbst eigentlich ganz gut […] aber du, A., kommst mir schon seit einiger Zeit so anders vor und konkret seit 2 Tagen fühle ich mich von dir richtiggehend abgelehnt. Was ist denn bloß los? Anja und Fritz scheinen Schwierigkeiten miteinander zu haben, die ich zwar nicht genau kenne, aber die mich bedrücken.[256]

254 Harry Oberländer, »Hindernisse im Lebenszusammenhang«, in: *diskus* 2-3 (1973), S. 44.

255 Schülein, »Konstitution und Dynamik«, S. 412.

256 Schülein (Hg.), »*... vor uns die Mühen der Ebenen*«, S. 41. Zur Idee des WG-Tagebuchs auch: Altevogt/Neraal, »Wohngemeinschaften«, S. 262; Klaus-Bernd Vollmar, *Alternative Selbstorganisation auf dem Lande*, Berlin 1976, S. 95.

Ähnlich der folgende Auszug aus einem buchlangen Selbstbericht einer im Frühjahr 1969 gegründeten WG:

So stellte Ulla auf einer WG-Versammlung fest, es werde nur noch über Petersens Probleme gesprochen. Dies war jedoch unumgänglich, nachdem Petra während des Faschings, den die WG – mit Ausnahme von Paul, der in Berlin war – gemeinsam besuchte, mit Otto eine Beziehung begonnen hatte. Sie schlief mit ihm, überging aber Paul und der WG gegenüber diesen Tatbestand und forderte für sich größere erotische Freiheiten des Küssens, Knuddelns und Fummelns. Mit der Erörterung dieser Forderung begann die sogenannte Knutsch-Diskussion innerhalb der WG.[257]

Insgesamt entstanden Konflikte oft durch unterschiedliche Lebensstile – oder machten sich wenigstens daran fest –, und je unterschiedlicher die Lebensentwürfe und -stile bzw. die Alltagsabläufe der Bewohner waren, desto größer die Konflikte. So führte in den Wohngemeinschaften, in denen Studenten mit Berufstätigen zusammenlebten, bereits der unterschiedliche Tagesablauf zu Problemen – gerade weil gerne mal die halbe Nacht gefeiert wurde. Die Studierenden hatten oder nahmen sich viel Zeit, während ihnen die Berufstätigen diese Lockerheit neideten: »Wir stehen acht Stunden am Band und kommen nach Hause und was macht ihr, ihr lottert im Bett rum oder lest ein Buch oder ähnliche Lächerlichkeiten«, berichtete eine Frankfurter WG-Bewohnerin von entsprechenden Auseinandersetzungen.[258] Wohngemeinschaften waren insofern ein Trainingsplatz für die praktische Einübung in Toleranz: Hier zeigte sich, inwieweit die Bewohner bereit waren, den Lebenswandel ihrer Mitbewohner zu akzeptieren. In vielen Fällen etablierte sich allerdings eher ein einheitlicher Lebensstil, der wiederum Ausdruck der Gemeinschaftsbindung war: Die Wohngemeinschaft war nicht zuletzt eine normierende Sozialisations- und Gemeinschaftsinstitution für sozial homogene Gruppen aus jungen Studierenden mit linker politischer Einstellung.

257 Petersen, *Wohngemeinschaft*, S. 36.
258 Graf, »Lebensziel«, S. 150 (Zitat); Tränkle, »Von Kommune und WG«, S. 204; Jessen, »Wohngemeinschaft«, S. 70-73.

5.1.11 Gemeinschaftsbildung und Authentizität

Gemeinschaftsbildend wirkten in der Wohngemeinschaft in erster Linie zwei unterschiedliche Elemente: Sozialräumlich die alltäglichen Begegnungen in der Wohnküche und kommunikativ die häufig ausufernden Diskussionen über alle möglichen Lebensbereiche, von der Politik über die Sexualität bis zur Organisation des Zusammenlebens. Körperliche Nähe und verbaler Austausch stellten Intimität und Gemeinschaft her und imaginierten das vermeintlich authentische Dasein.

Die Wohnküche

Kommunikativer Mittelpunkt und Geselligkeitszentrum war zweifellos die Wohnküche, die vielen Bewohnern als Kristallisationspunkt von »Gemütlichkeit und Wärme« erschien. Der Journalist und Schriftsteller Norbert Klugmann beschrieb dies 1978 mit den romantisierenden Worten:

Sofas, Kautschen, Sessel, unter Umständen monströse Tische, viel Platz zum Sitzen, der zur Not irgendwo abgeknapst wird, kein Neonlicht, sondern gelbliches, häufig Blumen, immer reichliche Gewürzansammlung mit der Betonung auf frischen Kräutern, leidlich klappende Abwaschregelungen, Zeitschriften, Tageszeitungen, Informationsdienste, weil sogar Lesen mehr Spaß macht, wenn nebenbei jemand hantiert. Die Küche ist der Raum, der beim Nachhausekommen geraden Wegs angesteuert wird oder nach dem Sich-Entledigen von privaten Dingen im eigenen Zimmer. In der Küche trifft man sich. In der Küche muß man nicht sitzen, man ist da. Gemurmel, das aus der Küche kommt, ist Heimat.[259]

Zweifellos war die Wohnküche gleichermaßen Inbegriff von Gemütlichkeit und Sich-zu-Hause-Fühlen wie von verdichteter und intimer Kommunikation. Ebendiesen Zusammenhang inszenierten die WGler Nelli Pirelli und Jürgen Belgrad in einem Artikel über die »alternative Moral«, den sie 1980 für das *Kursbuch* verfassten:

Am Kaffeetisch. – Kerzen, Holztisch, der selbstgebackene Kuchen. Ton hält Kaffee warm. Braunes Geschirr, selbstgestrickte lila Stolas [sic], weite

---

259 Klugmann, »Selten allein«, S. 166/167. Vgl. auch Kretschmer, »Wohnen mit beschränkter Hoffnung«, S. 908.

Latzhosen, Jeans, hennakupferne Haare, Hausschuhe wie zu Opas Zeiten, Roth-Händle, offene Milchtüte. In der Mitte des Tisches steht ein vom Waldspaziergang mitgebrachter blühender Ast auf Bastdeckchen aus dem Dritte-Welt-Laden. Lebhafte, schwatzig-nette Unterhaltung über Kino, Kuchen, Kinder – die man jetzt wieder will –, Kalter Krieg, Kunstausstellung. Querbeet. ›Was machste heute abend?‹ Kein Blatt vor den Mund, über alles wird geredet, darf geredet werden, soll geredet werden. Das Gespräch wogt hin und her, von Thema zu Thema, Einzelgespräche, Gruppengespräche. Witze – politische natürlich [...]. Und über uns. Lachen verboten! Ich, du, wir, uns, unsere Beziehungen. Jetzt wird's ernst [...]. Wir leben unseren eigenen Anspruch. Daran sieht der andere, wie wichtig wir unser Linkssein nehmen. [...] Alles wird geprüft. Du ziehst dich zu viel zurück ..., ›Ich habe den Eindruck, daß du dich gestern nicht so wohlgefühlt hast‹.[260]

Wie in einem Brennglas bündeln sich in dieser Passage die vorgestellten Verbindungen zwischen Politik, Ästhetik, Konsumverhalten und den immer kollektiv ausagierten zwischenmenschlichen Umgangsformen. Links zu sein war nicht nur eine ideologische Haltung, sondern prägte in umfassender Weise den eigenen Kommunikations- und Lebensstil. Ebendiese Identität wurde in der Praxis der Küchenkommunikation gestiftet.

Die Frankfurter WG-Bewohnerin Franziska Graf schrieb über ihre erste Wohngemeinschaft, in die sie 1971 einzog, dass die große Küche zum »allgemeinen Kommunikations- und Angelpunkt« wie auch zum »Krisenzentrum« wurde.[261] In einem kollektiven WG-Tagebuch stand Mitte der siebziger Jahre, wie sehr man die »Frühstücke in der Küche« genieße und die Kommunikation beim Abendessen über die »schönen und schwierigen Erlebnisse des Tages« sowie die »persönliche[n] Probleme und Konflikte« wertschätze.[262] Die Bewohnerin einer Frauen-WG schwärmte: »Meist stehen alle Türen offen, wir sitzen nach dem Essen stundenlang in der Küche, schwatzen und verströmen Behaglichkeit.« In der Küche habe sich der Hauptteil des gemeinsamen Lebens abgespielt: »[I]n ihr werden Kräche ausgetragen, Entscheidungen gefällt, Versöhnungen gefeiert. Überhaupt fanden in ihr die meisten ›welt-

260 Nelli Pirelli, Jürgen Belgrad, »Unsere Moral kann sich sehen lassen«, in: *Kursbuch* 60 (1980), S. 11-15, hier S. 11/12.
261 Graf, »Lebensziel«, S. 147.
262 Schülein (Hg.), »*... vor uns die Mühen der Ebenen*«, S. 37, 39.

bewegenden‹ Gespräche statt.«[263] Interessant sind die Skizzen, die Berliner Wohngemeinschaftsmitglieder 1971 von ihrer idealen WG-Wohnung anfertigten: Fast immer befand sich eine große Küche im Zentrum und ermöglichte einen nahezu panoptischen Einblick in alle Individualzimmer. Die Bedeutung der Gemeinschaftsküche beschrieben sie immer wieder ähnlich: »In der Regel spielt sich alles, was so gemeinsam ist, in der Küche ab [...]. Bei uns steht also der Fernseher in der Küche, und wir essen in der Küche und es ist alles in der Küche.«[264] Gemütlichkeit, Kommunikation und Kontrolle gingen nahtlos ineinander über.

Die Zentralität der Wohnküche wurde besonders zu den Mahlzeiten deutlich, vor allem beim Abendessen, für das sich die WG-Mitglieder regelmäßig in der Küche einfanden, wie 1971 und 1974 durchgeführte teilnehmende Beobachtungen in insgesamt 20 bzw. 54 Wohngemeinschaften übereinstimmend ergaben: »Das gemeinsame Abendessen führt [...] in den meisten Gruppen alle Mitglieder zusammen, es wird als Anlaß geschätzt, die gesamte Gruppe an einen Tisch zu bringen und Kommunikation zwischen allen zu ermöglichen.«[265] In der sozialwissenschaftlichen Zählwut dieser Zeit ermittelten der Diplompsychologe Karl-Friedrich Voss und der junge Psychologiestudent Rüdiger Pohl, dass in 66 Prozent der Wohngemeinschaften in Braunschweig das Abendbrot und in 43 Prozent das Frühstück in der Regel gemeinsam zu sich genommen wurde. Braunschweiger Kollegen, die den WG-Bewohnern 28 Tage lang mit der Stoppuhr gefolgt waren, stellten fest, dass das WG-Geschöpf täglich 2,08 Stunden mit der Nahrungsaufnahme zubrachte.[266] Beredter als solche Zahlen ist, was der Bewohner einer Hamburger Wohngemeinschaft 1977 berichtete:

Und ab und zu gab es ein ›Essen‹, d. h. ein Essen im Stil der frankophilen Gruppenmitglieder – das dauerte stundenlang und erforderte fast andächtige Genußfähigkeit, eine Mahlzeit mit vielen kleinen Dingen, Miesmuscheln in der Schale, winzige Fischstückchen in pikanten Soßen, raffinier-

263 Fitzner, »Zum Beispiel Frauen-WG«, S. 123, 128.
264 Meyer-Ehlers u. a. (Bearb.), *Kollektive Wohnformen*, S. 64-114, Zitate: S. 103.
265 Cyprian, *Sozialisation*, S. 87; Meyer-Ehlers u. a. (Bearb.), *Kollektive Wohnformen*, S. 116. Vgl. ähnlich Kentler, »Wohngruppe«, S. 14; Wesel, *Die verspielte Revolution*, S. 155; Schenk, *Wir leben zusammen*, S. 23, 225, 228 und öfter.
266 Pohl/Voss, »Wohngemeinschaften«, S. 101; Rumpf/Voss, »Alltag«, S. 185. Zur Person: Pohl, »Frust und Freude«, S. 59.

ten Salaten etc. etc., und meistens mußten wir uns einen großen Tisch hinzuborgen, weil unsere Kapazitäten mehr als ausgelastet waren. Aber auch die alltägliche Abendmahlzeit nahm gelegentlich orgiastische Züge an, wenn sich jemand etwas Besonderes in den Kopf gesetzt hatte oder wir ein paar Fasanen oder einen Hasen geschenkt bekommen hatten.

Auch Leute aus den anderen Stockwerken hätten an den Essen teilgenommen.[267] Die Mahlzeiten nahmen einen rituellen Charakter an und nicht von ungefähr erschien 1976 sogar ein WG-Kochbuch, welches im Rezeptteil dem opulenten WG-Mahl frönte, denn die »schnelle Küche«, so der Autor, »sollte im Kollektiv nicht einreißen«.[268] Es ist bezeichnend, welche Anschlussmöglichkeiten der Autor des WG-Kochbuches in seiner Einleitung aufbietet, um an zentrale ideologische Kernpunkte des Lebens in Wohngemeinschaften anzuknüpfen. Zunächst widersetze sich das kollektive Kochen und Essen als »Lebens-Technik« der »fortschreitenden Kaputtmachung des menschlichen Lebens«, da es ein Prozess der »bewußten Aneignung« sei. Gegen die »Sklavenhaltung« in der individualisierten Kochmode der »frustrierten« Mittelschichten werde hier »ein Bewußtsein von sich selber erarbeitet«, und man lerne »erst einmal richtig zu essen« – in »ungehemmter oraler Lust«. Das Kochen diente nach Meinung des Autors ebenfalls der Aufhebung traditioneller Rollenverteilungen: »Frauen in der Kollektivküche? Ja!! Gerade deshalb, weil die Koch-Kunst immer eine Männersache war, die Frauen aber die tägliche Drecksarbeit machen mußten. [...] Im Kollektiv wird die Haus- und Küchenarbeit völlig gleichmäßig verteilt«, phantasiert der Autor weiter, um schließlich daran zu erinnern: »Ein Revolutionär, der nicht vögeln und nicht fressen kann, ist kein Revolutionär.«[269] Auch wenn hier nur phrasenhaft Stichwörter aneinandergereiht werden – das beim ästhetikfreundlichen Wagenbach Verlag erschienene Buch war mit einem Preis von 7,50 DM recht erschwinglich und verkaufte sich gut. Noch heute wird es von vielen Alternativen als bibliophiler Schatz aufbewahrt. Zweifellos entsprach der WG-Bericht von Norbert Klugmann einem weitverbreiteten Empfinden: »Die Verbindung von Essen, Re-

267 Peinemann, *Wohngemeinschaft*, S. 156/157.
268 Peter Fischer, *Schlaraffenland, nimm's in die Hand! Kochbuch für Gesellschaften, Kooperativen, Wohngemeinschaften, Kollektive und andere Menschenhaufen SOWIE isolierte Fresser*, Berlin 1976, S. 27. Vgl. Cyprian, *Sozialisation*, S. 122.
269 Fischer, *Schlaraffenland*, S. 7, 9-11, 28.

den, Wärme und Vertrauen schließt sich zu einem Kreislauf, den so schnell niemand verlässt. WG konkretisiert sich oft in der Küche in einer Form und Intensität, die den Aufenthalt im eigenen Zimmer als Rückzug in ein kaltes Land empfinden lassen.«[270]

Ulrich Enzensberger erinnerte sich an das Ritual des alltäglichen Kommune-I-»Frühstücksappells«, in dem die Kommunarden die (nicht selten geklauten) Leckereien mit der genüsslichen Lektüre der Berichterstattung über sie in der Springer-Presse zu einem Happening vereinten.[271] Von Antje Krüger wird berichtet, dass neben den spielerischen Aktionsformen das »großfamiliäre Zusammensein« und namentlich die »großartigen Frühstücke« sie dazu geführt hätten, der Kommune 2 beizutreten.[272] In der Kommune I vereinten sich politischer Anspruch und Narzissmus während der allmorgendlichen Presseauswertung. »Wie am Morgen nach einer Theaterpremiere«, erinnert sich Dieter Kunzelmann, habe man sich »bei Kommunefrühstück [...] immer köstlich darüber amüsiert, wie die Streicheleinheiten neu verteilt waren und der eine als größerer Star als der andere herausgestellt wurde«.[273] Das exzessive Zeitungslesen war eine Selbstbespiegelung, durch die den Kommunarden die eigenen »Leistungen« wichtig vorkamen. Der narzisstische Rainer Langhans unterhielt offenbar sogar einen Privatordner, in dem er ausschließlich Artikel über sich selbst sammelte.[274]

Zeitung zu lesen, politische Tagesdiskussion und WG-Frühstück gehörten fast überall in den Wohngemeinschaften der siebziger

---

270 Klugmann, »Selten allein«, S. 167. Vgl. Wesel, *Die verspielte Revolution*, S. 156.

271 Enzensberger, *Die Jahre der Kommune I*, S. 255/256: »Jeden Morgen wurde ein grandioses Frühstück aufgebaut – für Dieter [Kunzelmann], wenn er nicht selbst an der Reihe war, eine regelmäßig genutzte Gelegenheit, den gleichermaßen geliebten und gefürchteten Patriarchen, das aufsässige, jammernde Maskottchen zu spielen: ›Wo ist denn die Himbeermarmeladääää? Hast duuu die etwa aufgegessen? Nachts?‹ Und falls ein müdes Schweigen folgte: ›Dann klau gefälligst eine neue!‹ Mit den Brötchen, den Säften, dem Obst wurde auch das Glas mit den vielen bunten Stiften aufgedeckt, mit deren Hilfe die Zeitungsberge durchgearbeitet wurden. ›Wo steckt denn Fritz [Teufel] wiederäär?‹ Bartgezwirbel. Das Rührei war wieder zu trocken.«

272 Ebd., S. 203/204.

273 Kunzelmann, *Leisten Sie keinen Widerstand!*, S. 70. Vgl. auch Hadayatullah Hübsch, *Keine Zeit für Trips. Autobiographischer Bericht*, Frankfurt/M. 1991, S. 65/66.

274 Reimann, *Dieter Kunzelmann*, S. 177 (er bezieht sich auf eine Erinnerung Antje Krügers).

Jahre zusammen: »Der ID auf dem Küchentisch der Wohngemeinschaft, das ist ein Symbol der Zugehörigkeit zur Szene«, schrieb Karl-Heinz Stamm.[275] Das Frühstück war ein intimer Moment des Zusammenseins. Gerade dem Bett entsprungen, signalisierte man hier seine Zusammengehörigkeit und machte zugleich die politischen Implikationen des Wohnexperiments deutlich. Die Bedeutung der gemeinsamen Mahlzeiten – nicht zufällig an Rituale der bürgerlichen Familie erinnernd – lag in ihrer identitätsstiftenden wie vergemeinschaftenden Funktion. Als antibürgerliches Element in diesem bürgerlichen Ritual galt die laxe Zeitordnung, da das lang ausgedehnte und erst spät beginnende Frühstück quasi zum Mittagessen wurde und die strenge Zeiteinteilung bürgerlichen Lebens konterkarierte. Nach dem Abendessen wurde hin und wieder spontan getanzt, sinnliche Erfahrungen wurden in Lustgewinn transformiert.

Die Küche war der Mittelpunkt vieler WG-Feten. Die formale Struktur solcher Feiern war gering, der Anlass kaum thematisiert, die Gäste kamen breit gestreut aus der Szene und die Ausstattung war meist unaufwendig – einige Kästen Bier, ein paar Flaschen Wein, Brot und einige einfache Salate. In den großzügigen Küchen, in denen meist keine Musik lief, fand man sich zum Reden und Flirten zusammen. »Anmache« gehörte zu den Feiern, die nicht selten den Charakter einer Kontaktbörse annahmen.[276] In den allermeisten Wohngemeinschaften hatten die spontanen Zusammenkünfte und die gemeinsamen Mahlzeiten bereits gegen Mitte der siebziger Jahre die formalisierten Gruppenabende abgelöst:[277] Es hilft »immer ein gutes essen, um möglichst viele leute zu den notwendigen gemeinschaftsdiskussionen zu ›locken‹«, umschrieb diesen Zusammenhang 1977 ein Mitglied einer WG in Hamburg.[278] Ob nun beim gemeinsamen Teetrinken am späten Nachmittag, bei den opulenten Abendessen, bei Tätigkeiten vom Spülen

275 Stamm, *Alternative Öffentlichkeit*, S. 96. Vgl. auch Schenk, *Wir leben zusammen*, S. 224 (zum ausgedehnten Frühstück in den Wohngemeinschaften).
276 Scharloth, *1968*, S. 324-326, 375; Schülein, »Konstitution und Dynamik«, S. 401; Petersen (Hg.), *Wohngemeinschaft*, S. 36/37; Koenen, *Das rote Jahrzehnt*, S. 323; Daniel Cohn-Bendit, *Der große Basar*, München 1975, S. 157.
277 Vgl. Hübsch, *Alternative Öffentlichkeit*, S. 18; Cyprian, *Sozialisation*, S. 87/88; Schenk, *Wir leben zusammen*, S. 275/276.
278 Hammann, »Warum scheitern Wohngemeinschaften?«.

und Einkaufen über die Haushalts- und Freizeitplanung bis zur gemeinsamen Reparatur von Gegenständen, beim gemeinsamen Haschrauchen oder auf der WG-Party: Die Wohnküche diente als Vergemeinschaftungs- und Multifunktionsraum, der die bürgerliche Stube in seiner Vergemeinschaftungsfunktion abgelöst hatte.

Diskussionskultur in den Wohngemeinschaften und im Alternativmilieu

Die Küche war zweifellos der zentrale Ort für Diskussionen. Nach Hübsch gab es in den Wohngemeinschaften »ständig Diskussionen über die Frage [...], wer kocht und den Abwasch macht, daß sonntags nie gefrühstückt wird, daß Ansätze einer Kommunikationskritik anhand von Gesprächen über Sexualität und Beziehungen geliefert werden«.[279] Johann August Schülein sprach sogar von der »Diskussionswut« der reflexionsfreudigen WG-Bewohner, die sich in »Endlosdiskussionen« wechselseitig in einer Art »interaktivem Guerillakrieg« psychoanalysierten und kritisierten.[280] Und in der Tat antworteten 1971 die 120 Bewohner von 20 unterschiedlichen Berliner Wohngemeinschaften auf die Frage, welches denn ihre gemeinsamen Tätigkeiten seien, vor allem eins: »Diskutieren«. Diese Beschäftigung nahm die Spitzenstellung vor allen anderen Tätigkeiten wie »Spielen«, »Musik hören« oder »Feiern/Tanzen« ein.[281]

Die »Dauerdiskussion« hebt der alternative Künstler Christoph Conti (alias Christoph Hennig) als wichtiges Merkmal des alternativen Milieus im Allgemeinen hervor und erläutert: »Für die Alternativen sind Kontakt, Gespräche, Anregungen wesentliche Werte, die Wohngemeinschaft schützt vor Austrocknung und Isolation.« In Interviews bekannten die Wohngemeinschaftsmitglieder über die »nächtelangen Diskussionen« und »regelrechten Sitzungen«: »[T]agelang [wurde] über Beziehungen diskutiert, wo keine Besucher kommen durften und wo am Ende jeder wußte, was von ihm gehalten wurde, was den anderen gefällt und was nicht.« Apodiktisch formulierte Helmut Kentler 1972, zur Entstehung eines Gemein-

---

279 Hübsch, *Alternative Öffentlichkeit*, S. 15. Vgl. auch die Aussagen von Berliner WG-Bewohnern aus dem Sommer 1971, dass die Küche ein »zentraler Gesprächsraum« sei (Meyer-Ehlers u. a. [Bearb.], *Kollektive Wohnformen*, S. 104).

280 Schülein, »Konstitution und Dynamik«, S. 403/404.

281 Meyer-Ehlers u. a. (Bearb.), *Kollektive Wohnformen*, S. 131.

schaftslebens »müssen Gruppengespräche als Dauerinstitution eingerichtet werden«.[282] Die »Gruppendiskussion« wurde zum politischen Allheilmittel in den Wohngemeinschaften, denn erst sie ermögliche, so eine zeitgenössische Studie, die »Realisierung der individuellen Persönlichkeit«.[283] »In gemeinsamen Diskussionen werden Konflikte, neu entstandene Probleme analysiert, Vorschläge für Lösungen der Schwierigkeiten werden erarbeitet, das vergangene Geschehen wird kritisch überprüft, künftige Aktivitäten werden vorgeschlagen und geplant«, so Kentler.[284] Die damaligen Wohngemeinschaftsaktivisten Gerti Blankenburg und Eberhard Wesche wiederum erwarteten von regelmäßigen WG-Aussprachen »die gemeinsame Aufdeckung der Motive für individuelles Fehlverhalten und die Aufarbeitung der unbewältigten Elemente aus der Vergangenheit«.[285]

Selbst in den Kontaktanzeigen der Alternativblätter spiegelte sich diese Vorliebe für das Diskutieren. Immerhin sechs Prozent der Inserenten in der *zitty* (Zeitraum 1977-1987) führten das »Gespräch« als »Freizeitinteresse« an. Ein zunächst scheinbar geringer Wert, der allerdings durch den Vergleich mit herkömmlichen Partnerschaftsannoncen an Bedeutung gewinnt, da dort das Gespräch als »Freizeitaktivität« überhaupt nicht auftaucht und lediglich ein Prozent der Inserenten in einer Vergleichszeitung »Geselligkeit« als Hobby angab.[286] Es war aber weniger das Interesse an Kommunikation im Allgemeinen, welches sich unter allen Jugendlichen ohnehin höchster Beliebtheit erfreute,[287] sondern gerade die »Dis-

282 Conti, *Abschied vom Bürgertum*, S. 167; Pohl, »Frust und Freude«, S. 59; Spiegel, *Neue Haushaltstypen*, S. 150; Fitzner, »Zum Beispiel Frauen-WG«, S. 122.

283 Feil, »Familie«, S. 31. Vgl. dagegen die Fallschilderung von Klugmann, »Selten allein«, S. 172/173.

284 Kentler, »Wohngruppe«, S. 14/15.

285 *humanes wohnen, material* 1 (November 1973), S. 2, in: HIS-A, Broschüren, Box »Alternativprojekte, Gegenökonomie«. Ebd., S. 13 wird dann von der »Dauerreflexion auf hohem Niveau« als dem »wesentlichste[n] Bestandteil des Gruppenlebens« gesprochen.

286 Heike Kempe, *Studien zur Alternativpresse in der Bundesrepublik in den siebziger Jahren. Dimensionen der Alternativkultur im Spiegel von Kontaktanzeigen in der Zitty 1977-1987*, Magisterarbeit Konstanz 2006, S. 90; Viola Riemann, *Kontaktanzeigen im Wandel der Zeit. Eine Inhaltsanalyse*, Opladen 1999, S. 181.

287 Vgl. die Tabellen bei Gunter Pratz, »Lebensziele – Potentiale und Trends alternativen Verhaltens«, in: *Bertelsmann-Briefe* 113 (1983), S. 14-35, hier S. 29. Dort heißt es: »Der Freizeit gilt das Hauptinteresse, und Freizeit heißt für die Ju-

kussion« als »herrschaftsfreie Kommunikation«,[288] die im Alternativmilieu einen sehr hohen Stellenwert genoss und als politische Tätigkeit galt. Das »Diskussionsfieber« war im Milieu nahezu omnipräsent und typischerweise mit einem »utopischen Erwartungsüberschuss« versehen – als Kulturtechnik des »herrschaftsfreien Erkenntnisgewinns« galt die Diskussion als Austauschmedium jenseits hierarchisch-autoritärer Strukturen.[289]

Was sich in den Wohngemeinschaften zeigte, war insofern ein zentrales Kennzeichen des alternativen Lebensstils im Allgemeinen. »Es wurde geredet und geredet«, so beschrieb Sibylle Lewitscharoff ihre Erlebnisse um 1970 im »gigantischen Redestrom« des linksalternativen Milieus:

Schwatzschwatz, meistens ernst, selten witzig, das ging hin und her, das wollte überhaupt nie mehr enden. Der Themenmix war außerordentlich: die asiatische Produktionsweise, was tut sich an der Sexfront, alte und neue Schrecken der Familie, Faschismus, Kiesinger, Vietnam, der Duft der Madeleine, Thomas Mann als bürgerliches Aas, woran starb Majakowski, die neusten Songs von den Doors, Klatsch, Liebeskummer, wie lässt sich Eifersucht vermeiden, wie stellt man Hegel vom Kopf auf die Füße, was will Godard, was will Pasolini, was wollen die Feministinnen, zu guter Letzt: was sagt uns Freud.[290]

Mit einem ebenfalls ironischen Unterton bekannte ein Autor im *Pflasterstrand*, dass die »wichtigste Kommunikationsform« im Alternativmilieu die »Diskussion« sei:

Man kann prinzipiell über alles diskutieren, bewährte und beliebte Themen sind aber: 1. Podiumsdiskussionen über das Sexualleben sämtlicher Dis-

gendlichen von 14-24 Jahren Kommunikation total. Im Mittelpunkt stehen interpersonelle Kontakte und außerhäusliche Unternehmungen: Freunde, Treffpunkte wie Kneipen/Diskotheken, Sportveranstaltungen, Vereine und Kino.«

288 Kentler, »Wohngruppe«, S. 9, mit impliziter Anlehnung an: Jürgen Habermas, *Theorie des kommunikativen Handelns*, 2 Bd., Frankfurt/M. 1981.

289 Nina Verheyen, »Diskussionsfieber. Diskutieren als kommunikative Praxis in der westdeutschen Studentenbewegung«, in: Martin Klimke, Joachim Scharloth (Hg.), *1968. Ein Handbuch zur Kultur- und Mediengeschichte der Studentenbewegung*, Köln, Weimar u. a. 2007, S. 209-221, hier S. 209, 218, sowie ihre Dissertation: *Diskussionslust. Eine Kulturgeschichte des »besseren Arguments« in Westdeutschland*, Göttingen 2010.

290 Sibylle Lewitscharoff, »So superverfolgt und supergeheim. Schwatzschwatz, meistens ernst, selten witzig: Wie es um 1970 wirklich war«, in: *Süddeutsche Zeitung* 7 (10./11. 01. 2009), S. 12.

kussionsteilnehmer; 2. Atomkraftwerke und wie man sie vernichtet, ohne selbst draufzugehen; 3. Negative Selbstdarstellung und Diskussion darüber, daß man Minderwertigkeitskomplexe hat, welche man behalten muß, um weiter diskutieren zu können; 4. Wie man die bürgerliche Gesellschaft auf gesetzmäßigem Weg der Kohle beraubt, um sich leisten zu können, alternativ zu leben.[291]

Zum Lieblingsausdruck in den Diskussionen gehörte, so schrieb ein damals in Frankfurt lebender Zeitgenosse, das »hinterfragende, zweifelnde oder bejahende ›ehrlich‹, das eine Verstärkung schließlich in dem Markenartikelwort ›echt‹ gefunden hat«.[292] Mit diesen Wörtern unterstrich man den Wunsch nach Authentizität und Eigenständigkeit des Anliegens und signalisierte den Verzicht auf Herrschaft und Dominanz.

Die Kölner Historikerin Nina Verheyen hat diese Elemente linksalternativer Diskussionsführung mit dem Begriff der »Entgrenzung« treffend analysiert. Neben einer zeitlichen Entgrenzung, also einer bis zur Erschöpfung geführten Dauerdiskussion, gab es eine räumliche Entgrenzung, weil nicht nur dauernd, sondern weil auch überall diskutiert werden konnte: Im Seminarraum wie am Küchentisch, in der Kneipe wie im Bett. Schließlich konnte, ja musste, über jedes Thema diskutiert werden – das Private war politisch, also wurden auch intime und persönliche Angelegenheiten »ausdiskutiert«. Sogar über die Diskussionsführung, über die Beteiligung und die Art der Teilnahme wurde diskutiert. Kurz: Die Diskussionskultur wurde »getragen von einem normativen Erwartungsüberschuss, der keine Tabuisierungen zuließ«. Instruktiv ist Verheyens These, dass die Schweigsamkeit (also das Gegenprinzip zur linksalternativen Diskussionslust) als nationalsozialistisches Erbe, als »schweigender Gehorsam« uminterpretiert und pathologisiert wurde. Gerade durch die egalitäre Gruppendiskussion wollte man »autoritäre Charakterstrukturen« abbauen und sich selbst therapieren.[293] Tatsächlich lassen sich derartige Gedanken in den Quellen nachweisen. Matthias Horx schrieb beispielsweise, dass durch das Reden die »alte Welt« nicht nur als »bigott, autoritär und

291 *Pflasterstrand* 68 (1979), S. 34.
292 Hübsch, *Alternative Öffentlichkeit*, S. 33.
293 Nina Verheyen, *Diskussionslust. Eine Kulturgeschichte des »besseren Arguments« in Westdeutschland*, Göttingen 2010, S. 259-272, 281-298, hier S. 272, (Zitat S. 183); Scharloth, *1968*, S. 198/199.

bieder, sondern vor allem als stumm« charakterisiert werden konnte: »Unsere Eltern waren offensichtlich nicht in der Lage, das, was sie bedrückte, was in ihnen vorging, zu artikulieren.«[294]

Zur quälenden Dauerveranstaltung wurde die WG-Diskussion nicht zuletzt durch die spezifische Ausdrucksweise. Ähnlich der bereits im dritten Kapitel geschilderten Sprache der alternativen Presse war der mündliche Kommunikationsstil durch einen hohen Grad an Informalisierung, Vagheit und emotionaler Involviertheit gekennzeichnet. Stereotyp wurde auf den Prozess des Sprechens und die unmittelbar vollzogene Sprechhandlung Bezug genommen. Themen wie Nähe, Subjektivität, Betroffensein, Emotion, Expression, Beziehung, Austausch und Verstehen wurden bevorzugt verhandelt. Illokutionen und Vagheitsformeln, die Ausdruck der Unsicherheit in der Urteilsfindung waren, bestimmten die Sprache. Permanente Metadiskussionen verlängerten diese multifunktionalen Gespräche, die Selbstverwirklichung, Beziehungsprobleme und fachlichen Austausch untrennbar miteinander verwoben.[295]

Die Universität als Ort der Diskussion und Auseinandersetzung hatte gegen Mitte der siebziger Jahre die Bedeutung verloren, welche sie 1968 zweifellos noch hatte: »Vom Campus, der in der Revolte der geistige Brennpunkt eines öffentlichen Diskurses war und weit über seine Grenzen hinausging, verlagert sich die Diskussion nun in die dezentralen lokalen Diskussionsforen und Kommunikationszentren, in die Stadtteile, in die Projekte und Kollektive, in die zahllosen Wohngemeinschaften.«[296] Dies lag auch daran, dass die »politisch-rhetorischen Fähigkeiten« der SDS-»Obergenossen« insbesondere von der Frauenbewegung als Dominanzmechanismen erkannt wurden, während man sich von der intimen Gruppe der Wohngemeinschaftsmitglieder ein egalitäreres Diskussionsverhalten versprach.[297] Gerade die Spontis hatten in den agonalen Sachdiskussionen an den Universitäten solidarische Verhaltenswei-

294 Matthias Horx, *Aufstand im Schlaraffenland. Selbstbekenntnisse einer rebellischen Generation*, München, Wien 1989, S.18.

295 Scharloth, *1968*, S.359-369, 195-210.

296 Stamm, *Alternative Öffentlichkeit*, S.133. Zu den stundenlangen Diskussionen bei studentischen Versammlungen an der Universität siehe auch Peter Mosler, *Was wir wollten, was wir wurden. Studentenrevolte – zehn Jahre danach*, Reinbek 1977, S.14; Scharloth, *1968*, S.180-194.

297 Glätzer, *Landkommunen*, S.30.

sen vermisst: »Da gab's nur Kommunikation über Produkte, Leistungen bringen, dieses Buch gelesen haben, diese Konnection [sic] haben, in dem und dem Arbeitskreis sein, Verbindungen ziehen können pipapo. Ich weiß etwas zu erklären, also bin ich wichtig. Und der eine hat diese Fähigkeiten halt und der andere hat sie nicht. Pech!«[298]

Die Universitätsdiskussionen waren immer mehr zu Veranstaltungen geworden, auf denen die Gegner sich niedergeschrien und die Diskussionslöwen sich schadenfroh und unverhohlen über das »Fertigmachen« anderer Diskussionsteilnehmer freuten. Neben die zunehmende Kälte und Härte trat die Enttäuschung über die Folgenlosigkeit solcher Diskussionsschlachten.[299] Entsprechend beklagte ein Sponti beinahe schon karikaturenhaft die fehlende Emotionalität einer universitären Sachdebatte:

Ich sehe gar nicht den Punkt, das ist alles irgendwo weit weg. Uns geht's jetzt beschissen, viele sind unheimlich kaputt, die können und wollen nicht mit Marx und Reich belehrt werden, es geht um das, was in uns ist. Daß wir mal davon sprechen. Unsere Einsamkeit, die ganze graue Trostlosigkeit, mal reden und so. Dieser wissenschaftliche Bluff, den müssen wir abbauen. Nicht irgendwann, jetzt, nicht von Marx reden, von dir und mir. Jeder soll mal erzählen.[300]

Solcherlei Pseudotherapeutisierung durch Diskussionen funktionierte, so glaubte man, in den Wohngemeinschaften als »gemütliches Zuhause« wesentlich besser.[301] Die dortigen Diskussionen entfalteten aber gerade durch ihren hohen Anspruch eine normierende Tendenz: Von der Alltagsorganisation und dem politischen Engagement bis zu Beziehungsfragen sollten alle möglichen Konflikte auf vermeintlich herrschaftsfreiem Weg im einstimmigen Konsensprinzip »ausdiskutiert« werden. Die WG-Diskussionen mit ihrer Forderung nach Unmittelbarkeit, Emotionalisierung, unverstellter Authentizität und Offenheit sollten Gemeinschaft herstellen. Auffällig häufig finden sich dabei normierende Formulierungen.

298 »Neuer Wein aus alten Bäuchen. Erfahrungen in linken Basisgruppen«, in: *Carlo Sponti* 24/25 (1976), S. 9.
299 Scharloth, *1968*, S. 211-214, 251-253.
300 Zitiert nach Felix Semmelroth, »Wozu diese dummen Fragen, Genossen?«, in: *Kursbuch* 55 (1979), S. 97-107, hier S. 98.
301 Wesel, *Die verspielte Revolution*, S. 155.

So schrieb etwa Johannes Feil 1972 über die Kommunikation im Gruppenleben, die »von Vertrauen und Offenheit gegenüber allen Mitgliedern der Gruppe geprägt sein muß«: In der Diskussion habe »die Gruppe [zu] lernen, Emotionen nicht zu verdrängen, sondern sich zu ihnen zu bekennen und sie auch offen zu äußern«.[302] Detlef Hammann aus einer Hamburger WG freute sich, dass die Wohngemeinschaft das »dumpfe Ego abstumpft«.[303] Von lockeren Gesprächen konnte angesichts solch normativer Erwartungen an emotionaler Umbildung und Offenbarung nicht mehr die Rede sein. Die WG-Diskussion wurde zu einer todernsten Angelegenheit. Was als Befreiungsmechanismus gegen traditionelle Herrschaftsformen gedacht war, brachte eigene Regeln der Dominanzausübung hervor, die im Modus des Ideals eines kollektiven und angeblich zwanglosen Konsenses daherkamen: »Aus dem in der Tendenz sich ›öffnenden‹ Gesprächs-Zusammenhang, aus Interpretation und erschließender Diskussion wurde unter der Hand ein Mechanismus von Abwehr und Kontrolle, der berüchtigten gemeinsamen Kontrolle alles anfallenden, seelischen und sozialen Materials, im Slang: ›Psychoterror‹.«[304] Wohngemeinschaftsmitglieder räumten ein, dass die Diskussionen zwar nützlich seien, dass sie aber »so etwas nicht noch einmal machen« würden. Manche, wie Matthias Horx, sprachen vom »Diskussionsterror«, von »nahezu totalitären Sozialsystemen, wo du dauernd kommunizieren mußt, um mitzuhalten«.[305]

Allein schon die unterschiedlichen rhetorischen Fähigkeiten und das apodiktische Auftreten in der Diskussionspraxis schufen

---

302 Feil, »Familie«, S. 30/31. Vgl. auch Wesel, *Die verspielte Revolution*, S. 156; Damme, *Stabilität*, S. 95/96.

303 Detlef Hammann, »Warum scheitern Wohngemeinschaften?«, in: *Montagsnotizen, Zeitung Hamburger Wohngemeinschaften* 4, 25 (August 1977), S. 14, in: afas Duisburg, 90.IV.3.3.8.

304 Peter Brückner, *Zerstörung des Gehorsams. Aufsätze zur politischen Psychologie*, Berlin 1983, S. 193.

305 Michael Sontheimer, »Zu gut, um reich zu sein. Ein Blatt gegen die Tabus der linken und alternativen Szene«, in: *Die Zeit* 1 (06.01.1984), S. 19; Spiegel, *Neue Haushaltstypen*, S. 150; »Zum Tode von Holger Meins«, in: *WG-KOOP Papier* 1 (November/Dezember 1974), S. 30, in: afas Duisburg, 90.IV.3.2.1; Damme, *Stabilität*, S. 97. In der Hamburger Ablaßgesellschaft war man offenbar schon 1969 des »endlosen Geredes« der Dienstags- und Freitagsgespräche überdrüssig, schrieb aber gleichzeitig, man müsse die Entschlüsse gemeinsam »durchdenken und diskutieren«: »Auszüge aus der Chronik der Ablaßgesellschaft«, in: HIS-A, Box »Ablaßgesellschaft« 1968-1969, ohne fol.

Machtdifferenzen. Sprachgewandtheit und Durchsetzungsvermögen standen in engem Zusammenhang.[306] Johann August Schülein urteilte 1980, dass sich die Ursprungsidee der Diskussion zu dieser Zeit verkehrt hatte: »Es wird proklamiert statt argumentiert, nicht auf das gehört, was der Andere (oder die Andere) sagt, sondern bösartig mißinterpretiert usw. usw.«[307] Zu den Techniken dieses Diskutierens gehörte der mahnende Hinweis, man sei durch »bürgerliches Konkurrenzverhalten« unfähig, ›richtig‹ zu diskutieren. Schnell verfiel man in »wilde Analysiererei«[308] und verwischte dabei Inhalts- und Beziehungsebene. Matthias Horx lieferte dafür eine schöne Fallschilderung aus seinen Frankfurter Erfahrungen:

Beschwerte sich jemand über das Chaos in der Küche, den nicht eingehaltenen Putzplan oder die Stapel von Rechnungen, konterten die anderen stets mit Argumenten auf der ›Psychoebene‹: das könne man doch so gar nicht diskutieren, das Problem liege doch eigentlich darin begründet, daß ›zwischen uns so wenig läuft‹. Und prompt wurde einer kritisiert, weil er nur noch ›durch den Flur schlich‹.[309]

Bei dieser psychologisierenden Zurichtung kritisierte man jedwede Distanzierung, da sie die Gemeinschaftlichkeit und emotionale Bindung gefährdete. Bei den stundenlangen Diskussionen über menschliche Konflikte, Fragen der politischen Praxis oder Alltagsprobleme musste man sich einbringen und durfte nicht bloß passiv zuhören.[310] Helmut Kentler hat den neuen Dominanzmechanismus dieser Art der WG-Diskussion genau herausgearbeitet: »Wer die psychoanalytische Technik am besten beherrscht, oder wem die anderen das zutrauen, gewinnt Autorität, die unbewußt zur Unterdrückung der anderen ausgenutzt wird.«[311] Die Verbalisierungsfä-

306 Cyprian, *Sozialisation*, S. 167; Damme, *Stabilität*, S. 112/113.
307 Johann A. Schülein, »Emanzipation und Selbstreflexion«, in: ders. (Hg.), *Auf der Suche nach der Zukunft. Alternativbewegung und Identität*, Gießen 1980, S. 95-106, hier S. 100.
308 Kentler, »Wohngruppe«, S. 15; Kommune 2, *Versuch der Revolutionierung des bürgerlichen Individuums. Kollektives Leben mit politischer Arbeit verbinden*, Berlin 1969, S. 215.
309 Horx, »Die abgekühlte Gemeinschaft«, S. 21.
310 Peinemann, *Wohngemeinschaft*, S. 9/10; Gerdes/Wollfersdorff-Ehlert, *Drogenscene*, S. 178/179; Scharloth, *1968*, S. 201-204.
311 Kentler, »Wohngruppe«, S. 15. Ähnlich Wolfgang Röhl, »Anatomie einer Kommune«, in: *konkret* (21.10.1968), S. 16-18.

higkeit im Zeichen der alternativen Normen wurde zum Machtinstrument und Mittel der Selbstinszenierung.

Diskussionen galten im Alternativmilieu dennoch als der Konfliktlösungsmechanismus schlechthin, wenngleich der Enthusiasmus sowie der Inquisitionscharakter aus den Pionierzeiten der späten sechziger und frühen siebziger Jahre im Laufe der Zeit abnahmen.[312] Jedenfalls wurden in den »offenen Aussprachen« oder »offenen Gesprächen«[313] nicht nur Konflikte geregelt, sondern auch Verhaltensstandards entwickelt. Das Konsensprinzip, nach dem die Diskussionen zu verlaufen hatten, fungierte hierbei als Selbstregierung, in der jeder die Normen verinnerlichen und anerkennen sollte. Diskussionen waren die Technik, mit der diese Anpassungsleistung erreicht wurde. Sie waren das »symbolische Zentrum« der Zusammengehörigkeit, in der die Gemeinschaft bestätigt oder hergestellt wurde.[314]

5.1.12 Ästhetik der Wohngemeinschaften

In der alternativen Wohnung, schrieb Wolfgang Spindler 1978 im *Kursbuch*, geht es romantisch zu: Es riecht süßlich nach Räucherstäbchen, Teegebäck wird gereicht. Billige Bücherregale, ein paar Platten auf dem Boden, »ein alter unaufgeräumter Schreibtisch, ein paar tiefe Sitzgelegenheiten, einige Matratzen mit einer unauffälligen Tagesdecke, billige Felle. Ein kleiner Tisch mit Omas Deckchen, einige Aschenbecher und Vasen runden das Bild ab«: »Man ist sich der Zivilisationsflucht und der romantischen Ader bewußt.«[315]

Noch 1973 hatte der *Zeit*-Journalist Gerhard Krug die Ausstattung der WGs ganz anders beschrieben: »Ihre Einrichtung ist höchst zweckmäßig, selten sieht man Teppiche, nie Tischdecken, das Salzfaß wird rübergeworfen zum nächsten, es kreist die Zweiliterflasche italienischen Rotweins zu 1,95 DM.«[316] Tatsächlich sollen die

---

312 Spiegel, *Neue Haushaltstypen*, S. 150; Korczak, *Neue Formen*, S. 111; Scharloth, *1968*, S. 203.

313 Spiegel, *Neue Haushaltstypen*, S. 165; Feil, »Familie«, S. 31.

314 Korczak, *Neue Formen*, S. 112.

315 Wolfgang Spindler, »›Rock me!‹. Diskotheken, Buden, Läden«, in: *Kursbuch* 54 (1978), S. 1-12, hier S. 6/7.

316 Krug, »Was mein ist, soll mein bleiben«, S. 48.

ersten Kommunen und Wohngemeinschaften sogar ausgesprochen karg eingerichtet gewesen sein. In der Wohnung der Kommune I, so die Journalistin Marianne Schmidt, war es »sehr kahl, sehr leer«. Schmidt erinnerte sich nur an Trödlerwaren und »alte Matratzen vor leeren Fenstern«.[317] Der *konkret*-Journalist Wolfgang Röhl beschrieb die Kreuzberger Linkeck-Kommune 1968 ebenfalls als ausgesprochen »kahl«: »Eine matte Glühbirne hing schirmlos von der Decke [...]. Mich fror.«[318] Auch zwei *twen*-Redakteure schrieben 1969 über die spartanischen Einrichtungen in der Frankfurter Szene: »Matratzen auf dem Boden, Ziegelsteine, Plattenspieler«. Nur die süßlich riechenden Räucherstäbchen, die Musik von Jimi Hendrix und das gemeinsame Kochen hätten Wärme ausgestrahlt.[319] Ein paar Matratzen, Obstkisten, Arbeitsplatte, eine Leine für die Kleider und Plastikbeutel für die dreckige Wäsche – so demonstrierte man den Konsumverzicht und die Ablehnung statusorientierter Lebensvorstellungen.[320] In den Selbstberichten der Kommune 2 sprach man eher beiläufig über die Gestaltung der Räume, denn die Einrichtung in den »karg eingerichteten Zellen« galt als nebensächlich, die Kommunarden versanken in der Armseligkeit und Selbstbeschränkung eines »ästhetischen Nihilismus« aus Phantasielosigkeit und gebrauchswertorientierter Zweckmäßigkeit. Gegen die überladene bürgerliche Dekoration aus Gelsenkirchener Barock und Brokatvorhang setzte man die *throw-away*-Ästhetik des Sperrmülls.[321]

Von der konsumverweigernden Askese der Kistenkultur führte der Weg spätestens ab Mitte der siebziger Jahre zu neuer Gemütlichkeit und Wärme, ohne deswegen in den »kleinbürgerlichen Mief« zurückzufinden. Wandposter, Regale, alte Möbel, bunte Decken oder der Flokati, die »gemütliche Ecke« und die Musikanlagen mit

317 Marianne Schmidt, »Wer keinmal mit derselben pennt«, in: *Frankfurter Allgemeine Zeitung* 83 (09.04.2008), S. 40; Peter Brügge (Pseudonym von Ernst Hess), »›Lieber Fritz! Wem soll das nützen?‹ Peter Brügge in der Berliner Kommune I«, in: *Der Spiegel* 21 (24.07.1967), S. 39. Siehe dazu auch Hübsch, *Keine Zeit für Trips*, S. 64; Rainer Langhans (Hg.), *K 1. Das Bilderbuch der Kommune*, München 2008.

318 Röhl, »Anatomie einer Kommune«, S. 16.

319 Marx/Viebahn, »Politgammler«, S. 59.

320 Tränkle, »Von Kommune und WG«, S. 205; Andritzky, »Balance«, S. 647; Meng/Thiel, »Schöner Wohnen?«, S. 178.

321 Meng/Thiel, »Schöner Wohnen?«, S. 174-178; Vollmar, *Alternative Selbstorganisation*, S. 121; Scharloth, *1968*, S. 318/319.

großen Boxen als »Heilige Kühe« der Zimmereinrichtung gehörten im Laufe des Jahrzehnts zunehmend zum Standardrepertoire. Nur zwölf Prozent der alternativen Männer hatten keine eigene Stereoanlage, wie eine Infratest-Studie aus dem Jahr 1981 ergab – unter den alternativen Frauen besaß nur jede Vierte keine eigene Stereoanlage. Damit verfügten die Alternativen über mehr Stereoanlagen als der Durchschnitt der Jugendlichen.[322] Bereits 1974 standen in 92 Prozent der Wohngemeinschaften entweder ein Plattenspieler und/oder eine Stereoanlage allen WG-Bewohnern zur Verfügung – die Musikanlage wurde für wichtiger erachtet als der Kauf einer Waschmaschine (85 Prozent) oder eines Telefons (81 Prozent). Die Musikanlage war der Spitzenreiter unter den gemeinsam beschafften Luxusgütern.[323]

Die rituelle Zurschaustellung der kostspieligen Musikanlagen wie auch der Platten symbolisierte die übermäßige Wertschätzung der Musik.[324] Selbst innerhalb der alternativen Szene gab dies Anlass zu beißendem Spott. Im *Carlo Sponti* las man 1975 etwa über die »linke Wohnkultur«:

Die Stereoanlage (GTX 500 automatic, Platten feucht abspielbar). Pentaphonie mit Berieselungsanlage. Ein absolutes Verbrechen ist es da, die Platten ohne Handschuhe anzufassen. Und so mancher Linker reagiert auf den geringsten Kratzer auf einer Platte mit einem Anfall vergleichbar dem mancher Väter bei der Entdeckung eines Kratzers im Lack ihres Mercedes SL 350.[325]

Tatsächlich konnte zum Beispiel der alternative Betrieb freework btp bei Mainz für seine in selbstverwalteter und basisdemokratischer Arbeit zusammengeschraubten Musikanlagen recht saftige Preise verlangen. Der Entzerrer-Vorverstärker Pfiffi war zwar schon

322 Korczak, *Einstellung und Lebenswelt*, S. 109 (Tabellenteil), in: Archiv Infratest Forschung, Nr. 10; Pratz, »Lebensziele«, S. 32. Vgl. Tränkle, »Von Kommune und WG«, S. 206; Scharloth, *1968*, S. 323.

323 Cyrian, *Sozialisation*, S. 83; Pohl/Voss, »Wohngemeinschaften«, S. 166. Vgl. auch Bernhard Lehner, *Bilder aus der Wohngemeinschaft*, Langnau 1981; »auch das betrifft WGs«, in: *INFO für die hannoverschen Wohngemeinschaften* 4/5 (Juni 1974), S. 27 (diese Broschüre findet sich in: afas Duisburg, 90.IV.3.3.3); Kretschmer, »Wohnen mit beschränkter Hoffnung«, S. 907.

324 Meng/Thiel, »Schöner Wohnen«, S. 181/182; Vollmar, *Alternative Selbstorganisation*, S. 65.

325 »Linke Wohnkultur«, in: *Carlo Sponti* 10 (1975), S. 3. Vgl. auch Klugmann, »Selten allein«, S. 170.

für 50 DM zu haben, aber eine komplette Anlage kostete bereits ganze 1500 DM – freilich ein »Spitzenklasse«-Modell mit Kalottenhochtöner, Frequenzweichen, langhubigen Basslautsprechern, Leuchtdiodenaussteuerung und Quadrosound.[326]

Musik zu hören war zu einem Muss geworden. Zu jeder Tages- und Nachtzeit liefen die Anlagen in nicht gerade geringer Lautstärke. Die Jugendlichen lebten am liebsten »on air«, auch wenn das Hören der Stones »in voller Lautstärke und bei offenen Türen« nicht für alle Hausbewohner ein stressfreier Genuss war.[327] Dabei war das Musikhören ein ebenso vergemeinschaftendes wie ästhetisches Erlebnis, das Geschmacksrichtungen vereinheitlichte und auditive Stile ausbildete. Beat und Rock machten erst in der Gruppe so richtig Spaß und vermittelten ein Gefühl von Ungezwungenheit und Rebellion. Körperlichkeit und Expression waren unmittelbar mit diesem Hörerlebnis verbunden.[328] Man zelebrierte das Musikhören, setzte sich bei Kerzenschein in einen Kreis, trank Alkohol und/oder rauchte Hasch dazu.[329] Der 25-jährige Psychologiestudent Rüdiger Pohl berichtete, dass das »sagenumwobene Gruppengefühl« in seiner Wohngemeinschaft erst durch die Musik und das Tanzen ausgelöst worden sei:

Die Musik, ein Wechsel von langsamen und schnellen Rhythmen, lenkte unseren gemeinsamen Tanz in symbolische Figuren: Während der schnellen Passagen rockte jeder für sich, aber alle im Kreis und einander zugewandt, und während der langsamen Akkorde kamen wir aufeinander zu, umarmten uns, stecken die Köpfe zusammen und wiegten uns im Takt. Fünf einzelne und ein Ganzes![330]

---

326 »selbstdarstellung der k 100 im märz 1975 für den WG-treff auf der rothenfels im märz 1975«, in: afas Duisburg, 90.IV.3.0.

327 Graf, »Lebensziel«, S. 148. Ähnlich: Pohl, »Frust und Freude«, S. 59; Schülein, »Beziehungsprobleme«, S. 159.

328 Zur Bedeutung der Musik jetzt sehr ausführlich: Siegfried, *Time is on my side*, S. 73-132, 209-254, 561-644, 662-705; Arnold Jacobshagen, Markus Leniger (Hg.), *Rebellische Musik. Gesellschaftlicher Protest und kultureller Wandel um 1968*, Köln 2007; Detlef Siegfried, »Music and Protest in 1960s Europe«, in: Joachim Scharloth, Martin Klimke (Hg.), *1968 in Europe. A History of Protest and Activism, 1956-1977*, New York, London 2008, S. 57-70; Spindler, »Rock me!«; Meyer-Ehlers u. a. (Bearb.), *Kollektive Wohnformen*, S. 134; Pohl/Voss, »Wohngemeinschaften«, S. 119/120.

329 Schülein, »Konstitution und Dynamik«, S. 397/398.

330 Pohl, »Frust und Freude«, S. 60/61.

Nicht nur die Musik, sondern auch die Do-it-yourself-Ästhetik, das Basteln von Übergangslösungen, die Umnutzung und das Selbermachen, die Geborgenheits-Environments der Hochbetten als Nester der »Wärme und Gemütlichkeit«, die vielen Pflanzen und die lässigen Ordnungsmaßstäbe – sie alle zeigten den Bruch mit üblichen Wohnkonventionen an. Aus den ökonomischen Zwängen wurde ein ästhetisches Prinzip.[331] Marokkanerdecken, bunte Tücher, Fotos von sich und Freunden oder Selbstgemaltes an der Wand, Omas Spitzendeckchen als Lampenschirm und eine schmucke Kommode – die Wohnung wurde zum Ausdruck des Wunschs »nach einem sozialen Uterus«. Gegen kaltes Chromgeglitzer, Kunststoffblumen und PVC-Beläge setzte man Holz und Stoffe: »Aus ihnen wird eine warme, behagliche Umgebung gebildet.«[332] Die alten Trödelmöbel mit ihren Gebrauchsspuren signalisieren Geschichte und Erfahrung, die frei wuchernden Pflanzen Natürlichkeit.

Die »warme« und »authentische« Wohnkultur bedeutete Ablehnung bürgerlicher Konventionen. Im *Carlo Sponti* wollte man die »längst als beschissen erkannten Verhaltensweisen« als »herrschende Ästhetik« demaskieren. Jeder Einzelne solle die »Reste seines bürgerlichen Über-Ichs mit Stumpf und Sti(e)l« ausrotten: »Wir sind von der bourgeoisen Wohnkultur weg.« So galten den Alternativen die Biedermeiermöbel als »Firlefanz«, die Couchecke war das Symbol des kleinbürgerlichen Rückzugs schlechthin. Gerade einheitliche Raumzellen mit Stehlampe, Gardinen, Wohnzimmer-Eichenschrank, Couchtisch, Wandbild und seitlich platzierten Sesseln sah man als typisch an für eine kleinbürgerliche Lebensorientierung in formal festgelegten Formen,[333] mit der radikal gebrochen werden sollte:

331 Tränkle, »Von Kommune und WG«, S. 201-208 (Zitat S. 207); Meng/Thiel, »Schöner Wohnen?«, S. 182; Mailänder, Ulf, Zander, Ulrich, *Das kleine Westberlin-Lexikon von »Autonomie« bis »Zapf«. Die alternative Szene der siebziger und achtziger Jahre*, Berlin 2003, S. 117, 119.

332 Meng/Thiel, »Schöner Wohnen?«, S. 182, 184, 199-202 (Zitate S. 191 und 199/200).

333 »Linke Wohnkultur«, S. 3 (Zitat); Martin Warnke, »Zur Situation der Couchecke«, in: Jürgen Habermas (Hg.), *Stichworte zur »Geistigen Situation der Zeit«*, Bd. 2, *Politik und Kultur*, Frankfurt/M. 1979, S. 673-687. Siehe auch die Streitigkeiten, die entstanden, als eine WG-Bewohnerin eine »spießige« Couchgarnitur kaufen wollte (Kretschmer »Wohnen mit beschränkter Hoffnung«, S. 911).

Eine andere Art des Wohnens sollte verbunden werden mit einem anderen Entwurf des Lebens. Aus dem Unbehagen an familiären und gesellschaftlichen Verhältnissen bildete sich eine moralisch rigorose Abgrenzungsfolie: kleinbürgerlichem Mief, apolitischer dynamischer Properness und feister reaktionärer Saturiertheit wurden andere Leitbilder und eine andere Lebenspraxis entgegengesetzt.[334]

Die »schlampige Unachtsamkeit« und Unordnung wurde zum festen Stilelement der Alternativen:[335]

Brot, Marmelade, ungespülte Tassen, Messer, Löffel, Papiertüten mit Zucker und braungefleckte Teekannen waren überall verstreut. [...] Zwischen diesen Dingen jedoch gab es alte Poster, Schallplatten, verstreute Kleidungsstücke, Zitate aus Gedichten, die jemand mit großen Buchstaben aufgeschrieben und an die Wand gehängt hatte, Untergrundzeitungen in leuchtenden Farben, Dosen mit Tabak und Zigarettenpapier und Haufen von Drähten, Verstärker, Tonbandgeräte und Lautsprecher.[336]

Der Bruch mit den bürgerlichen Werten der Ordnung, Sauberkeit und Anstand sollte sinnfällig dokumentiert werden. Die »peinliche Beachtung von Regeln und Verhaltensnormen«, die man aus den Herkunftsfamilien kannte, wollte man ebenso symbolisch überwinden wie die »Sterilität und Hygiene« übertrieben auf Hochglanz geputzter Wohnungen.[337] In der Küche ersetzten die Alternativen das zwölfteilige Geschirrservice durch zahllose, bunte Tassenvarianten – kombiniert mit Mensabestecken, Gläsern aus der Kneipe und Senfgläsern. Die überall herumstehenden Essensreste, die Geschirrberge, die sich stapelnden Zeitungen, Papiere, Post und Medikamente, die überquellenden Müllbeutel, die Haare in der Wanne – all das war nicht nur dem Geldmangel und der Bequemlichkeit geschuldet, sondern war auch ein ostentativer Bruch mit den Lebensmustern, Gesittungsvorstellungen und Sauberkeitsstandards elterlicher Wohnlichkeit. Alexander Mitscherlich hatte die

334 Meng/Thiel, »Schöner Wohnen?«, S. 172.
335 Joseph von Westphalen, »Das Drama des gewissen Etwas«, in: *Kursbuch 79* (1985), S. 1-12, hier S. 1.
336 Paul E. Willis, *Profane Culture. Rocker, Hippies. Subversive Stile der Jugendkultur*, Frankfurt/M. 1981, S. 129.
337 Thomas Ziehe, »Die alltägliche Verteidigung der Korrektheit«, in: Deutscher Werkbund (Hg.), *Schock und Schöpfung. Jugendästhetik im 20. Jahrhundert*, Darmstadt 1986, S. 254; Graf, »Lebensziel«, S. 165.

linksalternative Kritik an dem »teilweise zwanghaft-pathologischen Ordnungs- und Sauberkeitswahn« und dem »unglücklichen Versuch, aus Sauberkeit und Ordnung, Glück zu gewinnen«, bereits 1965 auf den Begriff gebracht: »Alle die leblos geputzten Zimmer mit den aufgereihten Kissen auf der Sitzbank, an der Oberkante eingedrückt, was der unvergessene Ernst Penzold den exakten Nackenschlag genannt hat.«[338]

Zugleich signalisierte die alternative Ästhetik auch das Experimentelle und Unfertige: Die soziale Übergangssituation der Studierenden, ihre Angst, sich zu binden, ihr infantiles »Noch nicht«, ihre Hypermobilität und ihre diffusen Zukunftsvorstellungen traten hier in die materielle Welt. Zudem enthielt diese Ästhetik politische Implikationen. Man grenzte sich durch die »Strandgut-Montage« (Ernst Bloch) von »ästhetisierenden Besitzfetischisten« ab und negierte gängige Wohnleitbilder.[339]

Vieles arrangierten die WG-Bewohner auf den Fußböden – man saß zusammen auf den Teppichen oder lag auf den Schaumstoffmatratzen, die regelrechte Wohnlandschaften bildeten. Herkömmliche Sitzordnungen auf erhöhten Sitzgelegenheiten waren aufgelöst, was sich bestens als antihierarchisches Element deuten ließ. Der Aktivist Werner Fuchs formulierte es 1977 so: »Nach unten, so wie die Betten jetzt tiefer stehen, wie man sich auf den Boden setzt, bei Sit-ins und im Gespräch beim Tee, wie Wünsche unterhalb des Kopfes bearbeitet werden: das ist ein egalitärer Wille, eine Sehnsucht, keine Kontroll- und Herrschaftsfunktionen ausüben zu müssen.«[340] Galt sogar der blankgescheuerte Boden in der bürgerlichen Kultur noch als Symbol für den Schmutz, so wurde er in der Alternativkultur als zusätzlicher Raum zum Sitzen, Liegen, Lümmeln, Barfußlaufen und Beischlafen genutzt. Funktionszuordnungen wurden aufgehoben und neue, ungeplante kommunikative Möglichkeiten eröffnet.[341] Auch die Bewohnbarmachung von

338 Alexander Mitscherlich, *Die Unwirtlichkeit unserer Städte. Anstiftung zum Unfrieden*, Frankfurt/M. 1965, S. 129/130.

339 Meng/Thiel, »Schöner Wohnen?«, S. 197.

340 Werner Fuchs, »Der Weg nach unten. Hochschulrevolte gegen ein Leben als Akademiker«, in: Hedwig Ortmann u. a., *Universitärer Alltag. Lernen, Lehren und Leben in der Hochschule*, Gießen 1977, S. 189-260, hier S. 194. Auch zitiert in: Stamm, *Alternative Öffentlichkeit*, S. 199; Fahlenbrach, *Protest-Inszenierungen*, S. 192.

341 Meng/Thiel, »Schöner Wohnen?«, S. 184/185.

Nutzräumen wie Küche, Bad und Flur zeigten eine Umnutzung, eine Ästhetik des Unpassenden und eine Belebung an: das Bücherregal im Klo oder die Nutzung des Flurs als Gemeinschaftsraum entsprangen ebenso ökonomischen Erwägungen wie einer subversiven Ästhetik.[342]

Die Kritik an Kapitalismus und Konsumismus wurde nicht nur durch die ikonenhaft ausgestellten politischen Büsten von Marx bis Mao oder durch die »Viva-Portugal«-Plakate und Poster des Comiczeichners und Karikaturisten Gerhard Seyfried sichtbar gemacht, sondern auch durch die Do-it-yourself-Ästhetik, das Selbermachen und Basteln an der eigenen Wohnungseinrichtung. Eine Infratest-Umfrage unter Lesern der Alternativpresse zeigt: 26 Prozent der Alternativen hatten sich mit selbstgebauten Möbeln eingerichtet, 47 Prozent stellten Trödel und Gebrauchtmöbel in ihre vier Wände und weitere 32 Prozent kauften bei Ikea ein. Modernes Design und Kaufhausmöbel waren dagegen verpönt.[343] Gegen vorgefertigte Industriewaren und deren schematisierte Produktästhetik sollte eine kreative Ästhetik des Selbermachens entwickelt werden, was jedoch, wie schon die Ikea-Manie veranschaulicht, der Einheitlichkeit nicht unbedingt eine Absage erteilte.

Passend zur Do-it-yourself-Ästhetik bevorzugten die WG-Bewohner eine Kombination von Möbeln unterschiedlichster Perioden, in der Wertvolles neben Sperrmüll und Altes zu Neuem wie in einer Collage arrangiert wurde. Die Schriftstellerin und Architektin Keto von Waberer beschrieb es wie folgt:

Möbel und Gegenstände sind hier zusammengekommen wie Treibgut auf einer Insel. Männer haben Kommoden hinterlassen, Freunde haben aus aufgelösten Haushalten Kühlschränke und Fischtöpfe billig abgegeben. Manches habe ich gekauft, aber der Biedermeiertisch erträgt, ohne sich aufzulehnen, die Ikea-Klappstühle, und der Eisschrank aus der aufgelassenen Metzgerei stört sich nicht an den Alpbacher Tellerrahmen mit Rosenbemalung.[344]

342 Stamm, *Alternative Öffentlichkeit*, S. 119; Meng/Thiel, »Schöner Wohnen?«, S. 187.

343 Korczak, *Einstellung und Lebenswelt*, S. 25, S. 113/114 (Tabellenteil), in: Archiv Infratest Forschung, Nr. 10; »Leserbefragung des spp-Verlages (Bericht vom 18. 11. 1982)«, S. 16, in: Archiv Infratest Forschung, Nr. 17.

344 Keto von Waberer, »Schöne Sachen«, in: *Kursbuch* 79 (1985), S. 22-26, hier S. 24/25.

Gerade die bewusste Zurschaustellung allzu gewöhnlicher Einrichtungsgewohnheiten politisierte die Ästhetik, die die eigene Kreativität als Ausweis von Unabhängigkeit, Individualität und Widerstand gegen einen vermeintlichen Einheitsgeschmack inszenierte.

Insgesamt pflegte man ein offeneres Verhältnis zu Privatheit, kollektiven Besitz- und Nutzformen, zu Sauberkeitsstandards wie auch zu Peinlichkeits- und Schamschwellen – ob nun durch geöffnete Zimmertüren, den Verzicht auf das Zuhängen der Fenster, die im Zimmer verstreute Unterwäsche, die über der Heizung aufgehängten Kinderwindeln oder schlicht durch einen lockereren Umgang mit Nacktheit.[345] Blickt man auf die zeitgenössischen Fotografien der Wohnungseinrichtungen, so findet sich die immer gleiche Kombination von Hochbett, gemütlicher Ecke und offenem Buchregal – diese Ästhetik war nicht ohne Normierungskraft und signalisierte die Zugehörigkeit zum Alternativmilieu. Ein individualisierter Geschmack war in dieser WG-Ästhetik kaum zu finden. Die chaotischen Anordnungen versinnbildlichten und demonstrierten eine Lebenshaltung des Durchwurstelns und einer emotionalisierten sowie vitalen, einer nichttechnokratischen Lebenswelt, die freilich nicht bloß als »individuell« zu lesen und zu verstehen ist.

In bezeichnender Art und Weise haben Richard Meng und Wolfgang Thiel, in den siebziger Jahren selbst WG-Bewohner, diesen Stil als »authentisch« bezeichnet, als Ausdruck von Natürlichkeit, Offenheit, Echtheit:

Ein ›alter‹, ›ursprünglicher‹, nicht nachgemachter Schrank muß es sein; Blumen und Pflanzen sind nicht primär Dekor, sondern etwas Natürliches, bei dem es angenehm erlebt wird, daß es sich frei entfaltet; die vielen selbstgemachten, -gebatikten, -gezimmerten, -gemalten, -gestrichenen usw. Sachen sind keine Massenware und ermöglichen eine unmittelbare Identifikation. Der unaufgeräumte Schreibtisch, auf dem einzusehen ist, wann, ob und was in der letzten Zeit gearbeitet worden ist; die sichtbaren Gerätschaften in der Küche, in der man noch den Geruch des letzten Essens aufnimmt; Verhütungsmittel, Medikamente und persönliche Briefe verschwinden nicht in geheimen Kästchen usw. Authentizität und Offenheit führen zu einem deutlichen Kontrast zum dekorativen, verschleiernden Schein, der Lust am Unechten und dem Verheimlichen, Verstecken, Verbergen und Vertuschen in den (klein-)bürgerlichen Wohnungen.[346]

345 Stamm, *Alternative Öffentlichkeit*, S. 120; Jörg Magenau, *Die taz. Eine Zeitung als Lebensform*, München 2007, S. 106.
346 Meng/Thiel, »Schöner Wohnen?«, S. 201/202.

5.1.13 Zwischenfazit

Längere Ausbildungszeiten, die Entstehung der Massenuniversitäten, Umstrukturierung innerstädtischer Wohnverhältnisse und der Wandel der Familienformen waren zentrale soziale Voraussetzungen für den Aufstieg der Wohngemeinschaften, in denen sich die meist studentischen Bewohner vor der Etablierung in der Arbeitswelt und fester Partnerschaft ausprobierten und einen gemeinsamen Lebensstil entwickelten. In den gemeinschaftsstiftenden Praktiken des WG-Lebens bildete sich ein linksalternativer Habitus aus, der die Handlungsvollzüge auf Werte von Authentizität und Selbstverwirklichung ausrichtete. »Zeige mir, wie du wohnst, und ich sage dir, ob du einer von uns bist«, lautete die Devise.[347] Stilbildung und Wiedererkennungseffekt, Ästhetik und soziale Beziehungen waren untrennbar aufeinander verwiesen.

Anfänglich wurden die Kommunen und Wohngemeinschaften als politische Instanzen verstanden, die, »wenn sie an Zahl beträchtlich zunehmen, zu einer grundlegenden Änderung unserer Gesellschaftsordnung führen, weil die Gewöhnung zahlreicher Menschen an herrschaftsfreie Kommunikation, Kooperation und Reflexion auch im öffentlichen Leben antiautoritäre Prozesse in Gang setzen«.[348] Wohngemeinschaften seien schon deswegen politisch, so die *Info-BUG*, »weil sie aus der Revolte gegen das Familienleben mit allem Drum und Dran entstand[en sind]. […] Denn genau dort, wo wir nicht einfach Worte, Lebensweisen, Vorstellungen, vom System blindlings übernehmen, sondern versuchen, uns unsere eigenen zu schaffen, fängt unsere Revolte und Bewußtwerdung an«.[349]

Die Überwindung von Prinzipien bürgerlicher Kleinfamilien, der Abbau autoritärer Charakterstrukturen und die Etablierung herrschaftsfreier Kommunikation, die Abschaffung des privaten (Wohn-)Eigentums und materielle Solidarität, Aufhebung geschlechtsspezifischer Arbeitsteilung, kollektive Kindererziehung und die Öffnung exklusiver sexueller Paarbeziehungen waren politische Ideale, die oftmals an der Lebenspraxis zerschellten. Bereits Mitte der siebziger Jahre hatte sich herausgestellt, dass diese Perspektiven illusorisch waren. Die Ansprüche waren zu hoch gesteckt.

347 Ebd., S.193.
348 Kentler, »Gruppenehe«, S.429.
349 »Sind Kommunen politisch?«, in: *Info-BUG* 197 (Oktober 1978), S.14.

Im Inneren der Wohngemeinschaft herrschte ein Inzesttabu, persönliche und politische Konflikte konnten nicht nach festgelegten Regeln gelöst, sondern nur mühsam mithilfe von Dauerdiskussionen im Zaum gehalten werden. Hohe Mitgliederfluktuation und unterschiedlichste Erwartungshaltungen der WG-Bewohner, eine in der Praxis kaum existierende geschlechtsneutrale Arbeitsteilung und die nur partielle Aufhebung des Privateigentums führten zu Enttäuschung und zur Pragmatisierung des WG-Lebens. Abnehmende politische Aktivität und sinkendes Engagement der Wohngemeinschaftsbewohner waren die Folge. Die enorm anspruchsvollen Befreiungs- und Liberalisierungsideale waren nicht eingelöst worden.

Im Laufe der siebziger Jahre entwickelte sich in der Lebenspraxis der Wohngemeinschaften ein Verhaltenskodex, der durch den Verweis auf die politisch für notwendig erachtete Selbstveränderung wirkmächtig untermauert werden konnte: »Man sollte nicht glauben, daß sich in der eigenen Wohngemeinschaft keine Regeln, keine Normen bilden würden«, schrieb Johann August Schülein im Jahr 1980 vollkommen zu Recht.[350] Letztlich entstand in den Wohngemeinschaften eine Art Verhaltensstandardisierung und charakterliche Selbstregierung, die die Lebenspraxis beherrschte. Steve Peinemann erkannte und beschrieb diesen Vorgang schon 1977: »In einer Wohngemeinschaft hat man sich eben so und so zu verhalten, hat diese und jene Ziele zu erreichen, oder man wird negativ bewertet bzw. bewertete sich selbst und die eigene Gruppe negativ.« Nach Peinemann resultierte aus den hohen Erwartungen und Ansprüchen sowie den nahezu »mythischen Vorstellungen« eine gewisse »Verkrampftheit«. Der Mythos wurde so zu einem Mittel der »Verhinderung von Selbstbestimmung«.[351]

Insgesamt war das Austarieren von Alleinsein und Zusammensein, der »Drahtseilakt«[352] aus Rückzugsmöglichkeit und Kollektivleben ein zentrales Moment des Wohngemeinschaftslebens, wobei der Anspruch auf Gemeinschaftlichkeit die Wohngemeinschaftsidee wie auch die Motivation der einzelnen WG-Bewohner bestimmte.[353] Paradoxerweise war es ausgerechnet die Utopie der

350 Schülein, »Beziehungsprobleme«, S. 165.
351 Peinemann, *Wohngemeinschaft*, S. 24, 27, 28. Vgl. auch Damme, *Stabilität*, S. 1.
352 Korczak, *Neue Formen*, S. 111; Schülein, »Konstitution und Dynamik«, S. 409.
353 Kentler, »Wohngruppe«, S. 13; Korczak, *Neue Formen*, S. 111/112; Schenk, *Wir le-*

Selbstbestimmung und Selbstverwirklichung, die die Lebenspraxis normierte und »eine Art Selbsterziehung«[354] anleitete. Gruppendiskussionen, offene WG-Tagebücher, Selbsterfahrungsspiele, Veröffentlichungen zur Wohngemeinschaft, die alltäglichen Hinweise in den Gesprächen auf das »richtige« Verhalten – all diese Selbsttechniken produzierten Normen und schafften Verhaltensregularien. »Jeder kontrollierte jeden mit Argusaugen, ob er offen genug war und radikal sich der Gruppe auslieferte, um mit ihr die Denk- und Verhaltensweisen des homo subversivus zu internalisieren«, fasste die Feministin Andrea Trumann diese Haltung treffend zusammen.[355]

In sozialer Hinsicht wurde die Homogenität der Gruppe (junge Studenten aus Mittelschichtfamilien mit hoher Bildung) in einen alternativen Lebens- und Wohnstil umgemünzt. Dieser stellte ein Verhaltensrepertoire bereit, durch das man sich seiner Gruppenzugehörigkeit vergewisserte und seine alternative Identität bekräftigte. Der Wohnungszuschnitt in den Altbauwohnungen trug dazu ebenso bei wie die Ästhetik der Einrichtung oder die Umgangsformen in der Wohnküche.

Inzwischen hat sich die Situation verändert: Heutzutage wird die WG primär als Zweckgemeinschaft wahrgenommen, insbesondere von Studenten. 2003 lebten 22 Prozent aller Studierenden in einer Wohngemeinschaft – je geringer das monatliche Einkommen, umso höher die Wahrscheinlichkeit, dass die betreffende Person mit anderen zusammenwohnte. An die Stelle explizit politischer (anfänglich sogar revolutionärer) Vorstellungen trat im Laufe der achtziger Jahre eine pragmatische Einstellung. Der Wunsch nach intensiver Kommunikation und emotionaler Sicherheit wurde immer weniger politisch verstanden, die Chance zur Minimierung der Lebenshaltungskosten wurde im Gegenzug immer wichtiger. Die Wohngemeinschaftszeit wurde zu einer zeitlich befristeten, postadoleszenten Übergangsphase, die sich durch einen gewissen Kollektivierungsgrad und mehr oder minder geschlechtsneutrale Arbeitsteilung bei Alltagstätigkeiten (Reinigung, Abwaschen, Ko-

ben zusammen, S. 98-100; Schülein, »Konstitution und Dynamik«, S. 408; Pohl, »Frust und Freude«, S. 62; ders., »Beziehungsprobleme«, S. 154.

354 Meyer-Ehlers u. a. (Bearb.), *Kollektive Wohnformen*, S. 135.

355 Andrea Trumann, *Feministische Theorien. Frauenbewegung und weibliche Subjektbildung im Spätkapitalismus*, Stuttgart 2002, S. 30.

chen, Einkaufen etc.) auszeichnete, ohne dass damit jedoch ideologische Ziele verbunden wären.[356]

Die Wohngemeinschaften stellten eine Erweiterung der familiären Organisationsformen dar und zeigten die zunehmende Bedeutung der Peergroup für Jugendliche an. In jedem Fall ging es den jungen und gut gebildeten Bewohnern darum, die Freiheiten und Möglichkeiten individueller Persönlichkeitsentfaltung mit der Geborgenheit und der zwischenmenschlichen »Wärme« eines Freundesnetzes unter Gleichaltrigen zu kombinieren. Letztlich war die Wohngemeinschaft Teil eines breiten Trends hin zur Pluralisierung der Familien- und Lebensformen, zu dem auch Einpersonenhaushalte und nichteheliche Lebensformen gehörten.

5.2 Landkommunen

Die ländlichen Gegenden wurden nie zu einem zentralen Aktionsfeld der vornehmlich städtisch ausgerichteten Neuen Linken. Anders als in den USA mit ihren Vorzeigeprojekten wie Twin Oaks in Virginia, East Wind Community in Missouri oder The Farm in Tennessee[357] waren die bundesrepublikanischen Landstriche weitgehend unberührt geblieben von den Vorgängen in den Universitätsstädten. Die großen US-Kommunen, aber auch die größte europäische Hippiegemeinde Christiania im dänischen Kopenhagen, die 1971 von 400 Instandbesetzern gegründet wurde und 1980 bereits 800 Personen umfasste, galten gleichwohl als vorbildliche »Symbol[e] für den Bruch mit dem kapitalistischen System und alten Autoritäten«, die jenseits staatlicher Einflussnahme ein eigen-

---

356 Peuckert, *Familienformen im sozialen Wandel*, S. 83-86.
357 Zu den USA vgl. Akemeier u. a., *Utopie*; Bernd Leineweber, Karl-Ludwig Schibel, *Die Revolution ist vorbei – wir haben gesiegt. Die community-Bewegung. Zur Organisationsfrage der Neuen Linken in den USA und der BRD*, Berlin 1975; Klaus-Bernd Vollmar, *Landkommunen in Nordamerika*, Berlin 1975; H. Morris, *Utopische Kommunen in USA*, Münster o. J.; Rolf Goetz, *Von der Landkommune zur Dorfgemeinschaft – Ökologische Modelle zwischen Anarchie und Spiritualität*, Herford 1980, S. 20-36, 46-110; Kaiser, *Fabrikbewohner*, S. 33-42, 58-65, 90-99, 112-123; Glätzer, *Landkommunen*, S. 57, 105-109, 214; Karl-Ludwig Schibel, »Es genügt nicht, in den Spalten der Gesellschaft zu leben – wir müssen sie auch kultivieren, Teil II«, in: *Pflasterstrand* 62 (1979), S. 16/17.

ständiges Sozial- und Wirtschaftssystem errichteten.[358] Auch einige andere europäische Kommunen waren viel beachtete Vorbilder, wie etwa die 1962 in Nordschottland gegründete Findhorn Community mit ihrer Kombination aus Abenteurertum, Naturmystik und okkulter Magie, der am 5. Februar 1970 von der Kabouterbewegung ausgerufene niederländische Oranje-Freistaat, die britischen Varianten Kingsway Community, Shrub Family Commune, Family Farm oder Hillside oder die stark aus der Schweiz beeinflusste europäische Agrarkooperative Longo Maï in der südfranzösischen Provence.[359]

Die deutschen Aktivisten fühlten sich gegenüber diesen Kommunen, die sie zum Teil sogar persönlich besucht hatten, wenigstens »um einige Jahre zurück«.[360] »In der BRD gibt es verglichen

358 Zum dänischen Christiania: Klaus Bischoff, *Christiania. Der autonome Freistaat in Kopenhagen*, Berlin 1995, S. 4 (Zitat); Mark Edwards, *Christiania. Versuche, anders zu leben*, Reinbek 1980; Michael Haller, »Das Dorf in der Stadt. Über ›Christiania‹ in Kopenhagen«, in: ders. (Hg.), *Aussteigen oder rebellieren. Jugendliche gegen Staat und Gesellschaft*, Hamburg 1981, S. 135-155; Goetz, *Von der Landkommune*, S. 47-49. Christiania wird in der zeitgenössischen Alternativliteratur immer wieder bewundernd erwähnt: IISG, ID-Textarchiv 0072/5-817 (Flugblattsammlung); »Neue Lebensformen in Dänemark«, in: *WG-KOOP Papier* 2 (Januar/Februar 1975), S. 12-15 (diese Broschüre findet sich in: afas Duisburg, 90.IV 3.2.1); »Freistaat Christiania«, in: *Reader zu Wohnutopien*, S. 18-22 (die Broschüre findet sich in: ASB Freiburg, Bro 2.0.1.4.); »Christiania«, in: *Info-BUG* 1012 (1978), S. 7-9; Glätzer, *Landkommunen*, S. 93; Niels M. Plum, *Freistaat Christiania*, Münster 1976; Doris Teller u. a. (Hg.), *Christiania. Materialien zur Christiania-Debatte. Argumente zur Erhaltung eines befreiten Stadtviertels im Zentrum von Kopenhagen*, Werdorf 1978; Grau/Gringmuth, *Christiania*.

359 Christoph Bochinger, »*New Age*« *und moderne Religionen. Religionswissenschaftliche Analysen*, Gütersloh 1994, S. 106-113; Goetz, *Von der Landkommune*, S. 103-110; Leineweber/Schibel, *Die Revolution ist vorbei*, passim; Kaiser, *Fabrikbewohner*, S. 33-42, 58-65, 90-99, 112-123; Andrew Rigby, *Alternative Realities. A Study of Communes and Their Members*, London, Boston 1974, S. 4; ders., *Communes in Britain*, London, Boston u. a. 1974; Philip Abrams, Andrew McCulloch, *Communes, Sociology and Society*, Cambridge 1976, bes. S. 49-92; Bernard Lacroix, *L'utopie communautaire*, Paris 1981; Hubert Knoblauch, »Das unsichtbare neue Zeitalter«, in: *KZSS* 41 (1989), S. 504-525, hier S. 511/512; Dieter Duhm, *Zentrum für experimentelle Gesellschaftsgestaltung (ZEGG). Konzept eines ökologischen Dorfes als Forschungs- und Bildungszentrum*, Lampertheim 1978, S. 24; Reimann, *Dieter Kunzelmann*, S. 123.

360 Glätzer, *Landkommunen*, S. 94. Ähnlich Vollmar, *Alternative Selbstorganisation*, S. 30, 69; Thomas Demele, *Leben & Lernen. Die Landkommune als alternatives*

mit den USA, aber auch mit Großbritannien nur wenige Projekte, die, wenn überhaupt, in nur sehr geringem Maße zusammenarbeiten«, hieß es 1981 in einer von wichtigen Landkommuneaktivsten verfassten Broschüre mit dem Titel *Utopie der Hängematte*. Die Größe, der Grad an Autonomie, die schiere Anzahl oder die politische Wirkung der Kommunen nach außen – in keiner Hinsicht reichte die Bundesrepublik an die Entwicklung der bewunderten US-Kommunen heran.[361] Erst mit der Anti-Atomkraft-Bewegung und den Auseinandersetzungen um die Jugendzentren ab Mitte der siebziger Jahre rückten die ländlichen Regionen langsam ins Bewusstsein der Neuen Sozialen Bewegungen. Am nachhaltigsten wirkten die Landkommunen, die, so Paul-Gerhard Hübsch, sowohl als »Treffpunkte oder Koordinationsstellen alternativer Öffentlichkeit« als auch als »Orte des Rückzugs in eine Selbstbestimmung« in der alternativen Szene von Bedeutung waren.

Das ökologische Bewusstsein, die naturnahen Lebensformen, die neue Gemeinschaftlichkeit, spiritualistische Formen ganzheitlichen Lebens und nicht zuletzt die selbstverwalteten Tagungshäuser in den Kommunen wirkten auf das linksalternative Milieu ein. Die Anzahl der Besucher überstieg während der gesamten siebziger Jahre die der eigentlichen Kommunarden um ein Vielfaches. Vor allem im Sommer suchten die neugierigen linken Touristen, Hobbyjournalisten, »Flipper« oder potentiellen Nachahmer nach neuen Erfahrungen und passenden Lebensexperimenten.[362] Wichtiger als die, die einmal als Touristen »vorbeiflippten«, waren den Kommunarden freilich die ernsthaft Interessierten. »Wir wollen«, schrieb der bayrische Landkommunarde Karl-Ludwig Schibel im *Pflasterstrand*, »daß Leute kommen, die eine Weile bleiben, schauen, was wir machen, mitarbeiten – als Teil der Vermittlung unserer Praxis nach außen und als fortlaufender Diskussionszusammenhang.«[363] »Die ›Aussteiger‹ auf dem Lande genossen im linken Milieu eine

Erziehungsmodell, Herford 1979, S. 103; Müschen, »Lieber lebendig als normal!«, S. 41, 57, 87; Schibel, »Spalten der Gesellschaft«, S. 16/17; Michael Haller, »Aussteigen oder rebellieren. Über die Doppelbödigkeit der Jugendrevolte«, in: ders. (Hg.), *Aussteigen oder rebellieren. Jugendliche gegen Staat und Gesellschaft*, Hamburg 1981, S. 7-22, 18.

361 Akemeier u. a., *Utopie*, S. 48.

362 Hübsch, *Alternative Öffentlichkeit*, S. 17, 95; Glätzer, *Landkommunen*, S. 47-53, 66, 88; Vollmar, *Alternative Selbstorganisation*, S. 86, 106.

363 Schibel, »Spalten der Gesellschaft«, S. 35 (Zitat S. 17).

hohe Aufmerksamkeit und verbreitetes Wohlwollen«, schrieb derselbe Autor rückblickend 2008.[364]

Gemeinsame und »ganzheitliche« Arbeit in Landwirtschaft und Handwerk, ökonomische Unabhängigkeit, eingeschränkter Konsum, Fortschrittsskepsis, eine makrobiotische Ernährungsweise, ökologische und naturnahe Lebensführung, eine gewisse Abgeschiedenheit und demzufolge eine stärkere Zentrierung auf das Innenleben als bei städtischen Wohngemeinschaften sowie dadurch bedingte ambitionierte Erwartungen an das kollektive Zusammenleben kennzeichneten viele Landkommunen.[365] Meist waren die Kommunarden ehemalige WG-Bewohner, denen diese Lebensweise nicht mehr weit genug gegangen war.[366] Wissenschaftler, die 52 städtische Wohngemeinschaften und zwei Landkommunen besucht hatten, urteilten über die Landkommunarden: »Sie leben wie auf einem anderen Stern.«[367]

Die Landkommunen waren weit mehr als nur neue Wohnexperimente. Sie integrierten ihre Lebenswelt in einen umfassenden Ansatz, der als »authentisch« und »ganzheitlich« ausgegeben wurde.[368] Die meisten von ihnen verfolgten – als freiwilliger Zusammenschluss gleichberechtigter Menschen – das Ziel, basisdemokratische Lebens- und Arbeitsformen zu entwickeln, die einer ökologischen Lebensführung entsprachen und in einer Gruppenidentität aufgingen. Gemeinsamer Besitz an Boden und Produktionsmitteln, eine gemeinsame Kasse und eine weitgehende wirtschaftliche Autarkie, gleichberechtigte Arbeitsbeziehungen, Verbindung von Arbeit und Freizeit, vielseitige und nichtentfremdete Beschäftigungsformen, Naturverbundenheit und enge emotionale Beziehungen zueinander kennzeichneten den Anspruch auf Authentizität vieler Landkommunen.[369] Beispielhaft hierfür mag die Selbstdarstellung der

364 Schibel, »Kommunebewegung«, S. 534.
365 Cyprian, *Sozialisation*, S. 10, 75, 118; Siegfried, *Time is on my side*, S. 651; Korczak, *Neue Formen*, S. 32/33; Glätzer, *Landkommunen*, S. 52; Vollmar, *Alternative Selbstorganisation*, S. 104; Goetz, *Von der Landkommune*, S. 44.
366 Schülein, »Einige Bemerkungen«.
367 Cyprian, *Sozialisation*, S. 75.
368 Uwe Kurzbein, »Die Plackerei. Nachdenken über Heilung in der Gemeinschaft«, in: Kollektiv KommuneBuch (Hg.), *Das KommuneBuch. Alltag zwischen Widerstand, Anpassung und gelebter Utopie*, Göttingen 1996, S. 256-274, hier S. 258/259; Glätzer, *Landkommunen*, S. 14, 20, 45, 189, 191-200.
369 Elisabeth Voß, »Was ist eine Kommune?«, in: Kollektiv KommuneBuch (Hg.),

1972 gegründeten Obermühlen Family aus Bayern stehen, die sich 1974 im Alternativblatt *Ulcus Molle Info* folgendermaßen vorstellte:

das verstehen ganzheitlicher systeme (wie meditation, die meister, yoga, bewußtseinserweiternde und -verbreitende mittel etc.) / kommunikation (jeglicher art auf allen wegen) / behausung und landnutzung, handschöpfungen (auch produktion materieller güter) / gemeinschaften / lernen (nicht ausbilden!) / körper (wie: natürliches leben; du ißt was du bist; naturheilverfahren etc.).

Die rund zehnköpfige, international zusammengesetzte Landkommune, deren Mitglieder meist über 30 Jahre alt waren, lebte mehr schlecht als recht auf einem alten Bauernhof am Alpenrandgebiet von ökologischer Landwirtschaft, handwerklichen Arbeiten und einem Kräuterversandhandel. Die fünfzehn Kühe, vier Schafe und zwei Ziegen reichten für die anvisierte Subsistenzwirtschaft genauso wenig aus wie die Gartenprodukte und die Kräutersammlungen. Zur Haupteinnahmequelle wurden Kurse, die man für jährlich etwa 600 Besucher veranstaltete. Die Obermühlen-Familie versuchte explizit und programmatisch, »Ganzheitlichkeit« zu ihrem Lebens- und Arbeitsprinzip zu erheben, wobei spirituelle und feministische Impulse eine herausgehobene Rolle spielten. Vegetarische Ernährungsweise, handwerkliche Arbeiten, spirituelle Ausrichtung auf kosmologische Zusammenhänge, Gemeinschaftlichkeit und Solidarität umschrieben den Lebensstil.[370]

Viele Landkommunen waren durch solcherlei Ganzheitlichkeit und Natürlichkeit gekennzeichnet, die mit einer Romantisierung der Natur, Konsum- und Stadtkritik und dem Einpassen der Lebensvollzüge in natürliche Rhythmen Hand in Hand gingen. Die Aufhebung der Trennung von Hand- und Kopfarbeit, von Wohn- und Arbeitsplatz, die Verbindung von Produktion und Konsum-

Das KommuneBuch. Alltag zwischen Widerstand, Anpassung und gelebter Utopie, Göttingen 1996, S. 17-26; Uwe Kurzbein, »Schrittweise. Geschichte der Kommunebewegung aus persönlicher Sicht«, in: Kollektiv KommuneBuch (Hg.), *Das KommuneBuch. Alltag zwischen Widerstand, Anpassung und gelebter Utopie*, Göttingen 1996, S. 37-68, hier S. 39; Müschen, »*Lieber lebendig als normal!*«, S. 101/102; Armin Massing, »Geschichte der politischen Kommunen in der BRD seit den 1970er Jahren, S. 2/3«, in: ASB Freiburg, Bro 2.0.1.8.

370 Zitat: »Obermühlen-Family«, in: *Ulcus Molle Info* 7/8 (1974), S. 5; zitiert nach Thomas Daum, *Die 2. Kultur. Alternativliteratur in der Bundesrepublik*, Mainz 1981, S. 105; Glätzer, *Landkommunen*, S. 63-67.

tion sowie kooperative Formen der Zusammenarbeit ergänzten das Prinzip der Ganzheitlichkeit. Authentisch zu leben, wie es immer wieder hieß, meinte primär ganzheitlich zu leben und somit Sexualität, Sozialbeziehungen, Arbeit, Wohnen und Freizeit holistisch miteinander zu verknüpfen.[371]

Der Anspruch war, verglichen mit der überwiegenden Mehrheit der städtischen Wohngemeinschaften, viel weiter gesteckt und umfassender ausgerichtet. Gegenüber deren eher episodischen Gemeinschaften war der Lebensentwurf in den Landkommunen dauerhafter und langfristiger angelegt. So beschränkte sich die kollektive Existenz nicht nur auf das Wohnen, sondern integrierte Wohnen und Arbeit zu einem einheitlichen Projekt (inklusive der Prinzipien von Arbeitsrotation, einheitlicher Entlohnung und Gleichstellung aller Arbeitsformen). Entscheidungen in Haushaltsführung und Arbeit wurden im Plenum besprochen und öfter als in den Wohngemeinschaften nach dem Konsensprinzip und nicht durch Abstimmungen gefällt. Auch die gemeinsame Kasse nutzte man intensiver. Die Wertschätzung für eine weitreichende Integration des Einzelnen in die Gemeinschaft war zweifellos ausgeprägter.[372]

Als Vorbild für die Landkommunen fungierte die politisch bunt gemischte Lebensreformbewegung in den rund 100 jugendbewegten Siedlungen aus dem späten 19. und frühen 20. Jahrhundert, seltener auch die israelischen Kibbuzim. Vor allem aber waren es die Hippies und Yippies, wie die Anhänger der US-amerikanischen Youth International Party genannt wurden. Beeindruckend war die auf der anderen Seite des Atlantiks ungebrochene Kommunentradition, angefangen bei der Oneida Community im Bundesstaat New York, die Mitte des 19. Jahrhunderts von radikalen Christen ins Leben gerufen wurde, bis zu den Kommunen in den sechziger Jahren des 20. Jahrhunderts. Die Verknüpfung von Arbeit und Leben in einem möglichst herrschaftsfreien Raum, naturnahe Le-

371 Brand, u.a., *Aufbruch*, S.162; Vollmar, *Alternative Selbstorganisation*, S.20-22; Müschen, *»Lieber lebendig als normal!«*, S.101.

372 Dieter Bensmann, »Gemeinsame Ökonomie«, in: Kollektiv KommuneBuch (Hg.), *Das KommuneBuch. Alltag zwischen Widerstand, Anpassung und gelebter Utopie*, Göttingen 1996, S.196-230; Voß, »Was ist eine Kommune?«, S.18-20; »Sind Kommunen politisch?«, S.14; Vollmar, *Alternative Selbstorganisation*, S.14, 17/18, 77, 90. Vgl. auch Kollektiv KommuneBuch (Hg.), *Das Kommune-Buch*, S.127/128.

bensweisen und bewusste Ernährung, biologische Bodenbearbeitung, freie Kindererziehung, Selbsthilfegruppen, freie Kliniken, Lebensmittelkooperativen und Umweltschutzinitiativen waren in den amerikanischen Kommunen gebündelt, die oftmals ganze Dörfer mit mehreren hundert Personen umfassten und ein ganzes System alternativer Lebens- und Arbeitszusammenhänge ausbildeten. So lebten auf dem 700 Hektar großen Gelände der 1971 gegründeten Kommune The Farm Ende der siebziger Jahre 1200 Personen. Das war freilich in der Bundesrepublik nicht zu realisieren und man beschränkte sich lieber auf ein gutnachbarschaftliches Verhältnis zu den konventionellen Bauern. Mehr als maximal zwei oder drei alternative Bauernhöfe konnte man in einem deutschen Dorf der siebziger oder achtziger Jahre nicht nebeneinander finden – die Ökodörfer entstanden erst in den neunziger Jahren.[373]

5.2.1 Umfang, Sozialprofil und Motive

Wir wissen nicht, wie viele Kommunen es in den siebziger und achtziger Jahren in der Bundesrepublik gab. Gleichwohl findet sich öfter die Einschätzung, dass sich die Anzahl ab etwa 1973 angeblich rasch vergrößert hat.[374] In Deutschland waren Landkommunen insgesamt jedenfalls weniger verbreitet als in den USA, aber auch als in England, der Schweiz oder Südfrankreich.[375] Nach der nicht immer zuverlässigen Darstellung des Psychologen und Teilzeit-

373 Leineweber/Schibel, *Die Revolution ist vorbei*, S. 35-41; Goetz, *Von der Landkommune*, S. 20-41, 46-110; Janos Frecot u. a., »Abriß der Lebensreform«, in: Wolfgang Kraushaar (Hg.), *Autonomie oder Getto? Kontroversen über die Alternativbewegung*, Frankfurt/M. 1978, S. 210-245; Goetz, *Von der Landkommune*, S. 62-70 (über Twin Oaks), 106-109 (zu The Farm), 126/127 (eine Übersicht); Schibel, »Kommunebewegung«, S. 533; Glätzer, *Landkommunen*, S. 8, 10, 57; Vollmar, *Alternative Selbstorganisation*, S. 36-39, 43, 46, 51, 59, 113, 145-149; Korczak, *Neue Formen*, S. 38-51; Schülein, »Beziehungsprobleme«, S. 161; Bernd Leineweber, Karl-Ludwig Schibel, »›Die Alternativbewegung‹. Ein Beitrag zu ihrer gesellschaftlichen Bedeutung und politischen Tragweite, ihren Möglichkeiten und Grenzen«, in: Wolfgang Kraushaar (Hg.), *Autonomie oder Getto? Kontroversen über die Alternativbewegung*, Frankfurt/M. 1978, S. 98-125, hier S. 110/111; Schibel, »Spalten der Gesellschaft zu leben«, S. 32, 35.

374 Koenen, *Das rote Jahrzehnt*, S. 353; Demele, *Leben & Lernen*, S. 57. Goetz, *Von der Landkommune*, S. 42, sieht 1975 als entscheidendes Wendejahr.

375 Glätzer, *Landkommunen*, S. 57; Brand u. a., *Aufbruch*, S. 162; Goetz, *Von den Landkommunen*, S. 43.

kommunarden Klaus-Bernd Vollmar gab es die ersten Kommunen dieser Art schon zu Beginn der sechziger Jahre, allerdings lässt sich dies nicht mit anderen Quellen belegen.[376] 1971 schätzte der *Spiegel* ihre Zahl auf etwa 60. Die *konkret* sprach 1973 bereits von 10 000 Personen, die in Landkommunen lebten, während an anderer Stelle von nicht mehr als 2500 Personen die Rede ist.[377] Im Jahr 1977 soll es dann rund 200 Landkommunen gegeben haben, während man in den USA zu dieser Zeit mindestens 6000 zählen konnte.[378] Die meisten Gründungen soll es Mitte der siebziger Jahre gegeben haben, in den achtziger Jahren folgten weitere Neubildungen. Nun entstanden auch neue Formen wie Ökodörfer und andere Siedlungen.[379]

In den siebziger Jahren konnte man die Landkommunen insbesondere in Bayern, Hessen, Niedersachsen und im Schwarzwaldgebiet finden. Die kostengünstigen Höfe lagen oft in Zonenrandgebieten, Mittelgebirgslagen oder dort, wo die Bodenverhältnisse schlechter waren.[380] Selten war das bearbeitete Land größer als fünf Hektar, für gewöhnlich war es gepachtet und sollte neben dem primären Zweck der Eigenversorgung auch als Nebenerwerbsquelle dienen.[381] Die Gründe für die vergleichsweise geringe Verbreitung

376 Vollmar, *Alternative Selbstorganisation*, S. 46. Zur allgemeinen Unzuverlässigkeit von Vollmars Darstellung siehe etwa Peinemann, *Wohngemeinschaft*, S. 178-183 (mit einer Gegenkritik Vollmars ebd., S. 184-186); Glätzer, *Landkommunen*, S. 56, 60/61.

377 Peter Brügge (Pseudonym von Ernst Hess): »Wir wollen, daß man sich an uns gewöhnt«, in: *Der Spiegel* 33 (09. 08. 1971), S. 36-51; *konkret* 25 (14. 06. 1973); Glätzer, *Landkommunen*, S. 60; Vollmar, *Alternative Selbstorganisation*, S. 47; Müschen, *»Lieber lebendig als normal!«*, S. 89.

378 Glätzer, *Landkommunen*, S. 61; Akemeier u. a., *Utopie*, S. 49; Goetz, *Von der Landkommune*, S. 42; Schenk, *Wir wohnen zusammen*, S. 268; Schibel, »Kommunebewegung«, S. 534; Brand u. a., *Aufbruch*, S. 162; Vollmar, *Alternative Selbstorganisation*, S. 113; Demele, *Leben & Lernen*, S. 64; Müschen, *»Lieber lebendig als normal!«*, S. 89. Glätzer, *Landkommunen*, S. 213, gibt für 1978 sogar 20 000 Landkommunen in den USA an.

379 Glätzer, *Landkommunen*, S. 26-53; Demele, *Leben & Lernen*, S. 57. Zu den achtziger und neunziger Jahren Kurzbein, »Schrittweise«, S. 53, 60-67; Elisabeth Voß, »Wege, Umwege, Irrwege. Ein Versuch über die Sehnsucht«, in: Kollektiv KommuneBuch (Hg.), *Das KommuneBuch. Alltag zwischen Widerstand, Anpassung und gelebter Utopie*, Göttingen 1996, S. 69-98, hier S. 84.

380 Glätzer, *Landkommunen*, S. 62, 127; Demele, *Leben & Lernen*, S. 70; Goetz, *Von der Landkommune*, S. 44; Schibel, »Kommunebewegung«, S. 534.

381 Glätzer, *Landkommunen*, S. 62.

der Landkommunen sind wohl vor allem in den hohen Grund-
stückspreisen, den Pachtkosten, der dichten Besiedlung der Bundesrepublik, der starken Kapitalisierung der Landwirtschaft sowie
in den restriktiven Rechtsvorschriften zu suchen.[382] An Interesse
und Neugier mangelte es jedenfalls nicht. In einer Emnid-Umfrage
erklärten 1975 immerhin 28 Prozent der 13- bis 24-Jährigen, sie sym-
pathisieren mit »jungen Leuten, die versuchen, ein ganz einfaches
Leben ohne Komfort und hohe Ansprüche zu führen«.[383]

Unter denen, die sich für ein Leben auf dem Lande entschieden, waren in erster Linie Stadtbewohner.[384] Der Autor einer 1979
erschienenen Studie über die Landkommunen in Deutschland
verdeutlicht, dass deren soziale Zusammensetzung offenbar etwas
vielgestaltiger war als die der städtischen Wohngemeinschaften.
Er konstatierte eine »[b]unte Mischung aus ehemaligen Studenten, die ihr Studium abgebrochen haben, gelernten Handwer-
kern, die aus dem Berufsleben ausgeschert sind, vielen frustrierten
›Dienstleistenden‹, immer mehr Ex-Studenten mit abgeschlossener
Universitätsausbildung, die sie jedoch selten praktisch einsetzen
können, noch in Ausbildung stehenden Schülern und Studenten,
sowie Nur-Ex-Hausfrauen, die aus dem Alltagsfamilientrott ausge-
schwenkt sind«.[385]

Ein anderer zeitgenössischer Autor schätzte den Anteil der Arbeiter sogar auf 20 Prozent. Durch die zunehmend zerstückelten
Arbeitszusammenhänge, die Beschäftigung in anonymen Betrieben, ein wachsendes Anforderungsprofil und die Technisierung
der Arbeitsplätze würden sie in die Landkommunen getrieben, so
dass Vollmar in ihnen sogar einen »antiintellektuellen Hauch« zu
verspüren glaubte. Ohne dass dies statistisch nachweisbar ist, dürfte die soziale Durchmischung in den Landkommunen tatsächlich
höher gewesen sein als in den städtischen Wohngemeinschaften –
schon allein deswegen, weil der Anteil der aktiven Studenten logi-

382 »Wie ihr zu einem Bauernhof kommt«, in: *WG-KOOP Papier* 1 (November/
Dezember 1974), S. 13/14 (diese Broschüre findet sich in: afas Duisburg,
90.IV.3.2.1); Glätzer, *Landkommunen*, S. 59, 121/122, 133, 162; Vollmar, *Alternative Selbstorganisation*, S. 64; Goetz, *Von der Landkommune*, S. 42.

383 Zitiert nach Siegfried, *Time is on my side*, S. 651.

384 Scheding, »So leben sie«; Demele, *Leben & Lernen*, S. 64; Müschen, *»Lieber
lebendig als normal!«*, S. 90; Massing, »Geschichte«, S. 5 (Fußnote 26).

385 Demele, *Leben & Lernen*, S. 64.

scherweise geringer ausfiel.[386] Arbeitslosigkeit, so wird des Öfteren vermutet, stellte ein weiteres Motiv für die Kommunardenexistenz dar. Eventuell spielte auch das Aussterben von tradierten Berufen eine Rolle, da diese in den alternativen Handwerkskollektiven eine neue Nische fanden.[387]

Da vorgängige Arbeitserfahrungen oder ein abgeschlossenes Hochschulstudium bei den Landkommunenbewohnern keine Seltenheit waren, lag der Altersschnitt hier höher als bei den städtischen Wohngemeinschaften. »Landkos [also Landkommunenbewohner, Anm. d. Verf.] über 30 Jahre sind keine Seltenheit«, schrieb der Landkommunenaktivist Harald Glätzer im Jahr 1978. Vollmar schätzte, dass zehn Prozent der Personen über einen Studienabschluss verfügten. Darüber, ob der Anteil der Kinder höher oder niedriger war als bei den städtischen Wohngemeinschaften, finden sich unterschiedliche Einschätzungen.[388]

Als Motiv für den Einzug in eine Landkommune gaben viele die Ruhe vor der Hektik des urbanen Lebens und den Abstand zur »Unwirtlichkeit« der Städte an. So geißelte man die »neuesten Errungenschaften der Großstadtzivilisation«: »graue Beton-Skylines, erhöhte Smog-Gefahr, totale Überfüllung der Städte mit Autos, Zerstörung von Wohnhäusern zugunsten von Bürohochhäusern und gleichzeitiger Bau von Hochhaussiedlungen«. Städtische Arbeit, Stress, Automatisierung, ja, das »stinkende System« mit seinen »verdorbenen Produkten«, die in »Scheiße und Gift ersticken«, waren die derben Stichwörter für den Ausstieg.[389] Ein anderer Kommunarde gab an, er wolle sich von seinen »Rollenzwängen befreien« und überhaupt mache ihn die Stadt »krank«: »Lärm-Dreck-Graueintönigkeit-Fahrpläne-Gestank«. Ein dritter meinte: »In der Stadt versauere ich langsam.« Er suchte ein »gutes Zusammenleben«. Neben Jugendarbeit und Kommunikationszentren bedeutete dies für ihn: »bio-dyn[amischer] Anbau, Schafe, Hühner, Töpfern,

386 Glätzer, *Landkommunen*, S. 16, 18, 61, 126; Vollmar, *Alternative Selbstorganisation*, S. 29, 80-87 (Zitat S. 81).

387 Glätzer, *Landkommunen*, S. 16, 61, 126; Vollmar, *Alternative Selbstorganisation*, S. 29; Müschen, *»Lieber lebendig als normal!«*, S. 90.

388 Glätzer, *Landkommunen*, S. 61/62; Voß, »Was ist eine Kommune?«, S. 25; Vollmar, *Alternative Selbstorganisation*, S. 74; Demele, *Leben & Lernen*, S. 64, 82, 87-91; Müschen, *»Lieber lebendig als normal!«*, S. 91/92.

389 Demele, *Leben & Lernen*, S. 68; Müschen, *»Lieber lebendig als normal!«*, S. 90/91; Schibel, »Spalten der Gesellschaft«, S. 33/34.

Holzarbeiten, Kleidung selber machen, Photographie und was uns sonst noch einfällt«.[390] Weitere Motive waren die Möglichkeit zu ökologisch orientierter Selbstversorgung und ganzheitlicher Gemeinschaftlichkeit in einer überschaubaren Gruppe. Zudem spielte die Absage an ein entfremdetes Leben eine wichtige Rolle.[391] Was ein Landkommunarde über das Leben auf dem Hohenberger Hof in Bayern schrieb, war also durchaus typisch:

Die Hohenberger verbrauchen kein Benzin, keinen Alkohol, keinen Tabak, kein Fleisch, keinen Kaffee, Tee nur aus Kräutern, die in der Umgebung wachsen, gesüßt mit eigenem Honig usw. […] Konsumverzicht, die weitreichende Beschränkung auf das, was der Boden und die eigenen Hände hervorbringen, haben ihnen einen beträchtlichen Freiraum geschaffen.[392]

Ähnlich wie bei den Wohngemeinschaften kann man nicht von *der* Landkommune sprechen, da sich hier ebenfalls eine Reihe von unterschiedlichen Typen ausbildete, die trotz der skizzierten Ähnlichkeiten auch deutliche Unterschiede aufwiesen. Anders als bei den Wohngemeinschaften liegen für die Landkommunen allerdings keine umfassenden soziologischen oder gar quantifizierenden Erhebungen vor, so dass eine genaue Typologisierung unterschiedlicher Formen nicht möglich ist. Aus den publizierten Erfahrungsberichten und den ethnographisch angelegten teilnehmenden Beobachtungen zeitgenössischer Wissenschaftler lassen sich grob fünf Ausrichtungen unterscheiden: erstens ökologische Kommunen, zweitens Kommunen, in denen in möglichst machtfreien und ganzheitlichen Beziehungen kollektiv gearbeitet wurde, drittens gruppendynamisch-spirituell angehauchte Kommunen, viertens Musikkommunen und fünftens einige wenige Sexkommunen. Sie werden im Folgenden vorgestellt.

---

390 Zitiert nach Glätzer, *Landkommunen*, S. 105.
391 Peinemann, *Wohngemeinschaft*, S. 40-56 (Interview mit der Landkommune Bülitz); Glätzer, *Landkommunen*, S. 35; Müschen, *»Lieber lebendig als normal!«*, S. 91.
392 Schibel, »Spalten der Gesellschaft«, S. 33.

5.2.2 Ökologische Landwirtschaft
und Handwerksproduktion

Gartenbau, Obstkulturen und die landwirtschaftliche Produktion von Nahrungsmitteln – in den meisten Kommunen wurde für den Selbstbedarf angebaut. Anfänglich kam es nur selten zu größeren Überschüssen, die auf den Wochenmärkten oder auf dem Hof selbst verkauft wurden. Schließlich waren die zur Verfügung stehenden Nutzflächen oft nicht größer als fünf Hektar.[393] Zuweilen bestanden jedoch Kooperationsbeziehungen zur alternativen Szene in den Städten, die im Laufe der achtziger und neunziger Jahre in einer Reihe von Fällen durch Einkaufsgenossenschaften, Lebensmittelkooperativen oder Naturkostläden institutionalisiert wurden. Mitte der achtziger Jahre gab es in Berlin schon 41 Naturkostläden. Frühe Trendsetter waren in den siebziger Jahren Lebensmittelkooperationen, deren Namen – Braunreis, Kraut und Rüben, Biotopia, Mutter Erde, Sesammühle oder Siebenkorn – nicht nur programmatisch klangen.[394]

Die meisten Landkommunen beabsichtigten, in biologisch-dynamischer Landwirtschaft ökologisch anzubauen, keine chemischen Mittel und anorganischen Zusätze einzusetzen und eine ressourcenschonende Lebensweise zu praktizieren. Der Mensch wurde als Teil der Natur gesehen, und ein naturnahes Dasein galt als qualitätsvolleres und erfüllteres Leben.[395] Ohne große Maschinenparks und mit viel Handarbeit, mit gesundem Mischfutter ohne Hormon- und Antibiotikazusätze für die Tiere, ohne Kunstdünger und Spritzmittel wurde in Mischkulturen rotierend unterschiedliches Getreide und Gemüse angebaut. Man orientierte sich am natürlichen Kreislauf und versuchte, die landwirtschaftlichen Anbaumethoden entsprechend auszurichten: »Wir erzeugen so viel wie möglich von dem, was wir brauchen, selbst und geben dem

393 Peinemann, *Wohngemeinschaft*, S. 54-56; Glätzer, *Landkommunen*, S. 58; Müschen, *»Lieber lebendig als normal!«*, S. 92; »Zur Situation der Öffentlichkeit von WG's«, in: *Carlo Sponti* 18/19 (1976), S. 10.

394 Brand u. a., *Aufbruch*, S. 163; Müschen, *»Lieber lebendig als normal!«*, S. 102-104; »Zur Situation der Öffentlichkeit in WG's«, S. 10; Mailänder/Zander, *Das kleine Westberlin-Lexikon*, S. 191; Barbara Lang, *Mythos Kreuzberg. Ethnographie eines Stadtteils (1961-1995)*, Frankfurt/M., New York 1998, S. 121.

395 Glätzer, *Landkommunen*, S. 7; Goetz, *Von der Landkommune*, S. 97.

Land so viel wie möglich zurück«, umschrieb ein Landkommunarde aus Bayern diese Zielrichtung.[396] Der ehemalige Student Gerrit aus einer Landkommune bei Bremen formulierte es drastischer: Man betreibe Ackerbau und Viehzucht »ohne die Scheiße von der Düngemittelindustrie«.[397]

Die Landkommunarden kamen meist aus landwirtschaftsfernen Berufen und hatten keinerlei Erfahrungen in diesem Metier. Auch beim Einstieg in das Landkommunardendasein wurde das nötige Know-how in der Regel nicht systematisch erlernt. Durch Ausprobieren, autodidaktisches Bücherstudium und Nachfragen eignete man sich nach und nach das nötige Wissen über Aussaat, Anbau, Aufzucht oder natürliche Konservierungsmethoden an. Einigermaßen verlässliche Ratgeberliteratur in Sachen biologisch-dynamischer Landwirtschaft war allerdings erst ab Mitte der siebziger Jahre erhältlich, so dass Learning by Doing zunächst eine wichtige Rolle spielte.[398] Gerade in der ersten Hälfte der siebziger Jahre behalfen sich viele Landkommunen mit konventionellen Methoden und schoben den ökologischen Anbau mangels Erfahrung erst einmal auf. Auch Mitte des Jahrzehnts gab es noch immer Kommunen wie jene, die der *Spiegel* 1975 herablassend als »Pusteblume linker Romantik« abkanzelte: »Wer nach einem Jahr noch nicht weiß, ob die Feuchtigkeit in den zerkochten Futterkartoffeln ausreicht, um den Durst der Sau zu stillen, und wer jeden Job, der länger als eine Stunde in Anspruch zu nehmen verspricht, lieber gar nicht erst beginnt, der wird's zum Landwirt wohl nimmer bringen.«[399]

»Unsere Gesundheit werden wir uns erkämpfen müssen«, deklamierte Harald Glätzer Mitte der siebziger Jahre.[400] Kritik an chemisch behandelten Nahrungsmitteln, an den Monokulturen, am »Konservenfraß« und Schnellimbiss sowie an industriell hergestellten Lebensmitteln hatten die ersten biologisch-dynamischen Gehversuche befeuert. Tiefe Skepsis gegenüber technologischen Großprojekten begleitete den ökologischen und gesundheitsbewussten Lebensstil, der zugleich immer auch ein Plädoyer für überschaubare

---

396 Schibel »Spalten der Gesellschaft«, S. 25/26 (Zitat S. 26).

397 »Ausgeflippt nach Gutsherrenart«, in: *konkret* 25 (14. 06. 1973), S. 23.

398 Glätzer, *Landkommunen*, S. 230/231; Peinemann, *Wohngemeinschaft*, S. 43/44, 47/48; Leineweber/Schibel, »Die Alternativbewegung«, S. 108-115.

399 »Wie ist der Durst der Sau zu stillen?«, in: *Der Spiegel* 28 (07. 07. 1975), S. 64/65.

400 Zitiert nach Vollmar, *Alternative Selbstorganisation*, S. 117.

kleine Strukturen und personale Interaktionen beinhaltete.[401] Die Arbeit mit Kompost und Gründüngung anstatt mit Kunstdünger, eine ausgeklügelte Anbaurotation anstatt teurer chemischer Mittel, das Eggen der Felder anstatt tiefes Pflügen mit großen Traktoren, alte bäuerliche Konservierungs-, Lagerungs- und Zubereitungsmethoden der Produkte (Räuchern, Pökeln, Gären, Einwecken etc.) anstatt Tiefkühlung und Frostung waren die ersten Mittel und Methoden zur ökologisch ausgerichteten Landwirtschaft.[402] Gesunde und zuweilen vegetarische und makrobiotische Ernährung stand zunächst im Vordergrund, so dass einige schon über den »Fetischismus« der »Reformhausideologie« klagten. Dazu trat die Produktion von pflanzlichen Arzneien und Naturheilmitteln wie Kräutertees, Ölen oder Salben.[403] Die Liste der Dinge, denen man kritisch gegenüberstand, war lang: Weißbrot, Weizenmehl, weißer Zucker, industriell gefertigtes Backwerk im Allgemeinen, Konservierungs- und künstliche Aromastoffe, Tenside in Waschmitteln, jodarmes Salz, Schwermetalle in Plastikgefäßen, Bleichmittel, Kreide in der Zahnpasta, synthetische Parfüms, grelle Farben, aromatisierte Geschmacksrichtungen und vieles andere mehr galt es zu überwinden, um zu einem ebenso gesunden wie auf Erhaltung und Bewahrung ausgerichteten Leben zu finden.[404]

Die Nutzung regenerativer Energien wie Wind, Wasser und Sonnenkraft wurde schon in den frühen siebziger Jahren angestrebt, aber nur in Ansätzen umgesetzt – etwa bei den alternativen Gruppen Prokol und Katalyse in Essen.[405] Gegen den »Raubbaustandpunkt« setzte man den »Kreislauf natürlicher Rhythmen« und die Nutzung erneuerbarer Energien, um eine Alternative zur

---

401 Vgl. Glätzer, *Landkommunen*, S. 29-31; Demele, *Leben & Lernen*, S. 73; Goetz, *Von der Landkommune*, S. 82.

402 Glätzer, *Landkommunen*, S. 128/129; Demele, *Leben & Lernen*, S. 70; Goetz, *Von der Landkommune*, S. 43.

403 Glätzer, *Landkommunen*, S. 66, 86; Goetz, *Von der Landkommune*, S. 82; Vollmar, *Alternative Selbstorganisation*, S. 73; Demele, *Leben & Lernen*, S. 73, 83; Schibel, »Spalten der Gesellschaft«, S. 26/27.

404 Jörg Türschmann, »Am Strand von TUNIX. Körperdiskurse, Pazifismus und Natursehnsucht in der Ökobewegung«, in: Faulstich, Werner (Hg.), *Die Kultur der 70er Jahre*, München 2004, S. 37-48, hier S. 41.

405 Glätzer, *Landkommunen*, S. 81, 86, 102/103; Vollmar, *Alternative Selbstorganisation*, S. 102; Demele, *Leben & Lernen*, S. 73; Leineweber/Schibel, »Die Alternativbewegung«, S. 114/115; Goetz, *Von der Landkommune*, S. 45.

»Zerstörung der Grundlagen jeglichen menschlichen Lebens auf der Erde« durch die »umweltverseuchende Industrialisierung« und »umweltzerstörende Technologie« zu finden.[406]

Die mit Kunstdünger operierende industrialisierte Landwirtschaft, Spritzmittel und technisch-chemisch optimiertes Saatgut, Monokulturen und vollautomatisierte Tierhaltungen mit chemisch unterstützter Fleischschnellzüchtung galten als Negativfolie, vor der die Landkommunarden auf natürliche und zyklische Produktionsverfahren und ein »gewaltfreies Verhältnis zur Natur« setzten.[407] Der Autor, Verleger und ehemalige Koch Werner Pieper, in Heidelberg aufgewachsen und in der Free Clinic engagiert, brachte in diesem Sinne ab 1972 das *Kompost Magazin* für »Kommunen, Landleben, Körnerbewußtsein« heraus. In der Zeitschrift wurden zweckdienliche Hinweise für alternative Handwerks- und Landwirtschaftformen kommuniziert, wobei Pieper diese Lebensform selbst konsequent vorlebte. Neben Forderungen nach einer umweltfreundlicheren Gestaltung der Gesellschaft und Grundsätzen eines ökologischen Lebensstils, Hinweisen zur bewussten Ernährung und der Hinterfragung des Konsumverhaltens fanden sich Sympathiebekundungen für den Haschkonsum. Das *Kompost Magazin* propagierte Ganzheitlichkeit und war das wichtigste Organ für die Theorie und Praxis der deutschen Landkommunebewegung. Die Erfahrungsberichte einzelner Kommunen und andere Artikel behandelten religiöse Systeme, spirituelles Wissen (Meditation, Fruchtbarkeitszyklen), anthropologische Themen (Indianer, Zigeuner), Umweltprobleme und alternative Ökonomie und spannten den Bogen bis hin zu Fragen der politischen Unterdrückung in der Bundesrepublik. Handwerkliches und einfache Küchentipps rundeten das Spektrum ab.[408] Auch die von Wolfgang Jünemann herausgegebene esoterische Zeitschrift *Middle Earth* (Auflage 8000 Exemplare) und weniger auflagenstarke Landkommunen-Postillen wie der *Grüne Zweig, Päng, Erde und Kosmos* oder die *Wald-und-*

406 Glätzer, *Landkommunen*, S. 157; Müschen, *»Lieber lebendig als normal!«*, S. 88/89; Demele, *Leben & Lernen*, S. 65.

407 Schibel, »Spalten der Gesellschaft«, S. 25/26; Leineweber/Schibel, »Die Alternativbewegung«, S. 111; Schibel, »Spalten der Gesellschaft«, S. 35; Müschen, *»Lieber lebendig als normal!«*, S. 100/101.

408 Vgl. Glätzer, *Landkommunen*, S. 96/97; Vollmar, *Alternative Selbstorganisation*, S. 168-173.

Wiesen-Zeitung aus Nürnberg vertraten einen ganzheitlichen und umfassenden Anspruch.[409]

Die Praxis in den Landkommunen sah freilich oft anders aus, als sich dies die Alternativen gewünscht hatten. Die zwölf Mitglieder der X-Kommune etwa erwarben 1972 ein Haus mit ehemaliger Dorfkneipe, Stallungen und insgesamt 14 Zimmern. Neben der Haltung einiger Kühe, Schweine, Enten, Gänse, Ziegen, Schafe und Hühner bauten die Kommunarden Viehfutter, Sonnenblumen und Getreide auf den sieben Hektar gepachteten Landes an, auf dem sich auch ein Obst- und Gemüsegarten befand. Das meist veraltete technische Gerät erschwerte den Aufbau einer funktionierenden Landwirtschaft. Nach einer zweijährigen Anlaufphase konnten die 20 bis 25 Jahre alten ehemaligen Großstädter immerhin vom Ackerbau leben. Sie hatten eine Nahrungsmittelkooperative gegründet und feste Abnehmer für ihre Produkte gefunden. Die biologisch-dynamische Komponente der Landwirtschaft zog erst allmählich in der um ihr Überleben kämpfenden Kommune ein, während die Gleichberechtigung der Geschlechter offenbar von Anfang an zum Programm gehörte.[410]

Kaum eine der ökologisch orientierten Landkommunen beschränkte sich ausschließlich auf die agrarische Produktion. Fast alle suchten nach ergänzenden Einnahmequellen. Oftmals wurden neben den Nahrungsmitteln Handwerks- und Kunstgewerbeprodukte aus eigener Herstellung verkauft. Zweitens wurden Dienstleistungen angeboten, von Handwerks-, Meditations- und Yogakursen über Teestuben bis zum makrobiotisch ausgerichteten Restaurant. Drittens ergänzte der Kleinhandel mit Kleidern oder ökologischen Lebensmitteln die Landwirtschaftsproduktion.[411] Ob nun Schreinern, Töpfern, Weben, Spinnen, Nähen oder Schnitzen; ob Kerzen, Makrameearbeiten, Korbwaren, Modeschmuck, Ta-

409 Michael Mildenberger, *Die religiöse Revolte. Jugend zwischen Flucht und Aufbruch*, Frankfurt/M. 1979, S. 192; Hübsch, *Alternative Öffentlichkeit*, S. 95, 111; Vollmar, *Alternative Selbstorganisation*, S. 32; »Ausgeflippt nach Gutsherrenart«, S. 24.

410 Glätzer, *Landkommunen*, S. 67-69; Vollmar, *Alternative Selbstorganisation*, S. 78; Müschen, *»Lieber lebendig als normal!«*, S. 92/93.

411 Glätzer, *Landkommunen*, S. 35; Demele, *Leben & Lernen*, S. 65; Müschen, *»Lieber lebendig als normal!«*, S. 95; Goetz, *Von den Landkommunen*, S. 45. Zu den Tagungshäusern in den Landkommunen siehe Müschen, *»Lieber lebendig als normal!«*, S. 63-85.

schen oder Teppiche – es war vor allem Selbstgemachtes, meist auf einem nahe gelegenen Markt, einem städtischen Flohmarkt oder an Gäste der Landkommunen verkauft, die die wenig effiziente Ökoproduktion ergänzte.[412] Zuweilen wurde die linke Szene in den Städten mittels Nahrungsmittelkooperativen und -genossenschaften beliefert (wie bei der Gruppe Neue Kultur in Hannover, der Walnuß in Heidelberg, der Bio-Centrale in München, dem Zwischenhändler Rapunzel und Distel oder der Genossenschaft Naturata), so dass (zusammen mit den Reformhäusern) ein verlässliches Abnehmernetz den ökologisch ausgerichteten Landkommunen Planungssicherheit verschaffte. In den siebziger Jahren steckten diese Einkaufskooperativen jedoch noch in den Kinderschuhen.[413]

5.2.3 Arbeitsprinzipien und Probleme mit der ökonomischen Unabhängigkeit

Die »Abschaffung« von Arbeitshierarchien und Geschlechterunterschieden, Überwindung von wirtschaftlicher Konkurrenz und Profitorientierung, Verteilung der Arbeitsbelastung nach Selbsteinschätzung und nach dem Lustprinzip, ein ganzheitliches und vielfältiges Arbeiten mit der Integration von Kopf- und Handarbeit, einheitliche Entlohnung (zum Teil auch in Naturalform), solidarische Verkehrsformen und Arbeitsrotation sowie die Gleichstellung aller Arbeiten (insbesondere von Hand- und Kopfarbeit sowie der Hausarbeit) gehörten zu den Arbeitsprinzipien in den meisten Landkommunen der siebziger Jahre. Erst in den achtziger Jahren lösten sich diese Grundsätze in Richtung Arbeitsteilung und differenzierte Lohnmodelle auf.[414] Was eine Kommunardin 1978 über ihre Arbeit in der Landkommune Wassermühle im nordhessischen

412 Goetz, *Von der Landkommune*, S. 43/44; Peinemann, *Wohngemeinschaft*, S. 45, 53; Vollmar, *Alternative Selbstorganisation*, S. 51, 58, 102; Müschen, *»Lieber lebendig als normal!«*, S. 34/35; Gerdes/Wollffersdorff-Ehlert, *Drogenscene*, S. 364.

413 Müschen, *»Lieber lebendig als normal!«*, S. 34, 102-104; Glätzer, *Landkommunen*, S. 44, 111/112; Schibel, »Spalten der Gesellschaft«, S. 34/35; Massing, »Geschichte«, S. 5 (Fußnote 26); Goetz, *Von den Landkommunen*, S. 44; »Zur Situation der Öffentlichkeit von WG's«, S. 10.

414 Schibel, »Spalten der Gesellschaft«, S. 35; Glätzer, *Landkommunen*, S. 57, 92, 103; Voß, »Was ist eine Kommune?«, S. 18; Leineweber/Schibel, »Die Alternativbewegung«, S. 97-99; Müschen, *»Lieber lebendig als normal!«*, S. 30, 33/34, 78/79.

Kirchhosbach berichtete, liefert ein anschauliches Bild dieses Anspruchs:

Überhaupt habe ich hier ungezählte Möglichkeiten, meine Fähigkeiten zu entwickeln und zu erweitern. Nicht nur was technisches Know-how betrifft (da geht es hauptsächlich um das Reparieren von Landmaschinen, Autos und Gebäuden), sondern auch im organischen Bereich, im Gemüsegarten und bei der Arbeit mit den Tieren (wir haben fünf Ziegen, fünf Bienenvölker, sieben Hühner, zwei Katzen und eine Bernhardinerhündin). Durch diese Arbeit ist mein Lebenszusammenhang überschaubarer geworden.[415]

Die breite Ausrichtung der Kommune in der alten Mühle mit mehreren Werkstätten, einem Obstgarten, einem Hektar Land, Ziegen- und Hühnerställen sowie Wochenendseminaren (zu denen Meditations- und Kochkurse ebenso gehörten wie Musikunterricht oder ein Lehrgang zum Thema »biologischer Anbau«) bot den gerade einmal sechs Bewohnern – darunter zwei Sozialpädagogen, ein Architekt und ein Maschinenbauingenieur – ein weitgefächertes Tätigkeitsfeld.[416] Die Verzahnung von Produktion und Reproduktion, die Aufhebung geschlechtsspezifischer Arbeitsbereiche, Vermeidung von Spezialisierung, selbstbestimmtes und kollektives Arbeiten und der direkte Austausch mit der Natur: Landkommunenaktivisten wie Klaus-Bernd Vollmar bezeichneten diese Lebensform als »Ideal unentfremdeter Arbeit«, in der die »Arbeitskraft nicht zur Ware« werde.[417] »Gebrauchswertproduktion« im »kollektiven genossenschaftlichen Arbeitszusammenhang« lautete die Devise des alternativen Wirtschaftens. Die selbstorganisierten Arbeiter in der Alternativproduktion wollten nicht »von Apparaturen und Verhältnissen als bloße Anhängsel mitgeschleift« werden, weshalb die Überschaubarkeit und Ganzheitlichkeit des gesamten Arbeitsprozesses für die Landkommunarden eine wichtige Rolle spielte.[418] Auch ein »natürlicher« Arbeitsrhythmus, bei dem man

415 Vivian Weigert, »Leben in einer Landkommune – eher so was wie Konsumstreik«, in: Robert Jungk, *Alternatives Leben*, Baden-Baden 1980, S. 74-77, hier S. 76 (erstmals 1978 in der *Courage* veröffentlicht). Vgl. Kurt Weichler, *Die anderen Medien. Theorie und Praxis alternativer Kommunikation*, Berlin 1987, S. 181-188.

416 Glätzer, *Landkommunen*, S. 80-84.

417 Vollmar, *Alternative Selbstorganisation*, S. 118. Vgl. Glätzer, *Landkommunen*, S. 146; Demele, *Leben & Lernen*, S. 65.

418 Müschen, *»Lieber lebendig als normal!«*, S. 29, 31.

Pausen machte, wenn einem danach war, war den Kommunarden wichtig, ebenso wie die Möglichkeit zu zwischenmenschlichem Austausch und Kommunikation bei der Arbeit.[419]

Land, Gebäude und Produktionsmittel sollten im besten Falle im Besitz der Gemeinschaft sein. Im »Idealfall«, wie die Kommuneaktivistin Elisabeth Voß meinte, brachten »alle ihr gesamtes Vermögen ein«. Gab es hingegen nur einen oder wenige Besitzer des Hofes, so hatte dies ein Ungleichgewicht bei Entscheidungen über Arbeitsformen, Renovierungen oder die Aufnahme neuer Kommunarden zur Folge, mochte die Atmosphäre auch noch so »familiär und gemütlich« sein. Eine gemeinsame Kasse, aus der jeder das entnahm, was er zum privaten Bedarf benötigte, gehörte im »Idealfall« ebenso dazu. Der Einheitslohn oder einfach eine Kollektivkasse sollten den Leistungslohn ersetzen und die Gemeinschaftlichkeit dokumentieren. Auch die Arbeitsleistungen und die Verteilung der täglich oder wöchentlich anfallenden Tätigkeiten wurden in möglichst ungezwungener Form im Kollektiv besprochen und gemeinschaftlich entschieden. Generell galt das Prinzip, »daß alle das an Arbeit leisten, was sie können, und das zum Leben bekommen, was sie brauchen«.[420]

Häufig wurden die Landkommunen in ihrem Streben nach wirtschaftlicher Autonomie enttäuscht. Allein schon Miete und Pacht, Versicherung der Tiere, Strom, Krankenkasse, Einkauf von Saatgut und Pflegemitteln, Tierarztkosten und Steuern sowie der Kauf von Maschinen und Werkzeugen sorgten für Abhängigkeiten vom Markt und für eine Einbindung in die Wirtschaft. Wegen mangelhafter finanzieller und technischer Ausstattung, karger Böden oder niedriger Marktpreise für Nahrungsmittel waren die Landkommunen zudem oft auf öffentliche Unterstützung und Hilfe durch Verwandte angewiesen.[421] Der *Spiegel* karikierte diese Situation, indem er die Kommunarden primär als Nutznießer des Wohlfahrtstaates darstellte: »Solange sie *Arbeitslosenunterstützung* beziehen, können sie die Beatsessions immer wieder von fünf Mi-

---

419 Schibel, »Spalten der Gesellschaft«, S. 27/28.
420 Voß, »Was ist eine Kommune?«, S. 19/20; Vollmar, *Alternative Selbstorganisation*, S. 58, 60, 73, 90; Schibel, »Spalten der Gesellschaft«, S. 25. Vgl. Glätzer, *Landkommunen*, S. 134/135; Demele, *Leben & Lernen*, S. 65.
421 Cyprian, *Sozialisation*, S. 120; Glätzer, *Landkommunen*, S. 121/122, 128; Müschen, »*Lieber lebendig als normal!*«, S. 94.

nuten auf fünf Stunden ausdehnen, die Heuernte immer noch einmal vertagen, und selbst wenn sie *Arbeitslosenbeihilfe*-Empfänger geworden sein werden, wird's immer noch zur Tilgung der Bankkredite reichen.«[422] In der Tat waren zusätzliche Einnahmen wie Arbeitslosengeld, BAföG, Sozialhilfe, Stipendien, Ersparnisse, Erbschaften oder Gelegenheitsjobs in den meisten Fällen unabdingbare Voraussetzungen für das Überleben der Landkommunen.[423]

Unterkapitalisierung, Abhängigkeit von kapitalistischen Marktverhältnissen und, bedingt durch den geringen Maschineneinsatz, lange Arbeitszeiten waren nicht die einzigen Herausforderungen. Als großes Problem erwies sich, die Arbeitsunwilligen und Undisziplinierten zur Solidarität zu ermahnen und den Schaden durch die unqualifizierten und unfähigen Laienarbeiter zu begrenzen. So herrschten in der 1972 gegründeten Bülitz-Kommune immer wieder chaotische Verhältnisse: »Im Gemüsegarten hatten sie die guten Oberflächenkrume weggeschaufelt, unmotiviert kleine unfertige Blockhaushütten auf der Weide errichtet und den Schweinestall für die bessere Aussicht halb abgerissen«, beobachtete ein Wissenschaftler, der die Kommune Mitte der siebziger Jahre besuchte. Eine hohe Fluktuation unter den Bewohnern machte der Gruppe zu schaffen, die auf zehn Morgen Land eine Subsistenzwirtschaft nach biologisch-dynamischen Grundsätzen sowie Stätten für kleine Handwerksarbeiten errichten wollte. Die beiden Traktoren der Kommune waren jedoch kaputt und die stadtflüchtigen Mitglieder hatten von der Landwirtschaft nur wenig Ahnung. Konzeptionslosigkeit, Instabilität der Gruppe, Unfähigkeit und mangelnder Arbeitselan waren keineswegs überall so deutlich ausgeprägt – dennoch erschwerten sie in vielen Fällen den Alltag.[424] Während für die einen zu selbstbestimmtem Arbeiten auch gehörte, sich hin und wieder mal auszuruhen und sich selbst zu finden, gab es andere, die sich in den alternativen Projekten nahezu verbrannten und viel Zeit, Herzblut und unbezahlte Arbeitsstunden in den Aufbau und Erhalt der Kommunen steckten. Die ungleiche Verteilung der

422 »Wie ist der Durst der Sau zu stillen?«, in: *Der Spiegel* 28 (07.07.1975), S. 64/65.
423 Glätzer, *Landkommunen*, S. 62, 89; Vollmar, *Alternative Selbstorganisation*, S. 80, 114; Demele, *Leben & Lernen*, S. 66; Müschen, *»Lieber lebendig als normal!«*, S. 79, 83; Goetz, *Von der Landkommune*, S. 42/43.
424 Glätzer, *Landkommunen*, S. 69-72, 93 (Zitat S. 69); Vollmar, *Alternative Selbstorganisation*, S. 117.

Arbeit nach dem Lustprinzip führte in der Praxis zu selbstausbeuterischen Tendenzen, neuen Ungleichheiten und ernsten Konflikten.[425] Was zwei Landkommunarden aus Bayern beklagten, dürfte in ähnlicher Weise allerorts gegolten haben: »Wirklich voran geht nur dann etwas, wenn jemand sich richtig darum kümmert und andere anstiftet mitzumachen.«[426] Aus einer Landkommune bei Bremen vernahm man die Klage: »Manche machen hier nur Urlaub, und wenn nichts mehr zu fressen da ist, dann trampen die zurück zu Muttern.«[427] Allzu oft unterbrachen die Kommunarden ihre Arbeiten, wenn ihnen die Lust ausging; zu wenig Erfahrungen hatten die meisten Bewohner mit handwerklich anspruchsvolleren Tätigkeiten, zu schlecht war die Ausstattung mit Werkzeugen und Spezialmaterialien, zu wenig wurden die Arbeiten effektiv koordiniert und sinnvoll durchgeplant.

Einige der deutschen Landkommunen wurden von der im Juni 1973 gegründeten Pioniersiedlung Longo Maï in der Provence beeinflusst, in der Menschen aus ganz Europa zusammenlebten. Die Schäfereigenossenschaft Finkhof aus dem Raum Oberschwaben/Allgäu beispielsweise, die sich 1971 zunächst als Wohngemeinschaft in Isny, dann 1975 als Kommune auf einem alten Bauernhof am Stadtrand und schließlich in drei voneinander unabhängigen Betriebszweigen (Schäferei, Spinnerei und Gastwirtschaft) organisiert hatte, gab Longo Maï als ihr Vorbild an. Als Leitlinie galt das Prinzip des kollektiven Eigentums an Produktionsmitteln. Eine Bedürfniskasse wurde eingerichtet, aus der sich jeder nehmen sollte, was er persönlich zu brauchen meinte. Die Hausarbeit sah man als einen der Produktionsarbeit gleichwertigen Arbeitsbereich an und die Entscheidungen sollten nach dem Konsensprinzip, also ohne Abstimmungen, gefällt werden. Weitere Kommunen wie etwa die alternative Schäferei in Reinighof im Pfälzer Wald, hatten sich ebenfalls an Longo Maï orientiert.[428]

425 Leineweber/Schibel, »Die Alternativbewegung«, S. 99/100, 107; Glätzer, *Landkommunen*, S. 120/121, 156; Demele, *Leben & Lernen*, S. 65.

426 Leineweber/Schibel, »Die Alternativbewegung«, S. 100. Vgl. auch das Vorwort zu Schibel, »Spalten der Gesellschaft«, S. 24.

427 »Ausgeflippt nach Gutsherrenart«, S. 23.

428 Wilfried Leupolz, *Der lange Marsch zum kollektiven Leben. Schäfereigenossenschaft Finkhof*, Weingarten 1983, S. 11, 13; Müschen, »*Lieber lebendig als normal!*«, S. 104/105; Kurzbein, »Schrittweise«, S. 55; Demele, *Leben & Lernen*, S. 65; Massing, »Geschichte«, S. 13, 15-36.

Die Vorbildwirkung von Longo Maï mit ihren über 200 Mitgliedern ging aber zweifellos von ihrer vergleichsweise soliden Finanzierung aus. 1975 hatte man bereits fünf Genossenschaften in der Schweiz, in Frankreich, Belgien und Deutschland (1973 im Bundenthal gegründet) aufbauen können. Demokratische Entscheidungsstrukturen, Abbau von Macht und Hierarchien, ökonomische Transparenz und kommunale Lebensformen kennzeichneten dieses von einer kommunistischen deutsch-schweizer-österreichischen Lehrlingsorganisation und der Gruppe Spartakus ins Leben gerufene Projekt. Ursprünglich wollte man die Arbeiterkämpfe durch Lebensmittellieferungen unterstützen und Arbeitsplätze für Jugendliche schaffen, bis schließlich der Genossenschaftsgedanke die Oberhand gewann. So überzeugend der Pioniergeist auch war – mit ökologischem Landbau und naturnahen Verfahren hatte Longo Maï nur wenig zu schaffen. Neben einer stark mechanisierten Landwirtschaft und Schafzucht wollte man auch weiterverarbeitende Manufakturen wie eine Konservenfabrik und Spinnereien aufbauen. Es waren die frühsozialistischen und anarchistischen Ideen wie die Kollektivarbeit, der Abbau spezialisierter Arbeitsplätze und die Kritik an der europäischen Landwirtschaftspolitik, mit denen man auf sich aufmerksam machen konnte. Besonders freundschaftlich ging es jedoch nicht zu – die kommunistischen Überzeugungen und die Arbeitsplatzbeschaffung für (Arbeiter-)Jugendliche obsiegten vor jeder Art von gruppendynamischem Experimentalismus.[429]

5.2.4 Von der Gruppendynamik bis zum Spiritualismus

»Der kapitalistische Vergesellschaftungsprozeß«, so Harald Glätzer, »läßt die Individuen sich als einander fremde, gleichgültige und menschlich isolierte Charaktermasken vermitteln.«[430] Ihre Abwendung von diesem System durch die Umsetzung der soeben geschilderten Arbeitsprinzipien verbanden die zeitgenössischen Akteure

---

429 Gilbert-François Caty, *Die umstrittenen Erben. Longo Maï und die europäischen Medien*, Gießen 1983; Beatriz Graf, *Longo maï – Revolte und Utopie nach '68. Gesellschaftskritik und selbstverwaltetes Leben in den Europäischen Kooperativen*, o. O. 2005; Glätzer, *Landkommunen*, S. 72-80; Goetz, *Von der Landkommune*, S. 104/105.

430 Glätzer, *Landkommunen*, S. 19.

daher aufs engste mit der Hoffnung, dass sich auch der Umgang miteinander ändern würde. Der Gruppenzusammenhalt in den Landkommunen sollte den »Warencharakter der Beziehungen« (Dieter Duhm) abstreifen und eine neue Form des Zusammenlebens jenseits von Kapitalismus und individueller Isolierung ermöglichen.[431] Gemeinsame Freizeitaktivitäten – ob es nun Musizieren, Malen, spirituelle Aktivitäten, psychologische Gruppengespräche oder Yogaübungen waren – wurden neben der Arbeit und den Gruppendiskussionen zu einem wichtigen sozialen Kitt der kollektiven Existenz.[432] Typisch war die Vorstellung einer Landkommune aus der Oberpfalz, die sich im Frühjahr 1975 im *Kompost Magazin* präsentierte: »keine festen zweierbeziehungen, sondern viele feste beziehungen zu jedem in der gruppe, keine fixierung auf jemanden einzelnen, sondern permanentes pulsieren, bewegung in der gruppe, die sie lebendig zusammenhält. wir müssen sehr viel lernen und aneinander arbeiten.«[433]

Der Wunsch, eine »echte Gemeinschaft« und ein »echtes Wir« in einem möglichst harmonischen sowie hierarchiefreien Zusammenleben zu bilden, wie auch das spiritualistisch ausgerichtete und naturverbundene Leben wurden ambitionierter kultiviert als in den meisten städtischen Wohngemeinschaften.[434] Über gemeinsame Arbeit und Produktion, wechselseitige Kommunikation und körperliche Nähe, kurz »über das gemeinsame Projekt«, sollten sich die Beziehungen zueinander festigen.[435] Den Bruch mit dem alten Rollenverhalten und den Konventionen vollzog man wesentlich entschiedener. Elisabeth Voß hat diesen Anspruch auf den Punkt gebracht: »Leben in der Kommune ist eine Chance zur Befreiung von gesellschaftlichen Zwängen, sowohl äußerlich durch materielle und soziale Absicherung, als auch innerlich durch Er-Leben anderer Normen und Werte als gesellschaftlich üblich.«[436] Die Kritik an Konsumismus und kapitalistischen Arbeitsweisen wurde expli-

---

431 Ebd., S. 19/20.
432 Peinemann, *Wohngemeinschaft*, S. 53; »Wie ist der Durst der Sau zu stillen?«, in: *Der Spiegel* 28 (07.07.1975), S. 64/65.
433 Zitiert nach Vollmar, *Alternative Selbstorganisation*, S. 27.
434 Demele, *Leben & Lernen*, S. 85 (Zitate).
435 Leineweber/Schibel, »Die Alternativbewegung«, S. 108.
436 Voß, »Was ist eine Kommune?«, S. 26; Vollmar, *Alternative Selbstorganisation*, S. 47/48.

zit formuliert, den »entfremdeten Formen« des Umgangs wurden die »Bedürfnisse nach Liebe und Geborgenheit« entgegengesetzt. Ein »authentischer Kontakt«, so Harald Glätzer, sei nur jenseits der kapitalistisch geformten Bedürfnisse nach Prestige und Überlegenheit, Isolierung und konsumistischer Bedürfnisbefriedigung möglich. In den Landkommunen wollte man sich jenseits von Konkurrenz und Leistungsprinzip offen begegnen und seine »wahren« Bedürfnisse entwickeln, ohne sich über den Konsum und über demonstrativ zur Schau gestellte Waren zu definieren. Konsum und Besitz verschafften nur »Scheinbefriedigungen« oder waren »Ersatz für reale Bedürfnisse« – die Warenwelt sollte unter dem Primat des »Gebrauchswertes« behandelt werden, wie man damals im marxistischen Jargon sagte.[437] Überhaupt war die Ablehnung des »Konsumterrors« der Überflussgesellschaft weitverbreitet, in der die passive Konsumtion die »Kreativität der Menschen verarmen« lasse, die Sinnlichkeit und Zwischenmenschlichkeit zerstöre. Nicht zuletzt machten die »Fertigprodukte« körperlich krank.[438]

Entscheidungen wurden in vielen Landkommunen bewusst öffentlich und nach dem Konsensprinzip gefällt, um zu verhindern, »daß Mehrheiten über Minderheiten bestimmen. Jede Stimme soll gehört werden. […] Falls kein Konsens gefunden wird, wäre die letzte Konsequenz die Trennung«, meinte eine Kommuneaktivistin. Alle sollten gleichberechtigt einbezogen werden. Der *Spiegel* karikierte diese Praxis der »ungestörten Diskussionen« in einem Artikel aus dem Jahr 1975, der eine niedersächsische AgrarKommune in dem 60-Seelen-Weiler Prießeck im Wendenland behandelte:

Diskutiert wird über alles, die Revolution, die eines Tages die Produktionsmittel in die Hände der Arbeiter überführen wird, die Jusos, von denen sie einmal mehr erwartet haben, [darüber] […] ob die Küchenabfälle dem Kompost direkt beigemengt werden sollten oder indirekt über die Verdauungskanäle der zwölf Ziegen, drei Schafe, 20 Hühner, drei Enten und 20 Stallhasen.

Zentrum dieser gruppendynamischen Diskussionen war, wie auch schon bei den WGs, die Wohnküche oder der gemütlich ausgestattete Gemeinschaftsraum.[439] Trotz formaler Gleichheit ergab sich

437 Glätzer, *Landkommunen*, S. 20-25, 112-119 (Zitate S. 20, 113, 116).
438 Ebd., S. 146/147; Leineweber/Schibel, »Die Alternativbewegung«, S. 114.
439 Vollmar, Alternative Selbstorganisation, S. 89/90.

in der Praxis der Plenumsdiskussionen eine recht unterschiedliche Wertigkeit der Redebeiträge – je nach Kompetenz, Lebenserfahrung oder kommunikativen Fähigkeiten. In der Regel wurden die Äußerungen der Kommunegründer und Hofbesitzer stärker beachtet.[440] Oft wurden auch gruppendynamische Verfahren ausprobiert, wie etwa themenzentrierte Interaktionen, Consciousness-raising-Gruppen, Transaktionsanalysen, Gestalttherapien, das Selbsthilfekonzept der Radikalen Therapie oder Supervisionen. »Ohne Sicherheitsnetze« sprach man über seine »Sehnsüchte nach Liebe und Zuneigung«, aber auch über Probleme, »Kummer und Sorgen« und aggressive Gefühle, um seine »authentische Lebendigkeit« auszuleben. Auf diese Weise wollte man seinen Gefühlen einen zentralen Platz im Miteinander geben.[441]

Die Diskussionen in den Landkommunen wurden häufig um nonverbale und körperlich orientierte Kommunikationsformen erweitert, die die verbale Gemeinschaftsbildung ergänzen sollten. Zwischen den einzelnen Ablaufphasen der Radikalen Therapie etwa wurden körperliche Ausdrucksrunden eingelegt – von Massagen und Tanzen bis zum Yoga. Neben diesen gemeinsam veranstalteten Körperübungen gab es auch einfache Körpertechniken wie Streicheln, Spielen und spirituelle Formen, die eine wichtige Rolle spielten, um die Gemeinschaft zu stärken und das »innere Gleichgewicht« zu finden.[442] »Viel Streicheln und Schmusen braucht man hier schon, sonst wird man verrückt«, meinte eine Kommunardin im Jahr 1973 über ihr Leben in der fünfköpfigen Wümme-Kommune in Norddeutschland.[443]

Zweierbeziehungen waren zwar, wie auch in den Wohngemeinschaften, nicht unüblich. Anspruchsdenken in der Partnerbeziehung oder eine Isolation der Paare waren allerdings verpönt. Es

440 Voß, »Was ist eine Kommune?«, S. 20/21, 26; »Wie ist der Durst der Sau zu stillen?«, in: *Der Spiegel* 28 (07.07.1975), S. 64/65. Vgl. Vollmar, *Alternative Selbstorganisation*, S. 60.

441 Kurzbein, »Die Plackerei«, S. 269, 271; Vollmar, *Alternative Selbstorganisation*, S. 92; Thomas (»Thee«) Hillar, Daniela Frick, »Von Groll-, Schmuse- und Gespinsterrunde«, in: Kollektiv KommuneBuch (Hg.), *Das KommuneBuch. Alltag zwischen Widerstand, Anpassung und gelebter Utopie*, Göttingen 1996, S. 276-289 (Zitat S. 281).

442 Voß, »Was ist eine Kommune?«, S. 23; Hillar/Frick, »Von Groll-, Schmuse- und Gespinsterrunde«, S. 280, 282; Vollmar, *Alternative Selbstorganisation*, S. 93, 141.

443 »Ausgeflippt nach Gutsherrenart«, S. 23.

ging darum, zu mehreren Partnern gleichberechtigte emotionale Kontakte zu entwickeln und möglichst keine Hierarchien in den persönlichen Verhältnissen zuzulassen.[444] Haushaltsführung und Kindererziehung regelte man für gewöhnlich gemeinschaftlich oder nach dem Rotationsprinzip.[445] In einigen Projekten wurde kollektive Kindererziehung ausprobiert, wie etwa in dem 1977 von neun Personen gegründeten Kinderhof, welcher sich als Alternative zur Fürsorgeerziehung verstand und antiautoritäre Erziehungsprinzipien mit »ganzheitlichem Arbeiten« und ökologischer Ausrichtung zu kombinieren trachtete. Die jungen Menschen, die sich in dieser Kommune engagierten, alle zwischen 19 und 28 Jahren alt, versuchten ihre Expertise einzubringen, denn vier von ihnen hatten gerade ein Pädagogikstudium abgeschlossen. Daneben wirkten eine Altenpflegerin, eine Krankenschwester, eine Schülerin, ein Soziologe und ein Sanitäter mit. Dennoch unterschätzten die Kommunarden die Arbeitsbelastung, die Kinderbetreuung, Hausausbau und landwirtschaftliche Arbeit mit sich brachten:

Jeder suchte sich recht individuell Arbeitsaufgaben. Studentische Gewohnheiten, insbesondere langes Schlafen und Frühstücken lähmten manchmal tagelang sinnvolle Arbeit. Kurz gerafft möchte ich sagen: Wir waren alle viel zu unqualifiziert, um die handwerklichen Arbeiten in der willkürlich gesetzten Zeit zu lösen. […] Mir entwickelte sich die Atmosphäre immer stärker hippiehaft; vieles angepackt, wenig sinnvoll beendet, oft in den Tag hineingelebt und individualistische Marotten pflegend.

Die »vielen guten Erfahrungen mit lieben Menschen«, die auch dieser Kommunarde erfuhr, kollidierten – und ebendas war nicht untypisch – mit der Notwendigkeit regelmäßiger Arbeit.[446]

Religiöse Kommunen wie New Life, Brotherhood of the Sun, One Way, Children of God, Divine Light, Jesus People und hinduistische Kommunen wie Ananda Village oder Kripalu Yoga Ashram waren in der Bundesrepublik zweifellos nicht so weitverbreitet wie

---

444 Peinemann, *Wohngemeinschaft*, S. 51; Voß, »Was ist eine Kommune?«, S. 21/22; Vollmar, *Alternative Selbstorganisation*, S. 96, 98; Demele, *Leben & Lernen*, S. 86/87.

445 Voß, »Was ist eine Kommune?«, S. 21/22. Eine Ausnahme ist wohl die Geschichte in Vollmar, *Alternative Selbstorganisation*, S. 74.

446 Glätzer, *Landkommunen*, S. 84-92 (Zitate S. 86, 91 und 92). Vgl. Demele, *Leben & Lernen*, S. 87-91.

in den USA, wenngleich es sie – meist in Form von Landkommunen – auch hierzulande gab.[447] Auch sektiererische Zusammenschlüsse wie die hierarchisch gegliederte Mun-Sekte oder die Hare-Krishna-Bewegung kamen in der Bundesrepublik relativ selten vor. Wenn sich derartige Gruppen zusammenfanden, dann stand oft die Transzendentale Meditation im Mittelpunkt, durch die eine neue Naturverbundenheit hergestellt werden sollte.[448] In vielen Fällen zeichneten sich die spiritualistischen Experimente durch einen gewissen Eskapismus und durch Abgeschlossenheit aus. Ganzheitliche Lebensansätze, Drogenkonsum sowie die Ablehnung von Materialismus, Konsumismus und rationalen Denkansätzen waren in ihnen durchaus üblich – individuelle Besitzverhältnisse wurden häufig ganz aufgegeben. Die ganzheitlich-spirituell ausgerichteten Kommunen, so Harald Glätzer 1978, »schöpften aus den kulturellen Quellen der amerikanischen Gegenkultur, Kulturen von Minderheiten (Indianer, Zigeuner, Bauern), der Auseinandersetzung mit Drogen, Antipsychiatrie, Therapieformen, religiösen Systemen und außereuropäischem Gedankengut. Die kamen zu neuen Formen des Lebens und Arbeitens.«[449] Das Spektrum des Spiritualismus war breit gefächert – von buddhistischen, taoistischen oder hinduistischen Gruppen über spirituelle Erfahrungen beim holotropen Atmen, verschiedenste Meditationsweisen bis zu schamanischen Ritualen während Trancereisen oder indischer und indianischer Mystik. Meditation, Bio-Energetik, Therapie und Drogen wurden gleichermaßen als »bewusstseinserweiternd« verstanden. Die Übergänge zwischen psychologischen Gruppentherapien, Spiritualismus und Drogenkonsum als »unmittelbaren Erfahrungen nicht-materieller Wirklichkeit« waren fließend und können nicht immer scharf voneinander unterschieden werden. So gab etwa der

447 Zu den Jesus People: Larry Eskridge, »»One Way‹. Billy Graham, the Jesus Generation, and the Idea of an Evangelical Youth Culture«, in: *Church History* 67, 1 (1998), S. 83-106. Zur Bundesrepublik: Glätzer, *Landkommunen*, S. 34/35; Korczak, *Neue Formen*, S. 35; Brand u. a., *Aufbruch*, S. 159; Vollmar, *Alternative Selbstorganisation*, S. 103; Goetz, *Von der Landkommune*, S. 86/87.

448 *Der Spiegel* 29 (17. 07. 1978) (Titelgeschichte); Altevogt/Neraal, »Wohngemeinschaften«, S. 260; Vollmar, *Alternative Selbstorganisation*, S. 18; Goetz, *Von der Landkommune*, S. 84-85.

449 Glätzer, *Landkommunen*, S. 45. Dazu ausführlicher ebd., S. 169-176. Vgl. auch Schibel, »Spalten der Gesellschaft«, S. 34.

US-amerikanische Psychologe und Guru der Hippie-Bewegung Timothy Leary in einem Interview zum »LSD-Yoga« zu Protokoll:

Sie finden zu Ihren Sinnen zurück, Sie entdecken wieder Ihren Körper und stellen fest, daß Sie seit zwei Milliarden Jahren der genetische Kode dazu bestimmt hat, naturverbunden zu leben, und daß das Leben in den Städten eine statische, robotergleiche Existenz zur Folge hat. Die Übereinstimmung mit der Idee des Zurück-zur-Natur ist die Idee des Abtrünnigen. […] Es ist nahezu unmöglich, angesichts des Strandes, der Wälder und der Berge nicht in eine Hochstimmung zu geraten.

Auch die bundesdeutschen Landkommunen versuchten, auf unterschiedlichen Wegen im eigenen Arbeits- und Freizeitverhalten den Zyklen der Natur näher zu kommen. Anstatt die Natur auszubeuten wurde eine ganzheitlich gedachte Verschmelzung und Versenkung in der Natur angestrebt.[450] Mit diesen spirituellen Experimenten wollten die Landkommunarden den »wirklichen Sinn des Lebens« finden und die »innere Leere« überwinden.[451] Der Drogenkult wie auch die spirituellen Erkundungen waren »relativ eng mit der Landkommunebewegung verbunden«:[452] »Vielen Landkos«, schrieb Klaus-Bernd Vollmar, »wurde nach Einnahme besonders von LSD bewußt, was es heißt, in der Natur zu leben, die Ruhe dort zu genießen und sich selbst als ein Teil des großen Ganzen der Natur zu spüren. Diese Erfahrungen sind natürlich nicht alle mit Yoga und Meditation zu machen.«[453] In jedem Fall ging man den spirituellen Übungen und Meditationen regelmäßig nach und stärkte mit den kollektiven Erlebnissen das Gemeinschaftsgefühl und die »ego-überschreitende Verbundenheit«. Zuweilen sollten gar wichtige Entscheidungen im Kommuneleben durch Meditationen »herbeigeführt« werden.[454]

---

450 Glätzer, *Landkommunen*, S. 158-166, 172/173; Vollmar, *Alternative Selbstorganisation*, S. 101, 140/141; Demele, *Leben & Lernen*, S. 57/58, 75-80; Müschen, *»Lieber lebendig als normal!«*, S. 98/99; »Mit uns die Strahlen der Sonne teilen«, Interview mit Timothy Leary, in: Rolf U. Kaiser, *Fabrikbewohner. Protokoll einer Kommune und 23 Trips*, Düsseldorf 1970, S. 90.

451 Goetz, *Von der Landkommune*, S. 80/81.

452 Vollmar, *Alternative Selbstorganisation*, S. 44, 103.

453 Ebd., S. 138.

454 Gerhard Breidenstein, »Gemeinschaftsleben und Spiritualität«, in: Kollektiv KommuneBuch (Hg.), *Das KommuneBuch. Alltag zwischen Widerstand, Anpas-*

Die Anthroposophie Rudolf Steiners und seine lebensreformerischere Bewegung mit ihren Demeterläden, Weledaprodukten, Reformhäusern, Architekturvorstellungen und Waldorfschulen, wie insbesondere das 1970 gegründete Internationale Kulturzentrum in Achberg am Bodensee, wirkten in die alternative Landkommunenszene hinein. Mit ihren Prinzipien der Ganzheitlichkeit aus Körper, Geist und Seele, der gesunden Ernährung und alternativen Pharmazie, der Hinwendung zur Natur und den ökologischen Prinzipien, aber auch mit der Selbstverwaltung, genossenschaftlichen Ausrichtung, direktdemokratischen Entscheidungsstrukturen sowie der spirituellen, kosmologischen und antikausalistischen Erkenntnistheorie hatte die Anthroposophie einen nicht zu unterschätzenden Einfluss auf die Landkommunen. Harald Glätzer behauptete 1978 sogar: »Ich kenne kaum eine Landkommune, die sich nicht mit diesem Ansatz auseinandergesetzt und einige Prinzipien angewandt hätte.«[455] Gleichwohl wurde die Anthroposophie innerhalb der linksalternativen Szene auch skeptisch betrachtet. Den Reinkarnationsvorstellungen über Seelenwanderungen und Schicksalswege sowie Steiners entschiedener Kritik an der »sozialistischen Seelenblindheit« begegnete man mit Vorbehalten.[456] Institutionell war der Achberger Kreis für das linksalternative Milieu und die Partei Die Grünen jedoch besonders relevant. Joseph Beuys verknüpfte beispielsweise Steiners Vorstellungen von der Brüderlichkeit im Wirtschaftsleben mit Vorstellungen von sozialistischer Solidarität und Silvio Gesells auf Zirkulation ausgelegter Geldwerttheorie.[457]

sung und gelebter Utopie, Göttingen 1996, S. 290-300, hier S. 291, 294-300 (Zitat S. 299).

455 Glätzer, Landkommunen, S. 99. Vgl. ebd., S. 98-102; Goetz, Von der Landkommune, S 45, 93-98; Demele, Leben & Lernen, S. 61/62.

456 Joseph Huber, »Astral-Marx. Über Anthroposophie, einen gewissen Marxismus und andere Alternativen«, in: Kursbuch 55 (1979), S. 139-161 (Zitat S. 141). Den besten historischen Überblick zur Anthroposophie bietet das umfangreiche Werk von Helmut Zander, Anthroposophie in Deutschland. Theosophische Weltanschauung und gesellschaftliche Praxis 1884-1945, 2 Bde., Göttingen 2008. Siehe auch: Miriam Gebhardt, Rudolf Steiner. Ein moderner Prophet, München 2011.

457 Mende, »Nicht rechts, nicht links«, S. 141-146, 152-159.

5.2.5 Musik- und Produktionskommunen

Ein Plattenspieler und eine Musikanlage gehörten zwar zur Grundausstattung jeder Landkommune, noch wichtiger war aber das gemeinsame Musizieren. Es war fester Bestandteil des Lebensalltags, noch stärker als bei den Wohngemeinschaften: »Über Musik wurden sehr stark Gefühle zueinander ausgedrückt und auch die Gäste wurden, selbst wenn sie kein Instrument richtig spielen konnten, in das gemeinsame Musizieren einbezogen. Sie schlugen Bongos oder sangen mit.«[458] Insbesondere ab den frühen siebziger Jahren entstanden einige regelrechte Musikkommunen, etwa die Lord's Family in der bayrischen Provinz. Auch die Multimedia-Gruppe Amon Düül kann als avancierter Versuch der Integration von Wohnen und Arbeiten begriffen werden, die zuweilen mit einem esoterischen Einschlag, häufigem Drogenkonsum oder weihevollen Zelebrationen verbunden war.[459] Amon Düül hatte sich bereits 1967 in Herrsching bei München als eine psychedelische Künstlerkommune gegründet. Die ungewöhnliche Bezeichnung setzte sich zusammen aus dem Namen des ägyptischen Sonnengottes Amon und dem vermutlich fiktiven Ausdruck Düül. Schon bald erlangten die Kommunarden durch ihre musikalischen Sessions in der Alternativszene Kultstatus. Amon Düül galt als deutsches Pendant zu amerikanischen Psychedelic-Bands wie Jefferson Airplane oder Velvet Underground. Über ein gemeinsames Konzept verfügte man hingegen nicht. Schon im Gründungsjahr gab es Konflikte hinsichtlich der musikalischen Ausrichtung. Eine Fraktion beharrte auf der künstlerischen »Freiheit« und nahm jeden auf, der Musik machen wollte, ob er nun singen oder ein Instrument spielen konnte oder auch nicht, während der andere Zweig auf künstlerischem Können bestand.[460]

Auch auf Mitglieder der 1970 in Berlin gegründeten Band Ton

---

458 Vollmar, *Alternative Selbstorganisation*, S. 104/105 (Zitat S. 90).

459 Siegfried, *Time is on my side*, S. 648/649; Schülein, »Einige Bemerkungen«, S. 16; Albert Schmidt, *Die andere Wirklichkeit. Erfahrungen der Kommune Lord's Family und die Probleme junger Menschen*, München 1974; Vollmar, *Alternative Selbstorganisation*, S. 173; Goetz, *Von der Landkommune*, S. 45 (hier werden unter anderem noch die Bands Guru Guru, Sparifankal und Törner-Stier-Crew genannt).

460 Ingeborg Schober, *Amon Düül, Tanz der Lemminge. Anfänge deutscher Rockmusik in den Protestbewegungen der 6oer und 7oer Jahre*, Reinbek 1979.

Steine Scherben übte das Kommuneleben eine große Anziehungskraft aus. 1975 verließen sie die Großstadt und siedelten sich auf einem Bauernhof im nordfriesischen Fresenhagen an. Der Umzug war eine Flucht vor dem immer größer werdenden Druck, bei jeder Szeneaktion in Berlin die Protagonistenrolle übernehmen zu müssen. Die Musiker fühlten sich eingespannt und ausgenutzt, während gleichzeitig die Kritik (insbesondere durch die K-Gruppen) an ihren anarchistischen Texten nicht abriss. Der Bandleader Ralph Möbius alias Rio Reiser hatte ohnehin schon früh Probleme mit der abstrakt-oberlehrerhaften Denkweise und der aus seiner Sicht langweiligen Sprache der Studentenbewegung. Die Umsiedlung aufs Land entsprang dem Wunsch nach größerer künstlerischer Freiheit und einer Besinnung auf sich selbst. Hier wollten die »Scherben« ihren Traum vom gemeinsamen Leben und gemeinsamen Arbeiten verwirklichen, der in Berlin gescheitert war. Ausdrücklich bekannten sie sich zu ihrem Anspruch auf eine basisdemokratische Gestaltung ihres Alltagslebens:

Wir leben zusammen, kochen zusammen, machen zusammen Musik, heften die Platteneinbände zusammen, machen den Vertrieb. Es gibt keinen Monatslohn. Wer Geld braucht, nimmt es sich und sagt es den anderen. Wenn es Probleme gibt, kann jeder ne Vollversammlung verlangen, auf der wir so lange reden oder uns anschreien, bis alle das Problem sehen (Unterdrückung, kaputte Fickgeschichten, Unverständnis, Eifersucht, Größenwahn, Lieblosigkeit).[461]

1985 löste sich die Band infolge künstlerischer Differenzen und hoher Schulden auf.

Da in vielen linken Wohngemeinschaften und Kommunen recht kostspielige Plattenspieler aufgestellt wurden, verwundert es nicht, dass es auch zur Gründung einer alternativen Firma kam, die Stereoanlagen und Musikboxen fertigte.[462] In der Produkti-

---

461 »Wie wir leben«, in: *Ton, Steine, Scherben: Guten Morgen*, o. O. und o. J., S. 49. Vgl. zur Bandgeschichte: Kai Sichtermann u. a., *Keine Macht für Niemand. Die Geschichte der Ton Steine Scherben*, Berlin 2000; Wolfgang Seidel (Hg.), *Scherben. Musik, Politik und Wirkung der Ton Steine Scherben*, Mainz 2005; Timothy S. Brown, »Music as Weapon? *Ton Steine Scherben* and the Politics of Rock in Cold War Berlin«, in: *German Studies Review* 23, 1 (2009), S. 1-22, hier S. 13, 17/18.

462 Vgl. auch Vollmar, *Alternative Selbstorganisation*, S. 64-71.

onskommune btp freework auf einem Bauernhof in Ober-Olm bei Mainz wurden vor allem Musikanlagen zusammengeschraubt, wobei man für die durchaus edlen Geräte keine kleinen Preise verlangte. Eine komplette Stereoanlage kostete ganze 1500 DM, auch »Power-Boxen« und Hi-Fi-Verstärker konnte man für den nicht gerade bescheidenen Preis von 580 DM erwerben. Die Kommune stellte ihre Erzeugnisse nicht nur für Musikbegeisterte aus der Alternativszene her. Sie verlieh auch »robuste Großübertragungsanlagen für Festivals, Konzerte und ähnliche Zwecke«.[463] Ab Ende Mai 1974 arbeiteten in der Gemeinschaftsproduktion acht Personen in Selbstverwaltung und ohne Chef. Ihre Alltagsorganisation beschrieben die Kommunarden so: »wir haben alles gemeinsam; kein privates bett, kein privater handschuh, keine privaten einkommen oder konten.« Arbeit und Freizeit wurden unmittelbar miteinander verzahnt, wobei Arbeitshierarchien vermieden werden sollten. Zudem wurde nicht zwischen weiblichen und männlichen Arbeitsrollen unterschieden. Im engeren Sinn politisch engagierten sich die Oberolmer jedoch ebenso wenig, wie sie an Experimenten mit »befreiter Sexualität« teilnahmen: »sexuelle konflikte beschränken sich auf fehlende möglichkeiten. es gibt 2 feste zweierbeziehungen. sonst läuft nix.«[464]

Neben den Musikgruppen gab es Underground-Kommunen wie etwa die sogenannte UPN-Sippe im fränkischen Kucha bei Nürnberg, die sich im Oktober 1970 gegründet hatte. Diese um die Underground-Zeitschrift *Päng* organisierte Gruppe umfasste anfangs etwa 20 Personen, die alle 18 bzw. 19 Jahre alt waren und aus liberalen Mittelschichtfamilien stammten. Gründer war der 19-jährige Ex-Gymnasiast Raymond Martin, der durch eine *Spiegel*-Geschichte vom August 1971 weit bekannt wurde. Zwischen 1970 und 1976 verkaufte die Sippe manche ihrer Hefte mit einer Auflage von bis zu 3000 Exemplaren. Die Kommune begriff sich als deutscher Zweig der amerikanischen Yippie-Bewegung und versuchte, möglichst autonom auf einem Bauernhof von Viehzucht und Ackerbau zu leben. Neben der Landwirtschaft wurden in Kucha das von Martin 1969 gegründete Underground-Comic-

---

463 *schöner wohnen* 1 (1975), S. 27, in: afas Duisburg, 80.III.52.
464 »selbstdarstellung der k 100 im märz 1975 für den WG-treff auf der rothenfels im märz 1975«; Scheding, »So leben sie«. Vgl. Demele, *Leben & Lernen*, S. 66; Mildenberger, *Die religiöse Revolte*, S. 200.

Magazin *U-Comix* sowie weitere Comics und ab 1971 auch *Päng* in loser Folge vertrieben. Für die hauseigenen Produkte schuf man das Label UPN (Undefinierbare Produkte aus Nürnberg). Martin und die Kommunarden übersiedelten später in einen anderen Hof ins benachbarte Jobstgreuth und firmierten dort als UPN-Volksverlag. In *Päng* publizierte man Artikel über biologisch-dynamische Landwirtschaft, Haschisch, Sexualität, Klassenkampf, politische bzw. anarchistische Texte und persönlich gehaltene Artikel über psychologische Themen. Martin machte schnell Furore in der alternativen Szene, so dass er 1973 in der *Stuttgarter Zeitung* sogar als »Deutschlands schönster und eitelster Revolutionär« bezeichnet wurde. In der zweiten Hälfte der siebziger und in der ersten Hälfte der achtziger Jahre beeinflusste er mit seinen Comics und Büchern zu Drogen, Ökologie, makrobiotischer Ernährung, Konsumverzicht und nichtentfremdeter Arbeit die alternative Presselandschaft. Mitte der achtziger Jahre ging sein Comicvertrieb schließlich ein.[465]

5.2.6 Ganzheitlichkeit: Dieter Duhms Kommunen

Zwei weitere Projekte, die im linksalternativen Milieu einen hohen Bekanntheitsgrad genossen, waren die 1978 in Herrenberg gegründete und ab 1983 im südbadischen Tegernau/Schwand angesiedelte Bauhütte und die 1991 aus der Taufe gehobene Nachfolgeeinrichtung Zentrum für Experimentelle Gesellschaftsgestaltung (ZEGG) des Diplompsychologen, promovierten Soziologen, linken Vordenkers und Kommunegründers Dieter Duhm. In beiden wurde das Prinzip der Ganzheitlichkeit, nach dem sich viele Landkommunen ausrichteten, besonders radikal umgesetzt. Duhm wollte mit diesen Experimenten das vorab von ihm selbst in Publikationen eingeforderte Verhältnis von »persönlicher Emanzipation und politischer Praxis« verwirklichen.[466] Beide Versuche dauerten überdurch-

465 Brügge, Peter (Pseudonym von Ernst Hess), »Wir wollen, daß man sich an uns gewöhnt«, in: *Der Spiegel* 33 (09.08.1971), S. 36-51; Raymond Martin, *Ich bin gut*, Nürnberg 1975; ders., *Mädels*, Linden 1980; Hübsch, *Alternative Öffentlichkeit*, S. 16, 42, 59-61, 64, 71/72, 94, 97, 112/113, 119; Glätzer, *Landkommunen*, S. 110; Daum, *Die 2. Kultur*, S. 104; Siegfried, »Einstürzende Neubauten«, S. 49/50; ders., *Time is on my side*, S. 651; Damme, *Stabilität*, S. 10.

466 Dieter Duhm, *Angst im Kapitalismus. Zweiter Versuch der gesellschaftlichen Begründung zwischenmenschlicher Angst in der kapitalistischen Warengesellschaft*, Lampertheim 1972; ders., *Der Mensch ist anders. Besinnung auf verspottete, aber*

schnittlich lange und werden seit 1991 als Projekt Meiga in Belzig bei Berlin fortgeführt.[467]

Duhms Kommuneexperimente erhielten ihre »ersten Inspirationen« von der Sexkommune des österreichischen Aktionskünstlers Otto Muehl (dazu mehr in Kapitel 7). Die in dieser sogenannten Aktions-Analytischen Organisation (AAO) praktizierten ekstatischen Therapieformen und die permanente sexuelle Promiskuität wurden von Duhm als »wirkungsvoll« gewürdigt, da in der AAO die Konsumbedürfnisse »gewaltig zerbrochen« worden seien. Der »radikal antifaschistische versuch« habe zur »befreiung der sexualität« geführt. 1977 fasste Duhm seine eigenen Erfahrungen in der sektenförmigen AAO folgendermaßen zusammen:

ich habe seit langem nach einer solchen radikalität gesucht, denn die etwa meinte ich, wenn ich von der notwendigkeit der inneren revolution sprach [...]. man weiß, was man dem neuling zumutet – zumuten muß, damit überhaupt eine chance besteht, dem wahnsinn, der sich hinter unseren alltagsfassaden verbirgt, sichtbar zu machen und zu durchbrechen. heilung, emanzipation, selbstbefreiung ist wahrlich kein spaziergang, gerade dort, wo die angst am größten, der ekel am heftigsten ist, liegt das neuland, das betreten werden muß.

Letztendlich seien in der AAO eine »weiche und bioenergetisch lockere kraft« und ein »freies menschliches leben« entstanden. Im »erstaunlich spannungsfreien gruppenklima« würden sich »die kinder offensichtlich wohlfühlen«. Schließlich, so Duhm, stehe Otto Mühl dort an der Spitze, »weil die leute ihn lieben (mir recht)«. Was Duhm nach mehreren Aufenthalten in der Mühl-Kommune jedoch fehlte, waren ganzheitliche Erkenntnisse, die die »zusammenhänge biologischer, kosmologischer, geistiger und schicksalhaf-

notwendige Inhalte einer ganzheitlichen Theorie der Befreiung. Kritik am Marxismus. Beiträge zur Korrektur, Lampertheim 1975; ders., Zentrum; Kraushaar, Achtundsechzig, S. 202-205; Die rosaroten Pantherinnen (Hg.), ZEGG-Sismus, Berlin o. J. (die Broschüre findet sich in: BfZ-Doku, D 06155).

467 BfZ-Doku, D 06155: Die rosaroten Pantherinnen, ZEGG-Sismus, S. 15; Voß, »Wege«, S. 82/83; Andreas Schlothauer, Die Diktatur der freien Sexualität. AAO, Mühl-Kommune, Friedrichshof, Wien 1992, S. 63. Offenbar existierte auch ein Ableger in Jagsthausen zwischen Heilbronn und Würzburg (Dieter Duhm, Aufbruch zur Neuen Kultur. Von der Verweigerung zur Neugestaltung. Umrisse einer ökologischen und menschlichen Alternative, München 1982, S. 117).

ter art« berücksichtigen. Auch die mit der Sexualität verbundenen Liebesgefühle seien dort zu wenig gepflegt worden.[468]

Das erste Konzept des ZEGG wurde in enger Anlehnung an die AAO-Sekte entwickelt. Die Bauhütte in Tegernau/Schwand führte den Ansatz der AAO in gewisser Weise fort und viele der etwa 50 Bewohner während der ersten drei Kommunejahre hatten ihre ersten Erfahrungen in der AAO gesammelt. Hier praktizierte man ähnliche, »Forum« genannte psychotherapeutische Behandlungsmethoden der Mitglieder und eine sexuelle Libertinage. Die Mitarbeiter hatten ihre Ersparnisse in den Aufbau des Projekts zu investieren, während Dieter Duhm selbst als unumstrittener Anführer und Guru galt.[469] In der Bauhütte und seit den frühen neunziger Jahren auf größerer Basis auf einem 15 Hektar umfassenden und 2,15 Millionen DM teuren ehemaligen DDR-Gelände für »Sport und Technik« bei Belzig wollte Duhm mit einer »alternativen Uni«, einem Forschungszentrum, ökotechnischen Planungsbüros sowie allerlei alternativen Tourismus- und Weiterbildungsangeboten »verallgemeinerbare Lösungsansätze für soziale, medizinische und ökologische Probleme« erarbeiten und eine »kulturelle Bewegung« in Gang setzen. Das umfassend angelegte Projekt bot Platz für mehrere hundert Personen.[470]

Duhms Bücher *Angst im Kapitalismus* (1972), *Warenstruktur und zerstörte Zwischenmenschlichkeit* (1973) sowie die 1975 publizierte Schrift *Der Mensch ist anders* nahmen für sich in Anspruch, eine »ganzheitliche Theorie der Befreiung« zu formulieren. Tatsächlich war die wenig stringente Mischung aus Marxismus, Psychologie und asiatischer Religiosität jedoch keineswegs originell. Die Bände wurden dennoch schnell zu Bestsellern in der Szene und stießen die Diskussion über das Selbstverständnis im linksalternativen Milieu

468 Dieter Duhm, »Die AA-Kommune – ein schockierendes und schönes Lebensexperiment«, in: ders. u. a., *Die AAO – faschistoid, sexistisch, spalterisch, unpolitisch, frauenfeindlich?*, o. O. [1977], S. 1, 2, 5, 8, 7, 5 [Zitate in dieser Reihenfolge]. Diese Schrift erschien als hektographierter Selbstdruck. Vgl. zudem: *AAO. Pro & Contra. Kritische Stellungnahmen zur AAO*, Nürnberg 1977; Kraushaar, *Achtundsechzig*, S. 203.

469 Duhm, *Zentrum*, S. 14/15; ders., *Aufbruch*, S. 115-118. Vgl. Kurzbein, »Schrittweise«, S. 49/50; Voß, »Wege«, S. 82/83; Schlothauer, *Diktatur*, S. 43, 63; BfZ-Doku, D 06 155: Die rosaroten Pantherinnen, *ZEGG-ismus*, S. 15/16.

470 Duhm, *Aufbruch*, S. 115; *AA-Nachrichten* 4, 7 (1977), S. 5; BfZ-Doku, D 06 155: Die rosaroten Pantherinnen (Hg.), *ZEGG-Sismus*, S. 5-11.

an. Harsche Kritik – etwa in den Zeitschriften *pardon* und *Revolte* – an den »Banalitäten« des »St. Duhm« mischten sich mit großer Zustimmung und Unterstützung.[471] Die Publikationen erreichten zum Teil fünfstellige Auflagenhöhen.[472]

Im letztgenannten Buch kritisierte Duhm das »ideologische Milieu« der Linken und vertrat die Auffassung, man müsse aus den marxistischen Organisationen »aussteigen«, um bislang marginalisierte Probleme wie Religion, Idealismus, Drogenkultur, Liebe und Zweierbeziehungen im Sinne einer »ganzheitlichen Theorie« neu zu überdenken. Der Bezug der »marxistischen Linken« auf das Proletariat als das revolutionäre Subjekt habe sich überlebt – es handele sich dabei um das bloß »stereotype Ausweichen marxistischer Intellektueller aufs Proletariat«. Duhm vertrat die Ansicht, dass der Marxismus den anthropologischen Grundtatsachen des Menschen, seiner Subjektivität, Individualität und Psyche kaum Beachtung geschenkt habe. Die »Großgenossen« hätten lediglich eine Technik der Wissensvortäuschung, Angsteinflößung und Autoritätsabsicherung hervorgebracht. In einer »Selbstveränderung«, die mit der Theorie Hand in Hand zu gehen habe, komme es hingegen darauf an, neue Körpertechniken im Yoga oder bei der Parapsychologie zu erlernen – Leben, Handeln, politisches Engagement seien untrennbar mit Wissenschaft verbunden.[473] Duhm plädierte für eine »lebendige Ganzheit«, in der »Kopf und Hand, Kopf und Bauch, Individuum und Gesellschaft, Mensch und Natur, Mann und Frau, Religion und Wissenschaft, Arbeit und Spiel, Notwendiges und Künstlerisches, Mikrokosmos und Makrokosmos wieder vereinigt sind«.[474]

Duhm empfahl für die zukünftige Theoriearbeit eine eingehende Synthese von Marxismus, Anarchismus, Psychoanalyse und ostasiatischer Philosophie. Hierbei rekurrierte er in synkretistischer Art und Weise auf die moderne Physik ebenso wie auf die Arche-

471 Daum, *Die 2. Kultur*, S. 104, 112; Glätzer, *Landkommunen*, S. 197; Rolf Schwendter, *Theorie der Subkultur*, Köln, Berlin 1971, S. 387.

472 Daum, *Die 2. Kultur*, S. 113.

473 Duhm, *Der Mensch ist anders*, S. 14. Sein wichtigstes Werk, *Angst im Kapitalismus*, legte Dieter Duhm bereits 1972 vor. Ähnlich wie *Der Mensch ist anders* ist sein Buch *Aufbruch*. Diese Programmschrift diente der Vorbereitung und Begleitung des Projekts Bauhütte (ebd., S. 115).

474 Duhm, *Der Mensch ist anders*, S. 16.

typen Carl Gustav Jungs, auf Zen, Yoga, Karate, auf Drogenerfahrung und Psychose, auf Parapsychologie und religiöse Erfahrungen.[475] In seinem ZEGG-Entwurf von 1978 umschrieb er bereits die Vision einer Kommune, die dann in Belzig umgesetzt wurde. Neben Forschungsinstituten für Philosophie, Biophysik und Energie, Gruppenbildung und Kindererziehung, Krebsprophylaxe und Architektur sollte in dem Dorf eine »emotionelle und soziale (auch sexuelle) Basis« geschaffen werden, die in »ganzheitlichen Prozessen« mit der Architektur und den ökologischen und sozialen Konturen der Dorfgemeinschaft in Verbindung stand. Die »zur Aktion treibenden Körperenergien, vor allem die sexuellen«, sollten zugelassen werden. Mit dem Aufbrechen des gestauten Körperpanzers und der Heiterkeit lust- und liebevoller Personen könne eine »bewußte Reintegration der Soziosphäre in die Biosphäre« beginnen. Die »kosmische Harmonie von Mensch und Natur« und der »Totalanspruch des Projektes« realisierten sich in pyramiden- oder trapezförmigen Gebäuden, natürlichen Baustoffen von Stein und Holz bis zu Lehm und Stroh, einer Landwirtschaft ohne Kunstdünger und Pestiziden, der Nutzung erneuerbarer Energie wie Wind, Sonne und Biogas. Im sozialen Bereich galt es zwar einerseits, »zentralistische Elemente« abzubauen, andererseits sei der Antiautoritarismus aber »naiv« und »schädlich«, weil er natürlichen Gesetzen widerspräche. Die Kindererziehung sollte nicht nach dem Strafprinzip, sondern nach dem des Vorbildes erfolgen, wobei die Geburten »wegen ihrer Bedeutung für die Zukunft der Rasse Mensch« nicht individuell, sondern durch die ganze Gruppe geregelt werden sollten.[476]

In der linken Szene wurde Dieter Duhm nicht nur verehrt, sondern stets auch scharf attackiert. So hieß es etwa in einer Rezension eines seiner Bücher im *Carlo Sponti*:

DD hat's nicht gepackt, das Verhältnis Linke-Marxismus hinreichend zu klären. […] Der akademische Schreihals […] war und ist Theoretiker ganz besonderer theoretischer Art: ich kenne kaum jemanden, bei dem aktu-

---

475 Daum, *Die 2. Kultur*, S. 113.
476 Duhm, *Zentrum*, S. 7, 10, 18, 9, 11, 12, 29, 30, 32 (Zitate in dieser Reihenfolge). Vgl. dazu auch die kritische Broschüre im BfZ-Doku, D 06 155: Die rosaroten Pantherinnen, *ZEGG-Sismus*, S. 14-34. Nach kritischen Presseberichten verließ Duhm mit seiner Partnerin Sabine Lichtenfels Mitte der neunziger Jahre die ZEGG und initiierte in Portugal das Kulturzentrum Tamera (Kraushaar, *Achtundsechzig*, S. 205).

elles Denken so mit seinem aktuellen Handeln verquickt ist wie gerade bei ihm. Toll, sagt ihr?! Schon, aber. Andererseits vermißt man bei DD eine kontinuierliche praktisch-organisatorische Arbeit. Hier überwiegt der aktionistische Zug: Duhm war immer voll dabei, wenn's mit einer Gruppe aufwärts ging. [...] [E]r kennt die organisatorische Krise nur von deren Anfangsstadium her. [...] Ich glaube, daß so bei ihm ein Wissensdefizit entstanden ist. [...] [H]at er einen neuen theoretischen Furz auf Lager, so findet er schnell den praktischen Ort, um ihn mit Gedöns zu lassen.[477]

Die von Duhm gepflegte Attitüde des selbsternannten Universalgelehrten und Obergurus wurde zwiespältig aufgenommen, gleichwohl beeindruckte die unmittelbare Verbindung von Theorie und Praxis die meisten Alternativen nachhaltig.

5.2.7 Zwischenfazit

»Der revolutionäre Charakter«, so formulierte es der alternative Theoretiker Rainer Taëni, »erstrebt GANZHEIT in jedem Bereich: Überwindung des Dualismus, Solidarität, dionysisches Lebensgefühl, Einklang von Arbeit und Spiel. Heilung der eigenen Neurose und Erkennen berechtigter Ängste, Bekämpfung der Abwehr bei sich selbst wie in den Gesellschaftsstrukturen, vollständige Gegenwartserfahrung, Einbezug auch ›religiöser‹ Zielsetzungen.« Ein ähnlich holistisches und gestalthaftes Wissen und eine »Sucht nach Ganzheit« benannte auch Dieter Duhm als zentrales Anliegen einer alternativen Lebensform: »Kontinuität bedeutet, daß alles, was existiert, als Moment in einem ganzheitlichen Zusammenhang existiert. [...] Vereinigung von Vernunft und Sinnlichkeit, die Überwindung der Schranken zwischen innen und außen, die Erlangung der Ganzheit ist unser Ziel, nicht unser Anfang.« Die Vorstellungen vom »Ganzheitsbezug zu sich selbst« und von einer »ganzheitlichen Lebensauffassung« wurden in den Landkommunen so umfassend verwirklicht wie nirgends sonst.[478] Im Gemeinschaftsverband der Kommunen gingen Arbeit und Freizeit ineinander über, verschmolzen Rationalität, Psychologie, Spiritualität und körperliche Erfahrung.

---

477 Aike B., »Dieter Duhm: Der Mensch ist anders – Duhm auch?«, in: *Carlo Sponti* 16/17 (1975), S. 12/13.

478 Taëni, zitiert nach Glätzer, *Landkommunen*, S. 191/192; Duhm, *Der Mensch ist anders*, S. 197, 212; Demele, *Leben & Lernen*, S. 74, 81, 83.

Politik wurde hierbei vor allem als praktische Handlung verstanden. Den Kommunarden ging es darum, nicht nur »anders zu denken, sondern anders zu sein«, wie Harald Glätzer es 1978 formulierte.[479] Gemeinschaftliche und möglichst herrschaftsarme Umgangsformen (auch zwischen den Geschlechtern), ein anderes Verhältnis zur Natur und gesunde Ernährung, antiautoritäre Kindererziehung, die Vermittlung von Leben und Arbeit sowie die Entwicklung koproduktiver Solidarität sollten aus dem in der Studentenbewegung nur imaginierten »Freizeitsozialismus« eine Alltagspraxis und einen »gesamten Lebenszusammenhang« machen.[480] Die »Suche nach Authentizität« und »Ganzheit« gestaltete sich dann so: »Jeder Mensch wird als eine lebendige Wahrheit begriffen, mit der er eins werden muß. Hier bricht die Selbstverwirklichung aus dem Rahmen leerer Deklamationen und ideologischer Phrasen …«[481] Politik von unten, Dezentralisation, Selbstorganisation, Ökologie, Naturnähe, zwischenmenschliche Nähe und Solidarität, Ablehnung von Hierarchie, Entfremdung, Konsumismus und Profitwirtschaft sowie schließlich eine weit gefasste Selbstverwirklichung: Das waren die politischen Parolen für die »ganzheitlichen« Arbeitsformen und Lebensweisen. Gemeinschaftlichkeit und Solidarität sollten hier nicht nur, wie in vielen Wohngemeinschaften, über Diskussionen, sondern insbesondere über gemeinsame Arbeit, gemeinsamen Besitz, körperliche Annäherungen und spirituelle Naturerlebnisse hergestellt werden.[482]

Der politische Gestaltungswille blieb dabei oft auf das Innenleben und die Organisationsprinzipien der Kommune begrenzt, die politische Wirkung nach außen beschränkte sich auf persönliche Kontakte, die Schulung oder Beeinflussung der Besucher, die wenigen Ansätze zur Schaffung medialer Öffentlichkeit und zur organisatorischen Vernetzung der Landkommunen. Der politische Anspruch war primär lokal gebunden. Man interessierte sich vornehmlich für lokalpolitische Vorgänge wie Landschaftszerstörungen im unmittelbaren Umfeld und konzentrierte sich auf ökolo-

---

479 Glätzer, *Landkommunen*, S. 8.
480 Schibel, »Kommunebewegung«, S. 538.
481 Günter Bartsch, zitiert nach Glätzer, *Landkommunen*, S. 95. Bartsch gehörte später dem intellektuellen rechtsradikalen Milieu der Bundesrepublik an.
482 Demele, *Leben & Lernen*, S. 75; Leineweber/Schibel, »Die Alternativbewegung«, S. 95; Goetz, *Von der Landkommune*, S. 112-118.

gische Fragen, die im naturgemäßen Leben auch vorgelebt werden konnten. Das Weltgeschehen kommentierte man dagegen nur mit einer Mischung aus Spott und Resignation.[483]

5.3 Hausbesetzungen

5.3.1 Moderne Stadtplanung und Bauspekulationen

Die »neue Wohnungsnot« wurde ab Ende der siebziger Jahre zu einem der meistgebrauchten Schlagwörter. Eine der großen und preiswerten Altbauwohnungen oder Fabriketagen in den Innenstädten zu ergattern wurde für die rapide wachsende Anzahl der Studierenden im Laufe der siebziger Jahre immer schwieriger. Zwar waren mit dem weit ausgreifenden Suburbanisierungsprozess des vorhergehenden Jahrzehnts und dem Entstehen von Großsiedlungen und Betonhochburgen die geräumigen Innenstadtwohnungen frei geworden, aber bereits gegen Ende der sechziger und Anfang der siebziger Jahre war der Wohnraum in den Zentren durch die Errichtung von Waren- und Parkhäusern sowie Bank- und Versicherungsfilialen und die dadurch ausgelösten Verdrängungsprozesse knapper geworden. Die Wohnhäuser zwischen den Konsum- und Dienstleistungstempeln sollten nach dem Willen der Stadtplaner Neubauten sein, die zu höheren Preisen vermietet werden konnten. Studenten, Auszubildende, Arbeiter und Gastarbeiter stritten sich um den verbleibenden Wohnraum in den noch bestehenden Altbauten. Im Frankfurter Westend hatten, wie eine Aktivistengruppe beschrieb, Grundstücks- und Bauspekulationen Platz geschaffen für »Glaspaläste und Betonklötze«: »Ganze Wohnblöcke wurden unbewohnbar gemacht, die Bewohner an die Peripherie in tote Betonsilos abgedrängt.« Es gab immer mehr Pendler, daher sah man sich gezwungen, die Städte »verkehrsgerecht« zu machen. Die drastische Zunahme des Verkehrs drohte im »Erstickungstod« zu enden, so dass Schnellstraßen und Stadtautobahnen gebaut wurden. Die Zahl der Straßendurchbrüche, Verkehrsplatzgestaltungen und Tangentenplanungen stieg sprunghaft an. Der Eingriff in die Stadtstruktur war dramatisch und man sprach von einem

483 Leineweber/Schibel, »Die Alternativbewegung«, S. 95-128; Peinemann, *Wohngemeinschaft*, S. 50; Demele, *Leben & Lernen*, S. 69, 98-102.

»Generalangriff auf die Stadt des 19. Jahrhunderts«. Abriss, Mieterumsetzungen und Neuordnungen waren allgegenwärtig und noch 1974 konnten 446 Entwicklungsmaßnahmen in 379 Städten und Gemeinden mit der Finanzhilfe des Bundes in Höhe von 215 Millionen DM rechnen. Rücksichtslos war etwa die Verkehrsplanung in Berlin, wo man in den sechziger Jahren 430 000 sanierungsbedürftige Wohnungen verzeichnete. Das entsprach in etwa der Hälfte des gesamten Wohnungsbestandes. 250 000 davon, so befand der Bausenat offen in seinen Ideen zur »Flächen-« oder »Kahlschlagsanierung«, könnten abgerissen werden. Die Abrisswut wurde letztlich nur durch die Finanzierungsmöglichkeiten limitiert.[484]

Die im großen Stil betriebenen spekulativen Stadtteilsanierungen heizten das Wohnthema an, radikalisierten die betroffenen Sozialgruppen und trugen zum Entstehen der Hausbesetzerbewegung bei. Die Besitzer ließen ihre Altbauten leer stehen und verrotten, um so eine Abrissgenehmigung zu erwirken. Diese sollte den Weg für Neubauten mit teuren Mittelklassewohnungen oder Geschäftshäuser frei machen. Die alten Häuser wurden zum Teil auch einfach deswegen abgerissen, weil keine Bauplätze zugänglich waren und sie für die Eigentümer aufgrund der Mietpreisbindungen weniger profitabel waren als Neubauten. Da es zur selben Zeit viele Wohnungssuchende gab, provozierte diese Politik der Vernichtung billigen Wohnraums die potentiellen Mieter. Eine verfehlte staatliche Baupolitik, die die Leerstände deswegen mitfinanzierte, weil sie sich davon neue Gebäudesubstanz in den Sanierungsvierteln versprach, traf auf massives Unverständnis der alteingesessenen Anwohner. Sanierung bedeutete also nicht behutsame Stadterneuerung und Reparatur, sondern Kahlschlag. Mit öffentlichen Geldern subventioniert, kauften gemeinnützige Wohnungsbaugesellschaften ganze Häuserblocks auf, um sie, ebenfalls staatlich gefördert, abzureißen und an ihre Stelle Neubauten zu setzen. Private Sanierungsträger entdeckten ebenfalls die lukrativen Möglichkeiten, mit Subventionen, Steuervorteilen und Abschreibungen hohe Gewinne zu erzielen.[485]

484 Harlander, »Wohnen und Stadtentwicklung«, S. 291-325 (Zitat S. 296). Das Zitat der Aktivistengruppe: Bauer u. a., »Zur Idee und Realität«, S. 271.
485 Walter Hollstein, Boris Penth, *Alternativ-Projekte. Beispiele gegen die Resignation*, Reinbek 1980, S. 291; Sabine Rosenbladt, »Die ›Legalos‹ in Kreuzberg«, in: Stefan Aust, Sabine Rosenbladt (Hg.), *Hausbesetzer – wofür sie kämpfen, wie sie*

Schließlich hieß Sanierung auch, eine »Verbesserung der Sozialstruktur« herbeizuführen und die Einwohner der »rückständigen Viertel« durch »zeitgemäße« Mieter oder Eigentümer zu ersetzen.[486] Im Klartext: Die einkommensschwachen Gruppen sollten aus der Innenstadt wegziehen. Die Lage der durch die Sanierung »entmieteten« und in die Trabantenstädte mit ihren Betonsilos und »Wohnfächern« umgesiedelten Personen, nicht selten Arbeiter und Angehörige der Unterschichten, war zuweilen so erschreckend, dass sich unter den in der Innenstadt Verbliebenen oppositionelle »Stadtteilgruppen« bildeten. Ein Berliner Arbeiter beschrieb seine ihm aufgezwungene neue Wohnsituation etwa wie folgt: »Um Fünfe stehe ick auf. Doppelter Anfahrtsweg. Willste einen Schluck Milch holen, musste ins MV-Zentrum jehen, in Kreuzberg war dat allet an der Ecke. Dann fängste langsam an nachzudenken. Wat haste dir einjehandelt? Mehr Freizeit? – Ne, mehr Wege. Ick bin nur noch auf Achse.« Steigende Mietpreise, längere Anfahrtswege, fehlende Infrastruktur, ein mangelhaftes soziales Gefüge, höhere Kriminalität und Verlust der vertrauten Umgebung waren die häufigsten Klagen der Sanierungsbetroffenen. Die oppositionellen Stadtteilgruppen plädierten dagegen oft für die nachbarschaftsprägende Beibehaltung der Mischung aus Kleingewerbe und Wohnhäusern, den Erhalt der Tante-Emma-Läden und der Hinterhöfe.[487]

Als das Institut für Demoskopie Allensbach in einer repräsentativen Umfrage 1981 wissen wollte, ob die Hausbesetzer mit ihrer Kritik an der »Kahlschlagsanierung« recht hätten, antworteten 53,7 Prozent der Befragten mit »Ja«. Weitere 18 Prozent waren unentschieden, während 31 Prozent keinerlei Verständnis hatten. Dass

leben und wie sie leben wollen, Hamburg 1981, S. 28-51, hier S. 29/30; Ermittlungsausschuß Mehringhof (Hg.), *Dokumentation Dezember*, S. 11-16.

486 Zitate nach Harlander, »Wohnen und Stadtentwicklung«, S. 306.

487 Harlander, »Wohnen und Stadtentwicklung«, S. 306-308 (dort auch das Zitat des Arbeiters); Andritzky, »Balance«, S. 649/650; George Katsiaficas, *The Subversion of Politics. European Autonomous Social Movements and the Decolonization of Everyday Life*, Oakland, Edinburgh 2006, S. 89; Hans Halter, »›Niemand hat das Recht‹. Über die Bewegung der Hausbesetzer in Berlin«, in: Michael Haller (Hg.), *Aussteigen oder rebellieren. Jugendliche gegen Staat und Gesellschaft*, Hamburg 1981, S. 99-113, hier S. 112; Anonym, »Rechtsfreie Räume«, in: Stefan Aust, Sabine Rosenbladt (Hg.), *Hausbesetzer – wofür sie kämpfen, wie sie leben und wie sie leben wollen*, Hamburg 1981, S. 147/148; Ermittlungsausschuß Mehringhof (Hg.), *Dokumentation Dezember*, S. 9.

unter den jungen, gut gebildeten und »grün« wählenden Personen das Einverständnis am größten war, überrascht freilich weniger, als dass sogar 40 Prozent der Unionswähler Verständnis zeigten. Ähnliche Zahlen ermittelte im selben Jahr das Marplan-Institut.[488] Offenbar hatten die Stadtplaner und Wohnungsbaugenossenschaften an den Menschen vorbeigeplant. Für ihre Kritik an sechsspurigen Stadtautobahnen, Lärmbelästigung und kalten Wohnhochhäusern am Stadtrand konnten die Bürgerinitiativen, Häuserräte und Stadtteil- sowie Besetzergruppen mit breiter Unterstützung rechnen. Die Wut auf die Spekulanten, die Bauwirtschaft und die lokalen Behörden, die auf die Bedürfnisse der Anwohner kaum Rücksicht nahmen und deren Interessen vor allem dem Städtebau galten, war weitverbreitet. Zwar wurde ab Mitte der siebziger Jahre an vielen Orten die Politik der Stadterneuerung und Stadterweiterung mit den auf Kleinfamilien zugeschnittenen Großsiedlungen weitgehend zurückgefahren, und man besann sich auf die Qualität der Quartiere aus der Gründerzeit. Aber die Schwierigkeiten in der Wohnungsversorgung einkommensschwacher Gruppen blieben. Deren Lage verschärfte sich sogar noch bis zum Ende der siebziger und Anfang der achtziger Jahre.[489]

Kurzum: Das Thema Wohnen wurde zu einem Politikum. Die linksalternative Szene reagierte einerseits mit (zum Teil gewaltsamen) Hausbesetzungen, wie Anfang der siebziger Jahre in Frankfurt und ab dem Ende des Jahrzehnts in Berlin und anderen Städten. Andererseits wurden Projekte zur Selbsthilfe oder Mietermodernisierung ins Leben gerufen und diverse Partizipationsmodelle ausprobiert. Aus alten Fabriken und soliden Gewerbebauten machten junge, aktive Stadtbewohner Pilotprojekte, in denen die Mischung aus Arbeiten und Wohnen neu interpretiert wurde.

Im Folgenden sollen die beiden Fallbeispiele Frankfurt am Main und Berlin ausführlicher vorgestellt werden, obgleich die Haus-

488 Dieter Korczak, *Rückkehr in die Gemeinschaft. Kleine Netze: Berichte über Wohnsiedlungen*, Frankfurt/M. 1981, S. 27; *Lebensziele. Potentiale und Trends alternativen Verhaltens*; Hamburg 1981, S. 92 (Repräsentativuntersuchung vom Marplan-Institut [Offenbach] im Auftrag des *Stern*); Karl-Michael Kuntz, »Spontis, Schlaffis und Chaoten. Psychologische und politische Perspektiven der neuen Jugendbewegung«, in: Stefan Aust, Sabine Rosenbladt (Hg.), *Hausbesetzer – wofür sie kämpfen, wie sie leben und wie sie leben wollen*, Hamburg 1981, S. 193-221, hier S. 195/196.

489 Harlander, »Wohnen und Stadtentwicklung«, S. 332/333.

besetzerbewegung (insbesondere die der achtziger Jahre) in zahlreichen Städten aktiv war und von Kiel, Hamburg, Bremen und Hannover über Bielefeld, Göttingen, Detmold, Essen, Dortmund, Köln und Trier bis nach Nürnberg, Stuttgart und Freiburg reichte. Selbst so kleine Nester wie das südwestliche Konstanz oder das nördliche Aurich erreichte die Hausbesetzerbewegung. Allein im Laufe des Jahres 1981 kam es in 153 Städten zu 595 Hausbesetzungen durch rund 12 900 Hausbesetzer, ohne dass sich hierbei eine zentrale Steuerung erkennen ließe. Neben Frankfurt und Berlin entstanden lokale Zentren in München, Hamburg, Köln, Düsseldorf, Göttingen, Nürnberg und Freiburg.[490] Die Entwicklung verlief regelrecht fieberhaft. Noch im März 1981 hatte die Bundesregierung in einer lückenhaften Erhebung über die besetzten Häuser im Bundesgebiet (ohne Berlin) lediglich 165 Objekte mit 7604 registrierten Hausbesetzern festgestellt. Innerhalb weniger Monate verdreifachte sich die Zahl der Hausbesetzungen, gegen Ende des Jahres dann verlor die Entwicklung schon wieder an Tempo. Die Hausbesetzerbewegung machte noch bis ins Frühjahr 1983 von sich reden, um dann ebenso schnell an Bedeutung zu verlieren, wie sie begonnen hatte.[491]

Frankfurt in den Jahren 1971 bis 1974 und Berlin in den Jahren zwischen 1979/80 und 1984 waren die bewunderten Hochburgen der Haus- und Instandbesetzerbewegung. In einzelnen Städten wurden bestimmte Hausbesetzungen zu herausragenden Ereignissen, die mobilisierend auf die städtische und zuweilen sogar die nationale linke Szene wirkten.[492] Auch die Aktionen in der Ham-

---

490 Zusammenfassender Bericht des Bundeskriminalamtes über Hausbesetzungen und damit zusammenhängende Ereignisse im Jahr 1981, S. 2, 17, 40, in: BArch Koblenz, B 106, Nr. 113186, Bd. 9: Hausbesetzungen. Vgl. auch die Einschätzung der »Brennpunkte« seitens des Bundeskriminalamtes: Bericht des Bundeskriminalamtes vom 30.04.1981, übersandt an den Bundesinnenminister, die Landesinnenminister, die Leiter der Landeskriminalämter, den Generalbundesanwalt und den Präsidenten des Bundesamts für Verfassungsschutz am 11.05.1981, in: BArch Koblenz, B 141, Nr. 401096, fol. 100-146, hier fol. 105-110.

491 BArch Koblenz, B 141, Nr. 401096, fol. 82-84; Zusammenfassender Bericht des Bundeskriminalamtes über Hausbesetzungen und damit zusammenhängende Ereignisse im Jahr 1981, S. 40, in: BArch, Koblenz B 106, Nr. 113186, Bd. 9: Hausbesetzungen. BArch Koblenz, B 106, Nr. 113186, Bd. 10: Hausbesetzungen (1983-1987).

492 Besprechung der beamteten Staatssekretäre am 09.02.1981 im Bundeskanz-

burger Hafenstraße erregten große und lang anhaltende mediale Aufmerksamkeit. Insbesondere in der Zeit vom März 1982 bis zum Pachtvertrag des Hamburger SPD-Senats unter Klaus von Dohnanyi mit dem Verein Hafenstraße im November 1987 entwickelte sich hier eine der berühmtesten Hausbesetzerszenen der Bundesrepublik. Sowohl gegen die als bürgerfeindlich wahrgenommene Sanierungspolitik mit den geplanten Bürohauskomplexen am Hafen als auch gegen den Verfall und die zum Teil mutwillige Zerstörung der unbewohnbar gemachten Wohnhäuser hatte sich eine Hausbesetzerbewegung gegründet, die stark von den Autonomen mitgetragen wurde. Durch dramatische Berichterstattungen von der *Hamburger Morgenpost* über das *Hamburger Abendblatt* bis zu *Bild* und durch die politischen Äußerungen der städtischen CDU wurden die Hausbesetzer schnell kriminalisiert. Nicht zuletzt aufgrund dieses öffentlichen Images, aber auch durch Großeinsätze der Polizei und dazugehörige »Straßenschlachten«, radikalisierte sich die örtliche Szene und zog auch einige militante Regimegegner an.[493]

Wichtige Bezugspunkte für die frühe deutsche Hausbesetzerbewegung der siebziger Jahre waren unter anderem Vorgänge im Ausland wie insbesondere die Hausbesetzungen und später eingerichteten autonomen Zentren in vielen italienischen Städten – die sogenannten Centri sociali occupati autogestiti (wie etwa das be-

leramt, in: BArch Koblenz, B 141, Nr. 401096, fol. 5; Einschätzungen zum Schwarzwaldhof, in: BArch Koblenz, B 141, Nr. 401096, fol. 20-23; Schreiben des Generalbundesanwaltes an den Bundesjustizminister vom 16.03.1981, in: BArch Koblenz, B 141, Nr. 401096, fol. 76-81; Bericht des Bundeskriminalamtes vom 30.04.1981, übersandt an den Bundesinnenminister, die Landesinnenminister, die Leiter der Landeskriminalämter, den Generalbundesanwalt und den Präsidenten des Bundesamts für Verfassungsschutz am 11.05.1981, in: BArch Koblenz, B 141, Nr. 401096, fol. 106; Volkhard Brandes, Berhard Schön (Hg.), *Wer sind die Instandbesetzer? Selbstzeugnisse, Dokumente, Analysen. Ein Lesebuch*, Bensheim 1981, S. 14, 37-61; Katsiaficas, *Subversion*, S. 88-97; Bernd Laurisch, *Kein Abriß unter dieser Nummer. 2 Jahre Instandbesetzung in der Cuvrystraße in Berlin-Kreuzberg*, Gießen 1981, S. 212/213; Joseph Scheer, Jan Espert (Hg.), *»Deutschland, Deutschland, alles ist vorbei«. Alternatives Leben oder Anarchie? Die neue Jugendrevolte am Beispiel der Berliner »Scene«*, München 1982, S. 37.

493 Vgl. Werner Lehne, *Der Konflikt um die Hafenstraße. Kriminalitätsdiskurse im Kontext symbolischer Politik*, Pfaffenweiler 1994; Michael Herrmann u. a., *Hafenstraße. Chronik und Analysen eines Konfliktes*, Hamburg 1987; Monika Sigmund, *Zu Bunt. Wandbilder in der Hafenstraße*, Hamburg 1996; vgl. jeweils die Titelgeschichte in: *Der Spiegel* 46 (09.11.1987) und 48 (23.11.1987).

rühmte Leoncavallo in Mailand). Gerade die Frankfurter Spontis orientierten sich an den Indiani Metropolitani und der Autonomia, die sich in Italien Mitte der siebziger Jahre aufgrund akuter Wohnungsnot, steigender Inflation und der Arbeitslosigkeit unter Studenten und Gettokindern großer Beliebtheit erfreuten. In den Großstädten hatten sich viele nur deswegen an den Universitäten eingeschrieben, weil sie arbeitslos waren. Sie reklamierten Freiräume für sich, wollten, ohne zu bezahlen, ins Kino, plünderten Lebensmittelabteilungen von Kaufhäusern oder stürmten Kaffeehäuser. Sich auszuleben, sich zu amüsieren und auszutoben auf Festivals und Demonstrationen war ebenso Kennzeichen wie die Militanz gegenüber der Polizei.[494] Die (zum Teil militante) Entschiedenheit, Kreativität und die Betonung der selbstverwalteten Autonomie wurden zu wichtigen Grundsätzen der bundesdeutschen Hausbesetzer.

Was Italien für die deutschen Aktivisten der siebziger Jahre war, sollten die Schweiz und namentlich Zürich für die der achtziger Jahre werden. Die Schweizer Jugendunruhen rund um die autonomen Jugendzentren wurden in der Bundesrepublik nicht nur breit wahrgenommen, sondern gaben den Berliner Hausbesetzern neuen Mut, wirkten sich auf ihre Aktionsformen und ihre Sprache aus. Die Kreativität und zum Teil auch die Radikalität, mit der die Züricher Jugendlichen während der Straßenkämpfe und Plünderungen im Mai 1980 auftraten, beeindruckte die deutsche Scene. Rein zahlenmäßig waren die Züricher Vorgänge zwar vergleichsweise winzig und in der Regel kam es auch nur zu kurzfristigen Hausbesetzungen. Gleichwohl riefen die Aktionen der meist arbeitslosen Hausbesetzer in der ebenso überteuerten wie wohlanständig-spießigen Stadt ein großes Echo hervor – nicht zuletzt weil Justiz und Polizei schnell mit Verhaftungen und Razzien bei der Hand waren.[495] Die

---

494 Birgit Kraatz, »Der Traum vom Paradies. Über die Stadtindianer und Autonomia in Italien«, in: Michael Haller (Hg.), *Aussteigen oder rebellieren. Jugendliche gegen Staat und Gesellschaft*, Hamburg 1981, S. 35-48; Kunzelmann, *Leisten Sie keinen Widerstand!*, S. 148

495 Zusammenfassender Bericht des Bundeskriminalamtes über Hausbesetzungen und damit zusammenhängende Ereignisse im Jahr 1981, S. 32-39, in: BArch Koblenz, B 106, Nr. 113186, Bd. 9: Hausbesetzungen; Andreas Suttner, »*Beton brennt«. Hausbesetzer und Selbstverwaltung im Berlin, Wien und Zürich der 80er*, Wien, Berlin 2011, S. 14-109 (zur Justiz ebd., S. 51/52); Balz Theus, »Spiel mit dem Feuer. Ein Jahr Jugendbewegung in Zürich«, in: Michael Haller (Hg.),

niederländischen Kraaker (benannt nach dem Geräusch einer Tür, die mit dem Brecheisen geöffnet wird), die ab Mitte der siebziger Jahre von sich reden machten und zum Ende des Jahrzehnts auf rund 10 000 Personen angewachsen waren, beeinflussten unter anderem die Berliner Hausbesetzer. Bereits im März 1981 suchte der Berliner Bürgermeister Hans-Jochen Vogel den Kontakt zu seinem Amsterdamer Kollegen Willem Polak, um sich über das »Problem des Verfalls und des Leerstands von Häusern« sowie der »teilweisen gewalttätigen Demonstrationen junger Bürger« auszutauschen.[496] Tatsächlich hatten beide Städte mit großen Wohnungsleerständen in den teilweise heruntergekommenen Innenstädten und mit gleichzeitiger Wohnungsnot der jugendlichen Geringverdiener zu kämpfen. Insbesondere die an den Stadtrand abgewanderte Textilindustrie hatte in der Innenstadt Amsterdams viele leer stehende Häuser hinterlassen, die von den sehr jungen niederländischen Hausbesetzern in Beschlag genommen wurden.[497] Teilweise sollen die Berliner Hausbesetzer direkt von den Amsterdamer Kraakern gelernt haben – die schweren Ausschreitungen im Dezember 1980 wurden von einigen auf die aus Amsterdam importierten Praktiken des Häuserkampfs zurückgeführt. Das Bundeskriminalamt konnte jedenfalls in einigen Fällen die Mitwirkung niederländischer Kraaker oder Züricher Hausbesetzer feststellen.[498] Schon im Februar

Aussteigen oder rebellieren. Jugendliche gegen Staat und Gesellschaft, Hamburg 1981, S. 49-70; Paul Parin, »›Befreit Grönland vom Packeis‹. Zur Züricher Unruhe 1980«, in: Stefan Aust, Sabine Rosenbladt (Hg.), *Hausbesetzer – wofür sie kämpfen, wie sie leben und wie sie leben wollen*, Hamburg 1981, S. 222-233; Linda Stibler, »En heisse Summer – subito! Die Jugendunruhe in der Schweiz«, in: Ingrid Müller-Münch u. a., *Besetzung – weil das Wünschen nicht geholfen hat. Köln, Freiburg, Gorleben, Zürich und Berlin*, Reinbek 1981, S. 178-219.

496 Schreiben des Regierenden Bürgermeisters von Berlin an den Amsterdamer Bürgermeister Willem Polak vom 23. 03. 1981, in: LAB, B Rep. 002, Nr. 14976, ohne fol. Vgl. auch den zusammenfassenden Bericht des Bundeskriminalamtes über Hausbesetzungen und damit zusammenhängende Ereignisse im Jahr 1981, S. 29, in: BArch Koblenz, B 106, Nr. 113186, Bd. 9: Hausbesetzungen.

497 Fax von Willem Polak an Hans-Jochen Vogel vom 03. 04. 1981, in: LAB, B Rep. 002, Nr. 14976, ohne fol.; Suttner, *»Beton brennt«*, S. 162.

498 Bericht des Bundeskriminalamtes vom 30. 04. 1981, übersandt an den Bundesinnenminister, die Landesinnenminister, die Leiter der Landeskriminalämter, den Generalbundesanwalt und den Präsidenten des Bundesamts für Verfassungsschutz am 11. 05. 1981, in: BArch Koblenz, B 141, Nr. 401096, fol. 122/123. Ebenfalls: Zusammenfassender Bericht des Bundeskriminalamtes über Haus-

1980 hatte es in Göttingen ein Treffen zwischen englischen, westdeutschen und französischen Hausbesetzern gegeben. Die bedeutende Bewegung der Londoner Squatter von 1977 bis 1979 wie auch die Pariser Mouvement squatters Anfang der achtziger Jahre gewannen jedoch weniger Einfluss auf die deutsche Hausbesetzerbewegung als die schweizerischen und holländischen Hausbesetzer.[499]

5.3.2 Hausbesetzungen in Frankfurt

Nirgends schien die Spekulation mit Häusern drastischer zu sein als im Banken- und Börsenimperium Frankfurt am Main mit seinen 338 Kreditinstituten. Während die Betonbauten bereits die Innenstadt prägten, sollte ab den sechziger Jahren auch im reizvollen und ehemals großbürgerlichen Frankfurter Westend ein City-Erweiterungsgebiet für Banken und Bürogebäude entstehen. Urbane Viertel mit alter Bausubstanz wurden regelrecht dem Erdboden gleichgemacht und die Innenstadt wurde zu Quadratmeterpreisen von bis zu 12 000 DM ausverkauft. Für die Eigentümer der Liegenschaften in den City-Erweiterungsgebieten wurde es immer

besetzungen und damit zusammenhängende Ereignisse im Jahr 1981, S. 26-38, in: BArch Koblenz, B 106, Nr. 113186, Bd. 9: Hausbesetzungen. Insgesamt siehe Justus Uitermark, »Framing Urban Injustices. The Case of the Amsterdam Squatter Movement«, in: *Space & Polity* 8 (2004), S. 227-244; Walter Tauber, »Der vergoldete Kuhfuß. Über die Kraaker-Bewegung in Amsterdam«, in: Michael Haller (Hg.), *Aussteigen oder rebellieren. Jugendliche gegen Staat und Gesellschaft*, Hamburg 1981, S. 114-134; Hugo Priemus, »Squatters in Amsterdam. Urban Social Movement, Urban Managers or Something Else?«, in: *International Journal of Urban and Regional Research* 7, 3 (1983), S. 417-427; Brandes/Schön (Hg.), *Wer sind die Instandbesetzer*, S. 176/177; Suttner, »*Beton brennt*«, S. 122, 139, 162; Goetz, *Von der Landkommune*, S. 58; Rolf Amann, *Der moralische Aufschrei. Presse und abweichendes Verhalten am Beispiel der Hausbesetzungen in Berlin*, Frankfurt/M., New York 1985, S. 72.

499 »Squatting in London« (Vorlage bei der Berliner Senatskanzlei vom 22.10.1981), in: LAB, B Rep. 002, Nr. 16496, ohne fol.; Margit Mayer u. a. (Hg.), *Stadtkrise und soziale Bewegungen. Texte zur internationalen Entwicklung*, Köln, Frankfurt/M. 1978; Harald Bodenschatz u. a. (Hg.), *Schluß mit der Zerstörung? Stadterneuerung und städtische Opposition in West-Berlin, Amsterdam, London*, Gießen 1983; Cécile Péchu, *Droit au logement. Genèse et sociologie d'une mobilisation*, Paris 2006. In Belgien kam es 1981 gerade einmal zu zwei Hausbesetzungen (Zusammenfassender Bericht des Bundeskriminalamtes über Hausbesetzungen und damit zusammenhängende Ereignisse im Jahr 1981, S. 39/40, in: BArch Koblenz, B 106, Nr. 113186, Bd. 9: Hausbesetzungen).

lukrativer, die alten Häuser abzugeben, anstatt sie aufwändig zu sanieren. Leer stehende Häuser wurde man einfacher los, da auf solchen Grundstücken sofort ein Neubau errichtet werden konnte. Während 1000 Luxuswohnungen in den Neubauten leer standen, stieg die Zahl der Wohnungssuchenden auf 20500 an. Entmietungen, Leerstände, Abrisse und die Umwandlung von Wohn- in Büroraum – all dies vollzog sich in Frankfurt zum Teil in radikaler, skandalöser und brutaler Art und Weise. In vielen Altbauten wurden keine Reparaturen mehr durchgeführt, als Altmieter der zunehmend verfallenden Häuser blieben nur noch Rentner und einkommensschwache und kinderreiche Familien zurück. Die Vermieter versuchten diese zuweilen mit einer massiven Überbelegung durch Gastarbeiterfamilien »herauszuekeln« – in einigen Fällen wohnten 4 bis 20 Personen in einem Zimmer, ohne Bad, mit Minispülbecken, kleiner Küche und Feuchtigkeit in den Wänden. Sogar in der FAZ wurde im August 1970 über die unwürdigen Wohnverhältnisse im Westend berichtet:

Im Haus sind nur türkische Gastarbeiter untergebracht. Eine Firma unterstützt die Türken bei den [weit überhöhten, Anm. d. Verf.] Mietzahlungen. In jedem Raum sind sechs Leute untergebracht. Die Toilette ist in einem Zustand, der jeder Beschreibung spottet. Das Bad besteht aus einer Wanne, in der der Putz von der Decke liegt, der Raum selbst ist so groß, daß außer der Wanne nur eine Person noch Platz hat. Die Fenster in der Toilette und im Bad sind mit Pappe ›vernagelt‹. Man fragt sich, was diese Leute eigentlich im Winter machen.[500]

Das Frankfurter Westend drohte zu verslumen.[501] Hohe Profite aus Spekulationen mit alten Häusern, Mietwucher und die Auflösung der Infrastruktur kleiner Läden und Handwerksbetriebe wurden auch von der örtlichen SPD mitgetragen, obwohl Oberbürgermeister Rudi Arndt und der SPD-Bezirk Hessen-Süd zur reform-

500 »Die Ratten wohnen besser und billiger«, in: *Frankfurter Allgemeine Zeitung* (18.08.1970).
501 Harlander, »Wohnen und Stadtentwicklung«, S. 310/311; Heinz J. Franz, *Hausbesetzungen. Aktionen gegen Mietwucher und Spekulationen*, Ulm 1974, S. 10/11; Reimar Oltmanns, »Deutschland übermorgen. Über Frankfurts Verweigererjugend«, in: Michael Haller (Hg.), *Aussteigen oder rebellieren. Jugendliche gegen Staat und Gesellschaft*, Hamburg 1981, S. 85-96, hier S. 85-87; Ernst Stracke, *Stadtzerstörung und Stadtteilkampf in Frankfurt/M.*, Köln 1980.

freudigen Parteilinken gehörten.[502] Getrieben von einem massiven Investoreninteresse, entwickelte die sozialdemokratische Stadtverwaltung, vertreten durch den Baudezernenten Hans Kampffmeyer und den Leiter der Stadtplanung Hans-Reiner Müller-Raemisch, 1968 ein informelles Planwerk zur Erweiterung der Citynutzung in das Westend. Der sogenannte Fünf-Finger-Plan sah vor, das Stadtviertel nicht flächendeckend umzugestalten, sondern die Büronutzungen in neu zu bauenden Hochhäusern entlang von fünf Entwicklungsachsen zu konzentrieren; in ebendiesen Straßenzügen fanden dann die meisten Hausbesetzungen statt. Im ersten Jahr nach der Verabschiedung des Fünf-Finger-Plans kam es vermehrt zu Bodenaufkäufen im Westend. Dass auch die Hessische Landesbank, die zur Hälfte dem damals sozialdemokratisch regierten Land Hessen gehörte und in deren Vorstand Rudi Arndt saß, die dafür notwendigen Kredite vergab, wurde von den Hausbesetzern scharf kritisiert.[503] Auch die linke Frankfurter SPD war gespalten: Die Jusos sowie die SPD-Westend solidarisierten sich offen mit dem Häuserkampf. Sie agitierten gegen Wohnraumzerstörung und die Baupolitik des zuständigen Dezernenten.[504]

Der Interessenkonflikt zwischen städtischer Wohnungspolitik und den alteingesessenen Bürgern begann schon zu Beginn der sechziger Jahre. Zu organisierten Protesten der Bürger gegen die-

502 Wolfgang Kraushaar, *Fischer in Frankfurt. Karriere eines Außenseiters*, Hamburg 2001, S. 78.

503 Vom Opernplatz als »Handteller« ausgehend umfasste der Fünf-Finger-Plan die Taunusanlage/Mainzer Landstraße, den Kettenhofweg, die Bockenheimer Landstraße, die Straße Oberlindau und den Reuterweg. Oltmanns, »Deutschland übermorgen«, S. 88; Franz, *Hausbesetzungen*, S. 11; Margret Stehen, »Das ›Café Marx‹ und ein ›Fünf-Finger-Plan‹. Das Westend«, in: Jürgen Engelhardt (Hg.), *Frankfurt zu Fuß. 20 Rundgänge durch Geschichte und Gegenwart*, Hamburg 1987, S. 171-183, hier S. 172; Hans-Reiner Müller-Raemisch, *Frankfurt/M. Stadtentwicklung und Planungsgeschichte seit 1945*, Frankfurt/M., New York 1998; »Schafft die Stadt einen 2. Kettenhofweg?«, in: *Häuserrat-Info* 7 (1973), S. 2 (archiviert in: IISG, ID-Textarchiv 0106/8-6531); Wolfgang Kraushaar, »Die Frankfurter Sponti-Szene. Eine Subkultur als politische Versuchsanordnung«, in: *AfS* 44 (2004), S. 105-121, hier S. 110.

504 Flugblatt »Immer wieder Wohnraumzerstörung« der SPD-Westend, in: IISG, ID-Textarchiv, 0106/8-6531. Ähnliches galt in Berlin und anderswo auch für die Gewerkschaften und insbesondere für die innergewerkschaftliche Kritik an der »Neuen Heimat« (vgl. Brandes/Schön [Hg.], *Wer sind die Instandbesetzer*, S. 150/151).

se Entwicklung kam es allerdings erst gegen Ende des Jahrzehnts. 1969 riefen rund 200 meist wohlhabende Bürger und Honoratioren die liberal ausgerichtete Aktionsgemeinschaft Westend e. V. (AGW) ins Leben, die Demonstrationen veranstaltete und Informationen verbreitete.[505] Doch erst die ursprünglich vom SDS gegründeten Stadtteilbasisgruppen machten mit drastischeren Mitteln auf die Wohnungsfrage aufmerksam.[506]

Im September 1970 fanden in Frankfurt schließlich die ersten Hausbesetzungen statt, beginnend in der Eppsteiner Straße 47, wo am 19. September gegen vier Uhr in der Frühe kinderreiche Familien von ausländischen und deutschen Arbeitern, Studenten und Lehrlinge das seit Wochen fast leer stehende Gebäude besetzten; in dem verwahrlosten Haus mit verfaulten Fußböden und Wasserflecken an den Decken hatten nur noch zwei Studenten in den Mansardenzimmern und eine italienische Familie gewohnt. Der Zusammenschluss der Studenten mit Gastarbeitern und benachteiligten Jugendlichen folgte Herbert Marcuses Überlegungen zu Randgruppen und sollte (neben der Vergrößerung der eigenen sozialen Basis) dreierlei erreichen: Die eigene Wohnungsnot beenden, ein Hauskollektiv gründen und ein öffentliches Bewusstsein für die Lage am Wohnungsmarkt schaffen. »Die Wohnungen gehören denen, die darin wohnen«, hieß es programmatisch in einer Wandzeitung, die an der Fassade angebracht wurde. Auf Flugblättern warben die rund 30 Hausbesetzer um Verständnis für ihre Aktion und beklagten die Häuserspekulation, durch die Mietwohnungen knapp und die Mieten nach oben getrieben würden. Schnell wurde das Haus zu einem Anziehungspunkt im Westend, in dem man das Für und Wider der Hausbesetzungen diskutierte.[507] Diese wie auch die nachfolgenden Besetzungen in der Corneliusstraße 24 und der

505 Kraushaar, *Fischer in Frankfurt*, S. 39; Franz, *Hausbesetzungen*, S. 12 (er spricht von 700 Mitgliedern); Roland Roth, »Leben scheuert am Beton. Streiflichter aus der Geschichte der Hausbesetzungen in der BRD«, in: Volkhard Brandes, Bernhard Schön (Hg.), *Wer sind die Instandbesetzer? Selbstzeugnisse, Dokumente, Analysen. Ein Lesebuch*, Bensheim 1981, S. 37-61, hier S. 47.

506 Roth, »Leben scheuert am Beton«, S. 40; Kraushaar, *Fischer in Frankfurt*, S. 41-45.

507 Til Schulz, »Zum Beispiel Eppsteiner Straße 47. Wohnungskampf, Hausbesetzung, Wohnkollektiv«, in: *Kursbuch* 27 (1972), S. 85-97, hier S. 89 (Zitat); Til Schulz, »Hausbesetzungen im Westend – eine Bürgerinitiative?«, in: Heinz Grossmann (Hg.), *Bürgerinitiativen – Schritte zur Veränderung?*, Frankfurt/M. 1971, S. 138-151; Kraushaar, *Fischer in Frankfurt*, S. 41-45.

Liebigstraße 20 liefen weitgehend glimpflich ab, wurden in der Lokalpresse überwiegend positiv dargestellt und von den Anwohnern mit Sympathie bedacht. Selbst der Frankfurter Oberbürgermeister äußerte Verständnis für das Anliegen der Hausbesetzer, wenngleich er die Mittel natürlich nicht gutheißen konnte. Diese Aktionen endeten in regulären Mietverträgen oder in Ausgleichslösungen mit den von der Stadt bereitgestellten Sozialwohnungen.[508]

Ähnlich wie in Frankfurt gingen Ende 1970 und Anfang 1971 auch Basisgruppen in München, Hamburg, Kassel, Hannover, Aachen, Bremen oder Darmstadt vor, wo sich die Studenten – zuweilen zusammen mit Lehrlingen und Arbeitern – mit Wohnungen versorgten und soziale Randgruppen mobilisieren wollten. Meist wurden diese Häuser schon nach wenigen Tagen oder Wochen geräumt.[509] Nichtsdestotrotz machte sich bei Polizei und Vermietern die Sorge breit, dass diese Praxis Schule machen könnte. Tatsächlich wurde noch ein Dutzend andere Häuser besetzt.[510]

Eine weitere Eskalationsstufe wurde aber erst Ende September 1971 mit der polizeilichen Räumung eines besetzten Hauses im Grüneburgweg 113 erreicht, welches erstmals ausschließlich von Studenten, rund 30 jungen Männern, besetzt worden war. Vor dem Haus hatte sich bei der Räumung eine Kette von rund 100 jungen Sympathisanten gebildet, die untergehakt den Eingang blockierten, während die Besetzer von den Fenstern aus Flaschen auf die Polizisten warfen. Die Polizisten wiederum setzten Schlagstöcke und eine Rauchbombe ein. Bei dem Zusammenstoß gab es insge-

---

508 Franz, *Hausbesetzungen*, S. 13-18; Roth, »Leben scheuert am Beton«, S. 47/48; Kraushaar, *Fischer in Frankfurt*, S. 45.

509 Roth, »Leben scheuert am Beton«, S. 42-46, 49. Zu den Basisgruppen der Studentenbewegung siehe auch Rudolf zur Lippe, »Objektiver Faktor Subjektivität«, in: *Kursbuch* 35 (1974), S. 8-13; Brown, »Music as Weapon?«, S. 7. Müschen, *»Lieber lebendig als normal!«*, S. 51; Damme, *Stabilität*, S. 15.

510 Giesela Wülfing, Richard Herding, »Goethe – aber nur die Faust. Doch unter dem Pflaster liegt die Kritische Theorie. Frankfurt«, in: Max T. Mehr (Hg.), *Drachen mit tausend Köpfen. Spaziergänge durch linkes und alternatives Milieu*, Darmstadt, Neuwied 1982, S. 37-51, hier S. 47. Besetzt wurden: Bockenheimer Landstraße 94/96, der Vier-Häuser-Block Bockenheimer Landstraße 111/113 und Schumannstraße 69/71, Niedenau 46, 51, 57 und 59, Freiherr-vom-Stein-Straße 18, Ginnheimer Landstraße 181, Guiollettstraße 56, Heidestraße 11/13, Leipziger Straße 3, Zimmerweg 13, 15 und 17, Corneliusstraße 24, Schubertstraße 27, Siesmayerstraße 3 und 6 sowie Ulmenstraße 18.

samt 42 verletzte Personen. Das Aktionskomitee der Hausbesetzer Frankfurts drohte an, beim nächsten Mal weniger rücksichtsvoll zu sein; die Polizei beklagte den Einsatz unverhältnismäßiger Mittel vonseiten der Besetzer, während sich der Oberbürgermeister ob der Schärfe der Konfrontation schockiert zeigte.[511]

Obwohl die Stadtverwaltung beschlossen hatte, keine neuen Besetzungen zu dulden, konnten weitere Häuser besetzt werden, etwa im Oktober 1971 in der Bockenheimer Landstraße 111. Die Betriebsgruppe Revolutionärer Kampf hatte die Aktion vorbereitet und durchgeführt. Kurz nacheinander erfolgten bis Mitte 1972 neun weitere Besetzungsaktionen vor allem am Kettenhofweg, in der Adalbertstraße, am Beethovenplatz und in der Schumannstraße. Im Vorfeld der Kommunalwahlen von 1972 erließ die Stadtverordnetenversammlung auf Initiative der SPD sogar eine Verordnung zum Verbot der Zweckentfremdung von Wohnraum, die der Spekulation mit Häusern und Wohnungen vorbeugen sollte. Sie wurde im Juli durch den Magistrat als Dienstanweisung herausgegeben.[512]

Mit den Konflikten um das Gebäude im Kettenhofweg 51, einem seit Februar 1972 von rund 80 Jugendlichen besetzten Haus, erhielt der Frankfurter Häuserkampf eine neue Dimension. Im März 1973 wurde die Zwangsräumung angekündigt, die Besetzer errichteten erstmals Barrikaden mit Mülltonnen, Containern, Möbelstücken und anderem Sperrgut. Sie verkündeten »Wir gehen auf keinen Fall freiwillig aus dem Haus« und vernagelten Türen und Fenster. Nachdem eine Bauausschusssitzung im Rathaus gestört worden war, ließ Rudi Arndt wissen, dass die Besetzer jetzt »keine Gesprächspartner« mehr seien. Die Stimmung war entsprechend angespannt: Die Räumung wurde jederzeit erwartet. Als die Teilnehmer eines etwa 300-köpfigen Demonstrationszugs, mit dem man mit Parolen wie »Haut die Spekulanten auf die fetten Pranken« und »Hände weg vom Kettenhofweg« gegen die Wohnungsmisere protestieren wollte, der polizeilichen Auflösungsforderung nicht Folge leisteten, kam es zu einer ersten zweieinhalbstündigen Straßenschlacht. Rund 100 Verletzte waren zu beklagen. Erstmals zeigte sich ein Straßenbild, welches künftig zum Standard werden sollte. Die Demonstranten trugen Helme und Tücher vor dem

511 Franz, *Hausbesetzungen*, S. 19-21; Kraushaar, *Fischer in Frankfurt*, S. 46/47.
512 Kraushaar, *Fischer in Frankfurt*, S. 47-50.

Gesicht – Militanzgebaren und martialisches Auftreten wurden geprobt. Steinhagel gegen Polizisten und zerbrochene Schaufensterscheiben einerseits, Wasserwerfer und Tränengas gegen Demonstranten andererseits. Kleinere Schlägereien nach dem *Hit-and-run*-Prinzip machten die Auseinandersetzung zu einem Kleinkrieg mit vielen Scharmützeln, die sich bis in die Abendstunden hinzogen: Mal erwischte es einen Polizisten, der sich von seiner Einheit zu weit entfernt hatte, mal einen Demonstranten, der von einer Polizeieingreiftruppe gejagt wurde. In der Folge lehnte Arndt weitere Demonstrationsanträge des AStA ab, weil dieser zwar versichert hatte, dass die Demonstranten friedlich bleiben würden, die Zusage aber nicht eingehalten wurde. Nicht wenige Medien reagierten kritisch auf den harten Polizeieinsatz und die Hausbesetzerbewegung gewann neue Anhänger. Am 4. April 1973 wurde das Haus im Kettenhofweg 51 in einer groß angelegten Polizeiaktion endgültig geräumt, was wiederum einige Tage später eine Demonstration mit 3000 bis 4000 Teilnehmern nach sich zog. Angeführt wurde der Protestmarsch von einer etwa 100-köpfigen Gruppe, die sich zu Anarchismus und Militanz bekannte. Viele trugen schwarze Motorradhelme, hatten sich mit Halstüchern vermummt und führten schwarze Fahnen mit. Erneut kam es zu Übergriffen auf einzelne Polizeibeamte. In der Presse und in den Medien wurde das Echo nun deutlich kritischer und die Vorwürfe gegen gewalttätige Demonstranten mehrten sich.[513]

Höhe- und vorläufiger Schlusspunkt der Auseinandersetzungen in Frankfurt war der Konflikt um die Häuser in der Bockenheimer Landstraße, vor allem die von 80 Personen seit dem September 1971 besetzten vier Eckgebäude zur Schumannstraße.[514] Geradezu »legendär«, so Gerd Koenen, war auch das besetzte Haus in der Bockenheimer Landstraße 93, welches von Spontis verschiedener Fraktionen mit »Kurieren« und »konzentrischen Marschkolonnen« regelrecht geentert worden war: »Alle trugen bereits Helme, Lederjacken oder Parkas, Halstücher sowie handliche Knüppel, die als Fahnenstangen camoufliert waren. [...] Als die erste Hundert-

513 »Kettenhofweg 51. Wohnungskämpfe in Frankfurt«, in: IISG, ID-Textarchiv, 0106/8-6531; Franz, *Hausbesetzungen*, S. 22-27; Kraushaar, *Fischer in Frankfurt*, S. 55-64; Roth, »Leben scheuert am Beton«, S. 49/50.

514 »Jetzt wird geräumt!« (Flugblatt), in: IISG, ID-Textarchiv, 0106/6-6531; Kraushaar, »Frankfurter Sponti-Szene«, S. 110.

schaft der Bereitschaftspolizei eintraf, sah sie sich einer im Vorgarten aufgebauten Phalanx von 200 ›Politrockern‹ gegenüber«, erinnert sich Koenen.[515] Nach einem zermürbenden Nervenkrieg um die mögliche Räumung der Häuser (der Räumungsbescheid war am 1. November 1973 gerichtlich verfügt worden) umstellten am 22. Februar 1974 frühmorgens um 4 Uhr drei Hundertschaften der Polizei das Areal und brachen mit einem Baumstamm als Rammbock sowie mit Motorsägen die verbarrikadierten Türen auf. Spezialwagen mit Flutlichtmasten erhellten die Szenerie, Polizisten bildeten Sperrketten, Materialfahrzeuge mit Schweißgeräten, Motorsägen und Kompressoren wurden vorgefahren, und nach rund fünf Minuten waren die Hauseingänge freigelegt. Die Polizei hatte diese Räumung so professionell vorbereitet wie keine andere zuvor. Die Besetzer hatten versucht, die Alarmstimmung über die Monate von November bis Februar hinweg mit Veranstaltungen, Wachen und Telefonketten aufrechtzuerhalten. Ständige Fehlalarme hatten die Moral jedoch nach und nach zermürbt. Nach der Räumung versammelten sich rund 800 enttäuschte und wütende Personen zu Protestaktionen, bei denen es zu schweren Auseinandersetzungen mit der Polizei kam. Gegen Mittag fanden sich etwa 2000 Sympathisanten zu einem Teach-in in der Universität zusammen, an der darauffolgenden Demonstration nahmen 6000 Personen teil. An der Kreuzung Alleenring/Bockenheimer Landstraße entwickelte sich eine blutige Straßenschlacht, bei der 200 verletzte Demonstranten, 77 verletzte Polizisten und etwa 192 vorübergehend festgenommene Demonstranten gezählt wurden.[516]

Durch solche Straßenkämpfe rückte neben den Aspekten der Selbsthilfe und des kollektiven Lebensentwurfs der Hausbesetzungen die Dimension des Widerstands und bald auch der Militanz.[517] Ereignisse wie die »Schlacht um den Grüneburgweg« vom September 1971 setzten eine Radikalisierung der Hausbesetzerbewegung in Gang und es formierte sich eine weithin sichtbare »symbolische

515 Koenen, *Das rote Jahrzehnt*, S. 344/345; Wülfing/Herding, »Goethe«, S. 37; Marion Grob, *Das Kleidungsverhalten jugendlicher Protestgruppen in Deutschland im 20. Jahrhundert*, Münster 1985, S. 279/280.
516 »SPD läßt besetzte Häuser räumen!« (Flugblatt), in: IISG, ID-Textarchiv, 0106/6-6531; Kraushaar, *Fischer in Frankfurt*, S. 64-73; Franz, *Hausbesetzungen*, S. 28-30.
517 Kraushaar, »Frankfurter Sponti-Szene«, S. 110.

Gegenmacht«, die Koenen anschaulich beschrieben hat: »Was da Zug um Zug entstand, war ein System von befestigten Bastionen, über denen trotzig die rote oder schwarze Fahne wehte und von deren Fassaden zerschlissene Transparente die Faust zeigten.«[518] Die besetzten Häuser wurden zu autonomen Stützpunkten einer ebenso kämpferisch wie kreativ auftretenden Gegenkultur. Noch in den frühen achtziger Jahren ordnete das Bundeskriminalamt rund ein Viertel der Frankfurter Hausbesetzerszene dem »schwarzen Block« zu.[519]

Die Frankfurter Hausbesetzer waren eng mit der städtischen Spontikultur verbunden.[520] Auch an diesem Beispiel zeigen sich die allgemeinen Trends der linksalternativen Entwicklung nach 1968. Abstrakte Theoriebildung wurde hier ebenfalls – trotz der nach wie vor starken Grundsatzkritik an Banken, Kapitalismus und Eigentumsordnung – durch politische Praxis abgelöst. In den Hausbesetzungen und Instandsetzungsarbeiten drückte sich die Ablehnung des Wachstumsgedankens und kapitalistischer Verwertungsinteressen, der Hochtechnologie, des reinen Konsumismus und der bürokratischen Bevormundung ganz konkret aus: »Durch die Erhaltung baulicher Substanz wird sinnlose Vergeudung von Materialien und Arbeit vermieden. Im Zuge der Instandbesetzung wird selbstbestätigende, die eigenen Kräfte und Fertigkeiten entwickelnde Arbeit geleistet. An die Stelle von protzigem und kostspieligem Luxus kann pfiffige Kreativität treten. Selbstbestimmte Eigenleistungen ersparen fremdbestimmte Arbeit«, fasste ein Journalist die zeitgenössische Haltung der Hausbesetzer zusammen.[521]

Als im Februar 1974 die besetzten Häuser in der Bockenheimer Landstraße mit großem Polizeiaufgebot geräumt und danach unverzüglich abgerissen wurden, verlor der Frankfurter Häuserkampf sein Zentrum und war vorläufig beendet. Alle Versuche, ihn wiederzubeleben, scheiterten. Doch die Hausbesetzungen blieben keineswegs folgenlos, sondern verhinderten langfristig und nachhaltig

518 Koenen, *Das rote Jahrzehnt*, S. 343/344.
519 Bericht des Bundeskriminalamtes über »gewalttätige Aktionen im Zusammenhang mit Hausbesetzungen, Räumungen oder Anschlußaktionen«, am 05.03.1981 an das Bundesinnenministerium übersandt, in: BArch Koblenz, B 141, Nr. 401096, fol. 43.
520 Kraushaar, »Frankfurter Sponti-Szene«, S. 105-121, hier bes. S. 110/111.
521 Kuntz, »Spontis«, S. 195; Koenen, *Das rote Jahrzehnt*, S. 341.

die Umstrukturierung des Frankfurter Westends. Die alte Gebäu-
destruktur und traditionelle Urbanität konnte erhalten werden,
nicht zuletzt dank der Verordnung zum Verbot der Zweckentfremdung von Wohnraum, welche die wilde Grundstücksspekulation
im Westend beendete. Durch das hessische Denkmalschutzgesetz
vom September 1974 und eine von der AGW erstellte Liste denk-
malschutzwürdiger Häuser konnten zudem zahlreiche Gebäude
vor dem Abriss bewahrt werden. Der Frankfurter Polizeipräsident
Kurt Müller meinte 2001 sogar, dass die Bürgerinitiative AGW das
Westend allein nicht hätte retten können. Das hätten erst die Militanten geschafft.[522]

Insgesamt gab es Mitte 1973 rund zehn besetzte Häuser, und der
Häuserkampf war zu einem koordinierenden Element der linksradikalen undogmatischen Gruppen Frankfurts geworden. Die
Auseinandersetzungen und ihr mediales Echo hatten aus den Besetzungen längst mehr gemacht als eine bloße Wohnraumbeschaf-
fungsaktion für rund 400 Studenten, einige Jugendliche und Ausländer. Die Auseinandersetzungen müssen im Zusammenhang mit
den Ideen der Studentenbewegung gesehen werden. So verkündete
ein Frankfurter Wohnungskollektiv im April 1973:

Wir haben Häuser besetzt, nicht um auf einen sozialen Ausrutscher dieses
Gesellschaftssystems hinzuweisen, sondern um der Spekulation und Ausbeutung den Kampf anzusagen! […] Wir werden weiter Häuser besetzen,
weil wir Wohnungen brauchen, aber nicht um auf Mißstände hinzuweisen,
sondern um dem kapitalistischen System den Kampf anzusagen.[523]

Als es im Zuge der bundesweiten Hausbesetzungen zu Beginn der
achtziger Jahre auch in Frankfurt wieder zu Hausbesetzungen kam,
war diese Energie allerdings offenbar verbraucht. Die Besetzung des
Eisenbahnareals im Frankfurter Vorort Nied entfaltete wenig nachhaltige Wirkung, obwohl es sich um ein attraktives Gelände mit
rund 1000 Quadratmetern Fläche und schönen alten Villen handelte. Immer wieder mussten die Besetzer des »Freistaates Nied«
die Projekte und Gruppen in der Stadt auffordern, sich an dem
Experiment zu beteiligen. Die Appelle, »mit uns hier zu leben, zu

522 Kraushaar, »Frankfurter Sponti-Szene«, S. 111; Kraushaar, *Fischer in Frankfurt*,
S. 73-75.
523 Zitiert nach Stracke, *Stadtzerstörung*, S. 98/99; Roth, »Leben scheuert am Beton«, S. 49/50.

lieben und zu arbeiten«, verpufften jedoch. »Woher diese Passivität kommt, weiß keiner so recht zu sagen«, schrieb der Sponti Matthias Horx 1981, um dann doch noch eine Erklärung anzubieten:

Vielleicht daher, daß Frankfurt seinen Häuserkampf schon hinter sich hat. Damals hat sich die Erfahrung durchgesetzt: Das Besetzen von Häusern taugt zu allem Möglichen, nur nicht zum Wohnen. Es ist ein Fulltime-Job: Tägliche Plenums-Diskussionen, der Kampf um elementare Lebensgüter wie Wasser, Strom und Wärme, die ständige Angst vor der Polizei, die einem das mühsam Renovierte mitten in der Nacht kaputtmachen kann. Zum Wohnen aber braucht man Ruhe, ein gesichertes Terrain, die Möglichkeit zum Alltag. [...] Sobald eine Besetzung aus den Schlagzeilen verschwunden ist, schlägt das euphorische Kampfgefühl anscheinend in innere Querelen um. Die völlig unterschiedlichen Besetzergruppen [...] beginnen sich zu streiten. [...] Was man an den Niedern [also den Bewohnern des besetzten Geländes in Nied, Anm. d. Verf.] nicht mehr versteht, ist ihre Armut und ihr naives Festhalten an einer schwammigen Kommune-Vorstellung, deren Nicht-Übereinstimmung mit der Realität in jedem Winkel des Geländes spürbar ist.[524]

Ende Juli 1981 wurde das Gelände von der Polizei geräumt und abgerissen – größere Proteste blieben aus.

5.3.3 Hausbesetzungen in Berlin

Auch in den Westberliner Sanierungsgebieten schnellten die Bodenpreise in die Höhe. Bereits zwischen 1962 und 1972 stiegen sie von einem Quadratmeterpreis von durchschnittlich 35 DM (1962) auf etwa 120 DM (1972). Der Grund dafür war, dass sich der Wohnungsneubau und der soziale Wohnungsbau der Mauerstadt nicht mehr auf die Stadtränder, sondern ab dem Ende der sechziger Jahre auf die alten Stadtviertel konzentrierten. In finanzieller Hinsicht hofften die Stadtplaner, die horrenden Kosten für Infrastrukturmaßnahmen am Stadtrand (U-Bahn-Anbindung, Versorgung mit Geschäften, Ärzten etc.) einsparen zu können. So brach eine erste Abriss- und Neubauwelle in die Stadtquartiere ein, die aufgrund der steigenden Grundstückspreise nunmehr für Spekulanten interessant wurden.[525] Gleichwohl erreichte der Berliner Häuserkampf

---

524 Horx, »Alte Utopie und neue Wut«, S. 102/103.
525 Harlander, »Wohnen und Stadtentwicklung«, S. 310/311; Laurisch, *Kein Abriß*, S. 14.

Mitte der siebziger Jahre längst nicht die Virulenz der Frankfurter Verhältnisse. Im *Info-BUG* hieß es 1974 noch: »Widersprüche im Wohnbereich sind in Berlin bei weitem nicht so zugespitzt wie in Frankfurt. Mieten sind hier relativ erträglich, Wohnungsnot, Spekulation haben hier bei weitem nicht die Brisanz erreicht wie beispielsweise in Frankfurt.«[526] Stattdessen waren es nur einige wenige Jugendzentren, die besetzt wurden und mehr symbolisch für neue Formen nonkonformer Kollektivität und gemeinsamer Lebens- und Freizeitgestaltung standen.

Zu Beginn der siebziger Jahre hatte sich eine Jugendzentrumsbewegung entwickelt – in der öden Provinz und auf dem Lande teilweise sogar noch stärker als in den urbanen Zentren. Jugendliche besetzten leer stehende Häuser, Fabriken und Schulgebäude, um ihren Forderungen nach selbstgestalteten Freizeitmöglichkeiten Nachdruck zu verleihen. Als Gegenentwurf zur in die Krise geratenen staatlichen Jugendpflege entstanden in den selbstverwalteten Häusern, auch in Berlin, Wohn-, Freizeit- und Arbeitskollektive mit freier sozialpädagogischer Betreuung. Ob in Berlin, Bielefeld, Hamburg, Darmstadt, Rüsselsheim oder Bremen – überall gab es autonome Freizeitzentren und selbstständige Informationsbörsen, in denen Jugendliche unterschiedlicher sozialer Schichten jenseits der Institutionen von Schule, Heim oder Fabrik und unabhängig von Gemeinde- und Stadträten neue Partizipationsmodelle ausprobierten. Konflikte um die Nutzungsverträge mit den Bezirksämtern und Stadträten waren freilich Legion. 1973 gab es 69 selbstverwaltete Jugendzentren und 1976 waren es bereits 272. Eines davon war die Sozialistische Selbsthilfe Köln, die 1970 und 1971 Besetzungen durchführte. Jugendliche, die aus Erziehungsheimen geflohen waren, und linke, meist arbeitslose Sozialarbeiter machten so auf ihre prekäre Lage aufmerksam. In den besetzten Häusern in Köln, dann aber auch in Dortmund, Wuppertal oder Bielefeld wollte man die Trennung von Pädagogen und Zöglingen aufheben und gründete gemeinsam kleine Umzugsfirmen oder einen Gebrauchtmöbelhandel.[527]

526 »Häuserkampf in Frankfurt und Berlin – eine neue Stufe der Klassenkämpfe?«, in: *Info-BUG* 4 (24.03.1974), S.16-20, hier S.19. Vgl. auch »Tempelhofer Bürgerinitiative für die Erhaltung des Stadtbildes«, in: *Info-BUG* 1013 (20.03.1978), S.5.
527 Erklärung des Schöneberger Jungarbeiter- und Schülerzentrums zu den Vorfäl-

Auch in Berlin waren einige dieser autonomen Jugendzentren durch Hausbesetzungen entstanden – viele wurden jedoch 1975 wieder von der Polizei geräumt. Das Jugendzentrum Putte im Wedding etwa – Anfang 1973 von einer Bürgerinitiative gegründet – besetzte im Frühjahr 1974 ein Haus, um 17 Jugendlichen aus Problemfamilien Unterkunft und Freizeitgestaltungsmöglichkeiten zu bieten. Die Zentren waren aber nur schwache Vorläufer einer erst Anfang der achtziger Jahre einsetzenden breiten Hausbesetzerbewegung in Berlin.[528] Bekannter wurde nur das Georg-von-Rauch-Haus, wobei es sich um einen Teil des im Dezember 1971 besetzten Bethanien-Krankenhauses in Berlin-Kreuzberg handelte. Im Anschluss an ein Teach-in an der TU am 8. Dezember 1971, welches aus Anlass der Erschießung Georg von Rauchs und der Verurteilung Dieter Kunzelmanns veranstaltet wurde, besetzten etwa 300 Teilnehmer das seit 1969 leer stehende Gebäude am Mariannenplatz und nannten fortan einen Gebäudetrakt mit insgesamt 96 Räumen Georg-von-Rauch-Haus. Die Musik und die Auftritte der Band Ton Steine Scherben spielten hierbei eine mobilisierende Rolle, welche in dem 1972 veröffentlichten *Rauch-Haus-Song* verarbeitet wurde.[529] Das Ziel sollte ein »unabhängiges und selbständiges« Wohn- und Gemeinschaftshaus für Lehrlinge, junge Arbeiter und sogenannte Trebegänger sein, die aus ihren Fürsorgeheimen geflohen waren. 1971/72 wohnten dort, zum Teil illegal, 55 Jugendliche. Der Berliner Senat bot den Besetzern zunächst 25 000 DM für ihren Auszug. Nachdem diese die Offerte ausgeschlagen

len am 28.03.1974, in: *Info-BUG* 5 (31.03.1974), S. 2; Roth, »Leben scheuert am Beton«, S. 38, 40-42, 51-55; Brandes/Schön (Hg.), *Wer sind die Instandbesetzer*, S. 99-104; Siegfried, *Time is on my side*, S. 655-662; ders., »Einstürzende Neubauten«, S. 52-59.

528 »Putte ist besetzt«, in: *Info-BUG* 5 (31.03.1974), S. 2-4; »Putte geräumt und abgerissen«, in: *Info-BUG* 6 (07.04.1974), S. 1-9; »Putte«, in: *Info-BUG* 7 (21.04.1974), S. 9; »Senat zur Putte«, in: *Info-BUG* 8 (28.04.1974), S. 13; Kunzelmann, *Leisten Sie keinen Widerstand!*, S. 148.

529 Jugendzentrum Kreuzberg e.V. (Hg.), *Kämpfen-Leben-Lernen. Georg von Rauch-Haus*, Berlin ³1972, S. 10-13; Laurisch, *Kein Abriß*, S. 32; Suttner, »*Beton brennt*«, S. 115; Brown, »Music as Weapon?«, S. 10-13. Der Student Georg von Rauch, Mitglied der Tupamaros West-Berlin und später der Bewegung 2. Juni, war von einem Fahndungsbeamten erschossen worden. Vgl. dazu Kunzelmann, *Leisten Sie keinen Widerstand!*, S. 112, 138/139; 148; Wolfgang Kraushaar, »1968 und die RAF. Ein umstrittenes Beziehungsgeflecht«, in: *vorgänge* 44, 171/172, 3-4 (2005), S. 208-220, hier S. 212, 214/215; Kraushaar, *Achtundsechzig*, S. 217.

hatten, versuchte man sie mit polizeilichen und juristischen Maßnahmen aus dem Haus zu bringen. Letztlich konnten die Besetzer
1973 einen Nutzungsvertrag für fünf Jahre erwirken. Anlässlich der
fünfjährigen Besetzungsgeschichte schrieb das Georg-von-Rauch-
Haus-Kollektiv 1976 über sich:

Jeder von uns geht arbeiten, zur Schule oder macht eine Lehre. Unseren
Lebensunterhalt bringen wir selber auf. Die Arbeiter geben mehr ab, damit
die Lehrlinge und Schüler noch genug Geld zum Leben haben. Einmal in
der Woche ist Vollversammlung. Dort diskutieren wir über alle Probleme,
die wir so haben und lösen sie, auch wenn wir nicht immer einer Meinung sind, gemeinsam. Wir beschließen die Aufnahme von Neuen, sprechen über Arbeitslosigkeit von Einzelnen, regeln gemeinsame Arbeiten im
Haus, wie Saubermachen, Kochen und Renovieren und diskutieren über
politische Aktionen.[530]

Zu einer breiteren Hausbesetzerbewegung kam es in Berlin allerdings erst in den Jahren 1979/80. Mitte 1981 umfasste sie etwa
2000 aktive Besetzer mit einem Unterstützerkreis von rund 15000
Personen. Im Februar/März 1981 waren bereits etwa 170 Berliner
Häuser besetzt – vorwiegend in Kreuzberg, Schöneberg und Charlottenburg. In jedem von ihnen wohnten dauerhaft mindestens
ein Dutzend Besetzer. Bis 1982 waren 249 Häuser das Ziel von Besetzungsaktionen geworden. Noch im Juli 1982 waren 127 Häuser
besetzt, davon allein 62 in Kreuzberg und 25 in Schöneberg. In
den Folgejahren sank die Zahl der besetzten Häuser drastisch. Im
Januar 1984 zählte der Berliner Senat nur noch 29 besetzte Häuser.
Nach langem Widerstand waren somit bis Ende 1984 etwa zwei
Drittel der besetzten Häuser geräumt oder aufgegeben worden, ein
knappes Drittel erhielt Miet-, Pacht-, Erbbau- oder Kaufverträge,
zum Teil auch über alternative Träger.[531] Berlin stand mit diesen

530 Zur Geschichte des Georg-von-Rauch-Hauses: Jugendzentrum Kreuzberg e.V.
(Hg.), *Kämpfen-Leben-Lernen*; Liebel u.a., *Jugendwohnkollektive*, S. 153-190;
Georg von Rauchhaus Kollektiv, »Fünf Jahre ›Georg von Rauch-Haus‹«, in:
Carlo Sponti 24/25 (1976), S. 10; »Der Vertrag läuft aus, aber unser Kampf geht
weiter«, in: *Info-BUG* 1012 (1978), S. 3.

531 LAB, B Rep. 002, Nr. 16529, ohne fol. (Schreiben IVbS an IVbS1 vom
24.10.1983); LAB, B Rep. 002, Nr. 16495 (Bericht III LZ vom 01.07.1982 betreffs:
»Durchsuchungen in besetzten Häusern«); Senator für Bau- und Wohnungswesen vom 21.06.1982, in: LAB, B Rep. 002, Nr. 17126, ohne fol.; Schreiben
des Senators für Bau- und Wohnungswesen an alle Senatmitglieder vom

Ziffern unangefochten an der Spitze der bundesdeutschen Hausbesetzerbewegung, wenn man bedenkt, dass es Ende April 1981 in insgesamt 74 Städten gerade einmal 370 besetzte Häuser gab.[532]

Es begann in Berlin wie in vielen anderen Städten auch: Nachdem in den sechziger Jahren im Sinne des Städtebauförderungsgesetzes großräumige Sanierungsgebiete langsam mit Neubauten durchsetzt worden waren und die Altbauten nach und nach leer standen, wurde billiger Wohnraum knapp. Die vorhandenen alten Häuser wurden zu bloßen Spekulationsobjekten, da die unterschiedlichen Etappen der Stadtteilerneuerungen vom Leerstand über den Abriss bis zum Neubau massiv staatlich subventioniert wurden.

Im Sanierungsgebiet im Südosten von Kreuzberg waren beispielsweise um das Jahr 1980 bereits 96 Prozent der Gebäude im Besitz von städtischen oder privaten Wohnungsbaugesellschaften. Dabei konnten durch Senatsentscheidung die Sanierungsmaßnahmen an diesen Altbauten entfallen – schließlich waren die Mieten gebunden und die alten Häuser sollten über kurz oder lang ohnehin durch Neubauten ersetzt werden. Die unmittelbare Folge war, dass an diesen Häusern der Putz abblätterte, die Toiletten nicht länger repariert und die alten Fensterrahmen nicht mehr ausgetauscht wurden. Ratten bevölkerten die Hinterhöfe, es gab keine

04.01.1984, in: LAB, B Rep. 002, Nr. 27780, ohne fol.; Wolfram Gekeler u. a., »›Wer nur auf Pflastersteine reagiert, darf sich nicht wundern, wenn – auch – Pflastersteine fliegen‹. Das politische Bewußtsein der neuen Jugendbewegung als Infragestellung der alten ›Neuen Linken‹«, in: Volkhard Brandes, Bernhard Schön (Hg.), *Wer sind die Instandbesetzer? Selbstzeugnisse, Dokumente, Analysen. Ein Lesebuch*, Bensheim 1981, S. 15-31, hier S. 15; Rosenblatt, »Legalos«, S. 40; Halter, »›Niemand hat das Recht‹«, S. 102; *zitty* 16 (1982), S. 21; Amann, *Der moralische Aufschrei*, S. 9, 37; Harlander, »Wohnen und Stadtentwicklung«, S. 339; Gottfried Oy, »Lesen und Schreiben. 20 Jahre radikal, 20 Jahre linksradikale Geschichte«, in: *links* 9/10 (1996), S. 45-47 (dieses Textdokument findet sich in: IISG, ID-Periodika Collections, Box 3, Map 26, ohne fol.). Eine Zeitreihe des atemberaubenden Tempos der Hausbesetzungen findet sich bei Laurisch, *Kein Abriß*, S. 207, 209, 214, 217/218, 220, 222. Am 02.02.1981 gab es erst 45 besetzte Häuser, am 13.02.1981 dann 70, am 01.04.1981 129, am 21.04.1981 bereits 142, am 28.04.1981 146, am 11.05.1981 162 und am 27.05.1981 waren schließlich 208 Häuser besetzt.

532 Katsiaficas, *Subversion*, S. 89, 94; Brandes/Schön (Hg.), *Wer sind die Instandbesetzer*, S. 178/179; Görtemaker, *Geschichte der Bundesrepublik Deutschland*, S. 643; Eckart Conze, *Die Suche nach Sicherheit. Eine Geschichte der Bundesrepublik Deutschland von 1949 bis in die Gegenwart*, München 2009, S. 668.

Treppenhausbeleuchtung mehr. Kurzum: Die Häuser verrotteten zusehends. Für die Stadtplaner waren die Beschwerden und Mängelrügen der alten Bewohner nur noch lästige Hindernisse einer Übergangszeit. Wer es sich leisten konnte, zog fort, so dass nach und nach die sozial Schwächsten übrig blieben: Arbeitslose, Rentner, Studenten und Ausländer. 1980 erreichte das Pro-Kopf-Einkommen in Kreuzberg mit rund 600 DM gerade die Hälfte des Berliner Durchschnitts. »Unterprivilegierte aller Schattierungen« nannte damals ein Kreuzberger Rechtsanwalt diese sozialen Gruppen. Von den 213 000 Bewohnern Kreuzbergs im Jahr 1952 waren 1970 gerade noch 158 000 übrig geblieben. Während die Entmietungspolitik weiterging, entstand auf dem hochvolatilen Berliner Markt mit seinen vielen Um- und Zuzügen eine deutlich spürbare Wohnungsnot. Nach offiziellen Angaben standen Ende des Jahres 1980 7000 Wohnungen leer, während 80 000 Berliner bei den Ämtern als Wohnungssuchende registriert waren. Allein im Sanierungsgebiet Kreuzberg standen laut Internationaler Bauausstellung (IBA), 1957 Wohnungen von insgesamt 4612 Wohneinheiten leer.[533] Die Alternative Liste bezeichnete diese Berliner Stadtplanung als »menschenfeindliche Profitsanierung«.[534]

Die sich verschärfende Wohnungssituation in Berlin war die unmittelbare Voraussetzung für die Hausbesetzungen. Da sich die im Rahmen der Stadtplanungspolitik vorgesehenen Sanierungsbeiräte der Betroffenen gegenüber diesen Entwicklungen als weitgehend machtlos erwiesen, bildeten sich selbstständig organisierte Mieter-

533 Horst Riese, »Wohnen in Berlin«, in: Ingrid Müller-Münch u. a. (Hg.), *Besetzung – weil das Wünschen nicht geholfen hat. Köln, Freiburg, Gorleben, Zürich und Berlin*, Reinbek 1981, S. 94-107, hier S. 94/95, 98-101, 104; Rosenbladt, »Legalos«, S. 29-31, 33/34; Halter, »›Niemand hat das Recht‹«, S. 104/105; Laurisch, *Kein Abriß*, S. 16/17; Scheer/Espert (Hg.), *Deutschland*, S. 23; Suttner, »*Beton brennt*«, S. 111-114, 121; Brown, »Music as Weapon?«, S. 7; Amann, *Der moralische Aufschrei*, S. 37; Ermittlungsausschuß Mehringhof (Hg.), *Dokumentation Dezember Berlin 1980*, Berlin 1981, S. 8. Zur IBA siehe Laurisch, *Kein Abriß*, S. 59-61. Amann spricht von 800 leer stehenden Häusern bei einigen Zehntausend Wohnungssuchenden (Amann, *Der moralische Aufschrei*, S. 9). Zur vermittelnden Rolle der 1978 gegründeten IBA (im Vergleich zur Berliner Wohn- und Geschäftshaus GmbH und der Genossenschaft »Neue Heimat«) siehe Suttner, »*Beton brennt*«, S. 187-190, 331, 352-355.
534 Ermittlungsausschuß Mehringhof (Hg.), *Dokumentation Dezember*, S. 8; Suttner, »*Beton brennt*«, S. 166/167.

läden und Bürgerinitiativen. 1980/81 konnte man schon 50 solcher Basisgruppen zählen, die sich im sogenannten Kiez-Bündnis zum Erhalt billigen Wohnraums zusammengeschlossen hatten. Nachdem im Sommer 1977 das als Feuerwache bekannte Stadtteil- und Kommunikationszentrum für Jugendliche in der Reichenberger Straße in Kreuzberg von der Polizei geräumt geworden war, brachten einige Bürgerinitiativen Zeitungen heraus, um auf die Vorgänge aufmerksam zu machen. Weiterhin fanden in den Mieterläden Mieterberatungen und Pressekonferenzen statt, Briefe an die städtischen Wohnungsgesellschaften wurden verfasst, Abgeordnete angesprochen, und vor Gericht versuchte man, Mieter in leer stehende Wohnungen einzuklagen.[535]

Am 2. Februar 1979 besetzten dann 50 Mitglieder einer Bürgerinitiative ein leer stehendes Haus in der Görlitzer Straße 74. Sie wollten demonstrieren, wie schnell, einfach und preiswert die Wohnungen herzurichten waren. So wurde entrümpelt, gestrichen, die Fenster wurden repariert, Türen, Fenster, Treppenhäuser und Toiletten erneuert. Der Eigentümer war von der Aktion überrascht und schickte eine Putzkolonne, die den Besetzern bei der Sanierung unter die Arme griff. Man einigte sich schnell auf einen Mietvertrag. Nach diesem einfachen Instandbesetzungsmodell wurden allein im Kreuzberger Sanierungsgebiet bis zum Dezember 1980 21 weitere Häuser saniert. Ob nun in der Waldemarstraße 22 (März 1979), am Leuschner Damm (September 1979), in der Cuvry- (November 1979) und in der Mariannenstraße (Januar 1980) oder in der Luckauer Straße 3 (März 1980): Miete bezahlten die jungen Besetzer zunächst nicht, da sie ihre Arbeitsleistungen und die auf eigene Kosten gekauften Materialien gegenrechneten. Die Lage war bis hierhin weitgehend friedlich, und die Verhandlungen der geduldeten Besetzer mit dem Senat, dem über städtische Gesellschaften rund die Hälfte der 21 besetzten Häuser gehörte, sollten zu legalen Mietverhältnissen und entsprechenden Vertragsabschlüssen führen.[536]

535 Rosenblatt, »Legalos«, S. 31-33, 35; Laurisch, *Kein Abriß*, S. 24, 26, 32; Suttner, »Beton brennt«, S. 112/113; Amann, *Der moralische Aufschrei*, S. 38; Ermittlungsausschuß Mehringhof (Hg.), *Dokumentation Dezember*, S. 10/11.

536 Rosenblatt, »Legalos«, S. 36-38; Jacqueline Klein, Sabine Porn, »Instandbesetzen«, in: Ingrid Müller-Münch u. a. (Hg.), *Besetzung – weil das Wünschen nicht geholfen hat. Köln, Freiburg, Gorleben, Zürich und Berlin*, Reinbek 1981, S. 112-

Zwar waren nicht alle Hauseigentümer kooperationsbereit und manche verbarrikadierten vorsorglich die Eingänge ihrer Häuser, um Besetzungen vorzubeugen. Zu einer ersten Eskalation kam es aber erst am 12. Dezember 1980, als ein großes Polizeiaufgebot die Besetzung des Hauses am Fraenkelufer 48 verhinderte. Es entwickelte sich eine regelrechte Straßenschlacht, die bis in die Morgenstunden des 13. Dezembers rund um das Kottbusser Tor tobte. Während auf der einen Seite Barrikaden errichtet und Schaufensterscheiben eingeschlagen wurden, setzte die Polizei rigoros Tränengas und Schlagstöcke ein. Zwischen 150 und 200 Demonstranten und 70 Polizisten mussten, teils mit erheblichen Verletzungen, in Krankenhäuser eingeliefert werden. Einige Ladengeschäfte wurden verwüstet und geplündert. Dies war die Geburtsstunde für den militanten Flügel der Hausbesetzer. Noch in der Nacht der Straßenkämpfe versuchten die Bürgerinitiativen und die Mieterläden zwischen der Einsatzleitung der Polizei und den Steinewerfern zu vermitteln. Als Anfang des Jahres 1981 zwei Hausbesetzer zu Haftstrafen von 14 und 18 Monaten ohne Bewährung verurteilt wurden, brachen weitere Verhandlungsversuche ab.[537]

»Eins, zwei, drei, lasst die Leute frei!«, avancierte zum Schlachtruf der Hausbesetzer. Zeitgleich wurde die »Bambule«, wie man in der Szene sagte, zur Tagesordnung. Für die Radikalen wurde dies zu einer wahren Schussfahrt in die Kriminalität. Bereits drei Tage nach den Ereignissen am 12. Dezember kam es bei einer Demon-

123; Laurisch, *Kein Abriß*, S. 33-35; Amann, *Der moralische Aufschrei*, S. 38/39. Zur Besetzung in der Kreuzberger Cuvrystraße ausführlich Laurisch, *Kein Abriß*, S. 63-149. Die Nennung der einzelnen besetzten Häuser bei Suttner, »*Beton brennt*«, S. 116-137.

537 Benny Härlin, »Von Haus zu Haus – Berliner Bewegungsstudien«, in: *Kursbuch* 65 (1981), S. 1-28, hier S. 1-5; Amann, *Der moralische Aufschrei*, S. 40/41, 74-79; Stefan Aust, »Die Sprache der Gewalt. Ein ›Steinewerfer‹ vor Gericht«, in: ders., Sabine Rosenblatt (Hg.), *Hausbesetzer – wofür sie kämpfen, wie sie leben und wie sie leben wollen*, Hamburg 1981, S. 7-23, bes. S. 11-18; Rosenblatt, »Legalos«, S. 37-39; Anonym, »Rechtsfreie Räume«, S. 127-133, 137-143; Laurisch, *Kein Abriß*, S. 161, 167, 169, 199/200; Suttner, »*Beton brennt*«, S. 130/131; Scheer/Espert (Hg.), *Deutschland*, S. 29-32; Ermittlungsausschuß Mehringhof (Hg.), *Dokumentation Dezember*, S. 17-118. Die von den Hausbesetzern immer wieder vorgetragene Beschwerde, dass es in den deutschen Hausbesetzerprozessen zu besonders harten Urteilen gekommen sei, hielt einer Überprüfung durch das Bundesjustizministerium nicht stand: BArch Koblenz, B 141, Nr. 401097, fol. 2-39.

stration zu gewalttätigen Auseinandersetzungen, bei denen es die Steinewerfer »mit schwarzen Motorradhelmen und den traditionellen Mundtüchern nach vorn zog«, wie die *taz* berichtete. Nicht nur in Kreuzberg, auch am Kurfürstendamm klirrten nun die Scheiben – vorzugsweise von Banken und großen Ladenketten. In rasender Folge wurde ein Haus nach dem anderen besetzt – im März 1981 waren es bereits 170. Die Radikalisierung und Politisierung vollzog sich in einem atemberaubenden Tempo. Auf einem Flugblatt des »vorläufigen Rates« der »Autonomen Republiken Neukölln/Kreuzberg« hieß es: »Der Parlamentarismus ist gescheitert! [...] Wir nehmen unsere Sache jetzt selbst in die Hände.« Freiraum, Autonomie, Selbstverwaltung wurden zu zentralen Stichwörtern des Besetzerrates. Gewaltandrohung und -anwendung – von geplünderten Lebensmittelgeschäften über zertrümmerte Fensterscheiben bis zum Demolieren von Privatfahrzeugen – wurden für die militanten Besetzergruppen zur Fortsetzung ihrer Politik mit anderen Mitteln. Die Zentralen von Wohnungsbaugesellschaften und Bankfilialen waren immer wieder zum Ziel kleiner Anschläge geworden. Am 24. März 1981 kam es, wiederum am Fraenkelufer, anlässlich der Durchsuchung von drei besetzten Häusern zu Ausschreitungen mit über 100 teils schwer Verletzten und rund 30 Festnahmen. Immer mehr Hausbesetzer wanderten wegen gefährlicher Körperverletzung oder schweren Fällen von Widerstand gegen Polizeibeamte ins Gefängnis. Die alten Mieterläden und Bürgerinitiativen hingegen wurden zu Vermittlern mit dem Senat. Offiziell verhandelt wurde zwar nicht, inoffiziell aber entwickelte sich über die »Legalos« (wie man die verhandlungsbereiten Hausbesetzer in der Szene nannte) eben doch ein Dialog. Die Legalos wurden zu Emissären zwischen den jungen Autonomen und radikalen Hausbesetzern auf der einen Seite und dem Senat auf der anderen Seite.[538]

Der Senat unter dem Regierenden Bürgermeister Hans-Jochen Vogel suchte unter Hochdruck nach einer politischen Lösung des Konfliktes und erließ im Februar 1981 ein Sofortprogramm zur Beseitigung der gröbsten Missstände in den Berliner Sanierungsvierteln. Dieses umfasste – neben Maßnahmen zur Verringerung des

538 *taz* (17.12.1980); Rosenbladt, »Legalos«, S. 39-41 (Zitate); Scheer/Espert (Hg.), *Deutschland*, S. 33-37; Halter, »»Niemand hat das Recht««, S. 101; Amann, *Der moralische Aufschrei*, S. 45/46; Ermittlungsausschuß Mehringhof (Hg.), *Dokumentation Dezember*, S. 47-50, 60; Suttner, »*Beton brennt*«, S. 132/133.

Leerstandes und zur Ermöglichung von Zwischennutzungen – vor allem eine Fördersumme von 20 Millionen DM. Ohnehin hatte der SPD-Senat unter Vogels Amtsvorgänger Dietrich Stobbe im Jahr 1980 bereits 20 Hausbesetzungen kommentarlos durchgehen lassen und war nach der Radikalisierung umso mehr um eine kompromissbereite Verhandlungslinie bemüht. Schließlich war die Verantwortung der Stadt besonders hoch: Von insgesamt rund 1,1 Millionen in der Nachkriegszeit entstandenen Wohnungen waren ganze 430 000 durch sozialen Wohnungsbau errichtet worden. Allein im Jahr 1980 flossen für Bauvorhaben über 1,2 Milliarden DM in Form von Darlehen, Zuschüssen und Aufwendungen an Sanierungsträger und Bauunternehmer. Auch die Neubauten in den Trabantenstädten wie im Märkischen Viertel oder der Gropiusstadt waren nicht zuletzt Produkte der städtischen Wohnungsbaupolitik. Rund 2000 leer stehende Altbauwohnungen sollten nun der Senatslinie gemäß schnellstens instand gesetzt werden, Fehler wurden zugegeben und man räumte ein, die Erhaltung alter Bausubstanz gegenüber der Erneuerung durch Baumaßnahmen vernachlässigt zu haben. Die Instandbesetzer durften in den Häusern bleiben, die nicht für eine sofortige Modernisierung vorgesehen waren. Dabei sollten Mietverträge ausgehandelt werden. In den anderen Fällen wollte der Senat Ersatzhäuser stellen. Die Sanierungsgesellschaften wurden zudem aufgefordert, das Entmieten von Häusern zu unterlassen und bereits leer stehende Wohnungen wieder zu vermieten. Für den Kauf von Sanierungsgrundstücken gab es vorläufig keine staatlichen Subventionen mehr. Die Hausbesetzer-Kommission des Senats schlug vor, dass »die Bedürfnisse der Menschen dieser Stadt im Mittelpunkt stehen« sollten und daher der »spekulativ bedingte Wohnungsleerstand« sanktioniert werden müsse. Schließlich konnten Mieter, die ihre Wohnung selbst modernisierten, Fördergelder des Landesmodernisierungsprogramms bekommen. Eigenhilfe und Eigengestaltung wurden unterstützt und gefördert.[539]

Ende Februar 1981 kam es wegen dieser weichen »Berliner Linie« zu einem offenen Konflikt zwischen Justizsenator Gerhard Moritz Meyer (FDP) und seinen eigenen Strafverfolgungsbehörden. Denn trotz der Weisung des Senators, gegen die Haftverschonung für

539 Riese, »Wohnen in Berlin«, S. 94/95, 102; Klein/Porn, »Instandbesetzen«, S. 110; Anonym, »Rechtsfreie Räume«, S. 135/136; Rosenblatt, »Legalos«, S. 42/43; Laurisch, *Kein Abriß*, S. 37-39, 156-159.

einen 23-jährigen Studenten keine Beschwerde einzulegen, wurde dieser auf Betreiben der Staatsanwaltschaft hin wieder in Haft genommen. Immer wieder stand einer politischen Lösung das Engagement der Staatsanwaltschaft zur Bestrafung von Einzeltätern gegenüber. Der Weisung Meyers, auf die Durchsuchung besetzter Häuser aus Gründen der Verhältnismäßigkeit vorübergehend zu verzichten, leistete die Generalstaatsanwaltschaft beim Kammergericht nicht Folge. Auch die zum Teil krawallartigen Ausschreitungen zwischen Polizei und Hausbesetzern entsprachen nicht der Verhandlungslinie des Senats. Zudem war Ende Februar bereits ein Drittel der 20 Millionen DM des Sofortprogramms vergeben – an dieselben Sanierungsträger, die sich durch ihre Entmietungspraktiken bei der Bevölkerung verhasst gemacht hatten. Die Trägergesellschaften hatten pro Wohnung 10 000 DM Fördergelder beantragen können. Das schuf Unmut unter den Besetzern, die das Sofortprogramm als verspätet, unzureichend und bloße Kosmetik ablehnten. Während dem Mieter nur 35 Prozent seiner Instandsetzungskosten erstattet wurden, erhielt der Vermieter für ebensolche Instandsetzungen 45 Prozent Zuschuss. Daher stellten die Hausbesetzer am 26. Februar 1981 unerfüllbare Forderungen: Erstens die vollkommene Durchsetzung der Instandhaltungspflicht; Hauseigentümer, die dem nicht nachkämen, sollten enteignet werden. Zweitens die Abschaffung des derzeitigen Fördersystems. Die Fördergelder sollten nicht mehr an die Sanierungsträger, sondern nur noch direkt an die »Betroffenen« gehen. Drittens die Legalisierung von Instandbesetzungen.[540]

Je näher die vorgezogenen Wahlen zum Berliner Abgeordnetenhaus rückten (Wahltag war der 10. Mai 1981), umso fieberhafter suchte der Senat nach einer Lösung. Dabei zeichnete sich im März eine etwas härtere Linie ab, da Verhandlungserfolge ausgeblieben waren und die Springer-Presse die Hausbesetzerszene in die Nähe von Terroristen und Gewaltverbrechern rückte. Der SPD-Senat ließ gegen Ende des Monats vier Häuser räumen, um seine Handlungsfähigkeit unter Beweis zu stellen.[541]

In einer nächsten Verhandlungsstufe konzipierten die Mieter-

540 Amann, *Der moralische Aufschrei*, S. 47; Suttner, »*Beton brennt*«, S. 160/161; Rosenbladt, »Legalos«, S. 45/46; Anonym, »Rechtsfreie Räume«, S. 141-145, 162-165; Laurisch, *Kein Abriß*, S. 157, 164, 169/170.
541 Laurisch, *Kein Abriß*, S. 170/171.

läden und Bürgerinitiativen und namentlich der rührige Werner Orlowsky vom Mieterladen Dresdner Straße (Orlowsky wurde nach der Wahl zum Abgeordnetenhaus zum Baustadtrat für Kreuzberg ernannt) ein Treuhandmodell, welches der Besetzerrat nach langer Diskussion akzeptierte. Die Trennung zwischen Mieterläden und Besetzern konnte damit überbrückt werden. Das Modell sah vor, dass die Treuhänder die Verwaltung und Nutzung der Grundstücke bis zu einer einvernehmlichen Lösung über die endgültige Verwendung übernahmen. Der Besetzerrat beschloss am 3. Mai 1981, das Modell anzunehmen, wenn die Strafverfolgungen wegen Hausfriedensbruch (Paragraph 123 StGB) und Bildung einer kriminellen Vereinigung (Paragraph 129 StGB) ausgesetzt würden, jedes voll- und teilbesetzte Haus in die Treuhandgesellschaft einbezogen würde, die Sanierungsgelder für private Hausbesitzer gestrichen und die inhaftierten Hausbesetzer freigelassen würden. Die Geschäftsführung der Treuhandgesellschaft, so war weiterhin geplant, sollte ein Vermittlerkreis bestehend aus den Mieterläden und Bürgerinitiativen sowie dem Superintendenten des evangelischen Kirchenkreises Kreuzberg innehaben. Solange die Instandbesetzer die Häuser selbstständig herrichteten, so der Rahmenvertragsentwurf der Treuhandgesellschaft, sollten keine Mietforderungen erhoben und kein besetztes Haus geräumt werden.[542] Zur Ratifizierung dieses Vertrages kam es allerdings nie, denn am 11. Juni 1981 übernahm Richard von Weizsäckers Minderheitssenat die Regierung in Berlin.

Die »Berliner Linie« war mit dem neuen Innensenator Heinrich Lummer zwar nicht beendet, aber doch deutlich erschwert. Zwar räumte der Regierende Bürgermeister Weizsäcker zu Beginn seiner Amtszeit Planungsunsicherheit, Überbürokratie und eine fehlerhafte Sanierungspolitik ein. Das Instandsetzungsprogramm für gefährdete Altbauwohnungen wurde zudem erweitert, Hilfen zur Selbsthilfe für Wohnungsmodernisierungen durch Mieter gewährt und den Luxusmodernisierungen von Wohnungen die Unterstüt-

---

542 Rosenbladt, »Legalos«, S. 47-51; »Unsere Stärke liegt im ›Kiez‹«, in: *taz* (29.04.1981), S. 6; »Bullenparanoia und das Gefühl vom Paradies. Michael Wieczorek sprach mit Vertretern des ›Kukuk‹«, in: Stefan Aust, Sabine Rosenbladt (Hg.), *Hausbesetzer – wofür sie kämpfen, wie sie leben und wie sie leben wollen*, Hamburg 1981, S. 97-126, hier S. 115; Laurisch, *Kein Abriß*, S. 173/174; »Ein Basisdemokrat in Kreuzberg«, in: *Frankfurter Allgemeine Zeitung* 144 (25.06.1983).

zungswürdigkeit abgesprochen. Diese Maßnahmen waren mit der »Berliner Linie« konform, allerdings wurde auch eine deutliche Kursänderung sichtbar. So war der neue Senat der Auffassung, dass die Probleme jedes einzelnen Hauses separat zu behandeln seien und der Hausbesetzerthematik nicht im Rahmen einer Gesamtlösung beizukommen sei. Mit Nachdruck wurde der rechtswidrige Charakter der Hausbesetzungen betont und die kompromisslose Verfolgung von Straftätern unterstrichen.[543] In 90 der nach dem 11. Juni 1981 durchgeführten 98 Hausbesetzungen wurden unverzüglich polizeiliche Maßnahmen ergriffen, während dies in der Amtszeit des Stobbe- und Vogel-Senates lediglich bei 33 von 326 Besetzungen der Fall war.[544] Die Position des Senates unter Hans-Jochen Vogel – im Zweifel lieber auf eine Räumung zu verzichten und eine Rechtsverletzung vorübergehend hinzunehmen, als womöglich folgenschwere Straßenschlachten zu riskieren – hielt Lummer für eine »kräftige Überziehung des Opportunitätsprinzips«. In einem internen Vermerk aus dem Hause des Innensenators vom 25. Juni 1981 hieß es, man möge eine Liste zu räumender Häuser zusammenstellen und dabei »nicht kleinlich« auswählen. Neubesetzungen sollten generell verhindert und alle Straftäter in und aus besetzten Häusern verfolgt werden, auch wenn sie nur geringfügige Delikte begangen hatten.[545]

Bereits elf Tage nach der Einberufung des CDU-Senates wurde ein besetztes Haus in der Mittenwalder Straße 45 geräumt – nach fünfstündigen Auseinandersetzungen mit rund 1300 eingesetzten Polizisten. Da das geräumte Haus für eine Luxusmodernisierung vorgesehen war und für die Hausbesetzerbewegung Symbolcharakter besaß, kam es in der Nacht vom 22. zum 23. Juni 1981 zu schweren Ausschreitungen, bei denen insgesamt 173 Personen fest-

---

543 Eingezogener »Bericht [aus dem Hause des Berliner Innensenates] zur Entwicklung und Beendigung des Hausbesetzerproblems« [Mitte 1984], S. 1-6, 8/9, 32-36. Der Bericht findet sich in: LAB, B Rep. 002, Nr. 16530, ohne fol.

544 Eingezogener »Bericht [aus dem Hause des Berliner Innensenates] zur Entwicklung und Beendigung des Hausbesetzerproblems« [Mitte 1984], S. 13. Der Bericht findet sich in: LAB, B Rep. 002, Nr. 16530, ohne fol.

545 Vermerk Senator des Inneren/Senatsdirektor Conen vom 25.06.1981 (betr.: »Räumung besetzter Häuser aus dem Gesichtspunkt der Sicherheit und Ordnung«), in: LAB, B Rep. 002, Nr. 16495, ohne fol.; »Wilde Sau«, in: *Der Spiegel* 27 (29.06.1981), S. 26-28; »Berlin: Lummer läßt räumen«, in: *Der Spiegel* 40 (28.09.1981), S. 26-32.

genommen wurden. Drei Tage später zog ein Demonstrationszug mit rund 11 500 Teilnehmern vor das Rathaus Schöneberg – wiederum kam es zu Krawallen.[546] Diese erste Machtprobe und Radikalisierungs- und Gewaltwelle mit massiven Polizeieinsätzen auf der einen Seite und Gewalttätigkeiten und Plünderungen auf der anderen Seite hielt rund zwei Monate an. Die Berichterstattung der Boulevardpresse wurde schärfer, Heinrich Lummer lokalisierte die Hausbesetzerszene im Umfeld des Terrorismus und forderte öffentlich ein Vermummungsverbot.[547]

Angesichts der härteren Linie des neuen Senats solidarisierten sich immer mehr Menschen mit den Hausbesetzern. Im Juli 1981 erklärten sich beispielsweise Hochschullehrer, Lehrer, Künstler, Schriftsteller und Pfarrer bereit, in den von der Räumung bedrohten Häusern zu übernachten und die Instandbesetzer dadurch zu unterstützen.[548] Mitte Juli wurde sodann eine Demonstration im Grunewald veranstaltet, die unter dem Motto »Demonstranten besuchen Spekulanten« stand. Die Spaziergangsdemonstration mit 4000 bis 5000 Teilnehmern führte an 22 Häusern von Spekulanten vorbei. Letztlich gingen nur 23 Fensterscheiben zu Bruch, obwohl alle Seiten Schlimmeres befürchtet hatten.[549]

Im Grunde herrschte eine Art Arbeitsteilung zwischen den konstruktiven Einzellösungen von Bausenator Ulrich Rastemborski (CDU), der sich am Verhandlungstisch um separate Verträge bemühte, und Innensenator Lummer und Justizsenator Hermann Oxfort (FDP), die sich als Law-and-Order-Politiker zu profilieren trachteten und zum Teil dazu übergingen, auch ohne ausdrücklichen Antrag der Eigentümer räumen zu lassen.[550] Diese härtere Linie wird auch dadurch belegt, dass es unter dem SPD-Senat nur

---

546 Eingezogener »Bericht [aus dem Hause des Berliner Innensenates] zur Entwicklung und Beendigung des Hausbesetzerproblems« [Mitte 1984], S. 16-18 (der Bericht findet sich in: LAB, B Rep. 002, Nr. 16530, ohne fol.).

547 Zum Vermummungsverbot seit dem Juni 1981 siehe Amann, *Der moralische Aufschrei*, S. 121.

548 Erklärung abgedruckt in Brandes/Schön (Hg.), *Wer sind die Instandbesetzer*, S. 154; Laurisch, *Kein Abriß*, S. 182.

549 Scheer/Espert (Hg.), *Deutschland*, S. 66-70; Laurisch, *Kein Abriß*, S. 180/181; Amann, *Der moralische Aufschrei*, S. 50, 87.

550 Eingezogener »Bericht [aus dem Hause des Berliner Innensenates] zur Entwicklung und Beendigung des Hausbesetzerproblems« [Mitte 1984], S. 21, 23 (der Bericht findet sich in: LAB, B Rep. 002, Nr. 16530, ohne fol.).

zu 30 polizeilichen Durchsuchungen von besetzten Häusern gekommen war, während unter Lummer und Oxfort diese Ziffer auf
ganze 411 Durchsuchungen anstieg.[551]

Zu gleicher Zeit organisierten die Berliner Instandbesetzer
den vierwöchigen TUWAT-Kongress mit Infozentrale, Zeltplät-
zen, Kiezküchen und Rockmusik. Erfahrungsaustausch und Veranstaltungen für die »gesamte Linke« mit Diskussionen, Festen,
Theateraufführungen, Filmen und Demonstrationen wurden
geplant – durchaus nach dem Vorbild des erfolgreichen Berliner
TUNIX-Kongresses von 1978. Man wollte die Isolation der »Kraaker, Anti-AKWler, Instandbesetzer, AJZ-Kämpfer, Anti-Imperialis-
ten, Feministinnen, Chaoten, Punks, Hippies und Gamler [sic],
Schwarze[n] und Indianer, Schwule[n] und Lesben, Alternative[n]
und Grüne[n] Radler, Anti-Militaristen, Sozialisten und Antifa-
schisten« überwinden und die radikale europäische Linke zusammenführen. Im Ankündigungsflugblatt wurde ein aggressiver Ton
angeschlagen. Von dem »Oberschwein Weizsäcker« war die Rede
und von »Wehrdörfern«, die »auf allen Plätzen Berlins« errichtet
werden sollten. Man wollte die »Stadt erzittern lassen«. 20 000 bis
50 000 Besucher waren erwartet worden, die tatsächliche Teilneh-
merzahl lag aber weit darunter. An der dreistündigen Eröffnungs-
veranstaltung im Tempodrom-Zirkus nahmen lediglich 2000 Personen teil. Während die Aktion hinsichtlich der Mobilisierung zum
Fehlschlag geriet, waren die militanten Gesten und Aussagen gegen
das »Schweinesystem« nicht zu übersehen. Auf der Eröffnungsver-
anstaltung trat etwa eine »Panzerknacker AG« mit einem Dutzend
maskierter Personen auf und forderte, man müsse die »Militanz
gezielt einsetzen [...]. Tuwat heißt Kampf gegen die organisierte
Unmenschlichkeit auf allen Ebenen mit allen Mitteln. Tuwat heißt:
Legal, Illegal, Scheißegal«.[552] Umgekehrt begriff der Berliner Senat

551 Pressestelle des Berliner Innensenators, »Hausbesetzungen und Hausbesetzer in
     Berlin. Eine Statistik über Stand und Entwicklung [30.11.1982]«, S. 2, in: LAB,
     B Rep. 002 Nr. 16529, ohne fol.

552 LAB, B Rep. 002, Nr. 6429, fol. 2-5; »Applaus für die Gäste aus Polen«, in: *Tages-
     spiegel* (27.08.1981); Eingezogener »Bericht [aus dem Hause des Berliner Innen-
     senates] zur Entwicklung und Beendigung des Hausbesetzerproblems« [Mitte
     1984], S. 48 (der Bericht findet sich in: LAB, B Rep. 002, Nr. 16530, ohne fol.).
     Vgl. auch Scheer/Espert (Hg.), *Deutschland*, S. 71-77; Ermittlungsausschuß im
     Mehringhof (Hg.), *abgeräumt? 8 Häuser geräumt ... Klaus-Jürgen Rattay tot,*

das Treffen als »Chaotenveranstaltung«, die Berliner Boulevard-presse bezeichnete die Teilnehmer als »kommunistisch gesteuerte« Krawallbrüder und »Scharfmacher« (*B. Z.*) und die Initiatoren als »faschistoides Gesindel« (*Morgenpost*). Die TUWAT-Zentrale der »krawallsüchtigen Spatzen« (*Morgenpost*) im Mieterladen in der Waldemarstraße 29 in Kreuzberg wurde mehrfach von der Polizei durchsucht.[553]

Einen neuen, dramatischen Höhepunkt markierte der 22. September 1981, als acht besetzte Häuser in Schöneberg geräumt wurden – ausgerechnet solche, deren Bewohner durch Friedfertigkeit aufgefallen waren und die zusammen mit Architekten Sanierungspläne ausgearbeitet hatten.[554] Bei der Demonstration unter dem Motto »Lummerland ist abgebrannt«, die gegen die Räumung gerichtet war, kam der vermummte Klaus-Jürgen Rattay ums Leben. Der 18-jährige Rattay war auf die Fahrbahn geraten und wurde von einem Bus der Berliner Verkehrsbetriebe erfasst. Einige Hausbesetzer behaupteten nach dem Unfall, er sei von der Polizei auf die Straße gedrängt worden. Diese Aussagen konnten im anschließenden Gerichtsverfahren nicht bestätigt werden. Auf den Tod des Demonstranten Rattay folgte die »wohl größte Spontandemonstration in der Geschichte Westberlins«, zu der sich noch am selben Abend 10 000 Menschen zu einem Schweigemarsch versammelten.

Berlin 1981, S. 8. Zum Tempodrom siehe Wolfgang Müller, *Subkultur Westberlin 1979-1989. Freizeit*, Hamburg 2013, S. 217.

553 LAB, B Rep. 002, Nr. 6429 (dort diverse Zeitungsartikel, das TUWAT-Flugblatt kündigte nach einem Schreiben aus dem Berliner Senat vom 06. 08. 1981 eine »Chaotenveranstaltung« an); Amann, *Der moralische Aufschrei*, S. 51/52, 79-83.

554 Protokoll der Besprechung zwischen dem Bausenator, Vertretern der »Neuen Heimat«, den Bauträgern, dem DGB, der Evangelischen Landeskirche und den Hausbesetzern in der Maaßenstraße am 03. 11. 1982, in: LAB, B Rep. 002, Nr. 17127, ohne fol.; Presseerklärung des Regierenden Bürgermeisters Dr. Richard von Weizsäcker am 02. 11. 1982, in: LAB, B Rep. 002, Nr. 17127, ohne fol.; Klaus Pokatzky, »Der Traum ist aus«, in: *Die Zeit* 33 (12. 08. 1983); Eingezogener »Bericht [aus dem Hause des Berliner Innensenates] zur Entwicklung und Beendigung des Hausbesetzerproblems« [Mitte 1984], S. 19-21 (der Bericht findet sich in: LAB, B Rep. 002, Nr. 16530, ohne fol.); »Räumungen in Neukölln im Rahmen der ›Berliner Linie‹ (21. 10. 1982)«, in: LAB, B Rep. 002, Nr. 17127, ohne fol.; Amann, *Der moralische Aufschrei*, S. 48-51, 56; Anonym, »Rechtsfreie Räume«, S. 165; Laurisch, *Kein Abriß*, S. 179, 183/184; Scheer/Espert (Hg.), *Deutschland*, S. 61-65; »Doppelstrategie des Senats«, in: *taz* (22. 10. 1982); »Berlin: Lummer läßt räumen«, in: *Der Spiegel* 40 (28. 09. 1981), S. 28.

Als der Zug gegen 21.30 Uhr an der Unglücksstätte eintraf, kam es zu gewaltsamen Auseinandersetzungen, Plünderungen und Brandstiftungen. Die Polizei zählte 25 Brandlegungen und 90 verletzte Beamte. Der Unfallort des zum Märtyrer stilisierten Jugendlichen aus Kleve wurde fortan zur Pilgerstätte.[555]

Zunächst herrschte nach dem Schock, den der Tod Rattays ausgelöst hatte, eine Art Waffenstillstand. Es gab keine Räumungen und keine gewalttätigen Demonstrationen, dafür aber eine breit besetzte Friedensrunde im Rathaus Schöneberg aus SPD, CDU, Arbeitgeberverbänden, Kirchen und Gewerkschaften, zu der jedoch die »Alternative Liste« und die Jugendverbände nicht erschienen. Gespräche wurden angeboten, auch Hilfe zur Selbsthilfe. Etliche Wohnungsgesellschaften versprachen, von sich aus keine weiteren Räumungen zu beantragen.[556] Wichtiger als die neue Geduld, die sich ohnehin schnell erschöpfte, war aber, dass sich bereits in den vorhergehenden Jahren vier unterschiedliche Fraktionen in der Hausbesetzerbewegung herausgebildet hatten, die bis Mitte der achtziger Jahre immer klarer in Erscheinung traten und die Einheit der Bewegung schwächten. Neben einer verhandlungsbereiten stadtpolitischen Fraktion (erstens), für die Instandbesetzung ein Wohnplatz bedeutete und die städteplanerische und sozialpädagogische Gesichtspunkte vertrat, gab es zweitens eine anarchistische Gruppe, die zunehmend militanter und intransigent auftrat und immer häufiger Gesetze brach. Drittens fanden sich Hausbesetzer, denen es um die eigene Existenz ging, also Obdachlose, Arbeitslose und marginalisierte Jugendliche oder Drogenabhängige, die sich mit den Wohnprojekten ein neues Leben aufbauen wollten. Hinzu kamen viertens die erlebnisorientierten Hausbesetzer, vorwiegend Studenten und Schüler, die am *radical chic* der Hausbesetzung teilhaben wollten und sich hier ihren Kick holten.[557]

555 Ermittlungsausschuß im Mehringhof (Hg.), *abgeräumt?*; Kunzelmann, *Leisten Sie keinen Widerstand!*, S. 150 (Zitat); Scheer/Espert (Hg.), *Deutschland*, S. 86-93; Amann, *Der moralische Aufschrei*, S. 54/55, 71.

556 Joachim Nawrocki, »Zwischen ›Müslis‹ und ›Mollis‹«, in: *Die Zeit* 48 (20. 11. 1981); Eingezogener »Bericht [aus dem Hause des Berliner Innensenates] zur Entwicklung und Beendigung des Hausbesetzerproblems« [Mitte 1984], S. 20/21 (der Bericht findet sich in: LAB, B Rep. 002, Nr. 16530, ohne fol.).

557 Siehe dazu die umfangreiche Dokumentation des Berliner Senats zu Legalisierungsbemühungen im Zusammenhang mit Hausbesetzungen: LAB, B Rep. 002 Nr. 16496-16502, 17127, 17128, Kuntz, »Spontis«, S. 196/197.

Im Laufe der Jahre 1982 bis 1984 kam es weiterhin zu Demonstrationen. Der Erfolg der Mobilisierungsbemühungen ließ aber langsam nach, so dass sich kaum mehr als jeweils 3000 bis 5000 Demonstranten zusammenfanden.[558] Wenngleich militante Aktionen etwa anlässlich des Reagan-Besuches vom 11. bis 12. Juni 1982 nicht fehlten,[559] so zermürbten einerseits die ständigen Hausdurchsuchungen und immer neue Räumungen und andererseits die vielen Legalisierungsbemühungen des Senates die Hausbesetzerszene. Der Berliner Senat schätzte, dass Mitte 1982 nur noch 25 der mittlerweile auf 123 Häuser zusammengeschrumpften Besetzerbewegung nicht verhandlungsbereit seien. Während mit den friedvollen Hausbesetzern weiter verhandelt wurde, setzte sich die harte Linie der Polizei gegen die autonomen Hausbesetzer fort. Im März 1984 waren schließlich nur noch 14 Häuser illegal besetzt, während die anderen Häuser legalisiert, geräumt oder verlassen worden waren. Am 8. November 1984 wurde das vorläufig letzte besetzte Haus geräumt.[560]

Der knappe Überblick verdeutlicht, neben vielen Unterschieden, dass die radikale Form der Hausbesetzung erst spät zu einer Handlungsoption wurde. Erst nachdem Bürgerinitiativen und traditionelle politische Gremienarbeit erfolglos geblieben waren, griffen die Widerständigen zu diesem Mittel, wobei ihre Anfangserfolge zur Nachahmung motivierten. Während die ersten Hausbesetzungen in Frankfurt dem ideologischen Einfluss der Studentenbewegung unterlagen und von ihr geprägt und initiiert worden waren, zeigte sich zu Beginn der achtziger Jahre eine breitere soziale Mobilisierung, die weniger den gesellschaftsverändernden Traktaten der 68er als dem Gedanken der Autonomie und Befreiung verpflichtet war. In der Auseinandersetzung mit polizeilicher Überwachung und gewaltsamen Räumungen militarisierte sich die Szene kurzfristig, bis die radikaleren Autonomen auch innerhalb der

558 Siehe die Chronologie des Berliner Häuserkampfes: ⟨http://autox.nadir. org/archiv/chrono/chro_haus_3.html⟩, letzter Zugriff am 27.03.2013, und ⟨http://autox.nadir.org/archiv/chrono/chro_haus_4.html⟩, letzter Zugriff am 27.03.2013.

559 Vgl. dazu Scheer/Espert (Hg.), *Deutschland*, S.150-167.

560 LAB, B Rep. 002, Nr.16530, ohne fol. (Senatsbeschluß vom 10.01.1984); Katsiaficas, *Subversion*, S.96, 279 (dort die Fußnote 101); ⟨http://autox.nadir.org/ archiv/chrono/chro_haus_4.html⟩, letzter Zugriff am 21.03.2013; Suttner, »*Beton brennt*«, S.190/191.

Hausbesetzerbewegung zu einer Minderheit wurden und an gesellschaftlichem Einfluss verloren.

5.3.4 Sozialprofil und Umfang

Der *Spiegel*-Reporter Hans Halter schrieb über die Bewohner eines besetzten Hauses am Heinrichplatz in Berlin-Kreuzberg: »Die meisten sind zwischen 17 und 22 Jahre alt, Matratze an Matratze ruhen junge Arbeitslose ohne Hauptschulabschluß, Ausgeflippte und Ausgestiegene, Zugereiste, abgebrochene Studenten und solche, die es auf dem zweiten Bildungsweg eigentlich mal werden wollten.« Das waren die Gruppen, so der Journalist, aus denen sich die radikalen Hausbesetzer speisten, während von den reformistisch orientierten »die meisten 25 bis 40 Jahre alt« seien. Auch »ein Zeugnis der Reife gehört zu ihrer Grundausstattung«. Zusammenfassend schrieb er über die Berliner Hausbesetzerszene des Jahres 1981:

Während der militante Kern meist aus den völlig zerstörten Familien der Unterschicht stammt, Schule und Lehre oft nicht vollendet hat, der Bürokratie nur Haß entgegenbringen kann, sind viele der älteren Hausbesetzer dem öffentlichen Dienst durchaus ebenbürtig. Die meisten entstammen ohnehin Angestelltenfamilien und streben nach A 13, besser noch B 6. Arbeiterkinder und der Nachwuchs aus Oberschicht- und Akademikerfamilien sind deutlich unterrepräsentiert.[561]

Wenngleich solche Zuordnungen zu einfach sind, konnte man in der Tat eine soziale Trennung daran erkennen, dass manche Häuser fast ausnahmslos von Studenten besetzt wurden, während andere von Jugendlichen in Beschlag genommen wurden, die einige Zeit in Fürsorgeheimen oder dem Jugendgefängnis verbracht hatten.[562] Auch mehrere Analysen des Bundeskriminalamtes kamen übereinstimmend zu dem Schluss, dass sich die Hausbesetzerszene (neben der vergleichsweise kleinen Gruppe der militanten Häuserkämpfer) in die »Anhänger alternativer Wohngemeinschaften« auf der einen Seite und in die Gruppe der »vorübergehend Wohnungslosen« (zu

561 Halter, »Niemand hat das Recht«, S. 103, 106, 110.
562 Hellmut Lessing, Manfred Liebel, »Jeder braucht Jeden. Das Protestpotential geht quer durch alle Schichten«, in: Brandes/Schön (Hg.), *Wer sind die Instandbesetzer*, S. 32-36, hier S. 33; Scheer/Espert (Hg.), *Deutschland*, S. 133/134.

denen auch Rauschgiftabhängige und prekäre Existenzen gezählt wurden) auf der anderen Seite aufteilte.[563]

Neben die Studenten und Schüler trat somit eine fast genauso große Gruppe von Arbeitern, Lehrlingen und Arbeitslosen. Der Ausländeranteil an den Hausbesetzern betrug zwischen 5 und 10 Prozent, der der Arbeitslosen rund 20 Prozent.[564] Diesen sozialen Wandel des Protestpotentials beschrieb der Journalist und Autor Wolfgang Prosinger mit Blick auf eine Freiburger Häuserräumung folgendermaßen:

Vorbei sind die Zeiten, wo die Universität die Federführung bei solchen Aktionen« hatte. [...] Gewiß, Studenten sind dabei. Aber sie sind nicht mehr in der Mehrheit. Da sind Berufstätige ebenso wie Arbeitslose, Lehrlinge, Kurzzeit-Jobber, Schüler und Lehrer. Das Protestpotential geht heute

563 Bericht des Bundeskriminalamtes über »gewalttätige Aktionen im Zusammenhang mit Hausbesetzungen, Räumungen oder Anschlußaktionen«, am 05.03.1981 an das Bundesinnenministerium übersandt, in: BArch Koblenz, B 141, Nr. 401096, fol. 26-46, hier fol. 42 (Zitat), 45; Kurzanalyse zu den »Hintergründen der Hausbesetzungen« von Stachelscheid an das Bundesinnenministerium vom 17.03.1981, in: BArch Koblenz, B 141, Nr. 401096, fol. 52-63, hier fol. 56; Bericht des Bundeskriminalamtes vom 30.04.1981, übersandt an den Bundesinnenminister, die Landesinnenminister, die Leiter der Landeskriminalämter, den Generalbundesanwalt und den Präsidenten des Bundesamts für Verfassungsschutz am 11.05.1981, in: BArch Koblenz, B 141, Nr. 401096, fol. 100-146, hier fol. 120/121. Vgl. mit ähnlicher Beobachtung Jörg Bopp, »Trauer-Power. Zur Jugendrevolte 1981«, in: *Kursbuch* 65 (1981), S. 151-168, hier S. 154.

564 Bericht des Bundeskriminalamtes vom 30.04.1981, übersandt an den Bundesinnenminister, die Landesinnenminister, die Leiter der Landeskriminalämter, den Generalbundesanwalt und den Präsidenten des Bundesamts für Verfassungsschutz am 11.05.1981, in: BArch Koblenz, B 141, Nr. 401096, fol. 100-146, hier fol. 118, 120, 122/123 (Anzahl der ausgewerteten Personalangaben von 2746 Personen); »Drei von vieren sind einschlägig bekannt«, in: *Frankfurter Allgemeine Zeitung* (15.08.1981); Bericht des Bundesinnenministers an den Bundesjustizminister vom 02.09.1981, in: BArch Koblenz, B 141 Nr. 401096, fol. 183; Bericht des Bundeskriminalamtes über »gewalttätige Aktionen im Zusammenhang mit Hausbesetzungen, Räumungen oder Anschlußaktionen«, am 05.03.1981 an das Bundesinnenministerium übersandt, in: BArch Koblenz, B 141, Nr. 401096, fol. 26-46, hier fol. 30-38; Pokatzky, Klaus, »Der Traum ist aus«, in: *Die Zeit* 33 (12.08.1983); Pressemitteilung des Berliner Innensenators vom 30.11.1982 über »Hausbesetzungen und Hausbesetzer in Berlin«, S.6, in: LAB, B Rep. 002, Nr. 16529; Landesamt für Verfassungsschutz beim Berliner Innensenator, »Der ›Häuserkampf‹ in Berlin (West)«, in: BArch Koblenz, B 141, Nr. 401097, fol. 112/113.

quer durch Schichten und soziale Zugehörigkeiten. Es wird immer weniger intellektuell und immer – jünger.[565]

Ganz Ähnliches liest man für Berlin, wo ein Rechtsanwalt der Hausbesetzer 1981 notierte, dass »nicht mehr Studenten, sondern arbeitslose Jugendliche, ältere Arbeitslose, Jungarbeiter [und] ›Entwurzelte‹ aller Art« den Kern der Hausbesetzergruppen bildeten.[566] In der Mauerstadt, so konstatierte man 1980, machten Angehörige marginalisierter Gruppen einen Anteil von 20 Prozent unter den Hausbesetzern aus. Neben Trebegängern gehörten dazu auch Alkoholiker und Drogenabhängige.[567] In Frankfurt schließlich stellte der *Pflasterstrand* 1980 fest, dass die neuen Hausbesetzer wenig mit den Spontis zu tun hatten, die in den frühen siebziger Jahren den Häuserkampf angeführt hatten. Frustriert beklagte das Spontiblatt »ein völliges Fehlen politischer Strategie«.[568]

Zusätzlich zu solchen Einzelbeobachtungen liegen einige Auswertungen des Bundeskriminalamtes vor, welches im Februar 1981 die Daten von 1300 festgenommenen Hausbesetzern aus dem gesamten Bundesgebiet auswertete. Das Amt registrierte »überwiegend 21- bis 30-jährige Personen« (rund 55 Prozent), die als Berufsbezeichnung »überwiegend Student, Schüler oder Arbeiter« angaben.[569] Ende 1981 fasste das Bundeskriminalamt seine Erkenntnisse in einem Bericht zusammen. Demnach waren 90 Prozent der 2099 erfassten Hausbesetzer unter 30 Jahren alt, wobei davon wiederum die Hälfte jünger als 21 Jahre war.[570] Für die Berliner Szene ergab die Auswertung von 692 Festnahmen oder polizeilichen Personalregistrierungen aus dem Jahr 1981 einen deutlich ge-

565 Wolfgang Prosinger, »Krieg im Frieden. Die gewaltsame Räumung des Dreisameck in Freiburg«, in: Ingrid Müller-Münch u. a., *Besetzung – weil das Wünschen nicht geholfen hat. Köln, Freiburg, Gorleben, Zürich und Berlin*, Reinbek 1981, S. 10-43, hier S. 16.

566 Anonym, »Rechtsfreie Räume«, S. 149/150 und 153. Ähnlich: Härlin, »Von Haus zu Haus«, S. 9/10.

567 »Hefe im kaputten Stadtteil«, in: *Der Spiegel* 47 (21. 11. 1983); Katsiaficas, *Subversion*, S. 90.

568 »Häuserkampf – die zweite Welle?«, in: *Pflasterstrand* 83 (28. 06. 1980), S. 31.

569 Bundeskriminalamt an den Bundesminister des Innern vom 05. 03. 1981, in: BArch Koblenz, B 141, Nr. 401096, fol. 30.

570 Zusammenfassender Bericht des Bundeskriminalamtes über Hausbesetzungen und damit zusammenhängende Ereignisse im Jahr 1981, S. 18, in: BArch Koblenz, B 106, Nr. 113186, Bd. 9: Hausbesetzungen.

ringeren Anteil von Akademikern und Studenten, als das noch bei der Alternativbewegung der siebziger Jahre der Fall war. Aus der Auswertung der beruflichen Angaben von 588 Hausbesetzern lässt sich zwar erkennen, dass immer noch 39,6 Prozent Schüler, Auszubildende oder Studenten waren, jedoch hatten immerhin 38,8 Prozent eine anderweitige Berufsausbildung hinter sich gebracht bzw. übten einen Beruf aus. Vor allem aber der Anteil von 21,6 Prozent Arbeitslosen war bemerkenswert und überstieg alles, was man aus Wohngemeinschaften oder Landkommunen kannte.[571] Die Berliner Szene mit ihren deutlich militanteren Hausbesetzern war nicht nur in geringerem Maße von Akademikern geprägt, sondern war auch ausgesprochen jung. Der oben bereits erwähnten Auswertung der Daten von 692 Hausbesetzern lässt sich entnehmen, dass 82 Prozent 18 bis 30 Jahre alt waren.[572] Die Auswertung der Daten von weiteren Berliner Hausbesetzern durch die Polizei ergab, dass zu drei Vierteln der von der Polizei Inhaftierten bereits polizeiliche Erkenntnisse vorlagen. Körperverletzung, Nötigung, Bedrohung, Widerstand gegen die Staatsgewalt und Sachbeschädigung gehörten immer mehr zum Phänomen der Hausbesetzung dazu.[573] Alle verfügbaren Quellen zeigen, dass 60 bis 70 Prozent der Hausbesetzer unter 30 Jahre waren. 65 bis 80 Prozent der Festgenommenen waren Männer, was allerdings eher auf den Zusammenhang von Militanz und Männlichkeit als auf einen höheren Anteil von Männern unter den Hausbesetzern insgesamt verweisen mag.[574]

571 Pressemitteilung 29/81 des Berliner Innensenators vom 14.08.1981, in: BArch Koblenz, B 141, Nr. 401096, fol. 184. Vgl. dazu auch Landesamt für Verfassungsschutz beim Berliner Innensenator, »Der ›Häuserkampf‹ in Berlin (West)«, in: BArch Koblenz, B 141, Nr. 401097, fol. 113; Kolenberger/Schwarz, *Abschlußbericht*, Teil A, S. 12 [Kopie im APO-Archiv Berlin].

572 Landesamt für Verfassungsschutz beim Berliner Innensenator, »Der ›Häuserkampf‹ in Berlin (West)«, in: BArch Koblenz, B 141, Nr. 401097, fol. 110.

573 Bericht des Bundesinnenministers an den Bundesjustizminister vom 02.09.1981, in: BArch Koblenz, B 141, Nr. 401096, fol. 181-187; »Unerwünschter Zuzug von Krawallmachern«, in: *Frankfurter Rundschau* (15.08.1981); »Drei von vieren sind einschlägig bekannt«, in: *Frankfurter Allgemeine Zeitung* (15.08.1981). Spätere Erhebungen kamen zu ähnlichen Ergebnissen, beispielsweise der im Februar 1984 vorgelegte Bericht »Hausbesetzungen und Hausbesetzer in Berlin. Eine Statistik über die Entwicklung seit 1979« durch den Berliner Senator für Inneres: BArch, B 106, Nr. 113186, Bd. 10.

574 Bundeskriminalamt an den Bundesminister des Innern vom 05.03.1981, in: BArch Koblenz, B 141, Nr. 401096, fol. 30; Bericht des Bundesinnenminis-

Der auf soziale Bewegungen spezialisierte Sozialwissenschaftler George Katsiaficas beschreibt die Hausbesetzerszene der frühen achtziger Jahre wie folgt:

> Keine einfache Klassifikation wird den Hausbesetzern gerecht: Es gab Rocker, die der Arbeiterklasse entstammten, Feministinnen, Einwanderer aus der Türkei, Senioren, Studenten, allein erziehende Mütter, wiedergeborene Christen und ideologische Anarchisten. Es handelte sich eher um eine bunte Mischung denn um eine sich selbst selektierende soziale Gruppe aus Studenten, wie es etwa bei der Neuen Linken der Fall war.[575]

Ein auffälliges Merkmal gab es aber dennoch, denn spätestens ab dem Ende der siebziger Jahre bildete die steigende Jugendarbeitslosigkeit den Hintergrund der Bewegung. So lag die Arbeitslosenquote Westberliner Jugendlicher unter 20 Jahren im Februar 1981 bei 8,4 Prozent – im Februar 1982 war sie bereits auf 15,7 Prozent hochgeschnellt. Die »Neue Wohnungsnot« betraf insbesondere einkommensschwache Gruppen, zu denen neben den Studenten auch die alleinerziehenden Mütter, die neuen Arbeitslosen und die oft schlecht bezahlten Gastarbeiter gehörten, die nun begannen, gegen spekulative Entmietungen, skandalöse Leerstände und den Verfall von Erneuerungsgebieten Widerstand zu leisten.[576] Andere Autoren verweisen immer wieder auf die Bedeutung der Arbeitslosigkeit unter Lehrlingen und Akademikern. Neben die »existen-

---

ters an den Bundesjustizminister vom 02.09.1981, in: BArch Koblenz, B 141, Nr. 401096, fol. 183; Pressemitteilung des Berliner Innensenators vom 30.11.1982 über »Hausbesetzungen und Hausbesetzer in Berlin«, S. 6, in: LAB, B Rep. 002, Nr. 16529; »Drei von vieren sind einschlägig bekannt«, in: *Frankfurter Allgemeine Zeitung* (15.08.1981); Bericht des Bundesinnenministers an den Bundesjustizminister vom 02.09.1981, in: BArch Koblenz, B 141, Nr. 401096, fol. 183. Vgl. auch die Daten für die Straßenschlacht in der Nacht vom 12. zum 13. Dezember 1981 am Kottbusser Tor in Kreuzberg: Anonym, »Rechtsfreie Räume«, S. 130; Ermittlungsausschuß Mehringhof (Hg.), *Dokumentation Dezember*, S. 69

575 Katsiaficas, *Subversion*, S. 91. Im Original lautet die Stelle: »The squatters defied simple classification: from rockers with working-class roots to feminists, recent immigrants from Turkey to the elderly, students to single mothers, and born-again Christians to ideological anarchists, they were more a motley collection than a self-defined collectivity of mainly students like the New Left was.«

576 Harlander, »Wohnen und Stadtentwicklung«, S. 337.

ziellen Hausbesetzer«, die aus verschiedensten Randgruppen sowie Arbeits- und Obdachlosen bestanden, gesellten sich politisch links stehende Studenten und Schüler mit meist prekären Einkommensverhältnissen. Dazu kam eine stadtpolitische Gruppierung, die sich in Bürgerinitiativen gegen die Sanierungspläne zusammengeschlossen hatte. Schließlich lässt sich noch ein ausgesprochen militanter Flügel aus anarchistisch eingestellten Autonomen unterscheiden, der sich aus den beiden erstgenannten Gruppen speiste.[577]

Gleichwohl: Zu einer Massenbewegung wurden die Hausbesetzer auch unter diesen Umständen nicht. Während die Berliner Hausbesetzerszene Anfang 1981 auf rund 3200 Personen geschätzt wurde, erweiterte sie sich in den beiden Folgejahren auf vielleicht 5000 bis 6000 Personen, die mit einem Sympathisantenkreis von 10000 bis 20000 Personen rechnen konnten.[578] Außerhalb der Mauerstadt, die in den frühen achtziger Jahren sicherlich die Hochburg der bundesdeutschen Hausbesetzerbewegung war, dürfte es nicht mehr als einige 10000 Hausbesetzer gegeben haben.

5.3.5 Motivationen und Funktionen

»Zerrissen zwischen abgrundtiefer Staatsverdrossenheit und euphorischer Sinnsuche« seien die jungen Hausbesetzer, schrieb der *Spiegel*-Redakteur Jörg Mettke 1981 ohne große Sympathie für die Jugendlichen, die sich in leer stehenden Wohnungen mit Sperrmüllinventar und Trödelmöbeln einrichteten.[579] Zuvorderst suchten die Besetzer aber nach billigem und großzügigem Wohnraum und waren es leid, isoliert »in Ein-Zimmer-Wohnungen dahinzuvegetieren«.[580] »Ein Grund, warum einige hier reingegan-

---

577 Etwa: Scheer/Espert (Hg.), *Deutschland*, S. 8/9; Suttner, »*Beton brennt*«, S. 138, 140.

578 Bericht des Bundeskriminalamtes vom 30.04.1981, übersandt an den Bundesinnenminister, die Landesinnenminister, die Leiter der Landeskriminalämter, den Generalbundesanwalt und den Präsidenten des Bundesamts für Verfassungsschutz am 11.05.1981, in: BArch Koblenz, B 141, Nr. 401096, fol. 141; Härlin, »Von Haus zu Haus«, S. 14; Suttner, »*Beton brennt*«, S. 138.

579 Jörg R. Mettke, »Selbstbespiegelungen. Über die Gegenöffentlichkeit der alternativen Presse«, in: Michael Haller (Hg.), *Aussteigen oder rebellieren. Jugendliche gegen Staat und Gesellschaft*, Hamburg 1981, S. 156-178, S. 168.

580 Klein/Porn, »Instandbesetzen«, S. 119; »Das Leben hier hat uns radikalisiert«, in:

gen sind, war erst einmal ein Dach über dem Kopf zu haben«, meinte ein Kölner Hausbesetzer 1981 ganz lapidar.[581] Der Schöneberger Besetzerrat ergänzte Mitte 1981, dass es um mehr gehe als um den bloßen Erhalt von Wohnraum: »Wir wollen wieder zusammenleben und arbeiten. Wir wollen der Vereinzelung und der Zerstörung des Zusammenlebens Einhalt gebieten.« Gegen die »quälende Einsamkeit« einer »Welt aus Beton und Plastik« finde man in den besetzten Häusern »eine wirkliche Heimat« und »sinnvolle Arbeit«.[582] Gegen die »monotonen Betonsilos« boten die besetzten Häuser einen Ort selbstbestimmten und gemeinsamen Lebens, in dem die »Arbeits- und Lebensbedingungen wieder erfassbar werden«.[583]

Ein Leben rund um die eigene Szene, das Erlebnis einer solidarischen und möglichst autonomen Gemeinschaft gehörte ebenso zu den Hausbesetzungen wie die demonstrative und selbstbewusste Abgrenzung von Staat, Bürokratie und Polizei.[584] So schrieb ein Berliner Besetzerrat im Dezember 1980: »Wenn unsere Lebenszusammenhänge durch die Senatspolitik zerstört werden sollen, wenn Menschlichkeit durch Beton, Bullen und Computer erstickt wird, dann wehren wir uns. Wir wollen nicht zu programmierbaren Menschen gemacht werden, um als Fress-, Schlaf- und Arbeitsmaschinen dahinzuvegetieren.«[585]

Schon die Besetzung wurde von einem Solidaritäts- und Eroberungsgefühl unter den Besetzern begleitet, die sich zu illegalen Aktionen durchgerungen hatten und sich als verschworene Gemeinschaft erlebten. Die ersten Wochen wurden wie eine »Pfadfinderzeit [erlebt], nur mit Kerzen, Wasser in Kanistern vom Nachbarn, zu zehnt in unseren Schlafsäcken in einem Raum«. Jede neue Errungenschaft wurde gefeiert, und wenn funktionierende Bäder

päd.extra sozialarbeit (Juni 1981), zitiert nach dem Wiederabdruck bei: Brandes/Schön (Hg.), Wer sind die Instandbesetzer, S. 69/70.

581 StadtRevue (27.03.1981), zitiert nach dem Wiederabdruck bei: Brandes/Schön (Hg.), Wer sind die Instandbesetzer, S. 65.

582 Schöneberger Besetzerrat, »Offener Brief an die Bürger Berlins«, in: Ermittlungsausschuß im Mehringhof (Hg.), abgeräumt?, S. 6/7.

583 Ermittlungsausschuß Mehringhof (Hg.), Dokumentation Dezember, S. 6.

584 Zitat von Gisela Dischner nach: Brandes/Schön (Hg.), Instandbesetzer, S. 14.

585 »Flugblatt des Besetzerrates – Ohne Bullen kein heißer Krawall«, in: radikal 5,12 (1980), S. 2.

und Öfen in den heruntergekommenen Häusern installiert werden konnten, entstand ein regelrechtes Hochgefühl.[586]

Immer wieder liest man von »wahnsinnig gute[n] feelings« wie im Berliner Kunst und Kultur Centrum Kreuzberg (KuKuCK), einem im Januar 1981 besetzten Haus in der Anhalter Straße 7:

> Wenn du dir zum Beispiel vorstellst, daß da unten irgendwo ein Lagerfeuer brennt auf dem Hof, und die Leute kommen aus Veranstaltungen raus und fühlen sich wahnsinnig gut, und das Kino läuft und das Café ist nett, und in der Gruppe ist auch eine tolle Atmosphäre. [...] Wenn du also in der Gruppe so ein Gefühl hast. ›wir‹. In dem Zusammenleben mit Menschen kannst du ein wahnsinnig tolles Gefühl kriegen, das gibt auch enorme Kraft.[587]

Das KuKuCK, übersät mit Graffiti und einem beeindruckenden Wandbild mit drei in schwarze Kapuzen gehüllten Anarcho-Männchen, war als Ort des Berliner Häuserrates zentrale Anlaufstelle und Kommunikationsknotenpunkt der Hausbesetzerszene. In dem sechsgeschossigen Gewerbe- und Bürogebäude waren 4800 Quadratmeter Platz für diverse Initiativen, die sich hausintern auf einem Plenum nach dem für Linksalternative typischen Konsensprinzip miteinander abstimmten. Lesungsräume, Musikstudio, Theaterbühne, Kinosaal, Galerie und das Café als multifunktionaler Treffpunkt und Aktionsraum boten reichlich Platz.[588] Gemäß einem Flugblatt des KuKuCK bedeutete Hausbesetzung, »nicht nur genügend Wohnraum für jeden zu haben, es heißt mehr: gemeinsam Spaß zu haben. Theater zu spielen, Musik zu machen, tanzen, feiern, klönen, Filme sehen.«[589] In einem offenen Brief der Besetzer in der Knobelsdorffstraße vom Juli 1981 liest man Ähnliches: »Wir leben hier zusammen in einer menschlichen Gemeinschaft. [...] Wir

---

586 Härlin, »Von Haus zu Haus«, S. 7.

587 »Bullenparanoia und das Gefühl vom Paradies. Michael Wieczorek sprach mit Vertretern des ›Kukuk‹«, in: Aust, Stefan, Rosenblatt, Sabine (Hg.), *Hausbesetzer – wofür sie kämpfen, wie sie leben und wie sie leben wollen*, Hamburg 1981, S. 97-126, S. 100/101. Vgl. auch Halter, »Niemand hat das Recht«, S. 111; Laurisch, *Kein Abriß*, S. 208.

588 Schreiben Werner Orlowsky an den Bausenator Klaus Franke vom 14.03.1984, in: LAB, B Rep. 002, Nr. 16502, ohne fol.; LAB, B Rep. 002, Nr. 16503, Bl. 1-3; Härlin, »Von Haus zu Haus«, S. 20-22; Suttner, *»Beton brennt«*, S. 180-187; Mailänder/Zander, *Das kleine Westberlin-Lexikon*, S. 159/160.

589 Ermittlungsausschuß Mehringhof (Hg.), *Dokumentation Dezember*, S. 100.

sind mit unserem Zusammenleben dem Sinn des Menschseins ein Stück näher gekommen.«[590] Auch aus Köln berichteten Hausbesetzer, »daß wir gemeinsam stark sind«: »Ich glaube, daß durch die Tatsache, daß wir gemeinsam leben, schon jeder einzelne von uns mehr Kraft hat, als wenn er alleine wohnen würde, vereinzelt ist.«[591]

An der Gemeinschaftsbildung wurde insbesondere die Offenheit, Ungezwungenheit und Spontaneität geschätzt, durch die die Hausbesetzer den Eindruck bekamen, auf der eigenen bunten Insel einer gegenkulturellen Lebenswelt nahezu autonom leben zu können. Das rege Treiben in den Gemeinschaftsräumen, die Mischung aus vertrauten und neuen Gesichtern, das jugendkulturelle Gebaren und das Gefühl, von vielen Menschen unterstützt zu werden, bildeten wichtige Motive. Eine Berliner Hausbesetzerin formulierte dies im März 1981 so: »An deinem Wohnbereich macht sich das halt am allerersten fest, daß du so eingeengt und isoliert bist. Ich habe vorher auch alleine gewohnt. Ich wollte mit Leuten zusammen selbstbestimmt leben, wie ich mir das vorstelle. Der Lebens- und Wohnbereich sollte nicht mehr so getrennt sein.«[592]

Mit dem Wohnen war ein »unmittelbares Lebensinteresse« berührt. Anders als die »68er-Opas«, so empfanden es die Hausbesetzer, kämpften sie für sich selbst, für »ein selbstbestimmtes Leben in allen Bereichen«. Analyse rangierte hinter Erfahrung: »Es ist die Rede von Power, Widerstand und Leben, von den Betonfaschisten, den Plastikfreunden und den Schweinen. Nicht ist die Rede von Kommunismus oder Sozialismus, auch nicht von Öko-Sozialismus.«[593] Das Gefühl basisdemokratischer und anti-institutioneller Gemeinschaftlichkeit teilten die Hausbesetzer mit linksalternativen Lebensformen wie den Wohngemeinschaften und Landkommunen, wenngleich der Aspekt der Autonomie und der solidarischen Widerständigkeit angesichts der Aneignung fremden Eigentums deutlich ausgeprägter war.

---

590 Zitiert nach Kolenberger/Schwarz, *Abschlußbericht*, Teil A, S. 60.
591 *StadtRevue* (27.03.1981), zitiert nach dem Wiederabdruck bei: Brandes/Schön (Hg.), *Instandbesetzer*, S. 65.
592 »Das Leben hier hat uns radikalisiert«, S. 65.
593 Härlin, »Von Haus zu Haus«, S. 17, 23, 15, 14.

Der Ablehnung des Staates entsprach eine Hochschätzung von »Freiräumen« und »autonomer Selbstverwaltung«. Der Staat war nach Auffassung der Hausbesetzer ubiquitär und allmächtig. »Staat« waren alle diejenigen,

die einen nicht in Ruhe lassen: das Arbeitsamt, die Sozial-Typen, die Politiker, der Mann von der Sanierungsstelle, Chefs, Lehrer, die Leute, die dich komisch angucken, das Fernsehen, der BVG-Kontrolletti, die Versicherung, manchmal sogar die Eltern. [...] Der Staat sind AKWs, Schmidt-Schnauze, Raketen und Krieg, das Gelaber der Politiker, die dich vollquatschen, wendig, immer irgendeinen Spruch mehr drauf. Und dabei wollen sie nur ihre Posten behalten, wollen dich unter Kontrolle haben – die glatte, perfekte Macht. Der Staat ist Deutschland: eng, verbiestert, spießig, arbeitswütig und immer alles in Ordnung. [...] Der Staat ist Mitte 40, glatt rasiert, vollkommen verständnislos, barsch und korrekt. Der Staat funktioniert. Wie eine Maschine, ein Apparat, ein Computer. Hinter den glatten Glas- und Betonfassaden, mit Diplomatenköfferchen oder Funkgerät: du bist registriert. Der Staat sind die Scheiß-Spielregeln.[594]

In der militanten Fraktion der autonomen Hausbesetzer hieß es dann nur noch lapidar: »Einig sind wir uns darüber, daß wir den Staat [...] zerstören [...] wollen«, denn »die staatliche Macht ist eine Ursache der Unterdrückung. Sie hat die ganze Scheiße zu verantworten.«[595] Die Ablehnung des Staates passte zu einer anarchistisch geprägten Denkweise. Die Konsum- und Leistungsgesellschaft wurde durchgehend zurückgewiesen.

Der Drang nach Freiheit und Autonomie rieb sich in der alltäglichen Praxis vor allem an Polizei und Justiz, die die Missachtung der Gesetze durch die Hausbesetzer ahndeten. Die Angst vor polizeilichen Durchsuchungen und Räumungen war allgegenwärtig und der Kriminalisierungsdruck angesichts der staatsanwaltschaftlichen Nutzung des Paragraphen 129 StGB (Bildung einer kriminellen Vereinigung) hoch. Zu Durchsuchungen kam es immer wieder, weil diese sich wesentlich leichter begründen ließen als eine Räumung (etwa Verdacht auf Stromdiebstahl, Gefährdung wegen Wanddurchbrüchen oder wegen des Verdachts, ein Dieb befinde sich im Haus). Bereits Mitte Februar 1981 waren nach offiziellen

594 Ebd., S. 27, 10/11.
595 *radikal* 98 (September 1981), S. 5; *radikal* 100 (Januar 1982), S. 12.

Angaben 260 Ermittlungsverfahren gegen Berliner Hausbesetzer eingeleitet worden. Allein zwischen Dezember 1980 und April 1981 waren 275 Personen festgenommen und gegen weitere 61 Haftbefehle ausgestellt worden.[596] Ständig witterten die Besetzer die Gefahr von Durchsuchungen oder Räumungen, die durch ein ausgeklügeltes Kommunikationssystem aus Telefonkette, Sirenen und Lautsprechern, CB- und Walkie-Talkie-Funkgeräten sowie Beobachtungsposten und Streifen präsent gehalten wurde.[597]

Die polizeilichen Durchsuchungen waren oft wenig zimperlich, wie im Juni 1981 in sechs besetzten Häusern in Berlin: »Aschenbecher und Blumentöpfe werden in Betten ausgekippt, Zahnpastatuben auf dem Teppich ausgeleert, Kleider zerschnitten, Bongos und Lautsprecher zerschnitten, Tampons in Blumenvasen deponiert, Lackfarbe über Fensterglas gekippt.«[598] Bei der Durchsuchung des besetzten Hauses in der Anhalter Straße 4 wurden Zahnbürsten abgebrochen, Seifenstücke auf dem Boden zerstampft, Lackdosen über Schreibtischen geleert und die Lebensmittel aus dem Kühlschrank auf dem Fußboden verstreut. Bei der Räumung des Hauses in der Mittenwalder Straße 45, um ein letztes Beispiel zu nennen, wurden selbst schwere Einrichtungsgegenstände von der Polizei kurzerhand auf die Straße geworfen.[599]

Diese Situation zehrte an den Nerven: Der »Schiß vor der organisierten Gewalt des Staates, prügelnde Bullen [...], die Angst vor Knast« erzeugte eine »irre Nervenanspannung«, schrieb die Berliner *taz* im Juli 1981.[600] Die gemeinsame Erfahrung von Hausdurchsuchungen schweißte aber auch zusammen. Zuweilen drehten die Besetzer bei den Polizeieinsätzen in »ihren« Häusern erst einmal

596 Laurisch, *Kein Abriß*, S. 153-155, 209, 217. Weitere Zahlen ebd., S. 222, 224. Andere, vermutlich überhöhte Zahlen liefert Amann: »Bis zum Zeitpunkt der Regierungsübernahme durch die CDU gab es 1300 Verletzte und 2600 Strafverfahren im Zusammenhang mit den Hausbesetzungen« (Amann, *Der moralische Aufschrei*, S. 55).

597 Bericht des Bundeskriminalamtes vom 30.04.1981, übersandt an den Bundesinnenminister, die Landesinnenminister, die Leiter der Landeskriminalämter, den Generalbundesanwalt und den Präsidenten des Bundesamts für Verfassungsschutz am 11.05.1981, in: BArch Koblenz, B 141, Nr. 401096, fol. 115, 121, 123/124; Scheer/Espert (Hg.), *Deutschland*, S. 116.

598 Laurisch, *Kein Abriß*, S. 224.

599 »Wilde Sau«, in: *Der Spiegel* 27 (29.06.1981), S. 26.

600 C.: Betr., »Erst mal Sense mit dem Häuserkampf«, in: *taz* (06.07.1981).

die alten Songs der Band Ton Steine Scherben richtig auf, machten Radau und riefen einander Parolen zu, um sich Mut zu machen und das Gefühl aus Solidarität und Widerstand, also ihr David-gegen-Goliath-Gefühl regelrecht zu inszenieren. Die wechselseitige Unterstützung bei den gewaltsamen Demonstrationen, die zwischenmenschliche Hilfe im Alltag, die großen Zettel mit den Ankündigungen von Durchsuchungen in den Szenekneipen, die symbolische Aufwertung und Anerkennung für inhaftierte Hausbesetzer verstärkten das Solidaritätsgefühl und den Zusammenhalt ungemein.[601] Insofern einte die Angst vor dem Staat die Hausbesetzerszene. Der Staat verkörperte ein allgegenwärtiges Feindbild, welches sich im prügelnden Polizisten, den Hausdurchsuchungsaktionen, dem Überwachungsverdacht oder dem Radikalenerlass ständig neu manifestierte.[602] Gerade die arbeitslosen Jugendlichen und die Mitglieder der gesellschaftlichen Randgruppen sahen sich ohnehin als Außenseiter und erwarteten nichts Gutes vom Staat und seiner Bürokratie – in der Hausbesetzerszene radikalisierte man diese Staatsverdrossenheit zur Antistaatlichkeit und versuchte mit der wärmenden Gegenwelt der eigenen Gruppe das Dasein in der Outsidergemeinde zu inszenieren.[603]

Selbstgestaltetes Leben

Neben dem Gefühl, zur verschworenen Gemeinschaft von Widerständigen zu gehören, spielte die politische Kritik an den Wohn-

---

601 »Bullenparanoia«, S. 101/102, 112; Brandes/Schön (Hg.), *Wer sind die Instandbesetzer*, S. 7, 69, 71; Scheer/Espert (Hg.), *Deutschland*, S. 53; Suttner, »*Beton brennt*«, S. 170.

602 Scheer/Espert (Hg.), *Deutschland*, S. 21. Die Publikationen der Hausbesetzer waren übervoll von Geschichten gewalttätiger Polizeieinsätze, willkürlicher Festnahmen und körperlicher Misshandlungen der bereits Festgenommenen. Vgl. Ermittlungsausschuß im Mehringhof (Hg.), *abgeräumt?*, S. 35, 37, 44, 48, 50, 51, 53, 64, 68, 70, 71; Ermittlungsausschuß Mehringhof (Hg.), *Dokumentation Dezember*, S. 20, 29, 31/32, 34-42, 50, 51, 54, 56, 64-66, 72, 73, 78, 79, 82, 84, 87.

603 Gekeler u. a., »Wer nur auf den Pflasterstein reagiert«, S. 30/31; Bericht des Bundeskriminalamtes vom 30.04.1981, übersandt an den Bundesinnenminister, die Landesinnenminister, die Leiter der Landeskriminalämter, den Generalbundesanwalt und den Präsidenten des Bundesamts für Verfassungsschutz am 11.05.1981, in: BArch Koblenz, B 141, Nr. 401096, fol. 126.

silos und der sterilen Städtebaupolitik der verkehrsgerechten Stadt eine ebenso große Rolle für die Hausbesetzer wie die Idee, im besetzten Haus ein autonomes, selbstgestaltetes Projekt gründen zu können, in dem Arbeit und Wohnen unter einem Dach vereinigt waren. Man wollte einerseits die Nachbarn und die Öffentlichkeit für politische Vorgänge sensibilisieren und andererseits die allgemeine Kritik an der kapitalistischen Eigentumsordnung am Beispiel der Wohnungspolitik sinnfällig kritisieren. Zudem beabsichtigten die Hausbesetzer, in den autonomen Freiräumen der besetzten Häuser ein Stück Gegengesellschaft aufzubauen.[604] Für diesen zentralen Gedanken der Selbstbestimmung und Autonomie einer Graswurzeldemokratie hieß es – stellvertretend für zahllose andere Flugblätter aus anderen Städten – in einer Erklärung Berliner Instandbesetzer:

Wir möchten mit den Hausbesetzungen auch ein Beispiel geben, daß jeder Bürger die Fähigkeit besitzt, seinen Wohn- und Arbeitsplatz selber zu gestalten. Das beginnt mit der gemeinsamen Instandhaltung unserer Häuser, der Selbstverwaltung durch Häuserräte bis hin zur Selbstverwaltung und Gestaltung des gesamten Stadtteils. [...] Selbstverwaltete Häuser brauchen keine Hausbesitzer – die Stadtteilbewohner bestimmen durch Räte, wo und wie ihre Spielplätze, Grünflächen, Läden, Treffpunkte, Kneipen etc. hinkommen sollen, sie gestalten die Hinterhöfe gemeinsam. Wir wollen die Vereinzelung und Hilflosigkeit vieler Menschen so aufheben und von vorn herein, bzw. jetzt noch verhindern, daß wir in Betonsilos verfrachtet werden.[605]

Die meisten besetzten Häuser boten Kommunikations-, Veranstaltungs- und Informationsmöglichkeiten – Infoläden gab es dort ebenso häufig wie die nahezu allgegenwärtigen Cafés. Ob nun das Café Krantscho, das sich in einem vor allem von Studenten und Arbeitslosen besetzten Haus in der Willibald-Alexis-Straße befand, das Lokal Lummerland für die eher militanten Besetzer in der Winterfeldstraße 38 oder das Besetzereck, in dem von vielen ehemaligen Strafgefangenen frequentierten Haus in der Kreuzberger Oranienstraße 45 – sie alle fungierten als Knotenpunkte in

604 Klein/Porn, »Instandbesetzen«, S. 112-114, 122/123; Hanna Brunhöber, »Wohnen«, in: Wolfgang Benz (Hg.), *Die Bundesrepublik Deutschland*, Bd. 2, *Gesellschaft*, Frankfurt/M. 1983, S. 183-208, hier S. 203.
605 Zitiert nach dem Quellenabdruck bei: Brandes/Schön (Hg.), *Wer sind die Instandbesetzer*, S. 20.

der vernetzten Hausbesetzerszene und waren ein Stück alternativer Stadtteilkulturarbeit.[606] Auch Konzerträume gab es, vom Bobby-Sands-Pub in der Bülowstraße 89 bis zum Café Knüppel in der Knobelsdorffstraße 40, in denen Punk- und Hardcorekonzerte veranstaltet wurden. Der autonome Kleidungsstil aus schwarzem Kapuzenpulli und Lederjacke wurde in diesen Vergemeinschaftungsräumen ebenso inszeniert wie eingeübt.[607] Ständig waren Leute aus der Szene und der linken Subkultur in den Häusern zu Gast, so dass die Zahl der Besucher die der Besetzer häufig um ein Mehrfaches überstieg. Die besetzten Häuser wurden zum »Tummelplatz für viele ›alternative‹ gemeinschaftsorientierte oder ökologische Projekte« oder zu »Kristallisationspunkte[n] einer handlungsorientierten Alternativbewegung«.[608] Hausbesetzung bedeutete immer auch, Freiräume zur Selbstgestaltung zu erhalten, autonome Zentren für die alternative Szene zu eröffnen, soziale Experimente und alternative Lebensvorstellungen zu verwirklichen. Autonomie war von daher eines der zentralen Stichwörter der Hausbesetzerbewegung.[609]

Die Arbeiter, Schüler und Studenten etwa, die die Häuser in der Kreuzberger Cuvrystraße besetzt hielten, gründeten ein Metallkollektiv, ein Ingenieurbüro, eine Sprachschule, ein Ausländerzentrum, ein Gesundheitsselbsthilfezentrum, ein Theater und ein Orchester sowie eine Lebensmittelkooperative.[610] Vom ehemaligen Wohnhaus bis zur Umnutzung verlassener Fabriken oder Kasernen – überall entstanden alternative Betriebe und Wohnprojekte. Das galt für die besetzte Kölner Schokoladenfabrik Stollwerck ebenso

---

606 »Kurzcharakteristik der Häuser« (Protokoll einer Gesprächsrunde beim Berliner Senator für Bau- und Wohnungswesen am 15.07.1982), in: LAB, B Rep. 002, Nr.16495, ohne fol.; Michael Barthel, »Hefe im kaputten Stadtteil«, in: *Der Spiegel* 47 (21.11.1983). Vgl. auch die Kurzcharakteristiken von besetzten Häusern, die der Sachbearbeiter Ziegler für den Senatsdirektor am 24.06.1983 zusammengestellt hat: LAB, B Rep. 002, Nr.17128, ohne fol.

607 »Berlin: Lummer lässt räumen«, in: *Der Spiegel* 40 (28.09.1981), S.28: Sebastian Haunss, *Identität in Bewegung. Prozesse kollektiver Identität in der Schwulenbewegung und bei den Autonomen*, Wiesbaden 2004, S.126/127; Härlin, »Von Haus zu Haus«, S.3.

608 Kuntz, »Spontis«, S.193; Harlander, »Wohnen und Stadtentwicklung«, S.352; Suttner, »*Beton brennt*«, S.140.

609 Roth, »Leben scheuert am Beton«, S.38.

610 Klein/Porn, »Instandbesetzen«, S.114-119.

wie für die vormalige Maschinenfabrik im Augsburger Ulmenhof oder die Chérisy-Kaserne im provinziellen Konstanz.[611]

Auf dem rund 19 000 Quadratmeter großen Areal der im Juni 1979 besetzten und reichlich heruntergekommenen Berliner ufa-Fabrik an der Tempelhofer Viktoriastraße etwa zogen drei Gruppen der Alternativszene ein. Mit Plakaten und Flugblättern versuchten die friedfertigen Besetzer die Anwohner zu beruhigen und luden diese ein, sich die Aktivitäten anzusehen. Zum Konzept passte, dass man anstatt von Besetzung von »Inbetriebnahme« sprach. Eine erste Gruppe stellte der rund 350 Mitglieder zählende Verein Fabrik für Kultur, Sport und Handwerk e. V. dar – ein gut zwei Dutzend Projekte umfassendes Sammelsurium von Freizeitsportlern, Handwerksgruppen und Phantasten. Von einer Kfz- und Fahrradwerkstatt über eine Tischlerei, Töpferei, Schneiderei und Bäckerei bis zu Ofensetzern und einer Arbeitslosenselbsthilfegruppe für ehemalige Drogenabhängige reichten die handwerklichen Arbeitsprojekte, die um Dienstleistungsangebote vom Theater und Gitarrenunterricht über Spanischkurse, Zirkusworkshops, Massageangebote und »Wehwehchentreffs« bis zu Sauna und Bioenergetik ergänzt wurden. Der 80 Quadratmeter große Raum mit der Bezeichnung »Café und Information« wurde von Besuchern reichlich frequentiert – von Schulklassen über Reisegruppen und Gästen des Goethe-Instituts bis hin zu Einzelpersonen. Hier lag das hauseigene Periodikum *Fabrikzeitung* aus, wurden »Energiebällchen« und Müsli verkauft und ein erster Eindruck vom bunten Treiben auf dem graffitiübersähten Gelände vermittelt. Eine zweite Gruppe war die 1977 gegründete Privatschulinitiative Freie Schule e. V., eine Bürgerinitiative von Eltern, die ihre Kinder in einem antiautoritär ausgerichteten Schulprojekt unterrichten wollten. Konkurrenzverhalten, Bereitschaft zu »entfremdeter Arbeit«, Unterordnung und Gewöhnung an die Ohnmacht des Schülers galten ihnen als Grundübel des herkömmlichen Unterrichts. Die Kinder bestimmten einen Großteil ihres Unterrichts selbst, der sich dem-

611 Ingrid Müller-Münch, »Traumfabrik. Der Kampf ums Kölner Stollwerck«, in: dies. u. a. (Hg.), *Besetzung – weil das Wünschen nicht geholfen hat. Köln, Freiburg, Gorleben, Zürich und Berlin*, Reinbek 1981, S. 44-93; Harlander, »Wohnen und Stadtentwicklung«, S. 352; Johannes Theurer, »Leben und Arbeiten in der Ufa-Fabrik«, in: Ingrid Müller-Münch u. a. (Hg.), *Besetzung – weil das Wünschen nicht geholfen hat. Köln, Freiburg, Gorleben, Zürich und Berlin*, Reinbek 1981, S. 126-141.

entsprechend stärker nach ihren Interessen ausrichtete. Schließlich ergänzte der 1973 ins Leben gerufene Sozialhilfebund e. V., der die Trägerschaft für rund 60 Jugendwohngemeinschaften innehatte, das Angebot. Hier hatte man eine Soforthilfestelle für die drogenabhängigen oder kriminellen Jugendlichen eingerichtet, die für eine Übergangszeit auf dem Gelände wohnen und eine Beratung finden sollten. Drei Betreuer lebten mit diesen Jugendlichen zusammen. Dank intensiver Öffentlichkeitsarbeit wurde ein vorübergehendes Nutzungsrecht für das Gelände vom Berliner Senat 1987 schließlich in einen Erbpachtvertrag umgewandelt. Das renovierte Gelände existiert bis heute als ufaFabrik – Internationales Kultur Centrum mit 30 Bewohnern und über 160 Mitarbeitern. Nach wie vor lautet das Motto Wohnen, Arbeit, Kultur, Kreativität und soziales Leben ganzheitlich miteinander zu verbinden.[612]

Die »Einheit von Arbeit und Leben« gehörte nicht nur zu den Merkmalen der Instandbesetzerbewegung in Berlin, sondern kann als allgemeines Kennzeichen gelten.[613] Ganzheitlichkeit war wie schon bei den Landkommunen auch hier ein wichtiges Stichwort, wenngleich natürlich der Bezug zur Natur eine geringere Rolle spielte. Dafür stand die Integration von Arbeit und Wohnen und vor allem die gemeinschaftliche Solidarität im Vordergrund: »Über ihre Unterschiede hinweg ist ihnen allen das *Lebensgefühl* einer erstarrten, entfremdeten Gesellschaft und ein unmittelbarer, ganzheitlicher *Lebensanspruch* gemeinsam«, hieß es 1981 in einer Textsammlung über die Instandbesetzer.[614] Dass spontane Freude und kreative Eingebung hier jedoch bereits an linksalternativer Wärme verloren hatten, manifestierte sich in der »Passion für das Verlotterte und Abgewrackte«.[615] Zwischen Graffiti, Schmuddellook und Kellerambiente inszenierte man die Ästhetik des Ausgestoßenen. Die Wohnungen wirkten wie öffentliche Straßenplätze, die improvisiert eingerichtet waren und gerade in ihrer Unfertigkeit einen eher kalten Übergangscharakter demonstrierten.[616] Auch hatten

612 Theurer, »Leben und Arbeiten«, S. 126-141; ⟨http://www.ufafabrik.de⟩, letzter Zugriff am 26.03.2013; Scheer/Espert (Hg.), *Deutschland*, S. 18; Suttner, »*Beton brennt*«, S. 123.

613 Kolenberger/Schwarz, *Abschlußbericht*, Teil A, S. 3.

614 Gekeler u. a., »Wer nur auf Pflastersteine reagiert«, S. 19.

615 Koenen, *Das rote Jahrzehnt*, S. 81.

616 Siehe dazu die Fotos in: Scheer/Espert (Hg.), *Deutschland*, S. 52.

Theorie oder Ideologie an Reiz verloren. Während der Theoriehunger 1968 unzählige Bücher und Traktate hervorgebracht hatte, lagen die Bücher der anarchistischen Vordenker von Michail Bakunin und Max Stirner bis zum Fürsten Kropotkin nun meist halbgelesen in den Ecken herum. In emotionaler Hinsicht ersetzten Gewalterfahrungen zum Teil das aufregende Gefühl, welches vorher die Lektüre der Theorie vermitteln konnte. Ein 20-jähriger Berliner Hausbesetzer meinte beispielsweise: »es issn echt geiles feeling, wenn de da stehst, hinter ne Barrikade, die brennt, die Bullen kommen und dann lässte die Argumente fliejen und setzt dich ab.«[617]

5.3.6 Solidarität: Häuser- und Besetzerräte

Als Kommunikationsforen innerhalb der Hausbesetzerbewegung dienten besonders die Häuserräte. Sie waren als Vollversammlung aller Hausbesetzer ein politisches Gremium und »gemeinsames Sprachrohr« für die Verhandlungslinie gegenüber Stadtverwaltung, Hauseigentümern, Polizei und Öffentlichkeit. Von hier aus organisierten die Hausbesetzer Go-ins, leisteten juristische Beratung und gaben öffentliche Stellungnahmen ab. Aber auch Lebensvorstellungen, gesellschaftliche Ansichten oder Demokratieprinzipen wurden erörtert. So wurden in den Plenen der Gemeinschaftsräume und -küchen Erfahrungen ausgetauscht oder schlichtweg geklärt, wie man am billigsten an Baumaterialien herankam.[618]

Nicht selten entwickelten die Hausbesetzer nach dem Modell des Frankfurter Häuserrats in allen Städten ein gemeinsames Entscheidungsgremium, um geschlossen mit den Stadtverwaltungen zu verhandeln und durch die vereinte Solidarität die eigene Verhandlungsposition zu stärken. In Berlin bildete sich der »Besetzerrat« nach der ersten Welle von Hausbesetzungen im März 1980 – erst im Kreuzberger KuKuCK, dann in unterschiedlichen Stadtteil-Besetzerräten. Wie bei den Wohngemeinschaften, Landkommunen oder alternativen Betrieben galt auch in diesen Entscheidungsgremien das Konsensprinzip. Statt hierarchischer Gliederung wurden basisorientierte, möglichst informelle Treffen bevorzugt, die Ausdruck autonomer Selbstorganisation sein sollten. Man ver-

---

617 Scheer/Espert (Hg.), *Deutschland*, S. 123.
618 Klein/Porn, »Instandbesetzen«, S. 123-125 (hier auch das Zitat); »Bullenparanoia«, S. 117; Kuntz, »Spontis«, S. 193; Goetz, *Von der Landkommune*, S. 58.

suchte auf Abstimmungen zu verzichten und so lange zu diskutieren, bis sich ein Konsens über das weitere politische Vorgehen, die nächste Demonstration oder sonstige Aktionen herausbildete. Die Probleme waren freilich dieselben wie bei den anderen alternativen Lebensformen: Entscheidungen dauerten meist lang, die Gespräche waren zäh, und wer charismatisch auftrat, den stärksten Durchhaltewillen zeigte oder schlicht am lautesten schrie, hatte die größten Chancen, durchzukommen. Immer wieder hörte man die Klage, im Besetzerrat würden sich die mit der »größten Schnauze« durchsetzen: »Andere wurden da einfach untergebuttert. Und ’ne Zeitlang durfte man einfach bestimmte [Ausdrücke nicht in den Mund nehmen], Verhandlungen, das Wort durfte man gar nicht sagen.« Heftige Konflikte, gerade um die Frage der Legalisierung und der Verhandlungen mit dem Berliner Senat, führten zu wüsten Beschimpfungen und teilweise sogar zu Schlägereien.[619] Trotz aller Konflikte unterstützten die Häuserräte sich gegenseitig, mobilisierten über den engen Einzugsbereich hinaus größere Menschenmengen für Solidaritätsdemonstrationen und verfaßten Solidaritätsadressen. Sie erhielten die Kommunikation unter den Besetzern aufrecht, entwickelten gemeinsame Strategien gegen Räumungen, betrieben Informations- und Öffentlichkeitsarbeit und verhandelten mit dem Berliner Senat. Ihre dezentrale Netzwerkstruktur erwies sich hierbei als durchaus effektive Organisationsform.[620]

Wenigstens kurz nach der Besetzung verteilten die meisten Hausbesetzer Flugblätter an ihre Nachbarn oder luden diese zu einem Besuch ein, um Sinn und Zweck der Besetzung zu erklären und um Unterstützung zu suchen. Sofern keine Randale und größeren Ruhestörungen von den Besetzern ausgingen, gelang es nicht selten, breite Unterstützung durch die Anwohner zu erhalten, die ebenfalls schlechte Erfahrungen mit den Sanierungsträgern und lokalen Wohnungsbaugesellschaften gemacht hatten. Nicht selten spendeten die Anwohner Möbel und Baumaterialien oder machten, mit Kaffee und Kuchen ausgerüstet, neugierige Begrüßungsbesuche. Nach einer repräsentativen Umfrage waren im April 1981

619 »Unsere Stärke liegt im ›Kiez‹«, in: *taz* (29. 04. 1981), S. 6 (Zitat); Amann, *Der moralische Aufschrei*, S. 95; Härlin, »Von Haus zu Haus«, S. 20, 22, 24. Laurisch, *Kein Abriß*, S. 190; Suttner, »*Beton brennt*«, S. 126/127, 141, 183, 185.

620 Ermittlungsausschuß im Mehringhof (Hg.), *abgeräumt?*, S. 11; Suttner, »*Beton brennt*«, S. 126/127.

63 Prozent der Bundesbürger der Ansicht, dass leer stehende Häuser auch gegen den Willen des Eigentümers an Wohnungssuchende vergeben werden sollten, 39 Prozent billigten sogar die Besetzungen.[621] Vor allem Sanierungsbetroffene solidarisierten sich mit den Hausbesetzern, weil sich beide Gruppen für den Erhalt des »Kiezes«, der Stadtteilstruktur und gegen die Stadtplanungsbürokratie einsetzten. Auch überharte Polizeieinsätze konnten zu Solidarisierungen durch die Nachbarn führen.[622]

Die Öffentlichkeitsarbeit verfolgte zudem das Ziel, »daß sich aus der Bewegung eine neue Organisationsform« entwickeln möge. Insofern pflegten die Häuserräte den Kontakt zu Presse und Fernsehen.[623] 43 angesehene Personen, darunter Intellektuelle wie Bodo von Greiff, Urs Jaeggi oder Axel Honneth, Journalisten, Pfarrer, Filmemacher, Schriftsteller und Lehrer übernahmen im Juli 1981 sogar Patenschaften für besetzte Häuser in Berlin. In Anwesenheit der Presse zogen sie zum Teil symbolisch in die besetzten Häuser ein und trugen Matratzen und Mobiliar in die Häuser. Im Laufe des Sommers erweiterte sich der Kreis noch um die Alternative Liste, einzelne Vertreter und Pfarrer der evangelischen Kirche, GEW, Jusos und SPD-Ortsvereine und sogar den Berliner FDP-Landesvorsitzenden. Die Hausbesetzer hatten somit einen relativ großen Kreis von Unterstützern aus bürgerlichen und liberalen Kreisen, diversen Verbänden und einzelnen Gewerkschaftsgruppen. Die Gesprächsbereitschaft und Aufgeschlossenheit der Paten dürfte einem weiteren Abgleiten von Teilen der Bewegung in den Gewaltfetischismus vorgebeugt haben.[624]

621 Brandes/Schön (Hg.), *Wer sind die Instandbesetzer*, S. 179 (Umfragezahlen); anschaulich Härlin, »Von Haus zu Haus«, S. 6, 8.
622 »Bullenparanoia«, S. 123-126.
623 »Das Leben hier hat uns radikalisiert«, S. 68.
624 LAB, B Rep. 002, Nr. 6429, ohne fol. (Presseerklärung der Patenschaften und Solidaritätsgruppen); Scheer/Espert (Hg.), *Deutschland*, S. 120/121; Laurisch, *Kein Abriß*, S. 160, 182/183 (mit Foto), S. 229; Amann, *Der moralische Aufschrei*, S. 48; Ermittlungsausschuß im Mehringhof (Hg.), *abgeräumt?*, S. 5, 14, 86-89; Ermittlungsausschuß Mehringhof (Hg.), *Dokumentation Dezember*, S. 103-107.

5.3.7 Die moralische Kritik am Eigentumsbegriff

Privateigentum bedeutete für nicht wenige Hausbesetzer Gewalt, und Hausbesitz wurde mit Spekulantentum gleichgesetzt. Allein die Besetzung fremden Eigentums, die man – dem Selbstverständnis nach – einer gesellschaftlich sinnvolleren Nutzung zuführte, zeigt an, dass der Eigentumsbegriff in der Hausbesetzerszene noch radikaler gefasst wurde als in den Wohngemeinschaften oder den Landkommunen. Denn es ging nicht nur um die Aufgabe individuellen Vermögens und eine kollektive Kasse, sondern um die Aneignung von fremdem Eigentum.[625] Hauseigentum verpflichtete aus der Sicht der Hausbesetzer zu gemeinnützigem Verhalten: »Wenn Häuser länger als 3 Monate leerstehen, können sie von Wohnungssuchenden besetzt werden und gehören denen, die drin wohnen.«[626] Aufgrund dieser Haltung rückten gerade staatsnahe und als »gemeinnützig« geltende Gesellschaften in den Fokus der Hausbesetzerkritik. In einem internen Diskussionspapier von Kreuzberger Hausbesetzern hieß es: »Enteignung setzt eine Bestimmung des Gegners voraus. Das sind klar die Wohnungsbau- und Sanierungsgesellschaften, und da im Besonderen die senats- und bezirkseigenen. Gerade die versuchen sich immer als ›gemeinnützig‹ darzustellen, und unsere Aufgabe ist es, deutlich zu machen, daß gerade sie von den Profitinteressen der Bauindustrie geleitet sind.«[627] In einem offenen Brief vom September 1981 verdeutlichten Hausbesetzer aus der Berliner Knobelsdorffstraße, dass ungeschriebenes Wohnrecht für sie vor gesetztem Eigentumsrecht rangierte: »Es ist auch sinnlos uns vorzuhalten, wir würden fremdes Eigentum besetzen, Häuser gehören den Menschen, die darin wohnen, und nicht irgendwelchen unsozialen Subjekten, für die menschliche Grundbedürfnisse nichts weiter als eine Profitquelle bedeuten. Und wenn Menschen in ein leerstehendes Haus einziehen, ist das normal und natürlich – nach menschlichen Gesetzen.«[628] Dem

---

625 »SPD läßt besetzte Häuser räumen!« (Flugblatt) sowie »SPD und Banken sind die wahren Spekulanten« (Flugblatt), beide in: IISG, ID-Textarchiv, 0106/6-6531.

626 *radikal* 100 (Januar 1982), S. 13.

627 Scheer/Espert (Hg.), *Deutschland*, S. 26.

628 Ermittlungsausschuß im Mehringhof (Hg.), *abgeräumt?*, S. 82.

»Kaputtbesitzen«[629] der Hauseigentümer in den Sanierungsgebieten setzten sie somit ihre Bedürfnisse nach Wohnraum entgegen und fühlten sich moralisch im Recht. Der »Freiraum« der enteigneten Häuser sollte dann zum Ausgangspunkt des »Weiterkämpfens« werden.[630]

Diese Haltung der Hausbesetzer manifestierte sich auch in Diebstählen, die keine unbedeutende Rolle spielten. So konnte die Polizei Mitte 1981 unter 1601 erfassten Hausbesetzern in 234 Fällen (rund 15 Prozent) Gesetzesverstöße registrieren, in 52 Fällen handelte es sich um Diebstahlsdelikte.[631] Ein Jahr später lag bei 24 Prozent der Berliner Hausbesetzer eine Straffälligkeit vor, wobei die Verstöße gegen die öffentliche Ordnung mit 24,2 Prozent, Sachbeschädigung mit 20,5 Prozent und Diebstahl mit 12,4 Prozent zu Buche schlugen.[632] Im November 1982 stellte der Berliner Senat sogar fest, dass 83 Prozent der 3805 polizeilich bekannten Hausbesetzer straffällig geworden waren. Zusammen brachten sie es auf 7040 Straftaten. Neben dem wenig überraschenden Spitzenreiter des Haus- und Landfriedensbruchs (2103 Fälle) rangierten bereits an zweiter Stelle die Diebstahlsdelikte (1551 Fälle), die sogar noch häufiger vorkamen als das Delikt der Beleidigung, das bei den Auseinandersetzungen mit den Polizeibeamten schnell einmal begangen war.[633] Gleichwohl ist bei diesen Zahlen in Rechnung zu stellen, dass sich der Berliner Senat schon aus politischen Gründen bemühte, die besetzten Häuser als »kriminelle Fluchtburgen« (Heinrich Lummer) darzustellen, um ausreichend Vorwände für

---

629 Ermittlungsausschuß Mehringhof (Hg.), *Dokumentation Dezember*, S. 101.

630 *radikal* 98 (September 1981), S. 5.

631 Bericht des Bundeskriminalamtes vom 30.04.1981, übersandt an den Bundesinnenminister, die Landesinnenminister, die Leiter der Landeskriminalämter, den Generalbundesanwalt und den Präsidenten des Bundesamts für Verfassungsschutz am 11.05.1981, in: BArch Koblenz, B 141, Nr. 401096, fol. 100-146, hier fol. 141.

632 Landesamt für Verfassungsschutz beim Berliner Innensenator, »Der ›Häuserkampf‹ in Berlin (West)«, in: BArch Koblenz, B 141, Nr. 401097, fol. 116/117. Die anderen Delikte erreichten geringe Werte.

633 Pressemitteilung des Berliner Innensenators Nr. 31/82 vom 30.11.1982, S. 7, in: LAB, B Rep. 002, Nr. 16529, ohne fol. Mit späteren Zahlen aber ähnlicher Tendenz: Klaus Pokatzky, »Der Traum ist aus«, in: *Die Zeit* 33 (12.08.1983). Vgl. auch Bericht des Bundesinnenministers an den Bundesjustizminister vom 02.09.1981, in: BArch Koblenz, B 141, Nr. 401096, fol. 181-187.

Häuserräumungen zu haben. Der Diebstahl von Strom war bei Hausbesetzungen nun einmal meist ebenso unvermeidlich wie Sachbeschädigung und Hausfriedensbruch. Letztlich gab es wohl tatsächlich, wie der Journalist Klaus Pokatzky in der *Zeit* schrieb, in den »Hochhaus-Trabantenstädten unseres Landes viele ähnliche ›kriminelle Fluchtburgen‹«.[634]

Nichtsdestotrotz manifestierte sich in der Hausbesetzerszene ein besonderes Verhältnis zum Eigentum, welches bereits 1968 in dem Buch *Klau mich* von Rainer Langhans und Fritz Teufel und in der Studentenbewegung vorgedacht worden war. Diebstahl wurde zum revolutionären Ausstieg aus der Konsumgesellschaft, zum Akt der Selbstbefreiung erklärt.[635] »Plündern bedeutet Leben!«, proklamierte die *radikal* 1981.[636] Weniger apodiktisch erklärte eine Gruppe von Hausbesetzern in Bremen 1973 in ihrem »Manifest«: Sie habe sich »durch Klauen über Wasser gehalten. [...] Wir sind in der Gegend herumgefahren, wir haben Musik gemacht, wir haben von den Brosamen gelebt, die vom Tisch dieser überreichen Gesellschaft fallen oder die man sich leicht herunterholen kann.« Als ihr »Programm« bezeichnete sie die Formel: »Nieder mit der Arbeit – Her mit dem Reichtum.«[637] Im Grunde kombinierten die Autonomen den Anspruch auf ein möglichst einfaches Leben »ohne Lohnarbeit« bzw. »mit so wenig entfremdeter Arbeit wie möglich« mit dem durch Diebstahl ermöglichten »Maximum an Aneignung von produzierten Überflüssen«.[638]

Im Bewusstsein der schieren Größe des gesellschaftlich erarbeiteten Reichtums fühlten sich die Hausbesetzer im Recht, einen Teil des aus ihrer Sicht übermäßigen Eigentums der großen Ladenketten und der vermögenden Hausbesitzer umzuverteilen: »Der gemeinschaftliche Ladendiebstahl [...] am Wochenende bei Karstadt oder Hertie ist ebenso Ergebnis dieser Einstellung wie das selbstverständliche Schwarzfahren mit U-Bahn und Bus, wie

---

634 Pokatzky, »Der Traum ist aus«. Vgl. auch den Artikel »Drei von vieren sind einschlägig bekannt«, in: *Frankfurter Allgemeine Zeitung* (15.08.1981).

635 Langhans/Teufel (Hg.), *Klau mich*.

636 *radikal* 86 (Januar 1981), S.11.

637 *Manifest der Hausbesetzer*, Bremen 1973, nachgedruckt in: Brandes/Schön (Hg.), *Wer sind die Instandbesetzer*, S.45.

638 *radikal* 100 (Januar 1982), S.14.

die Besetzung leerstehender Häuser.«[639] Im *Info-BUG* konnte man in einer Anleitung nachlesen, was einen »richtigen« Ladendieb ausmacht: »Er nimmt sich zurück, was ihm sowieso gehört. Aber nicht sich selbst. Er klaut, um anschließend die Waren kollektiv umzuverteilen, um Alternativen + Gegenmodelle zu unterstützen. Er weiß auch, was er klaut, nämlich Grundnahrungsmittel, Bücher + Platten. Und wo? Natürlich im profitorientierten Supermarkt.«[640] Man nahm sich also Dinge des täglichen Bedarfs, von denen man meinte, sie stünden einem zu, und setzte so die eigenen Gerechtigkeitsvorstellungen kurzerhand in die Praxis um. Immer wieder wurde dabei das Bild des überreichen »Bonzen«, der unbotmäßigen Mietsteigerungen und des Spekulantentums bemüht, um die eigenen Handlungen als »Eroberung und Verteidigung von Freiräumen« zu legitimieren.[641]

Diese Haltung bezog sich auf Vorbilder in der 68er-Bewegung, die nicht nur heftig für die Freifahrt mit öffentlichen Verkehrsmitteln demonstriert hatte, sondern die Abschaffung der kapitalistischen Eigentumsordnung und der Verfügungsgewalt über die Produktionsmittel proklamierte. In dieser Tradition liest sich dann die Erklärung eines Frankfurter Wohnungskollektivs vom April 1973:

Wir haben Häuser besetzt, um damit zu zeigen, daß es der Aufhebung der Besitzverhältnisse und dieses Rechtsstaates bedarf, um die Interessen der Bevölkerung, ihr Recht auf vernünftigen Wohnraum, gegen die Interessen des Kapitals durchzusetzen! [...] Wir werden damit dokumentieren, daß das Recht dieses Staates immer nur das Recht des Besitzenden meint, und daß dieses Recht in Frage gestellt und gebrochen werden muß, um der Bevölkerung zu ›ihrem Recht‹ zu verhelfen.[642]

Damit stellte man die kapitalistische Eigentumsordnung und die »privatkapitalistische Verfügungsgewalt« infrage, die »nicht mehr

639 Anonym, »Rechtsfreie Räume«, S. 151. Vgl. auch Roth, »Leben scheuert am Beton«, S. 37; Ermittlungsausschuß Mehringhof (Hg.), *Dokumentation Dezember*, S. 23, 33.
640 »Klauen – aber richtig!«, in: *Info-BUG* 162 (27.06.1977), S. 21.
641 *radikal* 98 (September 1981), S. 5. Vgl. dazu Alexander Sedlmaier, »Konsumkritik und politische Gewalt in der linksalternativen Szene der siebziger Jahre«, in: Sven Reichardt, Detlef Siegfried (Hg.), *Das Alternative Milieu. Antibürgerlicher Lebensstil und linke Politik in der Bundesrepublik Deutschland und Europa 1968-1983*, Göttingen 2010, S. 185-205.
642 Zitiert nach Stracke, *Stadtzerstörung*, S. 98/99.

in der Lage ist, elementare Bedürfnisse zu befriedigen«, wie der Politologiestudent und Hausbesetzer Til Schulz meinte.[643]

Solche Haltungen entwickelten und radikalisierten sich mit der Dauer der Hausbesetzungen, den häufig enttäuschenden Erfahrungen mit Verhandlungen und durch die Androhung von Räumungen, wie im folgenden Fall aus Berlin:

Bei uns hat sich das ziemlich radikalisiert, seit wir drin sind. Am Anfang haben wir noch Mietverträge gefordert. Es gibt heute kaum noch jemand im Haus, der so was fordert. Wir denken eher an Enteignung, daß die Hausbesitzer keinen Anspruch mehr haben auf die Häuser, daß die von den Mieterläden und von den Bewohnern selbst verwaltet werden sollen. Die Miete soll nur die Instandhaltungskosten decken.[644]

5.3.8 Militanz

Es wäre zu einfach, die Geschichte der Hausbesetzerbewegung in der Form spektakulärer »Kriegsberichterstattung« als Abfolge von Straßenkämpfen, Plünderungen und Räumungen zu beschreiben. Das Bild vom »Politgängstler«, »Randalierer«, »Krawallmacher«, »Plünderer« und »Terroristen« in den »kriminellen Fluchtburgen« hatten nicht nur Boulevard- und Springer-Presse, sondern zum Teil auch seriöse Zeitungen wie die FAZ gezeichnet.[645] Die Ermittlungen des Bundeskriminalamts stützten dieses Szenario jedoch nicht. Bereits im März 1981 kam das BKA zu dem Schluss, dass »nach vorliegenden Erkenntnissen die Beteiligung von Personen aus dem terroristischen Umfeld im Hinblick auf die Gesamtzahl der an den Aktionen Beteiligten relativ gering ist«. Zwar bestünde ein Interesse von Spontis und Antifa-Gruppierungen, die Hausbesetzungen für die eigenen politischen Ziele zu funktionalisieren, aber terroristische Orientierungen oder gar Koordination durch solche Personen seien nicht festzustellen.[646] Auch die von dem Berliner

---

643 Schulz, »Hausbesetzungen im Westend«, S. 150; Schulz, »Zum Beispiel Eppsteiner Straße«, S. 97.

644 »Das Leben hier hat uns radikalisiert«, S. 69.

645 Vgl. Suttner, »Beton brennt«, S. 203/204.

646 Schreiben an den Bundesjustizminister vom 15.03.1981, in: BArch Koblenz, B 141, Nr. 401096, fol. 49. Ähnlich: Eingezogener »Bericht [aus dem Hause des Berliner Innensenates] zur Entwicklung und Beendigung des Hausbeset-

Innensenator Heinrich Lummer in Umlauf gebrachte These von terroristischen Reisekadern, die die Berliner Häuserkämpfe angefacht hätten, erwies sich nach Ermittlungen des BKA und der Generalbundesanwaltschaft als unbegründete Behauptung.[647]

Die Rolle organisierter linker Gruppen in der Hausbesetzerbewegung war gering. Zwar übte der Kommunistische Bund im Hamburger Raum einen gewissen Einfluss aus und auch die DKP oder der KBW erfreuten sich in ihren lokalen Hochburgen einiger Einflussmöglichkeiten, insgesamt aber hatten solche Infiltrations- und Instrumentalisierungsversuche durch ML-Gruppen, kommunistische Kaderorganisationen oder linksradikale Parteien nur geringen Erfolg; gemeinsame Planung oder eine überörtliche Steuerung gab es nicht.[648]

zerproblems« [Mitte 1984], S. 45 (der Bericht findet sich in: LAB, B Rep. 002, Nr. 16530, ohne fol.).

647 Bericht des Bundeskriminalamtes über »gewalttätige Aktionen im Zusammenhang mit Hausbesetzungen, Räumungen oder Anschlußaktionen«, am 05.03.1981 an das Bundesinnenministerium übersandt, in: BArch Koblenz, B 141, Nr. 401096, fol. 30, 44, 45 (»[Ü]berregionale Beteiligung konnte nur in einigen Fällen erkannt werden. […] Eine allgemeine überregionale Beteiligung an Aktionen der Hausbesetzer kann daraus nicht abgeleitet werden […], derzeit keine Anhaltspunkte für eine gemeinsame Planung oder überörtliche Steuerung in verschiedenen Städten der Bundesrepublik einschl. Berlin.«). Vgl. auch Bericht des Bundeskriminalamtes vom 30.04.1981, übersandt an den Bundesinnenminister, die Landesinnenminister, die Leiter der Landeskriminalämter, den Generalbundesanwalt und den Präsidenten des Bundesamts für Verfassungsschutz am 11.05.1981, in: BArch Koblenz, B 141, Nr. 401096, fol. 119, 121 (»Anhaltspunkte, die für eine zentrale Steuerung der Aktionen durch diese Gruppierungen [linksradikale Organisationen, Anm. d. Verf.] sprechen, sind nicht ersichtlich. […] Eine Steuerung oder Trägerschaft der Hausbesetzungsaktivitäten durch das terroristische Umfeld ist nicht zu erkennen.«). Lummer selbst bezog sich auf die von ihm in Auftrag gegebene, aber inhaltlich haltlose, Studie vom Landesamt für Verfassungsschutz beim Berliner Innensenator, »Der ›Häuserkampf‹ in Berlin (West)«, in: BArch Koblenz, B 141, Nr. 401097, fol. 73-179. hier bes. fol. 111.

648 Kurzanalyse zu den »Hintergründen der Hausbesetzungen« von Stachelscheid an das Bundesinnenministerium vom 17.03.1981, in: BArch Koblenz, B 141, Nr. 401096, fol. 59; Bericht des Bundeskriminalamtes vom 30.04.1981, übersandt an den Bundesinnenminister, die Landesinnenminister, die Leiter der Landeskriminalämter, den Generalbundesanwalt und den Präsidenten des Bundesamts für Verfassungsschutz am 11.05.1981, in: BArch Koblenz, B 141, Nr. 401096, fol. 118/119, 121, 142.

Während sich die Mehrheit der Hausbesetzer primär über den Leerstand der Wohnhäuser entrüstete und ein neues Leben in den alten, instand zu setzenden Gebäuden errichten wollte, ging es den radikaleren Besetzern primär um den »Häuserkampf« als Instrument in der Auseinandersetzung mit dem Staat und der bürgerlichen Gesellschaft. Der Konflikt zwischen Radikalen und Reformisten drehte sich um die Unterscheidung von legitimer und illegitimer Gewalt. Dieser Konflikt ging, wie Berliner Hausbesetzer 1981 berichteten, an die »Substanz der Bewegung«.[649] Dies zeigte sich etwa auf dem Nationalen Instandbesetzer-Kongress mit rund 700 Teilnehmern, der am 28. und 29. März 1981 auf Einladung des Münsteraner AStA und der Vereinigten Deutschen Studentenschaften in den Räumen der Universität Münster stattfand. Die verschiedenen Gruppen, die von der DKP über den KBW bis zur Sozialistischen Deutschen Arbeiterjugend reichten, waren heillos zerstritten. Während die Mehrheit der Teilnehmer für ein gewaltfreies Vorgehen gegen die »verfehlte Wohnungspolitik« plädierte, blieben die Befürworter einer militanten Linie in der Minderheit. Die Auseinandersetzungen waren jedoch derart heftig, dass die »Autonomen Häuserkämpfer« anschließend nochmals zu einem »nationalen Erfahrungsaustausch« für den 16. und 17. Mai 1981 nach Gießen einluden. Dem Aufruf folgten dann allerdings nur 70 Personen und Resignation hatte sich bereits breitgemacht. Mitte der achtziger Jahre war die Hausbesetzerbewegung der Bundesrepublik dann fast völlig eingeschlafen. Erst nach der Wiedervereinigung flammte sie in Ostberlin noch einmal kurz auf.[650]

Während die militanten Besetzer »die Schweine angreifen« wollten, meinten die anderen: »[W]ir brauchen keine Randale, sondern wollen unseren Stadtteil konstruktiv verändern.«[651] In den Berich-

649 »Das Leben hier hat uns radikalisiert«, S. 68.

650 Bericht des Bundeskriminalamtes vom 30.04.1981, übersandt an den Bundesinnenminister, die Landesinnenminister, die Leiter der Landeskriminalämter, den Generalbundesanwalt und den Präsidenten des Bundesamts für Verfassungsschutz am 11.05.1981, in: BArch Koblenz, B 141, Nr. 401096, fol. 105, 110-112; Görtemaker, *Geschichte der Bundesrepublik Deutschland*, S. 643/644; Katsiaficas, *Subversion*, S. 95; Brandes/Schön (Hg.), *Wer sind die Instandbesetzer*, S. 179.

651 Zitate von einer Veranstaltung der Berliner Hausbesetzerszene im Tempodrom

ten der *taz* ist dieser Riss immer wieder deutlich geworden, wenn über die Hausbesetzeraktionen und Häuserräte Kritisches zu lesen war. Als etwa im Oktober 1980 ein *taz*-Reporter schilderte, wie wahllos Ladenfenster von den Besetzern zertrümmert und dabei auch kleinere Geschäfte zu Schaden gekommen seien, hielten die Demonstranten diese Darstellung für eine Unverschämtheit. In der »Erklärung des Besetzerrates« hieß es, wenn sie schon für »kriegsgeil« erklärt werden würden, dann mache es auch nichts aus, »wenn wir uns mal die taz vornehmen«. Die Parole »taz lügt« war bald auf Kreuzberger Häuserwänden zu lesen. Der Berlin-Redakteur Gerd Nowakowski wurde mehrfach angegriffen, auf seine Wohnung ein Brandanschlag verübt. Einmal bekam er scharfe Munition zugeschickt – als Warnung. An der Wand gegenüber dem *taz*-Gebäude war jahrelang zu lesen: »Nowakowski, deine Angst ist berechtigt«. Noch mehr Kritik handelte er sich dafür ein, dass er zur Polizei ging, nachdem Autonome sein Auto mit Steinen beworfen hatten, als er darin auf dem Weg zu einer Räumung war.[652]

Auch die *zitty* ergriff Partei für die friedlichen Hausbesetzer und forderte dazu auf, »innerhalb dieser Häuser gegen die Gewaltphantasien Position zu beziehen – aber das nicht heimlich, hinter vorgehaltener Hand, sondern offen«. Die »Neigung zu Verhärtung und Gewaltlust« solle öffentlich diskutiert werden.[653] Im *Info-BUG* stellte man schon 1974 über die Frankfurter Verhältnisse fest, dass »der weitaus größte Teil der Genossen« sich gegen einen militanten Häuserkampf ausgesprochen habe. Pragmatische Überlegungen, der »Übermacht der Bullen« nicht gewachsen zu sein, spielten hierbei ebenso eine Rolle wie die Befürchtung, die »vorhandenen Sympathien bei der Bevölkerung zu verscherzen«.[654] Und in der *radikal* konnte man noch 1981 nachlesen, dass die »energieintensive Strategie« letztlich in einer »Sackgasse« aus »Aufreibung, Resignation [und] Rückzug« ende.[655] Der militante Flügel war innerhalb

Anfang der 1980er Jahre. Zitiert nach Kolenberger/Schwarz, *Abschlußbericht*, Teil A, S. 5/6.

652 Magenau, *Die taz*, S. 101/102.

653 *zitty* 25 (1981), S. 34.

654 »Häuserkampf in Frankfurt und Berlin« – eine neue Stufe der Klassenkämpfe?«, in: *Info-BUG* 4 (24.03.1974), S. 16-20, hier S. 16.

655 Hella Wahnsinn, »Keine Atempause, Geschichte wird gemacht«, in: *radikal* 90/91 (April 1981), S. 9.

der Hausbesetzerszene in der Minderheit, wenngleich das Gewaltpotential zum Teil erheblich war. Nach Polizeiberichten waren auf dem Höhepunkt des Häuserkampfes Anfang 1981 rund 1000 Hausbesetzer militant.[656]

Grundsätzlich setzte sich der Konflikt zwischen dem militanten und dem friedlichen Teil der Hausbesetzerszene während der gesamten siebziger und achtziger Jahre durchgehend fort, obwohl die Grenze zwischen beiden Gruppen zuweilen unscharf und fließend war. Durch die Erfahrungen, die man bei Räumungen und Polizeieinsätzen gemacht hatte, radikalisierten sich nicht wenige ursprünglich friedliche Hausbesetzer.[657] Als in Zürich und Berlin zu Beginn der achtziger Jahre die Aufmerksamkeit der Medien und die Verhandlungsbereitschaft der städtischen Regierung nach ersten militanten Ausschreitungen deutlich anstieg, stärkte dies die militante Fraktion, die mit Pflastersteinen und zerbrochenen Schaufensterscheiben erfolgreicher Druck ausübte, als dies die friedlichen Proteste vermocht hatten. Staat und Öffentlichkeit reagierten, nachdem Fensterscheiben eingeschmissen, Straßenbarrikaden errichtet und Pflastersteine geflogen waren.[658] Daneben versuchten die Hausbesetzer, sich nicht von außen in »Gemäßigte« und »Chaoten« aufspalten zu lassen, sondern in Aktionseinheiten und Bündnissen aufzutreten. Den militanten Autonomen war klar, »daß auch ›friedliche‹ Großdemos wichtig sind, Teil unseres gemeinsamen Kampfes gegen Beton, Bullen und Computer«.[659]

Das Erlebnis der Gewalt

Die militanten Hausbesetzer interpretierten ihre gewaltsamen Aktionen und Straßenschlachten als Ausdruck eines Massenbe-

---

656 Anonym, »Rechtsfreie Räume«, S. 157; Bericht des Bundeskriminalamtes vom 30.04.1981, übersandt an den Bundesinnenminister, die Landesinnenminister, die Leiter der Landeskriminalämter, den Generalbundesanwalt und den Präsidenten des Bundesamts für Verfassungsschutz am 11.05.1981, in: BArch Koblenz, B 141, Nr. 401096, fol. 130.

657 Vgl. Nawrocki, »Zwischen ›Müslis‹ und ›Mollis‹«.

658 Brandes/Schön (Hg.), *Wer sind die Instandbesetzer*, S. 7/8; Roth, »Leben scheuert am Beton«, S. 39.

659 *radikal-Extrablatt* 12 (1980), S. 4, zitiert nach Landesamt für Verfassungsschutz beim Berliner Innensenator, »Der ›Häuserkampf‹ in Berlin (West)«, in: BArch Koblenz, B 141, Nr. 401097, fol. 96.

dürfnisses. Sie begriffen sich als Avantgarde eines revolutionären Klassenkampfes und standen gewissermaßen ständig unter Strom. Für diese selbsternannte Kampfgemeinschaft gehörte die Solidarisierung mit den inhaftierten Hausbesetzern zur obersten Priorität eines »Krieges« gegen den Staat: »Wir vergessen keinen Mord«, erinnerten sie permanent an die Opfer der Straßenkämpfe. Verhandlungen mit der Politik galten als Verrat und Aufgabe der Autonomie.[660] Bereits in den Flugblättern des Frankfurter Häuserrates findet man eine solche Kriegssprache gegen das »Schweinesystem«. Da ist in einem Flugblatt von 1973, in der Kopfzeile dekorativ mit der geballten Faust verziert, von einem »militärischen Schlag« des »Gangstersyndikats Frankfurt/M. Mitte« ebenso die Rede, wie von der »Front« und dem »Terroranschlag« der »Mafiaorganisation der Banken und Großspekulanten« und der »Knüppelgarde« des Polizeipräsidenten. Während die »SPD-Tauben« sich doch nur »herumquälen« würden, blieben die »Falken« der Sozialdemokraten hart. An späterer Stelle hieß es noch eindeutiger: »Wir werden Luftschutzsirenen in Gang setzen, um das angeblich sozialmenschliche Gesicht der Stadt Frankfurt in seiner widerwärtigen Fratze zu zeigen.« Nach der Selbstwahrnehmung eines Teils der Frankfurter wie auch der bundesdeutschen Hausbesetzerbewegung der frühen achtziger Jahre wurde also ein regelrechter Krieg geführt.[661]

In den Auseinandersetzungen mit der Polizei radikalisierte sich der gewaltbereite Teil immer weiter – die Lage eskalierte und es kam zu Massenverhaftungen, regelrechten Straßenschlachten und immer weiteren Hausbesetzungen. Die Gewaltspirale aus Knüppel und Pflasterstein, die aus den ersten Vorstrafen und Kriminalisierungen hervorgehenden Enthemmungen, die blutigen Konfrontationen und Erfahrungen der Gängelung und Demütigung durch die Polizei, die moralische Unterstützung durch militante Gruppen, die massive Kritik in den Medien und das Unverständnis und die Beschimpfungen seitens der Nachbarn führten immer tiefer in

---

660 »Häuserkampf in Frankfurt und Berlin – eine neue Stufe der Klassenkämpfe?«, in: *Info-BUG* 4 (24.03.1974), S.16-20, hier S.17; Halter, »Niemand hat das Recht«, S.107; Jürgen Roth, »Aufruf des Untersuchungsausschusses. Foltert die Polizei?«, in: *Häuserratszeitung* 9 (1974), S.5 (archiviert in: IISG, ID-Textarchiv 0106/8-6531). Siehe auch Ermittlungsausschuß Mehringhof (Hg.), *Dokumentation Dezember*, S.83-91.

661 »Schafft die Stadt einen 2. Kettenhofweg?« S.1, 3.

eine Gewaltwelt, in der sich zuweilen auch der Weg in den Terrorismus andeutete: »Ich mein, bei den Bullen sind echt auch Schweine, wo ich keine Gewissensbisse hab, aber ich denk mir auch, vielleicht erwischst du absolut den Falschen. Du müßtest die Richtigen treffen.« Die Verstrickung eines solch bloß in Gewaltmethoden kalkulierenden Denkens machte den Ausstieg aus der Gewaltwelt immer schwieriger.[662] In der Kölner *Stadt-Revue* erklärte ein Hausbesetzer im März 1981 sogar: »Das war ein Orgasmus, die Scheiben klirren zu hören und die Steine da reinzusetzen. Und ich habe mir Geltung verschafft, das finde ich einen wichtigen Punkt.«[663] Ähnliches las man in der *radikal,* in der die Autoren behaupteten, das eigene Denken »im Klirren der glatten Schaufensterscheiben« wiedergefunden zu haben.[664] Militanz wurde zur Befreiung, zum Ventil für Wut und Frust, zum maskulinen Stolz, zur gefeierten Überwindung der Ängste.[665]

Das performative Erlebnis suggerierte eine scheinbar revolutionäre Gemeinschaft: Man war Teil einer einheitlich gekleideten Gruppe mit Hasskappe, Helm und militant-schwarzer Kluft, die gegen die Polizisten kämpfte. Die körperlich und akustisch erfahrbaren Gewaltformen reichten von den archaisch wirkenden Ritualen aus Brandlegung, Indianergeheul und dem gemeinsamen, rhythmischen Aneinanderschlagen von Pflastersteinen über das Scheppern der Steinsalven gegen das Blech der Polizeifahrzeuge (»Wannen«), bis hin zum gezielten Zwillenschuss mit Stahlkugeln aus der schützenden Menge. Im September 1981 wurde ein vermummter Autonomer beobachtet, der Plastikdeckel wie Frisbees in Richtung Polizei schleuderte. In jeder der Scheiben steckten rund ein Dutzend Zimmermannsnägel. In einer autonomen Zeitschrift hieß es: »[D]ann kannste nur noch eins machen: 'ne einsame Wanne abwarten, Molli vor die Wanne, hinten geht die Tür auf, Molli hinten rein.«[666] Die Formen und Ausmaße solcher Militanz waren

662 »Bullenparanoia«, S. 119, 122/123. Vgl. auch Pokatzky, »Der Traum ist aus«.
663 »Den Kuhdamm [sic] brennen sehen«. Ein Gespräch mit Arnim Steinschlender aus *StadtRevue* (27.03.1981), zitiert nach dem Wiederabdruck bei: Brandes/Schön (Hg.), *Instandbesetzer,* S. 84.
664 *radikal* 88 (Februar 1981). Vgl. auch Kurzanalyse zu den »Hintergründen der Hausbesetzungen« von Stachelscheid an das Bundesinnenministerium vom 17.03.1981, in: BArch Koblenz, B 141, Nr. 401096, fol. 62.
665 Vgl. Härlin, »Von Haus zu Haus«, S. 24/25; Kraushaar, *Achtundsechzig,* S. 89.
666 Scheer/Espert (Hg.), *Deutschland,* S. 30, 49, 88, 108.

auch bei den Autonomen umstritten und führten zu intensiven Diskussionen auf den Plenen im Kreuzberger Mehringhof und in der *radikal*. Aus ihrer Staatsverachtung und Militanz machten die Autonomen keinen Hehl, grenzten sich aber gleichwohl vom Terrorismus ab. Unmittelbares Ziel war die Schaffung autonomer Freiräume und nicht der revolutionäre Staatsputsch; Orientierungspunkt war nicht die RAF, sondern die italienische Autonomia.[667]

Gewalt und Aufmerksamkeit

Verstärkend auf die Gewaltbereitschaft wirkte sich die mediale Aufmerksamkeit aus. Während die mühsame Arbeit der Mieterläden und Bürgerinitiativen mit kleinen Zeitungsnotizen abgespeist wurde, entbrannte nach Gewalttaten und Sachbeschädigungen eine intensive Debatte um die Ziele der Hausbesetzer. Dieser Mechanismus beförderte die Macht der militanten Hausbesetzerfraktion. Im *Kölner Volksblatt* gaben die frustrierten Hausbesetzer in einem Interview zu bedenken: »Die Herrschenden verstehen nur eine Sprache, das ist die Gewalt und darauf reagieren sie. Wenn du sie gewalttätig angreifst, dann wird das auch publiziert, dann setzen die sich damit auseinander. Natürlich in ihrer Form. Die Berliner Häuserkämpfer wären bestimmt nicht so weit, hätten sie sich im Dezember nicht so gewehrt.«[668]

Während Medien und Politiker der großen Parteien die radikalen Hausbesetzer, vor allem nach den Vorgängen im Dezember 1980, als »Chaoten«, »Plünderer«, »Randalierer«, »Kriminelle«, »Kommunisten«, »Punks«, »Struppis«, »Verweigerer«, »ewige Aufmucker«, »Haltlose«, »Gewalttäter«, »Provokateure« oder schlichtweg als »Keimzellen des Terrorismus« ausgrenzten und stigmatisierten,[669] zeigte man innerhalb der Szene die Verhaftungen und Körperverletzungen stolz vor. Unter Militanten galten sie als Auszeichnung:

667 Jan Schwarzmeier, *Die Autonomen zwischen Subkultur und sozialer Bewegung*, Norderstedt 1999, S. 51; Suttner, »*Beton brennt*«, S. 150-153.

668 *Kölner Volksblatt* (11. 05. 1981), zitiert nach dem Wiederabdruck bei Brandes/ Schön (Hg.), *Instandbesetzer*, S. 102.

669 *Häuserratszeitung* 9 (1974), S. 1 (archiviert in: IISG, ID-Textarchiv 0106/8-6531); Halter, »Niemand hat das Recht«, S. 105; Anonym, »Rechtsfreie Räume«, S. 141; Riese, »Wohnen in Berlin«, S. 107; Amann, *Der moralische Aufschrei*, S. 10, 40, 72/73, 76, 98/99, 104, 111-114.

»In eine ›Polizeiwanne‹ verladen zu werden und die erkennungs-
dienstliche Behandlung über sich ergehen zu lassen, trägt zu sozialem Prestige innerhalb der jeweiligen Besetzergruppe bei.«[670] Immer
wieder liest man in den Erfahrungsberichten der Hausbesetzer von
äußerst brutalen Einsätzen der »Bullen«, die die Hausbesetzer auf
Demonstrationen zusammengeschlagen und wüst bedroht haben
sollen.[671] Gerade die männlichen Hausbesetzer präsentierten gerne ihre Narben, prahlten mit wirkungsvollen Geschichten über
die entsprechenden Auseinandersetzungen auf der Straße und die
Behandlung bei den Vernehmungen.[672] In der Selbstwahrnehmung
stand man schließlich als heroisches Opfer einer Welt voller Feinden gegenüber: der uniformierten und zivilen Staatsgewalt, der
Boulevardpresse mit ihren Gräuelgeschichten, den rechtmäßigen
Hauseigentümern und den mürrischen oder spießigen Nachbarn,
die nichts für die Randale und den Lebensstil der Hausbesetzer üb-
righatten. Die Überwindung der Angst vor Repression und Gewalt
wurde nicht selten auch als ideologische Auszeichnung betrachtet,
denn der Radikalste galt mehr, er war »überzeugter« als der Zöger-
liche und Abwägende.

Zeitgleich zu dieser radikalisierten Selbstsicht, die ab 1981/82
vermehrt zu beobachten war, verschärfte sich auch der Ton in der
Boulevardpresse: »Terror, Steine, Feuer, Barrikaden und Panikma-
che der übelsten Art: Wie lange läßt Berlin sich das noch gefallen?
Wie lange läßt sich die Stadt von einer kleinen Minderheit die Oh-
ren vollbrüllen und die Fenster einschmeißen?«, hieß es beispielsweise im August 1981 in der Berliner *B. Z.* Die Hausbesetzungen
der »krawallsüchtigen Spatzen«, mit denen »ohnehin nicht zu reden
ist« (*Morgenpost* vom 6. und 9. August 1981), wurden nicht länger
als Reaktion auf gesellschaftliche Missstände beschrieben, die Forderungen traten hinter einer ausgedehnten Berichterstattung über
gewaltsame Aktionen einiger Hausbesetzer zurück.[673] Die Hausbe-

---

670 Halter, »Niemand hat das Recht«, S. 108/109.
671 Eine übervolle Quelle ist die Publikation Ermittlungsausschuß im Mehringhof
(Hg.), *abgeräumt?*, S. 35, 37, 44, 48, 50, 51, 53, 64, 68, 70, 71 und öfter. Ähnlich
Ermittlungsausschuß Mehringhof (Hg.), *Dokumentation Dezember*, S. 20, 29,
31/32, 34-42, 50, 51, 54, 56, 64-66, 72, 73, 78, 79, 82, 84, 87.
672 Halter, »Niemand hat das Recht«, S. 99; »Bullenparanoia«, S. 104/105, 111; Ermittlungsausschuß im Mehringhof (Hg.), *abgeräumt?*, S. 53-59.
673 Zitat nach: Amann, *Der moralische Aufschrei*, S. 80.

setzerproblematik wurde somit auf das vermeintlich pathologische Verhalten angeblicher »Drahtzieher« und »Verrückter« reduziert. Auf argumentative Auseinandersetzungen verzichtete die Berliner Boulevardpresse, über Lösungsversuche berichtete sie nur spärlich. Stattdessen wurde im Stile der Kriegsberichterstattung über regelrechte Straßenschlachten mit »Blut, Flammen und Feuerbomben« (*Bild*) geschrieben. Der Organisations- und Kriminalitätsgrad der Hausbesetzer wurde übertrieben und die Verletzungen von Polizisten übersteigert (»mit Äxten gegen Polizisten« oder »Polizisten wurden gesteinigt«, so formulierte es die *Bild*).[674]

Selbstwahrnehmung als Opfer von Polizei und Justiz

Die Selbstwahrnehmung der Hausbesetzer als Opfer des »Systems« wurde durch die häufige und nicht selten martialische Polizeipräsenz um ihre Häuser erzeugt. Massive und zum Teil handfeste Drohungen durch die Hausbesitzer, rabiate Hausdurchsuchungen mit mutwilligen Zerstörungen und Machtdemonstrationen bei den Vernehmungen auf dem Revier konnten diese Angst in Wut ummünzen. Gegen viele Hausbesetzer wurde ein Ermittlungsverfahren wegen Bildung einer kriminellen Vereinigung eröffnet – im März 1981 waren es in Berlin schon 132 solcher Fälle. Regelmäßig kam es im Zuge von Protesten gegen die Festnahmen zu neuen Ausschreitungen, es entstand eine Spirale der Gewalt. Hatte die Polizei anfangs kleinere Regelverletzungen geduldet, so wurde nach den ersten Krawallen zunehmend härter durchgegriffen. Auf die Vorfelderfassung mit Kameras und erkennungsdienstlichen Maßnahmen reagierten die Hausbesetzer mit Vermummung und einer nahezu paranoiden Furcht vor Überwachung. Zusammenstöße führten zu besseren Bewaffnungen auf beiden Seiten, es kam leichter zu tätlichen Übergriffen und die Taktik wurde ausgefeilter. Mehr und mehr Zivilpolizisten wurden eingesetzt, und die Segregation und Isolation einzelner Demonstrantengruppen gehörte bald schon zum Standardvorgehen. Auch Hausdurchsuchungen und kleine polizeiliche Schikanen im Alltag legitimierten aus der Sicht der Hausbesetzer ihren zunehmend autistischen Gewalteinsatz.[675]

674 Ebd., S. 84-98, 113/114.
675 Ebd., S. 47/48; *Häuserratszeitung* 9 (1974), S. 3/4 (archiviert in: IISG, ID-Textarchiv 0106/8-6531); Flugblatt »Aufruf! Keine Räumung der besetzten Häuser

Bereits 1973 hieß es bei den Frankfurter Spontis, man habe Verständnis für die RAF, denn jeder habe das Recht, sich »gegen die tägliche Gewalt dieses Staates« zu wehren.[676] Wie weit die Selbstwahrnehmung und Stilisierung zum unterdrückten Opfer gehen konnte, dem sozusagen jedes Mittel gegenüber den »Bullenschweinen« und »Arschlöchern« recht sein konnte, zeigt ein Artikel in der Frankfurter *Häuserratszeitung* von 1974. In einem »Tribunal« wollte eine selbstgebildete Kommission die Berichte der Festgenommenen bündeln, öffentlich machen und damit das Verhalten der Polizei bei den Räumungen und auf den Polizeirevieren verdeutlichen. Die Kommission bestand aus dem heutigen Frankfurter Professor für Sozialpsychologie Manfred Clemenz, dem Schriftsteller Gerhard Zwerenz, dem damaligen Juso und Unterbezirksvorsitzenden der SPD Karsten Voigt (bis 2010 der Koordinator der Bundesregierung für deutsch-amerikanische Zusammenarbeit) und dem freien Publizisten Jürgen Roth. Letzterer verglich die Häuserräumungen in dem Block in der Schumannstraße/Bockenheimer Landstraße mit der Räumung des Ghettos in Pinsk am 29. Oktober 1942. Bei diesem absurden Vergleich mit der Exekution der Juden in der weißrussischen Provinzstadt stellte Roth eine »Verhaltensidentität gegen systemoppositionelle Gruppen« fest, »die sich allenfalls quantitativ vom Terror der Nazis gegenüber den Systemgegnern unterscheidet«. Geschichte wurde unverblümt für die eigene Militanz instrumentalisiert und der bereits in Abschnitt 2.2.4. beschriebene Opfergestus hierin platziert.[677] Wie die Kommunisten in der Weimarer Republik hielt das Tribunal-Komitee (nunmehr ergänzt um den Gewerkschafter Heinz Brandt, Daniel Cohn-Bendit, Christoph Krämer und Joschka Fischer) eine Großveranstaltung ab. Vor 1500 Zuhörern saß man am 12. März 1974 im innerstädtischen Volksbildungsheim zu Gericht. Festgenommene Demonstranten berichteten von ihren Erlebnissen; Alexander Kluge zeigte Dokumentar-

Schumannstr./Bockenh. Landstr.!« (Oktober 1973), in: IISG, ID-Textarchiv 0106/8-6531; Anonym, »Rechtsfreie Räume«, S. 169; Klein/Porn, *Instandbesetzen*, S. 124.

676 Zitiert nach Hinck, *Wir waren wie Maschinen*, S. 257.

677 Roth, »Aufruf«, S. 5 (archiviert in: IISG, ID-Textarchiv 0106/8-6531). Der Stil erinnert an die inszenierten Tribunale der KPD der Weimarer Republik, wenn Roth schreibt: »Von diesem Tribunal werden Gefolterte und Betroffene auftreten. Es werden Bilder von Mißhandlungen gezeigt werden und Filme über Demonstrationen.« Vgl. auch Anonym, »Rechtsfreie Räume«, S. 160-162.

aufnahmen von der Straßenschlacht am 23. Februar 1974 anlässlich der Räumung des Häuserblocks Schumannstraße/Bockenheimer Landstraße. Voigt erklärte: »Die Informationen haben deutlich gemacht, daß Übergriffe von Polizisten auf Demonstranten und auch auf Unbeteiligte stattgefunden haben.« Polizeipräsident Knut Müller gab daraufhin eine Pressekonferenz und ermahnte die Presse, solchen Berichten nicht leichtfertig Glauben zu schenken.[678]

Männlichkeit

Den maskulinen Kick, den die inszenierten Auseinandersetzungen mit der Polizei geben konnten, hat Gerd Koenen eindrücklich vermittelt. In der Phase der »Massenmilitanz« waren bereits im Frankfurter Häuserkampf Guerilla-Methoden opportun – vom Molotowcocktail bis zur passiven Bewaffnung, und zwar

in Form einer modernen Ritterrüstung, wozu außer einer dicken Lederjacke oder einem gepolsterten Parka ein fester Helm, Gesichtstuch, Chlorgasbrille sowie Karategürtel, der sog. ›Sackschutz‹, gehörten. Dazu kamen: eine zu trainierende Schlag- und Trittechnik im Nahkampf […]; der Einsatz von Hartholzknüppeln; […] Nagelbretter, Krähenfüße, Rauchbomben etc. […] Die Taktik hieß im großen und ganzen: ›Hit and run‹ – also Attacke, Rückzug und überraschende Gegenattacke gegen einzelne, zu weit vorgepreschte oder von der Truppe entfernte Beamte, vorzüglich in Zivil. […] Recht mittelalterlich anmutend war auch der Brauch, möglichst Beute zu machen: vor allem Schilde, Schlagstöcke und Helme; in legendären Einzelfällen Dienstpistolen.[679]

Die paramilitärische Spielerei zur »Verteidigung der Häuser« wurde von der Frankfurter Putzgruppe (P.U.T.Z. = Proletarische Union für Terror und Zerstörung) auf die Spitze getrieben – regelmäßig rückte man sonntags zur Wehrsportübung in den Taunus aus. Das Steineschmeißen war damit zwar wenig spontan, sollte vor Ort aber als »einsichtig« und »vermittelbar« dargestellt werden.[680] Angesichts solcher Männlichkeitsspiele notierten feministische Hausbesetzerinnen in der *Courage*:

678 Kraushaar, *Fischer in Frankfurt*, S. 71-73.
679 Koenen, *Das rote Jahrzehnt*, S. 345/346.
680 Ebd., S. 345-347; Hinck, *Wir waren wie Maschinen*, S. 251, 255; Mende, *»Nicht rechts, nicht links«*, S. 201.

568

Manchmal komme ich mir vor wie zwischen einer doppelten Männerfront, da auf der Seite der Polizei Männer stehen und auf der Besetzerseite auch ganz stark, so daß die Formen der Auseinandersetzung durch und durch männlich ablaufen. Viele Frauen haben Schwierigkeiten mit der Militanz, Schwierigkeiten, sich in besetzten Häuser wohl zu fühlen, Pflastersteine möchte ich nicht werfen, mir auch keinen Helm aufsetzen und gegen Bullen kloppen, aber nur wie ein Täubchen herumlaufen, Friede, Friede, da käme ich mir auch blöd vor.[681]

5.3.9 Zwischenfazit

Grundsätzlich betrachtet waren die Hausbesetzungen Ausdruck eines allgemeinen Trends innerhalb der radikalen Linken, die sich im Laufe der siebziger Jahre von der Theoriearbeit entfernte und stattdessen konkrete Erfahrungen sammeln wollte. Es vermittelte ein »gutes Gefühl«, so Berliner Hausbesetzer 1981, wenn »nicht nur immer von der Revolution gelabert, sondern konkret etwas in die Hand genommen, was erprobt und praktiziert« wird.[682] Ein Haus instand zu setzen, einen Kleinbetrieb und Arbeitsplatz dort anzusiedeln, zusammenzuleben – all das wurde als Ausweg aus entfremdeter Arbeit, Isolation und großstädtischer Vereinsamung, kleinfamiliären Lebensformen und bürokratischer Fremdbestimmung begriffen. Autonomie und ein selbstgestalteter Freiraum wurden zu zentralen Stichwörtern der Hausbesetzer.[683] Dieter Kunzelmann hat diese Bedeutung der Hausbesetzungen im Nachhinein treffend erkannt:

Was […] weitaus gefährlicher schien als die Aneignung leerstehender Häuser, waren die Versuche der Besetzer/innen, die Häuser als oppositionelle politische und kulturelle Zentren umzunutzen, sich in Besetzerräten selbst zu organisieren, der Fremdbestimmung und Vereinzelung ein attraktives, vibrierendes Gegenmodell entgegenzusetzen. Die Kreativität und Phantasie der Hausbesetzer war atemberaubend, ihre Basis und Anhängerschaft vielleicht gerade deswegen stärker als die der antiautoritären Bewegung. Trotz aller Hetze konnte sie auch auf Sympathien in der Bevölkerung setzen.[684]

681 »Frauencafé«, in: *Courage* 6 (1981), S. 8/9.
682 »Bullenparanoia«, S. 109.
683 Ebd., S. 110/111.
684 Kunzelmann, *Leisten Sie keinen Widerstand!*, S. 148/149.

Tatsächlich zeigten im Juli 1981 nach einer Umfrage des Allensbach-Instituts 51 Prozent der bundesdeutschen Bevölkerung »Verständnis« für die Hausbesetzer. Noch im Januar/Februar 1982 sprachen sich (einer Meinungsumfrage von Infratest zufolge) 47 Prozent der Bevölkerung dafür aus, den Besetzern die Wohnungen der besetzten Häuser zur Miete anzubieten. Ganze 86 Prozent der Bevölkerung befürworteten eine sanfte und nichtpolizeiliche Lösung des Instandbesetzerkonfliktes.[685]

Die politische Kritik an der Wohnsituation, an der unwirtlichen Stadtpolitik und den Sanierungsprogrammen für eine autogerechte Innenstadt, die Kritik an Banken und Versicherungen und an einer durch Finanzunternehmen geprägten Innenstadt, die Ablehnung der funktionalistischen Betonsilos und der Luxusmodernisierungen eines privatisierten Wohnungsmarktes, der Einsatz gegen die Benachteiligung von Randgruppen und einkommensschwachen und kinderreichen Familien ergänzte diese Ausrichtung an einer autonomen und kollektiven Selbsthilfe.

Die Hausbesetzungen mit ihrer Kritik am Neu- und Umbau der Städte und ihr Einsatz für mehr Lebensqualität und eine menschengerechtere Stadt waren Ausdruck einer breiteren Entwicklung – die Hausbesetzungen radikalisierten und politisierten also einen Trend, der schon ohne sie begonnen hatte:[686] Die Forderung nach mehr Lebensqualität und einem integrierten, kleinteiligen und ganzheitlichen Quartiersleben abseits der Auto- und Industriekultur drückte einen allgemeinen Trend der postindustriellen und postmateriellen Gesellschaft aus, für den bereits Bürgerinitiativen und Mietervereine eingetreten waren. Ein entsprechendes Umdenken hatte bei manchen Stadtplanern und Politikern schon Ende der sechziger Jahre eingesetzt.

Die Hausbesetzerbewegung setzte sich aus einem breiten Spektrum an Aktivisten und verschiedenen Fraktionen zusammen. Auf der einen Seite stand die stadtpolitische Fraktion, die vor allem aus städteplanerischen Gesichtspunkten heraus handelte und meist in den Bürgerinitiativen aktiv war. Den Anhängern der autonomen

---

685 Presseerklärung Prof. Peter Grottian vom 08.03.1982, in: LAB, B Rep. 002, Nr. 16497, ohne fol.
686 Harlander, »Wohnen und Stadtentwicklung«, S. 233-417, bes. S. 301/302, 332. Zur autogerechten Stadt siehe: Hans B. Reichow, *Die autogerechte Stadt. Ein Weg aus dem Verkehrschaos*, Ravensburg 1959.

Szene ging es hingegen um eine Kritik an bürokratischer Bevormundung und um die grundsätzliche Verachtung des Staates, da dieser aus ihrer Sicht die Freiräume autonomen Handelns einschränkte. Die Mittel dieser Gruppen verengten sich zusehends auf den Einsatz massiver Gewalt, die zum Surrogat für die revolutionären Ambitionen wurde. Die Militanz nahm hier – gegenüber den Wohngemeinschaften und Landkommunen – so deutlich zu, dass die Konfrontation mit Polizei und Hausbesitzern nicht nur einkalkuliert und in Kauf genommen, sondern gewollt und gesucht wurde. Von daher hatte sich die autonome Hausbesetzerbewegung explizit von der Alternativbewegung abgesetzt und diese für tot erklärt.[687] Drittens gab es existenzielle Hausbesetzer wie junge Trebegänger, Heimflüchtlinge oder Drogenabhängige, für die das Dach über dem Kopf zunächst einmal eine schlichte Notwendigkeit darstellte, da sie durch das Netz des Sozialstaates zu fallen drohten. Viertens schließlich gab es Schüler, Studenten und Angehörige sozialpädagogischer Berufe, die sich dem linken Spektrum zuordneten, und die primär am Image der Hausbesetzungen partizipieren wollten. Lebensstil, Abenteurertum und Politik gehörten für diese Gruppe zusammen.[688]

687 Kolenberger/Schwarz, *Abschlußbericht*, Teil A, S. 3.
688 Brandes/Schön (Hg.), *Wer sind die Instandbesetzer*, S. 147.

6. Vergemeinschaftungsorte

> Der Kneipenhocker wurde nicht selten zum
> Beichtstuhl der radikalen Seele.
>
> (Reinhard Mohr)

6.1 Die linke Szenekneipe[1]

Was eine alternative Kneipe ausmachte, wussten die Akteure zuweilen selbst nicht so genau. So hieß es etwa im Kölner *Stattbuch* von 1980 ganz lapidar:

> Es wird in Köln etwa tausend Kneipen geben. Die meisten ähneln sich wie ein Ei dem anderen und was denn nun eine ›linke‹ oder ›alternative‹ Kneipe ist, […] wollten wir nicht entscheiden. Wir haben Kneipen ausgesucht, die in irgendeiner Weise aus dem Rahmen fallen. Ob sie regelmäßig oder auch unregelmäßig ein Programm haben, ob vor Sonnenaufgang die Türen geöffnet oder erst geschlossen werden, oder ob sie abends noch Wein und Bier zu zivilen Preisen verkaufen.

Diesem eher nichtssagenden Text folgten die Adressen von 35 »Kneipen«, zu denen neben dem Delirium in der Südstadt und dem Em Golde Kappes in Köln-Nippes auch die Mensa der Universität und die WDR-Kantine gehörten.[2]

Gegenüber dieser Kölner Auffassung, dass bereits billiges Essen und Trinken irgendwie alternativ sein müssten, bot der spätere Ger-

---

1 Merkwürdigerweise hat die lange Tradition der Erforschung von Cafés und Gaststätten die linken Szenekneipen noch nicht erreicht, obwohl die Arbeiten in diesem Bereich, angefangen bei der Frühen Neuzeit über das Café im 17. Jahrhundert und die politisierten Arbeiterkneipen im 19. Jahrhundert bis hin zur Boheme-Kultur der Jahrhundertwende, von großer Bedeutung sind. Vgl. zur abgebrochenen Forschungstradition: Franz Dröge, Thomas Krämer-Badoni, *Die Kneipe. Zur Soziologie einer Kulturform oder »Zwei Halbe auf mich«*, Frankfurt/M. 1987, S. 18; Annelie Starzinger, *Kommunikationsraum Szenekneipe. Annäherungen an ein Produkt der Erlebnisgesellschaft*, Wiesbaden 2000, S. 13-38, bes. S. 29-33; Jörg Rössel, Michael Hölscher, »Soziale Milieus in Gaststätten – eine Beobachtung«, in: *Sociologus* 54, 1 (2004), S. 173-202; Hermann Glaser, *Deutsche Kultur. Ein historischer Überblick von 1945 bis zur Gegenwart*, Bonn ²2000, S. 370.

2 *Stattbuch für Köln 80-81*, Köln o. J., S. 138-141.

manistikprofessor Klaus Laermann in einer Ausgabe des *Kursbuchs* von 1974 eine andere Definition der alternativen Berliner Kneipenszene an. In der linken Kneipe, so Laermann, wollte man anderen »locker« begegnen, ohne den »Leistungsdruck von Kommunikation« »ganz Mensch« sein. Die Kneipe hat die »Verkehrsformen der Berliner Subkultur mindestens so stark geprägt wie die politischen Gruppen und die Wohngemeinschaften«: Wer in die Kneipe geht, könne sich einer undefiniert gehaltenen Gruppe zugehörig fühlen, die sich durch eine »gewisse Vertraulichkeit« auszeichne. »Ein diffuses Zärtlichkeitsbewußtsein [scheint] für den Gebrauch des ›Du‹ verantwortlich zu sein«, schrieb Laermann. In der Kneipe befreie man sich von der diskursiven Kommunikationsstruktur mit ihrem Zwang zum besseren Argument. Stattdessen zeichneten sich die Kneipengespräche durch »gegenseitige Anerkennung, Vertraulichkeit und Wärme« aus: »Die Kneipe läßt jedem die Chance, ohne Angst vor Sanktionen zu Wort zu kommen.«[3] Ebendies, so ergänzt Paul-Gerhard Hübsch aus Frankfurter Sicht, sei der Hauptzweck der linken Kneipe: »Die Leute kommen nicht wegen Kaffee und Kuchen hierher, sondern wegen der Kommunikation.« Hier würden »zwischenmenschliche Probleme« »zerraucht und verdiskutiert« und die Kneipe sei »Turnierplatz der Beziehungsknatschereien«.[4] Hin und wieder wurden sogar die Preise mit den Betreibern der Kneipenkollektive »ausdiskutiert« – je nach sozialer Lage der Gäste und den von ihnen vorgebrachten politischen Argumenten. Bei den Gästen des 1979 gegründeten Kneipenkollektivs Café Chaos im südbadischen Konstanz gehörte dies zum Dauerverhalten. Die wenig solventen Schüler, Studenten, Auszubildenden und Punker

3 Klaus Laermann, »Kneipengerede. Zu einigen Verkehrsformen der Berliner ›linken‹ Subkultur«, in: *Kursbuch* 37 (1974), S. 168-180 (Zitate S. 168, 175, 178 und 180). Ähnlich Peter Schneider, *Rebellion und Wahn. Mein '68. Eine autobiographische Erzählung*, Köln 2008, S. 120. Völlig anders ist der Eindruck, den Anna Petermann und Christine Darmstadt aus weiblicher Sicht auf die Kneipe als Ort der »Coolness« hatten (keiner der Kneipengäste beachtet den anderen): »Frauen in Kneipen«, in: *Kursbuch* 47 (1977), S. 57-69. Dem entgegengesetzt die Schilderung einer 28-jährigen Frankfurter Lehrerin in einem Interview mit Stephanie Horn: »Also in alternativen Kneipen fühl ich mich auch als Frau wohler, weil: dort ist es eben akzeptiert, daß Frauen alleine dahin gehen« (Stephanie Horn, *Abschied vom Kollektiv. Der Frankfurter PflasterStrand*, Frankfurt/M. 1989, S. 69).

4 Hadayatullah Hübsch, *Alternative Öffentlichkeit. Freiräume der Information und Kommunikation*, Frankfurt/M., S. 10, 12.

handelten in der damals ohnehin schon billigsten Kneipe der Konstanzer Szene nochmals Sondertarife für Kaffee, Kuchen, Bier und die kleinen Tellergerichte raus.

Zugleich machten die Besitzer und die alternativen Gäste die Kneipe zu einem Szenetreffpunkt, zum Kommunikationsknotenpunkt für Politik und Alltag. Im malerischen Konstanz am Bodensee wusste der Wirt der Kneipe 'S Beese Miggle, von 1977 bis 1985 eine feste Institution der lokalen Szene, in der Altstadt über die kleinräumige linke Szene in den späten siebziger Jahren zu berichten:

Es gab eine übersichtliche Szene. Man wußte, wenn man bestimmte Leute treffen will, dann trifft man die im *Miggle*. Also da entstanden dann auch, das war zu den Anfangszeiten der Grünen, die ersten Gruppen und da entstand im Grunde auch bei uns im *Miggle* die Freie Grüne Liste. [...] Das *Beese Miggle* war damals einfach der zentrale Punkt, es gab ein paar Weinkneipen, es gab so Konstanzer Lokale, aber die Jugend in dem Sinne hatte an und für sich kaum einen Treffpunkt. [...] Das *Miggle* hat sich dann im Grunde genommen zur Kneipe schlechthin für die sogenannte Szene entwickelt.[5]

Betriebswirtschaftliche Untersuchungen haben ergeben, dass gerade bei den alternativen Gaststätten – im Vergleich zu anderen selbstverwalteten Betrieben – die Eingebundenheit in die linke Szene besonders intensiv war: Rund 60 Prozent ihres Umsatzes stammte von Kunden aus der Scene.[6]

Ein bestimmter Habitus, entsprechende Kleidung, Gestik und Sprache markierten das »richtige« Sich-Verhalten der Gäste, die hier ihren Lebensstil demonstrierten. Dazu wieder Hübsch: »In der Tat aber wickelt sich nur ein Bruchteil alternativer Kommunikation über Worte ab. Viel wichtiger ist das ›feeling‹, sind die ›vibrations‹, ist das spontane Empfinden von Sympathie oder Antipathie.« Gesten und Körpersprache waren festgelegt: »unverkrampft (oder dezidiert verkrampft), spontan (oder kühl überlegt), zärtlich (oder mit einer Nüchternheit, die vom Rausch weiß) und einstimmig (oder den Rahmen der jeweiligen Szene bis zum Klischee nachahmend)«;

5 Interview mit Holger Reile, Konstanz (15.06.2006), die Aufnahme ist im Besitz des Verfassers.

6 Frank Heider u. a., *Fast wie im wirklichen Leben. Strukturanalyse selbstverwalteter Betriebe in Hessen*, Gießen 1988, S. 126.

ein auflockerndes oder abschließendes »Anfassen« oder Streicheln gehörten dazu.[7] Passend zu diesem emotionalisierten Verhalten und der körperlichen Nähe war die sprachliche Psychologisierung des Alltagslebens, die der Journalist Dieter Zimmer in seinem »Echt ätzend, wie du abblockst« betitelten *Zeit*-Artikel unter Verwendung der alternativen Lieblingswörter gekonnt ironisierend umschrieb:

Hast Du Dich heute schon *eingebracht?* Nö? Dann hast Du also wieder *abgeblockt?* Typisch, Du willst einfach keine *Gefühle zulassen.* Du solltest endlich einmal *erfahren lernen.* [...] Also da mußt du die Dinge *an dich heranlassen.* Du mußt dich *öffnen.* Du mußt *Ängste abbauen.* Du mußt die Gefühle in dir *hochkommen lassen.* Ganz *spontan.* Es darf in dir nicht *alles zu sein.* Du mußt *zu deinen Gefühlen stehen,* zu deinen *Ängsten,* deinen *Verletzlichkeiten,* du darfst auf keinen Fall *abgehoben* daherlabern; du mußt *betroffen* sein. Dann versuchst du, das alles ein bißchen *auszuphantasieren.* Na ja, und dann wartest du ab: vielleicht lernst du ja dann *umgehen mit* deinen *verlorenen Lebensjahren,* vielleicht kommen *deine Energien ins Fließen,* vielleicht bist du imstande, selbst auf den anderen *zuzugehen,* vielleicht werden sich deine *Probleme in Erfahrungen auflösen.* Wenn du dabei einmal *flippst,* macht das nichts; wir werden dich *auffangen.*

Die sprachliche Seelengymnastik artikulierte sich im allfälligen Drang zu »Selbstverwirklichung«, »Erfahrung« oder »Selbstfindung«. Sie stellte eine Art von »erzwungener Spontaneität« dar. Zugleich zeichnete sich die stark persönliche Färbung im alternativen Sprachgebrauch durch ihre Unbestimmtheit aus – signalisiert etwa in den Leerwörtern »Beziehung«, »Erfahrungen« oder »Auseinandersetzen«.[8] Gerade die Kombination aus starken moralischen Wertungen und inhaltlicher Unbestimmtheit zeigt an, wie paradox die linksalternative Kultur war.

Die alternative Kneipe war multifunktional. Sie war Plattenladen, Tanzlokal und politischer Treffpunkt in einem, sie wollte kein Ort spezifizierten Konsums, sondern Lebensmittelpunkt sein. Auch der Kommune I schwebte im Juli 1968 bei ihrem Umzug in das Fabrikgebäude in der Stephanstraße 60 etwas Ähnliches vor: »Wir wollen ein Lokal aufmachen, mit Musik und man kann alles

---

7 Hübsch, *Alternative Öffentlichkeit,* S. 22.

8 Dieter E. Zimmer, »Echt ätzend, wie du abblockst. Die Sprache der Psychoszene: Zwischen Blässlichkeit und Übertreibung«, in: *Die Zeit* 40 (30. 09. 1983), S. 65. Vgl. dazu auch die Ausführungen zur »Sprache der Alternativblätter« im dritten Kapitel dieser Arbeit.

darin machen, auch Filme und Besprechungen und natürlich viel mit Licht und man soll tanzen. Es soll ein Zentrum sein, ein Treffpunkt, wo man sich wohlfühlt, wie zu Hause, man Leute kennenlernt und was mit ihnen machen kann. Dort werden auch Leute von uns wohnen, vielleicht wir, und man kann dort drucken, Flugblätter, eine kleine Zeitung, was einem einfällt.«[9]

Die vergammelte Ästhetik der Kneipen signalisierte die Selbststigmatisierung, die letztlich eine Selbsterhöhung auf »dem Weg nach unten« war. Das galt für die Kaschemmen der Anarchosyndikalisten ebenso wie für die Abbruchhäuser der Hausbesetzer, die Existenzialisten-Keller oder die *hangouts* der Beatszene. Die Räume hatten das Odium des Anrüchigen, waren mit Möbeln vom Sperrmüll eingerichtet, an den Wänden waren die Plakate stapelweise übereinandergeklebt und die heruntergekommenen Toiletten mit Klosprüchen übersät.[10] Durch diese Ästhetik trug man die Straße in das Lokal hinein, symbolisierte Öffentlichkeit und Offenheit für alle möglichen Anliegen. Zu dem Selbstbild entspannter Improvisation gehörten auch die Graffiti. Sie gaben die Möglichkeit, in amüsanter Kurzform über Politik zu räsonieren. So karikierten im Schöneberger Café Jonas die Linksalternativen an den Klotüren die blasse Phrasensprache der K-Gruppen-»Dogmatiks« mit Sprüchen wie »Nicht jammern und picheln – hämmern und sicheln«.[11]

Bei reichlich Bier und Zigaretten setzte man sich im dämmrigen Kerzenlicht an altem Trödel und ausrangiertem Mobiliar zusammen.[12] Befragungen ergaben, dass über die Hälfte der linksalternativen Männer mehrmals wöchentlich Bier konsumierten (Frauen zu 43 Prozent). Wein war dagegen deutlich weniger beliebt (nicht ohne regionale Unterschiede, wird man annehmen dürfen). »Über

9 Rainer Langhans in der Szenezeitung *linkeck* (29.02.1968), zitiert nach Ulrich Enzensberger, *Die Jahre der Kommune I. Berlin 1967-1969*, Köln 2004, S. 297; Aribert Reimann, *Dieter Kunzelmann, Avantgardist, Protestler, Radikaler*, Göttingen 2009, S. 201.

10 Rolf Lindner, »Subkultur. Stichworte zur Wirkungsgeschichte eines Konzepts«, in: *Berliner Blätter. Ethnographische und ethnologische Beiträge* (15.10.1997), S. 5-12, hier S. 10.

11 »Außen GmbH und innen rot. Spiegel-Report über die West-Berliner Szene«, in: *Der Spiegel* 11 (12.03.1979), S. 60; Wolfgang Müller, *Subkultur Westberlin 1979-1989. Freizeit*, Hamburg 2013, S. 96/97.

12 Zur Einrichtung: Dröge/Krämer-Badoni, *Kneipe*, S. 138; Starzinger, *Kommunikationsraum*, S. 32.

den Stammtischen dicke Rauchschwaden«, bekannte der heutige Professor für Theorie und Praxis der Bildenden Kunst in Greifswald Uli Puritz 1980 in der Zeitschrift *Ästhetik & Kommunikation*: »20 bis 30 Zigaretten am Tag waren für mich gar nichts, wer unter 10 Bier samstags die Kneipe verließ, war ein Schlappschwanz. Meistens waren es mehr.« Den Zigarettenqualm habe man »bis in die Zehen inhaliert«.[13] Gut die Hälfte der Linken rauchte, bei den Frauen waren es sogar 55 Prozent. Freilich rangierten hier die Selbstgedrehten mit Tabak von Javaanse Jongens, Schwarzer Krauser oder Drum ganz oben. Ganze 42 Prozent der Linksalternativen bevorzugten die »Handarbeit« vor der Fertigware.[14]

Die Geschichte der alternativen Kneipe beginnt wohl in den sechziger Jahren mit den politischen Clubs, Kneipen und Cafés wie dem Frankfurter Club Voltaire oder den Republikanischen Clubs – politisch-literarische Begegnungsstätten mit einem Faible für Jazz.[15] Im Club Voltaire, der Mutter der politischen Zentren der Neuen Linken, traf man 1969 »Glatzköpfe, die sich in Pfeifenqualm hüllen, irre Vögel, frisch zugeflogen, die auf Kontakte geilen«.[16] Der im April 1966 in Westberlin aus dem Umfeld der linkssozialdemokratischen Jugendorganisation Falken gegründete Club Ça ira, der im Frühjahr 1967 von SDS-Mitgliedern eröffnete Republikanische Club in der Wielandstraße 27 oder das kollektiv geführte Sozialistische Zentrum (gegründet 1969) in der Stephanstraße 60 – sie alle waren frühe Begegnungsorte zwischen Beat und Politik. Dort gab es Informationen für ein gemischtes Publikum aus Neuer und Alter Linker. Tägliche Veranstaltungen, ein vielfältiges politisches und kulturelles Programm und ein reichhaltiges Angebot an einschlägigen Zeitungen und Zeitschriften zeichneten diese Orte aus. Mit Folklorekonzerten und Protestsongs, Diskussionen mit prominenten Gästen von Willy Brandt bis Rudi Dutschke, mit Gast-

13 Uli Puritz, »Schreiben über Sexualität oder wie fische ich das Salz aus der Suppe«, in: *Ästhetik & Kommunikation* 40/41 (1980), S. 13-24, hier S. 14/15.

14 Zu den Vorlieben der Alternativen für Alkohol und Rauchwaren siehe Dieter Korczak, *Zur Einstellung und Lebenswelt von Alternativen*, München 1982, Tabellenteil S. 115-122, hier S. 115, 119, 121, in: Archiv Infratest Forschung, Nr. 10.

15 Hübsch, *Alternative Öffentlichkeit*, S. 10; Detlef Siegfried, *Time is on my side. Konsum und Politik in der westdeutschen Jugendkultur der 60er Jahre*, Göttingen 2006, S. 456-459, 464-469.

16 Christian Marx, Fred Viehahn, »Politgammler, Haschrebellen und eine verlorene Tochter«, in: *twen* (12. 12. 1969), S. 55-63, hier S. 59.

auftritten von wichtigen ausländischen Künstlern wie Pete Seeger, dem Theater Laterna-Magica aus Prag oder dem Living-Theatre aus New York boten die nur halbkommerziell betriebenen Clubs eine schier unglaubliche Dichte an Veranstaltungen (innerhalb eines Jahres waren es im Ça ira 150 mit insgesamt rund 30 000 Besuchern). Die Clubs bemühten sich, Tanz und Protest, Politik und hedonistisches Erscheinungsbild miteinander zu verknüpfen.[17]

Ein regelrechter Gründungsboom für Republikanische Clubs war nach dem Attentat auf Rudi Dutschke zu verzeichnen. Anfang 1969 gab es sie in mehr als 40 Städten – selbst in Kleinstädten wie Iserlohn, Rheydt, Lindau oder Bergisch Gladbach. Sie wurden zu Diskussionsorten, Aktionszentren, Vortragsforen und Kunstinstitutionen für ein buntes Spektrum von Linken und Jugendlichen (in manchen Fällen mit einem hohen Anteil an Schülern). Keineswegs waren die Akademiker überall so dominant wie im Berliner Republikanischen Club in der Wielandstraße, unter dessen 700 Mitgliedern rund 80 Prozent Akademiker waren. In Nürnberg etwa zählte man lediglich 30 Prozent Akademiker unter den 300 Mitgliedern, und in Düsseldorf sollen junge Arbeiter gegenüber Studenten und Schülern sogar in der Mehrzahl gewesen sein.[18]

Im Laufe der siebziger Jahre bildete sich gerade in Berlin eine dichte Infrastruktur linker Kneipen heraus. Mehr als ein Drittel der in der *Agit 883* abgedruckten 200 gewerblichen Anzeigen waren Annoncen von Kneipen und Restaurants. Klaus Laermanns Schätzung, dass es in Berlin Mitte der siebziger Jahre etwa 100 linke Kneipen gegeben haben dürfte, erscheint durchaus realistisch. Schließlich zählte auch der *Spiegel* im Jahr 1979 »rund 80 West-Berliner Links-Lokale«, die er als »Rückgrat der Szene« bezeichnete.[19] Thomas-Dietrich Lehmann hat das dicht geknüpfte Netzwerk aus linken Kneipen in laxer Wortwahl umschrieben. Als »Kerngeschäft

17 Carl W. Müller, Peter Nimmermann, *In Jugendclubs und Tanzlokalen*, München 1968, S. 98-100. Ausführlich dazu Siegfried, *Time is on my side*, S. 456-469.

18 Peter Brügge (Pseudonym von Ernst Hess), »Auf dem Weltbänkchen der Revolution«, in: *Der Spiegel* 52 (23. 12. 1968), S. 69-74; Siegfried, *Time is on my side*, S. 466.

19 Dietrich-Thomas Lehmann, »Erscheint donnerstags mit Kleinanzeigen. Auf den Spuren einer linken Infrastruktur«, in: rotaprint 25 (Hg.), *agit 883. Revolte, Underground in Westberlin 1969-1972*, Hamburg, Berlin 2006, S. 61-70, hier S. 65; Laermann, »Kneipengerede«, S. 168; »Außen GmbH und innen rot. Spiegel-Report über die West-Berliner Szene«, in: *Der Spiegel* 11 (12. 03. 1979), S. 67.

der Szene« nannte er »lesen, saufen, kiffen und bei alledem noch Musik hören« – nicht ohne hinzuzufügen: »Wobei das Saufen oft auch rauschfrei daherkam, Tee und Säfte standen hoch im Kurs und Alk galt durchaus als spießig.«[20] Tatsächlich agitierte das *Agit 883* aus diesem Grund gegen die linke Kneipenkultur: Das »unverbindliche Stampegespräch bringt uns nicht weiter. Die spießige Trennung von Aktion und Privatleben muß in Aktionsgruppen und Kommunen überwunden werden. [...] Zerschlagt die linken Kneipen.«[21] Ohne alltägliche Kommunikationsorte kam die zwischen alkoholgetränktem Hedonismus und agitationsversessener Askese changierende Szene jedenfalls nicht aus.

Legendär war die Kneipe Tina Putt zur Wanne, in der Gaststätte Park am Ku'damm 135 wiederum verkehrten SDSler ebenso wie Haschrebellen, Kommunarden und Musiker der Band Ton Steine Scherben.[22] Midgard, Destille, Herta, Wuppke, Zum Schotten, Leierkasten, Terzo Mondo, Grotte, Försterin, Malkiste, Litfaß, Café Cralle, Die Rote Harfe, Max und Moritz, Steve Club, Osteria und Drehscheibe – die Liste an Berliner Szenekneipen war schier unendlich. Ein lückenhaftes Verzeichnis linksalternativer Institutionen zählte für die siebziger und achtziger Jahre ganze 214 verschiedene linke Szenekneipen in der Mauerstadt.[23] Die Dicke Wirtin am Savignyplatz diente schon den Gammlern Mitte der sechziger Jahre als Treffpunkt. Diese benannten das ursprünglich Stanscheck genannte Lokal nach dem Vorbild der Inhaberin um und stellten nach deren Ableben ein Denkmal aus Gips für die Verstorbene mitten in der Kneipe auf. In diesem Szenetreffpunkt hatte auch Michael Baumann 1966 seinen ersten Joint geraucht.[24] An der Grenze

20 Lehmann, »Erscheint donnerstags«, S. 65.

21 Aktion: »Zerschlagt die linken Kneipen«, in: *Agit 883* 6 (20.03.1969), S. 6.

22 Lehmann, »Erscheint donnerstags«, S. 68/69.

23 Barbara Lang, *Mythos Kreuzberg. Ethnographie eines Stadtteils (1961-1995)*, Frankfurt/M., New York 1998, S. 138; Benny Härlin, »Von Haus zu Haus – Berliner Bewegungsstudien«, in: *Kursbuch* 65 (1981), S. 1-28, hier S. 4; Schneider, *Rebellion und Wahn*, S. 120; Klaus Weinhauer, »Der Westberliner ›Underground‹. Kneipen, Drogen und Musik«, in: rotaprint 25 (Hg.), *agit 883. Revolte, Underground in Westberlin 1969-1972*, Hamburg, Berlin 2006, S. 73-83, hier S. 75; Ulf Mailänder, Ulrich Zander, *Das kleine Westberlin-Lexikon von »Autonomie« bis »Zapf«. Die alternative Szene der siebziger und achtziger Jahre*, Berlin 2003, S. 268-271.

24 »Gammler: Schalom aleichem«, in: *Der Spiegel* 39 (19.09.1966), S. 70-80, hier

zwischen Schöneberg und Kreuzberg, hinter den S-Bahn-Brücken, lag der Blocksberg, eine alternative Lesbenkneipe nur für Frauen, die dort meist in lila Latzhosen und mit Kurzhaarfrisuren auftauchten. Als die Kneipe sich Anfang der achtziger Jahre in Risiko umbenannte, veränderte sich das Publikum, welches sich jetzt aus Punkern und Filmkünstlern zusammensetzte. Bereits 1977 hatte mit dem Café Anderes Ufer in Schöneberg eines der ersten Schwulenlokale ohne die sonst üblichen verdunkelten Fenster geöffnet. Inhaber waren der Schriftsteller Reinhard von der Marwitz und sein Lebensgefährte Gerhard Hoffmann. Zu den Gästen zählten viele Lesben und Schwule sowie nicht selten Künstler und Verleger. Hier fanden sich regelmäßig der Schriftsteller Bernd Cailloux, der Hamburger Rockmusiker Kiev Stingl, der Musiker, Performancekünstler und Komponist Blixa Bargeld, die Schauspielerin Tabea Blumenschein und zuweilen auch die Sängerin Nina Hagen ein.[25]

In den Großstädten sprossen die Kneipen vor allem in den Sanierungsgebieten der Innenstädte aus dem Boden, in denen die Mieten billig waren und es besonders viele studentische Wohngemeinschaften gab. Die neuen Kneipen richteten sich meist in Parterrewohnungen ein, rissen die Tapeten ab, beizten die Türen und Fenster ab und hängten Plakate mit revolutionären Motiven an die Wände.[26] Gemeinschaftlichkeit entstand durch Austausch und Kommunikation ebenso wie durch die Ausprägung und Einübung eines körperlich verankerten Lebensstils.

Die Berliner Kneipenszene war dabei unübertroffen. Selbst in Frankfurt, der »Zwillingshauptstadt« der Bewegung, wurde diese Lokaldichte nicht erreicht. Besonders in den Bezirken Kreuzberg, Tiergarten, Charlottenburg, Wilmersdorf und Schöneberg fanden sich linke Kneipen, die schon auf den ersten Blick unschwer an den dort ausgehängten Plakaten zu erkennen waren. In Frankfurt war das plüschrote Uni-Café eine feste Institution.[27] Das Strand-

S. 72; Michael (»Bommi«) Baumann, *Rausch und Terror. Ein politischer Lebensbericht*, Berlin 2008, S. 32, 37.

25 Müller, *Subkultur Westberlin*, S. 129-135, 162-170; Mailänder/Zander, *Das kleine Westberlin-Lexikon*, S. 49.

26 Schneider, *Rebellion und Wahn*, S. 120; Reinhard Landwehr, »Innenstadtnahe Altbaugebiete. Das materielle Substrat einer studentischen Alternativkultur«, in: *Angewandte Sozialforschung* 8, 1/2 (1980), S. 33-63, hier S. 51/52, 56.

27 Giesela Wülfing, Richard Herding, »Goethe – aber nur die Faust. Doch unter dem Pflaster liegt die Kritische Theorie. Frankfurt«, in: Max T. Mehr (Hg.),

café und das Größenwahn waren Anlaufpunkte für die Frankfurter Spontis, ebenso wie die Varieté-Shows im Tigerpalast oder die Treffen in der 1976 gegründeten Batschkapp, einem Frankfurter Kulturzentrum.[28] Die Batschkapp bestand im Wesentlichen aus einem zweckmäßig eingerichteten großen Saal, in dem Konzerte, Discoabende und Bandwettbewerbe stattfanden. Zum Kulturzentrum gehörte auch die Kneipe Elfer im selben Gebäude. Ziel des Betreiberkollektivs war es, eine autonome linke Gegenkultur zu etablieren. Während die Batschkapp zunächst Kommunikationsort im Studentenmilieu war, etablierte sie sich schnell in einer darüber hinausreichenden Szene und wurde zur »Konzerthalle der linken Szene«. Zahlreiche Bands begannen hier ihre Karriere. Aus dem autonomen Kulturzentrum der Anfangsjahre ist mittlerweile ein professioneller Dienstleistungsbetrieb geworden.[29] In Berlin wurde der im August 1978 eröffnete Veranstaltungsort SO36 schnell zur Konzerthalle der Berliner Subkultur. In der Kreuzberger »Ausnahmelocation« am Heinrichplatz, ursprünglich ein Biergartenlokal und dann ein Kino, versammelten sich die Antiberliner vom Anarcho bis zum Punk. Schnell reichte die Strahlkraft der Veranstaltungshalle über die Stadtmauern Berlins hinaus und der Performancekünster Martin Kippenberger wurde zum Geschäftsführer.[30]

Das Libresso am Frankfurter Opernplatz wiederum war der linke Bücher- und Kaffeeschuppen einer zehnköpfigen Kommune, die sich von den Einnahmen gerade eben durchbringen konnte. Laut *twen* tummelten sich hier »eine Menge knufflige Typen, frische Jünglinge, wallendes Engelhaar, abgefuckte graue Beatniks, Gammlergenerationen« neben einigen amerikanischen GIs, die auf der Suche nach Marihuana waren.[31] Daneben konnte man im Kolbheim theoretisierende Linkspuritaner treffen, während im Ba-

Drachen mit tausend Köpfen. Spaziergänge durch linkes und alternatives Milieu, Darmstadt, Neuwied 1982, S. 37-51, hier S. 39.

28 Wülfing/Herding, »Goethe«, S. 42; Horn, *Abschied*, S. 21, 75.

29 Reinhard Mohr, *Der diskrete Charme der Rebellion. Ein Leben mit den 68ern*, Berlin 2008, S. 236 (Zitat); ⟨http://www.batschkapp.de/⟩, letzter Zugriff am 21.02.2009 (dort findet sich auch eine Galerie der Veranstaltungsplakate aus den frühen siebziger Jahren).

30 Müller, *Subkultur Westberlin*, S. 105-111; Mailänder/Zander, *Das kleine Westberlin-Lexikon*, S. 248/249.

31 Marx/Viebahn, »Politgammler«, S. 55.

lalaika das Bier in Strömen floss.[32] Auch Paul-Gerhard Hübsch hatte mit Heidi Loves You einen »duften Kellershop« in der Bockenheimer Landstraße eröffnet. In diesem »Platten- und Popgeschäft« konnte man trinken, »und abends [kamen dort] viele gute Leute [hin]«.[33] Im Kolbkeller wiederum zogen sich die Gäste auch schon mal nackt aus.[34] Letztlich entstand eine linke Hedonistenszene der »kleinen Brüder und Schwestern in Hasch. Indische Tempel, der Bazar von Istanbul, die Kiff-Höhlen von Marrakesch und die Bockenheimer Anlage liegen an der gleichen Dorfstraße«.[35]

Heidelberg war in diesem Vergleich von vornherein unterlegen. 1975 hieß es kleinlaut:

Linke Kneipen wie z. B. in Berlin gibt es in Heidelberg überhaupt nicht. Im Keller des CA [des selbstverwalteten Studentenwohnheims Collegium Academicum, einer der Hochburgen der Heidelberger Studentenbewegung, Anm. d. Verf.] gibt es die sog. CA-Bar, die freitags und samstags ab 22 Uhr geöffnet ist. […] Wo man in der Woche hingehen kann? Vielleicht in den weißen Bock. […] Der weiße Schwan ist eher eine Verlegenheitslösung, etwa am Samstag, wenn der Bock zu ist.[36]

Neben den linken Kneipen gab es eine Reihe sogenannter Teestuben. In unserem heutigen Verständnis dürfte die Teestube am ehesten mit der Ökologiebewegung assoziiert werden, wo man gesund essen und trinken konnte und gleichgesinnte Menschen in Wollsocken und selbstgestrickten Pullovern treffen konnte. Tatsächlich ist dieses Bild nicht ganz falsch. Die Teestube war zunächst die »spirituelle Alternative zur ›Politclub‹-Scene« und »Zufluchtsstätte von

32 Ebd., S. 59.

33 Zwei Schreiben von Albrecht (»Klint«) Knörndel an KI, beide ohne Datum; in: HIS-A, SAK 130, Nr. 2, Abschnitt E, ohne fol: Schreiben Knörndel an KI vom 05.08.1967, in: HIS-A, SAK 130, Nr. 1 Korrespondenz der Kommune I (1967-1968), »allgemein«, ohne fol. Zur Biographie des Frankfurter Provos Klint Knörndel siehe Siegfried, *Time is on my side*, S. 423/424.

34 Schreiben von Albrecht (»Klint«) Knörndel an KI, ohne Datum; in: HIS-A, SAK 130, Nr. 2, Abschnitt K, ohne fol.; Paul-Gerhard Hübsch, »Clubs: Zentren der neuen Kultur«, in: Rolf-Ulrich Kaiser (Hg.), *Protestfibel. Formen einer neuen Kultur*, Bern u. a. 1968, S. 128-142.

35 Marx/Viebahn, »Politgammler«, S. 61.

36 *schöner wohnen* 1 (1975), S. 20 (diese Broschüre findet sich in: afas Duisburg, 80.III.52); Gerd Koenen, *Das rote Jahrzehnt. Unsere kleine deutsche Kulturrevolution 1967-1977*, Köln 2001, S. 251.

›Makro-Freaks‹ und ›Guru-Jüngern‹« sowie anderer »Jesus-People«, die hier als Meditierende und Yogaanhänger Ting-Läden (Frankfurt) oder Peace-Food-Läden (Berlin) eröffneten. Gesundes Essen gehörte ebenso zur Teestube wie das Bemühen, möglichst keinen »Konsumzwang« auf die Gäste auszuüben. Es gab keine fixen Preise und jeder zahlte, was er spenden wollte.[37] In der Heidelberger Walnuß etwa traf sich seit 1975 regelmäßig der Wohngemeinschaftsarbeitskreis, der sich erstmals 1972 in der Psychotherapeutischen Beratungsstelle gegründet hatte. Die neue Teestube in der Heidelberger Brunnengasse 20, »wo man Tee trinken, donnerstags um 19 Uhr etwas Warmes essen und sich informieren kann, was so läuft«, fungierte als Kontakt- und Informationszentrum der alternativen Szene.[38] Zugleich waren die Teestuben aber auch »Auffangstätte der Drogen-Scene«, wie etwa im Umfeld des Berliner Kurfürstendamms. Ähnlich den in den siebziger Jahren weitverbreiteten Selbsthilfeorganisationen der Release-Gruppen (siehe dazu weiter unten in Abschnitt 9.3) galt die Teestube als Chance und Möglichkeit, »clean« zu werden, und dort lediglich Haschisch oder andere weiche Drogen zu konsumieren.[39]

6.2 Linke Buchläden

Zum Lebensstil gehörte es damals auch, sich in bestimmten linken Buchläden zu treffen. Dorthin kamen Leute aus verschiedenen Berufsfeldern, darunter viele Lehrer, Studenten und Gewerkschaftler. Gespräch und Buchkauf gingen Hand in Hand. [...] Kurzum, linke Buchhandlungen, oftmals kombiniert mit Teestuben, entwickelten sich ›zu Kristallisationspunkten der Bewegung am Ort, zu Kommunikations- und Informationszentren für die Linke‹.[40]

37 Hübsch, *Alternative Öffentlichkeit*, S. 8-10.
38 *schöner wohnen* 1 (1975), S. 27, in: afas Duisburg, 80.III.52; ... *immer noch: FREE CLINIC. Zweite Dokumentation zur aktuellen Lage der Free Clinic. Situations- und Stimmungsberichte aus einem Alternativprojekt*, Heidelberg 1976, S. 3, 11, 59, 61 (diese Broschüre befindet sich in: BfZ-Doku, D 8151).
39 Hübsch, *Alternative Öffentlichkeit*, S. 9; Reimann, *Dieter Kunzelmann*, S. 208.
40 Adelheid von Saldern, »Markt für Marx. Literaturbetrieb und Lesebewegungen in der Bundesrepublik in den Sechziger- und Siebzigerjahren«, in: *AfS* 44 (2004), S. 149-180, hier S. 167. Adelheid von Saldern zitiert aus einer zeitgenössischen Publikation über den linken Buchhandel von 1979. Ähnlich Gottfried Oy, »Le-

Diese Deutung der Historikerin Adelheid von Saldern findet in zeitgenössischen Publikationen aus der linksalternativen Szene immer wieder Bestätigung. Bereits hier wurden die Buch- und Infoläden als Kommunikationszentrum, als »Drehscheibe für Szenefiguren« und »Knotenpunkt linker Öffentlichkeit« beschrieben. Der linke Buchladen sei sowohl »ideologischer Stützpfeiler der Bewegung« als auch »Umschlagplatz gegenidentitärer Erfahrungs- und Informationsproduktion«.[41] Paul-Gerhard Hübsch urteilte über die Buchläden:

Produkte der Szenen-Kultur werden hier an Mann und Frau gebracht, an den schwarzen Brettern hängen weiße Zettel, auf denen ein Platz an der Sonne einer WG gesucht wird, und in den Schaufenstern liegen die Innereien und Äußerungen der Schreiber der Szene, [...] auf daß ein Einkauf oder Ausverkauf neuen Taten entgegenführe.[42]

Bereits die Studentenbewegung verfügte über eine Reihe von politischen Buchläden. In der Alternativbewegung erweiterte sich das Spektrum linker Buchläden dann beträchtlich und differenzierte sich zunehmend aus – in Kinder- und Jugendbuchläden, Frauenbuchläden oder Buchläden der Männer- und Schwulenbewegung, Medienbuchläden, psychologisch-astrologisch-metaphysisch ausgerichtete oder ökologisch und makrobiologisch orientierte Buchläden.[43] Zählte man Ende der sechziger Jahre in der Bundesrepublik zusammen mit Westberlin erst 17 linke Buchläden, waren es 1971 schon rund 60.[44] In Frankfurt gab es Anfang der siebziger Jahre vier linke Buchläden: das Libresso der Marxisten-Leninisten, den Buchladen 2000 der linken Gewerkschaften, die Karl Marx

benswelt Gegenöffentlichkeit. Medienkritik und Alltag sozialer Bewegungen«, in: Bernd Hüttner (Hg.), *Verzeichnis der Alternativmedien 2006/2007*, Neu-Ulm 2006, S. 39-49, hier S. 41.

41 Karl-Heinz Stamm, *Alternative Öffentlichkeit. Die Erfahrungsproduktion neuer sozialer Bewegungen*, Frankfurt/M., New York 1988, S. 137. Über den linken Buchhandel schreibt derzeit Uwe Sonnenberg eine Promotion am Zentrum für Zeithistorische Forschung Potsdam.

42 Hübsch, *Alternative Öffentlichkeit*, S. 13.

43 Stamm, *Alternative Öffentlichkeit*, S. 137/138.

44 Markus Mohr, »Diese Geschichte geht alle Genossen an ... Zur Gründungsgeschichte der Westberliner Buchladen Kollektive«, in: rotaprint 25 (Hg.), *agit 883. Revolte, Underground in Westberlin 1969-1972*, Hamburg, Berlin 2006, S. 101-108, hier S. 101.

Buchhandlung des Revolutionären Kampfes und den 1972 gegründeten Buchladen Polibula in den Nähe der Universität, der aus der Rote-Zellen-Bewegung hervorging und dann mit dem KBW verbunden war.[45]

Die Buchläden waren Vorläufer einer sich erst Ende der siebziger Jahre voll entwickelnden Infrastruktur alternativer und selbstverwalteter Betriebe. Die Vorstellungen von innerbetrieblicher Demokratie und konsensualer Entscheidungsstruktur wurden direkt aus der Studentenbewegung übernommen, und erste Verlage und Buchhandlungen entstanden zweifellos aus diesem politischen Kontext. In Hessen wurden die Buchläden vornehmlich »in Großstädten mit ausgeprägtem linken und feministischen studentischen Milieu[s]« eingerichtet. Sie dienten als »Kontakt- und Kommunikationszentren«, bis sich diese Neugründungen im Laufe der achtziger Jahre erschöpften.[46]

Gerd Koenen hat die Bedeutung des Frankfurter KBW-Buchladens, in dem man zuweilen auch mit Spontis wie Johnny Klinke und Matthias Beltz zusammentreffen und plaudern konnte, sehr eindringlich beschrieben:

Überhaupt war der KBW unter den Buchhändlern recht populär. Alle beneideten uns um diese 18 Läden [Buchläden des KBW in der gesamten Republik, Anm. d. Verf.], in denen der Umsatz linker Literatur nur so brummte. Und noch wurde mehr gelesen denn je. Nicht nur die ›blauen Bände‹ (Marx/Engels) und die ›braunen Bände‹ (Lenin), die palettenweise geliefert wurden und mit ihrem Druck die DDR zeitweise nicht nachkam, gingen weg wie warme Semmeln. Auch die ausgedehnte China-Literatur und die dazugehörigen Kultobjekte (Mao-Poster und -Plaketten, aber auch besinnliche Tuschzeichnungen) waren gefragter denn je. Unser zentraler Buchvertrieb war der größte Vertragspartner von Guozi Shudian in Peking, wo von Woche zu Woche pittoresk verpackte Riesenballen eintrafen. Schließlich machte der KBW auch mit seinen eigenen Publikationen und Broschüren erheblichen Umsatz; und so mit denen anderer linksradikaler Gruppen. Von heute aus wirken sämtliche Auflageziffern von damals beinahe futuristisch.[47]

Gleichwohl schlugen sich die Konflikte zwischen undogmatischer Linker und den K-Gruppen auch in diesem Segment der linksal-

45 Koenen, *Das rote Jahrzehnt*, S. 428/429.
46 Heider u. a., *Fast wie im wirklichen Leben*, S. 58/59 (Zitat S. 61).
47 Koenen, *Das rote Jahrzehnt*, S. 428.

ternativen Kultur nieder. Überall spielten sich dieselben Szenen ab. Etwa in Freiburg, wo die Buchläden Jos Fritz 1975 und Aspirin 1976 explizit als Gegenangebot zum 1970 gegründeten KBW-Buchladen Libro Libre eröffnet wurden. Der Dirigismus, der zentralisierte Aufbau der K-Gruppen, das eingeschränkte Sortiment in den Läden und die KBW-Kritik an den unabhängigen Frauengruppen hatten zu der Gegengründung geführt.[48] Der linke Buchhandel setzte sich in seinem pluralistischen Verständnis explizit vom durchorganisierten Parteibuchhandel der DKP und des KBW ab.[49]

Die linken Buchläden waren nicht nur an ihrem Sortiment zu erkennen, sondern strukturierten sich oft als selbstorganisierte Kollektive, die nicht an kommerziellen Gewinnen orientiert waren und Überschüsse an linke Projekte spendeten. Zumeist handelte es sich aber um recht kleine Betriebe mit geringem Jahresumsatz.[50] Zudem zeichnete sich die Szene auch hier durch persönliche Kontakte zu Verlegern und Autoren aus. Freundeskreis und Arbeitsbeziehungen überschnitten sich und wurden in Lesungen oder Ausstellungen öffentlich. Auch die überregionale Verleger- und Buchhändlerszene entfaltete sich auf der Basis persönlicher Freundschaften. Zuweilen wurde dies als »Szenegeklüngel« oder »Beziehungsknatsch« kritisiert.[51] Der *Katalog der Minipressen*, der 1975 zum ersten Mal erschien und über 1300 Titel von 130 Verlagen verzeichnete, macht deutlich, wie breit gefächert die Buchszene schon in der Mitte der siebziger Jahre war. Auch das 1973 erschienene *Handbuch der alternativen deutschsprachigen Literatur*, herausgegeben von Christoph Schubert und dem dpa-Kulturredakteur Peter Engel, verzeichnete

---

48 ID 78 (04.05.1976), nachgedruckt in: ID-Archiv im Internationalen Institut für Sozialgeschichte (Hg.), *Projekt Gedächtnis. ID-Artikel zum Thema Gegenöffentlichkeit 1973-1981*, Amsterdam o. J., S. 26/27; Uwe Sonnenberg, »Der Verband des linken Buchhandels (VLB) in den 1970er Jahren: Ein Netzwerk innerhalb der Netzwerke«, in: Cordia Baumann u. a. (Hg.), *Linksalternative Milieus und Neue Soziale Bewegungen in den 1970er Jahren*, Heidelberg 2011, S. 179.

49 Sonnenberg, »Der Verband des linken Buchhandels«, S. 163, 170, 181.

50 Mohr, »Diese Geschichte geht alle Genossen an …«, S. 101-108 (dort vor allem die Kontroverse zu Kollektivierung vom Jürgens-Buchladen in Berlin-Dahlem); Heider u. a., *Fast wie im wirklichen Leben*, S. 59-61, 119/120. Zu ähnlichen Auseinandersetzungen um die Hamburger Buchhandlung »Spartakus« siehe HIS-A, Box »Ablaßgesellschaft«, Interne Protokolle.

51 Hübsch, *Alternative Öffentlichkeit*, S. 48-52; Koenen, *Das rote Jahrzehnt*, S. 354.

586

Hunderte von Autoren, Verlagen, Buchhandlungen und Zeitschriften aus alternativen Kreisen.

Schließlich ist die Arbeitsgemeinschaft Alternativer Verlage (AGAV) zu erwähnen, die weniger den Debatten um Weltanschauungsfragen als vielmehr einer besseren Zusammenarbeit dienen sollte und einige sogenannte »Gegenbuchmessen« organisierte. Auf der Frankfurter Gegenbuchmesse des Jahres 1978 erschienen auf Einladung des AGAV 55 Verlage, die im Frankfurter Haus Gallus parallel zur Frankfurter Buchmesse ihre Bücher ausstellten. 1979 war der Erfolg noch größer, und viele renommierte Zeitungen berichteten über die im Frankfurter Haus der Jugend veranstaltete Messe. Kleine Verlage wie der MARO-Verlag von Benno Käsmayr fand man hier ebenso wie die neusten Produkte von größeren Häusern wie dem bereits 1964 gegründeten Wagenbach-Verlag, dem 1973 gegründeten Berliner Kollektivunternehmen Rotbuch Verlag oder gar dem etablierten Verlagshaus Suhrkamp.[52] Stellvertretend für die kleinen Verlage mag der Westberliner Merve Verlag stehen, eine »Schaltzentrale linksalternativer Gegenintelligenz«,[53] die sich (wie auch der Suhrkamp Verlag) sehr früh um die Übersetzung von Foucaults Schriften kümmerte. Im Gründungsvertrag der GmbH aus dem Juni 1970 werden unter anderem Peter Gente und Merve Lowien (auf die der Verlagsname zurückgeht) als Verlagsmitglieder genannt.[54] Der Verlag war im Laufe des Jahres 1969 aus einer Berliner Wohngemeinschaft entstanden und bezeichnete sich in den ersten Jahren als »sozialistisches Kollektiv«.[55] In typisch links-

52 Hübsch, *Alternative Öffentlichkeit*, S. 65-67, 78-81, 106, 108/109; Mailänder/Zander, *Das kleine Westberlin-Lexikon*, S. 228/229, 293. Zu Käsmayr ebenda, S. 87/88.

53 Klaus Birnstiel, »West-Berliner Wunderkammer. Das Archiv des Merve-Verlags kann erschlossen werden«, in: *Merkur* 65, 774 (2011), S. 374-377, hier S. 374. Genauer in der Darstellung sind: Philipp Felsch, »Merves Lachen«, in: *Zeitschrift für Ideengeschichte* 2 (2008), S. 11-30; Merve Lowien, *Weibliche Produktivkraft. Gibt es eine andere Ökonomie?*, Berlin 1977.

54 Lowien, *Weibliche Produktivkraft*, S. 45, 204; Müller, *Subkultur Westberlin*, S. 47-50. Daneben sind dort (nach Lowien, *Weibliche Produktivkraft*, S. 35, 46) beteiligt: Fritz Krämer, Leopold Fiedler, Paula Flint-Fiedler, Willi Meister und Franz Mullerich (Dieter Reincke, Michael Kwiatkowski und Rüdiger Möllering tauchen bei Lowien nicht auf). Zum Merve-Verlag jetzt: Philipp Felsch, *Merve oder Was war Theorie?*, Hamburg 2013.

55 Lowien, *Weibliche Produktivkraft*, S. 144. Vgl. auch Birnstiel, »West-Berliner Wunderkammer«, S. 374.

alternativer Manier verbanden die Verlagsmitarbeiter Kopf- und Handarbeit und durchbrachen klassische Frauen- und Männerrollen. Vertrieb, Druck oder Rechnungsführung wurden ohne Spezialisierungen in »Kollektivarbeit« erledigt – selbst die führenden Verlagsmitglieder mussten das Drucken erlernen. In stundenlangen und kontrovers geführten Diskussionen wurde die Ausrichtung des Verlagsprogramms kollektiv durchbuchstabiert. Oftmals vermischten sich in der Verlagsarbeit Privates und Geschäftliches, was wiederum zu vielerlei persönlichen Auseinandersetzungen und Spannungen führte. Es mangelte auch nicht an skurrilen Einfällen, wie der nur kurzfristig durchgehaltenen Idee, den sozialistischen Bruderkuss als Begrüßungsritual einzuführen.[56] Trotz aller in den Diskussionsprotokollen[57] ablesbaren Gemeinschaftsanstrengungen bestimmte Gente zusammen mit seiner späteren Lebensgefährtin Heidi Paris mehr als zwei Jahrzehnte lang das Programm des Verlags. Nach einer neomarxistischen Frühphase mit dem Schwerpunkt auf Althusser und auf linksradikale italienische Gruppen des Operaismus[58] wurden – nach einem Besuch von Gente und Paris bei Foucault – die Werke von Foucault ins Verlagsprogramm aufgenommen. Seine Texte gehören bis heute zu den bestverkauften Büchern des Verlags.[59] Bereits 1976 erschien bei Merve *Mikrophysik der Macht* mit Texten über Strafjustiz, Psychiatrie und Medizin, 1977 folgte das von Foucault zusammen mit Gilles Deleuze verfasste Bändchen *Der Faden ist gerissen* und 1978 kam der Klassiker *Dispositive der Macht* auf den deutschen Buchmarkt, in dem Foucault seine Thesen über Sexualität, Wissen und Wahrheit vorstellte. Auch nachdem Foucault zu einem erfolgreichen Autor geworden war (die englische Übersetzung seines dreibändigen Werkes *Sexualität und Wahrheit* hatte sich in den USA über 200 000 Mal verkauft), ließ Foucault den Merve Verlag die

56 Felsch, »Merves Lachen«, S. 12-14, 19; Lowien, *Weibliche Produktivkraft*, S. 38, 64, 72, 83/84, 102.

57 Lowien, *Weibliche Produktivkraft*, S. 152-155, 157-174, 176-187, 191-192.

58 Felsch, »Merves Lachen«, S. 15, 17; Lowien, *Weibliche Produktivkraft*, S. 8-34. Bei Merve erschienen Texte von Il Manifesto, Lotta Continua, leninistische Philosophen wie Lucio Colletti oder Toni Negri und auch die Papiere der Frankfurter Gruppe Revolutionärer Kampf, an der Joschka Fischer beteiligt war.

59 Birnstiel, »West-Berliner Wunderkammer«, S. 374/375; ⟨http://de.wikipedia.org/wiki/Merve_Verlag⟩, letzter Zugriff am 31.10.2013. Zum Merve Verlag insgesamt: Felsch, *Merve oder Was war Theorie?*.

deutschsprachige Übersetzung seiner Texte verlegen, ohne dafür Geld zu verlangen.[60] In den achtziger Jahren erschienen zahlreiche weitere Übersetzungen; der Merve Verlag publizierte dabei vor allem Werke aus dem Umkreis jener Denker, die der französischen Postmoderne und dem Poststrukturalismus zugerechnet werden. Mit Foucault, Baudrillard, Deleuze und Guattari hatte man in Deutschland nahezu unbekannte Theoretiker entdeckt, bevor diese von den großen Verlagen publiziert und in den Feuilletons umjubelt wurden. Peter Gente umschrieb die Faszination in einem rückblickenden *taz*-Interview aus dem Jahr 2007: »Wir hatten ja etwas ganz anderes gelernt – Marxismus, kritische Theorie –, und diese Autoren setzten das zwar irgendwie fort, doch sie lösten sich auch davon und setzten andere Bezugsrahmen.«[61] Die durch Foucault ermöglichte Umakzentuierung linker Politik verschob, begleitet von massiver Kritik seitens der Frankfurter Schule, die Analyse der Klassengesellschaft und ökonomischen Ausbeutungsverhältnisse auf die Untersuchung der in der Subjektkonstituierung eingelassenen Dispositive der Macht. Andersartigkeit und Widerspenstigkeit wurden zu Kampfformen jenseits klassischer Partei- und Gewerkschaftspolitik.

Die Entstehung und Entwicklung des Marburger Buchladens Roter Stern, der von der Journalistin Lisa Borgemeister untersucht wurde, zeigt, dass die linken Buchhandlungen zunächst in eine Marktlücke stießen: Noch gegen Ende der sechziger Jahre weigerte sich so manche etablierte Buchhandlung, linke Literatur ins Sortiment zu nehmen. Ähnliches berichtete die Wiesbadener Feministin Anke Schäfer, die auf die Idee einer Buchladengründung kam, als sie das als Fischer Taschenbuch erschienene feministische Werk *Frauenbefreiung und sexuelle Revolution* von Shulamith Firestone kaufen wollte: »Da haben die mich angeguckt, als hätte ich den härtesten Porno verlangt: ›Das haben wir nicht.‹ Ich war so wütend! Und da habe ich gedacht: Wir brauchen hier unseren eigenen Buchladen. Ich wußte zwar schon, daß es in Paris einen Frauenbuchladen gab und in Berlin. Aber viel mehr wußte ich noch nicht. Aber ich habe gesagt: Ich will einen jetzt hier gründen.«[62]

60 »›Wir blickten auch nicht durch‹. Gespräch von Mathias Bröckers mit Peter Gente«, in: *taz* (27.01.2007).

61 Ebd.

62 Lisa Borgemeister, »Politische Buchhandlungen im Kontext mit der 68er Bewe-

Die ökonomischen Schwierigkeiten, in die die linken Buchladenprojekte schon nach wenigen Jahren gerieten, hatten nicht nur mit den chaotischen Leitungs- und Entscheidungsstrukturen zu tun, sondern auch mit einer tief sitzenden Aversion gegen die Notwendigkeit, sich an Marktentwicklungen zu orientieren und das ursprünglich programmatisch absichtlich enge Sortiment zu erweitern.[63] Mancher linke Buchladen musste schließen, weil sich die Kunden wenig solidarisch verhielten und das eine oder andere Buch einfach mitgehen ließen. Der Verlag Neue Kritik formulierte schon 1971: »Die Buchladenkühe haben manches Mal, weil sie die Interessen nicht mit genügendem Selbstbewußtsein gegenüber den Ansprüchen der Genossen vertreten konnten, selber sich auf die Schlachtbank mitgetrieben, so daß zuletzt auch für die politische Arbeit die Kuh überhaupt fehlte, die gemolken werden soll.«[64]

In der Mauerstadt eröffneten 1967 die ersten alternativen Buchläden, und Schleichers Buchladen wurde ebenso schnell bekannt wie die Dahlemer Commune Unter den Eichen und Das Politische Buch in der Lietzenburger Straße. Die 1976 eröffnete Autorenbuchhandlung, für die prominente Autoren wie Elfriede Jelinek, Urs Widmer, Oskar Pastior, Heinrich Böll, Ernst Jandl, Robert Gernhardt oder Peter Weiss Einlagen bezahlt hatten, wurde in ebenso kurzer Zeit zu einem wichtigen Anlaufpunkt wie die zahlreichen anderen Buchhandlungen rund um den Savignyplatz: die politische Buchhandlung, die Romanische Buchhandlung in der Knesebeckstraße, eine kommunistische und feministische Buchhandlung. Es dauerte dann bis weit in die siebziger Jahre, bis diese intellektuellen Kommunikationszentren auch die Kleinstädte erreichten.[65] In Heidelberg etwa waren die Verhältnisse noch sehr

gung in der BRD. Am Beispiel der Marburger Buchhandlung ›Roter Stern‹«, in: Stephan Füssel (Hg.), *Die Politisierung des Buchmarkts. 1968 als Branchenereignis*, Wiesbaden 2007, S. 91-158; Sibylle Plogstedt, *Frauenbetriebe. Vom Kollektiv zur Einzelunternehmerin*, Königstein/Taunus 2006, S. 41.

63 Borgemeister, »Politische Buchhandlungen«.

64 Verlag Neue Kritik, Karl-Marx-Buchhandlung, SOVA, AGIT, »Anmerkungen zur Situation revolutionärer Literaturproduktion«, in: Verband des linken Buchhandels und Theorie-Arbeitskreis Alternative Ökonomie in der AG SPAK; Frank Heider, »Selbstverwaltete Betriebe in Deutschland«, in: Roland Roth, Dieter Rucht (Hg.), *Die sozialen Bewegungen in Deutschland seit 1945. Ein Handbuch*, Frankfurt/M., New York 2008, S. 513-526, S. 523.

65 Mohr, »Diese Geschichte geht alle Genossen an …«, S. 101; ID 152 (20.11.1976),

übersichtlich, denn neben dem DKP-nahen collectiv-Laden konnte man seine Lektüre eigentlich nur bei Jörgs Buchladen in der Marstallstraße szenegerecht einkaufen. »Da gibt's so ziemlich alles, was sich zu lesen lohnt«, meinte das örtliche Journal des Wohngemeinschaftsarbeitskreises: »Wenns geht, kauft beim Jörg auch eure Fachbücher, dann kann sich sein Laden nämlich auch halten«, bekundeten die WGler ihre Solidarität.[66] Selbst im beschaulichen Konstanz am Südrand der Republik, seit 1966 Universitätsstadt, konnten sich zunächst Nesers Buchstüble und dann ab März 1977 Zur Schwarzen Geiß als linke Buchläden etablieren.[67]

Die linken Buchläden schlossen sich früh – ausgehend von einer Berliner Initiative aus dem Jahr 1969 – zum Verband des linken Buchhandels (VLB) zusammen, der zu einem wichtigen Diskussionsforum und zu einer Institution wurde, die sich gegen die Vertriebsstrukturen und Programme der großen Verlage richtete. Der Ausrichtung des Buchhandels, dem es in erster Linie um Bestseller ging, wollte man ebenso entgegentreten wie der mangelhaften politischen Vielfalt des Sortiments. Darüber hinaus wurden Formen selbstverwalteten Wirtschaftens, die Funktion der Öffentlichkeit für die sozialistische Arbeit oder das solidarische Verhalten der Kollektivbetriebe untereinander diskutiert.[68]

Der Zusammenschluss der linken Buchläden diente zudem dazu, der Mehrfachproduktion von Titeln in verschiedenen Verlagen durch eine zentrale Koordination vorzubeugen. Während im Oktober 1970 erst 19 Buchläden zum VLB gehörten, waren es 1971 schon 83, im Jahr 1978 repräsentierte der VLB 250 Buchläden und Verlage. Anfang der achtziger Jahre betrug die Zahl der Buchläden,

nachgedruckt in: ID-Archiv im Internationalen Institut für Sozialgeschichte (Hg.), *Projekt Gedächtnis. ID-Artikel zum Thema Gegenöffentlichkeit 1973-1981*, Amsterdam o. J., S. 27/28; Jörg Sundermeier, »Was nach der Idylle kommt«, in: *taz* (05. 03. 2008); Mailänder/Zander, *Das kleine Westberlin-Lexikon*, S. 63.

66 *schöner wohnen* 1 (1975), S. 15 (diese Broschüre findet sich in: afas Duisburg, 80.III.52).

67 N. N., *Möglichkeiten und Grenzen der Alternativbewegung. Ein Beispiel: Buchladen Zur Schwarzen Geiß*, Kassel 1981.

68 Walter Hollstein, Boris Penth, *Alternativ-Projekte. Beispiele gegen die Resignation*, Reinbek 1980, S. 172-175; Lowien, *Weibliche Produktivkraft*, S. 189/190 (hier das Dokument: »Begründung für eine Arbeitsgruppe VLB-Berlin, die sich mit der Funktion von Öffentlichkeit beschäftigen wird«, Dezember 1972); Sonnenberg, »Der Verband des linken Buchhandels«, S. 164/165, 167-168.

die sich im VLB zusammengefunden hatten, 131. Im Laufe des Jahrzehnts zerfiel dann das Netzwerk.[69] Zwischen 1973 und 1977 kam es zu 14 bundesweiten Zusammenkünften der undogmatisch-linksradikalen Buchhändler, meist in Westberlin, Frankfurt am Main oder Hannover. Regelmäßige Publikationen und Kataloge, insbesondere das monatlich versandte *VLB-Info*, hielten die Buchhändler über die Verlage und ihre Angebote auf dem Laufenden. 1975 etwa fanden sich darin schon die Programme von 100 Szeneverlagen mit 2500 Titeln. Hinzu kamen unzählige Erfahrungsberichte der Buchhändler über Probleme bei der Geschäftsführung, staatliche Repressionen, das Auseinanderklaffen von linkem Anspruch und tagtäglicher Erwerbsarbeit im Laden.[70]

Die *VLB-Infos* lassen erkennen, wie das Bemühen um ein dezi-

69 ASB Freiburg, Nr. 2.4.14: »VLB«; Sonnenberg, »Der Verband des linken Buchhandels«, S. 167, 187; Helmut Volpers, *Alternative Kleinverlage in der Bundesrepublik Deutschland. Geschichte, Struktur, Programmangebot, Produktions- und Distributionsbedingungen*, Göttingen 1986, S. 37/38; Benno Käsmayr, *Die sogenannte Alternativpresse. Ein Beispiel für Gegenöffentlichkeit in der BRD und im deutschsprachigen Ausland seit 1968*, Augsburg 1974, S. 25; Saldern, »Markt für Marx«, S. 153; Stamm, *Alternative Öffentlichkeit*, S. 138; Oy, »Lebenswelt Gegenöffentlichkeit«, S. 42; Mohr, »Diese Geschichte geht alle Genossen an …«, S. 105; Heider u. a., *Fast wie im wirklichen Leben*, S. 155. Die Vorgängerinitiative Westberliner Buchladen Kollektive wurde von den Buchläden Das Politische Buch und Commune sowie dem Buchladenkollektiv am Savignyplatz aus der Taufe gehoben (ID 152 [20. 11. 1976], nachgedruckt in: ID-Archiv im Internationalen Institut für Sozialgeschichte [Hg.], *Projekt Gedächtnis. ID-Artikel zum Thema Gegenöffentlichkeit 1973–1981*, Amsterdam o. J., S. 27/28).

70 »Linke Verlage informieren: VL(L)B. Verzeichnis linker lieferbarer Bücher«, S. 1, in: ASB Freiburg, Nr. 2.4.14 (VLB), ohne fol. (auf Seite 18 dieser Broschüre wird merkwürdigerweise wiederum von 120 Verlagen gesprochen; Sonnenberg, »Der Verband des linken Buchhandels«, S. 171. Tatsächlich hatten Mitglieder des VLB immer wieder mit dem Verdacht der verfassungsfeindlichen Befürwortung von Straftaten (Paragraph 88 StGB) zu kämpfen; im März 1977 nahm die Staatsanwaltschaft Frankfurt gegen insgesamt 139 Mitglieder des VLB Ermittlungen auf, die allerdings schnell wieder eingestellt wurden. Dem Versand der Autoren, der von dem Szeneschriftsteller Dieter Walter aus Hattingen gegründet worden war, war hingegen nur anfänglicher Erfolg beschieden. Nach dem Buchclub-Prinzip sollte jeder Teilnehmer im Laufe eines Jahres mindestens zwei Bücher kaufen, wobei der dicke Katalog ausschließlich Titel verzeichnete, die in Selbstverlagen oder Szeneverlagen erschienen waren. Nach einer Weile erlahmte jedoch das Engagement der freiwillig und ehrenamtlich arbeitenden Milieumitglieder und der Versandhandel verschwand von der Bildfläche (Hübsch, *Alternative Öffentlichkeit*, S. 65).

diert linkes Buchsortiment und die Notwendigkeit des Geldverdienens allmählich auseinanderdrifteten. In dem Protokoll eines Treffens der VLB-Süd vom September 1980 hieß es zerknirscht:

> wir sind (ökonomisch) gezwungen, ein gemischtes (un-/politisches) sortiment zu unterhalten, mit der verheerenden tendenz ein ›netter laden mit ner linken hobby-ecke zu werden‹. Die konkrete situation: in saarbrücken ist das verhältnis aus linken/bürgerlichen verlagen in etwa 50:50 %, wobei dort die anderen läden keine rotbücher etc. führen. […] in erlangen besitzt inzwischen die unibuchhandlung mehr linke titel als der linke buchladen, der außerdem keine MEWs [Marx-Engels-Werke] mehr anbietet, weil die ohnehin im DKP-laden gekauft werden (›kein bock mehr auf solchen theoriewichs, den sowieso kein mensch mehr kauft‹). (anmerkung: die tatsache, daß in neuen läden die MEWs verschwinden, – dieses gemeinsame symbol der linken –, und durch ein stück blech: die akw-nein-danke-plakette ersetzt werden, mag als indiz für eine tiefgreifende veränderung der linken bewegung(en) gelten, die die älteren läden, – diese hüter des heiligen grals –, in kräftige identitätskrisen wirft).

Eine solche Identitätskrise empfand wohl auch der Protokollant des Treffens, der sogleich zusammensuchte, was die linken Buchläden denn noch ausmachte. Neben der nun doch wieder in Anschlag gebrachten »linken Sortierung« listet er die Selbstverwaltung der Buchläden, das Auslegen von Flugblättern sowie Infobretter aus der und für die Szene, die Buchladen-Infos sowie die Autorenlesungen als linke Identitätsmarker. Vor allem eins aber betont er: »authentizität: (wouwww, mußte gerade nachfragen, wie ich das schreiben soll …). wir stehen hinter unserem sortiment. wir wollen die bücher verkaufen, die wir als linke verkaufen wollen (›mir kommd nit jedr scheissdräck ens haus!‹).«[71]

Fünf Jahre zuvor hatte der junge Reinhard Mohr erkennen müssen, dass man diese Haltung eines Gralshüters der Revolution in einer der Kultstätten der linken Szene, der Karl Marx Buchhandlung in Frankfurt, nicht nur gegenüber dem Sortiment, sondern auch den eigenen Kunden gegenüber an den Tag legte:

> Irgendwann im September 1975 spazierte ich in die ›Karl-Marx-Buchhandlung‹ in Frankfurt-Bockenheim. Ich hatte von Bommi Baumanns Auto-

---

71 »Protokoll der ›Montanus‹-AG bei VLB-Süd-Treffen in Nürnberg 26.-28. 09. 1980 vom 01. 10. 1980«, in: *VLB-Info* (1980) (die Broschüre findet sich in: ASB Freiburg, Nr. 2.5: »Sonstiges«).

biographie ›Wie alles anfing‹ gehört. Was aber noch mehr Neugier weckte: Sie war wegen angeblicher ›Befürwortung von Gewalt‹ ins Fadenkreuz der Behörden geraten. Ende November 1975 wurde sie beschlagnahmt. Als ich ›Karl Marx‹ betrat, trug ich noch meinen militärisch kurzen Bundeswehr-Haarschnitt, und mir war nicht recht bewusst, welchen Eindruck er auf anarchistisch inspirierte Revolutionäre machen musste. Artig fragte ich nach dem Bommi-Buch, aber das diensthabende Mitglied des Ladenkollektivs an der Kasse hatte erst mal eine Gegenfrage: ›Was willst du denn damit?‹ Lesen wollte ich es, was sonst, aber Dany Cohn-Bendit, damals zarte 31, schaute immer noch ziemlich ungnädig auf den ihm unbekannten Zwanzigjährigen, der gar nicht aussah wie jemand aus der ›Scene‹. ›Bist du vielleicht ein Spitzel?‹, blaffte er. Ich war sprachlos.[72]

Das Medium Buch wirkte unzweifelhaft, so Adelheid von Saldern, stark auf die »soziokulturelle Kohäsion« des linksalternativen Milieus ein und steckte einen intellektuellen Deutungshorizont ab. Bestimmte Literatur, Autoren und Deutungskonzepte musste man kennen, um mitreden zu können und als Mitglied des Milieus anerkannt zu werden.[73] Die Linksalternativen waren in einem kaum vorstellbaren Maße theoriebesessen und lesewütig – fast möchte man mit Gerd Koenen die Neue Linke als eine »Schriftreligion« bezeichnen. Die Welle der Raubdrucke, Studienausgaben, Büchertische und Bücherläden ließen (wenigstens in den Jahren 1969 bis 1972) einen eigentümlichen »Theorie-Fetischismus« erkennen, der in Schulungs- und Lesekursen ausagiert wurde.[74] Aber auch das scheinbar private Lesen wurde regelrecht inszeniert, wie sich Sibylle Lewitscharoff erinnert:

Wir lasen inbrünstig. Man durfte aber nicht einfach nach Lust und Laune lesen, insbesondere Marx nicht. Marx wurde studiert und in einem doktrinären pädagogischen Zeigegestus von oben nach unten geschult. Auch ich habe Marx niemals hingefläzt aufs Sofa gelesen, sondern wie zur Schau, wie auf einer Bühne. Selbst wenn ich allein im Zimmer war, vertiefte ich mich ins *Kapital* und wendete die Seiten mit Andacht, als würde mir eine Hundertschaft toter Kommunisten über die Schulter schauen.[75]

72 Mohr, *Der diskrete Charme*, S. 233.
73 Saldern, »Markt für Marx«, S. 164/165; Hübsch, *Alternative Öffentlichkeit*, S. 82-96, 108-119. Zum Medium Buch und der Gegenbuchmesse 1981 siehe: IISG, ID-Textarchiv, 0126/1-7141.
74 Koenen, *Das rote Jahrzehnt*, S. 189-191.
75 Sibylle Lewitscharoff, »So superverfolgt und supergeheim. Schwatzschwatz,

Die richtigen Bücher zu schenken oder geschenkt zu bekommen wurde, so von Saldern, zu einem »Symbol der Gruppenzugehörigkeit« und das Lesen selbst oft genug zu einem Bildungserlebnis.[76]

Häufig las man die Bücher nicht allein, sondern in verschiedenen Arbeits- und Lesegruppen. Hier kamen zwei unterschiedliche Gruppen zusammen: zum einen Mittelschichtkinder, die dank der Bildungspolitik zu Schul- und Universitätsausbildung gelangt waren, obwohl sie nicht aus einem bildungsbürgerlichen Haushalt stammten; zum anderen die Kinder des Bildungsbürgertums, die den konventionellen Bildungskanon abzustreifen suchten und neue Antworten auf Dekolonisationsprozesse, Neoimperialismus, Kapitalismuskrisen oder die lange beschwiegene oder verharmloste NS-Zeit suchten. Für beide Gruppen bot das Lesen »neue Erklärungen für individuelle Problemlagen«. Regelrechte »Schulungskurse« gab es dabei nicht nur in den dogmatischen K-Gruppen, sondern auch, wie weiter oben ausführlich geschildert, in den linken Wohngemeinschaften. Ein besonderer Reiz lag in der Kombination aus lässig-freiheitlichem WG-Leben einerseits und der ebenso ernsthaft-andächtigen wie ausdauernden Marx-Lektüre. Gerade in der Frauenbewegung dominierte Literatur, die Politik und Alltagserfahrungen verknüpfte und im Zeichen der eigenen »Betroffenheit« gemeinsam gelesen und durchdiskuiert wurde: »Befreiter Sex und linke Politik sollten […] miteinander harmonisiert werden und ein neues Lebensgefühl schaffen helfen.«[77]

6.3 Musikveranstaltungen

Nicht zufällig galten die Beatlokale der sechziger Jahre als kulturelle Ausgangspunkte der rebellierenden Jugend, die später in vielfältiger Weise mit der Studentenbewegung verbunden waren. Es waren Orte, in denen Jugendliche Freiräume und unkonventionelles Verhalten erproben konnten. Das »Erlebnis von Kommunikati-

---

meistens ernst, selten witzig: Wie es um 1970 wirklich war«, in: *Süddeutsche Zeitung* 7 (10./11.01.2009), S.12. Vgl. auch Michael Schneider, »Von der alten Radikalität zur neuen Sensibilität«, in: *Kursbuch* 49 (1977), S.174-187, hier S.174.

76 Saldern, »Markt für Marx«, S.165, 167; Koenen, *Das rote Jahrzehnt*, S.191.

77 Interview mit Tissy Bruns, zitiert in Hinck, *Wir waren wie Maschinen*, S.164/165; Saldern, »Markt für Marx«, S.165/166, 168.

on, Freundschaft, Zärtlichkeit und Unabhängigkeit« bei Festivals brachte die Jugendlichen, so der Soziologe Walter Hollstein, in eine »kritische Distanz« zu den Werten, Normen und Verhaltensweisen der bestehenden Gesellschaft.[78] Der 68er-Aktivist und heutige Schriftsteller Peter Schneider beschrieb in einem Tagebucheintrag vom Juni 1967 anschaulich die befreiende und bestärkende Wirkung des Beat auf die Zeitgenossen:

Meine herren, den beat benötigen wir allerdings dringend, um unser bißchen gleichgewicht zu finden. […] es ist verdammt schwer, Ihre gestärkten hemden loszuwerden und Ihre idiotischen Schlipse, da muß man schon ein paar lautsprecher im rücken haben. Ja, meine herren, wenn wir unsere körper durchschütteln, dann sind wir imstande, Ihnen die kotflügel einzufahren aus höchst angebrachtem übermut, dann erscheint es möglich, die mülleimer auf ihrer treppe auszuleeren.[79]

In den Medien und der Politik wurden die Beatclubs damals als verkommene »Lasterhöhlen« verdammt. Den sexualisierten »Underground« überschätzte man dort maßlos. Der schädliche Einfluss insbesondere auf die Mädchen wurde massiv übertrieben. Tatsächlich war das Verhalten allenfalls erotisiert – von sexualisiert konnte nicht die Rede sein. Eine Studie, die auf 1969 in 38 Beatlokalen durchgeführten teilnehmenden Beobachtungen basierte, konstatierte lakonisch, dass in den mehr oder weniger abgeschirmten Sitzecken bis auf wenige Ausnahmen die Handberührung dominierte – und selbst diese waren »versteckt« und »unauffällig«, wie der wissenschaftliche Bericht nicht versäumte festzuhalten. Exzesse gab es hier nicht:

Wenn man Getränke zu sich nimmt, sind Bier und Cola die begehrtesten. Man leistet sich einmal einen Whiskey oder Cocktail, aber dies ist selten; zur Erwachsenen-Gastrolle fehlt einfach die finanzielle Grundlage. Betrunkene Jugendliche haben wir nicht festgestellt; stärkere Alkoholisierung trafen wir nur unter den ihrer Jugendzeit nachtrauernden, sich mehr oder weniger verirrenden Barbesuchern an.[80]

78 Walter Hollstein, »Autonome Lebensformen. Über die transbürgerliche Perspektive der Jugendbewegung«, in: Michael Haller (Hg.), *Aussteigen oder rebellieren. Jugendliche gegen Staat und Gesellschaft*, Hamburg 1981, S. 197-216, hier S. 214.
79 Schneider, *Rebellion und Wahn*, S. 179.
80 Margarete Andrae u. a., »Jugend in Beat-Lokalen«, in: *deutsche jugend* 17 (1969), S. 545-552, hier S. 548/549.

So züchtig das Verhalten auch war: Das Beatlokal bot die Möglichkeit, neue Rollen auszuprobieren, gegenkulturelle Verhaltensweisen, Attitüden und Kommunikationsformen einzuüben und unbekümmerte körperliche Freiheit zu spüren. Das fing mit der Beat- und Soul-Musik an, die neue, ausgelassene Tanzformen ermöglichte: »Heiße Platten produzieren auch hier höhere Exzessivität, stärkeren, dynamischeren Ausdruck«, hieß es in dem eben zitierten Bericht weiter: »Man tanzt sich [...] – wenigstens temporär – seine Probleme vom Leibe, wenn möglich, bis zur psychophysischen Erschöpfung.« Das sozial durchmischte Publikum der Lokale, in denen Volks-, Real-, und Oberschüler zu fast gleichen Teilen verkehrten, war einzig durch die Generationszugehörigkeit geeint. Ältere Gäste fielen schnell auf und fühlten sich rasch unwohl. Ein subkultureller Habitus und entsprechendes Vokabular wurden in diesen in rotes Licht getauchten und mit Lichtreflexen durchzuckten »Traumwelten« und Kellerhöhlen gepflegt. Die tanzenden Körper vibrierten zu Conga-Trommeln und Elektro-Orgeln: »Ich tanze. Meine Augen sind geschlossen, mein Oberkörper kreist, meine Hände spielen in der Luft«.[81]

Die Rockbands aus den USA und aus Großbritannien stellten auf der Bühne mit ihren ekstatischen Bewegungen, bizarren Kostümen und grell geschminkten Gesichtern nicht nur klassische Rollenbilder auf den Kopf und glorifizierten promiskuitive Sexualität. Parodie und Ambiguität waren ebenso Teil der Bühnenshows, wie Rebellion und individuelle Selbstfindung zum Grundbestandteil der Texte gehörten. In David (»Ziggy«) Bowies Androgynität ebenso wie in der permissiven Groupie-Kultur manifestierte sich eine Nonkonformität, die klassische Rollenmuster vom maskulinen Rockstar oder vom sexuell passiv-abwartenden Mädchen überwand.[82]

In den siebziger Jahren hatte nicht nur Frankfurt mit der Batsch-

81 Andrae u. a., »Jugend«, S. 547-549, Zitat S. 548; »Tibet ist überall«, in: *Der Spiegel* 46 (10. 11. 1969), S. 76. Vgl. auch Müller/Nimmermann, *Jugendclubs*, bes. S. 37-40; Kathrin Fahlenbrach, Reinhold Viehoff, »Der Aufstieg des Beat-Club. Sein Niedergang – und die Folgen. Protestästhetik und Jugendkult im Fernsehen der 60er Jahre«, in: *SPIEL* 2 (1999), S. 259-278.

82 Rebecca J. Sheehan, »Liberation and Redemption in 1970s Rock Music«, in: Niall Ferguson u. a. (Hg.), *The Shock of the Global. The 1970s in Perspective*, London 2010, S. 294-305.

kapp seine »Konzerthalle der linken Szene«.[83] Selbst in kleineren Universitätsstädten wie dem ambitionierten Heidelberg entstanden Veranstaltungsorte – etwa das selbstverwaltete Studentenwohnheim Collegium Academicum (CA) mit seinen 130 Bewohnern. In der AStA-Selbstdarstellung wurde das CA als Ort beschrieben,

wo die Möglichkeit dessen, was Demokratie und Selbstverwaltung der Studenten eigentlich sind, noch aufrechterhalten wird. […] Vom CA aus werden Arbeitskreise in eigener Regie veranstaltet. Wir vergeben Arbeitsräume des Hauses ohne politische Zensur. Wir haben mehrere Theater- und Musikgruppen im Haus, welche hier die Möglichkeit zum Üben und Aufführen besitzen. Wir veranstalten stadtbekannte Feste, die auch andere Schichten als die Studentenschaft wirksam erreichen. Gleichzeitig ist diese Selbstverwaltung des Hauses ein Wert an sich mit beträchtlichen Folgen nach innen. Unzensierten und unbespitzelten Meinungsaustausch zu erhalten, das Zusammenleben zu erproben und zu aktiver freier wissenschaftlicher, kultureller und politischer Tätigkeit zu gelangen.[84]

In Reaktion auf die bereits vollzogenen Mittelstreichungen und die geplante Umnutzung dieses von der Universität finanzierten Wohnprojektes erschien im Heidelberger *Carlo Sponti* ein polemischer Artikel: »Sowohl die Stadtverwaltung, die das CA in der Lokalpresse in volksverhetzender Weise als Brutstätte der Subversion und des Kommunismus verketzert, als auch dem Rektorat ist das CA als selbstverwaltetes Studentenwohnheim und als letzte Position der undogmatischen Linken ein Dorn im Auge.« 16 Personen traten schließlich gegen den »Gewaltakt« in einen Hungerstreik.[85] Die Mischung aus Politik und Musik in den multifunktionalen Veranstaltungsorten war typisch für kleinere und mittlere Städte, in denen sich die linksalternative Szene noch nicht derart ausdifferenziert hatte wie in Berlin.

Eine ganze Reihe kommerziell betriebener Lokale und Musikschuppen wurde zu Anlauf- und Sammelpunkten der Linken, wie etwa die 1965 von SPD-Mitgliedern in einem neuen Gebäude eröffnete Lila Eule in Bremen, in der zunächst Free Jazz, dann aber auch Beatmusik gespielt wurde – dazu kamen politische Diskussionsver-

---

83 Mohr, *Der diskrete Charme*, S. 236; Horn, *Abschied*, S. 21.
84 »Das CA bleibt da«, in: *Carlo Sponti* 45/45 (1976), S. 3. Vgl. auch Koenen, *Das rote Jahrzehnt*, S. 251.
85 »Das CA bleibt da« und »Zum Hungerstreik«, in: *Carlo Sponti* 45/45 (1976), S. 3.

anstaltungen (unter anderem im November 1967 mit Rudi Dutschke), Filmvorführungen und Kleinkunst. Die Lila Eule war Debattierclub und Musiktempel zugleich.[86] In der von der Band Ideal besungenen Diskothek Dschungel in Berlin-Schöneberg konnte man sogar Foucault beim Tanzen beobachten, die Mitglieder des Verlagskollektivs Merve gingen viermal in der Woche zum Feiern in den Nachtklub ihres Kiezes, in dem sich gelegentlich auch Iggy Pop, David Bowie und Carlos Santana blicken ließen.[87]

Gerade die Jugendzentren waren es, in denen Veranstaltungen vom Musikkonzert über Kinovorführungen und Theateraufführungen bis zu Dichterlesungen und Kabarett-Kleinkunst-Darbietungen in weitgehend eigener Regie veranstaltet werden konnten. Neben den Open-Air-Konzerten waren dies wichtige Kommunikations- und Vergemeinschaftungsorte für Feten und Veranstaltungen, die auf eigenen Veranstaltungskalendern öffentlich gemacht wurden.[88] Gegenüber einer in die Krise geratenen Jugendpflege entwickelten sich hier selbstverwaltete Freizeitstätten, die gegen kommerzielle Verfügung und staatlichen Erziehungsanspruch gerichtet waren. Bis zur Mitte der siebziger Jahre legte sich ein mehr oder weniger dicht gespanntes Netz an Jugendzentren über die Republik – Ende 1974 soll es etwa 1000 solcher Initiativen gegeben haben. Sie waren Begegnungsorte für Jugendliche unterschiedlicher sozialer Herkunft, vom Lehrling und Jungarbeiter bis zu den (häufig tonangebenden) Gymnasiasten besserer Herkunft. Die Entstehung der Jugendzentrumsbewegung war Ausdruck der zunehmenden Bedeutung sowohl der Musik und des Freizeitsektors als auch der Wünsche der Jugendlichen nach Eigenregie und Partizipation.[89]

Es waren diese selbstgestalteten Orte, die der Do-it-yourself-Philosophie der linksalternativen Szene entsprachen. Die Band Ton Steine Scherben stieg nicht zuletzt auch deshalb zur Kultband der Scene auf, weil weder Produktion noch Distribution in professionelle Hände gegeben wurde. Die Platten wurden unter dem

86 Siegfried, *Time is on my side*, S. 470/471; Rudi Dutschke, *Jeder hat sein Leben ganz zu leben. Die Tagebücher 1963-1979*, Köln 2005, S. 67 (mit Bild vom Auftritt Dutschkes).
87 Felsch, »Merves Lachen«, S. 27; Müller, *Subkultur Westberlin*, S. 125-128; Mailänder/Zander, *Das kleine Westberlin-Lexikon*, S. 71.
88 Hübsch, *Alternative Öffentlichkeit*, S. 19.
89 Zur Jugendzentrumsbewegung siehe Siegfried, *Time is on my side*, S. 655-661.

selbstgestrickten Label David Volksmund Produktion verkauft, das
eigene Fanzine *Guten Morgen* im linksalternativen Outfit selbst
produziert. Kommerzielle Werbung, Radioauftritte und Promo-
tiontouren waren der Band unbekannt. Viele Liveauftritte wurden
für wenig bis gar kein Geld gegeben. Dafür lasen die »Scherben«
zwischen den Liedern Mao-Texte vor, und oft versuchten sie, Diskussionen mit dem Publikum anzuzetteln, was bei ihren Auftritten
aus Anlass von politischen Demonstrationen oder Veranstaltungen
unmittelbar ins Konzept passte.[90]

Die von den linken Jugendlichen bevorzugte Beat- und Rockmusik war immer mit dem Erlebnis von Gemeinsamkeit verbunden. Auf den Konzerten gingen Selbstbestätigung und das Austo-
ben beim Tanz Hand in Hand. Allein schon das Reden über Musik
war emotional geladen, denn Beat und Rock galten als beunru-
higendes Phänomen, über das man nicht gelassen plaudern oder
nüchtern reden konnte. Die Haarlänge der Musiker und ihre Lässigkeit waren mit Sexualisierung verbunden, die sich in den ekstatischen Schreien der weiblichen Fans widerspiegelte.[91]

Die Rockmusik der sechziger Jahre war komplex und reich-
te von den späteren Beatles über den psychedelischen Rock von
Grateful Dead und Jefferson Airplane und Pop-Art-Varianten wie
Velvet Underground bis zu den Soundcollagen von Deep Purple
oder Procol Harum, das Spektrum lässt sich vom Funk und Soul
eines Sly Stone bis zu dem Improvisationsgenie eines Jimi Hendrix
aufspannen.[92] Die Grenze zwischen ernster und unterhaltender
Musik verschwamm. Die politischen Botschaften waren in vielen
Songs, auch und gerade bei Hendrix, nicht zu überhören. Seine
E-Gitarre klang mit den Jaultönen, Verzerrungen und Rückkopp-
lungseffekten wie aus fernen Welten. Sein Klanginferno zertrümmerte die abendländischen Harmonieschemata und schuf neue
Hörerfahrungen:

90 Timothy S. Brown, »Music as Weapon? *Ton Steine Scherben* and the Politics of
Rock in Cold War Berlin«, in: *German Studies Review* 23, 1 (2009), S. 1-22, hier
S. 9/10; Kai Sichtermann u. a., *Keine Macht für Niemand. Die Geschichte der Ton
Steine Scherben*, Berlin 2000, S. 50/51, 62.

91 Lorenz Durrer, »Born to be wild: Rockmusik und Protestkultur in den 1960er
Jahren«, in: Martin Klimke, Joachim Scharloth (Hg.), *1968. Handbuch zur Kul-
tur- und Mediengeschichte der Studentenbewegung*, Stuttgart, Weimar 2007, S. 161-
174, hier S. 162/163; Sheehan, »Liberation«, S. 295-299.

92 Durrer, »Born to be wild«, S. 167/168.

Beim Woodstock-Festival z. B. zerfetzte Hendrix mit aufschreienden Gitarrenklängen die amerikanische Nationalhymne ›The star-spangled banner‹. Er gibt damit der Hymne des [sic] in den Vietnam-Krieg verwickelten Staaten eine neue Dimension: In den aggressiven Klängen werden das Heulen der Düsenbomber und die Aufschreie verzweifelter Menschen hörbar. In ›machine gun‹ klingt seine Gitarre wie ein ratterndes Maschinengewehr; der Titel ›3rd stone from the sun‹ ist akustische science fiction. Ebenso ungewöhnlich war, wie er mit seiner Gitarre auf der Bühne umging: er berührte sie mit der Zunge, liebkoste sie, stieß sie nach vorne, hielt sie zwischen den Beinen wie ein Phallus-Symbol, warf sie auf den Boden und kniete vor ihr nieder. Musikalische Sexualität. Elektrische Ekstase.[93]

Nicht wenige der linken Musiklokale waren ursprünglich als Diskotheken gegründet worden, die sich bereits Ende der sechziger Jahre flächendeckend ausgebreitet hatten: 1971 gab es 1200 Diskotheken in der Bundesrepublik. Aus der Konserve hörte man hier die Musik der neuesten britischen und amerikanischen Bands und hatte viel mehr Bewegungs- und Gestaltungsraum als in den traditionellen Tanzschulen und den bühnenzentrierten Clubs.[94] Während die Beatlokale vor allem Linke anzogen, waren die kommerziellen Diskotheken nicht deren Sache: Eine repräsentative Emnid-Umfrage vom Sommer 1979 ergab, dass linksalternative Jugendliche deutlich seltener in die als kalt und ungemütlich wahrgenommenen Diskotheken gingen als ihre Altersgenossen.[95] Die Aversion ging so weit, dass beispielsweise eine Studentengruppe am Eröffnungstag im Oktober 1967 eine Tränengasattacke auf den Münchener Club Blow Up verübte, der rund um eine mit einer aufwändigen Lichtshow illuminierten Tanzfläche insgesamt 3000 Menschen Platz bot; die Feier musste vorzeitig beendet werden.[96]

Freilich gab es Ausnahmen, die auch dem linksalternativen Milieu Anschlussstellen an den Diskokult der siebziger Jahre boten – die Diskothek Creamcheese in Düsseldorf etwa, die mit einem

93 Berndt G. Thamm, Walter Schmetz, *Drogenkonsumenten im Untergrund. Drogengefährdete und -abhängige Jugendliche in ihren subkulturellen Umfeldern der Drogenszene im Untergrund West-Berlins*, Berlin 1973, S. 127. Die Schrift findet sich in: BArch Koblenz, B 310, Nr. 676.
94 Siegfried, *Time is on my side*, S. 471/472.
95 Stephanie Hansen, Hans-Joachim Veen, »Auf der Suche nach dem privaten Glück«, in: *Die Zeit* 37 (05. 09. 1980), S. 16. Vgl. Horst F. Neißer u. a., *Jugend in Trance? Diskotheken in Deutschland*, Heidelberg 1979.
96 Siegfried, *Time is on my side*, S. 473.

künstlerischen Anspruch gegründet worden war und das linke Publikum mit psychedelischen Lichtshows anzog. Hier löste sich die Grenze zwischen Traum und Realität rauschartig durch die permanent im Musikrhythmus wechselnden Farbkaskaden auf. Ähnlich war dies im Hamburger Club Grünspan, einer psychedelischen Diskothek für die gegenkulturelle Szene, die hauptsächlich von Gymnasiasten und Studenten frequentiert wurde. Doppelwandige Dias mit flüssigen Farben illuminierten die Wände.[97] Die atmosphärisch geladenen Räume sprachen mehrere Sinne gleichzeitig an. Bunte Beleuchtung, Spiegelkugeln und künstlicher Nebel führten zu einer lebendigen, rauschartigen Atmosphäre. In den offenen Räumen der Diskotheken ersetzte die körpersprachliche Interaktion die verbale Kommunikation; sie lebte von den Glanzeffekten und leuchtenden Oberflächen, machte die Diskogänger zu Marionetten der penetranten Vibrationen aus dem Schalldruck der Bässe und der abgeschossenen Lichtgarben der Laser. Insofern markierte die offensive und kommerzielle Konsumkultur der Diskotheken eine Grenze zum Selbstverständnis linker Politik.[98]

Die Bedeutung der Musik beschränkte sich natürlich nicht auf diese Lokale und Veranstaltungszentren. Sie ging auch über die großen Open-Air-Konzerte hinaus, die zu den Gemeinschaftserlebnissen par excellence gehörten (etwa auf der Burg Waldeck im Hunsrück).[99] Die Song-Festivals wie beispielsweise die Internationalen Essener Songtage 1968 waren wie ein »großes Happening« – hier traf man sich wieder, war wie in einem riesigen Zeltlager vereint, saß vor den Feuern, rauchte zusammen Joints und trank Alkohol. Die Festivalstimmung mit ihrer tobenden und wogenden Menschenansammlung, mit Trommeln, Gitarren, kreischenden Fans und Eifersüchteleien unter den Besuchern setzte intensive Gefühle der Ich-Entgrenzung frei.[100]

97 Ebd., S. 473/474. Zu ähnlichen Lightshows in Michael Leckebuschs legendärem »Beat-Club« siehe Fahlenbrach/Viehoff, »Der Aufstieg des Beat-Club«, S. 271.

98 Ulrich Raulff, »Disco: Studio 54 revisited«, in: Tumult. Zeitschrift für Verkehrswissenschaft 1 (1979), S. 55-65.

99 Dazu ausführlich Siegfried, Time is on my side, S. 571-600.

100 Detlev Mahnert, Harry Stürmer, Zappa, Zoff und Zwischentöne. Die Essener Songtage 1968, Essen 2008; Hadayatullah Hübsch, Keine Zeit für Trips. Autobiographischer Bericht, Frankfurt/M. 1991, S. 61/62; Michael Mildenberger, Die religiöse Revolte. Jugend zwischen Flucht und Aufbruch, Frankfurt/M. 1979, S. 228.

Musik diffundierte jenseits solcher Konzerterlebnisse bis in die körperliche Hexis hinein, bestimmte die emotionale Einstellung und die alltagsweltliche Atmosphäre. Da jede WG über mindestens einen Plattenspieler mit meist selbstgebastelten Boxen verfügte und die Kassette samt Kassettenrekorder in den frühen siebziger Jahren ihren Siegeszug unter den jugendlichen Konsumenten feierte, war der Beat allgegenwärtig. Politik und Musik gehörten für die Linksalternativen zusammen. So wurden von den Zeitgenossen Stimmungsbilder und Alltagserinnerungen immer wieder mit musikalischen Erlebnissen verknüpft, wie eine Schilderung aus Berlin vom Ende der sechziger Jahre verdeutlicht: »Es war ein gutes *feeling*, wenn Gerhard pfeifend aus seiner Wohnung die Treppe herunterschlenderte, sich in seinen rostigen VW warf, den Motor anließ und mit keuchender Maschine durch die Stadt raste, Dylans Musik im Ohr ›*You better start swimming or you sink like a stone, the times they are a changing*‹, irgendwo im Halteverbot parkte und in die Kneipe ging.«[101] Der Satz verbindet Gefühle von Unabhängigkeit und Freiheit mit dem Avantgarde- und Gemeinschaftsbewusstsein des linken Jugendlichen – all dies eingelassen in das musikalische Gewebe von Bob Dylans *The Times They Are a-Changin*. Die ungeheure Emotionalität der Musik prägte Verhaltensweisen und Gewohnheiten, war assoziiert mit Freiheit. Starrheit und Uniformität wurden überwunden und in entgrenzende Gemeinschaftserlebnisse transformiert.[102] »Der Beat bleibt links«, schrieb Paul-Gerhard Hübsch in seinen Lebenserinnerungen *Keine Zeit für Trips* und schwelgte im »kurzen, amoralischen, wilden Rausch von der geträumten, absoluten Freiheit, den uns der Beat mit seinem Gefolge vorzugaukeln begann. Das war es, der Beat bleibt links.« Die Musik fuhr buchstäblich in die tanzenden Körper ein: »We are all part of one body; die Botschaft der Musik mit der Botschaft, die man mit Worten und Gesten nicht zustande brachte, vereinen«, befand Hübsch, als er in der Kommune I das Album *In Search of the Lost Chord* von den Moody Blues hörte und mit den anderen dazu auf den Matratzen herumhüpfte und tanzte. Immer wieder liest man über ähnliche Erlebnisse, in denen die Anwesenden von der Musik nahezu absorbiert wurden und in der Gruppe

---

101 Peter Mosler, *Was wir wollten, was wir wurden. Studentenrevolte – zehn Jahre danach*, Reinbek 1977, S. 20.
102 Durrer, »Born to be wild«, S. 161/162, 170/171.

Ich-entgrenzende Erfahrungen machten.[103] Beat- und Rockmusik wurden zu emotionalen Bindemitteln, die links codiert waren, weil sie Weltoffenheit, Eigenaktivität und Partizipation repräsentierten. Dieser Sound begleitete die politischen Proteste auf symbolischer wie habitueller Ebene. Auch die Texte (vor allem der Beatmusiker) wurden zum Medium politischer Botschaften. Der Sound war in seiner sozialen Bindungs- und Mobilisierungsfunktion kaum zu überschätzen.[104]

Die Feministinnen dichteten ebenfalls einige Lieder nach bekannten Melodien um; die erste feministische Schallplatte erschien 1976, produziert von einer Münchner Gruppe um die Verlagsinitiative Frauenoffensive.[105] Auch hier wirkten Musik und Tanz befreiend, wie die Beschreibung eines Frauenfestes im Januar 1972 durch eine Aktivistin des Frankfurter Weiberrates zeigt:

Wir hatten uns bis dahin nicht vorstellen können, daß Feste ganz ohne Männer wirklich möglich sind, daß wir keine Männer brauchen, um ausgelassen sein zu können, tanzen zu können. So übertraf das Fest alle unsere Hoffnungen: wir erlebten es als wirkliche Befreiung, uns endlich einmal bewegen zu können, ohne ständig überlegen zu müssen, wie wir wohl gerade ›wirken‹, ohne ständig um die Aufmerksamkeit irgendwelcher Männer konkurrieren zu müssen.[106]

103 Hübsch, *Keine Zeit für Trips*, S. 19/20, 64/65.

104 Vgl. zur Bedeutung der Musik in der linken »scene«: Beate Kutschke (Hg.), *Musikkulturen in der Revolte. Studien zu Rock, Avantgarde und Klassik im Umfeld von »1968«*, Köln, Weimar 2008; David Robb (Hg.), *Protest Song in East and West Germany Since the 1960s*, Rochester/NY 2007; Helmut Salzinger, *Rock Power oder wie musikalisch ist die Revolution*, Reinbek 1982; Durrer, »Born to be wild«, S. 161-174; Arnold Jacobshagen, Markus Leniger (Hg.), *Rebellische Musik. Gesellschaftlicher Protest und kultureller Wandel um 1968*, Köln 2007; Detlef Siegfried, »Music and Protest in 1960s Europe«, in: Joachim Scharloth, Martin Klimke (Hg.), *1968 in Europe. A History of Protest and Activism, 1956-1977*, New York, London 2008, S. 57-70; Detlef Siegfried, *Sound der Revolte. Studien zur Kulturrevolution um 1968*, Weinheim, München 2008, S. 58-60, 73-77.

105 Claudio Hofmann, »Über das Unglück, kein Feminist sein zu dürfen«, in: *Ästhetik & Kommunikation* 37 (Oktober 1979), S. 27-32; Sibylla Flügge, »1968 und die Frauen – ein Blick in die Beziehungskiste«, in: Margit Göttert, Karin Walser (Hg.), *Gender und soziale Praxis*, Königstein/Taunus 2002, S. 265-289, hier S. 270.

106 Zitiert nach Rosemarie Nave-Herz, *Die Geschichte der Frauenbewegung in Deutschland*, Bonn 1988, S. 73.

Die Musikkompositionen von Agitationskünstlern wie Franz Josef Degenhardt oder Dieter Süverkrüp inspirierten die vergleichsweise nüchterne Atmosphäre in den Kneipen der K-Gruppen-Szene. So waren die Linken also auch musikalisch in K-Gruppen und das Spontimilieu aus Stadtindianern und Latzhosenträgern gespalten, welche innovativere, weltoffene und freiere Musik hörten und auf Livemusikschuppen wie die Jazzgalerie in Bonn oder das bluesorientierte Black Corner in Hamburg festgelegt waren.[107]

6.4. Frauenräume

Schon kurz nach ihrem Entstehen bildete die Neue Frauenbewegung eigene Institutionen und Projekte aus, in denen die Frauen zunächst unentgeltlich arbeiteten – der Aufbau einer eigenständigen und autonomen Infrastruktur spielte eine zentrale Rolle. Durch sie wollten die Feministinnen nach außen wirken: Aktionen gegen den Abtreibungsparagraphen 218 initiieren, die Diskriminierung von Frauen in der Arbeitswelt anprangern, gegen häusliche Gewalt, Pornographie und Peepshows vorgehen, die Reform des Scheidungsrechts vorantreiben, Gleichberechtigung in Partnerbeziehungen erwirken oder Forderungen nach Quotenregelungen in Politik und Arbeitswelt stellen. Die Frauen richteten sich exklusiv genutzte Räume ein, die als Kommunikationszentren und als Räume der Selbstverständigung und »Selbsterfahrung« genutzt wurden. Im Laufe der siebziger Jahre wurde eine dichte Infrastruktur aus Frauenwohngemeinschaften, Frauenverlagen, Therapie- und Gesundheitsläden, Frauenzentren, Frauenbuchhandlungen, Teestuben und Frauencafés, Betreuungs- und Bildungseinrichtungen, Frauenbands und -chören, Kabaretts, Theatern oder Filmgruppen etabliert.[108]

Dass diese eigenständige feministische Gegenöffentlichkeit entstand, um die Gesellschaft unter dem Gesichtspunkt der Geschlechtszugehörigkeit zu untersuchen, hatte zunächst mit der

---

107 Lehmann, »Erscheint donnerstags«, S. 68.
108 Gisela Notz, »Alternative Zeitungen und Zeitschriften der Neuen Frauenbewegungen. Entstehungsgeschichte(n) – Beispiele – politische Konzepte«, in: Bernd Hüttner (Hg.), *Verzeichnis der Alternativmedien 2006/2007*, Neu-Ulm 2006, S. 64-79, hier S. 67.

als patriarchalisch wahrgenommenen bundesrepublikanischen Gesellschaft zu tun. Unterdrückung, Kontrolle und mangelnde Wertschätzung im Beruf wie im Privatleben wurden zu Ausgangspunkten einer auf Selbstbestimmung ausgerichteten Bewegung. In einem Flugblatt eines autonomen Berliner Frauenzentrums aus dem Jahre 1975 wurde die Wut und kritische Haltung der Frauen exemplarisch verdeutlicht: »Wir werden systematisch eingeengt«, hieß es dort.

Wir werden beschränkt und haben es nicht gelernt, uns frei zu bewegen. Wir werden systematisch in allem verunsichert. [...] Anerkennung gab es für uns nur da, wo wir am meisten eingeengt sind: im Haushalt und der Familie. Wo wir zum ständigen Polieren in die 2½- bis 3-Zimmerwohnung eingesperrt sind und täglich Auslauf bis zum Bäcker und zu Bolle haben. [...] Der Drill von klein an beherrscht uns: Wir haben alle noch immer ein schlechtes Gewissen, wenn mal ein Kleidungsstück nicht ganz sitzt, wir uns irgendwann einmal nicht so kontrolliert haben, wie wir müßten, um dem Bild der ordentlichen, akkuraten, fleißigen und lieben Frau zu entsprechen. [...] Wir Frauen des Frauenzentrums glauben, daß es keine individuelle Lösung des Frauenproblems geben kann.[109]

Dass sich eine eigenständige Frauenbewegung herausbildete, hatte andererseits auch mit der Frauenverachtung in der 68er-Studentenbewegung und ihrem »Mackertum« zu tun. Viele Frauen empfanden sich als bloßes Objekt eines »revolutionären Gefummels« und »sozialistischen Bumszwangs« der »kleinbürgerlichen Schwänze«. Auf dem berühmten »Schwanz-ab«-Flugblatt des Frankfurter Weiberrats, welches im November 1968 bei einer außerordentlichen Delegiertenkonferenz des SDS in Hannover verteilt wurde, war eine feministische »Hexe« aufgezeichnet, die mit einem Beil in der Hand auf einem Sofa lag. An der Wand über ihr hingen, wie Trophäen auf Bretter genagelt, die Penisse von Helmut Schauer, Peter Gäng, Dieter Kunzelmann, Hans-Jürgen Krahl, Bernd Rabehl und Reimut Reiche. Auf der Rückseite wurden weitere rund 40 Namen von SDS-Funktionären, linken Theoretikern und Wissenschaftlern genannt. Ironisch bezeichneten sich die Frauen selbst als »frustriert, hysterisch, verklemmt, asexuell, lesbisch, frigid, irrational, lustfeindlich, penisneidisch«. Die Frauenbewegung ging nicht

109 Vierseitiges Flugblatt eines Berliner Frauenzentrums aus dem Jahre 1975, in: Frauenforschungs-, -bildungs- und -informationszentrum (Hg.), *Zehn Jahre Frauenzentrum. Eine Dokumentation*, Berlin 1988, S. 15.

unmittelbar aus der Studentenbewegung hervor, sondern eher aus der kritischen Auseinandersetzung mit ihr. Das wird exemplarisch an der Gründung des Frankfurter Weiberrats, des Berliner Aktionsrats, des SDS-Arbeitskreises Emanzipation, des Münsteraner Frauenseminars oder der Münchener Frauenkommune deutlich.[110]

Nach der Auflösung des SDS im März 1970 entstanden neue Konflikte in den mittlerweile insgesamt etwa 100-köpfigen SDS-Frauengruppen, die entlang der Linie zwischen Traditionalistinnen und den antiautoritären Frauen verliefen. Erstere gründeten den Sozialistischen Frauenbund Westberlin, Letztere waren in Kommunen und Kinderläden aktiv. Beeinflusst vom französischen Feminismus und den Gedankengängen Simone de Beauvoirs einerseits, des US-amerikanischen Women's Liberation Movement, der New Left und Bürgerrechtsbewegung andererseits, verbreiteten sich Vorstellungen von der sozialkulturellen Konstruktion des Geschlechterverhältnisses, der Überwindung des sexuellen Dualismus, der Abschaffung der Institutionen zur Aufrechterhaltung männlicher Privilegien (Ehe, Familie), der sexuellen Autonomie von Frauen oder der von Jacques Lacan beeinflussten Psychoanalyse über die phallozentrischen Strukturen der Gesellschaft.[111]

Die Frauen organisierten sich in kleinen, autonomen Gruppen mit ausgeprägten informellen Strukturen. Bewusstseinsschaffung im Sinne der amerikanischen Consciousness-raising-Gruppen

110 Flugblatt des Frankfurter Weiberrats von 1968, zitiert nach Sibylla Flügge, »Der Weiberrat im SDS«, in: Eckhard Siepmann u. a. (Hg.), *CheSchahShit. Die sechziger Jahre zwischen Cocktail und Molotow. Ein Bilder-Lese-Buch*, Reinbek 1988, S. 282-285, hier S. 283. Siehe zu diesem Flugblatt auch: Peter Brügge (Pseudonym von Ernst Hess), »Die rosa Zeiten sind vorbei«, in: *Der Spiegel* 48 (25.11.1968), S. 60/61. Flugblatt des Aktionsrates zur Befreiung der Frauen und Flugblatt des Frankfurter Weiberrates, in: Schulz, »Frauen in Bewegung«, S. 251; Stefan Micheler, »Der Sexualitätsdiskurs in der Studierendenbewegung der 1960er Jahre«, in: *Zeitschrift für Sexualforschung* 13, 1 (2000), S. 1-39, hier S. 25; Andreas Schneider, »Nur keinen Amazonenstaat«. *Antifeminismus, Krisendiagnosen und gesellschaftliche »Verunsicherung« in der Bundesrepublik der 1970er Jahre*, Magisterarbeit HU Berlin 2008, S. 45/46. Die Rede von Helke Sander auf der 23. Delegiertenkonferenz des SDS im September 1968 und die Ereignisse um Sigrid Rügers Tomatenwurf sind nachzulesen in: Eckhard Siepmann (Hg.), *Heiß und kalt. Die Jahre 1945-69*, Berlin 1986, S. 624-628; Schulz, »Frauen in Bewegung«, S. 249.

111 Flügge, »1968 und die Frauen«, S. 274/275; Schulz, »Frauen in Bewegung«, S. 252-255.

kam im feministischen Kampf eine große Bedeutung zu. Dementsprechend wurde dem emotionalen Erleben und subjektiven Verarbeitungsprozessen eine herausgehobene Bedeutung zugemessen. Unter Ausschluss von Männern wurden so, ausgehend von persönlichen Erfahrungen, in möglichst hierarchiefreien Strukturen feministische Themen besprochen.[112] In ihrem viel gelesenen und einflussreichen Roman *Häutungen* von 1975 verarbeitete Verena Stefan die Eindrücke, die viele Frauen aus eigenem Erleben kannten. Männliche Prahlerei, die Unterschätzung intellektueller Fähigkeiten der Frauen, mangelnde Beteiligung der Männer in der Kindererziehung, Erfahrungen mit Verhütung und Abtreibung, Gewalt in Beziehungen, Reduktion der Frauen auf die Hausarbeit und die Selbstanpassung der Frauen an männliche Bedürfnisse – viele Frauen wollten in den Frauenräumen unter sich sein und in gegenseitiger Solidarität Selbstbewusstsein und Gegenstrategien entwickeln.[113]

6.4.1 Frauenzentren und Selbsterfahrungsgruppen

Die Frauenzentren entstanden oft aus anfänglichen Treffen in Privatwohnungen, zunehmend dann verlagerten sich die Treffen, die Diskussionsabende und Gruppenaktivitäten in eigens angemietete Räume. Gegen Ende der siebziger Jahre hatte sich in Deutschland das dichteste Netz von Frauenzentren in ganz Europa herausgebildet.[114] Nicht immer fiel die Gründung solcher Anlaufstellen leicht – insbesondere dort, wo man auf die Unterstützung von linksalternativen Männern angewiesen war. Eine Heidelberger Frauengruppe etwa, die 1974 ein Haus in der Plöck 48 mitbesetzte, stieß auf massiven Widerstand bei den örtlichen Spontis, als klar wurde, dass sie dort ein autonomes Frauenzentrum aufbauen wollte: »Die

---

112 Schulz, »Frauen in Bewegung«, S. 255; Silies, »Ein, zwei, viele Bewegungen?«, S. 94/95.

113 Zu Verena Stefans Roman und anderen Belegen: Dagmar Herzog, *Die Politisierung der Lust. Sexualität in der deutschen Geschichte des zwanzigsten Jahrhunderts*, München 2005, S. 284. Polemisch dagegen immer noch die Charakterisierung bei Koenen, *Das rote Jahrzehnt*, S. 249.

114 Nave-Herz, *Geschichte der Frauenbewegung*, S. 70; Ilse Lenz (Hg.), *Die Neue Frauenbewegung in Deutschland. Abschied vom kleinen Unterschied. Eine Quellensammlung*, Wiesbaden 2008, S. 507-514.

männerbeherrschte Linke ist ungemein beleidigt«, hieß es in einer Erklärung der Frauen.[115]

Die für gewöhnlich kärglich eingerichteten Frauenzentren bildeten häufig den regionalen Mittelpunkt einer auf interpersoneller Interaktion begründeten Vergemeinschaftung der Feministinnen. Sie fungierten als Umschlagplatz und Börse für die Bildung neuer Projekte; informelle Kommunikationsstrukturen wurden hier dezentral und basisdemokratisch aufgebaut. Die Frauenzentren waren mehr als reine Beratungs-, Informations- und Bildungsorte, sie boten zudem auch Raum für praktische Frauensolidarität. Sie waren Knotenpunkte im vielgestaltigen Netzwerk der feministischen Infrastruktur.[116]

Recht früh, im Januar 1973, entstand in der Berliner Hornstraße ein Frauenzentrum nach dänischem Vorbild. Initiiert wurde es von Brot & Rosen sowie von der Homosexuellen Aktion Westberlin.[117] In schneller Folge schossen überall in der Republik Zentren aus dem Boden. In Heidelberg etwa gründete sich 1974 ein solches Frauenzentrum, um das herum sich »eine ganze, eigene Frauenszene mit Frauen-WGs, Frauenbuchläden und Frauencafés, regelmäßigen Festen und einer jährlichen Walpurgisnacht-Demo« zusammenfand. Auch Kinderbetreuung, medizinische Beratung oder Hilfestellungen bei Abtreibungen wurden von diesen Zentren aus organisiert.[118] In der Selbstdarstellung eines Berliner Frauenzentrums aus dem Jahre 1974 hieß es:

Es gibt das Frauenzentrum, weil wir Frauen in dieser männerzentrierten Welt wenigstens einen Ort brauchen, an dem wir zu uns selbst kommen können; nachdenken über das, was uns gemeinsam ist + wo wir miteinander reden und handeln können. Zu unserem Verständnis von politischer Arbeit gehört nicht nur gemeinsames Arbeiten, sondern auch gemeinsames Vergnügen. Einer der wichtigsten Schritte auf dem Weg zur Befreiung ist der Abbau unseres gegenseitigen Mißtrauens und der Rivalität. Wir wollen

---

115 »Feminismus und die Linke(n)«, in: *Carlo Sponti* 3 (1974), S. 3.

116 Gerhard, »Frauenbewegung«, S. 207.

117 Nienhaus, »Wie die Frauenbewegung zu Courage kam«, S. 14; N. N., *Frauenhandbuch Nr. 1 – Abtreibung und Verhütungsmittel von »Brot und Rosen«*, Berlin 1972.

118 Koenen, *Das rote Jahrzehnt*, S. 254. Vgl. auch die interessante Dokumentation Frauenforschungs-, -bildungs- und -informationszentrum (Hg.), *Zehn Jahre Frauenzentrum. Eine Dokumentation*, Berlin 1988.

die Zärtlichkeit füreinander wiederfinden. Wir wissen auch aus den gemachten Erfahrungen, daß unser Verhalten freier ist, wenn Männer nicht dabei sind.[119]

In der Münchner Adlzreiterstraße 27 entstand 1974 ein Frauenzentrum aus dem Zusammenschluss von zwölf Frauengruppen, die sich gegen den Paragraphen 218 engagierten. Das Zentrum sollte »gemeinsame Räume, in denen gearbeitet und getagt werden konnte«, bereitstellen und somit einen regelmäßigen Austausch der verschiedenen Gruppen aus der ganzen Stadt untereinander fördern. Es gab nicht nur Beratungen rund um den Paragraphen 218, dort waren auch eine Hochschulgruppe, die Selbsthilfegruppe »Frauen und Medizin«, Consciousness-raising-Gruppen, eine Filmgruppe, eine Gruppe für Öffentlichkeitsarbeit sowie Malgruppen tätig.[120]

Der Aufbau »emotionaler und physischer Nähe« der Frauen zueinander und der damit verbundene Versuch, das Verhältnis zum eigenen Körper zu verbessern, spielte in den ersten Jahren eine herausragende Rolle.[121] Gerade in den feministischen Selbsterfahrungsgruppen thematisierten die Frauen, inwiefern sie untereinander konkurrierten und inwieweit sie ihr Selbstgefühl danach bemaßen, wer den wichtigeren und mächtigeren Mann »abbekommen« habe: »Man schläft gern mit berühmteren Genossen, weil man sich dadurch in der Hierarchie aufgewertet fühlt.«[122] Da die Frauen auf Regularien, Satzungen und formale Hierarchien verzichteten, ersetzte Gruppendynamik formale Verhaltensregeln, so dass verdeckte Machtstrukturen sich ungebremst und unkontrolliert durchsetzten – wer aus den Aktionen und Interpretationen der Frauengruppe ausscherte, wurde geschnitten oder sogar aktiv angegriffen.[123]

In den aus den USA übernommenen Consciousness-raising-Gruppen sollten bittere Erlebnisse möglichst hierarchiefrei mitei-

119 »Frauenfete«, in: *Info-BUG* 9 (06.05.1974), S.13.

120 »Frauenzentrum Adlzreiterstr. 27«, in: *WG-KOOP* 1 (November/Dezember 1974), S.8/9 (diese Broschüre findet sich in: afas Duisburg, 90.IV.3.2.1); Christine Schäfer, Christiane Wilke, *Die neue Frauenbewegung in München 1968-1985. Dokumentation*, München 1985, S.222-226.

121 Herzog, *Politisierung der Lust*, S.277.

122 Äußerung von Karin Rasch 1971; zitiert nach Herzog, *Politisierung der Lust*, S.285.

123 Barbara Schaeffer-Hegel, »›Sozialistische Eminenzen‹, ›Busen-Attacken‹ und ›Weiberrat‹ – geschlechterpolitische Impulse von 1968«, in: *Forschungsjournal Neue Soziale Bewegungen* 21, 3 (2008), S.67-78, hier S.73.

nander geteilt und reflektiert werden. Der idealtypische Entwicklungsprozess dieser Selbsterfahrungsgruppen, die oft kurzlebig waren und nur wenige Wochen bis zu einem Jahr bestanden, verlief nicht unkontrolliert. Als Inspiration für den Austausch von Bedürfnissen und Ängsten dienten die Ideen der US-amerikanischen Frauenrechtlerin Pamela Allen, die sie 1970 in ihrem einflussreichen Aufsatz »Free Space« publiziert hatte (die deutsche Übersetzung erschien 1972). Der kollektive Lernprozess sollte hiernach in vier Phasen ablaufen. Nachdem in der Anfangsphase jede Frau von sich selbst, ihrer Situation und ihren Gefühlen gesprochen hatte, sollte in der zweiten Phase das als »aktives Zuhören« bezeichnete verstehende Nachfragen der anderen Frauen folgen. Diese brachten hierbei auch ergänzende Erfahrungen ein. In der dritten Phase wurden die Erfahrungen analysiert, und es wurde nach Ursachen gefragt. In der abschließenden, vierten Phase schließlich sollten die Einzelanalysen in einen Zusammenhang gebracht werden und eine umfassende Strategie für eine Veränderung erarbeitet werden. Von diesem Verfahren versprachen sich die Frauen die Erkenntnis, dass sie mit ihren persönlichen Problemen keineswegs allein waren. Selbst zu sprechen sollte zum ersten Schritt für ein »Handeln nach demokratischen Prinzipien ohne Bevormundung« werden, wie es die ehemalige *Courage*-Redakteurin Ursula Nienhaus formulierte.[124] Wichtig war bei diesen Gesprächen die »subjektive Betroffenheit der teilnehmenden Frauen [als] Ausgangs- und Angelpunkt des Prozesses«.[125] In der Praxis wurde so zwischen authentischen und deformierten Gefühlen unterschieden, und die Geständnispraxis erinnerte an Verfahren, wie sie Foucault für die bürgerliche Subjektwerdung untersucht hat. Nicht mehr der Fachmann war hier das Maß aller Dinge, sondern die Frauen wurden selbst zu Expertinnen ihrer eigenen Erfahrungen, die sich mittels dieser Technik selbst regierten.[126]

124 Nienhaus, »Wie die Frauenbewegung zu Courage kam«, S. 14.
125 Schäfer/Wilke, *Die neue Frauenbewegung*, S. 74-84; Nave-Herz, *Geschichte der Frauenbewegung*, S. 72; Schulz, *Der lange Atem der Provokation*, S. 49/50; Andrea Trumann, *Feministische Theorie. Frauenbewegung und weibliche Subjektbildung im Spätkapitalismus*, Stuttgart 2002, S. 118.
126 Andrea Bührmann, *Das authentische Geschlecht. Die Sexualitätsdebatte in der Neuen Frauenbewegung und die Foucaultsche Machtanalyse*, Münster 1995, S. 134-152.

Auch die Ausbildung einer eigenen Sprache gehörte in den Bereich der anvisierten Selbstbestimmung. Frauen kamen sich durch die herrschende Sprache infantilisiert und trivialisiert vor:

> Die Sprache ist auf der Seite der Mächtigen. In der Sprache spiegelt sich die gesellschaftliche Rangordnung. Männer kommen immer zuerst. Frauen stehen immer hintenan. [...] In der Sprache zeigt sich, wer die Norm ist und wer die Abweichung. [...] Die Diskriminierung besteht häufig in verbalen Äußerungen: darin, wie wir angeredet oder nicht angeredet werden; darin, wie über uns gesprochen wird; darin, wie wir ignoriert und ausgelassen werden; darin, daß wir nicht zählen; darin, daß wir nicht ernst genommen werden; darin, daß wir abgewertet werden,

hieß es in einer einschlägigen Publikation über die »Vergewaltigung der Frauen in der Männersprache«.[127] In der Generalabrechnung mit patriarchalischen Sprach- und Umgangsformen wurde die Verwendung des Wortes »man« ebenso kritisiert wie die männlichen Berufsbezeichnungen, die diskriminierende Anrede »Fräulein« oder das häufige Übergehen oder Unterbrechen von Frauen in Diskussionen. Frauen hingegen würden, so die Sprachwissenschaftlerin Senta Trömel-Plötz, in Gesprächen mit Männern höflicher, persönlicher, unterstützender und vorsichtiger formulieren: »frau kann sich mehr verstanden fühlen, frau kann sich mehr gehört fühlen in einer Frauengruppe.« Sprechen war politisches Handeln.[128]

Die feministische Kritik an den Männern wurde in einer wütenden, zuweilen hassbetonten Sprache gegen die »Macker«, »Phallokraten« und »Chauvinisten« mit ihrem »Schwanzfick« vorgetragen. So wurden etwa die »sozialistischen Eminenzen« mit ihren »grotesken gedanklichen Salti mortale« »gnadenlos auseinandergenommen« – »entlarven«, »enttarnen« und mit den »wüstesten patriarchalen Entstellungen und Entgleisungen« »aufräumen« gehörte zum wirkmächtigen und nachhaltigen Spracharsenal der Frauenbewegung.[129] In Heidelberg echauffierte sich eine Autorin

---

127 Senta Trömel-Plötz, *Frauensprache – Sprache der Veränderung*, Frankfurt/M. 1982, S. 91, S. 94-96.

128 Ebd. S. 211 (Zitat). Vgl. auch die Publikation der Sprachwissenschaftlerin Luise F. Pusch, *Alle Menschen werden Schwestern. Feministische Sprachkritik*, Frankfurt/M. 1990.

129 Die ehemalige Münsteraner Feministin Barbara Schaeffer-Hegel, die die »wilden Jahre in vorderster Front miterlebt« hatte, schrieb sogar 2008 immer noch

1977, dass die »großmäulerzeit« in voller Blüte stehe, »und es ist an der zeit sie zu stopfen, die großen mäuler«. Bei dieser Verbalattacke handelte es sich um eine Antwort auf die Klage eines Teils der linken Szene über die netzwerkartigen Strukturen, die unkoordinierte Vielgestaltigkeit und unpolitische Haltung der Feministinnen. Die wütende Reaktion ließ an Schärfe nichts zu wünschen übrig: »wir liefern keine parteiprograme, keine aktionspläne, ein ober-, mittel- und untermackertum. wir scheißen auf mackertum. damit meinen wir nicht nur mackermänner, die tag für tag versuchen uns anzu- pöbeln, sondern alle und jedes wo sich mackertum manifestiert.«[130]

6.4.2 Geselligkeit und feministische Infrastruktur

In der sogenannten zweiten Phase der Frauenbewegung etwa ab Mitte der siebziger Jahre entstand eine regelrecht subkulturelle fe- ministische Infrastruktur, die weit über die wenigen Frauenzentren der Anfangsjahre hinausging. Nachdem mit dem 1975 ergangenen Urteil des Bundesverfassungsgerichts gegen die Fristenlösung eine empfindliche Niederlage den Öffentlichkeitsbezug der Frauenbe- wegung gedämpft hatte, kam es zu einem regelrechten Rückzug der Frauenbewegung in Selbsthilfekonzepte.[131] Vor allem in Groß- und Universitätsstädten entwickelte sich eine feministische Infrastruk- tur aus Werkstätten, Frauenhäusern, Frauencafés und -kneipen, Frauenkabaretts, Frauenwohngemeinschaften und -ferienhäusern, Frauenverlagen, Frauenbuchläden, Frauenmuseen, Frauenarchi- ven, Frauenmusikbands sowie feministischen Zeitungen und Zeit- schriften. Hier diskutierten und arbeiteten Frauen unter sich an feministischen Themen und Projekten. Das Spektrum reichte von Selbstverteidigungskursen über Kfz-Werkstätten für Frauen bis zu Mal- und Theatergruppen, Musikabenden und Frauenfesten.[132] Einer dieser Orte der Freizeit- und Geselligkeitskultur war das Frauencafé in der Berliner Jagowstraße. Schülerinnen und Studen-

---

in dieser Mischung aus Wut und gekränktem Stolz: Schaeffer-Hegel, »Sozialis- tische Eminenzen«, S. 67-69 (Zitate).

130 »Die Frauenbewegung hat neue Kleider« in: *Carlo Sponti* 34/35 (1977), S. 11.

131 Nave-Herz, *Geschichte der Frauenbewegung*, S. 71.

132 Adelheid von Saldern, »Markt für Marx. Literaturbetrieb und Lesebewegun- gen in der Bundesrepublik in den Sechziger- und Siebzigerjahren«, in: *AfS* 44 (2004), S. 149-180, hier S. 176; Nave-Herz, *Geschichte der Frauenbewegung*, S. 73.

tinnen im Alter von 23 bis 25 Jahren hatten es eröffnet, um Frauen die Möglichkeit zu bieten, ihre Bilder auszustellen oder Lesungen aus Frauenbüchern zu veranstalten. Auch Filme wollte man zeigen und Töpferkurse geben. Werkstätten und eine Dunkelkammer sollten eingerichtet und im Keller eine Drechselmaschine aufgestellt werden. Wichtig war den Frauen dabei nach wie vor, einen Platz für eigene Tätigkeiten jenseits männlicher Bevormundungen und Gängelungen zu finden.[133]

Oft sollte in diesen Institutionen, wie in den Projekten und selbstverwalteten Betrieben des Alternativmilieus im Allgemeinen, eine identitätsstiftende und nichtentfremdete Arbeitsform gefunden werden, die zwar niedrig entlohnt und sozial schlecht abgesichert war, aber doch eine größere Zufriedenheit erzeugte, weil die Frauen parteilich sein konnten, ihrer Betroffenheit Ausdruck verliehen und sich unter gleichen Arbeitsbedingungen ganzheitlich in rotierenden Arbeitsrollen ausprobieren konnten.[134] Mit der subkulturellen Abkapselung gingen neue Zurichtungen und doktrinär verteidigte Lebens- und Arbeitsweisen einher. Die Feministin Andrea Trumann urteilte im Jahr 2002 über diese Frauenprojekte: »Wer nicht oder nicht gut arbeitet, wird ausgewiesen, ohne das zu hinterfragen – mit dem Argument, er gäbe sich keine Mühe fürs Gemeinsame. Weniger die Tatsache der Verweigerung von Arbeit wird bestraft als die Einstellung, die dahinter stehen soll.« Arbeit wurde zum Ausdruck kollektiver Identifikation.[135]

In den großstädtischen Hochburgen der Frauenbewegung funktionierte diese subkulturelle Abkapselung besonders gut. In Berlin beispielsweise konnte man im Jahre 1978 die *Courage* in den Frauenbuchläden Miranda in der Fennstraße, Labrys in der Yorckstraße oder Lilith in der Kantstraße kaufen und lesen. Die dort erworbenen Bücher studierten die Feministinnen entweder in der eigenen Frauen-WG oder in einem der vielen Frauencafés, in denen man sich praktischerweise über den Lesestoff austauschen konnte – egal ob nun im Café Cralle in der Hochstädter Straße, in der berühmten Kneipe Blocksberg in der Yorckstraße oder im Café F. Janis in der Würzburger Straße. Kamen bei diesem Gedankenaustausch neue

133 »Frauencafé«, in: *Courage* 6 (1981), S. 8/9.
134 Plogstedt, *Frauenbetriebe*, S. 53-67; Trumann, *Feministische Theorie*, S. 128.
135 Trumann, *Feministische Theorie*, S. 129.

Gedanken und Ideen auf, so konnte frau diese in Frauendrucke-
reien aufgeben, wie etwa bei Viva am Mehringdamm oder Diana
in der Hohenstaufenstraße. Abends dann mochten die Frauen den
Erfolg feiern und gingen in die Frauendiskothek Die Zwei an der
Ecke Martin-Luther-Straße/Motzstraße oder zur Vernissage in der
Frauengalerie in der Bleibtreustraße. Daneben gab es auch noch
das Lesbische Aktionszentrum in der Kulmer Straße, den Selbst-
hilfeladen Mond, das Frauenzentrum in der Stresemannstraße, das
PSIFF (Psychosoziale Initiative für Frauen), BIFF (Beratung und Information für Frauen) und im RIFF (Rechtsberatung für feministische Frauen) sowie das Feministische Frauengesundheitszentrum
im Kadettenweg.[136] Gerade die Frauengesundheitszentren, in vielen Fällen nach amerikanischem Vorbild eröffnet, verstanden sich
als Gegeninstitutionen zum etablierten Medizinbereich. Beratung,
gynäkologische Selbstbeobachtung und Therapiegruppen waren
eng miteinander verwoben und Ausdruck eines als »ganzheitlich«
verstandenen Ansatzes.[137]

Die Journalistin Renate Just beschrieb 1977 in der *Zeit* eindrücklich diese Subkultur der Berliner Kneipen und Beratungsstellen. Im Blocksberg beobachtete sie die ständigen Umarmungen und die Intimität unter den Besuchern, die sich bei Cocktails
mit Namen wie Rote Rosa und Jeanne d'Arc zuprosteten: »Überall Hexenpuppen, auf Besen reitend, aus Plüsch, Tannenzapfen,
bunten Stoffetzen. Die Speisekarte: eine einzige Hommage an das
weibliche Geschlecht. Es gibt ›Stramme Walküre‹ statt ›Strammen
Max‹«. Die im September 1975 von vier Feministinnen eröffnete
Kneipe, zu der Männer freilich keinen Eintritt hatten, sollte ein
»wärmendes Stammkneipengefühl« vermitteln. Das galt auch für
den Frauenbuchladen Lilith, in dem die Frauen sich aus einem
großen Topf mit süßem Kakao mit Rum versorgen konnten. Gehandelt wurden nur Bücher von weiblichen Autorinnen, und im
Hinterzimmer war ein Café eingerichtet, wo frau in der *Courage*

136 »Wegweiser für Frauen«, in: *Info-BUG* 1005 (1978) (Einlage zum TUNIX-Kon-
 gress zwischen den Seiten 14 und 15); Nienhaus, »Wie die Frauenbewegung zu
 Courage kam«, S. 20; Renate Just, »Frauen, Bier und keine Männer«, in: *Zeit-
 Magazin* (28. 01. 1977), S. 7-20.
137 Nave-Herz, *Geschichte der Frauenbewegung*, S. 79; Gerhard, »Frauenbewegung«,
 S. 208.

oder dem anarcha-feministischen Theorieorgan *Die Schwarze Botin* blättern konnte.[138]

Die »intensive Selbstbezogenheit«, die Gerd Koenen innerhalb der Frauenbewegung festzustellen meint,[139] wurde auch von Frauen oft thematisiert, wie von den Feministinnen Anna Petermann und Christine Darmstadt, die von den Frauenkneipen viel erwarteten: »Das Angesprochenwerden, in sogenannten Männerkneipen gefürchtet, wünsche ich mir hier von Frauen, aber ich kann mir nicht vorstellen, daß es passiert. Dabei will ich aufgenommen werden, total, quasi ›geliebt‹. Aber was verlange ich? Ich selbst habe nicht den Mut, es von mir aus zu tun.«[140] Aus der »intensiven Selbstbezogenheit« entstanden nicht nur Solidarität und ein neues Gemeinschaftsgefühl, sondern zum Teil auch erhebliche Rivalitäten, die in den Frauenräumen bearbeitet wurden. Neben den Auseinandersetzungen um die mögliche Gründung einer Frauenpartei stießen auch die radikalfeministischen Positionen, die sich völlig ablehnend gegenüber männlichen Verhaltensmustern zeigten, keineswegs nur auf Zuspruch. Lesben etwa, die ihre sexuelle Neigung als höchste emotionale Entwicklungsstufe eines autonomen Feminismus ausgaben, mussten durchaus mit Widerspruch vonseiten der heterosexuellen Frauen rechnen.[141]

Der »intensive[n] Selbstbezogenheit« zum Trotz blieben die Frauenzentren nur aus der Sicht des ehemaligen K-Grüpplers Koenen und seiner Gesinnungsgenossen in anderen doktrinären Gruppen eine reine Gruppentherapie, der angeblich jedwedes politisierende Element fehle.[142] In der von 1969 bis 1976 bestehenden Sozialistischen Frauenorganisation München (SFOM) etwa

---

138 Renate Just, »Frauen, Bier und keine Männer«, in: *Zeit-Magazin* (28.01.1977), S. 7-20.

139 Koenen, *Das rote Jahrzehnt*, S. 252.

140 Petermann/Darmstadt, »Frauen in Kneipen«, S. 66.

141 Nave-Herz, *Geschichte der Frauenbewegung*, S. 75-77; Lenz (Hg.), *Neue Frauenbewegung*, S. 26-36.

142 So gründeten die der DKP nahestehenden Frauen schon damals gesonderte Gruppen, wie die 1976 konstituierte Demokratische Fraueninitiative, die sich in bewusster Ablehnung der Frauenzentren bildete und gegen deren angebliche »Theorielosigkeit« opponierte (Nave-Herz, *Geschichte der Frauenbewegung*, S. 74). Bereits erwähnt in: Rosemarie Nave-Herz, »Die Ziele der Frauenbewegung. Eine Inhaltsanalyse der Emanzipations-Literatur von 1968 bis 1973«, in: *APuZ* B 50 (1975), S. 3-30, hier S. 9.

machten sich rund 25 Frauen zunächst an eine Analyse der »doppelten Unterdrückung [...] durch Patriarchat und Kapitalismus«, welche dann in Grundsatzpapieren festgehalten wurde. Ende 1971 war die erste Phase abgeschlossen, in der die Frauen sich vor allem an Aktionen gegen den Paragraphen 218 und für Kinderläden engagiert hatten. Im Januar 1972 beschloss man eine feste Satzung und bildete Arbeitsgruppen zu den Themen Hochschule, Schülerinnen, Sozialisation und Betrieb. Eine Organisationsstruktur mit Treffen, die abwechselnd in vier verschiedenen Privatwohnungen abgehalten wurden, sollte die hohe Fluktuation eindämmen und Stabilität gewährleisten. Zugleich erweiterte sich der Aktionsradius: Gemeinsam mit anderen Frauengruppen wurden zum internationalen Frauentag, zur bayerischen Landtagswahl, zum 1. Mai und bei Aktionen gegen den Paragraphen 218 Informationsstände aufgebaut. Zusätzlich gab es ab dem Herbst 1973 »Sympathisantengruppen« und ab 1975 Plenumsdiskussionen über Tagesmütter oder Hausfrauenlohn.[143] Gerade die offene Diskussionskultur, die Öffentlichkeitsarbeit und die pressewirksamen Aktionen wie auch die konkrete politische Arbeit im vorpolitischen Feld führte (anders, als dies Koenen darstellt) neue Gruppierungen in die Frauenbewegung, die im Laufe der achtziger Jahre Zuwachs aus den Kirchen und Gewerkschaften, aus den Parteien und der Friedensbewegung erhielt.[144]

So unterschiedlich die Positionen von gemäßigt feministisch über sozialliberal bis hin zu den sozialistischen Haltungen auch waren: Privates wurde in allen Varianten politisch gesehen. Die »Fetischisierung des weiblichen Körpers« beispielsweise, die durch entsprechende Aufmerksamkeit der Männer und der Medien erzeugt wurde, führe dazu, so die feministische Kritik, dass Frauen sich freiwillig mit ihrer Rolle als Sexualobjekt identifizierten. Dieser männlichen Normierung des weiblichen Körpers und der weiblichen Psyche wollte man in den Frauenzentren mit einer selbstbewussten Haltung sowie neuen Konzepten entgegentreten.

143 »SFOM-Selbstdarstellung«, in: *WG-KOOP* 3 (März/April 1975), S. 10-14, in: afas Duisburg, 90.IV.3.2.1. Zur SFOM siehe: Schäfer/Wilke, *Die neue Frauenbewegung*, S. 102-118.
144 Nave-Herz, *Geschichte der Frauenbewegung*, S. 73; Gerhard, »Frauenbewegung«, S. 209/210.

6.4.3 Bildungsräume: Frauenbuchläden und Frauenseminare

Die große Menge an »Frauenliteratur« und Frauenverlagen zeigt die enorme Bedeutung des Mediums Buch für die Frauenbewegung an, die eine regelrechte Lesekultur entwickelte. Zugleich belegt dieser Umstand, dass die Frauenbewegung fast ausschließlich auf deutsche Mittelschichtfrauen mit höherem Bildungsniveau begrenzt blieb.[145] Insbesondere die »Betroffenheitsliteratur« erfreute sich großer Beliebtheit und regte oftmals zu radikalen Selbstanalysen an. Ihr Einfluss auf die Geschlechterdiskussion ist kaum zu überschätzen.[146] Verena Stefans *Häutungen* etwa nährte die Vorstellungen femininer Empfindsamkeit. Wut und Trauer, die Betonung weiblicher Subjektivität, wie sie in dem Buch zum Ausdruck kamen, wirkten vielfach auf die Interaktionszusammenhänge ein. Allein bis 1977 erschienen zehn Auflagen des Buches mit einer Verkaufszahl von insgesamt 125 000 Exemplaren. Die Frauen teilten sich in Gesprächen ihre Gefühlszustände beim Lesen eines Buches mit und bekannten sich zum Subjektivismus. Empfindsamkeit und Solidarität standen gegen eine als männlich wahrgenommene kühle Objektivität.[147]

Im Mai 1974 stellte sich auf dem nationalen Frauenkongress in Heidelberg die Initiative für einen feministischen Verlag vor und in den Folgejahren schossen Frauenverlage geradezu aus dem Boden.[148] Von der Frauenoffensive in München über den Frauenselbstverlag (später Orlanda Frauenverlag) aus Berlin, Zeichen + Spuren aus Bremen, den Kore Verlag in Freiburg bis zum Daphne Verlag aus Göttingen und der Frauenpolitik aus Münster reichte die bunte Palette der erfolgreichen Frauenverlage. Der 1974 gegründete Verlag Frauenoffensive, gebildet durch einen Zusammenschluss von 17 Frauen aus einem Münchener Frauenzentrum, erklärte stellvertretend für das Selbstverständnis vieler Frauenverlage:

---

145 Nave-Herz, »Die Ziele der Frauenbewegung«, S. 9.

146 Günter Burkart, »Einleitung. Selbstreflexion und Bekenntniskultur«, in: ders. (Hg.), *Die Ausweitung der Bekenntniskultur – neue Formen der Selbstthematisierung?*, Wiesbaden 2006, S. 7-40, hier S. 22.

147 Silies, »Ein, zwei, viele Bewegungen?«, S. 96; Jörg Magenau, *Die taz. Eine Zeitung als Lebensform*, München 2007, S. 84/85.

148 Nienhaus, »Wie die Frauenbewegung zu Courage kam«, S. 17.

Wir verstehen den Frauenverlag als Instrument, uns als Frauen auszudrücken. [...] Wir wollen in unserem Programm die Aspekte, die in der
Frauenbewegung eine zentrale Rolle spielen, transparent und zugänglich
machen: die Aufarbeitung unserer totgeschwiegenen Frauengeschichte –
das Erfassen unserer komplexen, vielschichtigen Realität – unsere Visionen,
Alternativen, wir wollen unsere Utopie Gestalt annehmen lassen.[149]

Der Merve Verlag brachte im Juli 1974 *Die Macht der Frauen und
der Umsturz der Gesellschaft* von Selma James und Mariarosa Dal-
la Costa heraus, ein Buch, das die Hausarbeitsdebatte anfeuerte
und die Wertschöpfung im Kapitalismus um die Dimension der
unbezahlten Reproduktionsarbeit erweiterte. 1976 entstand in Berlin mit dem Amazonen-Frauenverlag nicht nur ein neuer Verlag,
sondern auch die erste Koordinationsinstanz des Frauenbuchver-
triebs.[150] Es dauerte nicht lange, und der Rowohlt Verlag brachte
die Schriften von Alice Walker, Marie Cardinal, Aïcha Lemsine
und Märta Tikkanen heraus. Die Frauenliteratur erzielte hohe Auflagen und wurde für die kommerziellen Verlage zu einem einträgli-
chen Geschäft. 1977 startete Rowohlt die rororo-Reihe »neue frau«
und 1978 die neue Reihe »frauen aktuell«.[151] Seit etwa 1972/73, so
zeigt eine quantifizierende Studie von 221 einschlägigen Buchtiteln,
war die Zahl der Neuerscheinungen sprunghaft angestiegen. Das
wachsende Interesse an der Frauenbewegung blieb bis zum Ende
der siebziger Jahre erhalten und dokumentierte sich in der zunehmenden Verbreitung der Frauenliteratur.[152] Zusätzlich zu den Sach-
buchpublikationen erfreuten sich auch die Frauenjahrbücher und
die Frauenkalender großer und anhaltender Popularität bis in die
achtziger Jahre.[153]

149 Selbstdarstellung des Verlags Frauenoffensive aus dem Jahr 1975, in: Frauenfor-
    schungs-, -bildungs- und -informationszentrum (Hg.), *Zehn Jahre Frauenzen-
    trum. Eine Dokumentation*, Berlin 1988, S. 72/73.
150 Nienhaus, »Wie die Frauenbewegung zu Courage kam«, S. 18, 20; Gerhard,
    »Frauenbewegung«, S. 208.
151 Saldern, »Markt für Marx«, S. 176; Nave-Herz, *Geschichte der Frauenbewegung*,
    S. 82.
152 Nave-Herz u. a., »Die Ziele der Frauenbewegung«, S. 15. Zur Kritik am Sample
    von Nave-Herz, dessen Titel nur zu 20 Prozent der Frauenbewegung entstam-
    men, Hannelore Schröder, »Zum politischen und ökonomischen System des
    Patriarchalismus«, in: *APuZ* B 31 (1976), S. 17-41.
153 Nave-Herz, *Geschichte der Frauenbewegung*, S. 82; Gerhard, »Frauenbewegung«,
    S. 208.

Dank der enormen Bedeutung der Frauenliteratur und -verlage bildeten sich schnell Frauenbuchläden, die den Bedarf an der ansonsten kaum am Markt angebotenen Frauenliteratur deckten. In Berlin konnte man bald 14 Frauenbuchläden zählen, die in der Regel ausschließlich von Frauen betrieben wurden.[154] Gerade die Frauenbuchläden (zuweilen gekoppelt mit Tee- oder Kaffeestuben) waren Orte, »an denen wir uns trafen. In jeder Stadt«, erinnerte sich die feministische Künstlerin Marianne Pitzen, »hatte man Anlaufstellen und fand Frauen, mit denen man über Dinge reden konnte«. Hier wurden wichtige Diskussionsabende oder Autorinnenlesungen abgehalten.[155] Die Frauenbuchläden wurden zu Räumen für Frauenöffentlichkeit und -kultur. Eine Buchhändlerin aus einem Wiesbadener Frauenbuchladen schilderte es wie folgt: »Da kamen die Frauen von morgens bis abends. Wir waren immer präsent.« Vom Buchladen aus wurden auch die Demonstrationen organisiert: »Wir haben uns im Buchladen getroffen und Transparente fertig gemacht für die Demo – für die Walpurgis-Demo, die 218-Demo oder was auch immer.«[156]

Neben Büchern und Verlagen entwickelte sich in der Wissenschaft ein weiteres, breites Aktivitätsfeld. Im April 1974 gab es das erste Frauenseminar an der Freien Universität Berlin, aus dem die Universitätszeitschrift *Nebenwiderspruch* der »neuen Blaustrümpfe« hervorging. Ab 1976 veranstalteten Frauen an der Freien Universität ihre Sommeruniversität, an der mehrere tausend Frauen teilnahmen.[157] Das Frauenforum im Revier, 1979 in Dortmund veranstaltet, zog mit den Diskussionen über die Lebensbedingungen

154 Heider u. a., *Fast wie im wirklichen Leben*, S. 107; Mailänder/Zander, *Das kleine Westberlin-Lexikon*, S. 91.

155 Marianne Pitzen, »Das Veränderungspotenzial war die treibende Kraft«, in: Gisela Notz (Hg.), *Als die Frauenbewegung noch Courage hatte. Die »Berliner Frauenzeitung Courage« und die autonomen Frauenbewegungen der 1970er und 1980er Jahre. Dokumentation einer Veranstaltung am 17. Juni 2006 in der Friedrich-Ebert-Stiftung, Berlin*, Bonn 2007, S. 68; Nave-Herz, *Geschichte der Frauenbewegung*, S. 82.

156 Plogstedt, *Frauenbetriebe*, S. 42.

157 Gerhard, »Frauenbewegung«, S. 209; Nienhaus, »Wie die Frauenbewegung zu Courage kam«, S. 16; Nave-Herz, *Geschichte der Frauenbewegung*, S. 84; Plakat zur Sommer-Universität für Frauen im Jahr 1977, in: Frauenforschungs-, -bildungs- und -informationszentrum (Hg.), *Zehn Jahre Frauenzentrum. Eine Dokumentation*, Berlin 1988, S. 54; Lenz (Hg.), *Neue Frauenbewegung*, S. 215-221.

von Frauen im Ruhrgebiet etwa 5000 Frauen an.[158] Daneben etablierten sich Forschungsinstitute und -vereine, wie der im Jahr 1978 gegründete Verein Sozialwissenschaftliche Forschung und Praxis für Frauen e. V., der Theorie und Praxis in den Bereichen Medizin, Architektur, Stadtplanung und Geschichte zusammenführen wollte. An den Universitäten bildeten sich zahllose Frauenprojekte, autonome Seminare und Ringvorlesungszyklen. 1979 entstand innerhalb der Deutschen Gesellschaft für Soziologie eine Sektion Frauenforschung, eigene Frauenarchive wurden gegründet und aufgebaut. Die Forderung nach eigenen Lehrstühlen für Frauenforschung und Gender Studies wurde immer vehementer gestellt und in den achtziger Jahren in mehreren Bundesländern verwirklicht. Innerhalb etablierter Forschungsinstitutionen wurden Frauenforschungsprojekte durchgeführt. Parallel dazu wurden eigenständige Institute ins Leben gerufen, wie 1978 das Berliner FFBIZ (Frauenforschungs-, -bildungs- und -informationszentrum), 1981 das IFG in Hannover (Institut Frau und Gesellschaft), 1983 dann das FIF in Frankfurt (Feministisches Interdisziplinäres Forschungsinstitut) und der FAM im Jahre 1984 in München (Verein zur Förderung der Frauenakademie München e. V.).[159]

6.4.4 Frauenhäuser

Mit der Gewalt gegen Frauen und den Möglichkeiten zu ihrer Verhinderung beschäftigten sich die Feministinnen durch die Einrichtung von Frauenhäusern. 1974 erschien die Übersetzung von Erin Pizzeys Buch *Scream Quietly or the Neighbours Will Hear. Schrei leise, sonst hören dich die Nachbarn. Mißhandlungen in der Familie* wurde zu einem wichtigen Anstoß für die Gründung von Frauenhäusern in der Bundesrepublik. Im selben Jahr fand sich im Berliner Frauenzentrum die Gruppe Gewalt gegen Frauen zusammen, die den Internationalen Frauenkongress in Frankfurt am Main im November vorbreitete.[160]

Das erste Frauenhaus, in dem von ihren Ehemännern misshan-

---

158 Nave-Herz, *Geschichte der Frauenbewegung*, S. 85; Gerhard, »Frauenbewegung«, S. 209.

159 Nave-Herz, *Geschichte der Frauenbewegung*, S. 84-87, 94-96; Mailänder/Zander, *Das kleine Westberlin-Lexikon*, S. 85.

160 Nienhaus, »Wie die Frauenbewegung zu Courage kam«, S. 19.

delte Frauen mit ihren Kindern aufgenommen wurden, öffnete im Oktober 1976 in Berlin seine Türen. Seit dem Winter 1974 hatte sich eine Kerngruppe von fünf Sozialwissenschaftlerinnen dieses Projektes angenommen. Mit Unterstützung des Bundesfamilienministeriums und des Berliner Senats wie auch einiger zusätzlicher Spenden, die dank Öffentlichkeitsarbeit der Gruppe eingeworben werden konnten, hatten die Frauen eine Gründerzeitvilla angemietet. Allein im ersten Jahr wurden insgesamt 615 Frauen und 730 Kinder im Frauenhaus aufgenommen.[161] Bereits einen Monat später entstand ein zweites Frauenhaus in Köln und im darauffolgenden Jahr wurde ein erster Notruf für vergewaltigte Frauen eingerichtet.[162] Dass Erin Pizzey bereits 1971 ein erstes Frauenhaus im Londoner Stadtteil Chiswick als Zufluchtsstätte für geschlagene Frauen eingerichtet hatte, war damals genauso bekannt wie das Internationale Tribunal Gewalt gegen Frauen, das im März 1976 in Brüssel unter der Schirmherrschaft von Simone de Beauvoir stattfand. Hier berichteten Frauen aus aller Welt in mündlichen, schriftlichen wie filmischen Dokumentationen über erlittene Gewalt.[163] 1979 konnten bereits 32 Frauenhausgruppen und -initiativen im Bundesgebiet gezählt werden, Notrufstellen gab es 1981 bundesweit zehn, 1989 dann fast 30.[164]

Die Sichtbarmachung und Thematisierung alltäglicher Gewalt und sexueller Belästigung wurde zu einem wichtigen Teil der Öffentlichkeitsarbeit verschiedenster Initiativen, die sich 1980 – nicht zuletzt auch wegen der oftmals prekären Finanzsituation – in der Zentralen Informationsstelle Autonomer Frauenhäuser zusammen-

---

161 Sarah Haffner (Hg.), *Frauenhäuser. Gewalt in der Ehe und was Frauen dagegen tun*, Berlin 1978, S. 141-150; Andreas Suttner, *»Beton brennt«. Hausbesetzer und Selbstverwaltung im Berlin, Wien und Zürich der 8oer*, Wien, Berlin 2011, S. 119. Zur Finanzierung der Frauenhäuser durch den Staat seit 1981 siehe BArch Koblenz, B 189, Nr. 25421 bis 25 423.

162 ⟨http://www.autonome-frauenhaeuser-zif.de⟩, letzter Zugriff am 02. 04. 2013; Haffner (Hg.), *Frauenhäuser*, S. 151-158; Gerhard, »Frauenbewegung«, S. 205; Nienhaus, »Wie die Frauenbewegung zu Courage kam«, S. 22; Peter Borowsky, *Deutschland 1969-1982*, Hannover 1987, S. 187.

163 Nienhaus, »Wie die Frauenbewegung zu Courage kam«, S. 22; Nave-Herz, *Geschichte der Frauenbewegung*, S. 80; Gerhard, »Frauenbewegung«, S. 205; »Frauenhaus«, in: *Carlo Sponti* 40/41 (1978), S. 9. Zu England: Haffner (Hg.), *Frauenhäuser*, S. 83-123.

164 Nave-Herz, *Geschichte der Frauenbewegung*, S. 81/82.

schlossen.[165] Grundsätzlich sollten die Frauen in den für Männer verschlossenen Häusern Zeit zum Nachdenken und zur Neuorientierung finden, zudem wurden die Frauen bei Behördengängen und bei der Anwaltssuche unterstützt. Zu einem internen Streitpunkt in der Frauenbewegung wurde die Frage, ob man die in den Frauenhäusern Schutz suchenden Frauen zu Selbstständigkeit und Unabhängigkeit gegenüber ihren Männern erziehen sollte oder ob man sich damit abfinden müsse, wenn diese zu ihren Peinigern zurückkehren wollten.[166] Auch soziale Unterschiede zwischen den geschundenen Gewaltopfern und ihren meist gut ausgebildeten Betreuerinnen aus bürgerlichen Mittelschichten sorgten für Probleme und Verunsicherungen. So schrieb eine Betreuerin aus dem Berliner Frauenhaus:

In den ersten Wochen konnten wir uns um die Frauen, die zu uns kamen, recht intensiv kümmern, mit ihnen lange Gespräche führen, sie zu Ämtern begleiten, Kaffee trinken, einfach für sie da sein. Trotzdem war die erste Zeit etwas chaotisch, und wir reagierten hilflos oder umständlich bei verschiedenen Problemen. Eines der größten Probleme, das wir gleich am Anfang hatten (und noch häufig haben), ist der Alkohol.[167]

Gewalt in der Ehe war in den siebziger Jahren keineswegs eine unbedeutende Randerscheinung. Die Zahl der misshandelten Frauen wurde in der Frauenbewegung selbst auf 100 000 jährlich geschätzt – vermutlich war das etwas zu hoch gegriffen. 1975 gingen in Berlin jedenfalls 236 Klagen über die Telefonseelsorge ein, und im Bezirk Charlottenburg registrierte das Sozialamt 1976 114 Fälle von Misshandlungen an Ehefrauen. Da sogar diese Frauen die an ihnen verübte Gewalt nicht selten als Privatsache ansahen, dürfte die Dun-

165 Gerhard, »Frauenbewegung«, S. 205. Zu den finanziellen Problemen und Fluktuationen in der Heidelberger Frauengruppe siehe: »Frauenhaus. Haus für misshandelte Frauen«, in: *Carlo Sponti* 40/41 (1978), S. 9.

166 Haffner (Hg.), *Frauenhäuser*; Carol Hagemann-White, »Die Frauenhausbewegung«, in: Peter Grottian, Wilfried Nelles (Hg.), *Großstadt und neue soziale Bewegungen*, Basel 1983, S. 167-174; Nave-Herz, *Geschichte der Frauenbewegung*, S. 80; Gisela Notz, »Courage – Wie es begann und was daraus wurde und was geblieben ist«, in: dies. (Hg.), *Als die Frauenbewegung noch Courage hatte. Die »Berliner Frauenzeitung Courage« und die autonomen Frauenbewegungen der 1970er und 1980er Jahre. Dokumentation einer Veranstaltung am 17. Juni 2006 in der Friedrich-Ebert-Stiftung Berlin*, Bonn 2007, S. 23-56, hier S. 37.

167 Haffner (Hg.), *Frauenhäuser*, S. 144.

kelziffer um ein Vielfaches höher gelegen haben. Fast immer waren Frauen aus bildungsfernen Schichten und aus der Arbeiterschaft Opfer häuslicher Gewalt.[168]

6.5 Zwischenfazit

In diesem Kapitel wurden mit den Kneipen, dem Buchhandel, den Veranstaltungsorten und den unterschiedlichsten Frauenräumen vom Frauencafé bis zum Frauenhaus Bereiche der Alternativökonomie untersucht, deren Bedeutung vor allem in ihrer (politischen) Vergemeinschaftungsfunktion lag. Die alternative Ökonomie mit ihrer spezifischen Arbeitsorganisation war immer in weiter gespannte politische Zusammenhänge eingebunden – Arbeit war nicht bloß Mittel zum Broterwerb, sondern stand in einem unmittelbar politischen Kontext.

Neben den linken Kneipen und Arbeitskollektiven etablierte sich in den siebziger und achtziger Jahren eine gut ausgebaute feministische Infrastruktur in den großstädtischen Zentren der Alternativbewegung. In den Frauenhäusern, -buchläden und -cafés wurden Lebens-, Umgangs- und Ausdrucksformen, Sprach- und Kleidungscodes entwickelt und eingeübt. Diese Orte dienten der Aufklärung, Weiterbildung und Ausgestaltung der Gegenkultur – häufig verbunden mit einer geselligen Freizeitkultur. Christina Thürmer-Rohr, Galionsfigur der Berliner Frauenbewegung und nunmehr Philosophin und Psychologin an der TU, urteilte auf einer Tagung im Jahr 2006, das entscheidende Merkmal des Feminismus der späten siebziger und frühen achtziger Jahre sei die Suche »nach so etwas wie Authentizität, nach einer individuellen Sprache, nach eigenen Wegen und Worten« gewesen.[169] Der Ort für derlei

168 Flugblatt eines Berliner Frauenzentrums von 1976, in: Frauenforschungs-, -bildungs- und -informationszentrum (Hg.), *Zehn Jahre Frauenzentrum. Eine Dokumentation*, Berlin 1988, S. 43; Haffner (Hg.), *Frauenhäuser*, S. 60, 159-169. Im *Carlo Sponti* von 1978 ist gar von einer Million Frauen die Rede (»Frauenhaus«, in: *Carlo Sponti* 40/41 [1978], S. 9).

169 Christina Thürmer-Rohr, »Die Courage war Sprachrohr der Frauenbewegung«, in: Gisela Notz (Hg.), *Als die Frauenbewegung noch Courage hatte. Die »Berliner Frauenzeitung Courage« und die autonomen Frauenbewegungen der 1970er und 1980er Jahre. Dokumentation einer Veranstaltung am 17. Juni 2006 in der Friedrich-Ebert-Stiftung, Berlin*, Bonn 2007, S. 57-61, hier S. 58.

waren die Frauenräume – hier wurde eine »bewegte ›Subjektivierung‹« im Sinne Foucaults ausgebildet: »Die ›Selbstbestimmung‹ war die wohl wichtigste Forderung der Frauen damals, in bezug auf den Schwangerschaftsabbruch, die Empfängnisverhütung, den Lebensplan, so vieles. Heute passt Selbstbestimmung [...] haarscharf in die Rationalität neoliberaler Sozial-Technologien, die die Menschen frei setzt und berechenbar macht.«[170] Die Feministinnen waren Vorläuferinnen des nur scheinbar freien *decision maker*, der unter dem ständigen Druck seiner Autonomieproduktion und seines Identitätsbildens steht und, im Anschluss an das Urteil von Barbara Duden, wie eine Marionette der Freiheit erscheint.

Was für die Kneipen, Buchläden und sonstigen Treffpunkte galt, traf auf das linksalternative Milieu im Allgemeinen zu. Selbst im Bereich der Freizeit bestand eine enge Verbindung aus Befreiung, kollektiver Identitätsbildung und einer als dringlich empfundenen Selbstverwirklichung – jeweils im Zeichen eines durchaus einengenden Selbstzwangs. Die Verschränkung von Freizeit und Arbeit, die Ausbildung einer eigenen Ästhetik, eines charakteristischen Lebensstils und eines eigenständigen Musikgeschmacks, der Anspruch an sich, fast in allen Bereichen des Lebens den subkulturellen Normen zu folgen, zeigt die ganze Ambivalenz aus gesellschaftlicher Befreiung und normierenden Selbstansprüchen auf.

---

170 Zitiert nach Notz, »Courage – Wie es begann und was daraus wurde und was geblieben ist«, S. 51, 53. Vgl. Silja Samerski, *Die verrechnete Hoffnung. Von der selbstbestimmten Entscheidung durch genetische Beratung*, Münster 2002.

III. Körper und Seele

7. Körper und Sexualität

> Was wäre schon diese Revolution/
> ohne eine allgemeine Kopulation.
> (Peter Weiss)

7.1 Kleidung und körperliche Hexis

Körperschema und Natürlichkeit

Körper wie Körpersprache sind Medien gesellschaftlichen Handelns, Träger wechselnder Codierungen und Repräsentationstechnologien. Sie unterliegen alltagspraktisch gedeuteten Erfahrungen und historisch wandelbaren Diskursen. Schon Pierre Bourdieu hat die »körperliche Hexis« als eine »einverleibte, zur dauerhaften Disposition« geronnene »Art und Weise der Körperhaltung, des Redens, Gehens« oder des Benehmens bestimmt, wobei das »Verhältnis zum Leib [...] stets geschlechtlich überdeterminiert« sei.[1] Dieser über Praktiken hergestellte und eintrainierte körperliche Habitus spiegelt Erfahrungen wider, die sich aus dem Zusammenspiel von Normierungs- und Disziplinierungsprozessen wissenschaftlicher Autoritäten und den sozial und kulturell unterschiedlichen körperlichen Aneignungsformen des Ästhetisierens, Vermessens, Pflegens, Gebrauchens ergeben. Die permanente Praxis des körperlichen Aneignens ist als kreativer Prozess zwischen sozialer Prägung und körperlicher Eigendynamik zu verstehen, insofern die subjektiven Körpererfahrungen zwischen sozialer Codierung und physischer Materialität vermitteln.[2]

---

1 Pierre Bourdieu, *Sozialer Sinn. Kritik der theoretischen Vernunft*, Frankfurt/M. 1987, S. 129, 133; ders., *Die feinen Unterschiede. Kritik der gesellschaftlichen Urteilskraft*, Frankfurt/M. 1987, S. 666. Vgl. Kathleen Canning, »The Body as Method? Reflections on the Place of the Body in Gender History«, in: *Gender & History* 11 (1999), S. 499-513; Pierre Bourdieu, »Männliche Herrschaft revisited«, in: *Feministische Studien* 2 (1997), S. 88-99.
2 Pierre Bourdieu, *Homo academicus*, Frankfurt/M. 1988, S. 363; Philipp Sarasin, »›Mapping the body‹. Körpergeschichte zwischen Konstruktivismus, Politik und ›Erfahrung‹«, in: ders., *Geschichtswissenschaft und Diskursanalyse*, Frankfurt/M. 2003, S. 100-121, hier S. 115; Jakob Tanner, »Körpererfahrung, Schmerz und die

Im linksalternativen Milieu wurde der Körper neu entdeckt: als politischer Signalträger ebenso wie als emotionale Empfindungszone von der Angst über die Gewalt bis zur Lust. So inszenierte man in der Friedensbewegung bei pathetischen Demonstrationsakten den zerbrechlichen Körper gegen schwere Militärmaschinen; im schwarzen Block wurde Gewalt im Straßenkampf als »befreiendes Gefühl« erlebt;[3] die Kommune I wiederum spielte mit den medialen Imagezuschreibungen einer angeblich orgiastischen Lustgemeinde. Von der Sexualität über den Drogenkonsum und die mit ihm verbundenen Erkenntnisweisen und Erfahrungen bis zu spirituellen Praktiken und den Verhaltensweisen der ökologisch orientierten Gesundheitsapostel waren die Linksalternativen nahezu besessen vom Körper.

Körper, Nacktheit und körperliche Nähe waren keine Tabus:

In der Alternativszene läßt man generell den fremden Körper näher heran [...]. Berührungen, Abschieds- und Begrüßungsumarmungen sind häufiger als in anderen Kreisen der Gesellschaft [...]. Man duzt sich, man berührt sich, man findet wie selbstverständlich in fremden Häusern Unterkunft, sofern die Bewohner Alternative sind [...], man rückt selbstverständlich zusammen, um einen Tramper im Auto mitzunehmen.[4]

Man suchte die körperliche Nähe zueinander, gab der körperlichen Intimität und selbst der Nacktheit in den Wohngemeinschaften viel Raum, man wollte sich über den Körper – von der Meditation bis zur Sexualität – ausdrücken und stellte hierbei die »Natürlichkeit« ins Zentrum des Verhaltenskodexes.

Veränderungen des Kleidungsverhaltens

1968 war die Kleidung, vor allem bei den älteren SDS-Mitgliedern, noch »überhaupt kein Thema gewesen«, wie sich der heutige Rechts- und Politikwissenschaftler Ulrich K. Preuß in den achtziger

Konstruktion des Kulturellen«, in: *Historische Anthropologie* 2 (1994), S. 489-502, hier S. 500; Bourdieu, *Sozialer Sinn*, S. 136; ders., *Die feinen Unterschiede*, S. 254/255.

3 Jörg Bopp, »Trauer-Power. Zur Jugendrevolte 1981«, in: *Kursbuch* 65 (1981), S. 151-168, hier S. 158.

4 Christoph Conti, *Abschied vom Bürgertum. Alternative Bewegungen in Deutschland von 1890 bis heute*, Reinbek 1984, S. 178. Vgl. auch ebd., S. 177, 180.

Jahren erinnerte. »Es spricht ja für die APO, daß man den einzelnen nicht an seiner Kleidung beurteilte, seinem Äußeren, sondern nach dem, was er tat«, pflichtete der Soziologe Niels Beckenbach diesem Urteil bei. Und auch Bernd Rabehl stimmte dem zu: »Wir waren weder modebewußt noch negativ modebewußt.« Auf Kleidung wurde schlichtweg »nicht viel wert gelegt«, so der spätere Krimiautor Jürgen Alberts. Sie wurde lediglich als oberflächliche Formsache betrachtet.[5] Die Fotografien von APO und SDS aus den späten sechziger Jahren bestätigen diese Berichte. Die revoltierenden Studenten und Studentinnen unterschieden sich nur wenig von ihren unpolitischen Kommilitonen – die Krawatten, Stoffhosen, weißen Hemden und Jacketts waren ebenso wenig verschwunden wie die Kurzhaarschnitte über den glatt rasierten Gesichtern.

Zehn Jahre später bot sich bereits ein gänzlich anderes Bild. Als Scenelinker erkannt zu werden war nunmehr sehr einfach geworden, wie es 1978 im *Pflasterstrand* hieß: »In Frankfurt ist ›Genossesein‹ einfach: Lederjacke, Tuch um den Hals, Westernstiefel, Henna, Nein-Danke-Schild«.[6] In der *taz*, so der ehemalige Redakteur Jörg Magenau, war die »Räucherstäbchen-, Strickpullover- und Oberarmtätschelfraktion« integraler Bestandteil des Redaktionsalltags.[7] Zwischenzeitlich hatte sich innerhalb der einzelnen Fraktionen der Linken sogar ein differenzierter, linksalternativer Kleidungsstil herausgebildet. Die Kleidung war zum »Aushängeschild« der Szene geworden, wie das Paul-Gerhard Hübsch 1980 zusammenfasste: »Die Kleidung der Szene, ob Bund-, Latz-, Pluder- oder Cord-Hose, ob Burnus, Jeans, Maxirock oder Lederjacke, ist Aussage über Inneres, die Inneres kaschieren, verstellen, unkenntlich machen kann; die Inneres öffentlich, offenbar und bewußt machen sollte.«[8] Dasselbe galt für die Haarmode: Feministinnen waren an den hennaroten Haaren und dem kurzen »Mecki«, einem nach der Comicfigur Mecki aus der Zeitschrift *Hörzu* benannten Igelschnitt, der linksalternative Mann an seinem langen Haupthaar, Pferdeschwanz und

5 Marion Grob, *Das Kleidungsverhalten jugendlicher Protestgruppen in Deutschland im 20. Jahrhundert*, Münster 1985, S. 282/283 (Zitate). Weitere Belege ebd., S. 284-299, 303-306.

6 *Pflasterstrand* 23a (1978), S. d.

7 Jörg Magenau, *Die taz. Eine Zeitung als Lebensform*, München 2007, S. 66.

8 Hadayatullah Hübsch, *Alternative Öffentlichkeit. Freiräume der Information und Kommunikation*, Frankfurt/M. 1980, S. 40/41.

fusseligen Bart zu erkennen. Der Hals wurde reich dekoriert: Al-Fatah- bzw. Palästinenser-Tücher für die internationale Solidarität, lila gefärbte Windeln für Feministinnen, bunt geringelte Wollschals für Ökos oder der Seidenschal für den Dandy wurden später um das leicht transparente und farbenfrohe Halstuch für die gemäßigten Frauenrechtlerinnen ergänzt. Am Oberkörper fand man grüne Parka, Wollmäntel, Norweger-Pullover und Selbstgestricktes. Die Beine wurden mit Latzhosen oder Jeans umhüllt und die Füße mit Cowboystiefeln, Entenschuhen, Clogs oder Birkenstocksandalen mit Tieffußbett ausgestattet. So erkannte man den Öko schon von der Ferne an seiner bunten und selbstgestrickten Wollkleidung, wie auch das feministische Latzhosengeschöpf oder den in schwarzen Kapuzenpulli samt Lederjacke gehüllten Autonomen. Allgemein und übergreifend hatten sich im linksalternativen Milieu der siebziger Jahre Jeans, Flohmarkthemden, knittrige Halstücher und der Parka durchgesetzt.

Der Parka war neben der Jeans wohl das am weitesten verbreitete Kleidungsstück. Die »Amikutte« wurde von der Studentenbewegung auf der Suche nach billigen Kleidungsstücken in den Verkaufsläden der Amerikaner entdeckt und politisiert. Im Zuge der Modeerscheinung des Militarylook und auch wegen seiner Zweckmäßigkeit wurde der Parka ab den späten sechziger Jahren als sportliche, dunkelgrüne oder dunkelblaue Allzweckjacke übernommen. Als äußeres Zeichen der inneren Grundeinstellung tauchte er wohl erstmals bei den englischen Mods Anfang der sechziger Jahre auf (popularisiert durch den Spielfilmklassiker *Quadrophenia* von 1979). Den Aktivisten der Studentenbewegung galt der Parka als »leger« und »lässig«, insbesondere wenn man mit ihm im Universitätsseminar auftauchte. Der typische Look war, so erinnert sich ein Aktivist, »grüner Parka, Schlabberpullover und Jeans«. Die Umfunktionierung des militärischen Kleidungsstückes wurde durch das Aufnähen linker Zeichen und Symbole oder das Anstecken entsprechender Buttons gesteigert.[9]

Entscheidend war, dass man in seinem Outfit sowohl ins Seminar als auch ins Theater oder in die Prüfung ging und entsprechend provozieren konnte. Zwischen Alltags-, Freizeit-, Arbeits- oder Ausgehkleidung wurde nicht länger differenziert. Die Verweigerung

---

9 Grob, *Kleidungsverhalten*, S. 274-277, 299, 307 (das Zitat des Aktivisten findet sich auf S. 275); Ulrike Heider, *Keine Ruhe nach dem Sturm*, Hamburg 2001, S. 55.

des Rollenwechsels betrachtete man als Ausweis der beschworenen Authentizität.[10] Ein egalitärer Habitus mithin, der immer die gleiche Nähe und Lockerheit signalisieren sollte. »Natürlichkeit« jenseits der Konventionen wurde zum Ausdruck eines hedonistisch-ungebundenen Stilmixes der siebziger Jahre: »Wenn sie mich nicht mögen, wie ich bin, haben sie eben Pech gehabt«, kommentierte ein Aktivist sein früheres Kleidungsverhalten. Die Lebenseinstellung wurde durch die Kleidung aufgezeigt und versinnbildlicht.[11]

Nähen, Stricken oder Färben (Letzteres vor allem in der Batiktechnik) gehörten zur Do-it-yourself-Kleidung ebenso dazu wie die Kombination unterschiedlicher Stoffe und Materialien, der selbstgestrickte Schafwollpullover, das selbstgeschneiderte Schlabberkleid. Zusammen mit der unfrisierten Haarmähne und dem urwüchsigen Vollbart wurden sie zu Symbolen eines natürlichen, eines authentischen Selbstverwirklichungsstils.[12] »Das Natürliche«, so schrieben im Nachhinein zwei Berliner Kinderladenaktivistinnen, hatte »in Gestalt von Weleda, Holle und Wolle [...] Konjunktur«. So wurde beispielsweise das Babytragetuch für die linksalternative Mutter »Ausdruck eines unüberlegten Dritte-Welt-Faibles, es ist der mißglückte Versuch, zu angeblich urtümlicher Natürlichkeit zurückzukehren«.[13]

10 Grob, *Kleidungsverhalten*, S. 238, 280-282; Hermann Bausinger, »Die heimliche Fortsetzung. Spuren von 1968 in der heutigen Alltagskultur«, in: *Berliner Blätter* 18 (1999), S. 6-19, hier S. 12; Gerd Koenen, *Das rote Jahrzehnt. Unsere kleine deutsche Kulturrevolution 1967-1977*, Köln 2001, S. 240.

11 Zitiert nach Grob, *Kleidungsverhalten*, S. 281. Vgl. auch Joachim Scharloth, *1968. Eine Kommunikationsgeschichte*, München 2011, S. 431-434.

12 Larissa Denk, Jan Spille, »Kleidsamer Protest – Medium und Moden des Protestes«, in: Klaus Schönberger, Ove Sutter (Hg.), *Kommt herunter, reiht euch ein ... Eine kleine Geschichte der Protestformen sozialer Bewegungen*, Berlin, Hamburg 2009, S. 210-233, hier S. 215; Kathrin Fahlenbrach, *Protest-Inszenierungen. Visuelle Kommunikation und kollektive Identitäten in Protestbewegungen*, Wiesbaden 2002, S. 202; Joachim Scharloth, »Die Sprache der Revolte: Linke Wörter und avantgardistische Kommunikationsstile«, in: Martin Klimke, Joachim Scharloth (Hg.), *1968. Handbuch zur Kultur- und Mediengeschichte der Studentenbewegung*, Stuttgart, Weimar 2007, S. 223-234, hier S. 230; Jörg Türschmann, »Am Strand von TUNIX. Körperdiskurse, Pazifismus und Natursehnsucht in der Ökobewegung«, in: Werner Faulstich (Hg.), *Die Kultur der 70er Jahre*, München 2004, S. 37-48, hier S. 43.

13 Monika Aly, Annegret Grüttner, »Unordnung und frühes Leid. Kindererziehen 1972 und 1982«, in: *Kursbuch* 72 (1983), S. 33-49, hier S. 35.

Kleidung, Körperhaltung und Mimik trugen ebenso sehr zur Identitätsstiftung bei wie die Aneignung linker Theorien. Die Kleidung sendete kulturelle Signale aus, verschaffte Zugehörigkeit und lieferte Hinweise auf das Verhalten und die Anschauungen ihrer Träger. Diese nonverbale Kommunikation war situationsgebunden und wirkte auf Straßendemonstrationen und Protestversammlungen anders als in der Alltagswelt, sie veränderte sich in ihrer Wirkung, je nachdem, ob die Kleidung bei feierlichen Anlässen, auf der Arbeit oder in der Freizeit getragen wurde.[14] Auf die Kleidung als temporäres Protestelement in Form von Schutzkleidung, Vermummung, Maskerade oder Uniformierung bei Demonstrationen wurde bereits in anderen Kapiteln im Zusammenhang mit den einzelnen sozialen Bewegungen bzw. in dem Abschnitt über die Hausbesetzer eingegangen.[15]

Die Kleidung wurde auch im Alltag als provokatives Protestmittel eingesetzt, sie sollte ebenso ein- wie abgrenzen: »Zum Beispiel brechen das lange Haar der Hippies und die zerfransten Jeans bürgerliche Vorstellungen von Sauberkeit und Akkuratesse, wie sie sich im Kurzhaarschnitt und Anzug ausdrückten.«[16] Das »natürlich« lange Haar sollte die Lebenshaltung salopper Lässigkeit, Unverstelltheit und Natürlichkeit symbolisieren, da es eben nicht im typischen Einheitsfassonschnitt gekürzt und gestylt war.[17] Die Skepsis gegenüber Normen wie Disziplin, Gehorsam und Unterordnung konnte auf recht einfache Weise in den Körper eingeschrieben werden. Gerade weil die Linksalternativen so vehement gegen herkömmliche Formen und Rituale rebellierten, darauf weist Matthias Horx hin, entwickelten sie umso gründlicher ihre eigenen Formen

---

14 Denk/Spille, »Kleidsamer Protest«, S. 211-214, 216/217.

15 Vgl. dazu auch Denk/Spille, »Kleidsamer Protest«, S. 214-223.

16 Anja Schwanhäußer, *Stilrevolte Underground. Die Alternativkultur als Agent der Postmoderne*, Berlin o. J. [2002], S. 26.

17 Conti, *Abschied vom Bürgertum*, S. 175; Schneider, *Rebellion und Wahn*, S. 119; Schwanhäußer, *Stilrevolte Underground*, S. 61; Karl-Michael Kuntz, »Spontis, Schlaffis und Chaoten. Psychologische und politische Perspektiven der neuen Jugendbewegung«, in: Stefan Aust, Sabine Rosenbladt (Hg.), *Hausbesetzer – wofür sie kämpfen, wie sie leben und wie sie leben wollen*, Hamburg 1981, S. 193-221, hier S. 203; Stefan Micheler, »Der Sexualitätsdiskurs in der Studierendenbewegung der 1960er Jahre«, in: *Zeitschrift für Sexualforschung* 13, 1 (2000), S. 1-39, hier S. 17.

und Rituale: »Nur dem Kämpfer gegen die Kleiderordnung gilt die Kleidung heutzutage noch als unbedingter Gesinnungsausdruck.«[18]

Die Kommunikationswissenschaftlerin Kathrin Fahlenbrach hat den Zusammenhang von Politik und expressivem Verhalten pointiert formuliert, als sie darauf hinwies, dass sich die Protestkommunikation auch in der »individuellen Selbstdarstellung der Protestierenden« äußerte:

> Die expressive Ausstattung des Körpers durch Kleidung, Frisur und Buttons, aber auch die Verwendung bestimmter Konsumartikel und die Einrichtung von Wohnräumen werden zu Feldern des symbolischen Widerstandes gegen die Lebensformen der ›Alten‹. In der expressiven Selbstinszenierung der rebellierenden Jugend markieren visuelle Protestsymbole die Fronten zwischen den Generationen – und dies nicht nur im öffentlichen, sondern auch im privaten Raum.[19]

Im habituellen Protest bündelten sich somit Politik und Kultur des Widerstands. Insofern wurden »kleinbürgerliche« »Krawatte und kurze Haare« tatsächlich zu einem »Klassenkampfmittel erklärt«, wie es 1976 im *Carlo Sponti* hieß.[20]

Die Kommunarden machen es vor

Während die frühen SDS-Aktivisten unter Politik noch eine »intellektuell-politische Bewegung« verstanden (Ulrich K. Preuß) und Kleidung bzw. äußeres Erscheinungsbild für sie unpolitisch waren,[21] zeigten die Aktivisten der Kommune I erstmals eine kulturrevolutionäre Perspektive auf. Musik, Habitus, Sprache, Lebensformen und eben auch Kleidung waren nicht nur Teil, sondern herausragender Bestandteil ihrer Politik. Sie begannen Kleidungsstile und Körperhaltungen einzuführen, die nicht mehr Respektsbekundung und Konventionalität signalisierten, sondern dem Primat der Lockerheit, Natürlichkeit und Individualität folgten. In einem Interview aus den achtziger Jahren bekannte Dieter Kunzelmann:

18 Matthias Horx, »My Generation«, in: *Zeit-Magazin* 16 (15.04.1988), S. 54-67, hier S. 62.
19 Fahlenbrach, *Protest-Inszenierungen*, S. 12.
20 »Vor Wort«, in: *Carlo Sponti* 26/27 (1976), S. 1.
21 Siehe dazu die Zitate von Rabehl, Fichter und Preuß bei Grob, *Kleidungsverhalten*, S. 286, 288, 292.

Die Kommunediskussion ging ja genau um den Komplex: Veränderung der privaten Verhältnisse und gleichzeitig Veränderung der allgemeinen gesellschaftlichen Verhältnisse, also eine produktive Dialektik herzustellen zwischen Privatheit und Gesellschaftlichkeit. Und darin hatte Kleidung, überhaupt Auftreten, Gebaren, Verhalten eine wichtige Funktion. Kleidung ist ja irgendwie eine wichtige kulturhistorische Geschichte.

Man habe versucht, »durch die eigens entwickelte Kleidung, den anderen klarzumachen, daß eigentlich sie die Verkleideten sind, [...] daß sie ihre Kleidung als Korsett, als Einschränkung, nur als Konvention benutzen«.[22]

Durch eine *bricolage* aus Kleidungsstilen verschiedener Epochen und Kleiderkulturen, durch die Vermischung von Männer- und Frauenkleidung sowie Accessoires wurde das »Brave und Biedere« (Kunzelmann) gebrochen. Alte Sachen wurden umgefärbt und vieles für wenig Geld im Trödel, aus dem Theaterfundus oder in amerikanischen Armeeläden gekauft. Frauen trugen Herrenhemden und -hosen, Männer Ohrringe und Ketten – gerade Antje Krüger und Rainer Langhans, aber auch Fritz Teufel taten sich dabei besonders hervor. Auch erschienen die Männer der Kommune I zu Demonstrationen gerne in langen Kleidern. Anregungen für dieses »Verkleiden und Entkleiden« gaben die britische Rockkultur in Gestalt der Rolling Stones ebenso vor wie die amerikanischen Hippies oder die holländischen Provos.[23] In den knapp vier Jahren zwischen 1967 und 1970 verstärkte sich das kulturrevolutionäre Moment in der Studentenbewegung, und die Kommune I, so die Kulturwissenschaftlerin Marion Grob, »wurde stilbildend für weite Teile der Studentenbewegung«.[24]

Verglichen mit den SDSlern und Demonstranten der Studentenbewegung, die man auf Fotografien aus jener Zeit sieht, war das Erscheinungsbild der Kommune I in den späten sechziger Jahren sehr auffällig. An den Universitäten der sechziger Jahre do-

22 Grob, *Kleidungsverhalten*, S. 240 (Interview mit Dieter Kunzelmann). Siehe auch ebd., S. 298.
23 Ebd., S. 222, 239-253, 264, 322; Micheler, »Sexualitätsdiskurs in der deutschen Studierendenbewegung«, S. 17; Denk/Spille, »Kleidsamer Protest«, S. 215; Scharloth, *1968*, S. 314. Das Zitat (Kunzelmann) findet sich bei Grob, *Kleidungsverhalten*, S. 247.
24 Grob, *Kleidungsverhalten*, S. 300-303 (Zitat S. 300). Ähnlich Scharloth, *1968*, S. 313-317.

minierten bei den linken Studenten noch dunkle Pullover oder Hemden unter einem Jackett oder Trenchcoat. Sie waren stark vom existenzialistischen Stil der künstlerischen und intellektuellen Jugend der fünfziger Jahre geprägt. Der Verweigerungsstil in Form von Rollkragenpullis und verbeulten Cordhosen war nüchtern, reduziert und wenig expressiv. Die rationalistische Reduktion von Emotionen manifestierte sich in klaren und ruhigen Formen. Man präsentierte sich höchstens in der Ablehnung von Anzügen und Krawatten als »Bürgerschreck«. Die Frauen verweigerten zum Teil das Tragen von Röcken und damit die tradierten Frauenbilder. Sie teilten die Kleidersprache der Männer und demonstrierten im Unisex-Style ihren Anspruch auf Gleichstellung der Geschlechter. Der reduzierte Ausdruck in der Kleiderordnung äußerte sich auch in Mimik und Körperhaltung.[25]

Bereits Rudi Dutschkes selbstgestrickter Ringelpullover wurde in diesem Kontext zu einem expressiven Markenzeichen: Ausdruck eines intimen, individuellen und geschlechterneutralen Kleidungsstils. Er hatte seinen Pullover, der mittlerweile als Reliquie im Museum für Heimatgeschichte in Luckenwalde hängt, von seiner Frau Gretchen erhalten: »Gretchen gab es später selbst zu, in ihrem liebenswerten US-Akzent: ›Der Pullover war von meine Mutter für mich gestrickt als ich noch in College in den USA war. Rudi hat es geliebt und so bekam er es von mir. Die Farben sind schwarz, brown, olivengrün und turquoise.‹«[26] Das Kleidungsstück gab dem sonstigen Auftreten Dutschkes – einer Mischung aus sprachlicher Ausdruckskraft, Anspannung des Körpers und vollem körperlichen Einsatz bei Demonstrationen – eine Portion liebevoller Gemütlichkeit bei. Durch die Kombination mit diesem soften, selbstgemachten und buntem Pulli verlieh er der revolutionären Pose erst ihre magische Wirkung.

25 Grob, *Kleidungsverhalten*, S. 221, 233, 235, 267, 299; Werner Pieper, *Highdelberg. Zur Kulturgeschichte der Genussmittel und psychoanalytischen Drogen einer berauschenden Stadt*, Löhrbach 2004, S. 220; Bausinger, »Die heimliche Fortsetzung«, S. 12; Fahlenbrach, *Protest-Inszenierungen*, S. 199-202; Scharloth, »Die Sprache der Revolte«, S. 229.
26 Joachim Lottmann, »Strickt an der Revolution«, in: *taz* (09.12.2005).

In der »privilegierten Subkultur« des aus Mittelschichtangehörigen zusammengesetzten Alternativmilieus der siebziger Jahre verfügte man über ausreichende finanzielle Mittel und kulturelles Wissen zur Selbststilisierung. Massen- und populärkulturelle Elemente wurden aus ihrer »affirmativen Position« gelöst und neu kontextualisiert. Man betonte das Unfertige, Spielerische, Lässige und Gestaltungsoffene gegenüber einer normierten und formierten Gesellschaft.[27] Den antibürgerlichen Effekt erzielte man dadurch, dass die Kleidung Löcher aufwies oder nachlässig mit Flicken versehen war. Sauberkeits- und Ordnungsvorstellungen wurden durch nachlässige Pflege und achtlose Handhabung herausgefordert. Gesellschaftliche Rollenerwartungen und Anpassungszwänge wurden gebrochen, bei förmlichen Feierlichkeiten oder Universitätsprüfungen erschien man ebenso in Jeans und Pullover wie in der Freizeit und beim Kneipenabend. Die Männer der antiautoritär eingestellten Marburger Mai-Kommune trugen Ohrringe und rosa eingefärbte Hosen, um bürgerliche Geschlechtercodierungen infrage zu stellen.[28]

Der ehemalige *Pflasterstrand*-Redakteur Thomas Schmid formulierte die Grundausrichtung apodiktisch: »[Z]u einem ordentlichen Idioten gehört eine ordentlich idiotische Kleidung, wie ein ordentliches Haus, eine ordentliche Frau und ordentliche Ferien etc.«[29] Gegen den Konsumismus deckte man sich beim Trödler mit alter Ware ein. Die Kleidung sollte bequem sitzen und den Körper nicht beengen – »Lässigkeit« wurde zum Grundelement der Kleidung. Nicht aufrecht-soldatisch, sondern lümmelnd wollte man sich bewegen.[30] Statt Bügelfalte, steifer Kleidung, weißem Hemd und Krawatte im Picobello-Look trug man nun Cordhosen, Jeans, T-Shirts und Pullover. In diesem Zusammenhang gehörte auch, dass

---

27 Schwanhäußer, *Stilrevolte Underground*, S. 31/32.
28 Richard Meng, Wolfgang Thiel, »Schöner Wohnen? Über die Gestaltung der Räume in Wohngemeinschaften«, in: Johann A. Schülein (Hg.), *»... vor uns die Mühen der Ebenen«. Alltagsprobleme und Perspektiven von Wohngemeinschaften*, Gießen 1980, S. 169-206, hier S. 192; Grob, *Kleidungsverhalten*, S. 253/254, 264, 295.
29 Zitiert nach Grob, *Kleidungsverhalten*, S. 256.
30 Grob, *Kleidungsverhalten*, S. 257-259.

Frauen einzwängende Kleidungsstücke wie BHs, Hüfthalter oder enge Stöckelschuhe ablegten oder in einigen wenigen Fällen sogar rituell verbrannten: »dazu stehen, wie der Körper ist, zu sagen, Korsett ist absoluter Blödsinn«, meinte eine 68er-Aktivistin.[31] Unter dem Motto der Lässigkeit verbuchte man auch, dass die »Klamotten [...] ganz schön zerrissen«, einfach schmuddelig oder verlottert waren, wie sich die Zeitgenossen erinnerten. Die Devise war, nicht »wegen jedem Flecken sofort die Jeans wechseln, nicht wegen jedem Riß sofort eine neue kaufen, sondern Flicken draufsetzen«.[32] Der unordentliche Schmuddellook war Ausdruck einer Verweigerungshaltung, der als Protest gegen normierte Ordentlichkeits- und Reinlichkeitsvorstellungen gerichtet war.

Idealtypen

Vier Hauptformen des alternativen Linken lassen sich unterscheiden. *Erstens* galt der Primat der Lockerheit, Natürlichkeit und »Individualität«, in dem »alles Verkrampfte, Steife, Strenge schon aus der äußeren Erscheinung verbannt werden« sollte, wie der Künstler Christoph Conti schrieb. Er führte den Gedanken weiter: »Der Panzer der Verkrampfung soll sich lösen, die (körperlichen) Barrieren, die von anderen trennen, abgebaut werden. Die Körper sollen zu ihrem Recht kommen.«[33] Das orientalische »Schlabberkleid« oder auch die Latzhosen waren Kleidungsstücke, die dieser Körperhaltung entsprachen. Zur weiten und bequemen Kleidung passte das offene und lange Haar, das den Anspruch auf Ungezwungenheit unterstreichen sollte. Die »sehr bunt angezogenen Typen« und »verrückten Haschbrüder« pflegten einen lässigen Kleidungsstil, der hippiesk und entspannt wirken sollte.[34] Gerade Männern, deren Kleidung in den sechziger Jahren für gewöhnlich in dezenten Farben, knitterfrei und mit Bügelfalte, nüchtern, gediegen und unauffällig gehalten wurde, verschaffte dieser schreiend bunte Knuddellook eine rebellische Aura.[35]

31 Ebd., S. 265.
32 Zitate nach ebd., S. 260-263.
33 Conti, *Abschied vom Bürgertum*, S. 175, 180.
34 Vgl. Michael (»Bommi«) Baumann, *Wie alles anfing*, Frankfurt/M. 1977, S. 72, 122; Grob, *Kleidungsverhalten*, S. 271.
35 Zur Männermode der sechziger Jahre: Grob, *Kleidungsverhalten*, S. 229-231.

Zweitens verband sich mit den Müsligeschöpfen der siebziger und achtziger Jahre, mit ihren Jutebeuteln und selbstgestrickten Wollsocken für viele das Bild von der verbissenen Spaßbremse mit Vollbart. Den ökologischen Überflussverbietern, Konsumverweigerern und Tempolimitadepten hing – trotz der bequemen, gesunden und naturnahen Kleidung – eher etwas Angestrengtes und Unentspanntes an.[36] Der einfache, nahezu asketische Lebensstil manifestierte sich in der Kleidung, wobei das ungewöhnliche Outfit wie eine Demonstration wirkte. Die Kampagne für die Jutebeutel als Einkaufstaschen, die gegen Ende der siebziger Jahre massiv vorangetrieben wurde, mag als Beispiel taugen. Die wiederverwendbare Jutetasche sollte einen Beitrag zur »Schonung von Umwelt und Energie« sein. Ihre Hässlichkeit symbolisierte die Bereitschaft zum Verzicht auf Schönheit im Interesse von Umwelt und Zukunft. Bei jedem Einkauf im Lebensmittelladen verwandelte sich der Gegenstand in eine kleine politische Demonstration. Der sinnlich erfahrbare Kontrast des groben, beigen Jutegewebes zu den bunten, glänzenden und Kunststoffgeruch ausdünstenden Einmalplastiktaschen brachte den Gegensatz von »gesunder« und moderner, oberflächlicher und krankmachender Lebensweise auf den Punkt. Die Schnelllebigkeit der modernen Wegwerfgesellschaft verknüpfte man so mit dem umweltpolitischen Problem des Energieverbrauchs und der Müllentsorgung. Der Verzicht dokumentierte die Ernsthaftigkeit des Jutetaschenträgers, der sich auf der moralisch richtigen Seite wusste.[37] Diese Ernsthaftigkeit fand man jedoch nicht nur bei den Öko-Freaks, auch bei manchen Feministinnen war die Verspannung in Gesichtszügen und in Körperhaltung nicht zu übersehen. Die Unsicherheit bei der Wahl der eigenen Identität, die Anstrengung, die diese Umstellung bedeutete, schlug sich im Körperschema nieder.

Drittens entwickelte sich im Laufe der siebziger Jahre in der Frauenbewegung ein eigener Stil. Gerd Koenen beschrieb die »burschikose Lässigkeit« der Feministinnen, die sich schon früh »ein

---

36 Vgl. Magenau, *Die taz*, S. 240-242.
37 Jens I. Engels, *Naturpolitik in der Bundesrepublik. Ideenwelt und politische Verhaltensstile in Naturschutz und Umweltbewegung 1950-1980*, Paderborn 2006, S. 390/391; Heinz Schmidt-Bachem, *Tüten, Beutel, Tagetaschen. Zur Geschichte der Papier, Pappe und Folien verarbeitenden Industrie in Deutschland*, Münster, New York u. a. 2001.

paar schräge Accessoires zugelegt [hatten], einen großen Hut, einen bunten Schal oder ein exotisch wallendes Gewand. Bald tauchten auch die hennaroten Haargeschöpfe auf.«[38] 1979 ergänzte eine Feministin, die handgemachte Kleidung und Wolle mit »unregelmäßig gedrehten Fäden« verkaufte, zur Bedeutung der Kleidung:

> Die gesteigerte Nachfrage nach dem biologischen Produkt Wolle bezieht sich auf das Echte, Handmade, Originalität. Ich verkaufe Identitätsersatz. Industrielle Waren ermöglichen keine Identifikation (gerade Kleidung vermittelt Signale). Andere Qualitätsmaßstäbe wie Gleichmäßigkeit zur maschinellen Weiterverarbeitung (u. a. für Handstrickmaschinen), Reißfestigkeit (für Socken z. B.) kann ich nicht einlösen.[39]

Gegen die in den sechziger Jahren populäre Farah-Diba-Frisur mit ihrer hochtoupierten und steifen Bändigung der Haartracht oder die braven Ponys stellte man den natürlichen Look offener Haare oder eine praktische Kurzhaarfrisur, die die Geschlechterunterschiede nivellierte. Eine Aktivistin bekannte, sie habe gegen die »Weibchen-Kleidung« aufbegehrt. Sie hatte sich die Haare »jungenkurz« schneiden lassen, »auf Streichholzlänge«: »Dann habe ich meine falschen Wimpern weggeschmissen, meine Lidstrichutensilien, und habe mich erstmal, aus einem Mangel heraus an neuen Wegen, an der Männerkleidung orientiert: Cordhosen, Karohemden, Parka, flache Schuhe, die bequem waren, kein BH mehr. Und das blieb in den nächsten 10 Jahren so.«[40] Wichtig war, die vordergründige Sexualisierung durch die Garderobe zu vermeiden. Die eng sitzende Kleidung war nicht nur unbequem, sie wurde auch als Vermarktung des weiblichen Körpers abgelehnt.[41] Der kuschelige Look der sackartigen Latzhosen sollte klassische Geschlechterrollen überwinden. So trugen Männer Rüschenhemden und ließen sich langes Haar wachsen, während die Frauen Hosen trugen und sich einen »Mecki« schneiden ließen. Bereits in Berichten über die

38 Koenen, *Das rote Jahrzehnt*, S. 240.
39 Angela von einem Landlesbenprojekt aus dem Jahr 1979, zitiert nach Andrea Trumann, *Feministische Theorie. Frauenbewegung und weibliche Subjektbildung im Spätkapitalismus*, Stuttgart 2002, S. 128.
40 Grob, *Kleidungsverhalten*, S. 228, 264, 266 (Zitat S. 268/269). Vgl. auch ähnlich Schneider, *Rebellion und Wahn*, S. 119; Jörg Türschmann, »Am Strand von TU-NIX«, S. 44.
41 Grob, *Kleidungsverhalten*, S. 306.

späten sechziger Jahre hieß es, dass sich die jugendlichen Männer für den Besuch im Beatschuppen mit Armbändern, Ketten und Ringen behängten.[42] In den achtziger Jahren lockerte sich der feministische Dresscode wieder. Nagellack, enge Kleider und Schminke kehrten zurück und das »erdrückende Postulat von ›Identität‹ und ›Authentizität‹ der siebziger Jahre«, so die Journalistin und Schriftstellerin Cora Stephan, verlor durch neue Rollenspiele und Kostümierungen etwas an Strenge.[43]

Viertens gab es den Revoluzzer aus den Zeiten der 68er-Bewegung, der sich mit schwarzer Lederjacke oder »ganz lange[m] Offiziersmantel« cool gab und entschiedene Maskulinität verkörperte. Von den Putzgruppen der Frankfurter Hausbesetzerszene und den Berliner Haschrebellen in den frühen siebziger Jahren bis zur Autonomenbewegung der achtziger Jahre blieb dieser Typus durchgehend präsent. Die Lederjacke, ob ohne oder mit Halstuch wie Till Meyer (Mitglied der Bewegung 2. Juni), war Ausdruck anarchistischer Militanz.[44] Auch die Che-Guevara-Baskenmütze mit rotem Stern erfreute sich großer Beliebtheit und sollte nicht nur die Solidarität mit den lateinamerikanischen Befreiungsbewegungen, sondern auch die Identifikation mit dem Typus des mannhaft-militanten Guerillas zum Ausdruck bringen.[45] Diese Haltung steigerte sich mit Anarchisten wie Michael Baumann, die Ende der sechziger Jahre »große, schwarze Hüte, schwarze Mäntel, schwarze Stiefel« trugen und sich »schon immer« als »sehr dunkle Gestalten« begriffen.[46] Auch lokale Kultfiguren wie Joscha Schmierer, Heidel-

42 Carl W. Müller, Peter Nimmermann, *In Jugendclubs und Tanzlokalen*, München 1968, S. 38.

43 Cora Stephan, »Mit Ironie, ohne Umschuld. ›Legalize history‹«, in: Willi Bucher, Klaus Pohl (Hg.), *Schock und Schöpfung. Jugendästhetik im 20. Jahrhundert*, Darmstadt, Neuwied u. a. 1986, S. 184-188, hier S. 188; Türschmann, »Am Strand von TUNIX«, S. 44.

44 Grob, *Kleidungsverhalten*, S. 270, 279; Michael (»Bommi«) Baumann, *Rausch und Terror. Ein politischer Lebensbericht*, Berlin 2008, S. 63; Hadayatullah Hübsch, *Keine Zeit für Trips. Autobiographischer Bericht*, Frankfurt/M. 1991, S. 63; Heider, *Keine Ruhe*, S. 62; Wolfgang Kraushaar, *Achtundsechzig. Eine Bilanz*, Berlin 2008, S. 91/92; Scharloth, *1968*, S. 354.

45 Denk/Spille, »Kleidsamer Protest«, S. 215; Grob, *Kleidungsverhalten*, S. 271; Aribert Reimann, *Dieter Kunzelmann, Avantgardist, Protestler, Radikaler*, Göttingen 2009, S. 304.

46 Baumann, *Wie alles anfing*, S. 96. Vgl. Baumann, *Rausch und Terror*, S. 63-66.

berger Studentenführer und SDS-Bundesvorstandsmitglied, traten gerne mit Hut, Poncho und Zigarette im Mundwinkel vor die Mikrophone. Viele Zeitzeugen erinnerte der mitreißende Redner Schmierer an Clint Eastwood in den Rollen des Freibeuters und Kopfgeldjägers. Aus Begeisterung für den populären Italowestern hatten sich in der Tat einige der bundesrepublikanischen SDS-Führer einen langen Ledermantel zugelegt, um ihre männliche Coolness, Entschiedenheit und Furchtlosigkeit zu inszenieren.[47] In der schwarzen Einheitskampfkluft der Autonomen und AKW-Gegner, in dem Kapuzenpulli und der »Hasskappe« der achtziger Jahre kam die entschiedene und coole Haltung als kollektives Moment zur Aufführung, im linken Ohrläppchen piratengleich einen Ring, auf dem Rücken der Jacke ein handgemaltes Autonomen-A unübersehbar platziert. In der Hausbesetzerszene waren olivgrüne Hosen aus Armeebeständen und »schnelle« Turnschuhe oder hochgeschnürte Fallschirmspringerstiefel verbreitet. Im Körperschema wurden Intensität und Spannung signalisiert, wie bereits die umherschweifenden Haschrebellen aus dem Berlin der späten sechziger Jahre von sich berichteten: »Wir sind Energiebündel, wir erlangen Befriedigung durch Entladung. Denn Spannung in unserem Körper können wir über Sex, Sprache, Musik, Bewegung, Terror Entladungsmöglichkeiten geben.«[48] Peter Mosler bemerkte über die Haschrebellen: »Es waren Leute, die sich zu ihrem Körper, zu der Lust an der Lust bekannten, wenn auch mit allem Machismo, ein Stolz auf den großen, erigierten Schwanz, der zustößt: ›Durchstoßt die Gefängnismauern mit dem Schwanz!‹«[49] Natürlich sind

---

47 Michael Buselmeier, »Wer wir wirklich waren. Meine Antwort auf Joscha Schmierer«, in: *Frankfurter Allgemeine Zeitung* (23.01.2001), S.45; Katja Nagel, *Die Provinz in Bewegung. Studentenunruhen in Heidelberg 1967-1973*, Heidelberg, Basel u.a. 2009, S.185-187; Kraushaar, *Achtundsechzig*, S.91.

48 Dokument in: Lutz Schulenburg (Hg.), *Das Leben ändern, die Welt verändern! 1968 – Dokumente und Berichte*, Hamburg 1998, S.441; Hans Halter, »›Niemand hat das Recht‹. Über die Bewegung der Hausbesetzer in Berlin«, in: Michael Haller (Hg.), *Aussteigen oder rebellieren. Jugendliche gegen Staat und Gesellschaft*, Hamburg 1981, S.99-113, hier S.100; Rolf Amann, *Der moralische Aufschrei. Presse und abweichendes Verhalten am Beispiel der Hausbesetzungen in Berlin*, Frankfurt/M., New York 1985, S.106; Benny Härlin, »Von Haus zu Haus – Berliner Bewegungsstudien«, in: *Kursbuch* 65 (1981), S.1-28, hier S.3.

49 Peter Mosler, *Was wir wollten, was wir wurden. Studentenrevolte – zehn Jahre danach*, Reinbek 1977, S.24.

das nur Idealtypen, und es ist wohl kaum nötig anzumerken, dass nicht jede(r) Öko an sich ungelenk war, nicht jede(r) spiritualistisch bunt Umhüllte vor Lockerheit und Offenheit nur so sprühte und nicht jeder Autonome ein Macho war.

Buttons und Abzeichen

Gegen Ende der siebziger Jahre, so Paul-Gerhard Hübsch, kamen die Buttons in Mode – teilweise wurden sie kommerziell vom *pardon*-Herausgeber Hans A. Nikel vertrieben.[50] Zwar gab es schon gegen Ende der sechziger Jahre in den Universitäten auf den Büchertischen der linken Organisationen Plaketten wie die »Enteignet Springer«-Anstecker zu kaufen,[51] aber erst später wurden das Peace-Zeichen, die rote Sonne auf gelbem Grund oder die weiße Friedenstaube mit blauem Hintergrund zu gemeinsamen Symbolen der Szene: »Zusammen mit langen Haaren, verwaschenen Jeans und olivgrünem Parka war es Teil der Grundausstattung damaliger ›alternativer Öffentlichkeit‹«.[52] Die linksalternativen Protestsymbole wurden zu international lesbaren Erkennungszeichen.

Das Friedenssymbol des Kreises mit einem dreilinig endenden Strich entstand bereits in den fünfziger Jahren. Es wurde 1958 von dem britischen Künstler Gerald Holtom als Zeichen für den von der Kampagne zur nuklearen Abrüstung (Campaign for Nuclear Disarmament) organisierten Ostermarsch, den ersten dieser Art überhaupt, aus dem Winkeralphabet der Schifffahrt übernommen. Die lachende Sonne mit dem Slogan »Atomkraft? – Nein Danke« wurde hingegen erst 1975 von einer dänischen Anti-Atomkraft-Gruppe erfunden und etablierte sich schnell als wichtiges Symbol der deutschen Anti-AKW-Bewegung. Das Symbol der Hausbesetzerbewegung – ein Kreis, durch den ein n-förmiger Blitz von links unten nach rechts oben verläuft – entstand in der niederländischen Hausbesetzerszene der siebziger Jahre. Es ist einem Zinken nachempfunden, der ebenfalls aus einem Kreis mit einem Blitz bestand und so viel wie »hier kann man gut eine Nacht bleiben« bedeutete. Der Buchstabe N wird als Abkürzung für *neemt* interpretiert, das niederländische

50 Detlef Siegfried, *Time is on my side. Konsum und Politik in der westdeutschen Jugendkultur der 6oer Jahre*, Göttingen 2006, S. 311.
51 Grob, *Kleindungsverhalten*, S. 272-274.
52 Hübsch, *Alternative Öffentlichkeit*, S. 35.

Wort für »genommen« bzw. im übertragenen Sinn »besetzt«. Das Venuszeichen der Frauenbewegung schließlich griff längst etablierte Symbolwelten auf. Die stilisierte Darstellung des Handspiegels der Göttin Venus wurde in der Frauenbewegung jedoch mit der geballten Faust aus der kommunistischen Arbeiterbewegung kombiniert, um die kämpfende Haltung der Feministinnen zu symbolisieren. Auch das Lila als Symbol für Gleichstellung zwischen den Geschlechtern war in der Mischung zwischen Rosa (weiblich) und Blau (männlich) bereits im 19. Jahrhundert zur Farbe der Frauenbewegung geworden. Von der Lesbenbewegung in den USA wurde das doppelte Venuszeichen übernommen, um die weiblich-weibliche Solidarität der »Sisterhood« anzuzeigen, und die Doppelaxt aus der griechischen Mythologie, Symbol des Matriarchats, tauchte auf Flugblättern und in feministischen Magazinen auf. Schließlich war die von Gilbert Baker entworfene Regenbogenfahne erstmals 1978 während der Gay Freedom Day Parade in San Francisco eingesetzt worden und fand nur kurze Zeit später große Verbreitung als internationales Symbol der Lesben- und Schwulenbewegung.[53]

Symbole wie Sonnenblumen, Windräder, alte, selbstbemalte Fahrräder und die Regenbogenfarben: sie alle sollten, so Joseph Huber, eine »wünschenswerte Welt symbolisch vorwegnehmen, anstatt Relikte der Vergangenheit wiederherzustellen«. Zwar waren auch diese Symbole ausdeutbar, aber im linksalternativen Milieu erkannte man sich untereinander schnell an den Abzeichen. So kreierte man unter den Teilnehmenden durch ausgrenzende symbolische Differenzbildung und gemeinsamen Wertebezug eine bestimmte kollektive Identität.[54]

53 〈http://www.cnduk.org/about/item/435〉, letzter Zugriff am 13.04.2009; Lutz Mez, *Der Atomkonflikt. Atomindustrie, Atompolitik und Anti-Atom-Bewegung im internationalen Vergleich*, Berlin 1979, S. 94; 〈http://de.wikipedia.org/wiki/Hausbesetzung〉, letzter Zugriff am 30.10.2013; Beate Schappach, »Geballte Faust, Doppelaxt, rosa Winkel: Gruppenkonstituierende Symbole der Frauen-, Lesben- und Schwulenbewegung«, in: Cordia Baumann u.a. (Hg.), *Linksalternative Milieus und Neue Soziale Bewegungen in den 1970er Jahren*, Heidelberg 2011, S. 264-279; 〈http://en.wikipedia.org/wiki/San_Francisco_Pride〉, letzter Zugriff am 30.10.2013.

54 Joseph Huber, *Wer soll das alles ändern? Die Alternativen und die Alternativbewegung*, Berlin 1980, S. 31; Schappach, »Geballte Faust«, S. 279-283; vgl. Karl-Heinz Stamm, *Alternative Öffentlichkeit. Die Erfahrungsproduktion neuer sozialer Bewegungen*, Frankfurt/M., New York 1988, S. 126.

Die Auflockerung der Konventionen durch das Alternativmilieu vollzog sich zeitgleich mit einem Wandel in der allgemeinen Kleiderordnung. Sportkleidung und Freizeitlook wurden auch außerhalb des linksalternativen Milieus zunehmend zu verschiedenen Anlässen getragen. In den Medien und der Modebranche wurden neue Schnitte und bunte Farben popularisiert.[55] So setzte sich etwa die Jeans nicht nur im alternativen Milieu, sondern auch bei anderen gesellschaftlichen Gruppen durch. Die Bluejeans stieg im Verlauf der sechziger Jahre zu der Freizeithose schlechthin auf. Anders als Thomas Schmid und Detlev Albers behauptet haben, war die Jeans bereits Ende der sechziger Jahre keineswegs eine pure Oppositionskleidung.[56] Schon zu jener Zeit erfreute sie sich großer Beliebtheit. Nicht nur Schauspieler wie Marlon Brando oder James Dean zeigten sich öffentlich in Jeans. Zwar wurden sie in Schulen und vielen Firmen tatsächlich ungern gesehen – sie galten als hässlich und unordentlich, da sie keine Bügelfalten, unschöne Nähte und derb aufgesetzte Taschen hatten. Dies konnte ihren Siegeszug jedoch nicht aufhalten. Die Assoziation mit Werten wie Freiheit, Jugendlichkeit und Sportlichkeit wurde von immer mehr Menschen positiv aufgefasst. Als Freizeitkleidung war sie, ebenso wie das T-Shirt, nicht mehr wegzudenken. Werbeanzeigen für Jeanshosen fanden sich in allen möglichen Magazinen.[57] Daher war es nicht unwichtig, das Distinktionspotential zu verfeinern, etwa indem man das Werbeleder auf der Rückseite der Hose entfernte, um der verhassten Kommerzialisierung ein Schnippchen zu schlagen.[58]

Auch das lange Männerhaar signalisierte nur bis zur Mitte der sechziger Jahre eine oppositionelle Einstellung. Die effeminierte Natürlichkeit spielte Ende der fünfziger und Anfang der sechziger Jahre noch mit den starren Geschlechterrollen und brach dadurch mit bürgerlichen Ordnungsvorstellungen. Allerdings ließen sich

---

55 Fahlenbrach, *Protest-Inszenierungen*, S. 223-233; Bausinger, »Die heimliche Fortsetzung«, S. 13; Grob, *Kleidungsverhalten*, S. 224-238.
56 Zitat Schmid bei Grob, *Kleidungsverhalten*, S. 255, 257.
57 Zur Jeans-Kultur siehe Anna Schober, *Blue Jeans. Vom Leben in Stoffen und Bildern*, Frankfurt/M., New York 2001, S. 172-231; Grob, *Kleidungsverhalten*, S. 218-223, 231/232.
58 Hübsch, *Alternative Öffentlichkeit*, S. 35/36.

spätestens in den frühen siebziger Jahren Fußballer, Fernsehmoderatoren, jugendliche Politiker, Manager der Plattenindustrie und sogar Anhänger der Jungen Union lange Haare wachsen.[59] 1972 hielt Rio Reiser in seinem Tagebuch durchaus irritiert fest, dass selbst die Beamten der Kriminalpolizei mittlerweile schon »lange Haare, 'n Zappa-Bart und ›Market‹-Kleidung« trugen.[60] Während 1969 noch über die Hälfte der Bevölkerung langes Männerhaar als »grauenhaft« bezeichnete, empfanden 1972 nur noch 23 Prozent diese Haarpracht als »unmöglich«.[61] Die Aktivisten der AAO-Kommune zogen aus der inflationären Verbreitung des langen Haares sogar die Konsequenz, sich nun die Haare auf kurze Stoppeln zurechtzuschneiden. Ein Aktivist berichtete 1976:

[D]aß es vorbei war, merkte ich daran, daß Zuhälter, Rennfahrer, Journalisten, Fernsehkommentatoren, Schifahrer [sic], Polizisten, junge und schon ältere Beamte, Kameraleute, Filmstars, sogar Pfarrer bereits langes Haar trugen. Konservative Familienväter, Chauffeure, Playboys, Richter, Gefängniswärter, Fürsorger, Bauarbeiter, Mechaniker – für solche Berufe wurden die langen Haare sicher nicht erfunden – begannen sich langsam und verstohlen, jeden Monat einen Zentimeter länger, an die heißersehnte Freiheit, langes Haar tragen zu dürfen, heranzupirschen. Langes Haar hat einmal geheißen [...] keinen Beruf haben, frei zu sein.[62]

Medien und linksalternatives Milieu, gegenkulturelle Kleidungs- und Distinktionsformen und Modebranche beeinflussten sich wechselseitig. Die expressive Selbstdarstellung und die Körperbilder der Linksalternativen lassen sich von Medienbildern keineswegs trennen – Selbst- und Fremdwahrnehmung bestimmten sich gegenseitig. Dabei waren die Medien zentraler Ort einer kognitiven und expressiven Selbstvergewisserung und der Gestaltung einer Kollektivsemantik. Die visuelle Selbstvergewisserung in den

59 Siegfried, *Time is on my side*, S. 388-398, bes. S. 396.

60 Rio Reiser, »Alle Berliner hören aufs Land oder ins Sanatorium«, in: *Frankfurter Allgemeine Zeitung* 192 (20.08.2001), S. BS1 (der Artikel bietet von Bodo Mrozek zusammengestellte Ausschnitte aus den bislang unveröffentlichten Tagebüchern von Rio Reiser).

61 Margarete Andrae u.a., »Jugend in Beat-Lokalen«, in: *deutsche jugend* 17 (1969), S. 545-552, hier S. 546; *Der Spiegel* 28 (03.07.1972), S. 121; Siegfried, *Time is on my side*, S. 396; Huber, *Wer soll das alles ändern?*, S. 7.

62 Zitiert nach Peter Stoeckl, *Kommune und Ritual. Das Scheitern einer utopischen Gemeinschaft*, Frankfurt/M. 1994, S. 51.

Fotografien der Alternativpresse näherte sich den Bildern in der massenmedialen Öffentlichkeit an.[63] Mitte der siebziger Jahre durchschauten die Linksalternativen die wachsende kommerzielle Vereinnahmung des alternativen Kleidungsstils durch die Werbeindustrie, die ihre Symbolwelt aufgriff und deren Innovationspotential kommerziell nutzte:

> Die teils exotisch bunten Kleider der Szene, die gegen die von der Kleiderindustrie seriell erstellten Massenprodukte Individualität demonstrieren sollen, werden vom Markt aufgesogen und ausgebeutet. Die Insignien der Abgrenzung, Jeans und Parka, Latzhose und Turnschuhe finden so ihren Weg in die Absatzwirtschaft. Und insofern hat das subkulturelle Symbolmilieu auch eine gewisse Pilotfunktion für das Trendsetting der Gesellschaft.[64]

Die Besitzer einschlägiger Trödelläden, Flohmarktstände und Secondhand-Boutiquen, so Joseph Huber, überlegten schon, »womit sie nach Latzhosen, Pumphosen, Zimmermanns- und Seemannshosen, Fliegermonturen und Keilhosen, nach Al-Fatah-Tüchern, lila gefärbten Windeln, bunt geringelten Wollschals und rot glitzernden Seidenschals jetzt wohl das Szenenbild ausstaffieren könnten.«[65]

Der linksalternative Kleidungsstil fügte sich in allgemeine Modetrends ein. Kuschelige Stoffe und warme Farben waren zeitgenössisch nahezu überall präsent, fanden sich in der Mode, in Wohnungseinrichtungen, bei Autofarben (noch ohne den Metallic-Look der achtziger Jahre in Grün, Rot und Braun) und etlichen sonstigen Konsumwaren wieder. Badezimmer und Bettbezüge verloren ihr traditionelles Weiß und wurden rot, braun, lila oder grün. In der Mode war Patchwork oder Grobgestricktes vorherrschend. Auch für den Mann durfte es, schaut man in die *Brigitte*

---

63 Sven Reichardt, »Inszenierung und Authentizität. Zirkulation visueller Vorstellungen über den Typus des linksalternativen Körpers«, in: Habbo Knoch (Hg.), *Bürgersinn mit Weltgefühl. Politische Kultur und solidarischer Protest in den sechziger und siebziger Jahren*, Göttingen 2007, S. 223-250; Fahlenbrach, *Protest-Inszenierungen*, vor allem S. 17-20, 176-184, 199-202.

64 Stamm, *Alternative Öffentlichkeit*, S. 127 (Zitat S. 128). Ähnlich auch Denk/Spille, »Kleidsamer Protest«, S. 229.

65 Huber, *Wer soll das alles ändern?*, S. 7. Ähnlich auch Joseph Scheer, Jan Espert (Hg.), *»Deutschland, Deutschland, alles ist vorbei«. Alternatives Leben oder Anarchie? Die neue Jugendrevolte am Beispiel der Berliner »Scene«*, München 1982, S. 18.

von 1971, durchaus lila und samtig werden.[66] Wollig und in den Tönen Braun, Lila und Rot waren die Pullover, der Poncho kam ebenso in Mode wie der Fellkragen und der langhaarige Flokati-teppich. Kissen und Tücher hielten in Haushaltseinrichtung und Kleidungsmode Einzug, selbst die Autositze kriegten Felle verpasst – eine vollendete Hegemonie der »Softmoderne«.[67]

Diese Kommerzialisierungstendenzen wurden im linksalternati-ven Milieu sofort kritisiert und schon 1977 hieß es: »Lange Haare und besonders Kleidung sind doch heute [...] nichts anderes als das längst vermarktete Klischee vom Hippie.« War die »selbstgemachte Hip-Kleidung in den sechziger Jahren [noch] gegen den Konsum-terror« gerichtet, da in ihr die Haltung »natürlich leben« und »wir geben unser Geld nicht für modischen Firlefanz aus« zum Aus-druck kam, so seien »diese Attribute längst von der Werbeindustrie erkannt und von dem Hip-Lebensstil [ab]gelöst worden«.[68] Die äußere Erscheinung allein reichte Ende der siebziger Jahre als Aus-weis der Einstellung längst nicht mehr aus: »In der Tat ist man schon dazu übergegangen, paranoid fast den anderen daraufhin abzuklopfen, ob seine äußerlich dingfest gemachte Meinung auch seinem Geistes- und Seelenleben entspricht.«[69]

7.2 Von »Beziehungskisten« und »offener Sexualität«

Die linksalternativen Körpervorstellungen und -normierungen reichten tiefer als nur bis auf die Ebene der äußeren Erscheinung und den Kleidungsstil. Reguliert wurden auch Partnerschaft und Sexualität – die Paarbeziehungen sollten sich für eine »reflexive Problematisierung« öffnen. Der Aufbau einer Beziehung setzte ein hohes Maß an Selbstthematisierungskompetenz voraus. So sollten die Geschlechterrollen und -bilder einer Neugestaltung unterwor-fen und den Ansprüchen der Selbstverwirklichung angepasst wer-den. Dabei wurde in der Partnerschaft einerseits Eigenständigkeit

66 *Brigitte* 1 (1971), S. 10/11, 20/21.
67 *freundin* 21 (1976), S. 10/11; Anzeige »Hertie Glückskauf«, in: *Neue Revue* 48 (22. 11.1976), S. 127.
68 Klaus-Bernd Vollmar, *Alternative Selbstorganisation auf dem Lande*, Berlin 1976, S. 69.
69 Hübsch, *Alternative Öffentlichkeit*, S. 37.

für wichtig erachtet, andererseits sollte aber auch das Konsensideal der einvernehmlichen Partnerschaftlichkeit nicht aufgegeben werden. Da die klassischen Rollenmuster als veraltet galten, mussten neue entworfen werden, die zugleich ordnungsstiftende Kraft im praktischen Verhalten entwickeln sollten. Die Erwartung massiver und schneller Veränderungen schuf viele Auseinandersetzungen zwischen den Geschlechtern und in den zwischenmenschlichen Beziehungen, die nicht umsonst mit dem Begriff der »Beziehungs-arbeit« belegt wurden.[70]

7.2.1 Der linksalternative Sexualitätsdiskurs

Zunächst einmal lässt sich die »sexuelle Revolution« nicht vorschnell mit der Studentenverbindung in eins setzen, wenngleich die »offene Sexualität« der Studentenbewegung beachtliche mediale Verbreitung und Wirkung fand. Den studentischen Forderungen war jedoch die sogenannte »Sexwelle« der sechziger Jahre vorgelagert. Nackte Frauen auf den Titelblättern der Illustrierten, populäre Aufklärungsfilme, Sexverlage, die Rekordumsätze verbuchen konnten, Erotikromane als Bestseller und die Eröffnung von Sexshops und Stripteaselokalen in fast jeder größeren Stadt – all dies entfaltete Breitenwirkung und hatte sich bereits Mitte der Sechziger durchgesetzt. Während in den fünfziger Jahren der Film *Die Sünderin* mit der nur wenige Sekunden nackt gezeigten Hildegard Knef noch für Wirbel gesorgt hatte, war derlei Aufregung schon Mitte der sechziger Jahre undenkbar geworden. Im darauffolgenden Jahrzehnt saß dann schon die nackte TV-Frau »in einer mit trübem Wasser gefüllten Badewanne und genoß die pflegende Wirkung von Fenjala, oder rekelte sich unter kühlen Brausen und lobte Badedas«.[71] Das Sexuelle war in den sechziger Jahren, nicht zuletzt

---

70 Günter Burkart, »Einleitung. Selbstreflexion und Bekenntniskultur«, in: ders. (Hg.), *Die Ausweitung der Bekenntniskultur – neue Formen der Selbstthematisierung?*, Wiesbaden 2006, S. 7-40, hier S. 23, 26-28; Trumann, *Feministische Theorie*, S. 124.

71 Vgl. Elisabeth D. Heinemann, »The Economic Miracle in the Bedroom: Big Business and Sexual Consumption in Reconstruction West Germany«, in: *JMH* 78 (2006), S. 846-877; Sybille Steinbacher, *Wie der Sex nach Deutschland kam. Der Kampf um Sittlichkeit und Anstand in der frühen Bundesrepublik*, München 2011, S. 166-189, 295-346; »Müdes Lächeln«, in: *Der Spiegel* 50 (08.12.1969), S. 82-101; »Porno-Markt: Frau Saubermann an der Spitze«, in: *Der Spiegel* 45

auch dank der 1961 in der Bundesrepublik eingeführten Antibaby-pille Anvolar, zu einem Möglichkeitsraum geworden. Die Lösung des Sexuellen von der Reproduktion, die Anreizung des Sprechens und Phantasierens über den Sex und die schlichte Alltagspräsenz der Sexualität in den Medien markierten zentrale Voraussetzungen für den linksalternativen Sexualitätsdiskurs und seine Praktiken. Dabei diente die konsumkapitalistische Sexualisierung der Frauen durch die »Bewusstseinsindustrie« dem linksalternativen Milieu als Negativfolie, mit der sich die Alternativakteure kritisch auseinandersetzten. Im Rahmen der allgemeinen Sexwelle werde der Sex zur bloß vermarkteten Ware degradiert, »authentische Kontakte« seien in der »künstlich-plastikartigen Erregungsindustrie« eines »steuerbaren Freizeitleistungssportes« nicht möglich.[72] Die »ganze Vermarktung und Instrumentalisierung von Sexualität«, so meinte die Literaturwissenschaftlerin und Schriftstellerin Gisela Dischner, basiere nur auf einer Ausbeutung und Manipulation der Wünsche und stelle, so ergänzt Klaus Müschen, lediglich eine Verbindung von »Lust und Leistung« her.[73] Unter den gegebenen familiären und gesellschaftlichen Verhältnissen sei keine wirklich befreite Se-

(01.11.1971), S. 78-97; »Stramme Pflicht«, in: *Der Spiegel* 23 (04.06.1979), S. 207-210; Sabine Weißler, »Sexy Sixties«, in: Eckhard Siepmann (Hg.), *CheSchahShit. Die sechziger Jahre zwischen Cocktail und Molotow*, Reinbek 1988, S. 138-147 (Zitat S. 141); Weißler, »Sexy Sixties«, S. 550-554; Micheler, »Sexualitätsdiskurs in der Studierendenbewegung«, S. 2; Kraushaar, *Achtundsechzig*, S. 95-100. 1973 wurde als Reaktion auf diese Entwicklungen die Pornographie durch das Parlament legalisiert. Als Überblick über die Forschungen zur Geschichte der Sexualität in Deutschland vgl. Edward R. Dickinson, Richard F. Wetzell, »The Historiography of Sexuality in Modern Germany«, in: *German History* 23, 3 (2005), S. 291-305.

72 N. N., *Berliner Kinderläden. Antiautoritäre Erziehung und sozialistischer Kampf*, Köln 1970, S. 107/108; Helmut Rödner, *Männergruppen. Versuche der Veränderung der traditionellen Männerrolle. Ursachen, Wege, Schwierigkeiten*, Berlin 1976, S. 21; Herzog, *Die Politisierung der Lust*, S. 190; Trumann, *Feministische Theorien*, S. 27; Pascal Eitler, »Die ›sexuelle Revolution‹ – Körperpolitik um ›1968‹«, in: Martin Klimke, Joachim Scharloth (Hg.), *1968. Handbuch zur Kultur- und Medien-engeschichte der Studentenbewegung*, Stuttgart, Weimar 2007, S. 235-246; Harald Glätzer, *Landkommunen in der BRD. Flucht oder konkrete Utopie?*, Bielefeld 1978, S. 13/14.

73 Volkhard Brandes, Bernhard Schön (Hg.), *Wer sind die Instandbesetzer? Selbst-zeugnisse, Dokumente, Analysen. Ein Lesebuch*, Bensheim 1981, S. 12; Klaus Müschen, *»Lieber lebendig als normal!« Selbstorganisation, kollektive Lebensformen und alternative Ökonomie*, Bensheim 1982, S. 46.

xualität möglich. In einer Publikation der Berliner Kinderläden von 1970 hieß es:

Solange sich die Kleinfamilie – aus letztlich ökonomischen Gründen – ihre Zähigkeit bewahrt, bleibt die sexuelle Freiheit nur ein schlechtes Trostpflaster für den alltäglichen Ekel und Überdruß. [...] Auch wenn zehnmal mehr gebumst würde als früher, wäre das keine Befreiung der Sexualität. Denn der bloße Orgasmus, auch wenn Mann und Frau ihn gleichzeitig erreichen, kann noch nicht als befriedigende Form der Sexualität angesehen werden.[74]

Die Konsumindustrie sei nur an der Zurschaustellung oberflächlicher Optik und bloßer Liebestechnik interessiert, welche mit »echtem« Lusterleben, wie es den Linksalternativen vorschwebte, inkompatibel seien.[75] Letztlich, so eine Hamburger Frauen-AG, treibe »der Kapitalismus [...] durch seinen Umgang mit der Sexualität (Werbung, Presse, Film usw.) Menschen so weit, dass sie mit ihrer Sexualität nicht mehr fertig werden«.[76]

Sexualität wurde im linken Diskurs somit anders verstanden. Die Linksalternativen wollten sich einerseits von der Liberalisierung in der etablierten Massenkultur abgrenzen, entdeckten aber andererseits den Genitalorgasmus als Allheilmittel. Sie protestierten gegen die bürgerlichen Sexualnormen, kämpften gegen Prüderie, Spießbürgerlichkeit und die »Lüge« romantischer Liebe. Im SDS gründeten sich ab dem Ende der sechziger Jahre Arbeitskreise zum Thema Sexualität und Herrschaft. Das Aktionszentrum Unabhängiger Sozialistischer Schüler forderte Sexualaufklärung in der Schule, thematisierte Sexualität in den Schülerzeitungen und setzte sich für den freien Zugang zu Kontrazeptiva ein.

In der Studentenbewegung wurden vor allem die Schriften Wilhelm Reichs zu einem Vademekum. Reich war bis dato ein fast vergessener Schüler Sigmund Freuds gewesen, der in der Weimarer Republik der Kommunistischen Partei angehört hatte und Freuds Thesen zur Sexualität dergestalt überspitzte, dass selbst Freud ihm nicht mehr folgen mochte.[77] Gleichwohl ist dem Urteil der Histo-

74 N. N., *Berliner Kinderläden,* S. 108/109. Ebenfalls zitiert in Herzog, *Politisierung der Lust*, S. 190.

75 Vgl. Herzog, *Politisierung der Lust*, S. 190.

76 Zitiert nach Florian Mildenberger, *Beispiel: Peter Schult. Pädophilie im öffentlichen Diskurs*, Hamburg 2006, S. 123.

77 Micheler, »Sexualitätsdiskurs in der Studierendenbewegung«, S. 22; Herzog, *Poli-*

rikerin Dagmar Herzog zuzustimmen, dass der intellektuelle Einfluss Reichs auf die Neue Linke »ohnegleichen« war.[78] Bereits Anfang der sechziger Jahre diskutierte der Arbeitskreis Sexualität und Herrschaft (von Wolfgang Fritz Haugs Zeitschrift *Argument*) seine Texte. Um 1968 erlebten die Arbeiten Reichs durch die Kommune I und die Veröffentlichungen des damaligen SDS-Vorsitzenden Reimut Reiche ihre Renaissance. Zwischen 1965 und 1970 erschienen etwa 75 verschiedene Raubdrucke von Reichs Schriften aus den zwanziger und dreißiger Jahren. Als erster Verlag brachte 1966 die Europäische Verlagsanstalt zwei Neuausgaben seiner Publikationen heraus.[79] An der Frankfurter Universität prangte im Jahr 1968 über dem Campus an der Außenwand der Mensa in roter Farbe die Inschrift: »Lest Wilhelm Reich und handelt danach«.[80] Reich wurde damals »begierig aufgenommen«, so der 68er Eckhard Siepmann, später Leiter des Werkbundarchivs in Berlin, über die Rezeption dieses »Großvaters« der sexuellen Revolution. Büchertische an den Universitäten mit seinen Schriften und WG-Gespräche über ihn waren Legion.[81] In Berlin gründeten sich in Anlehnung an Reichs Sexpol-Bewegung der frühen dreißiger Jahre Organisationen wie die hauptsächlich aus Lehrlingen und Schülern bestehende Gruppe Sexpol-Nord (Westberlin), die sich im Herbst 1968 konstituierte und ein Jahr später die viel beachteten *Sexpol-Protokolle* hervorbrachte. Diese sollten das »Klassenbewußtsein anschaulich machen, auch dann, wenn von Sexualität gesprochen wird«. Im Berliner Republikanischen Club bildete sich 1969 ebenfalls ein Sexpol-Arbeitskreis.[82] Reichs Schriften hatten, so erinnerte sich Rei-

tisierung der Lust, S. 195. Aus der zahlreichen Literatur über Wilhelm Reich siehe nur Harry Mulisch, *Das sexuelle Bollwerk*, München 1997; Karl Fallend, Bernd Nitzschke (Hg.), *Der »Fall« Wilhelm Reich*, Frankfurt/M. 1997.

78 Herzog, *Politisierung der Lust*, S. 195; Eitler, »Die ›sexuelle Revolution‹«, S. 237-239.

79 Micheler, »Sexualitätsdiskurs in der Studierendenbewegung«, S. 11, 14; Kraushaar, *Achtundsechzig*, S. 96/97.

80 Mosler, *Was wir wollten*, S. 159. Auch zitiert bei Micheler, »Sexualitätsdiskurs in der Studierendenbewegung«, S. 11; Herzog, *Politisierung der Lust*, S. 187, 196; Kraushaar, *Achtundsechzig*, S. 97.

81 Eckard Siepmann, »Genital versus Prägenital. Die Großväter der sexuellen Revolution«, in: ders. (Hg.), *CheSchahShit*, Reinbek 1988, S. 148-150, hier S. 148; Herzog, *Politisierung der Lust*, S. 195/196.

82 Zitiert nach Massimo Perinelli, »Lust, Gewalt, Befreiung. Sexualitätsdiskurse«,

che, die Funktion von Buttons: »als Parole, als Erkennungszeichen, als Metapher für die unbedingte Forderung, mit der ›Revolution‹ bei uns selbst zu beginnen«.[83]

Reichs Grundidee war denkbar einfach: Wer sexuell befriedigt ist und der freien Entfaltung seiner Lust und Sexualität frönt (»befriedigte genitale Objektliebe«), der ist nicht mehr zu destruktiven oder sadistischen Taten fähig. Ohne »repressive Sublimierung« verhält sich der Mensch mild und gütig gegenüber seinen Mitmenschen. Reichs Theorien vom »genitalen Orgasmus« und der »orgiastischen Potenz« lieferten, salopp formuliert, die ideologische Untermauerung des Slogans »Make love not war«. Umgekehrt beruhten demzufolge Aggressivität und Sadomasochismus auf einer Unterdrückung der Sexualität. Die Schriften Reichs trugen zu einer Essentialisierung der als natürlich und ursprünglich verstandenen »Lebensenergie« des Menschen bei. Seine Theorie war dem Ideal eines authentischen Kerns des Menschen verpflichtet und nahm zugleich die verklemmte »Spießermoral« aufs Korn, indem er frei ausgelebte Sexualität ins Zentrum seiner Überlegungen stellte.

Neben Reich wurde auch Herbert Marcuses Text »Trieblehre und Freiheit« breit rezipiert, wonach die Sexualität durch die bürgerliche Gesellschaft unterdrückt werde. Der Kapitalismus unterwerfe, so der selbsternannte Reich-Schüler Marcuse, die Sexualität der »Herrschaft des Leistungsprinzips«. Demgegenüber gelte es, die Sexualität »durch Liebe« zu »adeln«.[84] Während der hedonistische Flügel sich eher an Reich orientierte, so Kulturhistoriker Stefan Micheler, bezog sich der theoretische Flügel der Studentenbewegung eher auf Marcuse.[85] Auch Reimut Reiches 1968 erschienenes Buch *Sexualität und Klassenkampf* wurde viel gelesen und diskutiert. Reiche knüpfte mit seinem in der *konkret* und der *neuen kritik* vorabgedruckten und vielfach besprochenen »richtungsweisenden Werk« direkt an Marcuse an. Wiederum wurde die kommerzielle

in: rotaprint 25 (Hg.), *agit 883. Revolte, Underground in Westberlin 1969-1972*, Hamburg, Berlin 2006, S. 85-98, hier S. 85. Zudem ebd., S. 86.

83 Reimut Reiche, »Sexuelle Revolution – Erinnerung an einen Mythos«, in: Lothar Baier u. a. (Hg.), *Die Früchte der Revolte. Über die Veränderung der politischen Kultur durch die Studentenbewegung*, Berlin 1988, S. 45-71, hier S. 55.

84 Herbert Marcuse, *Triebstruktur und Gesellschaft. Ein philosophischer Beitrag zu Sigmund Freud*, Frankfurt/M. 1967, S. 198/199, 209.

85 Micheler, »Sexualitätsdiskurs in der Studierendenbewegung«, S. 12.

»Sexwelle« als »unerträglich mechanistisch« und virtuell kritisiert. Der Kapitalismus wecke Bedürfnisse, deren Befriedigung durch die Kommerzialisierung nur scheinbar erreicht werde. Triebunterdrückung, die in der kapitalistischen Leistungsgesellschaft unumgänglich sei, fördere eine Untertanenhaltung.[86] 1970 schließlich erschien mit dem Buch *Sexfront* des SDS-Mitglieds Günter Amendt ein emanzipatorisches Aufklärungsbuch für Jugendliche, mit dem den Heranwachsenden ihre Ängste genommen werden sollten. Amendt verband Ansätze von Reichs Sexualökonomie mit Marcuses kritischer Soziologie der Sexualität. Er trat für eine »autonome Verantwortung im Sexuellen« ein, nicht ohne sogleich zu ergänzen, worin eine solche Autonomie bestehe: nämlich in der »Integration von Sexualität und Zärtlichkeit« und der »sexuelle[n] Gleichheit von Mann und Frau«. »Konsum-Sex«, »Ehe- und Familienromantik« wie auch die »Leistungszwänge des Sexuellen« tauchten auch hier als Schreckbilder auf.[87]

Mit diesem Diskussionsstand waren linksalternative Jugendliche dem staatlichen Sexualitätsdiskurs in einiger Hinsicht voraus. Moderne Aufklärungsbücher für Jugendliche waren – trotz Oswalt Kolles Filmen – in den späten sechziger Jahren noch eine Rarität. Immer wieder kam es zu Auseinandersetzungen aufgrund der entsprechenden Passagen in Biologieschulbüchern, die sich ohnehin erst in den siebziger Jahren durchsetzten. In manchen Bundesländern waren konservative Schulbücher bis weit in die siebziger Jahre Teil des Curriculums. So mussten in Bayerns Biologielehrbüchern die harmlosen Passagen gestrichen werden, die erklärten, das sich Sexualität »keineswegs darin erschöpft, daß wir uns vermehren können. Der einzelne gewinnt hieraus vielmehr Lebensbereicherung, Freude, seelische und körperliche Entspannung«. Es durfte auch nicht mehr geschrieben werden, dass Mädchen »bei dem Berühren ihrer Geschlechtsorgane Lustgefühle« empfinden können. Den Jungen durfte nicht erklärt werden, dass die Warnung vor einem angeblichen Rückenmarksschwund und Potenzverlust nichts anderes sei, als die Verteuflung der Onanie. Auch die Beschreibung

---

86 Reimut Reiche, *Sexualität und Klassenkampf. Zur Abwehr repressiver Entsublimierung*, Frankfurt/M. 1968, etwa S. 11/12; Micheler, »Sexualitätsdiskurs in der Studierendenbewegung«, S. 20/21.

87 Günter Amendt, *Sexfront*, Frankfurt/M. 1970; Micheler, »Sexualitätsdiskurs in der Studierendenbewegung«, S. 21.

von Koitus und Petting fiel dem Rotstift der bayerischen Beamten zum Opfer.[88]

Die neuen Normen des linksalternativen Milieus

Der offene Umgang mit dem sexuellen Verlangen und die Zurückweisung von Besitzansprüchen und »bürgerlicher Eifersüchtelei« machten die Liebesbegegnungen unter Linksalternativen nicht nur freier und vielfältiger, sondern normierten sie auch in neuer Weise.[89] Sexualität wurde zwar als Befreiung aus kapitalistischer Repression (»Sexattrappen« des Konsumkapitalismus) ausgegeben und als sozialistischer Selbstverwirklichungsakt politisiert – aber die »Sensibilisierung für den eigenen Körper und die Bedürfnisse des Partners« kam nicht ohne eigene Normierungen aus.[90] Spätestens mit der Rezeption von Reichs Publikationen war Sexualität im linksalternativen Milieu zu einer Sache der Politik und des Sagens und Zeigens geworden. Mit ihrer Psychologisierung und Naturalisierung formten sie einen Sexualitätsdiskurs, der keinerlei Freiraum mehr zuließ und sein Thema in allen Varianten ausmaß und bewertete. Intimste Details, die geheimsten und beschämendsten Dinge wurden öffentlich gemacht und kollektiv besprochen. Nur so konnte man nach Ansicht der Linksalternativen seine Sexualität bearbeiten, verstehen und »frei« werden. Zwar wurde ständig von der aus bürgerlicher Triebunterdrückung, Sublimierung und falschem Konsumismus »befreiten« Sexualität gesprochen, allerdings wurden mit den Gegenmodellen wie etwa dem »genitalen Sexualtrieb« und dem »Polygamie-Dogma« neue Raster entworfen. Warum, ob, wie und mit welchen Folgen sexuelle Lust empfunden werden könne, das war Gegenstand unzähliger Mutmaßungen, gut gemeinter Ratschläge und ernster Warnungen. Das ständige Reden über die »befreite«, »richtige« und »natürliche« Sexualität schuf ein neues Normenkorsett und verkomplizierte den sexuellen Umgang

---

88 Bernd Kühnl, »Eine Gefahr für Leib und Seele. Der Spaß am Sex ist in Bayern verboten«, in: *Die Zeit* 45 (31.10.1980); Herzog, *Politisierung der Lust*, S.190. Vgl. auch die Dokumentation über sexuelle Aufklärungsschriften bei der Bundesprüfstelle für jugendgefährdende Schriften, in: BArch Koblenz, B 117, Nr. 26.

89 Mosler, *Was wir wollten*, S.159.

90 Glätzer, *Landkommunen*, S.14.

ungemein.[91] In den Szenejargon übersetzt hieß das Gebot: »Wer zweimal mit derselben pennt, gehört schon zum Establishment.«[92] »Das Praktizieren ›freier Sexualität‹«, so urteilte Stefan Micheler im Jahr 2000, »wurde in der Bewegung mehrheitlich als Ausdruck der revolutionären Gesinnung angesehen«.[93] Der Heidelberger alternative Arzt Karl Geck erinnerte sich: »Eifersucht und Besitzdenken waren out, man musste mindestens so tun.«[94]

Der Sexualität wurde im linksalternativen Milieu eine nahezu identitätsstiftende Kraft zugesprochen. Sowohl die Selbstsuche als auch die politische Befreiung erfolgten über die Sexualität, welche mithin eine hohe Bürde zu tragen hatte. Für die Akteure und ihre Sexualität bedeuteten derlei Ansprüche letztlich eine fatale Überforderung. Die Vorstellung, dass Sexualität eine therapeutische Funktion haben könne, teilte das Milieu ausgerechnet mit den Protagonisten der Entwicklungen, die sich im Rahmen der Sexwelle vollzogen. Denn im Aufschwung der Pornoindustrie – von soften Varianten wie dem *Schulmädchen-Report* (ab 1970) bis zum einflussreichen Erfolgsfilm *Deep Throat* (1972) – konvergierte die Popularisierung des Wissens über Sexualität und die Visualisierung mit der Verwissenschaftlichung des Körpers. Die Pornos kamen als psychologisch verbrämte Geschichten daher, in denen Experten, Sexualwissenschaftler, Psychiater und Ärzte den in den Mittelpunkt des Geschehens gerückten Frauen sowohl zu sexueller Entfaltung und Befriedigung als auch zu der daran gekoppelten Identitätsfindung verhalfen.[95] Sexualität und ihre Therapeutisierung als Zentralmomente der Subjektkonstitution waren insofern nicht auf das linksalternative Milieu begrenzt, sondern wirkten weit darüber hinaus. Im linksalternativen Sexualitätsdiskurs wurden diese Zusammenhänge also nicht gestiftet, sondern radikalisiert, dramatisiert und politisiert.

Insgesamt führte die von den Linksalternativen vorgetragene

91 Vgl. Eitler, »Die ›sexuelle Revolution‹«, S. 240; Trumann, *Feministische Theorien*, S. 32/33; Weißler, »Sexy Sixties«, S. 142/143; Herzog, *Politisierung der Lust*, S. 206.

92 Micheler, »Sexualitätsdiskurs in der deutschen Studierendenbewegung«, S. 19.

93 Ebd., S. 27.

94 Pieper, *Highdelberg*, S. 221.

95 Pascal Eitler, »Die Produktivität der Pornographie. Visualisierung und Therapeutisierung der Sexualität nach 1968«, in: Nicolas Pethes, Silke Schicktanz (Hg.), *Sexualität als Experiment. Identität, Lust und Reproduktion zwischen Sciene und Fiction*, Frankfurt/M., New York 2008, S. 262-266.

Behauptung, die Sexualität werde unterdrückt, zu einem permanenten Gesprächsanreiz. Das »Alles-über-den-Sex-Sagen« wurde zu einem Imperativ innerhalb des Milieus. Dadurch konnte der Sex diskursiv neu eingehegt werden. Sexualität wurde durch die Diskursivierung im »Run um den tollsten Orgasmus« kontrollierbar.[96] Der Orgasmus galt als »zwangsläufige Krone jeden Körpererlebens: je öfter, je schneller, je besser. Orgas-Muß!«, schrieb ein linker Mann 1980 in der einschlägigen *Ästhetik & Kommunikation*.[97] Dabei wurden neue Sexualitätsregimes errichtet, etwa wenn Alice Schwarzer den klitoralen vor den vaginalen Orgasmus setzte und die Penetration als verkorkst darstellte. So kommentierte sie den Bericht einer gewissen Christa in ihrem Buch *Der kleine Unterschied* wie folgt:

Ich glaube, daß die Abschaffung des Schwanzfickens unheimlich schwer sein wird. Ich hab's ja oft genug selbst erlebt, wie die Frauen selbst sagten: Aber ein vaginaler Orgasmus ist doch toll! Oder aber zumindest: Es ist doch ein schönes Gefühl, einen Schwanz drin zu haben. – Da mußt du natürlich fragen, wie kommt die überhaupt darauf so etwas zu erzählen? Der Mann hat einen Orgasmus, sie nicht. Hinzu kommt für die Frau noch das ungeheuer schwerwiegende Problem der Verhütung. Das kann doch gar nicht schön sein![98]

Die Klitoris wurde, wie bereits in dem klassischen Text zum *Mythos vom vaginalen Orgasmus* von der US-amerikanischen Feministin Anne Koedt, zum »weiblichen Pendant des männlichen Penis« erklärt und als weibliches Lustzentrum gedeutet.[99] In Ausführungen

96 Trumann, *Feministische Theorien*, S. 37-40 (Zitat S. 40); Micheler, »Sexualitätsdiskurs in der deutschen Studierendenbewegung«, S. 35.

97 Uli Puritz, »Schreiben über Sexualität oder wie fische ich das Salz aus der Suppe«, in: *Ästhetik & Kommunikation* 40/41 (1980), S. 13-24, hier S. 14; Michaela Wunderle, »Lust und Liebe. Die feministische Sexualitätsdebatte«, in: Gabriele Dietz (Hg.), *wild + zahm. Die siebziger Jahre*, Berlin 1997, S. 172-174, hier S. 172. Eine frühe Kritik dieser Haltung bei Rödner, *Männergruppen*, S. 42.

98 Alice Schwarzer, *Der kleine Unterschied und seine großen Folgen. Frauen über sich. Beginn einer Befreiung*, Frankfurt/M. 1975, S. 173.

99 Ebd., S. 200. Zu Anne Koedt, einer im US-amerikanischen Students for a Democratic Society und der dortigen Bürgerrechtsbewegung aktiven Dänin, siehe Kristina Schulz, *Der lange Atem der Provokation. Die Frauenbewegung in der Bundesrepublik und in Frankreich 1968-1976*, Frankfurt 2002, S. 50/51; Wunderle, »Lust und Liebe«, S. 173; Lenz (Hg.), *Die Neue Frauenbewegung*, S. 102.

zur »authentischen weiblichen Sexualität« bezeichneten Germaine Greer und Shulamith Firestone den ganzen Körper als Lustquelle. An die Stelle eines Primates der Fortpflanzung trat der Primat des »richtigen« Orgasmus, der bis in die körperlichen Empfindungszonen vorgeschrieben wurde.[100] Dass solche Deutungen der »Göttin Klitoris« nicht ohne Wirkung blieben, zeigt beispielhaft ein Flugblatt des Frauenzentrums Berlin aus dem Jahr 1975: »In einem neuen Sexualverhalten lernten wir«, hieß es dort, »unsere Bedürfnisse nach Befriedigung durchzusetzen, ›nein‹ sagen zu können und Schwanzficken nicht mehr als befriedigendste und ›natürlichste‹ Sexualpraxis anzusehen.«[101]

7.2.2 Linke Kontaktannoncen und »authentische« Selbstbilder

Insgesamt waren in der linksalternativen Szene »unglückliche Liebes- und Sexualbeziehungen [...] weithin verbreitet«, wie Dagmar Herzog feststellt. Die »emotionale Notlage« könne man daran erkennen, so Herzog weiter, dass Anfang der achtziger Jahre viele Sonderhefte linker Zeitschriften zum Thema Sexualität herausgegeben wurden. Die Sondernummer des *Pflasterstrands* vom Dezember 1977 sei rasch ausverkauft gewesen und die Herausgeber selbst kommentierten: »Das Thema hat gegriffen, weil es ein totales Defizit in der Diskussion um Beziehungen, Sexualität und Frauen/Männerkampf« gibt. Die *konkret* kündigte 1979 das Sonderheft *Sexualität konkret* an, »weil wir rund um uns die kaputten Sexualverhältnisse sehen und die Hilflosigkeit vor ihnen.«[102] Auch andere zeitgenössische Beobachter konstatierten ein »Krisenkarusell«[103] – die »Beziehungskisten« trugen, so Hermann Glaser in Anlehnung an den Titel eines Buches von Richard Sennett, »Züge einer ›Tyrannei der Intimität‹«.[104] Monika Seifert, wichtigste Protagonistin der Frankfurter Kinderladenbewegung, entdeckte »sexuelle Schwierig-

---

100 Trumann, *Feministische Theorien*, S. 44, 49; Wunderle, »Lust und Liebe«, S. 174.
101 Frauenjahrbuch '75, S. 78, zitiert nach Wunderle, »Lust und Liebe«, S. 173.
102 Zitate nach Herzog, *Politisierung der Lust*, S. 287.
103 Matthias Horx, *Das Ende der Alternative oder Die verlorene Unschuld der Radikalität. Ein Rechenschaftsbericht*, München, Wien 1985, S. 19.
104 Hermann Glaser, *Deutsche Kultur. Ein historischer Überblick von 1945 bis zur Gegenwart*, Bonn ²2000, S. 376.

keiten« auf »der ganzen auto-biographischen und gesamt-gesell-schaftlichen« Linie. Es komme darauf an, die »eigene Problematik kollektiv im politischen Kontext zu verarbeiten«.[105]

Was also Stefan Hinz 1981 in der *konkret* festhielt, dürfte die all-gemeine Lage innerhalb des Milieus treffen: »Das Lieben ist schwer geworden.«[106] Tatsächlich lässt sich die Krise der Beziehungen und Partnerschaftsverhältnisse im linksalternativen Milieu an der Tat-sache aufzeigen, dass ab den späten siebziger Jahren Kontaktan-zeigen in linksalternativen Blättern erschienen und zu Beginn der achtziger Jahre zu wahrer Blüte gelangten. Die Beziehungen waren schwieriger geworden, die Partnersuche weniger selbstverständlich und Annäherungen entsprechend komplizierter, wie bereits die abfällige Bezeichnung »Beziehungskiste« andeutete, die Stephanie Horn schlicht als »täglichen Kleinkrieg« definierte.[107] Ein ehema-liger Redakteur der Nürnberger Alternativzeitung *Plärrer* schrieb 1981: »Gerade bei der Beliebtheit der Kontaktanzeigen [...] wird ein Moment deutlich, das auf die Entfremdung und Vereinsamung des Individuums und auf seine Suche nach Selbstverwirklichung und persönlicher Identität schließen läßt.«[108] Karl-Heinz Stamm urteilte über die Kontaktannoncen sieben Jahre später noch kriti-scher, indem er sie als »Momente ›pubertätsbezogener Subjektivi-tät‹« bezeichnete.[109]

Die im Folgenden vorgestellten statistischen Untersuchungen über die Kontaktanzeigen im *Pflasterstrand* (Untersuchungszeit-raum 1977-1986) und in der *zitty* (Untersuchungszeitraum 1977-1987) zeigen über den Vergleich mit vorliegenden Forschungen zu Heirats- und Partnerschaftsannoncen in der herkömmlichen

105 Monika Seifert, »Kinderschule Frankfurt, Eschersheimer Landstrasse«, in: *vor-gänge* 9, 5 (1970), S. 158-162, hier S. 161.

106 Stefan Hinz, »Die Kunscht des Liebens«, in: *konkret* (April 1981), S. 50; zitiert nach Herzog, *Politisierung der Lust*, S. 287.

107 »Zur Kritik der Sponti-Sprache«, in: *Pflasterstrand* 10 (18.05.-31.05.1976), S. 37. Dort heißt es: »das elend der zweierbeziehung wurde zur ›beziehungskiste‹, ein abfälligeres wort, um über sie zu reden, läßt sich kaum ausdenken«. Stepha-nie Horn, *Abschied vom Kollektiv. Der Frankfurter PflasterStrand*, Frankfurt/M. 1989, S. 50.

108 Roland Münzel, *Entwicklung der Stadtzeitungen in der Bundesrepublik Deutsch-land, dargestellt am überregionalen Verbund der scene programm presse (spp)*, Fach-arbeit, Nürnberg 1981, S. 26.

109 Stamm, *Alternative Öffentlichkeit*, S. 113.

Massenpresse[110] einige die linksalternativen Beziehungsmuster kennzeichnende Besonderheiten auf.[111] Da in Kontaktannoncen insbesondere diejenigen Charakterzüge, Eigenschaften und äußeren Merkmale in den Vordergrund gestellt werden, von denen erwartet wird, dass sie in der Zielgruppe hoch bewertet werden,[112]

110 Siehe die folgenden Vergleichsstudien: Viola Riemann, *Kontaktanzeigen im Wandel der Zeit. Eine Inhaltsanalyse*, Opladen 1999; Christiane Gern, *Geschlechterrollen. Stabilität oder Wandel? Eine empirische Analyse anhand von Heiratsinseraten*, Opladen 1992; Manfred Kops, »Eine inhaltsanalytische Bestimmung von Persönlichkeitsbildern in Heiratsanzeigen«, in: Hans D. Klingemann (Hg.), *Computergestützte Inhaltsanalyse in der empirischen Sozialforschung*, Frankfurt/M. 1984, S. 54-97; Manfred Hassebrauck, »Wer sucht wen? Eine inhaltsanalytische Untersuchung von Heirats- und Bekanntschaftsanzeigen«, in: *Zeitschrift für Sozialpsychologie* 21 (1990), S. 101-112; Marlis Buchmann, Manuel Eisner, »Freizeit als Element des Lebensstils und Mittel kultureller Distinktion, 1900-1996«, in: Claudia Honegger u. a. (Hg.), *Grenzenlose Gesellschaft?*, Frankfurt/M. 1999, S. 590-608; Marlis Buchmann, Manuel Eisner, »Selbstbilder und Beziehungsideale im 20. Jahrhundert. Individualisierungsprozesse im Spiegel von bekanntschafts- und Heiratsinseraten«, in: Stefan Hradil (Hg.), *Differenz und Integration. Die Zukunft moderner Gesellschaften. Verhandlungen des 28. Kongresses der Deutschen Gesellschaft für Soziologie in Dresden 1996*, Frankfurt/M., New York 1997, S. 343-357; Peter Kaupp, *Das Heiratsinserat im sozialen Wandel. Ein Beitrag zur Soziologie der Partnerwahl*, Stuttgart 1968; Roland Hegele, *Suchen – Finden – Sich abfinden. Sozialer Wandel in der Bundesrepublik im Spiegel von Heirats- und Bekanntschaftsannoncen*, Nürnberg 1988; Gertrud Pfister, Dieter Voigt, »Geschlechterstereotype im Systemvergleich. Eine Analyse von Heiratsanzeigen«, in: Dieter Voigt, Manfred Messing (Hg.), *Beiträge zur Deutschlandforschung*, Bd. 1, Bochum 1982, S. 238-285.

111 Die Aussagen zu den Kontaktanzeigen entnehme ich zwei von mir angeregten Magisterarbeiten. Um die Selbsttechniken von Authentizität, Autonomie, Erfahrung und Sensibilität zu untersuchen, wurden hier Partnerschaftsannoncen in der linksalternativen Presse analysiert. Das Codebuch wurde mit den Magistrantinnen zusammen besprochen und entwickelt. Zum Folgenden siehe: Anja Bertsch, *Wertewandel im Spiegel der linksalternativen Presse: Eine Fallstudie zur Frankfurter »scene«*, Magisterarbeit Konstanz 2006; Heike Kempe, *Studien zur Alternativpresse in der Bundesrepublik in den siebziger Jahren. Dimensionen der Alternativkultur im Spiegel von Kontaktanzeigen in der zitty 1977-1987*, Magisterarbeit Konstanz 2006. Frau Bertsch hat insgesamt 1153 Partnerschafts- und Kontaktannoncen zwischen 1977 und 1986 vercodet und daraus wiederum 985 für ihre SPSS-gestützte Auswertung verwandt. Frau Kempe hat 990 Partnerschafts- und Kontaktannoncen mithilfe desselben Codebuchs für ihre SPSS-gestützte Auswertung eingegeben und ausgewertet.

112 Gern, *Geschlechterrollen*, S. 61; Riemann, *Kontaktanzeigen*, S. 30-32, 62; Pfister/Voigt, »Geschlechterstereotype«, S. 244; Buchmann/Eisner, »Freizeit«, S. 593.

eignen sich diese Selbstporträts als Indikatoren für eine Analyse der linksalternativen Werte und Selbstdarstellungsmodi in zwischenmenschlichen Beziehungen. Sie entsprechen der »Arbeit an sich selbst«, die man auch in den zeitgenössischen Jugendzeitschriften in den Beratungs- und Sexualratgeberrubriken findet.[113] Aufgrund der annoncentypischen Standardisierungen lassen sich durch die Auswertung der Kontaktannoncen repräsentative statistische Werte erheben.

Zunächst stand man dem Genre der Kontaktanzeigen in der Szene zurückhaltend gegenüber. Obwohl die allgemeine Kleinanzeigenkultur im Milieu florierte, erschienen 1977 im *Pflasterstrand* gerade einmal acht Kontaktanzeigen, erst 1980 wuchs die Zahl dann auf stattliche 228 an. Der Durchbruch kam dann Anfang der achtziger Jahre. Seit dieser Zeit kann man davon sprechen, dass die Kontaktannoncen zum Standard im *Pflasterstrand*-Kleinanzeigenmarkt gehörten. 1985 wurde eigens die Kleinanzeigenrubrik »Kupplung« eingerichtet.[114] Das erste im *Pflasterstrand* erschienene Partnergesuch, von 1977, zeigt die Problematik bereits recht klar an: »Depressiver, sensibler, fast total geschaffter Typ, sucht zum Aufbau einer längerfristigen, fruchtbaren Zweierbeziehung verständnisvolles weibliches Wesen.«[115] Die Offenheit der Anzeige war, wie zu zeigen sein wird, in der Tat symptomatisch – ebenso wie der Kommentar der *Pflasterstrand*-Redaktion: »Wir haben lange diskutiert über Beziehungsanzeigen und so. Uns scheint, daß für viele dies die einzige Möglichkeit ist, jemanden näher kennenzulernen. Eines ist

Zur Methodik der Analyse von Kontaktanzeigen siehe Kerstin Nagler, Jo Reichertz, »Kontaktanzeigen – auf der Suche nach dem anderen, den man kennen will«, in: Stefan Aufenanger, Margit Lenssen (Hg.), *Handlung und Sinnstruktur. Bedeutung und Anwendung der objektiven Hermeneutik*, München 1986, S. 84-122.

113 Siehe dazu: Peter-Paul Bänziger u. a. (Hg.), *Fragen Sie Dr. Sex! Ratgeberkommunikation und die mediale Konstruktion des Sexuellen*, Frankfurt/M. 2010; Sabine Maasen u. a. (Hg.), *Das beratene Selbst. Zur Geneaologie der Therapeutisierung in den »langen« Siebzigern*, Bielefeld 2011; Annika Wellmann, *Beziehungssex. Medien und Beratung im 20. Jahrhundert*, Köln 2011.

114 Horn, *Abschied*, S. 57, 106; Bertsch, *Wertewandel*, S. 28-31, 52. Stephanie Horn, ehemaliges Mitglied in der Pflasterstrand-Redaktion, meint, »daß Kontaktanzeigen wohl eigentlich nicht zur Kultur der linken Szene gehören« (Horn, *Abschied*, S. 61).

115 *Pflasterstrand* 8 (1977), S. 34; zitiert bei Horn, *Abschied*, S. 57; Bertsch, *Wertewandel*, S. 48.

allerdings klar: Fickanzeigen werden nicht veröffentlicht«.[116] Ebenso kennzeichnend für die anfängliche Unsicherheit war die Nachfrage der Redaktion aus dem Jahr 1978: »Ich will mal wissen, was so die Leute zu Kontaktanzeigen meinen, ich fühl mich immer unbehaglich beim Tippen.«[117] Mitte der achtziger Jahre erkannte die Redaktion die wachsende Problematik in Sachen Partnerschaften an und stellte mit der Rubrik »Kupplung« – vorgestellt freilich in ironischem Unterton – ein Forum zur Verfügung: »Alle reden von zunehmender Vereinsamung, seelischer Grausamkeit und physischer Kälte, Wende, Eiszeit, Perspektivlosigkeit, Neurosen, depressiven Wallungen, Herpes, Schnupfen und Husten. Natürlich, der einzige, der mal wieder was dagegen tut, ist der Pflasterstrand.«[118] Ähnliches beobachteten die Redakteure des *Plärrer*, die Anfang der achtziger Jahre berichteten, dass sich bei den Kleinanzeigen »gegenwärtig [eine] sehr starke Tendenz […] in die Privatheit« beobachten lasse.[119] Tatsächlich stellte Stephanie Horn in Interviews mit Inserenten des *Pflasterstrands* fest, dass erst das Fehlen eines sozialen Beziehungsnetzwerkes die Betreffenden dazu brachte, eine Kontaktanzeige im Alternativblatt aufzugeben.[120]

In der *zitty* hingegen gehörte die Kleinanzeigen- und Partnerschaftsannonce bereits von Beginn an zum Kerngeschäft, da das Stadtmagazin seine Servicefunktionen seit seiner Gründung in den Vordergrund stellte und das basisorientierte Redaktionskollektiv den selbstverwalteten Betrieb früh auf kommerziellen Erfolg ausrichtete.[121] Schon 1977 gab es eine Rubrik für Kontaktanzeigen,

116 *Pflasterstrand* 8 (1977), ohne Seitenangabe. Im *Pflasterstrand* 46 (1979) wurde diese Haltung gekräftigt, dort hieß es: »[S]existische Kleinanzeigen werden nicht abgedruckt«. Weitere Beispiele bei Horn, *Abschied*, S. 60; Bertsch, *Wertewandel*, S. 48/49.

117 *Pflasterstrand* 44 (1978), S. 58.

118 *Pflasterstrand* 203 (1985), S. 106. Ebenfalls zitiert in Horn, *Abschied*, S. 60.

119 Der *Plärrer* war das wichtigste undogmatisch-alternative Stadtmagazin Nürnbergs für die jungen Altersgruppen zwischen 20 und 35 Jahren. Die Aussage wurde bei einer Redaktionsbefragung im Sommer 1981 getätigt (Petra E. Dorsch, *Neue Medien im sublokalen Kommunikationsraum – Die sogenannte Alternativpresse im sozialen Umfeld*, München 1981, S. 161).

120 Horn, *Abschied*, S. 70.

121 Walter Hollstein, Boris Penth, *Alternativ-Projekte. Beispiele gegen die Resignation*, Reinbek 1980, S. 191-196; Manfred Hobsch, »Zitty. Zeitschrift ohne Verleger, Verlag ohne Chef«, in: Günter Bentele, Otfried Jarren (Hg.), *Medienstadt Berlin*, Berlin 1988, S. 203-211, hier S. 204-206; Martin Schwarz, *20 Jahre Zitty*.

die zuerst »Mütter und Macker« hieß und dann die Bezeichnungen »Liebe« und »Lonli Harz« erhielt, um ab 1984 durch »Liebe, Lust und Leidenschaft« abgelöst zu werden.[122] Und in der Tat waren die Kleinanzeigen der Kassenschlager der Alternativzeitungen, wie eine 1980 durchgeführte Leseranalyse von Infratest zeigt. Danach ging der größte Leseanreiz zwar vom Veranstaltungsservice aus, der aber direkt von den Kleinanzeigen gefolgt wurde. Die politischen Beiträge rangierten in der Lesergunst ebenso dahinter wie die Theater-, Literatur- und Kunstbeiträge.[123]

Grundsätzlich stieg bereits in den sechziger und siebziger Jahren die Akzeptanz für die Partnersuche auf medialem Wege. Während bis in die fünfziger Jahre noch klassische Heiratsgesuche dominierten, in denen vornehmlich gesicherte ökonomische Verhältnisse gesucht wurden, differenzierte sich die Anzeigenkultur fortan aus – vom Gesuch nach einem Freizeit- bis zum reinen Sexpartner. In den *St. Pauli Nachrichten* war die Hochzeit der Kontaktannonce schon um 1970 erreicht, als jede Woche rund 1000 Anzeigen für ein Millionenpublikum nachzulesen waren. Im Jahr 1993 konnte man monatlich zwischen 450 000 Annoncen allein in den deutschen Tages- und Wochenzeitungen auswählen.[124]

In den späten siebziger und achtziger Jahren öffneten sich auch konventionelle Zeitungen wie etwa die *Westdeutsche Allgemeine Zeitung*, die eine Spalte für Kontaktanzeigen einrichtete, in denen nicht nur nach Heiratspartnern oder nach einer Art von Rentenabsicherung gesucht wurde. Gerade in den großen bürgerlichen Zeitungen waren und sind die Heiratsgesuche indes dominant. In der FAZ etwa wünschten sich 1986 75 Prozent der Inserentinnen einen Partner für immer, während dies zur gleichen Zeit im linksalternativen *Guckloch* (Dortmund) gerade einmal 21 Prozent der

Zum Strukturwandel der Gegenöffentlichkeit anhand eines Stadtmagazins, Magisterarbeit FU Berlin 1998, S. 101-106; Kempe, *Studien*, S. 65-72.

122 Kempe, *Studien*, S. 55

123 Dorsch, *Neue Medien*, S. 81.

124 Riemann, *Kontaktanzeigen*, S. 43/44, 221/222; Jo Reichertz, »Kontaktanzeigen in Stadtmagazinen oder die Suche nach dem anderen, den man nicht treffen will«, in: Stefan Müller-Doohm, Klaus Neumann-Braun (Hg.), *Öffentlichkeit, Kultur, Massenkommunikation. Beiträge zur Medien- und Kommunikationssoziologie*, Oldenburg 1991, S. 251-264, S. 253/254; Hans O. Eglau, »Für eine Mark Sex«, in: *Die Zeit* 22 (29.05.1970), S. 39.

annoncierenden Frauen taten.[125] Völlig tabu bleibt in den alternativen Stadtmagazinen bis heute die Formulierung »spätere Heirat nicht ausgeschlossen«.[126]

Wurde die Einrichtung der »Kupplungsrubrik« von der *Pflasterstrand*-Redaktion bereits als politische Entscheidung ausgegeben, weil die Beziehungsproblematik innerhalb des Milieus prekär geworden war, so deutet sich in den Selbstbeschreibungen der Inserenten der auffallend negative Seelenzustand der Verfasser an, der ein szenetypisches Dilemma markierte. Sehr offen wurden Schwierigkeiten behandelt und benannt, die angesichts der hohen Erwartungen an freie Liebe und gegenseitiges Verständnis innerhalb des Alternativmilieus eigentlich gar nicht hätten auftauchen sollen. So entschuldigte sich ein Inserent 1981: »Man traut sich kaum im PS [gemeint ist der *Pflasterstrand*, Anm. d. Verf.] eine Kontaktanzeige aufzugeben, wo das Eingestehen v. Beziehungswunsch u. Schmuse-Defizit in der ›scene‹ doch gar nicht so selbstverständlich ist.«[127] In der »bürgerlichen« Presse war das Genre hingegen längst akzeptiert und eingeführt, wenngleich es den Geschmack des Unschicklichen und den Geruch des Verlierertums erst in den achtziger Jahren verlor.[128]

Dass die Inserenten sich mit einer Anzeige im *Pflasterstrand* »unter sich« glaubten, zeigt sich an einer Reihe von Auffälligkeiten. In immerhin einem Drittel der Fälle gaben sie ihre Telefonnummern oder Postadressen preis[129] – ein Indiz dafür, dass sie sich im Milieu geschützt fühlten. In dem zehnjährigen Untersuchungszeitraum findet sich lediglich eine Annonce, in der sich der Verfasser für die Anredeform »Sie« entschied.[130] Man wählte zur Selbstbe-

---

125 Reichertz, »Kontaktanzeigen in Stadtmagazinen«, S. 256.

126 Sabine Polotzek, Jo Reichertz, »Sex als Objekt der Begierde. Die Entwicklung der Kontaktanzeigen in der Stadtillustrierten PRINZ (1987-1994)«, in: Margit Lennsen, Elke Stolzenburg (Hg.), *Schaulust. Erotik und Pornographie in den Medien*, Opladen 1997, S. 43-54, hier S. 43/44.

127 *Pflasterstrand* 106 (1981), S. 43; zitiert nach Bertsch, *Wertewandel*, S. 50.

128 Riemann, *Kontaktanzeigen*, S. 158; Hegele, *Suchen*, S. 15.

129 Bertsch, *Wertewandel*, S. 68. Vgl. Hübsch, *Alternative Öffentlichkeit*, S. 34: »Die Kleinanzeigen [...] geben fast immer eine Telephonnummer als Kontaktmöglichkeit an, selten ist es die Chiffre, oder die Adresse.«

130 Bertsch, *Wertewandel*, S. 68. Vgl. mit ähnlichem Befund Reichertz, »Kontaktanzeigen in Stadtmagazinen«, S. 257.

schreibung möglichst »authentische Ich-Botschaften«,[131] die man zunächst nur ungelenk in umgangssprachlichem Ton verpackte, bis die Vertrautheit mit dem Genre ab Mitte der achtziger Jahre zu den Stilisierungen und Inszenierungen führte, wie man sie noch heute aus den Stadtmagazinen kennt.[132] Das ist ein Befund, der durch die Untersuchung der stärker kommerzialisierten *zitty* bestätigt wird. In dem hier betrachteten Zeitraum von elf Jahren verwendeten nur zwei Inserenten die Anredeform »Sie« (0,2 Prozent), während dies in der Vergleichsstudie der *Westfälischen Nachrichten* immerhin vier Prozent (1981) bzw. 3,3 Prozent (1986) taten.[133] Auch in den Angaben zur eigenen Lebensführung machten 60 Prozent der Inserenten Angaben, die eine Zugehörigkeit zum Milieu signalisierten – etwa in der Selbstbeschreibung, man lebe in einer »partnerschaftlichen WG mit Kindern & Selbstverwirklichung im Alltag«. Ein Viertel der Inserenten im *Pflasterstrand* gab unter »Interessen und Hobbys« Dinge an, die sich unter »Selbsterfahrung« oder »alternative Interessen« zusammenfassen lassen (etwa: »Interesse an bewusster Ernährung, Makro, Naturkosmetik«, »Meditation«, »Esoterik«, »Selbsterfahrungsgruppen« oder »Identität aus dem Innern«). Ein ganzes Viertel gab sogar an, sich für linke Politik zu interessieren oder politisch zu sein (»grün-links orientiert«, »undogmatisch«, »rot-grün«). Angaben wie diese waren natürlich in den alternativen Zeitschriften, das zeigen die Vergleichsstudien, sehr viel häufiger als in den herkömmlichen Blättern und zeigten das Zugehörigkeitsgefühl zum linksalternativen Milieu an.[134] Selbst in der *zitty* machten 21 Prozent der Inserenten Angaben, die einer alternativen Lebensführung zugeordnet werden können, während sich »nur« 10,7 Prozent von ihnen für Politik interessierten. Wiederum war man ausschließlich dem linken Spektrum zugetan und die Angaben reichten von »linksorientiert« und »Teilnahme an Demos« über Interesse an den Neuen Sozialen Bewegungen bis hin zu den K-Gruppen. Dieses Interesse an Politik war zwar nur halb

131 Polotzek/Reichertz, »Sex als Objekt der Begierde«, S. 44.

132 Zur Sprache siehe Bertsch, *Wertewandel*, S. 62-70; Reichertz, »Kontaktanzeigen in Stadtmagazinen«, S. 251-264.

133 Kempe, *Studien*, S. 95; Riemann, *Kontaktanzeigen*, S. 161. Die Lokalzeitung *Westfälische Nachrichten* aus Münster ist vor allem eine Zeitung für Beamte, Studenten und den Mittelstand in der Dienstleistungsstadt.

134 Bertsch, *Wertewandel*, S. 114-121; Riemann, *Kontaktanzeigen*, S. 237, 181.

so stark ausgeprägt wie unter den Gesuchen im *Pflasterstrand,* lag aber immer noch sehr deutlich über den Werten, die sich für die herkömmlichen Annoncen in den *Westfälischen Nachrichten* nachweisen lassen (1981: 0 Prozent; 1986: 2,7 Prozent).[135]

Vor allem der offensive Umgang mit einem problematischen Seelenleben unterscheidet die Annoncen sehr deutlich von den Inseraten, die in den Vergleichsstudien untersucht wurden – im *Pflasterstrand* bekannte man sich offen zu seinen Beziehungsproblemen, bezeichnete sich als »gefrustet«, »sehr einsam«, »von den Wirrungen des Lebens völlig erledigt« oder schlicht als Person in einer »psychischen Krise«. Während sich solche Angaben in durchschnittlich knapp 20 Prozent der linksalternativen Anzeigen finden, machten nur zwei bis sechs Prozent der Inserenten in herkömmlichen Zeitungen solche Eingeständnisse.[136] Die radikale Offenheit, mit der die Verletzlichkeit und Verletztheit mitgeteilt wurde, offenbart nicht nur die Vertrautheit mit der Lesergemeinde, sondern legt bereits einen zentralen Wert des Milieus frei: Das Streben nach vermeintlicher Authentizität, welches hier eben in der Bereitschaft bestand, Schwächen einzuräumen und entsprechendes Verständnis einzufordern. Man vermied es, sich selbst anzupreisen – empfand dies als kommerzialisierte Strategie, um den Tauschwert auf dem Persönlichkeitsmarkt zu erhöhen. Entsprechend beschrieben sich auch nicht wenige Inserenten als »heruntergekommen«, »abgefuckt«, »verpeilt« oder »unorganisiert«.[137] Ebendiese Offenheit, mit der man seinen Seelenzustand kundtat, findet sich auch in der *zitty.* In durchschnittlich jeder sechsten Annonce wurden hierzu Angaben gemacht, während sich in der Vergleichsstudie zu den *Westfälischen Nachrichten* gerade einmal in jeder dreißigsten Anzeige solche Bekenntnisse fanden. Bei genauerer Betrachtung fällt auf, dass auch hier sehr offen mit dem »Alleinsein«, mit negativen Erfahrungen und Emotionen umgegangen wurde. Negative Gefühlszustände wurden doppelt so häufig genannt wie positive.[138] Diese Befunde decken sich mit denen des Kölner Historikers Massimo Perinelli bei der Durchsicht der Kontaktanzeigen in der

135 Kempe, *Studien,* S. 90, 93/94; Riemann, *Kontaktanzeigen,* S. 181.
136 Bertsch, *Wertewandel,* S. 81-83; Riemann, *Kontaktanzeigen,* S. 249, 253. Vgl. Horn, *Abschied,* S. 61.
137 Bertsch, *Wertewandel,* S. 101.
138 Kempe, *Studien,* S. 84; Riemann, *Kontaktanzeigen,* S. 249.

Agit 883. Unter den dort ab 1969 veröffentlichten Kleinanzeigen sind immer wieder Annoncen von Männern, die von ihren »Orgasmusschwierigkeiten« sprachen. Im Juni 1969 schrieb etwa der Leser B. Schibrowski: »Welches geduldige Mädchen (17-20 J.) ist bereit, mir aus meiner Sexualnot u. damit bei der Überwindung d. bürgerlich-repressiven Fesseln meiner Umgebung zu helfen. Versuch wird nicht ganz einfach sein.« In einer ein Jahr später erschienenen Annonce hieß es: »Genosse (29) durch lange Diskussionen frustriert, zwecks Entspannung Gleichgesinnten fürs Bett gesucht. Falls Ursachen der Frustration erfolgreich beseitigt, erscheint Wiederaufnahme der Diskussion sinnvoll.«[139]

Das Bekenntnis zu den Problemen und persönlichen Schwierigkeiten implizierte immer auch die Kritik an der glatten Konsumkultur, am Stromlinienförmigen, Einfachen und Oberflächlichen, dem man entkommen wollte. Die Inserenten wollten sich auf dem Markt der Partnerbeziehungen nicht verwerten und ausschlachten lassen und vermieden es, sich entsprechend eingängig zu präsentieren. Als kommunikative Technik der Selbstdarstellung fungierte hierbei erstens die Ironisierung durch Übertreibung oder durch Beschreibungen in Anführungszeichen, zweitens die Informalisierung der Sprache und drittens das Stilelement der Selbstrelativierung.

Im Sozialprofil der Inserenten finden sich zunächst ein junges Durchschnittsalter und ein hohes Bildungsniveau als szenetypische Merkmale. Drei Viertel waren zwischen 20 und 34 Jahren alt, der jüngste Inserent war 16, der älteste 50.[140] Gut ein Drittel waren Studenten, ein erheblicher Anteil entfiel zudem auf pädagogische, soziale und kreative Berufe, während sich in den zehn ausgewerteten *Pflasterstrand*-Jahrgängen lediglich zwei Inserenten als Arbeiter und einer als Handwerker zu erkennen gaben.[141] Lediglich ein knappes Viertel der Inserenten im *Pflasterstrand* war weiblich. Diese Unterrepräsentation ist zwar inserattypisch, lag in dem Frankfurter Alternativblatt aber nochmals erheblich unter der Quote

---

139 *Agit 883* 19 (09.06.1969), S.3; *Agit 883* 71 (15.11.1970), S.11; Perinelli, »Lust, Gewalt, Befreiung. Sexualitätsdiskurse«, S.87-89.

140 Bertsch, *Wertewandel,* S.55-58. Ein ähnliches Altersprofil findet sich allgemein in den achtziger Jahren in den Stadtmagazinen (Reichertz, »Kontaktanzeigen in Stadtmagazinen«, S.255).

141 Bertsch, *Wertewandel,* S.58-62. Lediglich ein Viertel der Inserenten machte Angaben zur Berufstätigkeit.

von entsprechenden bürgerlichen Inseraten (40 Prozent weibliche Inserenten).[142] Ein Hinweis darauf, dass es mit der oftmals beschworenen Emanzipation der Frauen innerhalb des Milieus und seiner Geschlechterbeziehungen offenbar noch nicht so weit her war. Das Sozialprofil der *zitty*-Inserenten war dem des *Pflasterstrands* ähnlich und bestätigt die Befunde. Auch hier waren 73 Prozent zwischen 20 und 34 Jahren alt; Frauen schalteten noch seltener Annoncen, ihr Anteil an den Anzeigen betrug nur 19 Prozent.[143] In ihren sozialen Merkmalen unterschieden sich die Inserenten beider Blätter im Grunde nicht von der allgemeinen Leserschaft der Alternativpresse. Eine 1982 vom Meinungsforschungsinstitut Infratest erhobene Leseranalyse im Auftrag der scene programm presse – des größten Anzeigenverbunds der alternativen Stadtmagazine – zeigt dies an.[144] Die Infratest-Umfrage ergab, dass rund die Hälfte der Rezipienten jünger als 30 Jahre alt war und 57 Prozent die mittlere Reife, Abitur oder einen Hochschulabschluss hatten.[145] Für die *zitty* liegen aus den achtziger Jahren mehrere gesonderte Leserbefragungen vor, die diese Befunde untermauern. Danach waren 60 Prozent der Leser zwischen 20 und 30 Jahre alt, 49 Prozent waren in einer Großstadt aufgewachsen und satte 75 Prozent der Leserschaft hatten Abitur/Hochschulabschluss.[146]

Wie beschrieben die Inserenten sich und wie ihren Wunschpartner? Welche Werte wurden als maßgeblich für eine Beziehung erachtet? Zunächst einmal spielten in den Selbstbeschreibungen harte »objektive« Merkmale – Größe, Gewicht, Religion, Beruf – eine vergleichsweise geringe Rolle. Einzig die Nennung des Alters war, allgemein inserattypisch, beinahe obligatorisch. Ansonsten dominierten »weiche« Angaben zu Charaktereigenschaften oder partnerschaftlichen Werten. Damit nahmen die Inserenten beim allgemeinen Wertewandel eine Vorreiterposition ein – in den herkömmlichen Kontaktanzeigen konnten entsprechende Entwick-

142 Ebd., S. 53/54; Riemann, *Kontaktanzeigen*, S. 154 ff.

143 Kempe, *Studien*, S. 96, 87.

144 Wolfgang Hippe, »Eine Zeitung ist keine Dose Erbsen oder: Gegenöffentlichkeit zu Markte tragen«, in: Axel Diederich (Hg.), *Verzeichnis der Alternativ-Presse*, Berlin 1986, S. 8-13.

145 Dieter Korczak, *Zur Einstellung und Lebenswelt von Alternativen*, München 1982, S. 3, 11/12, 14/15, aus dem Tabellenteil: S. 1/2, 7/8, 13-15, in: Archiv Infratest Forschung, Nr. 10; Dorsch, *Neue Medien*, S. 80.

146 Hobsch, »Zitty«, S. 209.

lungen erst später und weniger ausgeprägt beobachtet werden. Im internen Vergleich zwischen *Pflasterstrand* und *zitty* zeigt sich, dass die *zitty* näher an den Annoncen in der herkömmlichen Presse lag, weil hier der Beruf in immerhin sechs der elf untersuchten Jahrgängen zu den fünf meistgenannten Selbstbeschreibungsvariablen zählte. Damit waren die *zitty*-Inserenten aber immer noch sehr weit von den *Westfälischen Nachrichten* entfernt, wo in den Untersuchungsjahren 1981 und 1986 der Beruf einmal den ersten, das andere Mal den zweiten Rang einnahm. In der *zitty* war nicht der Beruf, sondern die Variable »Charakterbeschreibung« in zehn von elf Jahrgängen die am häufigsten verwendete Variable bei der Selbstbeschreibung der Inserenten.[147]

Im *Pflasterstrand* wie in der *zitty* war die Selbstdarstellung im Typus des »expressiven Selbst« als Gegenentwurf zum »utilitaristische[n] Selbst« vorherrschend: Zwei Drittel der Annoncen im *Pflasterstrand* und drei Viertel in der *zitty* lassen sich dieser Kategorie zuordnen. Damit waren die Werte zunächst einmal keineswegs höher als die herkömmlicher Anzeigen. In den *Westfälischen Nachrichten* etwa konnten 60 Prozent der Annoncen diesem Typus zugewiesen werden; andere Studien zu Kontaktannoncen in der herkömmlichen Presse weisen für die siebziger Jahre ähnlich starke Werte aus. Dabei begann die Umbruchphase, in der das utilitaristische gegenüber dem expressiven Selbstideal massiv an Boden verlor, bereits in den späten vierziger Jahren. Bemerkenswert ist die starke Dominanz des Charaktermerkmals »Empathie mit den Mitmenschen«, die im Frankfurter *Pflasterstrand* zu beobachten war, sowohl bei den Selbstbeschreibungen als auch bei den beim Partner gewünschten Eigenschaften. Die Inszenierung als ehrlicher »Gefühlsmensch« und authentischer »Individualist« gehörte zu den hervorstechendsten Kernwerten der linksalternativen Inserenten aus der Mainmetropole.[148] Man sei »einfühlsam«, »wär-

---

147 Bertsch, *Wertewandel*, S. 73-82, 85; Kempe, *Studien*, S. 74-79; Riemann, *Kontaktanzeigen*, S. 165. Vgl. dazu auch Herbert Stubenrauch, »›Scheiße, irgendwie blick ich da halt nicht mehr durch‹. Eine philologische Miniatur über die Sprache der Sponti-Linken«, in: *päd.-extra.* 3 (15. 03. 1978), S. 44-47, hier S. 45.

148 Bertsch, *Wertewandel*, S. 90-102; Kempe, *Studien*, S. 81. Zum Wertewandel im Spiegel der Kontaktannoncen: Riemann, *Kontaktanzeigen*, S. 253; Buchmann/Eisner, »Selbstbilder«, S. 351. Utilitarismus hier codiert mit: geachtet, guter Charakter, nett, fleißig, solide, friedfertig, ehrlich, ruhig, lebenserfahren/reif, zuverlässig, geduldig. Expressives Selbstideal: kultiviert, intelligent, sinnlich,

meausstrahlend«, »kuschelwarm«, »verträumt« und »mit Bauch« las man im *Pflasterstrand*. Allerdings genossen solche Eigenschaften auch in den herkömmlichen Partnerannoncen eine ähnlich hohe Wertigkeit.[149] Selbst in den Kontaktanzeigen der *Zeit*, der wohl traditionellsten Variante dieses Genres, fand sich dieser Code der Innerlichkeit. »Gemeinsam«, »freundlich«, »nett«, »heiter«, »naturliebend«, »verstreichelt«, »charmant«, »glücksfähig«, »zierlich«, »zärtlich«, »sinnlich« waren die Wörter, mit denen man auch hier seinen Partner suchte, um »Geselligkeit [zu] pflegen«.[150]

Unterschiede waren dagegen vor allem in der Selbstbeschreibung als »unkonventionell« und »kritisch« bzw. in den entsprechenden Wünschen an den Partner auszumachen. Während 16 Prozent der Inserenten im *Pflasterstrand* sich selbst auf diese Weise präsentierten oder nach einem solchen Partner suchten, waren es in den *Westfälischen Nachrichten* gerade einmal zwei Prozent. Im *Pflasterstrand* gab man sich als »emanzipiert«, »selbstbewusst« und »unabhängig«, als »freakig«, »nicht in der Schablone drin« und »mit Wut auf Grenzen«. Entsprechend wünschte man sich Partner, »an denen man sich selbst abarbeiten« kann, »denen nicht alles scheißegal ist« und die eine »Lebenseinstellung [haben], die alles unangebrachte, oberflächliche, sinnlose ausschließt«.[151] Demgegenüber rangierten Pflicht- und Akzeptanzwerte wie etwa »Solidität« weit abgeschlagen auf den hinteren Plätzen.[152]

Wie kompliziert die Welt der linksalternativen »Beziehungskisten« war, zeigt die Mikroanalyse der in den Inseraten aufscheinenden Vorstellungen von den Beziehungen, in denen sich ein »Antagonismus zwischen Liebesbeziehung und Autonomiesehnsucht« manifestierte:[153] Einerseits wurden zwar durchaus feste Beziehungen favorisiert, andererseits aber wollte man keinesfalls den

humorvoll, fröhlich, weltoffen, aktiv, sensibel, originell, natürlich, selbstständig, zärtlich, interessant, optimistisch, flexibel (Kategorisierung nach Buchmann/Eisner, »Selbstbilder«, S. 350).

149 Riemann, *Kontaktanzeigen*, S. 262.

150 Heiratsanzeige, in: *Die Zeit* (18.07.1980). Vgl. Riemann, *Kontaktanzeigen*, S. 220-224.

151 Bertsch, *Wertewandel*, S. 98-100.

152 Ebd., S. 97. Im *Pflasterstrand* rangiert der Wert bei 4 Prozent. In der Untersuchung von Riemann für 1981 und 1986 bei 18 Prozent (Riemann, *Kontaktanzeigen*, S. 262).

153 Horx, *Das Ende der Alternativen*, S. 90.

Eindruck einer »vereinnahmenden Klammeremotionalität« erwecken.[154] In den Beziehungswünschen wurde immer wieder darauf verwiesen, wie wichtig »Freiräume« und die »Unabhängigkeit« einer »nicht einengenden Beziehung« »ohne Besitzansprüche« seien; man wollte sich auf die »gemeinsame Suche nach dem Selbst« machen. Die »unkonventionelle Beziehung« changierte zwischen den Polen Individualität und Zweisamkeit, die kaum austariert werden konnten.[155]

Diese proklamierte Offenheit bot Freiräume für gleichgeschlechtliche Partnerschaften. In der *zitty* äußerten in den Jahren 1977-1987 immerhin sieben Prozent der männlichen Inserenten Wünsche nach einer gleichgeschlechtlichen Beziehung. Frauen standen dem Genre offenkundig skeptischer gegenüber und schalteten in der *zitty* deutlich seltener Anzeigen als Männer. Diejenigen Frauen aber, die dort inserierten, waren zu sehr erstaunlichen 84 Prozent auf der Suche nach einer lesbischen Beziehung.[156]

Ehewünsche in den alternativen Stadtmagazinen zu äußern war verpönt. Selbst in der *zitty* fanden sich nur zu 1,8 Prozent Ehegesuche, während in den *Westfälischen Nachrichten* immerhin 6,6 Prozent (Untersuchungsjahrgang 1981) diese Beziehungsvorstellung äußerten.[157] Eine Infratest-Umfrage unter den Lesern von Alternativzeitungen aus dem Jahr 1981 bestätigt diesen Befund: Nur neun Prozent der Leser waren verheiratet, über die Hälfte jedoch gab an, ledig und ohne Partner zu sein.[158] Damit waren die Linksalternativen einem allgemeinen Trend weit voraus: Die Anzahl der Trauungen ging ab Anfang der sechziger Jahre kontinuierlich zurück, stellte aber noch den anvisierten Beziehungsstandard dar.[159]

Reine Sexgesuche gehörten ebenfalls nicht zum Standard der linksalternativen Kontaktannoncen, sondern waren eher in Life-

---

154 Bertsch, *Wertewandel*, S. 108; Horx, *Das Ende der Alternativen*, S. 28; Kempe, *Studien*, S. 86-88.

155 Bertsch, *Wertewandel*, S. 112/113; Kempe, *Studien*, S. 86.

156 Kempe, *Studien*, S. 87.

157 Ebd., S. 86; Riemann, *Kontaktanzeigen*, S. 170. Vgl. zur Wahrnehmung der Ehe auch: Bettina Fitzner, »Zum Beispiel Frauen-WG«, in: Johann A. Schülein (Hg.), »... *vor uns die Mühen der Ebenen*«. Alltagsprobleme und Perspektiven von Wohngemeinschaften, Gießen 1980, S. 121-132, hier S. 126.

158 Korczak, *Einstellung und Lebenswelt*, Tabellenteil S. 17, in: Archiv Infratest Forschung, Nr. 10.

159 Reinhard Mohr, »Hölle im Reihenhaus«, in: *Der Spiegel Spezial* 2 (07. 08. 2007).

stylemagazinen zu finden. Schnörkellose Inserate wie »Er sucht sie zum Vögeln« waren selten und tauchten im *Pflasterstrand* erst gegen Mitte der achtziger Jahre vereinzelt auf. Ähnliches lässt sich für die *Agit 883* nachweisen. Nachdem dort einige wenige eindeutige Sexannoncen erschienen waren, gab die Redaktion bekannt: »Bürgerliche Bumsgesuche werden nicht mehr angenommen.«[160] Hingegen waren in der *zitty* in den Jahren 1977-1987 immerhin durchschnittlich 14 Prozent der Inserenten auf der Suche nach der »schnellen Nummer«[161] – ein Befund, der die Zwischenstellung der *zitty* zwischen Alternativkultur und urbanem Lebensstil der unpolitischen Hedonisten anzeigt. Im Lifestylemagazin *Prinz* waren 1987 zwar erst 12,6 Prozent der Offerten solcherlei Inhalts, 1994 aber war der Anteil der Sexgesuche schon auf ganze 23,1 Prozent angestiegen.[162] Die Zeitungen, die das junge und großstädtische Hedonistenmilieu bespielten, markierten einen starken Kontrast zur kleinstädtischen Lokalpresse wie etwa den *Westfälischen Nachrichten*, wo bis in die neunziger Jahre »reine Sex- und Erotikwünsche [...] von den Inserenten nie formuliert wurden«.[163]

Während einerseits großes Gewicht gelegt wurde auf das Ideal einer offenen und freien Beziehung, wurde ebendiese Freiheit gleichzeitig zur Fessel und zum Problem. Begriffe wie »Seitensprung«, »Fremdgehen« und »Betrug«, schreibt Christoph Conti, seien aus dem alternativen Vokabular nahezu verschwunden: »Die Selbstverständlichkeit der festen ›Zweierbeziehung‹ [wurde] ständig in Frage gestellt.« Die schablonisierende Rede vom »Typen«, der »Beziehungskiste« oder dem »Anmachen« zeigt, wie problematisch die Beziehungen sein konnten. Bezeichnungen wie »verführen« oder »Geliebter« sollten gemieden werden.[164] Es gab in der Alternativszene kaum Schwierigeres als eine gut funktionierende feste Beziehung, die zudem auch noch als »Beziehungsknast« (*Kölner Stadtrevue*) oder »2er-Knast« (*Info-BUG*) verhöhnt wurde.[165]

160 *Agit 883* 60 (14.05.1970), S. 4; zitiert nach Perinelli, »Lust, Gewalt, Befreiung. Sexualitätsdiskurse«, S. 89. Hübsch (*Alternative Öffentlichkeit*, S. 114) hält dies für eine typische Haltung der alternativen Stadtzeitungen.

161 Kempe, *Studien*, S. 86.

162 Polotzek/Reichertz, »Sex als Objekt der Begierde«, S. 52.

163 Riemann, *Kontaktanzeigen*, S. 169.

164 Conti, *Abschied vom Bürgertum*, S. 177; Stubenrauch, »Scheiße, irgendwie blick ich da halt nicht mehr durch«, S. 47.

165 »Wohngemeinschaft – die kalte Kotze«, in: *Info-BUG* 197 (Oktober 1978), S. 13;

Das folgende Zitat aus dem Jahr 1977, in dem der Bewohner einer linken WG im Rahmen einer Diskussion einen seiner männlichen Wohngenossen einschätzt, veranschaulicht diese Problematik recht deutlich: »Also, ich glaube, daß er schon das Bedürfnis hat so emotional her, eine feste Beziehung zu einer Frau zu haben, aber das immer schon theoretisch total ablehnt, obwohl er selber merkt, daß er im Grunde also wirklich emotional dahin tendiert.«[166] Letztlich kollidierten die linksalternativen Veränderungswünsche mit gesellschaftlich immer noch fest verankerten Vorstellungen von unbedingter Treue und Geborgenheit in einer festen Partnerschaft. So nannten 1982 ganze 88 Prozent der Jugendlichen unter 30 Jahren die »unbedingte Treue« als Voraussetzung für eine gelingende Partnerschaft.[167]

Die Analyse von 985 Partnerschaftsanzeigen im *Pflasterstrand* und die Auswertung von 990 Kontaktannoncen in der *zitty*, die zusammengenommen als repräsentatives Sample die Jahre 1976-1987 abdecken, offenbaren, so lässt sich abschließend festhalten, erstens ein Selbstbild schonungsloser, zum Teil ironisierter Offenheit, welche als Ausweis von Authentizität Anerkennung innerhalb des Milieus suchte und als erfolgversprechende Strategie der Partnersuche galt. Sie zeigen (zweitens) auch, wie problematisch die Partnersuche im Alternativmilieu geworden war. Die neue Offenheit des Rollenverständnisses bewirkte eine starke Verunsicherung und überforderte nicht wenige.

7.2.3 Sexuelle Praxis:
Veränderungen im Beziehungs- und Sexualverhalten

Die Auseinandersetzungen in den linksalternativen »Beziehungskisten« fielen in eine Zeit des Umbruchs des Beziehungs- und Se-

Wolfgang Beywl, »Gegenöffentlichkeit. Tabu und/oder Utopie«, in: Arbeits-Gruppe AlternativPresse (Hg.), *Riesengroßes Verzeichnis aller Alternativzeitungen*, Bonn 1981, S. 69-73, hier S. 69 (das Zitat aus der *Stadtrevue* findet sich ebd.).

166 Rudi H. G. Damme, *Zur Stabilität von politischen Wohngruppen. Ein Modell aktivierender Sozialforschung zur Theorie und Praxis des kollektiven Alltags*, Hannover 1977, S. 100.

167 SINUS-Institut im Auftrag des Bundesministeriums für Jugend, Familie und Gesundheit, *Die verunsicherte Generation. Jugend und Wertewandel*, Opladen 1983, S. 6272, hier S. 68.

xualverhaltens junger Menschen. Auch überall sonst in den jüngeren Altersgruppen waren die Ansprüche an Partnerschaft und Liebe gestiegen, was oftmals zu Konflikten unter den Partnern führte. Die in den fünfziger Jahren festgefügte Moral aus lebenslanger Treue, inkriminiertem außerehelichen Zusammenleben, beschwiegener Sexualität und verheimlichter Masturbation stand spätestens ab Anfang der sechziger Jahre (also schon vor der Studentenbewegung) im Widerspruch zur tatsächlichen sexuellen Praxis Jugendlicher und junger Erwachsener. Die 68er »rissen Mauern [zwar] ein, doch sie schleiften eine Burg, die nur noch eine Ruine war und störte: Die Burg ›frühkapitalistische Prüderie und Triebverzicht‹«. Das Alter des ersten Geschlechtsverkehrs war schon vor 1968 »vorverlegt« worden, der voreheliche Geschlechtsverkehr wurde zu etwas Gewöhnlichem und sexueller Verkehr mit verschiedenen Partnern zunehmend häufiger. Die schichtübergreifende »sexuelle Modernisierung« war in vollem Gange, als die Aktivisten der Studentenbewegung diese Entwicklung mit zum Teil pompöser Geste auf ihre eigenen Fahnen schrieben.[168] Bürgerliche Erwachsene hatten bereits in Oswalt Kolle, untere Bildungsschichten in Beate Uhse und Schwule später dann in Rosa von Praunheim ihr Vademekum gefunden[169] – die Liberalisierung und Ausdifferenzierung der Sexualität an sich war also kein Verdienst der 68er. Aber sie leisteten einen erheblichen Beitrag zur öffentlichen Wahrnehmung dieser Entwicklungen. Dabei politisierten sie die Sexualität ebenso, wie sie zu deren Überschätzung und Neudefinition beitrugen.

Dass das bürgerliche Wertekorsett der Wohlanständigkeit angesichts des Umbruchs im praktischen Verhalten aufgesprengt wurde, zeigen auch die Scheidungsziffern, die sich Mitte der achtziger Jahre im Vergleich zum Jahr 1960 etwas mehr als verdoppelt hatten. Dieser Trend setzt sich seit dieser Zeit unvermindert fort; mittlerweile wird jede dritte Ehe in der Bundesrepublik geschieden, so dass die Ehe zunehmend als Lebensabschnittsgemeinschaft verstanden werden kann. Zugleich hatte sich die Zahl der »wilden Ehen« und der Alleinstehenden drastisch erhöht. Zum Beispiel nahmen

168 Vgl. Gunter Schmidt (Hg.), *Kinder der sexuellen Revolution. Kontinuität und Wandel studentischer Sexualität 1966-1996. Eine empirische Untersuchung*, Gießen 2000, S. 9-15, 30, 40 (Zitat S. 11); Richard Sennett, *Verfall und Ende des öffentlichen Lebens. Die Tyrannei der Intimität*, Frankfurt/M. 1994.

169 Schmidt (Hg.), *Kinder der sexuellen Revolution*, S. 11/12.

nichteheliche Lebensgemeinschaften in der ersten Hälfte der achtziger Jahre um 40 Prozent zu. Auch innerhalb der Ehen wuchs das Bedürfnis nach außerfamiliärer Beratung und Hilfestellung – gab es 1958 gerade einmal 17 Eheberatungsstellen, so waren es 1965 ganze 125. In ebendiesem Jahr öffnete auch die erste »Beratungsstelle für Intimfragen« an der Freien Universität Berlin ihre Pforten. Die Verwissenschaftlichung von Partnerschaft und Ehe hing mit veränderten Rollenverständnissen der Geschlechter, zunehmender Pluralität des Ehe- und Familienbildes sowie aufgestauten Ansprüchen zusammen, welche wiederum Unzufriedenheit, Streit und Beratungsbedürfnis vermehrten.[170]

Die Sexualforscher Hans Giese und Gunter Schmidt kamen in einer im Frühling 1966 durchgeführten repräsentativen empirischen Studie zum Sexualverhalten von Studenten zu dem Ergebnis, dass sich die Zeit zwischen dem ersten Kuss und dem ersten Geschlechtsverkehr deutlich verkürzt hatte und dass fast alle verheirateten Studenten und Studentinnen voreheliche Koituserfahrungen gesammelt hatten. Die beiden Forscher konstatierten eine »Einstellungs-Verhaltensdiskrepanz«: Die »offizielle Moral« sei »längst ersetzt« worden. Anfang der siebziger Jahre hatten die Jugendlichen dann bereits drei oder vier Jahre früher Sex als noch ihre älteren Geschwister. 1971 hatte jeder dritte Jugendliche zwischen 16 und 17 Jahren Geschlechtsverkehr gehabt, mit 20 Jahren mehr als zwei Drittel der Frauen und drei Viertel der Männer. Dieser Trend hielt in den siebziger Jahren an.[171] Die Jugendlichen der späten sechziger

170 Eric Hobsbawm, *Das Zeitalter der Extreme. Weltgeschichte im 20. Jahrhundert*, München ³1998, S. 403/404; Mark Mazower, *Der dunkle Kontinent. Europa im 20. Jahrhundert*, Frankfurt/M. 2002, S. 502; Trutz von Trotha, »Zum Wandel der Familie«, in: *KZSS* 42 (1990), S. 452-473, hier S. 454, 456; Rosemarie Nave-Herz, *Familie heute. Wandel der Familienstrukturen und Folgen für die Erziehung*, Darmstadt ³2007, S. 27, 119; Richard M. Emge, *Soziologie des Familienhaushalts*, Paderborn, München u. a. ²1981, S. 135-140; Weißler, »Sexy Sixties«, S. 140; Micheler, »Der Sexualitätsdiskurs in der Studierendenbewegung«, S. 6. Nach Sabine Weißler stieg die Zahl der Eheberatungsstellen von 17 im Jahr 1958 auf 125 im Jahre 1965, weil das veränderte Rollenbild und die »Undeutlichkeit des Ehe- und Familienbildes« zunahmen (Weißler, »Sexy Sixties«, S. 140).

171 Hans Giese, Gunter Schmidt, *Studenten-Sexualität. Verhalten und Einstellung. Eine Umfrage an 12 westdeutschen Universitäten*, Reinbek 1968, S. 390, 392; Volkmar Sigusch, Gunter Schmidt, *Jugendsexualität. Dokumentation einer Untersuchung*, Stuttgart 1973; Schmidt (Hg.), *Kinder der sexuellen Revolution*, S. 12, 18,

und frühen siebziger Jahre vertraten wesentlich permissivere Vorstellungen von vorehelichem Sex als ihre Eltern. So stimmten im Jahr 1970 nur 56 Prozent der Jungen und 73 Prozent der Mädchen der Aussage »Man verspricht sich Treue und ist treu« zu. Das waren im Vergleich zu den Werten aus den fünfziger Jahren außerordentlich niedrige Ziffern. Treue war unter den Jugendlichen dieser Zeit so wenig angesagt wie nie zuvor (und nie danach) in der Geschichte der Bundesrepublik.[172]

Vor allem die Geschlechterunterschiede schliffen sich im Laufe der späten siebziger und frühen achtziger Jahre ab – Studentinnen hatten nun ähnlich früh ihren ersten Sex und auch ähnlich viele Beziehungen wie Männer. Die Lust und der Drang sich umzusehen wurden bei beiden Geschlechtern größer, die Beziehungen dementsprechend kürzer. Die Figur des unabhängigen Singles entstand, der jedoch meist nicht heroisch sein Leben genoss, sondern häufig im Wartestand auf der Suche nach der nächsten Partnerschaft war und sexuell eher als depraviert galt. Innerhalb ihrer Beziehungen blieben junge Studenten wie Studentinnen weitgehend monogam, aber die Frequenz der Beziehungen erhöhte sich, so dass die Sexualwissenschaftler den Begriff der »seriellen Monogamie« einführten. Sexualität wurde zum Ausdruck für Nähe, Intimität und Aufregung; die sexuellen Akte gestalteten sich gemäß einer »Verhandlungsmoral« zwischen den Sexpartnern offener und tabuloser.[173]

Gerade in den späten siebziger und frühen achtziger Jahren wurde Treue dem Erlebnisaspekt der Sexualität nachgeordnet – die Erlebnisqualität einer Sexualität ohne partnerschaftliche Verbindlichkeit wurde von Studenten wie Studentinnen gleichermaßen hoch geschätzt. Sexualität und psychisches Wohlergehen wurden eng miteinander verknüpft.[174] Gerade die jungen Frauen hatten zu Beginn der achtziger Jahre besonders viele Koituspartner, mehr noch als die Männer ihrer Kohorte. Sie hatten mehr gleichgeschlechtli-

30, 40, 64; Herzog, *Politisierung der Lust*, S.181. Vgl. auch: Rüdiger Peuckert, *Familienformen im sozialen Wandel*, Wiesbaden ⁷2008, S.287-289; Micheler, »Sexualitätsdiskurs in der Studierendenbewegung«, S.7-9.

172 Volkmar Sigusch, Gunter Schmidt, »Veränderungen in den Sechziger Jahren (BRD)«, in: Gunter Schmidt (Hg.), *Jugendsexualität*, Stuttgart 1993, S.12-26.

173 Schmidt (Hg.), *Kinder der sexuellen Revolution*, S.12-14, 30/31, 75, 107/108.

174 Ulrich Clement, *Sexualität im sozialen Wandel: Eine empirische Vergleichsstudie an Studenten 1966 und 1981*, Stuttgart 1986, S.77; Schmidt (Hg.), *Kinder der sexuellen Revolution*, S.31, 100.

che sexuelle Erfahrungen, forderten seltener Treue von ihrem Partner und waren auch selbst seltener treu in ihren Beziehungen. Dass dies eine vorübergehende Entwicklung war, die mit dem Abstieg der linksalternativen Orientierung unter den Studierenden und dem Anwachsen der HIV-Gefährdung zurückging, zeigen Folgestudien zur Studentensexualität. Partnerschaftliche Treue und Dauerhaftigkeit der Beziehungen gewannen wieder an Boden.[175]

Der Wandel des Sexualverhaltens junger, gebildeter Erwachsener war kein abruptes Ereignis, sondern eine kontinuierliche Entwicklung, so dass der Ausdruck »sexuelle Revolution« seitens der Studentenbewegung nicht den Befunden entspricht – sowohl was den Beginn der Veränderungen im Sexualverhalten als auch was deren Dynamik angeht.[176] So zeigt sich von den sechziger bis in die neunziger Jahre ein kontinuierlicher Trend zu mehr Sexualpartnern, eine stetige Angleichung der Geschlechterunterschiede, eine Freisetzung der Sexualität von der Institution der Ehe und eine zunehmende Bedeutung der eigenständigen Sexualform Masturbation. Die soziale Herkunft der Studierenden hatte hierbei in der gesamten Untersuchungszeit von den sechziger bis in die neunziger Jahre hinein keinen Einfluss auf ihr sexuelles Verhalten.[177]

Für die linksalternativen Jugendlichen liegen keine derartig genauen Untersuchungen vor wie für die Studierenden allgemein. Zwar hielt Gunter Schmidt 1966 fest, dass gerade die sozialistisch eingestellten Jugendlichen ein besonders permissives Sexualverhalten an der Tag legten, aber es gibt nur wenig quantitative Daten zum tatsächlichen Sexualverhalten der Linksalternativen. Bekannt ist lediglich, dass nur 6 Prozent der 20- bis 29-jährigen Alternativen zu Beginn der achtziger Jahre verheiratet waren, während dies bei der restlichen Bevölkerung im selben Alter auf fast 50 Prozent zutraf. Ähnliches gilt in der Altersgruppe der 30- bis 39-Jährigen: In dieser Altersstufe waren innerhalb der Gesamtbevölkerung etwa 85 Prozent verheiratet, unter den Alternativen hingegen nur 25 Prozent. Traditionelle Beziehungsformen und klassische Treuevorstellungen wurden im linksalternativen Milieu kaum anerkannt und wenig praktiziert. Einen deutlicheren Hinweis auf die tatsächlichen Beziehungsverhältnisse liefert der Umstand, dass nur jeder elfte

175 Siehe dazu Schmidt (Hg.), *Kinder der sexuellen Revolution*, S. 19, 32, 78.
176 Vgl. ebd., S. 40.
177 Ebd., S. 40-66.

Linksalternative in einer Infratest-Umfrage zu Beginn der achtziger Jahre angab, einen festen Partner zu haben. Bereits 22 Prozent der Alternativen hatten zu diesem Zeitpunkt Singlewohnungen bezogen und nur 16 Prozent wohnten mit Freund oder Freundin zusammen.[178] Die Pluralisierung der Lebens- und Beziehungsformen mochte im linksalternativen Milieu nochmals deutlicher ausgeprägt gewesen sein als in der Vergleichsgruppe der Studierenden; im Grunde waren die Unterschiede aber keineswegs grundstürzend oder fundamental. Was sich durch die Impulse aus dem linksalternativen Milieu tatsächlich änderte, war, dass man über seine Sexualität – von der Masturbation bis zum Fremdgehen – sprach und sprechen konnte. Heimlichkeiten und Doppelmoral sollten etwa im Bekenntnis zur offenen Beziehung überwunden werden, unterschiedliche Sexpraktiken (bis hin zur Homosexualität) sollten sagbar werden. Dies firmierte als Selbstbestimmungsdiskurs, der die herkömmlichen sexuellen Normen enttraditionalisierte und pluralisierte.

Sexualität in den Wohngemeinschaften

Die Berichterstattung über die Kommune I, die »Liebeskommune vom Stuttgarter Platz«, wurde, wie Klaus Hartung eindrücklich beschrieben hat, zu einer »Projektionsleinwand, zur pornographischen Videokassette, deren Film im kollektiven Unbewußten non-stop zu laufen begann«.[179] Wenngleich »Gruppensex« und Promiskuität in den Kommunen und Wohngemeinschaften fast nie praktiziert wurde,[180] erzeugten die Medienberichte von den »verschwiemelten Kommunarden« (*Quick*), der »Liebeskommune« (*Neues Blatt*) oder der »Pornogesellschaft« (*Spiegel*) bei nicht weni-

---

178 Korczak, *Einstellung und Lebenswelt*, S. 20, Tabellenteil S. 20, in: Archiv Infratest Forschung, Nr. 10.

179 Klaus Hartung, »Die Psychoanalyse der Küchenarbeit. Selbstbefreiung, Wohngemeinschaft und Kommune«, in: Eckhard Siepmann (Hg.), *Heiß und kalt. Die Jahre 1945-69*, Berlin 1986, S. 556-560, hier S. 557. Vgl. auch Heide Berndt, »Kommune und Familie«, in: *Kursbuch* 17 (1969), S. 129-145, hier S. 129/130; Damme, *Stabilität*, S. 114.

180 Steve B. Peinemann, *Wohngemeinschaft – Problem oder Lösung?*, Eschborn, S. 77; Koenen, *Das rote Jahrzehnt*, S. 159. Vgl. die nachgedruckten Artikel zu »Sex-Kommunen« und zur »Obszönität« im Alternativmilieu bei Klaus-Bernd Vollmar (*Alternative Selbstorganisation*, S. 155-161).

gen Außenstehenden blühende Phantasien.[181] So finden sich in der von den Bewohnern der Kommune I selbst gesammelten Fanpost, die diese vom Juli 1967 bis April 1968 archivierten, auffällig viele Schreiben von 14- bis 16-jährigen Schülerinnen aus der Provinz, die die Kommunarden anhimmelten. Fritz Teufel und Rainer Langhans rangierten hierbei eindeutig ganz oben auf der Beliebtheitsskala. Teufel erhielt Briefe wie etwa den eines jungen Mädchens aus einem katholischen Wohnheim: »Sehr geehrter Herr Teufel, da ich Ihre Ansichten sehr bewundere und Sie einer der wenigen Menschen sind, die mir wirklich imponieren, möchte ich Sie bitten, mir ein Bild von Ihnen zu schicken, wenn das möglich ist. Ich habe für diese Bitte noch einen anderen Grund, über den ich aber nicht schreiben möchte. [...] Ich habe auch eine Schwäche für Männer mit Bart.«[182] An Langhans wiederum richtete ein anderes junges Mädchen folgende Worte:

Lieber Rainer! Ich hoffe Du bist mir nicht allzu böse, wenn Dich ein vollkommen fremdes Mädchen mit Du anredet. [...] Ich habe zwei ganz große Bitten an Dich: 1) Könntest Du mir bitte schreiben, welche Bedingungen bestehen, wenn man in die Kommune eintreten möchte und 2) könntest Du mir bitte ein paar Bilder von Dir schicken? Ich habe jetzt meine Wand mit Bildern von Fritz Teufel, Dir, den Demonstrationen und Rudi Dutschke geschmückt (das wirkt!). Das einzige was mich sehr enttäuscht ist, daß ich von Dir bloß ein Bild habe. [...] Es grüßt Dich ♥lich eine Verehrerin von Dir und der Kommune.[183]

Ein eben aus dem Italienurlaub zurückgekehrtes Mädchen vermerkte auf ihrer Postkarte an Langhans: »Dein Foto war immer mit. [...] Ich habe fiel [sic] an Dich gedacht. Auch abends«.[184] Jüngere Besucherinnen der Kommune bekundeten in ihren Briefen auch, dass sie keinen Ton herausbekommen hätten, weil die

181 Zitate nach Hartung, »Psychoanalyse der Küchenarbeit«, S. 559; Wolfgang Röhl, »Anatomie einer Kommune«, in: *konkret* 13 (21.10.1968), S. 16. Vgl. auch Feil, »Familie«, S. 27; *pardon* 8 (1967), S. 22; Damme, *Stabilität*, S. 55.

182 Schreiben Marion I., ohne Datum, in: HIS-A, SAK 130, Nr. 2, Abschnitt K, ohne fol.

183 Schreiben Nella G. an KI, ohne Datum, in: HIS-A, SAK 130, Nr. 2, Abschnitt g, ohne fol.

184 Schreiben T. H. an KI, ohne Datum, in: HIS-A, SAK 130, Nr. 1 Korrespondenz der Kommune I (1967-1968), »allgemein«, ohne fol.

Kommunarden sie so »angeguckt« hätten.[185] Immer wieder baten die Verehrerinnen darum, die Antwortbriefe nicht mit einer Absenderadresse zu versehen, weil sie sonst mit ihren Eltern oder der Wohnheimleitung in Konflikt geraten würden.[186] Wie bei Popstars üblich, hatten es viele Mädchen und Jungs auf Fotos oder Autogramme der Kommunarden abgesehen.[187] Eine gewisse Susanne meinte zu Fritz Teufels »Sache mit den Mädchen«, dass dieser sich nur zu gern anhimmeln ließ: »Da scheint mir bei Euch und besonders bei Dir der Hase ganz sicher im Pfeffer zu liegen.«[188] Wohl in grandioser Verkennung der tatsächlichen Verhältnisse schrieb ein

185 Schreiben Karin und Renate an KI, ohne Datum, in: HIS-A, SAK 130, Nr. 2, Abschnitt K, ohne fol.

186 Schreiben Marianne B. und Barbara R. an KI, ohne Datum, in: HIS-A, SAK 130, Nr. 2, Abschnitt K, ohne fol.; Schreiben Gaby an KI, 26.10.1967 und 13.12.1967, in: HIS-A, SAK 130, Nr. 1 Korrespondenz der Kommune I (1967-1968), »allgemein«, ohne fol.; Schreiben Edelgard an KI, 05.12.1967, in: HIS-A, SAK 130, Nr. 1 Korrespondenz der Kommune I (1967-1968), »allgemein«, ohne fol.; Schreiben Karin und Renate an KI, ohne Datum, in: HIS-A, SAK 130, Nr. 1 Korrespondenz der Kommune I (1967-1968), »allgemein«, ohne fol.; Schreiben Werner Traschütz, 20.08.1967, in: HIS-A, SAK 130, Nr. 1 Korrespondenz der Kommune I (1967-1968), »allgemein«, ohne fol.

187 Schreiben Edeltraud an KI vom 22.02.1968, in: HIS-A, SAK 130, Nr. 2, Abschnitt F, ohne fol.; Schreiben Jens Tasche an KI, 15.04.1968, in: HIS-A, SAK 130, Nr. 2, Abschnitt G, ohne fol; Schreiben Sybille Wagner an KI, ohne Datum, in: HIS-A, SAK 130, Nr. 2, Abschnitt K, ohne fol.; Schreiben H. W. an KI vom 21.12.1967, in: HIS-A, SAK 130, Nr. 1 Korrespondenz der Kommune I (1967-1968), »allgemein«, ohne fol. Eine kurze Auswertung auch bei Siegfried, *Time is on my side*, S. 515/516.

188 Schreiben Susanne an KI vom 03.01.1968, in: HIS-A, SAK 130, Nr. 2, Abschnitt K, ohne fol. Siehe auch das ähnliche Schreiben von Anouk Haarkötter (die einen »gewissen Grad von Bewunderung« hegte) an Rainer Langhans, ohne Datum, in: HIS-A, SAK 130, Nr. 2, Abschnitt K, ohne fol.: »Eine spezielle Begabung zur allzeit willigen Bettgenossin traue ich mir eigentlich nicht zu.« Vgl. dazu die Schilderung Bommi Baumanns: »Zu der Zeit gab es ja nur Antje in der KI, gab's nur eine Braut. Das war zum Beispiel auch ein Problem, an dem die KI echt immer geknabbert hat. Diese Typen waren ja auch irgendwie noch verklemmt, mit Bräuten haben sie es ja nicht immer gebracht, weil sie immer gleich noch so einen Anspruch mit aufgebaut haben. Sie konnten ja nicht einfach hier Hallo sagen. Da sind immer unheimlich viel Schulmädchen hingekommen, die fanden uns natürlich alle toll. Da haben sie immer gesagt, das ist unser Fanclub, so ist das in der KI gelaufen« (Baumann, *Wie alles anfing*, S. 23, als Nachdruck auch bei Johann A. Schülein [Hg.], *Kommunen und Wohngemeinschaften. Der Familie entkommen? Eine Textsammlung*, Gießen 1978, S. 58).

junger Franzose in einem Brief an die Kommune I vom September 1967, dass er gern »möglichst mit einem schönen Mädchen«, die »Interesse für alles hat, was aus Frankreich kommt«, »Briefe wechseln« wolle und sich »mal in Berlin oder Tours oder Paris treffen« möchte.[189] Mascha Rabben von der Hamburger Ablaßgesellschaft gab an, dass sie bei einem Besuch bei der Kommune I zu Beginn des Jahres 1969 nicht einschlafen konnte, weil in dem mit Matratzen ausgelegten Gemeinschaftsraum alles geteilt werden sollte: »Die halbe Nacht lang lag ich wach und lauschte dem verhaltenen Liebesgestöhn rings um mich her.«[190]

Diese Schilderung entsprach jedoch eher dem Mythos von der Kommune I als ihrem gewöhnlichen Alltagsleben. Das galt erst recht für die viel zitierte »freie Sexualität« in den allermeisten Wohngemeinschaften der siebziger Jahre: Dass hier die traditionellen Zweierbeziehungen aufgebrochen wurden, gehört wohl zu den Legenden, die sich rund um die Wohngemeinschaftsidee ranken.[191] Als die Journalistin Marianne Schmidt 1967 von ihrer Zeitungsredaktion nach Berlin entsandt wurde, um über die sexuellen Eskapaden der Kommunarden zu berichten, machte sie eine interessante Erfahrung. Über ihre Bekanntschaft mit der Kommune-I-Mitbegründerin Dorothea Ridder[192] schaffte sie es – gegen entsprechendes Honorar –, für eine Woche in der Kommune zu wohnen. Aber anstatt Geschichten über den »hinreißenden Po« von Ridder zu liefern, wie es sich ihr Chefredakteur Will Tremper erhofft hatte, offenbarte sich ihr ein durchaus karges und enthaltsames Leben: »Insgesamt war ich ungefähr eine Woche in der Kommune, aber ich habe nie gesehen, dass sie dort einander auch nur umarmt hätten. Es war vollkommen unkörperlich, über Sex haben sie im Grunde nur diskutiert.« Schmidts Reportage wurde bis heute nicht

189 Schreiben Jacques S. an KI, 25.09.1967, in: HIS-A, SAK 130, Nr.1 Korrespondenz der Kommune I (1967-1968), »allgemein«, ohne fol.

190 Mascha Rabben, *Begegnung mit Niemand. Die Geschichte eines Weges nach Poona*, Berlin 1981, S. 43 ff. Vgl. zu Rabbens Wirkung in der Kommune I auch Reimann, *Dieter Kunzelmann*, S. 211/212.

191 Micheler, »Sexualitätsdiskurs in der Studierendenbewegung«, S. 15/16; Peinemann, *Wohngemeinschaft*, S. 74-89; Gudrun Cyprian, *Sozialisation in Wohngemeinschaften. Eine empirische Untersuchung ihrer strukturellen Bedingungen*, Stuttgart 1978, S. 77.

192 Zu Ridder siehe jetzt: Gabriele Goettle, *Wer ist Dorothea Ridder? Rekonstruktion einer beschädigten Erinnerung*, Berlin 2009.

publiziert.[193] Die beiden Kommunardinnen Dagmar Seehuber und Antje Krüger erzählten, dass sich der »verklemmte Haufen« anlässlich des berühmten Fotos von den mit gespreizten Armen und Beinen an der Wand stehenden, rücklings abgelichteten Bewohnern »zum ersten Mal gegenseitig nackt gesehen« hätte und »froh war, [...] sich wieder anziehen zu können«.[194]

Der Theorie nach sollten in der Kommune und Wohngemeinschaft an die Stelle des »herkömmlichen Totalitätsanspruchs« der Paarbeziehung »verschiedene Bedürfnisse und Neigungen« treten, die es zu »mehreren Personen in allernächster Nähe« auszuleben galt. Auf diese Weise sollte ein »exklusives Paarverhältnis überflüssig« werden. Die »anerzogene, falsche Erwartungshaltung« und Besitzansprüche in den Beziehungen sollten durch »sexuelle Querverbindungen in der Gruppe« abgelöst werden, die »von allen Betroffenen akzeptiert und nicht mit Schuld- oder Verlustgefühlen besetzt« werden sollten.[195] Die emotionale Verbundenheit und das Gruppengefühl würden gestärkt werden, wobei die freie und offen ausgelebte Sexualität als politische Aktion auf dem Weg zur sozialistischen Selbstveränderung verstanden wurde.

In Wirklichkeit lehnten nur acht Prozent der 1974 befragten Wohngemeinschaftbewohner feste Paarbeziehungen ab, während umgekehrt die überwältigende Mehrheit Gruppensex grundsätzlich ausschloss. Die meisten WG-Bewohner wollten feste und monogame Partnerbindungen und häufig wurden die Sexualpartner außerhalb der Wohngemeinschaft gesucht und gefunden. Entgegen den wilden Gerüchten um das Liebesleben in den WGs bestand eher eine Art unausgesprochenes »Gruppeninzestverbot«, um Eifersucht und Trennungsängste innerhalb der Wohngemeinschaft zu vermeiden.[196] Eine der skurrilsten Untersuchungen zum WG-

193 Marianne Schmidt, »Der keinmal mit derselben pennt«, in: *Frankfurter Allgemeine Zeitung* 83 (09.04.2008), S. 40.

194 Zitiert nach Reimann, *Dieter Kunzelmann*, S. 169/170; Ute Kätzel (Hg.), *Die 68erinnen. Porträt einer rebellischen Frauengeneration*, Berlin 2002, S. 214.

195 Micheler, »Sexualitätsdiskurs in der Studierendenbewegung«, S. 15; Feil, »Familie«, S. 33; Herrad Schenk, *Wir wohnen zusammen – nicht allein. Wohngemeinschaften heute*, Köln 1984, S. 96; Peinemann, *Wohngemeinschaft*, S. 8.

196 Cyprian, *Sozialisation*, S. 76/77; Johann A. Schülein, »Konstitution und Dynamik ›offener‹ Primärgruppen. Zur Situation von Wohngemeinschaften«, in: Friedhelm Neidhardt (Hg.), *Gruppensoziologie. Perspektiven und Materialien*, Opladen 1983, S. 391-419, S. 409; Dieter Korczak, *Neue Formen des Zusam-*

Leben, bei der im Jahr 1976 Sozialwissenschaftler 63 WG-Bewohner 28 Tage lang beobachteten, kam zu folgendem »statistischen« Wert: »Auf Schmusen und Beischlaf verwandten die WG-Mitglieder durchschnittlich (bei allerdings sehr großer interpersonaler Streuung) lediglich 19 Minuten pro Tag, nur eine Minute mehr als für Trinken und Saufen« – und 22 Minuten weniger als für die »politische Arbeit« (41 Minuten), wie die Autoren hinzufügen mussten.[197]

Steve Peinemann schilderte die Verhältnisse so: »Die mittelständischen Normen, nach denen die Erziehung der meisten von uns ausgerichtet war, ließen keinen Raum für unbefangenes und lustfreundliches Verhältnis zur eigenen Sexualität – ließen, meine ich, nicht einmal Raum für natürliche, unverkrampfte Zärtlichkeit in irgendeiner Weise.« Die »schwachsinnigen Kommunereports der Massenpresse« zur befreiten Sexualität seien bloß »kleinbürgerliches Wunschdenken«.[198] Stattdessen setzten sich die WG-Agitatoren mit normativen Forderungen nach dem »Prinzip Zärtlichkeit« und einer »natürlichen Sinnlichkeit« von der »Sexwelle« als einer rein konsumistischen Praxis »ausgeflippter Kapitalisten« ab.[199]

In manchen Wohngemeinschaften hatte man die Matratzen zwar zeitweise nebeneinander in einen Raum gelegt, pflegte aber statt Gruppensex eher geschwisterliche Körperkontakte.[200] Gerade

menlebens. Erfolge und Schwierigkeiten des Experiments »Wohngemeinschaft«, Frankfurt/M. 1979, S. 115; Erika Spiegel, Neue Haushaltstypen. Entstehungsbedingungen, Lebenssituation, Wohn- und Standortverhältnisse, Frankfurt/M. 1986, S. 43; Johann A. Schülein, »Einige Bemerkungen zur Entwicklung der Wohngemeinschaftsbewegung«, in: ders. (Hg.), »... vor uns die Mühen der Ebenen«. Alltagsprobleme und Perspektiven von Wohngemeinschaften, Gießen 1980, S. 13-30, hier S. 26; Johann A. Schülein, »Beziehungsprobleme«, in: ders. (Hg.), »... vor uns die Mühen der Ebenen«. Alltagsprobleme und Perspektiven von Wohngemeinschaften, Gießen 1980, S. 145-168, hier S. 154; Müschen, »Lieber lebendig als normal!«, S. 55/56. Utopisch überschießend, aber in gleicher Richtung Helmut Kentler, »Die Wohngruppe als gesellschaftliche Institution«, in: Johannes Feil (Hg.), Wohngruppe, Kommune, Großfamilie. Gegenmodelle zur Kleinfamilie, Reinbek 1972, S. 7-19, hier S. 18.

197 Dietmar Rumpf, Karl-Friedrich Voss, »Alltag in der Wohngemeinschaft«, in: Rüdiger Pohl u. a., Mittlere Wohndauer: 18 Monate. Berichte, Daten und Meinungen über Wohngemeinschaften in der Stadt, Hannover 1978, S. 175-191, hier S. 184, 180.

198 Peinemann, Wohngemeinschaft, S. 77/78; Feil, »Familie«, S. 33.

199 Feil, »Familie«, S. 32, 21.

200 Damme, Stabilität, S. 114-119.

in derlei »direkten sinnlichen Erfahrungen«, in Sensibilisierung, Sinnlichkeit und gelebter Solidarität, im Abbau von Aggressionen und geschlechtsspezifischen Verhaltensweisen sah Peinemann denn auch ein Kernziel von Wohngemeinschaften. Das »Promiskuitätsideal«, so führt er weiter aus, könne erst viel später realisiert werden. Vorerst wurde das Sexualverhalten manch allzu freizügiger WG-Bewohner durchaus scharf kritisiert.[201] Ähnlich äußerte sich der Sozialwissenschaftler Dieter Korczak, der meinte, dass weniger die »Orgie« und »sexuelle Permissivität«, sondern in erster Linie der »erotische zwischenmenschliche Kontakt« und der Abbau der »Berührungsängste« im Zentrum der WG-Alltagserfahrungen zu stehen hätten.[202]

Sexualität war gleichwohl Thema der WG-Gespräche und wurde keineswegs tabuisiert. In mehr als der Hälfte der von Gudrun Cyprian 1974 interviewten Gruppen berichteten die Mitglieder einander offen über ihre Erlebnisse, nur bei knapp zehn Prozent war dies nicht der Fall. Der offene Umgang mit dem Thema Sexualität stellte dabei einen emotionalen Bezug zwischen den Gruppenmitgliedern her.[203]

Verwissenschaftlichung der Sexualität

Begleitet wurden diese Veränderungen im Sexualverhalten von der Verwissenschaftlichung der Sexualität. Mit Alfred Kinseys bekannten Umfragen über die vermeintlich »normale« und »typische« Sexualität der US-Amerikaner in den vierziger und fünfziger Jahren erhielt diese Entwicklung einen deutlichen Schub.[204] Hierzulande waren es Sexologen wie Hans Giese, Gunter Schmidt oder Volk-

201 Peinemann, *Wohngemeinschaft*, S. 80-84, 86-89 (Zitat S. 81). Ähnlich schon Feil, »Familie«, S. 32.

202 Korczak, *Neue Formen*, S. 115.

203 Cyprian, *Sozialisation*, S. 78/79, 97/98. Cyprian berichtet, dass 22 Prozent der Wohngemeinschaftsmitglieder sexuelle Handlungen auch in Anwesenheit der Kinder praktizierten. 18 Prozent lehnten dies grundsätzlich ab (ebd., S. 80). Vgl. auch Korczak, *Neue Formen*, S. 115.

204 Zu den Kinsey-Reporten jetzt: Sarah Igo, *The Averaged America. Surveys, Citizens, and the Making of Mass Politics*, Cambridge, London 2007, S. 191-281. Siehe auch (allerdings wesentlich schwächer) Mariam Lau, *Die neuen Sexfronten. Vom Schicksal einer Revolution*, Berlin 2000, S. 15-55; Steinbacher, *Wie der Sex nach Deutschland kam*, S. 135-238.

mar Sigusch, die sich für die vorgebliche »Natürlichkeit« der Sexualität interessierten. Indem sie die Sexualität klassifizierten und quantifizierten und den Orgasmus zum Mittelpunkt der Sexualität erklärten, setzten sie freilich auch selbst neue Maßstäbe. Sie beschrieben nicht nur, sondern normierten zugleich. Sexualratgeber und Aufklärungsfilme wirkten in ebendiese Richtung.[205] Das von der Wissenschaft »Problemsensibilisierung« genannte Verfahren bearbeitete und erzeugte zugleich seinen Gegenstand.[206]

Interessanterweise vollzog sich diese neue wissenschaftliche Normierung parallel zum Abbau staatlicher Kontrolle der Sexualität. 1972 wurde der in der Kritik stehende Kuppeleiparagraph abgeschafft, das Eherecht wurde 1976 mit dem ersten Reformgesetz gelockert, was zu höheren Scheidungsquoten führte. Mit dieser Umstellung wurde das Paket der bürgerlichen Ehe aufgeschnürt und die Verknüpfung von Ehe, Liebe und Sexualität ebenso gelockert wie die Vorstellungen exklusiver Monogamie, lebenslanger Ehe und des Zusammenlebens im gemeinsamen Haushalt.[207] Durch die wissenschaftliche Neucodierung wurde das Regime der staatlichen Regulierung der Sexualität gewissermaßen modernisiert und durch eine von Sexualwissenschaft und Psychologie angeleitete Selbstüberwachung abgelöst. Mit ihrer weitgreifenden Psychologisierung der Sexualität reihte sich die linksalternative Jugendkultur in diesen Trend zur Verwissenschaftlichung der Sexualität ein.

7.2.4 Otto Muehls Aktions-Analytische Organisation

Im Allgemeinen herrschte in den Landkommunen ein unbekümmerteres Verhältnis zu Körperlichkeit, Nacktheit und Berührungen als in den Wohngemeinschaften. Gleichwohl war sexuelle Libertinage auch hier kaum verbreitet. Vielmehr dürfte dem Durchschnitt entsprochen haben, was Klaus-Bernd Vollmar bei seinem Besuch einer Landkommune in Friesland erlebte: »Georg, der, als wir kamen, an seinem Webstuhl saß, [...] kam auch zu uns [in den Garten] heraus, um Kräutertee zu bringen. Für Beate hatte er eine Wickelhose mit, die er aus Bettlaken nähte. [...] Obwohl wir uns

---

205 Allgemein siehe Volkmar Sigusch, *Geschichte der Sexualwissenschaft*, Frankfurt/M., New York 2008. Hier: Eitler, »Die ›sexuelle Revolution‹«, S. 242-244.

206 Weißler, »Sexy Sixties«, S. 145-147.

207 Peuckert, *Familienformen im sozialen Wandel*, S. 14, 29-31.

relativ oberflächlich kannten, zog sich Beate gleich aus und probierte die Hose an.«[208] Man begegnete sich in den Landkommunen ohne Scheu nackt, weil man dies für »natürlich« hielt. Ein möglichst offener Umgang mit Körperlichkeit und zärtliche Berührungen waren an der Tagesordnung; Gruppensex und Partnertausch dürften indes auch hier absolute Ausnahmen gewesen sein.[209]

Eine Landkommune machte im Bereich der Sexualität jedoch von sich reden: 1970/71 hatte der Wiener Aktionskünstler Otto Muehl die Aktions-Analytische Organisation (AAO) gegründet, die 1972 in Friedrichshof am Neusiedler See eine Kommune aufzog.[210] Muehls Kommune war Teil des linksalternativen Milieus und zugleich ebendort höchst umstritten – aus unterschiedlichen Gründen: Wegen der autoritären Strukturen, der Ausbeutungsverhältnisse und psychischen Abhängigkeiten sowie der Behandlung der Kinder (tatsächlich stellte sich später heraus, dass es in einigen Fällen zu pädophilen Übergriffen gekommen war). Gleichwohl ging von dieser Kommune gerade wegen ihrer Radikalität eine große Faszination aus. Hier manifestierte sich die Suche nach neuen Formen freier Sexualität und Zweierbeziehungen, der Abschaffung von Privatbesitz und Kleinfamilienidyll in entschiedener, umfassender und kompromissloser Form.

Über das von Otto Muehl im österreichischen Burgenland etablierte Kommune- und Therapiemodell kann man sich dank staatlicher Akten, kritischer Abrechnungen, Medienberichten und Selbstdarstellungen ausführlich informieren. Die ehemaligen Kommunarden deklarierten ihre Publikationen dabei als »Racheakte« und »Bericht[e] aus der Hölle« und sprachen über die »emotionelle Pest« der AAO. Auf der anderen Seite wird man mit propagandistisch geschönten Selbstberichten aus den zeitgenössischen *AA-Nachrichten* und Publikationen ehemaliger Führungspersonen versorgt.[211] Auch die Artikel aus der zeitgenössischen Massenpresse

208 Vollmar, *Alternative Selbstorganisation*, S. 52.

209 Thomas Demele, *Leben & Lernen in Landkommunen. Die Landkommune als alternatives Erziehungsmodell*, Herford 1979, S. 86.

210 Andreas Schlothauer, *Die Diktatur der freien Sexualität. AAO, Mühl-Kommune*, Friedrichshof, Wien 1992, S. 11; Kraushaar, *Achtundsechzig*, S. 200-204.

211 Die Falle. AAO = Fortsetzung der Politik mit anderen Mitteln, Berlin 1977, S. 15, 63, 267; Dieter Duhm u. a., *Die AAO – faschistoid, sexistisch, spalterisch, unpolitisch, frauenfeindlich?*, o. O. [1977] [hektographierter Selbstdruck]; Theo Altenberg, *Das Paradies Experiment. Die Utopie der freien Sexualität. Kommu-*

687

und die Berichte staatlicher Provenienz sind nicht immer zuverlässig und oft pauschalisierend. Selbst in der linksliberalen *pardon* hieß es 1976 lapidar: »Zwischendurch betatschten sich die Umstehenden ihre Schamgegenden und irgendwie hörte man ein Paar kopulieren. Es war wie Sodom und Gomorrha.«[212] Wahrscheinlich trugen solcherlei Beschimpfungen mehr zum Nimbus der gegen-

ne Friedrichshof 1973-1978, Wien 2001; Stoeckl, *Kommune und Ritual. Aus der Perspektive einer Gruppenleiterin, die 18 Jahre in der Kommune gelebt hat: Toni E. Altenberg, Mein Leben in der Mühlkommune. Freie Sexualität und kollektiver Gehorsam,* Wien, Köln u.a. 1998. Die *AA-Nachrichten* finden sich im Archiv »APO und soziale Bewegungen«, Universitätsarchiv der FU Berlin (APO-Archiv) im Ordner »AAO«. Sekundärliteratur zur AAO: Stoeckl, *Kommune und Ritual*; Johann A. Schülein, »Lassen sich Identitätsprobleme per Beschluß abschaffen? Skeptische Bemerkungen zur AAO«, in: *Frankfurter Hefte Extra* (April 1978), S. 110-117; Aike Blechschmidt, Michael Pfister, »Soziologische Thesen aus der Lebenspraxis der Kommune Friedrichshof [Rohentwurf vom Juni 1982]«, in: BArch Koblenz, B 189, Nr. 22183, Ordner 2007-341/1 A, ohne fol (180 Manuskriptseiten); Michael Mildenberger, *Die religiöse Revolte. Jugend zwischen Flucht und Aufbruch,* Frankfurt/M. 1979, S. 168-171.

212 Werner Gross, »Wie aus Wichteln Menschen werden sollten«, in: *pardon* 6 (1976), S. 61-66, hier S. 63. Die staatliche Überlieferung findet sich in: BArch Koblenz, B 189, Nr. 22183 (darin fünf Hängeordner zur AAO). Interessant und informativ sind folgende Medienberichte: Fritz Rumler, »Die Kinder des Väterchen Frust«, in: *Der Spiegel* 20 (16.05.1977), S. 225-229; »Neues von Mühl – Sexy und potent«, in: *Stern* 10 (österreichische Ausgabe) (1976); Manuela Reichart, »Den Kopf an der Garderobe abgeben«, in: *Die Zeit* 20 (06.05.1977), S. 64; »Kinder des Glücks?«, in: *Stern* 21 (12.05.1977), S. 88-100; »›Wenn Du ausziehst, wirst Du eine Hure‹. Das wilde Treiben Otto Mühls in seinen Kommunen im Burgenland und auf Gomera«, in: *Der Spiegel* 19 (08.05.1989), S. 200-204. Zur meist negativen Berichterstattung in der alternativen Presse siehe exemplarisch *UM-Info* 5/6 (1975), S. 18/19; »Die AA-Kommune«, in: *Cooly Lully Revue. Das Magazin für radikale Lebensfreude* (Winter 1976/77), S. 9-14; »Unterworfen und gedemütigt. ›Therapie‹ der Kulturwerkstatt«, in: *Plärrer* (Juni 1981), S. 25; »Kritik der AAO«, in: *Info-BUG* 151 (12.04.1977), S. 6; Thomas Daum, *Die 2. Kultur. Alternativliteratur in der Bundesrepublik,* Mainz 1981, S. 111; Vollmar, *Alternative Selbstorganisation,* S. 51, 96. 169, 189-194; Demele, *Leben & Lernen,* S. 59/60; Dieter Korczak, *Rückkehr in die Gemeinschaft. Kleine Netze: Berichte über Wohnsiedlungen,* Frankfurt/M. 1981, S. 54; Bernd Leineweber, Karl-Ludwig Schibel, »›Die Alternativbewegung‹. Ein Beitrag zu ihrer gesellschaftlichen Bedeutung und politischen Tragweite, ihren Möglichkeiten und Grenzen«, in: Wolfgang Kraushaar (Hg.), *Autonomie oder Getto? Kontroversen über die Alternativbewegung,* Frankfurt/M. 1978, S. 98-125, hier S. 127; Jörg Bopp, »Der linke Psychodrom«, in: *Kursbuch* 55 (1979), S. 73-94, hier S. 78. Vgl. zudem auch Schlothauer, *Diktatur,* S. 39-41, 48, 58/59.

kulturellen AAO bei, als dass sie wirklich aufklärten. Ausgewogen argumentiert wird nur in wenigen Publikationen.[213]

Die Geschichte der AAO begann 1970 in der großen Privatwohnung des damals gerade geschiedenen Aktionskünstlers Otto Muehl, der dort Freunden, Studenten und, nach eigener Aussage, einem »Haufen asozialer, herabgekommener Existenzen« Unterkunft bot. In »Sprechstunden« führte Muehl von den Schriften Wilhelm Reichs inspirierte Psychoanalysen mit seinen Mitbewohnern durch. Drogen, ungezwungene Offenheit und vor allem Diskussionen über freie Sexualität bestimmten den Alltag. Geschlechtsverkehr mit häufig wechselnden Partnern wurde erprobt und zugleich als schöpferisches Ende der schädigenden Zweierbeziehungen propagiert. Diese galten als Ausdruck der frühkindlichen und (klein-)bürgerlichen Besitzfixierung, Eifersucht und Trennungsschmerzen als »infantile Schädigungen«; man wollte die »Fixierung auf Mama und Papa« in der Gruppe »auflösen«.[214] Nach dem Ankauf eines verfallenen und völlig abgelegenen Hofes im Burgenland im Sommer 1972 – anfangs gab es weder Strom noch Wasser noch Kanalisation – wurde dort nach und nach die AAO-Kommune aus der österreichischen und deutschen linksalternativen Szene heraus aufgebaut. 1975 wurde auch ein Gebäude für Besucher eröffnet und allein im Sommer/Herbst jenes Jahres fanden sich 450 in der Regel sehr junge und neugierige Besucher ein, um an dem Gemeinschaftserlebnis in der so avantgardistisch erscheinenden Pionierkommune mit ihren vielversprechenden Sexpraktiken und oft wechselnden Sexpartnern teilzuhaben.[215]

Die Gründe, welche die Kommunarden ursprünglich dazu bewogen haben mochten, Teil der AAO zu werden, fasste das ehemalige Mitglied Andreas Schlothauer stellvertretend für vermutlich viele andere wie folgt zusammen: ein »starker Zweifel an mir selbst« wie auch die »starke Sehnsucht nach einer solidarischen

213 So etwa die gut belegte und ausführliche Darstellung von Andreas Schlothauer, der als 17-Jähriger für achteinhalb Jahre, von Mitte 1976 bis Ende 1984, Mitglied der Münchner AAO-Kommune war (Schlothauer, *Diktatur*, S. 7, 43-46, 51-53, 90-94) oder auch der sachliche Bericht »Die Aktions-Analyse« in: *Carlo Sponti* 26/27 (1976), S. 14-16.
214 Schlothauer, *Diktatur*, S. 13-20, 179/180. (Zitate S. 13 und 17); *Das AA-Modell. Aktions-Analytische-Organisation bewußter Lebenspraxis*, Neusiedlersee 1976, S. 236 (letztes Zitat). Vgl. auch Stoeckl, *Kommune und Ritual*, S. 11/12.
215 Schlothauer, *Diktatur*, S. 20; Stoeckl, *Kommune und Ritual*, S. 13.

Gemeinschaft«.[216] Die Landespolizeidirektion Hamburg urteilte 1977 über die örtliche AAO-Gruppe: »Zulauf erhält die AAO nach hiesigen Erkenntnissen vor allem durch enttäuschte junge Leute aus der linken Polit- und Rauschgiftszene.«[217] Die Motive zum Beitritt reichten von der Möglichkeit, radikalem Protest Ausdruck zu verleihen und die absolute Verweigerung gegenüber der Gesellschaft zu signalisieren, über die Hoffnung auf Geborgenheit, Orientierungshilfe und Identitätsfindung in der Gruppe, von sexueller Neugier über die mögliche Statuserhöhung zur Avantgarde der Linken bis hin zu einer vollständigen Versorgung im AAO-Kollektiv.[218] Was ein gewisser Steve 1977 im *Carlo Sponti* schrieb, galt ebenfalls für viele andere: Er sei mit seinen persönlichen Problemen nicht mehr klargekommen und fühlte sich in dieser Hinsicht von der linken Szene allein gelassen. Gerade die Radikalität der AAO habe ihn beeindruckt und nach langem Zögern habe er den Schritt in die Kommune gewagt. Jetzt sei er »mitten drin in der Revolution«, er diskutiere und kritisiere nicht nur, sondern erprobe eine »handfeste Praxis als Beweis einer möglichen Alternative. [...] Mein Herz schlägt noch immer für die Revolution. Nur stelle ich mir diese etwas anders vor: geiler, lustvoller, konstruktiv und schöpferisch. [...] Ich kämpfe mit Bewußtsein und dem Vorleben einer eigenen klaren Lebenspraxis«.[219]

Ohne Zweifel bestimmten allerdings weniger Liberalität und Offenheit als vielmehr Macht, Kontrolle, Unterordnung und Korruption die »Sexburg« im Friedrichshof; in abgemilderter Weise traf dies auch auf die AAO-Kommunen in den deutschen und sonstigen europäischen Städten zu. Ab 1975/76 waren Ableger in Berlin, Krefeld, Heidelberg, Bremen, München, Hamburg, Kiel, Nürnberg, Kassel und Düsseldorf entstanden. Aber auch in Genf, Wien, Paris, Lyon, Montpellier, Nancy, Straßburg, Toulouse, Oslo, Stockholm und Amsterdam gründeten sich zeitweise Niederlassungen der AAO.[220]

216 Schlothauer, *Diktatur*, S. 16, 33, 36/37, 178-180, 182, 188 (Zitat S. 210). Ähnlich auch die Deutung der Motive in Rumler, »Die Kinder des Väterchen Frust«, S. 227. Vgl. auch Stoeckl, *Kommune und Ritual*, S. 88-97.

217 Schreiben Hohn, Landespolizeidirektion LPD 031 vom 08.08.1977, in: BArch Koblenz, B 189, Nr. 22183, Ordner 2007-341/1, Bd. I, ohne fol.

218 *AA-Nachrichten* 4, 2 (1977), S. 13; Stoeckl, *Kommune und Ritual*, S. 73-87.

219 »Immer wieder AAO«, in: *Carlo Sponti* 36/37 (1977), S. 13.

220 *Stern* 21 (12.05.1977), S. 88-100; BArch Koblenz, B 189, Nr. 22183, Ordner 2000-341/1, Bd. II (über Paris und Nancy); Schlothauer, *Diktatur*, S. 34/35, 41/42, 51,

In der Bundesrepublik hielten sich die Kommunen und Kultur- sowie Selbstdarstellungszentren der AAO bis zum Anfang der achtziger Jahre. »Es sieht so aus, als ob sich in aller Heimlichkeit die Zahl der Kulturzentren in Deutschland vergrößern würde«, befürchtete der zuständige Fachmann im Bundesministerium für Jugend, Familie und Gesundheit noch im Januar 1982.[221]

Die uniformähnlich mit kurz geschorenen Haaren und in Latzhosen auftretenden AAO-Mitglieder, meist junge Leute zwischen 18 und 25 Jahren, waren überall mit einem ähnlichen Kommunealltag konfrontiert: Häufiger Sexualverkehr, Gemeinschaftseigentum und kollektives Arbeiten in den AAO-Betrieben – oft gekoppelt an hierarchische Unterordnungsverhältnisse in der Gruppe. Von 1971 bis 1991 lebten insgesamt etwa 2000 Personen für mehrere Monate oder Jahre in den Kommunen der AAO. Die in der Hauptkommune Friedrichshof abgehaltenen Kurse besuchten zudem wahrscheinlich rund 10 000 Interessierte – viele davon in den Boomjahren 1975 bis 1978.[222] Nach zahlreichen kritischen Medienberichten Ende der siebziger Jahre zog sich die Kommune stärker aus der Öffentlichkeit zurück, löste den AA-Verlag auf, stellte die Produktion der *AA-Nachrichten* ein und beendete ihre Tourneen durch die Universitäten.[223]

Die Mitgliederzahl in der zentralen Kommune schwankte heftig. Anfangs waren es bloß 30 Personen im Friedrichshof, die alle etwa um die 20 Jahre alt waren – in deren Mitte der rund 50-jährige Otto Muehl. Nur langsam stieg die Zahl auf 40 (1974) und später

78, 183; Rumler, »Die Kinder des Väterchen Frust«, S. 225; Reichart, »Den Kopf an der Garderobe abgeben«, S. 64. Vgl. auch das Interview mit der Hamburger AAO-Kommune, in: *Cooly Lully Revue. Das Magazin für radikale Lebensfreude* (Winter 1976/77), S. 10/11.

221 Schreiben Scherrer an Pfarrer Friedrich-Wilhelm Haack vom 25.01.1982, in: BArch Koblenz, B 189, Nr. 22183, Ordner 2007-341/1 A, ohne fol. Haack ist der Autor eines 1979 vorgelegten Buches über Jugendreligionen (Friedrich-Wilhelm Haack, *Jugendreligionen. Ursachen, Trends, Reaktionen*, München 1979).

222 Schlothauer, *Diktatur*, S. 11, 26, 43, 48; Schreiben des Innenministers des Landes Schleswig-Holstein an den Bundesminister des Inneren vom 18.08.1977, Schreiben des Bremer Innensenators an den Bundesminister des Innern vom 01.09.1977, Schreiben der Hamburger Innenbehörde an den Bundesminister den Innern vom 11.08.1977, alle in: BArch Koblenz, B 189, Nr. 22183, Ordner 2007-341/1, Bd. I, ohne fol.

223 Schlothauer, *Diktatur*, S. 72.

auf 56 (1976). Die Kommune war immer noch karg eingerichtet und die Mitglieder mussten auf einer schlecht zu lüftenden Hochbettfläche nächtigen und dort ihren sexuellen Aktivitäten nachgehen. Im Winter war es bitterkalt und feucht, im Sommer herrschte stickige Hitze; die Toiletten funktionierten eher notdürftig. Der Verzicht auf populäre Musik oder gar Theaterbesuche, Distanz zur herrschenden Kultur und zu »kleinfamiliärem Kitsch« – dies alles sollte in der Kargheit und dem uniformen Kurzhaarschnitt sinnfällig gemacht werden. Konzentration auf Therapie, Trance oder Hypnose, auf Geschlechtsverkehr und Kommunearbeit standen im Vordergrund.[224]

Ab etwa 1974/75 gewann die AAO eine bis dahin nicht für möglich gehaltene Attraktivität, die sich in den Mitgliederzuwächsen manifestierte – Anfang 1978 lebten auf dem Friedrichshof bereits rund 500 Personen. Die jungen und aus der Mittelschicht stammenden Kommunarden führten ihre Selbstdarstellungskünste auf diversen Aktionen und Veranstaltungen (»Tourneen«) einem meist studentischen Publikum vor, teilweise wurden ganze Therapiewochenenden (sogenannte »Marathons«) in den AA-Kommunen veranstaltet. 1976 wurden beispielsweise allein im Mai an neun Universitäten im Audimax oder in den Studentenwohnheimen Selbstdarstellungen und Filme der AAO vorgeführt.[225] Auch internationale AA-Kongresse wurden Mitte der siebziger Jahre abgehalten, Schallplatten mit der Akustik der Selbstdarstellungen verkauft und das Magazin *AA-Nachrichten* vertrieben.[226] Zu dieser Zeit hatte

224 Ebd., S. 20, 22-24, 35/36, 40, 45, 51, 73 Uwe Kurzbein, »Schrittweise. Geschichte der Kommunebewegung aus persönlicher Sicht«, in: Kollektiv KommuneBuch (Hg.), *Das KommuneBuch. Alltag zwischen Widerstand, Anpassung und gelebter Utopie*, Göttingen 1996, S. 37-68, hier S. 49; BArch Koblenz, B 189, Nr. 22183, Ordner 2007-241/1, Bd. I. ohne fol. (»Betr.: AA-Kommune Friedrichshof/Zurndorf, Bezirk Neusiedl/See/Burgenland«).

225 Bericht von Rüdiger Hauth, Beauftragter für Sekten und Weltanschauungsfragen, Evangelische Kirche von Westfalen, vom 14.04.1978, S. 17, in: BArch Koblenz, B 189, Nr. 22183, Ordner 2007-341/1, Bd. I, ohne fol.; »AA-Organisation: Vorträge, Film« [Flugblatt], in: IISG, ID-Textarchiv, 0111/3-812. Vgl. auch das umfangreiche Programm des Berliner SD-Zentrum vom Januar 1979, in: BArch Koblenz, B 189, Nr. 22183, Ordner 2007-341/1, Bd. I, ohne fol. (»SD-Zentrum Berlin Bülowstrasse, Programm Januar 1979«).

226 *AA-Nachrichten* 4, 1 (1977), S. 4; Schlothauer, *Diktatur*, S. 25, 39, 50/51, 61, 181, 184, 188/189; Rumler, »Die Kinder des Väterchen Frust«, S. 225.

die AAO nicht nur in Berlin starken Zulauf aus studentischen Kreisen, wie die *Info-BUG* 1977 kritisch vermerkte. Viele Studierende waren fasziniert von der Selbstsicherheit und dem radikalen Lebensexperiment der Kommunarden, bei denen »jeder bumsen [...] darf«.[227] Der Erfolg zog neue Anhänger an, denn die Kommune versprach nicht nur eine Therapieform, sondern gleich eine gänzlich neue Lebensform befreiter Sexualität.

Die Botschaft der AAO war denkbar einfach: »Wer es versteht, seine Energie als Sexualenergie mit den anderen durch Ficken auszutauschen, sieht im anderen keinen Feind, sondern ein sexuelles Wesen, das Genuß verspricht. Dies gilt für Einzelne, für Staaten, für Nationen und auch für Supermächte«, hieß es im Jahr 1977 in den *AA-Nachrichten*.[228] Regierungen und Staatsgrenzen sollten mit diesem einfachen Mittel abgesetzt und durch AAO-Kommunen ersetzt werden; Heere sollten aufgelöst, alles Geld entwertet und alle Ehen beendet werden.[229]

Offenlegung der Persönlichkeit, Gemeinschaftseigentum, gemeinsame Arbeit, Produktion und Kindererziehung, direkte Demokratie sowie insbesondere die freie, unkomplizierte Sexualität – das waren die propagierten »zentralen Prinzipien« der AAO.[230] Grundlage der Kommune war eine eigenwillige Interpretation der Schriften Wilhelm Reichs, der zufolge die bürgerliche Existenz der Kommunarden möglichst umfassend aufgebrochen und an deren Stelle das Kommuneleben der »freien Liebe« mit einer Vielzahl wechselnder Sexpartner und einem »Beziehungsangebot wie im Supermarkt« treten sollten. Im Kommunemanifest von 1973 versprach man freie Sexualität, die Aufhebung von Eifersucht und das Ende der Sexualunterdrückung der Kinder. Nahezu alles sollte im Kommuneleben überwunden werden können – Angst, Aggression,

---

227 »Kritik der AAO«, in: *Info-BUG* 151 (12.04.1977), S.6. Unumstritten war die AAO aber in der linken Szene keinesfalls. Immer wieder wurden AAO-Veranstaltungen gestört, Steine in AAO-Wohnungen geworfen, einzelne Kommunemitglieder angegriffen, sogar vereinzelt Morddrohungen ausgestoßen (siehe: »Immer wieder AAO«, S.13).

228 *AA-Nachrichten* 4, 2 (1977), S.19; Schlothauer, *Diktatur*, S.80; Rumler, »Die Kinder des Väterchen Frust«, S.225.

229 *AA-Nachrichten* 3, 2 (1976), S.7; Schlothauer, *Diktatur*, S.69, 86. Vgl. auch *AA-Nachrichten* 4, 1 (1977), S.21/22.

230 *AA-Nachrichten* 3, 1 (1976), S.6, 25-27; Demele, *Leben & Lernen*, S.59; Schlothauer, *Diktatur*, S.67/68.

Depression, körperliche Krankheiten, Essstörungen, Verdauungsprobleme oder Bettnässen.

Verdrängte Gefühle wurden vor allem bei der »Selbstdarstellung« (SD) therapiert, ausagiert und kommuniziert. Schon allein der Name der Therapieform verweist auf den expressiven Charakter der körperlichen Prozedur. Alle Teilnehmer saßen in einem Kreis und jeweils einer oder eine Selbstdarsteller(in) trat (oft nackt) in die Mitte und drückte durch eine körperliche Performance seine oder ihre Empfindungen und Gefühle möglichst drastisch aus. In »selbständig gewordenen Bewegungen des Körpers« kündigte sich ein Zustand an, der »vom Behandelten bewußt erlebt wird, aber nicht mehr kontrolliert werden kann«, »alle Muskeln geben nach, die Panzerung, die Dauerkontraktion ganzer Körperpartien, wird zerrissen«.[231] Gefühle wurden herausgeschrien, oft wurde in eine bereitstehende Schüssel erbrochen: »Atmen, Schreien, körperliche Behandlung, Erbrechen, Weinen, Tuttelgeben wurden wichtiger als das Sprechen. [...] Die durch die Körperbehandlung [vor allem durch Provokationen seitens Otto Muehls oder eines anderen SD-Leiters, Anm. d. Ver.] hervorgerufenen Erregungszustände werden dargestellt durch Schreien, Jammern, Weinen, Brüllen, Stöhnen, Grimassieren, Gebärdensprache des Körpers etc.«[232] In den Selbstdarstellungsritualen sollte die Verzweiflung und der Hass auf die kleinbürgerliche Erziehung ausgedrückt werden. Die »Behandelten« gingen durch ihre eigene Vergangenheit bis in die früheste Kindheit und zur Geburt zurück, um in einem aktionsanalytischen Exorzismus den »kleinfamiliäre[n] Wicht« durch die Darstellung des Urmordes an Vater und Mutter gewissermaßen auszutreiben.[233] Unter Trommeln und Schreien der voyeuristischen und nackten Kommunarden, die die Atmosphäre ungeheuer anheizten, wand sich der »Patient« in der Mitte schreiend, jammernd,

231 *AA-Nachrichten* 1 (1974), S. 9.

232 *Das AA-Modell*, S. 5, 40. Das »Supermarkt«-Zitat von Schülein, »Lassen sich Identitätsprobleme«, S. 114. Vgl. auch Schlothauer, *Diktatur*, S. 18; Vollmar, *Alternative Selbstorganisation*, S. 93. Die SD hatte Ähnlichkeiten mit Janovs Primärtherapie (vgl. dazu weiter unten in Kapitel 9).

233 »Die Aktions-Analyse«, in: *Carlo Sponti* 26/27 (1976), S. 14; Schlothauer, *Diktatur*, S. 19; Schülein, »Lassen sich Identitätsprobleme«, S. 114, 116; Reichart, »Den Kopf an der Garderobe abgeben«, S. 64. Zur Sicht auf die Kleinfamilie siehe *AA-Nachrichten* 3, 6 (1976) (Heft zum Thema »Faschismus und Kleinfamilie«), bes. S. 4-14.

weinend, brüllend und tanzend in ebenso ekstatischen wie exhibitionistischen Posen. Durch die kathartische Wiederentdeckung verschütteter Emotionen sollte der körperliche »Charakterpanzer« durchbrochen werden. »Depressives Weinen«, »aggressive[r] Ekel«, »infantile[r] Haß«, »körperliche Abwehr« – all dies sollte in den unkontrollierbaren, enthemmten und tranceartigen Darstellungen vom SD-Leiter »herausgequetscht« werden; man begriff das als »Erkenntnis und Bewußtsein bildendes Prinzip.«

Über die »Selbstdarstellung« eines gewissen Janis hieß es beispielsweise stellvertretend für unzählige andere ähnliche Geschichten: »Er ließ seinen Kopf ins Erbrochene fallen, damit war er seine ekligen Phantasien los. Er begann mit den Händen im Erbrochenen zu plantschen.« Eine Claudia berichtete 1974: »In dem Moment reckte es mich so, daß ich kotzte und gleichzeitig dünn in die Hose schiß. Zuerst hatte ich das befreiende Gefühl, Dreck loszukriegen, dann war mir die Scheiße in der Hose peinlich. Ich schiß noch in die Schlüssel, unter viel Angst und Geilheit, legte Papier darüber, […] kotzte wieder die ganze Mutterablehnung heraus, legte mich hin und schrie.«[234] Die »Selbstdarstellung« blieb bis zum Ende das Kernelement der AAO-Primärtherapie. Sie wurde zu einem Disziplinierungsinstrument, in dem das ausgestellte Ego Selbstgefühl, Beziehung und Bindung in einem ebenso kollektiven wie hierarchischen Rahmen finden sollte.

Die Gruppenerfahrung stand nicht nur bei der Selbstdarstellung, sondern überhaupt im Mittelpunkt des AAO-Lebens, denn, so die Ideologie, »soziales Bewußtsein kann nur in der Gruppe erreicht werden«.[235] »Direkte Demokratie« wurde von der AAO zwar als »Prinzip« deklariert, aber die Realität am Friedrichshof sah anders aus. Otto Muehl galt als unumstrittener Star, Guru und charismatisches Genie der Aktionsanalyse, der als verehrter Bürgerschreck »therapeutische Unterwerfung« von den »Kleinfamiliengeschädigten« verlangte. Wer dies nicht tat, wurde von Muehl und der gesam-

---

234 *Das AA-Modell*, S. 27/28, 87. Vgl. Schlothauer, *Diktatur*, S. 28-32, 34, 181. Die Beschreibung einer »Selbstdarstellung« in Hamburg vom Februar 1978 liest sich sehr ähnlich wie oben beschrieben: Bericht eines Besuchs des »Gästeabends« im AAO-Zentrum Hamburg, Rahlfskamp 2 von Pfarrer Rüdiger Hauth, Beauftragter für Sekten und Weltanschauungsfragen, Evangelische Kirche von Westfalen, S. 1-4, in: BArch Koblenz, B 189, Nr. 22183, Ordner 2007-341/1, Bd. I.

235 »Die Aktions-Analyse«, in: *Carlo Sponti* 26/27 (1976), S. 14.

ten Gruppe geächtet. Schon bei den Selbstdarstellungen war der Patient in erster Linie auf seinen Therapeuten und weniger auf die umstehenden Kommunemitglieder verwiesen. Die Gefühle sollten exhibitionistisch vor den anderen inszeniert werden, ohne dass es zu einem wirklichen Austausch untereinander kam. Der Therapeut bewertete die »Selbstdarstellungen« – und dies ebenso apodiktisch wie normativ. Eine rationale Analyse der Affekte unterblieb.[236]

Interne Hierarchien – formalisiert durch die im Jahr 1977 eingeführte Institution der »Gruppenleiter« – unterstrichen den elitären Charakter einer auf Leidensbereitschaft, Erleuchtungswille und Ehrgeiz ausgerichteten Kommune. Die Gruppenleiter verfügten angeblich über einen hohen Grad an »Gesundung«, Spannungsbefreiung und schöpferisch-kreativem »Bewusstsein« – und genossen den »Vorzug« von sexuellen Kontakten mit Otto Muehl. Ein »Nego« (Negativer) hatte als Angehöriger der untersten Stufe in der Hierarchie ebenso wenig zu lachen wie zu »pudern«, wie man in der AAO den Sexualverkehr nannte.[237] Die kasernierte Vögelei und das Gefühl von Geborgenheit in der Gruppe wurde eng mit Hierarchie und Unterordnung verbunden.

Ein weiteres Prinzip der AAO-Kommune im Friedrichshof war die Ablehnung des Privateigentums. Anfangs wurde das gesamte Vermögen der Mitglieder von der Kommune eingezogen. Erst 1978 wurde Privateigentum in beschränktem Maße wieder zugelassen, indem jedem Mitglied ein eigener Verfügungsbetrag zugestanden wurde. Nachdem der Zulauf von Neumitgliedern abgeebbt und dementsprechend auch die Kollektivierung der »Einzugsgelder« entfallen war, wurde das Prinzip des Gemeinschaftseigentums 1979 für beendet erklärt. Die Lockerung währte jedoch nicht lange: Ab 1982 wurde das Privateigentum der Mitglieder abermals in Gemeinschaftseigentum überführt.[238]

236 Bopp, »Der linke Psychodrom«, S. 91-93.
237 Schlothauer, *Diktatur*, S. 46-50, 53-57, 70, 118-121, 184, 186; Stoeckl, *Kommune und Ritual*, S. 58-66; Reichart, »Den Kopf an der Garderobe abgeben«, S. 64; Rumler, »Die Kinder des Väterchen Frust«, S. 228. Zeitweise wurden die Hierarchiestrukturen formal verändert und 1979/80 auch gelockert, dazu: Schlothauer, *Diktatur*, S. 71-75, 184/185. Im *Spiegel* zitiert man, nicht ohne Witz, eine AAO-Frau, eine ehemalige Schweizer Lehrerin: »Die einzige Autorität ist Geilheit. Otto ist der geilste, er hat die höchste Autorität« (Rumler, »Die Kinder des Väterchen Frust«, S. 226).
238 Schlothauer, *Diktatur*, S. 72, 76, 89, 180.

Mit dem Ausbau der zentralen Kommune im Friedrichshof ab 1974 wurden regelmäßigere und höhere Einkommen benötigt, als durch das schmale Barvermögen, die Kursgebühren und die Ausbildungsbeihilfen, Arbeitslosen- und Sozialhilfen der jungen Kommunemitglieder hereinkamen. Durch die in den städtischen Niederlassungen der AAO errichteten Handwerksbetriebe (z. B. Malereien, Elektrobetriebe, Wäschereien, Schuhmachereien oder Druckereien) und Transportunternehmen wurde ab 1976 eine neue wirtschaftliche Grundlage geschaffen. Für jedes Mitglied bestand Arbeitspflicht in den kommuneeigenen Wirtschaftsbetrieben. Die AAO war landwirtschaftlich tätig, führte Entrümpelungen durch und unterhielt Läden und Cafés. Es gab auch ein eigenes Unternehmen für die Literaturproduktion. Vor allem zu Beginn liefen die Geschäfte gut. Die Berliner Gruppe etwa soll im Herbst 1976 bereits zwischen 20 000 und 40 000 DM an monatlichen Überschüssen erwirtschaftet haben.[239]

In den späten achtziger und frühen neunziger Jahren rückte die Kindererziehung immer mehr in den Mittelpunkt der Aufmerksamkeit, denn immerhin wohnten neben rund 330 Erwachsenen mittlerweile auch rund 120 Kinder in der Kommune – die ersten Kommunekinder waren bereits im Juni 1974 geboren worden. Da die Väter durch den häufig wechselnden Geschlechtsverkehr nicht eindeutig zu bestimmen waren, war eine klassische Eltern-Kind-Beziehung ohnehin hinfällig. Auch sonst bediente man sich aus dem Repertoire der »antiautoritären Erziehung« und proklamierte die Freiheit der Kinder. Der »Sauberkeitszwang« wurde abgelehnt, die Kinder sollten gemeinschaftlich und ohne »Sexualunterdrückung«, wie es hieß, erzogen werden.[240]

Die Realität sah anders aus, wie deutlich wurde, als Otto Muehl

239 BArch Koblenz, B 189, Nr. 22183, Ordner 2007-341/1, Bd. I, ohne fol (»Betr. Aktions Analytische Organisation« und Bericht von Rüdiger Hauth, Beauftragter für Sekten und Weltanschauungsfragen, Evangelische Kirche von Westfalen, vom 14. 04. 1978, S. 19); Die Falle, S. 51; Schlothauer, Diktatur, S. 22/23, 38/39, 41/42, 59/60, 79, 96/97; Rumler, »Die Kinder des Väterchen Frust«, S. 226; Flugblatt »AAO-Berlin«, in: APO-Archiv, Ordner »AAO«; Toni Elisabeth Altenberg im Gespräch mit Liane von Billerbeck: »Materialaktionist, Revolutionär – und vorbestraft«, Radiosendung im Deutschlandradio vom 27. 05. 2013 ⟨http://www.dradio.de/dkultur/sendungen/thema/2122046/⟩, letzter Zugriff am 08. 11. 2013.
240 Altenberg, Mein Leben, S. 16; Schlothauer, Diktatur, S. 21, 26, 64/65, 99.

am 13. November 1991 zu sieben Jahren Haft verurteilt wurde. Anklagepunkte waren Praktiken seiner Organisation: Unzucht und Beischlaf mit Unmündigen, Missbrauch des Autoritätsverhältnisses, Zeugenbeeinflussung und diverse Drogendelikte. Muehl gab die Beschuldigungen bereits zu Prozessbeginn größtenteils zu. Nach einer späteren Aussage, die im Bayerischen Fernsehen ausgestrahlt wurde, waren viele Mitglieder der AAO an dem sexuellen Missbrauch beteiligt. Im Anschluss an die Verurteilung löste sich die Gruppe auf.[241] Dass sich Otto Muehl ausgesuchte und zunehmend jüngere Frauen zuführen ließ und gleichzeitig wie ein Guru verehrt wurde, hatte die Kommune spätestens ab den achtziger Jahren in Verruf gebracht. Nur auserkorene Frauen der AAO-Kommune durften überhaupt Kinder gebären, wobei diese Geburtenplanung wiederum die »Überlegenheit des AA-Modells demonstrieren« sollte. In der Isolation der Kommune im Friedrichshof wurden diese Kinder in der kommuneeigenen Schule nur oberflächlich in Allgemeinkenntnissen unterrichtet, mussten Aktionsanalysen über sich ergehen lassen und wurden ohne die »schleimige Zweierbeziehung« gemeinschaftlich erzogen.[242] Das gescheiterte Experiment der Muehl-Kommune verdeutlicht letztendlich, wie durch die Übersteigerung der Sexualität der Anspruch auf Befreiung sich in sein Gegenteil verkehren konnte.

241 Bericht des Bayerischen Fernsehens am 06.03.2004 in der Kultursendung *Capriccio*; ⟨http://www.agpf.de/AAO.htm⟩, letzter Zugriff am 02.04.2013; »Sodom und Gomera«, in: *Stern* (01.06.1988), S.36-38; Schlothauer, *Diktatur*, S.112-114, 144-176 (Muehls Statement zu Prozessbeginn ebd., S.173). Zu den vorhergegangenen Ermittlungen: »›Wenn Du ausziehst, wirst Du eine Hure‹. Das wilde Treiben Otto Mühls in seinen Kommunen im Burgenland und auf Gomera«, in: *Der Spiegel* 19 (08.05.1989), S.201, 203. Zu den Verhältnissen in der portugiesischen Kommune El Cabrito und der »Art & Life Family« an der Algarve: Robert Fleck, *Die Mühl-Kommune. Freie Sexualität und Aktionismus. Geschichte eines Experiments*, Köln 2003, S.189; Ralf Leonhard, »Pissaktion auf dem Professorenpult«, in: *taz* (27.05.2013).
242 Demele, *Leben & Lernen*, S.60 (erstes Zitat); Schlothauer, *Diktatur*, S.102-114 (zweites Zitat S.109); »›Wenn Du ausziehst, wirst Du eine Hure‹. Das wilde Treiben Otto Mühls in seinen Kommunen im Burgenland und auf Gomera«, in: *Der Spiegel* 19 (08.05.1989), S.200-204, hier S.200/201, 204.

7.3 Männlichkeiten

7.3.1 Softies

Im Laufe der siebziger Jahre wurde deutlich, dass viele Männer der linksalternativen Szene mit der Definition ihrer Männlichkeit Probleme hatten. Die herkömmlichen Vorstellungen vom Mann als erfolgreichem Geschäftsmann, souverän-patriarchalem Familienernährer oder elegantem Verführer kamen für sie nicht infrage. Die Suche nach neuen Rollenbildern gestaltete sich jedoch schwierig. Dutzende von »Männerbüchern« in den späten siebziger und achtziger Jahre waren Ausdruck dieser krisenbeladenen Suche nach neuen männlichen Identitätsnormen. Welch gravierende persönliche Problematisierungen ihres Sexualverhaltens einige männliche Jugendliche durchlebten, berichtete Peter Schneider 1974: »Diese ganzen mechanischen und kalten Versuche sexueller Enthemmung, die uns tagtäglich vorgeführt werden, sind am Ende nur langweilig und führen zu neuen, nämlich emotionalen Verklemmungen.« Er erzählte davon, dass ihm in seiner Jugend die »wilden Erregungen« »manchmal richtig faschistisch vorkamen«.[243] Zugleich verlangten die wütenden Feministinnen nach Männern, die »sich nicht kastriert fühlen, wenn sie zu ihren Gefühlen, die sie (wenn überhaupt?) haben, auch stehen, anstatt immer den total sicheren (= unsensiblen) Macker rauszuhängen. [...] Im Grunde seid ihr emotional halt noch ein bißchen arg verkrüppelt.«[244] Solcherlei Verunsicherungen und Forderungen aufgreifend, bildete sich im Laufe der siebziger Jahre eine »Softieliteratur« heraus, welche Subjektivierungspraktiken entwarf, die es den Männern erlauben sollten, ihre »Gefühle wieder[zu]entdecken« und diese »spontan ohne Scheu auszudrücken«.[245] Diese Literatur konstatierte, dass die Männer innerlich »vertrocknet« seien und lernen müss-

---

243 Schneider, »Die Sache mit der ›Männlichkeit‹«, Zitate S. 126, S. 122. Vgl. dazu auch die bissige Theweleit-Kritik von Koenen, *Das rote Jahrzehnt*, S. 169.

244 Bea, »Zur Situation des weiblichen Entwicklungsdienstes in der BRD«, in: *Carlo Sponti* 36/37 (1977), S. 3.

245 Wolfgang Schmidbauer, »Seelische Hausarbeit«, in: Rodrigo Jokisch (Hg.), *Mann-Sein. Identitätskrise und Rollenfindung des Mannes in der heutigen Zeit*, Reinbek 1982, 90-108, hier S. 104.

ten, Emotionen überhaupt erst wieder »ernst[zu]nehmen« oder »zuzulassen«.[246]

Die Starautoren der Männerliteratur der siebziger Jahre waren Klaus Theweleit und Volker Elis Pilgrim,[247] später kam Walter Hollstein dazu.[248] Vor allem Theweleits *Männerphantasien* schlugen, als sie 1977 und 1978 in zwei Bänden im Szeneverlag Roter Stern publiziert wurden, wie eine Bombe ein. Die Bücher wurden im linksalternativen Milieu »geradezu süchtig verschlungen«: »Alle – an den Universitäten, in linken undogmatischen Zirkeln, in Wohngemeinschaften oder Männergruppen – haben das Buch damals gelesen.«[249] Dieser Erfolg hatte viele Gründe,[250] einer aber lag in der Thematisierung der Geschlechterrollen. Während damals der Vorwurf aufkam, Theweleit propagiere ein »Softie-Image« und vertrete eine »neue Mönchsmoral«, wird noch heute kritisiert, das Buch vertrete eine »Utopie der Androgynität«.[251] Tatsächlich standen männliche Gefühlskälte, ein bloß dressierendes Verhältnis zum Körper, soldatische Härte im Umgang mit sich und anderen, heroisierendes Beschützerverhalten gegenüber Frauen und ein

---

246 Brigitta Kreß, *Was will der Mann? Ein neues Bewußtsein von Männlichkeit*, München 1989, S. 242.

247 Volker Pilgrim, *Der Untergang des Mannes*, München 1973; Volker Pilgrim, *Manifest für den freien Mann*, Teil 1: 1977 und Teil 2: 1983, Reinbek 1983.

248 Walter Hollstein, *Nicht Herrscher, aber kräftig. Die Zukunft der Männer*, Hamburg 1988; Walter Hollstein, *Die Männer. Vorwärts oder zurück?*, München 1990; Walter Hollstein, *Potent werden. Das Handbuch für Männer. Liebe, Arbeit, Freundschaft und der Sinn des Lebens*, Bern 2001; Walter Hollstein, *Was vom Manne übrig blieb. Krise und Zukunft des »starken« Geschlechts*, Berlin 2008.

249 Lothar Baier, »In den Staub mit allen Feinden der Frau«, in: *Frankfurter Allgemeine Zeitung* (18.04.1978), S. 6; Cora Stephan, »Gefühlskrüppel im Charakterpanzer. ›Männerphantasien‹ von Klaus Theweleit«, in: *Freitag* (17.04.1992), S. 13; Lutz Niethammer, »Male Fantasies: An Argument for and with an Important New Study in History and Psychoanalysis«, in: *History Workshop Journal* 7 (1979), S. 176-186, hier S. 177. Zur Rezeption Theweleits und seines Buches *Männerphantasien* siehe ausführlich Sven Reichardt, »Klaus Theweleits ›Männerphantasien‹ – ein Erfolgsbuch der 1970er-Jahre«, in: *Zeithistorische Forschungen* 3, 3 (2006), S. 401-421.

250 Vgl. Reichardt, »Theweleits ›Männerphantasien‹«.

251 Willi Köhler in einem Beitrag des Hessischen Rundfunks vom 23.02.1978, zit. nach Klaus Theweleit, »Alles muß man so machen, daß jeder, der es sieht, ausrufen kann, das kann ich auch«, in: *Die Republik* 18-26 (30.04.1978), S. 464-603, hier S. 495/496; Jörg Lau, »Männerhaß und Männerselbsthaß als kultureller Mainstream«, in: *Merkur* 58 (2004), S. 934-943, hier S. 936.

männlicher Allversorgergestus auf dem Prüfstand – in Theweleits *Männerphantasien* wie in der linksalternativen Szene. Theweleit untermauerte dabei die Kritik der linksalternativen Männer an den herkömmlichen Männerbildern, weil er den soldatischen Mann als einen »Gefühlskrüppel im Charakterpanzer« (Cora Stephan) schilderte, der seine Blüte zwar in der NS-Zeit erlebt habe, aber bis in die Gegenwart nachwirke: »Die Sorte Männer, die Gegenstand dieser Untersuchung ist, soll keineswegs prinzipiell von den übrigen Männern isoliert werden. Sie bildet vielmehr die Spitze eines Eisbergs von Patriarchalität; was unter der Oberfläche liegt, macht die Gewässer aber insgesamt kalt«, schrieb Theweleit seinerzeit.[252] Schon damals hat man diese Pauschalisierung und die haltlose Psychologisierung Theweleits als typischen »Selbstbezichtigungsfuror« linksalternativer Männer bezeichnet.[253] Die Grundidee der Introspektion in den *Männerphantasien* lautete, sich seines persönlichen Umgangs mit der Sexualität und der einsozialisierten Sexualrepression bewusst zu werden, um möglichen psychologischen Abhängigkeiten von der Elterngeneration, aber auch von der kapitalistischen Medien- und Konsumindustrie zu entkommen und die eigenen sadomasochistischen Charakterstrukturen abzubauen. Theweleit versuchte, sich von den »naziverbundenen Elternkörpern« loszureißen.[254]

Auch Volker Elis Pilgrims 1977 publiziertes »Werkzeugbuch« *Manifest für den freien Mann* war symptomatisch für die Selbstkritik der linken Männer in dieser Zeit. Mit dem Stilmittel des persönlichen Bekenntnisses verband der damals 35-jährige Schriftsteller Pilgrim zum Teil harsche Abrechnungen: »Der Mann ist sozial und sexuell ein Idiot« – gefühllos und mit gedrillt-abgestumpftem Körper sei er nur zu Konkurrenz und Wettbewerb, nicht jedoch zur Liebe fähig. Die eigenen weiblichen und schwulen Anteile, wie zeitgenössisch formuliert wurde, galt es in einem Prozess der »Bewußtseinserweiterung« und »Selbstverwirklichung« zu erforschen und auszuleben.[255] Die reichlich redundanten Texte Pilgrims waren keineswegs mit dem Reflexionsniveau Theweleits zu vergleichen

---

252 Lau, »Männerhaß«, S. 936. Weitere Zitate gleicher Richtung ebd., S. 937.

253 Baier, »In den Staub«, S. L 6

254 Klaus Theweleit, »›Früchte der Revolte‹. Septett für 6 Verschweigende und 1 Stimme«, in: *Listen. Rezensionszeitschrift* (1989), S. 57.

255 Pilgrim, *Manifest*, S. 19-160, hier S. 20.

und übten sich in ständig ähnlichen Formulierungen in der Beschreibung und Kritik von herkömmlichen Männlichkeitsidealen.

Das Thema Männlichkeit wurde nicht zuletzt angesichts zunehmender Militanz in der linken Szene hinterfragt und erörtert. So wies etwa der spätere Außenminister Joschka Fischer 1977 in der Zeitschrift *Autonomie* auf entsprechende Probleme in der Spontiszene hin:

In unserer Szene hat derselbe sexistische Mechanismus gewirkt wie sonstwo und gipfelte dann schließlich im Militarismus, [...] ich meine das Einflippen auf eine grundsätzlich zerstörerische Struktur, die nichts hervorzubringen vermocht hat als Tod, Wahnsinn und eine Kultur kollektiven Selbstmords. [...] Brüder: entweder schaffen wir es, die Macker und Gewaltmuftis, auf die andere Seite der Barrikade zu kommen, zu den Frauen und Kindern, oder wir gehen an der Schizophrenie unserer eigenen Befreiungsansprüche und an unserer herrschenden Männlichkeit zugrunde.[256]

Es entstand eine neue Sensibilität gegenüber dem eigenen Körper, den Gefühlen und der eigenen Sexualität. Wie in der Frauenbewegung wollte man(n) ganzheitlich erleben, seinen Körper und seine Gefühle gleichermaßen erkunden und das Verhältnis zum anderen bzw. zum eigenen Geschlecht ohne Konkurrenzkämpfe und Beeinflussung durch Frauen entdecken.[257] Der linksalternative »Softie« werde sich »erst darum bemühen, seine Gefühle wahrzunehmen«, hieß es 1977 in einem Männerbuch, »wenn ihm aufgeht, wie sehr er um die Erfahrung seiner selbst und um die Möglichkeit eines erfüllten Lebens betrogen worden ist«.[258] Pilgrim hatte 1976 ebenfalls diese neue Richtung formuliert:

256 Joschka Fischer, »Vorstoß in ›primitivere‹ Zeiten«, in: *Autonomie* 5 (1977), S. 58 ff. Dieser Artikel wurde häufig zitiert, z. B. in Koenen, *Das rote Jahrzehnt*, S. 245; Sibylla Flügge, »1968 und die Frauen – ein Blick in die Beziehungskiste«, in: Margit Göttert, Karin Walser (Hg.), *Gender und soziale Praxis*, Königstein/Taunus 2002, S. 265-289, hier S. 281.

257 Hans-Joachim Lenz, »Männergruppenarbeit«, in: Holger Brandes, Hermann Bullinger (Hg.), *Handbuch Männerarbeit*, Weinheim 1996, S. 93-102, hier S. 97/98; Pascal Eitler, »Der ›Neue Mann‹ des ›New Age‹. Emotion und Religion in der Bundesrepublik Deutschland 1970-1990«, in: Nina Verheyen, Manuel Borutta (Hg.), *Die Präsenz der Gefühle. Männlichkeit und Emotion in der Moderne*, Bielefeld 2010, S. 279-304.

258 Herb Goldberg, *Der verunsicherte Mann. Wege zu einer neuen Identität aus psychotherapeutischer Sicht*, Düsseldorf 1977, S. 68.

Frauen haben diverse Emanzipationskonzepte für sich, der Mann hat kein einziges. ›Männeremanzipation‹ ist ein Wort, das immer noch nicht ganz [ernst] außer als Witz genommen wird. Der Mann steht vor seiner anstrengendsten Unternehmung. Er soll nicht mehr Natur, Gesellschaft oder die Frau verändern, sondern sich selbst. Er soll ablassen, die Frau bei ihrer Emanzipation dauernd zu hindern oder väterlich zu betreuen. Die Kulturleistung des Mannes für die nächsten hundert Jahre wird sein, sich von sich selbst zu befreien. Etwas anderes steht nicht an.[259]

Die Hauptfrage war, welche neuen Männlichkeitsvorstellungen zur Verfügung standen und wie diese realisiert werden konnten.

Männergruppen

Eine wichtige Rolle spielten die ab 1973/74 nach dem amerikanischen Vorbild der Men's Liberation gegründeten Männergruppen.[260] Hier sollte die Möglichkeit geschaffen werden, Emotionalität, Ehrlichkeit und Herzlichkeit unter Männern herzustellen und auszuleben. Was für einen gewissen Viktor aus einer Gießener Männergruppe galt – nämlich das Bestreben, »Antiemotionalität«, »Rationalitätsanbietung« und das »Konsequenzbedürfnis« abzustreifen –, war ein Grundzug aller Männergruppen.[261] Diesen im Wesentlichen auf das Alternativmilieu beschränkten Gruppen ging es darum, den »Männlichkeitswahn« zu überwinden und gegenüber den »Mackern« eine profeministische, antisexistische Männlichkeitsvorstellung zu entwickeln, die die Angst vor dem Schwulsein ebenso beseitigen sollte wie die vor einer emotionalen Annäherung an heterosexuelle Männer. Selbstverwirklichung und persönliche Entfaltung sowie solidarisches Handeln in einer »Atmosphäre spontaner Sympathie und Vertrautheit« waren die Stichworte eines auf kooperative und gewaltfreie Verhaltensweisen ausgerichteten Männlichkeitsverständnisses. Die Veränderung des

---

259 Volker E. Pilgrim, »Der verunsicherte Mann«, in: *vorgänge* 15, 19 (1976), S. 48-52, hier S. 52.

260 Helmut Rödner, *Männergruppen*, S. 22/23.

261 Georg Brzoska, »Männerpolitik und Männerbewegung«, in: Holger Brandes, Hermann Bullinger (Hg.), *Handbuch Männerarbeit*, Weinheim 1996, S. 74-89, hier S. 82; Autorengruppe, *Männerbilder. Geschichten und Protokolle von Männern*, München 1979, S. 53; Johann A. Schülein (Hg.), »*... vor uns die Mühen der Ebenen*«. *Alltagsprobleme und Perspektiven von Wohngemeinschaften*, Gießen 1980, S. 42.

persönlichen Verhaltens und Empfindens durch die Gruppenarbeit stand im Vordergrund des Experiments.[262]

In regelmäßigen und kostenfreien Treffen ohne Gruppenleiter wurden die persönlichen Probleme und Gefühle artikuliert und politisiert. Dabei waren die Teilnehmer dem Grundsatz nach gleichgestellt und selbstbestimmt. In den Gesprächen über männliche Gewalt, Hierarchien und Aggressionen, über Homosexualität, Körperlichkeit und Gefühle, Rollenbilder und -erwartungen, Potenzanforderungen oder Gefühlsunsicherheiten wollten die Selbsthilfegruppen Lebenshilfe leisten und Selbsterfahrung mit politischer Aufklärung verknüpfen. Herrschafts- und Gesellschaftskritik waren mit dem Wunsch nach mehr Einfühlungsvermögen und Emotionalität verbunden. Indem Hierarchie, Konkurrenzkampf und Machtspiele infrage gestellt wurden, sollte ein neuer, gefühlsbetonter Umgang miteinander ermöglicht werden.[263]

Ende der siebziger Jahre hatten sich bereits einige Männergruppen konstituiert, meist in den Universitätsstädten. In Berlin gab es 1979 drei Männergruppen, aber auch in München, Frankfurt, Hannover, Aachen, Marburg oder Freiburg waren Gruppen gebildet worden – schon im Februar 1975 hatte ein erstes bundesdeutsches Männergruppentreffen stattgefunden. Ab der Mitte und verstärkt ab dem Ende des Jahrzehnts dokumentierten die Männergruppen ihre Tätigkeiten in verschiedenen Veröffentlichungen. Fast alle diese Kleingruppen setzten sich aus Mitgliedern des »linken Uni- und Intellektuellenmilieu[s]« zusammen und lösten sich nach einer euphorischen Anfangsphase recht schnell wieder auf. Dem enthusiastischen Beginn in der Phase des Kennenlernens folgte schnell die Ernüchterung über geringe Fortschritte. Fluktuation, Lethargie und Erschöpfung prägten die Treffen schon nach wenigen Wochen.[264]

Kritik und Selbstkritik dominierten bald das Geschehen in den

262 »Männersache – oder wie beschäftigen wir uns mit uns?«, in: *Info-BUG* (03.02.1975), S. 17; Rödner, *Männergruppen*, S. 25; Lenz, »Männergruppenarbeit«, S. 93-95; Brzoska, »Männerpolitik«, S. 82-85; Rödner, *Männergruppen*, S. 11.

263 Lenz, »Männergruppenarbeit«, S. 94-97; Rödner, *Männergruppen*, S. 42; Autorengruppe, *Männerbilder*, S. 21.

264 Rödner, *Männergruppen*, S. 12, 25, 27; Autorengruppe, *Männerbilder*, S. 49, 52, 60, 64/65. Das Protokoll des Treffens vom Februar 1975 findet sich ebd., S. 53-79.

linksalternativen Männergruppen. Die Männer wussten sehr genau, welche Rolle sie nicht länger übernehmen wollten – nämlich die des emotionslosen, harten Mannes, der die Frauen unterdrückt, die Rolle also, die sie von ihren Vätern kannten. Der Mann als Ernährer und Beschützer sei ebenfalls eine veraltete Vorstellung, so eine Marburger Männergruppe, da Frauen auf den Arbeitsmarkt strömten und dort »fast alle Männerpositionen« einnehmen könnten. Von dem »selbstmörderische[n] Streßwettlauf um die höchste Karriereposition« und dem von Aggression, Ehrgeiz, Hierarchien und Egozentrik geprägten Verhalten der Männer untereinander könne man sich dank der »Leistungs- und Konsumverweigerung der subkulturellen Bewegung« emanzipieren. Der Entsinnlichung am Arbeitsplatz und in der Universität, die durch den Leistungsdruck Rücksichtnahmen und Annäherungen erschwerten, wurden die Männergruppen entgegengesetzt.[265] Auch die Anforderungen im Bereich Sexualität, der Leistungsdruck des »zwanghaften Erektionsmechanismus'«, wurden aufs Korn genommen. Die Nötigung zur Steigerung der Häufigkeit und Intensität des Orgasmus wurde diskutiert und kritisiert – sowohl hinsichtlich des Anspruchs an die Männer, ständig bereit und willig zu sein, als auch im Hinblick darauf, jede Frau befriedigen zu können. Stattdessen wollte man den »idiotischen Zwang« der »Schwänzlichkeit« abbauen und der Zärtlichkeit als »lustspendendem Erlebnis« mehr Raum geben: »Das blöde ist nur, daß die Frauen diese Fickgeschichten immer noch erwarten und, wenn sie nicht laufen, das Gefühl haben, nicht anziehend, nicht schön genug oder sonst was zu sein.«[266]

Grundsätzliche Probleme bestanden bei der positiven Definition der neuen Männlichkeit, die für gewöhnlich nicht über die immer gleichen Schlagwörter von Zärtlichkeit, Lustfreude und Sensibilität hinauskam. Es entstand eine fast reine Geständnis- und Bekenntniskultur, die dazu führte, in erster Linie über die eigenen Gefühle und »subjektive Betroffenheit« zu sprechen. Typische Sätze dieser fruchtlosen und unverbindlichen Kommunikation konnte die *taz* noch 1988 veröffentlichen: »Ich finde das von Dir wieder unheimlich selbstgerecht. Das ist wieder typisch männlich« oder »Ich möchte ganz einfach sagen: offenbar seid ihr ebenso körperlos wie ich, alle, ganz offenbar«. Bezeichnend war auch das aussagelose

265 Rödner, *Männergruppen*, S. 17-20, 26, 29.
266 Ebd., S. 44-47; Autorengruppe, *Männerbilder*, S. 26, 39.

Bekenntnis: »Ich kann eigentlich ganz wunderbar so mit meinem Ego leben, wo ich selber das Gefühl habe, na, da sind so'n paar ganz ganz verquere Sachen, [...] aber das kommt nicht zum Tragen im täglichen Gebrauch.«[267]

Man wollte »Gefühle erleben lernen« und die »Rüstungen ausziehen«, sinnlich und herzlich sein und »Berührungshemmungen« bzw. die Ängste vor Sentimentalität und Emotionalität ablegen.[268] Männergruppen, so schrieb der *Pflasterstrand* Anfang 1976, »sollen sich durch Emotionalität, Wärme, Zärtlichkeit und Spontaneität« auszeichnen. Dass dabei die Sexualität unter Männern ausgespart und abgewehrt werde, zeige eine Angst vor Homosexualität und mithin auch »grundsätzliche Konflikte mit der Sexualität« auf.[269] Tatsächlich grenzten sich, trotz ihrer Zielsetzungen, nicht wenige Männergruppen sogar ganz explizit von der Schwulenbewegung ab. Zwar zeigte man sich homosexuellen Männern gegenüber toleranter und gestand sich die emotionalen Wünsche nach körperlicher Nähe und Zärtlichkeit ein. Umarmungen, schmusen und streicheln wurden nicht nur erprobt, sondern bald (gerade was die Umarmungen und das wechselseitige Berühren anging) zu obligatorischen Ritualen. Auch die Ängste vor sexuellen Kontakten mit anderen Männern und die Begegnungen und Erfahrungen mit Homosexuellen wurden diskutiert; de facto wurden die Ängste vor sexuellen Kontakten innerhalb der Gruppe jedoch nur sehr selten überwunden.[270] Das komplizierte Verhältnis zur Schwulenbewegung zeigte sich auch an der Tatsache, dass anfangs viele ihre Teilnahme an Männergruppen verheimlichten, weil sie von außen nicht für schwul oder gestört gehalten werden wollten (»Der muss es ja nötig haben«). Oftmals befürchteten sie, mit ihrem Wunsch nach vertraulicher Nähe und Freundschaft in eine Gruppe von Homosexuellen zu geraten, um dann umso erleichterter zu sein, wenn dies nicht der Fall war.[271]

267 Rödner, *Männergruppen*, S. 13 (erstes Zitat), 16, 20/21, 30; »Ratlose Männer«, in: *taz* (11.03.1988), S. 4.

268 Autorengruppe, *Männerbilder*, S. 29-32; Schülein (Hg.), *Alltagsprobleme*, S. 42; Rödner, *Männergruppen*, S. 11, 37.

269 »Die Linke und Männersexualität«, in: *Pflasterstrand* 4 (16.02.-01.03.1976), S. 18-20, hier S. 20.

270 Rödner, *Männergruppen*, S. 24, 35, 37, 51/52; Autorengruppe, *Männerbilder*, S. 32, 49/50, 53, 55-57, 67-71.

271 Pilgrim, »Der verunsicherte Mann«, S. 48-52; »Suche nach Zärtlichkeit.

Aktuelle Lebenskrisen und speziell die Probleme mit ihren Partnerinnen waren die häufigsten Gründe, in den Männergruppen mitzuwirken. Auch zwanghaftes Verhalten, ein schwach ausgeprägtes Körpergefühl oder ständig scheiternde Beziehungen waren wichtige Motivationen zum Beitritt. Immer wieder liest man jedenfalls in den Zeugnissen der männerbewegten Männer von Konflikten mit Frauen und Partnerinnen, die nicht selten in der feministischen Frauenbewegung aktiv geworden waren.[272]

Selbsterfahrungsberichte von Männergruppen – exemplarische Beispiele

Über Männlichkeit wurde meist in Form von Selbsterfahrungsberichten referiert, die wenig themen- und faktenzentriert waren, sondern Gefühle und Erlebnisse dokumentierten. So verfasste eine im Oktober 1974 gegründete Heidelberger Männergruppe einen ausführlichen Bericht als »Diskussionsgrundlage«, der im *Carlo Sponti* veröffentlicht wurde. Anlass für die Publikation war, dass sich die acht Gründungsmitglieder innerhalb von anderthalb Jahren – die Gruppe war zwischenzeitlich auf 20 bis 30 Männer angewachsen – zerstritten hatten und vor etwa sechs Monaten »schwere Konflikte« ausgebrochen waren, die »letztlich nicht mehr [...] bewältigt werden konnten«. Zusammengefunden hatte sich die Gruppe, weil, so die Mitglieder, »unsere Männlichkeit stark ins Schleudern geraten war, ohne daß wir uns besonders darum bemüht hatten. Diese Arbeit hatte uns die Frauenbewegung abgenommen.« Also las man Frank Böckelmanns *Maskulin – Feminin* sowie die Broschüren *Mr. Netter Typ und das geile Viech, Auflösung der Geschlechterrollen* und *Die deutsche Familie* von Ingeborg Weber-Kellermann. Konkurrenzverhältnisse untereinander, die »ganze Hierarchie-Scheiße« aus Über- und Unterordnung, war das bestimmende Thema der Gruppe: »Du trittst mit dem Anspruch an, Konkurrenz unter Männern aufzuheben, und schaffst gleich wieder neue.« Allmählich verlegte

›Männergruppen‹ wollen Probleme beseitigen«, in: *Frankfurter Rundschau* (20.09.1975); Lenz, »Männergruppenarbeit«, S. 97-100.

272 Autorengruppe, *Männerbilder*, S. 23, 50, 54/55; Rödner, *Männergruppen*, S. 23/24, 35-41; Pilgrim, »Der verunsicherte Mann«, S. 48-52; »Suche nach Zärtlichkeit«, in: *Frankfurter Rundschau* (20.09.1975); Lenz, »Männergruppenarbeit«, S. 97-100; Pilgrim, *Manifest*, S. 27-36, 141-154.

man die Gespräche von der Lektüre auf die eigenen Erfahrungen. Damit entstanden jedoch neue Probleme: »Und dann ging's los: Onanie – Konkurrenz – Sexualität (homo/hetero) – Zweier/Dreier noch mehr Beziehungen.« Während man bei Onanie und Homosexualität große Unterschiede entdeckte, war man sich in einem Punkt einig: »[U]nsere Beziehungen zu Frauen und Erfahrungen mit Frauen waren mehr oder weniger ähnlich, nämlich problematisch.« Die meisten ihrer Frauen seien Feministinnen gewesen, die die Männer auf ihre »bescheuerte Männlichkeit« hingewiesen hätten – das »gipfelte im Vorwurf Phallokrat«. Conclusio: »So standen wir also doppelt beschissen da, wir Männer.« Man beschloss: »Schluß mit den (Selbst)Anschuldigungen«, fragte dann sogleich: »Wie geht's weiter?«, woraufhin es »erstmals zu persönlichen Konflikten in der Gruppe« kam – der Grund war wiederum eine Frau, die zwei der Gruppenmitglieder begehrten. Lösungsvorschlag: Man müsse sich »bloßstellen« und »verwundbar« machen, anstatt sich in der Männergruppe bloß taktisch zu verhalten. Offenheit gelang untereinander jedoch scheinbar genauso wenig wie im jeweiligen Verhältnis zu Frauen.

Nach den ersten Auseinandersetzungen, so kann man dem ausführlichen Bericht der Gruppe entnehmen, erfolgte ein neuer Theoriedurchgang mit verbalen Übungen nach Lutz Schwäbischs und Martin Siems *Anleitung zum sozialen Lernen für Paare, Gruppen und Erzieher* und das Studium anderer gruppendynamischer Schriften.[273] Zu Anfang und am Ende einer Sitzung sagte jeder, wie es ihm ging und was mit ihm gerade los war. Man machte Wahrnehmungs- und Verständnisübungen (»was sehe und höre ich von dir, was für Gedanken mache ich mir dazu, was für ein Gefühl habe ich jetzt, welche Absicht steht hinter dem, was ich dir antworte«), fragte sich, welchen Sinn Selbsterfahrungsgruppen hätten, und verabreichte »Energie-, Angst- und Liebeskuchen«. Gleichwohl »problematisierte« man – eine Dauervokabel in diesem Beitrag – ständig die Art der Kommunikation, fragte sich etwa, ob man sich in Sätzen wie »Was du eben gesagt hast, hat mir gut getan« oder »Weißt du, ich hatte vorhin einen Moment lang den Wunsch, dich zu streicheln« ausdrücken könne. Gegenseitige Vorwürfe und Beschimpfungen, in denen man sein Gegenüber als

273 Lutz Schwäbisch, Martin Siems, *Anleitung zum sozialen Lernen für Paare, Gruppen und Erzieher. Kommunikations- und Verhaltenstraining*, Reinbek 1974.

oberflächlich oder aggressiv bezeichnete, ergänzten die emotionalen Unsicherheiten in der Gruppe. So forderte ein gewisser Paul: »Ich kann dein dauerndes Gejammer über deine verflossene Frau nicht mehr aushalten. Finde dich endlich damit ab«, woraufhin der Angesprochene konterte: »Du Arschloch, du bist mir unheimlich und überhaupt warst du schon immer für mich ein Arschloch. Seit ich dich kenne, habe ich dir mißtraut.« Es ist mit Händen zu greifen: Angst war das Grundgefühl und das bestimmende Thema dieser Männergruppe. Dementsprechend endet der fast schon karikaturhaft anmutende Artikel: »Begeben wir uns auf den mühsamen, dornenvollen, ganz bestimmt von Erfolg gekrönten Marsch, unsere Ansprüche, Bedürfnisse, Vorstellungen ein Stück Wirklichkeit werden zu lassen! Das haut aber rein! Die verbliebenen fünf aus der Männergruppe 1«.[274]

Ähnliche Berichte finden sich am Ende der siebziger Jahre zuhauf – in Form schriftlicher Selbsterklärungen und von Rechenschaftsberichten oder in Form protokollierter Diskussionen wie die einer Münchner Männergruppe, die nach einem gemeinsamen Hüttenwochenende geradezu klischeehaft ihre körperlichen und gefühlsmäßigen Erlebnisse schilderte:

Bodo: Ja, und das war ganz toll ... nackt in den Schnee rausrennen und im Schnee wälzen ... am Ende hat sich jeder getraut. Am Anfang sind nur zwei raus ... / Einwurf: Wegen der Kälte oder wegen der Typen? / Bodo: Nee, nee, es war unheimlich kalt, nicht wegen der Typen, es war unheimlich kalt und der Schnee, der lag soo hoch (großes Lachen) und dann am zweiten Abend ist uns dann so um zwei Uhr nachts eingefallen, daß wir ja unbedingt mal was machen müßten, und dann haben wir gesagt, wir massieren uns. Erst mal haben wir so'ne rote Daunendecke auf'n Tisch gelegt, daß das schön weich war, und der mußte sich erst auf den Bauch legen und äh ganz nackt ausziehen, und dann standen alle rum und haben massiert. [...] / Das Resümee war, daß, weil keiner einen Ständer bekommen hat, wir dachten, ach, niemand ist schwul – lach lach lach lach.

Am Ende befand ein gewisser Horst, bei solchen Berichterstattungen »kommt 'ne Menge bei raus« – freilich ohne sein Urteil näher zu begründen.[275]

274 »Männer – ohne Männlichkeit ratlos?«, in: *Carlo Sponti* 20/21 (1976), S. 8/9. Vgl. auch die Selbsterfahrungsberichte in: Autorengruppe, *Männerbilder*, S. 5-47, 81-106.
275 Autorengruppe, *Männerbilder*, S. 55/56, 59.

Das Experimentieren mit den Selbstberichten wurde in den achtziger und selbst noch in den neunziger Jahren fortgeführt, etwa in der Kommune Feuerland in der Uckermark, aus der Thomas (»Thee«) Hillar schrieb:

Für mich als Mann habe ich in den letzten Jahren immer wieder festgestellt, daß auch sehr männerbewegte ›linke‹ Männer an Grenzen gestoßen sind, wenn es darum ging, z. B. Bereiche wie Zärtlichkeit und gegenseitige ehrliche Wertschätzung tatsächlich praktisch zu erschließen. Für mich war es [...] möglich, mit Männern 'ne ganz neue Form des Miteinanderumgehens zu schaffen. Es war/es ist das, was es uns immer so schwer gemacht hat: z. B. dieses Leistungs- und Konkurrenzdenken, immer wieder dieser patriarchale Komparativ, d. h. besser, schneller, stärker. [...] Es ist für mich gerade in der Kommune wichtig, daß die Männer in der Lage sind, 'ne ganze Menge an Vertrauen und Zärtlichkeit zu geben, so daß wir uns auch lösen können von der negativen Fixierung auf die Frau. Damit meine ich, daß Frau für Gefühle verantwortlich ist, für den Mann da ist, ihm Platz anbietet zum Weinen, zum Trauern. Von ihr erwartet wird, daß sie ihn wieder seelisch aufbaut. Kurzum, sie leistet die Beziehungsarbeit.[276]

Vorbild für diese und andere Männergruppen waren die Selbsterfahrungsgruppen der Frauenbewegung. Die Männer empfanden sich oft als »angehende Feministen«, die gegen das »Phallokratentum« auch in den linken Gruppen vorgehen wollten.[277] Die Bewunderung einer Berliner Männergruppe für die »unerschöpfliche weibliche Potenz zu Wärme, Zuwendungsnähe und Offenheit« war durchaus typisch. Viele waren von den Umgangsformen in den Frauengruppen beeindruckt und hatten ein positives Verhältnis zum Feminismus.[278] Zugleich reklamierten die Männergruppen für sich, die Rolle der Männer in der Gesellschaft viel stärker als die feministische Frauenbewegung infrage zu stellen. Sie würden

---

276 Thomas (»Thee«) Hillar, Daniela Frick, »Von Groll-, Schmuse- und Gespinsterrunde«, in: Kollektiv KommuneBuch (Hg.), *Das KommuneBuch. Alltag zwischen Widerstand, Anpassung und gelebter Utopie*, Göttingen 1996, S. 276-289, hier S. 285. Zu den Männergruppen der neunziger Jahre siehe Holger Brandes, Hermann Bullinger (Hg.), *Handbuch Männerarbeit*, Weinheim 1996.

277 Schülein (Hg.), »... *vor uns die Mühen der Ebenen*«, S. 42; Rödner, *Männergruppen*, S. 32.

278 »Die Unscheinbarkeit der kleinen Schritte – eine Berliner Männergruppe«, in: Walter Hollstein, Boris Penth, *Alternativ-Projekte. Beispiele gegen die Resignation*, Reinbek 1980, siehe vor allem S. 371, 380, 375, 378; Rödner, *Männergruppen*, S. 52; Autorengruppe, *Männerbilder*, S. 22.

dabei aber den Mann nicht nur als Täter, sondern auch als Opfer seiner eigenen, gesellschaftlich anerzogenen Verhaltensmuster begreifen.[279]

Die Haltung der feministischen Frauen gegenüber den Männergruppen war ambivalent. Einerseits liest man häufig, wie sehr man Männer »wertschätzte«, die sich in Männergruppen einbrachten. Andererseits ist die Klage nicht zu überlesen, dass die Feministinnen gerade solche Männer zwar sympathisch, aber nicht anziehend fanden. Unbewusst mochte die männliche Unsicherheit doch als Schwäche und Attraktivitätsverlust ausgelegt werden. Zuweilen wurde den »Softies« auch Unaufrichtigkeit unterstellt und das neue Selbstverständnis nur als Masche interpretiert, emanzipierte Frauen »rumzukriegen«.[280]

7.3.2 Gegenbewegung: Probleme mit dem Männersex

»Es ist wie bei der Pferdedressur. Erst muß einer das Tier einreiten, dann steht es allen zu Verfügung.« Mit diesen Worten kritisierten Feministinnen 1967 das linke »Mackertum« in den Kommunen.[281] Dagmar Herzog hat dieser Deutung die Wahrnehmung einer Frau aus dem Umkreis der 68er-Bewegung hinzugefügt, die sich in einem 2002 geführten Oral-History-Interview erinnerte: »Natürlich hatten wir viel Sex, und es war schon in Ordnung. Aber – und das wurde uns erst später klar – ob es wirklich unseren Bedürfnissen entsprochen hat?«[282] Nicht wenige Frauen der Studentenbewegung fühlten sich als Sexualobjekte, die nur »zum Vögeln geeignet« seien und von denen Unterwürfigkeit verlangt wurde. Wie eine »Zuchtsau«, so hieß es in wütenden feministischen Flugblättern, müssten die Frauen sich so verhalten, »daß der Mann mit ihr vögeln möchte«: »Manche Männer sagen Frau und meinen Möse, die werden radikal bekämpft.«[283]

Tatsächlich wimmelte es in der alternativen Presse geradezu von

---

279 Rödner, *Männergruppen*, S. 23.
280 Schülein (Hg.), »… *vor uns die Mühen der Ebenen*«, S. 34; Rödner, *Männergruppen*, S. 48/49, 53.
281 Heinrich Mehrmann, »Erobern Kommunen Deutschlands Betten? Mehr Sex mit Marx und Mao«, in: *pardon* (August 1967), S. 17, 21.
282 Herzog, *Politisierung der Lust*, S. 284.
283 Zitiert nach ebd., S. 284/285; Koenen, *Das rote Jahrzehnt*, S. 253.

pornographischen Abbildungen – angefangen bei der Berliner WG-Zeitung *linkeck* bis hin zu den bekannten Titelseiten der *konkret*. Wegen der »Verbreitung unzüchtiger Abbildungen« wurde das Buch *Klau mich* von Rainer Langhans und Fritz Teufel auf der Frankfurter Buchmesse 1968 beschlagnahmt. Auch die »erotischen Comics« bildeten die Frauen immer wieder als Sexualobjekte ab. Zuweilen wurde diese offene Sexualisierung der Frau als ironische Übersteigerung der bürgerlichen Kommerzialisierung ausgegeben, um dadurch die eigenen Absichten zu camouflieren. Das galt auch für die *Agit 883*; Massimo Perinelli hat seine Untersuchungsergebnisse dazu pointiert wie folgt zusammengefasst:

Das Verhältnis der Redaktion zu Pornos scheint verworren gewesen zu sein. In ihm verwischten sich alle möglichen Diskurse: von antirepressiver Politik gegenüber Kuppeleigesetzen und Paragrafen gegen gleichgeschlechtliche Sexualpraktiken, sexueller Denunziation des politischen Feindes und dessen symbolischer Vergewaltigung durch den überpotenten Genossen bis hin zu kruden sexistischen Äußerungen gegenüber Frauen. [...] [Insgesamt zeichnete sich ein] immer sexistischerer Umgang mit Pornographie [ab]. In den Ausgaben [erschienen] zahllose Bilder, Sätze, Witze und Nebensätze, die das Verhältnis von Rebellion und Staat als ein sexualisiertes Gewaltverhältnis darstellten. Oft wurde der Staat als Frau von potenten Genossen ›gefickt‹, während die Herren Politiker als sexuell impotent verspottet wurden. Auf der anderen Seite bekamen Faschisten, Väter oder Bullen einen erigierten Schwanz, wenn sie Schwächere schlugen oder quälten. Aber auch der aufrechte Genosse wurde mit oder gar als erigierter Schwanz gezeichnet.[284]

Nicht nur von den Frauen, sondern auch von den Männern selbst wurden entsprechende Sexualpraktiken thematisiert. So schrieb ein Alt-68er im Jahr 1977 im *Pflasterstrand*, er habe seine »schönste Vögelei« an dem Morgen gehabt, als der Tod der in Stammheim inhaftierten RAF-Mitglieder gemeldet wurde: »Wir haben ziemlich brutal gefickt, danach waren wir ziemlich leer«.[285] Am 12. September 1980 wurde der Artikel eines gewissen Gernot Gailer in der *taz* vorabgedruckt. Der vollständige Text erschien später in *Ästhetik & Kommunikation*. »Gernot Gailer« war das Pseudonym des Kultur-

284 Perinelli, »Lust, Gewalt, Befreiung. Sexualitätsdiskurse«, S. 89, 97; Micheler, »Sexualitätsdiskurs in der Studierendenbewegung«, S. 17.
285 »Gedanken eines Sauriers«, in: *Pflasterstrand* 21 (15.12.1977–11.01.1978), S. 42; »Antwort eines Sauriers«, in: *Pflasterstrand* 22 (12.–25.01.1978), S. 23.

redakteurs Eberhard Kreitmeyer, der hier eine Sicht auf die Sexualität niederschrieb, die aufgrund des pornographischen Gehalts zu einem Skandalon werden sollte. Er glaube nicht, bekannte der Autor, dass Sex und Politik, so wie sich das die 68er vorgestellt hätten, zusammengehen würden. Mittlerweile seien die »linken Puritaner« nur noch »Schwanzamputierte«, die lediglich mit »Theoriegewichse« aufwarten könnten. Er gestand, dass er Pornofilme und -fotos mit Genuss konsumiere und sich sogar Vergewaltigungen lustvoll ausmale. Zum Feminismus schrieb er: »Die eigentlich Unterdrückten sind doch wir. Wir Männer. Nieder mit der Frauenbewegung. Für mehr Peepshows. Das ist kein Witz. Ehrlich. […] Die Frauenbewegung nützt mir überhaupt nichts.«[286] Der Text nahm für sich in Anspruch, die verdrängten Begehren wieder ans Licht zu bringen, und wollte damit befreiend wirken. Solcherlei Gefühle fanden sich freilich auch außerhalb der Alternativszene. Mangelnde Weiblichkeit und Frigidität der Feministinnen bemängelte zum Beispiel 1982 auch der *Stern*: »Die Frauenbewegung«, hieß es dort, »die hat uns Null Bock gebracht.«[287]

Als dann am 6. November 1980 auch noch die *taz* derbe Karikaturen über die Sadomaso-Welt inklusive Dominas auf ihrer Diskussionsseite publizierte, streikten die *taz*-Frauen. Eine Flut von Briefen erreichte die Redaktion. »Ich finde den Artikel eine Unverschämtheit und werde fristlos kündigen, wenn das nochmal passiert«, meinte ein Wolfgang aus Saarbrücken. Eine gewisse Agnes schrieb, so etwas grenze an Faschismus: »Wer den heiligen, schönen Körper so in den Dreck zieht, ist in meinen Augen ein perverses Schwein.« 150 Frauen aus 15 Städten riefen alle Frauen dazu auf, ihr Abonnement zu kündigen, und forderten: »Chauvis raus aus der taz!!!!!!!«[288] Die *taz*-Redakteurinnen beklagten zudem nicht nur die beiden Veröffentlichungen, sondern auch die »dümmlichen und frauenverarschenden Sprüche« auf der Kleinanzeigenseite und die »Männerwitze auf dem Flur, die Stammtischrunden alle Ehre

286 Gernot Gailer, »Eine Traumfrau zieht sich aus«, in: *Ästhetik & Kommunikation* 40/41 (1980), S. 81-95 (Zitate S. 85 und 91); ders., »Eine Traumfrau zieht sich aus«, in: *taz* (12.09.1980).

287 Conrad Zander, »Die Männer werden keusch. Schluss mit dem Sex«, in: *Stern* 51 (23.12.1982), S. 50. Vgl. auch »Zurück zur Weiblichkeit«, in: *Der Spiegel* (30.06.1975) (Titelgeschichte).

288 Magenau, *Die taz*, S. 86/87.

machen würden«.[289] Redakteurinnen der feministischen Zeitschrift *Courage* riefen zu einem Boykott der *taz* auf, verspritzten Buttersäure in den Redaktionsräumen und sprühten »Pornotaz« an die Wände.[290] Diese Provokation rief harsche Reaktionen hervor – in der *taz* stand am 28. November 1980 zu lesen: »Die Gesetze der sozialen Kontrolle [...] funktionieren nirgendwo härter als in der um Emanzipation ringenden Szene. Abweichendes Verhalten wird mit Buttersäure bestraft, die Tabuschranken mit größtem Eifer zementiert. Nichts schlimmer als der Verrat an den Idealen.«[291] Während die Frauen die Provokation aus dem Arsenal der 68er-Bewegung bemühten, warteten die Männer mit dem Siebziger-Jahre-Gestus des liberalen »Diskutierens« auf. Eine Einigung war so natürlich nicht zu erzielen.

Für einen ersten Skandal hatte bereits ein vielbeachteter Artikel 1978 im *Pflasterstrand* gesorgt, als unter dem Pseudonym Siegfried Knittel ein Autor schrieb, dass in der Szene wieder das »Bedürfnis nach dem Schwanzfick« erwacht sei.[292] Es werde wieder aggressiver über die Frauenbewegung gesprochen, während umgekehrt die Angst vor dem »neu erwachenden Chauvinismus der Männer« entstehe. Man löse sich von der linken Moral und nehme auf diese »keine Rücksicht« mehr: »Schon lange«, gestand er ein,

habe ich mich von dieser Moral ziemlich unterdrückt gefühlt. Was ich da erlebt habe, war der Zweitaufguß des Matriarchats meiner Kindheit: dieselben Normen; mehr Offenheit, mehr Sensibilität, viel Zärtlichkeit, tendenzielle Ablehnung genitaler Sexualität – mir hängt diese ganze Chose einfach zum Hals raus! [...] Ich bin einfach ungeheuer ausgebeutet worden, von Frauen und vor allem von meiner Mutter. [...] Diese verdammte Sensibilität, die die Frauenbewegung jahrelang von uns gefordert hatte, ich hatte sie mit der Muttermilch schon so sehr eingesogen, daß ich, wenn ich mit einer Frau zusammen etwas machen wollte, ich vor lauter Angst und Rücksicht auf deren Bedürfnisse, die ja möglicherweise nicht dieselben waren wie die meinen, meist gar nichts unternahm. [...] Ich bin einfach nicht mehr bereit, mich nach diesem lediglich abstrakten Wissen im Kopf zu richten, das mit meinem Bauch nichts zu tun hat. [...] Dazu gehören – und da wird es am schwersten – meine Gewaltgeschichten. Ich war einmal wahnsinnig in

289 »Erklärung der taz-Frauen: Wir streiken«, in: *taz* (07.10.1980), S.1.
290 Magenau, *Die taz*, S.80.
291 *taz* (28.11.1980), S.3.
292 Siehe dazu Horn, *Abschied*, S.27-42.

eine Frau verknallt, aber sexuell wollte sie nichts mit mir machen. Jedoch kriegte ich ihre sexuellen Beziehungen zu anderen Typen immer mit. [...] Permanent hatte ich dann die Vorstellung, sie zu verprügeln, totzuschlagen, in der Luft zu zerreißen. [...] Früher hatte ich mich Frauen gegenüber immer vollkommen aggressionslos verhalten, ja, ich war sogar stolz darauf, meine Aggressionen in Repression gegen mich selbst wenden zu können. Mir ist die Aggressivität von meiner Mutter völlig ausgetrieben – nein, besser, in mein Unterbewußtes zurückgetrieben worden.[293]

Seine Gewaltphantasien, die der Autor auch noch als »emanzipativen Akt« ausgab,[294] führten dazu, dass 40 Frauen die *Pflasterstrand*-Redaktion besetzten und die Druckvorlagen entwendeten.[295] Sie erklärten in einer Sondernummer: »Wir lassen den politischen Frust der Männer nicht auf unseren Rücken und Bäuchen austragen.« Die Szene sei »männlich dominiert« und es werde »wieder auf die alten patriarchalischen Formen« zurückgegriffen. Die Frauen attestierten dem Autor einen faschistoiden Standpunkt und nannten ihn einen potentiellen Vergewaltiger. Knittels Artikel markiere, angesichts der polizeilichen Maßnahmen des Herbstes 1977, »genau den Übergang, wo der Hilferuf eines Opfers sich in den Schlachtruf gegen neue Opfer kehrt«.[296] Die Wut und Enttäuschung über das Ende der Linken im Gewaltexzess der RAF sei gegen die Frauenbewegung gerichtet.[297] Frauen in Berlin solidarisierten sich mit ihren Frankfurter Schwestern und verteilten Flugblätter:

Ein Gespenst geht um in der Scene: Der Neochauvinismus! [...] Umrandet von Pimmelgirlanden werden die Leiden des vom Matriarchat unterdrückten Siegfried Knittel an den Mann gebracht. [...] So locker und unbelastet wie Siegfried Knittel im Pflasterstand über seine Taten, konnte bisher nicht mal ein KZ-Wächter über seine emanzipatorischen Akte in der ›Nationalen Soldatenzeitung‹ berichten.[298]

293 Siegfried Knittel, »Vom Ende der matriarchalischen ›Emanzipations‹-Moral«, in: *Pflasterstrand* 22 (12.01.-25.01.1978).
294 Ebd., S. 50.
295 Horn, *Abschied*, S. 28.
296 Zitiert nach Theweleit, »Alles muß man so machen«, S. 555 (erstes Zitat); *Pflasterstrand* 23a, S. k, 14 und a; zitiert nach Horn, *Abschied*, S. 37, 28, 34 (zweites, drittes und viertes Zitat).
297 Horn, *Abschied*, S. 35, 37.
298 Flugblatt von 1978, in: Frauenforschungs-, -bildungs- und -informationszentrum (Hg.), *Zehn Jahre Frauenzentrum. Eine Dokumentation*, Berlin 1988, S. 20.

Die anschließende Diskussion in Plenen, Kneipen, Wohngemeinschaften und Beziehungen zeigte, wie tief die Alternativbewegung in Fragen der Sexualität und der Geschlechterdiskussion zerstritten war.[299] Noch 1982 hieß es im *Pflasterstrand*: »Gerade bei Männern trifft man in letzter Zeit wieder auf zunehmendes Interesse am Genuß der praktischen patriarchalischen Strukturen.«[300] Zugleich wurde der Leistungsdruck bemängelt, den die Frauenbewegung den Männern auferlege, indem sie ihre sexuelle Befriedigung verlange.[301]

Neben den Kontroversen um Gernot Gailer und Siegfried Knittel vermittelt die Auseinandersetzung von Arne Piewitz mit Svende Merians 1980 publiziertem Buch *Der Tod des Märchenprinzen* einen weiteren Einblick in die Bedeutung linksalternativer Sexualität. Merian schilderte in ihrem Buch die leidvolle Romanze einer linksalternativen Frau mit einem Hamburger Autonomen – der beim kleinen Buntbuch-Verlag erschienene Band verkaufte sich rund 60 000 Mal, weitere 100 000 Verkäufe verzeichnete der Rowohlt Verlag nach der Übernahme des Titels. Das Werk avancierte schnell zum Kultbuch der Szene.[302] Unter dem Pseudonym Arne Piewitz verfasste der Kabarettist Henning Venske 1983 eine parodistische Gegendarstellung in Sinne Gailers und Knittels, welche die Autorin pornographisch vorführte. Merian wird als eine Frau geschildert, die zwar viel vom Feminismus »blubberte«, aber als »dotterfrisches Landei« doch »appetitlich« wirkte und »sehr schöne Zähne« und einen »hochklassigen Busen« vorzuweisen hatte, wenngleich der »Arsch eine Idee zu flach« gewesen sei. Die Frau »fickt wirklich wie eine Weltmeisterin«, sei aber »manisch problem- und konfliktsüchtig«.[303]

Gailer, Knittel und Piewitz (gerade wegen seiner ironischen Brechung) waren Archetypen des Kampfes um die »richtige« Sexuali

299 Vgl. dazu Horn, *Abschied*, S. 27-53, bes. S. 41; Dokumente in: Theweleit, »Alles muß man so machen«, S. 560, 563, 572/573.

300 *Pflasterstrand* 130, 1982, S. 23; zitiert nach Horn, *Abschied*, S. 50.

301 »Jüngstes Gericht«, in: *Der Spiegel* 9 (28. 02. 1977), S. 190; »Mild bis wild«, in: *Der Spiegel* 10 (07. 03. 1977), S. 207; »Stunde der Wahrheit«, in: *Der Spiegel* 16 (18. 04. 1977), S. 231; Ingrid Kolb, »Zwischen Lust und Frust«, in: *Stern* 21 (22. 05. 1980), S. 132.

302 Svende Merian, *Der Tod des Märchenprinzen*, Hamburg 1980.

303 Arne Piewitz, *Ich war der Märchenprinz*, Hamburg 1983; »Blubbert und blubbert«, in: *Der Spiegel* 50 (12. 12. 1983), S. 189.

tät, der 1982 noch einmal in der *taz* ausgefochten wurde, nachdem der Journalist Michael Sontheimer Peepshows als »Kurzvergnügen moderner Männlichkeit« bezeichnet hatte. Nächtliche Besucherinnen verwüsteten daraufhin die Räume der Berliner Redaktion und sprühten »Sontheimer – Schwanz ab«, »Grüße von der Kurzvergnügten« oder »Geh doch zum Playboy, du Wichser« an die Wand. Die Zerstörungen waren so groß, dass der Berlinteil der *taz* am nächsten Tag nicht erscheinen konnte. In der *Frankfurter Rundschau* fragte man nach dem »verbalen Waffenschein« der Sprayerinnen. Sogar noch 1988 löste ein *taz*-Artikel von Helmut Höge und Wiglaf Droste über den »Fotofix-Fick« eine Flut von Leserbriefen aus. Die Autoren schilderten die lustvollen Erlebnisse einer Frau in einem Fotoautomaten. Eine Illustration zeigte eine in einer Vagina verschwindende Chiquita-Banane neben einem Vers, in dem sich »böse« auf »Möse« reimte. Provokant war vor allem, dass dies als Beitrag zum Internationalen Frauentag am 8. März gedacht war. Höge erhielt eine Woche Zwangsurlaub und es wurde eine Sexismus AG eingerichtet, die die kommenden Zeitungsausgaben nach sexistisch Bedenklichem durchforsten sollte.[304]

Im linksalternativen Milieu standen die Geschlechter einander zum Teil aggressiv gegenüber. Einige linke Männer, so scheint es, konnten offenbar nur mit albernen oder abstoßenden Ansichten und Artikeln ihre sexuellen Wünsche und Vorstellungen vertreten. Viel kam bei den männlichen Reaktionen auf die Skandale nicht heraus, wie eine »Selbstkritik« vom 7. November 1980 in der *taz* beispielhaft zeigt:

Wie auf dem politischen Terrain spiegeln sich auch in der Sexualitätsdebatte in unserem Projekt die unterschiedlichsten Männlichkeitskisten wieder. Ob Chauvi, Softi usw., die Realitäten draußen ergießen sich auch auf die *taz*-Seiten. Die kaputte Realität unserer eigenen linken, alternativen Szene tagtäglich in der ›eigenen‹ Zeitung wiederzufinden, hat den Bogen für viele Frauen überspannt.[305]

Der politischen Kritik vonseiten der Feministinnen begegneten die Männer mit der normativen Macht des Faktischen und zogen sich auf die Funktion der Zeitung als Spiegelbild der Basis zurück, anstatt den Ursachen der Entfremdung nachzugehen. Auch die

304 Zitiert nach Magenau, *Die taz*, S. 91-94.
305 *taz* (07. 11. 1980), S. 2.

Frauen blieben bei ihrem Anklagegestus: »Wir Frauen können überhaupt nicht wachsam genug sein, auch das Verhalten ›linker Männer‹ zu überprüfen und ihnen gegenüber offensiv aufzutreten«, hieß es bereits im April 1979 in der *taz*.[306] Jörg Magenau hat diese Haltung als »revolutionären Wächterrat« charakterisiert, der sich ständig in »Alarmstimmung« hielt.[307]

7.4 Zwischenfazit

Die linke und alternative Szene wollte sich nicht nur ideologisch von herkömmlichen Normen absetzen, sondern auch in der Mode, im Sexualverhalten und im Umgang mit dem anderen Geschlecht. Schon das lange Männerhaar, der ungepflegte Vollbart und das Tragen von unordentlicher, lässiger und die Geschlechterzuordnungen durcheinanderbringender Kleidung stellten einen Verstoß gegen das bürgerliche Gesellschaftsmodell aus Sauberkeit, Anständigkeit und Ordnung dar. Man definierte sich über eine neue Authentizität, eine Natürlichkeit, einen als »ursprünglich« bezeichneten Umgang mit dem Körper.

Verschiedenste Modelle wurden gelebt und ausgetestet. Das Bestreben, bestimmte Rollenmodelle zu problematisieren, und dies in die Beziehungen hineinzutragen, beförderte zunächst eine Angleichung zwischen Mann und Frau, die sich auch optisch manifestierte. Die Hinterfragung der herkömmlichen Geschlechterrollen legte aber auch Konflikte frei, die in aggressiver Heftigkeit ausgetragen wurden. Gerade die Männer sahen sich als Verlierer einer Entwicklung, die sie mit angestoßen hatten, da sie sich immer weniger am klassischen Rollenmodell des Mannes orientieren konnten. Waren sie anfangs Weggefährten oder sogar Wegbereiter eines neuen gesellschaftlichen Bewusstseins, spürten sie Mitte der siebziger Jahre die große Herausforderung, die die Neudefinition der Geschlechterrollen mit sich brachte. Durch den Protest gegen den Staat und vorherrschende Gesellschaftsmodelle zunächst geeint, zeigte sich nun ein Riss im Milieu. Alternative Frauen und Männer konnten trotz der neuen Freiheiten immer weniger zueinanderfinden. Freiheit und Grenzenlosigkeit zogen eine Orientierungslosigkeit nach

306 *taz* (23.04.1979).
307 Magenau, *Die taz*, S. 83.

sich, die in der teilweise sehr verkrampften Suche nach einer neuen Identität mündete. Deutlich wurde dies unter anderem in den verzweifelten Kontaktannoncen, in denen meist männliche Linksalternative vermeintlich authentische Selbstbeschreibungen in origineller, paradoxer oder kreativer Weise anzubieten versuchten und dabei die politische Einstellung mit ihrem prekären emotionalen Seelenzustand zu verbinden trachteten.

Dass die 68er zur Liberalisierung der Sexualität beigetragen haben, bedürfe »keiner umständlichen Beweisführung«, meinte der Ethnologe Hermann Bausinger, während der ehemalige SDS-Bundesvorsitzende Reimut Reiche behauptete, dass lediglich die »Propaganda einer verkrampften sexuellen Befreiung« zur linken Sexualmoral gehöre.[308] Beide Urteile, so paradox dies auf den ersten Blick auch scheinen mag, sind richtig, denn einerseits kam es zu umfassenden Veränderungen im Sexualverhalten, andererseits gehörte zur »richtigen« und »befreiten« Sexualität eine ganze Reihe neuer diskursiver und praktischer Regeln. Bindungsbereitschaft, Liebe und Treue wurden abgeschafft und als »bürgerlich-repressiv« gebrandmarkt, da das »Besitzdenken« und »Ausschließlichkeitsprinzip« zu viel Leid und Eifersucht produziere. An ihre Stelle rückte eine »offene Beziehung« mit »authentischem Sex«,[309] der zum einen bloß ein »milde[s] Sympathiegefühl für alle Menschen« umfasste. Zum anderen galt besonders der orgiastische Sex als guter Sex, der unter dem Primat der Luststeigerung stand, keiner »repressive[n] Treueschwüre und Liebesgeflüster« bedurfte und als genitaler bzw. »erwachsener« Sex ohne Abhängigkeiten und Unterdrückungsverhältnisse ausgegeben wurde. Nebenbeziehungen wurden fast schon zum Pflichtprogramm und Zweierbeziehungen bei jeder Gelegenheit diffamiert. Unter dieser von der frühen Frauenbewegung als »Bumszwang« bezeichneten Haltung entwickelte sich teilweise sogar ein »Wettkampf um die meisten Orgasmen«.[310]

308 Bausinger, »Die heimliche Fortsetzung«, S. 6-13; Reiche, »Sexuelle Revolution«, S. 68.
309 Trumann, *Feministische Theorie*, S. 37.
310 Ebd., S. 27, 30, 34/35; Micheler, »Sexualitätsdiskurs in der Studierendenbewegung«, S. 19, 34. Interessanterweise gehörte auch die Beschwörung von Zärtlichkeit und das Streicheln und Reden über sexuelle Probleme zu diesen Vorstellungen vom befreiten Sex: Micheler, »Sexualitätsdiskurs in der Studierendenbewegung«, S. 35; Herzog, *Politisierung der Lust*, S. 284.

Es waren keineswegs nur sexuelle Liberalität und Offenheit, die als Impulse von der alternativen Bewegung ausgingen. Letztlich war es vor allem das »Alles über den Sex sagen müssen« sowie die Überschätzung und Mythisierung der Sexualität als (politische) Verdammnis oder Erlösung, welche zu den Kernmerkmalen der neu codierten linksalternativen Sexualitätsnormen wurden.

8. Antiautoritäre Erziehung und Kinderladenbewegung

Müssen wir heute wieder spielen, was wir wollen?
(fiktive Frage eines Kindes im Kinderladen)

Die experimentelle Erprobung neuer Erziehungsmethoden zählte zum Kernbestand des linksalternativen Milieus. Den herkömmlichen Gehorsamkeitsvorstellungen und klassischen Ordnungsprinzipien wurden Entscheidungsfreiheit, Unabhängigkeit und Toleranz entgegengesetzt. In der Kindererziehung war die unmittelbare Möglichkeit zur Selbst- und Gesellschaftsveränderung nach dem Politikkonzept des »mit uns selbst anzufangen« gegeben.[1] Aus der Politisierung im SDS und den Republikanischen Clubs, dem Berliner Aktionsrat zur Befreiung der Frauen und dem Frankfurter Weiberrat heraus entstand ab 1967 eine Kinderladenbewegung, die es sich zur Aufgabe machte, autoritäre Mentalitäten und angepasste Persönlichkeitsstrukturen der nachwachsenden Generation durch neue Erziehungsmethoden zu verändern.

Die antiautoritären Experimente in der Kindererziehung traten explizit gegen eine Erziehung zu Gehorsamkeit, Unterordnung und Bedürfniseinschränkung an. An die Stelle von Reglementierung, Kontrolle und Strafe traten als neue Zauberworte die Selbstregulierung und Selbstverwaltung kindlicher Bedürfnisse.[2] Die freie Entfaltung der »ganzen Persönlichkeit« stand an oberster Stelle einer auf Bedürfnisentfaltung, Selbstverwirklichung und Hedonismus setzenden postmateriellen Erziehung. Das »sich selbst regulierende Kind ist das pädagogische Ziel der Eltern und Erzieher«, fasste

---

1 Reinhard Wolff, »Nach Auschwitz: Antiautoritäre Kinderladenbewegung oder die Erziehung der Erzieher«, in: Kuno Beller (Hg.), *Berlin und pädagogische Reformen. Brennpunkte der individuellen und historischen Entwicklung*, Berlin 1992, S. 71-80, hier S. 75.

2 Monika Seifert, »Zur Theorie der antiautoritären Kindergärten«, in: Monika Seifert, Herbert Nagel (Hg.), *Nicht für die Schule leben. Freie Schule Frankfurt. Ein alternativer Schulversuch*, Frankfurt/M. 1977, S. 158-162, hier S. 18; Reinhard Uhle, »Pädagogik der siebziger Jahre – zwischen wissenschaftsorientierter Bildung und repressionsarmer Erziehung«, in: Werner Faulstich (Hg.), *Die Kultur der siebziger Jahre*, München 2004, S. 49-63, hier S. 51, 57.

Monika Seifert, Soziologin, Psychoanalytikerin und Kinderladenaktivistin der ersten Stunde, ihre Zielsetzung zusammen.[3] Kollektive und solidarische Verhaltensformen, eine Überwindung der exklusiven Eltern-Kind-Beziehung, Abbau geschlechtsspezifischer Rollen- und herkömmlicher Sauberkeitsmuster, Tabuisierung der Gewalt, weitgehende Verbotsfreiheit sowie freie Sexualität und radikale Bedürfnisorientierung der Kinder gehörten zu den Prinzipien antiautoritärer Erziehung.

Diese Prinzipien wurden vor dem Hintergrund massiver Probleme in der öffentlichen Vorschulerziehung formuliert. Staatliche und kirchliche Betreuungsangebote waren keineswegs ausreichend und die bestehenden Kindergärten oft überlastet. 1965 bekamen nur 30 Prozent der Kinder in einem der rund 15 000 bundesdeutschen Kindergärten einen Platz – die Wartelisten waren lang.[4] Die staatlichen wie auch kirchlichen Kinderbetreuungseinrichtungen hatten es aufgrund ihres traditionellen und konservativen Familienbildes schlichtweg versäumt, das System der öffentlichen Kinderbetreuung auszubauen. Bis in die sechziger Jahre hinein galt Kindererziehung primär als Angelegenheit der Familien. Damit wurde die Chance vertan, auf den Babyboom der fünfziger und frühen sechziger Jahre wie auch auf die Zunahme der Frauenerwerbsquote zu reagieren.[5]

Rund drei Viertel der Kindergartenplätze wurden von der freien Jugendhilfe, den Kirchen und der Arbeiterwohlfahrt gestellt, während die Plätze in öffentlicher Hand gerade einmal 20 Prozent ausmachten. Jedoch erhielten fast alle Kindergärten öffentliche Zuschüsse, die sich im Jahr 1970 auf jährlich 206 Millionen DM belie-

3 Seifert, »Zur Theorie der antiautoritären Kindergärten«, S. 18; Meike S. Baader, »Das Private ist politisch. Der Alltag der Geschlechter, die Lebensformen und die Kinderfrage«, in: dies. (Hg.), »Seid realistisch, verlangt das Unmögliche«. Wie 1968 die Pädagogik bewegte, Weinheim, Basel 2008, S. 153-172, hier S. 162/163.

4 Michael Schmidtke, Der Aufbruch der jungen Intelligenz. Die 68er Jahre in der Bundesrepublik und den USA, Frankfurt/M. 2003, S. 163; Baader, »Das Private ist politisch«, S. 155.

5 »Aufrechter Gang«, in: Der Spiegel 44 (26.10.1970); Baader, »Das Private ist politisch«, S. 155; Ute Frevert, »Umbruch der Geschlechterverhältnisse?«, in: Axel Schildt u. a. (Hg.), Dynamische Zeiten, Hamburg 2000, S. 642-660, hier S. 647. Zur Frauenerwerbsquote allgemein siehe Frevert, »Umbruch«, S. 642-660; Christine von Oertzen, Teilzeitarbeit und die Lust am Zuverdienen. Geschlechterpolitik und gesellschaftlicher Wandel in Westdeutschland 1948-1969, Göttingen 1999.

fen. Die Eltern zahlten, je nach Einkommen, monatlich zwischen 30 und 100 DM dazu. Um jede pädagogische Kraft drängten sich in den engen Räumen der westdeutschen Kindergärten rund 50 Kinder, wobei die Erzieherinnen und Erzieher keineswegs durchgängig angemessen ausgebildet waren. Im internationalen Vergleich nahmen sich die bundesdeutschen Ziffern bescheiden aus: in Belgien fanden 84 Prozent der Kinder einen Platz in einem Kindergarten, in Holland rund 80 Prozent, in Frankreich 70 Prozent und selbst im familienorientierten Italien waren es noch 50 Prozent. Regional sah es teilweise noch schlechter aus als im Bundesdurchschnitt. In Hamburg kam auf zehn Kinder ein Platz, in Schleswig-Holstein sogar nur auf jedes 19. Kind. In Frankfurt fehlten um 1970 rund 6600 Plätze in Kindertagesstätten und auch in Westberlin war der Mangel spürbar – nur knapp 30 Prozent hatten einen Kindergartenplatz.[6]

Vor allem die Erziehungsprinzipien in der »konservativen Ausbildung der Kindergärtnerinnen« waren es aber, mit denen die Linksalternativen nicht einverstanden waren.[7] In den Einrichtungen wurde geschlafen, gegessen, gelernt und gesungen, wenn die Kindergärtnerin es vorgab – der geregelte Tagesablauf verhinderte

6 »Aufrechter Gang«, in: *Der Spiegel* 44 (26.10.1970); Lutz von Werder, »Bedeutung und Entwicklung der Kinderladenbewegung in der Bundesrepublik«, in: ders. (Hg.), *Was kommt nach den Kinderläden? Ergebnis-Protokolle*, Berlin 1977, S. 7-56, hier S. 7, 18; Hille J. Breiteneicher u. a. (Hg.), *Kinderläden. Revolution der Erziehung oder Erziehung zur Revolution?*, Reinbek 1971, S. 105; N. N., *Berliner Kinderläden. Antiautoritäre Erziehung und sozialistischer Kampf*, Köln 1970, S. 20; Pia Schmid, »Wie die antiautoritäre Erziehung für einige Jahre in städtische Kindertagesstätten gelangte. Das Frankfurter Modellprojekt Kita 3000, 1972-1978«, in: Meike S. Baader (Hg.), *»Seid realistisch, verlangt das Unmögliche«. Wie 1968 die Pädagogik bewegte*, Weinheim, Basel 2008, S. 36-55, hier S. 43; Baader, »Das Private ist politisch«, S. 156; Bernd Michels, »Was heißt eigentlich Kinderladen«, in: *konkret* (der Artikel findet sich im APO-Archiv Berlin, Ordner »Kinderläden«); Wolff, »Nach Auschwitz«, S. 75 (er nennt 18 000 Kinder ohne Kitaplatz); Meike S. Baader, »Von der sozialistischen Erziehung bis zum buddhistischen Om. Kinderläden zwischen Gegen- und Elitekulturen«, in: dies. (Hg.), *»Seid realistisch, verlangt das Unmögliche«. Wie 1968 die Pädagogik bewegte*, Weinheim, Basel 2008, S. 16-35, hier S. 22.

7 Monika Seifert, »Kinderschule Frankfurt, Eschersheimer Landstrasse«, in: *vorgänge* 9, 5 (1970), S. 158-162, hier S. 158; Edda Raitzine, Karin Ullner, »Kindergarten München-Pasing«, in: *vorgänge* 9, 5 (1970), S. 162-164, hier S. 162; Breiteneicher u. a. (Hg.), *Kinderläden*, S. 27.

die Spontaneität der Kinder. Der übliche Kindergartentag begann oft schon um 6.30 Uhr: Das Kind wurde begrüßt und gleich ins Bett gelegt, auch wenn es sich aufgeweckt zeigte. Um acht Uhr wurde dann aufgestanden, um neun der Morgenkreis gebildet und gesungen, um 9.15 Uhr zur Toilette marschiert und um 9.35 Uhr gefrühstückt. Fast alles hatte seine feste Zeit. Aufgrund der Überfüllung in den Kindergärten herrschte ein schroffer Umgangston mit den Kindern. Die Hamburger Psychologin Anne-Marie Tausch und eine Forschergruppe für Pädagogische und Klinische Psychologie an der Hamburger Universität fanden heraus, dass 82 Prozent aller Äußerungen der Kindergärtnerinnen Befehle oder entsprechende Fragen waren – durchschnittlich zählten die Forscher zwei Befehle und eine Frage pro Minute. »Nein, jetzt macht ihr das, was ich möchte!« oder »Macht doch jetzt mal euren Mund zu, das ist ja fürchterlich!« waren Beispiele für diese pädagogische Praxis, deren autoritärer Zug von den Kindergärtnerinnen selbst keineswegs realistisch wahrgenommen wurde. Danach gefragt, wie viele Befehle sie geben würden, unterschätzten die Kindergärtnerinnen die Zahl deutlich. Sie gaben vier- bis fünfmal mehr Befehle, als sie glaubten.[8]

Die Antiautoritären assoziierten Triebunterdrückung, Gefühlskälte, Härte und Bindungslosigkeit mit den traditionellen Kindergärten. Speziell die strikten Reglementierungen und Disziplinierungen schreckten sie ab. So problematisierte Monika Seifert, Tochter aus Alexander Mitscherlichs erster Ehe, dass die Kinder »durch festgelegte Zeiten und Räume, durch vorgeschriebene Beschäftigung und Material unter dem Druck von Disziplinarmaßnahmen in ihrer Bewegungsfreiheit stark eingeschränkt« seien. Der Stadtsoziologin und Sozialmedizinerin Heide Berndt zufolge wurden Kinder in den herkömmlichen Kindergärten auch schon mal an den Tischen festgebunden. An anderer Stelle wird von Fällen berichtet, in denen Kinder mit der Nase in den Kot getaucht wurden, wenn sie in die Hose gemacht hatten. Sogar die SPD-Bundesfamilienministerin Käte Strobel bekannte: »Unsere Kindergar-

---

8 Heide Berndt, »Zu den politischen Motiven bei der Gründung erster antiautoritärer Kinderläden«, in: *Jahrbuch für Pädagogik*, Sonderheft (1995), S. 231-250, S. 239; »Aufrechter Gang«, in: *Der Spiegel* 44 (26.10.1970); Baader, »Von der sozialistischen Erziehung«, S. 24; N.N., *Berliner Kinderläden*, S. 19; Werder, »Bedeutung«, S. 18.

tenarbeit ist veraltet und wird den Maßstäben nicht gerecht, die an ein modernes Bildungswesen zu stellen sind.«[9] Die Welt des Kindergartens wurde als Hort des Behütens, Bewahrens und beaufsichtigten Händchenhaltens verstanden, in dem hinter Bauklötzchen alles beschaulich und übersehbar sein sollte. Der Kindergarten war primär Pflegestätte, weniger Lern- und Erfahrungsort.[10]

8.1 Die Kinderladenbewegung

Kinderläden nannten sich die Räume in Erdgeschosswohnungen, die (zumeist in ehemaligen Ladengeschäften) von Elterninitiativen eingerichtet wurden, um dort kleine Kinder im Vorschulalter zwischen drei und fünf Jahren zu erziehen.[11] Maßgeblich für diese Kleingruppen mit jeweils rund 20 Kindern war die Idee, Lernprozesse zu entwickeln, in denen die Kinder sich im eigenen Kollektiv, ausgehend von ihrem »natürlichen« Gerechtigkeitssinn, weitgehend selbst erziehen konnten. Diese neue, repressionsarme Erziehung lehnte explizit eine Erziehung nach den Prinzipien von Leistung, Konkurrenzkampf, Zwang und körperlichen Strafen ab. Stattdessen galt die Maxime, die Kinder mit viel Toleranz und Freiraum zu Eigenständigkeit, sozialer Kompetenz und Widerstandsfähigkeit zu erziehen. Zu Schlüsselqualifikationen wurden Werte wie Teamfähigkeit, Selbstständigkeit, Kreativität sowie eigenständiges

9 Seifert, »Kinderschule Frankfurt«, S. 159; Berndt, »Zu den politischen Motiven«, S. 239; »Aufrechter Gang«, in: *Der Spiegel* 44 (26. 10. 1970); N. N., *Berliner Kinderläden*, S. 19. Ähnlich wie Strobel argumentierte auch die GEW: Werder, »Bedeutung«, S. 20.
10 »Aufrechter Gang«, in: *Der Spiegel* 44 (26. 10. 1970).
11 Der SDS- und Kinderladenaktivist Reinhard Wolff reklamiert für sich, die Bezeichnung »Kinderladen« in einer Gruppensitzung in der Pizzeria Roma in der Belziger Straße in Berlin erstmals erwähnt und also erfunden zu haben (Wolff, »Nach Auschwitz«, S. 73). Heide Berndt betont dagegen, dass Helke Sander diese Bezeichnung aus ihrer Erfahrung mit den »Parktanten« in Skandinavien mitgebracht hatte (Berndt, »Zu den politischen Motiven«, S. 239). 1967 und 1968 gab es jedenfalls noch vielerlei zeitgenössische Bezeichnungen für das, was später als antiautoritäre Kinderläden bezeichnet wurde. Das Spektrum reichte von Freie Vorschule, Kinderzentrum, Kinderclub oder Kindergarteninitiative über Kinderhaus, Kinderforum, freier Kindergarten und Elternselbsthilfe bis zu Kinder-Olymp und Notgemeinschaft Kinderspielkreis (siehe Uhle, »Pädagogik«, S. 57; Seifert, »Zur Theorie der antiautoritären Kindergärten«, S. 42).

Denken, Handeln und Entscheiden. Es ging um die Förderung der »kindlichen Interessen« und Bedürfnisse. In den Kinderläden sollten die Kinder eine »Ich-Stärke« ausbilden, die es ihnen ermöglichte, die von vermeintlichen »Autoritäten« aufgestellten Regeln kritisch zu hinterfragen. Ziel war es, eigene Erfahrungen zu machen und selbstständig zu lernen, ohne dazu angehalten oder gar gezwungen zu werden.[12]

Vorbilder

Die Kinderladenbewegung griff ältere Traditionen auf:

Schon Wilhelm Reich hatte Ähnliches gefordert, auch Walter Benjamins Kindertheater und Modelle sozialistischer Pädagogen hatten das Modell Kinderladen beeinflußt. Hauptüberlegung war, daß man einerseits eine andere Organisation der Erziehungs- und Betreuungsarbeit suchte, die öffentlichen Kindergärten aber wegen ihrer Hörigkeit gegenüber herrschenden Strukturen und ihrer repressiven Pädagogik dafür nicht in Frage kamen.[13]

Eine Erziehung zu individueller Autonomie und selbstständiger Urteilsfähigkeit war von den Mitarbeitern des Frankfurter Instituts für Sozialforschung bereits in den zwanziger und dreißiger Jahren gefordert und (nach dem Zivilisationsbruch durch den Nationalsozialismus) in den sechziger Jahren bekräftigt worden. Adornos Rundfunkvortrag »Erziehung nach Auschwitz« aus dem Jahre 1966, in dem er vor einer Erziehung der Härte gewarnt hatte, war dafür nur ein herausgehobenes Beispiel.[14] Die Aktivisten entdeckten neben den auch heutzutage noch geläufigen Schriften von Siegfried Bernfeld, Wilhelm Reich, Walter Benjamin oder eben Adorno verschiedene Texte aus den zwanziger Jahren, wie etwa den Bericht über die »repressionsfreie Erziehung« in einem Moskauer Kinderheim, der 1924 von der Psychoanalytikerin Wera Schmidt verfasst

12 Andrea Trumann, *Feministische Theorien. Frauenbewegung und weibliche Subjektbildung im Spätkapitalismus*, Stuttgart 2002, S. 54, 122; Baader, »Von der sozialistischen Erziehung«, S. 21; Seifert, »Kinderschule Frankfurt«, S. 158.
13 Hermann Korte, *Eine Gesellschaft im Aufbruch. Die Bundesrepublik Deutschland in den sechziger Jahren*, Frankfurt/M. 1987, S. 102. Vgl. zur Benjamin-Rezeption Wolfgang Kraushaar (Hg.), *Frankfurter Schule und Studentenbewegung. Von der Flaschenpost zum Molotowcocktail 1946 bis 1995*, Bd. 2, Hamburg ²1998, S. 698.
14 Theodor W. Adorno, »Erziehung nach Auschwitz«, in: ders., *Gesammelte Schriften*, Bd. 10, 2, Frankfurt/M. 1977, S. 674-690.

worden war. In ihren Vorschlägen zur Kleinkinderziehung, die aus den Arbeiten Sigmund Freunds abgeleitet waren, wurden der Einfluss des Unbewussten, die Herrschaft des Lustprinzips und das polymorph-perverse Sexualleben von Kindern zwischen dem dritten und fünften Lebensjahr betont. In der Sexualentwicklung, die vom Autoerotismus zur Objektwahl verlaufe, sei es die Aufgabe der antiautoritären Erziehung, durch eine Sublimierung des infantilen Lustprinzips das Realitätsprinzip der Kinder zu fördern. Aus Liebe zur Bezugsperson und ohne jedwede Strafen sollte das Kind seine Triebe selbst beschränken.[15]

Noch größere Faszination ging von den Ideen des Gründers der Summerhill-Schule, Alexander S. Neill, aus, dessen Schriften ab 1969 breit rezipiert wurden. Die Summerhill-Schule hatte ihre Türen zum ersten Mal 1921 in Hellerau in der Nähe von Dresden geöffnet. Nach kurzer Verweildauer in Österreich zog sie 1923 nach Lyme Regis in der südenglischen Grafschaft Dorset. 1927 ließ man sich dann am heutigen Standort, der ostenglischen Küstenstadt Leiston, nieder. In jenen Jahren war das Projekt mit zunehmendem Erfolg erprobt worden. Der Gedanke des zwangsfreien Lernens, die zentrale Rolle des Spiels und die Förderung von Emotionalität wurden als Chance zur freien Entfaltung der Kinder aufgegriffen. Der von der Psychoanalyse beeinflusste Reformpädagoge Neill, mit Wilhelm Reich befreundet, sah in der sexuellen Freizügigkeit eines der Grundprinzipien seiner Vorstellung von der selbstregulativen Erziehung der von Natur aus guten und lernwilligen Kinder. Zwang und Druck führten, so Neill, lediglich

15 Wera Schmidt, *Psychoanalytische Erziehung in Sowjetrussland*, Leipzig 1924. Dazu: Lutz von Werder, »Die antiautoritäre Erziehung. Eine Bilanz nach vierzig Jahren von einem Mitbegründer der Berliner Kinderläden«, in: *vorgänge* 181,1 (2008), S. 47-53, hier S. 49/50; Schmidtke, *Aufbruch*, S. 164; Micha Brumlik, »›Autorität‹ und ›Antiautoritarismus‹«, in: Meike S. Baader (Hg.), *»Seid realistisch, verlangt das Unmögliche«. Wie 1968 die Pädagogik bewegte*, Weinheim, Basel 2008, S. 184-211, hier S. 198-204; Massimo Perinelli, »Lust, Gewalt, Befreiung. Sexualitätsdiskurse«, in: rotaprint 25 (Hg.), *agit 883. Revolte, Underground in Westberlin 1969-1972*, Hamburg, Berlin 2006, S. 85-98, hier S. 95; Berndt, »Zu den politischen Motiven«, S. 231/232. Monika Aly und Annegret Grüttner verweisen auf ihre Lektüre der Schriften der ungarischen Kinderärztin Emmi Pückler, die jedoch kaum irgendwo anders erwähnt wird (Monika Aly, Annegret Grüttner, »Unordnung und frühes Leid. Kindererziehen 1972 und 1982«, in: *Kursbuch* 72 (1983), S. 33-49, S. 47-49).

zu Selbstentfremdung, während Freiraum, Selbstbestimmung und möglichst geringe Beeinflussung durch Erwachsene die Kreativität und Schöpferkraft der Kinder hervorbrächten. Die Teilnahme am Unterricht war freiwillig, Hausarbeiten, Zensuren und Prüfungen waren unbekannt und die Schulordnung wurde wöchentlich in der Schulversammlung diskutiert und korrigiert. Neills Glaube an den »guten Kern« in jedem Kind stellte ein wichtiges Verbindungsglied zum linksalternativen Milieu dar.[16]

Die Linksalternativen begrüßten die liberalen Elemente von Neills Konzept, aber es gab auch Kritik: »Auf der einen Seite herrschte Begeisterung über die Repressionsfreiheit, über Selbstverwaltung. [...] Andererseits sahen einige schon die Gefahr eben jener verherrlichten Neutralität – sozialistisches Bewußtsein verlangt Parteilichkeit – und der ›heilen Welt‹, die auf der ›Insel‹ Summerhill geschaffen und vorgegaukelt wird.«[17] Die Konflikte zwischen einem linksalternativ-reformpädagogischen und einem sozialistisch-proletarischen Erziehungsmodell wurden in der Auseinandersetzung mit Neills pädagogischen Experimenten schnell deutlich.

Gründung und Entwicklung der Kinderläden

Den ersten Kinderladen in Deutschland gründete Monika Seifert zusammen mit einigen Eltern in Frankfurt. Im September 1967 riefen sie in der Eschersheimer Landstraße die »Kinderschule« ins Leben. Nachdem sie die Schriften von Neill, Reich sowie Paul und Jean Ritter gelesen hatten, beabsichtigten die Eltern, meist Frauen

---

16 Alexander S. Neill, *Theorie und Praxis der antiautoritären Erziehung. Das Beispiel Summerhill*, Reinbek 1969; N. N., *Summerhill – pro und contra. 15 Ansichten zu A. S. Neills Theorie und Praxis*, Reinbek 1971; Axel D. Kühn, *Alexander S. Neill*, Reinbek 1995; Otto Engelmayer (Hg.), *Die Antiautoritätsdiskussion in der Pädagogik. Quellentexte, Kommentare, Analyse, Neuburgweier*, Karlsruhe 1973, S. 27-31, 95-97, 104-107; Seifert, »Zur Theorie der antiautoritären Kindergärten«, S. 43; Monika Seifert, Herbert Nagel (Hg.), *Nicht für die Schule leben. Freie Schule Frankfurt*, Frankfurt/M. 1977, S. 26; Baader, »Von der sozialistischen Erziehung«, S. 24; Wolfgang Kraushaar, *Achtundsechzig. Eine Bilanz*, Berlin 2008, S. 139; »Aufrechter Gang«, in: *Der Spiegel* 44 (26.10.1970), hier S. 74.

17 Breiteneicher u. a. (Hg.), *Kinderläden*, S. 43 (siehe auch ebd., S. 45-48); N. N., *Berliner Kinderläden*, S. 78; Baader, »Von der sozialistischen Erziehung«, S. 31.

von SDS-Genossen, das Modellexperiment eines »repressionsfreien Erziehungsstils« an ihren zwei- bis fünfjährigen Kindern auszuprobieren. Die aus der gebildeten Mittelschicht stammenden Eltern versuchten auch Arbeiterkinder in den Laden zu integrieren, um den politischen Anspruch des Erziehungsexperiments – das schichtübergreifende Streben nach größerer Selbstständigkeit und individueller Entscheidungsfreiheit – zu unterstreichen.[18]

In Berlin wiederum hatten die Filmstudentin Helke Sander, die Journalistin und spätere RAF-Terroristin Marianne Herzog sowie Dorothea Ridder[19] zu jener Zeit ein erstes Flugblatt zur Kinderfrage entworfen und zu einer Veranstaltung an der Freien Universität geladen. Im Januar 1968 folgten rund 100 Frauen und auch ein paar Männer dem Aufruf. Schon kurz zuvor, ebenfalls im Januar, waren auf einer gut besuchten SDS-nahen Versammlung an der FU fünf Kinderläden gegründet worden, die politisches Engagement mit der Kindererziehung zu verbinden suchten. Da man sich auch weiterhin austauschen wollte, beschloss man regelmäßige Treffen im Republikanischen Club in der Wielandstraße. Jeden Mittwoch fanden sich dort 50 bis 200 Teilnehmerinnen zusammen, um in Lesezirkeln und Arbeitsgruppen neue Konzepte für die Kindererziehung zu konzipieren. Auch die Bezeichnung »Aktionsrat zur Befreiung der Frauen«, welcher sich im Mai 1968 konstituierte, kam auf diesen Veranstaltungen erstmals auf.[20]

Während des Vietnamkongresses, der am 17. und 18. Februar

18 Seifert, »Kinderschule Frankfurt«, S. 158-162; Monika Seifert, »Kann die Kinderladenbewegung einen allgemeingültigen Beitrag zur Frage von Möglichkeiten kindlicher Autonomie leisten?«, in: dies., Herbert Nagel (Hg.), *Nicht für die Schule leben. Freie Schule Frankfurt. Ein alternativer Schulversuch*, Frankfurt/M. 1977, S. 29-41, hier S. 33; Berndt, »Zu den politischen Motiven«, S. 233; Schmidtke, *Aufbruch*, S. 163; Gerhard Bott (Hg.), *Erziehung zum Ungehorsam. Kinderläden berichten aus der antiautoritären Praxis*, Frankfurt/M. 1970, S. 49-52. Seifert gilt auch als »Entdeckerin« der Schriften Wilhelm Reichs (vgl. Berndt, »Zu den politischen Motiven«, S. 233).

19 Vgl. Gabriele Goettle, *Wer ist Dorothea Ridder? Rekonstruktion einer beschädigten Erinnerung*, Berlin 2009.

20 Berndt, »Zu den politischen Motiven«, S. 238/239; Schmidtke, *Aufbruch*, S. 163/164; Baader, »Von der sozialistischen Erziehung«, S. 22. Gisela Notz verlegt diese Treffen kurzerhand auf den 13. 09. 1968 (»Alternative Zeitungen und Zeitschriften der Neuen Frauenbewegungen. Entstehungsgeschichte[n] – Beispiele – politische Konzepte«, in: Bernd Hüttner [Hg.], *Verzeichnis der Alternativmedien 2006/2007*, Neu-Ulm 2006, S. 65).

1968 an der TU Berlin abgehalten wurde, hatten die Mütter einen eigenen Kindergarten in der Vorhalle des Hörsaals organisiert, um an dem Kongress teilnehmen zu können. Von den Eltern abwechselnd betreut, hatten sich rund 40 Kinder aus Stofffetzen und Stöcken Transparente gezimmert und spielten Demonstration. Der »organisatorische Beginn« und die »Geburtsstunde« der Kinderladenbewegung, wie die einflussreiche Rowohlt-Publikation *Kinderläden. Revolution der Erziehung oder Erziehung zur Revolution?* behauptete, war dies jedoch nicht.[21] Vielmehr zeichnete sich ab dem Kongress eine Entwicklung ab, die den Aktionsrat um Helke Sander in den Hintergrund drängte. Der am 10. August 1968 in Berlin gegründete Zentralrat der sozialistischen Kinderläden, getragen von dem pragmatisch orientierten Reinhart Wolff, zentrale Figur in der Berliner Kinderladenbewegung, und dem theorieorientierten Soziologen Lutz von Werder, engagierte sich in der Zeitschrift *Erziehung und Klassenkampf* und gab das interne Diskussionspapier *INFO* heraus. Sinn der Konstitution des Zentralrates war, so ist in einer Selbstdarstellung vom Februar 1969 zu lesen, die »Einsicht, daß eine Solidarisierung gegenüber der Öffentlichkeit (z. B. Senat, Presse) im gegenwärtigen Stadium der politischen Auseinandersetzung unbedingt erforderlich ist«. Die einzelnen Kinderläden sollten als Kollektiv zusammenstehen und gemeinsam mit dem Senat über Zuschüsse verhandeln, ohne sich durch unterschiedliche Geldzusagen auseinanderdividieren zu lassen. Stärker als der Aktionsrat orientierte sich diese Gruppe an einer »proletarischen Erziehung«. Anfang November 1968 gehörten fünf Kinderläden zum Zentralrat, der sich darum bemühte, sie in Arbeiterviertel zu verlegen. Bekannt wurde vor allem das Rote Kollektiv Proletarische Erziehung (Rotkol) mit dem Arbeiterkinderclub Rote Panther.[22]

21 Breiteneicher u. a. (Hg.), *Kinderläden*, S. 28 (Zitat); Schmidtke, *Aufbruch*, S. 164; Berndt, »Zu den politischen Motiven«, S. 235.

22 Zitat: *KL-INFO 4 – sozialistische Kinderläden Westberlin* (12. 02. 1969), S. 7 (die Broschüre findet sich im APO-Archiv Berlin, Ordner Kila-Materialien). Insgesamt siehe APO-Archiv Berlin, Ordner Kinderladen, Materialien Reinhart Wolff (dort das undatierte Manuskript »Zur Geschichte der Berliner Kinderläden«, inbes. S. 1/2); *KL-INFO 1 – sozialistische Kinderläden Westberlin* (22. 01. 1969): APO-Archiv, Ordner Kila-Materialien; *KL-INFO 2 – sozialistische Kinderläden Westberlin* (29. 01. 1969), in: APO-Archiv, Ordner Kila-Materialien; *KL-INFO 3 – sozialistische Kinderläden Westberlin* (06. 02. 1969), in: APO-Archiv, Ordner Kila-Materialien; *KL-INFO 4 – sozialistische Kinderläden Westberlin* (12. 02. 1969),

Schnell kam es zu ersten Konflikten zwischen dem Aktionsrat zur Befreiung der Frauen und dem stärker von Männern getragenen Zentralrat der sozialistischen Kinderläden. Während das Verhältnis im Sommer 1968 von einem Autorenkollektiv als »Zusammenschluß« bezeichnet wurde, charakterisierte Heide Berndt diese Entwicklung als »Enteignungsprozeß« des Aktionsrates.[23] Jedenfalls übernahm der Zentralrat die Führung mit dem Ziel, eine breitere Organisationsstruktur zu etablieren und die Kinder im kollektiven Prinzip zum Klassenkampf zu erziehen. Entsprechend errichtete man – durchaus in maßloser Selbstüberschätzung – »Stützpunkte in den Arbeitervierteln«, etwa in Kreuzberg. Die Protagonisten der »sozialistisch-proletarischen Erziehung« verstanden es, insbesondere mit ihrer breiten publizistischen Arbeit das öffentliche Bild der Kinderläden zu prägen und sich als alleinige Sprecher der Kinderladenbewegung auszugeben.[24]

Helke Sander, selbst alleinerziehende Mutter ihres achtjährigen Sohnes Silvio, die am 13. September 1968 in ihrer bekannten Rede über die »Frauenfrage« und den Aktionsrat zur Befreiung der Frauen auf der 23. Delegiertenkonferenz des SDS in Frankfurt

in: APO-Archiv, Ordner Kila-Materialien; *KL-INFO 5 – sozialistische Kinderläden Westberlin* (15.03.1969), in: APO-Archiv, Ordner Kila-Materialien; *KL-INFO 6 – sozialistische Kinderläden Westberlin* (29.03.1969), in: APO-Archiv, Ordner Kila-Materialien; *KL-INFO 7 – sozialistische Kinderläden Westberlin* (07.05.1969), in: APO-Archiv, Ordner Kila-Materialien; *KL-INFO 8 – sozialistische Kinderläden Westberlin* (08.05.1969), in: APO-Archiv, Ordner Kila-Materialien; *KL-INFO 9 – sozialistische Kinderläden Westberlin* (17.05.1969), in: APO-Archiv, Ordner Kila-Materialien; *Berliner Kinderläden*, S.140-143; Berndt, »Zu den politischen Motiven«, S.242-245; Breiteneicher u.a. (Hg.), *Kinderläden*, S.122-126. Zu Rotkol und Rote Panther ausführlich Lutz von Werder, *Von der antiautoritären zur proletarischen Erziehung. Ein Bericht aus der Praxis*, Frankfurt/M. 1972; N.N., *Berliner Kinderläden*, S.235-238; Gina Pieper, »Kinderladen Berlin-Kreuzberg«, in: *vorgänge* 9, 5 (1970), S.164-166, hier S.166. Die fünf Kinderläden des Zentralrats der sozialistischen Kinderläden waren: Charlottenburg I (mit den Kindern der Kommune 2), Neukölln (Kopfstraße), Schöneberg I und Schöneberg II (mit Lutz von Werder und Reinhart Wolff).

23 N.N., *Berliner Kinderläden*, S.15; Berndt, »Zu den politischen Motiven«, S.243; Wolff, »Nach Auschwitz«, S.73. Vgl. auch (im ähnlichen Sinne wie Berndt) Bott (Hg.), *Erziehung zum Ungehorsam*, S.8; Stefan Micheler, »Der Sexualitätsdiskurs in der Studierendenbewegung der 1960er Jahre«, in: *Zeitschrift für Sexualforschung* 13, 1 (2000), S.1-39, hier S.23; Baader, »Das Private ist politisch«, S.168.

24 Bott (Hg.), *Erziehung zum Ungehorsam*; S.63-69; Baader, »Von der sozialistischen Erziehung«, S.26-28; Breiteneicher u.a. (Hg.), N.N., *Kinderläden*, S.35-38.

sprach, forderte unter anderem deshalb Geld und Unterstützung für das Projekt der antiautoritären Kinderläden, weil sie in Berlin gegenüber dem Zentralrat ins Hintertreffen geraten war. Damals gab es erst fünf Berliner Kinderläden, weitere vier befanden sich in Planung.[25] Im Oktober 1968 waren es zwölf,[26] Ende 1969 dann 15 Kinderläden.[27]

Neben den Hochburgen Berlin und Frankfurt entstanden langsam auch in anderen Städten Kinderläden – zunächst in Stuttgart, dann in zahlreichen mittleren und kleineren Universitätsstädten.[28] Zudem wurden an verschiedenen Orten Kurse in »antiautoritärer Erziehung« angeboten. Anfang 1969 existierten Kinderläden in Hamburg, Bremen, Darmstadt, Köln, München, Marburg, Erlangen und Freiburg. Viele dieser Projekte wurden durch die lokalen Republikanischen Clubs initiiert.[29] 1969 sollte dann zum Jahr des Durchbruchs für die Kinderladenbewegung werden. Schon zum SDS-Kongress im April 1969 reisten Kinderladengruppen aus 20 Städten an.[30] Ende 1969 konnten bereits 30 deutsche Städte solche Einrichtungen vorweisen.[31] Anfang 1970 listete die Zeitschrift *vorgänge* in ihrem Schwerpunktheft zum Thema »Antiautoritäre Erziehung/Kinderläden« insgesamt 38 Kinderläden in 15 Städten auf, wobei Berlin mit 13 Kinderläden, Hamburg mit fünf sowie München und Münster mit jeweils vier Kinderläden die regionalen Schwerpunkte bildeten.[32] Aber dieses Verzeichnis war keineswegs vollständig, denn Anfang der siebziger Jahre konnte Hanfried Scherer von der Zeitschrift *betrifft: erziehung* einen Brief mit gan-

25 Die Rede von Helke Sander auf der 23. Delegiertenkonferenz des SDS im September 1968 ist nachzulesen in: Eckhard Siepmann (Hg.), *Heiß und kalt. Die Jahre 1945-69. Berlin 1986*, S. 624-628, hier S. 626. Siehe auch Berndt, »Zu den politischen Motiven«, S. 240; Peter Schneider, *Rebellion und Wahn. Mein '68. Eine autobiographische Erzählung*, Köln 2008, S. 220.

26 Schmidtke, *Aufbruch*, S. 164.

27 »Vereinigt euch«, in: *Der Spiegel* 24 (09.06.1969), hier S. 85.

28 Meike S. Baader (Hg.), *»Seid realistisch, verlangt das Unmögliche!« Wie 1968 die Pädagogik bewegte*, Weinheim, Basel 2008, S. 8.

29 Schmidtke, *Aufbruch*, S. 164.

30 Lutz von Werder, »Kinderläden. Versuch der Umwälzung der inneren Natur«, in: Eckhard Siepmann (Hg.), *Heiß und kalt. Die Jahre 1945-69*, Berlin 1986, S. 561-564, hier S. 563.

31 Dagmar Herzog, *Die Politisierung der Lust. Sexualität in der deutschen Geschichte des zwanzigsten Jahrhunderts*, München 2005, S. 199.

32 *vorgänge* 5 (1970). S. 202.

zen 176 Adressen von Kinderläden versenden, »um den Kontakt zu und zwischen den Kinderläden in der Bundesrepublik und in West-Berlin [zu] intensivieren«. Wiederum dominierte Berlin mit 58 Adressen, gefolgt von Hamburg mit 19 sowie Köln und Münster mit je neun Adressen.[33] Selbst über diese umfangreiche Liste hinaus gab es weitere Kinderläden, wie etwa in Heidelberg, wo es eine Kinderkrippe für unter Dreijährige in der Lutherstraße sowie einen Kinderladen in der Plöck, den Kindergarten der Evangelischen Studierendengemeinde und schließlich das »Kinderhaus« in der Humboldtstraße gab.[34] 1973 zählte man rund 100 Kinderläden mit circa 1200 Kindern, die sich vornehmlich in den Universitätsstandorten der Republik entwickelten. Rein zahlenmäßig blieben die Kinderläden insofern ein Experiment der »Inselpädagogik«.[35] Gegen Ende der siebziger Jahre schlossen dann viele sozialistische Kinderläden ihre Pforten, während die undogmatisch-antiautoritären weiter expandierten.[36]

Sozialprofil und Finanzierungen

Die meisten Eltern, die sich für das Experiment der antiautoritären Erziehung interessierten, kamen aus Akademikerkreisen und linken politischen Zusammenhängen. Viele der Aktivsten waren entweder Studenten bürgerlicher bzw. kleinbürgerlicher Herkunft oder aber junge Ärzte, Lehrer, Architekten und Journalisten.[37] In der Frankfurter Kinderschule in der Eschersheimer Landstraße befanden sich unter den 13 Elternteilen drei Studenten, jeweils ein Lehrer, Architekt, Schauspieler, Fotograf, Journalist, eine Sekretärin und drei

33 Schreiben von Hanfried Scherer an Kinderladen-Mitglieder (ohne Datum), in: APO-Archiv, Materialien Reinhart Wolff.

34 *schöner wohnen* 1 (1975), S. 19 (diese Broschüre findet sich in: afas Duisburg, 80.III.52).

35 Werder, »Die antiautoritäre Erziehung«, S. 51/52.

36 Axel Jansa, »Die Pädagogik der Studentenbewegung in ihrer Auswirkung auf das Generationenverhältnis und den gesellschaftlichen Umgang mit Kindern«, in: *Jahrbuch für Pädagogik 1999: Das Jahrhundert des Kindes*, Frankfurt/M. 2000, S. 223-246, hier S. 228/229.

37 Baader, »Von der sozialistischen Erziehung«, S. 29-32 (genaue Zahlen oder Erhebungen vermisst man allerdings auch bei Baader); Wolff, »Nach Auschwitz«, S. 78.

Hausfrauen. Arbeitereltern gab es hier nicht.[38] In München-Pasing waren die Eltern des im September 1969 gegründeten Kinderladens »fast ausnahmslos Akademiker«, wie zwei der Gründerinnen schrieben.[39] Während sich unter den rund 200 Elterninitiativen des Jahres 1970 sieben Prozent Arbeiter befanden, nahm dieser Anteil bis 1974 auf nur noch ein Prozent ab.[40]

Allein schon der hohe zeitliche Aufwand, den die tägliche Arbeit in einem Kinderladenprojekt erforderte, verengte den Kreis der Interessenten. Zwar wurden auch hier zuweilen professionelle Erzieher eingestellt, aber der Eigenanteil an Erziehungsarbeit und der Diskussionsbedarf waren in den antiautoritären Kinderläden um ein Vielfaches höher als im regulären Kindergartenbetrieb. In den allermeisten Kinderläden arbeiteten die Elternteile wenigstens zeitweilig mit. Dazu kamen die abendlichen Diskussionen über Ziele und Methoden antiautoritärer Erziehung.[41] Zudem wurden die Kinderläden durch die Beiträge der Eltern, die teilweise ihre Finanzlage vor den Elternkollektiven offenlegen mussten, getragen. Diese Unterstützung erfolgte in zum Teil erheblicher Höhe, meist mit rund 100 DM, nicht selten aber auch mit Beträgen von 200 bis 250 DM monatlich.[42]

Zusätzlich bemühten sich nahezu alle Kinderläden um staatliche Unterstützung. Zwar behauptete Reinhart Wolff in einem Aufsatz aus dem Jahr 1992, sein Kinderladen in Berlin-Schöneberg habe aus »grundsätzlichen Gründen« keine Senatsgelder in Anspruch nehmen wollen, in Wirklichkeit hatten aber auch er und seine Frau Barbara am 6. November 1968 beim Berliner SPD-Senator für Familie, Jugend und Sport Horst Korber um finanzielle Förderung

---

38 Seifert, »Kinderschule Frankfurt«, S. 158.

39 Raitzine/Ullner, »Kindergarten München-Pasing«, S. 163.

40 Werder, »Bedeutung«, S. 39.

41 Breiteneicher u. a. (Hg.), *Kinderläden*, S. 42; Baader, »Von der sozialistischen Erziehung«, S. 30; »Aufrechter Gang«, in: *Der Spiegel* 44 (26. 10. 1970), S. 64; Pieper, »Kinderladen Berlin-Kreuzberg«, S. 165.

42 »Aufrechter Gang«, in: *Der Spiegel* 44 (26. 10. 1970), S. 64; Seifert, »Kinderschule Frankfurt«, S. 158; Raitzinel/Ullner, »Kindergarten München-Pasing«, S. 163; Pieper, »Kinderladen Berlin-Kreuzberg«, S. 164; »Kinderladen Hamburg I (Altona)«, in: *vorgänge* 9, 5 (1970), S. 170; »Kinderladen Hamburg-Eimsbüttel«, in: *vorgänge* 9, 5 (1970), S. 172; »Elternkollektiv des Sozialpädagogischen Kinderkollektivs: Sozialpädagogisches Kinderkollektiv Frankfurt«, in: *vorgänge* 9, 5 (1970), S. 176.

für mehrere Kinderläden nachgesucht, die für 1969 tatsächlich in Aussicht gestellt wurden. Erst als eine Anfrage von CDU-Mitgliedern des Berliner Abgeordnetenhauses den »Modellcharakter« der Kinderläden öffentlich infrage stellte, band die Berliner Senatsverwaltung die finanzielle Zusage an Auflagen, die das Ehepaar Wolff nicht erfüllen konnte.[43] Selbst die unter dem Zentralrat zusammengefassten »sozialistischen Kinderläden Westberlins« hatten in sieben von elf Fällen Senatsgelder beantragt und zum Teil auch bewilligt bekommen. Der Westberliner Senat hatte sich anfangs (angesichts der desolaten Versorgungslage in der Stadt) bereit erklärt, linken Kinderläden die sonst üblichen Zuschüsse zu gewähren.[44] In den anderen Städten sah die Lage nicht viel anders aus. In Stuttgart etwa hatte sich 1968 ein Kinderladen gebildet, der sich durch die monatlichen Beiträge der Mitglieder finanzierte. Der Vorstand des entsprechenden Vereins Aktion Vorschulerziehung bestand aus ständig wechselnden Eltern und Mitgliedern, um alle Beteiligten einzubinden und stärker zur Mitarbeit zu aktivieren.[45]

Die Finanzierungsschwierigkeiten und die entsprechenden Auseinandersetzungen mit den zuständigen Jugendämtern und staatlichen Stellen waren ein Dauerproblem während der siebziger Jahre, bis sich im Verlauf der späten achtziger Jahre eine zunehmende Anerkennung der Kinderläden als Zusatzangebot zu staatlichen und kirchlichen Kindergärten durchsetzte. In Berlin allein soll es 1990 mehr als 600 Einrichtungen mit rund 10 000 Plätzen gegeben haben, die staatlich subventioniert wurden.[46]

---

43 Wolff, »Nach Auschwitz«, S. 74; Breiteneicher u. a. (Hg.), *Kinderläden*, S. 85-92. Heide Berndt (»Zu den politischen Motiven«, S. 245-247) hat die Ereignisse rekonstruiert. Zu den Auflagen gehörte, dass die Kinderläden an den Wochentagen geöffnet sein sollten und die Eltern selbst die Erziehung übernähmen (Breiteneicher u. a. [Hg.], *Kinderläden*, S. 90).

44 »Protokoll der ZR-Sitzung vom 22. 02. 1969«, in: *KL-INFO 5 – sozialistische Kinderläden Westberlin* (15. 03. 1969), S. 3 (die Broschüre findet sich im APO-Archiv, Ordner Kila-Materialien); Breiteneicher u. a. (Hg.), *Kinderläden*, S. 35, 37, 85-105; *Berliner Kinderläden*, S. 193-201 (Dokumentensammlung); »Elternkollektiv des Sozialpädagogischen Kinderkollektivs: Sozialpädagogisches Kinderkollektiv Frankfurt«, in: *vorgänge* 9, 5 (1970), hier S. 177; »Aufrechter Gang«, in: *Der Spiegel* 44 (26. 10. 1970), hier S. 66; Werder, »Bedeutung«, S. 35.

45 Bott (Hg.), *Erziehung zum Ungehorsam*, S. 13, 17, 20, 33; Anita Strecker, »Zum Glück«, in: *Frankfurter Rundschau* (30. 04. 2008).

46 Wolff, »Nach Auschwitz«, S. 78 (ob es sich dabei nur um Kinderläden mit antiautoritären Erziehungsweisen handelt, verrät der Autor jedoch nicht).

Auch im Bereich der Kindererziehung spaltete sich die Studentenbewegung in einen dogmatischen Flügel, der sich um die K-Gruppen herum bildete, und einen linksalternativ-undogmatischen
Flügel. Dabei markierte das Bestreben, proletarische Kinder in das
Erziehungsexperiment einzubeziehen, keineswegs einen Unterschied zwischen beiden Richtungen. Den psychologischen, sprachlichen und materiellen Haushalt der unterprivilegierten Schichten
aufbessern – das wollten alle Kinderläden. Arbeiterkinder galten
als »das unterdrückteste und alleingelassenste Geschöpf der kapitalistischen Gesellschaft«: Die autoritären Familienverhältnisse, der
beschränkte Spiel- und Wohnraum und die schlechten sanitären
Verhältnisse – der Erziehungsnotstand wurde von der gesamten
Neuen Linken als Klassenfrage gedeutet. Strittig war hingegen,
welche Konzessionen man deswegen zu machen bereit war.[47]

Intern führten die Protagonisten Auseinandersetzungen darüber, ob die Mittelschichteltern ihren Kindern einen Vorteil gegenüber den Arbeiterkindern verschafften. Das war ein Vorwurf, den
auch die K-Gruppen immer wieder erhoben.[48] Die soziale Exklu-
sivität wurde um ein Streben nach politischer Reinheit und Linientreue ergänzt. Neu hinzukommende Eltern wurden, wie die in
einem Berliner Kinderladen engagierten Mütter Monika Aly und
Annegret Grütner schrieben, »regelrechten Verhören« unterzogen,
um Vorstellungswelt und Erziehungspraxis auf ihre Passtauglich-
keit hin zu prüfen.[49] Im APO-Kindergarten in Nürnberg wurden
per Zeitungsinserat »antiautoritär, kritisch und sozialistisch« eingestellte Eltern gesucht. Rund 100 Interessenten meldeten sich, aber
die meisten (so die Kinderladenaktivisten) wurden »schon am Tele-
fon vergrault« oder später im Elternkreis »wegdiskutiert«.[50]

Die ab 1969 zu beobachtende Spaltung der Kinderladenbewe-

---

47 Aly/Grüttner, »Unordnung«, S. 41; Breiteneicher u. a., *Kinderläden*, S. 58; N. N.,
   Berliner Kinderläden, S. 21/22; »Aufrechter Gang«, in: *Der Spiegel* 44 (26. 10. 1970).
48 Beispiele bei Andreas Kühn, *Stalins Enkel, Maos Söhne. Die Lebenswelt der K-
   Gruppen in der Bundesrepublik der 70er Jahre*, Frankfurt/M., New York 2005,
   S. 91.
49 Aly/Grüttner, »Unordnung«, S. 37.
50 Horst Ulbricht, »APO-Kinderladen Nürnberg«, in: *vorgänge* 9, 5 (1970), hier
   S. 173; »Aufrechter Gang«, in: *Der Spiegel* 44 (26. 10. 1970), S. 66.

gung vollzog sich in den für eine »sozialistische Erziehung« plädierenden Elterngruppen, die nicht nur Arbeiterkinder stärker in ihre Arbeit integrieren wollten, sondern auch auf »proletarische Disziplin« setzten, »da auch die Arbeiterklasse ihre Kinder autoritär erziehe«.[51] Sozialistische Einrichtungen wie Rotkol wollten die Kinder zur »Gewalt gegen die herrschenden Autoritäten im Rahmen des proletarischen Klassenkampfes« erziehen. Liberalität in der Erziehung sei bloß eine »bürgerliche Erziehungsinsel« oder »sozialdemokratische Handwerkelei«, wie 1969 auf der Frankfurter Arbeitssitzung des SDS beklagt wurde. Es komme darauf an, dass die antiautoritären Kinderläden nicht zur »reinen Selbstzweckorganisation regreddierten [sic]«. Aus dieser Sicht war die antiautoritäre Erziehung zunächst bloß »eine Erfindung des kleinbürgerlichen Intellektuellen«. Die politische Perspektive der kollektiven Veränderung rangierte deutlich vor der individuellen Besserstellung und persönlichen Veränderung. Dementsprechend spielte man Vietnam und nicht Indianer und sang die *Internationale* statt *Hänschen klein*. Auf einem KPD-Kinderfest 1976 in Köln wurde der Sieg der Roten Khmer nachgestellt und Kinderbrigaden kreisten »Imperialisten« ein, um sie »aus den befreiten Gebieten raus[zu]schmeißen«. Die Kinderläden hatten nun, wie es in einer einflussreichen Publikation der sozialistischen Kinderladenaktivisten hieß, »nur ein Ziel, den Aufstand der Massen, die proletarische Revolution«.[52]

In den dogmatischen Gruppen besann man sich auf die Weimarer KPD-Zeit und entdeckte die Schriften von Edwin Hoernle, Otto Rühle oder Otto Felix Kanitz. Kollektive, antiindividualistische Erziehung und ein Bewusstsein für Klassenfragen und den Klassenkampf standen ganz oben auf der Agenda. Individualistische Tendenzen oder Eigentumsdenken galt es erst gar nicht auf-

51 Peter Mosler, *Was wir wollten, was wir wurden. Studentenrevolte – zehn Jahre danach*, Reinbek 1977, S. 49. Vgl. dazu Baader, »Von der sozialistischen Erziehung«, S. 26; Seifert/Nagel (Hg.), *Nicht für die Schule leben*, S. 9.

52 Breiteneicher u. a. (Hg.), *Kinderläden*, S. 35, 57, 125; *KL-INFO 9 – sozialistische Kinderläden Westberlin* (17. 05. 1969), S. 8 (die Broschüre findet sich im APO-Archiv, Ordner Kila-Materialien); Werder, *Von der antiautoritären zur proletarischen Erziehung*; »Aufrechter Gang«, in: *Der Spiegel* 44 (26. 10. 1970); Gunnar Hinck, *Wir waren wie Maschinen. Die bundesrepublikanische Linke der siebziger Jahre*, Berlin 2012, S. 201-203; Horst E. Richter, *Die Gruppe. Hoffnung auf einen neuen Weg, sich selbst und andere zu befreien. Psychoanalyse in Kooperation mit Gruppeninitiativen*, Hamburg 1972, S. 330.

kommen zu lassen. Stattdessen wollte man eine leistungsbereite und linientreue Jugend erziehen.[53] Monika Aly und Annegret Grüttner erinnerten sich selbstkritisch, dass sie versucht hatten, »die Begriffe ›mein‹ und ›dein‹ wegzuzwingen, es gab weder Puppen noch Pistolen, und wehe, sie hätten es gewagt, ›Räuber‹ und ›Prinzessin‹ zu spielen. [...] Auf bestimmte Äußerungen, wie ›Das ist mein Auto‹ wurde sofort mit den bestimmenden Worten ›Das gehört allen‹ reagiert.«[54] Derlei »blinde Einordnung ins Kollektive«, Vereinheitlichung und »Unterordnung unter die angebliche Organisation der revolutionären Arbeiterklasse« kritisierten die Linksalternativen als »Indoktrinationserziehung« und als »Dogmatisierung der Protestbewegung«. Erziehung werde hier »kurzschlüssig instrumentalisiert« für politische Konzepte, die »aus der Mottenkiste sozialistischer und kommunistischer Politik« stammten.[55] Demgegenüber seien die Freiheitsräume antiautoritärer Erziehung zentral: »Erst kommt das Kind und dann die Politik«, formulierte Monika Seifert ihren Einwand.[56] Umgekehrt konterten die kommunistischen Kadergruppen, dass repressionsfreie Erziehung bestenfalls dazu tauge, Individualisten heranzuziehen, »die versuchten, ihr bißchen privates Glück zu verwirklichen«. Aber für die Erziehung von Revolutionären, die in der Lage seien, »mit dieser Gesellschaft fertig zu werden«, seien solche Methoden nicht geeignet.[57] In diesen dogmatischen Gruppierungen entstand sowohl eine »gewisse missionarische und sektenhafte Begeisterung« als auch ein »gewisser Kommandoton«, wie sich Lutz von Werder 1993 erinnerte.[58]

Letztlich scheiterten die sozialistisch-proletarischen Kinderläden

53 Werder, *Von der antiautoritären zur proletarischen Erziehung*, S. 21-60; Kühn, *Stalins Enkel*, S. 88-91; Werder, »Die antiautoritäre Erziehung«, S. 50; »Aufrechter Gang«, in: *Der Spiegel* 44 (26.10.1970).

54 Aly/Grüttner, »Unordnung«, S. 33, 38. Vgl. – weniger scharf akzentuiert – auch ebd., S. 37; Heide Berndt, »Kommune und Familie«, in: *Kursbuch* 17 (1969), S. 129-145, hier S. 132; Baader, »Das Private ist politisch«, S. 165.

55 Berndt, »Zu den politischen Motiven«, S. 244; Pieper, »Kinderladen Berlin-Kreuzberg«, S. 165; Wolff, »Nach Auschwitz«, S. 77; Regine Dermitzel, »Thesen zur antiautoritären Erziehung«, in: *Kursbuch* 17 (1969), S. 179-187, hier S. 187.

56 Seifert, »Zur Theorie der antiautoritären Kindergärten«, S. 42.

57 Ebd.

58 Lutz Werder, »Die Auseinandersetzung mit der Realität hat einem die Scheuklappen beseitigt«, in: Karl-Heinz Heinemann, Thomas Jaitner (Hg.), *Ein langer Marsch. 1968 und die Folgen*, Köln 1993, S. 11-27, hier S. 17.

daran, dass die Arbeiterkinder ganz andere Sorgen hatten, als sich von intellektuell-bürgerlichen Sozialisten zu revolutionären Kämpfern ausbilden zu lassen.[59] Neben den Problemen am Arbeitsplatz, geringer Entlohnung und Wohnproblemen verblasste das Interesse an den Erziehungsbedingungen der Kinder, wie die enttäuschten Kinderladenaktivisten aus Kreuzberg feststellen mussten. Die Aggressionen der Kinder und ihr »wenig entwickeltes Sprach- und Ausdrucksvermögen« machten die Arbeit mit den Arbeiterkindern kompliziert.[60]

Neben den Spannungen zwischen dem Berliner Aktionsrat und dem Zentralrat sowie der Konkurrenz zwischen proletarischen und linksalternativen Kinderläden waren auch kraftzehrende Diskussionen innerhalb einzelner Elterngruppen Legion. Die Auseinandersetzungen um die Erziehungsziele, -methoden und die Verteilung alltäglicher Aufgaben vom Putzen bis zum Kochen erwiesen sich, so bekunden nahezu alle Zeitzeugen, als »langwierige Debatten«. Die Kinderläden »verfilzten« sich in Gruppenproblemen: »Aus Gegenseitigkeit wurde Einseitigkeit, Solidarität und kritische Diskussionen gingen nicht selten in aggressiven Gruppenkämpfen unter oder wurden in endlosen Debatten zerredet.«[61]

Die Protokolle aus der Gründungsphase der Kinderläden bezeugen eine heterogene Interessenslage der Eltern. Das Spektrum des Selbstverständnisses reichte von der Charakterisierung der Kinderläden als Selbsthilfeorganisationen über die liberalen Ziele einer freien Erziehung zum kritischen Menschen bis zu sozialistischen Vorstellungen von der Erziehung zum solidarischen Kollektivwesen oder revolutionären Vorkämpfer. Kurzum: Einen Konsens darüber, was unter »antiautoritärer Erziehung« zu verstehen sei, konnte nur schwer erzielt werden.[62] Gleichwohl lassen sich einige verbindende Kernelemente dieser Erziehungsstile ausmachen, die im Folgenden dargestellt werden sollen.

---

59 Berndt, »Zu den politischen Motiven«, S. 243.
60 Pieper, »Kinderladen Berlin-Kreuzberg«, S. 166; Beiteneicher u. a. (Hg.), *Kinderläden*, S. 58-62.
61 Wolff, »Nach Auschwitz«, S. 73, 79; Baader, »Von der sozialistischen Erziehung«, S. 27.
62 APO-Archiv Berlin, Ordner »Kinderläden«; Baader, »Von der sozialistischen Erziehung«, S. 28.

8.2 Prinzipien antiautoritärer Pädagogik

Fundamentale Kritik an der Kleinfamilie

Die Familie hatte im Selbstverständnis der linksalternativen Akteure abgewirtschaftet. In Übernahme der Analysen der Frankfurter Schule argumentierten die Kinderladenaktivisten, dass die Familie bloß eine Agentur der kapitalistischen Gesellschaft sei. Durch die elterliche Autorität würden Charakterstrukturen eingeübt, die später in Form sozialer Autorität am Arbeitsplatz und in der Politik den psychologischen Bestand der kapitalistischen Gesellschaftsordnung bildeten.[63] Die Kinder würden »durch die Erziehung zu Gehorsam, Ordnung und Sauberkeit vom ersten Lebensjahr an für die bürgerlich-kapitalistische Gesellschaftsordnung dressiert und dadurch ›indoktriniert‹«.[64] Mit dem »Zerschlagen der bürgerlichen Kleinfamilie«, so die Logik, würden die autoritären Unterordnungsverhältnisse ins Tanzen kommen und die Akteure für eine befreite sozialistische Gesellschaft herangezogen. Schon Rudi Dutschke hatte diese von der Frankfurter Schule entworfenen Vorstellungen vom autoritären Charakter popularisiert. Ein solcher Charakter zeichnete sich nach Dutschke durch den »Konventionalismus« rigider moralischer Einstellungen, Unterwürfigkeit gegenüber idealisierten Autoritäten, Feindseligkeit gegenüber Antikonventionalisten, Ablehnung des »Subjektiven, Imaginativen, Weichherzigen«, »Aberglaubigkeit und Stereotypie« sowie schließlich durch das Interesse »für den Machtaspekt zwischenmenschlicher Beziehungen« aus. Immer wieder diente hierbei die Kritik an den psychologischen Grundlagen des Nationalsozialismus als Hintergrund der Überlegungen.[65] In der Kindererziehung manifestiere sich diese charak-

---

63 Vgl. vor allem: Erich Fromm u. a., *Studien über Autorität und Familie*, Paris 1936, sowie die Quellensammlung mit Texten von Horkheimer, Fromm und vielen anderen: Engelmayer (Hg.), *Die Antiautoritätsdiskussion in der Pädagogik*.

64 N. N., *Berliner Kinderläden*, S. 133.

65 Dutschke, zitiert nach Schmidtke, *Aufbruch*, S. 162. Vgl. auch Breiteneicher u. a. (Hg.), *Kinderläden*, S. 13-17; Rudi Dutschke, »Zum Verhältnis von Organisation und Emanzipationsbewegung – Zum Besuch Herbert Marcuses«, in: Wolfgang Kraushaar (Hg.), *Frankfurter Schule und Studentenbewegung. Von der Flaschenpost zum Molotowcocktail 1946 bis 1995*, Bd. 2, Hamburg ²1998, S. 255-260 (über die Planungen zur »Selbstorganisation« in Westberlin im Juni 1967); Brumlik, »Autorität«, S. 199; Baader, »Von der sozialistischen Erziehung«, S. 21.

terliche Disposition darüber hinaus, wenn Erwachsene massiv in kindliche Spielabläufe eingriffen, ihre Ordnungsvorstellungen in den Kinderzimmern durchsetzten, sich ständig Handreichungen von ihren Kindern geben ließen, andauernd Verbote aussprächen, den Bewegungsdrang der Kinder hemmten, kindliche Sexualität tabuisierten und bestraften sowie mit ihren Kindern vornehmlich über stakkatoartige Aufforderungen und Befehle kommunizierten.[66] Die autoritäre Haltung gehe, so die typische zeitgenössische Argumentation, mit (latenten) Aggressionen und dem Wunsch nach Bestrafung abweichenden Verhaltens einher. Die Kleinfamilie und die bürgerlichen Erziehungsprinzipien in den herkömmlichen Kindergärten seien es, in denen durch repressive Methoden der Härte und Disziplinierung – vom »In-der-Ecke-Stehen« über das »Sitz-still« und »Sei-ruhig« über die festgelegten und obligatorischen Schlaf- und Essenszeiten bis hin zur körperlichen Züchtigung – Aggression, Lustfeindschaft und Unterdrückung in die Charakterstruktur der Kinder einverleibt worden seien. Diese Erziehungsmethoden des »Konkurrenz-, Anpassungs- und Leistungsmodells« der »bürgerlichen Dressur« aus Fleiß, Pünktlichkeit, Pflichtgefühl und Ordnungsliebe hätten die »sozialpsychologische Grundlage für Diktatur und Völkermord des Nationalsozialismus« geschaffen. Eingrenzen, Anpassen, Disziplinieren, Korrigieren, Verbieten und Versagen wurden zu Inbegriffen herkömmlicher Erziehungsmethoden stilisiert. Wie die Kleinfamilien wurden auch die Kindergärten als »erste Disziplinierungsstätten des autoritären Staates« begriffen, in denen Gehorsam, Ordnungssinn und Reinlichkeit in einer Erziehungskultur des Untertanengeistes einstudiert wurden.[67]

Das galt etwa für die Reinlichkeitserziehung, in der bürgerliche Sublimierungen sichtbar wurden: »Bei [den] Versuchen, das kindliche Spiel mit Kot und Urin zu ersetzen durch ein Angebot von Sand, Wasser und Fingerfarben« werde dem Kind »die soziale Wertung der Reinlichkeit ohne direkten Zwang beigebracht.« Dagegen ließen Linksalternative den Kindern die schmutzige Kleidung,

---

66 Erika und Ernst Busche, »Gedanken zur antiautoritären Erziehung«, in: *vorgänge* 9, 5 (1970), S. 186-191, hier S. 186.

67 Wolff, »Nach Auschwitz«, S. 76, 72; Dermitzel, »Thesen«, S. 180, 182; *Berliner Kinderläden*, S. 52; Seifert, »Zur Theorie der antiautoritären Kindergärten«, S. 42; Baader, »Von der sozialistischen Erziehung«, S. 23; Busche, »Gedanken zur antiautoritären Erziehung«, S. 189.

wenn sie diese unbedingt wieder anziehen wollten: »Für uns war die Liebe der Kinder zu einem bestimmten Kleidungsstück wichtiger als der übertriebene gesellschaftliche Zwang zur Reinlichkeit.«[68] Die Ablehnung der bürgerlichen Kleinfamilie und der Kindergärten bezog sich daneben natürlich auch, wie schon im Kapitel zu den Wohngemeinschaften dargestellt, auf die geschlechtsspezifische Rollenverteilung der Mädchen und Jungen.[69] Zum Teil ging die Ablehnung herkömmlicher bürgerlicher Erziehungspraktiken sogar so weit wie in der Berliner Kommune 2. Deren Mitglieder hatten am Weihnachtsfest 1969 den Kommunekindern vorgeschlagen, den Weihnachtsbaum zu verbrennen, um ihre Abscheu gegen kleinbürgerliche Sentimentalität auszudrücken. Überflüssig zu erwähnen, dass die Kinder entsetzt waren.[70]

»Erziehung der Erzieher«[71]

Dass der Kinderladen auch ein »Elternladen« sei, wurde zur gängigen Formulierung der Zeitgenossen.[72] Immer wieder betonten Eltern und Mitarbeiter der Kinderläden, wie sehr ihnen ihre eigene »autoritäre Sozialisation« und entsprechende »Autoritätsfixierungen« bei der Erziehung ihrer Kinder im Wege gestanden hätten.[73] So gestand eine Hamburger Psychologin 1969: »Wir sind in gewissem Maße für eine Diktatur erzogen worden.«[74] Noch in der Zeit des Nationalsozialismus und in den fünfziger Jahren aufgewachsen, war die Kindheit der Kinderladeneltern nicht selten durch Entbehrungen, Gehorsamkeit und Gewalt geprägt. Die 1932 geborene

---

68 Kommune 2, *Versuch der Revolutionierung des bürgerlichen Individuums. Kollektives Leben mit politischer Arbeit verbinden*, Berlin 1969, S. 80/81; Breiteneicher u. a. (Hg.), *Kinderläden*, S. 9-11; *Berliner Kinderläden*, S. 79.

69 Aly/Grüttner, »Unordnung«, S. 39/40.

70 Herzog, *Politisierung der Lust*, S. 197.

71 Hans-Werner Sass, *Antiautoritäre Erziehung oder die Erziehung der Erzieher*, Stuttgart 1972.

72 Tatjana Freytag, »Väterliche Autoritären und vaterlose Gesellschaft?«, in: Meike S. Baader (Hg.), *»Seid realistisch, verlangt das Unmögliche!« Wie 1968 die Pädagogik bewegte*, Weinheim, Basel 2008, S. 173-181, hier S. 179.

73 Dermitzel, »Thesen«, S. 179; Seifert, »Zur Theorie der antiautoritären Kindergärten«, S. 20; Seifert, »Kinderschule Frankfurt«, S. 160; Werder, »Bedeutung«, S. 28.

74 Interview Gerhard Bott mit Annemarie Tausch, in: Bott (Hg.), *Erziehung zum Ungehorsam*, S. 89.

Monika Seifert etwa erinnerte sich, dass es von den Eltern »eine geknallt gab, bevor sie einen gefragt hatten«.[75] Diese Vorbelastungen in den Lebensbiographien galt es zu verarbeiten und aufzulösen, um zu einer antiautoritären Erziehung befähigt zu werden.

Tatsächlich verpflichtete sich die Bundesrepublik erst mit der Ratifikation der UN-Kinderrechtskonvention im Jahre 1992 auf eine Reform des Paragraphen 1631 des Bürgerlichen Gesetzbuches, in dem 1896 das Züchtigungsrecht des Vaters gegenüber seinen Kindern gesetzlich verankert worden war. Zwar hatte man früher schon einige Anpassungen vorgenommen, doch erst im November 2000 wurde die erzieherische Gewalt gesetzlich geächtet und ein »Recht auf gewaltfreie Erziehung« eingeführt. Noch 1965 gab die Hälfte der befragten Eltern in einer Studie des Allensbach-Instituts an, dass Schläge ein adäquates Erziehungsmittel sein können. In der Schule wurde das Züchtigungsrecht der Lehrer mit Ohrfeigen, »Kopfnüssen« und »Tatzen« in den verschiedenen Bundesländern bis weit in die fünfziger Jahre praktiziert. In der Bundesrepublik wurde die Prügelstrafe in der Schule zwar 1973 abgeschafft, aber Bayern widersetzte sich noch bis 1980 der gewaltfreien schulischen Erziehung. Rutenschläge aufs Gesäß waren schon nach 1945 deutlich reduziert worden. Gleichwohl: Gewalt war bis in die sechziger Jahre Normalität in der Kindererziehung. Die Eltern der Kinderladenkinder waren in einer Welt der Rutenschläge, Ohrfeigen und Einschüchterungen groß geworden.[76] Insofern war eine »kritische

75 Monika Seifert, »Diese Wiederholungen zu durchbrechen, individuell und politisch, dazu muß eine Veränderung in der Situation von Kindern kommen«, in: Karl-Heinz Heinemann, Thomas Jaitner (Hg.), *Ein langer Marsch – 68 und die Folgen*, Köln 1993, S. 72-82, hier S. 74.

76 Ingrid Müller-Münch, *Die geprügelte Generation. Kochlöffel, Rohrstock und die Folgen*, Stuttgart 2012; Dirk Schumann, »Schläge als Strafe? Erziehungsmethoden nach 1945 und ihr Einfluss auf die ›Friedenskultur‹ in beiden Deutschlands«, in: Thomas Kühne (Hg.), *Von der Kriegskultur zur Friedenskultur? Zum Mentalitätswandel in Deutschland seit 1945*, Münster 2000, S. 34-48; Dirk Schumann, »School Violence and Its Control in Germany and the United States Since the 1950s«, in: Wilhelm Heitmeyer u. a. (Hg.), *Control of Violence. Historical and International Perspectives on Violence in Modern Societies*, New York, Heidelberg 2010, S. 233-259; Andreas Göbel, *Vom elterlichen Züchtigungsrecht zum Gewaltverbot. Verfassungs-, straf- und familienrechtliche Untersuchung zum § 1631 Abs. 2 BGB*, Hamburg 2000; Michael-Sebastian Honig, *Verhäuslichte Gewalt. Sozialer Konflikt, wissenschaftliche Konstrukte, Alltagswissen, Handlungssituationen. Eine Explorativstudie über Gewalthandeln von Familien*, Frankfurt/M. 1992; Werder, »Bedeutung«, S. 7.

Reflexion und Aufklärung verdrängter Komplexe« und »unbewußter Schuldgefühle« für die neue Pädagogik zentral. Zuweilen rangierte diese sogar vor der Erziehung der Kinder, wie zwei Berliner Zeitzeuginnen betonten: »Es ging bei der Gründung des Kinderladens zunächst um uns selbst, dann um die Kritik an der [sic] staatlichen Erziehungseinrichtungen und erst zuletzt um die Erziehung der Kinder.« Die beiden Frauen wollten sich von dem »Schreckgespenst« ihrer eigenen Erziehung befreien und begriffen die Kinderladenerziehung als »völlige[n] Freiraum im Vergleich zu unserer eigenen Erziehung«.[77] Ähnlich äußerte sich auch Reinhart Wolff im Frühjahr 1968:

Unsere Erziehungserfahrungen waren geprägt vom irritierten Mittelschichtmilieu der Nachkriegszeit (die meisten von uns waren im Krieg bzw. kurz nach dem Krieg geboren); eine autoritäre Leistungserziehung mit sexuell repressiver Note und Politikabwehr von Eltern, die NS-Anhänger oder zumindest Mitläufer gewesen waren, spielte eine Rolle; daneben das Bemühen unserer Eltern, uns zu akzeptieren, damit uns ein ähnlicher ›Zusammenbruch‹, wie sie ihn erlebt hatten, erspart bliebe und gleichzeitig das Bemühen, uns anzupassen, und sei es mit Strafe und Gewalt.[78]

In gewisser Weise waren die 68er eine vaterlose Generation, nicht nur weil die realen Väter im Krieg gefallen oder durch ihn verstört worden waren, sondern auch, weil das traditionelle Vaterbild vor dem Hintergrund der gesellschaftlichen Veränderungen erlosch. Das Aufbegehren gegen die autoritären Väter und die Mentalitäten und Alltagspraxen der Elterngeneration richtete sich insofern gegen geschwächte Autoritäten, die politisch desavouiert und kulturell überkommen waren.[79]

Immer wieder befürchteten die »linken Eltern«, dass die von ihnen praktizierten Erziehungsformen nur »blinde Negation der elterlichen Erziehung« sein könnten.[80] Oftmals erwarteten die Pädagogen von den »unbelasteten« Kindern sogar, eine Art Erlösung oder wenigstens einen Ausweg aus ihren eigenen Problemen. *Eltern erziehen Kinder, Kinder erziehen Eltern* war programmatisch

---

77 Aly/Grüttner, »Unordnung«, S. 38, 45, 41; Seifert, »Kinderladenbewegung«, S. 38.
78 Wolff, »Nach Auschwitz«, S. 77, 74. Vgl. zum Zusammenhang von Nationalsozialismus und antiautoritärer Erziehung Herzog, *Politisierung der Lust*, S. 191-195.
79 Freytag, »Väterliche Autoritäten«, S. 175.
80 Dermitzel, »Thesen«, S. 186.

ein Buch des Schriftstellers und Journalisten Jürgen Roth über die antiautoritäre Erziehung betitelt. Während Monika Seifert vom unbewussten Neid der Erwachsenen auf die unbeschwerten Kinder sprach, gab Reinhart Wolff im Nachhinein sogar offen zu, »daß es uns mit den Kindern in der Regel besser gelang zu realisieren, was wir wollten, als mit uns selbst«.[81] Was Monika Aly und Annegret Grüttner 1983 im *Kursbuch* selbstkritisch kundtaten, galt wohl für viele: »[K]eine Puppen, Mädchen mit Autos und Werkzeug, ausufernde Doktorspiele, Ausziehspiele. [...] Uns kam die Kinderladenerziehung, so wie wir sie praktizierten, als völliger Freiraum im Vergleich zu unserer eigenen Erziehung vor. [...] Daß das genauso eine Schiene war, eben nur eine andere mit neuen Vorzeichen, ist uns erst mit größerem Abstand klar geworden.«[82]

Ziele antiautoritärer Erziehung: Ich-Stärke, Solidarität und Widerstandsfähigkeit

Das erklärte Ziel der antiautoritären Pädagogik bestand darin, Ich-starke Persönlichkeiten zu formen, die sich nicht vorschnell anpassen und abducken und in der Lage sind, kritische Fragen zu stellen und Widerstand zu leisten. Selbstentfaltung und die Befriedigung eigener Bedürfnisse und Triebe sowie realitätstüchtige Widerstandsfähigkeit gegen Zumutungen von außen waren zwei Seiten einer Medaille.[83] Die Kinder sollten zu Kritikfähigkeit und autonomer Entscheidungskraft herangezogen werden, um »die Widersprüche dieser Gesellschaft ohne neurotische und Charakterdeformationen ›auszuhalten‹ und kollektiv die Verhältnisse im aktiven Widerstand« verändern zu können.[84] »Antiautoritär« in diesem Sinne meint, die vorbehaltlose Unterordnung gegenüber unausgewiesenen »Autoritäten« zurückzuweisen und durch einen Erziehungsstil aus Kooperation, Mitwirkung und Toleranz zu ersetzen.[85] Antiautoritäre Erziehung wollte von den Bedürfnissen der

---

81 Jürgen Roth, *Eltern erziehen Kinder, Kinder erziehen Eltern*, Frankfurt/M. 1976; Seifert, »Zur Theorie der antiautoritären Kindergärten«, S. 43; Wolff, »Nach Auschwitz«, S. 79.
82 Aly/Grüttner, »Unordnung«, S. 39-41.
83 Wolff, »Nach Auschwitz«, S. 77; Dermitzel, »Thesen«, S. 181/182.
84 Dermitzel, »Thesen«, S. 180, 187.
85 Vgl. Brumlik, »Autorität«, S. 211.

Kinder ausgehen, die diese frei und ohne Schuldgefühle äußern sollten. Das Lernen der Kinder sollte von deren Fragen ausgehen, kindliche Sexualität sollte bejaht werden.[86] Im Vertrauen auf Neugier, Selbstmotivation und eine hohe eigenständige Lernkompetenz sollten die Erwachsenen den Kindern ohne Dankbarkeitserwartungen lediglich Lernangebote bzw. Anregungen offerieren und »Vorschläge nur machen […], wenn sie darum gefragt werden«.[87]

Da Verbote und Anweisungen nicht ins Programm der antiautoritären Erziehung gehörten, waren die Kinder bei den Herausforderungen des Alltags und bei der Einschätzung von Risiken auf sich selbst verwiesen – ein Problem, da die Kinder Situationen und Gefahren häufig falsch einschätzten. Das war den Kinderladenaktivisten zwar durchaus bewusst und wurde als »schwieriger Lernprozeß« diskutiert, über das »Den-Kindern-die-Zusammenhänge-Erklären« kam man jedoch nicht hinaus. So schrieb Monika Seifert: »Auch für Kinder ist es ein schwieriger Lernprozeß, plötzlich selbst zu beurteilen, ob es zu gefährlich ist, auf einen Baum zu klettern, oder ob man besser einen Pullover anzieht, um sich nicht zu erkälten. […] Die Realität selbst prüfen zu lernen ist aber die Voraussetzung für ein autonomes Ich.«[88] Für Monika Aly und Annegret Grüttner begannen Verbote dort, wo es nach Ermessen der Erwachsenen »anfing, für die Kinder gefährlich zu werden«.[89] Die meisten Linksalternativen setzten auf die »sachliche Autorität« der Eltern, die freilich von irrationaler, unausgewiesener und selbstzweckhafter Macht scharf unterschieden wurde und auf einem »einholbaren Vorsprung an Wissen und Erfahrung« beruhte.[90] Statt durch Strafe, Dressur oder bedingungslose Unterwerfung wollte diese Pädagogik Gehorsam durch Einsicht erzielen. Voraussetzung für den Erfolg der antiautoritären Erziehung waren insofern die moralischen Fähigkeiten und Haltungen der Kinder.[91]

So dehnbar solcherlei Auslegungen auch waren – bei der Aufklärung über gesellschaftliche Herrschafts- und Unterdrückungs-

---

86 Seifert, »Zur Theorie der antiautoritären Kindergärten«, S. 161; N. N., *Berliner Kinderläden*, S. 110.

87 Seifert, »Zur Theorie der antiautoritären Kindergärten«, S. 43.

88 Ebd.

89 Aly/Grüttner, »Unordnung«, S. 37.

90 Freytag, »Väterliche Autoritäten«, S. 179; Brumlik, »Autorität«, S. 204-208.

91 Brumlik, »Autorität«, S. 186-197.

verhältnisse waren die Kinderladenaktivisten sich schneller einig. Realitätszugewandtheit und nicht das Vorgaukeln einer vermeintlich »unbeschwerten« und »heilen« Kinderwelt gehörte zu den Grundbestandteilen der antiautoritären Erziehung. Dass dies jedoch nicht mit einer Indoktrination sozialistischer Weltanschauungen zu verwechseln war, dass vielmehr Kritikfähigkeit, Problembewusstsein und soziale Solidarität eingeübt werden sollten, darauf legten insbesondere die linksalternativen Eltern Wert. Man wollte den Kindern die gesellschaftlichen Zwänge einsichtig machen und sie in dem Bewusstsein erziehen, dass die »Bedingungen unserer Zwangsgemeinschaft« »kollektiv auflösbar und veränderbar sind«.[92]

Sozialistische Lösungsmodelle und Ideologien wurden dagegen in den »proletarischen Erziehungsmodellen« der dogmatischen Gruppen praktiziert. Hier hieß es, die Kinder auf »den Kampf gegen diese Gesellschaft vorzubereiten« und ihnen ein »kritisches, sozialistisches Bewußtsein zu vermitteln«.[93] Da war in den Kinderbüchern dann auch gerne mal von den aus Verzweiflung saufenden Arbeitern die Rede: »Sauft euch um den Verstand, ihr machtlosen Idioten, schuftet weiter für uns, sauft und haltet die Klappe«, so fasste man die Gedankengänge der »kapitalistischen Schlaumeier« in einem *Kinderbuch für kommende Revolutionäre* von 1970 zusammen. Der Arbeiter ging dann aus Verzweiflung tatsächlich »saufen, und wenn er nach Hause kam, schlug er wieder einen Küchenstuhl mit dem anderen kaputt«.[94]

92 Busche, »Gedanken zur antiautoritären Erziehung«, S. 187; Seifert, »Kinderschule Frankfurt«, S. 160; Wolff, »Nach Auschwitz«, S. 77; Seifert, »Zur Theorie der antiautoritären Kindergärten«, S. 42; Werder, »Bedeutung«, S. 8.

93 Zitate: »Kinderladen Hamburg I (Altona)«, in: *vorgänge* 9, 5 (1970), hier S. 168; *KL-INFO* 4 – *sozialistische Kinderläden Westberlin* (12.02.1969), S. 8 (die Broschüre findet sich im APO-Archiv, Ordner Kila-Materialien).

94 Ernst Herhaus, *Kinderbuch für kommende Revolutionäre. Mit sechs Bildern von Gabriele Muschel*, München 1970, S. 12/13, 16. Vgl. zur Geschichte der Kinderbücher aus der Sicht des linksalternativen Milieus Dieter Richter, »Kinderbuch und politische Erziehung. Zum Verständnis der neuen linken Kinderliteratur«, in: *Ästhetik & Kommunikation* 4 (Oktober 1971) und 5/6 (Februar 1972), S. 5–12 und S. 23–32.

An die Stelle einseitiger Eltern-Kind-, Mutter-Kind- oder Kinder-gärtnerin-Kind-Fixierungen sollten, so die Kinderladenaktivisten, Kollektivierungen treten. Die Kernfamilie wurde durch mehrere Bezugspersonen ersetzt: Geschlechtsspezifische Rollenverteilungen und repressive Pädagogik sollten durch selbsttherapeutisches Erziehungsverhalten in der Kindergruppe substituiert werden. In den Kinderkollektiven, so wusste eine in einem Kinderladen engagierte Mutter 1969 über ihre Erfahrungen in Frankfurt zu berichten, soll dem Kind die Möglichkeit gegeben werden, »aus der Verfilzung und Ausschließlichkeit der affektiven Bindungen in der Familie auszubrechen und libidinöse Bindungen zu anderen Kindern im Kollektiv einzugehen«.[95]

Die Maxime der freien Entfaltung der Bedürfnisse und Interessen des Kindes bezog sich auf die unterschiedlichen Lebensbereiche: Schlafen, Essen, Sexualität, Spielen, Lernen sowie Sozialverhalten sollten sich an ihr ausrichten. So saßen die Drei- bis Fünfjährigen in einem Frankfurter Kinderladen um einen Tisch herum in Kinderräten zusammen, um zu beraten, was mittags gekocht werden soll: »Nach diesem Kochplan richten sich die Eltern.«[96] Das Essen beispielsweise lief unter dem Stichwort der Bedürfnisbefriedigung der Kinder ab, wie sich Monika Aly und Annegret Grüttner erinnerten: »Es gab zwar lose Regeln bezüglich des Sitzenbleibens, des gemeinsamen Anfangens, Aufessens etc., aber oft rannten die Kinder während des Essens herum, spielten und kamen wieder. Max kann bis heute seinen Teller nicht in Ruhe zu Ende essen.«[97] Gleiches galt für die Ablehnung des »Ordnungsdrills«, der als bloß antrainiertes Ordnungsverhalten der Eltern interpretiert wurde: »Wir wollten unsere Kinder nicht ständig reglementieren.«[98]

Wenngleich von den Protagonisten immer wieder darauf hingewiesen wurde, dass antiautoritäre Erziehung nicht mit einem

---

95 Dermitzel, »Thesen«, S. 186. Ähnlich auch Seifert, »Kinderschule Frankfurt«, S. 158; Gerd Koenen, *Das rote Jahrzehnt. Unsere kleine deutsche Kulturrevolution 1967-1977*, Köln 2001, S. 165.
96 Seifert, »Kinderschule Frankfurt«, S. 159; »Aufrechter Gang«, in: *Der Spiegel* 44 (26.10.1970), S. 62.
97 Aly/Grüttner, »Unordnung«, S. 39. Vgl. auch Werder, »Bedeutung«, S. 27.
98 Aly/Grüttner, »Unordnung«, S. 40.

Laissez-faire-Stil und »bloßem Gewährenlassen« zu verwechseln sei,[99] so war Freiheit doch das Zauberwort: Freiheit zum Spielen nach Lust und Laune, mit großem Platzangebot, nach lockeren Zeitrhythmen und ohne Restriktionen durch die Aufsichtspersonen.[100] Die durchgängig vorsichtige Wortwahl in Bezug auf die Sachautorität von Eltern deutet an, wie schwer die Begründungen für Eingriffe und Verbote in die Kinderwelt fielen. So waren der Schutz vor Gefahren oder die Einschränkung der Freiheit anderer Kinder als Grund für ein Einschreiten seitens der Erwachsenen meist akzeptiert, während kindliche Spielabläufe und die Ordnung der Kinderzimmer nicht gestört werden sollten.[101] Natürlich sollte nicht gestraft werden – weder mit Liebesentzug noch mit Gewalt. Umstritten war hingegen, ob Eltern ihre Kinder loben sollten, denn schließlich würde dadurch Ehrgeiz geweckt und die Abhängigkeit der Kinder von Erwachsenen befördert – Lenkung und »Manipulation kindlicher Bedürfnisse« waren verpönt.[102] Letztlich kam es bei dieser »Aporie der Selbstregulierung« zu einer Verwechslung von Ziel und Prozess. Die Einübung von Selbst- und Kollektivverantwortung wurde einer Selbstregulierung überlassen, die jedoch Ergebnis und nicht Ausgangspunkt der antiautoritären Erziehung hätte sein sollen.[103]

Als Legitimation für die Selbstfindung des Kindes und die Selbstregulierung innerhalb der Kindergruppe wurde häufig die vermeintliche »Natürlichkeit« der Kinder herangezogen. Andererseits galt die Selbstregulierung als Möglichkeit, eine »sich automatisch-natürlich entwickelnde kindliche Autonomie« zu bewirken.[104] In Verkehrung der Rollen nahmen sich die Eltern die Kinder geradezu zum Vorbild und mochten nichts weniger, als selbst Vorbilder zu sein. Die Offenheit und Unverkrampftheit der Kinder wurde

99 Breiteneicher u. a. (Hg.), *Kinderläden*, S. 119/120; Seifert, »Zur Theorie der antiautoritären Kindergärten«, S. 18, 25; Seifert, »Kinderschule Frankfurt«, S. 159; Busche, »Gedanken zur antiautoritären Erziehung«, S. 187.

100 Seifert, »Zur Theorie der antiautoritären Kindergärten«, S. 42; Baader, »Von der sozialistischen Erziehung«, S. 24/25.

101 »Aufrechter Gang«, in: *Der Spiegel* 44 (26.10.1970), S. 62-92.

102 Ebd.; Ulrike Wegener, »Über frühkindliche Sexualität und Aggression«, in: *vorgänge* 9, 5 (1970), hier S. 199; Seifert, »Zur Theorie der antiautoritären Kindergärten«, S. 19; Seifert, »Kinderschule Frankfurt«, S. 159/160.

103 Wolff, »Nach Auschwitz«, S. 80.

104 Seifert, Nagel (Hg.), *Nicht für die Schule leben*, S. 8.

zur Orientierungsmarke – diesen selbst fehlte in dieser Konstellation freilich oft die Orientierung.

Gruppenzwang und Aggressionen

Gruppenzwang unter Gleichaltrigen sei, so schrieb Dagmar Herzog kürzlich, kein Thema der antiautoritären Erziehungsliteratur gewesen.[105] Diese Einschätzung ist in dieser entschiedenen Form zwar nicht richtig, verweist aber auf die Problematik der Überschätzung der kindlichen Selbstregulierungsfähigkeiten. So wurde das Problem der Aggressionen unter den Kindern zwar immer wieder reflektiert und durchdacht, jedoch nicht selten blauäugig unterschätzt.[106] Man setzte darauf, dass die antiautoritär erzogenen Kinder bald selbst entdecken würden, »daß das Zusammenleben mit Altersgenossen lustvoll und dem Alleinsein [...] vorzuziehen ist«.[107] Zwar komme es zum Teil zu erheblichen Aggressionen unter den Kindern, so die Beobachtung – diese seien aber nur vorübergehender Natur, weil die Kinder ihre neu gewonnenen Freiheiten zunächst austesten und erproben wollten. »Zügellosigkeit und Hemmungslosigkeit« eines »tyrannischen Kindes« waren nach Auffassung von Monika Seifert nur kurzfristige Probleme. Sie bestünden nur so lange, wie die »Bedürfnisse nach Liebe und Zuwendung nicht oder mangelhaft gestillt« würden.[108]

Daher wurden kindliche Aggressionen als »unerlässliches Mittel jeder Triebregung« weitgehend akzeptiert: »Die Aggressionen der Kinder müssen so weit wie möglich ausgelebt werden, auch wenn sie sich in körperlichen Angriffen auf andere Kinder oder Erwachsene äußern«, hieß es 1970 in der Selbstdarstellung eines Autorenkollektivs der Berliner Kinderläden. Schließlich handelte es sich nach den Vorstellungen der Antiautoritäten nur um eine

105 Herzog, *Politisierung der Lust*, S. 208.

106 So behauptete etwa Reinhart Wolff 1992 ohne jeden empirischen Beleg schlichtweg apodiktisch: »Kinderladenkinder sind deutlich weniger aggressiv als ihre Altersgenossen« (Wolff, »Nach Auschwitz«, S. 78). Vgl. auch Baader, »Von der sozialistischen Erziehung«, S. 26; Schmid, »Wie die antiautoritäre Erziehung«, S. 51.

107 Seifert, »Zur Theorie der antiautoritären Kindergärten«, S. 21.

108 Seifert, »Kinderschule Frankfurt«, S. 159; Pieper, »Kinderladen Berlin-Kreuzberg«, S. 165/166; »Kinderladen Hamburg I (Altona)«, in: *vorgänge* 9, 5 (1970), S. 169.

»gleichsam therapeutische Phase«, in der die Kinder zunächst »ihrem Herzen durch Werfen mit Stühlen oder Beschmieren von Tisch und Wänden erst einmal Luft gemacht haben«. Nach dieser Phase des Nachspielens autoritären Zorns und des Austestens der neuen Freiheit und der »aufregenden Lust der Selbstbestimmung« würde sich ein harmonisches Zusammenleben unter den Kindern gleichsam von selbst einstellen.[109]

Bei Konflikten sollten die Kinder selbstständig zu kollektiven Lösungen innerhalb ihrer Gruppen finden. Erwachsene hatten sich bei Auseinandersetzungen und Aggressionen unter den Kindern möglichst zurückzuhalten. Körperliche Züchtigung war selbstverständlich verpönt. In einem Streit sollten die Erzieher den Kindern »klar machen, daß, solange sie sich streiten, keiner spielen kann. Zwang braucht von den Erwachsenen nicht ausgeübt zu werden.« Zum Teil war sogar gefordert, dass die von den Kindern geschlagenen Erwachsenen verständnisvoll reagieren sollten.[110]

8.3 Kindererziehung in den Wohngemeinschaften

Die antiautoritäre Erziehung der Kinder wollten die linksalternativen Aktivisten auch in den Wohngemeinschaften umsetzen. Tatsächlich war – neben dem Aktionsrat und dem Zentralrat – die Kommune 2 eine der ersten Initiativen, die aufgrund ihrer Beschäftigung mit Modellen der antiautoritären Erziehung einen Kinderladen gegründet hatte.[111] Gerd Koenens Urteil, der die beiden Kinder der Kommune 2 als »erste Kinderladenkinder« und als »Urpaar« der antiautoritären Erziehung bezeichnet hat, ist jedoch überzogen und falsch. Schließlich schrieben die Kommunarden selbst, dass vor ihnen bereits einige Kinderläden vom Aktionsrat gegründet worden waren.[112]

109 N. N., *Berliner Kinderläden*, S. 127/128 (Zitat S. 128); »Aufrechter Gang«, in: *Der Spiegel* 44 (26.10.1970), S. 62-92.

110 Seifert, »Zur Theorie der antiautoritären Kindergärten«, S. 42/43 (Zitat); Aly/Grüttner, »Unordnung«, S. 33-49; Herzog, *Politisierung der Lust*, S. 207, 218.

111 Dieter Kunzelmann, *Leisten Sie keinen Widerstand! Bilder aus meinem Leben*, Berlin 1998, S. 87; Ulrich Enzensberger, *Die Jahre der Kommune I. Berlin 1967-1969*, Köln 2004, S. 298.

112 Koenen, *Das rote Jahrzehnt*, S. 162; Baader, »Von der sozialistischen Erziehung«, S. 23.

Kollektive Erziehung wie in den Kinderläden war in den WGs allerdings eher ein Lippenbekenntnis, da die meisten Wohngemeinschaften aus ledigen und kinderlosen Studierenden bestanden. *Multiple mothering and fathering* war unter diesen Bedingungen gar nicht möglich. In Hamburg wie Braunschweig lag der Anteil der Kinder an den WG-Bewohnern bei unter vier Prozent; auch anderswo kam er nicht über fünf Prozent.[113] Die Wohngemeinschaften waren insgesamt wenig kindzentriert und die eigenen Bedürfnisse der Gruppenmitglieder rangierten deutlich vor der gemeinsamen Kinderbetreuung. Lediglich Frauen entlasteten einander durch die Übernahme von Betreuungsfunktionen – einer der Gründe, warum reine Frauenwohngemeinschaften entstanden.[114]

Gerade Einzelkinder blieben innerhalb der Wohngemeinschaften auf ihre leiblichen Eltern fixiert. Selten, so stellten Untersuchungen fest, wurden diese von anderen WG-Mitgliedern als »häufigster Interaktionspartner« des Kindes abgelöst. Erst wenn die Kinder etwas älter waren, reduzierte und relativierte sich die

113 Baader, »Das Private ist politisch«, S. 159; Helmut Kentler, »Die Wohngruppe als gesellschaftliche Institution«, in: Johannes Feil (Hg.), *Wohngruppe, Kommune, Großfamilie. Gegenmodelle zur Kleinfamilie*, Reinbek 1972, S. 7-19, hier S. 16 (Zitat); Gudrun Cyprian, *Sozialisation in Wohngemeinschaften. Eine empirische Untersuchung ihrer strukturellen Bedingungen*, Stuttgart 1978, S. 35/36, 49; Grete Meyer-Ehlers u. a. (Bearb.), *Kollektive Wohnformen. Erfahrungen, Vorstellungen, Raumbedürfnisse in Wohngemeinschaften, Wohngruppen und Wohnverbänden*, Wiesbaden, Berlin 1973, S. 165-171; Johannes Feil, »Familie ohne Alternative?«, in: ders. (Hg.), *Wohngruppe, Kommune, Großfamilie. Gegenmodelle zur Kleinfamilie*, Reinbek 1972, S. 20-37, hier S. 35/36; Dieter Korczak, *Neue Formen des Zusammenlebens. Erfolge und Schwierigkeiten des Experiments »Wohngemeinschaft«*, Frankfurt/M. 1979, S. 113; Herrad Schenk, *Wir wohnen zusammen – nicht allein. Wohngemeinschaften heute*, Köln 1984, S. 280-283; Rüdiger Pohl, Karl-Heinrich Voss, »Wohngemeinschaften in Braunschweig. Empirische Untersuchungen in Wohngemeinschaften«, in: Rüdiger Pohl u. a. (Hg.), *Mittlere Wohndauer: 18 Monate. Berichte, Daten und Meinungen über Wohngemeinschaften in der Stadt*, Hannover 1978, S. 45-173, hier S. 106, 149, 160; Klaus Müschen, *»Lieber lebendig als normal!« Selbstorganisation, kollektive Lebensformen und alternative Ökonomie*, Bensheim 1982, S. 54. Vgl. insgesamt: Reinhard Voss, *Kinder in Wohngemeinschaften*, Bonn 1983; Kommune 2, *Versuch der Revolutionierung des bürgerlichen Individuums*.

114 Cyprian, *Sozialisation*, S. 47-54, 104, 106. Cyprian (ebd., S. 48) nennt 83 Prozent der Gruppen »eindeutig erwachsen-orientiert«. Vgl. auch Korczak, *Neue Formen*, S. 113; Erika Spiegel, *Neue Haushaltstypen. Entstehungsbedingungen, Lebenssituation, Wohn- und Standortverhältnisse*, Frankfurt/M. 1986, S. 149.

herausgehobene Position der Eltern, wobei Spielen und Schmusen mit den Kindern zu den beliebtesten Aktivitäten der anderen Bewohner gehörten. Die zeitaufwändigen und regelmäßigen Tätigkeiten jedoch – vom Wecken und zu Bett Bringen, Anziehen und Waschen über das Abholen vom Kindergarten oder der Schule bis zur Hilfe bei den Hausaufgaben – verblieben ganz überwiegend bei den leiblichen Eltern. Auch bei den berufstätigen Müttern wurden meist nur befristete und improvisierte Lösungen gefunden. 71 Prozent der älteren WG-Kinder nannten dementsprechend einen Elternteil als ihre wichtigste Bezugsperson, wobei wiederum die Mütter deutlich wichtiger waren als die Väter. Über die immerhin fast 30 Prozent der Kinder, die dies anders sahen, berichten die sozialwissenschaftlichen Studien leider nichts. Kollektive Erziehung war insoweit eine Fiktion und wurde nur in den Bereichen praktiziert, die den anderen WG-Erwachsenen Spaß machten.[115] Wenngleich der Wandel der Geschlechterrollen auch im linksalternativen Milieu begrenzt blieb, so gab es hier doch so viele männliche Erzieher wie nie zuvor.[116] Trotz oder gerade deswegen wurde die Erziehung zu einem Dauerthema in den Wohngemeinschaftsdiskussionen. Oft zweifelten die Eltern an den Kompetenzen ihrer weniger erfahrenen Mitbewohner und an der Richtigkeit ihrer Verhaltensweisen.[117] Die Ungleichverteilung von Pflichten und Freiheiten führte, gerade wenn die WG-Mitglieder mit Kindern gegenüber den anderen WG-Mitgliedern in der Minderheit waren, zu Konflikten und gegenseitigen Vorwürfen. In einer im Sommer 1971 durchgeführten Studie über Berlin bemerkte eine WG-Bewohnerin: »Große Schwierigkeiten ergaben sich, wenn Eltern und ›Nicht-Eltern‹

---

115 Cyprian, *Sozialisation*, S. 49, 51, 54/55, 92-95, 102/103; Korczak, *Neue Formen*, S. 114; Meyer-Ehlers u. a. (Bearb.), *Kollektive Wohnformen*, S. 162/163, 185. Utopisch formuliert bei Kentler, »Wohngruppe«, S. 15/16.

116 Vgl. Baader (Hg.), »*Seid realistisch*«, S. 9; Breiteneicher u. a. (Hg.), *Kinderläden*, S. 34. Vgl. vor allem Till van Rahden, »Wie Vati die Demokratie lernte. Zur Frage der Autorität in der politischen Kultur der frühen Bundesrepublik«, in: *West-End. Neue Zeitschrift für Sozialforschung* 4, 1 (2007), S. 113-125. Rahden glaubt (auf der Basis einiger Schriften im kirchlichen Kontext) schon in den fünfziger Jahren das Ideal des »sanften Vaters« ausmachen zu können. Zwischen solchen Bekenntnisschriften und der Erziehungspraxis in der Gesamtgesellschaft dürfte sich gleichwohl ein enormer Unterschied zeigen.

117 Cyprian, *Sozialisation*, S. 47, 55, 57, 59 (sie beziffert diesen Wunsch auf 22 Prozent aller Angaben).

zusammenwohnen. Es entsteht schnell ein Schuldverhältnis. Eltern möchten entlastet werden, sehen die relative Unabhängigkeit der ›Nicht-Eltern‹. Diese möchten ihre relativ ungebundene Situation nicht aufgeben, fühlen sich aber ständig schuldig den überlasteten Eltern gegenüber.«[118]

8.4 Mediale Repräsentationen

Zum medialen Ereignis und vieldiskutierten Gegenstand in der Öffentlichkeit wurden die Kinderläden mit der Dokumentation *Erziehung zum Ungehorsam* des NDR-Redakteurs und promovierten Juristen Gerhard Bott. In dem am 1. Dezember 1969 in der ARD ausgestrahlten Film wurde der Öffentlichkeit eine Handvoll experimenteller, antiautoritär ausgerichteter Kinderläden für Zwei- bis Fünfjährige vorgeführt. Der Schwarzweißstreifen operierte mit Gegenüberstellungen zwischen herkömmlichen Kindergärten einerseits und der exemplarischen Darstellung der Verhältnisse in den antiautoritären Kinderläden (in Stuttgart, Frankfurt, Berlin und Hamburg) andererseits. Eine Stimme aus dem Off kommentierte die Vorgänge, unterlegt von einer Geräuschkulisse aus den Kinderläden. Neben dem Alltag (Essen, Spielen, Gespräche, Konflikte) wurden die Diskussionsrunden der Elternkollektive gefilmt, und Erzieher, Kinder und Experten wurden von Bott interviewt. Grundlegend für die Dokumentation ist der Vergleich zwischen den als gezwungen und sittsam präsentierten Kindern in den traditionellen Kindergärten und den freudigen und wilden Kindern der Kinderläden. Dementsprechend kamen in dem Streifen auch führende SDS-Sprecher wie Monika Seifert und Reinhard Wolff zu Wort. Ob die Kinderläden ihr Ziel erreicht hätten, so Botts Schlusskommentar, könne man erst in der Zukunft beurteilen. Aber schon lange vorher werde sich zeigen, »ob die Gesellschaft demokratisch genug ist, Erziehung zum Ungehorsam, verstanden als Erziehung zum aufrechten Gang, zu ertragen«.[119]

Die Reportage des liberalen Filmemachers über die noch junge Geschichte der Kinderläden erregte großes Aufsehen. In den Tagen

118 Meyer-Ehlers u. a. (Bearb.), *Kollektive Wohnformen*, S. 208.
119 *Erziehung zum Ungehorsam*, NDR, Dokumentationsfilm, Dezember 1969, Regie: Gerhard Bott.

nach der Sendung erhielt die ARD mehr als 200 Anrufe und 700 Zuschriften. Die Kinderladenidee spaltete die öffentliche Meinung: Knapp 52 Prozent der Zuschriften waren positiv, rund 47 Prozent negativ.[120] Die *Süddeutsche Zeitung*, der *Spiegel* diverse regionale Tageszeitungen wie die *Hannoversche Allgemeine*, die *Stuttgarter Zeitung* oder die *Lübecker Nachrichten*, ja selbst die *Welt* würdigten den Film und äußerten sich zustimmend. Nur einige konservative Zeitungen reagierten entrüstet.[121]

Während Bott aus liberalem Blickwinkel, angesichts überfüllter und autoritär geführter Kindertagesstätten, Verständnis für die jungen Linken zeigte, war die Titelgeschichte des *Sterns*, die schon im Februar 1969 erschienen war, ausgesprochen kritisch. Das Magazin stellte seinen fünf Millionen Lesern die »unartigsten Kinder« Deutschlands als »Horrorkabinett« vor. Von aggressiven Kindern, Frauentausch unter den Eltern und sexueller Grenzenlosigkeit der Kinder war in dem Sensationsreport zu lesen.[122] Die Geschichte erschütterte die Kinderladenszene, die eine derart kritische Berichterstattung zunächst nicht erwartet hatte. Nachdem die interviewten Kinderladenaktivisten die Möglichkeit einer Gegendarstellung in der *konkret*, einstweilige Verfügungen und Schadenersatzklagen über die Rechtsanwälte Otto Schily und Horst Mahler erwogen hatten, entschieden sie sich dafür, keine solchen Arrangements zu treffen. Stattdessen veranstalteten sie ein Go-in und besetzten zusammen mit den Kinderladenkindern die *Stern*-Redaktion. Zudem wurde die bereits im Januar 1969 diskutierte Informationssperre gegenüber der »bürgerlichen Presse« verschärft, um zu verhindern, in der Boulevardpresse als »exotisches Gewächs« oder Vorgriff auf »chaotische Anarchie« ausgestellt zu werden.[123]

120 Bott (Hg.), *Erziehung zum Ungehorsam*, S. 109/110. Vgl. zu Reaktion der sozialistischen Kinderläden auf Botts Film Breiteneicher u.a (Hg.), *Kinderläden*, S. 103.

121 *Süddeutsche Zeitung* 289 (03.12.1969); *Der Spiegel* 49 (01.12.1969); *Welt* 281 (03.12.1969); Bott (Hg.), *Erziehung zum Ungehorsam*, S. 119; Herzog, *Politisierung der Lust*, S. 203/204.

122 »Deutschlands unartigste Kinder«, in: *Stern* (22.02.1969). Vgl. Breiteneicher u.a. (Hg.), *Kinderläden*, S. 94-97; Werder, »Kinderläden«, S. 563; Herzog, *Politisierung der Lust*, S. 198-204; Kraushaar, *Achtundsechzig*, S. 136/137.

123 *KL-INFO 5 – sozialistische Kinderläden Westberlin* (15.03.1969), S. 4, 6/7 (die Broschüre findet sich im APO-Archiv, Ordner Kila-Materialien); *KL-INFO 2 – sozialistische Kinderläden Westberlin* (29.01.1969), S. 11-14 (die Broschüre fin-

Nichtsdestotrotz schlitterten die Kinderläden schon bald nach ihrer Eröffnung sowohl wegen Botts weitgehend wohlmeinender als auch wegen der kritischen Berichterstattung des *Sterns* in eine erste Krise. Aufgrund von Presseberichten über interne Probleme, einzelne Fälle verfehlter Pädagogik und die Kinderläden insgesamt gerieten diese in Verruf. Alles schien problematisch: Der Geruch nach abgestandenem Essen ebenso wie Kinder, die Bauklötze durch die Gegend warfen, die Mao-Plakate an den Wänden oder die mangelnde Sauberkeit.[124] Vor allem gegen die vom Zentralrat organisierten sozialistischen Kinderläden in Berlin regte sich medialer Widerstand. Die *Berliner Morgenpost* beklagte die »bolschewisierende« Wirkung der Kinderläden, in denen »Mao das Rotkäppchen verdrängt«, während der *Tagesspiegel* vom »Mißbrauch der Kinder als Versuchskaninchen« in einer »inhumanen Erziehungspraxis« sprach. Die *Welt* entdeckte eine »neue Form politischer Dressur«, während das *Spandauer Volksblatt* sich mit der Feststellung begnügte, dass diese Kinderläden »unappetitlichen Unfug« veranstalteten.[125]

Doch nicht nur in der Boulevard- und Massenpresse wurden die Kinderläden zu Kulturschändern stilisiert. Auch die Kritik von links wurde unüberhörbar. In seinem *konkret*-Beitrag »Was heißt eigentlich Kinderladen?« ging der Reporter und SPD-Politiker Bernd Michels – von 1973 bis 1989 Inoffizieller Mitarbeiter des Ministeriums für Staatssicherheit der DDR – auf Distanz zu den Kinderläden.[126] Der Artikel beurteilte die antiautoritäre Erziehung als problematisch, weil sie die Kinder nicht dazu befähige, in einer Leistungsgesellschaft zu bestehen. Die maoistischen Kinderladen-aktivsten aus Berlin sollten sich fragen, »ob die Kinder unbedingt allen Irrtümern ihrer Erzieher ausgeliefert werden müssen«. Die

det sich ebenfalls im APO-Archiv, Ordner Kila-Materialien); N. N., *Berliner Kinderläden*, S. 169-180 (Zitate S. 172 und 180); Breiteneicher u. a., *Kinderläden*, S. 94/95.

124 Breiteneicher u. a. (Hg.), *Kinderläden*, S. 94-100; N. N., *Berliner Kinderläden*, S. 169-179; Herzog, *Politisierung der Lust*, S. 199/200.

125 Zitiert nach Breiteneicher u. a. (Hg.), *Kinderläden*, S. 90, 104; N. N., *Berliner Kinderläden*, S. 177/178.

126 Helmut Müller-Enbergs, *Inoffizielle Mitarbeiter des Ministeriums für Staatssicherheit*, Teil 2, *Anleitungen für die Arbeit mit Agenten, Kundschaftern, und Spionen in der Bundesrepublik Deutschland*, Berlin ²1998, S. 227, Fußnote 967.

»elitäre Arroganz« der intellektuellen »Schrittmacher« der »sozialistischen Kinderläden« schreckten ohnehin das »aufnahmebereite
Kleinbürgertum« mit »revolutionären Phrasen und Soziologie-Chi-
nesisch« ab.[127]

Die Kinderläden und die Idee der antiautoritären Erziehung
wurden nicht nur in der Presse, sondern auch in diversen Netzwerken aus Intellektuellen, Medienschaffenden, Pfarrern, Sozialwissenschaftlern, Politikern und Künstlern kontrovers diskutiert.[128]
Dies hatte zwei Konsequenzen: Zum einen wurden die öffentlichen
Subventionen in vielen Städten gestrichen. Zum anderen erlangte
das Experiment bereits Ende der sechziger Jahre eine Popularität,
welche seiner bescheidenen, nahezu winzigen quantitativen Verbreitung in keiner Weise entsprach.

Pädagogik im Umbruch – zur Popularität
antiautoritärer Erziehung in den siebziger Jahren

Wie angesagt das Stichwort »antiautoritär« dank der medialen Aufmerksamkeit geworden war, belegt der enorme Erfolg von A. S.
Neills *Theorie und Praxis der antiautoritären Erziehung*. Die Erstauf-
lage des Buches von 1965, damals noch mit dem Titel *Erziehung in
Summerhill. Das revolutionäre Beispiel einer freien Schule* war nahezu
unbeachtet geblieben. Von der Neuauflage hatte der Verlag schon im
Februar 1971 650 000 Exemplare abgesetzt. Um 1970 war das Thema
antiautoritäre Erziehung in aller Munde, was nicht nur durch eine
Vielzahl von Beiträgen in Tagespresse, Zeitschriften, Fernsehen und
Rundfunk bestätigt wird. Der Bildband *Vorschulkinder* des Klett-
Verlages über die Kennedy-Schule verkaufte sich über 28 000-mal
und selbst von einem Sammelband des Bildungsrates über *Begabung und Lernen* gingen 24 000 Exemplare über den Ladentisch.[129]

127 Bernd Michels, »Was heißt eigentlich Kinderladen?«, in: *konkret* (der Artikel
    findet sich im APO-Archiv Berlin, Ordner »Kinderläden«. Umgekehrt ätzten
    auch die »sozialistischen Kinderläden« Westberlins gegen den Frankfurter
    Kinderladen von Monika Seifert. Siehe: *KL-INFO 4 – sozialistische Kinderläden
    Westberlin* (12. 02. 1969), S. 1/2 (die Broschüre findet sich im APO-Archiv, Ord-
    ner Kila-Materialien).

128 Schmidtke, *Aufbruch*, S. 168.

129 Reinhard Uhle, »Pädagogik der siebziger Jahre – zwischen wissenschaftsorien-
    tierter Bildung und repressionsarmer Erziehung«, in: Werner Faulstich (Hg.),
    Die Kultur der siebziger Jahre, München 2004, S. 49-63, hier S. 50/51; Baader,

Auch Pädagogikfakultäten griffen das antiautoritäre Experiment auf und diskutierten die Maßnahmen unter wissenschaftlichen Vorzeichen.[130] Selbst Hildegard Hamm-Brücher, von 1969 bis 1972 Staatssekretärin im Bundesministerium für Bildung und Wissenschaft, verteidigte 1970 eine »konsequent freiheitliche demokratische Erziehung«, wenngleich sie im selben Atemzug vor Auswüchsen der »Zügellosigkeit« in der antiautoritären Erziehung warnte.[131]

Das öffentliche Interesse an den Kinderläden im engeren Sinne speiste sich in den breiten Strom medialer Aufmerksamkeit für Kinder in den siebziger Jahren ein. Der Konsum von Kinderspielzeug und -bekleidung stieg massiv an und es entstand ein breiter Markt für Kindermedien. Dieser reichte von Hörspielkassetten (unter anderem mit den Erfolgsformaten Benjamin Blümchen [1977] und Bibi Blocksberg [1980]) über Kindertheater (wie das 1966 gegründete und dann 1972 in Grips-Theater umbenannte und nunmehr in der breiteren Öffentlichkeit bekannt gewordene Schauspielhaus) bis zur Kinderliteratur (von phantastisch mit Michael Endes *Momo* bis zu sozialkritisch mit Gudrun Pausewangs *Die Wolke*). Geradezu explosionsartig erweiterte sich das Angebot an TV-Sendungen für Kinder, die durchgängig mit dem Fernsehen groß wurden. Neben *Lassie* und *Flipper* wurden neue Formate entwickelt. Allein 1972 strahlten die ARD-Sendeanstalten mit *Maxifant und Minifant*, *Das feuerrote Spielmobil* und der Erfolgsserie *Die Sendung mit der Maus* gleich drei neue Sendeformate für Kinder aus. Dazu kamen Unterhaltungsserien wie *Pan Tau*, *Biene Maja*, *Heidi* oder *Pinocchio* und Literaturverfilmungen wie *Nordsee ist Mordsee* oder die *Vorstadtkrokodile*. Zum absoluten Schlager wurde die anfangs umstrittene *Sesamstraße*, die 1974 im norddeutschen Senderaum bereits von 92 Prozent aller 3- bis 10-jährigen gesehen wurde. Kurzum: Den Kindern wurde mehr Aufmerksamkeit geschenkt, wobei weniger Kindheitsidyllen oder restriktive Erziehung die Stoffe bestimmten

»Von der sozialistischen Erziehung«, S. 31; Kraushaar, *Achtundsechzig*, S. 138; »Aufrechter Gang«, in: *Der Spiegel* 44 (26.10.1970), S. 65 (im Oktober 1970 waren es 495 000 verkaufte Exemplare); Busche, »Gedanken zur antiautoritären Erziehung«, S. 190 (Anfang 1970 waren es scheibar nur 140 000 verkaufte Exemplare).

130 Schmidtke, *Aufbruch*, S. 165.

131 »Aufrechter Gang«, in: *Der Spiegel* 44 (26.10.1970), S. 64.

als vielmehr eine neue Konfrontation mit sozialen Problemlagen und Funktionsweisen der Erwachsenenwelt.[132]

In Zusammenhang mit dem linksalternativen Milieu stand besonders die zwischen 1973 und 1984 ausgestrahlte Sendung *Rappelkiste* im Kinderprogramm des ZDF. Nach heftigen Diskussionen im Fernsehrat und im entsprechenden Ausschuss Jugend, Bildung und Erziehung ging die Serie schließlich auf Sendung und wurde ab September 1973 dreimal pro Woche für jeweils 30 Minuten gesendet. Die *Rappelkiste* wurde zu einem Erfolgsformat: Sie erzielte in den siebziger Jahren hohe Einschaltquoten und wurde 1973/74 mit dem Adolf-Grimme-Preis in Silber ausgezeichnet.[133] Elmar Lorey, Ingo Hermann und Bärbel Saal, Redakteure der Sendung, verstanden die *Rappelkiste* nicht als Konkurrenz zu der *Sesamstraße*, die in der ARD lief. Zugleich aber hieß es, die *Sesamstraße* fröne einer »Coca-Cola-Mentalität«, während die *Rappelkiste* kindliche Konfliktsituationen aufgreife und die Kinder zu Autonomie und Verantwortung erziehe.[134] In der Tat begriff sich die *Rappelkiste* vor allem als Angriff auf einen Erziehungsstil, der auf Ermahnungen und Maßregelungen ausgerichtet war. Die dargestellten Kinder waren mal ruppig und rotzig, mal zärtlich oder verletzbar, mal widerborstig und sanft. Ihre ganze Vielfältigkeit und Natürlichkeit sollte präsentiert werden, wobei die Macher der Sendung, wie eine *Zeit*-Redakteurin zusammenfasste, »die Kinder ohne Herablassung als Partner akzeptieren« wollten und »bereit waren, von ihnen zu lernen«. Pädagogik meinte hier, Probleme der Identitätsfindung zu

132 Hans-Werner Kübler, »Die eigene Welt der Kinder. Zur Entstehung von Kinderkultur und Kindermedien in den siebziger Jahren«, in: Werner Faulstich (Hg.), *Die Kultur der siebziger Jahre*, München 2004, S. 65-80; Axel Schildt, Detlef Siegfried, *Deutsche Kulturgeschichte. Die Bundesrepublik – 1945 bis zur Gegenwart*, München 2009, S. 344-350.

133 Vgl. Peter Nemetschek, Susanne van Lessen (Hg.), *Ene mene miste Rappelkiste. Das Begleitbuch zur ZDF-Fernsehreihe für Kinder, Eltern und Erzieher*, Weinheim, Basel 1975; Paul Löhr, »Geschichte des ARD- und ZDF-Kinderfernsehens von seinen Anfängen bis zum Ende des 8oer Jahre«, in: Hans D. Erlinger, Dirk U. Stötzel (Hg.), *Geschichte des Kinderfernsehens in der Bundesrepublik Deutschland. Entwicklungsprozesse und Trends*, Berlin 1991, S. 47-65; Elke Baur u.a., *Wenn Ernie mit der Maus in der Kiste rappelt. Vorschulerziehung im Fernsehen*, Frankfurt/M. 1975.

134 Ute Blaich, »Kinder nicht als schicke Staffage«, in: *Die Zeit* 40 (28.09.1973), S. 18; Baur u.a., *Wenn Ernie*, S. 191-200.

benennen, das Selbstbewusstsein zu stabilisieren und Voraussetzungen für autonomes Handeln zu beleuchten.[135]

Die *Rappelkiste* verpflichtete sich explizit den Themen der antiautoritären Pädagogik:

Das Verhältnis Kinder-Erwachsene, die Machtverteilung; das Aufdecken von übernommenem Rollenverhalten aus der Erwachsenenwelt, wie etwa die Unterschiede im Verhalten von Jungen und Mädchen; Geld und Arbeit; schmutzig und sauber, die Notwendigkeit und die Ritualisierung; die Kinder sollen lernen zu fragen Warum?; Besitz und Macht, daraus entstehende Verhaltensweisen; das Kennenlernen des eigenen Körpers und Sensibilität; Außenseiter in der Gruppe; Wohnverhältnisse.[136]

Die Sendung beschäftigte sich in erster Linie mit dem Umgang der Menschen untereinander – aus der Sicht der in einer vorrangig an Erwachsenen orientierten Welt lebenden Kinder. Sie zielte explizit darauf ab, Lernprozesse zwischen Kindern und Erwachsenen zu inspirieren: Erwachsene sollten Kindern nicht das Gefühl von Ohnmacht und Unterlegenheit geben, sondern diese »für voll nehmen«, mit ihnen reden und ihnen das Gesehene erklären.[137] Insbesondere die Art und Weise, wie diese Themen bearbeitet wurden, machte aus der *Rappelkiste* eine nahezu linksalternative Veranstaltung. Mit den Puppen Ratz und Rübe, den Knetfiguren Ompis, den Realgrotesken Oswin und Nickel sowie einer Mischung aus Real- und Trickfilm tauchten hier alleinerziehende Väter auf, Ausbeutungsverhältnisse auf der Arbeit und die Problematik von kapitalistischen Besitzverhältnissen wurden thematisiert – alles freilich kindgerecht in Spielform oder in Alltagssituationen umgesetzt. Etwa in der Frage, wieso der Lolli am Kiosk dem Kioskbesitzer gehört, obwohl er kein Bedürfnis nach dessen Konsum habe. Oder mit der Geschichte »Vom Arbeiten müssen« über Ratz, der sich mit einer Schubkarre durch die Gegend schieben lässt und diese Dienste mit Bonbons, von denen er eine ganze Tüte hat, bezahlt. Rübe und Otto (eine weitere Spielpuppe) wollen die Bonbons, und Großbonbonbesitzer Ratz handelt den Lohn dadurch herunter, dass er Rübe und Otto gegeneinander ausspielt. Eine Sendung aus

---

135 Blaich, »Kinder nicht als schicke Staffage«, S. 18.
136 Baur u. a., *Wenn Ernie*, S. 196.
137 Nemetschek/van Lessen (Hg.), *Ene mene miste Rappelkiste*, S. 7, 22.

dem Jahre 1975, die das Thema beengte Wohnverhältnisse behandelte, äußerte explizite Kritik an Hausbesitzern – was zu empörter Zuschauerpost führte, in der es unter anderem hieß: »Die Autoren scheuen sich nicht, hunderttausende anständige Unternehmer und Hausbesitzer in diesem Lande als profitgierige Ausbeuter zu diffamieren. Das besonders Perfide aber ist die unterschwellige sozialistische, ja fast kommunistische Indoktrination der Kinder durch Kindesmund.« Ein anderer Zuschauer meinte: »Was soll der Quatsch von dem armen Arbeiterkind und dem reichen, kapitalistischen Hausbesitzerjungen? Was soll der Hinweis, daß seine Eltern sich aus der Miete der Hausbewohner mit Nerzpelz und Schmuck versorgen?«[138] Tatsächlich erreichte die *Rappelkiste*, die für die Zielgruppe der Drei- bis Sechsjährigen gemacht war, die »soziokulturell und sozioökonomisch benachteiligten Gruppen«.[139] Besonders beliebt war sie bei Familien mit niedrigem Einkommen, da diese die Darstellungen als realistisch empfanden.[140]

Neben der *Rappelkiste* gab es eine Reihe antiautoritärer Kinderbücher mit Reimen wie »zwei, vier, sechs, acht – wird hier ein Fresssack umgebracht?«. In Comicstrips wurde ein Fabrikbesitzer schmatzend, schlürfend und rülpsend mit »Wutpickeln« gezeigt. Er verrät, dass er seinem besten Arbeiter demnächst eine Kuckucksuhr schenken wolle, denn »er macht mir jedes Jahr 30 000 Mark extra!«[141] Im *Kinderbuch für kommende Revolutionäre* trat der Kommunist Keerlke auf, der den Kapitalisten am liebsten »die Puste ausblasen« und das »Genick umdrehen« würde. Diese Figur war in seiner Entschiedenheit den Autoren allemal lieber »als die Ahnungslosigkeit der Leute, die nicht einmal wußten, was Kapitalismus ist«.[142]

Scheinbar realitätsnahe Spiele, in denen sich Kinder mit gesellschaftlichen Problemlagen auseinandersetzen sollten, nahmen eine besondere Rolle in der antiautoritären Erziehung ein. In Spiel und Theater sollte den Kindern ermöglicht werden, »Ausschnitte

138 ⟨http://www.zuschauerpost.de/zupo/docs70/1975a.htm⟩, letzter Zugriff am 08.04.2013.
139 Nemetschek/van Lessen (Hg.), *Ene mene miste Rappelkiste*, S. 100; Blaich, »Kinder nicht als schicke Staffage«, S. 18.
140 Nemetschek/van Lessen (Hg.), *Ene mene miste Rappelkiste*, S. 102.
141 »Aufrechter Gang«, in: *Der Spiegel* 44 (26.10.1970), S. 64, 90.
142 Herhaus, *Kinderbuch*, S. 12/13.

aus ihrem Leben, Szenen der Unterdrückung und Bewältigung zu spielen«.[143] »[N]ur im Spiel«, so erklärte Lutz von Werder dessen herausgehobene Stellung, habe das Kind »die Chance […], die tägliche Erfahrung von Ohnmacht, von Mißachtung seiner Bedürfnisse, von Angriffen auf seine Würde zu verarbeiten. Nicht zufällig ist ein großer Teil des Kinderspiels Angst machenden und bedrohlichen Situationen gewidmet.«[144]

8.5 Kindliche Sexualität und das Problem der Pädophilie

Neben der Kritik am Ungehorsam der Kinder, dem Schmutz und der angeblich mangelnden Ordnung erregte sich die öffentliche Meinung vor allem über die Frage der kindlichen Sexualität. Dagmar Herzog schildert, dass bei der ARD über 600 Zuschauerbriefe zu Botts Dokumentation eintrafen, in denen sich Zuschauer über die »Nackedeis« und ihre »schmutzigen Spiele« echauffierten, die Missachtung der »Sittengesetze« bemängelten und meinten, dass die Kinder gleichsam sexuell missbraucht würden. Die Nacktheit der Kinder empörte die Gemüter ebenso wie die Tatsache, dass Ausziehspiele, sexuelle Anspielungen und Doktorspiele weder verboten noch negativ bewertet wurden.[145] Bis in unsere Tage reicht das Lamento über das kindliche Fehlverhalten, über die »ans Psychopathische grenzenden Aggressionen«, den »Neo-Stalinismus« des »sozialistischen Gesinnungsstaates« und das »freie Ausleben der Sexualität« in den Kinderläden.[146]

Die Anerkennung frühkindlicher Sexualität gehörte in der Tat ausdrücklich zum Programm der Kinderladenpädagogik. Nackt

---

143 N. N., *Berliner Kinderläden*, S. 140.

144 Werder, »Bedeutung«, S. 11. Auch ebd., S. 29.

145 Herzog, *Politisierung der Lust*, S. 203/204; Aly/Grüttner, »Unordnung«, S, 39; Christin Sager, »Das Ende der kindlichen Unschuld. Die Sexualerziehung der 68er-Bewegung«, in: Meike S. Baader (Hg.), »*Seid realistisch, verlangt das Unmögliche*«. *Wie 1968 die Pädagogik bewegte*, Weinheim, Basel 2008, S. 56-68, S. 62.

146 Zitate von Herbert Barth, Karl Erlinghausen, Wolfgang Brenzinka und Martin Bueb. Zitiert nach Brumlik, »Autorität« S. 184-186; Werder, »Die antiautoritäre Erziehung«, S. 47/48.

herumlaufen, spielen mit dem eigenen Körper und dem Körper anderer, sexuelle Erkundungen – all dies wurde nicht nur geduldet, es wurde dazu ermutigt.[147] Man kritisierte die traditionelle Bestrafung von Onanie bei Kindern und wollte das Thema kindliche Sexualität explizit aufgreifen und offensiv thematisieren. Onanie und die »diffuse Triebstruktur des Kindes«, hieß es, seien eine notwendige Vorbereitungsperiode für spätere, zielgerichtete genitale Sexualität. Die Unterdrückung infantiler Sexualität sei der Ausgangspunkt der Fesselung menschlicher Freiheit und Bedürfnisbefriedigung und der Entstehung autoritärer Charaktere.[148]

Das stand in Kontrast zur bundesrepublikanischen Politik der sechziger und frühen siebziger Jahre, die mit dem Thema Sexualität tatsächlich ihre Probleme hatte. Dies lässt sich am Sexualkundeunterricht exemplarisch verdeutlichen. Zwar gab die Kultusministerkonferenz schon 1968 die Empfehlung heraus, die Sexualerziehung flächendeckend an den Schulen einzuführen. Doch erst in den späten siebziger Jahren setzten auch die letzten Bundesländer die Vorschläge um. So waren etwa der 1969 als allgemeines Unterrichtsmittel eingeführte Sexualkunde-Atlas und Einträge in den Biologie-Schulbüchern heiß umstritten. Noch 1978 musste das Bundesverfassungsgericht aufgrund der Klage eines Hamburger Elternpaars und eines baden-württembergischen Vaters das Recht der Schulen auf Sexualerziehung ausdrücklich bestätigen. In der Schulpraxis versandeten die Unterrichtspläne zur Sexualaufklärung jedoch. Die Lehrer drückten sich, oft aus Angst vor Beschwerden vonseiten der Eltern, vor dem heiklen Thema.[149] Die gesellschaftlichen Abwehrschranken für eine offene Behandlung jugendlicher Sexualität, insbesondere aber für die von kleinen Kindern, waren zu dieser Zeit sehr hoch. Onanie im Kindesalter und Doktorspiele waren als Schul- und Unterrichtsthemen ohnehin nicht vorgese-

---

147 Bott (Hg.), *Erziehung zum Ungehorsam*, S. 100; Johannes Claßen (Hg.), *Antiautoritäre Erziehung in der wissenschaftlichen Diskussion*, Heidelberg 1973, S. 101; Uhle, »Pädagogik«, S. 58; Herzog, *Politisierung der Lust*, S. 204-207; Kraushaar, *Achtundsechzig*, S. 133.

148 Seifert, »Kinderschule Frankfurt«, S. 160; Sager, »Ende«, S. 58, 60-66; Herzog, *Politisierung der Lust*, S. 204-206.

149 Siehe BArch Koblenz, B 310, Nr. 1107; »Sexualkunde, na, das macht der Kollege«, in: *Der Spiegel* 9 (27.02.1978), S. 62-76. Zur Diskussion um den Sexualkunde-Atlas siehe BArch Koblenz, B 310, Nr. 1106, 1108, 1109.

hen. Kinder galten als unschuldig, Sexualität und Kindheit schlossen sich gegenseitig aus.[150]

Bereits 1965 hieß es in *Das Argument*, dass die bürgerliche Familie die Sexualität der Kinder verneine. Daher sollte eine Erziehung außerhalb dieser Institution erfolgen.[151] Ganz ähnlich behauptete Monika Seifert, dass sich der freien Entwicklung der kindlichen Sexualität eine »grundsätzlich sexual- und lustfeindliche Gesellschaft« wie auch das »gestörte Verhältnis des Erwachsenen zur Sexualität« entgegenstelle.[152] Die Psychologen Rolf Grigat und Reiner Kemmler betonten, dass die kindliche Triebhaftigkeit nicht unterbunden werden dürfe, da sonst Hass und autoritäre Charakterstrukturen entstehen würden.[153] Viele Kinderladenaktivisten legten besonderen Wert auf die Entfaltung kindlicher Sexualität, denn gerade deren gesellschaftliche Tabuisierung bewirkte, so glaubten sie, autoritäre Verklemmungen und eine Schädigung des freiheitlichen Charakters.[154] Immer wieder wurde daher diskutiert, ob Kinder von Sexualität der Ewachsenen ausgeschlossen werden sollten oder ob nicht doch der freie und offene Umgang mit dem Geschlechtsverkehr von Erwachsenen für die kindliche Entwicklung förderlicher sei. Wichtiger als das Bedürfnis der Eltern und Erwachsenen nach Intimität und Privatsphäre war ihnen das Recht des Kindes auf Grenzenlosigkeit und Verbotsfreiheit.[155]

In erster Linie dachte man aber an die »affektiven Strebungen« der Kinder untereinander. Diese sollten im selbstregulierten Kollektiv ihre »sexuellen bzw. genitalen Bedürfnisse« erkunden und ausleben dürfen. Die Entdeckung der Körperlichkeit, die Onanie, der Exhibitionismus und Voyeurismus, die Doktor- und Sexualspiele unter den Kindern sollten aktiv unterstützt und durch ver-

150 Volkmar Sigusch, *Geschichte der Sexualwissenschaft*, Frankfurt/M., New York 2008, S. 440; Mit falschen Jahresangaben: Sager, »Ende«, S. 62/63, 67.

151 Ursula Schmiederer, »Emanzipation der Frauen. Anmerkungen zu den Argument-Heften«, in: *Das Argument* 35 (1965), S. 41-46, hier S. 44.

152 Seifert, »Kinderschule Frankfurt«, S. 160/161.

153 Rolf Grigat, Reiner Kemmler, *Autoritäre und antiautoritäre Erziehung*, München [1982], S. 99/100.

154 Micheler, »Sexualitätsdiskurs in der Studierendenbewegung«, S. 18.

155 Für dieses Diskussionen siehe: Wegener, »Über frühkindliche Sexualität und Aggression«, S. 199; Seifert, »Kinderschule Frankfurt«, S. 162; Seifert, »Zur Theorie der antiautoritären Kindergärten«, S. 25; Sager, »Ende«, S. 65.

klemmte Erziehende nicht bloß geduldet werden.[156] So liest man etwa in der Selbstdarstellung eines autonomen Kinderhauses in Heidelberg:

Jule und Maurice spielen mittags Ausziehspiele. Das Einzige, was ich richtig mitbekommen habe, ging folgendermaßen: Julia zieht sich die Unterhose aus, setzt sich auf den Tisch und spreizt die Beine ganz weit. Maurice schnüffelt ihr am Arsch und an der Scheide. Ich tippe auf ›Arztspiel‹, in Wirklichkeit probieren sie aus, ›wie das riecht‹, ›wie Pisse und Kacke riechen‹. Simone sitzt ganz baff daneben und guckt zu. Später geht es draußen auf der Vordertreppe weiter, Patrick macht auch mit. Dann wollen die beiden Jungen lieber in der Abgeschlossenheit des Matratzenzimmers weiterspielen.[157]

Mit Blick auf die Sexualität zwischen Erwachsenen und Kindern wies Alice Schwarzer 2001 auf die angebliche Affinität Daniel Cohn-Bendits zur Pädophilie hin und führte dabei ein Vorkommnis an, das sich Mitte der siebziger Jahre in einem Frankfurter Kinderladen abgespielt haben soll. Cohn-Bendit hatte 1975 in seinen Erinnerungen unter dem Titel *Der große Basar* freimütig erzählt, dass er sich von einem fünfjährigen Mädchen am Hosenlatz streicheln ließ. Wie sich später herausstellte, war dies offenbar eine frei erfundene Szene, die Cohn-Bendit nur deshalb in Umlauf brachte, um sich im Stile des haltlosen Provokateurs gegen die spießige Sexualfeindlichkeit in Szene zu setzen.[158] Bei Gerhard

156 N. N., *Berliner Kinderläden*, S. 48, 104/105; Seifert, »Zur Theorie der antiautoritären Kindergärten«, S. 25; Sager, »Ende«, S. 66; Seifert, »Kinderschule Frankfurt«, S. 161.

157 Elke Billau u. a. (Hg.), *Bilder und Texte vom Kinderhaus Neuenheim in Heidelberg*, Stuttgart 1980, S. 88. Lustig ist der mit einer Schreibmaschine geschriebene Einlegezettel in dieser Publikation vom 03. 11. 1980, der laut Unterschrift vom kleinen Felix stammt und sich auf das Schulkinderinterview in dieser Publikation bezieht: »und dann haben die Erwachsenen sich wahrscheinlich gedacht, oh ja, das klingt so wie Kinder, und haben uns gar nicht ernst genommen. Wenn die Erwachsenen bescheuert sind, warten wir doch auch immer, bis man wieder richtig mit denen reden kann. Als ob wir immer nur Pipifax und Kakafurz im Kopf hätten. Ich finde, wir sind verarscht worden. [...] Das haben die einfach so ohne Gedanken hingedruckt, und wir müssen uns jetzt ärgern.«

158 Alice Schwarzer, *Alice im Wunderland. Eine Zwischenbilanz*, Köln 2002, S. 136; Daniel Cohn-Bendit, *Der große Basar*, München 1975, S. 143; Inge Günther, »Der Kinderfreund«, in: *Frankfurter Rundschau* (17. 05. 2013) ‹http://www.fr-online.de/politik/cohn-bendit-der-kinderfreund,1472596,22796660.html›,

Bott liest man die Geschichte eines Kinderladenkindes, welches Beine und Gesäß einer Betreuerin streichelte und dieses Spiel so lange fortführte, bis die Betreuerin »praktisch in der Unterhose« vor den Kindern stand. Die Frau begann sich erst dann zaghaft zu wehren, als ein Junge an ihren Schamhaaren herumriss.[159] In der Kommune 2 soll die dreijährige Grischa den Körper eines Mannes gestreichelt haben, der daraufhin sogar eine Erektion bekam. Erst ihre Erkenntnis, dass sein Geschlechtsorgan »zu groß« sei, führte dazu, dass sie den Gedanken an Kopulation fallenließ.[160] Monika Seifert wiederum, die 1977 über ihre Kinderschule berichtete, dass »bisher kein Fall von versuchter, direkter, zielgerichteter sexueller Aktivität eines Kindes mit einem Erwachsenen beobachtet wurde«, führte als Erklärung hierfür die »Hemmungen und Unsicherheiten der Erwachsenen« an – fast hat man den Eindruck, als ob sie sich dafür entschuldigen wolle, dass die Kinder ihre »sexuelle Neugier an diesem Punkt unterdrücken«. Schließlich hatte Seifert doch zuvor konstatiert, dass sich die »sexuelle Wißbegier der Kinder, [...] wenn sie durch keine Verbote gehemmt wird, auch auf den Erwachsenen erstreckt«.[161]

Diese unterschiedlichen Geschichten schildern das allgemein verbreitete Laissez-faire in Sachen kindlicher Sexualität. Ihr Ziel, so Monika Seifert, sei es, dass die Kinder »ihre Bedürfnisse bei der

    letzter Zugriff am 29.05.2013; Wolfgang Kraushaar, »Bewegte Männer? Wie Teile der Linken und der alternativen Szene Pädophilie als Emanzipation begriffen«, in: *Die Zeit* 22 (27.05.2010). Vor Kurzem hat der baden-württembergische CDU-Fraktionschef Peter Hauk die Vorwürfe mit neuem Material, einer Aussage Cohn-Bendits in einem Video aus dem Jahr 1982, wiederholt: 〈http://www.badische-zeitung.de/vorwuerfe-gegen-cohn-bendit-cdu-prae sentiert-neues-material〉, letzter Zugriff am 12.04.2013. Zur anschließenden Mediendebatte, die zur Einsetzung einer Untersuchungskommission bei den Grünen führte, siehe nur: »Die sind alle meschugge« (Interview mit Daniel Cohn-Bendit), in: *Der Spiegel* 20 (13.05.2013), S. 26-29; »Agent Provocateur« (Interview mit Marielusie Beck), in: *Die Zeit* 21 (16.05.2013), S. 6; »Grüne lassen Pädophilen-Einfluss prüfen«, in: *Zeit Online* vom 13.05.2013 〈http://www. zeit.de/gesellschaft/2013-05/gruene-paedophilie-untersuchung〉, letzter Zugriff am 17.05.2013.

159 Bott (Hg.), *Erziehung zum Ungehorsam*, S. 43/44.
160 Kommune 2, *Versuch*, S. 92; »Aufrechter Gang«, in: *Der Spiegel* 44 (26.10.1970), S. 63.
161 Seifert, »Zur Theorie der antiautoritären Kindergärten«, S. 25; Seifert, »Kinderschule Frankfurt«, S. 162.

Wahl sexueller Partner selbst regulieren«.[162] Die diskriminierten und tabuisierten Sexualformen sollten offengelegt werden – nicht selten auch mit Spaß an der Provokation der vermeintlich verkniffenen »Spießer«. Doktorspielchen der Kinder des selbstverwalteten Kinderhauses Neuenheim am Stadtrand von Heidelberg wurden auch dann nicht unterbunden, wenn die Betreuer kindliche Formen von Geschlechtsverkehr beobachten konnten. In einer 1980 publizierten Studie des Kinderhauses hieß es über einen Jungen namens Yohan: »Er hat schon öfter versucht, seinen Pimmel in die Scheide von einem Mädchen oder in Sean's Arsch zu stecken, oder den Pimmel an einer Scheide zu reiben, was die Mädchen je nach Yohans Behutsamkeit und ihrer eigenen Laune verschieden lustvoll bzw. ablehnend aufnahmen.« Die »autonome Kindertagesstätte« war 1970 im Zuge der Kinderladenbewegung gegründet worden.[163]

Das Münchner *Blatt* setzte sich Mitte der siebziger Jahre zur Aufgabe, eine Diskussion über »Sexualität und linke Moral« in Gang zu setzen. Zum Stein des Anstoßes wurde ein Artikel in einer Ausgabe der Zeitschrift von 1976, in dem ein Gespräch zwischen Paul und Ruud wiedergegeben wurde, die Mitglieder der Roten Schwulengruppe in Nimwegen waren. Die Niederlande galten den Pädoaktivisten damals als vorbildlich. In der inkriminierten Stelle sagte Paul:

Ich erfahre es als bedrückend, daß es ein Tabu eines Orgasmus bei Kindern gibt. Das steckt auch in mir. Ich habe einmal im Wald mit Jungen gespielt und wir haben uns in einiger Entfernung die Pimmel angeschaut. Dann sind die Jungen geflüchtet. Ich habe dann gewichst und dachte, wenn die mich abspritzen sehen, ist das unheimlich geil. Gleichzeitig war das Tabu da, sie würden es ihren Eltern erzählen, daß ich einen Orgasmus in ihrer Anwesenheit hatte. Als ich sie wieder laufen und schreien hörte, hatte ich einen sehr tollen Orgasmus. Ich habe für einen Augenblick das Tabu durchbrochen.[164]

162 Seifert, »Zur Theorie der antiautoritären Kindergärten«, S. 23.
163 Gespräch mit Christian Jansen in Bochum (02.04.2009); Billau u. a. (Hg.), *Kinderhaus Neuenheim*, S. 86, 124.
164 »... nicht in den großen Käfig stecken«, in: *Blatt* 79 (1976), S. 12-14. Vgl. auch die Beschreibung der Poppie in dem *Kinderbuch für kommende Revolutionäre* des alkoholabhängigen Schriftstellers Ernst Herhaus (S. 22-26). Die kleine Poppie wird zu einer Prostituierten, die mit Ärzten und älteren Männern Sex hat. Die Aussagen dieser Männer erinnern stark an pädophile Machtphantasien (»Du bist ein hübsches, stark entwickeltes Mädchen.‹ [...] ›Bist du schon auf-

Im Juni 1976, etwa zeitgleich mit der Beschlagnahmung der Ausgabe des *Blatts* wegen Jugendgefährdung, wurde dessen ständiger Mitarbeiter Peter Schult der Pädophilie angeklagt, weil er einem achtjährigen Mädchen, welches von zu Hause ausgerissen war, Unterkunft gewährt und dieses anschließend sexuell missbraucht haben soll. Im Herbst begann der Prozess, der mit einer rechtskräftigen Verurteilung Schults zu zwei Jahren und drei Monaten Gefängnis endete.[165]

Bereits kurz nach Prozessbeginn war es zu intensiven Diskussionen in der linken Szene gekommen. In München stürmten Vertreterinnen der Frauenbewegung die *Blatt*-Redaktion, die sich hinter ihren Mitarbeiter gestellt hatte. Während die Redakteure die Urteilsfindung kritisierten, forderten die Frauen den Ausschluss Schults und ein künftiges Schreibverbot für ihn.[166] Schult, der sich selbst als »homosexuellen Anarchisten« bezeichnete, war eine schillernde Figur der linksalternativen Szene. Er arbeitete bei der Roten Hilfe München, stand der Bewegung 2. Juni nahe, beteiligte sich 1973 an einem Hungerstreik der inhaftierten RAF-Mitglieder und war als Drogendealer tätig. Er wurde unter anderem wegen Drogenbesitzes und homosexuellen Beziehungen zu Jugendlichen verurteilt.[167] Schult selbst bestritt zwar die Kontakte zu dem Mäd-

geklärt?‹ [...] ›Na, Poppie, dann zieh dich mal aus.‹ [...] ›Du verdammtes Luder bist wohl noch Jungfrau.‹ [...] Als sie splitternackt im Zimmer stand, musterte der Doktor sie, drehte sie auch um, musterte sie nochmals, drehte sie wieder um, befühlte ihre hübschen kleinen Busen. [...] ›Müssen sie einen derart bekleckern?‹, fragte Poppie etwas unwirsch. ›Das ist doch der Witz der Sache, Du Luder!‹, sagte der Mann« [Herhaus, *Kinderbuch*, S. 22-24, 26]).

165 Florian Mildenberger, *Beispiel: Peter Schult. Pädophilie im öffentlichen Diskurs*, Hamburg 2006, S. 125/126.

166 »2 Jahre und 3 Monate Gefängnis für Peter Schult«, in: *Blatt* 79 (1976), S. 10/11; »Zum Päderastie-Artikel III«, in: *Blatt* 80 (1976), S. 4/5; »Leben mit Kindern. 3 Beiträge zur Päderastie-Diskussion«, in: *Blatt* 82 (1976), S. 12-14; »Peter Schult – aus der Haft entlassen«, in: *Blatt* 86 (1977), S. 4/5; »Die Linke und Männersexualität«, in: *Pflasterstrand* 4 (16.02.-01. 03. 1976), S. 18-20; Peter Schult, »Für eine sexuelle Revolution – wider die linken Spießer«, in: *Autonomie* 5 (1977), S. 86-96; Karl-Heinz Roth, »Offener Brief an die Münchner Genossinnen und Genossen!«, in: *Autonomie* 5 (1977), S. 71; Herbert Röttgen, »Moral. Unsere Moral, ihre Moral, oder?«, in: *Autonomie* 5 (1977), S. 69-71.

167 Mildenberger, *Beispiel: Peter Schult*, S. 9, 14; Sebastian Haunss, *Identität in Bewegung. Prozesse kollektiver Identität in der Schwulenbewegung und bei den Autonomen*, Wiesbaden 2004, S. 216, Fußnote 82.

chen, betrachtete aber die Pädosexualität als Ausdruck seines linken Lebensgefühls.[168] Mit der Strafsache Schult wurde im innerlinken Diskurs die Abschaffung der Strafbarkeit von Homosexualität mit dem Thema der Pädophilie verknüpft – eine Verbindung, die folgenreich werden sollte.

Die Diskussion über diesen Fall ging quer durch die Zeitungen der alternativen Szene. Im *Carlo Sponti* beanstandete man die Vorverurteilung Schults und wünschte sich eine offene Diskussion. Ironisch hieß es: »Sexuelle handlungen zwischen erwachsenen und kindern sind also von vornherein ›böse‹, ›gefährlich‹, ›schädlich‹. Weshalb wir selbstverständlich auch vom ›mißbrauch‹ reden (wie bei drogen, die man/frau hierzulande nur ›mißbrauchen‹ kann). Geklärt werden braucht im falle einer verhandlung dann nur noch, wieweit das kind dem erwachsenen möglicherweise ›entgegengekommen‹ ist.«[169] Der *Pflasterstrand* befand, dass die Linke sich stärker mit dem »Tabu« der »abgewehrten und verleugneten Sexualität in der Erwachsenen-Kind-Beziehung« beschäftigen sollte:

Nun haben Untersuchungen von Menschen, die in ihrer Kindheit sexuelle Erfahrungen mit Erwachsenen gemacht haben, aber ergeben, daß daraus nicht notwendigerweise eine unmittelbar negative Wirkung auf die allgemeine Entwicklung erfolgt. Auch hat sich gezeigt, daß man nicht ohne weiteres davon ausgehen kann, daß die sexuellen Bedürfnisse von Erwachsenen und Kindern soweit auseinanderfallen, daß man hier nur und ausschließlich sexuelle Ausbeutungsverhältnisse unterstellen müßte. Es ist nämlich keine Frage, daß die Kontinuität, die es in pädophilen Beziehungen gibt, nicht nur durch die verführerischen Künste der Erwachsenen zustande kommt.[170]

---

168 Peter Schult, »Eiszeit«, in: *betrifft Beziehung. Eine Zeitschrift der Pädo-Bewegung* 1 (1981), S. 27/28; Peter Schult, »Erklärung«, in: *Blatt* 80 (1976), S. 6-9, hier S. 7; »Erklärung von Peter Schult zu seiner Verurteilung«, in: ID 150 (06.11.1976), S. 6-8.

169 »Pfui Deibel«, in: *Carlo Sponti* 24/25 (1976), S. 2. Vier Jahre später geriet das Münchner *Blatt* wiederum in ähnliche Probleme, weil im Dezember 1980 (*Blatt* 187) ein alternder Päderast seine Schwierigkeiten offen diskutierte und die homosexuelle Päderastie als anerkennenswerte und positive Form mitmenschlicher Beziehungen dargestellt wurde (»›BLATT durchsucht‹ – Presseerklärung des Blatt vom 24.2.1981«, in: IISG, ID-Periodika Collections, Box 2, Map 16).

170 »Die Linke und Männersexualität«, in: *Pflasterstrand* 4 (16.02.-01.03.1976), S. 18/19.

Die Frankfurter Spontis initiierten am 28. Januar 1977 an der Frankfurter Universität ein Teach-in zur Pädophilie. Unter den etwa 800 Teilnehmern wurde heftig und kontrovers über Grenzen und Sinn sexueller Libertinage gestritten. Schult trat bei dieser Veranstaltung zusammen mit seinem Rechtsanwalt auf und warf der Frauenbewegung vor, sie würde Pädophile pathologisieren, während die Linke Pädosexualität mit Vergewaltigung verwechseln würde.[171]

Als im Frühjahr 1979 bekannt wurde, dass Schult im Dezember des vorangegangenen Jahres wieder Sex mit Minderjährigen gehabt hatte, kam es erneut zum Verfahren. Schult wurde für schuldig befunden und zu einer Freiheitsstrafe von sieben Monaten und zwei Wochen auf Bewährung verurteilt. Die Münchner Linke und die Schwulenbewegung solidarisierten sich mit ihm. Auch die taz griff die Debatte auf und gab Aktivisten der Pädophilenbewegung wie Olaf Stüben Raum, ihre Positionen darzustellen. Stüben lästerte über die »moralinsaueren Typen«, die eine Grenze zwischen erwachsener und kindlicher Sexualität ziehen wollten, welche nur eine »Erfindung des Bürgertums im Frühkapitalismus« sei. Mit den üblichen Feindkonstruktionen des Antikapitalismus, der Antibürgerlichkeit und der inszenierten Opferrolle des Pädophilen versuchte Stüben die taz-Leser von der Zärtlichkeit und Unbekümmertheit seiner »tollen Erlebnisse« mit Kindern zu überzeugen. Wiederum wurde der Fall Schult zum Vademekum, denn auch Stüben endete mit einem wörtlichen Zitat aus den Schult-Prozessen: »Widerstand gegen die sexuellen Normen dieser Gesellschaft ist gleichzeitig Widerstand gegen die Herrschenden in dieser Gesellschaft.«[172] Flankiert wurden Stübens Artikel durch Leserbrief-Debatten über die »kaputten Spießer« und »Moralapostel«, die die pädophile Liebe einfach nicht verstünden und nur Angst und Tabus schüfen. Kinder würden schließlich die sexuellen Annäherungen der Erwachsenen erwidern, die Liebe sei nicht ungleich und machtgeladen, sondern zärtlich und unschuldig.[173]

171 »Die Linke und Männersexualität am Beispiel Peter Schult«, in: *Pflasterstrand* 2 (19.01.-01.02.1977), S. 28; »Vom teach-in über die linke und die männersexualität«, in: *Pflasterstrand* 3 (02.02.-15.02.1977), S. 23; Mildenberger, *Beispiel: Peter Schult*, S. 130; Schult, »Für eine sexuelle Revolution«, S. 86-96; Kraushaar, »Bewegte Männer?«.

172 Olaf Stüben, »Ich liebe Jungs«, in: *taz* (16.11.1979), S. 3.

173 *taz* (26.11.1979) (»Artikel von Atzen Kinderelephant, Winni, Olaf Stüben, Thomas A.«). Vgl. auch *taz* (07.12.1979 und 12.10.1979).

Der Widerstand der linken Feministinnen gegen diese ungehemmten Liberalisierungen blieb ungebrochen, und Alice Schwarzer wurde in ihrer Kritik nun deutlicher:

> Immer häufiger werden Pädosexuelle auch mit Feministinnen in einem Atemzug genannt: als solche, die doch eigentlich am gleichen Strang zögen. – Ich meine: das Gegenteil ist der Fall. Ich halte Pädophile nicht für eine zu befreiende verkannte Minderheit, sondern für das willkommene Sprachrohr einer Männergesellschaft, die es schon immer gut verstanden hat, ungleiche Beziehungen als ›gleich‹ zu propagieren.

Ähnlich argumentierten andere Feministinnen: Pädophile Sexualität weise ein starkes Machtgefälle auf und dürfe daher nicht freigegeben werden. Die scheinbare Freiwilligkeit der sexuellen Begegnungen zwischen Erwachsenen und Kindern sei nicht mehr als eine Illusion.[174]

Auch in der Schwulenbewegung wurde der Fall Schult intensiv diskutiert. In der Nürnberger Schwulenzeitung *Rosa Flieder* erschienen zwischen 1979 und 1989 41 Artikel zum Thema Pädophilie. Damit war es das zweitwichtigste Thema des Magazins, mehr Artikel wurden nur zu Interna der Schwulenbewegung veröffentlicht. Unter dem Stichwort der sexuellen Selbstbestimmung wurden die Anliegen von Pädophilen und Schwulen anfangs als ähnlich gelagerte Kämpfe parallelisiert, da beide gegen die Unterdrückung durch bürgerliche Moralvorstellungen kämpften. Grundsätzlich begriff man die Solidarität mit Pädophilen als Ausdruck des gemeinsamen Kampfes gegen staatliche Repression. Daher setzte man sich für das Recht auf sexuelle Selbstbestimmung ein. Man glaubte, im Interesse der Kinder und Jugendlichen zu handeln und berief sich auf wissenschaftliche Untersuchungen, die aufzeigten, dass Kinder durch einvernehmliche Sexualkontakte mit Erwachsenen psychisch nicht beeinträchtigt würden. Studien, die zu gegenteiligen Ergebnissen kamen, wurden freilich ignoriert.[175]

174 Alice Schwarzer, »Emanzipiert Pädophilie?«, in: *Emma* 4 (1980), S. 5; Mildenberger, *Beispiel: Peter Schult*, S. 139/140; Nina Apin, »Kuscheln mit den Indianern«, in: *taz* (22. 04. 2010), S. 4/5.

175 Haunss, *Identität in Bewegung*, S. 214, 216-227. Die Strafbarkeit der Homosexualität wurde erst nach und nach durch die Herabsetzung des Schutzalter und anderer Maßnahmen gelockert, beginnend mit der Entschärfung des Paragraphen 175 (Strafbarkeit von sexuellen Handlungen zwischen Männern) am Ende

Dass Sexualität von Erwachsenen und die von Kindern in unterschiedlichen Formen verläuft und die Kinder zur Projektionsfläche für die eigenen sexuellen Probleme und »Verklemmtheiten« wurden,[176] kam einem Teil der Linksalternativen anscheinend nicht in den Sinn. Vielmehr wurden Freiheit und Offenheit der Kinder bewundert, um darin dann die eigenen Wünsche zu spiegeln. Das Eingeständnis, dass es die Erwachsenen waren, die diese pädophilen Neigungen hatten, findet sich auffällig selten. Stattdessen wurde nur allzu gerne auf die vermeintlichen sexuellen Wünsche der Kinder eingegangen. Um die Jahreswende 1977/78 etwa publizierte ein *Pflasterstrand*-Autor eines seiner »schönste[n] und sprachloseste[n] Erlebnisse«: Er sei von »ein[em] 6jährige[n] Genossenmädchen verführt« worden.[177] Unter solcherlei Vorzeichen kam es zu ausnehmend eigenwilligen Deutungen – etwa, wenn ein Autor 1977 im *Pflasterstrand* zu den Problemen »mit unserer Erwachsenen-Macht« Folgendes notierte: »Können wir überhaupt sexuelle Beziehungen, und wenn ja wieweit, zu Kindern vertreten? Wir tun Kindern ja Gewalt an, wenn wir auf ihre sexuellen Bedürfnisse nicht eingehen. Ein Beispiel: was soll man tun, wenn man mit einem kleinen Mädchen in der Badewanne sitzt und sie fängt an, den Penis zu streicheln bis er hart wird, sie auf ihn klettert und versucht ihn in ihre Vagina zu stecken?«[178]

Das Verlangen nach pädophiler Sexualität wurde in eine libertinäre, als links deklarierte Befreiungslogik verpackt.[179] Dagmar Herzog fasst diese linksalternative Verwirrung treffend zusammen:

der Großen Koalition im Jahre 1969 und dann 1973 durch die sozialliberale Koalition. Endgültig abgeschafft wurde der Paragraph 175 erst 1994 (Christian Schäfer, *Widernatürliche Unzucht (§§ 175, 175a, 175b, 182 a.F. StGB). Reformdiskussion und Gesetzgebung seit 1945*, Berlin 2006).

176 Peter Schneider, »Die Sache mit der ›Männlichkeit‹. Gibt es eine Emanzipation der Männer?«, in: *Kursbuch* 35 (1974), S. 103-132, hier S. 121.

177 »Gedanken eines Sauriers«, in: *Pflasterstrand* 21 (15.12.1977-11.01.1978), S. 3. Vgl. Haunss, *Identität in Bewegung*, S. 219; Dagmar Herzog, *Sex after Fascism. Memory and Morality in Twentieth-Century Germany*, Princeton, Oxford 2005, S. 162-174, bes. S. 170.

178 »Vom teach-in über die linke und die männersexualität«, in: *Pflasterstrand* 3 (02.02.-15.02.1977), S. 23.

179 Ähnlich schräg liest sich, was Mildenberger (*Beispiel: Peter Schult*, S. 140 u. ö.) über die Pädophilie und in wutschnaubender Kritik über das »gesunde Volksempfinden« in der von ihm heftig kritisierten Frauenbewegung schreibt.

»Letztlich projizierten die Aktivisten, die sich nicht vorstellen konnten, dass Kinder emotional und physiologisch vielleicht ganz anders reagieren als die Erwachsenen, ihre eigenen Annahmen zur Sexualität auf das Verhalten der Kinder.«[180]

Über ihre eigenen Neigungen und ihre eigene Sexualität sprachen und schrieben die Pädophilen auch im linksalternativen Milieu nur selten. Über einen angeblich dynamischen und altersunabhängigen Begriff der Sexualität dafür aber umso lieber. Im Zusammenschluss der Deutschen Studien- und Arbeitsgemeinschaft Pädophilie e. V., die Ende der siebziger Jahre aus dem linksalternativen Milieu und den Selbsthilfegruppen von Pädophilen hervorging, wurde dies sichtbar.[181] In der vereinseigenen Zeitschrift *betrifft Beziehung* setzte man sich 1981 dafür ein, »NEUE Beziehungen zwischen Kindern und Erwachsenen zu entwickeln«. Neben der Forderung nach der ersatzlosen Streichung der Paragraphen 174 und 176 StGB, die sexuelle Handlungen mit Schutzbefohlenen und Kindern verbieten, formulierte man die Überlegung, dass die »Emanzipation der Pädophilen nur mit einem (zukünftigen) Befreiungskampf der Kinder ZUSAMMEN möglich« sei. Es sei das Menschenrecht der Kinder, auch mit Erwachsenen sexuelle Beziehungen haben zu dürfen. Die immer wieder beschworene Entscheidungsfähigkeit von Kindern und die Gewaltlosigkeit pädophiler Sexualität bildeten den Hintergrund für die eigenen Forderungen. So wurde der Spieß kurzerhand umgedreht, indem gerade die Entsexualisierung als Gewalt ausgedeutet wurde: »Wenn sich nun der Erwachsene zärtlichen, erotischen und schließlich auch sexuellen Wünschen des Kindes entzieht: IST DAS KEINE GEWALT?«, fragte Jörg Sommer in seinem Artikel »Pädophilie und Gewalt«. Erklärungen zur Pädophilie seitens irgendwelcher »Psychobullen« lehnten die Mitglieder dieser Vereinigung entschieden ab und forderten stattdessen, »gewaltlose Sexualdelikte aus dem Strafgesetzbuch zu streichen«. Immer wieder ist von dem angeblichen Verlangen der Kinder die Rede. Fast hat man den Eindruck, dass sie den Pädophilen ihre Sexualität geradezu aufdrängten. Die Kinder trugen selbst freilich keine Artikel zum Magazin bei.[182]

180 Herzog, *Politisierung der Lust*, S. 206.
181 Mildenberger, *Beispiel: Peter Schult*, S. 143.
182 *betrifft Beziehung. Eine Zeitschrift der Pädo-Bewegung* 1 (1981). Zitate in der Reihenfolge ihrer Zitation: ebd., S. 2, 4, 6, 23, 31.

Die Deutsche Studien- und Arbeitsgemeinschaft Pädophilie suchte den Anschluss an die SPD und FDP. Die damals 19-jährige Dagmar Döring von den linksliberal eingestellten Freien Demokraten, gewähltes Vorstandsmitglied im Verein, plädierte 1980 in einem Aufsatz für die Legalisierung der »Liebe und Zärtlichkeit« zwischen Kindern und Erwachsenen. Der Verein wurde gar zur Bundesdelegiertenkonferenz im März 1980 eingeladen. Im März 1983 löste er sich jedoch wieder auf und ein Großteil der Mitglieder gründete den in Gießen eingetragenen Verein Arbeitsgemeinschaft Humane Sexualität, der dafür eintrat, den Besitz von Kinderpornographie nicht unter Strafe zu stellen.[183]

Ab Mitte der achtziger Jahre distanzierte sich dann auch die Schwulenbewegung von den Pädophilen und ihren Organisationen. Kindliche Wünsche nach Nähe, Geborgenheit, Zärtlichkeit wurden nunmehr von Erwachsenen-Sexualität abgegrenzt, und das Befreiungstheorem der siebziger Jahre verlor an Zugkraft und Bedeutung – wohl auch unter dem Einfluss der virulenten Aids-Diskussionen dieser Zeit.[184]

In der Partei Die Grünen waren radikale Pädophilengruppen wie die Indianerkommune und die Kanalratten noch Anfang der achtziger Jahre präsent. Mit lärmenden Kindern aus ihrer Kommune, die in aggressiver Tonlage für die Legalisierung der Pädophilie und die Abschaffung der Schulpflicht eintraten, versuchten diese Gruppen ihre Forderungen durchzusetzen. In der Bundesarbeitsgemeinschaft Schwule, Päderasten und Transsexuelle (BAG SchwuP) gab ihnen die Partei ein Forum, um für die Abschaffung der Paragraphen 174 und 176 StGB einzutreten. Bereits auf der Bundesversammlung in Saarbrücken vom Frühjahr 1980 hatten die Grünen beraten, die entsprechenden Strafparagraphen so zu entschärfen, dass sexuelle Handlungen mit Kindern unter 14 Jahren nur bei »Anwendung oder Androhung von Gewalt oder Mißbrauch eines

---

183 Franz Walter, Stephan Klecha, »Distanzierungstango in der Pädofrage«, in: *Frankfurter Allgemeine Zeitung* 185 (12.08.2013); Thomas Holl, »Kein Mann, keine Frau, nur ein Kind«, in: *Süddeutsche Zeitung* 185 (12.08.2013); Mildenberger, *Beispiel: Peter Schult*, S.147; »Falsche Kinderfreunde«, in: *Emma* (September/Oktober 1993), online unter: ⟨www.emma.de/falsche_kinderfreunde_05_1993.htm⟩, letzter Zugriff am 27.08.2008; ⟨www.vachss.de/mission/berichterstattung/ahs.htm⟩, letzter Zugriff am 08.04.2013.

184 Haunss, *Identität in Bewegung*, S.223-227.

Abhängigkeitsverhältnisses« strafbar sein sollten. Der Beschluss war offenbar unstrittig, denn es gab keine Änderungsanträge oder Minderheitenvoten. Sexuelle Libertinage rangierte in dieser Logik vor der Schutzbedürftigkeit der Kinder. In Resolutionen für die Landtagswahlprogramme in Rheinland-Pfalz, Bremen, Hamburg oder Berlin sprach man sich dafür aus, die Pädophilie aus dem Sexualstrafrecht auszunehmen.[185] Die Forderung nach freier Sexualität zwischen Kindern und Erwachsenen, wie sie namentlich die zunächst in Heidelberg, dann in Nürnberg ansässige Indianerkommune immer wieder lautstark gefordert hatte, schadeten jedoch den um Wählerstimmen werbenden Grünen nachhaltig – im Mai 1985 hatten sie eine empfindliche Niederlage bei den Landtagswahlen in Nordrhein-Westfalen zu verbuchen. Auf dem Lüdenscheider Programmparteitag der nordrhein-westfälischen Grünen vom 10. März 1985 war die »gewaltfreie Sexualität« zwischen Erwachsenen und Kindern sogar in das Wahlprogramm aufgenommen worden, was der Partei anschließend massive öffentliche Proteste einbrachte. Schon rund eine Woche später, am 16. März, entschied der Landeshauptausschuss, den Programmteil »Sexualität und Herrschaft« auszusetzen, und auf einem Sonderparteitag in Bad Godesberg Ende März sprachen sich die Parteivertreter nach äußerst turbulenten Diskussionen für eine Schutzaltersgrenze von 14 Jahren aus. Danach wurde der Einfluss der BAG SchwuP zurückgedrängt. Anfang 1987 löste sie sich auf. Auf die neue Bundesarbeitsgemeinschaft Schwulenpolitik unter Volker Beck konnten die ehemaligen Aktivisten kaum einwirken. Nicht nur aufgrund der Wahlniederlage in Nordrhein-Westfalen, sondern auch wegen interner Kritik von den Feministinnen und Kreisverbänden gehörten die Forderungen der Pädophilengruppen der Vergangenheit an; die »Befreiungslogik« hatte in der zweiten Hälfte der achtziger Jahre nahezu ausgedient. Ab den neunziger Jahren wurden im Sexualstrafrecht dann Akzente gesetzt, die sich von den vormals so liberalen Ideen deutlich unterschieden. Die Grünen forderten jetzt, sowohl Verge-

185 Zitiert nach Franz Walter, Stephan Klecha, »Distanzierungstango in der Pädofrage«, in: *Frankfurter Allgemeine Zeitung* 185 (12.08.2013). Wenn Jürgen Trittin 1981 für ein Kommunalwahlprogramm verantwortlich zeichnete, in dem Straffreiheit für gewaltfreie sexuelle Handlungen zwischen Erwachsenen und Kindern gefordert wurde, dann war dies insofern wenig auffällig (Franz Walter, Stephan Klecha, »Die fatale Schweigespirale«, in: *taz* [16.09.2013]).

waltigung in der Ehe als auch gewalthaftes pornographisches Material zu verbieten.[186]

Welche Dimensionen sexuelle Handlungen pädophilen Charakters im linksalternativen Milieu hatten, ist schlichtweg nicht zu quantifizieren. Insgesamt kamen 1974 in der Bundesrepublik 15 318 sexuelle Delikte an Kindern zur Anzeige, von denen 10 246 Fälle aufgeklärt wurden. 2621 Täter wurden verurteilt. Die Zahl der angezeigten Delikte erhöhte sich im Folgejahr nicht, sondern war mit 14 546 Fällen leicht rückläufig. Grundsätzlich lassen sich auf dieser quantitativen Ebene kaum Veränderungen nachweisen.[187] Wichtiger als solche Quantifizierungen war der entsprechende Sexualitätsdiskurs der siebziger Jahre, in dem nicht nur die intimen Details kindlicher und pädophiler Sexualität genau beschrieben wurden, um die Öffentlichkeit darauf hinzuweisen, dass auch Kinder eine Sexualität haben. Letztlich gab es kaum Gespür für Fragen sexuellen Missbrauchs, wie jetzt durch Veröffentlichungen über Artikel im *pro familia magazin*, über die Unterwanderungsversuche im Deutschen Kinderschutzbund und über mehrere Artikel in der *Zeit* der siebziger Jahre deutlich wurde, in denen die Autoren die Strafbarkeit sexueller Handlungen mit Kindern und Jugendlichen infrage stellten.[188]

186 Mildenberger, *Beispiel: Peter Schult*, S. 159/160, 162; Apin, »Kuscheln mit den Indianern«, S. 4/5; Matthias Horx, »Alte Utopie und neue Wut. Frankfurter Szenen«, in: *Kursbuch* 65 (1981), S. 91-105, hier S. 97/98; Kraushaar, »Bewegte Männer?«; Jan Fleischhauer, Ann-Katrin Müller, René Pfister, »Schatten der Vergangenheit«, in: *Der Spiegel* 20 (13.5.2013), S. 22-24; Miriam Lau, »Pädophilie als Programm«, in: *Die Zeit* (16.05.2013), S. 6; Reiner Burger, »Ein Triumph der Päderasten«, in: *Frankfurter Allgemeine Sonntagszeitung* (19.05.2013), S. 9; Franz Walter, Stephan Klecha, »Distanzierungstango in der Pädofrage«, in: *Frankfurter Allgemeine Zeitung* 185 (12.08.2013).

187 Schreiben der Deutschen Gesellschaft für Sexualforschung in Hamburg an die Bundesprüfstelle für jugendgefährdende Schriften vom 29.7.1976, in: BArch Koblenz, B 117, Nr. 26, ohne fol. In der Pädophilen-Zeitschrift *betrifft Beziehung. Eine Zeitschrift der Pädo-Bewegung* (1 [1981], S. 13) wird das Ausmaß untertrieben. Die Zahl der Verurteilungen wird auf 2000 beziffert.

188 Cordula Eubel, Sarah Kramer, »Die Probleme von Pro Familia mit der Distanz«, in: *Tagesspiegel* (08.10.2013); Merlind Theile, »Der große Unfug«, in: *Die Zeit* 41 (02.10.2013); Claus Christian Malzahn, Der pädophile Irrsinn der frühen Jahre, in: *Welt am Sonntag* (08.09.2013); »Aufarbeitung: Pädophile wollten gezielt Kinderschutzbund unterwandern«, in: *Spiegel Online* (08.09.2013) 〈http://www.spiegel.de/politik/deutschland/paedophile-wollten-gezielt-kin derschutzbund-unterwandern-a-921022.html〉, letzter Zugriff am 11.11.2013.

Während die kindliche Sexualität als Hoffnungszeichen für eine befreite Gesellschaft glorifiziert wurde, kümmerte man sich vergleichsweise wenig um die Schattenseiten der freien Sexualität. Stattdessen wurde jede sexuelle Äußerung der Kinder, wie Peter Schneider zutreffend kommentiert hat, »mit frommen Augen als Heiligtum betrachtet«.[189]

8.6 Zwischenfazit

In den letzten 40 Jahren ist ein allgemeiner kultureller Wandel von traditionellen Erziehungszielen wie Ehrlichkeit, Sauberkeit und Gehorsam hin zu einer stärkeren Betonung von Selbstständigkeit, Urteils- wie Argumentationsfähigkeit zu beobachten. Die neuen Erziehungsideale wurden vor allem in den höheren Statusgruppen durchgesetzt. Zu dem, was in den Kinderläden erprobt wurde, zählten entsprechende Praktiken: Es wurde miteinander geredet, Entscheidungen wurden erklärt und die Erziehung wurde auf kognitive Kompetenz ausgerichtet. Die Versprachlichung der Erziehung, die Toleranz von Affektausbrüchen bei den Kindern, die Informalisierungstendenz beruhend auf dem Ideal des beherrschten und rationalen Diskurses wurden in den Kinderläden propagiert und ausprobiert.[190]

Auch wenn das Experiment der Kinderläden von nur wenigen Mittelschichteltern erprobt wurde, so zeigt die Verbreitung ähnlicher Erziehungsvorstellungen doch einen Erfolg an, der sodann durch den Wertewandel befördert wurde und umgekehrt ihn weiter vorantrieb. Während etwa Sauberkeit und Sparsamkeit 1967 noch von ganzen 81 Prozent aller unter 30-Jährigen als Erziehungsmaßstab geschätzt wurden, war diese Ziffer nur fünf Jahre

---

189 Schneider, »Die Sache«, S. 121.
190 Rosemarie Nave-Herz, *Familie heute. Wandel der Familienstrukturen und Folgen für die Erziehung*, Darmstadt ³2007, S. 66-68; Karl-Heinz Reuband, »Von äußerer Verhaltenskonformität zu selbständigem Handeln. Über die Bedeutung kultureller und struktureller Einflüsse für den Wandel in den Erziehungszielen und Sozialisationsinhalten«, in: Heiner Meulemann (Hg.), *Wertewandel – Fakt oder Fiktion?*, Frankfurt/M., New York 1988, S. 73-97; Martin und Sylvia Greiffenhagen, »Wertewandel. Theoretische und politische Kontroversen«, in: dies., *Ein schwierig Vaterland. Zur politischen Kultur im vereinigten Deutschland*, München, Leipzig 1993, S. 164-166.

später auf gerade einmal 51 Prozent geschrumpft. Insbesondere die Erziehungsziele Gehorsam und Unterordnung verloren an Boden.[191]

Ebenso wie der Wertewandel lassen sich auch die Bildungsreformen nicht nur auf die linksalternative Pädagogik zurückführen. Von den Medien bis zu den Schulen und Universitäten etablierten sich neue pädagogische Vorstellungen und Praxen, die die traditionellen Erziehungsideale hinterfragten. Nicht nur die 68er bewegten die Pädagogik, eine gewandelte Pädagogik hatte der entsprechenden Studenten- und Kinderladenbewegung ihre Schubkraft verliehen. Die Sexualwissenschaftler räumten schon Anfang der sechziger Jahre ein, dass auch Jugendliche sexuelle Erfahrungen machten, und versuchten, diese Entwicklung zumindest nicht zu hemmen oder zu diskreditieren. Die unter anderem durch die Kinderladendiskussion ausgelöste Aufmerksamkeit für die Bedeutung öffentlicher Kinderversorgung manifestierte sich im Ausbau von Kindergartenplätzen. Allein zwischen 1970 und 1974 wurde die Anzahl der Plätze von 1,1 auf knapp 1,5 Millionen erhöht. Der Staat reagierte damit keineswegs nur auf die linksalternativen Proteste und Initiativen, sondern vornehmlich auf die zunehmende Frauenerwerbsquote, die Flexibilitätsanforderungen auf dem Arbeitsmarkt und den Rückgang der Geburtszahlen nach dem »Pillenknick«. Der Kinderwunsch sollte durch solche Maßnahmen unterstützt und erleichtert werden.[192]

Neben der Ablehnung der Sauberkeitserziehung, der Kritik an der geschlechtsspezifischen Rollenteilung, der Betonung von offener Sexualität, dem Verzicht auf Aggressionsdämpfungen und der Förderung der kollektiven Selbstregulation der Kinder stand in der antiautoritären Erziehung der Anspruch auf Selbstveränderung der Erwachsenen im Fokus der Aufmerksamkeit. Dies kann als Prozess der zunehmenden Selbstreferenzialität und Selbsterziehung der Erzieher verstanden werden. Neben die Kritik an Disziplin, Sparsamkeit, Arbeitsorientierung und Sauberkeit trat nun die Forderung nach als »kindlich« und »natürlich« vorgestellten Werten wie Genussfähigkeit, Flexibilität, Offenheit und Hedonismus. Lust und

---

191 Elisabeth Neumann, Thomas Petersen, »Zeitenwende. Der Wertewandel 30 Jahre später«, in: *APuZ* B 29 (2001), S. 15-22, hier S. 19; Greiffenhagen, *Ein schwierig Vaterland*, S. 427.

192 Herzog, *Politisierung der Lust*, S. 187-189; Werder, »Bedeutung«, S. 15-17, 37.

Vergnügen rangierten ganz oben auf der neuen Werteskala. Letztlich projizierten viele Linksalternative ihre eigenen Erwartungen an individuelle Autonomie in die Kinder hinein, denen sie, nicht unromantisch, eine nahezu »natürliche« Gabe zur Selbstverwirklichung unterstellten. Matthias Horx hat dies bereits 1981 selbstkritisch erkannt: »Bei der Suche nach dem ›ganz neuen‹ Menschen gerieten unsere Kinder ins Experimentierfeld. Das ging so weit, daß wir die Kindheit gänzlich abschaffen wollten und die Kinder zu ›Erwachsenen‹ machten«.[193] Die potentielle Verkehrung der Rollen von Erzieher und Kind war Teil und Problem des alternativen Sozialisierungsprozesses.

Hinzu kam der Anspruch auf Ganzheitlichkeit, den Lutz von Werder im Rückblick folgendermaßen umschrieb: »Die Utopie einer nicht-kapitalistischen Gesellschaft denkt an den allseitigen Menschen. Dieser allseitige Mensch ist Ziel der antiautoritären Erziehung.«[194] Wie in den bereits in den vorgängigen Kapiteln vorgestellten Lebensbereichen des alternativen Lebens manifestierte sich auch in der Erziehung einer der Grundwerte linksalternativen Lebens, der moderne Formen der Spezialisierung und Differenzierung zugunsten von holistischen Modellen ablehnte.

Problematisch waren die überzogenen Erwartungen an die antiautoritäre Erziehung mit dem Anspruch, neue Menschen zu formen oder gesellschaftliche Ungleichheiten zwischen Arbeiter- und Mittelschichtkindern überbrücken zu können. Auch die tendenzielle Aufhebung der Differenzen zwischen Kindern und Erwachsenen, die bis in den Bereich der Sexualität hineinreichte, blieb mit enormen Schwierigkeiten behaftet. Schließlich liest man im Zusammenhang mit den pädagogischen Experimenten immer wieder von Kämpfen, Konflikten, Verletzungen und Kränkungen zwischen den Akteuren. Die Neuerungsversuche blieben umstritten, kannten kaum Grenzen und stellten psychologische Grunddispositionen zur Diskussion.[195]

Wenngleich in den letzten Jahren diejenigen Stimmen lauter geworden sind, die dafür plädieren, dass Kinder kein »antiautoritäre[s] Gift«, sondern Unterordnung, Disziplin, Autorität und Strenge brauchen, so ist der intensivere Umgang mit kindlichen Emotio-

193 Horx, »Alte Utopie und neue Wut«, S. 100.
194 Werder, »Die antiautoritäre Erziehung«, S. 47.
195 Baader (Hg.), »Seid realistisch, verlangt das Unmögliche«, S. 12.

nen, ein Eingehen auf ihre Bedürfnisse und eine weitgehend gewaltfreie Erziehung, die mit der Kultur des Gehorsams gebrochen
hat, eine der prägendsten Hinterlassenschaften des linksalternativen Wertehimmels. Schenkt man den Ergebnissen der 1973 vorgelegten vergleichenden Untersuchung der Erziehungswissenschaft-
lerin Franziska Henningsen Glauben – sie hatte die Kinder von
zwei Münchner Kinderläden analysiert –, so war die Erziehung zu
Selbstbewusstsein, Kritikfähigkeit, Kreativität, unverkrampfter und
offener Sexualität sowie Solidarität erfolgreich. Das Ausdrucksvermögen antiautoritär erzogener Kinder, so Henningsen, war im Vergleich zu konventionell erzogenen Kindern besser. Die mit dem
Milieu sympathisierende Autorin bescheinigte den antiautoritär
erzogenen Kindern einen erhöhten Ideenreichtum und eine gute
Disposition für die Ich-Entwicklung, während sie andererseits auch
eine größere Verleugnungsneigung feststellte. Zugleich wichen, wie
eine empirische Untersuchung der Pädagogin Ulrike Dolezal aus
dem Jahr 1975 ergab, die Soll-Vorstellungen und das tatsächliche
Handeln der Erzieher weit voneinander ab.[196]

Zwar gab es nicht »die Erziehung der 68er«, aber die von der
Studentenbewegung ausgehenden Impulse waren doch nicht zu
übersehen.[197] Neben der geschilderten Kinderladenbewegung
entstanden diverse Schulexperimente von der Glockseeschule in
Hannover bis zur Freien Schule Frankfurt, die Heimerziehungs-
kampagne wurde gestartet, neue Formen von Kinderbüchern und
-sendungen entwickelt, pädagogische Zeitschriften gegründet. 1968
wirkte sich auf die Pädagogik so stark aus wie auf kaum eine andere
wissenschaftliche Disziplin.[198]

196 Hermann Korte, *Eine Gesellschaft im Aufbruch. Die Bundesrepublik Deutschland
in den sechziger Jahren*, Frankfurt/M. 1987, S. 103 (Zitat); Franziska Hennings-
en, *Kooperation und Wettbewerb. Antiautoritär und konventionell erzogene Kinder
im Vergleich*, München 1973, S. 67/68, 156-159; Ulrike Dolezal, *Erzieherverhalten
in Kinderläden*, Wiesbaden 1975, S. 195. Vgl. auch die Interviews von Monika
Aly und Annegret Grüttner mit zwei Kinderladenkindern: Aly/Grüttner, »Unordnung«, S. 41-44. Zudem: Werder, »Bedeutung«, S. 29/30.

197 Baader (Hg.), »*Seid realistisch, verlangt das Unmögliche*«, S. 9.

198 Engelmayer (Hg.), *Die Antiautoritätsdiskussion in der Pädagogik*; Manfred
Borchers, Karin Derichs-Kunstmann (Hg.), *Schulen, die ganz anders sind.
Erfahrungsberichte aus der Praxis für die Praxis*, Frankfurt/M. 1979; Seifert/Na-
gel (Hg.), *Nicht für die Schule leben*; Ulrike Meinhof, *Bambule. Fürsorge, Sorge
für wen?*, Berlin 1974; Baader (Hg.), »*Seid realistisch, verlangt das Unmögliche*«,

Wie in den anderen Bereichen des linksalternativen Lebens war auch die Idee der antiautoritären Erziehung keineswegs eine rein deutsche Entwicklung und lässt sich folglich auch nicht ausschließlich als ein Aufbegehren gegen die Erbschaft des Nationalsozialismus erklären.[199] Wie erwähnt, verarbeiteten schon die Pioniere der Kinderladenbewegung ausländische Anregungen. Monika Seifert etwa bekam entscheidende Impulse aus England, während Helke Sander alternative Formen der Kinderbetreuung in Finnland kennengelernt hatte.[200] Ob es nun die englische Summerhill School von A. S. Neill oder die 1971 gegründete Internatsschule Tvind im dänischen Jütland war – überall in Westeuropa und den USA schossen im Zuge des Wertewandels während der sechziger und siebziger Jahre reformpädagogische Konzepte und Ideen aus dem Boden.[201]

S. 10; Baader, »Von der sozialistischen Erziehung«, S. 17; Herzog, *Politisierung der Lust*, S. 200.

199 Dies steht im Widerspruch zu Meike Baaders Meinung, dass der antiautoritären Erziehung nur in Deutschland eine zentrale Bedeutung zukam (Baader, »Von der sozialistischen Erziehung«, S. 20).

200 Baader, »Das Private ist politisch«, S. 156/157.

201 Borchers/Derichs-Kunstmann (Hg.), *Schulen*, S. 103-124; Lottemi Doormann, »Lernen mit Leben und Arbeit verbinden: Die Tvind-Schulen in Dänemark«, in: Manfred Borchert, Karin Derichs-Kunstmann (Hg.), *Schulen, die ganz anders sind. Erfahrungsberichte aus der Praxis für die Praxis*, Frankfurt/M. 1979, S. 103-133; Baader (Hg.), *»Seid realistisch, verlangt das Unmögliche«*, S. 10.

9. Bewusstseinserweiterungen

> Wie die Anthropologie die Philosophie als Ur-
> disziplin der Sechziger abgelöst hatte, so trat nun
> die Psychologie an die Stelle der Philosophie.
>
> (Tony Judt)

9.1 Der linke Psychoboom

Selbsterfahrung, Sensitivitätstraining oder Gruppendynamik – die Dienstleistungen der modernen Psychologie erlebten in den siebziger Jahren ihre größte Blüte. Erkenntnisse sollten nicht mehr allein über den Verstand gewonnen werden – der Weg führte vielmehr über Körper und Seele. Diese Aufwertung von Unterbewusstsein, Gefühl, Trance und Rausch als Formen ganzheitlicher Erkenntnis wurden im linksalternativen Milieu nicht nur intensiver verfolgt, sondern auch politisiert. Die Selbsthilfegruppen zielten gleicher-maßen auf Selbst- wie auf Sozialveränderungen.[1]

Dass in der zweiten Hälfte der siebziger Jahre ein wahrhaft boomhafter Aufstieg der neuen Psychokultur zu verzeichnen war, wird von allen Beobachtern bescheinigt, von den Aussagen der Zeitzeugen über sozialwissenschaftliche Deutungen bis hin zu Ex-pertisen aus dem Familienministerium. So hatte der linke Psycho-therapeut Jörg Bopp 1979 im *Kursbuch* vom »linken Psychodrom« (analog zum Hippodrom der Jahrmärkte) geschrieben, während die Sozialwissenschaftler Karl-Werner Brand, Detlef Büsser und Dieter Rucht 1983 einen »linken Psychoboom« ausmachten, den sie als »Reaktion auf die Kopflastigkeit, die dogmatische Enge und den moralischen Rigorismus weiter Teile der Studentenbewegung« deu-teten. Die Werte der Emotionalität, der Unmittelbarkeit eigener Bedürfnisse, der Körperlichkeit und Ganzheitlichkeit seien von der

---

1 Jörg Bopp, »Der linke Psychodrom«, in: *Kursbuch* 55 (1979), S. 73-94; Barbara Sutter, »›Selbstveränderung und Sozialveränderung‹. Von der Selbsthilfegruppe und ihren Verheißungen zum Bürgerschaftlichen Engagement und seinen Zumu-tungen«, in: Sabine Maasen u. a. (Hg.), *Das beratene Selbst. Zur Genealogie der Therapeutisierung in den »langen« Siebzigern*, Bielefeld 2011, S. 293-312.

bis dato allzu rationalistischen Linken vernachlässigt worden und drängten seit den späten siebziger Jahren nun nach vorne.[2]

Die Bewegung ging, so viel ist unstrittig, vor allem von den USA aus. Ende der sechziger Jahre konnte man dort in den bereits etwa 200 verschiedenen therapeutischen Schulen sage und schreibe 10 000 spezifische Therapietechniken zählen.[3] Viele bundesdeutsche Psycho- und Selbsthilfegruppen begannen ihre Arbeit damit, US-amerikanische Ratgeberbücher der fünfziger und sechziger Jahre zu konsultieren, um selbst zu neuen Haltungen und Einstellungen zu finden. Schon an den übernommenen englischen Bezeichnungen *consciousness raising group*, *sensitivity training*, *encounter group* und *awareness fitting* erkannte man den amerikanischen Einfluss. Die »große Psycho-Straße, auf der von der kalifornischen Küste über New York, London und Amsterdam ständig neue Therapieformen in die BRD importiert« wurden, beeinflusste die linke Szene spätestens ab den späten siebziger Jahren maßgeblich: »Berlin, Frankfurt und Heidelberg sind Import- und Verteilungszentren für den regionalen Gebrauch«, hieß es 1979 im *Kursbuch*. Im Bereich der Spi-

2 Bopp, »Der linke Psychodrom«, S. 73-94; Karl-Werner Brand u. a., *Aufbruch in eine andere Gesellschaft. Neue soziale Bewegungen in der Bundesrepublik*, Frankfurt/M., New York ²1984, S. 166; Jens Elberfeld, »›Patient Familie‹. Zu Diskurs und Praxis der Familientherapie (BRD 1960-1990)«, in: Sabine Maasen u. a. (Hg.), *Das beratene Selbst. Zur Geneaologie der Therapeutisierung in den »langen« Siebzigern*, Bielefeld 2011, S. 97-136, hier S. 105. Zur zeitgenössischen Einschätzung des Familienministeriums siehe Karl-Michael Kuntz, »Spontis, Schlaffis und Chaoten. Psychologische und politische Perspektiven der neuen Jugendbewegung«, in: Stefan Aust, Sabine Rosenbladt (Hg.), *Hausbesetzer – wofür sie kämpfen, wie sie leben und wie sie leben wollen*, Hamburg 1981, S. 193-221, hier S. 205. Siehe als weitere Nachweise auch Haja Molter, »Wie human ist die ›Humanistische Psychologie‹?«, in: Claus H. Bachmann (Hg.), *Kritik der Gruppendynamik. Grenzen und Möglichkeiten sozialen Lernens*, Frankfurt/M. 1981, S. 51-83, hier S. 58; Haja Molter, *Psychoboom. Wege und Abwege moderner Therapie*, Reinbek 1979.

3 Johann A. Schülein, »Das neue Interesse an der Subjektivität«, in: *Leviathan* 1 (1976), S. 53-78; Maik Tändler, »Therapeutische Vergemeinschaftung. Demokratisierung, Emanzipation und Emotionalisierung in der ›Gruppe‹, 1963-1976«, in: ders., Uffa Jensen (Hg.), *Das Selbst zwischen Anpassung und Befreiung. Psychowissen und Politik im 20. Jahrhundert*, Göttingen 2012, S. 144-154; Elberfeld, »›Patient Familie‹«, S. 99-103. 1979 sollen es 300 verschiedene psychotherapeutische Verfahren gewesen sein (Sabine Maasen, »Das beratene Selbst. Zur Therapeutisierung in den ›langen‹ Siebzigern: Eine Perspektivierung«, in: dies. u. a. [Hg.], *Das beratene Selbst. Zur Geneaologie der Therapeutisierung in den »langen« Siebzigern*, Bielefeld 2011, S. 7-33, hier S. 11).

ritualität führten diese Straßen von den europäischen Metropolen auch nach Indien, Afghanistan und Nepal, wie im nachfolgenden Abschnitt verdeutlicht werden soll.[4]

Linke Politik und Psychotherapie

Die Popularisierung psychologischen Wissens ging weit über das linksalternative Milieu hinaus. Der Anteil an Büchern mit psychotherapeutischem Inhalt verdreifachte sich in der Zeit von den siebziger bis in die achtziger Jahre und die 1974 erschienene Nullnummer der Zeitschrift *Psychologie Heute* startete mit einer beachtlichen Auflage von 100 000 Exemplaren. Im öffentlich-rechtlichen Fernsehen wurden gegen Ende der siebziger Jahre erstmals Sendungen zur psychologischen Lebenshilfe ausgestrahlt und das Fach Psychologie verzeichnete an den Universitäten überproportionale Zuwachsraten. Bereits 1970 konnte man bundesweit rund eine halbe Million Teilnehmer an diversen Selbsthilfegruppen zählen. Sie kamen, wie dies auch für das linksalternative Milieu kennzeichnend war, meist aus der akademisch gebildeten Mittelschicht und waren zwischen 20 und 50 Jahre alt. Die linken Gruppen beeinflussten die psychologischen Selbstsucher nachhaltig. Neben den unpolitischen Selbsterfahrungsgruppen und den Psychotherapien im Bereich der Unternehmensausbildung waren feministische Frauengruppen oder linke Männergruppen in diesem Feld präsent und wurden zu Impulsgebern. Das hing nur zum Teil damit zusammen, dass viele Erfinder neuer Therapieformen offen ihre Sympathien für sozialistische Ideologien äußerten und versuchten, sozialistische Vorstellungen in ihre Methoden einzubeziehen.

Es sind vor allem drei Elemente, die die Verbindung von Psychotherapien und linksalternativem Milieu in den späten siebziger Jahren stärkten.[5] Erstens gaben die Therapien die Möglichkeit, zu

---

4 Bopp, »Der linke Psychodrom«, S. 75.
5 Tändler, »Therapeutische Vergemeinschaftung«, S. 143; Maik Tändler, »›Psychoboom‹. Therapeutisierungsprozesse in Westdeutschland in den späten 1960er und 1970er-Jahren«, in: Sabine Maasen u. a. (Hg.), *Das beratene Selbst. Zur Genealogie der Therapeutisierung in den »langen« Siebzigern*, Bielefeld 2011, S. 59-94, hier S. 62; Sibylla Flügge, »1968 und die Frauen – ein Blick in die Beziehungskiste«, in: Margit Göttert, Karin Walser (Hg.), *Gender und soziale Praxis*, Königstein/Taunus 2002, S. 265-289, hier S. 266; Marianne Hochgeschurz, »Zwischen Autonomie

einem vermeintlich authentischen Ausdruck des Selbst zu finden. Die Werte des Alternativmilieus und der neuen Psychomethoden überschnitten sich; die Stichwörter beider Bewegungen hießen »Selbstverwirklichung, Authentizität, Autonomie, Echtheit des Gefühls und Ganzheitlichkeit der Erfahrung«. In den Psycho- und Selbsterfahrungsgruppen manifestierten sich eine Abkehr von materiellen Werten und eine Hinwendung zu einer ganzheitlichen und naturverbundenen Befindlichkeitskultur, die sich mit dem Kult der Betroffenheit und dem ständigen Kreisen um das eigene Feeling verband. Therapeutische Formen wurden auch in den alltäglichen Umgang miteinander aufgenommen. Solidarität und Gemeinschaft wurden in psychologisierte Alltagssprache gegossen, Emotionalität und Diskussionskultur ineinander verwoben. Die Grenzen zwischen politischer Selbstbestimmung und therapeutischer Eigenrehabilitation verschwammen zusehends.[6]

Zweitens war die linke Psychobewegung der späten siebziger Jahre eine Reaktion auf die Studentenbewegung, die mit zum Teil schneidend scharfen Polemiken auf intellektuelle Deutungshoheit gesetzt hatte und dabei rücksichtslos und aggressiv gegen weniger eloquente, selbstbewusste und kluge Kommilitonen vorgegangen war. Die Unzufriedenheit mit der intellektuellen Kälte der rhetorisch begabten *opinionleader* und der »affektlosen wissenschaftlichen Auseinandersetzung« in Theoriegruppen und Lesezirkeln wurde in das Bedürfnis nach wärmender Solidarität, nach sensibler Kommunikation und sanfter Emotionalität umgemünzt. Gegen die selbstgerechte autoritäre Härte mancher Studentenführer waren die Linksalternativen nun auf der Suche nach Anlehnung, nach sanften, möglichst herrschaftsfreien Kommunikationsstilen.[7] In-

---

und Integration. Die neue (west)deutsche Frauenbewegung«, in: Florence Hervé (Hg.), *Geschichte der deutschen Frauenbewegung*, Köln 2001, S. 155-184, hier S. 159; Bopp, »Der linke Psychodrom«, S. 74; »Primärtherapie: neuer Weg ins Heil?«, in: *Carlo Sponti* 26/27 (1976), S. 12; Arthur Janov, *Revolution der Psyche. Anwendungen und Erfolge der Primärtherapie*, Frankfurt/M. 1976.

6 Günter Burkart, »Einleitung. Selbstreflexion und Bekenntniskultur«, in: ders. (Hg.), *Die Ausweitung der Bekenntniskultur – neue Formen der Selbstthematisierung?*, Wiesbaden 2006, S. 7-40, hier S. 21/22 (Zitat); »Ich bin ein tiefer See... zur Gestalttherapie«, in: *Carlo Sponti* 26/27 (1976), S. 6; Bopp, »Der linke Psychodrom«, S. 86-89; Christoph Hennig, *Die Entfesslung der Seele. Romantischer Individualismus in den deutschen Alternativkulturen*, Frankfurt/M. 1989, S. 107 ff.

7 Vgl. Bopp, »Der linke Psychodrom«, S. 78, 80, 88.

dividuelle und gesellschaftliche Befreiung wurden als miteinander verzahnte Entwicklung dargestellt. Johann Schülein hat die beiden Elemente linker Befreiungsrhetorik bereits 1977 in zwei unterschiedliche Sozialcharaktere eingeteilt: Er definierte zum einen den oral-narzisstischen Linksalternativen, der sich durch starke Versorgungsbedürfnisse, Über-Ich-Schwäche, rasch wechselnde Objektbeziehungen und Anpassung auszeichnete. Zum anderen beschrieb er den anal-bürgerlichen 68er-Studentenführer, der quasi das Gegenteil verkörperte: Über-Ich-Stärke, strikte Abwehrhaltungen und konsistente Objektbeziehungen.[8] Zu gedanklich abstrakter Analyse unfähig, sei der erlebnisorientierte Jugendliche der siebziger Jahre, so der Erziehungswissenschaftler Thomas Ziehe, egozentrisch und unfähig, seine Nähebedürfnisse tiefer greifend auszubauen. Die Suche nach sofortiger Befriedigung korrespondiere gerade bei den männlichen Jugendlichen mit einer emotional überfordernden symbiotischen Beziehung zur Mutter. Diese durch die Väter nicht gebrochene Verbindung löse einerseits Omnipotenzgefühle aus, führe andererseits aber zur Unfähigkeit, psychische Abhängigkeiten zuzulassen.[9]

8 Johann A. Schülein, »Von der Studentenrevolte zur Tendenzwende oder der Rückzug ins Private. Eine sozialpsychologische Analyse«, in: *Kursbuch* 48 (1977), S. 101-117.

9 Die ersten Arbeiten, die diesen neuen Narzissmus der Jugend in den siebziger Jahren thematisierten, waren die Studien von Heinz Kohut, Roy C. Calogeras und Fabian X. Schupper, bevor der Erziehungswissenschaftler Thomas Ziehe ab dem Ende der siebziger Jahre in nahezu unüberschaubaren Variationen immer wieder zu diesem Thema publizierte. Heinz Kohut, »Formen und Umformungen des Narzißmus«, in: *Psyche* 20 (1966), S. 561-587; Heinz Kohut, *Narzißmus*, Frankfurt/M. 1976; Roy C. Calogeras, Fabian X. Schupper, »Verschiebung der Abwehrformen und einige ihrer Konsequenzen für die analytische Arbeit«, in: Klaus Horn (Hg.), *Gruppendynamik und der »subjektive Faktor«. Repressive Entsublimierung oder politisierende Praxis*, Frankfurt/M. 1972, S. 312-348; Helga Häsing u. a. (Hg.), *Narziß. Ein neuer Sozialisationstypus?*, Bensheim 1979; Thomas Ziehe, »Narzißmus und Verletzlichkeit. Der psychische Niederschlag ›kultureller Freisetzungsprozesse‹«, in: *Psychoanalyse* 4 (1981), S. 356-384; ders., »Narzißmus«, in: Günter Rexilius, Siegfried Grubitzsch (Hg.), *Handbuch psychologischer Grundbegriffe*, Reinbek 1981, S. 708-713; ders., »Neue kulturelle Suchbewegungen. Nach dem Hedonismus«, in: *Sozialwissenschaftliche Informationen* 4 (1987), S. 247-254; ders., »Politik als Kulturschock. Zwiespältige Nachgedanken zur Studentenbewegung«, in: Johannes Bastian (Hg.), *1968-1988. Eine Pädagogen-Generation zieht Bilanz*, Hamburg 1988, S. 19-27; ders., *Pubertät und Narzißmus – sind Jugendliche entpolitisiert?*, Köln 1975; ders., »Worum geht es

Wirkmächtiger als Ziehes Deutung wurde die Interpretation des amerikanischen Historikers und Sozialkritikers Christopher Lasch, der 1979 einen vieldiskutierten Bestseller über das *Zeitalter des Narzißmus* vorlegte. In der Figur von Jerry Rubin wurde in nuce sichtbar, was Lasch in seiner Studie beschrieb. Rubin, 1968 Führer der amerikanischen Studentenbewegung und zottiger Bürgerschreck, wurde Mitte der siebziger Jahre zum Gesundheitsapostel, Jogger und Yoga-Fan. Mit 35 war Rubin zum Botschafter einer friedvollen Innerlichkeit geworden, der gelernt hatte, »sich selbst zu lieben«, und in der Ich-Bezogenheit sein neues Lebensziel erkannte. Die nun propagierte freie Emotionalität und Sinnlichkeit wurde auf den Problem-Markt getragen, Kontakte zueinander wurden über das offene Bekenntnis von eigenen Unzulänglichkeiten hergestellt. Wer große Probleme aufwies, galt als kritisch und emanzipiert. Ein imposantes Konfliktpotential war prestigeträchtig, so dass sich ein regelrechter »Problem-Narzissmus« entwickelte, der die psychischen Deformationen ausstellte und in der geständigen Selbstbestrafung Anerkennung und Befriedigung zugleich fand. Jörg Bopp sprach gar von »Formen einer destruktiven Gemeinschaftlichkeit«, die die gruppendynamischen Psychotherapien entwickelten. Mit der Veränderung der revolutionären Perspektive auf das Selbst und seine Optimierung hatte das linksalternative Milieu den Formen der Selbstentfaltung, Authentizität und Emotionalität jedenfalls politischen Sinn verliehen.[10]

Drittens ermöglichten die neuen Gruppentherapien basisdemokratische Behandlungsformen jenseits des hierarchischen, vermachteten und asymmetrischen Therapeut-Patient-Verhältnisses. Gegenüber dem »Warenverhältnis« von Therapeut und Patient wollten die neuen Therapievarianten das »fetischisierte« Herrschaftsmuster überwinden und kollektive, gruppendynamische Therapien an die Stelle der individuellen Suche nach dem Glück

in der Narzißmus-Diskussion?«, in: *Neue Sammlung* 21 (1981), S. 132-144. Der Journalist Gunnar Hinck, der Ziehes Studien nicht genauer kennt und stattdessen eigenhändig Küchenpsychologie betreibt, hat diese Thesen später aufgegriffen: Gunnar Hinck, *Wir waren wie Maschinen. Die bundesrepublikanische Linke der siebziger Jahre*, Berlin 2012, z. B. S. 67/68, 94, 114, 146/147, 388, 424, bes. S. 136.

10 Christopher Lasch, *Das Zeitalter des Narzißmus*, München 1980; Bopp, »Der linke Psychodrom«, S. 80-86 (Zitat S. 83).

setzen.[11] Die Teilnehmer waren zugleich Therapierte und Therapeuten und tauschten Erfahrungswissen aus. Die Befähigung des Klienten, zum Therapeuten seiner selbst zu werden, wurde zum Ziel der neuen Therapieformen erklärt.[12] Die Gruppe wurde hierbei nahezu zum Fetisch erhoben. In ihr sah man die Möglichkeit zum Abbau von Hierarchien und Herrschaftsverhältnissen wie auch zur Herauslösung des Individuums aus seiner Isolation. In den gruppendynamischen Veranstaltungen waren die Teilnehmer nicht nur Patienten, sondern Mitglieder, und die Gruppenleiter nicht Therapeuten, sondern Trainer. Die Gruppe wurde zu einer Art Werkstatt, von der aus die Linksalternativen versuchten, Zweierbeziehungen, Familienformen oder die Kindererziehung in einer Art »panoptischen Sozialform« zu verändern, kurz: Abhängigkeiten ab- und demokratische Verhältnisse aufzubauen.[13]

Wie oben angedeutet, blieb gerade auf dem Feld der Psychotherapien die Kritik durch einen Teil der 68er-Generation und der K-Gruppen-Szene am Alternativmilieu der späten siebziger Jahre nicht aus. So wurden die »theoretischen Zwergbildungen«, die »seichte Ideologie des happiness« und das »kleine Glück des Streichelns« massiv angegriffen: »Das ist Ausdruck der Theoriefeindlichkeit auf der Linken. Es zeigt die Jagd nach dem kleinen Glück, der kleinen theoretischen Anstrengung«, die die »kritisch-emanzipatorischen Impulse der Studentenbewegung abwehrt«. Eine »isolierte Emanzipation des einzelnen« gebe es nicht, sie mache die Menschen zu »Sozialdarwinisten«, die Emotionalität und Verstand nicht integrierten, ja sogar anfällig für »faschistische Verhaltensmuster« seien.[14]

11 Dieter Spazier, Jörg Bopp, *Grenzübergänge. Psychotherapie als kollektive Praxis*, Frankfurt/M. 1975, S. 175-227, bes. S. 197-200; »Primärtherapie: neuer Weg ins Heil?«, in: *Carlo Sponti* 26/27 (1976), S. 12/13 (hier die Zitate).

12 Sabine Maasen, *Genealogie der Unmoral. Zur Therapeutisierung sexueller Selbste*, Frankfurt/M. 1998, S. 59/60.

13 Tändler, »Therapeutische Vergemeinschaftung«, S. 141-143, 148-161; Maik Tändler, Uffa Jensen, »Psychowissen, Politik und das Selbst. Eine neue Forschungsperspektive auf die Geschichte des Politischen im 20. Jahrhundert«, in: dies. (Hg.), *Das Selbst zwischen Anpassung und Befreiung. Psychowissen und Politik im 20. Jahrhundert*, Göttingen 2012, S. 9-35, hier S. 28 (Zitat); Spazier/Bopp, *Grenzübergänge*, S. 228-267; Horst E. Richter, *Die Gruppe. Hoffnung auf einen neuen Weg, sich selbst und andere zu befreien. Psychoanalyse in Kooperation mit Gruppeninitiativen*, Hamburg 1972, S. 35.

14 Jörg Bopp (PBS), »Auf der Jagd nach dem kleinen Glück«, in: *Carlo Sponti* 32/33

Der Einwand der »Kritiklosigkeit« von Therapiekonzepten, in denen psychische Konflikte gar nicht erst mit »gesellschaftlicher Repression in Verbindung« gebracht werden, gipfelte in dem Vorwurf, die Therapiegruppen blendeten die gesellschaftlichen Ursachen für psychische Störungen aus. Durch das »unpolitische Bild vom Menschen«, durch die schroffe Trennung von privatem Glück und gesellschaftlicher Unterdrückung würden die Menschen mithilfe der Psychotherapie einzig und allein psychisch fit gehalten und in die Lage versetzt, unter den kapitalistischen Ausbeutungsverhältnissen weiter zu funktionieren. Die Therapiegruppen seien systemerhaltend, stützten Herrschaftsverhältnisse ab und verbürgten nur die Verschleierung der tatsächlichen ökonomischen Ausbeutungsverhältnisse.[15] Im Grunde replizierten die Kritiker mit dieser Argumentation die von Adorno formulierte Einsicht: Der »Psychologismus« stecke in dem Dilemma, dasjenige psychologisch zu erklären, »was gar nicht dem Seelenleben einzelner Menschen entspringe«.[16] Kurzum: Man beschäftige sich mit den Symptomen, nicht aber mit den gesellschaftlichen Ursachen der Probleme.

Die Linksalternativen konterten, die Studentenbewegung sei in ihrer Praxis intellektualistisch, emotionsfeindlich und autoritär gewesen. Im »Beschlußverfahren des demokratischen Sozialismus« der K-Gruppen sei die »persönliche Emanzipation« nicht vorgesehen.[17] Es gelte aber eben auch, das Privatleben und die persönlichen Bedürfnisse in die politische Arbeit einzubringen. Der Wunsch nach offener Kommunikation, ungepanzerter Begegnung und dem Ausbruch aus bürgerlichen Konventionen sei allemal politischer, als ganz nach bürgerlichem Vorbild die Intimität der eigenen vier Wände aus der öffentlichen Diskussion und also dem Politischen zu verbannen.[18] Das menschliche Individuum sei nun einmal mehr als nur die Charaktermaske der gesellschaftlichen Verhältnisse. Das klassisch linke Denken, das lediglich die Eigen-

(1977), S. 13. In gleicher Richtung Bopp, »Der linke Psychodrom«, S. 73-94; Spazier/Bopp, *Grenzübergänge*.

15 Bopp, »Der linke Psychodrom«, S. 76/77.

16 Theodor W. Adorno, »Zum Verhältnis von Soziologie und Psychologie«, in: ders., *Aufsätze zur Gesellschaftstheorie und Methodologie*, Frankfurt/M. 1970, S. 7-54, hier S. 16.

17 »Vor Wort«, in: *Carlo Sponti* 26/27 (1976), S. 2.

18 Bopp, »Der linke Psychodrom«, S. 85.

tums-, Produktions- und Arbeitsverhältnisse berücksichtigt, greife zu kurz. Ein ganzheitlicher Politikbegriff habe auch die freien Anteile in den menschlichen Eigenschaften, Fähigkeiten und persönlichen Bedürfnissen zu berücksichtigen, ohne dabei zu vergessen, dass »Selbstveränderung, Herausbildung von kollektiven und solidarischen Eigenschaften, Bedürfnissen usw. nicht getrennt werden kann von einer sozialen Revolution«.[19] Die »Sehnsucht nach mehr Gemeinsamkeit« beginne nicht auf dem Produktionssektor, sondern im sozialen, solidarischen Umgang miteinander.[20] Beim Blick auf das Wechselverhältnis von Individuum und Gesellschaft nahm man eine neue Perspektive ein und versuchte, die Zusammenhänge von den Individuen ausgehend zu rekonstruieren.

Ursachen des Psychobooms

Das neue Bedürfnis nach psychologischer Betreuung und therapeutischer Verbesserung zwischenmenschlicher Verhältnisse fand sich nicht nur innerhalb des linken Alternativmilieus, sondern in breiten Teilen der jungen, gebildeten, aufstrebenden Mittelschicht.[21] Die Überlastung des Privaten und die gestiegenen Ansprüche an die Beziehungsarbeit gegenüber Partnern und Freunden offenbarten sich ab den sechziger Jahre im allgemeinen Aufstieg einer breiten Psychowelle. Selbst in der katholischen Kirche waren in den späten fünfziger und den sechziger Jahren die Widerstände gegen Sigmund Freud geschwunden. Katholische Priester, Theologen und Akademiker benutzten ab den späten sechziger und in den siebziger Jahren das psychoanalytische Wissen für ihre religionspädagogischen und seelsorgerischen Tätigkeiten in den »demokratischen Gemeindekirchen«.[22]

19 »Vor Wort«, in: *Carlo Sponti* 26/27 (1976), S. 4.

20 »Neuer Wein aus alten Bäuchen. Erfahrungen in linken Basisgruppen«, in: *Carlo Sponti* 24/25 (1976), S. 9.

21 Ernest Borneman, »Gruppendynamik und Encounterbewegung«, in: Claus H. Bachmann (Hg.), *Kritik der Gruppendynamik. Grenzen und Möglichkeiten sozialen Lernens*, Frankfurt/M. 1981, S. 84-117, hier S. 86/87; Miriam Gebhardt, *Sünde, Seele, Sex. Das Jahrhundert der Psychologie*, München 2002, S. 153; Tändler, »Therapeutische Vergemeinschaftung«, S. 143.

22 Jens Elberfeld, »Subjekt/Beziehung: Patriarchat – Partnerschaft – Projekt. Psychowissen und Normalisierungspraktiken im Diskurs der Paartherapie (BRD 1960-1990)«, in: Maik Tändler, Uffa Jensen (Hg.), *Das Selbst zwischen Anpassung und*

Die psychologischen Konzepte von der »Ich-Stärkung« über das »persönliche Wachstum« bis zur »Selbstverwirklichung« wurden im Verlauf der siebziger Jahre zu geflügelten Worten eines therapeutischen Jahrzehnts. Der Markt für Beratungsbücher, Wochenendseminare, Traumjournale und Psychokurse wuchs explosionsartig an. Bis zu diesem Aufschwung war die Therapieversorgung in der Bundesrepublik völlig unzureichend und lag fast ausschließlich in den Händen von Medizinern.[23] Der Aufstieg »wilder« therapeutischer Gruppen bzw. laienhafter Selbsterfahrungsgruppen war Ausdruck eines veränderten Verständnisses von psychischen Problemen, einer Psychologisierung des Normalen. Psychologie war nicht länger eine Angelegenheit für kleine Gruppen von Schwerstdepressiven, Paranoikern oder Suizidgefährdeten. Psychische Probleme betrafen alle und jeder hatte sich mit seinem Psychohaushalt zu beschäftigen. Es wurde immer gängiger, ohne größere Nöte oder ärztlichen Rat psychologischen Beistand zu suchen – die Grenzen zwischen Therapie und Beratung verwischten. Private Psycho-Institute mit blumigen Namen wie Regenbogen, Centering, Urschrei oder Synthesis, errichtet in schäbigen Vorstadt-Etagenpraxen oder luxuriösen Seelen-Sanatorien auf dem Lande, verstärkten dieses Bewusstsein mit ihren modischen und nicht immer seriösen Angeboten für das individuelle Glück. So war die Psychowelle nicht bloß Ausdruck der Angst, nicht »in Ordnung« zu sein, sie erzeugte diese auch. Sie wies auf bislang unbeachtete Macken hin, dynamisierte die Selbstsorge und weckte nicht nur bei den linken, jungen Akademikern, sondern auch bei den aufstiegsorientierten Managern psychologische Beratungsbedürfnisse.[24]

Allerdings erklären weder der gesellschaftliche und mediale Werte- und Wahrnehmungswandel noch die Bedürfnisproduktion durch den Psychomarkt allein den Psychoboom der siebziger Jahre hinreichend. Eine wichtige Rolle spielte offenbar auch ein tief empfundenes Gefühl menschlicher Isolation, das zeitgenössische

Befreiung. Psychowissen und Politik im 20. Jahrhundert, Göttingen 2012, S. 85-114; Tändler, »Therapeutische Vergemeinschaftung«, S. 148-154; Benjamin Ziemann, »The Gospel of Psychology. Therapeutic Concepts and the Scientification of Pastoral Care in the West German Catholic Church, 1950-1980«, in: *CEH* 39 (2006), S. 79-106.

23 Molter, »Wie human«, S. 59; Gebhardt, *Sünde*, S. 154.

24 »Banale Wohltat«, in: *Der Spiegel* 26 (25.06.1979), S. 184-188; Gebhardt, *Sünde*, S. 145-163, 172.

Jugend- und Enquetekommissionen des Bundestags insbesondere bei Jugendlichen beobachteten. Als Ursache wurden die zunehmende Liberalität in der Erziehung und Ausbildung, fehlende Geborgenheit in den Kleinfamilien, das kalte Klima in den Betonsilos der anonymen Großstädte und die patchworkartigen Lebensverhältnisse in Kombination mit einer durch Umweltvergiftung und Arbeitslosigkeit ausgelösten Zukunftsangst ausgemacht. Der Psychoboom war aus dieser Perspektive ein Ausdruck der neuen Individualisierung, der Entfremdung im Arbeits- und Sozialleben sowie der Furcht vor den technologiebedingten Risiken. Politische Staatsverdrossenheit, Krise auf dem Arbeitsmarkt, die Überkommenheit der Familienverhältnisse und eine schlechte Wohnsituation – all dies verschmolz zu einem Syndrom aus Orientierungslosigkeit und Ohnmacht. An die Stelle herkömmlicher Gemeinschaftsbindungen trat nun der Expertenratschlag für die Kunst des Lebens. Der Erosion der Hilfeleistungen durch traditionelle Ressourcen – seien es Pfarrer oder Verwandte – standen nun die neuen psychotherapeutischen Heilslehren gegenüber.[25]

Ähnlich äußerte sich der linke Psychoanalytiker und Familientherapeut Horst-Eberhard Richter, der in den frühen achtziger Jahren zu einer Galionsfigur der Friedensbewegung aufsteigen sollte. Seine Analysen begleiteten die sozialen Reformbewegungen bereits während der siebziger Jahre, und immer wieder konstatierte Richter den Verlust der Glaubenssicherheit, die »der Mensch« mit einem auf die Naturwissenschaft gestützten Herrschaftswillen ersetzen wolle. Im Schwanken zwischen Ohnmachtsangst und Allmachtswahn drohe der wissenschaftlich-technischen Revolution die ethische Kontrolle zu entgleiten. Gerade die jungen Menschen, so Richter 1981, empfänden die Bedrohungen der modernen Technik intensiver als die Älteren und reagierten mit Pessimismus und Zukunftsängsten – sie seien schlichtweg emotionaler. Für Richter lautete die Parole der Gegenwart, zu verhindern, dass diese Emotionen in Hass und Zerstörungswut umkippen.[26]

25 Gebhardt, *Sünde*, S. 159/160, 174; Ulrich Beck, *Risikogesellschaft. Auf dem Weg in eine andere Moderne*, Frankfurt/M. 1986, S. 121-248; Kuntz, »Spontis«, S. 206-209, 214-219.
26 Horst E. Richter, »Die neue Sensibilität. 19 Thesen über die Hintergründe der Jugendbewegung«, in: Michael Haller (Hg.), *Aussteigen oder rebellieren. Jugendliche gegen Staat und Gesellschaft*, Hamburg 1981, S. 238-242.

Der Wertewandel von materiellen zu postmateriellen Einstellungen manifestierte sich vor allem in den jüngeren, gebildeten Altersgruppen, bei denen sich Lebenszufriedenheit und Glück nicht allein durch beruflichen Erfolg und Wohlstand einstellte. Tatsächlich zeigten die an den Universitäten neu gegründeten Psychotherapeutischen Beratungsstellen, wie umfassend der Bedarf an Beratung und Hilfe war. Beinahe überall entstanden Ende der siebziger Jahre Arbeitskreise, die ihr Hauptaugenmerk auf psychologische Aspekte richteten, in Westberlin, Frankfurt und München ebenso wie in Kiel, Heidelberg oder Bremen. Während solche Anlaufstellen in den frühen sechziger Jahren nahezu unbekannt waren, nahm die Zahl der Studenten, die diese Hilfe in Anspruch nahmen, während der siebziger Jahre sprunghaft zu. Allein in den drei Jahren von 1973 bis 1976 stiegen die Zahlen um fast 50 Prozent auf 48 000 Studierende bundesweit. In Frankfurt suchten Ende der siebziger Jahre schon 10 Prozent der Studenten therapeutische Hilfen.[27]

Der Psychoboom war aber nicht nur Ausdruck des Protests, der Verlorenheit und der Angst, sondern ebenso des Aufstieg des psychosomatischen Selbstmanagements: Mit der Entstehung der therapeutischen Gesellschaft auf psychologischer Ebene korrespondierten die Fitnesswelle, Trimm-dich-Pfade, Yoga und Bodybuilding auf der körperlichen Ebene. Der Weg ins Glück führte über die Fähigkeit zur individuellen Selbstbestimmung und einem neuen Körperbewusstsein in einer sich liberalisierenden Gesellschaft.[28] Die Psychogrübelei und der Selbsterfahrungsdrang waren Kennzeichen eines durch die Dynamik der Mediengesellschaft beförderten »narzisstischen Zeitalters«, in dem die Selbsttechniken der Regelung des Verhaltens an die Stelle patriarchalischer Autorität traten. Der Psychokult lieferte Anleitungen für die individuellen Selbstbe-

27 Spazier/Bopp, *Grenzübergänge*; *schöner wohnen* 1 (1975), S. 14 (diese Broschüre findet sich in: afas Duisburg, 80.III.52); Steve B. Peinemann, *Wohngemeinschaft – Problem oder Lösung?*, Eschborn 1977, S. 60; Tändler, »»Psychoboom««, S. 66, 70; Michael Mildenberger, *Die religiöse Revolte. Jugend zwischen Flucht und Aufbruch*, Frankfurt/M. 1979, S. 219/220.
28 Frank Biess, »Die Sensibilisierung des Subjekts. Angst und ›Neue Subjektivität‹ in den 1970er Jahren«, in: *Werkstatt Geschichte* 49 (2008), S. 51-71, hier S. 68; Gebhardt, *Sünde*, S. 170-177; Jörg Türschmann, »Am Strand von TUNIX. Körperdiskurse, Pazifismus und Natursehnsucht in der Ökobewegung«, in: Werner Faulstich (Hg.), *Die Kultur der 70er Jahre*, München 2004, S. 37-48, hier S. 40.

spiegelungen, er produzierte und bearbeitete zugleich die »inneren« Probleme seiner Patienten.[29]

9.1.1 Therapieformen und Gruppendynamiken

Ob ein Heidelberger Arbeitskreis Filmreihen zur Gestalttherapie und Transaktionsanalyse oder soziales Lernen nach Lutz Schwäbisch und Martin Siems mit anschließender »kritischer Diskussion« anbot – immer ging es in Heidelberg wie auch in anderen Städten darum, zu lernen, die eigenen Gefühle von der Aggression bis zum Zärtlichkeitsbedürfnis zu artikulieren. Alle neuen Therapieverfahren waren Varianten der aus den USA stammenden Humanistischen Psychologie, die den Menschen als grundsätzlich gut, vorwärtsgerichtet und entscheidungsfähig betrachtete. Die »Entdeckung der Vielschichtigkeit der Person«, die Selbstbehauptung und Steigerung der Ausdrucksfähigkeit innerhalb einer Gruppe wurden gerade im linksalternativen Milieu als Vorstufe einer besseren Gesellschaft ausgegeben. Die psychotechnischen Verfahren erinnerten mit ihren Geständnissen und Beichten einerseits an Verfahren der herkömmlichen Seelsorge. Andererseits wurden mit den Selbsthilfegruppen demokratische und gruppenbasierte Therapieformen zur Optimierung ganzer Alltagsbereiche gefunden.[30]

Während in die gruppenanalytischen Sitzungen der Berliner Kommune 2 noch wenig von den neuen wissenschaftlichen Ansätzen einfloss, um die »Isolation« der bürgerlichen »Privatexistenz« zu überwinden, änderte sich dies in den siebziger Jahren grund-

---

29 Vgl. dazu die einflussreiche Studie von Lasch, *Zeitalter*.
30 »Therapiereihe + Carlo Sponti«, in: *Carlo Sponti* 24/25 (1976), S. 11, sowie die Artikel über Therapieformen in: *Carlo Sponti* 26/27 (1976), S. 1–16. Hans Zygowski, »Psychologisches Handeln«, in: Günter Rexilius, Siegfried Grubitzsch (Hg.), *Psychologie. Theorien – Methoden – Arbeitsfelder. Ein Grundkurs*, Reinbek 1986, S. 201–221, hier S. 212–215 (kritische Würdigung bei Molter, »Wie human«, S. 51–83). Lutz Schwäbisch, Martin Siems, *Anleitung zum sozialen Lernen für Paare, Gruppen und Erzieher. Kommunikations- und Verhaltenstraining*, Reinbek 1974; Lutz Schwäbisch, Martin Siems, *Selbstentfaltung durch Meditation. Eine praktische Anleitung*, Reinbek 1976; Uffa Jensen, »Die Konstitution des Selbst durch Beratung und Therapeutisierung. Die Geschichte des Psychowissens im frühen 20. Jahrhundert«, in: Sabine Maasen u. a. (Hg.), *Das beratene Selbst. Zur Genealogie der Therapeutisierung in den »langen« Siebzigern*, Bielefeld 2011, S. 37–56.

legend.[31] Die allgemeine Konjunktur psychologischen Wissens führte zu einer breiten Aneignung der in der Ratgeberliteratur dargelegten Kenntnisse über Psychotrainings. Die »Selbsttherapierung als emanzipatorisches Projekt«, wie der Zeithistoriker Maik Tändler diese Entwicklung nannte, begann mit der Lektüre der Bücher von Horst-Eberhard Richter und Dieter Duhm und erweitere sich schnell auf das Studium von Titeln zu der in den USA entstanden Humanistischen Psychologie.[32] Sensitivitätstrainingsgruppen und Encounter-Konzepte, Gestalttherapie, Primärtherapien und Transaktionsanalyse – sie alle vereinte das Sprechen über Sexualität, Ängste, Gefühle und Schuld mit dem Ziel des *personal growth* – meist innerhalb von »gruppendynamischen« Situationen. Gerade die neuen Verfahren der Gruppentherapie waren bei der bundesrepublikanischen Linken besonders beliebt. »Gruppe« war zweifellos das neue Zauberwort. Neben dem Encounter-Gesprächsverfahren – vom amerikanischen Psychologen Carl Rogers für die Soldaten im Zweiten Weltkrieg als schnelle und effektive gruppendynamische Behandlungsmethode zur Bearbeitung von traumatischen Stresssymptomen entwickelt – gab es Sinnesbewusstseins-Gruppen, Kreativitätsworkshops, Team-Aufbau-Gruppen, Körperbewusstheitsgruppen, Marathon-Therapien, die bis an die Grenze der physischen und psychischen Erschöpfung gingen, um einen »Durchbruch« zu erzielen. »Schwäbisch-Siems« wiederum bezeichnete ein Verfahren, das soziales Lernen in Laiengruppen ermöglichen sollte. Meist kamen die oft laienhaften Versuche der Gruppentherapie nicht über einfache Übungen hinaus. Stets ging es in solchen Gruppentherapien um möglichst offenes Wahrnehmen der Anderen durch verbale und nonverbale Mitteilungen, um das Bewusstmachen der eigenen Gefühle, gegenseitiges Zuhören und Verstehen. Das *empowerment* einer angeblichen »Selbstbefreiung« jenseits expertokratischer Bevormundungen entfaltete schnell neue, gruppenbasierte Disziplinierungsstrukturen.[33]

---

31 Kommune 2, *Versuch der Revolutionierung des bürgerlichen Individuums. Kollektives Leben mit politischer Arbeit verbinden*, Köln 1971, S. 11, 33, 40/41, 44, 274-276, 292 und öfter; Tändler, »»Psychoboom««, S. 59, 75.

32 Tändler, »»Psychoboom««, S. 72-85.

33 Kurt W. Back, *Beyond Words. The Story of Sensitivity Training and the Encounter Movement*, New York 1972; Carl R. Rogers, *Encounter-Gruppen. Das Erlebnis der menschlichen Begegnung*, München ³1974; Claus H. Bachmann (Hg.), *Kritik*

Die größte Verbreitung und Bekanntheit fand zweifellos das Sensitivitätstraining. Um 1970 wurden dieser in Deutschland noch gänzlich neuen Methode gruppendynamischer Interaktionen zahlreiche Presseartikel gewidmet – teils mit Spott, teils mit ernsthaftem Interesse.[34] In Kleingruppen fanden sich die Teilnehmer abseits des Alltags in abgeschiedenen Tagungszentren zusammen, um ihr Gespür für zwischenmenschliche Beziehungen zu verbessern. Ziel war es, den anderen Teilnehmern offen sagen zu können, welchen Eindruck diese auf einen selbst machten. Umgekehrt galt es, solche Rückmeldungen über das eigene Verhalten zu erhalten und die eigene Wirkung auf andere abschätzen zu können. Über die kommunikativen Rückmeldungen – das berühmte Feedback – sollten Selbsterfahrung und Selbsterkenntnis gesteigert und vertieft werden.

Die Phasen, die die Mitglieder solcher Trainingsgruppen (meist kurz T-Gruppen genannt) über mehrere Sitzungen hinweg durchlebten, ähnelten sich durchgängig. Nach anfänglich betretenem Schweigen und allgemeiner Zurückhaltung brach irgendwann in der ersten oder zweiten Sitzung das Eis und die Teilnehmer begannen, sich wechselseitig zu kommentieren und zu beurteilen. Solche Gruppenarbeit ergab selbst mit psychisch gesunden und stabilen Teilnehmern »schwerste Belastungen«, weil eingefahrene Verhaltensweisen auf den Prüfstand kamen und einer Zerreißprobe preisgegeben wurden. Nicht ohne böse Ironie beschrieb der *Spiegel*-Reporter Peter Brügge eindringlich den Wechsel zwischen Abwehr und Sichöffnen, zwischen Angst und Vertrauen. 1970 absolvierte er »für zwei Wochen in klösterlicher Klausur« solch ein Training und berichtete darüber. Wie üblich begann auch seine Gruppe »mit einem langen, erbitterten, an den Nerven nagenden Schweigen. […] Verstohlen, betreten betrachtete jeder reihum die abweisenden Ge-

---

der Gruppendynamik. Grenzen und Möglichkeiten sozialen Lernens, Frankfurt/M. 1981, S. 8/9, 24-27; Borneman, »Gruppendynamik«, S. 87, 100; Schwäbisch/ Siems, *Anleitung*; dies., *Selbstentfaltung*; Carlo Sponti 26/27 (1976), S. 4; Tändler, »»Psychoboom««, S. 79.

34 Vgl. etwa Peter Brügge, »Ich lasse mich nicht auseinandernehmen«, in: *Der Spiegel* 35 (24. 08. 1970), S. 55-60; Barbara Klostermann, »Kann ich bleiben, der ich bin?«, in: *Süddeutsche Zeitung* 94 (19./20. 04. 1969).

sichter«. Zögerlich kamen die ersten Gespräche in Gang, zunächst zwischen einem Mann und einer jüngeren Teilnehmerin im Mini- rock. Diese Gesprächseröffnung veranlasste wiederum einen zwei- ten Mann, das Interesse des ersten Mannes an der jungen Frau ab- fällig zu kommentieren. Nunmehr richteten sich die »männlichen Affekte« auch gegen die drei älteren Frauen in der Gruppe, »teils weil deren körperliche Reize den geheimen männlichen Erwartun- gen so wenig entsprechen, teils weil den Männern insgeheim bange ist vor den mutmaßlichen Erwartungen solcher Gegenüber«. Die Frauen selber hingegen versuchten ihre Angst zu verbergen, bis ein »Kadett der Industrie-Psychologie« »ungemein höflich und brutal reihum auf die weniger ansehnlichen Damen« einredete. Unerbitt- lich verbreiteten sich die Kreise der schonungslosen Offenheit. In dieser zweiten Phase wechselte sich ängstliches Schweigen und vor- sichtige Zurückhaltung mit gelegentlichen Attacken ab:

›Einen gebrochenen und vom Tode gezeichneten Menschen‹, nennt einer der Männer plötzlich den anderen. Einer sieht in seinem Widerpart ein ›pompöses, doppelbödiges Denkmal, in dem sich in Wahrheit eine Micky- maus verbirgt‹. Bald muß er selber mit rasch steigendem Blutdruck hartes Feedback verarbeiten: ›Sie machen‹, sagt man ihm, ›immer so schwungvoll ihre Fensterläden auf, aber dahinter ist nichts als Leere‹.

Der seelische Stress bereitete den Teilnehmern schon nach wenigen Tagen Muskelschmerzen, Schlaflosigkeit, Angstträume und einen »fahlen Teint«. In einer dritten Phase lernten die Teilnehmer dann, auch dank der Gruppentrainer, bei den Angriffen freundlicher nachzuhaken und zuzuhören sowie den eigenen Drang, andere zu verändern, stärker zu reflektieren. Nicht immer glückte diese dritte Phase, in der das Feedback konstruktiv bewältigt werden und dazu führen sollte, dass sich die Empfindsamkeit für die eigene Wirkung auf andere steigert. Für Neurotiker waren diese Trainingssitzungen ohnehin nicht geeignet; sie vertieften die Neurosen.[35] Tatsächlich zeigen viele Protokolle der Gruppensitzungen und Langzeitana- lysen über die Folgen der Therapiesitzungen, dass der Imperativ schonungsloser Offenheit nicht nur peinliche Bloßstellungen und

---

35 Peter Brügge, »Ich lasse mich nicht auseinandernehmen«, in: *Der Spiegel* 35 (24.08.1970), S. 55-60, hier S. 57; Adolf M. Däumling, »Sensitivity Training«, in: Peter Kutter (Hg.), *Gruppendynamik der Gegenwart*, Darmstadt 1981, S. 133-155, hier S. 137, 142, 144.

grobe Verbalinjurien mit sich brachte, sondern auch nachhaltige emotionale Störungen und das Gefühl von Leere oder Selbstnegierung erzeugen konnte. Nur im besten Fall war ein Klima des Vertrauens, der Sicherheit und Zuneigung entstanden.[36]

Ihren Anfang nahm diese Form der Gruppendynamik 1945 mit Kurt Lewins Interesse an Rückkopplungsprozessen, das durch seine Nähe zu Norbert Wiener, dem Begründer der Kybernetik, geweckt worden war; die beiden hatten sich am berühmten Massachusetts Institute of Technology getroffen. Nachdem er Deutschland 1933 wegen der antisemitischen Gesetzgebungen verlassen hatte, erhielt der in Berlin aufgewachsene und promovierte Lewin eine Professur an der Cornell University in Ithaca im US-Bundesstaat New York. Dort befasste er sich neben seinen theoretischen Arbeiten mit Kinderpsychologie, experimenteller Sozialisationsforschung sowie Feldtheorie und Aktionsforschung. Bis dato hatte er vor allem die psychologische Forschung zu den Erziehungsstilen vorangetrieben. Um 1945 widmete sich Lewin, der bereits 1947 verstarb, hauptsächlich der Frage, wie Nachkriegsdeutschland durch Umerziehung (Reeducation) demokratisiert werden könnte.[37]

Lewin entwickelte in seinem sozialtechnologischen Planungsoptimismus und demokratischen Ethos ein Verfahren zur psychologischen Selbststeuerung von Individuen. Das aus der physikalischen Kybernetik übernommene Feedback faszinierte ihn als psychologische Korrekturmöglichkeit. In seinen Studien über Gruppenbeziehungen erarbeitete Lewin – als geistiger Vater und Entdecker der »Gruppendynamik« – nach und nach das Instrumentarium partizipativer Sozialforschung und die Methode der Rückkopplung. Dabei gaben zunächst professionelle Prozessbeobachter in den Sitzungen Hinweise zur Verbesserung der Kommunikation,

---

36 Ulrich Bröckling, »Und ... wie war ich? Über Feedback«, in: *Mittelweg 36* 15, 2 (2006), S. 27-44, hier S. 37/38; Rogers, *Encounter-Gruppen*, S. 13-20, 22-49; Borneman, »Gruppendynamik«, S. 101-108.

37 Zu Lewin siehe Günter Bierbrauer, *Ein Sozialpsychologe in der Emigration. Kurt Lewins Leben, Werk und Wirkungsgeschichte*, Gerlingen 1992; Helmut E. Lück, *Kurt Lewin. Eine Einführung in sein Werk*, Weinheim 2001; Alfred J. Marrow, *Kurt Lewin. Leben und Werk*, Weinheim 2002. Zu den Anfängen der Gruppentherapie nach Lewin siehe auch Leland P. Bradford u. a. (Hg.), *Gruppen-Training. T-Gruppentheorie und Laboratoriumsmethode*, Stuttgart 1972, S. 96-140; Rogers, *Encounter-Gruppen*, S. 10-12; Tändler, »Therapeutische Vergemeinschaftung«, S. 144-148.

bis schließlich das Studium des eigenen Gruppenprozesses zur Aufgabe der Gruppentrainer wurde. Dies war die Geburt der Sensitivity-Gruppe, die 1947 in der Kleinstadt Bethel im US-Bundesstaat Maine im National Training Laboratory for Group Development methodisch ausgefeilt wurde: Die Isolation der Gruppensitzungen vom Alltag, die Frequenz der Gruppengespräche und die Anzahl der Teilnehmer wurden hier ausgetüftelt. Auch die oben erwähnten drei Phasen der Gruppensitzungen – *unfreezing*, *changing* und *refreezing* – wurden hier etabliert. Am Anfang der Sitzung waren die Gruppen unstrukturiert, gegen Ende griffen die professionellen Gruppentrainer stärker ein.[38] Wichtig und zentral war, dass jeder Teilnehmer dazu ermutigt wurde, »zugleich als Beobachter und als Teilnehmer, als Diagnostiker und als Handelnder, als Planer, Ausführender und Auswertender, als Theoretiker und als Praktiker, als ein Gefühle Ausdrückender und als Kritiker ihres Ausdrucks, als Helfender und als Klient zu fungieren«.[39] Mit anderen Worten: Der Selbstversuch diente dem Einüben eines demokratischen Führungsstils, in dem jeder sich selbst erkennen sollte. Die Gruppendynamik mobilisierte das Ethos »rückhaltloser Selbstöffnung«. Nur durch Nachgeben, Durchsetzen, Helfen oder Sich-helfen-Lassen, kurz: durch emotionale Teilnahme war ein wirkliches Miterleben des Gruppenprozesses möglich. Die Rückmeldungen der anderen auf das eigene Verhalten sollten möglichst neutral beschreibend, konkret und auf das gegenwärtige, zeitnahe Verhalten bezogen sein sowie dem Betreffenden nicht gegen seinen Willen aufgezwungen werden.[40] Horst-Eberhard Richter hat dieses Prinzip und die »hohe

38 Däumling, »Sensitivity Training«, S. 136-140; Pio Sbandi, »›Feedback‹ im Sensitivity-Training«, in: Anneliese Heigl-Evers (Hg.), *Gruppendynamik*, Göttingen 1973, S. 77-92; Bröckling, »Und … wie war ich?«, S. 32.

39 Bradford u. a. (Hg.), *Gruppen-Training*, S. 96-103 (Zitat S. 140); Tändler, »Therapeutische Vergemeinschaftung«, S. 147.

40 Sbandi, »Feedback«, S. 89; Rainer E. Kirsten, Joachim Müller-Schwarz, *Gruppen-Training. Ein gruppendynamisches Übungsbuch mit 59 Psycho-Spielen, Trainingsaufgabe und Tests*, Stuttgart 1973, S. 76/77; Däumling, »Sensitivity Training«, S. 150-153; Bröckling, »Und … wie war ich?«, S. 33, 35/36. Zum »Feedback« insgesamt siehe: Edith Slembek, Hellmut Geißner (Hg.), *Feedback. Das Selbstbild im Spiegel der Fremdbilder*, St. Ingbert ²2001; Cornelis F. Wieringa, »Feedback ist nicht die ›Wahrheit‹«, in: Claus H. Bachmann (Hg.), *Kritik der Gruppendynamik. Grenzen und Möglichkeiten sozialen Lernens*, Frankfurt/M. 1981, S. 300-311; Schwäbisch/Siems, *Anleitung*, S. 63-72.

Achtung« gegenüber der »Gruppe« nicht zuletzt im linksalternativen Milieu populär gemacht. Noch bevor er zum Aktivisten in der Friedensbewegung der achtziger Jahre wurde, hatte Richter tief in das linksalternative Milieu hineingewirkt. Sein in sechsstelliger Auflage vertriebener Bestseller *Die Gruppe* setzte sich nicht nur mit den Kinderläden und sozialen Randgruppen auseinander, sondern bot ein Vademekum zur Selbstveränderung in einer angeblich von Anonymität und Vereinsamung geprägten technisiert-bürokratischen Industriegesellschaft.[41]

Gerade die Offenheit und Öffnung der Gefühle sowie die Hochschätzung der egalitären »Gruppe« machten das Sensitivity-Training für das Alternativmilieu besonders attraktiv. Dessen ungeachtet blieb diese Technik zeitgenössisch keineswegs auf dieses Milieu beschränkt. Der 1967 gegründete Deutsche Arbeitskreis für Gruppenpsychotherapie und Gruppendynamik wirkte (unter anderem dank seiner Zeitschriften) in Wirtschaftsunternehmen hinein, die sich für eine Steigerung der kommunikativen Effizienz interessierten. Sogar die Priesterausbildung bei den Jesuiten wurde beeinflusst.[42] Doch besonders im linksalternativen Milieu entfaltete diese Technik eine enorme Breitenwirkung. Der Wunsch, Gefühle zwangloser und spontaner ausdrücken zu können, war dafür ebenso verantwortlich wie der basisdemokratische Impetus des gruppendynamischen Verfahrens. Es ging, so hieß es im *Carlo Sponti*, um eine »neue Sittlichkeit für die Linke«, die »gesunde Formen des Zusammenlebens« in der Gruppe ohne »Angst, Schuld, Macht, Bestrafung« erproben wollte.[43] Eine zeitgenössische wissenschaftliche Studie identifizierte als Ziel, »den historisch etablierten Autokraten-Typ durch den neuen Typ eines gruppenorientierten Synkraten abzulösen. An diesem epochalen Wandel der Autoritätsstruktur wird niemand vorbeikommen.«[44]

Gleichwohl wurde bezweifelt, dass die in der abgeschiedenen und insularen Gruppentherapie gemachten Erfahrungen in die All-

---

41 Tändler, »»Psychoboom««, S. 81; Nina Verheyen, *Diskussionslust. Eine Kulturgeschichte des »besseren Arguments« in Westdeutschland*, Göttingen 2010, S. 300/301; Elberfeld, »»Patient Familie««, S. 97.

42 Tändler, »Therapeutische Vergemeinschaftung«, S. 153.

43 »Vor Wort«, in: *Carlo Sponti* 26/27 (1976), S. 2 (Zitate); Däumling, »Sensitivity Training«, S. 135.

44 Däumling, »Sensitivity Training«, S. 154.

tagsrealität übertragen werden könnten. Gerade im betrieblichen Alltag werde der objektive Gegensatz von Kapital und Arbeit, so ein klassischer Einwand der marxistischen Gruppierungen, durch die gruppendynamischen Verständigungsverfahren nur verschleiert, nicht jedoch getilgt. Die Gruppentherapie bekämpfe also nicht die Ursachen moderner Entfremdung des Individuums, sondern nur seine Symptome. Sie stütze insofern kapitalistische Machtverhältnisse. Dieses Argument wurde auch im Zusammenhang mit den nachfolgenden Therapieformen immer wieder vorgebracht und verdeutlicht noch einmal den Konflikt zwischen dem Politikverständnis der Linksalternativen und dem der eher an traditionellen linken Theorien orientierten K-Gruppen, die hauptsächlich vom Produktionsprozess her dachten und die zwischenmenschlichen Umgangsweisen und kulturellen Mentalitäten von diesem ableiteten.[45] Während 1970 in der marxistischen Zeitschrift *Argument* ausdrücklich vor den »entpolitisierenden Effekten« der Gruppendynamik gewarnt wurde, fand sich 1972 im *Kursbuch* ein Plädoyer für die emanzipatorische und antiautoritäre Kollektivkraft der Gruppe.[46]

Urschrei- bzw. Primärtherapie

Die Primärtherapie wurde im Alternativmilieu der siebziger Jahre zu einer Modetherapie. Schon allein die Tatsache, dass John Lennon und Yoko Ono zur ersten Generation der Klienten gehörten, machte die Arbeiten ihres Erfinders Arthur Janov populär. Zur großen Aufmerksamkeit durch die undogmatische Linke trug auch bei, dass der kalifornische Psychologe erklärt hatte, sich an der Veränderung der kapitalistischen Gesellschaft beteiligen zu wollen:

Gesunde Menschen werden logischerweise eine gesunde Gesellschaft schaffen. Allerdings ist es nicht unmöglich, daß ein gewaltsam verändertes Gesellschaftssystem letztlich gesunde Menschen hervorbringt, selbst wenn die Revolution durch Neurotiker zustande gebracht wurde. [...] Wir beginnen in beiden Bereichen. Wir werden nicht gesund und ändern dann die Ge-

---

45 Borneman, »Gruppendynamik«, S. 86-88; Bachmann (Hg.), *Kritik der Gruppendynamik*, S. 11-47.
46 Diese Auseinandersetzung schildert Tändler, »Therapeutische Vergemeinschaftung«, S. 158-160.

sellschaft, ebenso wenig wie wir die Gesellschaft ändern und dann gesund werden.[47]

Die psychotherapeutische Behandlungsmethode von Janov basierte auf der Annahme, dass traumatische psychobiologische Erfahrungen und Erlebnisse in der frühen Kindheit und sogar noch vor der Geburt die gesamte Entwicklung und das spätere Leben von Menschen nachhaltig negativ beeinflussen können. Die theoretischen Grundlagen der Primärtherapie ähneln der Neurosenlehre der frühen Psychoanalyse. Freud hatte zu Beginn seiner Arbeit die Auffassung vertreten, der Neurotiker leide in erster Linie an verdrängten Erinnerungen an traumatische Erlebnisse aus seiner Kindheit. Anders als Freud bezog Janov auch Erfahrungen und Traumatisierungen des Fötus (und dessen »Bewusstseinsspeicher«) in seine Überlegungen mit ein. Die Nicht-Befriedigung, Frustration oder Gefühlsblockierung primärer Bedürfnisse, vor allem des Bedürfnisses nach bedingungsloser Annahme und Liebe, ließen im Körper eine Art Urschmerz zurück, der den Organismus von seiner potentiellen Lebensbahn abdränge und zu neurotischen Störungen und Erkrankungen führe. Dieser Urschmerz müsse erinnert und noch einmal durchlebt werden, so dass sich in kathartischen Entladungen – dem Urschrei – der Weg zum »wahren Selbst« öffne. Durch das Wiedererleben dieser Urerfahrungen und -erlebnisse könnten die negativen Auswirkungen gemildert und verringert werden.[48]

Vor einer primärtherapeutischen Behandlung wird in der Regel vorab ein schriftlich ausgearbeiteter Lebenslauf verlangt. Es folgt eine körperliche Untersuchung sowie ein Eignungsinterview. Die Therapie selbst findet idealerweise in einem fensterlosen, schalldichten und gepolsterten Raum statt. Der Klient wird aufgefordert, sich auf den Boden zu legen und frei assoziativ aus seiner Kindheit zu erzählen. Gerät er an eine schmerzhafte Erinnerung, wird er aufgefordert, diese zuzulassen. Diese Erlaubnis, unterstützt durch Druck auf den Solarplexus und spezifische Atemtechniken (*rebirthing*), soll Gefühle unbekannter Intensität freisetzen: »Tränen, Schluchzer und Agonie stellen sich ein. Häufig ist der Körper

---

47 Janov, *Revolution der Psyche*. Hier zitiert nach »Primärtherapie: neuer Weg ins Heil?«, in: *Carlo Sponti* 26/27 (1976), S. 12.

48 Arthur Janov, *Der Urschrei*, Frankfurt/M. 1973; »Primärtherapie: neuer Weg ins Heil?«, in: *Carlo Sponti* 26/27 (1976), S. 11/12. Zum Folgenden siehe Colin Goldner, *Die Psycho-Szene*, Aschaffenburg 2000, S. 38-383.

außer Kontrolle. [...] Der Patient drückt seine Gefühle aus: ›Halt mich fest‹, ›Hab mich lieb‹, ›Sei lieb zu mir‹. [...] Die Worte strömen aus ihm heraus. Manchmal fehlen die Worte, nur Stöhnen und Schluchzen sind zu vernehmen.«[49]

Eine weitere therapeutische Bearbeitung erfolgte zunächst nicht auf kognitivem Wege. Das Körpererlebnis wurde als integrativ angesehen. Dem Kult körperlicher Unmittelbarkeit wurde hier Raum gegeben, während die rationale Konfliktbearbeitung untergeordnet war. Intuitiver Zugang, Spontaneität und emotionale Reaktion waren primär: »Die einseitige Hochstilisierung der Emotionalität und die Abwendung von rationaler Problembearbeitung im linken Psychodrom enthält eine Absage an das rationalistische Bildungsideal und an die moralisierende Einschränkung der Emotionalität.« Die emotional-körperlichen Ausbrüche erhielten »die Würde und Macht religiöser Bekehrungserlebnisse«. Die Therapieformen lebten mithin »von einer religiösen Sehnsucht nach fundamentaler Wiedergeburt«.[50] Die emotionale Selbst- und Welterfahrung entsprang aber keineswegs unmittelbar dem Selbst oder den traumatischen Geburtserfahrungen, sondern wurde durch effektvolle Arrangements mitgeformt. Nach anfänglich breiter Popularität verlor die in verschiedenen Varianten auftretende Primärtheorie aufgrund mäßiger Behandlungserfolge und verstärkter Kommerzialisierung in diesem Sektor wieder an Bedeutung. Universitäre Ausbildungsgänge und Lehrstühle entwickelten sich aus der Urschreitherapie nicht.[51]

Transaktionsanalyse

Die Transaktionsanalyse ist eine aus der Psychoanalyse abgeleitete Theorie und ein daraus folgendes psychotherapeutisches Verfahren. Sie geht auf den kanadischen Psychiater Eric Berne zurück. Zunächst wird danach gefragt, ob der Patient sich so fühlt, denkt oder handelt, wie er es von anderen Autoritätspersonen früher (Eltern) oder gegenwärtig übernommen hat. Dieser sogenannte »Eltern-

49 Zitiert nach Goldner, *Psycho-Szene*, S. 381.
50 Bopp, »Der linke Psychodrom«, S. 90, 89.
51 »Primärtherapie: neuer Weg ins Heil?«, in: *Carlo Sponti* 26/27 (1976), S. 12. Neben Janovs Methode wurde im linksalternativen Milieu auch das »Co-Councelling« eingesetzt, siehe: *Carlo Sponti* 26/27 (1976), S. 13 und 16.

Ich-Zustand« besteht aus Erinnerungen, die bis zum fünften oder sechsten Lebensjahr an das Kind von außen herangetragen wurden – vor allem aus Befehlen und Verhaltensregeln. Zweitens wird untersucht, ob der Patient sich so fühlt, so denkt oder handelt, wie er es in der Gegenwart nach den Gesichtspunkten der Situation selbst entschieden hat (»Erwachsenen-Ich-Zustand«). Drittens schließlich, ob er so fühlt, denkt oder handelt, wie er es als Kind aufgrund seiner Lebenssituation unbewusst oder bewusst selbst beschlossen hat zu tun (»Kind-Ich-Zustand«). Entsprechend diesem Modell kann sich jemand fürsorglich oder kritisch (»Eltern-Ich-Zustand«), der Situation angemessen und logisch (»Erwachsenen-Ich-Zustand«) oder aber natürlich, angepasst oder rebellisch (»Kind-Ich-Zustand«) verhalten. In dem Moment, in dem man sich im Kindheits-Ich befindet, wird durch eine ähnliche Situation, wie man sie schon in dieser frühen Zeit erlebt hat, die ursprüngliche Situation noch einmal aktiviert. Die Transaktion zwischen den Ich-Zuständen und die seit der Kindheit eingeschliffenen Verhaltensweisen und Spiele zwischen diesen Zuständen (»Lebens-Drehbuch«) stehen im Mittelpunkt der Transaktionsanalyse.[52] Das Ziel der Transaktionsanalyse ist das Akzeptieren der eigenen Person und eine Veränderung des gewohnten, bislang gelebten eigenen Verhaltens. Die so gewonnene Klarheit gegenüber eigenen Gefühlen und Wertungen soll dem Klienten helfen, Handlungsspielräume gegenüber anderen Menschen zu gewinnen.[53] Die Transaktionsanalyse erfreut sich in Deutschland noch immer relativer Bekanntheit. Die Deutsche Gesellschaft für Transaktionsanalyse ist der Berufsverband von 1500 Analytikern, die in verschiedenen Gebieten der Psychotherapie, Beratung, Wirtschaft, Pädagogik und Erwachsenenbildung

52 Thomas A. Harris, *Ich bin o. k. – Du bist o. k.*, Reinbek 1975; Robert Goulding, »Neue Richtungen in der Transaktions-Analyse: Die Schaffung einer Umwelt für revidierte Entscheidungen und Veränderungen«, in: Clifford J. Sager, Helen S. Kaplan (Hg.), *Handbuch der Ehe-, Familien- und Gruppen-Therapie*, München 1972, S. 131-168.

53 Eric Berne, »*Was sagen Sie, nachdem Sie ›Guten Tag‹ gesagt haben?*«, Frankfurt/M. [19]2004; ders., *Die Transaktionsanalyse in der Psychotherapie*, Paderborn [2]2006; ders., *Grundlagen der Gruppenbehandlung*, Paderborn 2005; ⟨http://www. familienaufstellungs-lexikon.org/doku.php?id=wiki:transaktionsanalyse⟩, letzter Zugriff am 09.11.2013; ⟨http://f4.hs-hannover.de/fileadmin/media/doc/f4/Aktivitaeten/Veroeffentlichungen/2009/GB-03-09-Ta.pdf⟩, letzter Zugriff am 09.11.2013.

tätig sind und sich für eine effektivere Kommunikation einsetzen. Von politischen Kontexten hat sich die Transaktionsanalyse mittlerweile vollständig entfernt.[54]

So bekannt die Transaktionsanalyse im linksalternativen Milieu der siebziger Jahre auch war, so umstritten war sie auch. Einerseits, hieß es, sei sie zwar in der Lage, alltägliche Kommunikationssituationen als machtdurchsetzt und angstvoll zu erkennen, andererseits blende sie aber die sozioökonomischen Bedingungen für solche Kommunikationsverhältnisse aus. Vor diesem Hintergrund könne die Transaktionsanalyse »den politischen Kampf nicht ersetzen, aber sie kann uns beim Kämpfen helfen«.[55]

Zentrale Merkmale der psychotherapeutischen Ansätze

Die drei exemplarisch dargestellten Therapieansätze wurden nur selten in reiner Form angewandt, sondern meist in Kombinationen und Erweiterungen praktiziert. Oft wurden sie um Bioenergetik, Yoga, Meditation und Tai-Chi zu »ganzheitlichen« Therapieformen ergänzt. Häufig kam es zu »Kombinationen von Tanz, Bewegung, Meditation, Massage, Selbsterfahrung, Sensitivity-Training, Rollenspiel, Encounter«.[56] Sehr beliebig und je nach Kenntnisstand des einzelnen Praktikers wurde der Janov'sche Ansatz mit Elementen aus der Transaktionsanalyse oder dem Psychodrama angereichert.[57]

Im Rahmen dieser Willkürlichkeit, in gewisser Weise sogar Beliebigkeit der therapeutischen Praxis lassen sich innerhalb der Selbsterfahrungsgruppen und der Humanistischen Psychologie der siebziger Jahre dennoch einige gemeinsame Merkmale ausmachen. Erstens ging es um eine Ablehnung des szientistischen und rein über den Verstand geformten Weltbildes. Dem entsprach eine Aufwertung des Gefühlslebens. Zweitens drückten die Therapien den ganzheitlich verstandenen Versuch aus, die »Eindimensionalität der technisch-ökonomischen Erfahrungswelt« zu sprengen und

54 Vgl. ⟨http://www.dgta.de/die-dgta.php⟩, letzter Zugriff am 24.03.2013; Gudrun Hennig, Georg Pelz, *Transaktionsanalyse. Lehrbuch für Therapie und Beratung*, Paderborn [2]2007.

55 »Transaktionsanalyse – solidarisches Handeln«, in: *Carlo Sponti* 26/27 (1976), S. 7/8.

56 Mildenberger, *Die religiöse Revolte*, S. 161.

57 Goldner, *Die Psycho-Szene*, S. 382.

die Panzerung »unserer Sinnlichkeit und Emotionalität« mittels unterschiedlicher Körpertechniken abzulegen. Drittens wurde der Prozess der Selbstfindung und Ganzwerdung mit gruppendynamischen Verfahren und einer Hochschätzung der Gruppe verbunden. Lenkung und Bewertung durch ausgebildete Experten wurden durch Empathie und Gruppenfeedback ersetzt.[58]

Neue Emotionalität, die Wiederentdeckung des Körpers und ganzheitliche Erfahrungen prägten nahezu alle Selbsterfahrungsgruppen. Das Ziel der Therapieformen war die Selbstregulierung, welche eine Stabilisierung der verängstigten und verunsicherten Subjekte bewirken sollte. Der Körper und die Gefühle wurden hierbei als etwas Natürliches und Authentisches begriffen, welches den Patienten einen unverstellten Zugang zum eigenen Selbst erlaube. Zwar war man sich der Körperpanzerungen und Gefühlsunterdrückungen in der kapitalistisch-bürgerlichen Gesellschaft bewusst, der Ausweg aus diesen Verhältnissen aber wurde doch immer über den körperlichen und emotionalen Ausdruck gesucht, während verstandesmäßige Einsichten dahinter rangierten oder gar gänzlich ausgeschlossen wurden.

Die neu errichteten Normen des Intimitätszwangs und Bekenntnisdrucks wurden im linksalternativen Milieu ebenso wenig reflektiert wie die Entstehung informeller Hierarchien und die starke Neigung zur Gruppe. Der Problematik, dass die Gruppendynamik eine Sozialtechnologie war, die den Teilnehmern die ständige Präsenz ihrer eigenen Unzulänglichkeit zumutete, stellten sich die Alternativen bei ihrer euphorischen Sinnsuche meist nicht. Durch den Konformitätsdruck der Gruppe entwickelten sich aber neue Normierungen, die den Mitgliedern Offenheit, Echtheit, Gefühlsintensität und Problembewusstsein abverlangten.[59] Erst gegen Ende der siebziger Jahre büßten die psychologischen Techniken und Methoden an Attraktivität und Zugkraft im linksalternativen Milieu ein, weil sie immer mehr zum Selbstzweck geworden waren. Spätestens in den neunziger Jahren wurden sie zu einer Art zwanglosem Zwang zum »emotionalen Selbstmanagement« transformiert.[60]

58 Brand u.a. (Hg.), *Aufbruch*, S.163/164; Tändler, »›Psychoboom‹«, S.84.
59 Bröckling, »Und ... wie war ich?«, S.40, 42/43; »Ich bin ein tiefer See ... zur Gestalttherapie«, in: *Carlo Sponti* 26/27 (1976), S.6.
60 Tändler, »Therapeutische Vergemeinschaftung«, S.166/167.

9.2 Neue Spiritualität

Die aus den USA importierten therapeutischen Methoden wurden häufig mit neuen Formen der Spiritualität vermischt.[61] Psychobewegung und Neue Spiritualität teilten einige Elemente, wie die Betonung der Innerlichkeit, die Entdeckung der Gefühle und die Beschwörung der Ganzheitlichkeit. Schon zeitgenössische Akteure hoben diese Verwischung der Grenzen zwischen Spiritualität und Psychotherapie hervor. 1978 schrieben beispielsweise die Therapeuten der Psychogruppe Zentrum für Individual- und Sozialtherapie im bayerischen Penzberg:

> Therapie, die den ganzen Menschen meint, führt in Erfahrungsbereiche, für die wir im lebendigen Kern der verschiedenen Religionen – nur zum Teil verstandene – Schlüssel finden. [...] Lebendig praktizierte Religion führt – will man den Erfahrungsberichten vieler trauen – zu einem Bewußtsein, das das Selbst und die Mitwelt als Teil eines größeren Ganzen begreift. [...] Die Einsicht in die Begrenztheit unseres linearen, analytischen Denkens ist ein weiterer Grund für unser Interesse, in verschiedenen Religionen nach diesem Kern zu suchen und von dem dort vorhandenen Wissen um die Entwicklungsmöglichkeiten zu lernen.[62]

Bereits einige der damals neuen Psychoverfahren, etwa Janovs Urschreitherapie, erinnerten mit ihrer Mischung aus körperlicher Wahrnehmung, Gruppenerfahrung und pietistisch anmutendem Wiedergeburtserlebnis an die Neue Spiritualität der siebziger und achtziger Jahre. Das Aufkommen »magischer Weltanschauungen«, die Pluralität synkretistischer Glaubensformen, die diffusen Phänomene von Okkultismus, Esoterik und Neognosis sowie spirituelle

61 Im Folgenden wird der Begriff der Spiritualität in seiner angelsächsischen Bedeutungstradition im Sinne eines inneren, freigeistigen Umgangs mit religiösen Themen verstanden, der nicht auf äußere Dogmen angewiesen ist und tendenziell eine interreligiöse Ausrichtung suggeriert. Der Begriff folgt also explizit nicht der katholischen Ordenstheologie Frankreichs, die Spiritualität als kontemplative Lebensform verstand (Christoph Bochinger, »New Age« und moderne Religionen. Religionswissenschaftliche Analysen, Gütersloh 1994, S. 525). Die schier endlosen Debatten darüber, ob die Neue Spiritualität als Religion verstanden werden kann, interessieren in unserem Zusammenhang nicht. Jedenfalls gab es keine New-Age-Kirche, keine geschlossene Lehre, kein prägendes Ritual, keine festgefügte religiöse Lebensordnung, sondern schillernde Formen zwischen Kommerz und persönlicher Hingabe (vgl. dazu nur Bochinger, »New Age«, S. 40-80, 104).
62 Zitiert nach Mildenberger, Die religiöse Revolte, S. 160.

Bewegungen und ganzheitlich auftretende Erkenntnistheorien des New Age hatten sich schon in den sechziger Jahren in den USA manifestiert.[63] Die »okkulte Revolution« kam mit Beginn der siebziger Jahre nach Deutschland, und auch hier entwickelten sich regelmäßige Veranstaltungen, Kongresse und Tagungen, es entstand eine mystizistische Jugend- und Musikkultur, Hunderte kleinerer und größerer New-Age-Institute öffneten ihre Pforten. Die Gründung mehrerer esoterischer Zeitschriften und eine außerordentlich große Anzahl an Buchpublikationen machten die neue Bewegung populär. Die Literatur zu esoterischen Themen wuchs schnell über den Kreis der Insiderverlage wie dem Hermann Bauer Verlag, dem Aurum Verlag oder dem Dianus-Trikont-Verlag hinaus und fand den Weg in das Programm breiter Publikumsverlage wie Goldmann, Fischer oder Rowohlt. Teilweise erreichten die Zeitschriften hohe Auflagen, wie die *Esotera*, die 1986 immerhin in einer Auflage von 60 000 Exemplaren erschien. Vermutlich etwa acht Prozent des Gesamtumsatzes mit Büchern entfielen zu dieser Zeit auf den Bereich Esoterik. Titel von Starautoren der Szene wie dem österreichisch-amerikanischen Physiker Fritjof Capra oder der amerikanischen Wissenschaftsjournalistin Marilyn Ferguson standen monatelang auf den Bestsellerlisten des *Spiegels*.[64]

Dazu kamen die neuen Jugendsekten, deren Mitglieder, Anhänger und Interessenten die Bundesregierung im April 1979 auf 130 000 bis 150 000 Personen schätzte, wobei die Zahl der Aktivisten auf nicht mehr als 30 000 Personen beziffert wurde.[65] Seit

63 Norman Freedland, *The Occult Explosion*, New York 1972; Irving Zaretsky, Mark Leone (Hg.), *Religious Movements in Contemporary America*, Princeton 1974.

64 Bochinger, »*New Age*«, S. 103, 105/106, 114/115, 126/127 (mit Kritik an der Erhebungsziffer von acht Prozent des Buchmarktes), 138-142, 158-171, 183/184; Hubert Knoblauch, »Das unsichtbare Zeitalter. ›New Age‹, privatisierte Religion und kultisches Milieu«, in: *KZSS* 41 (1989), S. 504-525, hier S. 505/506, 511; Pascal Eitler, »Körper – Kosmos – Kybernetik. Transformationen der Religion im ›New Age‹ (Westdeutschland 1970-1990)«, in: *Zeithistorische Forschungen/Studies in Contemporary History*, Onlineausgabe 4, 1/2 (2007), S. 1-11, hier S. 2/3; Ingo Mörth, »New Age – Neue Religion?«, in: Max Haller u. a. (Hg.), *Kultur und Gesellschaft*, Frankfurt/M. 1989, S. 297-320, hier S. 299.

65 Vgl. Drucksache 8/2790 des Deutschen Bundestages (8. Wahlperiode) vom 27. 04. 1979: »Neuere Glaubens- und Weltanschauungsgemeinschaften (sogenannte Jugendsekten), abgelegt in: BArch Koblenz, B 189, Nr. 22183, Ordner 2007-341/1, Bd. I, ohne fol. Als Überblick über die Jugendsekten siehe: BArch Koblenz, B 189, Nr. 22071 (dort die umfangreichen Berichte der Bundesländer

Anfang der siebziger Jahre hatten radikalere Sekten in der Bundesrepublik Fuß gefasst. Neben der Mun-Sekte, der Bhagwan-Shree-Rajneesh-Bewegung und Scientology waren dies die Gesellschaft für Transzendentale Meditation, die Kinder Gottes (Children of God), die Hare-Krishna-Sekte, Divine Light Mission, Ananda Marga und Earth Play. Rein quantitativ stach hierbei neben Scientology die Gesellschaft für Transzendentale Meditation mit rund 70 000 Anhängern hervor.[66]

Zum Synkretismus einer diffusen Spiritualität

In der Neuen Spiritualität der siebziger Jahre gab es großflächige Überschneidungen von Zenbuddhismus, Taoismus, Hinduismus, Astrologie sowie islamischen oder christlichen Erneuerungsbewegungen, ohne dass von vornherein dogmatische Vorstellungen dominierten. Die Angebote erstreckten sich von vergleichsweise geschlossenen Offerten wie der Anthroposophie bis zu magisch-divinatorischen Praktiken für ein kommerzielles Publikum. Elemente religiöser, magischer und okkulter Traditionen wurden synkretistisch ausgewählt und lose miteinander verknüpft.[67] Der zum Islam konvertierte Paul-Gerhard bzw. Hadayatullah Hübsch bemerkte 1980, dass »Islam und Buddhismus, Neochristentum und Hinduismus« in den alternativen Blättern »Blüten oder Wurzeln« getrieben hätten. Bücher zur natürlichen Geburtenregelung und zum Selbsterfahrungstrip nach Indien standen neben Abhandlungen zur »Bewegungsanthroposophie« des Achberger Kreises der Grünen. Die Beschwörungen der Neuen Spiritualität waren keineswegs allein auf die radikaleren Gruppen wie die Krischna-Leute, die Mun-Sekte oder Baghwan-Rajneesh-Jünger beschränkt.[68] Das Einfügen in

über die Jugendsekten in den Jahren 1977 bis 1979). Der Begriff der »Jugendsekten« ist wegen seiner pejorativen Bedeutung in der Forschung umstritten. Vgl. Bochinger, »New Age«, S. 47/48; Mildenberger, *Die religiöse Revolte*, S. 34-45.

66 Siehe als Überblick zu diesen Sekten in: BArch Koblenz, B 189, Nr. 22183, Ordner 211-2007-339II; Friechrich-Wilhelm Haack, *Jugendreligionen. Ursachen, Trends, Reaktionen*, München 1979, S. 79-306; Mildenberger, *Die religiöse Revolte*, S. 46-198.

67 Thomas Daum, *Die 2. Kultur. Alternativliteratur in der Bundesrepublik*, Mainz 1981, S. 105; Eitler, »Körper – Kosmos – Kybernetik«, S. 8/9; Knoblauch, »Das unsichtbare neue Zeitalter«, S. 514-515; Mörth, »New Age«, S. 302.

68 Hadayatullah Hübsch, *Alternative Öffentlichkeit. Freiräume der Information und*

die Gemeinschaft und die Überwindung »konkurrenzorientierter Ich-Bezogenheit« wurden nicht nur von den Gurus propagiert.[69] Die »religiösen Subkulturen«, heißt es in einer Untersuchung zur Alternativkultur, waren in der Lage, »mit dem Produktivmachen von Yoga, Tanz, Eurythmie, Fasten, Ekstase, Askese, meditativer Erotik, [...] neuem fraternitären Kommunikations- und Lebensstil, ›ehrfürchtigem‹ Naturverständnis und Einsicht in die ›Hierarchie der wirklichen Bedürfnisse‹ wahren gesellschaftlichen Fortschritt erst zu ermöglichen«.[70] Der Synkretismus und die *bricolage* aus Elementen verschiedener Weltansichten, die Pluralisierung und Individualisierung des Religiösen, die subjekt- und erfahrungszentrierten magischen Handlungen sowie die ganzheitliche Überschreitung institutionalisierter Wissenssysteme kennzeichneten diese Entwicklungen.[71]

Allein schon der Ausdruck »New Age« war alles andere als eindeutig. Erwartet oder vernommen wurde ein »Neues Zeitalter« des Wassermanns, welches das Ende des von Materialismus und analytischem Denken geprägten Zeitalters des Fischs einläuten sollte. Umweltverschmutzungen oder der Rüstungswettlauf wurden als Zeichen eines durch Katastrophen ausgelösten Umbruchs gedeutet. Mit der Betonung der Einheit von Körper, Geist und Seele sowie der Ablösung von Rationalität, analytischem Denken und Argumentation durch Gefühl, »synthetisches Denken« und Intuition sollte die ursprüngliche kosmische Harmonie wiederhergestellt werden. Mystische und magische Vorstellungen von »Schwingungen«, »Energiefeldern«, »Wellen«, »Strahlen« oder »Kräften« würden eine ganzheitliche Verbindung des Individuums mit dem Universum konstruieren. In der esoterischen Vorstellung der All-Einheit war jede einzelne Zelle mit dem gesamten Organismus und der Gemeinschaft holistisch verbunden – selbst Pflanzen, Tiere, göttliche Wesen und die Verstorbenen waren Teil des universellen Geistes. Es galt nun, die durch die technisch-rationale Zivilisation

Kommunikation, Frankfurt/M. 1980, S.109/110; Jürgen Lott, »Schöpfungstheologie, ›weibliche‹ Spiritualität und Naturmystik. Religiöse Strömungen bei den Grünen«, in: Gunter Hesse, Hans-Hermann Wiebe (Hg.), *Die Grünen und die Religion*, Frankfurt/M. 1988, S.185-214, S.193/194.

69 Brand u. a., *Aufbruch*, S.165.

70 Daum, *Die 2. Kultur*, S.106.

71 Knoblauch, »Das unsichtbare neue Zeitalter«, S.518-521.

verdeckte spirituelle Harmonie wieder nutzbar zu machen – Anleihen bei den Kulten romantisch verklärter »primitiver Kulturen« waren allgegenwärtig.[72] Die universelle Sinndeutung des New Age, die auch Wissenschaften, Medizin und Technik in ihre magischen Vorstellungen einbezog, war insofern etwas anderes als die christliche Kirchenreligion. Man kann neue pluralistische Unspezifität bei gleichzeitig umfassend-holistischem Anspruch als »kulturelle Entdifferenzierung« bezeichnen. Tatsächlich beanspruchte New Age, unterschiedlichste Lebensbereiche von den Gesellschaftsformen und dem Mann-Frau-Verhältnis über gesunde Ernährung und Sexualität bis zu Mythologie, Anthropologie, Magie und Meditation neu und ganzheitlich zu bestimmen. Wichtig für den Zusammenhang mit dem linksalternativen Milieu war, dass die magische Qualifikation jedem zukam und von jedem erlernt werden konnte. Insofern beschreibt New Age einen Prozess der Veralltäglichung und Demokratisierung des Religiösen.[73]

Organisationsstrukturen der spirituellen Bewegungen

In diesem weiten Feld der Neuen Spiritualität entwickelten sich im Wesentlichen zwei unterschiedliche Organisationstypen: die stark strukturierten, meist hierarchisch gegliederten Jugendsekten und die wenig dauerhaften, fließenden Gruppenbildungen der New-Age-Bewegung mit nur lockeren Beziehungen zwischen den Anhängern und einer gewissermaßen vagabundierenden Spiritualität. Letztere übten eine größere Anziehungskraft auf das linksalternati-

---

72 Mörth, »New Age«, S. 297, 299/300; Knoblauch, »Das unsichtbare neue Zeitalter«, S. 507/508; Gottfried Küenzlen, »New Age und Grüne Bewegung«, in: Matthias Pilger, Steffen Rink (Hg.), *Zwischen den Zeiten. Das New Age in der Diskussion*, Marburg 1989, S. 244-259, hier S. 252-255. Christoph Bochinger (*»New Age«*, passim) hat in seiner umfangreichen und detailreichen Dissertationsschrift nachgewiesen, dass das »Etikett« einer zusammenhängenden New-Age-Szene weniger von seinen Akteuren als vielmehr von außen durch Verleger und Öffentlichkeit als Fremdbezeichnung konstruiert wurde. Tatsächlich hatte die New-Age-Szenerie keine festen Strukturen, hohe Fluktuationsraten und war alles andere als eine in sich geschlossene Weltanschauung.
73 Wolfgang Lipp, »Magie – Macht und Gefahr. Zur Soziologie des Irrationalen«, in: Arnold Zingerle, Carlo Mongardini (Hg.), *Magie und Moderne*, Berlin 1987, S. 63-97; Knoblauch, »Das unsichtbare neue Zeitalter«, S. 509; Bochinger, *»New Age«*, S. 131.

ve Milieu aus, als es die Jugendsekten vermochten, die schon rein zahlenmäßig ohnehin nur ein Randphänomen waren.

Bekannt wurden die Jugendsekten vor allem durch reißerische Medienberichte über die autoritären Führungsgestalten – so etwa über den amerikanischen Science-Fiction-Autor L. Ron Hubbard bei Scientology oder den Koreaner San Myung Mun von der antikommunistischen Vereinigungskirche.[74] Diese Sekten zeichneten sich durch Gehorsam und Unterordnung der Anhänger, ein streng reglementiertes und emotionalisiertes Gemeinschaftsleben und eine Weltverbesserungsideologie aus. Teilweise wurde diese Ideologie mit pseudowissenschaftlicher Argumentation verbunden und lief auf eine kompromisslose Ablehnung der bestehenden Gesellschaft hinaus. Die Deutungsmuster bezogen sich auf andere Wirklichkeiten und höhere Ordnungen und leiteten daraus Vorschriften für die gesamte Lebensführung ab. Das Versprechen auf Erlösung korrespondierte mit dem Sendungsbewusstsein der »Jünger« und den kultischen Riten der Organisationen. Gemein war diesen Sekten oder »religiösen Orden« die Neigung, elitäre Kader hervorzubringen, deren Aufgabe darin bestand, das Charisma des Führers, Gurus oder Messias' zu stärken und zu erhalten. Ihr Geldvermögen verschafften sich die Sekten teilweise durch Tarn- und Unterorganisationen, teilweise durch das Sammeln von Spenden und Broschürenverkauf. Durch den Abschluss von der Außenwelt und das elitäre Sendungsbewusstsein übten sie einen Einfluss auf den Lebensalltag der Mitglieder aus, der im Grunde alle Lebensbereiche erfasste. Psychosoziale Gruppenzwänge und unmittelbare Gemeinschaftserfahrungen von Geborgenheit und Wärme waren mit der Schwächung der Persönlichkeit und einem partiellen Wirklichkeitsverlust verbunden.[75]

Führende New-Age-Theoretiker agitierten gegen solche Tendenzen und kritisierten die Monopolisierung der Macht, nicht nur

74 Zu diesen beiden Sekten siehe: Mildenberger, *Die religiöse Revolte*, S. 67-81, 180-190.

75 Knoblauch, »Das unsichtbare neue Zeitalter«, S. 512-514; Mildenberger, *Die religiöse Revolte*, S. 42, 72. Die Unterscheidung von Lehrern und Schülern und der »Ruf nach dem Meister« in einigen Meditationsbewegungen war dagegen zweifelsfrei harmloser, verwies jedoch auch auf eine strikt hierarchische Rollentrennung (Karl Baier, *Meditation und Moderne. Zur Genese eines Kernbereichs moderner Spiritualität in der Wechselwirkung zwischen Westeuropa, Nordamerika und Asien*, Bd. 2, Würzburg 2009, S. 907).

in den Jugendsekten, sondern auch in Wirtschaft, Bürokratie oder Staat. Im Mittelpunkt ihrer programmatischen Vorstellungen von dezentralen und basisdemokratischen Kommunikationsstrukturen stand die Netzwerk-Metapher. Träger religiöser Deutungsangebote waren demnach nicht länger große Institutionen und ihre Würdenträger, sondern viele kleine Institute, die keiner zentralen Überwachung und Kontrolle unterstanden. In der Forschungsliteratur ist Ernst Troeltschs Begriff »Mystik« (in der englischsprachigen Literatur etwas irreführend mit *cult* übersetzt) verwendet worden, um die esoterische Szene des New Age zu kennzeichnen, weil diese ein niedriges Institutionalisierungsniveau aufwies und ihre oft gebildeten und jungen Mitglieder nur durch die jeweils individuellen religiösen Erfahrungen binden konnte. Die organisatorische Vielgestaltigkeit und Offenheit der spirituellen Freizeitgruppen und der magischen Dienstleistungsangebote stand jedenfalls in Kontrast zu den festeren religiösen Vergemeinschaftungen und dem höheren Grad an Institutionalisierung in den kirchlichen Strukturen.[76] Tatsächlich ergaben Umfragen unter den New-Age-Aktivisten, dass dieser demokratische Impuls auch ihr Alltagsverhalten beeinflusste. So lehnten sie beispielsweise hierarchische Betriebsstrukturen deutlich stärker als die allgemeine Bevölkerung ab (80,4 Prozent zu 59,2 Prozent) und räumten der Möglichkeit zur Selbstverwirklichung am eigenen Arbeitsplatz einen sehr viel höheren Stellenwert ein.[77]

Linksalternative und Religion

Der wichtigste Sprecher der New-Age-Bewegung, der österreichische und in Kalifornien lebende Physiker und Philosoph Fritjof Capra, stellte in seinem Buch *Wendezeit*, einem Bestseller im Alternativmilieu, die politische Bedeutung der ganzheitlichen Esoterik heraus, indem er über die Neuen Sozialen Bewegungen urteilte:

In den siebziger und achtziger Jahren sind eine ganze Reihe gesellschaftlicher Bewegungen in Gang gekommen, die sich alle in derselben Richtung

---

76 Knoblauch, »Das unsichtbare Zeitalter«, S. 510, 512, 514, 517; Bochinger, *»New Age«*, S. 43, 72, 75, 185; Mörth, »New Age«, S. 304-306; Ernst Troeltsch, *Die Soziallehren der christlichen Kirchen und Gruppen*, Aalen ²1965, S. 967.

77 Mörth, »New Age«, S. 311; Christof Schorsch, *Die New Age-Bewegung. Utopie und Mythos der Neuen Zeit. Eine kritische Auseinandersetzung*, Gütersloh 1988, S. 66-71.

zu entwickeln scheinen, wobei jeweils unterschiedliche Aspekte der neuen Sicht der Wirklichkeit hervorgehoben werden. Im Augenblick agieren die meisten dieser Bewegungen noch getrennt voneinander und sind sich der wechselseitigen Beziehungen ihrer Zielsetzungen noch nicht bewußt geworden. Zweck dieses Buches ist es, ein zusammenhängendes Gedankengebäude zu liefern.[78]

Die US-amerikanische New-Age-Bewegung entstand in der Tat als *counterculture* aus einer »Synthese von Sozialismus und Hippie-Bewußtsein«, sie nahm Einflüsse des Beatnik, der Humanistischen Psychologie aus dem kalifornischen Esalen-Institut, der indisch inspirierten spirituellen Bewegungen in den USA und der Drogenkultur in sich auf.[79]

Bei den semantischen Grenzverschiebungen im Verhältnis von Religion und Politik kam es zu mannigfaltigen und unerwarteten Verknüpfungen von politischen und religiösen Diskursen, die sich im Zeichen der »Verwirklichung des Selbst« vollzogen.[80] Zwar überschnitt sich die spirituelle Bewegung in personeller Hinsicht nur mit kleinen Teilen des linksalternativen Milieus, aber die Diskussion über Esoterik und Jugendreligionen beschäftigte nicht wenige linksalternative Akteure. So erschien 1978 in *Esotera*, dem wichtigsten Magazin des New Age, der Artikel des Journalisten und ehemaligen SDS-Aktivisten Reimar Lenz, in dem dieser über die losen Verbindungen zwischen dem Alternativmilieu und den New-Age-Organisationen aufklärte:

Das sind nun die Psycho- und Meditationsgruppen, die Landkommunen und Makrobiotiker, die Gebetszirkel und Taizé-Ableger, mal christlich, mal synkretistisch getönt, mal anarchistisch, mal indianisch-romantisch, immer ökologisch, meist ohne Dogma, sicher ohne Kirchensteuer oder Sek-

---

78 Fritjof Capra, *Wendezeit. Bausteine für ein neues Weltbild*, Bern, München u. a. 1983, S. 10/11. Zur Kritik an Capra siehe: Rolf Nemitz, »Yin und Yang und die neuen Sozialen Bewegungen«, in: Matthias Pilger, Steffen Rink (Hg.), *Zwischen den Zeiten. Das New Age in der Diskussion*, Marburg 1989, S. 103-125.

79 Martin Konitzer, *New Age. Über das Alte im neuen Zeitalter*, Hamburg 1989, S. 11-23; Bochinger, »*New Age*«, S. 61, 105, 129/130, 192.

80 Pascal Eitler, »Politik und Religion. Semantische Grenzen und Grenzverschiebungen in der Bundesrepublik Deutschland (1965-1975)«, in: Ute Frevert, Heinz-Gerhard Haupt (Hg.), *Neue Politikgeschichte. Perspektiven einer historischen Politikforschung*, Frankfurt/M. 2005, S. 268-303; Pascal Eitler, »*Gott ist tot – Gott ist rot*«. *Max Horkheimer und die Politisierung der Religion um 1968*, Frankfurt/M. 2009, S. 364/365.

tenfinanzierung. Das sind nun die Leute, die auf ihre eigenen Erfahrungen angewiesen sind, ihre eigenen Studien, die mal Trotzki lesen und mal Rudolf Steiner, mal das Neue Testament und mal das Tibetanische Totenbuch, das sind Leute ohne Priestercorps und Pfarrerstand, ohne Gemeinderäume und Funkredaktionen, eben die Alternativen, die allein aus dem Glauben leben an eine andere Kultur, eine Religion von morgen.[81]

In ähnlicher Form liest man in einer Ausgabe des Münchner *Blatts* von 1979, dass aus einem Teil der »politischen Subkultur der 60er Jahre« eine »spiritualistische oder an den neuen Therapien orientierte, kulturell dissidierende Jugendsubkultur« hervorgegangen sei, die wiederum zum Teil an den Rändern in autoritäre Experimente wie die Aktions-Analytische Organisation abdrifte.[82] Tatsächlich kam es zu einigen regelrechten Konversionen ehemaliger Studentenaktivisten und engagierter Vertreter der Alternativbewegung. Was die Neue Spiritualität und die Alternativszene verband, war die Distanz zum herrschenden Gesellschaftssystem des Westens und der Drang zur Unmittelbarkeit und Ganzheit des Lebens – jenseits von materiellem Wohlstand und bürgerlichen Leistungsvorstellungen. Die Vorliebe für kommunitäre Gemeinschaften und emotionale Bindungen sowie die ökologisch-reformerischen Ansätze stifteten zusätzlichen Zusammenhalt.[83]

Zum Teil waren die Verbindungen auch ganz direkt, wie bei den 1968 von dem Amerikaner »Moses« David Berg gegründeten Children of God (später unter dem Namen Family of Love firmierend). Diese kapitalismuskritische Endzeitfamilie begann als kalifornische Jesusbewegung, als Mischung aus der untergegangenen Hippiekultur und einem evangelistischen *revivalism*. Die Anhänger von »Mo«, einer der zahlreichen Spitznamen von Berg, lebten nach dem Vorbild der Kommunebildungen des 19. Jahrhunderts in Kolonien oder Heimen, rissen so viele Brücken wie möglich zur Gesellschaft ab und bauten eine Aussteigergemeinschaft auf, die den angeblich bevorstehenden Weltuntergang überleben werde. In strenger Hierarchie und geleitet von den »Mo-Briefen« ihres Propheten David Berg, fiel die antiamerikanische und antiisraelische Gruppe vor allem durch ihre emotionale Wärme, Offenheit und

81 *Esotera* 12 (1978), S. 1128; zitiert nach Haack, *Jugendreligionen*, S. 368, und Mildenberger, *Die religiöse Revolte*, S. 271/272.
82 *Blatt* 141 (09.03.–22.03.1979), S. 15-17.
83 Haack, *Jugendreligionen*, S. 374.

sexuelle Freizügigkeit auf. Ab 1974 praktizierten die Mitglieder das sogenannte *love bombing* und *flirty fishing*, bei dem durch sexuelle Handlungen neue Mitglieder gewonnen und materielle Güter für die Gruppe beschafft werden sollten. In Deutschland konnten die Mo-Jünger jedoch keine größere Bedeutung erlangen, ihre Zahl dürfte wenige hundert nicht überschritten haben.[84]

In den siebziger Jahren war die Szene der Neuen Spiritualität gleichwohl von Anhängern des linksalternativen Milieus durchsetzt. »Der Gott der christlichen Kirchen« war für »die meisten der spirituellen Sucher unter den Alternativen« nicht bedeutend. Es war »mehr von ›Erleuchtung‹ und ›Energie‹, von ›Ausstrahlung‹ und ›Liebe‹« die Rede: »Kosmische Energie erfüllt das Weltall, es kommt darauf an, sich ihr zu öffnen, sich einzustimmen in den großen Rhythmus. Durchlässig werden, es ›fließen zu lassen‹.«[85] Durch den enormen Diffusionsprozess und die Breitenwirksamkeit des New Age ab Anfang der achtziger Jahre lockerte sich die subkulturelle Verbindung. Ende der achtziger Jahre hatte die New-Age-Bewegung dann allgemein an Zugkraft verloren, und in den neunziger Jahren war der Begriff fast vollständig aus der öffentlichen Diskussion verschwunden.[86]

Die neuen spirituellen Bewegungen standen mit ihrer Verknüpfung von Politik und Religion und der Verwischung von Transzendenz und Immanenz keineswegs allein. Vielmehr kennzeichnete dieser Prozess auch die traditionellen christlichen Kirchen, erstmals in den Jahren zwischen 1963/64 und 1973/74, in denen der christlich-marxistische Dialog ebenso auf dem Vormarsch war wie die Politische Theologie. Dieser Prozess der Politisierung – insbesondere des Protestantismus – wurde durch die Friedensbewegung in den achtziger Jahren weitergeführt.[87] Der in den sechziger Jahren

84 Georg Hirsch, *Die Kinder Gottes. Psycho-spirituelle Analyse der Entstehung, Lehre und religiösen Praxis einer Sekte*, Hamburg 2002; Mildenberger, *Die religiöse Revolte*, S. 82-91; ⟨http://en.wikipedia.org/wiki/Children_of_God_%28cult%29⟩, letzter Zugriff am 08.04.2013; ⟨http://de.wikipedia.org/wiki/Kinder_Gottes_%28Neue_Religi%C3%B6se_Bewegung%29#cite_ref-0⟩, letzter Zugriff am 08.04.2013.

85 Christoph Conti, *Abschied vom Bürgertum. Alternative Bewegungen in Deutschland von 1890 bis heute*, Reinbek 1984, S. 190.

86 Eitler, »Körper – Kosmos – Kybernetik«, S. 2; Bochinger, »*New Age*«, S. 517.

87 Eitler, »Politik und Religion«, S. 268-303; Eitler, »Gott ist tot«, S. 350, 242-353; Helmut Zander, *Die Christen und die Friedensbewegungen in beiden deutschen*

begonnene intellektuelle Dialog, an dem sich führende Köpfe der Politischen Theologie wie die protestantischen Theologen Dorothee Sölle und Helmut Gollwitzer oder Ernst Bloch von marxistischer Seite beteiligten, fand breite öffentliche Aufmerksamkeit. Auch die Konferenzen des Weltkirchenrates in den sechziger Jahren, die katholischen und evangelischen Kirchentage oder die katholischen und evangelischen Akademien beförderten die Politisierung der Religion und vervielfältigten den Theologiebegriff, der von einer Theologie der Hoffnung bis zur Befreiungstheologie reichen konnte. Bekanntlich hatte selbst die katholische Kirche mit dem Zweiten Vatikanischen Konzil (1962-1965) eine beispiellose »Wende zur Welt« vollzogen. Die Gesprächsbasis der christlichen Ökumene mit dem Marxismus bildete der Dialog um den Humanismusbegriff, welcher im Marxismus eine »anthropologische Wende« und im Christentum eine »Konversion zur Welt« erfordert hatte. So warb Gollwitzer für eine »Politisierung der Kirche«, während Sölle hervorhob, dass »Aufstand und Auferstehung zusammengehören«. Die Christen für den Sozialismus, 1971 in Chile gegründet, gewannen in der Bundesrepublik ab Mitte der siebziger Jahre schnell an Einfluss. Dazu kamen volkskirchliche Bewegungen jugendlicher Christen, die der Kirche einen Mangel an »Religionshaltigkeit« vorwarfen. In diesem Sinne initiierte eine ursprünglich protestantische Bruderschaft in Taizé, einem kleinen Dorf im Burgund, wöchentliche Treffen, die als sogenanntes »Konzil der Jugend« massenhaften Zulauf erhielten. Allein Ostern 1974 kamen 40 000 junge Menschen aus aller Welt, um hier gemeinsam an die ursprünglichen Traditionen des Christentums, die Bergpredigt und die Jesus-Bewegung in Galiläa anzuknüpfen. Auch die evangelische Studentenmission in Deutschland war auf dem Vormarsch, die »Christivals« – eine Mischung aus Großevangelisation, Bildungsarbeit und Fest – erlebten regen Zulauf (1976 beispielsweise kamen 12 000 Teilnehmer zum Pfingst-Christival nach Essen). Auch die Offensive Junger Christen in Bensheim, die sich selbst als Nachfolger der Studentenbewegung verstand, trat für eine evangelikale Erneuerung mit dem Ziel einer »revolutionären« Veränderung

Staaten. Beiträge zu einem Vergleich für die Jahre 1978-1987, Berlin 1989, S. 36-219; Josef Janning u. a. (Hg.), *Friedensbewegungen. Entwicklung und Folgen in der Bundesrepublik Deutschland, Europa und den USA*, Köln 1987, S. 271-284 (Aufsatz von Karl-Heinz Reuband zum Protestantismus in der Friedensbewegung).

der Gesellschaft ein.[88] Schließlich öffneten sich die Kirchen nach und nach, wenngleich sehr zögerlich, den östlichen Meditationsbewegungen. Zwar blieb die Warnung vor der Vereinigungsmystik mit Gott, die Skepsis gegenüber der gegenstandslosen Leere des Geistes, die Reserviertheit gegenüber dem Synkretismus und einem bloßen Wohlfühl-Körperkult stets präsent, aber zugleich erwiesen sich die christlichen Traditionen der Kontemplation, Sammlung und Versenkung als anschlussfähig für die östlichen Einflüsse.[89]

In der Friedensbewegung und bei den Grünen spielten religiöse und christliche Orientierungen eine große Rolle, und für prominente Grüne der ersten Stunde wie Petra Kelly, Eva Quistorp, Antje Vollmer oder Christa Nickels gehörten Friedensengagement, Feminismus, ökologische Orientierungen und ihr Verständnis vom Christentum zusammen. Kelly drückte ihre religiöse Fundierung grüner Politik ebenso entschieden wie klar aus: »Mein Engagement bei den Grünen hat von der ersten Stunde an sehr, sehr viel mit meiner zutiefst religiös-spirituellen Orientierung zu tun, denn ich halte die authentische Grüne Internationale Bewegung nicht nur für eine politische, sondern für eine politisch-spirituelle Bewegung.« Die in jungen Jahren in Günzburg an der Donau streng katholisch erzogene Petra Kelly kombinierte ihre katholische Orientierung mit diversen anderen religiösen Strömungen, mit denen sie seit ihrer Jugendzeit in den USA in Kontakt gekommen war – die feministische Theologie Catharina Halkes' und Elga Sorges spielte

88 Zitate nach Eitler, »Politik und Religion«, S. 281, 288, 299; Mildenberger, *Die religiöse Revolte*, S. 61. Insgesamt siehe: Eitler, »Politik und Religion«, S. 284-300; Mildenberger, *Die religiöse Revolte*, S. 46-66; Bochinger, »*New Age*«, S. 55, 74; Martin Greschat, »Protestantismus und Evangelische Kirche in den 60er Jahren«, in: Axel Schildt u. a. (Hg.), *Dynamische Zeiten. Die 60er Jahre in den beiden deutschen Gesellschaften*, Hamburg 2000, S. 544-581; Karl Gabriel, »Zwischen Aufbruch und Absturz in die Moderne. Die katholische Kirche in den 60er Jahren«, in: Axel Schildt u. a. (Hg.), *Dynamische Zeiten. Die 60er Jahre in den beiden deutschen Gesellschaften*, Hamburg 2000, S. 528-543; Freia Anders, »Die Evangelische Kirche in Hessen und Nassau im Konflikt um die Startbahn West«, in: Bernd Hey, Volkmar Wittmütz (Hg.), *1968 und die Kirchen*, Bielefeld 2008, S. 207-232; Bernd Hey, Volkmar Wittmütz (Hg.), *1968 und die Kirchen*, Bielefeld 2008; Joachim Lell (Hg.), *Religiöse Gruppen. Alternativen in Großkirchen und Gesellschaft*, Düsseldorf, Göttingen 1976; Benjamin Ziemann, »Zwischen sozialer Bewegung und Dienstleistung am Individuum. Katholiken und katholische Kirche im therapeutischen Jahrzehnt«, in: *AfS* 44 (2004), S. 357-393.

89 Baier, *Meditation und Moderne*, Bd. 2, S. 906/907, 925, 936-938.

dabei eine wichtige Rolle, aber auch urchristliche Impulse und die Befreiungstheologie Lateinamerikas waren von Bedeutung, ebenso wie ihre Beschäftigung mit buddhistischen und tantrischen Schriften. Vergebung und Versöhnung bezeichnete sie als Leitsterne ihrer Politik, die sie stets persönlich, bis zum Dogmatismus entschieden und emotional ergriffen verfochten hat. Die Grünen verstand Kelly als Partei, in der Prinzipien der Gewaltfreiheit und Menschenrechte, soziale Gerechtigkeit und Frauenemanzipation, eine ökologische Ausrichtung und Achtung der Schöpfung sowie basisdemokratische Orientierungen Hand in Hand gingen. Diese sollten sich »in Richtung einer ganzheitlichen, integrierten und humanen Philosophie und Lebenspraxis orientieren«.[90] Die in Detmold geborene evangelische Pfarrerstochter Eva Quistorp war gleichfalls eine engagierte christliche Friedensaktivistin und Feministin. Auch sie plädierte für den gewaltfreien und passiven Widerstand, aber noch stärker als Kelly war sie von der Befreiungstheologie Lateinamerikas fasziniert. Während ihrer Zeit als Theologie- und Germanistikstudentin in Berlin waren das Engagement in der Studentenbewegung, die Gegenwartskritik von Religionswissenschaftlern wie Klaus Heinrich, der Kontakt zu Helmut Gollwitzer sowie die Erfahrungen in der Evangelischen Studentengemeinde und dem Studienwerk Villigst für Quistorp von großer Bedeutung. In den späten siebziger und frühen achtziger Jahren rückten das Engagement gegen die AKW-Politik und gegen die atomare Nachrüstung, der Einsatz für die Umweltpolitik und der Ökofeminismus nochmals stärker in den Vordergrund. Ihr Hang zur Naturmystik und zum bloßen Moralismus war wohl noch stärker ausgeprägt, als dies bei Kelly der Fall war. Beide Frauen verbanden ihren Einsatz gegen den zivilen und militärischen Einsatz der Atomkraft, für soziale Gerechtigkeit und Selbstbestimmung der Frau aber gleichermaßen mit spirituell-ganzheitlichen Menschenbildern und beklagten den Verfall von »mystisch-transzendentalen Erfahrungen« in der modernen Gesellschaft. Beide teilten den ethisch-moralischen Rigorismus, den sie zusammen mit der Lebensmaxime eines zärtlichen,

---

90 Petra K. Kelly, »Religiöse Erfahrung und politisches Engagement«, in: Gunter Hesse, Hans-Hermann Wiebe (Hg.), *Die Grünen und die Religion*, Frankfurt/M. 1988, S. 23-42, hier S. 26-31, 34/35 (Zitate S. 35 und 36). Zu Petra Kellys Religiosität siehe Saskia Richter, *Die Aktivistin. Das Leben der Petra Kelly*, München 2010, bes. S. 281, 333-342, 372, 397.

wärmenden Umgangs der Menschen untereinander propagierten.[91] Auch die Grünenpolitikerin Manon Maren-Grisebach verknüpfte ihre »ganzheitliche Philosophie« aus Vernunft und Gefühl mit der »Naturnähe der Frauen« und den vermeintlich »weiblichen Eigenschaften – sensibel, naturnah, gewaltlos, rezeptiv«.[92]

Das Spektrum der christlichen Einflüsse bei den Grünen war breit und reichte mit der Grünenabgeordneten Karin Zeitler bis in die New-Age-Bewegung hinein. Auch der individuelle Synkretismus war ausgeprägt und Kritik an der traditionellen Kirche schon allein durch die feministischen Impulse, die auch Christa Nickels und die promovierte evangelische Theologin Antje Vollmer teilten, üblich. Dementsprechend wurde die 1984 offiziell gegründete Bundesarbeitsgemeinschaft Christinnen und Christen bei den Grünen mit ihren rund 900 Mitgliedern von den Kirchen durchaus kritisch gesehen.[93] 1980 hatte diese Gruppe aber bereits erheblichen Einfluss auf das Bundesprogramm der Partei ausgeübt und Überlegungen zu einer gerechteren Welt, zum Erhalt des Friedens und zum Umgang mit Natur und Schöpfung mitgestaltet. Die Suche der Grünen nach Sinn, Ganzheit und Menschlichkeit sowie ihre Kritik an der Naturzerstörung und Verzweckung des Lebens hatte nicht unwesentlich christliche Wurzeln.[94]

91 Eva-Maria Quistorp, »Unterwegs mit Marias Lobgesang«, in: Gunter Hesse, Hans-Hermann Wiebe (Hg.), *Die Grünen und die Religion*, Frankfurt/M. 1988, S. 43-78; Lott, »Schöpfungstheologie«, S. 197-203.

92 Zitiert nach Lott, »Schöpfungstheologie«, S. 204-206. Vgl. Verena Auffermann, »Auf dem Pfad grüner Tugend«, in: *Die Zeit* 33 (12.08.1983).

93 Lott, »Schöpfungstheologie«, S. 185-214; Christa Nickels, »Der Glaube ist ein Spiegel des Lebens«, in: Gunter Hesse, Hans-Hermann Wiebe (Hg.), *Die Grünen und die Religion*, Frankfurt/M. 1988, S. 15-22; Antje Vollmer, »Maria Magdalena« in: Gunter Hesse, Hans-Hermann Wiebe (Hg.), *Die Grünen und die Religion*, Frankfurt/M. 1988, S. 146-157; »Grüne Christen feiern ihr Jubiläum im blauen Kaisersaal«, in: *Braunschweiger Zeitung* (16.03.2009), S. H03; Bochinger, »New Age«, S. 196.

94 Lott, »Schöpfungstheologie«, S. 194-197, 209; Küenzlen, »New Age und Grüne Bewegung«, S. 244-259.

Schon Marilyn Ferguson hatte in ihrem Klassiker *Die sanfte Verschwörung* (mit Bezug auf Gehirnforschung, Naturwissenschaften, neue Heilmethoden, spirituelle Techniken der Bewusstseinserweiterung und moderne Beziehungsstrukturen) nachdrücklich für ein »ganzheitliches Denken« plädiert. Der Gedanke einer harmonischen Aussöhnung mit der Natur nahm auch bei Fritjof Capra eine wichtige Rolle ein. Über die Vorstellung »tiefer Ökologie« wurde ein zusammenhängendes kosmisches Wirkungsfeld der gegenseitigen Abhängigkeit aller Phänomene in einem dynamischen Naturgeschehen entworfen. Über das Netzwerk-Paradigma waren Verbindungen zur ökologischen Bewegung gegeben, die auf verschiedenste Art und Weise aufgegriffen wurden. Die Logik des dynamischen Wirkungsgefüges spiritueller und materieller Kräfte, die alles mit allem in harmonischer Form verknüpfen, entzog sich naturwissenschaftlicher Epistemologie insofern nicht, als auch hier der Natur innewohnende Gesetzmäßigkeiten angenommen wurden, die begreif- und verstehbar waren. Die Rückkopplungen zwischen physischer und psychischer Welt gewannen in diesen holistisch ausgerichteten Syntheseentwürfen besondere Aufmerksamkeit.[95] Solcherlei ganzheitliche, die Einheit von Geist und Materie betonende Perspektive fand vielfach Eingang in »grüne« Verlautbarungen und programmatische Texte und schlug sich in der Gründung der Bundesarbeitsgemeinschaft für spirituelle Wege in Wissenschaft und Politik nieder.[96]

In der Lebenspraxis des linksalternativen Milieus ergaben sich mit den Experimenten natürlichen Wohnens und Ernährens Überschneidungszonen zwischen ökologischen und esoterischen Lebensweisen, die sich in den bereits vorgestellten Landkommunen manifestierten. Alternatives Leben hieß »hier vor allem anderen: [ein] ganzheitliches Leben«.[97] Von der jüdisch-christlichen Herrschaft über die Natur rückte man ab, explizit grenzte man sich vom

---

95 Capra, *Wendezeit*, S. 46, 83, 91; Schorsch, *Die New Age-Bewegung*, S. 31-38, 66-71; Bochinger, »*New Age*«, S. 115-118; Mörth, »New Age«, S. 300/301; Eitler, »Körper – Kosmos – Kybernetik«, S. 10/11; Küenzlen, »New Age und Grüne Bewegung«, S. 246-248.

96 Küenzlen, »New Age und Grüne Bewegung«, S. 256/257.

97 Mildenberger, *Die religiöse Revolte*, S. 205.

»Westen« ab. Stattdessen bezogen sich linksalternative Kommunarden auf östliche Spiritualismen oder den Zenbuddhismus, da hier, so ihre Lesart, die Menschen auf ebenso harmonische wie freundlich-friedliche Art mit der Natur verbunden waren. Angesichts dessen, dass Begriffe wie Nachhaltigkeit oder die Ökologiebewegung aus dem Westen stammen, eine durchaus einseitige Sichtweise, die gleichwohl große Anerkennung im linksalternativen Milieu genoss.[98]

Auch in den Jugendsekten wurde die ganzheitliche Verknüpfung von Ökologie und Spiritualität immer wieder beschworen. So verband etwa die 1955 im indischen Bundesstaat Bihar gegründete Reformbewegung Ananda Marga ihre festgefügten Verhaltensregeln (Reinlichkeit, orangefarbene Kleidung, neue spirituelle Namen für die Mitglieder, Meditationen, Yoga) mit tantrischem Yoga und makrobiotisch-vegetarischer Ernährung, die sie in Deutschland in ihren Peace-Food-Restaurants der Öffentlichkeit anbot. Der autoritär geführte spirituelle Orden um den zeitweise in Patna, der Hauptstadt Bihars, inhaftierten Guru und spirituellen Meister Shrii Shrii Anandamurti bzw. Prabhat Ranjan Sarkar agitierte gegen Korruption, Ausbeutung, Klassenherrschaft und Kastenwesen und trat zugleich für die Veränderung des menschlichen Bewusstseins mithilfe einer neuen Ernährungsweise ein. Die Bewegung breitete sich in den sechziger Jahren in Indien rasch aus. Auch in Deutschland fühlten sich in den siebziger Jahren insbesondere junge Leute von der offenen, harmonischen und solidarischen Atmosphäre der Gemeinschaft angezogen, die entfernt an die Hippies erinnerte. Der Sprecher der Ananda-Marga-Zentrale bestätigte Ende der siebziger Jahre, dass vor allem Zivildienstleistende, Krankenpfleger und Sozialarbeiter der Organisation beigetreten seien, die »bei linken Gruppen mitgearbeitet« hatten, aber zunehmend von diesen enttäuscht gewesen seien. In Deutschland gab es Ableger in Berlin, Mainz, Göttingen, Braunschweig, Regensburg oder Ulm, wobei die Zahlen allerdings anzeigen, dass die Gruppe insgesamt doch nur einen Außenseiterstatus hatte und nicht über 2000 bis 3000 Anhänger in der gesamten Bundesrepublik hinauskam.[99]

98 Joachim Radkau, *Die Ära der Ökologie. Eine Weltgeschichte*, München 2011, S. 257-266.
99 Mildenberger, *Die religiöse Revolte*, S. 7-31 (Zitat S. 24); Baier, *Meditation und Moderne*, Bd. 2, S. 932.

Auch im Sektor der ganzheitlichen Alternativmedizin lassen sich viele Berührungspunkte zum linksalternativen Milieu ausmachen. Schon aufgrund der Berücksichtigung des Gesamtzusammenhanges von Verhalten, Ernährung und Umwelt, der Betonung der Selbstheilungskräfte und der Psyche sowie der Kritik an der schulmedizinischen Versorgung (Unpersönlichkeit und geringe Berücksichtigung individueller Veranlagungen, Vorrang der Symptombekämpfung vor der Ursachenanalyse, Versagen bei vielen chronischen Erkrankungen und Störungen des Immunsystems) bildeten sich Überschneidungsflächen. Vertieft wurden diese Gemeinsamkeiten durch die Idee, Gesundheit als »schöpferische Antwort des Organismus auf Umweltherausforderungen« zu begreifen und Umweltverschmutzungen als Krankheitsursachen zu benennen.[100]

Der Wunsch, »ganz zu sein«, lag in der Natur des religiösen Bedürfnisses und schuf eine Verbindung zu ökologischem Denken und linken Netzwerktheorien. Die emotionale Seite dieses Verhältnisses brachte Dorothee Sölle 1974 in einem Rundfunkvortrag auf den Punkt, indem sie auf das »Bedürfnis nach Totalität, nach einem unzerstückelten Leben« als »totaler Sinnerfüllung« hinwies.[101] Diese Suche nach Ganzheit führte in der Neuen Spiritualität meist über körperlich-psychologische Lehren und Handlungsanweisungen.

Körperliche Techniken

Die Techniken der esoterischen Spiritualität waren in erster Linie körperlicher Natur, ob es sich nun um asketische Techniken wie autogenes Training, Meditation, buddhistisches Zen, Yoga, Massagen, verschiedene Atemtechniken und Samadhi-Tanks oder um ekstatische Techniken wie Tranceerfahrungen, Feuerlaufen oder Reinkarnationstherapien handelte. Die mit den disziplinierten körperlichen Haltungen und Techniken wie dem Lotussitz assoziierte Spiritualität galt sowohl als »ganzheitliche Wirklichkeitserfahrung« wie auch als »etwas ganz Natürliches«. Therapie und Selbstreinigung waren die vordringlichen Ziele der Körperbeherrschung. Dabei kam es, wie der Berliner Zeithistoriker Pascal Eitler deutlich

---

100 Capra, *Wendezeit*, S. 360 (Zitat); Mörth, »New Age«, S. 309-311.
101 Zitiert nach Mildenberger, *Die religiöse Revolte*, S. 233.

gemacht hat, auf die »richtigen« Techniken an: Disziplinierung und Selbstsorge wurden zu zwei Seiten derselben Medaille. Der expandierende Markt an Anleitungs- und Ratgeberliteratur entfaltete ein differenziertes Wissen zu Bewegungs- und Atemtechniken und formulierte Imperative zur »richtigen« Körperhaltung: Von der Stellung der Beine über die Krümmung der Wirbelsäule bis zur »richtigen« Entspannung der Schultern und der korrekten Lage der Zunge wurden umfassende Kataloge entworfen. Eitler hat diese Körperbeherrschung zutreffend als »Somatisierung der Religion« bezeichnet.[102]

Die meditativen und psychosomatischen Techniken von den Yogaschulen bis zu den Meditationskursen standen im Zentrum der Neuen Spiritualität des New Age. Ende der siebziger Jahre wurden an über 1000 Volkshochschulen Yogakurse angeboten, eine Unzahl kleiner Yogazirkel und auch einige streng-klassische Yogaschulen wurden aufgebaut. Mindestens 100 000 Westdeutsche turnten Mitte der siebziger Jahre tagtäglich Yogafiguren mit Namen wie Kobra, Heuschrecke oder Pfau. Daneben verbreitete sich die Meditation als Schule geistiger und körperlicher Disziplin. Zu Beginn der achtziger Jahre konnte man bereits 54 regelrechte Meditationszentren zählen. Rund 20 000 Bundesbürger praktizierten in den späten siebziger und frühen achtziger Jahren Zen, eine aus Japan stammende, besonders strapaziöse Meditationstechnik. Yoga und Meditation waren Techniken des ichbezogenen Bewusstseins, die von den meist 25- bis 40-jährigen Teilnehmern in einer Mischung aus unterschiedlichsten westlichen und östlichen Traditionen praktiziert wurden.[103]

In Yoga wie Meditation manifestierte sich der Drang zum Universalen und Ganzen, den der französische Schriftsteller Romain Rolland in seinem Briefwechsel mit Sigmund Freud als »ozeanisches« Gefühl gegenüber dem bloß sezierenden Verstand charak-

---

102 Mörth, »New Age«, S. 303; Mildenberger, *Die religiöse Revolte*, S. 121-124 (Zitate S. 121/122); Eitler, »Körper – Kosmos – Kybernetik«, S. 3, 6/7. Vgl. für eine ausführliche, mehr als 1000 Seiten lange historische Studie zur Meditationspraxis seit dem Mittelalter: Baier, *Meditation und Moderne*. Für die siebziger und achtziger Jahre des 20. Jahrhunderts: ebd., Bd. 2, S. 905-940.

103 »Religion für müde Europäer«, in: *Der Spiegel* 5 (27. 01. 1975), S. 92 ff.; Mildenberger, *Die religiöse Revolte*, S. 96-98, 123/124; Baier, *Meditation und Moderne*, Bd. 2, S. 924, 927-930.

terisiert hat. Die Meditation galt als Schulung, die »mit dem Geltenlassen des Unzerschnittenen beginnt«. Gerade diese Kraft der Meditations- und Körpertechniken von Yoga bis Zen brachte Dieter Duhm dazu, die »überraschend kluge Auffassung vom Individuum, vom Leben, vom Leiden und Tod« anzupreisen: »Hier wird die Linke mit Befreiungsbewegungen konfrontiert«.[104]

Dieser Überschwang verlor sich jedoch in den achtziger Jahren. Die kognitiv-emotionalen Grenzerfahrungen wurden zunehmend aus den traditionellen Ritualen und Regeln herausgelöst. Yoga und Meditation gerieten zur bloßen Konsumtechnik der Entspannung, des Glücks und der Herstellung eines angenehmen Körpergefühls, während das differenzierte Potential der Begegnung mit Schmerz, Angst und Tod aus dem Repertoire verschwand. Die Meditation wurde im Laufe der neunziger Jahre weiter professionalisiert und kommerzialisiert. Im gleichen Maße verlor sie ihr Potential als Heilserwartung und politische Lösung.[105]

Orientalisierungen

Die mit den soeben beschriebenen Körpertechniken verbundenen ganzheitlichen spirituellen Praktiken wurden als »asiatische« Erfahrungen gedeutet – das Spektrum reichte von der japanischen Zen-Meditation über den tibetischen Buddhismus bis zum hinduistischen Hare Krishna. Gegen eine »westliche«, produktions- und leistungsorientierte Bemächtigung der äußeren Welt brachte man »fernöstliche« Werte der Abwendung von der materiellen Welt, der Innerlichkeit und asketischen Selbstfindung in Stellung. Auch wenn der christliche Anteil nicht unterschätzt werden sollte, so zeichnete sich in den permanenten Ovationen an den asiatischen Raum doch so etwas wie eine »Orientalisierung der Religion« (Pascal Eitler) ab. Mit der begeisterten Bezugnahme auf die »östlichen Weisheitslehren« des Buddhismus, Taoismus und Hinduismus wurde meist die US-amerikanische Ausdeutung des Orients übernommen. Die

---

104 Dieter Duhm, *Der Mensch ist anders. Besinnung auf verspottete, aber notwendige Inhalte einer ganzheitlichen Theorie der Befreiung. Kritik am Marxismus. Beiträge zur Korrektur*, Lampertheim 1976, S. 22.

105 Udo Reiter, *Meditation. Wege zum Selbst*, München 1976, S. 174; Mildenberger, *Die religiöse Revolte*, S. 128-134; Baier, *Meditation und Moderne*, Bd. 2, S. 938-940.

Geschichte der Meditation lässt sich in verflochtenen Wechselwirkungen zwischen Westeuropa, Nordamerika und Asien beschreiben. Das in der Alternativszene präsentierte buddhistische Gedankengut beinhaltete oft Mischformen und Zwittergebilde zwischen christlichem Erbe und fernöstlichen Religionen. Wichtig war der Wunschtraum von der ursprünglichen, unverfälschten, konkreten Sinnhaftigkeit und inneren Erfahrung. Die Verbindungen mit der Natur und dem Kosmos waren dabei ebenso von Bedeutung wie eine spirituelle Unmittelbarkeit.[106]

Auch in den Jugendreligionen zeigte sich diese Gemengelage. So verknüpfte der 1974 in der Stadt Pune gegründete Aschram des Bhagwan Shree Rajneesh indische Meditationspraktiken mit westlichen Psychotechniken aus dem Bereich der Humanistischen Psychologie. Die unterschiedlichsten Selbsterfahrungs- und Encounter-Therapien, von 50 meist gut ausgebildeten amerikanischen oder englischen Therapeuten geleitet, sollten dazu beitragen, das »Ego« »aufzusprengen«. Ende der siebziger Jahre war der Aschram zum größten Zentrum für Gruppentherapie geworden. In der zweiten Hälfte der siebziger Jahre sollen insgesamt 250 000 Aussteiger aus westlichen Ländern dorthin geströmt sein. Die Sannyasins – mit diesem Ausdruck werden im Hinduismus Menschen bezeichnet, die der Welt entsagt haben – sollten durch Meditation und Therapie in die Lage gebracht werden, »sich selbst zu erleben und im Übersteigen des eigenen Erlebens mit dem göttlichen Lebensgrund eins zu werden«. Die Anhänger dieser Bewegung mit der typisch orangeroten Kleidung und ihren Holzketten (welche ein Bild ihres Gurus zierte) zählten in Deutschland zwar nicht mehr als maximal einige tausend Personen, aber die Anzahl der Pilger im nicht abreißenden Strom zum verehrten Meister in Pune war um ein Vielfaches höher. Auch nach ihrer Blütezeit in den siebziger Jahren konnte sich die Bewegung in Deutschland noch einige Jahre halten. Das »Lächeln in den Gesichtern der Sannyasins« verschwand »nur sehr langsam und gemächlich aus den grauen Westberliner Straßen«. 1981 zog dann der 50-jährige Bhagwan nach New Jersey, später nach Oregon, wo die Organisation einen ganzen Landstrich aufgekauft hatte. Als er die USA wegen nicht

106 Mildenberger, *Die religiöse Revolte*, S. 42, 44, 92/93, 206-210; Bochinger, »New Age«, S. 44; Eitler, »Körper – Kosmos – Kybernetik«, S. 8/9.

nachlassender Rechtsstreitigkeiten verlassen musste, begann seine Gruppe zu zerfallen.[107]

Die vom Guru Shri Hans Ji Maharaj im Jahre 1960 gegründete und ab 1966 von seinem Sohn, dem gerade einmal achtjährigen Maharaj Ji (Prem Rawat) fortgeführte Divine Light Mission stellte ebenfalls eine solche ost-westliche Vermengung dar. Hier standen vier Meditationstechniken (Licht-, Klang-, Geschmacks- und Wortmeditation) aus der indischen Yogatradition im Zentrum einer ganz auf den Guru und die Gemeinschaft ausgerichteten Organisation. Ihr Guru lebte aber ab Mitte der siebziger Jahre im amerikanischen Los Angeles in größtem Luxus mit Privatjet, riesiger Villa und Edelautos. Die westlichen Ableger entwickelten sich schnell zu den wichtigsten Zentren der Bewegung; dazu gehörte auch das von einer Schweizer Gönnerin finanzierte Divine Light Zentrum in Winterthur. Vor allem in den USA schwoll die Schar gläubiger Verehrer sehr schnell an und der junge Guru wurde zu einer Mischung aus westlichem Popstar und indisch-religiöser Offenbarergestalt.[108]

Durch einen ähnlichen Verlauf war schließlich die rein zahlenmäßig bei Weitem erfolgreichste Bewegung charakterisiert, die der Transzendentalen Meditation, in deren Technik allein in Deutschland während des Jahres 1978 rund 73 000 Personen – meist Studenten, junge Angestellte und Akademiker zwischen 20 und 40 Jahren – eingeführt wurden. 1958 in Madras von dem Hindumönch Maharishi Mahesh Yogi gegründet, verzeichnete sie ihre Erfolge und ihren Durchbruch in den sechziger Jahren zunächst in den Vereinigten Staaten und anschließend in Westeuropa. Die Meditation sollte, so behaupteten die Vertreter der Bewegung, einen Zustand des reinen Bewusstseins hervorrufen und dadurch umfassende Lebens- und Glückssteigerung, den Abbau von Stress, eine Verbesserung der Gesundheit und die Zunahme von Ausgeglichenheit und Kreativität bewirken. Die hinduistische Überzeu-

---

107 Wolfgang Kraushaar, *Achtundsechzig. Eine Bilanz*, Berlin 2008, S. 195-197; Mildenberger, *Die religiöse Revolte*, S. 172-179 (Zitat S. 293); Wolfgang Müller, *Subkultur Westberlin 1979-1989. Freizeit*, Hamburg 2013, S. 72 (Zitat); Haacke, *Jugendreligionen*, S. 128-146.

108 Mildenberger, *Die religiöse Revolte*, S. 98-103, 295-297; Haack, *Jugendreligionen*, S. 247-265. In Deutschland blieb diese Gruppe mit rund 500 bis 600 Mitgliedern vergleichsweise bedeutungslos.

gung, dass das Bewusstsein mit dem eigentlichen Sein identisch ist, wurde hier in westliches Evolutionsdenken und eine positivistische Fortschrittsbotschaft transformiert. Die Transzendentale Meditation verkaufte sich daher auch als »Wissenschaft der Kreativen Intelligenz«, die zu einer »idealen Zukunft« führe. Zugleich wurde sie aber auch als Weisheit des heiligen Schrifttums des Hinduismus mit autorisierten Lehrern in der Tradition des *Guru Parampara*, mit religiösen Einführungen (*diksha*) und klassischer Mantra-Praxis verstanden.[109]

Die Ovationen an den Orient in der östliche und westliche Motive vermischenden Spiritualität waren weniger eine Hinwendung zum Osten denn eine westliche Selbstkritik an der technischen Selbst- und Naturbeherrschung, der die spirituelle Sicht auf das Selbst und die Welt entgegengehalten wurde. Die individuelle Glückssuche und die Fortschrittsideen des Westens wurden mit der östlichen Versenkung ins Nirwana kombiniert.

Ursachen der
Neuen Spiritualität

Die Zeitgenossen deuteten die Neue Spiritualität fast durchweg negativ – als »Weltflucht« oder »Zukunftsangst« der jungen Akademikergeneration. Einerseits wurde den Jugendlichen die Unfähigkeit attestiert, den Leistungsdruck in einer Welt zunehmender Akademikerarbeitslosigkeit und wachsender Umweltprobleme und Naturzerstörungen auszuhalten. An die Stelle der Leistungsmoral sei eine verspätete pubertäre Abnabelung getreten. Die narzisstische Erlebnisqualität der Jugendlichen und Jungerwachsenen sei kennzeichnend für einen neuen Sozialisationstypus, der eine Tendenz

---

109 Mildenberger, *Die religiöse Revolte*, S. 135-157; Haack, *Jugendreligionen*, S. 183-215; Baier, *Meditation und Moderne*, Bd. 2, S. 932. Eine gewisse Ausnahme bildete die von A. C. Bhaktivedanta Swami Prabhupada gegründete Hare-Krishna-Bewegung. Der strenge Mönchsorden, in dem der Verzehr von Fleisch, Fisch und Eiern ebenso untersagt war wie der Genuss von Rauschmitteln, das Glücksspiel und unehelicher Sex, blieb trotz seiner Erfolge im Westen unverändert traditionalistisch und wissenschaftsfeindlich. Einzig die umfangreiche Buchproduktion und die publizistischen Erfolge mit Millionenauflagen veränderten die Organisation (vgl. Mildenberger, *Die religiöse Revolte*, S. 108-118; 298-300; Haack, *Jugendreligionen*, S. 82-92).

zur Entgrenzung des eigenen Ichs habe und daher für die Jugend-sekten besonders anfällig sei. Andererseits hinterlasse der Zerfall klassischer Institutionen wie Familie oder Kirche, so die konserva-tiven Zeitgenossen wie der amerikanische Soziologe Daniel Bell, eine Wertelücke. Der Verlust an hergebrachten Werten werde durch die Jugendsekten ersetzt, die die Jugendlichen gewisserma-ßen gleichzeitig verzaubern, betäuben und berauschen. Sie böten die Orientierung, die durch den Verlust überlieferter Autoritäten abhandengekommen sei.[110]

Als Ursache für das Bedürfnis nach einer spirituellen Wieder-verzauberung der Welt machte der evangelische Theologe Michael Mildenberger die »betonierten Einbahnstraßen der Gesellschaft, auf denen man der vorprogrammierten Langeweile und Sinnlosigkeit« einer »verwalteten Welt« entgegenfährt, aus.[111] Eine andere Deutung führte *Die Neue Unübersichtlichkeit* (Jürgen Habermas) in einer Ge-sellschaft pluraler Wissenssysteme an und hob auf das Sinnvakuum ab, das sich im »Zeitalter der Technik« (Carlo Mongardini) zwischen den Bereichen des spezialisierten Wissens, in den alltagsweltlichen Leerräumen auftue.[112] Die neuen Körper- und Seelentechniken aus den USA wurden somit als Prothesen in einer ausdifferenzier-ten und mithin seelenlos gewordenen Moderne interpretiert. Im Zuge dieser Ausdifferenzierung fragten die meist der Mittelschicht entstammenden Jugendlichen nicht länger nur nach ihren Karriere-chancen, ihrer materiellen Versorgung und ihren lebensweltlichen Optionen, sondern stellten den Lebenssinn radikal infrage. Zur ge-sellschaftlichen Entfremdung gesellte sich eine Selbstentfremdung, welche durch esoterisches Wissen bearbeitbar erschien.[113]

110 Daniel Bell, *Die Zukunft der westlichen Welt*, Frankfurt/M. 1979, S. 178 ff.; Michael Jürgs, in: *Stern* (20.12.1978); Peter Glotz, »Die Hochschulen nicht abschreiben«, in: *Die Zeit* 4 (20.01.1978); Mildenberger, *Die religiöse Revolte*, S. 199, 216, 218, 222-230; Haack, *Jugendreligionen*, S. 71-73; Ziehe, *Pubertät und Narzißmus*; Ziehe, »Narzißmus und Verletzlichkeit«.

111 Mildenberger, *Die religiöse Revolte*, S. 43, 217.

112 Carlo Mongardini, »Über die soziologische Bedeutung des magischen Den-kens«, in: ders., Arnold Zingerle (Hg.), *Magie und Moderne*, Berlin 1987, S. 11-62; Jürgen Habermas, *Die Neue Unübersichtlichkeit. Kleine Politische Schriften V*, Frankfurt/M. 1985; Bochinger »New Age«, S. 54/55, 78; Knoblauch, »Das unsichtbare neue Zeitalter«, S. 520; Haack, *Jugendreligionen*, S. 71.

113 Eitler, »Körper – Kosmos – Kybernetik«, S. 4; Mildenberger, *Die religiöse Revol-te*, S. 265; Haack, *Jugendreligionen*, S. 65/66.

Die Wende ins Ursprüngliche, Natürliche und Elementare ent-sprang einer Kritik an der als kalt und zerstörerisch wahrgenom-menen Zivilisation. Die New-Age-Bewegung mit ihrer Ablehnung des Materialismus und der Betonung von Innerlichkeit, Erlebnisfä-higkeit und spiritueller Erfahrung war eine Bewusstseinsbewegung – gewissermaßen ein radikaler Ausdruck des allgemeinen gesell-schaftlichen Wertewandels, der hier aufgenommen und übersteigert wurde. Die Formen dieser Neugnosis und esoterischen Spi-ritualität waren vielgestaltig und synkretistisch und reichten von christlichen über buddhistische bis zu okkultisch-esoterischen und indianisch-romantischen Varianten, waren jedoch immer gegen die traditionellen christlichen Kirchen gerichtet.[114]

Dieser sich in der Neuen Spiritualität äußernde Wertewandel lässt sich ebenfalls an einer Veränderung der Form des Religiösen ablesen, denn mit der neuen Spiritualität der jungen Generation ging ab der Mitte der sechziger Jahre eine Entkirchlichung der bundesrepublikanischen Gesellschaft einher, die vor allem die Al-tersgruppe der 16- bis 29-Jährigen betraf. Insbesondere unter Ka-tholiken nahm der Anteil der regelmäßigen Kirchgänger in diesen Altersgruppen von 52 Prozent 1963 über 40 Prozent 1967/69 bis auf 24 Prozent 1973 ab. Bei den Protestanten war diese Entwick-lung angesichts der ohnehin schwächer ausgeprägten Neigung zum Kirchgang weniger deutlich; aber auch hier gaben 53 Prozent dieser Altersgruppe 1973 an, selten in die Kirche zu gehen, wäh-rend diese Zahl 1963 bei 42 Prozent gelegen hatte. 80 Prozent aller unter 30-Jährigen betrachteten eine »Ehe ohne Trauschein« als ak-zeptabel, und 60 Prozent werteten die Kirche als ein Relikt ver-gangener Zeit, welches für die gegenwärtigen Probleme und Fra-gen nicht mehr relevant sei. Die Neue Spiritualität war insofern auch ein Protest gegen die traditionelle kirchliche Religiosität, in ihr manifestierte sich die Aversion der jungen Menschen gegen das kirchengebundene Christentum, nicht unbedingt aber gegen Re-ligiosität. Die religiösen Formen pluralisierten sich nicht nur, sie

114 Bochinger, »New Age«, S. 50-53; Mörth, »New Age«, S. 307, 311/312; Mildenber-ger, *Die religiöse Revolte*, S. 265, 268, 271. Zur Indianerrezeption in Deutschland sehr instruktiv H. Glenn Penny, »Elusive Authenticity: The Quest for the Au-thentic Indian in German Public Culture«, in: *Comparative Studies in Society and History* 48, 4 (2006), S. 798-818. Siehe auch die Indianerbücher des linken Trikont-Verlages in den späten siebziger Jahren.

wandelten sich, denn gleichzeitig mit der Entinstitutionalisierung nahm die Individualisierung und Subjektivierung der Gesellschaft zu.[115]

Der durch die Wissenschaft und Technik ausgelöste Fortschrittsglaube, der bis in die sechziger Jahre hinein Heilsgewissheit erzeugt hatte, geriet durch Umweltzerstörungen und Wertewandel in die Krise und verlor für die nachwachsenden Generationen an Prägekraft. Für sie lohnte ein Leben nach Maßgabe von Karriere und sozialem Aufstieg nicht länger. Dem Geborgenheits-, Zukunfts- und Sinnverlust der materiell gesicherten, aber ideell orientierungslosen Jugend konnte die herkömmliche Kirche keine spirituelle Heimat bieten. Als etablierter Teilhaber an der spätmodernen Entwicklung wurden die Kirchen als Teil des Systems, als für die Krise mitverantwortliche Akteure gesehen, so dass der Impuls der Sinngebung in alternativen Deutungsangeboten wie der orientalisierten esoterischen Spiritualität oder auch in den damit zum Teil verwobenen Angeboten der Humanistischen Psychologie gesucht wurde. Hier konnten die linksalternativen Jugendlichen ihren Hunger auf neue, unbekannte und andersartige Erlebnisse und Erfahrungen stillen.

9.3 Drogenkonsum

»Ohne die Über- und Unterflugwelten von Popo und Drogen wäre das Ganze nicht so anziehend gewesen. Klar, das harte Drogenmilieu zeigt sich rasch in seiner öden Verkommenheit. Wiewohl sie

115 Renate Köcher, »Jugend und Kirche«, in: Elisabeth Noelle-Neumann, Edgar Piel (Hg.), *Allensbacher Jahrbuch der Demoskopie 1978-1983*, Bd. VIII, München u. a. 1983, S. 134-140, bes. 135, 137; Gerhard Schmidtchen, »Die gesellschaftlichen Folgen der Entchristlichung«, in: *Stimmen der Zeit* (August 1978), S. 543 ff.; »Umfrage: Nur noch jeder dritte ein Christ«, in: *Der Spiegel* 52 (24. 12. 1979), S. 70-79; Peter Graf Kielmansegg, *Nach der Katastrophe. Eine Geschichte des geteilten Deutschland*, Berlin 2000, S. 413-416; Karl Gabriel, »Entkirchlichung und (neue) Religion«, in: Thomas Raithel u. a. (Hg.), *Auf dem Weg in eine neue Moderne? Die Bundesrepublik Deutschland in den siebziger und achtziger Jahren*, München 2009, S. S. 99-111, hier S. 104/105; Bochinger, »New Age«, S. 189/190. Vgl. auch Hans Maier, »Kirche, Religion und Kultur«, in: Martin Broszat (Hg.), *Zäsuren nach 1945. Essays zur Periodisierung der deutschen Nachkriegsgeschichte*, München 1990, S. 131-140; Baier, *Meditation und Moderne*, Bd. 2, S. 926.

riskant waren, möchte ich meine Ausflüge ins Reich der Halluzinogene aber nicht missen«, erinnerte sich 2009 Sibylle Lewitscharoff an ihre Erfahrungen im linksalternativen Milieu zu Beginn der siebziger Jahre. Erst LSD habe ihr gezeigt, »was für ein brüchiges Konstrukt die sogenannte Realität ist«: »Ich bin überzeugt, dass LSD meine Beobachtungsgabe nachhaltig beeinflusst und geschärft hat.«[116] Liest man den 2008 vorgelegten Drogenbericht des bekannten Berliner Szenegängers und späteren Terroristen Michael Baumann, dann blühte der Handel mit allen Arten von Drogen bereits ab dem Ende der sechziger Jahre in der Mauerstadt.[117] Berlin war ab Anfang der siebziger Jahre zu einer »Art europäischer Hauptstadt für LSD« geworden.[118] Der exzessive Konsum von Drogen habe innerhalb der Scene, so schrieb auch der Landkommunarde Uwe Kurzbein Mitte der neunziger Jahre, selbstverständlich dazugehört: »Die meisten von uns haben gesoffen, geraucht, gedopt wie es in der Scene an der Tagesordnung war. Erst leidvolle Erfahrungen mit Freunden, die in die Sucht tiefer abgerutscht sind, haben mich für dieses Thema sensibler gemacht.«[119]

Diese späteren Erinnerungen klingen gänzlich anders, als es die Gurus der »psychedelischen Revolution« und »spirituellen Revolte« ursprünglich im Sinn hatten, die eine auf Ekstase gestellte Lebensführung als Modell für eine ganzheitliche Existenz verstanden hatten. Mittels bewusstseinserweiternder Drogen, so die US-amerikanischen Vordenker wie Timothy Leary oder Jerry Rubin, sollte die Trennung von Subjekt und Objekt, sollten alle Grenzen aufgelöst und aufgehoben werden. Die mithilfe von Drogen ermöglichte, umfassende Weltaneignung galt als eigentliches, als authentisches Dasein. Namentlich Leary war es, der den LSD-Trip als eine »religi-

---

116 Sibylle Lewitscharoff, »So superverfolgt und supergeheim. Schwatzschwatz, meistens ernst, selten witzig: Wie es um 1970 wirklich war«, in: *Süddeutsche Zeitung* 7 (10./11. 01. 2009), S. 12.

117 Michael (»Bommi«) Baumann, *Rausch und Terror. Ein politischer Lebensbericht*, Berlin 2008, bes. S. 25-48.

118 Marianne Schmidt, »Wer keinmal mit derselben pennt«, in: *Frankfurter Allgemeine Zeitung* 83 (09. 04. 2008), S. 40.

119 Uwe Kurzbein, »Die Plackerei. Nachdenken über Heilung in der Gemeinschaft«, in: Kollektiv KommuneBuch (Hg.), *Das KommuneBuch. Alltag zwischen Widerstand, Anpassung und gelebter Utopie*, Göttingen 1996, S. 256-274, hier S. 261.

öse Pilgerfahrt« und »religiöse Erfahrung« charakterisierte. Als der *Playboy* den Harvard-Professor fragte, auf welche Weise das LSD-Erlebnis religiös sei, antwortete dieser:

Das hängt davon ab, was Sie unter Religion verstehen; für fast jeden ist das LSD-Erlebnis eine Konfrontation mit neuen Formen der Weisheit und Energie, die den menschlichen Verstand in den Schatten stellen und demütigen. Diese Erfahrung der Ehrfurcht und Offenbarung wird oft als religiös beschrieben. Ich halte meine Arbeit für grundsätzlich religiös, weil sie die systematische Erweiterung des Bewußtseins und die Entdeckung innerer Energien zum Ziele hat, die von den Menschen ›göttlich‹ genannt werden. Vom psychedelischen Standpunkt aus sind fast alle Religionen Versuche [...], das innere Potential zu entdecken. Nun, LSD ist das Yoga des Westens. Das Streben aller östlichen Religionen gilt, wie das Streben von LSD, dem high; das heißt, das Bewußtsein zu erweitern und darin Ekstase und Offenbarung zu finden.[120]

Schon Zeitgenossen stellten einen Zusammenhang zwischen dem »spirituellen Hunger« und dem in den späten sechziger Jahren aufkommenden Drogenkonsum her. Als etwa Hübsch seinen ersten LSD-Trip in der üblichen Form des getränkten Löschblatts auf der Zunge einnahm, kam ihm dieser »wie eine Hostie« vor.[121] In den alternativen Landkommunen wiederum machten Soziologen buddhistische Orientierungen aus, die Ähnlichkeiten zum Drogenkonsum aufwiesen:

Buddhistische Religiosität bietet sich vermutlich vor allem deshalb an, weil die Lehre von der ›Einheit des Lebendigen‹ dem Konkurrenzprinzip, das an der Gesamtgesellschaft kritisiert wird, eine positive Alternative gegenüberstellt, die [...] mit den Erfahrungen unter Drogeneinfluß (besonders LSD) übereinstimmt und dem Bedürfnis nach vorbehaltloser Kommunikation entgegenkommt.[122]

Kurzum: Meditative und drogenbedingte Bewusstseinserweiterun-

120 Zitiert nach Hadayatullah Hübsch, *Keine Zeit für Trips. Autobiographischer Bericht*, Frankfurt/M. 1991, S. 43/44.
121 Timothy Leary, *Politik der Ekstase*, Hamburg 1970, S. 19-21; Hübsch, *Keine Zeit für Trips*, S. 23/24.
122 Klaus Gerdes, Christian von Wolffersdorff-Ehlert, *Drogenscene. Suche nach Gegenwart. Ergebnisse teilnehmender Beobachtung in der jugendlichen Drogensubkultur*, Stuttgart 1974, S. 120.

gen und Ganzheitserfahrungen wurden aufeinander bezogen und wiesen etliche Parallelen auf.

Entwicklung des Drogenkonsums

Ab etwa 1964 gab es in den USA und in England einen explosionsartigen Anstieg des Drogenkonsums unter Jugendlichen.[123] Diese Entwicklung erreichte die Bundesrepublik mit geringer zeitlicher Verzögerung. Während die Polizei 1965 nur rund 1000 Drogendelikte registrierte, kam es 1968 fast zu einer Verdopplung der Anzahl (1891 Fälle). Der eigentliche *take-off* war dann 1970 mit 16 000 Fällen zu verzeichnen. In den siebziger Jahren verlief der Anstieg dann nochmals rasant bis auf geschlagene 62 395 Fälle im Jahr 1980.[124] Dass die Zeit von 1967 bis 1972 eine Durchbruchsphase war, belegen auch andere Zahlen: Die sichergestellten Mengen an Drogen vervielfachten sich in dieser Zeit von jährlich 167 auf ganze 6114 Kilogramm, die Zahl der Tatverdächtigen stieg in derselben Periode von 1226 auf 22 607 Personen.[125]

Vornehmlich weiche Drogen breiteten sich im Zuge der »Haschischwelle« gegen Ende der sechziger Jahre explosionsartig aus. Die Behörden standen damit vor einer ganz neuen Herausforderung. Noch 1966 hatte der zuständige Beamte beim Bundeskriminalamt Wiesbaden erklärt, dass die deutschen Jugendlichen »nahezu völlig frei von Rauschgift« seien. Die bayerische Landeskriminalpolizei ließ sich sogar zu der Verlautbarung »Haschisch entspricht dem europäischen Geschmack nicht« hinreißen. Die Zahlen sprachen allerdings eine andere Sprache: Noch 1956 konn-

123 Detlef Briesen, *Drogenkonsum und Drogenpolitik in Deutschland und den USA. Ein historischer Vergleich*, Frankfurt/M., New York 2005, S. 249-279; Jay Stevens, *Storming Heaven. LSD and the American Dream*, London 1989, bes. S. 291-308; Jerome L. Himmelstein, *The Strange Career of Marihuana. Politics and Ideology of Drug Control in America*, Westport 1983; Max M. Glatt, *The Drug Scene in Great Britain. Journey into Loneliness*, London 1967; Horace F. Judson, *Heroin. Addiction in Britain*, New York 1973; Jonathan Green, *All Dressed Up. The Sixties and the Counterculture*, London 1999, S. 108-112, 173-201.

124 Klaus Weinhauer, »The End of Certainties. Drug Consumption and Youth Delinquency in West Germany«, in: Axel Schildt, Detlef Siegfried (Hg.), *Between Marx und Coca-Cola. Youth Cultures in Changing European Societies, 1960-1980*, New York, Oxford 2006, S. 376-397, hier S. 381.

125 Briesen, *Drogenkonsum*, S. 278.

ten im Bundesgebiet gerade einmal 320 Gramm (!) Cannabis und 46 Marihuanazigaretten beschlagnahmt werden.[126] 1960 wurden 1,5 Kilogramm Haschisch sichergestellt, 1966 waren es schon 134 und 1968 dann 380 Kilogramm. Allein die Zahl der von der Kriminalpolizei als Händler festgestellten Personen hatte sich zwischen 1965 und 1969 vervierfacht. Die wirkliche Höhe der Haschischeinfuhren konnte von den Sachbearbeitern der Kriminalpolizei nur vage auf das Zehn- bis Hundertfache geschätzt werden.[127]

Wissenschaftliche Studien ergaben, dass der Erstkonsum zumeist im Alter zwischen 14 und 19 erfolgte und in hohem Maße von Gymnasiasten und jüngeren Studenten vollzogen wurde. Erst ab Mitte der siebziger Jahre verbreitete sich der Konsum auch unter niedrigeren sozialen Schichten und bildungsfernen Gruppen. Neugierde war ein wichtiger Grund für den Erstgebrauch, der häufig auf Partys und Gruppentreffen mit Freunden oder Bekannten stattfand. Am Ende der siebziger Jahre hatten zwischen 12 und 19 Prozent der Jugendlichen zwischen 15 und 24 Jahren Erfahrungen

126 Ebd., S. 281/282. Veranschaulicht wird der Anstieg des Drogenkonsums auch anhand der Statistik über die Drogentoten in der Bundesrepublik und in Westberlin, die zeigt, dass das Drogenproblem Anfang der siebziger Jahre noch auf niedrigem Niveau war, während Ende der siebziger Jahre die Zahlen hochschnellten, um dann in den achtziger Jahren leicht zurückzugehen, bevor am Ende der achtziger Jahre die Zahlen nochmals exponentiell anwuchsen. Drogentote in der Bundesrepublik und in Westberlin im Vergleich (1972-1990):

Jahr	Drogentote in der Bundesrepublik	Drogentote in Westberlin	Jahr	Drogentote in der Bundesrepublik	Drogentote in Westberlin
1972	104	6	1981	360	65
1973	106	6	1982	383	40
1974	139	13	1983	472	76
1975	194	31	1984	361	32
1976	337	54	1985	324	39
1977	380	84	1986	348	55
1978	430	62	1987	442	41
1979	623	81	1988	670	80
1980	494	52	1989	991	94
			1990	1491	134

Tabelle 2: Drogentote in der Bundesrepublik und Westberlin. Quelle: Stiftung Synanon, *35 Jahre Synanon. Für ein Leben ohne Drogen. Geschichte, Philosophie, Arbeit und Erfolge der Lebensschule 1971-2006* [Berlin 2006], S. 9-12, 14-16, 18-25, ⟨http://www.synanon-aktuell.de/Synanon/images/infomaterial/pdfs/SYN_TKB_2005.pdf⟩, letzter Zugriff am 03.02.2010.

127 »Tibet ist überall«, in: *Der Spiegel* 46 (10.11.1969), S. 80.

mit Drogen gesammelt.[128] Anfang der achtziger Jahre schätzte der Deutsche Caritasverband die Zahl der Cannabis-Konsumenten in der Bundesrepublik bereits auf 800 000.[129] Solche Zahlen decken sich mit subjektiven Berichten wie etwa Baumanns Schilderungen über Westberlin in den sechziger Jahren. 1966, so schreibt er, »war Haschisch in Berlin praktisch nicht existent. Man hatte in Büchern davon gelesen und war interessiert, das Zeug einmal kennenzulernen, nur gab es niemanden, der welches hatte. Ein Jahr später sind dann die ersten Leute losgefahren, nach Istanbul.«[130]

Der Drogenhandel war zunächst überwiegend dezentral organisiert, verteilt auf viele Einzelpersonen, die Drogen auf dem Hash-Trail aus dem Ausland mitbrachten oder an Freunde verkauften. Szenemitglieder wie Hübsch gaben an, einige Kilo aus Marokko oder Istanbul, aus Nepal oder Afghanistan nach Deutschland geschmuggelt zu haben. Auch in den Koffern türkischer Gastarbeiter wurde über den Orientexpress Haschisch nach Bayern eingeführt. Aber das Geschäft wurde bald zu gefährlich für halbprofessionelle Dealer. Ab den siebziger Jahren traten Großhändler in Erscheinung, die steigende Mengen nach Deutschland verschifften. Der Hamburger Hafen diente damals als wichtiger Knotenpunkt. Durch polizeiliche Quellen ist bestätigt, dass die Drogen zu dieser Zeit vor allem von der Türkei aus eingeführt wurden.[131]

Die Drogendezernate, bisher mit wenigen Rezepte fälschenden

128 Briesen, *Drogenkonsum*, S. 286/287; Karl-Heinz Reuband, »Der Mythos vom einsamen Drogenkonsumenten. Kontakte zu Gleichaltrigen als Determinanten des Drogengebrauchs«, in: *Sucht. Zeitschrift für Wissenschaft und Praxis* 38 (1992), S. 160-172.

129 Matthias Wissmann, Rudolf Hauck (Hg.), *Jugendprotest im demokratischen Staat. Enquete-Kommission des Deutschen Bundestages*, Stuttgart 1983, S. 374.

130 Baumann, *Rausch und Terror*, S. 32.

131 Robert P. Stephens, *Germans on Drugs. The Complications of Modernization in Hamburg*, Ann Arbor 2007, S. 68-72; Christian Marx, Fred Viebahn, »Politgammler, Haschrebellen und eine verlorene Tochter«, in: *twen* 12 (Dezember 1969), S. 55-63, hier S. 59; »Tibet ist überall«, in: *Der Spiegel* 46 (10. 11. 1969), S. 76-98; Briesen, *Drogenkonsum*, S. 291/292; Klaus Weinhauer, »Heroinszenen in der Bundesrepublik Deutschland und in Großbritannien der 1970er Jahren: Konsumpraktiken zwischen staatlichen und zivilgesellschaftlichen Einflüssen«, in: Sven Reichardt, Detlef Siegfried (Hg.), *Das Alternative Milieu. Antibürgerlicher Lebensstil und linke Politik in der Bundesrepublik Deutschland und Europa 1968-1983*, Göttingen 2010, S. 244-264. Zum internationalen Drogenhandel ist einschlägig Stephens, *Germans on Drugs*, S. 88-120.

Morphinisten in reifem Alter oder Narkotika spritzenden Kranken-schwestern und Ärzten befasst, waren auf den radikalen Anstieg des Drogenkonsums durch die ungewohnten Delinquenten – zum großen Teil Oberschüler und Studenten aus dem staatstragenden Mittelstand – nicht vorbereitet.[132] 1971 begann die Bundeszentrale für gesundheitliche Aufklärung mit ersten Recherchen für eine An-tidrogenkampagne, die 1973 auf breiter Front aufgezogen wurde. Vom millionenfach gedruckten Comic mit dem Drogenschnüffel-hund Wowman, über die Aufklärungsschrift *Drogen-Report* für die Multiplikatoren in Schulen und Beratungsinstitutionen bis hin zu Fachkonferenzen und Radiosendungen wurde über Drogenmiss-brauch und Präventionsmaßnahmen informiert.[133] Letztlich offen-baren die Maßnahmen jedoch eine große Unsicherheit im Umgang mit dem Drogenkonsum von Jugendlichen, welcher die Behörden offensichtlich überforderte. Erst Anfang 1978 wurden das Amt des Drogenbeauftragten geschaffen und finanzielle Mittel in größerem Umfang für Drogenprävention und -hilfen gewährt.[134]

Auch war über die Folgen des immer weiter verbreiteten Hasch-rauches kaum gesichertes Wissen vorhanden. Trotz vielfacher und abenteuerlicher Referate auf Ärztekongressen und Apothekertagen bewegten sich die Expertenmeinungen auf empirisch dünnem Eis. Die behauptete Auswirkung des Dauergebrauchs auf Erbgut und Zeugungsfähigkeit war ebenso unbewiesen wie die Probleme bei übermäßigem Konsum. Zwar wurde das Suchtpotential des Haschischrauchens diskutiert, aber die ersten ernsthaften Studi-en belegten damals eine niedrige Suchtgefahr und eine geringe-re körperliche Beeinträchtigung als bei übermäßigem Alkohol-konsum.[135]

Polizei und Drogenhandel

Schon weil Haschischrauchen illegal war, blieb es keine private Angelegenheit und konnte politisiert werden. Bereits im ameri-

132 Briesen, *Drogenkonsum*, S. 280/281; »Tibet ist überall«, in: *Der Spiegel* 46 (10. 11. 1969), S. 80.
133 BArch Koblenz, B 310, Nr. 247-249, 254, 255, 258, 259, 260, 261. Vgl. Stephens, *Germans on Drugs*, S. 249-280.
134 Weinhauer, »Heroinszenen«.
135 »Tibet ist überall«, in: *Der Spiegel* 46 (10. 11. 1969), S. 76-98.

kanischen Kultbuch *Do it!* von Jerry Rubin hieß es: »Grass zeigte uns, daß es nicht um unser Bewußtsein geht, sondern um unser Leben. Als pot-Raucher werden wir konfrontiert mit der wahren Welt der Bullen, der Gefängnisse, der Gerichte, der Prozesse, der Polizeispitzel, der Paranoia und des Kampfes mit den Eltern.«[136] In Deutschland fielen die Cannabisprodukte, charakterisiert als »Indischer Hanf«, noch unter das veraltete Opiumgesetz von 1929, welches in der verschärften Fassung von 1934 bis Anfang der siebziger Jahre gültig war. Der Cannabiskonsum konnte aufgrund dieser Gesetzeslage mit einer Höchststrafe von drei Jahren Gefängnis und Geldstrafe belegt werden.[137] Tatsächlich wurden die republikweit verbreiteten Teestuben reihenweise geschlossen, wie etwa der Headshop Heidi Loves You in Frankfurt oder Mariannes Kaschemme in München.[138] Besonders demonstrativ gewendet wurde diese Kriminalisierung durch den von Rainer Kunzelmann mitbegründeten Zentralrat der umherschweifenden Haschrebellen, der im Juli 1969 ein erstes öffentliches Smoke-in im Berliner Tiergarten veranstaltete. Vor den Augen der berittenen Polizei kifften etwa 50 Personen und Pärchen auf der Haschparty, die natürlich schnell umstellt und aufgelöst wurde.[139] Ab dem Ende der sechziger Jahre wurden die juristischen Maßnahmen von der hohen medialen Aufmerksamkeit begleitet. So wurde in der Presse über die »Rauschgiftlawine«, die »Deutschland bedroht« (*Bild*), und die Verführungen der »jungen Leute« auf »Rauschgiftpartys« schwadroniert.[140] Die Schockwirkung für bürgerliche Ordnungsvorstellungen und die Ablehnung des Haschischrauchens durch den Staat führten zu einer enormen

---

136 Jerry Rubin, *Do it! Scenarios für die Revolution*, Reinbek 1971, S. 99.

137 »Tibet ist überall«, in: *Der Spiegel* 46 (10.11.1969).

138 »Tibet ist überall«, in: *Der Spiegel* 46 (10.11.1969), S. 77; Baumann, *Rausch und Terror*, S. 55/56.

139 Berndt G. Thamm, Walter Schmetz, *Drogenkonsumenten im Untergrund. Drogengefährdete und -abhängige Jugendliche in ihren subkulturellen Umfeldern der Drogenszene im Untergrund West-Berlins*, Berlin 1973, S. 36 (die Schrift findet sich in: BArch Koblenz, B 310, Nr. 676); »Tibet ist überall«, in: *Der Spiegel* 46 (10.11.1969), S. 77; Baumann, *Rausch und Terror*, S. 55; Aribert Reimann, *Dieter Kunzelmann, Avantgardist, Protestler, Radikaler*, Göttingen 2009, S. 224; Kraushaar, *Achtundsechzig*, S. 214; Joachim Scharloth, *1968. Eine Kommunikationsgeschichte*, München 2011, S. 326.

140 Siehe die Zusammenstellung der Zeitungsberichterstattung in: »Tibet ist überall«, in: *Der Spiegel* 46 (10.11.1969), S. 76/77; Weinhauer, »Heroinszenen«.

Politisierung des Haschischkonsums.[141] Wissenschaftliche Untersuchungen haben jedoch gezeigt, dass die Bundesrepublik (wenigstens bis Ende der achtziger Jahre) ein Land der »moderaten Drogenverwendung« blieb, in dem der Haschkonsum weithin verpönt war und die Jugendlichen weit weniger zur Haschtüte griffen als in den USA oder Australien.[142]

Linkssein und Haschen

Wie viele der Drogenkonsumenten aus dem linksalternativen Milieu kamen, ist in statistischer Hinsicht nicht zu klären. Zweifellos blieb der Kreis der Haschischkonsumenten nicht auf die Mitglieder des linksalternativen Milieus begrenzt. Auf jeden Fall aber waren die weichen Drogen hier nicht nur akzeptiert, sondern als Mittel zur Bewusstseinserweiterung und Selbstverwirklichung hoch geschätzt. Diskursiv wurden Haschen und linke politische Einstellungen in einer ambiguen Melange miteinander verwoben: Drogen zu konsumieren hieß für viele Konsumenten paradoxerweise, aus der Konsumgesellschaft auszusteigen, bürgerliche Leistungsprinzipien und Moralvorstellungen zu negieren, körperlichen Erlebnissen einen ebenso hohen Stellenwert einzuräumen wie neuen Wahrnehmungs- und Erkenntnisweisen. Das öffentliche Rauchen von Drogen und der demonstrative Konsum sollten der Gesellschaft neue Wege aufzeigen: Die lässige Haltung des entspannten Haschrauchers kontrastierte schon rein körperlich zu einer auf Hektik, Anstrengung und Arbeitsleistung ausgelegten bürgerlichen Gesellschaft.[143]

Haschischrauchen war mit einem ganzen Kranz an Assoziationen verbunden: Tanzen, Lachen, Farbenspiele, Kollektivität. Erst im Haschischrausch, so der Berliner Subkulturphilosoph Ronald Steckel, erkenne man die unverstellte Wahrheit: »Die Wirklichkeit

141 Vgl. Institut für Jugendforschung, »Einstellungen zum Drogenkonsum bei Jugendlichen. Ergebnisse einer Repräsentativbefragung von Jugendlichen im Alter von 14 bis 25 Jahren [1971]«, S. 48, 53-55, in: BArch, B 310, Nr. 645.

142 Karl-Heinz Reuband, »Haschisch im Urteil der Bundesbürger. Moralische Verurteilung, Gefahrenwahrnehmung und Sanktionsverlangen 1970-1987«, in: *Neue Praxis. Zeitschrift für Sozialarbeit, Sozialpädagogik und Sozialpolitik* 18 (1988), S, 480-495 (Zitat S. 493).

143 Stephens, *Germans on Drugs*, S. 74-86; Briesen, *Drogenkonsum*, S. 277; Weinhauer, »The End of Certainties«, S. 381-388.

wird transparent, und die Doppelbödigkeit und Schauspielerei der normalen menschlichen Verhaltensweisen wird offensichtlich.« Die unter westlicher Technologie und Arbeitswut begrabene Suche nach der visionären Innenwelt werde durch den Haschischkonsum wieder möglich.[144]

Harte Drogen und Opiate wie Heroin oder die Berliner Tinke, eine selbst hergestellte Mixtur aus Rohopium und Essigsäure, spielten im Alternativmilieu nur eine geringe Rolle, und viele lehnten diese Drogen ostentativ ab. Zeitgenössische soziologische Forschungen stellten fest, dass die Kontakte zwischen Benutzern halluzinogener Drogen und den Fixern selten und von Distanz zueinander geprägt waren. Die harten Drogen wurden eher von Angehörigen der Unterschicht, Hauptschülern, Schulabbrechern und Fürsorgezöglingen konsumiert, während das Haschen unter den aus vergleichsweise gut situierten Elternhäusern stammenden Studenten und Oberschülern verbreitet war. Zwar kannten sich die Mitglieder beider Drogensubkulturen häufig recht gut, unterschieden sich aber hinsichtlich Auftreten, Sprache, Bildung, Herkunft und allgemeiner Motivation. Während die Kiffer ihren Drogenkonsum als Mittel zum Zweck der Bewusstseins- und Gesellschaftsveränderung begriffen, war die Droge für die harten Fixer oft genug Selbstzweck.[145]

Die Einnahme weicher Drogen erfolgte im Grunde immer kollektiv und war ritualisiert. Joints kreisten in der Runde, begleitet von der Frage »Willst du?« bekam man die gestopften Tüten angereicht.[146] »Drogen sollten in Gruppen, wenn sie es für nötig halten, nur dann genommen werden, wenn sich jeder entspannt fühlt«, hieß es in einem alternativen Buch über die Landkommunen. Die Herstellung einer entsprechenden Atmosphäre gehörte zum

144 Ronald Steckel, *Die bewusstseinserweiternden Drogen. Eine Aufforderung zur Diskussion*, Berlin 1969.

145 Gerdes/Wolffersdorff-Ehlert, *Drogenscene*, S. 44, 150-157. Vgl. die Schilderungen von Baumann, *Rausch und Terror*, passim. Siehe auch: Briesen, *Drogenkonsum*, S. 279; Joseph Huber, *Wer soll das alles ändern? Die Alternativen und die Alternativbewegung*, Berlin 1980, S. 21; Brand u. a., *Aufbruch*, S. 164; Reimann, *Dieter Kunzelmann*, S. 207.

146 Vgl. Martin Geier, »Heidelberg, Brunnengasse 20. Ein Versuch, Rauschgiftsüchtige zu heilen«, in: *Stuttgarter Zeitung* 104 (07.05.1971), S. 3; »Tibet ist überall«, in: *Der Spiegel* 46 (10.11.1969), S. 76.

Rauschmittelgenuss dazu.[147] Immer wieder stößt man auf Berichte der Akteure, in denen Musik, Drogenkonsum und Gruppenerlebnisse miteinander verknüpft werden. Musik, Tanz und Haschisch genoss man am schönsten zusammen mit anderen: Das Haschisch in der Gruppe oder der Joint, der wie der Name schon sagt, verbindet. »Marihuana ist niemals ›meine Droge‹«, las man 1979 im *Pflasterstrand*: »Es ist immer nur ›unsere Droge‹. Alles für jeden. Die kommunistische Droge. […] Säufer trinken allein. Sie werden betrunken und widerwärtig. Sie bekotzen sich von oben bis unten. Sie kippen um. Der Alkohol schaltet ihre Sinne aus. POT-Raucher rauchen gemeinsam. Wir werden HIGH und finden zusammen. Wir finden uns selbst und finden die anderen. Wie sollen wir eine Revolution machen, wenn nicht gemeinsam?«[148] Die beste Kurzfassung dieser Maxime boten die amerikanischen Yippies: »Wer den Joint teilt, sollte alles teilen.«[149]

Selbst beim Drogenkonsum galt das Dogma des Alternativmilieus: die selbstverwaltete Produktion im Do-it-yourself-Stil. In den linken Gazetten wimmelte es nur so von Artikeln über den ertragreichsten Heimanbau der Hanfpflanzen unter »Grolux-Lampen« inklusive der Anweisungen für das richtige Düngen. Selbstverständlich fehlte es auch nicht an Zeichnungen, wie man einen »dreiblättrigen Joint« fachgerecht zu drehen habe. Legion auch die ganz praktischen Hinweise: »Werft eure Jointenden immer in die Toilette. Bevor die Bullen sie in ihre geilen Bullenfinger kriegen.« Der autonome Anbau, die Selbstversorgung Marke Eigenbau war nicht nur praktisch, sie sollte auch den Handel und die Profitorientierung unterbinden. Das natürliche Kraut ohne Zusatzstoffe und Zwischenhandel versprach die Authentizität des Drogenkonsums. Zuweilen bezogen sich die Heimwerkeranleitungen in den Alterna-

147 Klaus-Bernd Vollmar, *Alternative Selbstorganisation auf dem Lande*, Berlin 1976, S. 137/138.

148 »Erfahrungen mit der Legalisierung«, in: *Pflasterstrand* 61 (25.08.-08.09.1979), S. 14-16, hier S. 15/16. Vgl. auch Institut für Jugendforschung, »Einstellungen zum Drogenkonsum bei Jugendlichen. Ergebnisse einer Repräsentativbefragung von Jugendlichen im Alter von 14 bis 25 Jahren [1971]«, S. 99-102, in: BArch Koblenz, B 310, Nr. 645.

149 Zitiert nach Thamm/Schmetz, *Drogenkonsumenten im Untergrund*, S. 36, die Schrift findet sich in: BArch Koblenz, B 310, Nr. 676. Vgl. auch Geier, »Heidelberg, Brunnengasse 20«, S. 3.

tivblättern auch auf getrocknete Fliegenpilze, Alraune oder andere Wurzeln und Kräuter.[150]

Aus einer Studie im Auftrag der Friedrich-Ebert-Stiftung geht hervor, dass 1980 jeder zweite linksalternative Student bereits während der Schulzeit Erfahrungen mit Haschisch oder LSD gesammelt hatte, während dies nur für rund ein Viertel der Studenten allgemein zutraf.[151] Grundsätzlich waren die Jugendlichen für den Haschischkonsum aufgeschlossen – ohne Zweifel war das Potrauchen die am weitesten verbreitete Form des Rauschmittelkonsums während der siebziger Jahre. 1971 ergab eine Studie unter 14- bis 15-Jährigen, dass 27 Prozent der Jugendlichen ihre Zustimmung zum Marihuanakonsum signalisierten – die Jungs etwas stärker als die Mädchen. Auch LSD lag mit 20,7 Prozent weit vorn, während Heroin nur bei unter 5 Prozent Anklang fand. Knapp die Hälfte der Jugendlichen glaubte, dass Haschischkonsum süchtig mache, während immerhin rund ein Viertel davon überzeugt war, dass Haschisch zu rauchen das Bewusstsein erweitere. Bei denjenigen, die sich vorstellen konnten, Cannabis zu konsumieren, rangierte die Bewusstseinserweiterung an erster Stelle der positiven Wirkungen, die sie sich erhofften – ein Hinweis darauf, dass die psychedelische Lehre zu diesem Zeitpunkt einige Verbreitung und Akzeptanz gefunden hatte.[152]

Jedenfalls wurde Haschischrauchen als eine »Art Einstiegsausweis für bestimmte Subkulturen« angesehen, wie ein Experte auf ei-

150 Siehe nur: »Ente 79«, in: *Pflasterstrand* 62 (08.09.-21.09.1979), S. 33; *Päng* 4 (1968) (abgebildet bei Stephens, *Germans on Drugs*, S. 75); Vollmar, *Alternative Selbstorganisation*, S. 139.

151 Christian Krause u. a., *Zwischen Revolution und Resignation. Alternativkultur, politische Grundströmungen und Hochschulaktivitäten in der Studentenschaft. Eine empirische Untersuchung über die politischen Einstellungen von Studenten*, Bonn 1980, S. 218.

152 Institut für Jugendforschung, »Einstellungen zum Drogenkonsum bei Jugendlichen. Ergebnisse einer Repräsentativbefragung von Jugendlichen im Alter von 14 bis 25 Jahren [1971]«, S. 14/15, 18/19, 30, 32, 108, in: BArch Koblenz, B 310, Nr. 645. Vgl. auch die Fallstudie für Köln mit ähnlichen Ergebnissen: Bundeszentrale für gesundheitliche Aufklärung, »Auswertung einer Befragung von Schülern am Schiller-Gymnasium in Köln über Einstellungen und Erfahrungen zum Rauschmittelkonsum [1971]«, in: BArch Koblenz, B 310, Nr. 644. Für Hamburg mit ähnlichen Zahlen: »Vortrag Rauschmittel« (Mantek), S. 7, in: BArch Koblenz, B 310, Nr. 254.

ner Fachkonferenz zum Drogengebrauch Jugendlicher festhielt.[153] Im *Spiegel* war 1969 zu lesen, dass das Kiffen nur in bestimmter Atmosphäre möglich schien: »Hascher halten eine Party in einer modernen guten Stube mit Palisander-Möbeln und Ledercouch für fast undurchführbar. [...] Die angeturnte Empfindsamkeit verlangt, daß man keine Geschäftsanzüge trägt, Stühle verschmäht und Schuhe auszieht.«[154] Haschischrauchen wurde zu einer erlernten Erfahrung, einem Lebensstil, der in linksalternative Lebenswelten eingelassen wurde. Es gehörte dabei zum Selbstbild, wie Matthias Horx über die siebziger Jahre schrieb, »den unentdeckten Kontinent« im Kopf durch »riesige Shillums [sic]« zu erforschen, das Bewusstsein zu erweitern, die Trennung von Realität und Fiktion relativ werden zu lassen, dem Träumen einen Platz in Alltag und Politik einzuräumen.[155]

In der Drogenmetropole Berlin war der Umsatz mit Haschisch und Marihuana bereits um 1970 besonders hoch. Für drei bis fünf Mark pro Gramm konnte man zu Beginn der siebziger Jahre in der Gaststätte Park (später unbenannt in Takt) am Kurfürstendamm, im Centrum 2000 (später Unlimited und dann Sound genannt) in der Genthiner Straße, in der Haschkneipe Zodiak Free Arts Lab am Halleschen Ufer, im Mr. Go in der Yorckstraße oder in den Lichtspielen in der Wiener Straße alle möglichen Haschischsorten erwerben.[156] In einer nahezu ethnologisch angelegten Studie, die 1973 im Auftrag der Bundeszentrale für gesundheitliche Aufklärung entstand, rekonstruierten die Autoren, wie urbane Flaneure die ebenso exotische wie bedrohlich erscheinende Drogenszene erlebten, und gaben am Beispiel des Unlimited einen Eindruck von den Alltagserfahrungen und der Atmosphäre in und um die einschlägigen Clubs und Lokale.[157]

153 »Vortrag Rauschmittel« (Mantek), S. 8, in: BArch Koblenz, B 310, Nr. 254, ohne fol.

154 »Tibet ist überall«, in: *Der Spiegel* 46 (10.11.1969).

155 Matthias Horx, *Aufstand im Schlaraffenland. Selbstbekenntnisse einer rebellischen Generation*, München, Wien 1989, S. 17.

156 Thamm/Schmetz, *Drogenkonsumenten im Untergrund*, S. 39-43, 67-70, 75 (die Schrift findet sich in: BArch Koblenz, B 310, Nr. 676); Baumann, *Rausch und Terror*, S. 38; Kraushaar, *Achtundsechzig*, S. 214; Weinhauer, »Heroinszenen«; »Tibet ist überall«, in: *Der Spiegel* 46 (10.11.1969), S. 77.

157 Einen ähnlichen Bericht der lokalen Jugendbehörde über den Hamburger Club 99 hat Robert Stephens gefunden (*Germans on Drugs*, S. 75-77).

Zu dieser Zeit [zu Beginn der siebziger Jahre, Anm. d. Verf.] traf man schon die ersten Dealer fast 200 m vom Eingang entfernt an. An den Wochenenden waren es bis zu 30 Dealer, die leise und unverbindlich diverse Haschischsorten, einige Marihuanasorten, verschiedene LSD-trips, Berliner Tinke und einige Raritäten (reines H und Meskalin) anboten. Die Geschäfte wurden mitten auf der Straße, im nahegelegenen Park, in Autos, an Straßenecken oder in Hauseingängen abgewickelt. Im Laufe der Nacht wurden schon größere Mengen umgeschlagen. Hinzu kamen verschiedene andere Händler, die selbstgefertigte Haschischpfeifen, Kleidungsstücke und geklaute Schallplatten anboten. Gegen Mitternacht waren dann die meisten Geschäfte getätigt, der Rest verlagerte sich in das Unlimited. Auf den Treppen am Eingang und in der Toilette begegnete man schon den ersten ›ausgeflippten Typen‹, die malerisch auf den Stufen hingen. Die Eintrittskarte implizierte ein Getränk. Auf dem Weg zur Tanzfläche nahm man schon den typischen Haschischgeruch wahr. Die Lautstärke der Musik verhinderte in der Nähe der Tanzfläche jegliche Verbalkommunikation. Zunächst trat man den obligatorischen Rundgang an. Man suchte dabei nach bekannten Gesichtern und nach einem freien Platz, wo man das Geschehen im Blickfeld hatte und relativ ungestört seinen Joint bauen konnte. Zuvor wurde noch ein Getränk erworben, da allen Kiffern die trockene Mundhöhle nur allzu gut bekannt ist. Eigentlich immer das gleiche Bild: die ekstatischen Tänzern [sic] auf der Tanzfläche, zum Teil schon durch Kif [sic] angeturnt; die Zuschauer, die entweder die Tänzer beobachten, auf das ›richtige Stück‹ warten, den endlosen Strom im Rundgang beobachten oder selbstvergessen ihren Joint drehen; die ewig Suchenden im Rundgang, die mal mitkiffen wollen, Bekannte suchen, sich von der Atmosphäre anturnen lassen. [...] Hier im Unlimited traf man die verschiedensten Gruppen an. So saßen türkische Gastarbeiter zusammen, gut gekleidet und immer stoff [sic] zur Hand; in deren Nähe bewegten sich amerikanische Soldaten in Zivil, die sich auf ein gemeinsames Marihuana-Erlebnis freuten; die Fixer waren zusammen, die Perser, die Afrikaner; hier und da mal ein Mini-Rocker-Trupp; Trebegänger, die nach einer Bleibe suchten; exzentrische Künstler, verkrachte Studenten – sie alle harmonierten irgendwie miteinander. Verbindende Elemente sind die Drogen und die Musik. [...] Die ganze Atmosphäre wirkt irgendwie surrealistisch. [...] Die psychedelische Musik verfolgt jeden überall hin. Alle Gerüche sind mit dem typischen Haschisch- und Marihuanaduft angereichert.[158]

In Frankfurt konnte man Haschisch mittlerer Qualität für den Durchschnittspreis von fünf Mark pro Gramm an den unterschiedlichsten Orten erwerben, wie etwa in den besetzten Häusern

---

158 Thamm/Schmetz, *Drogenkonsumenten im Untergrund*, S. 69/70, die Schrift findet sich in: BArch Koblenz, B 310, Nr. 676.

in der Nähe der Bockenheimer Anlage, den Diskotheken oder in den Teestuben der Stadt.[159] Im Mai 1968 eröffnete Paul-Gerhard Hübsch den wahrscheinlich ersten Headshop auf dem europäischen Festland. Das in Regenbogenfarben getauchte Heidi Loves You offerierte eine breite Produktpalette: Wasserpfeifen, Schallplatten, Schmuck, Poster, Bücher über östliche Religionen und psychedelische Erfahrungen, Underground-Zeitungen und selbst hergestellte Bücher vom törn-Verlag sowie unter der Hand eben auch Haschisch. Mit Musik beschallt, machte man es sich auf den Sofas, Couchs und Kissen bequem, döste, las in den Büchern oder zog einen Joint durch. Mit Middle Earth gründete kurze Zeit später der buddhistische Kunstmaler und Grafiker Wolfgang Jünemann, der selbst aus der Drogenszene kam, den zweiten Headshop.[160] Nicht immer liefen diese Läden gut. So waren etwa die Betreiber eines Geschäfts auf dem Land bereits nach einem halben Jahr frustriert,

da viele Leute den Laden als Aufenthaltsort benutzten, dort dealen wollten, worauf wir immer aufpassen mußten. [...] Das Ziel, was wir uns gesteckt hatten, in irgendeiner Art bewußtseinserweiternd zu wirken, wurde von unserem Laden überhaupt nicht eingelöst. Es war kein Kommunikationszentrum, wie wir uns das dachten, sondern es kamen immer wieder die gleichen Leute, die sich schon seit ewig kannten, und kauften immer wieder das Gleiche.[161]

Angeblich hat Hübsch, wie er später in seinem Buch *Keine Zeit für Trips* verriet, die Kommune I im Sommer 1968 auf Hasch »angetörnt« – ein Ausdruck, der in dieser Zeit entstand, um einen Zustand spontaner Lebendigkeit und hochgestimmter und unbeschwerter Augenblickserfahrung zu beschreiben.[162] Dies stimmt mit Aussagen der Kommune-I-Mitglieder überein: »Der schwarze

159 »Tibet ist überall«, in: *Der Spiegel* 46 (10.11.1969), S.77.
160 Ulrich Enzensberger, *Die Jahre der Kommune I. Berlin 1967-1969*, Köln 2004, S.309/310; Hübsch, *Keine Zeit für Trips*, S.40/41, 45-47, 59; Daum, *Die 2. Kultur*, S.105; Hübsch, *Alternative Öffentlichkeit*, S.6, 89; Detlef Siegfried, *Time is on my side. Konsum und Politik in der westdeutschen Jugendkultur der 60er Jahre*, Göttingen 2006, S.424.
161 Vollmar, *Alternative Selbstorganisation*, S.67.
162 »He was a Top-Hippie, now he is a Top-Ahmadi«. Ein Interview mit dem Dichter Hadayatullah Hübsch, ⟨http://www.hanebuechlein.de/interviews/interview-huebsch.php⟩, letzter Zugriff am 13.03.2006; Hübsch, *Keine Zeit für Trips*, S.39, 63/64; Gerdes/Wolffersdorff-Ehlert, *Drogenscene*, S.94.

Afghan von Hübsch traf mich wie ein Keulenschlag. Es begann ein monatelanger Rausch [...]. Immer öfter«, berichtet Ulrich Enzensberger in seiner Darstellung der Kommune I über den Sommer 1968, »schwängerten am Stuttgarter Platz Haschischschwaden die Luft, wobei aber von täglichem Gebrauch noch keine Rede sein konnte«.[163] Ab dem Umzug der Kommune I in die Stephanstraße rückten die »bewußtseinserweiternden Drogen« stärker in den Vordergrund.[164] Hübsch galt als der »bekannteste Repräsentant einer spirituell orientierten, religiösen Subkultur, die in der Alternativpresse neben Einzelpublikationen mit den Zeitschriften *big table, Der Grüne Zweig, Godestal, Middle Earth, Zero, Family Press* u. a. vertreten war«. Drogenkonsum, Meditation und Spiritualismus mischten sich hierbei ineinander.[165] Paul-Gerhard Hübsch, vor seinem Übertritt zum Islam in der Szene schlicht »Pee Gee« genannt, 1969 gerade einmal 23 Jahre alt, war laut Jugendmagazin *twen* eine Figur Frankfurts, die vieles in einer Person vereinte: »[L]iterarische Nachwuchshoffnung, Subkulturprinz, Anarcho-Beater, zornig, aggressiv – schon als Kriegsdienstverweigerer wuchsen ihm lange Haare«.[166] Bereits im Oberurseler Gymnasium hatte er seine Freundin Heidi kennengelernt und mit ihr marokkanische Träume geträumt. Nach ihr war dann auch sein Frankfurter Headshop benannt, der von der Polizei mehrfach wegen verbotenen Alkoholausschanks und Haschischverkaufs bzw. -konsums geschlossen wurde. Mit 20 hatte er das Literaturjournal *törn* ins Leben gerufen und später das Provo-Blatt *peng* mit wütenden, destruktiven Texten mitherausgegeben. Über die Ostermarschbewegung, Kriegsdienstverweigerung, die Beatniks und den französischen Existenzialismus war er zur Politik gekommen und wurde zum Programmleiter des Club Voltaire in Frankfurt. Er sammelte Drogenerfahrungen und hörte psychedelische Westcoast-Bands. Hübsch beteiligte sich in nahezu idealtypischer Art und Weise im alternativen Kultur- und Literaturbetrieb. Spiritualität und Bewusstseinserweiterung ver-

---

163 Enzensberger, *Die Jahre der Kommune I*, S. 310, 299.

164 Dieter Kunzelmann, *Leisten Sie keinen Widerstand!*, S. 101. Dies stimmt auch mit der Deutung Koenens (Gerd Koenen, *Das rote Jahrzehnt. Unsere kleine deutsche Kulturrevolution 1967-1977*, Köln 2001, S. 171) überein.

165 Daum, *Die 2. Kultur*, S. 105. Vgl. hierzu Hübsch, *Alternative Öffentlichkeit*, S. 89-92.

166 Marx/Viebahn, »Politgammler«, hier S. 55.

stand er als Mischung aus Textproduktion, Körpererfahrung und Drogenkonsum. Der Luchterhand-Literat und politische Beatnik-rebell war zugleich militanter Dropout im hippieartigen Dau-errausch aus Hasch, LSD und Pillen aller Art, der sich mehrfach wegen Überdosen und Drogenmissbrauch in eine Nervenklinik begeben musste. In den siebziger Jahren wandelte sich der Wortführer des existenzialistischen Voluntarismus dann in einen spirituell geläuterten Anhänger des reformistischen Ahmadiyya-Islam – seit seiner Konvertierung zum Islam im Jahr 1969/70 wird er Hadayatullah (»der von Gott Geleitete«) genannt – und kehrte sowohl den Drogen als auch der linken Politik den Rücken.[167]

Auch in Heidelberg entstand gegen Ende der sechziger Jahre eine jugendliche Drogenkultur. Karl Geck, Medizinstudent und später Gründer der Heidelberger Drogenselbsthilfegruppe Release, erinnert sich, 1967 sein »erstes Dope« gekauft zu haben: »In einer Telefonzelle an der Heiliggeistkirche. Drei Monate hütete ich ängstlich den Schatz, diesen bräunlichen Krümel. Ich [...] befürchtete, sein Gebrauch könnte mich von einem Tag zum anderen verwandeln. In was, wusste ich nicht so genau, auf jeden Fall in etwas möglicherweise Schlimmes.«[168] Schon ein Jahr später waren diese Ängste völlig verflogen und Hasch und Sex gehörten für den »Freizeithippie« Geck ebenso zusammen wie »samtige Sommerabende« mit »duftenden Chillums, Kawumms und Joints«: »68 schäumte über. Ein Rausch erfasste die Stadt, Politik und Liebe schienen eine Synthese eingehen zu wollen.«[169]

Die dogmatischen K-Gruppen reagierten reflexartig auf den steigenden Drogenkonsum. An der Spitze stand, wie so oft in Lebensstilfragen, die traditionalistische KPD/ML, die die »Hasch-Kommune« (I) kritisierte und sich beeilte, gleich hinzuzufügen, Drogen seien nur Ausbeutungs- und Unterdrückungsmittel der herrschenden Klasse. Auch der KBW pflichtete dieser Deutung bei. Nach Auffassung seiner Mitglieder waren Drogen nichts an-

167 Hübsch, *Keine Zeit für Trips*, S.5-180; Fanizadeh, »Probier dich aus!«; Peter Mosler, *Was wir wollten, was wir wurden. Studentenrevolte – zehn Jahre danach*, Reinbek 1977, S.96-123; Koenen, *Das rote Jahrzehnt*, S.171; Kraushaar, *Achtundsechzig*, S.275; Marx/Viebahn, »Politgammler«, S.55-63.

168 Werner Pieper, *Highdelberg. Zur Kulturgeschichte der Genussmittel und psychoanalytischen Drogen einer berauschenden Stadt*, Löhrbach 2004, S.220.

169 Pieper, *Highdelberg*, S.221/222.

deres als »ein Mittel zur Flucht aus der unerträglichen Realität«,[170] nichts weiter als eine »individuelle, bürgerliche Flucht der Privilegierten nach Innen«.[171] Ähnliches galt auch für Teile der terroristischen Szene. Bereits im Sommer 1969 diskutierte die *Agit 883* die Frage, ob »Haschen revolutionsfördernd oder […] konterrevolutionär« sei. Peter-Paul Zahl beschäftige sich eine Wochenausgabe später in derselben Postille ebenfalls mit dieser Frage. Er fand den Abbau von Aggressionen durch das Haschischrauchen vor allem revolutionshemmend, da Hass ein wichtiges politisches Movens sei.[172] Das Gefühl von Ausgeglichenheit und Geborgenheit und die Dämpfung aggressiver Gefühle, die durch das Rauchen von Marihuana oder Haschisch erzielt werden können, waren insofern »konterrevolutionär«.[173]

Die wohl radikalste Verknüpfung von Drogenkonsum und Politik stellte der im Frühjahr 1969 in Berlin gegründete Zentralrat der umherschweifenden Haschrebellen her. Der Name war die Eigenbezeichnung, die sich eine Gruppe von Stadtguerillas in Westberlin in ihrer Entwicklungsphase gegeben hatte. Berüchtigt werden sollte sie später als Tupamaros West-Berlin. Die Gruppe, zu deren erweitertem Kreis um 1970 rund 120 Personen gehörten, war Teil einer auch Berliner Blues genannten anarchistischen und gewaltsamen Untergrundbewegung, die aus der Haschischszene der Stadt hervorgegangen war.[174]

170 »Antikommunistische Hetze der GRF-Führer«, in: *Der Rote Morgen* 12 (22.03.1975), S. 8; »Geschäfte und Betäubung: Rauschgift und Drogen«, in: *Kommunistische Volkszeitung* 44 (04.11.1976), S. 8. Beide zitiert nach Andreas Kühn, *Stalins Enkel, Maos Söhne. Die Lebenswelt der K-Gruppen in der Bundesrepublik der 70er Jahre,* Frankfurt/M., New York 2005, S. 198. Ähnliches auch bei Gerdes/Wolffersdorff-Ehlert, *Drogenscene,* S. 50.

171 Vollmar, *Alternative Selbstorganisation,* S. 140.

172 Peter-P. Zahl, »Haschkampagne oder die Ideologie der glücklichen Verbraucher«, in: *Agit 883* 24 (24.07.1969), S. 4/5. Siehe auch *Agit 883* 23 (17.07.1969); *Agit 883* 25 (31.07.1969), S. 9.

173 Zur Wirkung des Konsums von Cannabis-Produkten siehe »Vortrag Rauschmittel« (Mantek), in: BArch Koblenz, B. 310, Nr. 254, ohne fol.

174 Zum Nachfolgenden siehe ⟨http://www.rockarchiv.infopartisan.net/haschrebellen/index.html⟩, letzter Zugriff am 09.04.2013; Günter Langer, »Der Berliner ›Blues‹. Tupamaros und umherschweifende Haschrebellen zwischen Wahnsinn und Verstand«, in: Eckhard Siepmann u. a. (Hg.), *CheSchahShit. Die Sechziger Jahre zwischen Cocktail und Molotow,* Reinbek 1988, S. 321-337; Ralf Reinders, Ronald Fritzsch, *Die Bewegung 2. Juni: Gespräche über Haschrebellen,*

Der Zentralrat der umherschweifenden Haschrebellen entstand zum einen aus der als Wielandkommune bekannt gewordenen Gruppe von rund 20 Personen, der unter anderem Georg von Rauch und Michael Baumann angehörten. Diese Gruppe praktizierte nach dem Vorbild der Kommune I einen bewusst antibürgerlichen Lebensstil, wobei sie sich als Avantgarde einer grundlegenden gesellschaftlichen Veränderung begriff. Drogen und sexuelle Experimente waren an der Tagesordnung, den Lebensunterhalt bestritt man durch den Druck und Verkauf sozialistischer Klassiker und durch routinemäßigen Ladendiebstahl in Supermärkten. Zum anderen bildete sich aus Kontakten der Wielandkommune mit Mitgliedern der Kommune I und einer weiteren Wohngemeinschaft in der Nimrodstraße in Berlin-Waidmannslust um die späteren Mitglieder der Bewegung 2. Juni Ralf Reinders und Ronald Fritsch im ersten Halbjahr 1969 ein loser Kreis, der sowohl für den Konsum von Haschisch als auch für entschiedene Angriffe auf die bestehende Gesellschaftsordnung eintrat. Ging es anfangs um einen Protest gegen die Kriminalisierung und Strafverfolgung der Haschischkonsumenten in Westberlin, so sollten diese Aktionen bald in eine kämpfende politische Praxis überführt werden. Die Haschrebellen profilierten sich durch ihre radikalen Protest- und Aktionsformen und waren Teil der losen Blues-Gruppe, die nicht streng voneinander zu unterscheiden waren und sich zu einem lockeren Netzwerk von Personen zusammengefunden hatten. Schon im Winter 1968/69 mehrten sich Brandanschläge auf Justizeinrichtungen, Konsulate, Polizeistationen sowie auf Richter und Staatsanwälte.

Der Konsum der in Berlin immer stärker verbreiteten Rauschmittel (Cannabis und Halluzinogene wie LSD, Meskalin und bald auch Heroin) war für diese Gruppierungen von besonderer Bedeutung, wurde er doch als bewusstseinserweiternd interpretiert. Jenseits dröger Ideologiedebatten hätten gerade die Drogen das Potential, Menschen auf ihre Entrechtung aufmerksam zu machen und so zum Widerstand zu animieren. Darin sahen die Haschrebellen eine Möglichkeit, revolutionäre Gedanken in einer »proletarischen«

Lorenz-Entführung, Knast, Berlin, Amsterdam 1995; Miriam Spies, *Acid, Mao und I Ging. Erinnerungen eines Berliner Haschrebellen*, Mainz 2008; Reimann, *Kunzelmann*, S. 217-263; Koenen, *Das rote Jahrzehnt*, S. 171/172; Baumann, *Rausch und Terror*, S. 51-72; Hinck, *Wir waren wie Maschinen*, S. 219-226.

Subkultur zu verankern und damit deren Kluft zur akademischen APO und zur aktionistisch-anarchistischen Kommunebewegung zu überwinden: Rausch und Revolution gehörten für sie zusammen.

Die meisten Haschrebellen hatten tatsächlich – im Unterschied zu den Mitgliedern des SDS und der Kommune I – einen proletarischen Familienhintergrund. Zu den bekanntesten Mitgliedern des Zirkels gehörten Dieter Kunzelmann, Ralf Reinders, Michael Baumann, Ronald Fritzsch, Bernhard Braun, Georg von Rauch und Thomas Weisbecker. Die Erschießungen von Rauchs und Weisbeckers am 4. Dezember 1971 bzw. am 4. März 1972 bei dem Versuch der Festnahme durch Polizisten führten dann im Juni 1972 unmittelbar zur Bildung der terroristischen Bewegung 2. Juni.

LSD und andere psychedelische Bewusstseinserweiterungen

Gegen Ende der sechziger Jahre wurde Marihuana im linksalternativen Milieu immer häufiger durch LSD ersetzt, welches als »psychedelische Droge« geschätzt wurde, weil es zur Intensivierung der Wahrnehmung und zur Erweiterung des Bewusstseins führen sollte.[175] Eckhard Siepmann, ehemals Mitglied im Berliner SDS, schilderte diese Entwicklung am Ende der sechziger Jahre plastisch: »Ende des Jahrzehnts geriet Maria Juana in den Schatten ihrer fulminanteren Schwester Lucy in the Skies [sic] with Diamonds. Während Haschisch die Sinne schärfte, knipste LSD das Licht des Verstands aus, um in den Kellergewölben der Wahrnehmung ein bengalisches Feuer zu entfachen.«[176]

Dieter Duhm befand in seinem bekannten Buch *Der Mensch ist anders*: »LSD bringt uns die Möglichkeit einer phantastischen Bewußtseinserweiterung. Es macht die inneren Möglichkeiten und Gefahren unserer Existenz direkt erlebbar und ersetzt so die philosophische Spekulation durch praktische Erfahrung und Gewißheit.« Er erklärte seine »unvergesslichen Trip-Erlebnisse« zu einem »physiologische[n], psychologische[n] und philosophische[n] Ur-Erlebnis«.[177] In der alternativen Szene wurde er zwar öfter als

---

175 Brand u. a., *Aufbruch*, S. 164; Baumann, *Rausch und Terror*, S. 38.
176 Eckhard Siepmann, »Unergründliches Obdach für Reisende«, in: ders. u. a. (Hg.), *CheSchahShit. Die sechziger Jahre zwischen Cocktail und Molotow. Ein Bilder-Lese-Buch*, Reinbek 1988, S. 316-320, hier S. 318-320.
177 Duhm, *Der Mensch ist anders*, S. 116, 122.

»St. Duhm« verspottet, aber sein Therapiemodell aus Drogentrip, »wahrer Liebe« und Offenbarungserlebnis zog dennoch breite Besucherströme aus Neugierigen und Bekehrungswilligen in seine Kommune.[178] Ähnliches befand auch Johannes Feil über die Gruppenerlebnisse in den Wohngemeinschaften: »Ein gemeinsamer LSD-Trip einer Gruppe kann zu einem außergewöhnlichen Erlebnis einer vollkommen natürlichen und unbefangenen, teilweise wortlosen Kommunikation werden.«[179] Baumann fasste sich kürzer: »Mit LSD hatte man ein Gefühl von Fortschritt: Du siehst anders.«[180]

In der Berliner Kommune I war der LSD-Konsum spätestens ab dem Sommer 1968 gängig geworden. Ulrich Enzensberger berichtet, erstmals im März 1969 LSD genommen zu haben: »Ich nahm LSD und erlebte etwas, was der Begriff Orgasmus nur unzureichend beschreibt. [...] Ich hörte die Atome klickern.«[181] Andere schilderten, wie ihnen »Bilder, Gefühle und Erinnerungen« ihre Fremdbestimmtheit bewusstgemacht hätten.[182] Hübsch nannte seinen ersten LSD-Trip vom 7. Juni 1967 eine »Geburt« »neuer Welten«, in der er die »Schönheit des Weltalls« und die »Harmonie der Dinge« erkannt hatte: »Ich nahm diese Erfahrung vorsichtig auf, wie eine bunte Flut Postkarten guter Grüße aus irgend welchen dschungelüberwucherten Kulturen mit ihren Tempeln und Riten und Geheimsprachen.«[183]

LSD, ab 1967 gerne mit dem Beatles-Song als »Lucy in the Sky with Diamonds« bezeichnet,[184] war neben dem zweifellos deutlich weiter verbreiteten Haschisch *die* Droge des linksalternativen Mi-

---

178 Harald Glätzer, *Landkommunen in der BRD. Flucht oder konkrete Utopie?*, Bielefeld 1978, S. 170/171, 197. Vgl. auch die Darstellung in Kapitel 5 der vorliegenden Arbeit.

179 Johannes Feil, »Familie ohne Alternative?«, in: ders. (Hg.), *Wohngruppe, Kommune, Großfamilie. Gegenmodelle zur Kleinfamilie*, Reinbek 1972, S. 20-37, hier S. 34.

180 Baumann, *Rausch und Terror*, S. 39.

181 Enzensberger, *Die Jahre der Kommune I*, S. 321, 327.

182 Vollmar, *Alternative Selbstorganisation*, S. 140.

183 Hübsch, *Keine Zeit für Trips*, S. 23-27.

184 Jakob Tanner, »›The Times They Are A-Changin‹. Zur subkulturellen Dynamik der 68er Bewegungen«, in: Ingrid Gilcher-Holtey (Hg.), *1968 – Vom Ereignis zum Gegenstand der Geschichtswissenschaft*, Göttingen 1998, S. 207-223, hier S. 210.

lieus. Dazu hatte schon Timothy Learys Beschreibung von LSD als »bewußtseinserweiternder Droge« beigetragen.[185] Gegen das »bewußtseinstötende Spektakel« des Geldes, die rationalistische Wissenschaft und den kapitalistischen Konsum priesen zuerst US-amerikanische Figuren wie Leary, aber auch Richard Alpert (alias Ram Dass), Ralph Metzner, G. M. Weil und eine Reihe namhafter Psychologen, Theologen und Mediziner in den USA den Gebrauch von psychedelischen Drogen wie LSD. Neben Zenbuddhismus und Mantra-Yoga sollte die halluzinogene Praxis eine Möglichkeit sein, die »inneren Welten« zu entdecken und die »innere Weisheit« zu erlangen.[186] LSD, Marihuana und Haschisch sollten nach Meinung von Leary und Alpert legalisiert werden, um so die »religiös-philosophischen Erfahrungen«, das Transzendieren raumzeitlicher Dimensionen, des Ego und sprachlicher Konzepte möglichst vielen Erwachsenen zugänglich zu machen. In diversen Büchern und Artikeln von Anfang bis Ende der sechziger Jahre wurde für diese psychedelische Lehre der »inneren Befreiung« geworben.[187]

Timothy Leary, ein renommierter Harvard-Professor für Psychologie, hatte bereits ab 1960 mit halluzinogenen Drogen experimentiert, ab 1961 insbesondere mit LSD, welches 1943 von dem Schweizer Chemiker Albert Hofmann in einem Labor von Sandoz entdeckt worden war. Aufgrund zunehmender Kritik an seinen Studien verlagerte Leary diese 1962 nach Mexiko und beschränkte sie auf die Sommermonate. Dort sollten die Erfahrungen mit der Droge in einer Gruppe erlebt und ausgewertet werden. Schon das zweite Sommercamp im Jahr 1963 wurde von vielen Hippies aufgesucht, was die enorme Popularität von Leary unterstrich. Die ersten Ergebnisse der Arbeit publizierte Leary (mittlerweile war er in Harvard freigestellt worden) 1964 zusammen mit Alpert und Metzner in dem Buch *The Psychedelic Experience* (1971 erschien die deutsche Übersetzung unter dem Titel *Psychedelische Erfahrungen.*

185 Hübsch, *Alternative Öffentlichkeit*, S. 5; »Tibet ist überall«, in: *Der Spiegel* 46 (10. 11. 1969).

186 Leary, *Politik der Ekstase*, S. 114. Vgl. Vollmar, *Alternative Selbstorganisation*, S. 137.

187 Thamm/Schmetz, *Drogenkonsumenten im Untergrund*, S. 107-123. Die Schrift findet sich in: BArch Koblenz, B 310, Nr. 676. Siehe auch: Rolf Goetz, *Von der Landkommune zur Dorfgemeinschaft – Ökologische Modelle zwischen Anarchie und Spiritualität*, Herford 1980, S. 79/80; Baier, *Meditation und Moderne*, Bd. 2, S. 914-916.

Ein Handbuch nach Weisungen des Tibetanischen Totenbuches). Das Buch enthielt eine detaillierte Anleitung zum Gebrauch von LSD und berief sich dafür auf asiatische Philosophien auf der Basis des tibetischen Totenbuchs. Der Bekanntheitsgrad und die Arbeiten von Timothy Leary machten ihn zu einer Schlüsselfigur in der US-amerikanischen Gegenkultur der sechziger Jahre. Als er wegen Besitzes von einigen Gramm Marihuana zu zehn Jahren Gefängnis verurteilt wurde, floh er 1970 mit Unterstützung der Weathermen über Algerien in die Schweiz, von wo er nicht ausgeliefert wurde. Von Mai 1971 an blieb er zwei Jahre in der Schweiz und konnte in verschiedenen Kantonen auf einige Hippies zählen, die ihm halfen. Danach ging er nach Wien und wurde schließlich auf dem Weg nach Indien am Flughafen in Kabul festgenommen. 1973 wurde er in die USA ausgeliefert. Dort saß er zunächst im Gefängnis, bis der mittlerweile berühmte Leary 1976 vom neu gewählten Gouverneur Kaliforniens begnadigt wurde.[188]

»Turn on, tune in, drop out« lautete die Devise der US-amerikanischen Hippies – der Gruppe, bei denen die psychedelischen Ideen am stärksten verfingen. »Tune in« bedeutete dabei, die unter LSD-Einfluss erlangte Bewusstseinserweiterung (»turn on«) kreativ umzusetzen und ein gemeinsames Lebensgefühl aufzubauen. »Drop out« war hingegen die Aufforderung zum Aussteigen aus der Gesellschaft – auch dazu, alte Wertorientierungen zu überwinden und gesellschaftskonforme Verhaltensweisen abzulegen. Gegen Materialismus setzte man den Spiritualismus. Sensibilität, Sinnlichkeit und Liebesfähigkeit galten als oberste Gebote. Halluzinogene Drogen wurden ebenso als Hilfsmittel zur individuellen Befreiung eingesetzt wie das Praktizieren indianischer Kulte oder die meditative Versenkung in indisch-tibetanisch-chinesische Geisteswelten. Lose Organisationsstrukturen wie die eigenen Zeitungen, *free-shops* zum Tauschhandel, freie Kliniken und Landkommunen entstanden. Aufgrund der schlechten Lebensverhältnisse und zu-

---

188 Timothy Leary u. a., *Psychedelische Erfahrungen. Ein Handbuch nach Weisungen des Tibetanischen Totenbuches*, Weilheim 1971). Siehe: Pirim Bossart, »Timothy Leary und die 49 schweizer Hippies«, in: *Tages-Anzeiger* (11. 11. 2011), S. 33; Jakob Tanner, »Drogen und Drogenprohibition – historische und zeitgenössische Erfahrungen«, in: René Rengli, Jakob Tanner, *Das Drogenproblem. Geschichte, Erfahrungen, Therapiekonzepte*, Heidelberg 1994, S. 21-122, hier S. 112/113; Baier, *Meditation und Moderne*, Bd. 2, S. 914-916.

nehmender Kommerzialisierung der Scene durch Plattenfirmen, Bekleidungsindustrie oder Blumengeschäfte war diese gegen Ende der sechziger Jahre bereits wieder im Niedergang begriffen. Symbolisch wurde am 6. Oktober 1967 in San Francisco die Hippie-Bewegung zu Grabe getragen: Bei einer »Death of Hippie« genannten Veranstaltung trugen Teilnehmer einen mit Blumen und Schmuck gefüllten Sarg durch die Stadt.[189]

Psychedelische Musik und Drogen

Am avanciertesten fanden Musik und Drogenkonsum bei psychedelischen Musikbands wie Amon Düül zusammen, die ähnlich wie die amerikanischen Vorbilder Grateful Dead, Velvet Underground, Vanilla Fudge, Jefferson Airplane oder Quicksilver Messenger Service fester Bestandteil der Scene waren.[190] Während sich Drogenerfahrungen verbal nur schlecht kommunizieren ließen, schien Musik der ideale Träger, um die eigenen Erlebnisse auszudrücken. Der auf Konzerten über die Musik erzeugte Erfahrungs- und Kommunikationskreislauf zwischen Band und Publikum wurde aufgrund des Drogenkonsums besonders intensiv wahrgenommen. Lichtanlagen mit präparierten Dias erzeugten Effekte, die die Drogenwirkungen untermalten und verstärkten. Gemeinsamer Rausch-

189 Leary, *Politik der Ekstase*, S. 14-19; Tanner, »Drogen«, S. 114; Reimann, *Kunzelmann*, S. 206; Baier, *Meditation und Moderne*, Bd. 2, S. 917. Zu den Hippies siehe den kurzen, aber präzisen Abriss bei Kraushaar, *Achtundsechzig*, S. 9-41. Ausführlicher Charles Perry, *The Haight-Ashbury. A History*, New York 2005; Stuart Hall, *The Hippies. An American »Moment«*, Birmingham 1968; C. J. Stone, *The Last of the Hippies*, London 1999; Paul E. Willis, *Profane Culture. Rocker, Hippies. Subversive Stile der Jugendkultur*, Frankfurt/M. 1981. In Deutschland gab es zweifellos auch Hippies, allerdings sehr viel weniger, und sie tauchten wesentlich später auf. Sie traten meist zusammen mit anderen Gruppen in Erscheinung und präsentierten sich als eine selektive Aneignung der amerikanischen Hippiekultur (vgl. Else Pelke, *Protestformen der Jugend. Über Beatniks, Gammler, Provos und Hippies*, Donauwörth 1969; Walter Hollstein, *Der Untergrund*, Neuwied, Berlin 1969; ders., *Die Gegengesellschaft. Alternative Lebensformen*, Bonn 1979, bes. S. 43-64; Michael Rauhut, Thomas Kochan, *Bye, bye, Lübben City. Bluesfreaks, Tramps und Hippies in der DDR*, Berlin 2004).

190 Vgl. Nick Bromell, *Tomorrow Never Knows. Rock and Psychedelics in the 1960s*, Chicago 2000; »Tibet ist überall«, in: *Der Spiegel* 46 (10.11.1969), S. 76; Tanner, »The Times They Are A-Changin«, S. 207-223; Enzensberger, *Die Jahre der Kommune I*, S. 310; Hübsch, *Keine Zeit für Trips*, S. 35/36.

mittelgenuss von Musikern und Zuhörern, kollektives Musizieren auch mit Amateuren, das Zusammenwirken von Musik, Farbe und Licht, die lange Dauer der Konzerte über mehrere Stunden, neue Soundcollagen mit Hallräumen und Echoeffekten, langgezogene Klangflächen und langsames Dahinschwingen schufen intensive Erfahrungen.[191]

Beeinflusst wurde die psychedelische Musik von indischen und fernöstlichen Stilen, immer mehr Musiker beschäftigten sich auch mit den entsprechenden Philosophien. Neben Amon Düül entstanden Bands wie Tangerine Dream, Ash Ra Tempel, Emtidi, Popol Vuh oder Cluster. Alte Instrumente kamen ebenso zum Einsatz wie Synthesizer und elektronische Verstärker; die Mischungen gaben der Musik etwas Zeitloses.[192]

Freilich wurden die Rauscherfahrungen auch in den Texten verarbeitet, etwa in Bob Dylans *Rainy Day Women* (1966) oder in der psychedelischen Hymne schlechthin: *White Rabbit* von Jefferson Airplane (1966/67). Bezeichnend war auch die Beschreibung der haschischrauchgeschwängerten Londoner Scene von Donovan in seinem Song *Sunny Goodge Street*: »On the firefly platform on sunny Goodge Street / a violent hash-smoker shook a chocolate machine / involved in an eating scene / smashing into neon streets in their stonedness / smearing their eyes on the crazy colored goddess / listenin' to sounds of Mingus mellow fantastic / ›My, my‹, they sigh«.[193] Wie schon bei der musikalischen Ausgestaltung hatten die fernöstlichen Religionen und die damit assoziierten Themen der Bewusstseinserweiterung auch auf die Texte großen Einfluss. Ebenso hinterließen die Literatur der Beatniks, Science-Fiction- und Fantasy-Literatur ihre Spuren.[194]

191 Thamm/Schmetz, *Drogenkonsumenten im Untergrund*, S. 124-127. Die Schrift findet sich in: BArch Koblenz, B 310, Nr. 676.

192 Thamm/Schmetz, *Drogenkonsumenten im Untergrund*, S. 127-129. Die Schrift findet sich in: BArch Koblenz, B 310, Nr. 676.

193 Zitiert nach Thamm/Schmetz, *Drogenkonsumenten im Untergrund*, S. 131-134. Die Schrift findet sich in: BArch Koblenz, B 310, Nr. 676.

194 Vgl. Harry Shapiro, *Sky High. Drogenkultur im Musikbusiness im 20. Jahrhundert*, Andrä-Wördern 1995.

Der linksalternative Kiffer, so heißt es in einer Ausgabe des *Spiegels* aus dem Jahr 1969, blickte mit Verachtung auf den Heroinabhängigen herab: »In der Berliner Subkultur sprechen Hascher über die Schießer wie eine Familie über den haltlosen Onkel, der ihr Schande macht.«[195] Tatsächlich stößt man in den linken Magazinen öfter auf solche Einschätzungen. Rainer Langhans etwa bezeichnete in der *Agit 883* harte Drogen wie Heroin schlichtweg als »Scheiße«, während er zugleich für Cannabis und LSD-Trips warb.[196] Härtere Drogen – Kokain und Heroin – kamen erst 1969 in die Berliner Szene. Im März 1969, so schreibt Ulrich Enzensberger, »hatte das Heroin seinen Weg nach Westberlin noch nicht gefunden, aber bald verseuchte eine erste, primitive Verarbeitungsstufe des Opiums, die höllische ›Kreuzberger Tinke‹, den Markt«.[197] Ähnliches liest man bei Hübsch über Frankfurt und in den Erinnerungen Baumanns, der berichtet, dass es Ende der sechziger Jahre in Berlin lediglich »Wochenend-Junkies« gegeben habe und auch davon nicht mehr als eine Hundertschaft.[198]

Ab dem Spätsommer 1969 tauchte die aus Istanbul importierte »reine Morphinbase« auf dem Berliner Markt auf, aus der junge Chemiker durch Aufkochen mit Essigsäure die »berühmt-berüchtigte Berliner Tinke« fertigten, die immer noch flüssig war und große Ähnlichkeiten zu dem mit Essigsäureanhydrid hergestellten Heroin hatte:

Der Chemiker hatte eine Medizinflasche und eine Pipette und lief damit in Kneipen herum und verkaufte den Leuten die Tinke wie Augentropfen direkt auf den Löffel. Das wurde tropfenweise abgerechnet, war immer noch ganz billig. Aber das war schon direktes Dealen. Diese Tinke hat dann angefangen, Kreise zu ziehen. Für die Tinke sind extra Leute aus

---

195 »Tibet ist überall«, in: *Der Spiegel* 46 (10.11.1969).
196 »Schießer werden Scheißer«, in: *Agit 883* 19 (19.06.1969), S. 2, 5. Vgl. *Agit 883* 20 (26.06.1969), S. 5; *Agit 883* 37 (23.10.1969), S. 2-3; *Agit 883* 41 (20.11.1969), S. 6; Enzensberger, *Die Jahre der Kommune I*, S. 360; Klaus Weinhauer, »Der Westberliner ›Underground‹. Kneipen, Drogen und Musik«, in: rotaprint 25 (Hg.), *agit 883. Revolte, Underground in Westberlin 1969-1972*, Hamburg, Berlin 2006, S. 73-83.
197 Enzensberger, *Die Jahre der Kommune I*, S. 327/328.
198 Hübsch, *Keine Zeit für Trips*, S. 55; Baumann, *Rausch und Terror*, S. 35/36.

Westdeutschland angereist. Das war der Anfang der Berliner Junkieszene – Ende '69.[199]

Tatsächlich setzten sich die harten Drogen innerhalb Deutschlands erst ab Mitte der siebziger Jahre durch – ab dieser Zeit allerdings wurde Heroin in Berlin leicht erhältlich. Der von 1976 bis 1978 zusammen mit Iggy Pop in einer Wohngemeinschaft in Berlin-Schöneberg lebende David Bowie bezeichnete Westberlin in späteren Interviews als »Welthauptstadt des Heroins«.[200]

Innerhalb der neuen Linken blieben diese harten Drogen eher ein Mittel für die terroristische Szene, weil durch die Opiate »das Gefühl der Gelassenheit« vermittelt wurde, »gerade wenn du polizeilich gesucht wurdest«, wie Baumann sich erinnerte. Mit den Drogen fühlte er sich »schöner, schneller und klüger«.[201] Bereits Anfang der sechziger Jahre hatte Baumann sich als Gammler mit langen Haaren einem subkulturellen Jugendstil angeschlossen, der durch demonstrativen Müßiggang auf öffentlichen Plätzen Aufmerksamkeit erregte und von der intoleranten Gesellschaft zum Teil mit drastischen Worten abgelehnt wurde.[202] Neben der modischen Orientierung an viktorianischer Kleidung zeigte er Interesse für Schwarze Musik und eine Aufgeschlossenheit für die niederländische Provo-Bewegung. Das ganze Spektrum gegenkultureller Lebensweisen auskostend, dauerte es auch nicht lange, bis er 1966 seinen ersten Joint rauchte und 1967 den Alkohol ganz durch Haschisch ersetzte. Schnell ging es bei Baumann weiter: 1968 kam LSD dazu, 1969 die Berliner Tinke.[203] 1969 schloss er sich den umherschweifenden Haschrebellen an, die die Drogenkonsumenten politisieren wollten und die die Parole »Opium, Haschisch, Heroin – für ein schwarzes Westberlin« vertraten. Mit ihren Smoke-ins kämpften sie für das Recht auf Rausch und verlegten sich, durch die Auseinandersetzungen mit Polizei und Justiz radikalisiert, recht bald auf illegale Anschläge. In der ersten Gefängnishaft Baumanns

199 Baumann, *Rausch und Terror*, S. 42/43. Vgl. Kraushaar, *Achtundsechzig*, S. 213.

200 Tanner, »Drogen«, S. 120; Briesen, *Drogenkonsum*, S. 279; Christopher Sandford, *Bowie. Loving the Alien*, London 1996.

201 Baumann, *Rausch und Terror*, S. 13.

202 Ebd., S. 25-30. Zu den Gammlern siehe: »Gammler: Schalom aleichem«, in: *Der Spiegel* 39 (19.09.1966), S. 70-80; Pelke, *Protestformen der Jugend*; Hollstein, *Gegengesellschaft*, S. 27-31; Siegfried, *Time is on my side*, S. 399-413; Stephens, *Germans on Drugs*, S. 64-68.

203 Baumann, *Rausch und Terror*, S. 28-47.

zwischen Februar 1970 und Sommer 1971 kam der Tablettenkonsum hinzu und nach der Entlassung das Heroin. In der Bewegung 2. Juni war der Drogenkonsum anders als bei der RAF weit verbreitet: »Die Drogen führen dich in eine Leck-mich-am-Arsch-Haltung«, so Baumann 2008.[204] Auf der Flucht vor den Behörden, reiste er in den siebziger Jahren kreuz und quer durch Pakistan, Indien, den Iran, Nepal, Tibet, Afghanistan, Irak, Syrien, die Sowjetunion, Nordafrika und zwischendurch immer wieder nach Westeuropa. An Drogen aller Art kam er an fast allen Orten: »Haschisch gab es allerdings überall. In den größeren Nestern findet man Apotheken, die damals Morphin anboten. Und auf bestimmten Marktplätzen wurde Opium gehandelt.«[205]

Alternative Drogentherapie: Die Release-Gruppen

In der Bundesrepublik gab es zum Ende der sechziger Jahre noch keine ausgereifte staatliche Drogenpolitik. Der starken Zunahme jugendlichen Drogenkonsums und der seit Anfang der siebziger Jahre zu beobachtenden Hinwendung zu harten Drogen standen die offiziellen Stellen nicht selten hilflos gegenüber.[206] Unspezialisierte staatliche Institutionen (Polizei, Gefängnisse, Gesundheitsbehörden) einerseits und überfüllte Psychiatrien mit Wartezeiten von bis zum Teil zwischen einem und zwei Jahren andererseits waren der Situation nicht gewachsen.[207] Zudem wurden die psychiatrischen Kliniken von den jugendlichen Drogenkonsumenten nur wenig angenommen, auch die kirchlichen Anlaufstellen waren unbeliebt. Die Jugend- und Gesundheitsämter waren in die neue Situation kaum eingearbeitet, die Sozialarbeit von Streetworkern hatte erst in den siebziger Jahren begonnen.[208]

1971 formulierte der Rechtsmediziner Friedrich Bschor von der Freien Universität Berlin, ab 1972 Mitglied der Beraterkommission in Angelegenheiten des Verkehrs mit Suchtstoffen, die damals in

204 Ebd., S. 49-72 (Zitat S. 71). Zur Haltung der RAF ebd., S. 68.
205 Ebd., S. 73-106, hier bes. S. 77 (Zitat S. 80).
206 Vgl. Weinhauer, »Heroinszenen«.
207 Geier, »Heidelberg, Brunnengasse 20«, S. 3; Weinhauer, »Heroinszenen«.
208 Siehe die Beschreibungen für Berlin in: Thamm/Schmetz, *Drogenkonsumenten im Untergrund*, S. 77/78 (die Schrift findet sich in: BArch Koblenz, B 310, Nr. 676); Weinhauer, »Heroinszenen«; Briesen, *Drogenkonsum*, S. 294.

der Fachwelt der Psychiater vorherrschende Meinung: »Die überall gemachte Erfahrung, daß konventionelle Methoden bei der Behandlung junger Drogenabhängiger kaum Erfolge bringen, rückt die Frage nach neuen Wegen der Therapie in den Vordergrund«. Noch 1976 sprach der Leiter der Klinischen Psychiatrie in Heidelberg von den »beschämend geringen Beratungsmöglichkeiten« für Jugendliche mit Drogenproblemen.[209] In dieser Situation wurden gegenkulturelle Initiativen vom Staat nicht nur toleriert, sondern sogar gefördert. Dazu gehörten die Release-Gruppen, in denen Drogensüchtige von Leuten unterstützt wurden, die mit dem Lebensgefühl der Junkies und »Ausgeflippten« aus eigener Erfahrung vertraut waren. Von den ersten Tagen an waren diese Selbsthilfegruppen die einzigen Anlaufstellen, die von der Szene akzeptiert wurden, denn die Mitarbeiter kamen selbst aus der Szene, sprachen deren Sprache und hatten den entsprechenden Habitus. In diesen Release-Gruppen begann nach dem »kalten« körperlichen Entzug ohne den Einsatz von Ersatzdrogen innerhalb der ersten Wochen eine Stabilisierungsphase von einem halben bis zu einem Jahr, in der die Neulinge im Grunde nur mit anderen Mitgliedern und Betreuern der Release-Gruppe Kontakt hatten. Beziehungen zu Außenstehenden wurden nur nach und nach wiederaufgebaut.[210]

Insbesondere US-amerikanische und englische, aber auch dänische Vorbilder nachahmend, wollten die deutschen Release-Zentren zur praktischen Lösung des Rauschgiftproblems beitragen und

---

209 »Zur gegenwärtigen Arbeit von Release [1971]«, in: HIS-A, Release Berlin (Texte 1971-1972) (darin das Zitat von Bschor); Schreiben Prof. Bastine an Stadtverwaltung Heidelberg vom 17.02.1976, in: ... *immer noch: FREE CLINIC. Zweite Dokumentation zur aktuellen Lage der Free Clinic. Situations- und Stimmungsberichte aus einem Alternativprojekt*, Heidelberg 1976, S. 23 (die Broschüre befindet sich in: BfZ-Doku, D 8151). Ähnlich auch die Stellungnahmen des Bundes der Deutschen Katholischen Jugend, in: ebd., S. 24.

210 Bernhard Albrecht, »Drogenselbsthilfegemeinschaft Synanon. Eine Alternative zur Professionellen Suchthilfe?«, in: *Deutsches Ärzteblatt* 96 (1999), ⟨http://www.aerzteblatt.de/archiv/1628/⟩, letzter Zugriff am 04.10.2010; Kai Krüger, »Sprechstunden zum Nulltarif«, in: *Die Zeit* 49 (08.12.1972), S. 65. Bislang werden die Release-Gruppen in der Literatur zwar erwähnt, sind aber noch nicht umfassend untersucht worden. Vgl. etwas die knappen Erwähnungen bei Benno Käsmayr, *Die sogenannte Alternativpresse. Ein Beispiel für Gegenöffentlichkeit in der BRD und im deutschsprachigen Ausland seit 1968*, Augsburg 1974, S. 31; Daum, *Die 2. Kultur*, S. 104; Pieper, *Highdelberg*, S. 223/224.

den Konsum von harten Drogen vermindern.[211] In den sechziger Jahren hatten Szenemitglieder im Stadtteil Haight Ashbury in San Francisco für die Hippies die ersten Free Clinics gegründet – Selbsthilfeeinrichtungen mit Sprechstunden zum Nulltarif. 1967 entstand dann das erste europäische Release-Zentrum in London. Über Holland und Dänemark kam die Idee der Selbsthilfeorganisation von Drogenabhängigen für Drogenabhängige schließlich nach Deutschland.[212]

Anfang der siebziger Jahre etablierten sich diese Einrichtungen in der Bundesrepublik nahezu flächendeckend. 1972 existierten 20 Release-Zentren in Deutschland, sowohl in den Großstädten wie Hamburg, München, Köln oder Bremen als auch in Mittel- und Kleinstädten wie Wiesbaden, Oldenburg, Lüneburg, Syke oder Elmshorn. Die einzelnen Projekte standen in losem Kontakt zueinander und traten mit der »unregelmäßigen Produktion von einem Dutzend verschiedener Zeitschriften« in Erscheinung.[213] Die Zentren versuchten, über den Verkauf eigener Waren möglichst unabhängig zu sein. Neben den alternativen Comics, Zeitschriften und Druckereien gab es beispielsweise in Hamburg, Heidelberg oder Berlin Töpfereien, Fotolabors, Schreinereien oder Schneidereien. Auch landwirtschaftliche Produkte wurden angeboten und Konzerte veranstaltet. Arbeit galt als Therapeutikum, um die eigenen Neigungen zu entdecken und auszubauen sowie den Tagesablauf zu strukturieren.[214]

Der Erfolg von Release lag erstens in der szenegerechten Form der Selbstorganisation und -hilfe durch ehemalige Drogenabhängige, zweitens in dem auf Resozialisation anstatt auf Kriminalisierung des Drogengebrauchs ausgerichteten Ansatz und drittens in der sozialen Gruppeneinbindung begründet. Man setzte auf »echte« Informationen und Unterstützungen. Oft wurden sogar rund um

211 Feil, »Familie«, S. 25, 34; Pieper, *Highdelberg*, S. 216.
212 Kai Krüger, »Sprechstunden zum Nulltarif«, in: *Die Zeit* 49 (08. 12. 1972), S. 65; Gabriele Venzky, »Hilfe für junge Süchtige. Das Heidelberger Beispiel«, in: *Frankfurter Allgemeine Zeitung* 100 (30.04/01.05.1971); Pieper, *Highdelberg*, S. 223/224.
213 Daum, *Die 2. Kultur*, S. 104 (Zitat); Krüger, »Sprechstunden«, S. 65; Gabriele Venzky, »Hilfe für junge Süchtige. Das Heidelberger Beispiel«, in: *Frankfurter Allgemeine Zeitung* 100 (30.04/01.05.1971); Glätzer, *Landkommunen*, S. 45; HIS-A, Release München (Vom »DROB« bis zum Release).
214 Krüger, »Sprechstunden«, S. 65.

die Uhr Wohnräume und Jobs vermittelt, Besuche in Haftanstalten und Krankenhäusern arrangiert, medizinische und juristische Ratschläge erteilt, Müttern auf der Suche nach ihren von zu Hause weggelaufenen Söhnen und Töchtern Tipps gegeben, Lehrer, Ärzte, Pfarrer, Beamte und Journalisten über die Szene informiert, Drogenberauschte aus Kaschemmen und von der Straße geholt. Die Release-Bewegung setzte zudem auf kollektives Eigentum: »Kein Konsumterror, dafür Kommunikation« lautete ein Motto, und die Wochenzeitung *Die Zeit* fasste zusammen: »Die Release-Leute selbst sprechen von ›sozialistischer Therapie‹: Ein Leben im Kollektiv, das eine gemeinsame Kasse führt, jeden mit Essen und Trinken versorgt, gesellschaftliche Abhängigkeiten nicht kennt und dem Ex-User die Möglichkeit gibt, das an sich zu realisieren, was er bisher in der Droge suchte und in einer Scheinrealisierung fand.« Zur Stärkung des kollektiven Identitätsgefühls trugen Begegnungen auf Augenhöhe bei: Die herkömmliche hierarchische Beziehung zwischen Arzt und Patient war dadurch überwunden, dass die Betreuer eigene Drogenerfahrungen gemacht hatten.[215]

Das erste deutsche Release-Zentrum öffnete im September 1970 in Hamburg seine Pforten, ansässig in der Karolinenstraße 7-9 am Rande von Sankt Pauli. Es unterhielt zwei Läden auf dem Grindelhof und in der Hartungstraße sowie insgesamt fünf Bauernhöfe mit bio-dynamischem Gartenbau, makrobiotischem Restaurant, Werkstätten, Tier- und Kräuterzucht, Räumen für Theater und Meditation, vor allem mit Musikgruppen, die einen wichtigen Stellenwert im Therapiekonzept innehatten. Auf dem Jugendhof in Velgen bei Lüneburg, dem Jugendhof Otterndorf bei Cuxhaven, auf dem Ellenberg, in Kösdorf und auf dem Streuberg waren 1973 insgesamt 64 Personen eingebunden, von denen 21 Personen Tagegelder der staatlichen Sozialbehörden erhielten. Rund die Hälfte der Mitglieder lebte von der Eigenökonomie auf den Bauernhöfen und der Rest, rund ein Sechstel der Gruppe, von privaten Spenden.[216] Das Landleben bot sich deswegen an, weil die Beschaffung von Drogen hier nahezu unmöglich war und ihm eine beruhigende Wirkung

215 Ebd.
216 »Release«, in: BArch Koblenz, B 310, Nr. 261, ohne fol.; Klaus Dzuck u. a., »Release – eine Bürgerinitiative?«, in: HIS-A, Box »Release Hamburg« (Texte 1970-1976); HIS-A, Release Hamburg (Presseberichte 1970-1973); HIS-A, Release Hamburg (Texte-Konzeptionen zu Release).

zugesprochen wurde. Für einige der Gruppen spielte Musik eine besondere Rolle. Das Zentrum in Velgen konnte mit dem Verkauf der Platte *Let it Rock for Release* eine Viertelmillion DM erwirtschaften. Das Geld wurde unter anderem für den Ausbau des Stadthauses in der Hamburger Karolinenstraße genutzt.[217]

Unterstützt durch Kontakte der Hamburger zum Heidelberger Journalisten und Filmemacher Henky Hentschel, entstand in Heidelberg im Oktober 1970 der Verein zur Bekämpfung der Rauschgiftgefahr, der sich ebenfalls Release nannte. Das von der Stadt zur Verfügung gestellte ehemalige Druckereigebäude in der Brunnenstraße 20, ein verfallenes und eigentlich zum Abbruch vorgesehenes Haus, diente als Domizil. Die Drogenszene der Stadt, die sich allseits sichtbar auf den Stufen der Heiliggeistkirche oder im Café Melanie versammelte, wurde durch die herkömmlichen psychiatrischen Angebote kaum erreicht. Im Release veranstalteten hingegen ehemalige Drogenabhängige gutbesuchte Informationsabende, wie 1971, als ein ehemaliger Fixer, ein Ex-Dealer, einer mit Hasch- und einer mit LSD-Erfahrung vor rund 200 Jugendlichen zwischen 18 und 30 Jahren Rede und Antwort standen. Die Heidelberger Release-Gruppe konnte sich im haschträchtigen Rhein-Neckar-Gebiet, wie selbst die FAZ schrieb, »kaum der Kundschaft erwehren«. Die Mitarbeiter versuchten die Räume mit ausrangierten Matratzen, angemalten Bimssteinen, Teetischchen und Kerzen einigermaßen gemütlich herzurichten und sich damit auch optisch von der sterilen und neonbeleuchteten Kühle weißer Arztpraxen abzugrenzen: »An den Wänden Poster – Ho Tschi Minh [sic], psychedelisches Gewirr, die Pop-Gruppe Amon Düül II. Ein paar haben sich mit Decken, mit einer Gardine ein kleines Eckchen abgetrennt. Musik aus dem Lautsprecher. Ein Joint kreist.« Die Patienten waren nicht nur zur Behandlung anwesend: In der Brunnenstraße wohnten und lebten die Drogenabhängigen – im Mai 1971 waren es bereits 40 Personen. Während weiche Drogen wie Hasch toleriert wurden, wurde strikt gegen den Konsum harter Drogen vorgegangen. Schnell entwickelte die Idee, die Drogenabhängigen auch nach dem körperlichen Entzug für eine Zeit aus der »Gesellschaft mit all ihren Autoritätsstrukturen und Leistungsprinzipien herauszunehmen«.[218]

217 Stephens, *Germans on Drugs*, S. 184-218; Krüger, »Sprechstunden«, S. 65.
218 Henky Hentschel, *Auf dem Zahnfleisch durch Eden. Wohin einer kommt, wenn er geht*, München 1984; Zwischenbericht Nr. 1 vom 15.02.1971, in: HIS-A, Map-

862

Dieser erfolgreichen Initiative von Henky Hentschel und den Ärzten Dr. Dietmar Höhne und Dr. Karl Geck (»Chuck« genannt) kam in den Folgejahren eine ganz besondere Bedeutung in der Stadt zu, denn dank der Unterstützung der Psychiatrie, der Sozialbehörden und des Gesundheitsamtes der Stadt Heidelberg konnte die Gruppe die Free Clinic im Frühjahr 1972 eröffnen. In Anlehnung an die entsprechenden US-amerikanischen Institutionen bot eine medizinisch-psychosoziale Ambulanz kostenlos und anonym medizinische, therapeutische und soziale Hilfe für Randgruppenangehörige vornehmlich aus der Drogenszene an. Bis weit in die siebziger Jahre erwies sich die Free Clinic als Anziehungspunkt für die Scene, allein im Jahr 1975 wurden hier rund 4000 Jugendliche von dreizehn Mitarbeitern betreut. 70 Prozent der durchschnittlich 20 Jahre alten Patienten hatten Drogenerfahrungen und standen auf der Kippe zur Abhängigkeit.[219] Die Mitarbeiter wie der 35-jährige »Chuck«, fühlten sich der Alternativkultur zugehörig und verstanden diese milieuinterne Initiative als Hilfe zur Selbsthilfe. Trotz heftigster interner Auseinandersetzungen zwischen Hentschel und Höhne um die Aufnahme von noch spritzenden Heroinabhängigen kam das Projekt voran. Geld verdiente allerdings kaum einer der Ärzte.[220] Finanziert wurde die Free Clinic durch Förderungen unterschiedlicher staatlicher Stellen – neben der Stadt Heidelberg leisteten der Landeswohlfahrtsverband Baden, das Land Baden-

pe »Release Heidelberg – Infos/Berichte«; Gabriele Venzky, »Hilfe für junge Süchtige. Das Heidelberger Beispiel«, in: *Frankfurter Allgemeine Zeitung* 100 (30.04/01.05.1971) (Zitate); Geier, »Heidelberg, Brunnengasse 20«, S.3.

219 Pieper, *Highdelberg*, S.217/218, 223/224; Stephens, *Germans on Drugs*, S.202; Karl Geck (Hg.), *Free Clinic Heidelberg. Alternative Jugendarbeit in Selbstorganisation*, Frankfurt/M. 1975, S.6/7; Geier, »Heidelberg, Brunnengasse 20«, S.3; ... *immer noch: FREE CLINIC. Zweite Dokumentation zur aktuellen Lage der Free Clinic. Situations- und Stimmungsberichte aus einem Alternativprojekt*, Heidelberg 1976, S.19, 55, 57 (die Broschüre befindet sich in: BfZ-Doku, D 8151). Neben vier Ärzten und zwei Psychologen waren dies eine Physiotherapeutin, eine Krankengymnastin, ein Musiktherapeut, eine medizinisch-technische Assistentin, ein Sozialarbeiter, eine Sprechstundenhilfe und ein in der Verwaltung tätiger Kaufmann (ebd., S.56).

220 Geck (Hg.), *Free Clinic Heidelberg*, S.13; Stephens, *Germans on Drugs*, S.203/204; ... *immer noch: FREE CLINIC. Zweite Dokumentation zur aktuellen Lage der Free Clinic. Situations- und Stimmungsberichte aus einem Alternativprojekt*, Heidelberg 1976, S.11, 15, 56/57 (die Broschüre befindet sich in: BfZ-Doku, D 8151); Krüger, »Sprechstunden«, S.65.

Württemberg und der Bund im Rahmen des Modells zur »Beratung und Behandlung drogengefährdeter und drogenabhängiger junger Menschen«, aber auch die Kassenärztliche Vereinigung, Versicherungsverbände und das Sozialamt finanzielle Unterstützung. Die Öffentlichkeit indes blieb skeptisch gegenüber dem selbstverwalteten Projekt. Ständig gab es Auseinandersetzungen um den Mietvertrag, um Geldzuwendungen und um die Abgrenzung von Zuständigkeiten und Kompetenzen der Free Clinic. 1978 wurde die Einrichtung in der Brunnenstraße 20 von der Stadt geschlossen, da sich Fixer im Haus den »goldenen Schuss« gesetzt und interne Streitigkeiten das Projekt an den Rand der Arbeitsfähigkeit gebracht hatten. Die Free Clinic zog in die Rohrbacher Straße 87 um, wo sie noch heute besteht.[221]

Bevor es jedoch zu diesem Umbruch kam, hatten die Ärzte und Therapeuten jeden Freitag einen öffentlichen Informationsabend angeboten, auf dem man sich über die in der Free Clinic aktiven Gruppen und Arbeitskreise von den Tanz-, Musik- und Spielgruppen bis zur Gestalttherapie informieren konnte. Allein in den Monaten Januar bis April 1976 wurden 500 Klienten medizinisch versorgt, 60 weitere therapeutisch betreut sowie rund 100 Personen juristisch beraten.[222] Nach dem körperlichen Entzug der Fixer mit Apomorphin und Valiuminjektionen sowie, je nach körperlichem Verlangen, mit Haschisch wurde, wie bei den anderen Release-Zentren auch, mit Gemeinschaftseinbindung und Arbeitsangeboten der Weg zur Resozialisation geebnet. Wie hoch die Erfolgsquote war, ist schwer einzuschätzen; man findet unterschiedlichste Schätzungen von einer Rückfallquote von 20 bis 50 Prozent.[223]

221 ... *immer noch: FREE CLINIC. Zweite Dokumentation zur aktuellen Lage der Free Clinic. Situations- und Stimmungsberichte aus einem Alternativprojekt*, Heidelberg 1976, S. 10-33, 37/38, 40, 55 (die Broschüre befindet sich in: BfZ-Doku, D 8151); Geck (Hg.), *Free Clinic Heidelberg*, S. 8, 12, 67-70, 78/79; Pieper, *Highdelberg*, S. 217/218, 223/224; Krüger, »Sprechstunden«, S. 65; Geier, »Heidelberg, Brunnengasse 20«, S. 3.

222 ... *immer noch: FREE CLINIC. Zweite Dokumentation zur aktuellen Lage der Free Clinic. Situations- und Stimmungsberichte aus einem Alternativprojekt*, Heidelberg 1976, S. 3 (die Broschüre befindet sich in: BfZ-Doku, D 8151). Angeblich hatten auch von Anfang April bis Ende September 1972 700 Patienten die Dienste der Free Clinic in Anspruch genommen (Geck [Hg.], *Free Clinic Heidelberg*, S. 64).

223 Geier, »Heidelberg, Brunnengasse 20«, S. 3; Krüger, »Sprechstunden«, S. 65

Am erfolgreichsten in der Drogenarbeit war wohl die im Oktober 1971 gegründete Berliner Release-Gruppe, die von den Heidelberger Ex-Junkies Ingo und Irene Warnke mit aufgebaut wurde. Zunächst in Kreuzberg angesiedelt und von der Berliner Senatsverwaltung unterstützt, richtete die Gruppe schon 1972 erste Zweckbetriebe ein, um finanziell unabhängig zu sein. Im Jahr 1975 nannte sich die Gruppe Synanon nach dem Buch *Synanon – The Tunnel Back* des polnischen Kriminologen und Psychologen Lewis Yablonsky, der darin die Entstehung und die Prinzipien der von Charles Dederich gegründeten Suchtselbsthilfe in den USA beschreibt. Während das amerikanische Projekt mittlerweile als gescheitert gilt, ist die deutsche Organisation heute eine der größten von etwa 30 Drogenselbsthilfegemeinschaften in Deutschland. Seit 1976 hat Synanon neben dem Quartier in der Oranienstraße 175 weitere Häuser und Bauernhöfe erworben. Hinzu kommen, neben einem 1988 neu erbauten Hauptsitz in der Bernburger Straße 10, Dutzende Zweckbetriebe. Die Beschäftigung in diesen Betrieben ist Teil des Therapiekonzeptes.[224]

In den Anfangsjahren wurden Drogenabhängige bei Synanon ohne Vorbedingungen aufgenommen – ab 1982 gab es einen 24-Stunden-Dienst –, Unterkunft und Verpflegung waren frei, Probleme mit Sozialversicherungen wurden geklärt. Auch Süchtige, deren Gefängnisstrafe in eine Therapieauflage umgewandelt wurde, konnten zu Synanon kommen. Synanon arbeitete mit »kaltem« Entzug in der Akutphase, in der grundsätzlich keine Medikamente verabreicht werden. Anfangs durften die Neuankömmlinge nicht einmal allein auf die Toilette, um zu verhindern, dass sie eingeschmuggelte Drogen einnahmen. Der Kontakt zu Angehörigen und Freunden wurde in den ersten sechs Monaten komplett unterbunden. Eingehende Post wurde in der Verwaltung geöffnet,

224 »Release-Publikation: Studie zur Therapie von Drogenabhängigen [1973]«, in: HIS-A, Release Berlin (1971-1973); »Chronologie [1972]«, in: HIS-A, Release Berlin (Texte 1971-1972); »Zur gegenwärtigen Arbeit von Release [1971]«, S. 3, in: HIS-A, Release Berlin (Texte 1971-1972); Stephens, *Germans on Drugs*, S. 202; Stiftung Synanon, *35 Jahre Synanon. Für ein Leben ohne Drogen. Geschichte, Philosophie, Arbeit und Erfolge der Lebensschule 1971-2006*, Berlin 2006, S. 3, 8-11, 14, 21, ⟨http://www.synanon-aktuell.de/Synanon/images/infomaterial/pdfs/SYN_TKB_2005.pdf⟩, letzter Zugriff am 03.02.2010; Albrecht, »Drogenselbsthilfegemeinschaft Synanon«, ⟨http://www.aerzteblatt.de/archiv/16268/⟩, letzter Zugriff am 03.02.2010.

Privateigentum war abzugeben, und die gegenseitige Kontrolle der ehemals Abhängigen stand ganz im Vordergrund des auf Gemeinschaftseinbindung und Beschäftigung setzenden Synanon-Ansatzes. Die Ablehnung des Privateigentums und das harte Reglement hatten immer wieder zu harscher Kritik und Gerichtsprozessen geführt.[225]

Synanon verstand sich als Lebensschule auf Zeit, deren Ziel es war, eine selbstbestimmte, eigenverantwortliche Lebensführung ohne Suchtmittel und ohne Kriminalität zu erlernen. Jeder Suchtmittelabhängige trug – laut Eigenaussage der Organisation – die Fähigkeit in sich, ohne Drogen auszukommen. Den Weg dorthin sollten ein abstinentes Leben in der Gemeinschaft, Selbsthilfe-Gruppengespräche und regelmäßige Tagesabläufe ebnen. Synanon funktionierte im Sinne einer quasitherapeutischen Gemeinschaft, in der Gruppensitzungen eine eigentliche Therapie ersetzten. Alle Mitarbeiter waren Betroffene, es gab keine wirklichen »Therapeuten«.[226] Die anfängliche Skepsis der staatlichen Behörden gegenüber der experimentellen Selbsthilfeinitiative ist mittlerweile verschwunden. Seit 1982 ist Synanon als staatliche Therapieeinrichtung anerkannt und in der Selbstdarstellung von 2006 schmückt sich die Initiative sogar mit den Lobeshymnen der früheren Bundesdrogenbeauftragten Sabine Bätzing (SPD). Tatsächlich liest sich die Bilanz eindrucksvoll: Zwischen 1971 und 2006 kamen mehr als 20 000 Menschen zu Synanon, und verschiedene Untersuchungen zeigen, dass ein Drittel bis die Hälfte der ehemaligen Synanon-Mitglieder ihrer Drogensucht entkamen. Die effektiven und kontrollierten Sozialisationsmaßnahmen werden dabei als wesentliche Gründe für die Langzeiterfolge von Synanon gesehen.[227]

225 Albrecht, »Drogenselbsthilfegemeinschaft Synanon«, ⟨http://www.aerzteblatt. de/archiv/1628/⟩, letzter Zugriff am 03.02.2010; Stiftung Synanon, *35 Jahre Synanon. Für ein Leben ohne Drogen. Geschichte, Philosophie, Arbeit und Erfolge der Lebensschule 1971-2006*, Berlin 2006, S.16.

226 »Release Berlin [1971]«, S.3-5, in: HIS-A, Release Berlin (Texte 1971-1972); Albrecht, »Drogenselbsthilfegemeinschaft Synanon«, ⟨http://www.aerzteblatt.de/ archiv/1628/⟩, letzter Zugriff am 03.02.2010; Stiftung Synanon, *35 Jahre Synanon. Für ein Leben ohne Drogen. Geschichte, Philosophie, Arbeit und Erfolge der Lebensschule 1971-2006*, Berlin 2006, S.10, ⟨http://www.synanon-aktuell.de/ Synanon/images/infomaterial/pdfs/SYN_TKB_2005.pdf⟩, letzter Zugriff am 03.02.2010.

227 Frederic Fredersdorf, *Sucht, Selbsthilfe und soziale Netzwerke (eine 4-Jahres-*

So avanciert wie in Berlin waren die Suchtprojekte jedoch selten. Viele Release-Gruppen unterhielten die für die alternative Drogenszene typischen Teestuben. Dies waren in Berlin schlichtweg Orte, an denen sich die »Drogenfreaks« trafen, wie etwa in der Xantener Straße am Olivaer Platz in Wilmersdorf.[228] Teestuben entstanden aber nicht nur in Berlin, sondern überall in der Republik während der siebziger Jahre. Selbst im Südwesten gründete sich im Mai 1972 der Verein zur Bekämpfung des Drogenmißbrauchs im Landkreis Konstanz. Auf Initiative von Ärzten, Rechtsanwälten und dem Leiter des Gesundheitsamtes sollten Verein und Teestube den Drogenabhängigen niederschwellige und unbürokratische Hilfe anbieten. Die Teestube diente als Anlaufstelle und Beratungsangebot für Süchtige. Bald entwickelte sich daraus ein beliebter Treffpunkt für die alternative Jugend und die Teestube wurde zum Ersatz für das fehlende Jugendzentrum der Stadt. Sie lieferte fortan ein Freizeitangebot als vorbeugende Drogenarbeit und diente als Vortrags- und Diskussionsforum für linksalternative Gruppen. Der Konsum von Drogen war in der Teestube freilich untersagt. Die Jugendlichen trafen sich zum Gedankenaustausch, zum gemeinsamen Lesen, Musizieren, zur Kunst- und Schmuckproduktion – und natürlich auch zum Teekochen.[229]

Die Entwicklung der Release-Selbsthilfegruppen war mit einer breiten Kritik an der herkömmlichen Psychiatrie verbunden. Insbesondere Autoren aus den USA, Frankreich und Italien lehnten die Etikettierung psychischer Störungen als Krankheit ab – angefangen bei Michel Foucaults Studie *Wahnsinn und Gesellschaft* (1969) über Klaus Dörners Buch *Bürger und Irre* (1969), die Studie *Die negierte Institution oder die Gemeinschaft der Ausgeschlossenen* (1971) des radikalen italienischen Psychiatriereformers Franco Basaglia bis zu Erving Goffmans Studie zur Anstalt als »totaler Institution« in seinem Buch *Asyle* (1972). Sie definierten psychische Krankheiten als

Katamnese), o. O. 2001; Albrecht, »Drogenselbsthilfegemeinschaft Synanon«, ⟨http://www.aerzteblatt.de/archiv/1628/⟩, letzter Zugriff am 03.02.2010; »Zur gegenwärtigen Arbeit von Release [1971]«, S. 3/4, in: HIS-A, Release Berlin (Texte 1971-1972); Weinhauer, »Heroinszenen«; Stiftung Synanon, *35 Jahre Synanon. Für ein Leben ohne Drogen. Geschichte, Philosophie, Arbeit und Erfolge der Lebensschule 1971-2006*, Berlin 2006, S. 2, 6/7, 16.

228 Reimann, *Kunzelmann*, S. 208; Baumann, *Rausch und Terror*, S. 43.
229 *Südkurier* (11.08.1973); *Neue Seeblätter* 2 (1976).

Folge sozialer Prozesse der Ablehnung und Ausgrenzung durch die »normale« Gesellschaft. Psychische Störungen wurden zunehmend als menschliche Reaktion auf das kapitalistische Gesellschaftssystem begriffen. Die internationale »Antipsychiatrie-Debatte« kritisierte Normenkontrolle, Stigmatisierung und Entmündigung der Patienten sowie die Rolle der Ärzte als Agenten der modernen Gesellschaft.[230] Auf dem Berliner TUNIX-Kongress spiegelte sich dieser internationale Zuschnitt, da zur dortigen Diskussion über die »Antipsychiatrie« prominente französische Intellektuelle wie Michel Foucault, Gilles Deleuze, Félix Guattari und Gérard Fromanger angereist waren.[231]

In Deutschland radikalisierte vor allem das um den Mediziner Wolfgang Huber entstandene Heidelberger Sozialistische Patientenkollektiv (SPK) diese Denkschule. Das SPK, welches vom Februar 1970 bis zum Sommer 1971 bestand, betrachtete sich als eine selbstverwaltete antipsychiatrische Einrichtung, die das hierarchische Arzt-Patient-Verhältnis abschaffen und darauf hinwirken wollte, dass die Patienten sich selbst kontrollierten. Das SPK vertrat die Ansicht, dass psychische Krankheiten das unmittelbare und logische Resultat des Kapitalismus seien und die Patienten und Patientinnen sich gegen das »System« zusammenschließen sollten.[232]

---

230 Vgl. Franz-Werner Kersting, »Abschied von der ›totalen Institution‹? Die westdeutsche Anstaltspsychiatrie zwischen Nationalsozialismus und den Siebzigerjahren«, in: *AfS* 44 (2004), S. 267-292.

231 Michael März, *Linker Protest nach dem Deutschen Herbst. Eine Geschichte des linken Spektrums im Schatten des »starken Staates«. 1977-1979*, Bielefeld 2012, S. 222.

232 Cornelia Brink, »Psychiatrie und Politik: Zum Sozialistischen Patientenkollektiv in Heidelberg«, in: Klaus Weinhauer u. a. (Hg.), *Terrorismus in der Bundesrepublik. Medien, Staat und Subkulturen in den 1970er Jahren*, Frankfurt/M., New York 2006, S. 134-153; Franz-Werner Kersting, »Jugendkultur und »Anti-Psychiatrie« zwischen gesellschaftlichem Wandel und politischem Protest«, in: Bernd Hey, Volkmar Wittmütz (Hg.), *1968 und die Kirchen*, Bielefeld 2008, S. 185-199; Horst E. Richter, *Die Gruppe. Hoffnung auf einen neuen Weg, sich selbst und andere zu befreien. Psychoanalyse in Kooperation mit Gruppeninitiativen*, Hamburg 1972, S. 329-342. Vgl. Jörg Bopp, *Antipsychiatrie. Theorien, Therapien, Politik*, Frankfurt/M. 1980, S. 125; Stephens, *Germans on Drugs*, S. 201. Zum Selbstverständnis des SPK: Sozialistisches Patientenkollektiv Heidelberg, *Kleinkrieg gegen Patienten. Dokumentation*, Heidelberg 1972; Sozialistisches Patientenkollektiv Heidelberg, *Aus der Krankheit eine Waffe machen*, Heidelberg [6]1995; Sozialistisches Patientenkollektiv, *Dokumentation*, Teil 1, hg. von der Basisgruppe Medizin Gießen, Gießen 1971.

In der internationalen Antipsychiatriedebatte wurde nicht nur die Reform der Anstalten diskutiert. Nach dem Modell der in London ansässigen therapeutischen Wohngemeinschaft Kingsley Hall des schottischen Psychiaters und Psychoanalytikers Ronald Laing kam es in der Bundesrepublik ebenfalls zur Gründung therapeutischer Selbsthilfegruppen, aber auch von Beratungsstellen wie der Psychotherapeutischen Beratungsstelle in Heidelberg, die die Kranken nicht bloß zu Konsumenten machen wollte, sondern Psychotherapie als gemeinsames Unternehmen der Emanzipation interpretierte.[233]

9.4 Zwischenfazit

In der Mischung aus Drogenkonsum, Musik und Esoterik schien die »Revolutionierung des bürgerlichen Subjekts« in greifbarer Nähe. Michael Baumann artikulierte dieses Gefühl stellvertretend für viele andere: »Wer Drogen nahm, war anders als die Alltagsmenschen. Unter denen bist du bedröhnt herumgelaufen und fühltest dich überlegen, weil du ja wusstest, die nehmen nichts. [...] Doch du warst nicht allein, sondern Teil einer Bewegung, die Drogenkonsum als Befreiung vom Bestehenden propagierte.«[234] Worauf es im Leben ankam, so die Devise, waren weder Arbeit, Aufstiegschancen und Karriere noch rasende Konsumwut oder materieller Wohlstand. Aus der materiellen, kulturell konventionellen und sozial angepassten Gesellschaft mit ihrer gehetzten Rastlosigkeit wollten die Linksalternativen aussteigen. Es ging ihnen darum, die in der Massenkonsumgesellschaft verloren gegangene Sensibilität und innere Ruhe zurückzugewinnen. Das neue Lebensgefühl betonte das Nichtkäufliche, das Imaginäre und die Erschließung neuer Erfahrungs- und Wahrnehmungswelten auf dem Weg zum »höheren Selbst«, zum »inneren Göttlichen« und vermeintlich authentischen »Wesenskern«. Der ostentativ-provokative und öffentlich zur Schau gestellte Drogenkonsum sollte diese neue Haltung genauso verkörpern und versinnbildlichen wie die Neue Spiritualität. Zugleich verstärkte das gemeinschaftsstiftende Ritual des Joint-

233 Brand u. a., *Aufbruch*, S. 165; Spazier/Bopp, *Grenzübergänge*, S. 11-14; Mildenberger, *Die religiöse Revolte*, S. 233.
234 Baumann, *Rausch und Terror*, S. 44/45.

rauchens und die spirituelle Vergemeinschaftung den Zusammenhalt – gerade auch angesichts von Kritik und Ablehnung seitens der Umwelt.[235] Nur zum Teil wirkte diese Drogenkultur, insbesondere dort, wo harte Drogen konsumiert wurden, wie ein »Katalysator des Übergangs von der subversiven Protestkultur in die politische Militanz«, wie der Kunzelmann-Biograph Aribert Reimann konstatierte.[236]

Grundsätzlich war in der ganzheitlich ausgelegten Spiritualität der Anspruch auf Selbstbefreiung eingeschlossen, denn mit »richtiger« Atmung und »richtiger« Körperhaltung sollte eine Befreiung des Selbst erreicht werden. Das moderne Subjekt zielte auf Selbstverwirklichung und Authentizität, die über »spirituelle Exerzitien«, bewusstseinserweiternde Drogen, psychologisches Training und disziplinierende Körperübungen realisiert wurden. Die »therapeutische Wirkung« von Psycho-Schulung, spiritueller Erfahrung und Drogengenuss lag in der Selbstsorge begründet. »Ganzheitlichkeit« wurde zum Zauberwort einer Authentizitätsvorstellung, welche Körper und Geist miteinander verband. Durch entsprechende psychosomatische Bewegungs- und Entspannungstechniken rückten Selbstverwirklichung und Körperkontrolle ganz eng zusammen. Die Sorge um den eigenen Körper erinnerte an die Lebensreformbewegung und Nacktkörperkultur aus dem späten 19. und frühen 20. Jahrhundert, die ebenfalls Prozesse industriegesellschaftlicher »Entfremdung« als Entfremdung des eigenen Selbst verstanden. Auch die Asiensehnsucht lässt sich bis in die Romantik zurückverfolgen und hatte bereits in den zwanziger Jahren mit Romanen, wie beispielhaft am Erfolg von Hermann Hesses *Siddhartha* (1922) zu sehen, sein erstes Revival erlebt.[237] In den siebziger Jahren je-

235 Tanner, »Drogen«, S. 115-117, 119; Jakob Tanner, »Cannabis und Opium«, in: Thomas Hengartner, Christoph M. Merki (Hg.), *Genussmittel. Eine Kulturgeschichte*, Frankfurt/M., Leipzig 1999, S. 221-258, hier S. 245-247; Bochinger, »New Age«, S. 67.

236 Reimann, *Dieter Kunzelmann*, S. 207.

237 Maren Möhring, *Marmorleiber. Körperbildung in der deutschen Nacktkultur (1890-1930)*, Köln, Weimar u. a. 2004; Diethart Krebs, Jürgen Reulecke (Hg.), *Handbuch der deutschen Reformbewegungen 1880-1933*, Wuppertal 1998; Ulrich Linse, *Geisterseher und Wunderwirker. Heilsuche im Industriezeitalter*, Frankfurt/M. 1996; Ulrich Linse, *Barfüßige Propheten. Erlöser der zwanziger Jahre*, Berlin 1983; Bochinger, »New Age«, S. 67/68, 119-125; Eitler, »Körper – Kosmos – Kybernetik«, S. 4-7; Conti, *Abschied vom Bürgertum*, S. 66-149;

doch fügte sich diese Entwicklung in eine breite Entwicklung des »therapeutischen Jahrzehnts« ein, welches die Arbeit am eigenen Selbst identitäts- und sinnstiftend in den Mittelpunkt stellte. Gegen gesellschaftliche Professionalisierung und Bürokratisierung entstanden Selbsthilfegruppen von »Betroffenen«, die zu einander gleichgestellten Erfahrungsmanagern in Sachen Eigenverantwortlichkeit wurden.[238] Das Authentizitätsideal wurde mit einem politischen Anspruch verknüpft: Alle drei Formen der Bewusstseinserweiterung – Drogenkonsum, Spiritualität und die Bearbeitung der Psyche – begriffen die subjektive Selbstbefreiung als Voraussetzung für die gesellschaftliche Revolution.

Durch die möglichst radikalen Experimente der therapeutischen, drogengeleiteten oder religiösen Selbstfindung sollte der vermeintlich natürliche und authentische Kern des Menschen freigelegt werden. Anstatt Gefühl und Tiefenstrukturen als gesellschaftlich und kulturell geprägte Einheiten zu verstehen, meinte man hinter der bürgerlichen Fassade das Eigentliche, das Gute, das Ursprüngliche des Menschen zu finden. Der gepanzerte Körper sollte durch verschiedene Körpertechniken, durch therapeutische Verfahren, spirituelle Techniken oder Drogenkonsum aufgesprengt werden, um die als essentialistisch, natürlich und ursprünglich verstandene Lebensenergie freizusetzen. Der Körper wurde zum Medium der Störung und Heilung in einem.

Daneben spielte die Gruppe eine entscheide Rolle, die an die Stelle des Priesters oder Therapeuten trat: Ihr unterwarf man sich, ihr galt das Geständnis der Probleme, sie wurde zur Agentur der Selbstverwirklichung, der Offenheit und Direktheit. Der Gruppenbezug und die Doppelrolle jedes Einzelnen als Diagnostiker und Klient wurden zu den tragenden Maximen der Selbstbeherrschung. Kybernetische Feedback-Konzepte regulierten und disziplinierten den Einzelnen, die Gruppe steuerte die Selbstregulation. Ähnliches galt für die Hinwendung zur Neuen Spiritualität: Das Religiöse wurde aus der herkömmlichen Verbindung mit den christlichen Kirchen gelöst und in die spirituelle Selbstsorge des New Age überführt. Zwar gab es auch die stark hierarchisierenden Jugendsekten. Die Neue Spiritualität zeichnete sich aber durch große Offenheit

238 Vgl. Sutter, »Selbstveränderung und Sozialveränderung«, S. 296-299; Ziemann, »The Gospel of Psychology«, S. 79-106; Ziemann, »Zwischen sozialer Bewegung und Dienstleistung«, S. 357-393; Mörth, »New Age«, S. 311-313.

aus, und der religiöse Pluralismus bot vielerlei neue, individuell zu findende Zugänge. Im Grunde war sie eine Veralltäglichung und Demokratisierung der magischen Qualifikation.

Die Selbstfindung mittels Therapien, Drogenkonsum oder Neuer Spiritualität auf ihren jeweils sich ausdifferenzierenden Märkten kann als Suche nach den besten Entfaltungsmöglichkeiten und als Versuch der Gewinnung individueller Freiheiten gelesen werden. Dies waren aber auch unterdrückende und machtgeladene Formen der Selbstregierung. Die wachsenden Möglichkeiten zur Gestaltung des eigenen Lebens entwickelten sich einerseits geradezu zum Zwang. Andererseits ersetzten sie monopolistische, undemokratische und verpflichtende Kollektivzugehörigkeiten. Die neue Individualität war Chance und Fluch zugleich.[239]

Letzten Endes wurden alle drei Bewegungen kommerzialisiert – die Entwicklung verlief von den autonomen Selbsterfahrungsgruppen zu therapeutischen Behandlungszentren, von der drogenumwölkten Hippiekultur zu einem von illegalen Drogenkonzernen versorgten profitablen Markt, vom Spiritualismus zum Religionsmarkt. Parallel zu dieser Kommerzialisierung kam es im Laufe der siebziger Jahre zur Entideologisierung der entsprechenden Konsum- und Verhaltensstile, die damit ihre distinktive Kraft und politische Bedeutung verloren.[240]

239 Vgl. Gebhardt, *Sünde*, S. 175.
240 Briesen, *Drogenkonsum*, S. 305/306; Bochinger, *»New Age«*, S. 79.

10. Zusammenfassung und Schluss

Authentizität und Gemeinschaft, wie sie als Schlüsselbegriffe für diese Studie skizziert wurden, verweisen auf ein Paradoxon: Authentizität rückt das Individuum und dessen Fähigkeit zu einem Mehr an Autonomie, Selbstverwirklichung und Lebenssouveränität in den Mittelpunkt – auch und gerade angesichts der vielfältigen Bemächtigungen individueller Souveränität durch kapitalistische Arbeitsstrukturen, autoritäre Verhältnisse und die kulturindustrielle Konsumgesellschaft. Die linksalternative Vergemeinschaftung thematisiert hingegen (in Abgrenzung zu ebendiesen Ermöglichungsbedingungen) die Förderung des Gemeinsinns, der kollektiven Identität und Wärme. Die Anrufung des autonomen Selbst und des solidarischen Gemeinschaftswesens, das Streben nach Selbstkontrolle wie nach Gruppenbindung verliefen gewissermaßen parallel zueinander und gerieten zum Balanceakt.

Schon Wilhelm Reich hatte in den dreißiger Jahren die »charakterliche Selbststeuerung des Menschen« zum Kern seines sozialistischen Politikverständnisses erklärt.[1] Und tatsächlich beabsichtigten die Mitglieder des linksalternativen Milieus von der Spontibewegung über die Frauen-, Ökologie- und Anti-AKW-Bewegung bis hin zu den Hausbesetzern und Autonomen in den achtziger Jahren auf der einen Seite, die bürgerlichen Wurzeln ihrer eigenen Existenz herauszureißen und sich selbst neu zu erfinden. Auf der anderen Seite wurden gerade sie zum Prototyp der neuen Bürgerlichkeit. Das Netzwerk der Gegengesellschaft wurde zum Inbegriff eines authentischen, eines nichtentfremdeten Lebens – eines Lebens im politischen Widerstand und zugleich ein Versuch, das »richtige« Leben im falschen zu führen.

Beim Subjekt und seiner Selbstbefreiung zu beginnen, bevor man eine gesellschaftliche Revolution beansprucht, war ein Credo, welches die klassische Gesellschaftskritik sozusagen umkehrte: Zuerst kam die Veränderung des Bewusstseins, dann die des gesellschaftlichen Seins. Mittel auf diesem Weg zum Selbst waren ganzheitliche Techniken von der nichtentfremdeten Arbeit und

---

1 Wilhelm Reich, *Die sexuelle Revolution. Zur charakterlichen Selbststeuerung des Menschen*, Frankfurt/M. 1969.

dem kollektiven Wohnen über die Ernährung und Musik, den Kleidungsstil und Drogenkonsum bis hin zur Therapeutisierung der Sexualität und der umfassenden Kontrolle über den eigenen Körper.

Die vorliegende Arbeit hat diese Praxisfelder ausführlich untersucht und dabei ein Milieu in den Blick genommen, welches in seiner Blütezeit gegen Ende der siebziger und Anfang der achtziger Jahre mehrere Millionen politisch links stehende Jugendliche zählte. Im Alter von meist unter 30 Jahren und vornehmlich aus den Mittelschichten stammend, verstand sich diese Bevölkerungsgruppe als undogmatisch links und parteiungebunden. Das Milieu war in dezentralen Netzwerken und pluralen Initiativen organisiert, die selbstverwaltet, basisdemokratisch und lokal agierten.

Die Entwicklung des linksalternativen Milieus wurde in dieser Studie über rund 15 Jahre hinweg, zwischen dem Ende der sechziger Jahre und der Mitte der achtziger Jahre, verfolgt. Beginnend mit der Hochphase der Studentenbewegung, lag der Fokus zunächst auf der oft als »Entmischungs- und Fraktionierungsphase« charakterisierten Periode zwischen 1970 und Mitte der siebziger Jahre. Besonders zwischen von parteipolitischen und doktrinären Grundsätzen geleiteten K-Gruppen einerseits und den verschiedensten Spielarten linksalternativer Politik wie den Spontis, feministischen und ökologischen Gruppen andererseits breitete sich ein immer tieferer Graben aus, der Ende der siebziger Jahre zu erbitterten Auseinandersetzungen über die Vorstellungen zur Verbindung von Alltag und Politik führte. Die einen propagierten mit der Politik des Klassenkampfes den Primat des Objektiven, während die anderen unablässig den des Subjektiven vertraten, mit Akzent auf der emphatischen Gemeinschaft und den körperlichen Dimensionen befreiter Verhältnisse.

Trotz dieser innerlinken Konflikte wurden in dem Zeitraum von Mitte der siebziger bis Mitte der achtziger Jahre Formen und Inhalte linksalternativer Lebensorganisation weiter ausgearbeitet. In dieser Stabilisierungs- und Konkretisierungsphase etablierte sich eine zunehmende Kooperation zwischen verschiedenen alternativen Projekten. Längerfristige Perspektiven und eine – angesichts der aufkommenden Massenarbeitslosigkeit – stärker ökonomisch auf selbstverwaltete Betriebe ausgerichtete Orientierung kennzeichneten das alternative Milieu in dieser Periode. Schließlich entwickelte sich eine Zusammenarbeit der freien Projekte mit staatlichen Institutionen und Trägern, neue Rechtsformen und festere Institutionalisierungen entstanden – wie etwa die Tageszeitung *taz* oder die Partei Die Grünen. Der gesellschaftliche Erfolg der Selbstorganisation und der Themen von der Ökologie bis zur Frauenemanzipation begann sich in der etablierten Politik und in den Massenmedien abzuzeichnen. Im Zuge dessen zerfiel die Szene ab Mitte der achtziger Jahre und verlor an milieuartiger Stabilität.

10.1 Zusammenfassung

Mit dem Kampf um die richtige Politik fügten sich die Linksalternativen in den gesamtgesellschaftlichen Trend der Aufwertung des Politischen ein. Anfang 1983 erreichte der Anteil derer, die sich selbst als politisch interessiert bezeichneten, den Spitzenwert von 57 Prozent.[2] Politik war allgegenwärtig und wirkte derart umfassend auf die alltägliche Lebensgestaltung ein wie niemals zuvor in der Geschichte der Bundesrepublik. Der Unbedingtheit des alternativen Lebensentwurfes jedoch, in der nahezu jede Alltagtätigkeit politisiert wurde, war ein Hang zu Zuspitzung und Dramatisierung des Politischen zu eigen. Der »Wärmestrom« (Ernst Bloch) innerhalb des alternativen Milieus korrespondierte mit dieser intensiven Politisierung, die im Kampf gegen das »System« durch ihre außerordentliche Antistaatlichkeit ihr Gepräge erhielt.

Die linksalternative »Politik der ersten Person« setzte auf die »Revolutionierung des Alltagslebens: [...] Selbstbestimmung, Selbsttätigkeit, Selbstverwirklichung waren weder hohle Phrasen noch ideologische Versatzstücke«, so hat es Dieter Kunzelmann einmal formuliert.[3] In einer lebensweltlichen Erweiterung des marxistischen Begriffs der Entfremdung ging es den Linksalternativen darum, »die Grundlagen der Gesellschaft in den Individuen selbst aufzusuchen« und dort mit der Veränderung zu beginnen.[4] Das

2 Elisabeth Noelle-Neumann, Edgar Piel (Hg.), *Allensbacher Jahrbuch der Demoskopie 1978-1983*, Bd. VIII, München 1983, S. 339.
3 Dieter Kunzelmann, *Leisten Sie keinen Widerstand! Bilder aus meinem Leben*, Berlin 1998, S. 101/102.
4 Alfred Schmidt, *Emanzipatorische Sinnlichkeit. Ludwig Feuerbachs anthropologischer Materialismus*, München 1973, S. 56.

war es auch, was den Politikbegriff des linksalternativen Milieus von traditionelleren wie denen der K-Gruppen oder der Sozialdemokratie unterschied: »Gegen den Attentismus der traditionellen Linken setzen die alternativen Gruppierungen schon frühzeitig ihren augenblicklichen Veränderungswillen. Sie wollen sich nicht auf ferne Revolutionen und klassenlose Gesellschaft in weiter Zukunft vertrösten lassen, sondern ihr aktuelles und einziges Leben neu gestalten.«[5] Anstatt Angst, Ausbeutung und Entfremdung nur intellektuell und nüchtern zu analysieren, wurde die gesellschaftliche Situation als emotionale Erfahrung gedeutet und auf das eigene Leben bezogen. Statt Persönliches und Politisches voneinander zu trennen, wurde der eigene Lebensalltag politisiert.

Innerhalb des politischen Synkretismus des Alternativmilieus offenbarte sich in der Frauenbewegung ebenso wie in der Ökologiebewegung ein Drang zur Unmittelbarkeit des Politischen, zu ganzheitlichen und körperbewussten Politikvorstellungen im Zeichen des Ideals der Authentizität. Authentizität avancierte zum Oberbegriff für die politischen Forderungen und die Wünsche nach Spontaneität, Selbsterfahrung, Subjektivität, Autonomie, Unmittelbarkeit, Basisdemokratie und Natürlichkeit. Er war keineswegs ein allein individuell zu verstehender, sondern ein kollektiver und mithin politischer Begriff. Authentizität und Vergemeinschaftung gehörten zusammen und waren zentrale Begriffe der Alltagswelt und Lebenskultur des linksalternativen Milieus. Der Anspruch individueller Selbstentfaltung wurde mit dem Wunsch nach kollektiver Gemeinschaftsbildung verbunden.

Die Auflösung des Privaten in kollektiver Arbeit und gemeinschaftlichem Wohnen, in politischer Diskussion und offener Sexualität brachte einen moralischen Verhaltensstandard mit sich, den die linksalternativen Subjekte verinnerlichten und zu ihrem Selbstverständnis erklärten. Der Zusammenhalt innerhalb des Milieus über die internen Konflikte hinweg wurde nicht nur über einen gemeinsamen Habitus und Subjektivitätsentwurf erzielt, sondern auch durch die aggressive Provokation nach außen. Politik war, im Sinne Jacques Rancières, ein Kampf gegen herkömmliche soziale Rollenbilder, in dem sich die politischen Subjekte in kommunika-

---

5 Walter Hollstein, »Autonome Lebensformen. Über die transbürgerliche Perspektive der Jugendbewegung«, in: Michael Haller (Hg.), *Aussteigen oder rebellieren. Jugendliche gegen Staat und Gesellschaft*, Hamburg 1981, S. 197-216, hier S. 203.

tiven Handlungssituationen konstituierten. Die Vorstellungen von authentischer Politik und die Ausbildung eines linksalternativen Habitus waren konstitutiv mit der Außenabgrenzung verwoben.

Wurden diese Vorstellungswelten im zweiten Kapitel zunächst grundlegend skizziert, so konnten sie in den darauffolgenden Kapiteln in einen Zusammenhang mit den linksalternativen Praxisfeldern gebracht und dadurch in ihrer alltagsweltlichen Relevanz und milieuprägenden Kraft geschildert werden. Die Untersuchung hat auf der Grundlage umfangreicher Quellenstudien die Praktiken und Diskurse der linksalternativen Milieubildung auf den Feldern der medialen Kommunikation, der Arbeits- und Konsumformen, der Familien- und Geschlechterverhältnisse, der Körperlichkeit, der Erkenntnis- und Bewusstseinsmodelle, der Sexualität und Erziehung beschrieben und analysiert. Sozial- und kulturgeschichtliche Zugänge gingen dabei Hand in Hand – in jedem Kapitel wurden Sozialprofil und Umfang des Milieus mit den individuellen und kollektiven Motivationen zu Teilhabe und Partizipation verknüpft. Alltagsweltliche Probleme und lebensweltliche Erfahrungen wurden nicht nur im Selbstverständnis der Linksalternativen in das Feld des Politischen eingelassen – sie wurden auch zur leitenden Perspektive dieser Untersuchung.

Die Kommunikationsstruktur der Szene (Kapitel 3) wurde durch die Alternativpresse gewährleistet – sie schloss die lokal gebundenen Szenen zu einem sozialen Milieu zusammen. Die Alternativpresse wollte vor allem unterdrückte oder unterbliebene Nachrichten publizieren, denn aus der Sicht der Alternativen verweigerte und manipulierte die bürgerliche Presse Informationen. Aus den nichthierarchischen und selbstbestimmten Redaktionsstuben sollte in parteipolitischer und ökonomischer Unabhängigkeit ein dialogischer Interaktions- und Kommunikationsprozess mit den Lesern begonnen werden, der sich im Ideal der »Betroffenenberichterstattung« manifestierte. Themen- und stadtteilbezogene Initiativ- und Forumszeitungen der Bürgerinitiativen, die Selbstverständigungsorgane der Szenezeitungen und Underground-Blätter sowie die immer erfolgreicher werdenden Stadtmagazine bemühten sich um eine vermeintliche Authentizität in ihrer Berichterstattung. Der Blätterwald von Hunderten Publikationsorganen wuchs ab Mitte der siebziger Jahre stark an und erreichte schließlich Millionenauflagen. Aus der ursprünglichen Revolte der 68er gegen die »bürgerlichen Massenmedien« wurde nun eine Revolte mithilfe der alternativen Medien. Die linksalternative Presse inszenierte Empfinden, Werte, Normen und Ideale der Alternativen. Die Artikel wie auch der umfangreiche Serviceteil mit den Kleinanzeigen transportierten die Sehnsucht nach Solidarität, Wärme und Kreativität. Die Alternativblätter waren Sprachrohre einer euphorischen Sinnsuche, die sich aus der Staatsverdrossenheit und der Ablehnung einer verwalteten, einer »kalten« Außenwelt speiste. Die Zeitungen präformierten Erfahrungszusammenhänge und Zusammengehörigkeitsvorstellungen, sie beeinflussten die Sprache der Leser, sie vermittelten Symbole, gestalteten den ästhetischen Geschmack und lieferten Moralvorstellungen und Normen. Gleichzeitig wurden sie als Aktionsfeld der Leser verstanden und von diesen als »ihr Besitz« angesehen. Die Redakteure stifteten über diese Kommunikationsplattformen den milieuartigen Zusammenhalt und fungierten als Subjektivierungsregisseure.

Mit den in den siebziger Jahren entstehenden selbstverwalteten Betrieben sollte die Wertschätzung von Autonomie, Selbsttätigkeit und Selbstverwaltung praktisch werden (Kapitel 4). Der Anspruch auf Aufhebung »entfremdeter Arbeitsbedingungen« wurde durch ein ganzheitliches Konzept ergänzt, in dem rotierende Aufgabenverteilungen, die Verbindung von Kopf- und Handarbeit sowie von Freizeit und Arbeit eine zentrale Rolle spielten. Die Abschaffung der Trennung von Produktions- und Reproduktionssphäre wurde mit der einfachen Formel »gemeinsam arbeiten, gemeinsam leben« umschrieben. Die Spezialisierung professionalisierter Berufsausbildungen bedeutete in dieser Perspektive Entfremdung. Dieser sollten vielfältige, schöpferische und frei gewählte Arbeitsformen entgegengesetzt werden. Die stark bedürfnisbezogenen Arbeitszusammenhänge zielten nicht nur auf die Entfaltung von Persönlichkeit und Individualität, sondern auch auf Solidarität und Gemeinschaftlichkeit. Vor diesem Hintergrund waren ungleiche Lohnformen und Kontrollapparate zu vermeiden, betriebliche Entscheidungen sollten basisdemokratisch und kollektiv gefällt werden und möglichst nach dem Konsensprinzip zustande kommen.

Der Schwerpunkt der Alternativökonomie lag im Dienstleistungssektor. Hier gründeten sich bis zu 18 000 Projekte, in denen rund 100 000 Menschen eine Beschäftigung fanden – viele von ihnen gut ausgebildet und aus den Mittelschichten stammend.

Gerade in Zeiten steigender Akademikerarbeitslosigkeit bot die alternative Ökonomie ein nicht zu unterschätzendes Auffangbecken. Allerdings gingen die meisten Unternehmungen aufgrund von Finanzschwierigkeiten, Absatzproblemen, internen Konflikten, Arbeitsüberlastung, hoher Fluktuation und nachlassendem Engagement bereits nach einigen Jahren wieder zugrunde. Es war sicher nicht die Effizienz oder die Produktion begehrter Güter, die die Besonderheit und Innovationskraft der Alternativbetriebe ausmachten. Vielmehr bestand das Alleinstellungsmerkmal darin, ein hohes Maß an Eigenaktivität, Engagement und intrinsischer Motivation zu ermöglichen, in dem bereitwillig Freizeit geopfert wurde, personale Netzwerke geschmiedet, kommunikative und soziale Kompetenzen erlernt und flexible Arbeitsstrukturen praktiziert wurden. Die autonome alternative Projektarbeit mit der eigenverantwortlichen Einteilung der Arbeitszeit, den flachen Hierarchien, der Selbstorganisation der Arbeitsabläufe und dem Raum für Spontaneität steigerte aber nicht nur die Selbstbestimmung, sondern auch die Belastung. Diese wurde von den Projektarbeitern nicht selten als »hausgemacht«, als »eigene Schuld«, als Resultat der »gesteigerten Verantwortung« oder auch als »anstrengendes, aber cooles Gemeinschaftserlebnis« akzeptiert und verstanden. In den Projekten, Initiativen und selbstverwalteten Betrieben waren Arbeit und soziale Zugehörigkeit auf das Engste miteinander verwoben. Ein subtiles System der »feinen Unterschiede« erzeugte Kohäsion, Ausgrenzungen und interne Differenzierungen.

Alternatives Leben manifestierte sich neben der Arbeit auch im Wohnen: Hier durchdrangen sich ebenfalls das Politische und das Private. Das fünfte Kapitel widmete sich den alternativen Wohn- und Lebensformen, beginnend bei den sich als revolutionär begreifenden Kommunen der 68er über die zunehmend pragmatischer werdenden Wohngemeinschaften bis hin zu den Landkommunen und schließlich den Hausbesetzungen der frühen achtziger Jahre. Der Aufstieg der Wohngemeinschaften ist nicht zu denken ohne die sozialen Wandlungsprozesse auf dem Weg zur postindustriellen Gesellschaft: Längere Ausbildungszeiten, die Entstehung der Massenuniversitäten, Umstrukturierung innerstädtischer Wohnverhältnisse und der Wandel der Familienformen schufen die Basis dafür, dass sich am Ende der siebziger Jahre bis zu einer halben Million meist studentischer Bewohner vor der Etablierung in Beruf und fester Partnerschaft ausprobieren und einen gemeinsamen Lebensstil ausgestalten konnten. In den gemeinschaftsstiftenden Praktiken des WG-Lebens entfaltete sich ein linksalternativer Habitus, der die Handlungsvollzüge auf die Maxime der Selbstverwirklichung ausrichtete. »Zeige mir, wie du wohnst, und ich sage dir, ob du einer von uns bist«, lautete die Devise. Im Laufe ihrer Entwicklung von den späten sechziger Jahren bis zum Beginn der achtziger Jahre erschien die mit den Wohnexperimenten verbundene sozialistische Befreiungs- und Liberalisierungsperspektive immer fragwürdiger. Dabei war es ausgerechnet die Utopie der Selbstbestimmung und Selbstverwirklichung, die als normierender Diskurs auf das Milieu einwirkte und einen egalitären Habitus hervorbrachte. Die jungen, hochgebildeten Studenten aus Mittelschichtfamilien brachten mit ihrem Lebensstil ein ausgesprochen gruppenorientiertes Verhaltensrepertoire hervor. Der Wohnungszuschnitt in den Altbauwohnungen trug dazu ebenso bei wie die Ästhetik der Wohnungseinrichtung, die Umgangsformen und die Diskussionskultur in den Wohnküchen.

Avancierter als die städtischen Wohngemeinschaften gingen die Landkommunen zu Werke, deren Zahl auf wenige hundert beschränkt blieb. Sie versuchten, dicht geschlossene Gemeinschaftsverbünde zu etablieren, in denen Arbeit und Freizeit ineinander übergingen und dabei mit ganzheitlichen Erkenntnisformen zwischen Rationalität, Psychologie, Spiritualität und körperlicher Erfahrung verschmolzen. Gemeinschaftliche und möglichst herrschaftsarme Verkehrsformen, ein verantwortungsvolles Verhältnis zur Natur, gesunde Ernährung, antiautoritäre Kindererziehung, die Verknüpfung von Freizeit und Arbeit sowie solidarische Interaktionsformen sollten aus dem nur gedachten »Freizeitsozialismus« der Studentenbewegung eine gelebte Alltagspraxis machen. Dabei kam es nicht selten vor, dass der politische Anspruch auf das Innenleben und die Organisationsprinzipien des Kommunenlebens begrenzt blieb.

Die Hausbesetzer der frühen achtziger Jahre schließlich teilten das Bedürfnis nach Selbstbestimmung und eine Lebenspraxis der Autonomie. In ihrer Kritik an Privateigentum, Stadtplanung und polizeilicher Kontrolle gerierten sie sich jedoch deutlich militanter. Neben dem Gefühl, Teil einer verschworenen Gemeinschaft von Widerständigen zu sein, spielte die politische Kritik an den Wohnsilos und der sterilen Städtebaupolitik der verkehrsgerechten Stadt eine ebenso große Rolle für die Hausbesetzungen wie die Idee, in den besetzten Häusern ein autonomes, selbstgestaltetes Projekt zu begründen, welches Arbeit und Wohnen unter einem Dach vereinigte. Die Großstadt war aus alternativer Perspektive eine Hochburg von Entfremdung und Repression, hier konnte der Gegner – seien es Immobilienspekulanten, Stadtplaner oder Polizei – unmittelbar erlebt und am nachhaltigsten getroffen werden.

In den linken Szenekneipen, den linken Buchläden und den Musikschuppen wurden die Verkehrsformen des Milieus erprobt und verfestigt (Kapitel 6). Ein egalitärer Habitus informeller Verhaltensweisen, entsprechende Kleidung und eine emotionalisierte Sprache markierten das »richtige« Sichverhalten in den unzähligen Kneipen, die insbesondere in Berlin und Frankfurt eine dichte Infrastruktur bildeten und als multifunktionale Institute Verhaltensstile der Nähe und Kumpelhaftigkeit mit politischen Einstellungen verknüpften. Zum Lebensstil gehörte es auch, sich in bestimmten linken Buchläden zu treffen. Schnell avancierten diese zu ideologischen Stützpunkten und Kristallisationskernen der Bewegung, zu Kommunikations- und Informationszentren für die Linke. Die oftmals als verkommene »Lasterhöhlen« bezeichneten Beatlokale, Musikschuppen und Jugendzentren schließlich boten die Möglichkeit, sich gegenkulturelle Attitüden und Kommunikationsformen anzueignen. Die Emotionalität der Musik prägte Verhaltensweisen, war assoziiert mit Freiheit, ungehemmtem Tanz und wilder Mähne. Starrheit und Uniformität der Tanzstunde wurden überwunden und in rauschhafte Gemeinschaftserlebnisse transformiert. Beat- und Rockmusik wurden zu emotionalen Bindemitteln, die »links« codiert waren, weil sie eine vermeintlich demokratische Form der Artikulation darstellten und Weltoffenheit, Eigenaktivität und Partizipation repräsentierten. Dieser Sound begleitete die politischen Proteste auf symbolischer wie habitueller Ebene; auch die Texte wurden zum Medium politischer Botschaften. Die Musik war in ihrer sozialen Bindungs- und Mobilisierungsfunktion kaum zu überschätzen.

Die Frauenbewegung richtete sich eine eigenständige Infrastruktur ein, deren Spektrum von der Herstellung und dem Vertrieb feministischer Bücher über exklusive Frauencafés bis zur Schaffung von Frauenzentren reichte. Diese Frauentreffpunkte dienten in erster Linie der Aufklärung, Weiterbildung und Ausgestaltung einer feministischen Gegenkultur – häufig verbunden mit der Pflege einer geselligen Freizeitkultur. Lebens-, Umgangs- und Ausdrucksformen, Sprachstil und Kleidungscodes wurden antrainiert und vorgeführt. Das entscheidende Merkmal dieses Feminismus der späten siebziger und frühen achtziger Jahre war die Suche nach einer geschlechtsspezifischen Authentizität, nach einer eigenen Sprache und nach eigenen Ausdrucksformen. In Consciousness-raising-Gruppen wurde zwischen authentischen und deformierten Gefühlen unterschieden; die Geständnispraxis erinnerte an Verfahren, wie sie Foucault für die bürgerliche Subjektwerdung untersucht hat. Nicht mehr der Fachmann oder die Fachfrau waren hier das Maß aller Dinge, sondern die Frauen selbst wurden zu Expertinnen ihrer eigenen Erfahrungen, die sich mittels spezifischer Techniken selbst regierten.

Die Geschlechterverhältnisse waren für den Subjekttyp des linksalternativen Milieus ein besonders wichtiges Feld. Das siebte Kapitel behandelte deshalb Körperverständnis, Sexualität und Partnerbeziehungen innerhalb des Milieus. Schon im neuen Kleidungsstil und in einem vermeintlich auf Natürlichkeit und die Überwindung von Geschlechtertrennungen ausgerichteten Outfit drückte sich das Streben nach Authentizität aus. Mochte die Kleidung auch noch so vergammelt sein oder mochten die Möbel vom Sperrmüll stammen: Gerade in der Negation bürgerlicher Ästhetik, in der Aufwertung des vermeintlichen »Unten« und in der Abkehr vom herkömmlichen Rollenverhalten suchten die Alternativen nach dem »Echten« – jenseits von Zivilisationszwängen und bürgerlichen Normen. Dies manifestierte sich auch in der Suche nach einer unverstellten Partnerschaft, was indes massive Probleme in den »Beziehungskisten« der Linksalternativen zur Folge hatte. Zunächst zeigte sich, dass in der linksalternativen Szene unglückliche Liebes- und Sexualbeziehungen weit verbreitet waren. Die Auswertung Tausender Kontaktannoncen des Frankfurter *Pflasterstrands* und der Berliner *zitty* im Zeitraum von der Mitte der siebziger bis zur Mitte der achtziger Jahre wies nicht nur spezifische Formen von Partnerschaftsverhältnissen in der linksalternativen Szene nach, sondern auch spezifische Probleme. Offenheit und Problemorientierung wurden zu zentralen Merkmalen der Selbstbeschreibungen in den zerknirschten Kontaktanzeigen. Diese Expressivität der meist männlichen Inserenten wurde einerseits ironisiert, das eigene Scheitern nahezu inszeniert. Andererseits war diese Offenheit ernst gemeint, sollte sie doch eine unverfälschte Ehrlichkeit zum Ausdruck bringen und die Abgrenzung von der oberflächlichen Selbstanpreisung in der liberalen Konsumkultur symbolisch markieren. Das »Alles-über-den-Sex-Sagen« wurde zu einem Imperativ, um die »echten« sexuellen Bedürfnisse freizulegen. Im Anschluss an Foucault kann man mit guten Gründen argumentieren, dass der Sex durch die Verweigerung des Geheimnisses diskursiv neu kontrolliert und eingehegt wurde. Sexualität wurde durch die Diskursivierung im »Run um den tollsten Orgasmus« kontrollierbar. Inwieweit in diesem kontrovers geführten Dauerdiskurs die feministische Kritik am linken »Mackertum« zu überschießenden Gegenreaktionen führte, lässt sich an der Diskussion über die sexuellen Gewaltphantasien in den Artikeln von Gernot Gailer und Siegfried Knittel in der *taz* bzw. im *Pflasterstrand* nachvollziehen. Diese Auseinandersetzung steht in Zusammenhang mit der Debatte um den »Softie«, wie er in den ab den siebziger Jahren entstehenden Männergruppen auftauchte. Männliche Gefühlskälte, ein dressiertes Verhältnis zum Körper, soldatische Härte, heroisierendes Beschützerverhalten gegenüber Frauen und der männliche Allversorger-Gestus – diese herkömmlichen Männerbilder gerieten in die Kritik. An ihre Stelle traten die Kommunikation von Gefühlen und die Erprobung mann-männlicher Zärtlichkeiten, die zur Sensibilisierung und zur Entwicklung einer neuen Männlichkeit beitragen sollten. Insgesamt waren es keineswegs nur sexuelle Liberalität und Offenheit, die als Impulse von der alternativen Bewegung ausgingen. Die Überschätzung der Sexualität und ihre Mythisierung als Erlösung wurden zum Kernmerkmal von neu codierten Sexualitätsnormen.

Mit der antiautoritären Erziehung (Kapitel 8) rückten ganz unvermittelt die Gestaltung psychischer Strukturen, die Entwicklung freier Persönlichkeiten und die Ausbildung revolutionärer Charaktere ins Zentrum. Neben die Ablehnung von bürgerlichen Prinzipien der Sauberkeits- und Gehorsamkeitserziehung, Züchtigungen und Strafen und der Kritik an geschlechtsspezifischen Rollenverteilungen in der Erziehung traten neue Werte: die Betonung offener Sexualität, das Zulassen von kindlichen Aggressionen und die Förderung der kollektiven Selbstregulation der Kinder. Mit der

Kritik an Disziplin, Sparsamkeit, Arbeitsorientierung und Sauber-keit wurden die als »kindlich« und »natürlich« vorgestellten Werte der Genussfähigkeit, Flexibilität, Offenheit und des Hedonismus unmittelbar verbunden. Lust und Vergnügen rangierten nun ganz oben auf der Werteskala. Zu den neuen Erziehungspraktiken, die in den Kinderläden erprobt wurden, gehörte, dass miteinander ge-redet wurde, Entscheidungen erklärt wurden und die Erziehung auf kognitive Kompetenz ausgerichtet wurde. Die Informalisie-rungstendenz und die Versprachlichung der Erziehung beruhten auf dem Ideal des rationalen Diskurses.

Dazu kam der Anspruch auf Selbstveränderung der Erwach-senen im Zuge ihrer Erziehungserfahrungen. Dabei projizierten viele Linksalternative ihre eigenen Autonomieerwartungen auf die Kinder, denen sie eine quasi »natürliche« Gabe zur Selbstverwirkli-chung unterstellten. Problematisch waren die überzogenen Erwar-tungen an die antiautoritäre Erziehung. Der Anspruch, neue Men-schen zu formen oder gesellschaftliche Ungleichheiten zwischen Arbeiter- und Mittelschichtkindern zu überbrücken, war utopisch überzogen. Auch die tendenzielle Aufhebung der Differenzen zwischen Kindern und Erwachsenen, die bis in den Bereich der Se-xualität hineinreichte, blieb mit enormen Schwierigkeiten behaftet.

Therapien, Drogenkonsum und Neue Spiritualität (Kapitel 9) können als Techniken der Sorge um die Entfaltung des Selbst und als machtgeladene Formen der Selbstoptimierung verstanden wer-den. Durch die linksalternative Selbstbefreiungsrhetorik wurden neue Disziplinierungen möglich. Die Patchworkspirituellen stu-dierten magische Qualifikationen ein, die auf Ganzheitlichkeit, Innerlichkeit und Gefühl ausgelegt waren. Diese fluiden Erneu-erungsbewegungen standen unter dem Zeichen der Veralltägli-chung, Pluralisierung und Demokratisierung des Religiösen. Vor-stellungen von der Gruppe und ihrer Rolle im Feedback spielten sowohl im Psychoboom als auch in der Neuen Spiritualität eine herausragende Rolle. Wie in den Vernetzungs- und Kreislaufmo-dellen der ökologischen Bewegung waren ganzheitliche und ky-bernetische Vorstellungswelten in die linksalternativen Körper-, Spiritualitäts- und Psychotechniken eingelagert. Teilweise über-steigerten sich diese Körpertechniken zur zwanghaften Gestaltung des eigenen Lebens. Die Selbsthilfe und rauschhafte Bewusstseins-erweiterung wurden durch den demokratischen Panoptismus des

Gruppenfeedbacks angeleitet. Andererseits erlaubten die neuen Möglichkeiten andere und vielgestaltigere Praktiken als bisher und ersetzten nicht zuletzt traditionelle Kollektivzugehörigkeiten.

Die für das linksalternative Milieu so typische Ambivalenz zwischen Hedonismus und Puritanismus, zwischen progressiven und regressiven Bestrebungen, zwischen antiautoritären und autoritären Mustern, zwischen Individualisierung und Gemeinschaftsbindung, zwischen schwärmerischem Kosmopolitismus und provinziellem Lokalpatriotismus, zwischen Zärtlichkeit im Umgang miteinander und militantem Revolutionsgehabe, zwischen Volkstümelei und elitärem Selbstverständnis löst sich durch die Foucault'sche Gouvernementalitätsperspektive auf, weil sich mit ihrer Hilfe herausarbeiten lässt, dass Freiheit und Zwang im linksalternativen Milieu miteinander verwoben und aufeinander verwiesen waren.[6]

10.2 Das linksalternative Subjekt

Das Streben der Linksalternativen nach individueller wie kollektiver Authentizität zog paradoxerweise eine Integration in die Populär- und Konsumkultur nach sich. Denn mit ihrer Suche nach »Identität« reihten sich die Alternativen in eine weiter greifende Bewegung der siebziger Jahre ein, in der, so der britische Soziologe Anthony Giddens, »das Selbst und der Körper zum Ort einer Vielzahl neuer Möglichkeiten der Lebensgestaltung« wurden.[7] Die Betonung von Subjektivität und Betroffenheit machte in Musik, Sozialreportagen, Literatur, Theater und Film, aber auch in der zunehmend hedonistisch geprägten Konsumgesellschaft und im ausgebauten Sozialstaatssystem Furore. Der »Abstand von kalter Sachlichkeit und kühler Abstraktion hin zur Wärme der Lebenswelt« war ein durchgehender Zug der Sozial- und Geisteswissenschaften der siebziger Jahre. Funktionalismus und Neue Sachlichkeit hatten in Architektur und Kunst ebenso wie im Roman oder in der Soziologie ausgedient. Es kam, wie Jürgen Habermas 1979 konstatierte, zu einem »Kult der Unmittelbarkeit, [zur] Deflationierung der

6 Gerd Koenen, *Das rote Jahrzehnt. Unsere kleine deutsche Kulturrevolution 1967-1977*, Köln 2001, S. 475.

7 Anthony Giddens, *Modernity and Self-Identity. Self and Identity in Late Modern Age*, Cambridge 1991, S. 225.

Hochformen, Seelenanarchismus, Feier des Konkreten auf ganzer Linie«.[8] Was sich aber im konsum- und erlebnisorientierten Markt als unpolitische Flexibilität ausgab, konnte im linksalternativen Milieu als politische Selbstverwirklichung verstanden werden; in der Hervorhebung des subjektiven Elementes trafen sich die beiden scheinbar einander ausschließenden Sphären.

Die individuellen Freiheiten der Lebensgestaltung im linksalternativen Milieu nahmen die Akteure als Freisetzung in Richtung einer vermeintlichen Ursprünglichkeit wahr. Die bundesrepublikanische Gesellschaft war ihrer Auffassung nach vor allem eine Zwangsveranstaltung. Dieser »repressiven Gesellschaft« setzten sie einen »natürlichen« und freieren Lebensentwurf entgegen. Worum es ging, war eine »schonungslose und möglichst authentische Artikulation der eigenen Betroffenheit und Emotionalität«, die hier nach außen gekehrt wurde. Kehrseite dieser körperbetonten Gefühlskultur der »neuen Subjektivität« und »expressiven Emotionalität« war eine tiefsitzende Angst vor dem zerstörerischen Potential moderner Technologien, patriarchaler Unterdrückung, den Gesundheitsrisiken und der kalten Anonymität der Spätmoderne.[9] Gerade diese Angst und Unsicherheit hatten die Suche nach anderen, alternativen Leitbildern, Vorstellungswelten und Normen befördert.

In einer ebenso radikalen wie libertär-anarchistischen Form sollte das Individuum in seinem Innersten von den Panzerungen befreit werden und seine Bedürfnishaftigkeit in einer neuen, ursprünglichen Weise geltend machen. Die grundlegende Infragestellung und Delegitimierung des Kanons bürgerlicher Werte wie Pflicht, Treue, Ehre, Gehorsam oder Vaterlandsliebe wurde in die soziokulturellen Tugenden der Gleichheit, Kreativität, Spontaneität, Kollektivität, Mitbestimmung, sozialen Gerechtigkeit und Authentizität umgemünzt. Dabei wurde das Ideal der Ganzheitlichkeit, welches sich etwa in der Person und Politik von Petra Kelly paradigmatisch verdichtete, zum Kennzeichen eines umfassenden

8 Jürgen Habermas, »Einleitung«, in: ders. (Hg.), *Stichworte zur »Geistigen Situation der Zeit«*, Bd. 1, *Nation und Republik*, Frankfurt/M. 1979, S. 7-35, hier S. 30/31. Vgl. Ursula Krey, »›Der Bruch mit der Gehorsamstradition‹. Die 68er Bewegung und der gesellschaftliche Wertewandel«, in: Bernd Hey, Volkmar Wittmütz (Hg.), *1968 und die Kirchen*, Bielefeld 2008, S. 13-34, hier S. 28-34.

9 Vgl. Frank Biess, »Die Sensibilisierung des Subjekts. Angst und ›Neue Subjektivität‹ in den 1970er Jahren«, in: *Werkstatt Geschichte* 49 (2008), S. 51-71, hier S. 53.

Politikansatzes, in dem Friedensengagement, Feminismus, ökologische Orientierungen und die vollständige Ablehnung der Nutzung von Kernenergie (in Rüstung, Energie und Medizin) synkretistisch mit Prinzipien von Gewaltfreiheit, Menschenrechten und sozialer Gerechtigkeit sowie alternativen Produktionsweisen und basisdemokratischen Orientierungen verflochten wurden: »Wir wollen eine liebevolle, gewaltfreie Welt, in der die zwischenmenschlichen Beziehungen auf Zärtlichkeit, Güte, Gleichberechtigung, Solidarität und Freiheit beruhen«, schrieb Kelly 1978 in einem Brief an eine Bekannte.[10] Diese Utopie kann weder als »Fundamentalliberalisierung« gepriesen noch als totalitäres Projekt denunziert werden – beides würde zu kurz greifen und die grundlegenden Paradoxien des linksalternativen Projektes übersehen. Die Vorstellungen von einer liberalen Pluralisierung einerseits und von einem hermetischen Fanatismus und einer nahezu irrationalen Unbedingtheit der Linken andererseits fassen das Phänomen jeweils zu einseitig.

Blickt man auf die soziale Verankerung der linksalternativen Werte und Weltanschauungen, also in den Bereich sozialer und gemeinschaftsstiftender Praktiken in Arbeit, Wohnen, Partnerschaft, Konsumtion oder Erziehung, gelingt es, den Zusammenhang von Freiheit und Zwang genauer in den Blick zu nehmen. Im linksalternativen Milieu hatte man nicht nur das Recht, selbstverwirklicht zu leben, sondern auch die Pflicht, über sich Rechenschaft abzulegen, seine Alltagshandlungen politisch einzuordnen und anderen die entsprechenden Selbsterkenntnisse mitzuteilen. An die Stelle des Fremdzwangs trat ein Selbstzwang, der sich als Freiheit ausgab. Zum Bekenntnis zu einem alternativen Leben gehörten Geständnis und Enthüllung vermeintlicher eigener Mängel. Die frei gewählte Selbstthematisierungskultur bedeutete keineswegs nur »Freiheit von«, sondern auch »Zwang zu«. Es bestand die Selbstverpflichtung, »authentisch« gegenüber sich selbst und anderen zu sein, sein Verhaltensrepertoire keinen Rollenmustern anzupassen und sich immer gleich und gleich offen zu geben. Selbstbestimmung konnte schnell in »Selbstausbeutung« umschlagen und war nicht ohne Selbstenthüllung und Entblößung zu denken. Die Inszenierung des Egos in der Gemeinschaft wurde zur Pflicht und konnte überspannte, ja zerstörerische Züge annehmen. So geriet man ständig

10 Petra Kelly an Ingeborg Hübner 1978, zitiert nach Saskia Richter, *Die Aktivistin. Das Leben der Petra Kelly*, München 2010, S. 116.

unter Druck, sich selbst zu exponieren, und gelangte im demokratischen Panoptismus des linksalternativen Milieus zur Aushöhlung des Selbst. Das sich Entwerfen, gedeutet als Regierungstechnologie der Freiheit, konnte in der Konsensgesellschaft der Linksalternativen die Form von destruktiven Selbstzwängen annehmen. Selbstausbeutung ersetzte die Fremdausbeutung. Selbststeuerung durch permanente Rückkopplung mit den voyeuristischen Milieugenossen wurde zum unbedingten Lebensmotto. Der Regelkreis zwischen Selbstentwurf und Milieubezug bestimmte Denken und Handeln gleichermaßen. Erwartungen substituierten repressive Techniken.

Adornos Vorstellung, wonach es kein richtiges Leben im falschen geben könne,[11] war auch im Denken vieler linksalternativer Akteure präsent. Im linksalternativen Milieu richtete sich die Kritik an der Moderne gegen die bürgerlichen Verblendungs- und Verschleierungsmedien, gegen eine konsumistische Kulturindustrie, gegen die bürokratische Verdinglichung des Menschen und gegen eine kapitalistische Produktionsweise. Gegen Ausbeutung, Entfremdung, unechtes Verhalten und falsche Bedürfnisse brachte man den eigenen Lebensentwurf in Stellung. So probierte man ein alternatives Leben jenseits dieser Zwänge aus und meinte, im Alternativmilieu ein Stück Freiheit zu gewinnen, um dann aus diesem Kollektiv heraus eine revolutionäre Perspektive entwickeln zu können. Demokratisierung, Humanisierung und authentische Selbstbestimmung waren politische Schlagworte der linksalternativen Gegenbewegung, die ihrerseits wiederum zu neuen Selbsttechnologien und responsiblen, sozialitätsstiftenden Gruppenmarkierungen wurden.

Die Geschichte des linksalternativen Milieus fügt sich letztlich ein in eine historische Periode der Freisetzung des »postmodernen Selbst«, welches der Kultursoziologe Andreas Reckwitz ausführlich untersucht hat.[12] Im Zuge der gesellschaftlichen Pluralisierung und Individualisierung in den siebziger Jahren entstand der Zwang zur Ausbildung einer »unverwechselbaren Individualität«,[13] wel-

---

11 Theodor W. Adorno, *Minima Moralia. Reflexionen aus dem beschädigten Leben*, [1951], in: ders. *Gesammelte Schriften*, Bd. 4, Frankfurt/M. 2003, S. 43.

12 Andreas Reckwitz, *Das hybride Subjekt. Eine Theorie der Subjektkulturen von der bürgerlichen Moderne zur Postmoderne*, Weilerswist 2006, S. 441-630.

13 Reckwitz, *Das hybride Subjekt*, S. 448. Vgl. auch Andreas Reckwitz, »Die Mo-

che nicht nur die Selbstbeschreibung der Individuen thematisiert, sondern auch ihre Praktiken der Subjektbildung auf verschiedensten Feldern wie Arbeit, Geschlecht, Familie oder Freundschaftsbeziehungen. Aus der »post-bürokratischen Subjektkultur« ging ein »konsumptorisches Kreativsubjekt« hervor, welches zum »Unternehmer seines Selbst« in einer »Konstellation des Wählens und Gewähltwerdens« wurde:

> Im Feld der persönlichen Beziehungen wird die gruppenförmige Koordination einer sich um die Kleinfamilien spannenden *peer society* verdrängt durch eine Intimitätskultur, die persönliche Beziehungen als expressive Beziehungen modelliert, die sich in den Dienst des individuellen ›self growth‹ jedes Einzelnen stellen. […] Im Feld der Praktiken des Selbst bewirken vor allem drei Aktivitätsbündel seit den 1970er Jahren eine Verschiebung der Subjektkultur, die [sich] sämtlich in einer experimentellen Multiplizierung inneren Erlebens wie in einer kontingenten Stilisierung des Ich üben.[14]

Mit der genannten Trias ist bei Reckwitz erstens der Erlebniskonsum, zweitens die ästhetische Stilisierung körperlicher Erlebnisse sowie drittens eine interaktive mediale (Re-)Präsentation der Subjekte gemeint. Die »Entgrenzung subjektiven Begehrens«, die durch die *counterculture* vorgelebt wurde, setzte sich in der Folge und parallel zu diesem Milieu allgemein durch. Dies gilt von der Multiplikation der Potentiale des inneren Lustprinzips in der Frauen- und Queerbewegung bis zur gegenkulturellen Erlebnisekstase in der Musik. Überschreitung, Lebendigkeit, Subversion und Expressivität wurde gegen Konformität in Szene gesetzt.[15] Mit ihrem Ideal und den Praktiken der Authentizität positionierten sich die Linksalternativen allerdings auch gegen die postmoderne Optionsvielfalt.

Die Linksalternativen waren gut ausgebildete Wohlstandskinder, die in einer Gesellschaft medialer Selbstthematisierungen und soziokultureller Liberalisierungen erwachsen wurden. Vor dem gesellschaftlichen Hintergrund des Wandels von der Industrie- zur

---

derne und das Spiel der Subjekte: Kulturelle Differenzen und Subjektordnungen in der Kultur der Moderne«, in: Thorsten Bonacker, Andreas Reckwitz (Hg.), *Kulturen der Moderne. Soziologische Perspektiven der Gegenwart*, Frankfurt/M., New York 2007, S. 97-118, hier S. 100-103.

14 Reckwitz, *Das hybride Subjekt*, S. 450. Vgl. ders., »Moderne«, S. 110.

15 Reckwitz, »Moderne«, S. 110/111, 114/115.

wissensbasierten Dienstleistungsgesellschaft, in der hierarchische Strukturen zunehmend in heterachische Netzwerke transformiert wurden und sich Entscheidungsstrukturen zunehmend partizipativ ausgestalteten und dezentralisierten, konnte sich dieser linksalternative Subjektentwurf formen. Das linksalternative Milieu war Teil einer wirtschaftlich gesicherten, sozial durchlässigen und postmodern orientierten Erlebnisgesellschaft. Nicht nur die soziale Herkunft der Linksalternativen aus den bessergestellten Trägerschichten dieser Entwicklung verweist auf ihre Eingebundenheit in diese Entwicklung. Die Linksalternativen profitierten auch vom ausgeweiteten Bildungssystem, verstärkten die Ausdifferenzierung und Ausbreitung der Medien, beteiligten sich am Wandel der Haushalts- und Familienstrukturen, der geänderten Einstellungen zur Sexualität, an der fortschreitenden Urbanisierung und der Vertiefung und Durchsetzung der Konsumgesellschaft. Obwohl sich die linksalternativen Akteure von den karriereorientierten Werten, der spießigen Lebensgestaltung und Konsumorientierung ihrer Elterngeneration mit großem Furor und mit dem Gestus großer Neuerung absetzten, vollzogen sie letztlich mit, was sich mit dem Lebensstilwandel ab den sechziger Jahren gesamtgesellschaftlich zu etablieren begann. Sie waren einerseits Kritiker einer pluralen Medien- und Konsumgesellschaft – sie waren aber genauso ein Teil derselben.

Im Zuge der soeben angedeuteten Entwicklungen bildete sich zwischen dem Ende der sechziger und der Mitte der achtziger Jahre ein linksalternativer Habitus heraus, der diese allgemeinen Entwicklungen radikalisierte, politisierte und beschleunigte. Der unablässige Hang zum »Problematisieren« und »Ausdiskutieren« förderte eine Subjektbildung, in der sich das linksalternative Selbst als besonders kritisch und selbstreflexiv verstand. Ebendiese Arbeit am Selbst wurde zum identitätsstiftenden Merkmal der Linksalternativen. In demonstrativer Lässigkeit und Ungebundenheit beschworen sie ihre Autonomie gegenüber gesellschaftlichen Rollenzuschreibungen und konventionellen Leitbildern. Dabei wies gerade der heroische Gestus der kollektiven Selbstviktimisierung über die tatsächlichen Repressionen hinaus. Die Selbstbeschreibung als »Opfer des Systems« erlaubte eine Distanzierung von der Gesellschaft, die von schneidender Ironie bis zur Militanz reichen konnte. In ihren Differenzmarkierungen gegenüber einer regelorientierten, als restriktiv gekennzeichneten Konformität entwickelten die Linksalternativen ihre Identität in Form einer »Politik der ersten Person«, die mit politischen Forderungen und Wünschen nach nichtentfremdeter Arbeit, Basisdemokratie, kollektiver Solidarität, Unmittelbarkeit und Spontaneität, Natürlichkeit, Selbsterfahrung und befreiter Sexualität verbunden und mit dem eigenen Arbeits-, Freizeit- und Konsumverhalten verknüpft wurde.

Dank

So viele Personen haben mir wichtige Hinweise gegeben und mir geholfen, dass es unmöglich ist, ihnen allen an dieser Stelle zu danken. Zunächst möchte ich die Gutachter des diesem Buch zugrunde liegenden Habilitationsverfahrens erwähnen: Jürgen Osterhammel ist mir in den vergangenen nunmehr zehn Jahren als Gelehrter und umsichtiger Denker zu einem (leider unerreichbaren) Vorbild geworden. Dieter Rucht, den ich in meinen zweieinhalb Jahren am Wissenschaftszentrum Berlin für Sozialforschung kennenlernen durfte, hat mir dank seiner umfangreichen Erfahrung in der Erforschung Neuer Sozialer Bewegungen viele wertvolle Hinweise und Hilfestellungen geben können. Andreas Reckwitz war durch seine Finesse im konsequenten Ausbau des Theorieprogramms eine ebensolche Anregung wie die sprühende Originalität Albrecht Koschorkes, ein politischer Intellektueller im besten Sinn.

Natürlich hat diese Arbeit viel vom wissenschaftlichen Austausch bei Vorträgen und auf Tagungen profitiert. Unschätzbare Hilfen waren die Diskussionen auf der Jahrestagung des zeitgeschichtlichen Arbeitskreises Niedersachsen in Göttingen, die Tagungen »Demokratie im Schatten der Gewalt« am Deutschen Literaturarchiv Marbach, »Neue Forschungsansätze zur 68er-Bewegung in Ost und West« im Willy Brandt Zentrum für Deutschland- und Europastudien der Universität Wrocław, »Wege zur Bundesrepublik« an der Humboldt-Universität zu Berlin, »Das integrative Potential von Elitenkulturen« in Konstanz und der Konferenz »Behaviour Guides and Law. The Particular and the Universal of the (In)Formal« am Internationalen Forschungszentrum Kulturwissenschaften Wien. Das Panel »Bilder der Linken« auf dem 46. Deutschen Historikertag konnte ich zusammen mit Petra Terhoeven organisieren, die internationale Konferenz »The Alternative Milieu. Unconventional Lifestyles and Left-wing Politics in West Germany and Europe 1968-1983« in Kopenhagen zusammen mit Detlef Siegfried.

Auf den Kolloquien an der Technischen Universität Braunschweig (Ute Schneider), Universität Bielefeld (Heinz-Gerhard Haupt), am Zentrum für Zeithistorische Forschung in Potsdam (Martin Sabrow und Thomas Lindenberger), der University of Illinois at Urbana-Champaign (Peter Fritzsche), dem Rutgers Center for Historical Analysis (Jackson Lears und Ann Fabian), dem Institut für soziale Bewegungen Bochum zusammen mit dem Kolloquium »Zeitgeschichte« der Ruhr-Universität Bochum (Klaus Tenfelde und Constantin Goschler), der Albert-Ludwigs-Universität Freiburg (Ulrich Herbert), der Freien Universität Berlin (Paul Nolte und Oliver Janz) sowie dem Kulturwissenschaftlichen Kolleg der Universität Konstanz und dem Kolloquium des Freiburg Institute for Advanced Studies (FRIAS) habe ich in den Gesprächen und Diskussionen vielerlei Hinweise erhalten.

Wichtige Unterstützung haben das Zukunftskolleg und das Exzellenzcluster »Kulturelle Grundlagen von Integration« der Universität Konstanz geboten, die mir finanzielle und unschätzbare infrastrukturelle Hilfestellungen gegeben haben. Das »Kulturwissenschaftliche Kolleg« des Exzellenzclusters der Universität Konstanz und das FRIAS haben mir zudem in wunderbaren Umgebungen ein Forschungsjahr zum Abschluss dieser Studie ermöglicht. Die Alexander von Humboldt-Stiftung hat mir ein Feodor Lynen-Stipendium gewährt, durch das ich das Wissenschaftssystem der amerikanischen Ostküste kennenlernen durfte, insbesondere die Rutgers University und die University of Pennsylvania.

Teile des Textes gelesen, kommentiert und verbessert haben: Belinda Davis, Bernd Giesen, Balthasar Haußmann, Thomas Mergel, Stefan Reinecke, Nicole Renvert, Adelheid von Saldern, Dorothea Weltecke, Rainer Wirtz (†). Michael Wildt hat mir vollkommen unbürokratisch und großzügig einen ertragreichen Aufenthalt im Archiv des Hamburger Instituts für Sozialforschung ermöglicht. Belinda Davis war eine ständig hilfreiche Ansprechpartnerin an der Rutgers University und Frank Trommler machte meine Zeit in Philadelphia zu einer persönlich wie intellektuell äußerst angenehmen Erfahrung. Die Zusammenarbeit mit Hanna Leitgeb von der Agentur rauchzeichen-ag ist der Beginn für die Publikation hoffentlich vieler weiterer Bücher. Eva Gilmer danke ich herzlich für die Aufnahme in die stw-Reihe des Suhrkamp Verlags. Schließlich habe ich mich für die Reaktionsarbeiten und Textkorrekturen vor allem bei Christian Heilbronn und meiner Doktorandin Anja Bertsch, aber auch bei Nikolai Atzpodien, Andrea Birkenmaier, Tina Schlagenhaufer und Dagmar Bethe zu bedanken. Das Namenregister hat Stefan Messingschlager erstellt.

Konstanz, im November 2013

Quellen- und Literaturverzeichnis

Archive, Zeitschriften und Interviews

Archive

Archiv »APO und soziale Bewegungen«, Universitätsarchiv der FU Berlin (APO-Archiv)
Ordner »AAO«
Ordner »K I – Justiz I«
Ordner »Justiz II«
Ordner »Justiz III«
Ordner »Heidelberg – Uni WSO und PSYCH«
Ordner »KILA MATERIALIEN« (Frank Lämmer)
Ordner »KINDERLÄDEN GRÜNDUNGSMATERIAL« (Frank Lämmer)
Ordner »HEIMKAMPAGNE 1969 – KONGRESS; MATERIALIEN« (Frank Lämmer)
Ordner »E 0702 FU, Juli bis Dezember 1966«
Ordner »E 0702 FU, April 1967«

Archiv des Hamburger Instituts für Sozialforschung (HIS-A)
Bestand »Sozialistisches Anwaltskollektiv« (SAK)
130, Nr. 1-4 (Korrespondenz, Fanpost an die Kommune I)
Bestand »Release«
Bestand »Ablaßgesellschaft«
Broschürensammlungen:
»Subkultur-Bewegungen«
»Hausbesetzungen, Häuserkämpfe«
»Alternativprojekte, Gegenökonomie«

Archiv für alternatives Schrifttum, Duisburg (afas)
80.II. 1978
80.III.52
80.III.62
90.IV.2 (Jugendzentrumsbewegung)
90.IV.3 (Wohngemeinschaften / Kommunen)
Diverse Broschüren und alternative Zeitungen

Archiv für Alternativkultur am Institut für Europäische Ethnologie der HU Berlin
Sichtung der Zeitschriftenbestände (siehe dazu nachfolgend unter II.1.2)

Archiv für soziale Bewegungen in Baden e. V., Freiburg (ASB)

  2. Alternativbewegungen und Alternativbetriebe, 2.0; 2.1; 2.2; 2.4.3; 2.4.4; 2.4.6-2. 4. 12; 2.5; 2.5.1; 2.5.2; 2.6
  5. Studentenbewegung, 5.3.8.1; 5.3.8.3; 5.3.9; 5. 3. 12; 5.6.1; 5.6.1.4; 5.6.3
  6. Kinderladen-, Jugend- und Schülerbewegung, 6.0; 6.0.1-6.0.3; 6.1; 6.1.1-6.1.5
  7. Frauenbewegung, 7.0-7.2
  8. Sexuelle Emanzipationsbewegungen, 8.1; 8.3
  9. Linke Gruppen nach 1968, 9.0; 9.1.6; 9.2.2; 9.2.4; 9.3;
 10. Kultureller und subkultureller Protest, 10.2; 10.3; 10.5; 10.6; 10.6.1-10.6.3; 10.7; 10.8
 11. Alternativzeitungen, 11.0; 11.2.1; 11. 2. 11
 15. Soziale Randgruppen und Marginalisierte, 15.6; 15.6.0; 15.6.1
     Diverse Fotos

Bundesarchiv Koblenz (BArch Koblenz)

B 106 (Bundesministerium des Inneren), Nr. 44162, 44263, 45115, 51164-51166, 52569-52573, 62791, 63640-63642, 63679-63682, 66829, 78075,78974-78977, 89255, 101996, 101997, 107025, 107049, 107050, 112948, 1129949, 113182-113186, 371770, 401096, 401097

B 117 (Bundesprüfstelle für jugendgefährdende Schriften), Nr. 8-11, 15, 26, 34, 41-44

B 131 (Bundeskriminalamt)

B 136 (Bundeskanzleramt), Nr. 3787, 4368, 4371, 4373, 4374, 5036, 5760, 6102, 24408

B 141 (Bundesministerium der Justiz), Nr. 25756, 25764, 25825, 26023-26025, 26575-26578, 37375-37378, 37807, 37808, 51669, 51670, 63803, 63804, 68116-68122, 68224, 93705-93707, 96760-96763, 93825, 401097, 427829, 427830

B 189 (Bundesministerium für Familie, Senioren, Frauen und Gesundheit), Nr. 22071, 22183, 25421-25423, 25428, 25432

B 310 (Bundeszentrale für gesundheitliche Aufklärung), Nr. 44, 247-249, 254, 255, 258-261, 311, 325, 349, 644, 645, 647, 676, 1106-1109

Zsg 1-466 (Sammlung Startbahn West), Nr. 1-6

Zsg 132 (Institut für Demoskopie Allensbach), Nr. 1428, 1448, 1454, 1621, 1624, 1629, 1777, 2038, 2450, 2551, 2707, 2778, 2806

Zsg 153 (Sammlung [Wolfgang M.] Schwiedrzik zur Studentenbewegung), Nr. 5, 9, 12, 16, 18, 21, 27

Dokumentationsstelle für unkonventionelle Literatur der Bibliothek für Zeitgeschichte in der Württembergischen Landesbibliothek, Stuttgart (BfZ-Doku)
Diverse Flugblätter

D 01159
D 8151

Infratest Forschung GmbH (München)
Korczak, Dieter, Zur Einstellung und Lebenswelt von Alternativen. München 1982 (=Infratest Gesundheitsforschung, Nr. 10)
Leserbefragung des SPP-Verlages (Bericht vom 18. November 1982 Dr. K/ Eg 81-4230) (=Infratest-Forschung, Nr. 17)
Tabellenband: Leserbefragung der zitty, Februar 1982
Tabellenband: Leserbefragung der Münchner Stadtzeitung, März 1982
Tabellenband: Leserbefragung des Guckloch/Herne, März 1982
Tabellenband: Leserbefragung des Plärrer/Nürnberg, Februar 1982
Infratest Kommunikationsforschung: Die Leser der Scene Programm Presse. München 1988.

Institut für Demoskopie, Allensbach (IfD-Archiv)
Diverse Umfragen (siehe dazu auch den Bestand: BArch Koblenz Zsg 132)

Internationaal Instituut voor Sociale Geschiedenis, Amsterdam (IISG)
ID-Periodika, Box 1-6, Map 1-58
ID-Textarchiv, 0017/7-26; 0019/1-27; 0024/2-321; 0027/3-323; 0043/2-5521; 0047/9-701; 0048/3-774; 0062/8-615; 0064/3-6531; 0066/1-714; 0072/5-817; 0101/1-813; 0101/2-813; 0104/1-22; 0104/2-22; 0104/3-22; 0104/4-22; 0106/5-6531; 0106/6-6531; 0106/7-6531; 0106/8-6531; 0111/3-812; 0117/3-55; 0126/1-7141; 0126/2-7141; 0126/3-7141; 0126/4-7141; 0126/5-7141; 0126/6-7141; 0127/1-7141; 0127/2-7141; 0127/3-7141
Kommune I (Berlin) Collection, Box 1-12, Map 1-62
Neue Linke, Studentenbewegung, APO, Nr. 3-30, 48-56, 75, 76
die tageszeitung (taz), Nr. 1-14

Landesarchiv Berlin (LAB)
B Rep. 002, Nr. 6429, 14976, 16495, 16496, 16497, 16498, 16499, 16500, 16501, 16502, 16503, 16529, 16530, 17126, 17127, 17128, 27780

Zeitungen, Zeitschriften, Periodika

Agit 883 [Berlin], 1969-1972
Allensbacher Jahrbuch der Demoskopie 1974-1976, Bd. VI (Hg. von Noelle-Neumann, Elisabeth), Wien u. a. 1976.
Allensbacher Jahrbuch der Demoskopie 1976-1977, Bd. VII (Hg. von Noelle-Neumann, Elisabeth), Wien u. a. 1977.

Allensbacher Jahrbuch der Demoskopie 1978-1983, Bd. VIII (Hg. von Noelle-Neumann, Elisabeth/Piel, Edgar), München 1983.

Atomexpress, einzelne Ausgaben

Autonomie [Frankfurt], 1975-1979

Badische Zeitung [Freiburg], einzelne Ausgaben

Bambule [Berlin], 1972-1973

Blatt [München], 1973-1984

Brigitte, einzelne Ausgaben

Carlo Sponti. Heidelbergs Illustre Illustrierte, 1973-1978

Charlie Kaputt [Berlin], 1968-1971

Cooly Lully Revue. Das Magazin für radikale Lebensfreude [Hamburg], 1976-1977

Courage. Berliner Frauenzeitung, 1976-1984

Diskus. Frankfurter Studentenzeitung, 1968-1989

Dr. Mabuse. Zeitung im Gesundheitswesen [Frankfurt], 1976-1979

Emma [Köln], einzelne Ausgaben

Fizz [Berlin], 1971-1972

Frankfurter Allgemeine Zeitung, einzelne Ausgaben

Frankfurter Frauenblatt, 1978-1980

Frankfurter Rundschau, einzelne Ausgaben

Freundin, einzelne Ausgaben

Heidelberger Rundschau, 1974-1989

Hundert Blumen [Berlin], 1972-1973

ID. Informations-Dienst zur Verbreitung unterbliebener Nachrichten [Frankfurt], 1973-1981

Info-Berliner Undogmatische Gruppen (Info-BUG) [Berlin], 1974-1978

Jahrbuch der öffentlichen Meinung 1968-1973 (Hg. von Noelle, Elisabeth/Neumann, Erich Peter), Allensbach / Bonn 1974.

Jahrbuch der öffentlichen Meinung 1958-1964 (Hg. von Noelle, Elisabeth/Neumann, Erich Peter), Allensbach 1965.

Kommune, 1983

konkret [Hamburg], einzelne Ausgaben

Kursbuch [Berlin], 1971-1980

linkeck [Berlin], 1967-1969

Der lange Marsch. Zeitung für eine Neue Linke [Berlin], 1973-1979

Päng. alternativ zeitung [Kucha], 1968-1974

pardon. Deutschlands Satirezeitschrift [Hamburg; Frankfurt am Main], 1962-1982

Pflasterstrand [Frankfurt], 1976-1989

radikal [Berlin], 1976-1980

Die Schwarze Botin [Berlin], einzelne Ausgaben

Der Spiegel [Hamburg], einzelne Ausgaben

Stern [Hamburg], einzelne Ausgaben
Süddeutsche Zeitung [München], einzelne Ausgaben
die tageszeitung (taz) [Berlin], 1979-1987 (einzelne Ausgaben)
Traumstadt [Berlin], 1978-1980
twen, 1959-1971
Vorwärts, einzelne Ausgaben
Die Zeit [Hamburg], einzelne Ausgaben
zitty [Berlin], 1977-1989

Interviews

Video-Interviews mit Vera Hemm, Dieter Bellmann, Werner Schumm, Uwe Lindner, Holger Reile, Erich Gropper, Maik Schluroff, Christine Dehnert, Christian Neven-Dumont, Herbert Lippenberger, Romy Grimm-Schneider, Wilhelm Kempf, Theresa Jung, Ulrike Ottinger, Theo Votsos, Marc Haug, Piet van Lier, Karl-Heinz Berger, Guido Weber, Christof Hahn, Luise Pusch, Thomas Jonasson, Senta Tröml-Plötz, Margaritha Rahmig-Dietrich, Irmgard Lech, Stefan Otto, Jochen Kelter, Andreas Rieck, Elmar Sing, Pit Wuhrer, Rainer Magulski, Jürgen Weber, Ernst Köhler, Peter Neser, Jürgen Leipold (alle Konstanz, 2006-2008).

Publizierte Quellen und Forschungsliteratur

Abrams, Philip, McCulloch, Andrew, *Communes, Sociology and Society*, Cambridge 1976.

Ackerknecht, Dieter u. a. (Hg.), *Kommune und Großfamilie. Dokumente – Programme – Probleme*, Tübingen 1972.

Adelmann, Ralf u. a. (Hg.), *Grundlagentexte zur Fernsehwissenschaft. Theorie – Geschichte – Analyse*, Konstanz 2001.

Adorno, Theodor W., *Ästhetische Theorie*, Frankfurt/M. 1970.

–, *Aufsätze zur Gesellschaftstheorie und Methodologie*, Frankfurt/M. 1970.

–, »Zum Verhältnis von Soziologie und Psychologie«, in: ders., *Aufsätze zur Gesellschaftstheorie und Methodologie*, Frankfurt/M. 1970, S. 7-54.

–, *Studien zum autoritären Charakter*, Frankfurt/M. 1973.

–, »Erziehung nach Auschwitz«, in: ders., *Gesammelte Schriften*, Bd. 10, 2, Frankfurt/M. 1977, S. 674-690.

–, *Minima Moralia. Reflexionen aus dem beschädigten Leben*, [1951], in: ders. *Gesammelte Schriften*, Bd. 4, Frankfurt/M. 2003.

AG Grauwacke (Hg.), *Autonome in Bewegung … aus den ersten 23 Jahren*, Berlin 2003.

Agnoli, Johannes, *1968 und die Folgen*, Freiburg 1998.

Aguilar, Manuela, *Cultural Diplomacy and Foreign Policy. German-American Relations, 1955-1968*, New York 1996.

Aierbe, Peio, *Bewaffneter Kampf in Europa. Korsika, Italien, Nordirland, BRD, Baskenland*, Berlin 1991.

Akemeier, Susanne u. a., *Utopie in der Hängematte. 10 Jahre Erfahrung der Landkommunen Twin Oaks und East Wind*, Bochum 1981.

Albertz, Heinrich, *Wir dürfen nicht schweigen. Ein politisches Gespräch mit Wolfgang Herles*, München 1995.

Albrecht, Clemens u. a., *Die intellektuelle Gründung der Bundesrepublik. Eine Wirkungsgeschichte der Frankfurter Schule*, Frankfurt/M. 1999.

Altbach, Philip (Hg.), *Student Political Activism. An International Reference Handbook*, New York 1989.

Altenberg, Theo, *Das Paradies Experiment. Die Utopie der freien Sexualität. Kommune Friedrichshof 1973-1978*, Wien 2001.

Altenberg, Toni E., *Mein Leben in der Mühlkommune. Freie Sexualität und kollektiver Gehorsam*, Wien, Köln u. a. 1998.

Altevogt, Annegret, Neraal, Terje, »Wohngemeinschaften – woran können sie scheitern?«, in: Schülein, Johann A. (Hg.), »… *vor uns die Mühen der Ebenen«. Alltagsprobleme und Perspektiven von Wohngemeinschaften*, Gießen 1980, S. 259-270.

Aly, Götz, *»Wofür wirst Du eigentlich bezahlt?« Möglichkeit praktischer Erzieherarbeit zwischen Ausflippen und Anpassung*, Berlin 1977.

—, *Unser Kampf. 1968 – ein irritierter Blick zurück*, Frankfurt/M. 2008.

Aly, Monika, Grüttner, Annegret, »Unordnung und frühes Leid. Kindererziehen 1972 und 1982«, in: *Kursbuch* 72 (1983), S. 33-49.

Amann, Rolf, *Der moralische Aufschrei. Presse und abweichendes Verhalten am Beispiel der Hausbesetzungen in Berlin*, Frankfurt/M., New York 1985.

Ambrosius, Gerald, »Sektoraler Wandel und internationale Verflechtung: Die bundesdeutsche Wirtschaft im Übergang zu einem neuen Strukturmuster«, in: Raithel, Thomas u. a. (Hg.), *Auf dem Weg in eine neue Moderne? Die Bundesrepublik Deutschland in den siebziger und achtziger Jahren*, München 2009, S. 17-30.

Amendt, Günter, *Sexfront*, Frankfurt/M. 1970.

Anders, Freia, »Agit 883 im Fokus der Strafjustiz«, in: rotaprint 25 (Hg.), *agit 883. Revolte, Underground in Westberlin 1969-1972*, Hamburg, Berlin 2006, S. 241-253.

—, »Die radikal und das Strafrecht«, in: dies., Gilcher-Holtey, Ingrid (Hg.), *Herausforderungen des staatlichen Gewaltmonopols. Recht und politisch motivierte Gewalt am Ende des 20. Jahrhunderts*, Frankfurt/M., New York 2006, S. 221-257.

—, »Die Evangelische Kirche in Hessen und Nassau im Konflikt um die Startbahn West«, in: Hey, Bernd, Wittmütz, Volkmar (Hg.), *1968 und die Kirchen*, Bielefeld 2008, S. 207-232.

—, »Wohnraum, Freiraum, Widerstand. Die Formierung der Autonomen in den Konflikten um Hausbesetzungen Anfang der achtziger Jahre«, in: Reichardt, Sven, Siegfried, Detlef (Hg.), *Das Alternative Milieu. Antibürgerlicher Lebensstil und linke Politik in der Bundesrepublik Deutschland und Europa 1968-1983*, Göttingen 2010, S. 473-498.

—, Gilcher-Holtey, Ingrid (Hg.), *Herausforderungen des staatlichen Gewaltmonopols. Recht und politisch motivierte Gewalt am Ende des 20. Jahrhunderts*, Frankfurt/M., New York 2006.

Andersen, Arne, *Der Traum vom guten Leben. Alltags- und Konsumgeschichte vom Wirtschaftswunder bis heute*, Frankfurt/M. 1997.

Andrae, Margarete u. a., »Jugend in Beat-Lokalen«, in: *deutsche jugend* 17 (1969), S. 545-552.

Andresen, Knud u. a., »Unruhe in der Öffentlichkeit. Agit 883 zwischen Politik, Subkultur und Staat«, in: rotaprint 25 (Hg.), *agit 883. Revolte, Underground in Westberlin 1969-1972*, Hamburg, Berlin 2006, S. 17-44.

—, »›Gebremste Radikalisierung‹ – Zur Entwicklung der Gewerkschaftsjugend von 1968 bis Mitte der 1970er Jahre«, in: *Mitteilungsblatt des Instituts für soziale Bewegungen* 43 (2010), S. 141-158.

—, u. a. (Hg.), *Nach dem Strukturbruch? Kontinuität und Wandel von Arbeitswelten*, Bonn 2011.

Andritzky, Michael, »Balance zwischen Heim und Welt. Wohnweise und

Lebensstile von 1945 bis heute«, in: Flagge, Ingeborg (Hg.), *Geschichte des Wohnens*, Bd. 5, *1945 bis heute. Aufbau, Neubau, Umbau*, Stuttgart 1999, S. 615-686.

Anonym, »Rechtsfreie Räume«, in: Aust, Stefan, Rosenbladt, Sabine (Hg.), *Hausbesetzer – wofür sie kämpfen, wie sie leben und wie sie leben wollen*, Hamburg 1981, S. 127-192.

Arbeitsgemeinschaft sozialpolitischer Arbeitskreise (Hg.), *Zur Alternativen Ökonomie I*, Berlin, München [3]1977.

– (Hg.), *Zur Alternativen Ökonomie II*, Berlin 1977.

– (Hg.), *Zur Alternativen Ökonomie III*, Berlin 1978.

ArbeitsGruppe AlternativPresse, Informations-Dienst zur Verbreitung unterbliebener Nachrichten (Hg.), *Das riesengroße Verzeichnis aller Alternativzeitungen*, Frankfurt/M. 1980.

– (Hg.), *Riesengroßes Verzeichnis aller Alternativzeitungen*, Bonn 1981.

– (Hg.), *Riesengroßes Verzeichnis aller Alternativzeitungen*, Bonn [3]1982.

– (Hg.), *Verzeichnis aller Alternativzeitungen*, Bonn [4]1983.

Arbeitsgruppe Unter Geiern (Hg.), *Unter Geiern. Ein Leitfaden für die Arbeit in den selbstverwalteten Betrieben und Projekten*, Berlin [3]1983.

Arbeitsgruppe Westberliner Stattbuch (Hg.), *Stattbuch 2. Ein alternativer Wegweiser durch Berlin*, Berlin 1980.

Articus, Rüdiger u. a., *Die Beatles in Harburg*, Hamburg 1996.

Ash, Mitchell G., *Gestalt Psychology in German Culture, 1890-1967. Holism and the Quest for Objectivity*, Cambridge 1998.

Assmann, Aleida, »Die Unfähigkeit zu Trauern im Spiegel der Generationen«, in: *psychosozial* 31, 4, 114 (2008), S. 99-108.

–, »Hilflose Despoten. Väter in der deutschen Gegenwartsliteratur«, in: Thomae, Dieter, *Vaterlos. Geschichte und Gegenwart einer fixen Idee*, Frankfurt/M. 2009, S. 198-214;

–, »Authenticity – The Signature of Western Exceptionalism?«, in: Straub, Julia (Hg.), *Paradoxes of Authenticity. Studies on a Critical Concept*, Bielefeld 2012, S. 33-50.

–, Frevert, Ute, *Geschichtsvergessenheit – Geschichtsversessenheit. Vom Umgang mit deutschen Vergangenheiten nach 1945*, Stuttgart 1999.

Assmann, Jan, *Das kulturelle Gedächtnis. Schrift, Erinnerung und politische Identität in frühen Hochkulturen*, München 1992.

Atcheson, Richard, *The Bearded Lady. Going on the Commune Trip and Beyond*, New York 1971.

Atzert, Thomas, *Küss den Boden der Freiheit. Texte der Neuen Linken*, Berlin 1992.

–, Müller, Jost, *Immaterielle Arbeit und imperiale Souveränität. Analysen und Diskussionen zu Empire*, Münster 2004.

Auchter, Thomas, *Zur Kritik der antiautoritären Erziehung. Informationen, Überlegungen, Konsequenzen*, Freiburg 1973.

Aust, Stefan, »Die Sprache der Gewalt. Ein ›Steinewerfer‹ vor Gericht«, in: ders., Rosenblatt, Sabine (Hg.), *Hausbesetzer – wofür sie kämpfen, wie sie leben und wie sie leben wollen*, Hamburg 1981, S. 7-23.

–, *Der Baader-Meinhof-Komplex*, München ⁹1998.

–, *Der Lockvogel. Die tödliche Geschichte eines V-Mannes zwischen Verfassungsschutz und Terrorismus*, Reinbek 2002.

–, Rosenblatt, Sabine (Hg.), *Hausbesetzer – wofür sie kämpfen, wie sie leben und wie sie leben wollen*, Hamburg 1981.

autonome a.f.r.i.k.a.-gruppe, *Handbuch der Kommunikationsguerilla*, Berlin ⁴2001.

Autorengruppe, *Männerbilder. Geschichten und Protokolle von Männern*, München 1979.

Baader, Meike S., »Das Private ist politisch. Der Alltag der Geschlechter, die Lebensformen und die Kinderfrage«, in: dies. (Hg.), *»Seid realistisch, verlangt das Unmögliche«. Wie 1968 die Pädagogik bewegte*, Weinheim, Basel 2008, S. 153-172.

–, »Von der sozialistischen Erziehung bis zum buddhistischen Om. Kinderläden zwischen Gegen- und Elitekulturen«, in: dies. (Hg.), *»Seid realistisch, verlangt das Unmögliche«. Wie 1968 die Pädagogik bewegte*, Weinheim, Basel 2008, S. 16-35.

– (Hg.), *»Seid realistisch, verlangt das Unmögliche!« Wie 1968 die Pädagogik bewegte*, Weinheim, Basel 2008.

Bachmann, Claus H. (Hg.), *Kritik der Gruppendynamik. Grenzen und Möglichkeiten sozialen Lernens*, Frankfurt/M. 1981.

Bacia, Jürgen (Hg.), *10 Jahre Archiv für alternatives Schrifttum (afas). 30 Jahre Druck von unten. Reader zur Ausstellung in der Universitäts- und Landesbibliothek Düsseldorf, 7. Dezember 1995-17. Februar 1996*, Düsseldorf 1995.

–, Scherer, Klaus-Jürgen, *Paßt bloß auf! Was will die neue Jugendbewegung?*, Berlin 1981.

Back, Kurt W., *Beyond Words. The Story of Sensitivity Training and the Encounter Movement*, New York 1972.

Bade, Klaus J., Oltmer, Jochen (Hg.), *Zuwanderung und Integration in Niedersachsen seit dem Zweiten Weltkrieg*, Osnabrück 2002.

Baeyer-Katte, Wanda von, u. a. (Hg.), *Gruppenprozesse*, Opladen 1982.

Baier, Karl, *Meditation und Moderne. Zur Genese eines Kernbereichs moderner Spiritualität in der Wechselwirkung zwischen Westeuropa, Nordamerika und Asien*, 2 Bde., Würzburg 2009.

Baier, Lothar u. a., *Die Linke neu denken*, Berlin 1984.

–, u. a., *Die Früchte der Revolte. Über die Veränderung der politischen Kultur durch die Studentenbewegung*, Berlin 1988.

Balistier, Thomas, *Straßenprotest. Formen oppositioneller Politik in der Bundesrepublik Deutschland zwischen 1979 und 1989*, Münster 1996.

Balsen, Werner, Rössel, Karl, *Hoch die internationale Solidarität. Zur Geschichte der Dritte-Welt-Bewegung in der Bundesrepublik*, Köln 1986.

Balz, Hanno, *Von Terroristen, Sympathisanten und dem starken Staat. Die öffentliche Debatte über die RAF in den 70er Jahren*, Frankfurt/M. 2008.

–, Friedrichs, Jan-Henrik (Hg.), *»All we ever wanted …« Eine Kulturgeschichte europäischer Protestbewegungen der 1980er Jahre*, Berlin 2012.

Bänziger, Peter-Paul u. a. (Hg.), *Fragen Sie Dr. Sex! Ratgeberkommunikation und die mediale Konstruktion des Sexuellen*, Frankfurt/M. 2010.

Bartolini, Stefano, *The Political Mobilisation of the European Left*, Cambridge 2000.

Bartsch, Günter, *Anarchismus in Deutschland, 1945-1973*, 2 Bde., Hannover 1972, 1973.

Baruzzi, Arno, *Alternative Lebensformen?*, Freiburg, München 1985.

Bättig, Michael u. a., »Der Zusammenhang von Sprache und Erfahrung am Beispiel der Sprache in der Alternativ-Scene«, in: *Osnabrücker Beiträge zur Sprachtheorie* 16 (1980), S. 45-70.

Baudrillard, Jean, *Die göttliche Linke. Chronik der Jahre 1977-1984*, München 1986.

Bauer, Ulrike u. a., »Zur Idee und Realität von Wohngemeinschaftsberatung. Das Wohngemeinschaftszentrum in Frankfurt«, in: Schülein, Johann A. (Hg.), *»… vor uns die Mühen der Ebenen«. Alltagsprobleme und Perspektiven von Wohngemeinschaften*, Gießen 1980, S. 271-284.

Baumann, Cordia u. a. (Hg.), *Linksalternative Milieus und Neue Soziale Bewegungen in den 1970er Jahren*, Heidelberg 2011.

Baumann, Michael (»Bommi«), *Wie alles anfing*, Frankfurt/M. 1977.

–, *Rausch und Terror. Ein politischer Lebensbericht*, Berlin 2008.

–, u. a., *1968. Die letzte Generation, die noch nichts vom Ozonloch wußte*, Berlin 1988.

Baumeister, Biene, Negator, Zwi, *Situationistische Revolutionstheorie. Eine Aneignung*, Stuttgart [2004].

Baur, Elke u. a., *Wenn Ernie mit der Maus in der Kiste rappelt. Vorschulerziehung im Fernsehen*, Frankfurt/M. 1975.

Bausinger, Hermann, »Die heimliche Fortsetzung. Spuren von 1968 in der heutigen Alltagskultur«, in: *Berliner Blätter* 18 (1999), S. 6-19.

Bauß, Gerhard, *Die Studentenbewegung der sechziger Jahre in der Bundesrepublik und Westberlin*, Köln 1977.

Beck, Ulrich, *Risikogesellschaft. Auf dem Weg in eine andere Moderne*, Frankfurt/M. 1986.

Becker, Franziska, *Mein feministischer Alltag*, München 1984.

Becker, Lawrence C., Becker Charlotte B. (Hg.), *Encyclopedia of Ethics*, Bd. 1, London 1992.

Becker, Thomas P., *Die Studentenproteste der 6oer Jahre. Archivführer, Chronik, Bibliographie*, Köln 2000.

Becker, Werner, »Zur Struktur der Alternativökonomie im Saarland – Ergebnisse einer Regionalstudie«, in: *Forschungsjournal Neue Soziale Bewegungen* 2, 1 (1989), S. 21-33.

Becker-Schaum, Christoph, »Die institutionelle Organisation der Friedensbewegung«, in: ders. u. a. (Hg.), *»Entrüstet Euch!« Nuklearkrise, Nato-Doppelbeschluss und Friedensbewegung*, Paderborn, München u. a. 2012, S. S. 151-168.

–, u. a. (Hg.), *»Entrüstet Euch!« Nuklearkrise, Nato-Doppelbeschluss und Friedensbewegung*, Paderborn, München u. a. 2012.

Behr, Wolfgang, *Jugendkrise und Jugendprotest*, Stuttgart 1982.

Behringer, Wolfgang u. a. (Hg.), *Kulturelle Konsequenzen der Kleinen Eiszeit*, Göttingen 2006.

Bell, Daniel, *Die Zukunft der westlichen Welt*, Frankfurt/M. 1979.

Bendix, Regina, *In Search of Authenticity. The Formation of Folklore Studies*, Madison 1997.

Benedict, Ruth, *Chrysantheme und Schwert. Formen der japanischen Kultur*, [1946], Frankfurt/M. 2006.

Bensmann, Dieter, »Gemeinsame Ökonomie«, in: Kollektiv KommuneBuch (Hg.), *Das KommuneBuch. Alltag zwischen Widerstand, Anpassung und gelebter Utopie*, Göttingen 1996, S. 196-230.

Benthin, Claudia u. a. (Hg.), *Emotionalität. Zur Geschichte der Gefühle*, Köln, Weimar u. a. 2000.

Benz, Wolfgang (Hg.), *Die Geschichte der Bundesrepublik Deutschland*, 3 Bde., Frankfurt/M. 1989.

Berg, Klaus, Kiefer, Marie-Luise (Hg.), *Massenkommunikation V. Eine Langzeitstudie zur Mediennutzung 1964-1995*, Baden-Baden 1996.

Berg, Regina (Hg.), *Jugendwohngemeinschaften. Eine Standortbestimmung*, München 1987.

Berger, Peter A., »Soziale Ungleichheit und sozio-kulturelle Milieus. Die neuere Sozialstrukturforschung ›zwischen Bewußtsein und Sein‹. Rezensionsessay«, in: *Berliner Journal für Soziologie* 4 (1994), S. 249-264.

Berger, Johannes u. a., *Informeller Sektor und Alternative Ökonomie. Forschungsbericht der Pilotstudie*, Bielefeld 1984.

Berghahn, Volker, *America and the Intellectual Cold Wars*, Princeton 2002.

Berghaus, Margot, *Partnersuche – angezeigt. Zur Soziologie privater Beziehungen*, Frankfurt/M., Berlin u. a. 1985.

Berliner Kinderläden, *Antiautoritäre Erziehung und sozialistischer Kampf*, Köln 1970.

Berne, Eric, »*Was sagen Sie, nachdem Sie ›Guten Tag‹ gesagt haben?*«, Frankfurt/M. [19]2004.

—, *Grundlagen der Gruppenbehandlung*, Paderborn 2005.

—, *Die Transaktionsanalyse in der Psychotherapie*, Paderborn ²2006.

Berman, Paul, *A Tale of Two Utopias. The Political Journey of the Generation of 1968*, New York 1996.

Berndt, Heide, »Kommune und Familie«, in: *Kursbuch* 17 (1969), S. 129-145.

—, »Zu den politischen Motiven bei der Gründung erster antiautoritärer Kinderläden«, in: *Jahrbuch für Pädagogik*, Sonderheft (1995), S. 231-250.

Bertram, Thomas (Hg.), *Der Rote Korsar. Traumwelt Kino der fünfziger und sechziger Jahre*, Essen 1998.

Bertsch, Anja, *Wertewandel im Spiegel der linksalternativen Presse: Eine Fallstudie zur Frankfurter »scene«*, Magisterarbeit Konstanz 2006.

Berufsverband Deutscher Markt- und Sozialforscher, *Handbuch der Marktforschungsunternehmen 1986/87*, Düsseldorf 1986.

Bethge, Horst, Roßmann, Erich (Hg.), *Der Kampf gegen das Berufsverbot. Dokumentation der Fälle und des Widerstands*, Köln 1973.

Beutelschmidt, Thomas, *Sozialistische Audiovision. Zur Geschichte der Medienkultur in der DDR*, Potsdam 1995.

Beyerlein, Bernhard, *Vier Wände sind nicht genug! Wohnräume für Wohngruppen*, Bonn 1982.

Beywl, Wolfgang, »Gegenöffentlichkeit. Tabu und/oder Utopie«, in: ArbeitsGruppe AlternativPresse (Hg.), *Riesengroßes Verzeichnis aller Alternativzeitungen*, Bonn 1981, S. 69-73.

—, »Die Alternativpresse – ein Modell für Gegenöffentlichkeit und seine Grenzen«, in: *APuZ* B 45 (1982), S. 18-31.

—, Brombach, Hartmut, »Kritische Anmerkungen zur Theorie der Alternativpresse«, in: *Publizistik* 27, 4 (1982), S. 551-569.

—, u. a., *Alternative Betriebe in Nordrhein-Westfalen*, Düsseldorf 1984.

Bickerich, Wolfram (Hg.), *Die 13 Jahre. Bilanz der sozialliberalen Koalition*, Reinbek 1982.

Bierbrauer, Günter, *Ein Sozialpsychologe in der Emigration. Kurt Lewins Leben, Werk und Wirkungsgeschichte*, Gerlingen 1992.

Bieri, Sabin, *Vom Häuserkampf zu neuen urbanen Lebensformen. Städtische Bewegungen der 1980er Jahre aus einer raumtheoretischen Perspektive*, Bielefeld 2012.

Biesenbach, Klaus (Hg.), *Zur Vorstellung des Terrors. Die RAF-Ausstellung*, 2 Bde., Göttingen 2005.

Biess, Frank, »Die Sensibilisierung des Subjekts. Angst und ›Neue Subjektivität‹ in den 1970er Jahren«, in: *Werkstatt Geschichte* 49 (2008), S. 51-71.

—, »›Everybody Has a Chance‹: Nuclear Angst, Civil Defence, and the History of Emotions in Postwar Germany«, in: *German History* 27 (2009), S. 215-243.

Billau, Elke u. a. (Hg.), *Bilder und Texte vom Kinderhaus Neuenheim in Heidelberg*, Stuttgart 1980.

Binger, Lothar, »Kritisches Plädoyer für die Gruppe«, in: *Kursbuch* 37 (1974), S. 1-25.

Birke, Peter, »Die Protestbewegungen und die ›kulturelle Revolution‹ der 1960er Jahre in der bundesdeutschen Historiographie: Montage und Virtualität«, in: *Sozial. Geschichte* 22, 2 (2007), S. 7-30.

Birnstiel, Klaus, »West-Berliner Wunderkammer. Das Archiv des Merve-Verlags kann erschlossen werden«, in: *Merkur* 65, 774 (2011), S. 374-377.

Bischoff, Klaus, *Christiania. Der autonome Freistaat in Kopenhagen*, Berlin 1995.

Black, Jeremy, *Europe Since the Seventies*, London 2009.

Blaschke, Olaf, Kuhlemann, Frank-Michael, »Religion und Mentalität im Milieu«, in: dies. (Hg.), *Religion im Kaiserreich. Milieus, Mentalitäten, Krisen*, Gütersloh 1994, S. 1-30.

Blissett, Luther, Brünzels, Sonja, *Jetzt helfe ich mir selbst. Handbuch der Kommunikationsguerilla*, Hamburg o. J.

Blöbaum, Bernd, Werner, Petra, »Geliebt, gelobt, gekündigt? Die *taz* und ihr Publikum. Ergebnisse einer LeserInnen-Befragung«, in: Mast, Claudia (Hg.), *Markt – Macht – Medien. Publizistik zwischen gesellschaftlicher Verantwortung und ökonomischen Zielen*, Konstanz 1996, S. 337-349.

Bloch, Ernst, *Experimentum Mundi. Frage, Kategorien des Hervorbringens, Praxis*, Frankfurt am Main 1985.

–, *Geist der Utopie*, Frankfurt/M. 1985.

–, *Erbschaft dieser Zeit*, Frankfurt/M. ²1992.

–, *Logos der Materie. Eine Logik im Werden*, Frankfurt/M. 2000.

Bochinger, Christoph, »*New Age*« und moderne Religionen. Religionswissenschaftliche Analysen*, Gütersloh 1994.

Böckelmann, Frank, *Befreiung des Alltags. Modelle eines Zusammenlebens ohne Leistungsdruck, Frustration und Angst*, München 1970.

–, *Die schlechte Aufhebung der autoritären Persönlichkeit*, München 1971.

–, *Theorie der Massenkommunikation*, Frankfurt/M. 1975.

–, Nagel, Herbert (Hg.), *Subversive Aktion. Der Sinn der Organisation ist ihr Scheitern*, Frankfurt/M. 2002.

Böke, Henning, *Maoismus. China und die Linke – Bilanz und Perspektive*, Stuttgart 2007.

Bois, Marcel, Hüttner, Bernd (Hg.), *Beiträge zur Geschichte einer pluralen Linken. Theorien und Bewegungen nach 1968*, Heft 2, Berlin o. J.

Bokina, John (Hg.), *Marcuse. From the New Left to the Next Left*, Lawrence 1994.

Boltanski, Luc, Chiapello, Ève, *Der neue Geist des Kapitalismus*, Konstanz 2003.

Bonacker, Thorsten, Schmitt, Lars, »Politischer Protest zwischen latenten Strukturen und manifesten Konflikten. Perspektiven soziologischer Protestforschung am Beispiel der (neuen) Friedensbewegung«, in: *Mitteilungsblatt des Instituts für soziale Bewegungen* 32 (2004), S. 193-213.

Bonnell, Victoria E., Hunt, Lynn, »Introduction«, in: dies. (Hg.), *Beyond the Cultural Turn. New Directions in the Study of Society and Culture*, Berkeley, Los Angeles 1999, S. 1-32.

Bookchin, Murray, *Kommunismus und Selbstbestimmung. Spontaneität und Organisation*, Berlin 1974.

Bopp, Jörg, »Der linke Psychodrom«, in: *Kursbuch* 55 (1979), S. 73-94.

–, *Antipsychiatrie. Theorien, Therapien, Politik*, Frankfurt/M. 1980.

–, »Trauer-Power. Zur Jugendrevolte 1981«, in: *Kursbuch* 65 (1981), S. 151-168.

–, »Geliebt und doch gehasst. Über den Umgang der Studentenbewegung mit Theorie«, in: *Kursbuch* 78 (1984), S. 121-142.

Borchers, Manfred, Derichs-Kunstmann, Karin (Hg.), *Schulen, die ganz anders sind. Erfahrungsberichte aus der Praxis für die Praxis*, Frankfurt/M. 1979.

Borgemeister, Lisa, »Politische Buchhandlungen im Kontext mit der 68er Bewegung in der BRD. Am Beispiel der Marburger Buchhandlung ›Roter Stern‹«, in: Füssel, Stephan (Hg.), *Die Politisierung des Buchmarkts. 1968 als Branchenereignis*, Wiesbaden 2007, S. 91-158.

Borneman, Ernest, »Gruppendynamik und Encounterbewegung«, in: Bachmann, Claus H. (Hg.), *Kritik der Gruppendynamik. Grenzen und Möglichkeiten sozialen Lernens*, Frankfurt/M. 1981, S. 84-117.

Borowsky, Peter, *Deutschland 1970-1976*, Hannover 1980.

Borstelmann, Thomas, »The Shock of the Global«, in: Ferguson, Niall u. a. (Hg.), *The Shock of the Global. The 1970s in Perspective*, London 2010, S. 351-354.

Bösch, Frank, *Das konservative Milieu. Vereinskultur und lokale Sammlungspolitik in ost- und westdeutschen Regionen (1900-1960)*, Göttingen 2002.

Bothien, Horst-Pierre, *Auf zur Demo! Straßenprotest in der ehemaligen Bundeshauptstadt Bonn 1949-1999. Eine Dokumentation*, Bonn 2009.

Bott, Gerhard (Hg.), *Erziehung zum Ungehorsam. Kinderläden berichten aus der antiautoritären Praxis*, Frankfurt/M. 1970.

Bourdieu, Pierre, *Die feinen Unterschiede. Kritik der gesellschaftlichen Urteilskraft*, Frankfurt/M. 1987.

–, *Sozialer Sinn. Kritik der theoretischen Vernunft*, Frankfurt/M. 1987.

–, *Homo academicus*, Frankfurt/M. 1988.

–, »Männliche Herrschaft revisited«, in: *Feministische Studien* 2 (1997), S. 88-99.

Bracher, Karl-Dietrich (Hg.), *Geschichte der Bundesrepublik Deutschland*, 5 Bde., Stuttgart, Wiesbaden 1981-1987.

–, »Politik und Zeitgeist. Tendenzen der siebziger Jahre«, in: ders. u. a., *Republik im Wandel 1969-1975. Die Ära Brandt*, Stuttgart 1986, S. 285-406.

–, u. a., *Republik im Wandel 1969-1974. Die Ära Brandt*, Stuttgart 1986.

Bradford, Leland P. u. a. (Hg.), *Gruppen-Training. T-Gruppentheorie und Laboratoriumsmethode*, Stuttgart 1972.

Brand, Karl-Werner, *Neue Soziale Bewegungen. Entstehung, Funktion und Perspektive neuer Protestpotentiale. Eine Zwischenbilanz*, Opladen 1982.

– (Hg.), *Neue soziale Bewegungen in Westeuropa und den USA. Ein internationaler Vergleich*, Frankfurt/M., New York 1985.

–, »Umweltbewegung«, in: Roth, Roland, Rucht, Dieter (Hg.), *Die sozialen Bewegungen in Deutschland seit 1945. Ein Handbuch*, Frankfurt/M., New York 2008, S. 219-244.

–, u. a., *Aufbruch in eine andere Gesellschaft. Neue soziale Bewegungen in der Bundesrepublik*, Frankfurt/M., New York ²1984.

Brand, Ulrich u. a. (Hg.), *ABC der Alternativen. Von »Ästhetik des Widerstands« bis »Ziviler Ungehorsam«*, Hamburg 2007.

Brandes, Volkhard, Schön, Bernhard (Hg.), *Wer sind die Instandbesetzer? Selbstzeugnisse, Dokumente, Analysen. Ein Lesebuch*, Bensheim 1981.

Brandt, Willy, *Berliner Ausgabe*, Bd. 7, *Mehr Demokratie wagen. Innen- und Gesellschaftspolitik 1966-1974*, bearb. von Wolther von Kieseritzky, Bonn 2001.

Braun, Hans, »Helmut Schelskys Konzept einer ›nivellierten Mittelstandsgesellschaft‹. Würdigung und Kritik«, in: *AfS* 29 (1989), S. 199-223.

Braunbehrens, Burkhart u. a., »Sozialistische Avantgarde und antiautoritärer Massenprotest. Studentenbewegung in Heidelberg«, in: Buselmeier, Karin u. a. (Hg.), *Auch eine Geschichte der Universität Heidelberg*, Mannheim 1985, S. 411-488.

Braunthal, Gerard, *Politische Loyalität und Öffentlicher Dienst. Der »Radikalenerlaß« von 1972 und die Folgen*, Berlin 1992.

Bredekamp, Horst, »Bildakte als Zeugnis und Urteil«, in: Flacke, Monika (Hg.), *Mythen der Nationen. 1945 – Arena der Erinnerungen*, Bd. 1, Mainz 2004, S. 29-66.

Bredow, Wilfried von, Brocke, Rudolf H., *Krise und Protest. Ursprünge und Elemente der Friedensbewegung in Westeuropa*, Opladen 1987.

Breidenstein, Gerhard, »Gemeinschaftsleben und Spiritualität«, in: Kollektiv KommuneBuch (Hg.), *Das KommuneBuch. Alltag zwischen Widerstand, Anpassung und gelebter Utopie*, Göttingen 1996, S. 290-300.

Breiteneicher, Hille Jan u. a. (Hg.), *Kinderläden. Revolution der Erziehung oder Erziehung zur Revolution?*, Reinbek 1971.

Bremer, Traude, *Kinderladen Frankfurterstrasse. Versuch einer pragmatischen Hermeneutik*, Frankfurt/M. 1986.

Bremes, Hans-Erich, Schumacher, Maria (Hg.), *Mit der Vergangenheit in die Zukunft. Felder gewerkschaftlicher Politik seit 1945*, Münster 1989.

Brenner, Helmut, Lange-Vester, Andrea (Hg.), *Soziale Milieus und Wandel der Sozialstruktur. Die gesellschaftlichen Herausforderungen und die Strategien der sozialen Gruppen*, Wiesbaden 2006.

Briesen, Detlef, *Drogenkonsum und Drogenpolitik in Deutschland und den USA. Ein historischer Vergleich*, Frankfurt/M., New York 2005.

Brink, Cornelia, »Psychiatrie und Politik: Zum Sozialistischen Patientenkollektiv in Heidelberg«, in: Weinhauer, Klaus u. a. (Hg.), *Terrorismus in der Bundesrepublik. Medien, Staat und Subkulturen in den 1970er Jahren*, Frankfurt/M., New York 2006, S. 134-153.

Bröckers, Matthias u. a. (Hg.), *Die taz. Das Buch. Aktuelle Ewigkeitswerte aus zehn Jahren »tageszeitung«*, Frankfurt/M. 1989.

Bröckling, Ulrich, »Projektwelten. Anatomie einer Vergesellschaftungsform«, in: *Leviathan* 33, 3 (2005), S. 364-383.

–, »Und ... wie war ich? Über Feedback«, in: *Mittelweg 36* 15, 2 (2006), S. 27-44.

–, *Das unternehmerische Selbst. Soziologie einer Subjektivierungsform*, Frankfurt/M. 2007.

–, »Regime des Selbst – Ein Forschungsprogramm«, in: Bonacker, Thorsten, Reckwitz, Andreas (Hg.), *Kulturen der Moderne. Soziologische Perspektiven der Gegenwart*, Frankfurt/M., New York 2007, S. 119-139.

–, u. a. (Hg.), *Gouvernementalität der Gegenwart. Studien zur Ökonomisierung des Sozialen*, Frankfurt/M. 2001.

Brokamp, Barbara, Klaus, Lissi (Hg.), *... kein schwaches Geschlecht*, Dortmund 1981.

Bromell, Nick, *Tomorrow Never Knows. Rock and Psychedelics in the 1960s*, Chicago 2000.

Brosch, Peter, *Heimterror und Gegenwehr*, Frankfurt/M. 1971.

Broszat, Martin (Hg.), *Zäsuren nach 1945. Essays zur Periodisierung der deutschen Nachkriegsgeschichte*, München 1990.

Brown, Timothy S., »Music as Weapon? *Ton Steine Scherben* and the Politics of Rock in Cold War Berlin«, in: *German Studies Review* 23, 1 (2009), S. 1-22.

–, Anton, Lorena (Hg.), *Between the Avant-Garde and the Everyday. Subversive Politics in Europe from 1957 to the Present*, New York, Oxford 2011.

Brückner, Peter, »Nachruf auf die Kommunebewegung«, in: Kerbs, Diethard (Hg.), *Die hedonistische Linke. Beiträge zur Subkultur-Debatte*, Neuwied 1970, S. 124-142.

–, »Großfamilie, Wohngemeinschaft, Kommune [1973]«, in: Schülein, Johann A. (Hg.), *Kommunen und Wohngemeinschaften. Der Familie entkommen? Eine Textsammlung*, Gießen 1978, S. 174-196.

–, »Thesen zur Diskussion der ›Alternativen‹«, in: Kraushaar, Wolfgang (Hg.), *Autonomie oder Getto? Kontroversen über die Alternativbewegung*, Frankfurt/M. 1978, S. 68-85.

–, »Zur soziologischen Struktur der Alternativszene und Subkultur«, in: Netzwerk Selbsthilfe (Hg.), *Ein Jahr Netzwerk Selbsthilfe. Ein dokumentarisches Szenarium*, Berlin 1979, S. 84-86.

–, *Selbstbefreiung, Provokation und soziale Bewegungen*, Berlin 1983.

–, *Zerstörung des Gehorsams. Aufsätze zur politischen Psychologie*, Berlin 1983.

Brüggemeier, Franz-Josef, Engels, Jens I. (Hg.), *Natur- und Umweltschutz nach 1945. Konzepte, Konflikte, Kompetenzen*, Frankfurt/M. 2005.

Brumann, Christoph, *Die Kunst des Teilens. Eine vergleichende Untersuchung zu den Überlebensbedingungen kommunitärer Gruppen*, Hamburg 1998.

Brumlik, Micha, »›Autorität‹ und ›Antiautoritarismus‹«, in: Baader, Meike S. (Hg.), »*Seid realistisch, verlangt das Unmögliche«. Wie 1968 die Pädagogik bewegte*, Weinheim, Basel 2008, S. 184-211.

Brunhöber, Hanna, »Wohnen«, in: Benz, Wolfgang (Hg.), *Die Bundesrepublik Deutschland*, Bd. 2, *Gesellschaft*, Frankfurt/M. 1983, S. 183-208.

Brunkhorst, Hauke, »Marxismus und Alternativbewegungen«, in: *Neue Rundschau* 1 (1981), S. 100-115.

Brzoska, Georg, »Männerpolitik und Männerbewegung«, in: Brandes, Holger, Bullinger, Hermann (Hg.), *Handbuch Männerarbeit*, Weinheim 1996, S. 74-89.

Bucher, Willi, Pohl, Klaus (Hg.), *Schock und Schöpfung. Jugendästhetik im 20. Jahrhundert*, Darmstadt, Neuwied u. a. 1986.

Buchholtz, Hans-Christoph, Mez, Lutz (Hg.), *Widerstand gegen Atomkraftwerke. Informationen für Atomkraftwerkgegner und solche, die es werden wollen*, Wuppertal 1978.

Buchmann, Marlis, Eisner, Manuel, »Selbstbilder und Beziehungsideale im 20. Jahrhundert. Individualisierungsprozesse im Spiegel von bekanntschafts- und Heiratsinseraten«, in: Hradil, Stefan (Hg.), *Differenz und Integration. Die Zukunft moderner Gesellschaften. Verhandlungen des 28. Kongresses der Deutschen Gesellschaft für Soziologie in Dresden 1996*, Frankfurt/M., New York 1997, S. 343-357.

–, Eisner, Manuel, »Freizeit als Element des Lebensstils und Mittel kultureller Distinktion, 1900-1996«, in: Honegger, Claudia u. a. (Hg.), *Grenzenlose Gesellschaft?*, Frankfurt/M. 1999, S. 590-608.

Bude, Heinz, »The German Kriegskinder. Origins and Impact of the Generation of 1968«, in: Roseman, Mark (Hg.), *Generations in Conflict. Youth Revolt and Generation Formation in Germany 1770-1969*, Cambridge 1995, S. 290-305.

–, »Achtundsechzig«, in: François, Étienne, Schulze, Hagen (Hg.), *Deutsche Erinnerungsorte*, Bd. 2, München ³2003, S. 122-134.

–, Greiner, Bernd (Hg.), *Westbindungen: Amerika in der Bundesrepublik*, Hamburg 1999.

Bühler, Theo, *Von der Kommune zur Wohngemeinschaft – studentisches Engagement und kollektives Wohnen*, Bonn 1985.

Bührmann, Andrea, *Das authentische Geschlecht. Die Sexualitätsdebatte in der Neuen Frauenbewegung und die Foucaultsche Machtanalyse*, Münster 1995.

Büntig, Wolf E., »Das Werk von Wilhelm Reich und seinen Nachfolgern«, in: Eicke, Dieter (Hg.), *Die Psychologie des 20. Jahrhunderts*, Bd. 3, Zürich 1976.

Büsser, Martin, *If the kids are united. Von Punk zu Hardcore und zurück*, Mainz 1998.

Buhmann, Inga, *Ich habe mir eine Geschichte geschrieben*, Frankfurt/M. 1983.

Bundesministerium für Jugend, Familie und Gesundheit (Hg.), *Zweiter Familienbericht. Familien und Sozialisation – Leistungen und Leistungsgrenzen der Familie hinsichtlich des Erziehungs- und Bildungsprozesses der jungen Generation*, 2 Teile, Bonn 1975.

–, »Zur alternativen Kultur in der Bundesrepublik Deutschland«, in: *APuZ* B 39 (1981), S. 3-15.

– (Hg.), *Jugend in der Bundesrepublik heute – Aufbruch oder Verweigerung*, Bonn 1981.

Burger, Kathrin, *Blumenkinder – und die Kinder? Ein Buch über Kinder in Wohngemeinschaften der 70er Jahre. Erinnerungen. Wissenschaftliches. Interviews*, Norderstedt 2003.

Burkart, Günter, »Einleitung. Selbstreflexion und Bekenntniskultur«, in: ders. (Hg.), *Die Ausweitung der Bekenntniskultur – neue Formen der Selbstthematisierung?*, Wiesbaden 2006, S. 7-40.

Burns, Rob, van der Will, Wilfried, *Protest and Democracy in West Germany. Extra-Parliamentary Opposition and the Democratic Agenda*, New York 1988.

Buro, Andreas, »Friedensbewegung«, in: Roth, Roland, Rucht, Dieter (Hg.), *Die sozialen Bewegungen in Deutschland seit 1945. Ein Handbuch*, Frankfurt/M., New York 2008, S. 267-292.

Busch, Christoph, Freundeskreis Freie Radios Münster (Hg.), *Was Sie schon immer über Freie Radios wissen wollten, aber nie zu fragen wagten!*, Münster 1981.

Busche, Erika und Ernst, »Gedanken zur antiautoritären Erziehung«, in: *vorgänge* 9, 5 (1970), S. 186-191.

Busche, Jürgen, *Die 68er. Biographie einer Generation*, Berlin 2003.

Bust-Bartels, Axel, »Massenarbeitslosigkeit, ökologischer Umbau und die Rolle der neuen sozialen Bewegungen«, in: *Forschungsjournal Neue Soziale Bewegungen* 2, 1 (1989), S. 44-56.

Büteführ, Nadja, *Zwischen Anspruch und Kommerz. Lokale Alternativpresse*

1970-1993. Systematische Herleitung und empirische Überprüfung, Münster, New York 1995.

Butterwegge, Christoph u. a. (Hg.), *30 Jahre Ostermarsch. Ein Beitrag zur politischen Kultur der Bundesrepublik Deutschland und ein Stück Bremer Stadtgeschichte*, Bremen 1990.

Cailloux, Bernd, *Das Geschäftsjahr 1968/69*, Frankfurt/M. 2005.

Calogeras, Roy C., Schupper, Fabian X., »Verschiebung der Abwehrformen und einige ihrer Konsequenzen für die analytische Arbeit«, in: Horn, Klaus (Hg.), *Gruppendynamik und der »subjektive Faktor«. Repressive Entsublimierung oder politisierende Praxis*, Frankfurt/M. 1972, S. 312-348.

Calzavara, Maria u. a. (Autorenkollektiv), *Demokratische Studentenbewegung in den USA, der BRD, Frankreich und Großbritannien: Stand und Probleme*, Berlin (Ost) 1978.

Candappa, Eileen, Haas, Harry, *Gemeinsam kochen. Ein Werkbuch für Familien und Gruppen*, Frankfurt/M. ²1981.

Canning, Kathleen, »The Body as Method? Reflections on the Place of the Body in Gender History«, in: *Gender & History* 11 (1999), S. 499-513.

Cantzen, Rolf, *Weniger Staat – mehr Gesellschaft. Freiheit – Ökologie – Anarchismus*, Frankfurt/M. 1987.

Capelli, Luciano, *Alice ist der Teufel. Praxis einer subversiven Kommunikation Radio Alice (Bologna)*, Berlin 1977.

Capra, Fritjof, *Wendezeit. Bausteine für ein neues Weltbild*, Bern, München u. a. 1983.

Carini, Marco, Fritz Teufel, *Wenn's der Wahrheitsfindung dient*, Hamburg 2003.

Caty, Gilbert-François, *Die umstrittenen Erben. Longo Mai und die europäischen Medien*, Gießen 1983.

Charters, Ann (Hg.), *The Portable Sixties Reader*, New York 2003.

Chevalier, Jean, Gheerbrant, Alain, *Dictionnaire des symboles*, Paris 1982.

Chevalier, Jean-Marie, *Energie – die geplante Krise. Ursachen und Konsequenzen der Ölknappheit in Europa*, Frankfurt/M. 1976.

Chotjewitz, Peter O., *Vom Leben und Lernen*, Darmstadt 1969.

Claessens, Dieter, de Ahna, Karen, »Das Milieu der Westberliner ›scene‹ und die ›Bewegung 2. Juni‹«, in: von Baeyer-Katte, Wanda u. a. (Hg.), *Gruppenprozesse*, Opladen 1982, S. 20-181.

Classen, Christoph, *Bilder der Vergangenheit. Die Zeit des Nationalsozialismus im Fernsehen der Bundesrepublik Deutschland 1956-1965*, Köln, Weimar u. a. 1999.

Claßen, Johannes (Hg.), *Antiautoritäre Erziehung in der wissenschaftlichen Diskussion*, Heidelberg 1973.

Claussen, Detlev, »Chiffre 68«, in: Harth, Dietrich, Assmann, Jan (Hg.), *Revolution und Mythos*, Frankfurt/M. 1992, S. 219-228.

–, u. a. (Hg.), *Keine Kritische Theorie ohne Amerika*, Frankfurt/M. 1999.

Claviez, Thomas, »Time, Alterity, Hybridity and ›Exemplary Universality‹: Some Remarks on Alessandro Ferrara's Concept of ›Reflective Authenticity‹«, in: Straub, Julia (Hg.), *Paradoxes of Authenticity. Studies on a Critical Concept*, Bielefeld 2012, S. 77-92.

Clement, Ulrich, *Sexualität im sozialen Wandel: Eine empirische Vergleichsstudie an Studenten 1966 und 1981*, Stuttgart 1986.

Cohen, Deborah, Frazier, Lessie J. (Hg.), *Gender and Sexuality in the Global 1968. Transformative Politics in the Cultural Imagination*, New York 2009.

Cohn-Bendit, Daniel, *Der große Basar*, München 1975.

–, »Tyrannei der Mehrheit – Tyrannei der Betroffenheit«, in: Erbring, Lutz u. a. (Hg.), *Medien ohne Moral. Variationen über Journalismus und Ethik*, Berlin 1988, S. 105-124.

–, *Wir haben sie so geliebt, die Revolution*, Berlin 2001.

–, Dammann, Rüdiger (Hg.), *1968. Die Revolte*, Frankfurt/M. 2007.

Conti, Christoph [Pseudonym von Christoph Hennig], *Abschied vom Bürgertum. Alternative Bewegungen in Deutschland von 1890 bis heute*, Reinbek 1984.

Conze, Eckart, »Eine bürgerliche Republik? Bürgertum und Bürgerlichkeit in der westdeutschen Nachkriegsgesellschaft«, in: *GG* 30 (2004), S. 527-542.

–, »Sicherheit als Kultur. Überlegungen zu einer ›modernen Politikgeschichte‹ der Bundesrepublik Deutschland«, in: *VfZ* 53 (2005), S. 357-380.

–, *Die Suche nach Sicherheit. Eine Geschichte der Bundesrepublik Deutschland von 1949 bis in die Gegenwart*, München 2009.

–, »Modernitätsskepsis und die Utopie der Sicherheit. NATO-Nachrüstung und die Friedensbewegung in der Geschichte der Bundesrepublik«, in: *Zeithistorische Forschungen/Studies in Contemporary History*, Onlineausgabe 7, 2 (2010), ⟨http://www.zeithistorische-forschungen. de/site/40209040/default.aspx⟩, letzter Zugriff am 16. 04. 2013.

Cooper, Alice H., *Paradoxes of Peace. German Peace Movements since 1945*, Ann Arbor 1996.

Crew, David (Hg.), *Consuming Germany in the Cold War. Consumption and National Identity in East and West Germany, 1949-1989*, New York 2003.

Cunliffe, Marcus, *In Search of America. Transatlantic Essays*, New York 1991.

Cyprian, Gudrun, *Sozialisation in Wohngemeinschaften. Eine empirische Untersuchung ihrer strukturellen Bedingungen*, Stuttgart 1978.

Czubayko, Astrid, *Die Sprache von Studenten- und Alternativbewegungen*, Aachen 1997.

Damberg, Wilhelm, *Abschied vom Milieu? Katholizismus im Bistum Münster und in den Niederlanden 1945-1980*, Paderborn, München u. a. 1997.

Damme, Rudi H. G., *Zur Stabilität von politischen Wohngruppen. Ein Modell aktivierender Sozialforschung zur Theorie und Praxis des kollektiven Alltags*, Hannover 1977.

Dane, Gesa u. a. (Hg.), *Anschlüsse. Versuche nach Michel Foucault*, Tübingen 1985.

Daniel, Ute, »Die Politik der Propaganda. Zur Praxis gouvernementaler Selbstrepräsentation vom Kaiserreich bis zur Bundesrepublik«, in: dies., Siemann, Wolfram (Hg.), *Propaganda. Meinungskampf und Verführung und politische Sinnstiftung 1789-1989*, Frankfurt/M. 1994, S. 44-82.

Danneberg, Bärbel u. a. (Hg.), *Die »68er«. Eine Generation und ihr Erbe*, Wien 1998.

Dannenbaum, Thomas, »›Atom-Staat‹ oder ›Unregierbarkeit‹? Wahrnehmungsmuster im westdeutschen Atomkonflikt der siebziger Jahre«, in: Brüggemeier, Franz-Josef, Engels, Jens-Ivo (Hg.), *Natur- und Umweltschutz nach 1945. Konzepte, Konflikte, Kompetenzen*, Frankfurt/M., New York 2005, S. 268-285.

Danzmann, Gudrun, »Über die Wohngemeinschaften meiner Töchter 1971-1979«, in: Schülein, Johann A. (Hg.), *»... vor uns die Mühen der Ebenen«. Alltagsprobleme und Perspektiven von Wohngemeinschaften*, Gießen 1980, S. 227-243.

Daum, Andreas, *Kennedy in Berlin. Politik, Kultur und Emotionen im Kalten Krieg*, Paderborn 2003.

–, u. a. (Hg.), *America, the Vietnam War, and the World. Comparative and International Perspectives*, New York 2003.

Daum, Thomas, *Die 2. Kultur. Alternativliteratur in der Bundesrepublik*, Mainz 1981.

Däumling, Adolf M., »Sensitivity Training«, in: Kutter, Peter (Hg.), *Gruppendynamik der Gegenwart*, Darmstadt 1981, S. 133-155.

Davis, Belinda, »From Starbuck to Starbucks, or, Terror: What's in a Name?«, in: *Radical History Review* 85 (2002), S. 37-57.

–, »Provokation als Emanzipation. 1968 und die Emotionen«, in: *vorgänge* 42, 4 (2003), S. 41-49.

–, »The Gender of War and Peace. Rhetoric in the West German Peace Movement of the Early 1980s«, in: *Mitteilungsblatt des Instituts für soziale Bewegungen* 32 (Dezember 2004), S. 84-114.

–, »Jenseits von Terror und Rückzug. Die Suche nach politischem Spielraum und Strategien im Westdeutschland der siebziger Jahre«, in: Weinhauer, Klaus u. a. (Hg.), *Terrorismus in der Bundesrepublik. Medien, Staat und Subkulturen in den 1970er Jahren*, Frankfurt/M., New York 2006, S. 154-186.

–, »New Leftists and West Germany. Fascism, Violence and the Public Sphere, 1967-74«, in: Gassert, Philipp, Steinweis, Alan E. (Hg.), *Coping with the Nazi Past. West German Debates on Nazism and Generational Conflict, 1955-1975*, New York 2006, S. 388-437.

–, »The City as Theater of Protest. West Berlin and West Germany, 1962-1983«, in: Prakash, Gyan, Kruse, Kevin M. (Hg.), *The Spaces of the Modern City. Imaginaries, Politics, and Everyday Life*, Princeton 2008, S. 247-274.

–, u. a., »Forum 1977«, in: *German History* 25, 3 (2007), S. 401-421.

, u. a. (Hg.), *Changing the World, Changing the Self. Political Protest and Collective Identities in West Germany and the U. S. in the 1960s and 1970s*, New York 2010.

Daviter, Jürgen u. a., *Selbstverwaltungswirtschaft – gegen Wirtschaft und Recht?*, Bielefeld 1987.

Dean, Mitchell, *Governmentality. Power and Rule in Modern Society*, London 1999.

Debord, Guy, *Die Gesellschaft des Spektakels*, Berlin 1996.

Demele, Thomas, *Leben & Lernen in Landkommunen. Die Landkommune als alternatives Erziehungsmodell*, Herford 1979.

Denk, Larissa, Spille, Jan, »Kleidsamer Protest – Medium und Moden des Protestes«, in: Schönberger, Klaus, Sutter, Ove (Hg.), *Kommt herunter, reiht euch ein … Eine kleine Geschichte der Protestformen sozialer Bewegungen*, Berlin, Hamburg 2009, S. 210-233.

Dermitzel, Regine, »Thesen zur antiautoritären Erziehung«, in: *Kursbuch* 17 (1969), S. 179-187.

Deutsches Jugendinstitut (Hg.), *Immer diese Jugend! Ein zeitgeschichtliches Mosaik. 1945 bis heute*, München 1985.

Deutz, Monica, »Alternativ oder konservativ? Zur jüngeren Geschichte der Alternativbewegung«, in: *Ästhetik & Kommunikation* 36 (1979), S. 29-45.

Di Nallo, Egeria, *Indiani di città*, Bologna 1977.

Dickinson, Edward R., Wetzell, Richard F., »The Historiography of Sexuality in Modern Germany«, in: *German History* 23, 3 (2005), S. 291-305.

Diederich, Axel u. a. (Hg.), *Verzeichnis der Alternativ-Presse*, Berlin 1986.

Diedrichsen, Diedrich, »Coolness. Souveränität und Delegation«, in: Huber, Jörg (Hg.), *Person/Schauplatz*, Zürich, Wien 2003, S. 243-254.

Dietl, Wilhelm, *Die BKA Story*, München 2004.

Diner, Dan, *America in the Eyes of the Germans. An Essay on Anti-Americanism*, Princeton 1996.

Dinné, Olaf u. a. (Hg.), *anno dunnemals: 68 in Bremen*, Bremen 1998.

Dirke, Sabine von, *»All Power the Imagination!« The West German Counterculture from the Student Movement to the Greens*, London 1997.

Ditfurth, Jutta, *Das waren die Grünen. Abschied von einer Hoffnung*, München 2000.

–, *Ulrike Meinhof. Die Biographie*, Berlin 2007.

Dobler, Jens, Rimmele, Harald, »Schwulenbewegung«, in: Roth, Roland, Rucht, Dieter (Hg.), *Die sozialen Bewegungen in Deutschland seit 1945. Ein Handbuch*, Frankfurt/M., New York 2008, S. 541-556.

Döbert, Rainer, Nunner-Winkler, Gertrud, *Adoleszenzkrise und Identitätsbildung*, Frankfurt/M. 1975.

Doehring, Karl u. a., *Jahrhundertschuld, Jahrhundertsühne. Reparation, Wiedergutmachung, Entschädigung für nationalsozialistisches Kriegs- und Verfolgungsunrecht*, München 2001.

Doering-Manteuffel, Anselm, Raphael, Lutz, *Nach dem Boom. Perspektiven auf die Zeitgeschichte seit 1970*, Göttingen ²2010.

Dolezal, Ulrike, *Erzieherverhalten in Kinderläden*, Wiesbaden 1975.

Donat, Helmut, Tammsen, Johann P., *Friedenszeichen – Lebenszeichen: Pazifismus zwischen Verächtlichmachung und Rehabilitierung. Ein Lesebuch zur Friedenserziehung*, Bremerhaven 1982.

Doormann, Lottemi, »Lernen mit Leben und Arbeit verbinden: Die Tvind-Schulen in Dänemark«, in: Borchert, Manfred, Derichs-Kunstmann, Karin (Hg.), *Schulen, die ganz anders sind*, Frankfurt/M. 1979, S. 103-133.

– (Hg.), *Keiner schiebt uns weg. Zwischenbilanz in der Bundesrepublik*, Weinheim, Basel 1979.

–, *Wartet nicht auf bess're Zeiten. Frauenpolitik aus Bonn und Alternativen der Frauenbewegung*, Köln 1980.

–, »Aufbruch aus dem Männerghetto. Die Kinderfrage in der Frauenbewegung seit 1968«, in: Dietz, Gabriele u. a. (Hg.), *wild + zahm. Die siebziger Jahre*, Berlin 1997, S. 177-181.

Dorsch, Petra E., *Neue Medien im sublokalen Kommunikationsraum – Die sogenannte Alternativpresse im sozialen Umfeld*, München 1981 (= Gutachten im Auftrag des Presse- und Informationsamtes der Bundesregierung) (eine Kopie befindet sich im ASB Freiburg, Signatur: 11.0).

Dräger, Klaus, Hülsberg, Werner, *Aus für Grün. Die grüne Orientierungskrise zwischen Anpassung und Systemopposition*, Frankfurt/M. 1986.

Drechsler, Michael, *Selbstorganisierte Medienarbeit in basisdemokratischen Initiativen. Die Filmprojekte im Märkischen Viertel Berlin*, Berlin 1980.

Dreitzel, Hans P., »Der Körper in der Gestalttherapie«, in: Kamper, Dietmar, Wulf, Christoph (Hg.), *Die Wiederkehr des Körpers*, Frankfurt/M. 1982, S. 52-67.

Drewek, Peter, »Zur Bedeutung der Familie im Strukturwandel des deutschen Bildungssystems in der zweiten Hälfte des 20. Jahrhunderts«, in: *Zeitschrift für pädagogische Historiographie* 13, 2 (2007), S. 78-84.

Dröge, Franz, Krämer-Badoni, Thomas, *Die Kneipe. Zur Soziologie einer Kulturform oder »Zwei Halbe auf mich!«*, Frankfurt/M. 1987.

Dubinsky, Karen u. a. (Hg.), *New World Coming. The Sixties and the Shaping of Global Consciousness*, Toronto 2009.

Duchkowitsch, Wolfgang, *Die Spirale des Schweigens. Zum Umgang mit der nationalsozialistischen Zeitungswissenschaft*, Münster 2004.

Duhm, Dieter, *Angst im Kapitalismus. Zweiter Versuch der gesellschaftlichen Begründung zwischenmenschlicher Angst in der kapitalistischen Warengesellschaft*, Lampertheim 1972.

–, *Der Mensch ist anders. Besinnung auf verspottete, aber notwendige Inhalte einer ganzheitlichen Theorie der Befreiung. Kritik am Marxismus. Beiträge zur Korrektur*, Lampertheim 1976.

–, *Zentrum für experimentelle Gesellschaftsgestaltung (ZEGG). Konzept eines ökologischen Dorfes als Forschungs- und Bildungszentrum*, Lampertheim 1978.

–, *Aufbruch zur Neuen Kultur. Von der Verweigerung zur Neugestaltung. Umrisse einer ökologischen und menschlichen Alternative*, München 1982.

–, u. a., *Die AAO – faschistoid, sexistisch, spalterisch, unpolitisch, frauenfeindlich?*, O. O. [1977] [hektographierter Selbstdruck].

Dunkel, Franziska, Stramaglia-Faggion, Gabriella (Hg.), *Für 50 Mark einen Italiener. Zur Geschichte der Gastarbeiter in München*, München 2000.

Duerr, Hans Peter u. a., *Die Rückkehr des Imaginären. Märchen, Magie, Mythos, Anfänge einer anderen Politik*, München 1981.

–, (Hg.), *Authentizität und Betrug in der Ethnologie*, Frankfurt/M. 1987.

Dullaart, Leo, »Neue Sensibilität und Erfahrung. Antiautoritäre Bewegung und religiöser Protest«, in: Menne, Ferdinand W. (Hg.), *Neue Sensibilität. Alternative Lebensmöglichkeiten*, Darmstadt, Neuwied 1974, S. 145-164.

Durrer, Lorenz, »Born to be wild: Rockmusik und Protestkultur in den 1960er Jahren«, in: Klimke, Martin, Scharloth, Joachim (Hg.), *1968. Handbuch zur Kultur- und Mediengeschichte der Studentenbewegung*, Stuttgart, Weimar 2007, S. 161-174.

Dussel, Konrad, »Vom Radio- zum Fernsehzeitalter. Medienumbrüche in sozialgeschichtlicher Perspektive«, in: Schildt, Axel u. a. (Hg.), *Dynamische Zeiten. Die 60er Jahre in den beiden deutschen Gesellschaften*, Hamburg 2000, S. 673-694.

–, »Medienkonsum als Ausdruck sozialen Lebensstils. Überlegungen zu Entwicklungen in den sechziger und frühen siebziger Jahren«, in: Frese, Matthias u. a. (Hg.), *Demokratisierung und gesellschaftlicher Aufbruch. Die sechziger Jahre als Wendezeit der Bundesrepublik*, Paderborn/Wien 2003, S. S. 647-665.

Dutschke, Gretchen, *Rudi Dutschke. Wir hatten ein barbarisches, schönes Leben*, Köln 1996.

Dutschke, Rudi, *Geschichte ist machbar. Texte über das herrschende Falsche und die Radikalität des Friedens*, hg. von Jürgen Miermeister, Berlin 1981.

–, »Zum Verhältnis von Organisation und Emanzipationsbewegung –

Zum Besuch Herbert Marcuses«, in: Kraushaar, Wolfgang (Hg.), *Frank-furter Schule und Studentenbewegung. Von der Flaschenpost zum Molotow-cocktail 1946 bis 1995*, Bd. 2, Hamburg ²1998, S. 255-260.

—, *Jeder hat sein Leben ganz zu leben. Die Tagebücher 1963-1979*, Köln 2005.

Dürr, Andreas, *Karlsruher Stattbuch 1980. Kultur, Soziales, Literatur, Selbst-hilfe, Kommunikation*, Ettlingen 1980.

Ebbinghaus, Angelika u. a. (Hg.), *1968 – ein Blick auf die Protestbewegung 40 Jahre danach aus globaler Perspektive*, Leipzig 2009.

Eckardt, Julian von u. a. (Hg.), *Generalspaltung. Von der Studentenbewegung zu den Sekten und Zirkeln. Das vollständige Protokoll einer Debatte, exem-plarisch geführt nach dem Heidelberger SDS*, Heidelberg 1972.

Eckert, Roland, »Das Bewußtsein bestimmt das Sein. Neue Soziale Bewe-gungen als Strukturelement der entwickelten Moderne«, in: Willems, Herbert, Hahn, Alois (Hg.), *Identität und Moderne*, Frankfurt/M. 1999, S. 487-508.

Eder, Angelika (Hg.), *»Wir sind auch da!« Über das Leben von und mit Migranten in europäischen Großstädten*, Hamburg 2003.

Eder, Franz X., »Das Sexuelle beschreiben, zeigen und aufführen. Media-le Strategien im deutschsprachigen Sexualdiskurs von 1945 bis Anfang der siebziger Jahre«, in: Bänziger, Peter-Paul u. a. (Hg.), *Fragen Sie Dr. Sex! Ratgeberkommunikation und die mediale Konstruktion des Sexuellen*, Frankfurt/M. 2010, S. 94-122.

Edwards, Mark, *Christiania. Versuche, anders zu leben*, Reinbek 1980.

Eichler, Antje, *Protest im Radio. Die Berichterstattung des Bayerischen Rund-funks über die Studentenbewegung 1967/1968*, Frankfurt/M., Berlin 2005.

Eichner, Klaus, »Wohnformen und Wohnzufriedenheit. Eine empirische Untersuchung«, in: *Soziale Welt* 27 (1976), S. 323-342.

Eisenhardt, Hermann, *Klassenbegriff und Praxisverfall in der Neuen Linken. Zur Geschichte der Studentenbewegung in der Bundesrepublik*, München 1975.

Eitler, Pascal, »Politik und Religion. Semantische Grenzen und Grenzver-schiebungen in der Bundesrepublik Deutschland (1965-1975)«, in: Fre-vert, Ute, Haupt, Heinz-Gerhard (Hg.), *Neue Politikgeschichte. Perspek-tiven einer historischen Politikforschung*, Frankfurt/M. 2005, S. 268-303.

—, »Die ›sexuelle‹ Revolution – Körperpolitik um ›1968‹«, in: Klimke, Mar-tin, Scharloth, Joachim (Hg.), *1968. Handbuch zur Kultur- und Medien-geschichte der Studentenbewegung*, Stuttgart, Weimar 2007, S. 235-246.

—, »Körper – Kosmos – Kybernetik. Transformationen der Religion im ›New Age‹ (Westdeutschland 1970-1990)«, in: *Zeithistorische Forschun-gen/Studies in Contemporary History*, Onlineausgabe 4, 1/2 (2007), S. 1-11.

—, »Die Produktivität der Pornographie. Visualisierung und Therapeutisierung der Sexualität nach 1968«, in: Pethes, Nicolas, Schicktanz, Silke (Hg.), *Sexualität als Experiment. Identität, Lust und Reproduktion zwischen Science und Fiction*, Frankfurt/M., New York 2008, S. 255-273.

–, »*Gott ist tot – Gott ist rot*«. *Max Horkheimer und die Politisierung der Religion um 1968*, Frankfurt/M. 2009.

–, »›Auferstehung‹ als ›Aufstand‹. Die Gewaltfrage und die Politisierung der Religion um 1968«, in: Kersting, Franz-Werner u. a. (Hg.), *Die zweite Gründung der Bundesrepublik. Generationswechsel und intellektuelle Wortergreifungen 1955-1975*, Stuttgart 2010, S. 153-171.

–, »Der ›Neue Mann‹ des ›New Age‹. Emotion und Religion in der Bundesrepublik Deutschland 1970-1990«, in: Verheyen, Nina, Borutta, Manuel (Hg.), *Die Präsenz der Gefühle. Männlichkeit und Emotion in der Moderne*, Bielefeld 2010, S. 279-304.

Elber, Rolf, Hansen, Sven (Hg.), *Beiträge zur Geschichte des Sozialistischen Deutschen Studentenbundes*, Berlin: AStA der FU Berlin 1987.

Elberfeld, Jens, »›Patient Familie‹. Zu Diskurs und Praxis der Familientherapie (BRD 1960-1990)«, in: Maasen, Sabine u. a. (Hg.), *Das beratene Selbst. Zur Geneaologie der Therapeutisierung in den »langen« Siebzigern*, Bielefeld 2011, S. 97-136.

–, »Subjekt/Beziehung: Patriarchat – Partnerschaft – Projekt. Psychowissen und Normalisierungspraktiken im Diskurs der Paartherapie (BRD 1960-1990)«, in: Tändler, Maik, Jensen, Uffa (Hg.), *Das Selbst zwischen Anpassung und Befreiung. Psychowissen und Politik im 20. Jahrhundert*, Göttingen 2012, S. 85-114.

Eley, Geoff, *Forging Democracy. The History of the Left in Europe, 1850-2000*, Oxford 2000.

Ellerbrock, Dagmar, *»Healing Democracy« – Demokratie als Heilmittel. Gesundheit, Krankheit und Politik in der amerikanischen Besatzungszone 1945-1949*, Bonn 2004.

Ellwein, Thomas, *Krisen und Reformen. Die Bundesrepublik seit den sechziger Jahren*, München 1989.

–, Holtmann, Everhard (Hg.), *50 Jahre Bundesrepublik Deutschland. Rahmenbedingungen – Entwicklungen – Perspektiven*, Opladen, Wiesbaden 1999.

Ellwood, David W., Kroes, Rob (Hg.), *Hollywood in Europe. Experiences of a Cultural Hegemony*, Amsterdam 1994.

Elsaesser, Thomas, *Rainer Werner Fassbinder*, Amsterdam 1996.

Elter, Andreas, *Propaganda der Tat. Die RAF und die Medien*, Frankfurt/M. 2008.

Emge, Richard M., *Soziologie des Familienhaushalts*, Paderborn, München u. a. ²1981.

Emig, Günther u. a. (Hg.), *Die Alternativpresse. Kontroversen, Polemiken, Dokumente*, Ellwangen 1980.

Enderwitz, Ulrich, *Die Republik frißt ihre Kinder: Hochschulreform und Studentenbewegung in der Bundesrepublik Deutschland*, Berlin 1986.

Engdahl, William F., *Mit der Ölwaffe zur Weltmacht. Der Weg zur neuen Weltordnung*, Wiesbaden ²2003.

Engelmayer, Otto (Hg.), *Die Antiautoritätsdiskussion in der Pädagogik. Quellentexte, Kommentare, Analyse*, Neuburgweier, Karlsruhe 1973.

Engels, Jens I., »Verhaltensstile im Umweltprotest. Bausteine zu einer vergleichenden Untersuchung von Protestbewegungen«, in: *vorgänge* 42, 4 (2003), S. 50-58.

–, »›Politischer Verhaltensstil‹ am Beispiel des Natur- und Umweltschutzes in der Geschichte der Bundesrepublik«; in: Brüggemeier, Franz-Josef, Engels, Jens I. (Hg.), *Natur- und Umweltschutz in Deutschland nach 1945. Konzepte, Konflikte, Kompetenzen*, Frankfurt/M. 2005, S. 184-202.

–, *Naturpolitik in der Bundesrepublik. Ideenwelt und politische Verhaltensstile in Naturschutz und Umweltbewegung 1950-1980*, Paderborn 2006.

Engler, Wolfgang, *Die Ostdeutschen. Kunde von einem verlorenen Land*, Berlin ³1999.

–, *Lüge als Prinzip. Aufrichtigkeit im Kapitalismus*, Berlin 2009.

Enzensberger, Hans Magnus, *Einzelheiten*, Frankfurt/M. 1962.

–, »Baukasten zu einer Theorie der Medien«, in: *Kursbuch* 20 (1970), S. 159-186.

Enzensberger, Ulrich, *Die Jahre der Kommune I. Berlin 1967-1969*, Köln 2004.

Erdheim, Mario, *Die gesellschaftliche Produktion von Unbewußtheit. Eine Einführung in den ethno-psychoanalytischen Prozeß*, Frankfurt/M. 1982.

–, »›Heiße‹ Gesellschaft und ›kaltes‹ Militär«, in: *Kursbuch* 67 (1982), S. 59-72.

Erlinger, Hans D., Foltin, Hans-Friedrich (Hg.), *Unterhaltung, Werbung und Zielgruppenprogramme*, München 1994.

Ermittlungsausschuß Mehringhof (Hg.), *Dokumentation Dezember Berlin 1980*, Berlin 1981, 〈http://squat.net/archiv/berlin/12.12.80/frames.html〉, letzter Zugriff am 18.09.2009.

Ermittlungsausschuß im Mehringhof (Hg.), *abgeräumt? 8 Häuser geräumt … Klaus-Jürgen Rattay tot*, Berlin 1981.

Eschen, Klaus, *Wie man gegen Polizei und Justiz die Nerven behält*, Berlin 1973.

Eskridge, Larry, »›One Way‹. Billy Graham, the Jesus Generation, and the Idea of an Evangelical Youth Culture«, in: *Church History* 67, 1 (1998), S. 83-106.

Eßbach, Wolfgang u. a. (Hg.), *Plessners »Grenzen der Gemeinschaft«. Eine Debatte*, Frankfurt/M. 2002.

Etzemüller, Thomas, *1968 – ein Riß in der Geschichte? Gesellschaftlicher Um-*

bruch und 68er-Bewegungen in Westdeutschland und Schweden, Konstanz 2005.

–, »Imaginäre Feldschlachten? ›1968‹ in Schweden und Westdeutschland«, in: *Zeithistorische Forschungen* 2 (2005), S. 203-223.

Eurich, Claus, »Gegen- oder Komplementär-Medien? Zu Gegenstand, Funktion und Ursache ›Alternativer‹ Kommunikation«, in: Jarren, Otfried (Hg.), *Stadtteilzeitung und lokale Kommunikation*, München, New York u. a. 1980, S. 13-37.

Fachbereiche Dokumentation und Archive des Hessischen Rundfunks, des Süddeutschen Rundfunks und des Südwestfunks (Hg.), *Studentenbewegung – Außerparlamentarische Opposition (APO) 1966-1970. Bild- und Tonverzeichnisse der ARD-Archive*, 4 Bde., Frankfurt/M. 1987.

Fahlenbrach, Kathrin, *Protest-Inszenierungen. Visuelle Kommunikation und kollektive Identitäten in Protestbewegungen*, Wiesbaden 2002.

–, »Protestinszenierungen: Die Studentenbewegung im Spannungsfeld von Kultur-Revolution und Medien-Evolution«, in: Klimke, Martin, Scharloth, Joachim (Hg.), *1968. Handbuch zur Kultur- und Mediengeschichte der Studentenbewegung*, Stuttgart, Weimar 2007, S. 11-21.

–, Viehoff, Reinhold, »Der Aufstieg des Beat-Club. Sein Niedergang – und die Folgen. Protestästhetik und Jugendkult im Fernsehen der 60er Jahre«, in: *SPIEL* 2 (1999), S. 259-278.

Fallend, Karl, Nitzschke, Bernd (Hg.), *Der »Fall« Wilhelm Reich*, Frankfurt/M. 1997.

Faltin, Inge, *Norm – Milieu – Politische Kultur. Normative Vernetzungen in Gesellschaft und Politik in der Bundesrepublik*, Wiesbaden 1990.

Farin, Klaus, Zwingmann, Hans-Jürgen (Hg.), *Alternativen zur Rechtspresse. Versuch einer Bestandsaufnahme*, Ettlingen 1980.

Farrell, James J., *The Spirit of the Sixties. Making Postwar Radicalism*, New York 1997.

Fassnacht, Dieter, *Ehe, Familie, Kommune*, Frankfurt/M. 1972.

Faulstich, Werner (Hg.), *Vom »Autor« zum Nutzer: Handlungsrollen im Fernsehen*, München 1994.

– (Hg.), *Die Kultur der siebziger Jahre*, München 2004.

–, Hicketier, Knut (Hg.), *Öffentlichkeit im Wandel. Neue Beiträge zur Begriffsklärung*, Bardowick 2000.

Fehrenbach, Heide, *Cinema in Democratizing Germany. Reconstructing National Identity after Hitler*, Chapel Hill 1995.

–, Poiger, Uta G. (Hg.), *Transactions, Transgressions, Transformations. American Culture in Western Europe and Japan*, New York 2000.

Feil, Johannes, »Familie ohne Alternative?«, in: ders. (Hg.), *Wohngruppe, Kommune, Großfamilie. Gegenmodelle zur Kleinfamilie*, Reinbek 1972, S. 20-37.

– (Hg.), *Wohngruppe, Kommune, Großfamilie. Gegenmodelle zur Kleinfamilie*, Reinbek 1972.

Fels, Gerhard, *Der Aufruhr der 68er*, Bonn 1998.

Felsch, Philipp, »Merves Lachen«, in: *Zeitschrift für Ideengeschichte* 2, 4 (2008), S. 11-30.

–, *Merve oder Was war Theorie?* Hamburg 2013.

Fenner, Christian u. a. (Hg.), *Unfähig zur Reform? Eine Bilanz der inneren Reformen seit 1969*, Köln, Frankfurt/M. 1978.

Ferguson, Niall, »Introduction: Crisis, What Crisis? The 1970s and the Shock of the Global«, in: ders. u. a. (Hg.), *The Shock of the Global. The 1970s in Perspective*, London 2010, S. 1-21.

–, u. a. (Hg.), *The Shock of the Global. The 1970s in Perspective*, London 2010.

Ferrara, Alessandro, *Reflective Authenticity. Rethinking the Project of Modernity*, London, New York 1998.

Fichter, Tilman, Lönnendonker, Siegward, *Macht und Ohnmacht der Studenten. Kleine Geschichte des SDS*, Hamburg 1998.

–, *Kleine Geschichte des SDS. Der Sozialistische Deutsche Studentenbund von Helmut Schmidt bis Rudi Dutschke*, Bonn 2008.

–, *Dutschkes Deutschland. Der Sozialistische Studentenbund, die nationale Frage und die DDR-Kritik von links. Eine deutschlandpolitische Streitschrift mit Dokumenten von Michael Mauke bis Rudi Dutschke*, Essen 2011.

Filmmuseum Potsdam (Hg.), Schenk, Ralf (Red.), *Das zweite Leben der Filmstadt Babelsberg, DEFA-Spielfilme 1946-1992*, Berlin 1994.

Fink, Carole u. a. (Hg.), *1968. The World Transformed*, Cambridge, New York 1998.

Fisch, Michael, *Werke und Freuden. Michel Foucault – eine Biographie*, Bielefeld 2011.

Fischer, Arthur (Red.), *Näherungsversuche Jugend '81. Eine Studie, eine Tagung, Reaktionen*, Opladen 1983.

Fischer, Claudia, *Alternatives Leben. Auf der Suche nach einer Welt von morgen. Eine Chance, nicht nur für »Aussteiger«*, München 1980.

Fischer, Peter, *Schlaraffenland, nimm's in die Hand! Kochbuch für Gesellschaften, Kooperativen, Wohngemeinschaften, Kollektive und andere Menschenhaufen sowie isolierte Fresser*, Berlin 1976.

Fitzner, Bettina, »Zum Beispiel Frauen-WG«, in: Schülein, Johann A. (Hg.), »*... vor uns die Mühen der Ebenen«. Alltagsprobleme und Perspektiven von Wohngemeinschaften*, Gießen 1980, S. 121-132.

Flam, Helena, Kring, Debra, *The Emotional »Man« and the Problem of Collective Action*, Frankfurt/M. 2000.

– (Hg.), *Emotions and Social Movements*, London 2005.

Flamme, Paul u. a. (Hg.), *Kommentierte Übersicht über die Bestände des Staatsarchivs der Freien und Hansestadt Hamburg*, Hamburg ²1999.

Fleck, Robert, *Die Mühl-Kommune. Freie Sexualität und Aktionismus. Geschichte eines Experiments*, Köln 2003.

Flieger, Wolfgang, *Die taz. Vom Alternativblatt zur linken Tageszeitung*, München 1992.

Flügge, Sibylla, »Der Weiberrat im SDS«, in: Eckhard Siepmann u. a. (Hg.), *CheSchahShit. Die sechziger Jahre zwischen Cocktail und Molotow. Ein Bilder-Lese-Buch*, Reinbek 1988, S. 282-285.

–, »1968 und die Frauen – ein Blick in die Beziehungskiste«, in: Göttert, Margit, Walser, Karin (Hg.), *Gender und soziale Praxis*, Königstein/Taunus 2002, S. 265-289.

Forgacs, David, »Days of Sodom. The Fascism-Perversion Equation in Films of the 1960s and 1970s«, in: Bosworth, Richard J. B., Dogliani, Patrizia (Hg.), *Italian Fascism. History, Memory and Representation*, Houndmills 1999, S. 216-236.

Foucault, Michel, *Sexualität und Wahrheit*, Bd. 1, *Der Wille zum Wissen*, Frankfurt/M. 1983.

–, *Sexualität und Wahrheit*, Bd. 2, *Der Gebrauch der Lüste*, Frankfurt/M. 1989.

–, »Technologien des Selbst«, in: Martin, Luther H. u. a. (Hg.), *Technologien des Selbst*, Frankfurt/M. 1993, S. 26-31.

–, »Das Subjekt und die Macht«, in: Dreyfus, Hubert L., Rabinow, Paul, *Michel Foucault. Jenseits von Strukturalismus und Hermeneutik*, Weinheim ²1994, S. 241-261.

–, *Geschichte der Gouvernementalität I und II. Vorlesungen am Collège de France 1977-1979*, 2 Bde., Frankfurt/M. 2004.

–, *Hermeneutik des Subjekts. Vorlesungen am Collège de France 1981/82*, Frankfurt/M. 2004.

François, Etienne u. a. (Hg.), *1968 – ein europäisches Jahr?*, Leipzig 1997.

Franz, Fritz, »Die aufenthaltsrechtliche Stellung der ausländischen Arbeiter«, in: Tugrul, Ansay, Gessner, Volkmar (Hg.), *Gastarbeiter in Gesellschaft und Recht*, München 1974, S. 39-55.

Franz, Heinz J., *Hausbesetzungen. Aktionen gegen Mietwucher und Spekulationen*, Ulm 1974.

Fraser, Ronald (Hg.), *1968. A Student Generation in Revolt*, New York 1988.

Frauenforschungs-, Bildungs- und -informationszentrum (Hg.), *Zehn Jahre Frauenzentrum. Eine Dokumentation*, Berlin 1988.

–, »Frauen gemeinsam sind stark!« *Die ersten 15 Jahre der neuen Frauenbewegung*, Berlin 1990.

Frecot, Janos u. a., »Abriß der Lebensreform«, in: Kraushaar, Wolfgang (Hg.), *Autonomie oder Getto? Kontroversen über die Alternativbewegung*, Frankfurt/M. 1978, S. 210-245.

Freedland, Norman, *The Occult Explosion*, New York 1972.

Frei, Norbert, »Die Presse«, in: Benz, Wolfgang (Hg.), *Die Geschichte der Bundesrepublik Deutschland*, Bd. 4, *Kultur*, Frankfurt/M. 1989, S. 370-416.

–, *Vergangenheitspolitik. Die Anfänge der Bundesrepublik und die NS-Vergangenheit*, München 1996.

–, *1968. Jugendrevolte und globaler Protest*, München 2008.

–, u. a. (Hg.), *Geschichte vor Gericht. Historiker, Richter und die Suche nach Gerechtigkeit*, München 2000.

Frese, Matthias, Paulus, Julia, »Geschwindigkeiten und Faktoren des Wandels – die 1960er Jahre in der Bundesrepublik«, in: Frese, Matthias u. a. (Hg.), *Demokratisierung und gesellschaftlicher Aufbruch. Die sechziger Jahre als Wendezeit der Bundesrepublik*, Paderborn, Wien u. a. 2003, S. 1-23.

Freud, Sigmund, »Das Unbehagen in der Kultur«, in: ders., *Studienausgabe*, Bd. IX, Frankfurt/M. ^{5}1989, S. 191-270.

Frevert, Ute, *Frauen-Geschichte. Zwischen Bürgerlicher Verbesserung und Neuer Weiblichkeit*, Frankfurt/M. 1986.

–, »Umbruch der Geschlechterverhältnisse?«, in: Schildt, Axel u. a. (Hg.), *Dynamische Zeiten*, Hamburg 2000, S. 642-660.

–, »Was haben Gefühle in der Geschichte zu suchen?«, in: *Geschichte und Gesellschaft* 35 (2009), S. 183-208.

Freytag, Tatjana, »Väterliche Autoritären und vaterlose Gesellschaft?«, in: Baader, Meike S. (Hg.), *»Seid realistisch, verlangt das Unmögliche!« Wie 1968 die Pädagogik bewegte*, Weinheim, Basel 2008, S. 173-181.

Friebel, Thomas, *Kirche und politische Verantwortung in der sowjetischen Zone und der DDR 1945-1969. Eine Untersuchung zum Öffentlichkeitsauftrag der evangelischen Kirchen in Deutschland*, Gütersloh 1992.

Friedan, Betty, *Der Weiblichkeitswahn oder die Selbstbefreiung der Frau*, Reinbek 1970.

–, *Der zweite Schritt. Ein neues feministisches Manifest*, Reinbek 1982.

Friedeburg, Ludwig von, *Die Umfrage in der Intimsphäre*, Stuttgart 1953.

–, *Bildungsreform in Deutschland*, Frankfurt/M. 1989.

Fröhlich, Gerhard, »Alternative e. V. Projekte und Bewegungen in den 1970er und 1980er Jahren«, in: Kammerhofer-Aggermann, Ulrike (Hg.), *Ehrenamt und Leidenschaft. Vereine als gesellschaftliche Faktoren*, Salzburg 2002, S. 233-244.

Fromm, Erich, *Authentisch leben*, Freiburg 2000.

–, u. a., *Studien über Autorität und Familie*, Paris 1936.

Fuchs, Werner, »Der Weg nach unten. Hochschulrevolte gegen ein Leben als Akademiker«, in: Ortmann, Hedwig u. a., *Universitärer Alltag. Lernen, Lehren und Leben in der Hochschule*, Gießen 1977, S. 189-260.

Führ, Christoph, Furck, Carl-Ludwig (Hg.), *Handbuch der deutschen Bil-*

dungsgeschichte, Bd. VI, *1945 bis zur Gegenwart*, Erster Teilband, *Die Bundesrepublik Deutschland*, München 1998.

Führer, Karl C. (Hg.), *Tarifbeziehungen und Tarifpolitik in Deutschland im historischen Wandel*, Bonn 2004.

Funk, Wolfgang u. a. (Hg.), *The Aesthetics of Authenticity. Medial Constructions of the Real*, Bielefeld 2012.

Fürmetz, Gerhard u. a. (Hg.), *Nachkriegspolizei. Sicherheit und Ordnung in Ost- und Westdeutschland 1945-1969*, Hamburg 2000.

Füssel, Stephan (Hg.), *Die Politisierung des Buchmarkts. 1968 als Branchenereignis*, Wiesbaden 2007.

Gabriel, Karl, »Zwischen Aufbruch und Absturz in die Moderne. Die katholische Kirche in den 60er Jahren«, in: Schildt, Axel u. a. (Hg.), *Dynamische Zeiten. Die 60er Jahre in den beiden deutschen Gesellschaften*, Hamburg 2000, S. 528-543.

—, »Entkirchlichung und (neue) Religion«, in: Raithel, Thomas u. a. (Hg.), *Auf dem Weg in eine neue Moderne? Die Bundesrepublik Deutschland in den siebziger und achtziger Jahren*, München 2009, S. 99-111.

Gailer, Gernot, »Eine Traumfrau zieht sich aus«, in: *Ästhetik & Kommunikation* 40/41 (1980), S. 81-95.

Gallwas, Hans-Ulrich, *Polizei und Bürger. Rechtsfragen zu polizeilichem Handeln; ein Ratgeber*, München 1993.

Gante, Michael, *§ 218 in der Diskussion. Meinungs- und Willensbildung 1945-1976*, Düsseldorf 1991.

Garaudy, Roger, *Der letzte Ausweg. Feminisierung der Gesellschaft*, Heiterheim 1982.

Gassert, Philipp, »Amerikanismus, Antiamerikanismus, Amerikanisierung. Neue Literatur zur Sozial-, Wirtschafts- und Kulturgeschichte des amerikanischen Einflusses auf Deutschland und Europa«, in: *AfS* 39 (1999), S. 531-561.

—, Richter, Pavel A., *1968 in West Germany. A Guide to Sources and Literature of the Extra-Parliamentarian Opposition*, Washington 1998.

—, Klimke, Martin (Hg.), *1968. Memories and Legacies of a Global Revolt. Bulletin of the German Historical Institute, Supplement 6*, Washington 2009.

Gavin, Francis, »Wrestling with Parity: The Nuclear Revolution Revisited«, in: Ferguson, Niall u. a. (Hg.), *The Shock of the Global. The 1970s in Perspective*, London 2010, S. 189-204.

GdV-Team der *radikal* (Hg.), *Gegen das Vergessen: sozialrevolutionärer Widerstand und Verweigerung in Deutschland*, Münster 1999.

Gebauer, Annkatrin, »Apokalyptik und Eschatologie. Zum Politikverständnis der GRÜNEN in ihrer Gründungsphase«, in: *AfS* 43 (2003), S. 405-420.

Gebhardt, Miriam, *Sünde, Seele, Sex. Das Jahrhundert der Psychologie*, München 2002.

–, *Rudolf Steiner. Ein moderner Prophet*, München 2011.

Gebhardt, Winfried, »›Warme Gemeinschaft‹ und ›kalte Gesellschaft‹. Zur Kontinuität einer deutschen Denkfigur«, in: Meuter, Günter, Otten, Henrique R. (Hg.), *Der Aufstand gegen den Bürger. Antibürgerliches Denken im 20. Jahrhundert*, Würzburg 1999, S. 165-184.

Geck, Karl (Hg.), *Free Clinic Heidelberg. Alternative Jugendarbeit in Selbstorganisation*, Frankfurt/M. 1975.

Gehret, Jens (Hg.), *Gegenkultur Heute. Die Alternativbewegung von Woodstock bis Tunix*, Amsterdam ²1979.

Geiger, Tim, »Der NATO-Doppelbeschluss. Vorgeschichte und Implementierung«, in: Becker-Schaum, Christoph, u. a. (Hg.), *»Entrüstet Euch!« Nuklearkrise, Nato-Doppelbeschluss und Friedensbewegung*, Paderborn u. a. 2012, S. 54-70.

Geissler, Christian, *Kalte Zeiten. Erzählung, nicht frei erfunden*, Berlin 1966.

Geißler, Rainer, *Die Sozialstruktur Deutschlands. Die gesellschaftliche Entwicklung vor und nach der Vereinigung*, Wiesbaden ³2002.

Gekeler, Wolfram u. a., »›Wer nur auf Pflastersteine reagiert, darf sich nicht wundern, wenn – auch – Pflastersteine fliegen‹. Das politische Bewußtsein der neuen Jugendbewegung als Infragestellung des alten ›Neuen Linken‹«, in: Brandes, Volkhard, Schön, Bernhard (Hg.), *Wer sind die Instandbesetzer? Selbstzeugnisse, Dokumente, Analysen. Ein Lesebuch*, Bensheim 1981, S. 15-31.

Gellrich, Günter, *Die GIM. Zur Politik und Geschichte der Gruppe Internationale Marxisten 1969-1986*, Köln 1999.

Genazino, Wilhelm, *Abschaffel. Roman-Trilogie*, München 2002.

Gensicke, Thomas, *Mentalitätsentwicklungen im Osten Deutschlands seit den 70er Jahren*, Speyer 1992.

–, »Werte und Wertewandel im Osten Deutschlands«, in: Klages, Helmut (Hg.), *Werte und Wandel*, Frankfurt/M. 1992, S. 672-694.

–, »Modernisierung, Mentalitätenentwicklung und Wertewandel in der DDR«, in: Bertram, Hans u. a. (Hg.), *Sozialer und demographischer Wandel in den neuen Bundesländern*, Berlin 1995, S. 101-140.

Geppert, Alexander C. T., »Forschungstechnik oder historische Disziplin? Methodische Probleme der Oral History«, in: *GWU* 45 (1994), S. 303-323.

Gerber, Brigitta, *Die antirassistische Bewegung in der Schweiz. Organisationen, Netzwerke und Aktionen*, Zürich 2003.

Gerdes, Klaus, Wolffersdorff-Ehlert, Christian von, *Drogenscene. Suche nach Gegenwart. Ergebnisse teilnehmender Beobachtung in der jugendlichen Drogensubkultur*, Stuttgart 1974.

Gerhard, Ute, »Frauenbewegung«, in: Roth, Roland, Rucht, Dieter (Hg.), *Die sozialen Bewegungen in Deutschland seit 1945. Ein Handbuch*, Frankfurt/M., New York 2008, S. 187-218.

Gerhards, Jürgen, u. a., *Zwischen Palaver und Diskurs. Strukturen öffentlicher Meinungsbildung am Beispiel der deutschen Diskussion zur Abtreibung*, Opladen 1998.

Gerhardt, Uta, Schütze, Yvonne (Hg.), *Frauensituation. Veränderungen in den letzten zwanzig Jahren*, Frankfurt/M. 1988.

Gern, Christiane, *Geschlechterrollen. Stabilität oder Wandel? Eine empirische Analyse anhand von Heiratsinseraten*, Opladen 1992.

Geronimo, *Feuer und Flamme. Zur Geschichte der Autonomen*, Berlin ⁶2002.

Gester, Jochen, Hajek, Willi (Hg.), *1968 – und dann? Erfahrungen, Lernprozesse und Utopien von Bewegten der 68er Revolte*, Bremen 2002.

Geulen, Christian, »Gouverneure, Gouvernementalität und Globalisierung. Zur Geschichte und Aktualität imperialer Gewalt«, in: Krasmann, Susanne, Martschukat, Jürgen (Hg.), *Rationalitäten der Gewalt. Staatliche Neuordnungen vom 19. bis zum 21. Jahrhundert*, Bielefeld 2007, S. 117-135.

Gibb, Jack R., »Sensitivitätstraining als Mittel zur Förderung individueller Bildungsprozesse und Verbesserung zwischenmenschlicher Beziehungen«, in: Horn, Klaus (Hg.), *Gruppendynamik und der »subjektive Faktor«. Repressive Entsublimierung oder politisierende Praxis*, Frankfurt/M. 1972, S. 139-181.

Giddens, Anthony, *Modernity and Self-Identity. Self and Identity in in Late Modern Age*, Cambridge 1991.

Giese, Hans, Schmidt, Gunter, *Studenten-Sexualität. Verhalten und Einstellung. Eine Umfrage an 12 westdeutschen Universitäten*, Reinbek 1968.

Giesen, Bernhard, Schneider, Christoph (Hg.), *Tätertrauma. Nationale Erinnerungen im öffentlichen Diskurs*, Konstanz 2004.

Gilcher-Holtey, Ingrid, »*Die Phantasie an die Macht«. Mai 68 in Frankreich*, Frankfurt/M. 1995.

– (Hg.), *1968. Vom Ereignis zum Gegenstand der Geschichtswissenschaft*, Göttingen 1998.

–, *Die 68er Bewegung. Deutschland – Westeuropa – USA*, München 2001.

–, »Transformation by Subversion? The New Left and the Question of Violence«, in: Davis, Belinda, u. a. (Hg.), *Changing the World, Changing the Self. Political Protest and Collective Identities in West Germany and the U. S. in the 1960s and 1970s*, New York 2010, S. 155-169.

–, u. a. (Hg.), *Politisches Theater nach 1968. Regie, Dramatik und Organisation*, Frankfurt/M., New York 2006.

Giles, Robert, Snyder, Robert W. (Hg.), *1968. Year of Media Decision*, New Brunswick 1999.

Giles Steve, Oergel, Maike (Hg.), *Counter-Culture in Germany and Central Europe. From Sturm und Drang to Baader-Meinhof*, Oxford u. a. 2003.

Gill, Bernhard, »Kampagnen gegen Bio- und Gentechnik«, in: Roth, Roland, Rucht, Dieter (Hg.), *Die sozialen Bewegungen in Deutschland seit 1945. Ein Handbuch*, Frankfurt/M., New York 2008, S. 613-634.

Gitlin, Todd, *The Sixties. Years of Hope. Days of Rage*, New York ²1993.

–, *The Whole World is Watching. Mass Media in the Making and Unmaking of the New Left*, [1980] Berkeley, London 2003.

Glaeßner, Gert-Joachim u. a. (Hg.), *Die Bundesrepublik in den siebziger Jahren. Versuch einer Bilanz*, Opladen 1984.

Glaser, Hermann, *Kulturgeschichte der Bundesrepublik Deutschland*, 3 Bde., München 1985-1989.

–, *Deutsche Kultur. Ein historischer Überblick von 1945 bis zur Gegenwart*, Bonn ²2000.

Glatt, Max M., *The Drug Scene in Great Britain. Journey into Loneliness*, London 1967.

Glätzer, Harald, *Landkommunen in der BRD. Flucht oder konkrete Utopie?*, Bielefeld 1978.

Glomb, Ronald, Auf nach Tunix – collagierte Notizen zur Legitimationskrise des Staates, in: Gehret, Jens (Hg.), *Gegenkultur Heute. Die Alternativbewegung von Woodstock bis Tunix*, Amsterdam ²1979, S. 137-144.

Gmelin, Otto, *Rädelsführer 1 oder Emanzipation und Orgasmus*, Berlin 1968.

Göbel, Andreas, *Vom elterlichen Züchtigungsrecht zum Gewaltverbot. Verfassungs-, straf- und familienrechtliche Untersuchung zum § 1631 Abs. 2 BGB*, Hamburg 2000.

Gödl, Doris, *Peter Brückner. Leben und Werk*, Frankfurt/M. 1988.

Görlich, Christopher, *Die 68er in Berlin. Schauplätze und Ereignisse*, Berlin 2002.

Goldberg, Herb, *Der verunsicherte Mann. Wege zu einer neuen Identität aus psychotherapeutischer Sicht*, Düsseldorf 1977.

Goeschel, Albrecht (Hg.), *Richtlinien und Anschläge. Materialien zur Kritik der repressiven Gesellschaft*, München 1968.

Goettle, Gabriele, *Wer ist Dorothea Ridder? Rekonstruktion einer beschädigten Erinnerung*, Berlin 2009.

Goetz, Rolf, *Von der Landkommune zur Dorfgemeinschaft – Ökologische Modelle zwischen Anarchie und Spiritualität*, Herford 1980.

Goffman, Erving, *The Presentation of Self in Everyday Life*, New York 1959.

Goral, Arie, *An der Grenzscheide. Kein Weg als Jude und Deutscher*, Münster, Hamburg 1994.

Gorsen, Peter, »›Lebensreform‹ und ›Alternativkultur‹«, in: *Neue Rundschau* 94, 3 (1983), S. 56-66.

Görtemaker, Manfred, *Geschichte der Bundesrepublik Deutschland. Von der Gründung bis zur Gegenwart*, München 1999.

Gossmann, Heinz (Hg.), *Bürgerinitiativen. Schritte zur Veränderung?*, Frankfurt/M. 1971.

Goulding, Robert, »Neue Richtungen in der Transaktions-Analyse: Die Schaffung einer Umwelt für revidierte Entscheidungen und Veränderungen«, in: Sager, Clifford, Kaplan, Helen S. (Hg.), *Handbuch der Ehe-, Familien- und Gruppen-Therapie*, München 1972, S. 131-168.

Graf, Beatriz, *Longo maï – Revolte und Utopie nach '68. Gesellschaftskritik und selbstverwaltetes Leben in den Europäischen Kooperativen*, o. O. 2005.

Graf, Franziska, »Lebensziel: Wohnen. Bericht über eine Wohngemeinschaft«, in: *Kursbuch* 37 (1974), S. 145-167.

Graf, William D., *The German Left Since 1945. Socialism and Social Democracy in the German Federal Republic*, Cambridge 1976.

Grasskamp, Walter, *Der lange Marsch durch die Illusionen. Über Kunst und Politik*, München 1995.

Grathoff, Rainer, *Milieu und Lebenswelt. Einführung in die phänomenologische Soziologie und die sozialphänomenologische Forschung*, Frankfurt/M. 1989.

Grathwol, Robert u. a., *Oral History and Postwar German-American Relations: Resources in the United States*, Reference Guides of the German Historical Institute 8, Washington, D. C., 1997.

Grau, Monika, Gringmuth, Heiner, *Christiania. Elendsviertel. Soziales Experiment und Selbstorganisation Nicht-Angepaßter?*, Werdorf 1976.

Green, Jonathan, *Days in the Life. Voices Form the English Underground 1961-1971*, London 1998.

–, *All Dressed Up. The Sixties and the Counterculture*, London 1999.

Greer, Germaine, *Der weibliche Eunuch. Aufruf zur Befreiung der Frau*, München 2000.

Greiffenhagen, Martin und Sylvia, »Wertewandel. Theoretische und politische Kontroversen«, in: dies., *Ein schwierig Vaterland. Zur politischen Kultur im vereinigten Deutschland*, München, Leipzig 1993, S. 156-173.

– (Hg.), *Handwörterbuch zur politischen Kultur der Bundesrepublik Deutschland*, Wiesbaden ²2002.

Greiner, Bernd, *Die Morgenthau-Legende. Zur Geschichte eines umstrittenen Plans*, Hamburg 1995.

Greschat, Martin, »Protestantismus und Evangelische Kirche in den 60er Jahren«, in: Schildt, Axel u. a. (Hg.), *Dynamische Zeiten. Die 60er Jahre in den beiden deutschen Gesellschaften*, Hamburg 2000, S. 544-581.

Gretschmann, Klaus, *Wirtschaft im Schatten von Macht und Staat. Grenzen und Möglichkeiten einer Alternativökonomie*, Frankfurt/M. 1983.

Greverus, Ina-Maria, Haindl, Erika, *Versuche der Zivilisation zu entkommen*, München 1983.

Gries, Rainer, *Produkte als Medien. Kulturgeschichte der Produktkommunikation in der BRD und DDR*, Leipzig 2003.

Grigat, Rolf, Kemmler, Reiner, *Autoritäre und antiautoritäre Erziehung*, München [1982].

Grob, Marion, *Das Kleidungsverhalten jugendlicher Protestgruppen in Deutschland im 20. Jahrhundert*, Münster 1985.

Grohmann, Peter (Hg.), *Erstes Stuttgarter Stattbuch 1979/1980*, Stuttgart o. J.

Groppe, Carola, »›Die Universität gehört uns‹. Veränderte Lehr-, Lern- und Handlungsformen an der Universität in der 68er-Bewegung«, in: Baader, Meike S. (Hg.), *»Seid realistisch, verlangt das Unmögliche«. Wie 1968 die Pädagogik bewegte*, Weinheim, Basel 2008, S. 121-140.

Große Kracht, Klaus, »›Gouvernementalität‹ – Michel Foucault und die Geschichte des 20. Jahrhunderts«, in: *Zeithistorische Forschungen/Studies in Contemporary History* 3, 2 (2006), S. 273-276.

Grottian, Peter: »Steuergelder für Alternativprojekte? Vor einem mutmaßlich grundsätzlich gesellschaftlichen Konflikt«, in: Grottian, Peter, Nelles, Wilfried (Hg.), *Großstadt und neue soziale Bewegungen*, Basel 1983, S. 283-297.

–, Nelles, Wilfried (Hg.), *Großstadt und neue soziale Bewegungen*, Basel 1983.

Grünewald, Guido, *Die Internationale der Kriegsdienstgegner (IdK). Ihre Geschichte 1945 bis 1968*, Köln 1982.

Gubitzer, Luise, *Geschichte der Selbstverwaltung*, München 1989.

Guggenberger, Bernd, *Bürgerinitiativen in der Parteiendemokratie. Von der Ökologiebewegung zur Umweltpartei*, Stuttgart u. a. 1980.

–, Kempf, Udo (Hg.), *Bürgerinitiativen und repräsentatives System*, Opladen 1978.

Haack, Friedrich-Wilhelm, *Jugendreligionen. Ursachen, Trends, Reaktionen*, München 1979.

Habermas, Jürgen, *Strukturwandel der Öffentlichkeit. Untersuchungen zu einer Kategorie der bürgerlichen Gesellschaft*, Neuwied, Berlin 1962.

– (Hg.), *Stichworte zur »Geistigen Situation der Zeit«*, 2 Bde., Frankfurt/M. 1979.

–, *Theorie des kommunikativen Handelns*, 2 Bde., Frankfurt/M. 1981.

–, *Die Neue Unübersichtlichkeit. Kleine Politische Schriften V*, Frankfurt/M. 1985.

–, »Ist der Herzschlag der Revolution zum Stillstand gekommen?«, in: Forum für Philosophie Bad Homburg (Hg.), *Die Ideen von 1789*, Frankfurt/M. 1989, S. 7-36.

Hachmeister, Lutz, *Schleyer. Eine deutsche Geschichte*, München 2004.

–, Siering, Friedemann (Hg.), *»Die Herren Journalisten«. Die Elite der deutschen Presse nach 1945*, München 2002.

Haensch, Dietrich, »Zerschlagt die Kleinfamilie? Frage an eine sozialistische Alternative zur bürgerlichen Familienpolitik«, in: Claessens, Dieter, Milhoffer, Petra (Hg.), *Familiensoziologie. Ein Reader als Einführung*, Frankfurt/M. [5]1980, S. 368-379.

Haffner, Sarah (Hg.), *Frauenhäuser. Gewalt in der Ehe und was Frauen dagegen tun*, Berlin 1978.

Hagedorn, Lea, »300 Ausgaben gelebte Utopie. Ein Interview mit dem *Graswurzelrevolution*-Redakteur Bernd Drücke«, in: Hüttner, Bernd (Hg.), *Verzeichnis der Alternativmedien 2006/2007*, Neu-Ulm 2006, S. 121-131.

Hagemann-White, Carol, »Die Frauenhausbewegung«, in: Grottian, Peter, Nelles, Wilfried (Hg.), *Großstadt und neue soziale Bewegungen*, Basel 1983, S. 167-174.

—, »Die Frauenhausbewegung«, in: Dietz, Gabriele (Hg.), *wild + zahm. Die siebziger Jahre*, Berlin 1997, S. 190-194.

Hahn, Brigitte J., *Umerziehung durch Dokumentarfilm? Ein Instrument amerikanischer Kulturpolitik im Nachkriegsdeutschland (1945-1953)*, Münster 1997.

Haider, Ernst, *Wohngemeinschaften in Österreich. Daten und Tendenzen einer »gegenkulturellen« Institution*, Frankfurt/M. 1984.

Hajek, Andrea, »Fragmented Identities: Transformations in the Italian Alternative Left-wing Milieu 1968-1977«, in: Baumann, Cordia u. a. (Hg.), *Linksalternative Milieus und Neue Soziale Bewegungen in den 1970er Jahren*, Heidelberg 2011, S. 107-130.

Halder, Winfried, *Deutsche Teilung. Vorgeschichte und Anfangsjahre der doppelten Staatsgründung*, Zürich 2002.

Hall, Stuart, *The Hippies. An American »Moment«*, Birmingham 1968.

Haller, Max, »Theory and Method in the Comparative Study of Values. Critique and Alternative to Inglehart«, in: *European Sociological Review* 18, 2 (2002), S. 139-158.

Haller, Michael, »Aussteigen oder rebellieren. Über die Doppelbödigkeit der Jugendrevolte«, in: ders. (Hg.), *Aussteigen oder rebellieren. Jugendliche gegen Staat und Gesellschaft*, Hamburg 1981, S. 7-22.

—, »Das Dorf in der Stadt. Über ›Christiania‹ in Kopenhagen«, in: ders. (Hg.), *Aussteigen oder rebellieren. Jugendliche gegen Staat und Gesellschaft*, Hamburg 1981, S. 135-155.

— (Hg.), *Aussteigen oder rebellieren. Jugendliche gegen Staat und Gesellschaft*, Hamburg 1981.

Halter, Hans, »»Niemand hat das Recht‹. Über die Bewegung der Hausbesetzer in Berlin«, in: Haller, Michael (Hg.), *Aussteigen oder rebellieren. Jugendliche gegen Staat und Gesellschaft*, Hamburg 1981, S. 99-113.

Hammann, Winfried, »Die Alternativkultur. Ende der Alternativen?«, in: Bucher, Willi, Pohl, Klaus (Hg.), *Schock und Schöpfung. Jugendästhetik im 20. Jahrhundert*, Darmstadt, Neuwied u. a. 1986, S. 189-197.

Hammer, Heide, *Revolutionierung des Alltags. Auf der Spur kollektiver Widerstandspraktiken*, Wien 2007.

Hannover, Irmela, Schnibben, Cordt, *I can't get no – ein paar 68er treffen sich und rechnen ab*, Köln 2007.

Hanswillemenke, Monika, Rahmann, Bernd, *Zwischen Reformen und Verantwortung für Vollbeschäftigung. Die Finanz- und Haushaltspolitik der sozial-liberalen Koalition von 1969-1982*, Frankfurt/M. 1997.

Harenberg, Jörg, »Sicherer Platz links von der SPD? Die Wähler der Grünen in der Demoskopie«, in: Mettke, Jörg R. (Hg.), *Die Grünen. Regierungspartei von morgen?*, Hamburg 1982, S. 36-50.

Harich, Wolfgang, *Zur Kritik der revolutionären Ungeduld. Eine Abrechnung mit dem alten und dem neuen Anarchismus*, Basel 1971.

Harlander, Tilman, »Wohnen und Stadtentwicklung in der Bundesrepublik«, in: Flagge, Ingeborg (Hg.), *Geschichte des Wohnens*, Bd. 5, *1945 bis heute. Aufbau, Neubau, Umbau*, Stuttgart 1999, S. 233-417.

Härlin, Benny, »Von Haus zu Haus – Berliner Bewegungsstudien«, in: *Kursbuch* 65 (1981), S. 1-28.

Harms, Erik, *Der kommunikative Stil der Grünen im historischen Wandel. Eine Überblicksdarstellung am Beispiel der Bundestagswahlprogramme*, Frankfurt/M. 2008.

Harrington, Anne, *Die Suche nach Ganzheit. Die Geschichte biologisch-psychologischer Ganzheitslehren vom Kaiserreich bis zur New-Age-Bewegung*, Hamburg 2002.

Harris, Thomas A., *Ich bin o. k. – Du bist o. k.*, Reinbek 1975.

Hartog François, *Régimes d'historicité. Présentisme et expériences du temps*, Paris 2003.

Hartung, Klaus, »Versuch, die Krise der antiautoritären Bewegung wieder zur Sprache zu bringen«, in: *Kursbuch* 48 (1977), S. 14-43.

–, »Über die langandauernde Jugend im linken Getto. Lebensalter und Politik aus der Sicht eines 38jährigen«, in: *Kursbuch* 54 (1978), S. 174-189.

–, »Die Psychoanalyse der Küchenarbeit. Selbstbefreiung, Wohngemeinschaft und Kommune«, in: Siepmann, Eckhard (Hg.), *Heiß und kalt. Die Jahre 1945-69*, Berlin 1986, S. 556-560.

Hartwig, Helmut, »Kompost und Kritik – Zur Ästhetik der Alternativszene«, in: *Berliner Blätter. Ethnographische und ethnologische Beiträge* 15 (Oktober 1997), S. 13-20.

Häsing, Helga, u. a. (Hg.), *Narziß. Ein neuer Sozialisationstypus?*, Bensheim 1979.

Hassebrauck, Manfred, »Wer sucht wen? Eine inhaltsanalytische Untersuchung von Heirats- und Bekanntschaftsanzeigen«, in: *Zeitschrift für Sozialpsychologie* 21 (1990), S. 101-112.

Hauff, Volker (Hg.), *Bürgerinitiativen in der Gesellschaft. Politische Dimensionen und Reaktionen*, Villingen-Schwenningen 1980.

Haunss, Sebastian, *Identität in Bewegung. Prozesse kollektiver Identität in der Schwulenbewegung und bei den Autonomen*, Wiesbaden 2004.

–, »Antiimperialismus und Autonomie – Linksradikalismus seit der Studentenbewegung«, in: Roth, Roland, Rucht, Dieter (Hg.), *Die sozialen Bewegungen in Deutschland seit 1945. Ein Handbuch*, Frankfurt/M., New York 2008, S. 447-474.

–, Leach, Darcy K., »Between Networks, Subculture and Civil Society. Scenes as Mobilization and Abeyance-Structures for Social Movements«, in: Purdue, Derrick (Hg.), *Civil Societies and Social Movements. Potentials and Problems*, London 2007, S. 71-87.

–, »Scenes and Social Movements«, in: Johnston, Hank (Hg.), *Culture, Social Movements, and Protest*, Aldershot 2009, S. 255-276.

Hecken, Thomas, *Avantgarde und Terrorismus. Rhetorik der Intensität und Programme der Revolte von den Futuristen bis zur RAF*, Bielefeld 2006.

–, *Gegenkultur und Avantgarde 1950-1970. Situationisten, Beatniks, 68er*, Tübingen 2006.

Hegele, Roland, *Suchen – Finden – Sich abfinden. Sozialer Wandel in der Bundesrepublik im Spiegel von Heirats- und Bekanntschaftsannoncen*, Nürnberg 1988.

Heider, Frank, »Selbstverwaltete Betriebe in Deutschland«, in: Roth, Roland, Rucht, Dieter (Hg.), *Die sozialen Bewegungen in Deutschland seit 1945. Ein Handbuch*, Frankfurt/M., New York 2008, S. 513-526.

–, u. a., *Fast wie im wirklichen Leben. Strukturanalyse selbstverwalteter Betriebe in Hessen*, Gießen 1988.

Heider, Ulrike, *Schülerprotest in der Bundesrepublik Deutschland*, Frankfurt/M. 1984.

–, *Die Narren der Freiheit. Anarchisten in den USA heute*, Berlin 1992.

–, *Keine Ruhe nach dem Sturm*, Hamburg 2001.

Heinemann, Elisabeth D., »The Economic Miracle in the Bedroom. Big Business and Sexual Consumption in Reconstruction West Germany«, in: *JMH* 78 (2006), S. 846-877.

Heinemann, Karl-Heinz, Jaitner, Thomas (Hg.), *Ein langer Marsch. 1968 und die Folgen*, Köln 1993.

Heinzen, Georg, Koch, Ulrich, *Von der Nutzlosigkeit, erwachsen zu werden*, Hamburg 1985.

Hellmann, Kai-Uwe, *Systemtheorie und Neue Soziale Bewegungen. Identitätsprobleme in der Risikogesellschaft*, Opladen 1996.

–, Koopmans, Ruud (Hg.), *Paradigmen der Bewegungsforschung. Entstehung und Entwicklung von neuen sozialen Bewegungen und Rechtsextremismus*, Opladen 1998.

Hennig, Christoph, *Die Entfesslung der Seele. Romantischer Individualismus in den deutschen Alternativkulturen*, Frankfurt/M. 1989.

Henningsen, Franziska, *Kooperation und Wettbewerb. Antiautoritär und konventionell erzogene Kinder im Vergleich*, München 1973.

Hentschel, Henky, *Auf dem Zahnfleisch durch Eden. Wohin einer kommt, wenn er geht*, München 1984.

Herbert, Ulrich, *Geschichte der Ausländerpolitik in Deutschland. Saisonarbeiter, Zwangsarbeiter, Gastarbeiter, Flüchtlinge*, Bonn 2003.

– (Hg.), *Wandlungsprozesse in Westdeutschland. Belastung, Integration, Liberalisierung 1945-1980*, Göttingen 2002.

Herding, Richard, »Hör mir bloß auf mit der Betroffenheit. Rück- und Aussichten vom ›Projekt Alltag‹«, in: Diederich, Axel u. a. (Hg.), *Verzeichnis der Alternativ-Presse*, Berlin 1986, S. 21-30.

Herhaus, Ernst, *Kinderbuch für kommende Revolutionäre. Mit sechs Bildern von Gabriele Muschel*, München 1970.

Herlyn, Ulfert u. a. (Hg.), *Neubausiedlungen der 20er und 60er Jahre. Ein historisch-soziologischer Vergleich*, Frankfurt/M., New York 1987.

Hermand, Jost, *Die Kultur der Bundesrepublik Deutschland 1965-1985*, München 1988.

Herrmann, Michael u. a., *Hafenstraße. Chronik und Analysen eines Konfliktes*, Hamburg 1987.

Hervé, Florence (Hg.), *Geschichte der deutschen Frauenbewegung*, Köln 2001.

Herzinger, Richard, »Wandlung eines Mythos. Die Kulturrevolutionäre von 1968 – Garanten der liberalen Kultur in Deutschland?«, in: *Studien von Zeitfragen* 34 (2000), ⟨http://www.druckversion.studien-von-zeitfragen.net/Herzinger.html⟩, letzter Zugriff am 31.10.2013.

Herzog, Dagmar, »Pleasure, Sex, and Politics Belong Together. Post-Holocaust Memory and the Sexual Revolution in Germany«, in: *Critical Inquiry* 24 (1998), S. 393-444.

–, *Die Politisierung der Lust. Sexualität in der deutschen Geschichte des zwanzigsten Jahrhunderts*, München 2005.

–, *Sex After Fascism. Memory and Morality in Twentieth-century Germany*, Princeton, Oxford 2005.

–, »Between Coitus and Commodification. Young West German Women and the Impact of the Pill«, in: Schildt, Axel, Siegfried, Detlef (Hg.), *Between Marx and Coca-Cola. Youth Cultures in Changing European Societies, 1960-1980*, New York, Oxford 2006, S. 261-286.

Hess, Sabine, Linder, Andreas (Hg.), *Antirassistische Identitäten in Bewegung*, Tübingen 1997.

Hesse, Gunter, Wiebe, Hans-Hermann (Hg.), *Die Grünen und die Religion*, Frankfurt/M. 1988.

Hickethier, Knut, *Geschichte des deutschen Fernsehens*, Stuttgart, Weimar 1998.

Hildebrandt, Dietrich, »... *und die Studenten freuen sich«. Studentenbewegung in Heidelberg 1967-1973*, Heidelberg 1991.

Hilgenstock, Ralf, »Justiz und Gegenöffentlichkeit«, in: *medium* 13, 11 (November 1983), S. 4-6.

Hillar, Thomas (»Thee«), Frick, Daniela, »Von Groll-, Schmuse- und Gespinsterrunde«, in: Kollektiv KommuneBuch (Hg.), *Das Kommune-Buch. Alltag zwischen Widerstand, Anpassung und gelebter Utopie*, Göttingen 1996, S. 276-289.

Hillmann, Karl-Heinz, *Wertewandel. Zur Frage soziokultureller Voraussetzungen alternativer Lebensformen*, Darmstadt ²1989.

Himmelstein, Jerome L., *The Strange Career of Marihuana. Politics and Ideology of Drug Control in America*, Westport 1983.

Hinck, Gunnar, *Wir waren wie Maschinen. Die bundesrepublikanische Linke der siebziger Jahre*, Berlin 2012.

Hippe, Wolfgang, »Eine Zeitung ist keine Dose Erbsen oder: Gegenöffentlichkeit zu Markte tragen«, in: Diederich, Axel u. a. (Hg.), *Verzeichnis der Alternativ-Presse*, Berlin 1986, S. 8-13.

Hirsch, Fred, *Social Limits to Growth*, Cambridge, Mass., 1976.

Hirsch, Georg, *Die Kinder Gottes. Psycho-spirituelle Analyse der Entstehung, Lehre und religiösen Praxis einer Sekte*, Hamburg 2002.

Hirsch, Joachim, »Alternativbewegung – eine politische Alternative«, in: Roth, Roland (Hg.), *Parlamentarisches Ritual und politische Alternativen*, Frankfurt/M., New York 1980, S. 121-146.

–, *Das »Modell« Deutschland, seine Krise und die neuen sozialen Bewegungen*, Frankfurt/M. 1980.

Hitzler, Ronald, Honer, Anee, »Lebenswelt, Milieu, Situation. Terminologische Vorschläge zur theoretischen Verständigung«, in: *KZSS* 36 (1984), S. 56-74.

Hobsbawm, Eric, *Das Zeitalter der Extreme. Weltgeschichte im 20. Jahrhundert*, München ³1998.

Hobsch, Manfred, »Zitty. Zeitschrift ohne Verleger, Verlag ohne Chef«, in: Günter Bentele, Otfried Jarren, *Medienstadt Berlin*, Berlin 1988, S. 203-211.

Hochgeschurz, Marianne, »Zwischen Autonomie und Integration. Die neue (west)deutsche Frauenbewegung«, in: Florence Hervé (Hg.), *Geschichte der deutschen Frauenbewegung*, Köln 2001, S. 155-184.

Hocke, Peter, »Protestieren nur Studenten? Ein Vergleich mittelgroßer Städte in der ›alten‹ Bundesrepublik«, in: Rucht, Dieter (Hg.), *Protest in der Bundesrepublik. Strukturen und Entwicklungen*, Frankfurt/M., New York 2001, S. 211-239.

–, *Massenmedien und lokaler Protest. Eine empirische Fallstudie zu Medienselektivität in einer westdeutschen Bewegungshochburg*, Wiesbaden 2002.

Hodenberg, Christina von, *Konsens und Krise. Eine Geschichte der Medien-öffentlichkeit in Westdeutschland, 1945-1973*, Göttingen 2006.

–, »Mass Media and the Generation of Conflict. West Germany's Long Sixties and the Formationen of a Critical Public Sphere«, in: *Contemporary European History* 15 (2006), S. 367-395.

–, Siegfried, Detlef (Hg.), *Wo »1968« liegt. Reform und Revolte in der Geschichte der Bundesrepublik*, Göttingen 2006.

Hoeres, Peter, »Aneignung und Abwehr der Demoskopie im intellektuellen Diskurs der frühen Bundesrepublik«, in: Kersting, Franz-Werner (Hg.), *Die zweite Gründung des Bundesrepublik. Generationswechsel und intellektuelle Wortergreifungen 1955-1975*, Stuttgart 2010, S. 69-84.

Hoffmann, Martin, *Rote Armee Fraktion. Texte und Materialien zur Geschichte der RAF*, Berlin 1997.

Hoffmann, Reiner, Mückenberger, Ulrich (Hg.), *Die Wahrheit der Träume. 1968 und heute – ein Kaleidoskop*, Münster 1994.

Hoffmann, Ulrich, *Sprache und Emanzipation. Zur Begrifflichkeit der feministischen Bewegung*, Frankfurt/M., New York 1979.

Hoffmann-Axthelm, Dieter, u. a., *Zwei Kulturen? Tunix, Mescalero und die Folgen*, Berlin 1978.

Hofmann, Claudio, »Über das Unglück, kein Feminist sein zu dürfen«, in: *Ästhetik & Kommunikation* 37 (Oktober 1979), S. 27-32.

Hohensee, Jens, »»Und sonntags wieder laufen …‹ Die erste Ölkrise 1973/74 und ihre Perzeption in der Bundesrepublik Deutschland«, in: Salewski, Michael, Stölken-Fitschen, Ilona (Hg.), *Moderne Zeiten. Technik und Zeitgeist im 19. und 20. Jahrhundert*, Stuttgart 1994, S. 175-196.

Holenweger, Toni, Mäder, Werner (Hg.), *Inseln der Zukunft? Selbstverwaltung in der Schweiz*, Zürich 1979.

Holert, Tom, »Cool«, in: *Leviathan* 32, 2 (2004), S. 286-291.

Holl, Kurt, Glunz, Claudia (Hg.), *1968 am Rhein. Satisfaction und Ruhender Verkehr*, Köln 1998.

Hollander, Paul, *Anti-Americanism. Irrational & Rational. With a New Introduction by the Author, Including Reassessment, Comment on Reviews, and Update*, New Brunswick [2]1995.

Hollstein, Walter, *Der Untergrund*, Neuwied, Berlin 1969.

–, *Die Gegengesellschaft. Alternative Lebensformen*, Bonn 1979.

–, »Autonome Lebensformen. Über die transbürgerliche Perspektive der Jugendbewegung«, in: Michael Haller (Hg.), *Aussteigen oder rebellieren. Jugendliche gegen Staat und Gesellschaft*, Hamburg 1981, S. 197-216.

–, *Nicht Herrscher, aber kräftig. Die Zukunft der Männer*, Hamburg 1988.

–, *Die Männer. Vorwärts oder zurück?*, München 1990.

–, »Die Alternativbewegung. Fakten der Vergangenheit – Möglichkeiten für die Gegenwart«, in: *Forschungsjournal Neue Soziale Bewegungen* 11, 1 (1998), S. 154-163.

–, *Potent werden. Das Handbuch für Männer. Liebe, Arbeit, Freundschaft und der Sinn des Lebens*, Bern 2001.

–, *Was vom Manne übrig blieb. Krise und Zukunft des »starken« Geschlechts*, Berlin 2008.

–, Penth, Boris, *Alternativ-Projekte. Beispiele gegen die Resignation*, Reinbek 1980.

Holly, Werner, u. a., *Politische Fernsehdiskussionen. Zur medienspezifischen Inszenierung von Propaganda als Diskussion*, Tübingen 1986.

Holmig, Alexander, »Die aktionistischen Wurzeln der Studentenbewegung: Subversive Aktion, Kommune I und die Neudefinition des Politischen«, in: Klimke, Martin, Scharloth, Joachim (Hg.), *1968. Handbuch zur Kultur- und Mediengeschichte der Studentenbewegung*, Stuttgart, Weimar 2007, S. 107-118.

Holtz-Bacha, Christina, »Alternative Presse«, in: Wilke, Jürgen (Hg.), *Mediengeschichte der Bundesrepublik Deutschland*, Köln u. a. 1999, S. 330-349.

–, *Wahlwerbung als politische Kultur. Parteienspots im Fernsehen 1957-1998*, Wiesbaden 2000.

Holzheimer, Gerd, *Wider den genitalen Ernst. Sex von den 68ern bis zur Love-Parade*, Leipzig 2002.

Honig, Michael-Sebastian, *Verhäuslichte Gewalt. Sozialer Konflikt, wissenschaftliche Konstrukte, Alltagswissen, Handlungssituationen. Eine Explorativstudie über Gewalthandeln von Familien*, Frankfurt am Main 1992.

Horkheimer, Max, Adorno, Theodor W., *Dialektik der Aufklärung. Philosophische Fragmente*, Frankfurt/M. 1985.

Horn, Gerd-Rainer, *The Spirit of '68. Rebellion in Western Europe and North America, 1956-1976*, Oxford 2007.

– (Hg.), *Gruppendynamik und der »subjektive Faktor«. Repressive Entsublimierung oder politisierende Praxis*, Frankfurt/M. 1972.

Horn, Stephanie, *Abschied vom Kollektiv. Der Frankfurter PflasterStrand*, Frankfurt/M. 1989.

Horst, Hartmut, Lohding, Wolfgang, *Operatives Video*, Berlin ²1977.

Horx, Matthias, »Alte Utopie und neue Wut. Frankfurter Szenen«, in: *Kursbuch* 65 (1981), S. 91-105.

–, *Das Ende der Alternativen oder Die verlorene Unschuld der Radikalität. Ein Rechenschaftsbericht*, München, Wien 1985.

–, »My Generation«, in: *Zeit-Magazin* 16 (15.04.1988), S. 54-67.

– (Hg.), *Aufstand im Schlaraffenland. Selbstbekenntnisse einer rebellischen Generation*, München, Wien 1989.

Hospelt, Charlotte, *Jugendprotest im Spiegel der Presse: Eine Inhaltsanalyse von Zeitungsartikeln in der Bundesrepublik Deutschland*, Aachen 1997.

Hradil, Stefan, *Sozialstrukturanalyse in einer fortgeschrittenen Gesellschaft. Von Klassen und Schichten zu Lage und Milieu*, Opladen 1987.

–, »Alte Begriffe und neue Strukturen. Die Milieu-, Subkultur und Lebensstilforschung der 80er Jahre«, in: ders. (Hg.), *Zwischen Bewußtsein und Sein. Die Vermittlung »objektiver« und »subjektiver« Lebensweisen*, Opladen 1992, S. 15-55.

–, *Soziale Ungleichheit in Deutschland*, Opladen 2001.

–, »Arbeit, Freizeit, Konsum: Von der Klassengesellschaft zu neuen Milieus?«, in: Raithel, Thomas u. a. (Hg.), *Auf dem Weg in eine neue Moderne? Die Bundesrepublik Deutschland in den siebziger und achtziger Jahren*, München 2009, S. 69-82.

Huber, Joseph, »Astral-Marx. Über Anthroposophie, einen gewissen Marxismus und andere Alternativen«, in: *Kursbuch* 55 (1979), S. 139-161.

–, *Wer soll das alles ändern? Die Alternativen und die Alternativbewegung*, Berlin 1980.

Hübner, Klaus, *Einsatz. Erinnerungen des Berliner Polizeipräsidenten 1969-1987*, Berlin 1997.

Hübsch, Hadayatullah, *Alternative Öffentlichkeit. Freiräume der Information und Kommunikation*, Frankfurt/M. 1980.

–, *Keine Zeit für Trips. Autobiographischer Bericht*, Frankfurt/M. 1991.

Hübsch, Paul-G., »Clubs: Zentren der neuen Kultur«, in: Kaiser, Rolf-Ulrich (Hg.), *Protestfibel. Formen einer neuen Kultur*, Bern u. a. 1968, S. 128-142.

Hünemörder, Kai, *Die Frühgeschichte der globalen Umweltkrise und die Formierung der deutschen Umweltpolitik (1950-1973)*, Stuttgart 2004.

–, »Kassandra im modernen Gewand. Die umweltapokalyptischen Mahnrufe der frühen 70er Jahre«, in: Hohensee, Jens, Uekötter, Frank (Hg.), *Wird Kassandra heiser? Die Geschichte falscher Ökoalarme*, Stuttgart 2004, S. 78-97.

Hunziker, Peter u. a., *Fernsehen in der Familie*, Konstanz (1975).

Hüttner, Bernd, *Archive von unten. Bibliotheken und Archive der neuen sozialen Bewegungen und ihre Bestände*, Münster 2003.

–, »Alternative Medien sind tot, es leben die alternativen Medien. Zur Definition, Entwicklung und Zukunft alternativer Medien«, in: ders. (Hg.), *Verzeichnis der Alternativmedien 2006/2007*, Neu-Ulm 2006, S. 13-22.

– (Hg.), *Verzeichnis der Alternativmedien 2006/2007*, Neu-Ulm 2006.

ID-Archiv (Hg.), *Die Früchte des Zorns. Texte und Materialien zur Geschichte der Revolutionären Zellen und der Roten Zora*, 2 Bde., Berlin 1993.

ID-Archiv im Internationalen Institut für Sozialgeschichte (Hg.), *Projekt Gedächtnis. ID-Artikel zum Thema Gegenöffentlichkeit 1973-1981*, Amsterdam o. J.

ID-Archiv im Internationalen Institut für Sozialgeschichte (Hg.), *Verzeich-*

nis der alternativMedien. Ausgabe 1991/92. Zeitschriften/Zeitungen – Radioinitiativen – Videogruppen – Mailboxen. Mit einem redaktionellen Teil zum Thema Gegenöffentlichkeit, Amsterdam 1991.

Igo, Sarah, *The Averaged America. Surveys, Citizens, and the Making of Mass Politics*, Cambridge, London 2007.

Inglehart, Ronald, *The Silent Revolution. Changing Values and Political Styles Among Western Publics*, Princeton 1977.

–, *Changing Values and the Rise of Environmentalism*, Berlin 1982.

–, *Kultureller Umbruch*, Frankfurt/M. 1989.

Israel, Joachim, *Der Begriff Entfremdung. Zur Verdinglichung des Menschen in der bürokratischen Gesellschaft*, Reinbek 1985.

Jacobs, Meg, Zelizer, Julian E., »Comment: Swingging Too Far to the Left«, in: *JCH* 43 (2008), S. 689-693.

Jacobsen, Wolfgang (Hg.), *Rosa von Praunheim*, München 1984.

Jacobshagen, Arnold, Leniger, Markus (Hg.), *Rebellische Musik. Gesellschaftlicher Protest und kultureller Wandel um 1968*, Köln 2007.

Jacoby, Edmund (Hg.), *Lexikon linker Leitfiguren*, Frankfurt/M. 1988.

Jaeggi, Rahel, *Entfremdung. Zur Aktualität eines sozialphilosophischen Problems*, Frankfurt/M. 2005.

Jaeggi, Urs, »Drinnen und draußen«, in: Habermas, Jürgen (Hg.), *Stichworte zur »Geistigen Situation der Zeit«*, Bd. 2, *Politik und Kultur*, Frankfurt/M. 1979, S. 443-473.

Jäger, Wolfgang, Link, Werner, *Republik im Wandel 1974-1982. Die Ära Schmidt*, Stuttgart 1987.

Janning, Josef u. a. (Hg.), *Friedensbewegungen. Entwicklung und Folgen in der Bundesrepublik Deutschland, Europa und den USA*, Köln 1987.

Janov, Arthur, *Der Urschrei*, Frankfurt/M. 1973.

Jansa, Axel, »Die Pädagogik der Studentenbewegung in ihrer Auswirkung auf das Generationenverhältnis und den gesellschaftlichen Umgang mit Kindern«, in: *Jahrbuch für Pädagogik 1999: Das Jahrhundert des Kindes*, Frankfurt/M. 2000, S. 223-246.

Jansen-Jurreit, Marielouise, *Sexismus. Über die Abtreibung der Frauenfrage*, München 1976.

Jarausch, Konrad H. (Hg.), *Das Ende der Zuversicht? Die siebziger Jahre als Geschichte*, Göttingen 2008.

Jarren, Otfried, »Statt weniger Großer – viele Kleine? Funktionswandel der Presse«, in: Thomas, Michael W. (Hg.), *Die lokale Betäubung oder der Bürger und seine Medien*, Berlin, Bonn 1981, S. 63-78.

– (Hg.), *Stadtteilzeitung und lokale Kommunikation*, München u. a. ²1983.

Jasper, James M., *The Art of Moral Protest. Culture, Biography, and Creativity in Social Movements*, Chicago 1998.

Jasper, Willi u. a., *Partei kaputt. Das Scheitern der KPD und die Krise der Linken*, Berlin 1981.

Jensen, Uffa, »Die Konstitution des Selbst durch Beratung und Therapeutisierung. Die Geschichte des Psychowissens im frühen 20. Jahrhundert«, in: Maasen, Sabine u. a. (Hg.), *Das beratene Selbst. Zur Genealogie der Therapeutisierung in den »langen« Siebzigern*, Bielefeld 2011, S. 37-56.

Jessen, Hans, »Wohngemeinschaft aus der Langzeitperspektive«, in: Schülein, Johann A. (Hg.), *»… vor uns die Mühen der Ebenen«. Alltagsprobleme und Perspektiven von Wohngemeinschaften*, Gießen 1980, S. 65-78.

Jogschies, Rainer, *Wer zweimal mit derselben pennt … Die befreiten Sechziger*, Frankfurt/M., Berlin 1991.

Jørgensen, Thomas E., *Transformations and Crises. The Left and the Nation in Denmark and Sweden, 1956-1980*, New York, Oxford 2008.

Johnsen, Hartmut, *Der Startbahn-West-Konflikt. Ein politisches Lehrstück? Zeitzeugen ziehen Bilanz*, Frankfurt/M. 1996.

Judson, Horace F., *Heroin. Addiction in Britain*, New York, London 1973.

Judt, Tony, *Postwar. A History of Europe Since 1945*, London 2005.

Jugendzentrum Kreuzberg e. V. (Hg.), *Kämpfen-Leben-Lernen. Georg von Rauch-Haus*, Berlin ³1972.

Jungk, Robert, *Der Atom-Staat. Vom Fortschritt in die Unmenschlichkeit*, München 1977.

–, *Alternatives Leben*, Baden-Baden 1980.

Junker, Detlef (Hg.), *Die USA und Deutschland im Zeitalter des Kalten Krieges 1945-1990. Ein Handbuch*, 2 Bde., Stuttgart, München 2001.

–, u. a. (Hg.), *The United States and Germany in the Era of the Cold War. A Handbook*, 2 Bde., Cambridge 2004.

Jureit, Ulrike, Wildt, Michael (Hg.), *Generationen. Zur Relevanz eines wissenschaftlichen Grundbegriffs*, Hamburg 2005.

Kailitz, Steffen, *Politischer Extremismus in der Bundesrepublik Deutschland. Eine Einführung*, Wiesbaden 2004.

Kailitz, Susanne, *Von den Worten zu den Waffen? Frankfurter Schule, Studentenbewegung, RAF und die Gewaltfrage*, Wiesbaden 2007.

Kaiser, Rolf-Ulrich, *Fabrikbewohner. Protokoll einer Kommune und 23 Trips*, Düsseldorf 1970.

Kalisch, Eleonore, »Aspekte einer Begriffs- und Problemgeschichte von Authentizität und Darstellung«, in: Fischer-Lichte, Erika, Pflug, Isabel (Hg.), *Inszenierung von Authentizität*, Tübingen, Basel 2000, S. 31-44.

Kalter, Christoph, *Die Entdeckung der Dritten Welt. Dekolonisierung und neue radikale Linke in Frankreich*, Frankfurt/M., New York u. a. 2011.

Karapin, Roger, *Protest Politics in Germany. Movements on the Left and Right since the 1960s*, Philadelphia 2007.

Karl, Frank D., *Die K-Gruppen. Entwicklung – Ideologie – Programme. KBW, KPD, KPD/ML*, Bonn 1976.

Karl, Michaela, *Rudi Dutschke*, Frankfurt/M. 2003.

Karlsch, Rainer, Stokes, Raymond G., *»Faktor Öl«. Die Mineralölwirtschaft in Deutschland 1859-1974*, München 2003.

Karuscheit, Heiner, *Zur Geschichte der westdeutschen ML-Bewegung*, Frankfurt/M. ²1983.

Käsmayr, Benno, *Die sogenannte Alternativpresse. Ein Beispiel für Gegenöffentlichkeit in der BRD und im deutschsprachigen Ausland seit 1968*, Augsburg 1974.

–, »Der MaroVerlag – Ein Drahtseil-Akt des Machbaren«, in: *Berliner Blätter. Ethnographische und ethnologische Beiträge* 15 (Oktober 1997), S. 64-68.

Katsiaficas, George, *The Imagination of the New Left. A Global Analysis of 1968*, Boston 1987.

–, *European Social Movements and the Decolonization of Everyday Life*, Atlantic Highlands 1997.

–, *The Subversion of Politics. European Autonomous Social Movements and the Decolonization of Everyday Life*, Oakland, Edinburgh 2006.

Kätzel, Ute, »Geschlecht, Gewalt und Pazifismus. 1968 und die Anti-Vietnamkriegsbewegung in der Bundesrepublik Deutschland«, in: Davy, Jennifer u. a. (Hg.), *Frieden – Gewalt – Geschlecht. Friedens- und Konfliktforschung als Geschlechterforschung*, Essen 2005, S. 222-243.

– (Hg.), *Die 68erinnen. Porträt einer rebellischen Frauengeneration*, Berlin 2002.

Kaupp, Peter, *Das Heiratsinserat im sozialen Wandel. Ein Beitrag zur Soziologie der Partnerwahl*, Stuttgart 1968.

Kellner, Hella, Bernward, Frank, *Familie und Fernsehen*, Mainz 1978.

Kelly, Petra K., »Religiöse Erfahrung und politisches Engagement«, in: Hesse, Gunter, Wiebe, Hans-Hermann (Hg.), *Die Grünen und die Religion*, Frankfurt/M. 1988, S. 23-42.

–, Leinen, Jo (Hg.), *Prinzip Leben. Ökopax – die neue Kraft*, Berlin 1982.

Kempe, Heike, *Studien zur Alternativpresse in der Bundesrepublik in den siebziger Jahren. Dimensionen der Alternativkultur im Spiegel von Kontaktanzeigen in der Zitty 1977-1987*, Magisterarbeit Konstanz 2006.

Kenkmann, Alfons, »Von der bundesdeutschen »Bildungsmisere« zur Bildungsreform in den 60er Jahren«, in: Schildt, Axel u. a. (Hg.), *Dynamische Zeiten. Die 60er Jahre in den beiden deutschen Gesellschaften*, Hamburg 2000, S. 402-423.

Kentler, Helmut, »Kommt die Gruppenehe?«, in: *Neues Forum* 186/187 (1969), S. 427-429.

–, »Die Wohngruppe als gesellschaftliche Institution«, in: Feil, Johannes

(Hg.), *Wohngruppe, Kommune, Großfamilie. Gegenmodelle zur Kleinfamilie*, Reinbek 1972, S. 7-19.

Kerbs, Diethard (Hg.), *Die hedonistische Linke. Beiträge zur Subkultur-Debatte*, Neuwied 1970.

Kermer, Wolfgang (Hg.), *»1968« und die Akademiereform. Von den Studentenunruhen zur Neuorganisation der Stuttgarter Akademie in den siebziger Jahre*, Ostfildern 1999.

Kersting, Franz-Werner, »›Unruhediskurs‹. Zeitgenössische Deutungen der 68er Bewegung«, in: Frese, Matthias u. a. (Hg.), *Demokratisierung und gesellschaftlicher Aufbruch. Die sechziger Jahre als Wendezeit der Bundesrepublik*, Paderborn u. a. 2003, S. 715-740.

–, »Abschied von der ›totalen Institution‹? Die westdeutsche Anstaltspsychiatrie zwischen Nationalsozialismus und den Siebzigerjahren«, in: *AfS* 44 (2004), S. 267-292.

–, »Jugendkultur und ›Anti-Psychiatrie‹ zwischen gesellschaftlichem Wandel und politischem Protest«, in: Hey, Bernd, Wittmütz, Volkmar (Hg.), *1968 und die Kirchen*, Bielefeld 2008, S. 185-199.

Kiehn, Erich, *Sozialpädagogische Jugendwohngemeinschaften*, Freiburg 1982.

Kielmansegg, Peter Graf, *Nach der Katastrophe. Eine Geschichte des geteilten Deutschland*, Berlin 2000.

Kießling, Simon, *Die antiautoritäre Revolte der 68er. Postindustrielle Konsumgesellschaft und säkulare Religionsgeschichte*, Köln 2006.

Kimmel, Werner, *Studentenbewegungen der 60er Jahre. Frankreich, BRD und USA im Vergleich*, Wien 1998.

Kipp, Jürgen, »Die ›Zwerge Gutenbergs‹ – Retrospektive der Mainzer Minipressen-Messe«, in: *Berliner Blätter. Ethnographische und ethnologische Beiträge* (15. 10. 1997), S. 69-72.

Kirsch, Jan-Holger, »Mythos RAF? Zum Streit um eine noch nicht vorhandene Ausstellung«, in: *Zeithistorische Forschungen/Studies in Contemporary History*, Onlineausgabe, 1, 2 (2004), ⟨http://www.zeithistorische-forschungen.de/16126041-Kirsch-2-2004⟩, letzter Zugriff am 16. 04. 2013.

Kirsten, Rainer E., Müller-Schwarz, Joachim, *Gruppen-Training. Ein gruppendynamisches Übungsbuch mit 59 Psycho-Spielen, Trainingsaufgabe und Tests*, Stuttgart 1973.

Kistler, Helmut, *Bundesdeutsche Geschichte. Die Entwicklung der Bundesrepublik Deutschland seit 1945*, Stuttgart 1986.

Kitschelt, Herbert, *Kernenergiepolitik. Arena eines gesellschaftlichen Konflikts*, Frankfurt/M., New York 1980.

Kittel, Manfred, *Marsch durch die Institutionen? Politik und Kultur in Frankfurt nach 1968*, München 2011.

Kittsteiner, Heinz D., »Unverzichtbare Episode. Berlin 1967«, in: *Zeitschrift für Ideengeschichte* 2, 4 (2008), S. 31-44.

Klages, Helmut, »Kleinräumige Sozialbeziehungen im Gesellschaftswandel«, in: Noelle-Neumann, Elisabeth (Hg.), *Eine Generation später. Bundesrepublik Deutschland 1953-1979*, München u. a. 1983, S. 65-69.

—, *Wertorientierungen im Wandel. Rückblick, Gegenwartsanalyse, Prognosen*, Frankfurt/M. 1985.

—, *Werte und Wandel*, Frankfurt/M. 1992.

—, *Traditionsbruch als Herausforderung. Perspektiven der Wertewandelsgesellschaft*, Frankfurt/M. 1993.

—, Kmieciak, Peter (Hg.), *Wertewandel und gesellschaftlicher Wandel*, Frankfurt/M., New York ³1984.

Klein, Jacqueline, Porn, Sabine, »Instandbesetzen«, in: Müller-Münch, Ingrid u. a., *Besetzung – weil das Wünschen nicht geholfen hat. Köln, Freiburg, Gorleben, Zürich und Berlin*, Reinbek 1981, S. 108-125.

Klein, Markus, Falter, Jürgen, *Der lange Weg der Grünen. Eine Partei zwischen Protest und Regierung*, München 2003.

Kleinert, Hubert, *Vom Protest zur Regierungspartei. Die Geschichte der Grünen*, Eichborn 1992.

Kleinschmidt, Christian, »Das ›1968‹ der Manager. Fremdwahrnehmung und Selbstreflexion einer sozialen Elite in den 1960er Jahren«, in: Hesse, Jan-Otmar u. a. (Hg.), *Kulturalismus, Neue Institutionenökonomie oder Theorienvielfalt. Eine Zwischenbilanz der Unternehmensgeschichte*, Essen 2002, S. 19-29.

Kleßmann, Christoph, *Zeitgeschichte in Deutschland nach dem Ende des Ost-West-Konflikts*, Essen 1998.

Klimke, Martin, »Sit-in, Teach-in, Go-in: Zur transnationalen Zirkulation kultureller Praktiken in den 1960er Jahren«, in: ders., Scharloth, Joachim (Hg.), *1968. Handbuch zur Kultur- und Mediengeschichte der Studentenbewegung*, Stuttgart, Weimar 2007, S. 119-133.

—, »›1968‹ zwischen kulturrevolutionärem Anspruch und subversiver Praxis – Eine Einleitung«, in: dies. (Hg.), *1968. Handbuch zur Kultur- und Mediengeschichte der Studentenbewegung*, Stuttgart, Weimar 2007, S. 1-7.

– (Hg.), *1968. Handbuch zur Kultur- und Mediengeschichte der Studentenbewegung*, Stuttgart, Weimar 2007.

—, *The Other Alliance. Student Protest in West Germany and the United States in the Global Sixties*, Princeton, Oxford 2009.

—, Scharloth, Joachim, »Du musst den Dingen ihre eigene Melodie vorspielen und sie werden zu tanzen beginnen«, in: dies. (Hg.), *1968. Handbuch zur Kultur- und Mediengeschichte der Studentenbewegung*, Stuttgart, Weimar 2007, S. 311-316.

Klingler, Walter u. a. (Hg.), *Medienrezeption seit 1945. Forschungsbilanz und Forschungsperspektiven*, Baden-Baden ²1999.

Klöckner, Thomas, *Public Diplomacy – Auswärtige Informations- und Kul-*

turpolitik der USA. Strukturanalyse der Organisation und Strategien der United States Information Agency und des Unites States Information Service in Deutschland, Baden-Baden 1993.

Klopotek, Felix, »Projekt«, in: Bröckling, Ulrich u. a. (Hg.), *Glossar der Gegenwart*, Frankfurt/M. 2004, S. 216-221.

Klugmann, Norbert, »Selten allein. Szenen einer WG«, in: *Kursbuch* 54 (1978), S. 163-173.

Knaller, Susanne, Müller, Harro (Hg.), *Authentizität. Diskussion eines ästhetischen Begriffs*, Paderborn 2006.

Knäpper, Marie T., *Feminismus, Autonomie, Subjektivität. Tendenzen und Widersprüche in der neuen Frauenbewegung*, Bochum 1984.

Knilli, Friedrich (Hg.), *Die Unterhaltung der deutschen Fernsehfamilie. Ideologiekritische Kurzanalysen von Serien*, München 1971.

Knirsch, Hanspeter, Nickolmann, Friedhelm, *Die Chance der Bürgerinitiativen. Ein Handbuch*, Wuppertal 1976.

Knoblauch, Hubert, »Das unsichtbare Zeitalter. ›New Age‹, privatisierte Religion und kultisches Milieu«, in: *KZSS* 41 (1989), S. 504-525.

Köcher, Renate, »Jugend und Kirche«, in: Noelle-Neumann, Elisabeth, Piel, Edgar (Hg.), *Allensbacher Jahrbuch der Demoskopie 1978-1983*, Bd. VIII, München u. a. 1983, S. 134-140.

–, Noelle-Neumann, Elisabeth, *Die verletzte Nation. Über den Versuch der Deutschen, ihren Charakter zu ändern*, Stuttgart 1987.

Koenen, Gerd, *Das rote Jahrzehnt. Unsere kleine deutsche Kulturrevolution 1967-1977*, Köln 2001.

–, *Vesper, Ensslin, Baader. Urszenen des deutschen Terrorismus*, Köln 2003.

–, Veiel, Andres, *1968. Bildspur eines Jahres*, Köln o. J. [2008].

Koepping, Klaus-Peter, »Authentizität als Selbstfindung durch den anderen: Ethnologie zwischen Engagement und Reflexion, zwischen Leben und Wissenschaft«, in: Duerr, Hans P. (Hg.), *Authentizität und Betrug in der Ethnologie*, Frankfurt/M. 1987, S. 7-37.

Koestler, Arthur, *Das rote Jahrzehnt*, Wien, Zürich 1991.

Koetzle, Michael (Hg.), *Twen. Revision einer Legende*, München 1995.

Kofler, Leo, *Zur Kritik der Alternativen*, Hamburg 1983.

Köhler, Holm-Detlev, *Ökonomie und Autonomie. Historische und aktuelle Entwicklungen genossenschaftlicher Bewegungen*, Frankfurt/M. 1986.

Kohut, Heinz, »Formen und Umformungen des Narzißmus«, in: *Psyche* 20 (1966), S. 561-587.

–, *Narzißmus*, Frankfurt/M. 1976.

Kolenberger, Lothar, Schwarz, Hanns-Albrecht, *Abschlußbericht des Projekts: Zum Problem einer »Zweiten Kultur« in West-Berlin* (Berlin-Forschung, Förderprogramm der FU Berlin für junge Wissenschaftler), 1982 [Kopie im APO-Archiv Berlin].

–, »Lebens- und Bewußtseinsformen in der West-Berliner ›Zweiten Kultur‹«, in: Wasmund, Klaus (Hg.), *Jugendliche – Neue Bewusstseinsformen und politische Verhaltensweisen*, Stuttgart 1982, S. 90-103.

Kollektiv KommuneBuch (Hg.), *Das KommuneBuch. Alltag zwischen Widerstand, Anpassung und gelebter Utopie*, Göttingen 1996.

Kommune 2, *Versuch der Revolutionierung des bürgerlichen Individuums. Kollektives Leben mit politischer Arbeit verbinden*, Berlin 1969. [Nachdruck: Köln 1971].

König, Helmut, *Die Zukunft der Vergangenheit. Der Nationalsozialismus im politischen Bewusstsein der Bundesrepublik*, Frankfurt/M. 2003.

König, Wolfgang, *Geschichte der Konsumgesellschaft*, Stuttgart 2000.

Konitzer, Martin, *New Age. Über das Alte im neuen Zeitalter*, Hamburg 1989.

Koopmans, Ruud, *Democracy from Below. New Social Movements and the Political System in West Germany*, Boulder 1995.

–, »Social Movements«, in: Russell Dalton, Klingemann, Hans-Dieter (Hg.), *Oxford Handbook of Political Behavior*, Oxford 2008, S. 693-707.

Köpf, Doris, »Was aus den 68ern geworden ist«, in: *Focus* (02.09.1996), S. 66-78.

Koplin, Raimund, *Sprachführer durch die Revolution*, München 1968.

Kops, Manfred, »Eine inhaltsanalytische Bestimmung von Persönlichkeitsbildern in Heiratsanzeigen«, in: Klingemann, Hans D. (Hg.), *Computergestützte Inhaltsanalyse in der empirischen Sozialforschung*, Frankfurt/M. 1984, S. 54-97.

Korczak, Dieter, *Neue Formen des Zusammenlebens. Erfolge und Schwierigkeiten des Experiments »Wohngemeinschaft«*, Frankfurt/M. 1979.

–, *Rückkehr in die Gemeinschaft. Kleine Netze: Berichte über Wohnsiedlungen*, Frankfurt/M. 1981.

–, *Zur Einstellung und Lebenswelt von Alternativen*, München 1982.

Korte, Hermann, *Eine Gesellschaft im Aufbruch. Die Bundesrepublik Deutschland in den sechziger Jahren*, Frankfurt/M. 1987.

Koschnick, Hans (Hg.), *Der Abschied vom Extremistenbeschluß*, Bonn 1979.

Kowalczuk, Ilko S. (Hg.), *Freiheit und Öffentlichkeit. Politischer Samisdat in der DDR 1985-1989*, Berlin 2002.

Kraatz, Birgit, »Der Traum vom Paradies. Über die Stadtindianer und Autonomia in Italien«, in: Haller, Michael (Hg.), *Aussteigen oder rebellieren. Jugendliche gegen Staat und Gesellschaft*, Hamburg 1981, S. 35-48.

Kraft, Andreas, »Dialog und Delegation in der Vaterliteratur der 68er«, in: Gebhard, Miriam, Wischermann, Clemens (Hg.), *Familiensozialisation seit 1933 – Verhandlungen über Kontinuität*, Stuttgart 2007, S. 119-131.

Kramer, Bernd (Hg.), *Gefundene Fragmente. Die umherschweifenden Haschrebellen und Peter Handke, Hartmut Sander, Rolf Dieter Brinkmann, Rudi Dutschke, Rainer Langhans, Fritz Teufel* u. a. *1967-1980*, Bd. 1, Berlin 2004.

Kramer, Inge, Ney, Norbert (Hg.), *Wie führe ich eine alternative Firma*, Hamburg o. J.

Kramer, Thomas, »Asterix und die Freak Brothers, Comic-Unterwelten als Teile alternativer Kultur«, in: *Berliner Blätter. Ethnographische und ethnologische Beiträge* 15 (Oktober 1997), S. 21-27.

Krasmann, Susanne, Volkmer, Michael (Hg.), *Michel Foucaults »Geschichte der Gouvernementalität« in den Sozialwissenschaften. Internationale Beiträge*, Bielefeld 2007.

Kraus, Dorothea, »Straßentheater als politische Protestform«, in: Klimke, Martin, Scharloth, Joachim (Hg.), *1968. Handbuch zur Kultur- und Mediengeschichte der Studentenbewegung*, Stuttgart, Weimar 2007, S. 89-100.

Krause, Christian u. a., *Zwischen Revolution und Resignation. Alternativkultur, politische Grundströmungen und Hochschulaktivitäten in der Studentenschaft. Eine empirische Untersuchung über die politischen Einstellungen von Studenten*, Bonn 1980.

Kraushaar, Wolfgang, »Thesen zum Verhältnis von Alternativ- und Fluchtbewegung. Am Beispiel der frankfurter scene«, in: ders. (Hg.), *Autonomie oder Getto? Kontroversen über die Alternativbewegung*, Frankfurt/M. 1978, S. 8-67.

–, (Hg.), *Autonomie oder Getto? Kontroversen über die Alternativbewegung*, Frankfurt/M. 1978.

–, *1968. Das Jahr, das alles verändert hat*, München 1998.

–, (Hg.), *Frankfurter Schule und Studentenbewegung. Von der Flaschenpost zum Molotowcocktail 1946 bis 1995*, 3 Teile, Hamburg ²1998.

–, *1968 als Mythos, Chiffre und Zäsur*, Hamburg 2000.

–, »1968 und Massenmedien«, in: *AfS* 41 (2000), S. 317-347.

–, *Fischer in Frankfurt. Karriere eines Außenseiters*, Hamburg 2001.

–, »Die Frankfurter Sponti-Szene. Eine Subkultur als politische Versuchsanordnung«, in: *AfS* 44 (2004), S. 105-121.

–, »Zwischen Popkultur, Politik und Zeitgeschichte. Von der Schwierigkeit, die RAF zu historisieren«, in: *Zeithistorische Forschungen* 1, 2 (2004), 〈http://www.zeithistorische-forschungen.de/16126041-Kraushaar-2-2004〉, letzter Zugriff am 16.04.2013.

–, »1968 und die RAF. Ein umstrittenes Beziehungsgeflecht«, in: *vorgänge* 44, 171/172, 3-4 (2005), S. 208-220.

–, *Die Bombe im Jüdischen Gemeindehaus*, Hamburg 2005.

–, »Rudi Dutschke und der bewaffnete Kampf«, in: ders. u. a., *Rudi Dutschke, Andreas Baader und die RAF*, Hamburg 2005, S. 13-50.

–, (Hg.), *Die RAF und die Herausforderung der Demokratie (1970-1998)*, Hamburg 2006.

–, »Berliner Subkultur: Blues, Umherschweifende Haschrebellen, Tupamaros und Bewegung 2. Juni«, in: Klimke, Martin, Scharloth, Joachim (Hg.), *1968. Handbuch zur Kultur- und Mediengeschichte der Studentenbewegung*, Stuttgart, Weimar 2007, S. 261-275.

–, *Achtundsechzig. Eine Bilanz*, Berlin 2008.

–, u. a. (Hg.), *Rudi Dutschke, Andreas Baader und die RAF*, Hamburg 2005.

Krausse, Joachim, »Werte aus dem Berliner Zimmer«, in: Bucher, Willi (Hg.), *Schock und Schöpfung. Jugendästhetik im 20. Jahrhundert*, Darmstadt 1986, S. 238-248.

Krebs, Diethart, Reulecke, Jürgen (Hg.), *Handbuch der deutschen Reformbewegungen 1880-1933*, Wuppertal 1998.

Krechel, Ursula, *Selbsterfahrung und Fremdbestimmung. Bericht aus der Neuen Frauenbewegung*, Darmstadt, Neuwied 1975.

Kreis, Reinhild, »»Männer brauchen Raketen‹. Frauenfriedensbewegung und Geschlechterdimension«, in: Becker-Schaum, Christoph u. a. (Hg.), *»Entrüstet Euch!« Nuklearkrise, Nato-Doppelbeschluss und Friedensbewegung*, Paderborn u. a. 2012, S. 294-308.

Kreß, Brigitta, *Was will der Mann? Ein neues Bewußtsein von Männlichkeit*, München 1989.

Kreutz, Henrik u. a., *Alternative Projekte zwischen Fortschritt und Anpassung. Eine Längsschnittstudie in zwei Großstadtregionen*, Nürnberg 1989.

Kreuzer, Helmut, *Die Boheme. Analyse und Dokumentation der intellektuellen Subkultur vom 19. Jahrhundert bis in die Gegenwart*, Stuttgart, Weimar 2000.

–, Thomsen, Christian W. (Hg.), *Geschichte des Fernsehens in der Bundesrepublik Deutschland*, 5 Bde., München 1993-1994.

Kreuzer, Rainer, »Wahlverwandte«, in: *brand eins* 10 (2000), S. 53-58.

Krey, Ursula, »»Der Bruch mit der Gehorsamstradition‹. Die 68er Bewegung und der gesellschaftliche Wertewandel«, in: Hey, Bernd, Wittmütz, Volkmar (Hg.), *1968 und die Kirchen*, Bielefeld 2008, S. 13-34.

Krieger, Verena, »»… rühmen sich öffentlich ihrer Verbrechen‹. Vom Kampf der Frauenbewegung gegen den § 218«, in: Dietz, Gabriele u. a. (Hg.), *wild + zahm. Die siebziger Jahre*, Berlin 1997, S. 183-189.

Kriener, Manfred, »Lieber heute aktiv, als morgen radioaktiv. Die Ökologiebewegung verändert die Bundesrepublik«, in: Dietz, Gabriele u. a. (Hg.), *wild + zahm. Die siebziger Jahre*, Berlin 1997, S. 146-153.

Kroes, R. (Hg.), *Cultural Transmissions And Receptions. American Mass Culture in Europe*, Amsterdam 1993.

Kröher, Michael O. R., »Gegenöffentlichkeit«, in: *Transatlantik* 8 (1983), S. 55-59.

Krohn, Claus-Dieter (Hg.), *Zwischen den Stühlen? Remigranten und Remigration in der deutschen Medienöffentlichkeit der Nachkriegszeit*, Hamburg 2002.

Krohn, Maren, *Die gesellschaftliche Auseinandersetzung um die Notstands-gesetze*, Köln 1981.

Krolow, Wolfgang, *Instandbesetzer Bilderbuch*, Berlin 1981.

Kruip, Gudrun, *Das »Welt«-»Bild« des Axel-Springer-Verlags. Journalismus zwischen westlichen Werten und deutschen Denktraditionen*, München 1999.

Kruke, Anja, *Demoskopie in der Bundesrepublik Deutschland. Meinungsfor-schung, Parteien und Medien 1949-1990*, Düsseldorf 2007.

Kübler, Hans-Werner, »Die eigene Welt der Kinder. Zur Entstehung von Kinderkultur und Kindermedien in den siebziger Jahren«, in: Faulstich, Werner (Hg.), *Die Kultur der siebziger Jahre*, München 2004, S. 65-80.

Kück, Marlene, *Betriebswirtschaft der Kooperative. Eine einzelwirtschaftliche Analyse kooperativer und selbstverwalteter Betriebe*, Stuttgart 1989.

Küenzlen, Gottfried, »New Age und Grüne Bewegung«, in: Pilger, Mat-thias, Rink, Steffen (Hg.), *Zwischen den Zeiten. Das New Age in der Diskussion*, Marburg 1989, S. 244-259.

Kuhn, Anette (Hg.), *Frauen in der deutschen Nachkriegszeit*, 2 Bde., Düs-seldorf 1984/86.

–, *Ich trage einen goldenen Stern. Ein Frauenleben in Deutschland*, Berlin 2003.

Kuhn, Barbara, »Authentizität und Autobiographie: Robbe-Grillets *reprise* der *Romanesques*«, in: Knaller, Susanne, Müller, Harro (Hg.), *Authenti-zität. Diskussion eines ästhetischen Begriffs*, Paderborn 2006, S. 115-146.

Kühn, Andreas, *Stalins Enkel, Maos Söhne. Die Lebenswelt der K-Gruppen in der Bundesrepublik der 70er Jahre*, Frankfurt/M., New York 2005.

Kühn, Axel D., *Alexander S. Neill*, Reinbek 1995.

Kühne, Thomas (Hg.), *Von der Kriegskultur zur Friedenskultur? Zum Men-talitätswandel in Deutschland seit 1945*, Münster, Hamburg 2000.

Kuntz, Karl-Michael, »Spontis, Schlaffis und Chaoten. Psychologische und politische Perspektiven der neuen Jugendbewegung«, in: Aust, Stefan, Rosenblatt, Sabine (Hg.), *Hausbesetzer – wofür sie kämpfen, wie sie leben und wie sie leben wollen*, Hamburg 1981, S. 193-221.

Kunzelmann, Dieter, »Notizen zur Gründung revolutionärer Kommunen in den Metropolen [1966]«, in: Goeschel, Albrecht (Hg.), *Richtlinien und Anschläge. Materialien zur Kritik der repressiven Gesellschaft*, Mün-chen 1968, S. 100-106.

–, *Leisten Sie keinen Widerstand! Bilder aus meinem Leben*, Berlin 1998.

Kupper, Patrick, »Die ›1970er Diagnose‹. Grundsätzliche Überlegungen zu einem Wendepunkt der Umweltgeschichte«, in: *AfS* 43 (2003), S. 325-348.

–, »Weltuntergangs-Vision aus dem Computer. Zur Geschichte der Studie ›Die Grenzen des Wachstums‹ von 1972«, in: Hohensee, Jens, Uekötter,

Frank (Hg.), *Wird Kassandra heiser? Beiträge zu einer Geschichte der falschen Öko-Alarme*, Stuttgart 2003, S. 98-111.

Kurlansky, Mark, *1968. The Year That Rocked the World*, New York 2005.

Kurz, Gerda, *Alternativ leben? Zur Theorie und Praxis der Gegenkultur*, Berlin 1978.

Kurzbein, Uwe, »Die Plackerei. Nachdenken über Heilung in der Gemeinschaft«, in: Kollektiv KommuneBuch (Hg.), *Das KommuneBuch. Alltag zwischen Widerstand, Anpassung und gelebter Utopie*, Göttingen 1996, S. 256-274.

–, »Schrittweise. Geschichte der Kommunebewegung aus persönlicher Sicht«, in: Kollektiv KommuneBuch (Hg.), *Das KommuneBuch. Alltag zwischen Widerstand, Anpassung und gelebter Utopie*, Göttingen 1996, S. 37-68.

Kurzlechner, Werner, *Die Unternehmer und die Herausforderung der »1968er« im Spiegel der öffentlichen Meinung*, Magisterarbeit Johann Wolfgang Goethe-Universität Frankfurt/M. 2003.

Kutschke, Beate, »Angry Young Musicians: Gibt es eine Sprache der musikalischen Avantgarde für ›1968‹?«, in: Klimke, Martin, Scharloth, Joachim (Hg.), *1968. Handbuch zur Kultur- und Mediengeschichte der Studentenbewegung*, Stuttgart, Weimar 2007, S. 175-186.

– (Hg.), *Musikkulturen in der Revolte. Studien zu Rock, Avantgarde und Klassik im Umfeld von »1968«*, Köln, Weimar 2008.

Lachenmeier, Dominik, »Die Achtundsechziger-Bewegung zwischen etablierter und alternativer Öffentlichkeit«, in: Klimke, Martin, Scharloth, Joachim (Hg.), *1968. Handbuch zur Kultur- und Mediengeschichte der Studentenbewegung*, Stuttgart, Weimar 2007, S. 61-72.

Lacorne, Denis u. a. (Hg.), *The Rise and Fall of Anti-Americanism. A Century of French Perception*, New York 1990.

Lacroix, Bernard, *L'utopie communautaire*, Paris 1981.

Laermann, Klaus, »Kneipengerede. Zu einigen Verkehrsformen der Berliner ›linken‹ Subkultur«, in: *Kursbuch* 37 (1974), S. 168-180.

Lampe, Gerhard, Schumacher, Heidemarie (Hg.), *Das Panorama der 60er Jahre. Zur Geschichte des ersten politischen Fernsehmagazins der BRD*, Berlin 1991.

Landgrebe, Christiane, Plath, Jörg (Hg.), *68 und die Folgen. Ein unvollständiges Lexikon*, Berlin 1998.

Landwehr, Reinhard, »Innenstadtnahe Altbaugebiete. Das materielle Substrat einer studentischen Alternativkultur«, in: *Angewandte Sozialforschung* 8, 1/2 (1980), S. 33-63.

Lang, Barbara, *Mythos Kreuzberg. Ethnographie eines Stadtteils (1961-1995)*, Frankfurt/M., New York 1998.

Lange, Hans-Jürgen, *Staat, Demokratie und Innere Sicherheit*, Leverkusen 2000.

Langer, Bernd, *Kunst als Widerstand. Plakate, Ölbilder, Aktionen. Texte der Initiative Kunst und Kampf*, Bonn 1997.

Langer, Günter, »Der Berliner ›Blues‹. Tupamaros und umherschweifende Haschrebellen zwischen Wahnsinn und Verstand«, in: Siepmann, Eckhard u. a. (Hg.), *CheSchahShit. Die Sechziger Jahre zwischen Cocktail und Molotow*, Reinbek 1988, S. 321-337.

Langer, Ingrid, »Abschied von der Zwangsgemeinschaft. Ehe- und Familienrechtsreform«, in: *wild + zahm. Die siebziger Jahre*, Berlin 1997, S. 195-200.

Langguth, Gerd, *Protestbewegung am Ende. Die Neue Linke als Vorhut der DKP*, Mainz 1971.

–, *Die Protestbewegung in der Bundesrepublik Deutschland 1968-1976*, Köln 1976.

–, *Protestbewegung. Entwicklung – Renaissance – Niedergang. Die Neue Linke seit 1968*, Köln 1983.

–, *Mythos '68*, Bonn 2001.

Langhans, Rainer, *Ich bin's – Die ersten 68 Jahre. Autobiographie*, München 2008.

– (Hg.), *K 1. Das Bilderbuch der Kommune*, München 2008.

–, Teufel, Fritz (Hg.), *Klau mich. StPO der Kommune I*, Frankfurt/M. 1968.

Lankowski, Carl, »Soziale Bewegungen in den USA und in der Bundesrepublik: Die Friedenbewegung und die Umweltbewegung«, in: Junker, Detlef (Hg.), *Die USA und Deutschland im Zeitalter des Kalten Krieges 1945-1990. Ein Handbuch*, Bd. 2, Stuttgart, München 2001, S. 644-664.

Lasch, Christopher, *Das Zeitalter des Narzißmus*, München 1980.

Lau, Jörg, »Männerhaß und Männerselbsthaß als kultureller Mainstream«, in: *Merkur* 5 (2004), S. 934-943.

Lau, Mariam, *Die neuen Sexfronten. Vom Schicksal einer Revolution*, Berlin 2000.

Laurisch, Bernd, *Kein Abriß unter dieser Nummer. 2 Jahre Instandbesetzung in der Cuvrystraße in Berlin-Kreuzberg*, Gießen 1981.

Leary, Timothy, *Politik der Ekstase*, Hamburg 1970.

–, u. a., *Psychedelische Erfahrungen. Ein Handbuch nach Weisungen des Tibetanischen Totenbuches*, Weilheim 1971.

Lecorte, Thomas, *Wir tanzen bis zum Ende. Die Geschichte eines Autonomen*, Hamburg 1992.

Lee, Mia, »Umherschweifen und Spektakel: Die situationistische Tradition«, in: Klimke, Martin, Scharloth, Joachim (Hg.), *1968. Handbuch zur Kultur- und Mediengeschichte der Studentenbewegung*, Stuttgart, Weimar 2007, S. 101-106.

Leggewie, Claus, »1968: Ein Laboratorium der nachindustriellen Gesellschaft? Zur Tradition der antiautoritären Revolte seit den sechziger Jahren«, in: *APuZ* B 20 (1988), S. 3-15.

Lehmann, Thomas-Dietrich, »Erscheint donnerstags mit Kleinanzeigen. Auf den Spuren einer linken Infrastruktur«, in: rotaprint 25 (Hg.), *agit 883. Revolte, Underground in Westberlin 1969-1972*, Hamburg, Berlin 2006, S. 61-70.

Lehne, Werner, *Der Konflikt um die Hafenstraße. Kriminalitätsdiskurse im Kontext symbolischer Politik*, Pfaffenweiler 1994.

Lehner, Bernhard, *Bilder aus der Wohngemeinschaft*, Langnau 1981.

Lehnhardt, Karl-Heinz, Vollmer, Ludger, *Politik zwischen Kopf und Bauch: Zur Relevanz der Persönlichkeitsbildung in den politischen Studentenbewegungen in der BRD*, Bochum 1979.

Leineweber, Bernd, Schibel, Karl-Ludwig, *Die Revolution ist vorbei – wir haben gesiegt. Die community-Bewegung. Zur Organisationsfrage der Neuen Linken in den USA und der BRD*, Berlin 1975.

–, »Die Alternativbewegung«. Ein Beitrag zu ihrer gesellschaftlichen Bedeutung und politischen Tragweite, ihren Möglichkeiten und Grenzen«, in: Kraushaar, Wolfgang (Hg.), *Autonomie oder Getto? Kontroversen über die Alternativbewegung*, Frankfurt/M. 1978, S. 95-128.

Leitner, Olaf, *West-Berlin! Westberlin! Berlin (West)! Die Kultur – die Szene – die Politik. Erinnerungen an eine Teilstadt der 70er und 80er Jahre*, Berlin 2002.

Lell, Joachim (Hg.), *Religiöse Gruppen. Alternativen in Großkirchen und Gesellschaft*, Düsseldorf, Göttingen 1976.

Lemke, Thomas, *Eine Kritik der politischen Vernunft. Foucaults Analyse der modernen Gouvernementalität*, Hamburg 1997.

Lent, Adam, *British Social Movements Since 1945. Sex, Colour, Peace and Power*, Basingstoke 2001.

Lenz, Hans-Joachim, »Männergruppenarbeit«, in: Brandes, Holger, Bullinger, Hermann (Hg.), *Handbuch Männerarbeit*, Weinheim 1996, S. 93-102.

Lenz, Ilse (Hg.), *Die Neue Frauenbewegung in Deutschland. Abschied vom kleinen Unterschied. Eine Quellensammlung*, Wiesbaden 2008.

Lepsius, M. Rainer, »Parteiensystem und Sozialstruktur: zum Problem der Demokratisierung der deutschen Gesellschaft«, in: Ritter, Gerhard A. (Hg.), *Deutsche Parteien vor 1918*, Köln 1973, S. 56-80.

Lessing, Hellmut, Liebel, Manfred, »Jeder braucht Jeden. Das Protestpotential geht quer durch alle Schichten«, in: Brandes, Volkhard, Schön, Bernhard (Hg.), *Wer sind die Instandbesetzer? Selbstzeugnisse, Dokumente, Analysen. Ein Lesebuch*, Bensheim 1981, S. 32-36.

Lethen, Helmut, »Lob der Kälte. Ein Motiv der historischen Avantgarden«, in: Kamper, Dietmar, Reijen, Willem van (Hg.), *Die unvollendete Vernunft. Moderne versus Postmoderne*, Frankfurt/M. 1987, S. 282-324.

–, *Verhaltenslehren der Kälte. Lebensversuche zwischen den Kriegen*, Frankfurt/M, 1994.

–, »Versionen des Authentischen: Sechs Gemeinplätze«, in: Böhme, Hartmut, Scherpe, Klaus R. (Hg.), *Literatur und Kulturwissenschaften. Positionen, Theorien. Modelle*, Reinbek 1996, S. 205-231.

Leupolz, Wilfried, *Der lange Marsch zum kollektiven Leben. Schäfereigenossenschaft Finkhof*, Weingarten 1983.

Lévi-Strauss, Claude, *Strukturale Anthropologie*, Frankfurt/M. 1967.

–, »*Primitive« und »Zivilisierte*«, Zürich 1972.

–, *Das wilde Denken*, Frankfurt/M. 1973.

Liebel, Manfred u. a. (Hg.), *Jugendwohnkollektive. Alternativen zur Fürsorgeerziehung*, München 1972.

Liehr, Dorothee, »Ereignisinszenierung im Medienformat: Proteststrategien und Öffentlichkeit – eine Typologie«, in: Klimke, Martin, Scharloth, Joachim (Hg.), *1968. Handbuch zur Kultur- und Mediengeschichte der Studentenbewegung*, Stuttgart, Weimar 2007, S. 23-36.

Lindner, Rolf, »Subkultur. Stichworte zur Wirkungsgeschichte eines Konzepts«, in: *Berliner Blätter. Ethnographische und ethnologische Beiträge* (15.10.1997), S. 5-12.

–, »Die Idee des Authentischen«, in: *Kuckuck. Notizen zu Alltagskultur und Volkskunde* 13, 1 (1998), S. 58-61.

Lindquist, Nils T., »Der Nachbar und das Allgemeine«, in: *Kursbuch* 39 (1975), S. 49-56.

Linnhoff, Ursula, *Die Neue Frauenbewegung. USA – Europa seit 1968*, Köln 1974.

Linse, Ulrich, *Barfüßige Propheten. Erlöser der zwanziger Jahre*, Berlin 1983.

–, *Geisterseher und Wunderwirker. Heilsuche im Industriezeitalter*, Frankfurt/M. 1996.

Lipp, Wolfgang, »Magie – Macht und Gefahr. Zur Soziologie des Irrationalen«, in: Zingerle, Arnold, Mongardini, Carlo (Hg.), *Magie und Moderne*, Berlin 1987, S. 63-97.

Lippe, Rudolf zur, »Objektiver Faktor Subjektivität«, in: *Kursbuch* 35 (1974), S. 1-35.

Lippmann, Walter, *The Cold War. A Study in US Foreign Policy*, New York, London 1947.

Löhr, Paul, »Geschichte des ARD- und ZDF-Kinderfernsehens von seinen Anfängen bis zum Ende der 80er Jahre«, in: Erlinger, Hans D., Stötzel, Dirk U. (Hg.), *Geschichte des Kinderfernsehens in der Bundesrepublik Deutschland. Entwicklungsprozesse und Trends*, Berlin 1991, S. 47-65.

Lönnendonker, Siegward, u. a., *Die antiautoritäre Revolte*, Wiesbaden 2002.

Lott, Jürgen, »Schöpfungstheologie, ›weibliche‹ Spiritualität und Naturmystik. Religiöse Strömungen bei den Grünen«, in: Hesse, Gunter, Wiebe, Hans-Hermann (Hg.), *Die Grünen und die Religion*, Frankfurt/M. 1988, S. 185-214.

Lowien, Merve, *Weibliche Produktivkraft. Gibt es eine andere Ökonomie? Erfahrungen in einem linken Projekt*, Berlin 1977.

Lucke, Albrecht von, *68 oder neues Biedermeier. Der Kampf um die Deutungsmacht*, Berlin 2008.

Lück, Helmut E., *Kurt Lewin. Eine Einführung in sein Werk*, Weinheim 2001.

Lüdtke, Alf u. a. (Hg.), *Amerikanisierung. Traum und Alptraum im Deutschland des 20. Jahrhunderts*, Stuttgart 1996.

Lüdtke, Werner M., *Literatur und Studentenbewegung. Eine Zwischenbilanz*, Opladen 1977.

Ludwig, Andrea, *Neue oder Deutsche Linke? Nation und Nationalismus im Denken von Linken und Grünen*, Opladen 1995.

Luhmann, Niklas, *Soziale Systeme. Grundriß einer allgemeinen Theorie*, Frankfurt/M. 1984.

Lüschen, Günther, Lupri, Eugen (Hg.), *Soziologie der Familie*, Opladen 1970.

Lutz, Catherine A., Abu-Lughod, Lila (Hg.), *Language and the Politics of Emotion*, Cambridge 1990.

Maase, Kaspar, »Freizeit«, in: Benz, Wolfgang (Hg.), *Die Geschichte der Bundesrepublik Deutschland*, Bd. 3, *Gesellschaft*, Frankfurt/M. 1989, S. 345-384.

—, u. a. (Hg.), *Amerikanisierung der Alltagskultur? Zur Rezeption US-amerikanischer Populärkultur in der Bundesrepublik und in den Niederlanden*, Hamburg 1990.

Maasen, Sabine, *Genealogie der Unmoral. Zur Therapeutisierung sexueller Selbste*, Frankfurt/M. 1998.

—, »Das beratene Selbst. Zur Genealogie der Therapeutisierung in den ›langen‹ Siebzigern: Eine Perspektivierung«, in: Maasen, Sabine u. a. (Hg.), *Das beratene Selbst. Zur Genealogie der Therapeutisierung in den »langen« Siebzigern*, Bielefeld 2011, S. 7-33.

—, u. a. (Hg.), *Das beratene Selbst. Zur Genealogie der Therapeutisierung in den »langen« Siebzigern*, Bielefeld 2011.

MacAdams, Lewis, *Birth of Cool. Beat, Bebop, and the American Avantgarde*, New York 2001.

Magenau, Jörg, *Die taz. Eine Zeitung als Lebensform*, München 2007.

Mahnert, Detlev, Stürmer, Harry, *Zappa, Zoff und Zwischentöne. Die Essener Songtage 1968*, Essen 2008.

Maier, Charles, »»Malaise‹. The Crisis of Capitalism in the 1970s«, in: Ferguson, Niall u. a. (Hg.), *The Shock of the Global. The 1970s in Perspective*, London 2010, S. 25-48.

Maier, Hans, »Kirche, Religion und Kultur«, in: Broszat, Martin (Hg.), *Zäsuren nach 1945. Essays zur Periodisierung der deutschen Nachkriegsgeschichte*, München 1990, S. 131-140.

–, »Fortschrittsoptimismus oder Kulturpessimismus? Die Bundesrepublik Deutschland in den 70er und 80er Jahren«, in: *VfZ* 56, 1 (2008), S. 1-17.

Mailänder, Ulf, Zander, Ulrich, *Das kleine Westberlin-Lexikon von »Autonomie« bis »Zapf«. Die alternative Szene der siebziger und achtziger Jahre*, Berlin 2003.

Maletzke, Gerhard, *Ziele und Wirkungen der Massenkommunikation. Grundlagen und Probleme einer zeitorientierten Mediennutzung*, Hamburg 1976.

Malinowski, Stephan, Sedlmaier, Alexander, »›1968‹ als Katalysator der Konsumgesellschaft. Performative Regelverstöße, kommerzielle Adaptionen und gegenseitige Durchdringung«, in: *Geschichte und Gesellschaft* 32 (2006), S. 238-267.

Marcuse, Herbert, *Der eindimensionale Mensch. Studien zur Ideologie der fortgeschrittenen Industriegesellschaft*, Darmstadt, Neuwied 1967.

–, *Triebstruktur und Gesellschaft. Ein philosophischer Beitrag zu Sigmund Freud*, Frankfurt/M. 1967.

–, »Befreiung von der Überflussgesellschaft«, in: *Kursbuch* 16 (1969), S. 185-198.

–, *Das Ende der Utopie. Vorträge und Diskussionen in Berlin 1967*, Frankfurt/M. 1980.

–, »Repressive Toleranz [1965]«, in: ders., *Schriften*, Bd. 8, Frankfurt/M. 1984, S. 136-166.

–, *Die Studentenbewegung und ihre Folgen*, Springe 2004.

Markovits, Andrei, Gorski, Philipp S., *The German Left. Red, Green, and Beyond*, Cambridge 1993.

–, *Grün schlägt Rot. Die deutsche Linke nach 1945*, Hamburg 1997.

Marks, Stephan, *Studentenseele. Erfahrungen im Zerfall der Studentenbewegung*, Hamburg 1977.

Markus, Greil, *Lipstick Traces. Von Dada bis Punk – Eine geheime Kulturgeschichte des 20. Jahrhunderts*, Reinbek 1996.

Marmulla, Henning, »Das Kursbuch: Nationale Zeitschrift, internationale Kommunikation, transnationale Öffentlichkeit«, in: Klimke, Martin, Scharloth, Joachim (Hg.), *1968. Handbuch zur Kultur- und Mediengeschichte der Studentenbewegung*, Stuttgart, Weimar 2007, S. 37-47.

–, *Enzensbergers Kursbuch. Eine Zeitschrift um 68*, Berlin 2011.

Marrow, Alfred J., *Kurt Lewin. Leben und Werk*, Weinheim 2002.

Märthesheimer, Peter, Frenzel, Ivo (Hg.), *Im Kreuzfeuer. Der Fernsehfilm Holocaust. Eine Nation ist betroffen*, Frankfurt/M. 1979.

Martschukat, Jürgen, »Feste Banden lose schnüren. ›Gouvernementalität‹ als analytische Perspektive auf Geschichte«, in: *Zeithistorische Forschungen/Studies in Contemporary History* 3 (2006), S. 277-283.

Marwick, Arthur, *The Sixties. Cultural Revolution in Britain, France, Italy, and the United States, c. 1958-c.1974*, Oxford 1998.

Marx, Karl, *Ökonomische Manuskripte 1857/1858*, in: MEW, Bd. 42, Berlin 1983.

–, Engels, Friedrich, *Die deutsche Ideologie*, in: MEW, Bd. 3, Berlin 1978, S. 9-530.

März, Michael, *Linker Protest nach dem Deutschen Herbst. Eine Geschichte des linken Spektrums im Schatten des »starken Staates«, 1977-1979*, Bielefeld 2012.

Mast, Claudia, *Aufbruch ins Paradies? Die Alternativbewegung und ihre Fragen an die Gesellschaft*, Zürich 1980.

Mausbach, Wilfried, »Von der ›zweiten Front‹ in die friedliche Etappe? Internationale Solidaritätsbewegungen in der Bundesrepublik 1968-1983«, in: Reichardt, Sven, Siegfried, Detlef (Hg.), *Das Alternative Milieu. Antibürgerlicher Lebensstil und linke Politik in der Bundesrepublik Deutschland und Europa 1968-1983*, Göttingen 2010, S. 423-444.

Mayer, Margit, »Städtische soziale Bewegungen«, in: Roth, Roland, Rucht, Dieter (Hg.), *Die sozialen Bewegungen in Deutschland seit 1945. Ein Handbuch*, Frankfurt/M., New York 2008, S. 293-318.

Mayer-Tasch, Peter Cornelius, *Die Bürgerinitiativbewegung. Der neue Bürger als rechts- und politikwissenschaftliches Problem*, Reinbek ⁴1981.

Mazower, Mark, *Der dunkle Kontinent. Europa im 20. Jahrhundert*, Frankfurt/M. 2002.

McCormick, Richard W., *Politics of the Self. Feminism and the Postmodern in West German Literature and Film*, Princeton 1991.

McKay, George (Hg.), *DiY culture. Party & Protest in Nineties Britain*, London 1998.

McLuhan, Marshall, »Gewissensbisse der Wahrnehmung«, in: Riese, Utz (Hg.), *Falsche Dokumente. Postmoderne Texte aus den USA*, Leipzig 1993, S. 102-109.

–, *Understanding Media. Die magischen Kanäle*, Dresden, Basel 1995.

McNeill, J. R., »The Environment, Environmentalism, and International Society in the Long 1970s«, in: Ferguson, Niall u. a. (Hg.), *The Shock of the Global. The 1970s in Perspective*, London 2010, S. 263-278.

Meadows, Dennis, u. a., *Die Grenzen des Wachstums. Bericht des Club of Rome zur Lage der Menschheit*, Stuttgart 1972.

Mechtenberg, Theo, *Die Lage der Kirchen in der DDR*, München 1985.

Mehr, Max T. (Hg.), *Drachen mit tausend Köpfen. Spaziergänge durch linkes und alternatives Milieu*, Darmstadt, Neuwied 1982.

Meinhof, Ulrike, *Bambule. Fürsorge, Sorge für wen?*, Berlin 1974.

–, *Die Würde des Menschen ist antastbar. Aufsätze und Polemiken*, Berlin 1980.

Meissner, Michael, Tooten, Frans (Hg.), *Staatsschutz und Berufsverbote in der BRD*, Hamburg ²1979.

Melucci, Alberto, »The New Social Movements. A Theoretical Approach«, in: *Social Science Information* 19, 2 (1980), S. 199-226.

–, »The Process of Collective Identity«, in: Johnston, Hank, Klandermans, Bert (Hg.), *Social Movements and Culture*, Minneapolis 2004, S. 41-63.

Mende, Silke, »›Die Alternative zu den herkömmlichen Parteien‹. Parlamentarismuskritik und Demokratiekonzepte der Gründungsgrünen in den siebziger und frühen achtziger Jahren«, in: Bedorf, Thomas u. a. (Hg.), *Die Zukunft der Demokratie. L'avenir de la démocratie*, Berlin 2009, S. 28-50.

–, »Die Formierung der ›Gründungsgrünen‹ in der Bundesrepublik der siebziger und frühen achtziger Jahre«, in: *La clé des langues. Cultures et langues étrangères 2009*, ⟨http://cle.ens-lyon.fr/1231178345845/0/fiche_article/&RH=CDL_ALL100000⟩, letzter Zugriff am 23. 04. 2013.

–, *»Nicht rechts, nicht links, sondern vorn«. Eine Geschichte der Gründungsgrünen*, München 2011.

–, Metzger, Birgit, »Ökopax. Die Umweltbewegung als Erfahrungsraum der Friedensbewegung«, in: Becker-Schaum, Christoph u. a. (Hg.), *»Entrüstet Euch!« Nuklearkrise, Nato-Doppelbeschluss und Friedensbewegung*, Paderborn, München u. a. 2012, S. 118-134.

Meng, Richard, Thiel, Wolfgang, »Schöner Wohnen? Über die Gestaltung der Räume in Wohngemeinschaften«, in: Schülein, Johann A. (Hg.), *»... vor uns die Mühen der Ebenen«. Alltagsprobleme und Perspektiven von Wohngemeinschaften*, Gießen 1980, S. 169-206.

Menne, Ferdinand W. (Hg.), *Neue Sensibilität. Alternative Lebensmöglichkeiten*, Darmstadt, Neuwied 1974.

Merian, Svende, *Der Tod des Märchenprinzen*, Hamburg 1980.

Mescalero [Pseudonym von Klaus Hülbrock], »Memoiren eines im Amt ergrauten Stadtindianers oder: Versuch, eine Karriere in Nichts aufzulösen«, in: *Kursbuch* 58 (1979), S. 21-31.

Mettke, Jörg R., »Selbstbespiegelungen. Über die Gegenöffentlichkeit der alternativen Presse«, in: Haller, Michael (Hg.), *Aussteigen oder rebellieren. Jugendliche gegen Staat und Gesellschaft*, Hamburg 1981, S. 156-178.

Metzler, Gabriele (Hg.), *Krise des Regierens in den 1970er Jahren?*, Paderborn 2007.

Meulemann, Heiner, *Werte und Wertewandel: Zur Identität einer geteilten und wieder vereinten Nation*, Weinheim, München 1996.

Meyer, Peter (Hg.), *Produktionskommunen. 6 Versuche aus 3 Jahrhunderten*, Klingelbach 1974.

Meyer, Thomas, »Private Lebensformen im Wandel«, in: Geißler, Rainer, *Die Sozialstruktur Deutschlands. Die gesellschaftliche Entwicklung vor und nach der Vereinigung. Mit einem Beitrag von Thomas Meyer*, Wiesbaden ³2002, S. 401-433.

Meyer-Ehlers, Grete u. a. (Bearb.), *Kollektive Wohnformen. Erfahrungen, Vorstellungen, Raumbedürfnisse in Wohngemeinschaften, Wohngruppen und Wohnverbänden*, Wiesbaden, Berlin 1973.

Mez, Lutz (Hg.), *Der Atomkonflikt. Berichte zur internationalen Atomindustrie, Atompolitik und Anti-Atom-Bewegung*, Hamburg 1981.

Michel, Judith, »›Die Angst kann lehren, sich zu wehren‹. Der Angstdiskurs der westdeutschen Friedensbewegung in den 1980er Jahren«, in: *Tel Aviver Jahrbuch für deutsche Geschichte* 38 (2010), S. 246-269.

Michel, Karl M., »Schön sinnlich. Über den Teufel und Seinesgleichen, das Fummeln, Schnüffeln und anderen Kitzel«, in: *Kursbuch* 49 (1977), S. 173-187.

Micheler, Stefan, »Der Sexualitätsdiskurs in der Studierendenbewegung der 1960er Jahre«, in: *Zeitschrift für Sexualforschung* 13, 1 (2000), S. 1-39.

Miermeister, Jürgen, »Wo Europa am häßlichsten ist. Monologe aus einer besetzten Stadt. Westberlin«, in: Mehr, Max T. (Hg.), *Drachen mit tausend Köpfen. Spaziergänge durch linkes und alternatives Milieu*, Darmstadt, Neuwied 1982, S. 8-36.

Miermeister, Jürgen, Staadt, Jochen, *Provokationen. Die Studenten- und Jugendrevolte in ihren Flugblättern 1965-1971*, Darmstadt, Neuwied 1980.

Mika, Bascha, *Alice Schwarzer. Eine kritische Biographie*, Reinbek 1998.

Mildenberger, Florian, *Beispiel: Peter Schult. Pädophilie im öffentlichen Diskurs*, Hamburg 2006.

Mildenberger, Michael, *Die religiöse Revolte. Jugend zwischen Flucht und Aufbruch*, Frankfurt/M. 1979.

Milder, Stephen, »Thinking Globally, Acting (Trans-)Locally. Petra Kelly and the Transnationale Roots of West German Green Politics«, in: *CEH* 43 (2010), S. 301-326.

Mitscherlich, Alexander, *Die Unwirtlichkeit unserer Städte. Anstiftung zum Unfrieden*, Frankfurt/M. 1965.

Moeller, Robert G. (Hg.), *West Germany under Construction. Politics, Society, and Culture in the Adenauer Era*, Ann Arbor 1997.

Mohr, Markus, »Diese Geschichte geht alle Genossen an … Zur Gründungsgeschichte der Westberliner Buchladen Kollektive«, in: rotaprint 25 (Hg.), *agit 883. Revolte, Underground in Westberlin 1969-1972*, Hamburg, Berlin 2006, S. 101-108.

–, »Wer den Knast kennt, verdammt das Establishment«, in: rotaprint 25

(Hg.), *agit 883. Revolte, Underground in Westberlin 1969-1972*, Hamburg, Berlin 2006, S. 255-268.

Mohr, Reinhard, »PflasterStrand: Einstieg in ein ›Metropolen-Szenario‹. Eine Skizze zur Lage«, in: Diederich, Axel u. a. (Hg.), *Verzeichnis der Alternativ-Presse*, Berlin 1986, S. 14-20.

–, *Zaungäste. Die Generation, die nach der Revolte kam*, Frankfurt/M. [3]1992.

–, *Der diskrete Charme der Rebellion. Ein Leben mit den 68ern*, Berlin 2008.

Möhring, Maren, *Marmorleiber. Körperbildung in der deutschen Nacktkultur (1890-1930)*, Köln, Weimar u. a. 2004.

Molter, Haja, »Wie human ist die ›Humanistische Psychologie‹?«, in: Bachmann, Claus H. (Hg.), *Kritik der Gruppendynamik. Grenzen und Möglichkeiten sozialen Lernens*, Frankfurt/M. 1981, S. 51-83.

Mommer, Bernhard, *Die Ölfrage*, Baden-Baden 1983.

Mongardini, Carlo, »Über die soziologische Bedeutung des magischen Denkens«, in: ders., Zingerle, Arnold (Hg.), *Magie und Moderne*, Berlin 1987, S. 11-62.

Monicelli, Mino, *L'Ultrasinistra in Italia 1968-1978*, Bari 1978.

Mooser, Josef, »Abschied von der ›Proletarität‹. Sozialstruktur und Lage der Arbeiterschaft in der Bundesrepublik in historischer Perspektive«, in: Conze, Werner, Lepsius, M. Rainer (Hg.), *Sozialgeschichte der Bundesrepublik. Beiträge zum Kontinuitätsproblem*, Stuttgart 1983, S. 143-186.

–, »Auflösung der proletarischen Milieus«, in: *Soziale Welt* 34 (1983), S. 270-306.

–, *Arbeiterleben in Deutschland 1900-1970. Klassenlagen, Kultur und Politik*, Frankfurt/M. 1984.

Morris, H., *Utopische Kommunen in USA*, Münster o. J.

Morsey, Rudolf, *Die Bundesrepublik Deutschland. Entstehung und Entwicklung bis 1969*, München [4]2000.

Mörth, Ingo, »New Age – Neue Religion?«, in: Haller, Max u. a. (Hg.), *Kultur und Gesellschaft*, Frankfurt/M. 1989, S. 297-320.

Moses, Dirk A., »The Forty-Fivers. A Generation between Fascism and Democracy«, in: *German Politics and Society* 17 (1999), S. 94-126.

Mosler, Peter, *Was wir wollten, was wir wurden. Studentenrevolte – zehn Jahre danach*, Reinbek 1977.

Motte, Jan u. a. (Hg.), *50 Jahre Bundesrepublik – 50 Jahre Einwanderung. Nachkriegsgeschichte als Migrationsgeschichte*, Frankfurt/M. 1999.

Mulisch, Harry, *Das sexuelle Bollwerk. Sinn und Wahnsinn von Wilhelm Reich*, München 1997.

Müllender, Bernd, Nöllenheidt, Achim (Hg.), *Am Fuß der blauen Berge. Die Flimmerkiste in den 60er Jahren*, Essen 1994.

Müller, Albrecht, *Willy wählen '72. Siege kann man machen*, Annweiler 1997.

Müller, Carl W., Nimmermann, Peter, *In Jugendclubs und Tanzlokalen*, München 1968.

Müller, Hans-Peter, »Gründung und Frühgeschichte der DKP im Licht der SED-Akten«, in: Schroeder, Klaus (Hg.), *Geschichte und Transformation des SED-Staates*, Berlin 1994, S. 251-285.

Müller, Martin, »Bürgerinitiativen in der politischen Willensbildung«, in: *APuZ* B 11 (1983), S. 27-39.

Müller, Wolfgang, *Subkultur Westberlin 1979-1989. Freizeit*, Hamburg 2013.

Müller-Enbergs, Helmut, *Inoffizielle Mitarbeiter des Ministeriums für Staatssicherheit*, Teil 2, *Anleitungen für die Arbeit mit Agenten, Kundschaftern, und Spionen in der Bundesrepublik Deutschland*, Berlin ²1998.

Müller-Münch, Ingrid, »Traumfabrik. Der Kampf ums Kölner Stollwerck«, in: dies. u. a., *Besetzung – weil das Wünschen nicht geholfen hat. Köln, Freiburg, Gorleben, Zürich und Berlin*, Reinbek 1981, S. 44-93.

–, *Die geprügelte Generation. Kochlöffel, Rohrstock und die Folgen*, Stuttgart 2012.

–, u. a., *Besetzung – weil das Wünschen nicht geholfen hat. Köln, Freiburg, Gorleben, Zürich und Berlin*, Reinbek 1981.

Müller-List, Gabriele (Bearb.), *Gleichberechtigung und Verfassungsauftrag. Eine Dokumentation zur Entstehung des Gleichberechtigungsgesetzes vom 18. Juni 1957*, Düsseldorf 1996.

Münch, Richard, »Code, Struktur und Handeln: Soziale Milieus der Wissensproduktion«, in: Haferkamp, Hans (Hg.), *Sozialstruktur und Kultur*, Frankfurt/M. 1990, S. 54-94.

Münzel, Roland, *Entwicklung der Stadtzeitungen in der Bundesrepublik Deutschland, dargestellt am überregionalen Verbund der scene programm presse (spp)*, Facharbeit, Nürnberg 1981.

Müschen, Klaus, »*Lieber lebendig als normal!« Selbstorganisation, kollektive Lebensformen und alternative Ökonomie*, Bensheim 1982.

Nagel, Herbert, *Carlos Supermaus. Betrachtungen zur RAF und Staatsgewalt*, Hamburg 1987.

Nagel, Katja, *Die Provinz in Bewegung. Studentenunruhen in Heidelberg 1967-1973*, Heidelberg, Basel u. a. 2009.

Nagler, Kerstin, Reichertz, Jo, »Kontaktanzeigen – auf der Suche nach dem anderen, den man nicht kennen will«, in: Aufenanger, Stefan, Lenssen, Margit (Hg.), *Handlung und Sinnstruktur. Bedeutung und Anwendung der objektiven Hermeneutik*, München 1986, S. 84-122.

Naumann, Klaus (Hg.), *Nachkrieg in Deutschland*, Hamburg 2001.

Nave-Herz, Rosemarie, *Die Geschichte der Frauenbewegung in Deutschland*, Bonn 1988.

–, *Familie heute. Wandel der Familienstrukturen und Folgen für die Erziehung*, Darmstadt ³2007.

–, u. a., »Die Ziele der Frauenbewegung. Eine Inhaltsanalyse der Emanzipations-Literatur von 1968 bis 1973«, in: *APuZ* B 50 (1975), S. 3-30.

Neckel, Sighard, *Status und Scham. Zur symbolischen Reproduktion sozialer Ungleichheit*, Frankfurt/M., New York 1991.

Negt, Oskar, *Öffentlichkeit und Erfahrung. Zur Organisationsanalyse von bürgerlicher und proletarischer Öffentlichkeit*, Frankfurt/M. 1972.

–, *Kältestrom*, Göttingen 1994.

–, *Achtundsechzig. Politische Intellektuelle und die Macht*, Göttingen 1995.

–, Kluge, Alexander, *Geschichte und Eigensinn*, Frankfurt/M. 1981.

Nehring, Holger, »Debatten in der medialisierten Gesellschaft. Bundesdeutsche Massenmedien in den globalen Transformationsprozessen der siebziger und achtziger Jahre«, in: Raithel, Thomas u. a. (Hg.), *Auf dem Weg in eine neue Moderne? Die Bundesrepublik Deutschland in den siebziger und achtziger Jahren*, München 2009, S. 45-65.

Nehring, Holger, Ziemann, Benjamin, »Führen alle Wege nach Moskau? Der NATO-Doppelbeschluss und die Friedensbewegung – eine Kritik«, in: *VfZ* 59, 1 (2011), S. 81-98.

Neidhardt, Friedhelm, »Über Zufall, Eigendynamik und die Institutionalisierbarkeit absurder Prozesse. Notizen am Beispiel einer terroristischen Gruppe«, in: von Alemann, Heine, Thurn, Hans P. (Hg.), *Soziologie in weltbürgerlicher Absicht. Festschrift für René König zum 75. Geburtstag*, Opladen 1981, S. 243-257.

– (Hg.), *Öffentlichkeit, Öffentliche Meinung, Soziale Bewegungen*, Opladen 1994.

Neill, Alexander S., *Theorie und Praxis der antiautoritären Erziehung. Das Beispiel Summerhill*, Reinbek 1969.

Neißer, Horst F. u. a. *Jugend in Trance? Diskotheken in Deutschland*, Heidelberg 1979.

Nemetschek, Peter, van Lessen, Susanne (Hg.), *Ene mene miste Rappelkiste. Das Begleitbuch zur ZDF-Fernsehreihe für Kinder, Eltern und Erzieher*, Weinheim, Basel 1975.

Nemitz, Rolf, »Yin und Yang und die neuen Sozialen Bewegungen«, in: Pilger, Matthias, Rink, Steffen (Hg.), *Zwischen den Zeiten. Das New Age in der Diskussion*, Marburg 1989, S. 103-125.

Neswald, Elizabeth R., *Thermodynamik als kultureller Kampfplatz. Zur Faszinationsgeschichte der Entropie 1850-1915*, Freiburg, Berlin 2006.

Netzwerk Selbsthilfe (Hg.), *Ein Jahr Netzwerk Selbsthilfe. Ein dokumentarisches Szenarium*, Berlin 1979.

Neubert, Harald, *Die Hypothek des kommunistischen Erbes. Erfahrungen, Zeugnisse, Konsequenzen*, Hamburg 2002.

Neue Gesellschaft für Bildende Kunst (Hg.), *Wunderwirtschaft. DDR-Konsumkultur in den 60er Jahren*, Köln u. a. 1996.

Neugebauer, Gero, *Politische Milieus in Deutschland. Die Studie der Friedrich-Ebert-Stiftung*, Bonn 2007.

Neumann, Arndt, *Kleine geile Firmen. Alternativprojekte zwischen Revolte und Management*, Hamburg 2008.

Neumann, Elisabeth, Petersen, Thomas, »Zeitenwende. Der Wertewandel 30 Jahre später«, in: *APuZ* B 29 (2001), S. 15-22.

Neumann, Hendricus J., *Kernwaffen in Europa*, London, Bonn 1982.

Neuner, Michael, *Ronald Ingleharts Theorie der »Stillen Revolution«. Ein Überblick über die These und die Diskussion*, Hohenheim 1990.

Nick, Volker, u. a., *Mutlangen 1983 1987. Die Stationierung der Pershing II und die Kampagne Ziviler Ungehorsam bis zur Abrüstung*, Mutlangen, Tübingen 1993.

Niehuss, Merith, »Die Familie in der Bundesrepublik Deutschland im Spiegel der Demographie 1945-1960«, in: *AfS* 35 (1995), S. 211-226.

Niemann, Heinz, *Meinungsforschung in der DDR. Die geheimen Berichte des Instituts für Meinungsforschung an das Politbüro der SED*, Köln 1993.

Nienhaus, Ursula, »Wie die Frauenbewegung zu Courage kam. Eine Chronologie«, in: Notz, Gisela (Hg.), *Als die Frauenbewegung noch Courage hatte. Die »Berliner Frauenzeitung Courage« und die autonomen Frauenbewegungen der 1970er und 1980er Jahre. Dokumentation einer Veranstaltung am 17. Juni 2006 in der Friedrich-Ebert-Stiftung*, Berlin, Bonn 2007, S. 7-22.

Niethammer, Lutz, *Lebenserfahrung und kollektives Gedächtnis. Die Praxis der »Oral History«*, Frankfurt/M. 1980.

–, »Fragen – Antworten – Fragen. Methodische Erfahrungen und Erwägungen der Oral History«, in: ders., Plato, Alexander von (Hg.), *»Wir kriegen jetzt andere Zeiten«. Auf der Suche nach der Erfahrung des Volkes in nachfaschistischen Ländern. Lebensgeschichte und Sozialkultur im Ruhrgebiet 1930 bis 1960*, Bd. 3, Bonn 1985, S. 392-446.

Nigg, Heinz (Hg.), *Wir wollen alles, und zwar subito! Die achtziger Jugendunruhen in der Schweiz und ihre Folgen*, Zürich 2001.

N. N., *Kommune I. Gesammelte Werke gegen uns*, [Berlin] 1967.

–, *Kommune I. Quellen zur Kommuneforschung*, [Berlin] 1968.

–, *Helft Euch selbst – der Release-Report gegen die Sucht*, Reinbek 1971.

–, *Summerhill – pro und contra. 15 Ansichten zu A. S. Neills Theorie und Praxis*, Reinbek 1971.

–, *Die wirkliche Spaltung in der Internationalen. Öffentliches Zirkular der Situationistischen Internationalen*, Paris 1972.

–, *Gefesselte Jugend – Fürsorgeerziehung im Kapitalismus*, Frankfurt/M. 1972.

–, *Handbuch für Hausbesetzer*, Bad Godesberg [1972].

–, *Das AA-Modell. Aktions-Analytische-Organisation bewußter Lebenspraxis*, Neusiedlersee 1976.

–, *Stadtbuch für München 1976/77*, München 1976.

–, *Situationistische Internationale 1958-1969. Gesammelte Ausgaben des Organs der Situationistischen Internationale*, 2 Bde., Hamburg 1976/1977.

–, *AAO. Pro & Contra. Kritische Stellungnahmen zur AAO*, Nürnberg 1977.

–, *Die Falle. AAO = Fortsetzung der Politik mit anderen Mitteln*, Berlin 1977.

–, *Presse- und Informationsamt der Bundesregierung: Dokumentation zu den Ereignissen und Entscheidungen in Zusammenhang mit der Entführung von Hanns-Martin Schleyer und der Lufthansa-Maschine »Landshut«*, Bonn 1977.

–, *Wir warn die stärkste der Partein … Erfahrungsberichte aus der Welt der K-Gruppen*, Berlin 1977.

–, *Indianer und P 38. Italien, ein neues 68 mit anderen Waffen*, München 1978.

–, *Westberliner Stattbuch 1. Ein alternativer Wegweiser*, Berlin 1978.

–, *Dritter Familienbericht: Die Lage der Familien in der Bundesrepublik Deutschland* (Bundestags-Drucksache 8/3121), Bonn 1979.

–, *Hamburg's Alternativer Stattführer*, o. O. und o. J. [1980].

–, *Politischer Protest in der Bundesrepublik Deutschland. Beiträge zur sozialempirischen Untersuchung des Extremismus. Eine Arbeit der Infratest Wirtschaftsforschung GmbH*, Stuttgart u. a. 1980.

--, »Bullenparanoia und das Gefühl vom Paradies. Michael Wieczorek sprach mit Vertretern des ›Kukuk'«, in: Aust, Stefan, Rosenbladt, Sabine (Hg.), *Hausbesetzer – wofür sie kämpfen, wie sie leben und wie sie leben wollen*, Hamburg 1981, S. 97-126.

–, *Erstes alternatives Stattbuch Nürnberg, Erlangen, Fürth + Umgebung Mitte 1981*, Nürnberg, Erlangen 1981.

–, *Jugend '81. Lebensentwürfe, Alltagskulturen, Zukunftsbilder. Studie im Auftrag des Jugendwerks der Deutschen Shell, durchgeführt von Psydata, Institut für Marktanalysen. Sozial- und Mediaforschung*, 3 Bde., Hamburg 1981.

–, *Lebensziele. Potentiale und Trends alternativen Verhaltens*, hg. vom *Stern* und durchgeführt von Marplan Offenbach, Hamburg 1981.

–, *Stattführer Hamburg*, Hamburg 1981.

–, »Die Wiederkehr des Immergleichen«, in: *Network-Medien-Magazin* 2 (April 1982), S. 26/27 und 46/47.

–, *Stattbuch für Heidelberg/Mannheim. Ein Wegweiser durch die Rhein-Neckar-Region*, Heidelberg 1982.

–, »Der »Informationsdienst: Zentrum für alternative Medien (ID)« im Gespräch vorgestellt von Daniel Cohn-Bendit«, in: *medium* 13, 11 (November 1983), S. 7-9.

–, *Stattbuch Berlin 3. Ein Wegweiser durch das andere Berlin*, Berlin 1984.

–, *Nilpferd des höllischen Urwalds – Spuren in eine unbekannte Stadt – Situationisten Gruppe SPUR Kommune I. Ein Ausstellungsgeflecht des Werk-*

bundarchivs Berlin zwischen Kreuzberg und Scheunenviertel, November 1991.

–, *Traue keinem über 30. Ein Streifzug durch die Duisburger Jugendszene seit '68. Begleitband zur Ausstellung im Kultur- und Stadthistorischen Museum der Stadt Duisburg (2. Mai bis 1. August 1993)*, Duisburg 1993.

–, *Der Beginn einer Epoche. Texte der Situationisten*, Hamburg 1995.

–, *Das Leben ändern, die Welt verändern! 1968. Dokumente und Berichte*, Hamburg 1998.

–, *Handbuch zur Statistik der Parlamente und Parteien in den westlichen Besatzungszonen und in der Bundesrepublik Deutschland*, Teilband IV, *SPD, KPD und kleinere Parteien des linken Spektrums sowie Die Grünen. Mitgliedschaft und Sozialstruktur 1945-1990* (bearbeitet von Josef Boyer und Till Kössler), Düsseldorf 2005.

–, *Stattbuch für Köln 80-81*, Köln o. J.

–, *Vorwärts bis zum nieder mit. 30 Jahre Plakate unkontrollierter Bewegungen*, Berlin (Assoziation A) o. J.

Noelle-Neumann, Elisabeth, »Frauen heute – eine gesellschaftskritische Analyse«, in: *Frau und Beruf* 1 (Januar/Februar 1974).

–, »Frauen heute – eine gesellschaftskritische Analyse«, in: *Verband* 9 (1977), S. 9.

–, *Eine Generation später. Bundesrepublik Deutschland 1953-1979*, München u. a. 1983.

–, Piel, Edgar (Hg.), *Allensbacher Jahrbuch der Demoskopie 1978-1983*, Bd. VIII, München, New York u. a. 1983.

Nolan, Mary, *Visions of Modernity. American Business and the Modernization of Germany*, New York 1994.

Notz, Gisela, »Alternative Zeitungen und Zeitschriften der Neuen Frauenbewegungen. Entstehungsgeschichte(n) – Beispiele – politische Konzepte«, in: Hüttner, Bernd (Hg.), *Verzeichnis der Alternativmedien 2006/2007*, Neu-Ulm 2006, S. 64-79.

–, »Theoretische Zugänge und empirische Beispiele zu kommunitären Lebens- und Arbeitsformen«, in: Grundmann, Mathias u. a. (Hg.), *Soziale Gemeinschaften. Experimentierfelder frühkollektive Lebensformen*, Berlin 2006, S. 119-134.

–, »Courage – Wie es begann und was daraus wurde und was geblieben ist«, in: dies. (Hg.), *Als die Frauenbewegung noch Courage hatte. Die »Berliner Frauenzeitung Courage« und die autonomen Frauenbewegungen der 1970er und 1980er Jahre. Dokumentation einer Veranstaltung am 17. Juni 2006 in der Friedrich-Ebert-Stiftung, Berlin*, Bonn 2007, S. 23-56.

– (Hg.), *Als die Frauenbewegung noch Courage hatte. Die »Berliner Frauenzeitung Courage« und die autonomen Frauenbewegungen der 1970er und 1980er Jahre. Dokumentation einer Veranstaltung am 17. Juni 2006 in der Friedrich-Ebert-Stiftung, Berlin*, Bonn 2007.

Obst, Rainer, *Wyhl – Analyse einer Bürgerbewegung gegen Kernkraftwerke. Informationsbericht des Instituts für marxistische Studien und Forschungen*, Frankfurt/M. 1976.

Oechsle, Mechthild, *Der ökologische Naturalismus. Zum Verhältnis von Natur und Gesellschaft im ökologischen Diskurs*, Frankfurt/M., New York 1988.

Oehler, Christoph, *Hochschulentwicklung in der Bundesrepublik Deutschland seit 1945*, Frankfurt/M. 1989.

Oehmichen, Ekkehard, Simon, Erik, »Fernsehnutzung, politisches Interesse und Wahlverhalten. Ergebnisse einer Befragung in Hessen«, in: *Media Perspektiven* 11 (1996), S. 562-571.

Oertzen, Christine von, *Teilzeitarbeit und die Lust am Zuverdienen. Geschlechterpolitik und gesellschaftlicher Wandel in Westdeutschland 1948-1969*, Göttingen 1999.

Oestmann, Axel-R. (Hg.), *Selbstbefreiung: Provokation und soziale Bewegung*, Berlin 1984.

Offe, Claus, »Fessel und Bremse. Moralische und institutionelle Aspekte ›intelligenter Selbstbeschränkung‹«, in: Honneth, Axel u. a. (Hg.), *Zwischenbetrachtungen. Im Prozeß der Aufklärung*, Frankfurt/M. 1989, S. 739-774.

–, »Vier Hypothesen über historische Folgen der Studentenbewegung«, in: *Leviathan* 26, 4 (1998), S. 550-556.

Ohrt, Roberto, *Phantom Avantgarde. Eine Geschichte der Situationistischen Internationale und der modernen Kunst*, Hamburg 1990.

Olejniczak, Claudia, *Die Dritte-Welt-Bewegung in Deutschland. Konzeptionelle und organisatorische Strukturmerkmale einer neuen sozialen Bewegung*, Wiesbaden 1998.

–, »Dritte-Welt-Bewegung«, in: Roth, Roland, Rucht, Dieter (Hg.), *Die sozialen Bewegungen in Deutschland seit 1945. Ein Handbuch*, Frankfurt/M., New York 2008, S. 319-346.

Olenhusen, Albrecht Götz von, »›Aufklärung durch Aktion‹. Kollektiv-Verlage und Raubdrucke«, in: Estermann, Monika, Lersch, Edgar (Hg.), *Buch, Buchhandel und Rundfunk. 1968 und die Folgen*, Wiesbaden 2003, S. 196-212.

Olles, Werner, »Zur Rechten Gottes. Studentenbewegung, Rote Garden, Stadtguerilla – eine späte Abrechnung«, in: Wolfschlag, Claus-Martin (Hg.), *Bye-bye '68 … Renegaten der Linken, APO-Abweichler und allerlei Querdenker berichten*, Graz, Stuttgart 1998, S. 10-28.

Oltmanns, Reimar, »Deutschland übermorgen. Über Frankfurts Verweigererjugend«, in: Haller, Michael (Hg.), *Aussteigen oder rebellieren. Jugendliche gegen Staat und Gesellschaft*, Hamburg 1981, S. 85-96.

Osterchrist, Brigitte, *Von der Alternativzeitschrift zum Kulturmagazin. Ei-*

ne empirische Untersuchung zur Entwicklung alternativer Stadtmagazine, Dissertation München 1994.

Oy, Gottfried, »Jede neue Nummer ist ein Abenteuer. (Gegen-)Öffentlichkeitskonzepte der ›auflagenstärksten und billigsten APO-Zeitung‹ Berlins«, in: rotaprint 25 (Hg.), *agit 883. Revolte, Underground in Westberlin 1969-1972*, Hamburg, Berlin 2006, S. 47-58.

—, »Lebenswelt Gegenöffentlichkeit. Medienkritik und Alltag sozialer Bewegungen«, in: Hüttner, Bernd (Hg.), *Verzeichnis der Alternativmedien 2006/2007*, Neu-Ulm 2006, S. 39-49.

—, »Spurensuche Neue Linke. Das Beispiel des Sozialistischen Büros und seiner Zeitschrift links«, in: *Utopie kreativ* 197 (2007), S. 252-261.

—, »Selbstorganisation: Ein nicht eingelöstes Emanzipationsversprechen von 1968?«, in: *Forschungsjournal Neue Soziale Bewegungen* 21, 3 (2008), S. 79-86.

—, *Spurensuche Neue Linke. Das Beispiel des Sozialistischen Büros und seiner Zeitschrift links. Sozialistische Zeitung (1969 bis 1997)*, rls papers 〈http://www.rosalux.de/publication/23719/spurensuche-neue-linke-das-beispiel-des-sozialistischen-bueros-und-seiner-zeitschrift-links-sozial.html〉, letzter Zugriff am 27. 02. 2013.

Papenbrock, Martin, »Happening, Fluxus, Performance: Aktionskünste in den 1960er Jahren«, in: Klimke, Martin, Scharloth, Joachim (Hg.), *1968. Handbuch zur Kultur- und Mediengeschichte der Studentenbewegung*, Stuttgart, Weimar 2007, S. 137-149.

Parin, Paul, »›Befreit Grönland vom Packeis‹. Zur Züricher Unruhe 1980«, in: Aust, Stefan, Rosenblatt, Sabine (Hg.), *Hausbesetzer – wofür sie kämpfen, wie sie leben und wie sie leben wollen*, Hamburg 1981, S. 222-233.

Parker, Martin, u. a., *The Dictionary of Alternatives. Utopianism and Organization*, London, New York 2007.

Pas, Niek, *Imaazje! De verbeelding van Provo (1965-1967)*, Amsterdam 2003.

—, »Die niederländische Provo-Bewegung und die Bundesrepublik Deutschland 1965-1967«, in: *Jahrbuch des Zentrums für Niederlande-Studien* 15 (2004), S. 163-178.

Pass-Weingartz, Dorothee, *Mütter an die Macht*, Reinbek 1989.

Pasterny, Udo, Gehret, Jens (Hg.), *Deutschsprachige Bibliographie der Gegenkultur. Bücher & Zeitschriften von 1950-1980*, Amsterdam 1982.

Paul, Reimar, … *und auch nicht anderswo! Die Geschichte der Anti-AKW-Bewegung*, hg. von der Redaktion des Atomexpress, Göttingen 1997.

Peinemann, Steve B., *Wohngemeinschaft – Problem oder Lösung?*, Eschborn 1977 [stark erweiterte Fassung des gleichnamigen Buches von 1975].

Peitsch, Helmut, »»Warum wird so einer Marxist?‹ Zur Entdeckung des Marxismus durch bundesrepublikanische Nachwuchsliteraturwissenschaftler«, in: Rosenberg, Rainer u. a. (Hg.), *Der Geist der Unruhe. 1968 im Vergleich. Wissenschaft – Literatur – Medien*, Berlin 2000, S. 125-151.

Pelke, Else, *Protestformen der Jugend. Über Beatniks, Gammler, Provos und Hippies*, Donauwörth 1969.

Penny, H. Glenn, »Elusive Authenticity: The Quest for the Authentic Indian in German Public Culture«, in: *Comparative Studies in Society and History* 48, 4 (2006), S. 798-818.

Penth, Boris, Franzen, Günther, *Last Exit. Leben im toten Herz der Städte*, Reinbek 1981.

Perinelli, Massimo, »Lust, Gewalt, Befreiung. Sexualitätsdiskurse«, in: rotaprint 25 (Hg.), *agit 883. Revolte, Underground in Westberlin 1969-1972*, Hamburg, Berlin 2006, S. 85-98.

Perks, Robert, Thomson, Alistair (Hg.), *The Oral History Reader*, London 1998.

Perls, Frederick S., *Ego, Hunger and Aggression. A Revision of Freud's Theory and Method*, London 1947.

–, *Gestalt-Therapie in Aktion*, Stuttgart 1974.

–, u. a., *Gestalt Therapy. Excitement and Growth in the Human Personality*, New York 1951.

Perls, Fritz, *Grundlagen der Gestalt-Therapie. Einführung und Sitzungsprotokolle*, Stuttgart [12]2006.

Perrin, Eliane, *Cultes du corps. Enquête sur les nouvelles pratiques corporelles*, Lausanne 1985.

Perry, Charles, *The Haight-Ashbury. A History*, New York 2005.

Pestalozzi, Hans A. u. a. (Hg.), *Frieden in Deutschland. Die Friedensbewegung: wie sie wurde, was sie ist, was sie machen kann*, München 1982.

Petermann, Anna, Darmstadt, Christine, »Frauen in Kneipen«, in: *Kursbuch* 47 (1977), S. 57-69.

Petermann, Werner, *Die Geschichte der Ethnologie*, Wuppertal 2004.

Peters, Butz, *Tödlicher Irrtum. Die Geschichte der RAF*, Berlin 2004.

Petersen, Paul (Hg.), *Wohngemeinschaft oder Großfamilie. Versuch einer neuen Lebensform*, Wuppertal 1972.

Petersen, Vibeke R., »*Kursbuch« 1965-1975. Social, Political and Literary Perspectives of West Germany*, New York, Bern u. a. 1988.

Pettenkofer, Andreas, »Erwartung der Katastrophe, Erinnerung als Katastrophe. Die apokalyptische Kosmologie der westdeutschen Umweltbewegung und die Besonderheit des deutschen Risikodiskurses«, in: Clausen, Lars u. a. (Hg.), *Entsetzliche soziale Prozesse*, Münster 2003, S. 185-204.

–, »Die Euphorie des Protests. Starke Emotionen in sozialen Bewegungen«, in: Schützeichel, Rainer (Hg.), *Emotionen und Sozialtheorie*, Frankfurt/M. 2006, S. 256-289.

–, *Radikaler Protest. Zur soziologischen Theorie politischer Bewegungen*, Frankfurt/M. 2009.

–, *Die Entstehung der grünen Politik. Kultursoziologie und westdeutsche Umweltbewegung*, Frankfurt/M. 2011.

Peuckert, Rüdiger, *Familienformen im sozialen Wandel*, Wiesbaden [7]2008.

Pfister, Gertrud, Voigt, Dieter, »Geschlechterstereotype im Systemvergleich. Eine Analyse von Heiratsanzeigen«, in: Voigt, Dieter, Messing, Manfred (Hg.), *Beiträge zur Deutschlandforschung*, Bd. 1, Bochum 1982, S. 238-285.

Pflieger, Klaus, *Die Aktion »Sindy«. Die Entführung des Arbeitgeberpräsidenten Dr. Hanns-Martin Schleyer*, Baden-Baden 1997.

Pieper, Gina, »Kinderladen Berlin-Kreuzberg«, in: *vorgänge* 9, 5 (1970), S. 164-166.

Pieper, Marianne, Rodríguez, Encarnación G. (Hg.), *Gouvernementalität. Ein sozialwissenschaftliches Konzept im Anschluß an Foucault*, Frankfurt/M. 2003.

Pieper, Werner, *Highdelberg. Zur Kulturgeschichte der Genussmittel und psychoanalytischen Drogen einer berauschenden Stadt*, Löhrbach [2004].

Piewitz, Arne, *Ich war der Märchenprinz*, Hamburg 1983.

Pilger, Matthias, Rink, Steffen (Hg.), *Zwischen den Zeiten. Das New Age in der Diskussion*, Marburg 1989.

Pilgrim, Volker E., *Der Untergang des Mannes*, München 1973.

–, »Der verunsicherte Mann«, in: *vorgänge* 15, 19 (1976), S. 48-52.

–, *Manifest für den freien Mann*, Teil 1 und Teil 2, Reinbek 1977 und 1983.

Pirelli, Nelli, Belgrad, Jürgen, »Unsere Moral kann sich sehen lassen«, in: *Kursbuch* 60 (1980), S. 11-15.

Pitzen, Marianne, »Das Veränderungspotenzial war die treibende Kraft«, in: Notz, Gisela (Hg.), *Als die Frauenbewegung noch Courage hatte. Die »Berliner Frauenzeitung Courage« und die autonomen Frauenbewegungen der 1970er und 1980er Jahre. Dokumentation einer Veranstaltung am 17. Juni 2006 in der Friedrich-Ebert-Stiftung, Berlin*, Bonn 2007, S. 68/69.

Plato, Alexander von, »Erfahrungsgeschichte – von der Etablierung der Oral History«, in: Jüttemann, Gerd, Thomae, Hans (Hg.), *Biographische Methoden in den Humanwissenschaften*, Weinheim 1998, S. 60-74.

Plogstedt, Sibylle, *Frauenbetriebe. Vom Kollektiv zur Einzelunternehmerin*, Königstein, Taunus 2006.

Plowman, Andrew, *The Radical Subject. Social Change and the Self in Recent German Autobiography*, Bern u. a. 1998.

Plum, Niels M., *Freistaat Christiania*, Münster 1976.

Plumpe, Werner, »1968 und die deutschen Unternehmen. Zur Markierung eines Forschungsfeldes«, in: *Zeitschrift für Unternehmensgeschichte* 49, 1 (2004), S. 45-66.

Pohl, Rüdiger, »Frust und Freude eines WG-lers«, in: Schülein, Johann A. (Hg.), »... *vor uns die Mühen der Ebenen«. Alltagsprobleme und Perspektiven von Wohngemeinschaften*, Gießen 1980, S. 59-64.

–, u. a., *Mittlere Wohndauer: 18 Monate. Berichte, Daten und Meinungen über Wohngemeinschaften in der Stadt*, Hannover 1978.

–, Voss, Karl-Heinrich, »Wohngemeinschaften in Braunschweig. Empirische Untersuchungen in Wohngemeinschaften«, in: Pohl, Rüdiger u. a., *Mittlere Wohndauer: 18 Monate. Berichte, Daten und Meinungen über Wohngemeinschaften in der Stadt*, Hannover 1978, S. 45-173.

Poiger, Uta, *Jazz, Rock, and Rebels. Cold War Politics and American Culture in a Divided Germany*, Berkeley, Los Angeles u. a. 2000.

Politycki, Matthias, *Die Farbe der Vokale. Von der Literatur, den 78ern und dem Gequake satter Frösche*, München 1998.

Pollack, Detlef, »Wertewandel und religiöser Wandel in Ostdeutschland«, in: *Berliner Debatte* 4 (1993), S. 89-96.

Polotzek, Sabine, Reichertz, Jo, »Sex als Objekt der Begierde. Die Entwicklung der Kontaktanzeigen in der Stadtillustrierten PRINZ (1987-1994)«, in: Lennsen, Margit, Stolzenburg, Elke (Hg.), *Schaulust. Erotik und Pornographie in den Medien*, Opladen 1997, S. 43-54.

Portelli, Alessandro, »The Transatlantic Jeremiad. American Mass Culture and Counterculture and Opposition Culture in Italy«, in: *Cultural Transmissions and Receptions* 25 (1993), S. 125-138.

Poschardt, Ulf, *Cool*, Frankfurt/M. 2000.

Poth, Chlodwig, *Mein progressiver Alltag*, Reinbek 1983.

Pountain, Dirk, Robins, David, *Cool Rules. Anatomy of an Attitude*, London 2000.

Präkelt, Volker, »»Ein Arschloch ist ein Arschloch‹ oder Eine Exkursion zu den Stilblüten in der Bleiwüste oder Neue Sprache – Neuer Sinn?«, in: Weichler, Kurt, *Gegendruck. Lust und Frust der alternativen Presse*, Reinbek 1983, S. 100-111.

Pratz, Gunter, »Lebensziele – Potentiale und Trends alternativen Verhaltens«, in: *Bertelsmann-Briefe* 113 (1983), S. 14-35.

Prinz, Alois, *Lieber wütend als traurig. Die Lebensgeschichte der Ulrike Marie Meinhof*, Weinheim [2]2003.

Prosinger, Wolfgang, »Krieg im Frieden. Die gewaltsame Räumung des Dreisameck in Freiburg«, in: Müller-Münch, Ingrid u. a., *Besetzung – weil das Wünschen nicht geholfen hat. Köln, Freiburg, Gorleben, Zürich und Berlin*, Reinbek 1981, S. 10-43.

Puritz, Uli, »Schreiben über Sexualität oder wie fische ich das Salz aus der Suppe«, in: *Ästhetik & Kommunikation* 40/41 (1980), S. 13-24.

Pusch, Luise F., *Alle Menschen werden Schwestern. Feministische Sprachkritik*, Frankfurt/M. 1990.

Quistorp, Eva, »Unterwegs mit Marias Lobgesang«, in: Hesse, Gunter, Wiebe, Hans-Hermann (Hg.), *Die Grünen und die Religion*, Frankfurt/M. 1988, S. 43-78.

Raab, Kurt, Peters, Karsten, *Die Sehnsucht des Rainer Werner Fassbinder*, München 1982.

Rabben, Mascha, *Begegnung mit Niemand. Die Geschichte eines Weges nach Poona*, Berlin 1981.

Rabe, Karl-Klaus, Schüttke, Peter, *Keine neuen Atomwaffen in der BRD. Eine Argumentationshilfe der Aktion Sühnezeichen/Friedensdienste*, Berlin 1982.

Rabehl, Bernd, »Die Provokationselite: Aufbruch und Scheitern der subversiven Rebellion in den sechziger Jahren«, 〈http://people.freenet.de/visionen/Provo2.htm〉, letzter Zugriff am 15.09.2006; eine frühere Fassung auch in: Rabehl, Bernd, *Die Provokationselite. Der Sozialistische Deutsche Studentenbund und die sozialen Bewegungen in den 50er und 60er Jahren. Vorläufige Ergebnisse*, Berlin 1986.

Rabinbach, Anson, Benjamin, Jessica, »Foreword«, in: Theweleit, Klaus, *Male Fantasies*, Bd. 2, *Male Bodies. Psychoanalyzing the White Terror*, Minneapolis 1989, S. IX-XXV.

Radkau, Joachim, *Die Ära der Ökologie. Eine Weltgeschichte*, München 2011.

Rahden, Till van, »Wie Vati die Demokratie lernte. Zur Frage der Autorität in der politischen Kultur der frühen Bundesrepublik«, in: *WestEnd. Neue Zeitschrift für Sozialforschung* 4, 1 (2007), S. 113-125.

Raithel, Thomas, »Jugendarbeitslosigkeit in der Bundesrepublik Deutschland und in Frankreich in den 1970er und 1980er Jahren«, in: ders., Schlemmer, Thomas (Hg.), *Die Rückkehr der Arbeitslosigkeit. Die Bundesrepublik Deutschland im europäischen Kontext 1973 bis 1989*, München 2009, S. 67-80.

–, »Neue Technologien: Produktionsprozesse und Diskurse«, in: ders. u. a. (Hg.), *Auf dem Weg in eine neue Moderne? Die Bundesrepublik Deutschland in den siebziger und achtziger Jahren*, München 2009, S 31-44.

–, Schlemmer, Thomas (Hg.), *Die Rückkehr der Arbeitslosigkeit. Die Bundesrepublik Deutschland im europäischen Kontext 1973 bis 1989*, München 2009.

–, u. a. (Hg.), *Auf dem Weg in eine neue Moderne? Die Bundesrepublik Deutschland in den siebziger und achtziger Jahren*, München 2009.

Raitzine, Edda, Ullner, Karin, »Kindergarten München-Pasing«, in: *vorgänge* 9, 5 (1970), S. 162-164.

Raschke, Joachim, *Die Grünen. Was sie wurden, was sie sind*, Köln 1993.

Rauhut, Michael, Kochan, Thomas (Hg.), *Bye, bye, Lübben City. Bluesfreaks, Tramps und Hippies in der DDR*, Berlin 2004.

Rauhut, Michael, *Beat in der Grauzone. DDR-Rock 1964-1972 – Politik und Alltag*, Berlin 1993.

Raulff, Ulrich, »Disco: Studio 54 revisited«, in: *Tumult. Zeitschrift für Verkehrswissenschaft* 1 (1979), S. 55-65.

Reckwitz, Andreas, *Die Transformation der Kulturtheorien. Zur Entwicklung eines Theorieprogramms*, Weilerswist 2000.

–, »Grundelemente einer Theorie sozialer Praktiken. Eine sozialtheoretische Perspektive«, in: *Zeitschrift für Soziologie* 32 (2003), S. 282-301.

–, *Das hybride Subjekt. Eine Theorie der Subjektkulturen von der bürgerlichen Moderne zur Postmoderne*, Weilerswist 2006.

–, »Die Moderne und das Spiel der Subjekte: Kulturelle Differenzen und Subjektordnungen in der Kultur der Moderne«, in: Bonacker, Thorsten, Reckwitz, Andreas (Hg.), *Kulturen der Moderne. Soziologische Perspektiven der Gegenwart*, Frankfurt/M., New York 2007, S. 97-118.

Reddy, William, *The Navigation of Feeling. A Framework for the History of Emotions*, Cambridge 2001.

Reeve, Simon, *One Day in September. The Story of the 1972 Munich Olympics Massacre, a Government Cover up and a Covert Revenge Mission*, London 2000.

Reich, Wilhelm, *Die sexuelle Revolution. Zur charakterlichen Selbststeuerung des Menschen*, Frankfurt/M. 1969.

–, *Die Massenpsychologie des Faschismus*, Köln 1971.

Reichardt, Sven, »Bourdieu für Historiker? Ein kultursoziologisches Angebot an die Sozialgeschichte«, in: Mergel, Thomas, Welskopp, Thomas (Hg.), *Geschichte zwischen Kultur und Gesellschaft. Beiträge zur Theoriedebatte*, München 1997, S. 71-93.

–, »›Wärme‹ als Modus sozialen Verhaltens? Vorüberlegungen zu einer Kulturgeschichte des linksalternativen Milieus vom Ende der 1960er bis Anfang der 1980er Jahre«, in: *vorgänge* 44, 171/172 (2005), S. 175-187.

–, »Klaus Theweleits ›Männerphantasien‹ – ein Erfolgsbuch der 1970er-Jahre«, in: *Zeithistorische Forschungen* 3, 3 (2006), S. 401-421.

–, »Inszenierung und Authentizität. Zirkulation visueller Vorstellungen über den Typus des linksalternativen Körpers«, in: Knoch, Habbo (Hg.), *Bürgersinn mit Weltgefühl. Politische Kultur und solidarischer Protest in den sechziger und siebziger Jahren*, Göttingen 2007, S. 223-250.

–, »Praxeologische Geschichtswissenschaft. Eine Diskussionsanregung«, in: *Sozial. Geschichte* 22, 3 (2007), S. 43-65.

–, »Authentizität und Gemeinschaftsbindung. Politik und Lebensstil im linksalternativen Milieu vom Ende der 1960er bis zum Anfang der 1980er Jahre«, in: *Forschungsjournal Neue Soziale Bewegungen* 21, 3 (2008), S. 118-130.

–, »Große und Sozialliberale Koalition (1966-1974)«, in: Roth, Roland,

Rucht, Dieter (Hg.), *Die sozialen Bewegungen in Deutschland seit 1945. Ein Handbuch*, Frankfurt/M., New York 2008, S. 71-91.

—, Siegfried, Detlef (Hg.), *Das Alternative Milieu. Antibürgerlicher Lebensstil und linke Politik in der Bundesrepublik Deutschland und Europa 1968-1983*, Göttingen 2010.

Reiche, Reimut, *Sexualität und Klassenkampf. Zur Abwehr repressiver Entsublimierung*, Frankfurt/M. 1968.

—, »Wilhelm Reich: Die sexuelle Revolution«, in: *Neue Kritik* 9, 48/49 (1968), S. 92-101.

—, »Sexuelle Revolution – Erinnerung an einen Mythos«, in: Baier, Lothar, u. a., *Die Früchte der Revolte. Über die Veränderung der politischen Kultur durch die Studentenbewegung*, Berlin 1988, S. 45-71.

Reichel, Peter, *Vergangenheitsbewältigung in Deutschland. Die Auseinandersetzung mit der NS-Diktatur von 1945 bis heute*, München 2001.

—, *Erfundene Erinnerung. Weltkrieg und Holocaust in Film und Theater*, München 2004.

Reichert, Ramon (Hg.), *Gouvernmentality Studies. Analysen liberal-demokratischer Gesellschaft im Anschluß an Foucault*, Münster 2004.

Reichertz, Jo, »Kontaktanzeigen in Stadtmagazinen oder die Suche nach dem anderen, den man nicht treffen will«, in: Müller-Doohm, Stefan, Neumann-Braun, Klaus (Hg.), *Öffentlichkeit, Kultur, Massenkommunikation. Beiträge zur Medien- und Kommunikationssoziologie*, Oldenburg 1991, S. 251-264.

Reijen, Willem van, »Das authentische Selbst – eine Aufgabe«, in: *Jahrbuch der Psychoanalyse* 43 (2001), S. 187-206.

Reimann, Aribert, *Dieter Kunzelmann, Avantgardist, Protestler, Radikaler*, Göttingen 2009.

—, »Abschiedsbriefe der Bewegung. Linke Selbstreflexionen der siebziger Jahre«, in: Fulda, Daniel u. a. (Hg.), *Demokratie im Schatten der Gewalt. Geschichten des Privaten im deutschen Nachkrieg*, Göttingen 2010, S. 262-285.

Reinders, Rolf, Fritzsch, Ronald, *Die Bewegung 2. Juni. Gespräche über Haschrebellen, Lorenzentführung, Knast*, Amsterdam 1995.

Reiser, Rio, *König von Deutschland. Erinnerung an Ton, Steine, Scherben und mehr*, Köln 2001.

Reiter, Udo, *Meditation. Wege zum Selbst*, München 1976.

Renschler, Angelika, »Von einer, die auszog, nicht mehr alleine zu wohnen (und dabei das fürchten lernte)«, in: Schülein, Johann A. (Hg.), »*... vor uns die Mühen der Ebenen«. Alltagsprobleme und Perspektiven von Wohngemeinschaften*, Gießen 1980, S. 208-210.

Reuband, Karl-Heinz, »Von äußerer Verhaltenskonformität zu selbständigem Handeln. Über die Bedeutung kultureller und struktureller Einflüsse für den Wandel in den Erziehungszielen und Sozialisationsinhalten«, in: Meulemann, Heiner (Hg.), *Wertewandel – Fakt oder Fiktion?*, Frankfurt/M., New York 1988, S. 73-97.

Reucher, Ursula, *Reformen und Reformversuche in der gesetzlichen Krankenversicherung (1956-1965). Ein Beitrag zur Geschichte der bundesdeutschen Sozialpolitik*, Düsseldorf 1999.

Richter, Dieter, »Kinderbuch und politische Erziehung. Zum Verständnis der neuen linken Kinderliteratur«, in: *Ästhetik & Kommunikation* 4 (Oktober 1971) und 5/6 (Februar 1972), S. 5-12 und S. 23-32.

Richter, Horst E., *Die Gruppe. Hoffnung auf einen neuen Weg, sich selbst und andere zu befreien. Psychoanalyse in Kooperation mit Gruppeninitiativen*, Hamburg 1972.

–, »Die neue Sensibilität. 19 Thesen über die Hintergründe der Jugendbewegung«, in: Haller, Michael (Hg.), *Aussteigen oder rebellieren. Jugendliche gegen Staat und Gesellschaft*, Hamburg 1981, S. 238-242.

Richter, Saskia, »Der NATO-Doppelbeschluss und die Entstehung der Grünen zwischen 1979-1983«, in: Gassert, Philipp, Wentker, Hermann (Hg.), *Zweiter Kalter Krieg und Friedensbewegung. Der NATO-Doppelbeschluss in deutsch-deutscher und internationaler Perspektive*, Washington, D. C., München u. a. 2010, S. 229-246.

–, *Die Aktivistin. Das Leben der Petra Kelly*, München 2010.

Riedel, Heide (Hg.), *Mit uns zieht die neue Zeit … 40 Jahre DDR-Medien*, Berlin 1993.

Riemann, Viola, *Kontaktanzeigen im Wandel der Zeit. Eine Inhaltsanalyse*, Opladen 1999.

Riese, Horst, »Wohnen in Berlin«, in: Müller-Münch, Ingrid, u. a., *Besetzung – weil das Wünschen nicht geholfen hat. Köln, Freiburg, Gorleben, Zürich und Berlin*, Reinbek 1981, S. 94-107.

Riewoldt, Otto, »Jugendkultur und Bohème«, in: Bucher, Willi, Pohl, Klaus (Hg.), *Schock und Schöpfung. Jugendästhetik im 20. Jahrhundert*, Darmstadt, Neuwied 1986, S. 38-42.

Rigby, Andrew, *Alternative Realities. A Study of Communes and Their Members*, London, Boston 1974.

–, *Communes in Britain*, London, Boston u. a. 1974.

Rigoll, Dominik, »Versuch, Herbert vom Kopf auf die Füße zu stellen. Die These von der ›Fundamentalliberalisierung‹ der Bundesrepublik und die westdeutschen Berufsverbote«, in: Bambach, Kora u. a. (Hg.), *Strömungen. Politische Bilder, Texte und Bewegungen. Neuntes DoktorandInnen-Seminar der Rosa-Luxemburg-Stiftung*, Berlin 2007, S. 125-136.

–, »»Wäs täten Sie, wenn quer durch Paris eine Mauer wäre?‹ Der Radikalenbeschluss von 1972 und der Streit um die westdeutschen Berufsverbote. Deutsch-deutsch-französische Verflechtungen«, in: Timmermann,

Heiner (Hg.), *Historische Erinnerung im Wandel. Neue Forschungen zur deutschen Zeitgeschichte unter besonderer Berücksichtigung der DDR-Forschung*, Berlin 2007, S. 603-623.

–, »›Herr Mitterrand versteht das nicht‹. ›Rechtsstaat‹ und ›deutscher Sonderweg‹ in den deutsch-französischen Auseinandersetzungen um den Radikalenbeschluss 1975/76«, in: Schulze, Detlef G. u. a. (Hg.), *Rechtsstaat statt Revolution, Verrechtlichung statt Demokratie? Transdisziplinäre Analysen zum deutschen und spanischen Weg in die Moderne. Die juristischen Konsequenzen*, Münster 2010, S. 812-822.

–, *Staatsschutz in Westdeutschland. Von der Entnazifizierung zur Extremistenabwehr*, Göttingen 2013.

Ringeling, Hermann, »Ehe und nichteheliche Lebensgemeinschaften«, in: Bundesministerium für Jugend, Familie, Frauen und Gesundheit (Hg.), *Familien verändern sich. Anfragen an Ethik und Politik,* Stuttgart, Berlin u. a. 1986.

Ritter, Joachim (Hg.), *Historisches Wörterbuch der Philosophie*, Bd. 1, Basel, Stuttgart 1971.

Robb, David (Hg.), *Protest Song in East and West Germany since the 1960s*, Rochester/NY 2007.

Robertson, George, »Die Lettristische Internationale«, in: *Nilpferd des höllischen Urwalds – Spuren in eine unbekannte Stadt – Situationisten Gruppe SPUR Kommune I. Ein Ausstellungsgeflecht des Werkbundarchivs Berlin zwischen Kreuzberg und Scheunenviertel* (November 1991), S. 67-69.

Rochon, Thomas R., *Culture Moves. Ideas, Activism, and Changing Values*, Princeton 1998.

Rödder, Andreas, *Die Bundesrepublik Deutschland 1969-1990*, München 2004.

–, »Vom Materialismus zum Postmaterialismus? Ronald Ingleharts Diagnosen des Wertewandels, ihre Grenzen und Perspektiven«, in: *Zeithistorische Forschungen* 3, 3 (2006), S. 480-485.

–, »Moderne – Postmoderne – Zweite Moderne. Deutungskategorien für die Geschichte der Bundesrepublik in den siebziger und achtziger Jahren«, in: Raithel, Thomas u. a. (Hg.), *Auf dem Weg in eine neue Moderne? Die Bundesrepublik Deutschland in den siebziger und achtziger Jahren*, München 2009, S. 181-201.

Rödel, Ulrich u. a., *Autonome Gesellschaft und libertäre Demokratie*, Frankfurt/M. 1990.

Röder, Klaus, *Spuren der Steine. Eine Erzählung aus der Zeit der Hausbesetzungen*, Gießen 1981.

Rodgers, Daniel T., *Age of Fracture*, Cambridge, Mass. 2011.

Rödner, Helmut, *Männergruppen. Versuche der Veränderung der traditionellen Männerrolle. Ursachen, Wege, Schwierigkeiten*, Berlin 1976.

Rogers, Carl R., *Encounter-Gruppen. Das Erlebnis der menschlichen Begegnung*, München 1974.

973

Rohe, Karl, »Politische Kultur und ihre Analyse. Probleme und Perspektiven der politischen Kulturforschung«, in: *HZ* 250 (1990), S. 321-346.

–, *Wahlen und Wählertraditionen in Deutschland. Kulturelle Grundlagen deutscher Parteien und Parteiensysteme im 19. und 20. Jahrhundert*, Frankfurt/M. 1992, S. 19-29.

Roik, Michael, *Die DKP und die demokratischen Parteien 1968-1984*, Paderborn, München u. a. 2006.

Rolke, Lothar, *Protestbewegungen in der Bundesrepublik. Eine analytische Sozialgeschichte des Widerspruchs*, Opladen 1987.

Rollin, Roger (Hg.), *The Americanization of the Global Village. Essays in Comparative Popular Culture*, Bowling Green 1989.

Ronneberger, Klaus, »Metropolitane Urbanität. Der Pflasterstrand als Medium einer in die städtische Elite aufsteigenden Subkultur«, in: Schilling, Heinz (Hg.), *Urbane Zeiten. Lebensstilentwürfe und Kulturwandel in einer Stadtregion*, Frankfurt/M. 1990, S. 15-44.

Roose, Jochen, *Made by Öko-Institut. Wissenschaft in der bewegten Umwelt*, Freiburg 2002, ⟨http://www.oeko.de/oekodoc/82/2002-014-de.pdf⟩, letzter Zugriff am 23.04.2013.

Rösch-Sondermann, Hermann, *Bibliographie der lokalen Alternativpresse. Vom Volksblatt zum Stadtmagazin*, München, New York u. a. 1988.

Rose, Nicholas, *Inventing Our Selves*, Cambridge 1996.

Rössel, Jörg, *Plurale Sozialstrukturanalyse. Eine handlungstheoretische Rekonstruktion der Grundbegriffe der Sozialstrukturanalyse*, Wiesbaden 2005.

–, Hölscher, Michael, »Soziale Milieus in Gaststätten – eine Beobachtung«, in: *Sociologus* 54, 1 (2004), S. 173-202.

–, Otto, Gunnar (Hg.), *Lebensstilforschung*, Wiesbaden 2011.

Rosenberg, Rainer u. a. (Hg.), *Der Geist der Unruhe. 1968 im Vergleich. Wissenschaft – Literatur – Medien*, Berlin 2000.

Rosenbladt, Sabine, »Die Hoffnung und die Angst. Eindrücke aus der ›Freien Republik Wendland‹«, in: Müller-Münch, Ingrid u. a., *Besetzung – weil das Wünschen nicht geholfen hat. Köln, Freiburg, Gorleben, Zürich und Berlin*, Reinbek 1981, S. 142-177.

–, »Die ›Legalos‹ in Kreuzberg«, in: Aust, Stefan, dies. (Hg.), *Hausbesetzer – wofür sie kämpfen, wie sie leben und wie sie leben wollen*, Hamburg 1981, S. 28-51.

Rosenwein, Barbara H., »Worrying about Emotions in History«, in: *American Historical Review* 107 (2002), S. 821-845.

Rossi, Marisa E., *Untergrund und Revolution. Der ungelöste Widerspruch zwischen Brigate Rosse und Rote Armee Fraktion*, Zürich 1993.

rotaprint 25 (Hg.), *agit 883. Revolte, Underground in Westberlin 1969-1972*, Hamburg, Berlin 2006.

Roth, John K. (Hg.), *International Encyclopedia of Ethics*, London, Chicago 1995.

Roth, Jürgen, *Eltern erziehen Kinder, Kinder erziehen Eltern. Elterninitiativen nach der Kinderladenbewegung*, Frankfurt/M. 1976.

Roth, Karl-Heinz, Teufel, Fritz, *Klaut sie. (Selbst)Kritische Beiträge zur Krise der Linken und der Guerilla*, Tübingen 1979.

Roth, Roland, »Leben scheuert am Beton. Streiflichter aus der Geschichte der Hausbesetzungen in der BRD«, in: Brandes, Volkhard, Schön, Bernhard (Hg.), *Wer sind die Instandbesetzer? Selbstzeugnisse, Dokumente, Analysen. Ein Lesebuch*, Bensheim 1981, S. 37-61.

–, *Rebellische Subjektivität. Herbert Marcuse und die neuen Protestbewegungen*, Frankfurt/M. 1985.

–, »Frankfurt am Main. Skizzen zu einer Bewegungsmetropole«, in: Brauerhoch, Frank-Olaf (Hg.), *Frankfurt am Main. Stadt, Soziologie und Kultur*, Frankfurt/M. 1991, S. 149-167.

–, *Demokratie von unten. Neue soziale Bewegungen auf dem Wege zur politischen Institution*, Köln 1994.

–, Negt, Oskar, »Das Sozialistische Büro – ein Gespräch«, in: *links* 123 (Juni 1980), S. 12-15.

–, Rucht, Dieter, »Einleitung«, in: dies. (Hg.), *Die sozialen Bewegungen in Deutschland seit 1945. Ein Handbuch*, Frankfurt/M., New York 2008, S. 9-36.

– (Hg.), *Jugendkulturen, Politik und Protest. Vom Widerstand zum Kommerz?*, Opladen 2000.

Rubin, Jerry, *Do it! Scenarios für die Revolution*, Reinbek 1971.

Rucht, Dieter, *Von Wyhl nach Gorleben. Bürger gegen Atomprogramm und nukleare Entsorgung*, München 1980.

–, »Von der Bewegung zur Institution? Organisationsstrukturen der Ökologiebewegung«, in: ders., Roth, Roland (Hg.), *Neue soziale Bewegungen in der Bundesrepublik Deutschland*, Frankfurt/M. 1991, S. 334-358.

–, »Öffentlichkeit, Akteure und Deutungsmuster: Die Debatte über Abtreibungen in Deutschland und den USA«, in: Gerhards, Jürgen (Hg.), *Die Vermessung kultureller Unterschiede. USA und Deutschland im Vergleich*, Opladen 2000, S. 165-187.

– (Hg.), *Protest in der Bundesrepublik. Strukturen und Entwicklungen*, Frankfurt/M., New York 2001.

–, »Anti-Atomkraftbewegung«, in: ders., Roth, Roland (Hg.), *Die sozialen Bewegungen in Deutschland seit 1945. Ein Handbuch*, Frankfurt/M., New York 2008, S. 245-266.

–, »Alternative Milieus innerhalb und außerhalb Deutschlands: Soziale Ursprünge, Infrastrukturen und Einflüsse«, in: Reichardt, Sven, Siegfried, Detlef (Hg.), *Das Alternative Milieu. Antibürgerlicher Lebensstil und linke Politik in der Bundesrepublik Deutschland und Europa 1968-1983*, Göttingen 2010, S. 61-86.

—, »Linksalternatives Milieu und Neue Soziale Bewegungen in der Bundesrepublik: Selbstverständnis und gesellschaftlicher Kontext«, in: Baumann, Cordia u. a. (Hg.), *Linksalternative Milieus und Neue Soziale Bewegungen in den 1970er Jahren*, Heidelberg 2011, S. 35-60.

—, Roose, Jochen, »Von der Platzbesetzung zum Verhandlungstisch? Zum Wandel von Aktionen und Struktur der Ökologiebewegung«, in: ders. (Hg.), *Protest in der Bundesrepublik. Strukturen und Entwicklungen*, Frankfurt/M., New York 2001, S. 173-210.

—, u. a., *Soziale Bewegungen auf dem Weg zur Institutionalisierung. Zum Strukturwandel »alternativer« Gruppen in beiden Teilen Deutschlands*, Frankfurt/M., New York 1997.

—, u. a. (Hg.), *Acts of Dissent. New Developments in the Study of Protest*, Lanham 1999.

Rumpf, Dietmar, Voss, Karl-Friedrich, »Alltag in der Wohngemeinschaft«, in: Pohl, Rüdiger u. a., *Mittlere Wohndauer: 18 Monate. Berichte, Daten und Meinungen über Wohngemeinschaften in der Stadt*, Hannover 1978, S. 175-191.

Ruppert, Wolfgang (Hg.), *Um 1968. Die Repräsentation der Dinge*, Marburg 1998.

Rüter-Natorp, Anja, *Günter Zint. Fotograf der sozialen Bewegungen in der Bundesrepublik von den 60er Jahren bis heute*, Magisterarbeit Universität Lüneburg 2006.

Rutschky, Michael, *Erfahrungshunger. Ein Essay über die siebziger Jahre*, Köln 1980.

Sager, Christin, »Das Ende der kindlichen Unschuld. Die Sexualerziehung der 68er-Bewegung«, in: Baader, Meike S. (Hg.), *»Seid realistisch, verlangt das Unmögliche«. Wie 1968 die Pädagogik bewegte*, Weinheim, Basel 2008, S. 56-68.

Saldern, Adelheid von, *Häuserleben. Zur Geschichte städtischen Arbeiterwohnens vom Kaiserreich bis heute*, Bonn ²1997.

—, »Markt für Marx. Literaturbetrieb und Lesebewegungen in der Bundesrepublik in den Sechziger- und Siebzigerjahren«, in: *AfS* 44 (2004), S. 149-180.

—, »Bürgerliche Repräsentationskultur. Konstanz und Wandel der Wohnformen im Deutschen Reich und in der Bundesrepublik (1900-1980)«, in: *HZ* 284 (2007), S. 345-383.

Salmen, Andreas, Eckert, Albert, *20 Jahre bundesdeutsche Schwulenbewegung 1969-1989*, hg. vom Bundesverband Homosexualität e. V., Köln 1989.

Salzinger, Helmut, *Rock Power oder wie musikalisch ist die Revolution*, Reinbek 1982.

Samerski, Silja, *Die verrechnete Hoffnung. Von der selbstbestimmten Entscheidung durch genetische Beratung*, Münster 2002.

Sander, Hartmut, Christians, Ulrich (Hg.), *Subkultur Berlin. Selbstdarstellung, Text-, Ton-Bilddokumente. Esoterik der Kommunen, Rocker, subversiven Gruppen*, Darmstadt 1969.

Sarasin, Philipp, »»Mapping the body‹. Körpergeschichte zwischen Konstruktivismus, Politik und ›Erfahrung‹«, in: ders., *Geschichtswissenschaft und Diskursanalyse*, Frankfurt/M. 2003, S. 100-121.

Sass, Hans-Werner, *Antiautoritäre Erziehung oder die Erziehung der Erzieher*, Stuttgart 1972.

Saunders, Thomas J., *Hollywood in Berlin. American Cinema and Weimar Germany*, Berkeley 1994.

Saupe, Achim, »Authentizität, Version 1.0«, in: *Docupedia-Zeitgeschichte* (11.02.2010), ⟨https://docupedia.de/zg/Authentizit.C3.A4?oldid=75505⟩, letzter Zugriff am 23.04.2013.

Sbandi, Pio, »»Feedback‹ im Sensitivity-Training«, in: Heigl-Evers, Annelise (Hg.), *Gruppendynamik*, Göttingen 1973, S. 77-92.

Schaeffer-Hegel, Barbara, »»Sozialistische Eminenzen‹, ›Busen-Attacken‹ und ›Weiberrat‹ – geschlechterpolitische Impulse von 1968«, in: *Forschungsjournal Neue Soziale Bewegungen* 21, 3 (2008), S. 67-78.

Schäfer, Bernhard, Zapf, Wolfgang (Hg.), *Handwörterbuch zur Gesellschaft Deutschlands*, Opladen 1998.

Schäfer, Christian, *Widernatürliche Unzucht (§§ 175, 175a, 175b, 182 a.F. StGB). Reformdiskussion und Gesetzgebung seit 1945*, Berlin 2006.

Schäfer, Christine, Wilke, Christiane, *Die neue Frauenbewegung in München 1968-1985. Dokumentation*, München 1985.

Schäfers, Bernhard, *Sozialstruktur und sozialer Wandel in Deutschland*, Stuttgart [7]1998.

Schappach, Beate, »Geballte Faust, Doppelaxt, rosa Winkel: Gruppenkonstituierende Symbole der Frauen-, Lesben- und Schwulenbewegung«, in: Baumann, Cordia u. a. (Hg.), *Linksalternative Milieus und Neue Soziale Bewegungen in den 1970er Jahren*, Heidelberg 2011, S. 259-283.

Scharloth, Joachim, »Die Sprache der Revolte: Linke Wörter und avantgardistische Kommunikationsstile«, in: ders., Klimke, Martin (Hg.), *1968. Handbuch zur Kultur- und Mediengeschichte der Studentenbewegung*, Stuttgart, Weimar 2007, S. 223-234.

–, »Ritualkritik und Rituale des Protests: Die Entdeckung des Performativen in der Studentenbewegung der 1960er Jahre«, in: ders., Klimke, Martin (Hg.), *1968. Handbuch zur Kultur- und Mediengeschichte der Studentenbewegung*, Stuttgart, Weimar 2007, S. 75-87.

–, *1968. Eine Kommunikationsgeschichte*, München 2011.

–, Klimke, Martin (Hg.), *1968 in Europe. A History of Protest and Activism, 1956-1977*, New York, London 2008.

Schassen, B. v., Kalden, Ch., *Terrorismus. Eine Auswahlbibliographie*, Koblenz 1989.

Scheer, Joseph, Espert, Jan (Hg.), »*Deutschland, Deutschland, alles ist vorbei*«. *Alternatives Leben oder Anarchie? Die neue Jugendrevolte am Beispiel der Berliner »Scene«*, München 1982.

Scheffler, Wolfgang, »Anmerkungen zum Fernsehfilm ›Holocaust‹ und zu Fragen zeithistorischer Forschungen«, in: *Geschichte und Gesellschaft* 5 (1979), S. 571-579.

Schenk, Dieter, *Der Chef. Horst Herold und das BKA*, Hamburg 1998.

Schenk, Herrad, *Wir wohnen zusammen – nicht allein. Wohngemeinschaften heute*, Köln 1984.

–, *Die feministische Herausforderung. 150 Jahre Frauenbewegung in Deutschland*, München ⁶1993.

Schepers, Wolfgang (Hg.), *’68 – Design und Alltagskultur zwischen Konsum und Konflikt*, Köln 1998.

Scherer, Klaus-Jürgen, »Berlin (West): Hauptstadt der Szenen. Ein Portrait kultureller und anderer Revolten Anfang der achtziger Jahre«, in: Gailus, Manfred u. a., *Pöbelexzesse und Volkstumulte in Berlin. Zur Sozialgeschichte der Straße 1830-1980*, Berlin 1984, S. 197-222.

Schewe, Egon, *Selbstverwaltete Jugendzentren. Entwicklung, Konzept und Bedeutung der Jugendzentrumsbewegung*, Bielefeld 1980.

Schibel, Karl-Ludwig, »Kommunebewegung«, in: Roth, Roland, Rucht, Dieter (Hg.), *Die sozialen Bewegungen in Deutschland seit 1945. Ein Handbuch*, Frankfurt/M., New York 2008, S. 527-540.

Schild-Kreuzinger, Kornelia, *Die Organisierbarkeit der Frauen*, Bonn 1980.

Schildt, Axel, *Moderne Zeiten. Freizeit, Massenmedien und »Zeitgeist« in der Bundesrepublik der 50er Jahre*, Hamburg 1995.

–, *Ankunft im Westen. Ein Essay zur Erfolgsgeschichte der Bundesrepublik*, Frankfurt/M. 1999.

–, *Zwischen Abendland und Amerika. Studien zur westdeutschen Ideenlandschaft der 50er Jahre*, München 1999.

–, »Die 60er Jahre – eine Dekade im Schatten des Mythos von ’68«, in: Estermann, Monika, Lersch, Edgar (Hg.), *Buch, Buchhandel und Rundfunk. 1968 und die Folgen*, Wiesbaden 2003, S. 9-29.

–, *Rebellion und Reform. Die Bundesrepublik der Sechzigerjahre*, Bonn 2005.

–, *Die Sozialgeschichte der Bundesrepublik Deutschland bis 1989/90*, München 2007.

–, Sywottek, Arnold (Hg.), *Modernisierung im Wiederaufbau. Die westdeutsche Gesellschaft der 50er Jahre, ungekürzte, durchgesehene und aktualisierte Studienausgabe*, Bonn 1998.

Schildt, Axel, Siegfried, Detlef, (Hg.), *Between Marx and Coca-Cola. Youth Cultures in Changing European Societies, 1960-1980*, New York, Oxford 2006.

–, (Hg.), *European Cities, Youth and the Public Sphere in the Twentieth Century*, Aldershot, Hampshire 2005.

– *Deutsche Kulturgeschichte. Die Bundesrepublik – 1945 bis zur Gegenwart*, München 2009.

–, u. a. (Hg.), *Dynamische Zeiten. Die 60er Jahre in den beiden deutschen Gesellschaften*, Hamburg 2000.

Schimmang, Jochen, *Der schöne Vogel Phönix. Erinnerungen eines Dreißigjährigen*, Frankfurt/M. 1979.

Schindelbeck, Dirk, *Illustrierte Konsumgeschichte der Bundesrepublik Deutschland*, Erfurt 2001.

Schissler, Hanna, »Frauen und Neue Frauenbewegung«, in: Junker, Detlef (Hg.), *Die USA und Deutschland im Zeitalter des Kalten Krieges 1945-1990. Ein Handbuch*, Bd. 2, Stuttgart, München 2001, S. 655-664.

–, *The Miracle Years. A Cultural History of West Germany, 1949-1968*, Princeton 2001.

Schlandt, Joachim, Fassbinder, Helga, *Kommunehaus und Wohnkommune Berlin*, München 1972.

Schlothauer, Andreas, *Die Diktatur der freien Sexualität. AAO, Mühl-Kommune, Friedrichshof*, Wien 1992.

Schmid, Günter, »Zur Soziologie der Friedensbewegung und des Jugendprotestes«, in: *APuZ* B 24 (1982). S. 15-30.

Schmid, Josef, *Parlament und Bewegung. Baden-Württembergs Grüne und die Anti-AKW-Bewegung seit Tschernobyl*, Hannover 1990.

Schmid, Pia, »Wie die antiautoritäre Erziehung für einige Jahre in städtische Kindertagesstätten gelangte. Das Frankfurter Modellprojekt Kita 3000, 1972-1978«, in: Baader, Meike S. (Hg.), *»Seid realistisch, verlangt das Unmögliche«. Wie 1968 die Pädagogik bewegte*, Weinheim, Basel 2008, S. 36-55.

Schmid, Thomas, »Facing Reality: Organisation kaputt«, in: *Autonomie* 1 (November 1975), S. 16-35.

–, »Stämme und Stammtisch oder Bescheidener Vorschlag, die alternativen Institutionen wieder abzuschaffen«, in: Kraushaar, Wolfgang (Hg.), *Autonomie oder Getto? Kontroversen über die Alternativbewegung*, Frankfurt/M. 1978, S. 86-94.

Schmidbauer, Wolfgang, »Seelische Hausarbeit«, in: Jokisch, Rodrigo (Hg.), *Mann-Sein. Identitätskrise und Rollenfindung des Mannes in der heutigen Zeit*, Reinbek 1982, S. 90-108.

Schmidt, Albert, *Die andere Wirklichkeit. Erfahrungen der Kommune Lord's Family und die Probleme junger Menschen*, München 1974.

Schmidt, Alfred, *Emanzipatorische Sinnlichkeit. Ludwig Feuerbachs anthropologischer Materialismus*, München 1973.

Schmidt, Gunter, »Sexualität. Rede an die Nachgeborenen«, in: *vorgänge* 181, 1 (2008), S. 37-46.

– (Hg.), *Jugendsexualität. Sozialer Wandel, Gruppenunterschiede, Konfliktfelder*, Stuttgart 1993.

– (Hg.), *Kinder der sexuellen Revolution. Kontinuität und Wandel studentischer Sexualität 1966-1996. Eine empirische Untersuchung*, Gießen 2000.

Schmidt, Roland, »Zur alternativen Kultur. Erscheinungsbild und Strukturen«, in: *APuZ* B 11 (1983), S. 41-54.

Schmidt, Wera, *Psychoanalytische Erziehung in Sowjetrussland*, Leipzig 1924.

Schmidt-Bachem, Heinz, *Tüten, Beutel. Tragetaschen. Zur Geschichte der Papier, Pappe und Folien verarbeitenden Industrie in Deutschland*, Münster, New York u. a. 2001.

Schmidtchen, Gerhard, »Die gesellschaftlichen Folgen der Entchristlichung«, in: *Stimmen der Zeit* (August 1978), S. 543 ff.

–, *Die Situation der Frau. Trendbeobachtungen über Rollen- und Bewußtseinsänderungen der Frauen in der Bundesrepublik Deutschland*, Berlin 1984.

Schmidtke, Michael, »›1968‹ und die Massenmedien – Momente europäischer Öffentlichkeit«, in: Requate, Jörg, Schulze-Wessel, Martin (Hg.), *Europäische Öffentlichkeit. Transnationale Kommunikation seit dem 18. Jahrhundert*, Frankfurt/M. 2002, S. 273-294.

–, *Der Aufbruch der jungen Intelligenz. Die 68er Jahre in der Bundesrepublik und den USA*, Frankfurt/M. 2003.

Schmiederer, Ursula, »Emanzipation der Frauen. Anmerkungen zu den Argument-Heften«, in: *Das Argument* 35 (1965), S. 41-46.

Schmitz, Helmut, *Spray-Athen. Graffiti in Berlin*, Berlin 1982.

Schneider, Andreas, »*Nur keinen Amazonenstaat«. Antifeminismus, Krisendiagnosen und gesellschaftliche »Verunsicherung« in der Bundesrepublik der 1970er Jahre*, Magisterarbeit HU Berlin 2008.

Schneider, Christian u. a. (Hg.), *Identität und Macht. Das Ende der Dissidenz*, Gießen 2002.

Schneider, Irmela (Hg.), *Amerikanische Einstellung. Deutsches Fernsehen und US-amerikanische Produktionen*, Heidelberg 1992.

Schneider, Michael, »Von der alten Radikalität zur neuen Sensibilität«, in: *Kursbuch* 49 (1977), S. 174-187.

–, *Den Kopf verkehrt aufgesetzt oder Die melancholische Linke. Aspekte des Kulturzerfalls in den siebziger Jahren*, Neuwied 1981.

–, *Demokratie in Gefahr? Der Konflikt um die Notstandsgesetze. Sozialdemokratie, Gewerkschaften und intellektueller Protest (1958-1968)*, Bonn 1986.

Schneider, Peter, »Die Sache mit der ›Männlichkeit‹. Gibt es eine Emanzipation der Männer?«, in: *Kursbuch* 35 (1974), S. 103-132.

–, »Von der Radikalität zur neuen Sensibilität«, in: *Kursbuch* 49 (1977), S. 174-187.

–, *Rebellion und Wahn. Mein '68. Eine autobiographische Erzählung*, Köln 2008.

Schneider, Sigrid (Hg.), *Als der Himmel blau wurde. Bilder aus den 60er Jahren. Eine Ausstellung des Ruhrlandmuseums 1998/99*, Essen 1998.

Schober, Anna, *Blue Jeans. Vom Leben in Stoffen und Bildern*, Frankfurt/M., New York 2001.

Schober, Ingeborg, *Amon Düül, Tanz der Lemminge. Anfänge deutscher Rockmusik in den Protestbewegungen der 60er und 70er Jahre*, Reinbek 1979.

Schönhoven, Klaus, »Aufbruch in die sozialliberale Ära. Zur Bedeutung der 60er Jahre in der Geschichte der Bundesrepublik«, in: *GG* 25 (1999), S. 123-145.

–, *Wendejahre. Die Sozialdemokratie in der Zeit der Großen Koalition 1966-1969*, Bonn 2004.

Schönwälder, Karen, *Einwanderung und ethnische Pluralität. Politische Entscheidungen und öffentliche Debatten in Großbritannien und der Bundesrepublik von den 1950er bis zu den 1970er Jahren*, Essen 2001.

Schorsch, Christof, *Die New Age-Bewegung. Utopie und Mythos der Neuen Zeit. Eine kritische Auseinandersetzung*, Gütersloh 1988.

Schrader-Klebert, Karin, »Die kulturelle Revolution der Frau«, in: *Kursbuch* 17 (1969), S. 1-46.

Schramm, Udo, »Selbstverwaltete Betriebe in NRW – eine Bestandsaufnahme«, in: *Forschungsjournal Neue Soziale Bewegungen* 2, 1 (1989), S. 29-33.

Schregel, Susanne, »Konjunktur der Angst. ›Politik der Subjektivität‹ und ›neue Friedensbewegung‹, 1979-1983«, in: Greiner, Bernd u. a. (Hg.), *Angst im Kalten Krieg. Studien zum Kalten Krieg*, Bd. 3, Hamburg 2009, S. 495-520.

–, *Der Atomkrieg vor der Wohnungstür. Eine Politikgeschichte der neuen Friedensbewegung in der Bundesrepublik, 1970-1985*, Frankfurt/M. 2011.

Schröder, Hannelore, »Zum politischen und ökonomischen System des Patriarchalismus«, in: *APuZ* B 31 (1976), S. 17-41.

Schröder, Jürgen, *Ideologischer Kampf vs. Regionale Hegemonie. Ein Beitrag zur Untersuchung der K-Gruppen*, Berlin 1990.

Schroeder, Klaus, Süß, Werner, *Linke Kontinuität oder Bruch? Zur politischen Einschätzung der »Alternativbewegung«*, Berlin 1980.

Schroedter, Thomas, *Antiautoritäre Pädagogik. Zur Geschichte und Wiederaneignung eines verfemten Begriffs*, Stuttgart 2007.

Schroer, Markus, »Selbstthematisierung. Von der (Er-)Findung des Selbst und der Suche nach Aufmerksamkeit«, in: Burkart, Günter (Hg.), *Die Ausweitung der Bekenntniskultur – neue Formen der Selbstthematisierung?*, Wiesbaden 2006, S. 41-72.

Schubert, Christoph, Steinmetz, Burkhard, *Friedenarbeit konkret. Abrüstungsinitiativen – ihr Programm – ihre Arbeit – ihre Erfolgsaussichten*, Waldkirch i. Br. 1981.

Schülein, Johann A., »Das neue Interesse an der Subjektivität«, in: *Leviathan* 1 (1976), S. 53-78.

–, »Von der Studentenrevolte zur Tendenzwende oder der Rückzug ins Private. Eine sozialpsychologische Analyse«, in: *Kursbuch* 48 (1977), S. 101-117.

–, »Lassen sich Identitätsprobleme per Beschluß abschaffen? Skeptische Bemerkungen zur AAO«, in: *Frankfurter Hefte Extra* (April 1978), S. 110-117.

–, »Beziehungsprobleme«, in: ders. (Hg.), »… *vor uns die Mühen der Ebenen«. Alltagsprobleme und Perspektiven von Wohngemeinschaften*, Gießen 1980, S. 145-168.

–, »Einige Bemerkungen zur Entwicklung der Wohngemeinschaftsbewegung«, in: ders. (Hg.), »… *vor uns die Mühen der Ebenen«. Alltagsprobleme und Perspektiven von Wohngemeinschaften*, Gießen 1980, S. 13-30.

–, »Emanzipation und Selbstreflexion«, in: ders. (Hg.), *Auf der Suche nach der Zukunft. Alternativbewegung und Identität*, Gießen 1980, S. 95-106.

–, »Konstitution und Dynamik ›offener‹ Primärgruppen. Zur Situation von Wohngemeinschaften«, in: Neidhardt, Friedhelm (Hg.), *Gruppensoziologie. Perspektiven und Materialien*, Opladen 1983, S. 391-419.

– (Hg.), *Kommunen und Wohngemeinschaften. Der Familie entkommen? Eine Textsammlung*, Gießen 1978.

– (Hg.), *Auf der Suche nach der Zukunft. Alternativbewegung und Identität*, Gießen 1980.

– (Hg.), »… *vor uns die Mühen der Ebenen«. Alltagsprobleme und Perspektiven von Wohngemeinschaften*, Gießen 1980.

Schulenburg, Lutz (Hg.), *Das Leben ändern, die Welt verändern! 1968 – Dokumente und Berichte*, Hamburg 1998.

Schulte zu Sodingen, Beate, »Sexualerziehung«, in: Menzel, Jörg (Hg.), *Verfassungsrechtsprechung – Hundert Entscheidungen des Bundesverfassungsgerichts in Retrospektive*, Tübingen 2000, S. 284-289.

Schultz, Tanjev, »Alles inszeniert und nichts authentisch? Visuelle Kommunikation in den vielschichtigen Kontexten von Inszenierung und Authentizität«, in: Knieper, Thomas, Müller, Marion G. (Hg.), *Authentizität und Inszenierung von Bilderwelten*, Köln 2003, S. 10-24.

Schultze, Thomas, *Die Autonomen. Ursprünge, Entwicklung und Profil der Autonomen*, Hamburg 1997.

Schulz, Kristina, *Der lange Atem der Provokation. Die Frauenbewegung in der Bundesrepublik und in Frankreich 1968-1976*, Frankfurt/M. 2002.

–, »1968: Lesarten der ›sexuellen Revolution‹«, in: Frese, Matthias u. a. (Hg.), *Demokratisierung und gesellschaftlicher Aufbruch. Die sechziger Jahre als Wendezeit der Bundesrepublik*, Paderborn, Wien u. a. 2003, S. 121-133.

–, »Frauen in Bewegung: Mit der Neuen Linken über die Linke(n) hinaus«, in: Klimke, Martin, Scharloth, Joachim (Hg.), *1968. Handbuch zur Kultur- und Mediengeschichte der Studentenbewegung*, Stuttgart, Weimar 2007, S. 247-258.

–, »Studentische Bewegungen und Protestkampagnen«, in: Roth, Roland, Rucht, Dieter (Hg.), *Die sozialen Bewegungen in Deutschland seit 1945. Ein Handbuch*, Frankfurt/M., New York 2008, S. 417-446.

Schulz, Til, »Hausbesetzungen im Westend – eine Bürgerinitiative?«, in: Grossmann, Heinz (Hg.), *Bürgerinitiativen – Schritte zur Veränderung?*, Frankfurt/M. 1971, S. 138-151.

–, »Zum Beispiel Eppsteiner Straße 47. Wohnungskampf, Hausbesetzung, Wohnkollektiv«, in: *Kursbuch* 27 (1972), S. 85-97.

–, *Materialien zum Bürgerkampf und die Hausbesetzerbewegung der 70er Jahre im Frankfurter Westend*, Frankfurt/M. 1999.

Schulz-Forberg, Hagen, *London – Berlin. Authenticity, Modernity, and the Metropolis in Urban Travel Writing*, Brüssel 2006.

Schulze, Gerhard, *Die Erlebnisgesellschaft. Kultursoziologie der Gegenwart*, Frankfurt/M., New York ^{5}1995.

Schumacher, E. F., *Small is Beautiful. Die Rückkehr zum menschlichen Maß*, Reinbek 1985.

Schumann, Dirk, »Schläge als Strafe? Erziehungsmethoden nach 1945 und ihr Einfluss auf die ›Friedenskultur‹ in beiden Deutschlands«, in: Kühne, Thomas (Hg.), *Von der Kriegskultur zur Friedenskultur? Zum Mentalitätswandel in Deutschland seit 1945*, Münster 2000, S. 34-48.

–, »School Violence and Its Control in Germany and the United States Since the 1950s«, in: Heitmeyer, Wilhelm u. a. (Hg.), *Control of Violence. Historical and International Perspectives on Violence in Modern Societies*, New York, Heidelberg 2010, S. 233-259.

Schütte, Johannes, *Revolte und Verweigerung. Zur Politik und Sozialpsychologie der Spontibewegung*, Gießen 1980.

Schütz, Walter J. (Hg.), *Medienpolitik: Dokumentation der Kommunikationspolitik in der Bundesrepublik Deutschland von 1945 bis 1990*, Konstanz 1999.

Schwäbisch, Lutz, Siems, Martin, *Anleitung zum sozialen Lernen für Paare, Gruppen und Erzieher. Kommunikations- und Verhaltenstraining*, Reinbek 1974.

–, *Selbstentfaltung durch Meditation. Eine praktische Anleitung*, Reinbek 1976.

Schwanhäußer, Anja, *Stilrevolte Underground. Die Alternativkultur als Agent der Postmoderne*, Berlin o. J. [2002].

Schwarz, Johannes, *Geschichte, Ideologie und Programmatik der Grünen*, München 1999.

Schwarz, Martin, *20 Jahre Zitty. Zum Strukturwandel der Gegenöffentlichkeit anhand eines Stadtmagazins*, Magisterarbeit FU Berlin 1998.

Schwarzer, Alice, *Der »kleine Unterschied« und seine großen Folgen. Frauen über sich. Beginn einer Befreiung*, Frankfurt/M. 1975.

–, *So fing es an! 10 Jahre Frauenbewegung*, Köln 1981.

–, *Alice im Wunderland. Eine Zwischenbilanz*, Köln 2002.

Schwarzmeier, Jan, *Die Autonomen zwischen Subkultur und sozialer Bewegung*, Norderstedt [1999].

Schwartz, Michael, »Abtreibung und Wertewandel im doppelten Deutschland: Individualisierung und Strafrechtsreformen in der DDR und in der Bundesrepublik in den sechziger und siebziger Jahren«, in: Raithel, Thomas u. a. (Hg.), *Auf dem Weg in eine neue Moderne? Die Bundesrepublik Deutschland in den siebziger und achtziger Jahren*, München 2009, S. 113-128.

Schweitzer, Rosemarie von, »Die Wohngruppe als Alternative zur Lebensform der Kleinfamilie«, in: *Hauswirtschaft und Wissenschaft* 20, 6 (1972), S. 270-275.

Schwendter, Rolf, *Theorie der Subkultur*, Köln, Berlin 1971.

–, »Welche Überlebenschancen hat die Alternativbewegung?«, in: *Bertelsmann Briefe* 111/112 (1983), S. 46-53.

– (Hg.), *Die Mühen der Berge. Grundlegungen zur alternativen Ökonomie*, Teil 1, München 1986.

– (Hg.), *Die Mühen der Ebenen. Grundlegungen zur alternativen Ökonomie*, Teil 2, München 1986.

Schwinn, Florian, »Wohngruppe Nummer Vier. Wie ehemalige ›Fürsorgekinder‹ ihr Leben selbst organisieren«, in: Schülein, Johann A. (Hg.), »… vor uns die Mühen der Ebenen«. Alltagsprobleme und Perspektiven von *Wohngemeinschaften*, Gießen 1980, S. 133-144.

Sedlmaier, Alexander, »Konsumkritik und politische Gewalt in der linksalternativen Szene der siebziger Jahre«, in: Sven Reichardt, Detlef Siegfried (Hg.), *Das Alternative Milieu. Antibürgerlicher Lebensstil und linke Politik in der Bundesrepublik Deutschland und Europa 1968-1983*, Göttingen 2010, S. 185-205.

Seibold, Carsten (Hg.), *Die 68er. Das Fest der Rebellion*, München 1988.

Seidel, Wolfgang (Hg.), *Scherben. Musik, Politik und Wirkung der Ton Steine Scherben*, Mainz 2005.

Seifert, Monika, »Kinderschule Frankfurt, Eschersheimer Landstrasse«, in: *vorgänge* 9, 5 (1970), S. 158-162.

–, »Kann die Kinderladenbewegung einen allgemeingültigen Beitrag zur Frage von Möglichkeiten kindlicher Autonomie leisten?«, in: dies., Herbert Nagel (Hg.), *Nicht für die Schule leben. Freie Schule Frankfurt. Ein alternativer Schulversuch*, Frankfurt/M. 1977, S. 29-41.

–, »Diese Wiederholungen zu durchbrechen, individuell und politisch, dazu muß eine Veränderung in der Situation von Kindern kommen«, in: Heinemann, Karl-Heinz, Jaitner, Thomas (Hg.), *Ein langer Marsch – 68 und die Folgen*, Köln 1993, S. 72-82.

–, Nagel, Herbert (Hg.), *Nicht für die Schule leben. Freie Schule Frankfurt. Ein alternativer Schulversuch*, Frankfurt/M. 1977.

Seifert, Stefan, *Lotta Armata. Bewaffneter Kampf in Italien. Die Geschichte der Roten Brigaden*, Berlin 1991.

Seipel, Huber, »Offene Feindschaften. Über die Jugendrebellion in Hannover, Bremen, Göttingen«, in: Haller, Michael (Hg.), *Aussteigen oder rebellieren. Jugendliche gegen Staat und Gesellschaft*, Hamburg 1981, S. 71-84.

Seitz, Norbert, »Als Papiertiger des Zeitgeistes gestrandet. Nachruf auf den Pflasterstrand«, in: *Die neue Gesellschaft / Frankfurter Hefte* 37 (1990), S. 875-877.

Selbsthilfe Netzwerk Hannover (Hg.), *Das Buch für Hannover vom Netzwerk*, Hannover [1982].

Semmelroth, Felix, »Wozu diese dummen Fragen, Genossen?«, in: *Kursbuch* 55 (1979), S. 97-107.

Sennett, Richard, *Verfall und Ende des öffentlichen Lebens. Die Tyrannei der Intimität*, Frankfurt/M. 1994.

Shapiro, Harry, *Sky High. Drogenkultur im Musikbusiness im 20. Jahrhundert*, Andrä-Wördern 1995.

Sheehan, Rebecca J., »Liberation and Redemption in 1970s Rock Music«, in: Ferguson, Niall u. a. (Hg.), *The Shock of the Global. The 1970s in Perspective*, London 2010, S. 294-305.

Shell Deutschland (Hg.), *50 Jahre Shell Jugendstudie – 100 Jahre Shell Deutschland. Von Fräuleinwundern bis zu neuen Machern*, München 2002.

Sichtermann, Kai u. a., *Keine Macht für Niemand. Die Geschichte der Ton Steine Scherben*, Berlin 2000.

Siebert, Horst, *Sinkende Ölpreise und die Weltwirtschaft*, Konstanz 1986.

Siedler, Joachim, *»Holocaust« – Die Fernsehserie in der deutschen Presse*, Münster 1984.

Siegfried, Detlef, »Stalin und Elvis. Antikommunismus zwischen Erfahrung, Ideologie und Eigensinn«, in: *Sozialwissenschaftliche Informationen* 28, 1 (1999), S. 27-35.

–, »Draht zum Westen. Populäre Jugendkultur in den Medien 1963 bis 1971«, in: Estermann, Monika, Lersch, Edgar (Hg.), *Buch, Buchhandel und Rundfunk. 1968 und die Folgen*, Wiesbaden 2003, S. 83-109.

–, »›Trau keinem über 30‹? Konsens und Konflikt der Generationen in der Bundesrepublik der langen sechziger Jahre«, in: *APuZ* B 45 (2003), S. 25-32.

–, »›Einstürzende Neubauten‹. Wohngemeinschaften, Jugendzentren und private Präferenzen kommunistischer ›Kader‹ als Formen jugendlicher Subkultur«, in: *AfS* 44 (2004), S. 39-66.

–, »'Turn On, Tune In, Drop Out'. Gegenkultur und Massenkultur in der westdeutschen Konsumgesellschaft der 60er Jahre«, in: *Deutschland Archiv* 38 (2005), S. 64-70.

–, *Time is on my side. Konsum und Politik in der westdeutschen Jugendkultur der 60er Jahre*, Göttingen 2006.

–, »Die Rückkehr des Subjekts. Gesellschaftlicher Wandel und neue Geschichtsbewegung um 1980«, in: Hartung, Olaf, Köhr, Katja (Hg.), *Geschichte und Geschichtsvermittlung. Festschrift für Karl Heinrich Pohl*, Bielefeld 2008, S. 125-146.

–, »Music and Protest in 1960s Europe«, in: Scharloth, Joachim, Klimke, Martin (Hg.), *1968 in Europe. A History of Protest and Activism, 1956-1977*, New York, London 2008, S. 57-70.

–, *Sound der Revolte. Studien zur Kulturrevolution um 1968*, Weinheim, München 2008.

–, »White Negroes: The Fascination of the Authentic in the West German Counterculture of the 1960s«, in: Davis, Belinda u. a. (Hg.), *Changing the World, Changing the Self. Political Protest and Collective Identities in West Germany and the U. S. in the 1960s and 1970s*, New York 2010, S. 191-213.

Siepmann, Eckhard, »Genital versus Prägenital. Die Großväter der sexuellen Revolution«, in: ders. u. a. (Hg.), *CheSchahShit. Die sechziger Jahre zwischen Cocktail und Molotow. Ein Bilder-Lese-Buch*, Reinbek 1988, S. 148-150.

–, »Unergründliches Obdach für Reisende«, in: ders. u. a. (Hg.), *CheSchahShit. Die sechziger Jahre zwischen Cocktail und Molotow. Ein Bilder-Lese-Buch*, Reinbek 1988, S. 316-320.

–, u. a. (Hg.), *CheSchahShit. Die sechziger Jahre zwischen Cocktail und Molotow. Ein Bilder-Lese-Buch*, Reinbek 1988.

– (Hg.), *Heiß und kalt. Die Jahre 1945-69*, Berlin 1986.

Sigmund, Annemarie u. a., »Der Aufbau einer Außenwohngruppe. Probleme und Lösungsansätze«, in: *Sozialpädagogik* 6 (1978), S. 305-311.

Sigmund, Monika, *Zu Bunt. Wandbilder in der Hafenstraße*, Hamburg 1996.

Sigusch, Volkmar, *Geschichte der Sexualwissenschaft*, Frankfurt/M., New York 2008.

Sigusch, Volkmar, Schmidt, Gunter, *Jugendsexualität. Dokumentation einer Untersuchung*, Stuttgart 1973.

–, »Veränderungen in den Sechziger Jahren (BRD)«, in: Schmidt, Gunter (Hg.), *Jugendsexualität*, Stuttgart 1993, S. 12-26.

Silies, Eva-Maria, »Ein, zwei, viele Bewegungen? Die Diversität der Neuen Frauenbewegung in den 1970er Jahren der Bundesrepublik«, in: Baumann, Cordia u. a. (Hg.), *Linksalternative Milieus und Neue Soziale Bewegungen in den 1970er Jahren*, Heidelberg 2011, S. 87-106.

SINUS GmbH Heidelberg, *SINUS Lebensweltforschung – ein kreatives Konzept*, Heidelberg o. J. [1982].

SINUS-Institut, *Die verunsicherte Generation. Jugend und Wertewandel. Materialband 1 zur Sinus-Studie*, Stuttgart u. a. 1985.

SINUS-Institut im Auftrag des Bundesministeriums für Jugend, Familie und Gesundheit, *Die verunsicherte Generation. Jugend und Wertewandel*, Opladen 1983.

Sippel, Hanns-Jörg, *Ratgeber für Initiativen und Projekte. Ein Wegweiser durch das Bücherlabyrinth*, Bonn ²1991.

Situationistische Internationale, *Über das Elend im Studentenmilieu – betrachtet unter seinen ökonomischen, politischen, sexuellen und besonders intellektuellen Aspekten und über einige Mittel, diesem abzuhelfen*, Hamburg 1977.

Slembek, Edith, Geißner, Hellmut (Hg.), *Feedback. Das Selbstbild im Spiegel der Fremdbilder*, St. Ingbert ²2001.

Sommer, Andreas U., »Coolness. Zur Geschichte der Distanz«, in: *Zeitschrift für Ideengeschichte* 1 (2007), S. 30-44.

Sommer, Karl A., *Lieben und lieben lassen. Sexualfreud und -leid an deutschen Universitäten*, Frankfurt/M. 1966.

Sonnenberg, Uwe, »Der Verband des linken Buchhandels (VLB) in den 1970er Jahren: Ein Netzwerk innerhalb der Netzwerke«, in: Baumann, Cordia u. a. (Hg.), *Linksalternative Milieus und Neue Soziale Bewegungen in den 1970er Jahren*, Heidelberg 2011, S. 161-188.

Sonner, Franz-Maria (Hg.), *Werktätiger sucht üppige Partnerin. Die Szene der 70er Jahre in ihren Kleinanzeigen*, München 2005.

Sösemann, Bernd, »Die 68er Bewegung und die Massenmedien«, in: Wilke, Jürgen (Hg.), *Mediengeschichte der Bundesrepublik Deutschland*, Köln, Weimar u. a. 1999, S. 672-697.

Sosna, Jürgen, »Netzwerk-Selbsthilfe. Eine Idee koordinierender Projektarbeit verändert sich«, in: Roth, Roland, Rucht, Dieter (Hg.), *Neue soziale Bewegungen in der Bundesrepublik Deutschland*, Bonn ²1991, S. 298-318.

Sozialistisches Patientenkollektiv [SPK], *Dokumentation*, Teil 1, hg. von der Basisgruppe Medizin Gießen, Gießen 1971.

–, *Kleinkrieg gegen Patienten. Dokumentation*, Heidelberg 1972.

–, »Zur Dialektik von Krankheit und Revolution«, in: Gente, Hans-Peter (Hg.), *Marxismus, Psychoanalyse, Sexpol 2. Aktuelle Diskussion*, Frankfurt/M. o. J. [1972], S. 311-341.

–, *Aus der Krankheit eine Waffe machen*, Heidelberg ⁶1995.

Spazier, Dieter, Bopp, Jörg, *Grenzübergänge. Psychotherapie als kollektive Praxis*, Frankfurt/M. 1975.

Spengler, Tilman, »Der Bauch der Avantgarde – Über den aufrechten Niedergang der Theorie«, in: *Kursbuch* 65 (1981), S. 179-188.

Spiegel, Erika, *Neue Haushaltstypen. Entstehungsbedingungen, Lebenssituation, Wohn- und Standortverhältnisse*, Frankfurt/M. 1986.

Spindler, Wolfgang, »»Rock me!‹. Diskotheken, Buden, Läden«, in: *Kursbuch* 54 (1978), S. 1-12.

Spoo, Eckart, Butterschön, Rainer (Hg.), *Der Mensch und der Plan. Eine Jahrhundertbilanz des Kommunismus*, Hamburg 2000.

Staadt, Jochen, »Der Versuch, sich an der Glatze aus dem Sumpf zu ziehen. Die K-Gruppen«, in: Dietz, Gabriele u. a. (Hg.), *wild + zahm. Die siebziger Jahre*, Berlin 1997, S. 74-76.

Stadtland, Helke, Mittag, Jürgen (Hg.), *Theoretische Ansätze und Konzepte in der Forschung über soziale Bewegungen in der Geschichtswissenschaft*, Essen 2011.

Stamer, Sabine, *Cohn-Bendit. Die Biographie*, Hamburg, Wien 2001.

Stamm, Karl-Heinz, *Alternative Öffentlichkeit. Die Erfahrungsproduktion neuer sozialer Bewegungen*, Frankfurt/M., New York 1988.

Starzinger, Annelie, *Kommunikationsraum Szenekneipe. Annäherungen an ein Produkt der Erlebnisgesellschaft*, Wiesbaden 2000.

Staupe, Gisela, Vieth, Lisa, *Die Pille. Von der Lust und von der Liebe*, Berlin 1996.

Stauth, Georg, *Authentizität und kulturelle Globalisierung. Paradoxien kulturübergreifender Gesellschaft*, Bielefeld 1999.

Stearn, Jess, *Drogen, Rausch, Revolte*, Genf 1970.

Stearns, Peter, *American Cool. Constructing a Twentieth-century Emotional Style*, New York, London 1994.

Steckel, Ronald, *Bewußtseinserweiternde Drogen. Eine Aufforderung zur Diskussion*, Berlin 1969.

Stefan, Verena, *Häutungen. Autobiografische Aufzeichnungen, Gedichte, Träume, Analysen*, Berlin 1975.

Steffen, Michael, *Geschichten vom Trüffelschwein. Politik und Organisation des Kommunistischen Bundes 1971-1991*, Berlin 2002.

Stehen, Margret, »Das ›Café Marx‹ und ein ›Fünf-Finger-Plan‹. Das Westend«, in: Jürgen Engelhardt (Hg.), *Frankfurt zu Fuß. 20 Rundgänge durch Geschichte und Gegenwart*, Hamburg 1987, S. 171-183.

Steinacker, Sven, »»… daß die Arbeitsbedingungen im Interesse aller verändert werden müssen!!!‹ Alternative Pädagogik und linke Politik in der Sozialen Arbeit der sechziger und siebziger Jahre«, in: Reichardt, Sven, Siegfried, Detlef (Hg.), *Das Alternative Milieu. Antibürgerlicher Lebensstil und linke Politik in der Bundesrepublik Deutschland und Europa 1968-1983*, Göttingen 2010, S. 353-372.

Stemmler, Klaus, »tip. Deutschlands größte Stadtzeitschrift«, in: Günter Bentele, Otfried Jarren (Hg.), *Medienstadt Berlin*, Berlin 1988, S. 211-213.

Steinbacher, Sybille, *Wie der Sex nach Deutschland kam. Der Kampf um Sittlichkeit und Anstand in der frühen Bundesrepublik*, München 2011.

Steinweg, Reiner (Hg.), *Die neue Friedensbewegung*, Frankfurt/M. 1982.

Stenger, Horst, *Die soziale Konstruktion okkulter Wirklichkeit. Eine Soziologie des »New Age«*, Opladen 1993.

Stephan, Cora, »Mit Ironie, ohne Umschuld. ›Legalize history‹«, in: Bucher, Willi, Pohl, Klaus (Hg.), *Schock und Schöpfung. Jugendästhetik im 20. Jahrhundert*, Darmstadt, Neuwied 1986, S. 184-188.

–, *Der Betroffenheitskult. Eine politische Sittengeschichte*, Hamburg 1994.

Stephens, Robert P., *Germans on Drugs. The Complications of Modernization in Hamburg*, Ann Arbor 2007.

Stevens, Jay, *Storming Heaven. LSD and the American Dream*, London 1989.

Stibler, Linda, »En heisse Summer – subito! Die Jugendunruhe in der Schweiz«, in: Müller-Münch, Ingrid u. a., *Besetzung – weil das Wünschen nicht geholfen hat. Köln, Freiburg, Gorleben, Zürich und Berlin*, Reinbek 1981, S. 178-219.

Stich, Jutta, »Herd, Acker, Fabrik – Wie sich die Erwerbsstruktur von Frauen und die Lebensform gewandelt haben«, in: Deutsches Jugendinstitut (Hg.), *Wie geht's der Familie? Ein Handbuch zur Situation der Familien heute*, München 1988, S. 35-46.

Stiftung für die Rechte zukünftiger Generationen (Hg.), *Die 68er – Warum wir Jungen sie nicht mehr brauchen*, Freiburg 1998.

Stinchcombe, Arthur, »Milieu and Structure Updated: A Critique of the Theory of Structuration«, in: Clark, Jon u. a. (Hg.), *Anthony Giddens. Consensus and Controversy*, London, New York u. a. 1990, S. 47-56.

Stoeckl, Peter, *Kommune und Ritual. Das Scheitern einer utopischen Gemeinschaft*, Frankfurt/M. 1994.

Stone, C. J., *The Last of the Hippies*, London 1999.

Stöver, Bernd, *Die Bundesrepublik Deutschland*, Darmstadt 2002.

Stracke, Ernst, *Stadtzerstörung und Stadtteilkampf in Frankfurt am Main*, Köln 1980.

Straßner, Alexander, *Die dritte Generation der Roten Armee Fraktion. Entstehung, Struktur, Funktionslogik und Zerfall einer terroristischen Organisation*, Wiesbaden 2003.

Strogies, Lothar, *Die Außerparlamentarische Opposition in Nürnberg und Erlangen*, Erlangen 1996.

Stubenrauch, Herbert, »»Scheiße, irgendwie blick ich da halt nicht mehr durch‹. Eine philologische Miniatur über die Sprache der Sponti-Linken«, in: *päd.-extra* 3 (15.03.1978), S. 44-47.

Süß, Dietmar, »Die Enkel auf den Barrikaden. Jungsozialisten in der SPD in den Siebzigerjahren«, in: *AfS* 44 (2004), S. 67-104.

Sutter, Barbara, »»Selbstveränderung und Sozialveränderung‹. Von der Selbsthilfegruppe und ihren Verheißungen zum Bürgerschaftlichen Engagement und seinen Zumutungen« in: Maasen, Sabine u. a. (Hg.),

*Das beratene Selbst. Zur Genealogie der Therapeutisierung in den »langen«
Siebzigern*, Bielefeld 2011, S. 293-312.

Suttner, Andreas, *»Beton brennt«. Hausbesetzer und Selbstverwaltung im Berlin, Wien und Zürich der 8oer*, Wien, Berlin 2011.

Svoboda, Wilhelm, *Sandkastenspiele. Die Geschichte linker Radikalität in den 7oer Jahren*, Wien 1998.

Syberberg, Hans J., *Der verlorene Auftrag. Ein Essay*, Wien 1994.

Tändler, Maik, »»Psychoboom‹. Therapeutisierungsprozesse in Westdeutschland in den späten 1960er und 1970er Jahren« in: Maasen, Sabine u. a. (Hg.), *Das beratene Selbst. Zur Genealogie der Therapeutisierung in den »langen« Siebzigern*, Bielefeld 2011, S. 59-94.

–, »Therapeutische Vergemeinschaftung. Demokratisierung, Emanzipation und Emotionalisierung in der ›Gruppe‹, 1963-1976«, in: Tändler, Maik, Jensen, Uffa (Hg.), *Das Selbst zwischen Anpassung und Befreiung. Psychowissen und Politik im 20. Jahrhundert*, Göttingen 2012, S. 141-167.

–, Jensen, Uffa, »Psychowissen, Politik und das Selbst. Eine neue Forschungsperspektive auf die Geschichte des Politischen im 20. Jahrhundert«, in: dies. (Hg.), *Das Selbst zwischen Anpassung und Befreiung. Psychowissen und Politik im 20. Jahrhundert*, Göttingen 2012, S. 9-35.

–, (Hg.), *Das Selbst zwischen Anpassung und Befreiung. Psychowissen und Politik im 20. Jahrhundert*, Göttingen 2012.

Tanner, Jakob, »Drogen und Drogenprohibition – historische und zeitgenössische Erfahrungen«, in: Renngli, René, ders., *Das Drogenproblem. Geschichte, Erfahrungen, Therapiekonzepte*, Heidelberg 1994, S. 21-122.

–, »Körpererfahrung, Schmerz und die Konstruktion des Kulturellen«, in: *Historische Anthropologie* 2 (1994), S. 489-502.

–, »»The Times They Are A-Changin‹. Zur subkulturellen Dynamik der 68er Bewegungen«, in: Gilcher-Holtey, Ingrid (Hg.), *1968 – Vom Ereignis zum Gegenstand der Geschichtswissenschaft*, Göttingen 1998, S. 207-223.

–, »Cannabis und Opium«, in: Hengartner, Thomas, Merki, Christoph M. (Hg.), *Genussmittel. Eine Kulturgeschichte*, Frankfurt/M., Leipzig 1999, S. 221-258.

Tauber, Walter, »Der vergoldete Kuhfuß. Über die Kraaker-Bewegung in Amsterdam«, in: Haller, Michael (Hg.), *Aussteigen oder rebellieren. Jugendliche gegen Staat und Gesellschaft*, Hamburg 1981, S. 114-134.

Taylor, Charles, *The Ethics of Authenticity*, Cambridge 1992.

–, *Ein säkulares Zeitalter*, Frankfurt/M. 2009.

Teichert, Volker (Hg.), *Alternativen zur Erwerbsarbeit? Entwicklungstendenzen informeller und alternativer Ökonomie*, Opladen 1988.

Teipel, Jürgen, *Verschwende deine Jugend. Ein Doku-Roman über den deutschen Punk und New Wave*, Frankfurt/M. 2001.

Teller, Doris u.a. (Hg.), *Christiania. Materialien zur Christiania-Debatte. Argumente zur Erhaltung eines befreiten Stadtviertels im Zentrum von Kopenhagen*, Werdorf 1978.

Tenbruck, Friedrich H., »Alltagsnormen und Lebensgefühle in der Bundesrepublik«, in: Löwenthal, Richard, Schwarz, Hans-Peter (Hg.), *Die zweite Republik. 25 Jahre Bundesrepublik Deutschland – eine Bilanz*, Stuttgart 1974, S. 289-310.

Tenfelde, Klaus, »Historische Milieus – Erblichkeit und Konkurrenz«, in: Hettling, Manfred, Nolte, Paul (Hg.), *Nation und Gesellschaft in Deutschland. Historische Essays*, München 1996, S. 247-268.

Teppe, Karl (Hg.), *Der gesellschaftliche Ort der »68er«-Bewegung*, Münster 1998.

Terkessidis, Mark, *Kulturkampf. Volk, Nation, der Westen und die Neue Rechte*, Köln 1995.

Teufel, Fritz, Jarowoy, Robert, *Märchen aus der Spaßgerilja*, Hamburg, Bremen 1980.

–, *Aus Teufels Küche*, Berlin 1988.

Teune, Simon, »Humor as a Guerrilla Tactic. The West German Student Movement's Mockery of the Establishment«, in: *International Review of Social History* 52 (2007), S. 115-132.

Thamm, Berndt G., Schmetz, Walter, *Drogenkonsumenten im Untergrund. Drogengefährdete und -abhängige Jugendliche in ihren subkulturellen Umfeldern der Drogenszene im Untergrund West-Berlins*, Berlin 1973.

Theorie und Praxis der antiautoritären Erziehung. Das Beispiel Summerhill, Reinbek 1969.

Theurer, Johannes, »Leben und Arbeiten in der Ufa-Fabrik«, in: Müller-Münch, Ingrid u.a., *Besetzung – weil das Wünschen nicht geholfen hat. Köln, Freiburg, Gorleben, Zürich und Berlin*, Reinbek 1981, S. 126-141.

Theus, Balz, »Spiel mit dem Feuer. Ein Jahr Jugendbewegung in Zürich«, in: Haller, Michael (Hg.), *Aussteigen oder rebellieren. Jugendliche gegen Staat und Gesellschaft*, Hamburg 1981, S. 49-70.

Theweleit, Klaus, »Alles muß man so machen, daß jeder, der es sieht, ausrufen kann, das kann ich auch«, in: *Die Republik* 18-26 (30.04.1978), S. 464-603.

–, *Männerphantasien*, Bd. 1, *Frauen, Fluten, Körper, Geschichte*, Reinbek 1990.

–, *Männerphantasien*, Bd. 2, *Männerkörper – zur Psychoanalyse des weißen Terrors*, Reinbek 1990.

–, *Ghosts*, Frankfurt/M. 1998.

Thieme, Sandra, *Perspektiven ökologisch-nachhaltiger Entwicklung. Zur Aktualität utopischen Denkens*, Schkeuditz 2004.

Thimme, Ulrich, *Eine Bombe für die RAF*, München 2004.

Thomas, Nick, *Protest Movements in 1960s West Germany. A Social History of Dissent and Democracy*, New York 2003.

Thome, Helmut, »Wandel zu postmaterialistischen Werten? Theoretische und empirische Einwände gegen Ingleharts Theorie-Versuch«, in: *Soziale Welt* 36 (1985), S. 27-59.

–, *Wertewandel in der Politik? Eine Auseinandersetzung mit Ingelharts Thesen zum Postmaterialismus*, Berlin 1985.

Thürmer-Rohr, Christina, »Die Courage war Sprachrohr der Frauenbewegung«, in: Notz, Gisela (Hg.), *Als die Frauenbewegung noch Courage hatte. Die »Berliner Frauenzeitung Courage« und die autonomen Frauenbewegungen der 1970er und 1980er Jahre. Dokumentation einer Veranstaltung am 17. Juni 2006 in der Friedrich-Ebert-Stiftung, Berlin*, Bonn 2007, S. 57-61.

Tilmann, Ernst, »›Holocaust‹ in der Bundesrepublik: Impulse, Reaktionen und Konsequenzen der Fernsehserie aus der Sicht politischer Bildung«, in: *Rundfunk und Fernsehen* 28 (1980), S. 509-533.

Timm, Uwe, *Der Freund und der Fremde. Eine Erzählung*, Köln 2005.

Tolmein, Oliver, Winkel, Detlev zum, *tazsachen. Krallen zeigen – Pfötchen geben*, Hamburg 1989.

Tolomelli, Marica, *»Repressiv getrennt« oder »organisch verbindet«. Studenten und Arbeiter 1968 in der Bundesrepublik Deutschland und Italien*, Opladen 2001.

Tomayer, Horst u. a., »Nicht angetörnt. Über Potskommune, Linkeck und ihre Zeitungen«, in: Sander, Hartmut, Christians, Ulrich (Hg.), *Subkultur Berlin. Selbstdarstellung, Text-, Ton-Bilddokumente. Esoterik der Kommunen, Rocker, subversiven Gruppen*, Darmstadt 1969, S. 66-73.

Tomlinson, John, *Cultural Imperialism. A Critical Introduction*, Baltimore 1991.

Ton, Steine, Scherben: Guten Morgen, o. O. o. J.

Töteberg, Michael, *Rainer Werner Fassbinder*, Hamburg 2002.

Touraine, Alain u. a., *Die natinukleare Prophetie. Zukunftsentwürfe einer sozialen Bewegung*, Frankfurt/M., New York 1982.

Tränkle, Margret, »Von Kommune und WG«, in: Bucher, Willi, Pohl, Klaus (Hg.), *Schock und Schöpfung. Jugendästhetik im 20. Jahrhundert*, Darmstadt, Neuwied u. a. 1986, S. 201-208.

–, »Neue Wohnhorizonte. Wohnalltag und Haushalt seit 1945 in der Bundesrepublik«, in: Flagge, Ingeborg (Hg.), *Geschichte des Wohnens*, Bd. 5, Stuttgart 1999, S. 687-806.

Trankovitz, Laszlo, *Alternative Szene – Gesellschaft in der Gesellschaft*, 3 Teile, Hamburg 1981.

Trepl, Ludwig, »Ökologie – eine grüne Leitwissenschaft? Über die Grenzen und Perspektiven einer modischen Disziplin«, in: *Kursbuch* 74 (1983), S. 6-27.

Trilling, Lionel, *Das Ende der Aufrichtigkeit*, München, Wien 1980.

Troeltsch, Ernst, *Die Soziallehren der christlichen Kirchen und Gruppen*, Aalen ²1965.

Trömel-Plötz, Senta, *Frauensprache – Sprache der Veränderung*, Frankfurt/M. 1982.

Trotha, Trutz von, »Zum Wandel der Familie«, in: *KZSS* 42 (1990), S. 452-473.

–, »Die bürgerliche Familie ist tot. Vom Wert der Familie und Wandel der gesellschaftlichen Normen«, in: Rödder, Andreas, Elz, Wolfgang (Hg.), *Alte Werte – Neue Werte. Schlaglichter des Wertewandels*, Göttingen 2008, S. 78-96.

Trumann, Andrea, *Feministische Theorie. Frauenbewegung und weibliche Subjektbildung im Spätkapitalismus*, Stuttgart 2002.

Türschmann, Jörg, »Am Strand von TUNIX. Körperdiskurse, Pazifismus und Natursehnsucht in der Ökobewegung«, in: Faulstich, Werner (Hg.), *Die Kultur der 70er Jahre*, München 2004, S. 37-48.

Uekötter, Frank, *Am Ende der Gewissheiten. Die ökologische Frage im 21. Jahrhundert*, Frankfurt/M., New York 2011.

Uessler, Rolf, *Die 68er – »Macht kaputt, was euch kaputt macht!« APO, Marx und freie Liebe*, München 1998.

Uhle, Reinhard, »Pädagogik der siebziger Jahre – zwischen wissenschaftsorientierter Bildung und repressionsarmer Erziehung«, in: Faulstich, Werner (Hg.), *Die Kultur der siebziger Jahre*, München 2004, S. 49-63.

Uitermark, Justus, »Framing Urban Injustices. The Case of the Amsterdam Squatter Movement«, in: *Space & Polity* 8 (2004), S. 227-244.

Ungers, Liselotte und O. M., *Kommunen in der Neuen Welt 1740-1971*, Köln 1972.

van den Berghe, Yvan, *Der Kalte Krieg 1917-1991*, Leipzig 2002.

van Hüllen, Rudolf, *Ideologie und Machtkampf bei den Grünen. Untersuchung zur programmatischen und innerorganisatorischen Entwicklung einer deutschen»Bewegungspartei«*, Bonn 1990.

van Tijen, Tjebbe, *Against the Current. Catalogue on Alternative, Independent and Radical Information Carriers*, Amsterdam 1989.

Varon, Jeremy, *Bringing the War Home. The Weather Underground, The Red Army Faction, and the Revolutionary Violence in the Sixties and Seventies*, Berkeley 2004.

Vaskovics, Laszlo, »Subkulturen und Subkulturkonzepte«, in: *Forschungsjournal Neue Soziale Bewegungen* 8, 2 (1995), S. 11-23.

Vedder, Ulrike, Reulecke, Kathrin, »Von der Apfel-Blitz-Diät zu Mamas Pfirsichen. Frauenzeitschriften in den siebziger Jahren«, in: *wild + zahm. Die siebziger Jahre*, Berlin 1997, S. 237-243.

Veen, Hans-Joachim, »Die Grünen als Milieupartei«, in: Maier, Hans u. a. (Hg.), *Politik, Philosophie, Praxis. Festschrift für Wilhelm Hennis*, Stuttgart 1988, S. 454-476.

–, Hoffmann, Jürgen, *Die Grünen zu Beginn der neunziger Jahre. Profil und Defizite einer fast etablierten Partei*, Bonn 1992.

Veineigem, Raoul, »Détournement«, in: *Nilpferd des höllischen Urwalds – Spuren in eine unbekannte Stadt – Situationisten Gruppe SPUR Kommune I. Ein Ausstellungsgeflecht des Werkbundarchivs Berlin zwischen Kreuzberg und Scheunenviertel* (November 1991), S. 78-80.

Verheyen, Nina, *Diskutieren in der frühen Bundesrepublik. Zur Kulturgeschichte des »besseren Arguments« zwischen Re-education und Studentenbewegung*, Berlin 2003 (WZB Discussion Paper SP IV 2003-504).

–, »Diskussionsfieber. Diskutieren als kommunikative Praxis in der westdeutschen Studentenbewegung«, in: Klimke, Martin, Scharloth, Joachim (Hg.), *1968. Handbuch zur Kultur- und Mediengeschichte der Studentenbewegung*, Stuttgart, Weimar 2007, S. 209-221.

–, *Diskussionslust. Eine Kulturgeschichte des »besseren Arguments« in Westdeutschland*, Göttingen 2010.

Vester, Michael, »Von neuen Plebejern, Emanzipation und Massenstreiks. Thesen zur Klassen- und Schichtenstruktur und zu den Entwicklungsperspektiven der neuen sozialen Bewegungen«, in: *Frankfurter Rundschau* 78 (05. 04. 1983), S. 14/15.

–, »Weder materialistisch noch idealistisch. Für eine praxeologische Bewegungsanalyse«, in: *Forschungsjournal Neue Soziale Bewegungen* 20, 1 (2007), S. 22-33.

–, »Alternativbewegungen und neue soziale Milieus. Ihre soziale Zusammensetzung und ihr Zusammenhang mit dem Wandel der Sozialstruktur«, in: Reichardt, Sven, Siegfried, Detlef (Hg.), *Das Alternative Milieu. Antibürgerlicher Lebensstil und linke Politik in der Bundesrepublik Deutschland und Europa 1968-1983*, Göttingen 2010, S. 27-60.

–, u. a., *Soziale Milieus im gesellschaftlichen Wandel. Zwischen Integration und Ausgrenzung*, Köln 1993.

–, u. a., *Soziale Milieus im gesellschaftlichen Strukturwandel. Zwischen Integration und Ausgrenzung*, Frankfurt/M. 2001.

Viénet, René, *Wütende und Situationisten in der Bewegung der Besetzungen*, Hamburg 1980.

Viett, Inge, *Nie war ich furchtloser. Autobiographie*, Hamburg 2000.

Vobruba, Georg, *Jenseits der sozialen Fragen. Modernisierung und Transformation von Gesellschaftssystemen*, Frankfurt/M. 1991.

Vogel, Angelika, »Familie«, in: Benz, Wolfgang (Hg.), *Die Bundesrepublik Deutschland*, Bd. 2, *Gesellschaft*, Frankfurt/M. 1983, S. 98-126.

–, »Frauen und Frauenbewegung«, in: Benz, Wolfgang (Hg.), *Die Bundesrepublik Deutschland*, Bd. 2, *Gesellschaft*, Frankfurt/M. 1983, S. 68-97.

Vogel, Meike, »Außerparlamentarisch oder antiparlamentarisch?‹ Mediale Deutungen und Benennungskämpfe um die APO«, in: Frevert, Ute, Haupt, Heinz-Gerhard (Hg.), *Neue Politikgeschichte. Perspektiven der historischen Politikforschung*, Frankfurt/M. 2005, S. 140-165.

—, *Unruhe im Fernsehen. Protestbewegung und öffentlich-rechtliche Berichterstattung in den 1960er Jahren*, Göttingen 2010.

Vollmar, Klaus-Bernd, *Landkommunen in Nordamerika*, Berlin 1975.

—, *Alternative Selbstorganisation auf dem Lande*, Berlin 1976.

Volmer, Ludger, *Die Grünen. Von der Protestbewegung zur etablierten Partei. Eine Bilanz*, München 2009.

Volpers, Helmut, *Alternative Kleinverlage in der Bundesrepublik Deutschland. Geschichte, Struktur, Programmangebot, Produktions- und Distributionsbedingungen*, Göttingen 1986.

Voß, Elisabeth, »Wege, Umwege, Irrwege. Ein Versuch über die Sehnsucht«, in: Kollektiv KommuneBuch (Hg.), *Das KommuneBuch. Alltag zwischen Widerstand, Anpassung und gelebter Utopie*, Göttingen 1996, S. 69-98.

—, »Was ist eine Kommune?«, in: Kollektiv KommuneBuch (Hg.), *Das KommuneBuch. Alltag zwischen Widerstand, Anpassung und gelebter Utopie*, Göttingen 1996, S. 17-26.

Voss, Henner, *Vor der Reise. Erinnerungen an Bernward Vesper*, Hamburg 2005.

Voss, Reinhard, *Kinder in Wohngemeinschaften*, Bonn 1983.

Waberer, Keto von, »Schöne Sachen«, in: *Kursbuch* 79 (1985), S. 22-26.

Wack, Simone, *Die Branchenstruktur der Markt- und Meinungsforschung in der Bundesrepublik Deutschland von 1986 bis 1996. Eine deskriptive Analyse*, Berlin 1998.

Wagenlehner, Günther (Hg.), *Die Kampagne gegen den NATO-Doppelbeschluß. Eine Bilanz*, Koblenz 1985.

Wagner-Kyora, Georg, »›Das Zweckmäßige ist fast immer auch schön‹ – Stadtplanung, Wohnkultur und Lebensstile in der Bundesrepublik der sechziger Jahre«, in: Frese, Matthias u. a. (Hg.), *Demokratisierung und gesellschaftlicher Aufbruch. Die sechziger Jahre als Wendezeit der Bundesrepublik*, Paderborn, München u. a. 2003, S. 615-645.

Walter, Hans-Jürgen, *Gestalttheorie und Psychotherapie. Ein Beitrag zur theoretischen Begründung der integrativen Anwendung von Gestalt-Therapie, Psychodrama, Gesprächstherapie, Tiefenpsychologie, Verhaltenstherapie und Gruppendynamik*, Darmstadt ²1985.

Warnecke, Tim, »Aktionsformen und Politikverständnis der Friedensbewegung. Radikaler Humanismus und die Pathosformel des Menschlichen«, in: Reichardt, Sven, Siegfried, Detlef (Hg.), *Das Alternative Mi-*

lieu. Antibürgerlicher Lebensstil und linke Politik in der Bundesrepublik Deutschland und Europa 1968-1983, Göttingen 2010, S. 445-472.

Warnke, Götz, *Die grüne Ideologie. Heile-Welt-Mythen, Gesellschaftsutopien und Naturromantik als Ausdruck einer angstbestimmten Politik*, Berlin 1998.

Warnke, Martin, »Zur Situation der Couchecke«, in: Habermas, Jürgen (Hg.), *Stichworte zur »Geistigen Situation der Zeit«*, Bd. 2, Frankfurt/M. 1979, S. 673-687

Wartenberg, Gerd, »Die Gurus der demonstrativen Lebensstil-Suche«, in: *Kursbuch* 55 (1979), S. 125-136.

Wasmuht, Ulrike C., *Friedensbewegungen der 80er Jahre. Zur Analyse ihrer strukturellen und aktuellen Entstehungsbedingungen in der Bundesrepublik Deutschland und den Vereinigten Staaten von Amerika nach 1945. Ein Vergleich*, Gießen 1987.

–, »Von den Friedensbewegungen der 80er Jahre zum Antikriegsprotest von 1991«, in: Roth, Roland, Rucht, Dieter (Hg.), *Neue soziale Bewegungen in der Bundesrepublik Deutschland*, Bonn ²1991, S. 116-137.

Weart, Spencer R., *Nuclear Fear. A History*, Cambridge, Mass., London 1988.

Weber, Jürgen, Steinbach, Peter (Hg.), *Vergangenheitsbewältigung durch Strafverfahren? NS-Prozesse in der Bundesrepublik Deutschland*, München 1984.

Weber, Wolfgang M., *50 Jahre Deutsches Fernsehen*, München 1999.

Wegener, Ulrike, »Über frühkindliche Sexualität und Aggression«, in: *vorgänge* 9, 5 (1970), S. 199/200.

Wehler, Hans-Ulrich, *Deutsche Gesellschaftsgeschichte*, Bd. 5, *Bundesrepublik und DDR 1949-1990*, München 2008.

Weicher, Dieter, »›Holocaust‹ in der Bundesrepublik. Design, Methode und zentrale Ergebnisse der Begleituntersuchung«, in: *Rundfunk und Fernsehen* 28 (1980), S. 488-508.

Weichler, Kurt, *Gegendruck. Lust und Frust der alternativen Presse*, Reinbek 1983.

–, *Die anderen Medien. Theorie und Praxis alternativer Kommunikation*, Berlin 1987.

Weigert, Vivian, »Leben in einer Landkommune – eher so was wie Konsumstreik«, in: Robert Jungk, *Alternatives Leben*, Baden-Baden 1980, S. 74-77.

Weinberger, Marie-Luise, »Von der Müsli-Kultur zur Yuppie-Kultur. Über den Wandel in innerstädtischen Revieren von Ballungsgebieten«, in: *Die Neue Gesellschaft / Frankfurter Hefte* 34, 4 (April 1987), S. 352-358.

Weinhauer, Klaus, »Zwischen Aufbruch und Revolte. Die 68er Bewegung und die Gesellschaft der Bundesrepublik in den sechziger Jahren«, in: *NPL* 46 (2001), S. 412-432.

—, »Terrorismus in der Bundesrepublik der Siebzigerjahre. Aspekte einer Sozial- und Kulturgeschichte der Inneren Sicherheit«, in: *AfS* 44 (2004), S. 219-242.

—, »Der Westberliner ›Underground‹. Kneipen, Drogen und Musik«, in: rotaprint 25 (Hg.), *agit 883. Revolte, Underground in Westberlin 1969-1972*, Hamburg, Berlin 2006, S. 73-83.

—, »The End of Certainties. Drug Consumption and Youth Delinquency in West Germany«, in: Schildt, Axel, Siegfried, Detlef (Hg.), *Between Marx und Coca-Cola. Youth Cultures in Changing European Societies, 1960-1980*, New York, Oxford 2006, S. 376-397.

—, »Zwischen ›Partisanenkampf‹ und ›Kommissar Computer‹: Polizei und Linksterrorismus in der Bundesrepublik bis Anfang der 1980er Jahre«, in: ders. u. a. (Hg.), *Terrorismus in der Bundesrepublik. Medien, Staat und Subkulturen in den 1970er Jahren*, Frankfurt/M., New York 2006, S. 244-270.

—, »Heroinszenen in der Bundesrepublik Deutschland und in Großbritannien der 1970er Jahre. Konsumpraktiken zwischen staatlichen und zivilgesellschaftlichen Einflüssen«, in: Reichardt, Sven, Siegfried, Detlef (Hg.), *Das Alternative Milieu. Antibürgerlicher Lebensstil und linke Politik in der Bundesrepublik Deutschland und Europa 1968-1983*, Göttingen 2010, S. 244-264.

—, u. a. (Hg.), *Terrorismus in der Bundesrepublik. Medien, Staat und Subkulturen in den 1970er Jahren*, Frankfurt/M. 2006.

Weisbrod, Bernd (Hg.), *Von der Währungsreform zum Wirtschaftswunder. Wiederaufbau in Niedersachsen*, Hannover 1998.

– (Hg.), *Akademische Vergangenheitspolitik. Beiträge zur Wissenschaftskultur der Nachkriegszeit*, Göttingen 2002.

– »Öffentlichkeit als politischer Prozeß. Dimensionen der politischen Medialisierung in der Geschichte der Bundesrepublik«, in: ders. (Hg.), *Die Politik der Öffentlichkeit – Die Öffentlichkeit der Politik. Politische Medialisierung in der Geschichte der Bundesrepublik*, Göttingen 2003, S. 11-25.

– (Hg.), *Die Politik der Öffentlichkeit – Die Öffentlichkeit der Politik. Politische Medialisierung in der Geschichte der Bundesrepublik*, Göttingen 2003.

—, »Generation und Generationalität in der Neueren Geschichte«, in: *APuZ* 8 (2005), S. 3-9.

Weisker, Albrecht, »Powered by Emotion? Affektive Aspekte in der westdeutschen Kernenergiegeschichte zwischen Technikvertrauen und Apokalypseangst«, in: Brüggemeier, Franz-Josef, Engels, Jens-Ivo (Hg.), *Natur- und Umweltschutz nach 1945. Konzepte, Konflikte, Kompetenzen*, Frankfurt/M., New York 2005, S. 203-221.

Weiss, Heipe, *Fuchstanz*, Frankfurt/M. 1996.

Weißhaupt, Mark, »Generationale Gattungen – Widerstände der Biographie«, in: Kraft, Andreas, Weißhaupt, Mark (Hg.), *Generationen: Erfahrung – Erzählung – Identität*, Konstanz 2009, S. 271-296.

Weißler, Sabine, »Sexy Sixties«, in: Siepmann, Eckhard u. a. (Hg.), *Che-SchahShit. Die sechziger Jahre zwischen Cocktail und Molotow*, Reinbek 1988, S. 138-147.

–, »Sexy Sixties«, in: Siepmann, Eckhard (Hg.), *Heiß und kalt. Die Jahre 1945-69*, Berlin 1986, S. 550-554.

–, »Unklare Verhältnisse: 1968 und die Mode«, in: Klimke, Martin, Scharloth, Joachim (Hg.), *1968. Handbuch zur Kultur- und Mediengeschichte der Studentenbewegung*, Stuttgart, Weimar 2007, S. 305-310.

Wellmann, Annika, *Beziehungssex. Medien und Beratung im 20. Jahrhundert*, Köln 2011.

Welzer, Harald u. a., *Opa war kein Nazi. Nationalsozialismus und Holocaust im Familiengedächtnis*, Frankfurt/M. 2002.

Wende, Waltraud (Hg.), *Geschichte im Film. Mediale Inszenierungen des Holocaust und kulturelles Gedächtnis*, Stuttgart, Weimar 2002.

Wentker, Hermann, »Der NATO-Doppelbeschluss und die deutsch-deutschen Beziehungen«, in: Becker-Schaum, Christoph u. a. (Hg.), *»Entrüstet Euch!« Nuklearkrise, Nato-Doppelbeschluss und Friedensbewegung*, Paderborn, München u. a. 2012, S. 88-102.

Werder, Lutz von, *Von der antiautoritären zur proletarischen Erziehung. Ein Bericht aus der Praxis*, Frankfurt/M. 1972.

–, »Bedeutung und Entwicklung der Kinderladenbewegung in der Bundesrepublik«, in: ders. (Hg.), *Was kommt nach den Kinderläden? Ergebnis-Protokolle*, Berlin 1977, S. 7-56.

– (Hg.), *Was kommt nach den Kinderläden? Ergebnis-Protokolle*, Berlin 1977.

–, »Kinderläden. Versuch der Umwälzung der inneren Natur«, in: Siepmann, Eckhard (Hg.), *Heiß und kalt. Die Jahre 1945-69*, Berlin 1986, S. 561-564.

–, »Die Auseinandersetzung mit der Realität hat einem die Scheuklappen beseitigt«, in: Heinemann, Karl-Heinz, Jaitner, Thomas (Hg.), *Ein langer Marsch. 1968 und die Folgen*, Köln 1993, S. 11-27.

–, »Die antiautoritäre Erziehung. Eine Bilanz nach vierzig Jahren von einem Mitbegründer der Berliner Kinderläden«, in: *vorgänge* 181, 1 (2008), S. 47-53.

Werkmeister, Frank, *Die Protestbewegung gegen den Vietnamkrieg in der Bundesrepublik Deutschland, 1965-1973*, Diss. Phil. Universität Marburg, 1975.

Wesel, Uwe, *Die verspielte Revolution. 1968 und die Folgen*, München 2002.

Westphalen, Joseph von, »Das Drama des gewissen Etwas«, in: *Kursbuch* 79 (1985), S. 1-12.

Wetzel, Klaus M., *Autonomie und Authentizität. Untersuchungen zur Konstitution und Konfiguration von Subjektivität*, Frankfurt/M. 1985.

Wichterich, Christa, »Die Courage hat mein Feminismusverständnis eindeutig beeinflusst«, in: Notz, Gisela (Hg.), *Als die Frauenbewegung noch Courage hatte. Die »Berliner Frauenzeitung Courage« und die autonomen Frauenbewegungen der 1970er und 1980er Jahre. Dokumentation einer Veranstaltung am 17. Juni 2006 in der Friedrich-Ebert-Stiftung, Berlin*, Bonn 2007, S. 62-67.

Wienecke, Jan, Krause, Fritz, *Unser Marsch ist eine gute Sache. Ostermärsche damals – heute*, Frankfurt/M. 1982.

Wieringa, Cornelis F., »Feedback ist nicht die ›Wahrheit‹«, in: Bachmann, Claus H. (Hg.), *Kritik der Gruppendynamik. Grenzen und Möglichkeiten sozialen Lernens*, Frankfurt/M. 1981, S. 300-311.

Wildenhain, Michael, *Die kalte Haut der Stadt*, Berlin 1991.

Wildt, Michael, *Am Beginn der »Konsumgesellschaft«. Mangelerfahrung, Lebenshaltung, Wohlstand in Westdeutschland in den fünfziger Jahren*, Hamburg 1994.

Wilke, Jürgen, (Hg.), *Massenmedien und Zeitgeschichte*, Konstanz 1999.

– (Hg.), *Mediengeschichte der Bundesrepublik Deutschland*, Köln, Weimar u. a. 1999.

– »Die Fernsehserie ›Holocaust‹ als Medienereignis«, in: *Zeitgeschichte-online*, März 2004, 〈http://www.zeitgeschichte-online.de/thema/die-fernsehserie-holocaust-als-medienereignis〉, letzter Zugriff am 23.04.2013.

Willems, Helmut, *Jugendunruhen und Protestbewegungen. Eine Studie zur Dynamik innergesellschaftlicher Konflikte in vier europäischen Ländern*, Opladen 1997.

Willis, Paul E., *Profane Culture. Rocker, Hippies. Subversive Stile der Jugendkultur*, Frankfurt/M. 1981.

Winkler, Heinrich A. (Hg.), *Griff nach der Deutungsmacht. Zur Geschichte der Geschichtspolitik in Deutschland*, Göttingen 2004.

Wippermann, Carsten, *Die soziokulturelle Karriere des Themas »Ökologie«: Eine kurze Historie vor dem Hintergrund der Sinus-Lebensweltforschung*, 〈http://www.sinus-institut.de/uploads/tx_mpdownloadcenter/karriere_oeko logie.pdf〉, letzter Zugriff am 23.04.2013.

Wirsching, Andreas, *Abschied vom Provisorium. Die Geschichte der Bundesrepublik Deutschland 1982-1990*, München 2006.

–, »Erwerbsbiographien und Privatheitsformen: Die Entstandardisierung von Lebensläufen«, in: Raithel, Thomas u. a. (Hg.), *Auf dem Weg in eine neue Moderne? Die Bundesrepublik Deutschland in den siebziger und achtziger Jahren*, München 2009, S. 83-97.

–, »European Responses to the Crisis of the 1970s and 1980s. Introductory Remarks«, in: *JMEH* 9, 1 (2011), S. 167-169.

Wissmann, Matthias, Hauck, Rudolf (Hg.), *Jugendprotest im demokratischen Staat. Enquete-Kommission des Deutschen Bundestages*, Stuttgart 1983.

Witte, Erich H., »Wertewandel in der Bundesrepublik Deutschland (West) zwischen 1973 und 1992. Alternative Interpretationen zum Inglehart-Index«, in: *Kölner Zeitschrift für Soziologie und Sozialpsychologie* 48 (1996), S. 534-541.

Wittner, Lawrence S., *Toward Nuclear Abolition. A History of the World Nuclear Disarmament Movement, 1971 to the Present*, Stanford 2003.

Witzel, Frank u. a., *Die Bundesrepublik Deutschland*, Hamburg 2009.

Wolff, Reinhart, »Nach Auschwitz: antiautoritäre Kinderladenbewegung oder die Erziehung der Erzieher«, in: Beller, Kuno (Hg.), *Berlin und pädagogische Reformen. Brennpunkte der individuellen und historischen Entwicklung*, Berlin 1992, S. 71-80.

Wolfrum, Edgar, *Geschichtspolitik in der Bundesrepublik. Der Weg zur bundesrepublikanischen Erinnerung 1948-1990*, Darmstadt 1999.

–, »Die beiden Deutschland«, in: Knigge, Volkhard, Frei, Norbert (Hg.), *Verbrechen erinnern. Die Auseinandersetzung mit Holocaust und Völkermord*, München 2002, S. 133-149.

–, *Die 60er Jahre. Eine dynamische Gesellschaft*, Darmstadt 2006.

–, *Die geglückte Demokratie. Geschichte der Bundesrepublik Deutschland von ihren Anfängen bis zur Gegenwart*, Stuttgart 2006.

–, *Die 70er Jahre. Republik im Aufbruch*, Darmstadt 2007.

Wolfschlag, Claus-Martin (Hg.), *Bye-bye '68… Renegaten der Linken, APO-Abweichler und allerlei Querdenker berichten*, Graz, Stuttgart 1998.

Wöllenweber, Walter, *Wir Fernsehkinder. Eine Generation ohne Programm*, Reinbek 1994.

Wright, Bradford, *Comic Book Nation. The Transformation of Youth Culture in America*, Baltimore 2003.

Wülfing, Giesela, Herding, Richard, »Goethe – aber nur die Faust. Doch unter dem Pflaster liegt die Kritische Theorie. Frankfurt«, in: Mehr, Max T. (Hg.), *Drachen mit tausend Köpfen. Spaziergänge durch linkes und alternatives Milieu*, Darmstadt, Neuwied 1982, S. 37-51.

Wunderle, Michaela, *Politik der Subjektivität. Texte der italienischen Frauenbewegung*, Frankfurt/M. 1977.

–, »Lust und Liebe. Die feministische Sexualitätsdebatte«, in: Dietz, Gabriele u. a. (Hg.), *wild + zahm. Die siebziger Jahre*, Berlin 1997, S. 172-174.

Yitzhak, Ahren, u. a., *Das Lehrstück »Holocaust«. Zur Wirkungspsychologie eines Medienereignisses*, Opladen 1982.

Zacharias-Langhans, Garleff, *Bürgermedium Video. Ein Bericht über alternative Medienarbeit*, Berlin 1977.

Zahl, Peter-Paul, *Die Glücklichen. Schelmenroman*, Reinbek 1986.

Zander, Helmut, *Die Christen und die Friedensbewegungen in beiden deut-*

schen Staaten. Beiträge zu einem Vergleich für die Jahre 1978-1987, Berlin
1989.

–, *Anthroposophie in Deutschland. Theosophische Weltanschauung und gesellschaftliche Praxis 1884-1945*, 2 Bde., Göttingen 2008.

Zapf, Katrin, »Haushaltsstrukturen und Wohnverhältnisse«, in: Flagge,
Ingeborg (Hg.), *Geschichte des Wohnens*, Bd. 5, *1945 bis heute. Aufbau,
Neubau, Umbau*, Stuttgart 1999, S. 563-614.

Zaretsky, Irving, Leone, Mark (Hg.), *Religious Movements in Contemporary
America*, Princeton 1974.

Zaubek, Brigitte, Burkart, Günter, »Ein Gespräch über Zimmersuche und
andere Fragen, die damit zusammenhängen«, in: Schülein, Johann A.
(Hg.), »... *vor uns die Mühen der Ebenen«. Alltagsprobleme und Perspektiven von Wohngemeinschaften*, Gießen 1980, S. 211-226.

Zeitz, Joshua, »Rejecting the Center: Radical Grassroots Politics in the
1970s – Second-wave Feminism as a Case Study«, in: *JCH* 43, 4 (2008),
S. 673-688.

Zelik, Raul, *Friss und stirb trotzdem*, Hamburg 1998.

Zelinski, Christel, »Frauen schreiben für Frauen«, in: Weichler, Kurt, *Gegendruck. Lust und Frust der alternativen Presse*, Reinbek 1983, S. 191-198.

Zepp, Marianne, »Ratio der Angst. Die intellektuellen Grundlagen der
Friedensbewegung«, in: Becker-Schaum, Christoph, u. a. (Hg.), »*Ent-
rüstet Euch!« Nuklearkrise, Nato-Doppelbeschluss und Friedensbewegung*,
Paderborn u. a. 2012, S. 135-150.

Ziehe, Thomas, *Pubertät und Narzißmus – sind Jugendliche entpolitisiert?*,
Köln 1975.

–, »Trendanalyse zur Situation der jungen Generation aus psychologischer
Sicht«, in: Jugendwerk der Deutschen Shell (Hg.), *Jugend zwischen Anpassung und Ausstieg*, Hamburg 1980, S. 31-46.

–, »Narzißmus«, in: Rexilius, Günter, Grubitzsch, Siegfried (Hg.), *Handbuch psychologischer Grundbegriffe*, Reinbek 1981, S. 708-713.

–, »Narzißmus und Verletzlichkeit. Der psychische Niederschlag ›kultureller Freisetzungsprozesse‹«, in: *Psychoanalyse* 4 (1981), S. 356-384.

–, »Über die Zunahme von Nähewünschen – Gesellschaftliche Tendenzen und psychische Bedeutung«, in: Specht, Friedrich, Weber, Matthias
(Hg.), Kinder in unserer Gesellschaft, Göttingen 1981, S. 31-46.

–, »Worum geht es in der Narzißmus-Diskussion?«, in: *Neue Sammlung* 2
(1981), S. 132-144.

–, »Gegen die Gemütlichkeit der Szene«, in: Behr, Michael. (Hg.), *Schulen
ohne Zwang*, München 1984, S. 39-47.

–, »Die alltägliche Verteidigung der Korrektheit«, in: Bucher, Willi (Hg.),
Schock und Schöpfung. Jugendästhetik im 20. Jahrhundert, Darmstadt,
Neuwied 1986, S. 254-258.

–, »Jugendlichkeit und Körperbilder«, in: Bucher, Willi (Hg.), *Schock und Schöpfung. Jugendästhetik im 20. Jahrhundert*, Darmstadt, Neuwied 1986, S. 16-20.

–, »Neue kulturelle Suchbewegungen. Nach dem Hedonismus«, in: *Sozialwissenschaftliche Informationen* 4 (1987), S. 247-254.

–, »Politik als Kulturschock. Zwiespältige Nachgedanken zur Studentenbewegung«, in: Bastian, Johannes (Hg.), *1968-1988. Eine Pädagogen-Generation zieht Bilanz*, Hamburg 1988, S. 19-27.

–, Parin, Paul, »Kulturkrise und Revolte. Ethnologische und kulturtheoretische Beiträge zur Jugendrevolte«, in: Breyvogel, Wilfried. (Hg.), *Autonomie und Widerstand. Zur Theorie und Geschichte des Jugendprotests*, Essen 1983, S. 106-117.

Ziemann, Benjamin, »Zwischen sozialer Bewegung und Dienstleistung am Individuum. Katholiken und katholische Kirche im therapeutischen Jahrzehnt«, in: *AfS* 44 (2004), S. 357-393.

–, »The Gospel of Psychology. Therapeutic Concepts and the Scientification of Pastoral Care in the West German Catholic Church, 1950-1980«, in: *CEH* 39 (2006), S. 79-106.

–, »The Code of Protest. Images of Peace in the West German Peace Movement, 1945-1990«, in: *Contemporary European History* 17 (2008), S. 237-261.

–, »A Quantum of Solace? European Peace Movements During the Cold War and their Elective Affinities«, in: *AfS* 49 (2009), S. 351-389.

Zimmer, Nina, *SPUR und andere Künstlergruppen. Gemeinschaftsarbeit in der Kunst um 1960 zwischen Moskau und New York*, Berlin 2002.

Zinnecker, Jürgen, »Milieuauflösung und Generationenwandel. Zwei Deutungsmuster der Wende in den sechziger Jahren und deren Verknüpfung«, in: Frese, Matthias u. a. (Hg.), *Demokratisierung und gesellschaftlicher Aufbruch. Die sechziger Jahre als Wendezeit der Bundesrepublik*, Paderborn, München u. a. 2003, S. 759-775.

Zipes, Jack, »Down with Heidi, Down with Struwwelpeter, Three Cheers for the Revolution: Towards a New Socialist Children's Literature in West Germany«, in: *Children's Literature* 5 (1976), S. 162-180.

Zolling, Peter, »Rote Umwege. Wie die kommunistischen APO-Erben das Proletariat suchten und im Establishment fanden«, in: *Focus* 36 (01.09.1997), S. 92-100 und 37 (08.09.1997), S. 80-88.

Zwick, Michael M., *Neue soziale Bewegungen als politische Subkultur. Zielsetzung, Anhängerschaft, Mobilisierung – eine empirische Analyse*, Frankfurt/M. 1990.

Zygowski, Hans, »Psychologisches Handeln«, in: Rexilius, Günter, Grubitzsch, Siegfried (Hg.), *Psychologie. Theorien – Methoden – Arbeitsfelder. Ein Grundkurs*, Reinbek 1986, S. 201-221.

Abkürzungsverzeichnis

AAO	Aktions-Analytische Organisation
afas	Archiv für alternatives Schrifttum
AfS	*Archiv für Sozialgeschichte*
AGAV	Arbeitsgemeinschaft Alternativer Verlage
AG SPAK	Arbeitsgemeinschaft Sozialpolitischer Arbeitskreise
AGW	Aktionsgemeinschaft Westend e.V.
APO	Außerparlamentarische Opposition
APuZ	*Aus Politik und Zeitgeschichte*
ASB	Archiv Soziale Bewegungen
AStA	Allgemeiner Studierendenausschuss
BAföG	Bundesausbildungsförderungsgesetz
BAG SchwuP	Bundesarbeitsgemeinschaft Schwule, Päderasten und Transsexuelle
BArch	Bundesarchiv
BBU	Bundesverband Bürgerinitiativen Umweltschutz
BfZ-Doku	Dokumentationsstelle für unkonventionelle Literatur der Bibliothek für Zeitgeschichte in der Württembergischen Landesbibliothek
BUND	Bund für Umwelt- und Naturschutz Deutschland
BVG	Berliner Verkehrsbetriebe
B. Z.	*Berliner Zeitung*
CA	Collegium Academicum
CDU	Christlich Demokratische Union
CSU	Christlich-Soziale Union
CEH	*Central European History*
DFG-VK	Deutschen Friedensgesellschaft/Vereinigte Kriegsgegner
DGB	Deutscher Gewerkschaftsbund
DKP	Deutsche Kommunistische Partei
DM	Deutsche Mark
ESG	Evangelische Studentengemeinde
FAM	Verein zur Förderung einer Frauenakademie München
FAZ	*Frankfurter Allgemeine Zeitung*
FDP	Freiheitlich Demokratische Partei Deutschlands
FFBIZ	Frauenforschungs-, bildungs- und -informationszentrum
FIF	Feministisches Interdisziplinäres Forschungsinstitut
FRIAS	Freiburg Institute for Advanced Studies
FU	Freie Universität Berlin
GEW	Gewerkschaft Erziehung und Wissenschaft

GG	*Geschichte und Gesellschaft*
GWU	*Geschichte in Wissenschaft und Unterricht*
HIS-A	Hamburger Institut für Sozialforschung, Archiv
HuWo	Verein Humanes Wohnen
IBA	Internationale Bauausstellung
ID	*Informations-Dienst zur Verbreitung unterbliebener Nachrichten*
IfD	Institut für Demoskopie
IFG	Institut Frau und Gesellschaft
IISG	Internationaal Instituut voor Sociale Geschiedenis
JCH	*Journal of Contemporary History*
JMEH	*Journal of Modern European History*
Jusos	Jugendorganisation der SPD
KB	Kommunistischer Bund
KBW	Kommunistischer Bund Westdeutschland
K I	Kommune I
KPD	Kommunistische Partei Deutschlands
KPD/ML	Kommunistische Partei Deutschlands/Marxismus-Leninismus
KSG	Katholische Studentengemeinde
LAB	Landesarchiv Berlin
NDR	Norddeutscher Rundfunk
MEW	*Marx-Engels-Werke*
MfS	Ministerium für Staatssicherheit
ÖTV	Gewerkschaft Öffentliche Dienste, Transport und Verkehr
PBS	Psychotherapeutische Beratungsstelle
P.U.T.Z.	Proletarische Union für Terror und Zerstörung
RAF	Rote Armee Fraktion
RK	Revolutionärer Kampf
Rotkol	Rotes Kollektiv Proletarische Erziehung
SAK	Sozialistisches Anwaltskollektiv
SB	Sozialistisches Büro
SD	Selbstdarstellung
SDS	Sozialistischer Deutscher Studentenbund
SFOM	Sozialistische Frauenorganisation München
SPD	Sozialdemokratische Partei Deutschlands
SPK	Sozialistisches Patientenkollektiv
spp	scene programm presse
StGB	Strafgesetzbuch
SWF	Südwestfunk
taz	*die tageszeitung*

TM	Transzendentale Meditation
TU	Technische Universität Berlin
UPN	Undefinierbare Produkte aus Nürnberg
VLB	Verband des linken Buchhandels
WDR	Westdeutscher Rundfunk
WG	Wohngemeinschaft
WGI	Wohngemeinschaftsinitiative
WG-KOOP	Wohngemeinschaftskooperativen
ZEGG	Zentrum für experimentelle Gesellschaftsgestaltung

Namenregister

Ausführliches Inhaltsverzeichnis

II. Lebensräume

›Kulturwissenschaft‹
im Suhrkamp Verlag
Eine Auswahl

Mieke Bal. Kulturanalyse. Herausgegeben von Thomas Fechner-Smarsly und Sonja Neef. Übersetzt von Joachim Schulte. Mit zahlreichen Abbildungen. 372 Seiten. Gebunden

Michail M. Bachtin. Rabelais und seine Welt. Volkskultur als Gegenkultur. Übersetzt von Gabriele Leupold. Herausgegeben und Vorwort von Renate Lachmann. stw 1187. 546 Seiten

Roland Barthes
- Fragmente einer Sprache der Liebe. Übersetzt von Hans-Horst Henschen. st 1586. 279 Seiten
- Die helle Kammer. Bemerkungen zur Photographie. Übersetzt von Dietrich Leube. Mit zahlreichen Abbildungen. st 1642. 138 Seiten
- Die Körnung der Stimme. es 2278. 416 Seiten
- Mythen des Alltags. Übersetzt von Helmut Scheffel. es 92. 152 Seiten

Karl Heinz Bohrer. Plötzlichkeit. Zum Augenblick des ästhetischen Scheins. es 1058. 261 Seiten

Jonathan Crary. Aufmerksamkeit. Wahrnehmung und moderne Kultur. Übersetzt von Heinz Jatho. Mit zahlreichen Abbildungen. 408 Seiten. Gebunden

Ute Daniel. Kompendium Kulturgeschichte. Theorien, Praxis, Schlüsselworte. stw 1523. 476 Seiten.

Norbert Elias. Über den Prozeß der Zivilisation. Soziogenetische und psychogenetische Untersuchungen. Zwei Bände.
- Band 1. Wandlungen des Verhaltens in den weltlichen Oberschichten des Abendlandes. stw 158. 334 Seiten
- Band 2. Wandlungen der Gesellschaft. Entwurf zu einer Theorie der Zivilisation. stw 159. 492 Seiten

Norbert Elias/Eric Dunning. Sport und Spannung im Prozeß der Zivilisation. (Gesammelte Schriften. Band 7. Herausgegeben im Auftrag der Norbert Elias Stichting, Amsterdam, von Reinhard Blomert, Heike Hammer, Johan Heilbron, Annette Treibel und Nico Wilterdink.) Übersetzt von Detlef Bremecke, Wilhelm Hopf und Reinhardt Peter Nippert. Bearbeitet von Reinhard Blomert. 528 Seiten. Leinen

Michael Giesecke
- Sinnenwandel, Sprachwandel, Kulturwandel. Studien zur Vorgeschichte der Informationsgesellschaft.
  stw 997. 374 Seiten
- Von den Mythen der Buchkultur zu den Visionen der Informationsgesellschaft. Mit CD-Rom. stw 1543. 464 Seiten

Ernst H. Gombrich/Julian Hochberg/Max Black. Kunst, Wahrnehmung, Wirklichkeit. Übersetzt von Max Looser. es 860. 156 Seiten

Jack Goody. Die Logik der Schrift und die Organisation von Gesellschaft. Übersetzt von Uwe Opolka. 323 Seiten. Gebunden

Jack Goody (Hg.). Literalität in traditionellen Gesellschaften. Übersetzt von Friedhelm Herboth und Thomas Lindquist. 502 Seiten. Leinen

Jack Goody/Ian Watt/Kathleen Gough. Entstehung und Folgen der Schriftkultur. Übersetzt von Friedhelm Herboth. Einleitung Heinz Schlaffer. stw 600. 161 Seiten

Hans Ulrich Gumbrecht. 1926. Ein Jahr am Rand der Zeit. Übersetzt von Joachim Schulte. 514 Seiten. Gebunden

Hans-Ulrich Gumbrecht/Ursula Link-Heer (Hg.) Epochenschwellen und Epochenstrukturen im Diskurs der Literatur- und Sprachhistorie. stw 486. 536 Seiten

André Leroi-Gourhan. Hand und Wort. Die Evolution von Technik, Sprache und Kunst. Übersetzt von Michael Bischoff. Mit 153 Zeichnungen des Autors. stw 700. 532 Seiten

Claude Lévi-Strauss
- Strukturale Anthropologie I. Übersetzt von Hans Naumann. Mit Bildtafeln. stw 226. 453 Seiten
- Strukturale Anthropologie II. Übersetzt von Eva Moldenhauer u.a. stw 1006. 426 Seiten.

Rudolf Maresch/Niels Werber (Hg.). Raum – Wissen – Macht. stw 1603. 309 Seiten

Winfried Menninghaus. Ekel. Theorie und Geschichte einer starken Empfindung. 592 Seiten. Gebunden

Robert Pfaller. Die Illusionen der anderen. Das Lustprinzip in der Kultur. es 2279. 352 Seiten

K. Ludwig Pfeiffer. Das Mediale und das Imaginäre. Dimensionen kulturanthropologischer Medientheorie. 624 Seiten. Gebunden

Philipp Sarasin. Reizbare Maschinen. Eine Geschichte des Körpers 1765-1914. stw 1524. 512 Seiten

Philipp Sarasin/Jakob Tanner (Hg.). Physiologie und industrielle Gesellschaft. Studien zur Verwissenschaftlichung des Körpers im 19. und 20. Jahrhundert. stw 1343. 529 Seiten

Thomas Schlich/Claudia Wiesemann (Hg.). Hirntod. Zur Kulturgeschichte der Todesfeststellung. stw 1525. 352 Seiten

Georg Simmel
- Philosophie des Geldes. (Gesamtausgabe Band 6).
  Leinen und stw 806. 787 Seiten
- Hauptprobleme der Philosophie. Philosophische Kultur.
  Leinen und stw 814. 530 Seiten

Michael Tomasello. Die kulturelle Entwicklung des menschlichen Denkens. Zur Evolution der Kognition. Übersetzt von Jürgen Schröder. 288 Seiten. Gebunden

Robert Weimann (Hg.). Ränder der Moderne. Repräsentation und Alterität im (post)kolonialen Diskurs.
stw 1311. 356 Seiten

Alfred North Whitehead
- Kulturelle Symbolisierung. Herausgegeben und übersetzt von Rolf Lachmann. stw 1497. 147 Seiten
- Denkweisen. Herausgegeben und übersetzt von Stascha Rohmer. stw 1532. 208 Seiten